“十二五”时期杭州获得的主要荣誉

2011 年

杭州西湖文化景观列入《世界遗产名录》
全国文明城市
国家电子商务示范城市
首批国家促进科技和金融结合试点城市

2012 年

杭州加入全球创意城市网络
国家知识产权示范城市
国家数字出版产业基地
国家级文化和科技融合示范基地
全国双拥模范城

2013 年

全国平安综治优秀市
基本公共服务满意度十佳城市
全国电子社保示范城市
两岸文创产业合作实验区
中国快递示范城市

2014 年

中国大运河列入《世界遗产名录》
首批国家生态文明先行示范区

2015 年

国家自主创新示范区
中国（杭州）跨境电子商务综合试验区
国家小微企业创业创新基地城市示范

杭州年鑑

HANGZHOU ALMANAC

2016

杭州市人民政府地方志办公室 编

方志出版社

图书在版编目（CIP）数据
杭州年鉴. 2016 / 杭州市人民政府地方志办公室编.
-- 北京：方志出版社，2016. 10
ISBN 978-7-5144-2150-7

Ⅰ. ①杭… Ⅱ. ①杭… Ⅲ. ①杭州市—2016—年鉴
Ⅳ. ① Z525.51

中国版本图书馆CIP数据核字（2016）第259639号

杭州年鉴（2016）

编　　者：杭州市人民政府地方志办公室
（杭州市解放东路18号C座15楼）
邮编 310026
电话 （0571）85253680
封面题字：沙孟海
出 版 人：冀祥德
出 版 者：方志出版社
地址 北京市朝阳区潘家园东里9号（国家方志馆4层）
邮编 100021
网址 http://www.fzph.org
责任编辑：刘方圆
发　　行：方志出版社发行中心
电话 （010）67110500
经　　销：各地新华书店
印　　刷：浙江国广彩印有限公司
制　　版：杭州贝加多媒体设计工作室
开　　本：889×1194　　1/16
印　　张：39
字　　数：1477千字
版　　次：2016年10月第1版　2016年10月第1次印刷
印　　数：0001~1500册
ISBN 978-7-5144-2150-7　　定价：260.00元

杭州市地方志编纂委员会

主　任 张鸿铭

副主任 许勤华 翁卫军 马晓晖 王　宏

成　员 何美华 陈　健 叶茂东 鲍一飞 孙　跃 陈春雷 赵壮志 陈国妹 杨志毅 金志强 李　玲 洪庆华 丁狄刚 李　虹 沈建平 徐小林 金　翔 郭禾阳 高国飞 骆　寅 杜国忠 陈　晨 刘　颖 韩　卫 赵　晴 蒋文欢 褚树青

办公室主任 蒋文欢

办公室副主任 阮关水

杭州年鉴编辑部

主　编 王　宏

副主编 蒋文欢 阮关水

执行主编 袁啸马 蔡建明

编　辑 （以姓氏笔画为序）

汤　峻 阮关水 吴　铮 余显幕 郦　晶 俞胜男 秦文蔚 袁啸马 章月影 蒋文欢 蔡建明

各部门编辑 （以姓氏笔画为序）

叶纪勇 冯　建 吕　宏 朱宝华 华雨农 汤浙青 何炜达 汪萌萌 汪盛华 张　锦 张丽萍 陆元峰 周小忠 郑　迪 郑云良 贾敏政 柴江山 钱建中 倪志华 徐承坪 高　宁 高光荣 郭玉虎 涂仕贵 黄　锐 龚俊义 戴鹏飞

编　务 金利权 蒋淑艳 吴陈英

杭州市地图
汀溪
竹峰
梅林镇
安徽省
浙江省
杭垓镇
湖
老石坎水库
椰桥镇
方塘
港口湾水库
云乐
中溪镇
宁墩镇
仙霞镇
安
中
津
河
兴隆
蔡家桥镇
胡乐镇
旌德县
银坑
岛石镇
天
目
山
西天目山
1505
天目山
武村
杨洪
朱湾
庙首镇
金沙镇
黄毛尖
1301
阳光
浙西大峡谷
花岩石
1598
二村
孙家
英公水库
白地镇
徽
板桥头
北
溪
沥溪
后营
太源
於潜镇
玉山
百丈
G56
杭
瑞
长安
浪广
龙岗镇
昌化镇
太阳镇
伏岭镇
清凉峰镇
清凉峰
1787
新峰
景村
鸠甫
西
昌
金燕
河桥镇
潜川镇
绩溪县
瀛凡洲
七都
化
溪
大明山
大明山
三阳
昱岭关
塘秀
湍口镇
桐坑
沈家坞
溪头镇
雨伞尖
1459
岭
里庄
岭后源
陆家
仙姑娘尖
1005
水竹坪
隐将
富
童家
小溪坑
百岁坊
天溪湖
霞坑镇
胡家坪
金陵
琅坑源
瑶山
审岭脚
合村
分水镇
省
屏前
强
里口
爱国
三源
塘源
歙县
流湘
山川
秋口
溪
仰韩
深度镇
何坪
云
高峰
后河
徽州区
新
大
洲
源
河村
王阜
屏门
塔上
临岐镇
郭村
百江镇
五星
管家
雌龙源
奇源
坑口
蔗川
新联
金紫尖
1450
石源
东树坑
安
源
芳桥
雄龙源
罗山
夏塘
五丰
金紫
五家坪
1173
文昌镇
丰源
笔峰
龙源庄
栅源
小西坞
天井岭
江
蒋岭上
钱家
白石岩
978
森村
街口镇
威坪镇
港
青山口
金家
浪洞
市畈
罗村
白
青苗
白云溪
安上
左口
六联
宋村
西阳
燕坑
北坞
方家
鸠坑镇
金峰
塘坞山
重坑
翠峰
查林
大州
龙源
三角尖
1137
联丰
富文
石门
尹山
梓桐镇
施家坪
青溪
际
千岛湖镇
前坞
青田
林茶
直坞口
源芳
潘家
常宁
鱼口尖
799
淳安县
千岛湖国家森林公园
千岛湖风景区
S32
S303
金洲
龙溪桥
庄源
富石
杨村桥镇
姜桐
新
安
江
水
库
（千岛湖）
千
黄
高
速
赤城
界首
姥
莲花镇
春秋
狮古山
巨源
双溪
界首岛
山
岛
下涯镇
梅
山
霞源水库
洄溪
新安江街道
安徽省
浙江省
木瓜
双许
浪川
巧塘
姜家镇
里商
石林镇
建德市
峰川
茶园
马目
孙家
枫林坞
中洲镇
江村
千岛湖
联和
毛家
汾口镇
燕窝
五兴
武源
寿
新源
儒垅
更楼街道
桥岭
叶村
大墅镇
安阳
珫瑁
绿荷塘
龙
尖坞山
977
红旗
枫
山
西华
宋京
儒洪
外畈
郎范
乌龙
洞坑口
高
石泉
峰溪
枫树岭镇
林
岗
曹源
南屏
东村
寿昌镇
月亮坞
夏峰
岗岭
新桥
田畈
速
大慈岩
汪山
三井尖
1280
马
大溪边
横坑
枫树岭水库
桃林
石鼓
潘村
航头镇
（龙游支线）
里
李家镇
南浦
铜山水库
葛岭
大同镇
S305
大慈岩镇
檀村
上方镇
乳洞山
太源
三溪
盘山
大店口
金
上马
镇源
S33
G320
S316
G330
陈村
凤凰尖
1298
千
州
衢
中村
江头
市
兰溪市
衢州市
金华市
G205
G3
京
台
高
速
S323
S217
S209
S208
S215
S102
S302

湖州市
嘉兴市
德清
嘉兴市
海宁市
杭宁铁路客运专线
沪杭铁路客运专线
沪昆高速
沪杭段
杭州湾环线高速(杭浦段)
杭州湾环线高速(杭甬段)
杭长高速
杭新景高速
杭金衢高速
绕城高速
百丈镇
鸬鸟山 869
鸬鸟镇
黄湖镇
山沟沟
窑头山 1095
石门
长溪
高虹镇
临安市
青山湖
青山湖街道
青柯
玲珑街道
锦南街道
板桥镇
双峰尖 677
杭州城西科创产业集聚区
杭州市
西溪湿地
西湖
拱墅区
西湖区
上城区
下城区
江干区
滨江区
萧山区
余杭区
富阳区
桐庐县
诸暨市
浦江县
义乌市
柯桥区
绍兴市
越城区
杭州大江东产业集聚区（临江国家高新区）
杭州萧山国际机场
塘栖镇
运河街道
仁和街道
良渚街道
瓶窑镇
崇贤街道
星桥街道
丁兰街道
乔司街道
半山街道
彭埠街道
三墩镇
仓前街道
余杭街道
五常街道
中泰街道
闲林街道
留下街道
南高峰 257
午潮山 494
五云山 344
杭州野生动物世界
转塘街道
宋城
浦沿街道
湘湖
新塘街道
闻堰街道
东方文化园
宁围街道
靖江街道
党湾镇
益农镇
瓜沥镇
衙前镇
长巷
新湾街道
前进街道
河庄街道
临江街道
如意尖 537
银湖街道
双浦镇
东洲街道
义桥镇
临浦镇
进化镇
千金文岗 376
戴村镇
浦阳镇
河上镇
楼塔镇
春江街道
鹿山街道
大源镇
灵桥镇
里山镇
渔山
场口镇
龙门古镇
龙门镇
常安镇
杏梅尖 1068
佳山 455
常绿镇
湖源
三界尖 1015
江南镇
横村镇
凤川街道
旧县街道
富春江镇
观音尖 1246
新安江—千岛湖
新合
马剑镇
五泄镇
白塔湖
山下湖镇
平水江水库
平水镇
王坛镇
赵家镇
东和
谷来镇
街亭镇
陈蔡水库
王院
崇仁镇
大畈
杭坪镇
白马镇
前吴
通济桥水库
梅江镇
后宅街道
马涧镇
源东
上溪镇
傅村镇
义亭镇
曹宅镇
甬金高速
绍诸高速
诸永高速
绍兴市
金华市
图例
设区市行政中心
县（市、区）行政中心
镇（乡）政府、街道办事处
行政村
省界
设区市界
县（市、区）界
高速公路及编号
国道及编号
省道及编号
铁路及火车站
铁路客运专线
地铁
县乡道
隧道
桥梁
河流、湖泊、水库
运河
机场
国家级风景区
国家级自然保护区
国家级森林公园
景点
山峰
比例尺 1:580 000
杭州市勘测设计研究院 编制
地图审核号：浙S（2015）168号
注：底图资料由浙江省测绘与地理信息局提供
本图界线不作划界依据

重要活动

2015年10月28日，中共浙江省委常委、杭州市委书记赵一德（右）会见新加坡驻沪总领事王首毅　（市外办 供稿）

12 月30 日，中共杭州市委十一届十次全体（扩大）会议举行　（杭州图库 供稿）

6月24日，市委副书记、市长张鸿铭（右一）会见法国里昂市市长杰拉尔·科隆（左一）（市外办 供稿）

2 月4 日，杭州市第十二届人民代表大会第五次会议开幕（杭州图库 供稿）

10 月29 日，省委常委、市委书记赵一德出席博鳌亚洲论坛——中国（杭州）全球电商领袖峰会并致辞

（杭州图库 供稿）

9月2日，抗日战争胜利浙江受降纪念馆开放，社会各界人士参加纪念中国人民抗日战争胜利70周年主题活动

11 月1日，2015 年中国（杭州）国际电子商务博览会闭幕　　（杭州图库　供稿）

（杭州图库　供稿）

杭州成为G20峰会举办城市

土耳其安塔利亚当地时间2015年11月16日，国家主席习近平宣布中国将于2016年9月4日至5日在浙江省杭州市举行二十国集团领导人第十一次峰会。

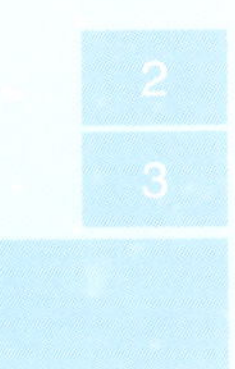

1. 11月23日，“杭州欢迎您”——喜迎峰会综艺专场晚会举行（杭州图库 供稿）
2. 11月22日，“喜迎G20·杭州毅行大会”举行（杭州图库 供稿）
3. G20杭州峰会主会场杭州国际博览中心（田益平 摄）
4. 钱江新城灯光秀（钱江新城管委会 供稿）

杭州获得2022年亚运会举办权

北京时间2015年9月16日，在土库曼斯坦阿什哈巴德第三十四届亚奥理事会代表大会上，亚奥理事会主席艾哈迈德宣布中国杭州获得2022年亚运会举办权。

1. 9月16日，中国奥委会主席刘鹏（左）、亚奥理事会主席艾哈迈德（中）、杭州市市长张鸿铭（右）在签署主办城市合同后合影 （市体育局 供稿）
2. 中国杭州获得2022年第十九届亚运会举办权，现场中国代表团举旗庆祝 （市体育局 供稿）
3. 9月17日，“全民健身、喜迎亚运”活动在黄龙体育中心举行。图为市民用画笔为杭州点赞 （王 川 摄）
4. 2022年亚运会主场馆——杭州奥林匹克体育中心俯瞰 （田益平 摄）

中国（杭州）跨境电子商务综合试验区

3月7日，国务院批复同意设立“中国（杭州）跨境电子商务综合试验区”。2015年，综合试验区内新设企业1534个，实现进出口总额215.07亿元。

1. 6月29日，中国（杭州）跨境电子商务综合试验区建设推进大会举行
（杭州图库 供稿）
2. 10月20日，中国（杭州）跨境电子商务综合试验区·江干园区开园
（杭州图库 供稿）
3. 3月12日，杭州首家跨境电子商务保税超市O2O体验馆开业
（杭州图库 供稿）
4. 4月17日，中国（杭州）跨境电子商务综合试验区·下沙园区跨境电子商务O2O体验中心开业
（杭州经济技术开发区管委会 供稿）
5. 11月21日，杭州海关关员在保税仓库内盘点跨境电子商务备货库存商品
（章 勇 摄）

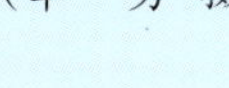

国家自主创新示范区

8月25日，国务院批复同意杭州和萧山临江两个国家级高新技术产业开发区（统称杭州国家级高新区）建设国家自主创新示范区。

1. 3月24日，长安福特汽车有限公司杭州分公司生产的中高端乘用车“锐界”下线　（孔徐冰 摄）
2. 12月26日，格力电器杭州智能产业园项目奠基　（孔徐冰 摄）
3. 5月15日，高新区（滨江）试点“五证合一”登记制度改革后发出浙江省首张“五证合一”企业营业执照　（杭州图库 供稿）
4. 高新区（滨江）助力小微企业成长，图为“5050计划”创客梦工场　（杭州高新技术产业开发区 供稿）
5. 高新区（滨江）夜景　（杭州高新技术产业开发区 供稿）

创新活力之城

中国创客西湖峰会

Alibaba Group
SheERA
全球女性创业者大会
Global Conference
on Women and Entrepreneurship

1. 6月6日，第二届中国创客西湖峰会暨中国创客空间联盟成立大会在杭州召开
（市科委 供稿）
2. 5月20日，全球女性创业者大会在杭州开幕
（杭州图片网 供稿）
3~4. 10月14~15日，以“互联网、创业、创新”为主题的“杭州·云栖大会”在云栖小镇召开 （市科委 供稿）

创客天下
2015杭州市海外高层次人才创新创业大赛
2015杭州市

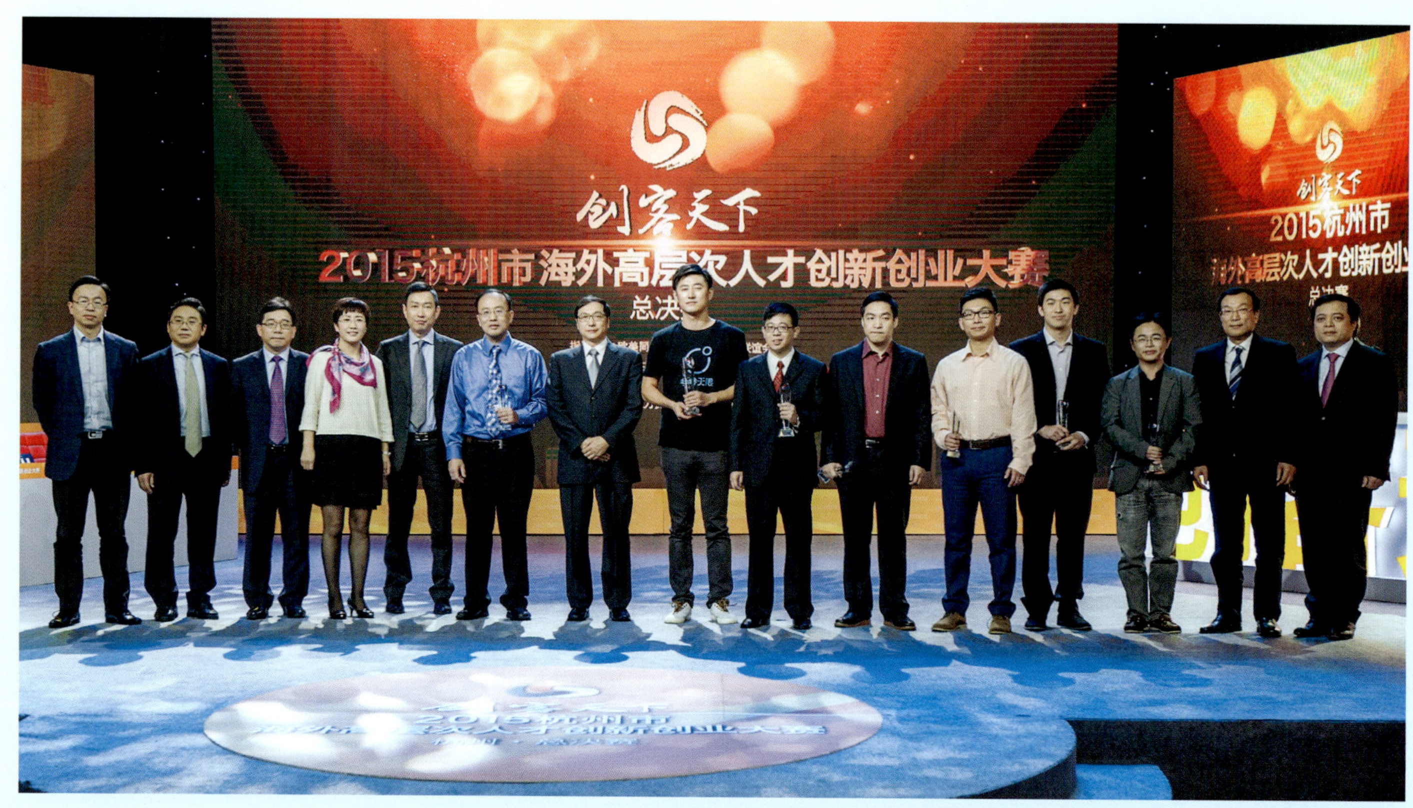

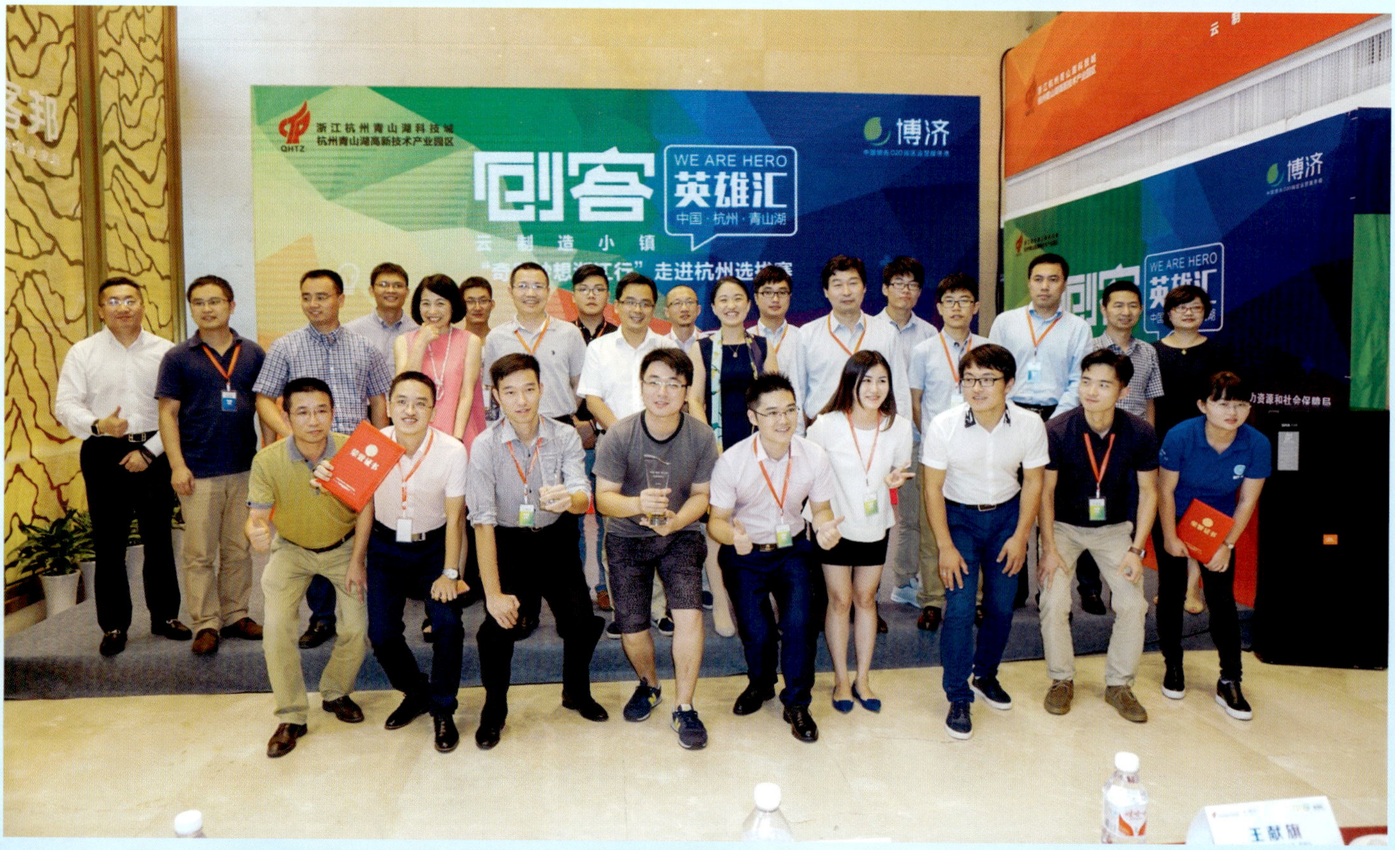
浙江杭州青山湖科技城
杭州青山湖高新技术产业园区
QHTZ
创客
WE ARE HERO
英雄汇
中国·杭州·青山湖
云制造小镇
博济
走进杭州选拔赛

1. 11月3日，杭州市海外高层次人才创新创业大赛总决赛举行
（市政府电子政务办 供稿）
2. 8月28日，“创客英雄汇”选拔赛在浙江杭州青山湖科技城举行
（杭州城西科创产业集聚区 供稿）
3. 6月6日，中国首个创客公益基金——1566创客公益基金成立
（市科委 供稿）
4. 9月23日，中国青年互联网创业高峰论坛在梦想小镇举行
（市发改委 供稿）
5. 3月28日，“创业先锋营”活动在梦想小镇举行
（杭州城西科创产业集聚区 供稿）

梦想小镇欢迎您
互联网小镇
Internet Town

1 2 3

1. 杭州城西科创产业集聚区内的梦想小镇 （杭州图库 供稿）
2. 云栖小镇国际会展中心 （市发改委 供稿）
3. 玉皇山南基金小镇俯瞰 （徐 晖 摄）

国际重要会展之都

10月16日至11月1日，第十七届杭州西湖国际博览会举行，40多个国家和地区的800多万人次参加各项活动，实现成交额104.5亿元。杭州西湖国际博览会获“十大政府主导型展览会”和“2015年度中国会展十佳品牌展会”称号。

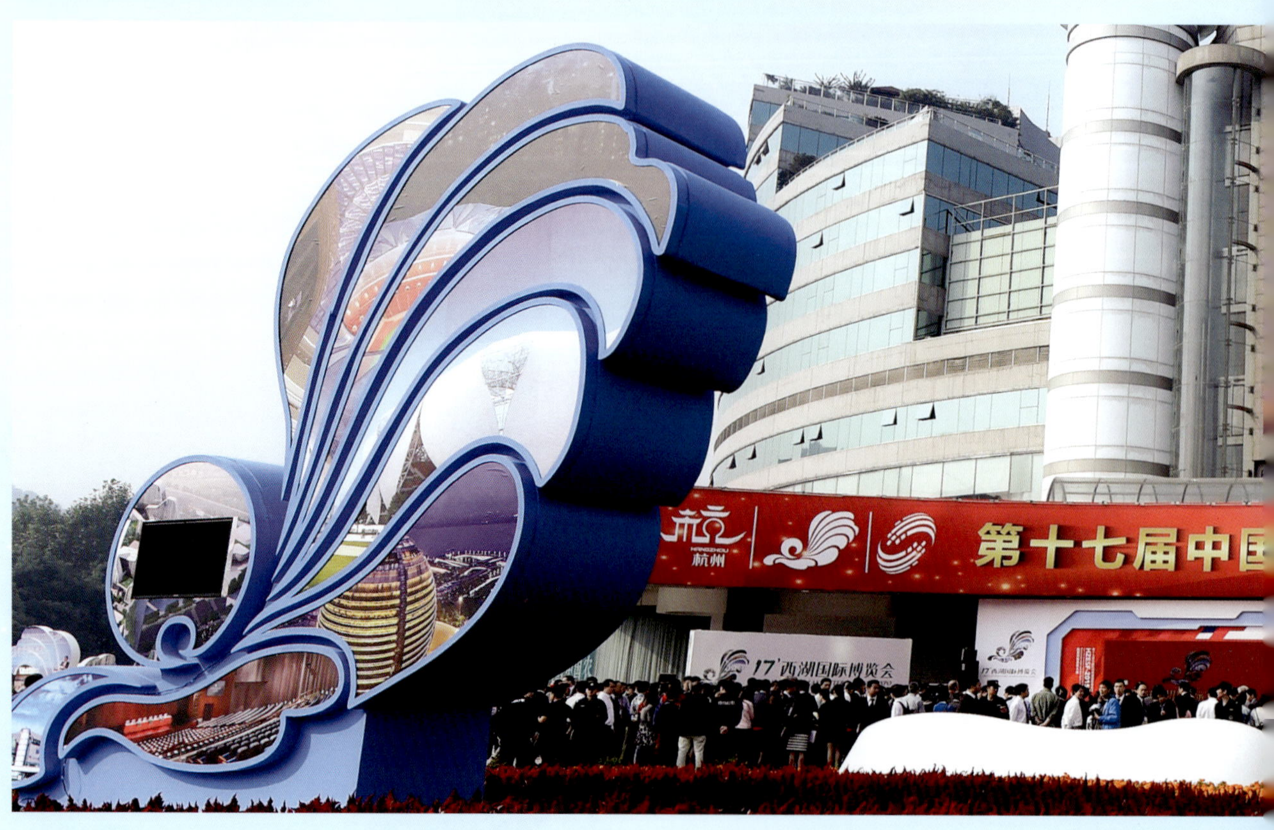

1 3 2

1~2. 10月16~18日，第十七届中国杭州西湖国际博览会经贸科技合作大会主题展在浙江世贸国际展览中心举行　　　　（市西博办 供稿）

3. 11月1日，第十七届杭州西湖博览会总结表彰大会举行　　　　（市政府电子政务办 供稿）

4月28日至5月3日，第十一届中国国际动漫节在杭州举行。本届动漫节设立滨江白马湖主会场和12个分会场，78个国家和地区的617个企业、机构参展，137.29万人次参与各项活动，实现成交额148.46亿元。

1. 4月28日，第十一届中国国际动漫节开幕（李　忠 摄）
2. 4月28日晚，动漫节“金猴奖”颁奖典礼暨中国动画电影新片首映式举行（杭州图库 供稿）
3. 4月28日，中国国际动漫节产业高峰论坛开幕　（市动漫节节展办 供稿）
4. 5月1日，中国国际动漫节中北创意街区分会场动漫彩车巡游举行（杭州图库 供稿）
5. 4月28日，原创动漫企业杭州玄机科技信息技术有限公司开办十周年暨“玄机十年”发布会举行（杭州高新技术产业开发区 供稿）

1	4 5 / 6 7
2 3	8

1. 12月10～12日，"文化在城市可持续发展中的角色"国际会议召开（市西博办 供稿）
2~3. 5月7～10日，第八届杭州艺术博览会在浙江世贸国际展览中心举行（杭州图库 供稿）
4. 10月15～18日，中国（杭州）工艺美术精品博览会举行（杭州图库 供稿）
5. 10月22～25日，第十六届中国国际丝绸博览会暨中国国际女装展览会在杭州举行（市经信委 供稿）
6. 10月29日至11月1日，中国（杭州）国际电子商务博览会举行（杭州图库 供稿）
7. 10月15～19日，第九届杭州文化创意产业博览会举行（杭州图库 供稿）
8. 12月28日，"飞天奖"创作与跨媒体传播高峰论坛举行（杭州图库 供稿）

中国影视艺术创新峰会
暨第三届中国影视产业推介会
中国广播影视大奖
第30届电视剧“飞天奖”颁奖典礼
飞天奖创作与跨媒体传播
高峰论坛
中国影视艺术创新峰会
CHINESE FILM & TV INDUSTRY PROMOTION
暨第三届中国影视产业推介会
2015
创新峰会
CFTIP

美丽杭州

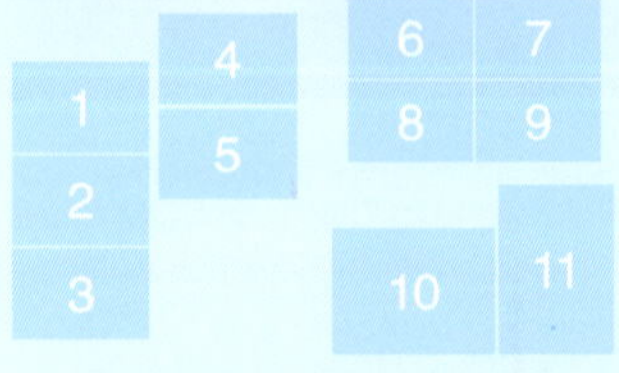

1. 10月11日，杭州市首届南宋文化节在玉皇山南基金小镇举行（杭州图库 供稿）
2. 4月18日，第八届杭州市民体验日暨第二届钱塘江文化节启幕（杭州图库 供稿）
3. 4月2日，第十届“天眼杯”中国国际少儿漫画大赛在杭州青少年活动中心进行终评（杭州图库 供稿）
4. 2月12日，浙江省首届“我们的村晚”在萧山区航民村文化礼堂举行（市农村文化礼堂建设工作领导小组办公室 供稿）
5. 4月4日，杭州越剧院表演的《西厢记》在国家大剧院演出（杭州文广集团 供稿）

6~9. 1月，舞剧《遇见大运河》在全国巡演。图为演出剧照（杭州文广集团 供稿）

10. 5月3日，杭州著名女魔术师、杭州杂技总团团长李洁以大型魔术《美女与几何》问鼎中国杂技金菊奖（杭州文广集团 供稿）
11. 4月17日，杭州杂技总团杂技节目《头顶圈》参加“全国杂技精选优秀节目交流展演”（杭州文广集团 供稿）

中国中铁隧道以精品
60
环城北路隧道
沪杭甬
S2
秋石高架
方向
凯旋路
环城东路
建国北路

1 3
2 4

1. 10月15日，环城北路隧道开通 （杭州图库 供稿）
2. 5月28日，秋涛南路提升改造工程（秋石四期）高架试通车 （市建委 供稿）
3. 2月2日，杭州地铁4号线首通段开通试运营 （杭州图库 供稿）
4. 杭州地铁4号线市民中心站出入口 （白池民 摄）

华家池新貌

（王　华摄）

1. 10月16日，位于西湖区象山区块的浙江音乐学院投入使用

（之江国家旅游度假区管委会 供稿）

2. 白马湖生态创意城（杭州高新技术产业开发区 供稿）

3. 杭州低碳科技馆和钱塘江两岸夜景（杭州高新技术产业开发区 供稿）

1 2 3

1. 秀美富春江 （蒋万炯 摄）
2. 环千岛湖骑行绿道 （余诗祥 摄）
3. 夜色中的复兴大桥 （徐 晖 摄）

璀璨新城

（钱江新城管委会 供稿）

数字杭州

2015年，杭州市贯彻落实中共中央、国务院和中共浙江省委、省政府各项决策部署，全力稳增长、调结构、抓改革、强统筹、治环境、惠民生、促和谐，实现了经济社会平稳健康发展。全市生产总值10050.21亿元，成为全国第十个经济总量超万亿元的城市，比上年增长10.2%，增幅居全省第一、副省级以上城市第二。

生产总值及增速

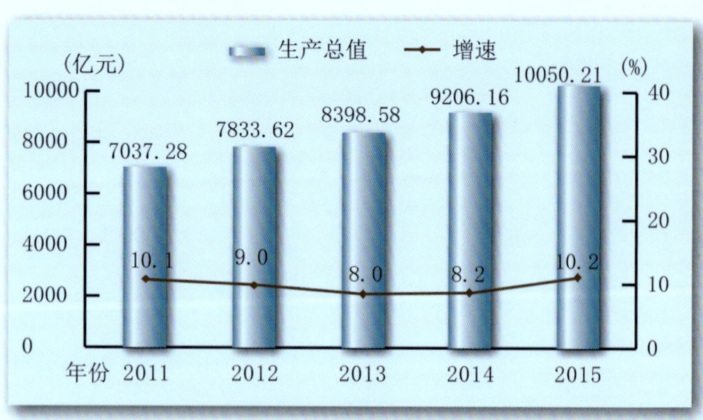

地方财政收入

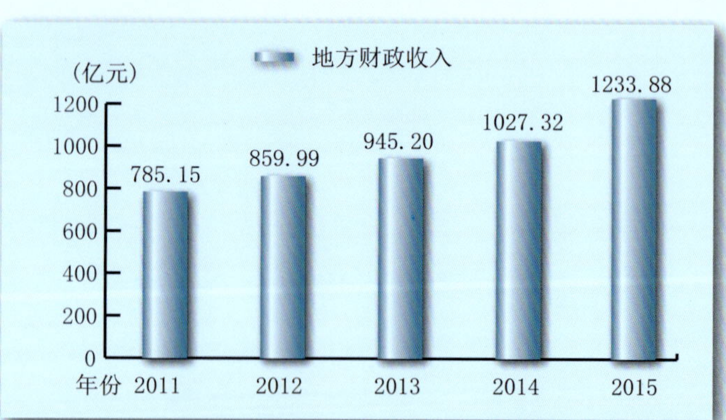

固定资产投资

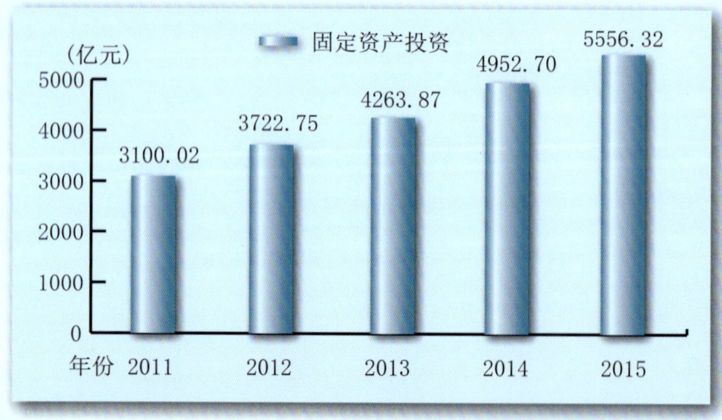

社会消费品零售总额

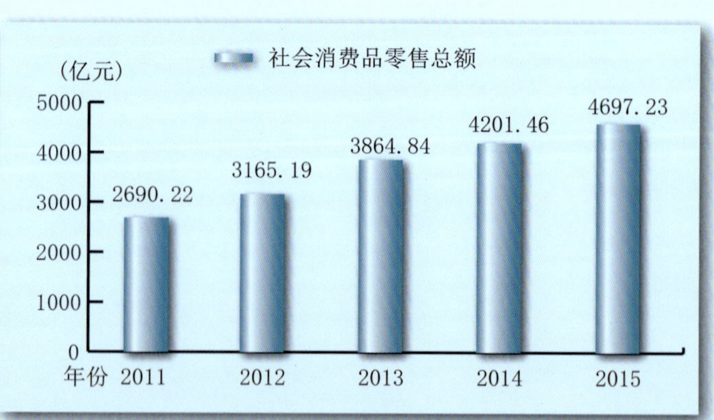

三次产业结构

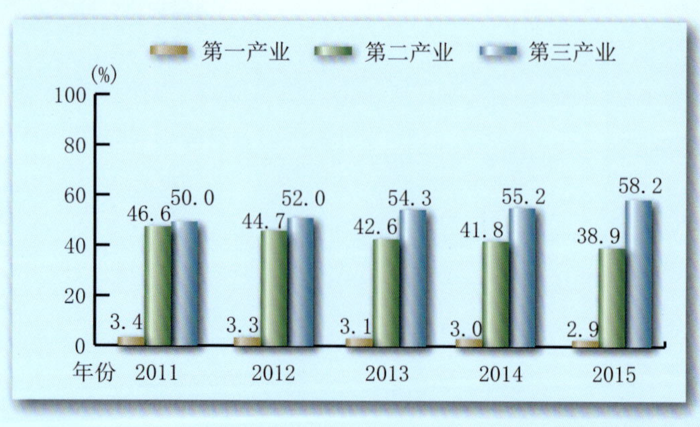

三次产业增加值

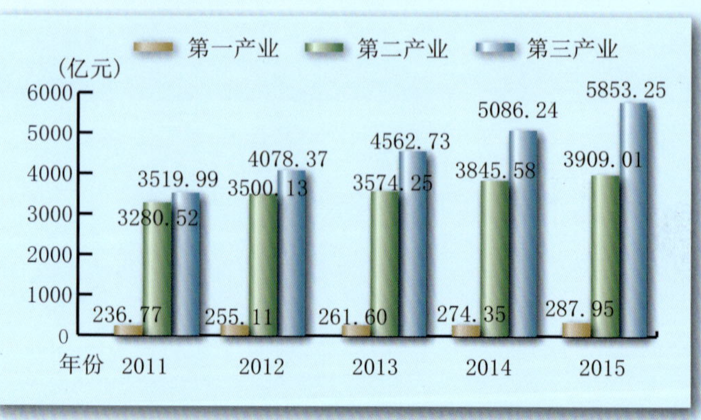

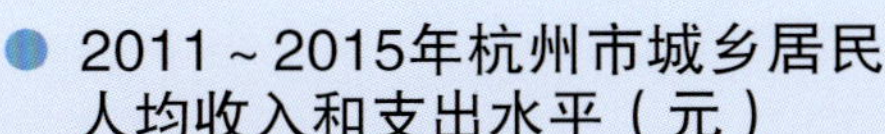

2011～2015年杭州市城乡居民人均收入和支出水平（元）

城镇居民人均可支配收入
城镇居民人均消费性支出
农村居民人均可支配收入
农村居民人均消费性支出

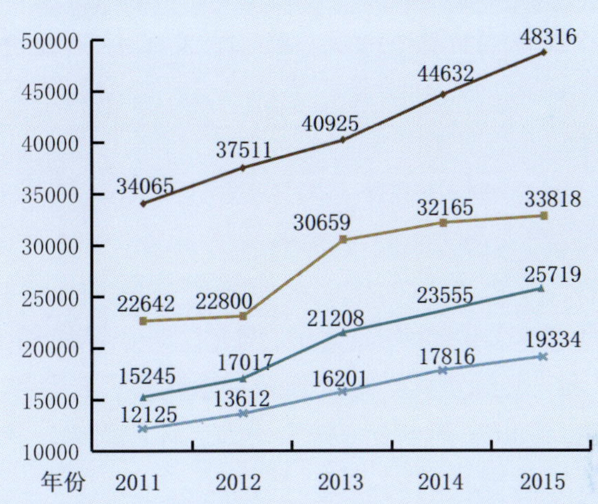

注：2011~2012年城镇居民收入、支出均为市区数据，2013年起为全市数据，且城镇居民和农村居民收入、支出均为城乡一体化改革后新口径数据

2015年杭州市各项经济指标占浙江省的比重（%）

生产总值

第三产业增加值

规模以上工业企业利税总额

社会消费品零售总额

固定资产投资额

出口额

实际利用外资

2015年杭州市平均每天创造的财富

地区生产总值
27.53亿元

农林牧渔业总产值
1.21亿元

规模以上工业企业产值
34.02亿元

财政收入
6.13亿元

社会消费品零售总额
12.87亿元

编辑说明

一、《杭州年鉴》由中国共产党杭州市委员会、杭州市人民政府主办，创刊于1987年，已连续出版30卷。《杭州年鉴》是汇集市情信息资料的地方综合年鉴，逐年记载杭州自然、经济、政治、文化和社会等方面的基本情况，为各级党政机关、研究机构，以及社会各界人士和中外投资者了解、研究杭州提供丰富、翔实的地情资料。

二、《杭州年鉴（2016）》以马克思列宁主义、毛泽东思想、邓小平理论、“三个代表”重要思想、科学发展观为指导，深入贯彻习近平总书记系列重要讲话精神以及“干在实处永无止境、走在前列要谋新篇”的重要指示，全面反映杭州市贯彻落实党的十八大和十八届三中、四中、五中全会精神，客观记述杭州市按照省委“八八战略”和“创业富民、创新强省”总战略，全面推进经济、政治、文化、社会和生态文明建设，突出改革创新、转型升级、环境治理、民生改善、社会和谐等大事、要情，并探讨发展进程中的新特点、新问题。

三、《杭州年鉴（2016）》按分类法编辑，主体内容分为类目、分目、条目三个层次。全书设类目42个、分目264个，收入条目2635条、随文图照341幅、表格110张。编纂框架在延续上年的基础上，主要有以下调整：“工业”类目“丝绸工业”“女装产业”合并为“丝绸和女装产业”分目；“信息产业”更名为“信息经济”，增加“云计算和大数据产业”“物联网产业”“信息软件产业”“机器人产业”“信息安全产业”分目；“国家级开发区”类目更名为“国家级开发区·产业集聚区”，增加“杭州大江东产业集聚区（临江高新技术产业开发区）”“杭州城西科创产业集聚区”分目；“政法”类目更名为“法治”，增加“法治政府建设”分目；“文化”类目增加“文化市场”“动漫产业”分目；“社会科学”类目增加“杭州特色研究”分目。“特辑”类目设“杭州成为二十国集团领导人峰会举办城市”“杭州获得2022年亚运会主办权”“国务院批复同意设立中国（杭州）跨境电子商务综合试验区”“国务院同意杭州建设国家自主创新示范区”“杭州打造创业创新高地”等特色专辑。

四、本卷年鉴主要数据由杭州市统计局提供，其余均由杭州市有关部门提供并经过严格审核。文中数据比较均为2015年与2014年相比，“上年”指2014年，其他年份之间数据的比较均写明年份。因统计范围、统计口径的调整，文中部分数据可能与往年不具可比性，此种情况在文中尽可能注明。文中“杭州”简称“杭”。

五、为更好地发挥年鉴的作用，《杭州年鉴》自2002年起随书推出电子版（光盘），2003年起载入“中国杭州”政府门户网站（www.hangzhou.gov.cn）。杭州地情网（hzfzw.hz.gov.cn）也有历年资料的链接。

六、《杭州年鉴》编纂工作得到各区、县（市）和市属各部门，以及有关单位的大力支持，全体编纂人员为年鉴撰稿、编辑付出了辛勤劳动，在此谨致衷心感谢。书中难免疏漏和差错，恳请广大读者批评指正。

目 录

Contents

特 载

特 辑

大事记

总 述

农　业

工　业

信息经济

交通运输·邮政

民营经济

商　业

经济合作交流

对外经贸·口岸

国家级开发区·产业集聚区

城市建设管理

环境保护

会展业

旅游业

西湖风景名胜

财政·税务

金融业

经济管理

党政机关

民主党派·工商联

人民团体

人力资源和社会保障

外事·侨务·港澳台事务

法　治

国防建设

文　化

新闻出版

科学技术

社会科学

教　育

卫　生

体 育

社会民生

人　物

区县(市)

统计资料

附 录

索 引

Contents

Documents

Features

Chronicles of Events

General Survey

Agriculture

Industry

Information Economy

Transportation & Postal Service

Private Economy

Commerce

Domestic Economic Cooperation

Foreign Trade & Port

National Development Zones & Industrial Agglomeration Area

Urban Construction & Management

Environmental Protection

Conference & Exhibition Business

Tourism

The West Lake Historic & Scenic Area

Finance & Taxation

Banking, Affiance & Insurance

Economic Management

Party and Government Organizations

Democratic Parties, Federation of Industry & Commerce

Organizations

Human Resources & Social Security

Foreign Affairs, Overseas Chinese Affairs, Hong Kong and Macao Affairs & Taiwan Affairs

Political and Legislative Affairs

National Defense

Culture

Press & Publication

Science & Technology

Social Science

Education

Public Health

Sports

Social Livelihood

People

Districts & Counties (Cities)

Statistics

Appendix

Index

在市委十一届十次全体（扩大）会议上的报告

（2015年12月30日）

中共浙江省委常委、杭州市委书记 赵一德

这次全会的主要任务是：深入学习贯彻党的十八届五中全会、中央经济工作会议和省委十三届八次全会、省委经济工作会议精神，审议市委《关于制定杭州市国民经济和社会发展第十三个五年规划的建议》，回顾总结2015年工作，研究部署2016年重点任务。

现在，我代表市委常委会，向全会报告工作。

一、关于过去一年的主要工作

市委十一届八次全会以来，市委常委会全面贯彻党的十八大和十八届三中、四中、五中全会精神，认真学习贯彻习近平总书记系列重要讲话精神特别是在浙江和杭州考察时重要讲话精神，按照"四个全面"战略布局，持续深化"八八战略"实践，团结带领全市人民主动适应经济发展新常态、沉着应对各种风险挑战，稳中求进、转中求好，干在实处、走在前列，推动全市经济社会实现了新发展，许多工作走在了全国全省前列。全国农村基层党建工作座谈会、全省特色小镇规划建设工作现场推进会等多个全国全省会议在杭召开，入选中国十大创新生态城市，成功获得2022年亚运会主办权，连续第9年获中国最具幸福感城市称号。

（一）坚持把学习贯彻习近平总书记系列重要讲话精神作为首要政治任务，坚决落实中央和省委重大决策部署。市委常委会始终在思想上政治上行动上自觉同以习近平同志为总书记的党中央保持高度一致，切实加强理论武装工作，及时传达学习习近平总书记系列重要讲话精神和中央、省委重要会议精神，主持召开市委十一届九次全会对学习贯彻习近平总书记在浙江和杭州考察时的重要讲话精神作出部署，不断增强全市党员干部的道路自信、理论自信、制度自信。坚决贯彻中央和省委一系列决策，制定实施《关于全面加强基层党建巩固基层政权的决定》《关于加强和改进党的群团工作的实施意见》《关于贯彻〈中国共产党统一战线工作条例（试行）〉的实施意见》等文件。坚决贯彻中央和省委对做好意识形态工作的部署，全面落实意识形态工作责任制，牢牢把握意识形态工作的领导权和主动权。坚决贯彻省委重点工作部署，转型升级系列组合拳打出新成效。截至11月底，"五水共治"基本完成境内84条137公里黑臭河整治，千岛湖配供水一体化工程全面动工，市控以上断面水质达标率和达到或优于Ⅲ类标准的比例均为85.1%，分别同比上升10.6%和4.2%，省对我市水质交接断面考核优秀；"三改一拆"大幅超额完成年度目标任务，腾退土地1.33万亩；"两路两侧""四边三化"专项整治全面完成1645

个问题整改；浙商回归新增到位资金601.19亿元，总量继续保持全省领先。55家企业上榜2015中国民营企业500强，入选企业数量连续13年蝉联全国城市首位。

（二）坚持把服务保障2016年G20峰会作为头等大事，全力以赴做好各项筹备工作。在中央和省委的正确领导下，在中央筹委会和国家有关部委的有力指导下，我们紧紧围绕筹备峰会这个圆心，紧锣密鼓推进各项工作：省、市分别成立峰会筹备工作领导小组，建立合一的领导小组办公室，工作机制不断完善；相关场馆设施改造提升进展顺利，打造“美丽杭州”、建设“两美”浙江示范区专项行动有序推进，120个重中之重建设整治项目全部开工，峰会会标正式发布，峰会官方网站正式上线，峰会注册中心建成开放；安保维稳、志愿服务、文艺演出等工作不断深化。特别是11月16日习近平总书记正式宣布2016年峰会在杭州召开以后，省市联合召开动员大会，迅速掀起全民动员、全面筹备热潮，“办好G20、当好东道主”的氛围不断浓厚。像全市老同志们都非常关心G20峰会，积极响应和支持市委组织部、老干部局组织开展的“助力G20、夕阳展风采”系列活动，充分体现了老同志们对杭州的深厚感情和无限热爱。

（三）坚持把深入实施“一号工程”作为经济转型升级的主攻方向，凝心聚力推进“两区”建设。我们坚持经济发展新常态这个大逻辑，始终保持战略定力，精准发力“一号工程”，**经济发展呈现增长中高速、质效中高端良好态势，**前三季度全市生产总值同比增长10.2%、增速居全国副省级以上城市第二，全年有望突破万亿元；信息经济引领、服务业主导的产业发展格局加快形成，服务业增加值占比达58.2%，信息经济对GDP增长的贡献率达45%；截至11月底，工业新产品产值率升至34.1%，“互联网+制造”迈出新步伐，在全国率先推行工厂物联网，实施“机器换人”项目675个。**新旧动能转换持续加快，**创业创新生态系统不断完善，梦想小镇等9个特色小镇入选省级特色小镇，14家众创空间纳入国家级科技企业孵化器管理服务体系、占全国的10%以上，浙商系、高校系、海归系、阿里系等创业创新人才队伍迅速壮大，杭州·云栖大会、中国（杭州）国际电子商务博览会等成功举办，大众创业、万众创新氛围日益浓厚。**“两区”建设加快推进。**中国（杭州）跨境电子商务综合试验区和杭州国家自主创新示范区成功获批。综试区适应跨境电商B2C发展的新型监管服务体系初步建立，“六体系两平台”整体推进，第一批56条创新政策顺利落地，跨境电商B2B发展全面启动，形成一批可复制可推广的经验。大龙网、敦煌网等跨境电商龙头企业落户杭州，1~11月实现跨境电商进出口总额30.4亿美元，已成为外贸稳增长的新动力。自主创新示范区发展和空间规划编制报批，“1+X”政策体系框架初步形成。

（四）坚持改革与法治“两轮驱动”，持续提升城市治理现代化水平。我们坚持以责任制、项目化、时间表抓落实，年度重点任务进展顺利、成效显著：**经济体制改革方面，**大江东产业集聚区管理体制基本理顺，杭州钱江经济开发区与余杭经济技术开发区正式合并，钱塘智慧城正式挂牌，“四张清单一张网”改革持续深化，“市民之家”率先推出服务清单制度，“五证合一、一照一码”商事制度改革全面推广，农村承包地、林地、宅基地和农民房屋“三地一房”确权登记颁证改革全面推进，市属国有企业改革分类分层多途径推进，与阿里巴巴集团战略合作持续深化，杭州成为首批全国创建社会信用体系建设示范城市。**民主法制领域改革方面，**出台市委科学民主依法决策机制、人大讨论决定重大事项清单、政府重大行政决策程序规则、加强和改进政协参政议政意见，颁布《杭州市智慧经济促进条例》《杭州市生活垃圾管理条例》《杭州市绩效管理条例》和《杭州市文明行为促进条例》等地方法规，涉案财物集中管理信息平台试点、刑事速裁试点、重点涉稳问题领导包案化解机制和健全涉法涉诉信访机制取得积极进展。**文化体制改革方面，**国有文化企业改革不断推进，文创产业与相关产业融合发展机制逐步完善，竞争力居全国城市前列，第十一届中国国际动漫节、第十七届中国杭州西湖国际博览会成果喜人。**社会体制改革方面，**智慧城市综合管理平台建设试点务实推进，全国养老服务业综合改革试点进展顺利，传统出租车体制机制改革顺利实施，萧山、余杭、富阳融入主城区迈出实质性步伐。**生态文明体制改革方面，**主要污染物排放权登记颁证和竞价交易全面实施，国家生态文明先行示范区和淳安县国家主体功能区建设试点扎实推进，入选全国第一批生活垃圾分类示范城市。**党的建设制度和纪律检查体制改革方面，**健全完善“大党建”工作机制，实行党建考核“一张报表”，纪检监察派驻机构规范化管理和巡视工作常态化机制逐步形成。

（五）坚持立足当前与着眼长远“两手抓”，统筹做好“十二五”收官和“十三五”谋划工作。我们坚持年初有目标、年中“回头看”、年底有考核，各项工作取得新进展，“十二五”发展有望画上圆满句号。前三季度城乡居民人均可支配收入分别增长8.7%和9.6%，到11月底全市城镇新增登记就业27.45万人，促进充分就业和居民增收取得明显成效。15年基础教育优质均衡发展迈出新步伐，率先实现全国义务教育基本均衡县全覆盖。“双下沉、两提升”工作和智慧医疗建设让城乡居民看病更方便，市级医保参保人员门急诊和住院均次费用持续下降，我市被列入全国第三批城市公立医院综合改革试点。主城区城镇和农村低保政策实现统一。杭钢转型发展、千岛湖配供水一体化工程和九峰环境能源项目稳步推进，城市交通路网不断完善，秋石高架四期、环城北路地下通道建成开通，杭长高速延伸段、下沙互通至江东大桥段竣工验收，萧山机场公路高架部分即将通车，地铁1号线下沙延伸段开通运行，地铁运营总里程达82公里，国家节能减排综合示范城市现场考核优秀，城市“四治”和“美丽杭州”建设取得实质性进展。“我们的价值观”主题实践活动持续深化，杭州“最美”宣讲团被评为全国基层理论宣讲先进集体，公交司机孔胜东入选“第五届全国道德模范”，浙江音乐学院建成使用，农村文化礼堂建设领跑全省，文明城市创建成果不断巩固，文化名城强市建设迈上新台阶。深入开展治安、交通、消防、网络、安全生产领域专项整治，实施出租房消防安全、流动人口管理、出租房电力设施整治专项行动，全面推进涉稳问题排查化解，连续两年全市命案破案率100%，平安创建有望再次实现“满堂红”。同时，我们认真学习贯彻党的十八届五中全会和省委十三届八次全会精神，深入开展调查研究，广泛听取意见建议，全面分析发展优势与短板、增长点与风险点，扎实做好“十三五”规划编制各项工作，形成提请这次全会审议的建议稿。

（六）坚持把全面从严治党作为根本保证，着力凝聚改革发展正能量。我们牢固树立“抓党建是最大的政绩”理念，坚持党要管党、从严治党，强化党建引领，着力营造风清气正政治生态。**强化领导核心作用，**定期听取市人大常委会、市政府、市政协党组工作汇报，全力支持人大、政府、政协依法依章程开展工作；定期召开各民主党派、工商联和无党派代表人士座谈会，鼓励和支持他们围绕中心工作建诤言、献良策。**强化“三严三实”导向，**高标准、严要求开展专题教育，班子成员带头讲党课、带头学习讨论、带头听取意见、带头整改问题，推动形成一级抓一级、一级带一级的浓厚氛围。全市各级领导班子和领导干部共查摆“不严不实”问题7.62万个，完成整改5.77万个。**强化正确用人导向，**组织全市县处级以上党员领导干部开展党章党规党纪集中轮训，学习贯彻《中国共产党廉洁自律准则》和《中国共产党纪律处分条例》，制定改革创新容错免责实施办法，深入开展“标杆三学”和“打造‘狮子型’团队、争做担当有为干部”主题活动，结合重点工作推进大比武、大督查、大考核，专项整治“不担当、不作为、不落实”问题，积极营造实干至上、行动至上的浓厚氛围，努力打造顾大局、守纪律、敢担当、善作为的干部队伍。**强化大抓基层的工作导向，**深化完善基层党建三级联述联评制度，抓好“双基十条”任务分解落实，城乡统筹基层党建新格局初步形成。**强化严格正风肃纪的导向，**大力加强党风廉政建设和反腐败斗争，认真履行党委的主体责任，全面落实主体责任履行情况向上报告制度，切实抓好省委巡视组巡视杭州反馈意见的整改落实，旗帜鲜明支持纪委履行监督责任，保持惩治腐败高压态势。1~11月份，立案查办各类违纪违法案件1597件，处分党员干部1442人，其中厅局级4人、县处级57人，开除党籍592人，追究刑事责任441人。

同时，我们也清醒看到发展存在的问题和挑战。主要是新旧动能转换尚未完成、改革开放力度还需加大、城市国际化水平总体不高、城乡区域发展不够平衡、空间资源环境约束趋紧、民生保障任务还很繁重、各类潜在风险隐患依然存在、干部的思想作风和能力水平有待提高等等。我们必须勇担责任、扭住关键，理清思路、综合施策，切实解决好这些问题，在适应把握引领新常态上更加自觉地率先发力、精准发力，努力开创各项事业新局面。

二、关于明年工作主要任务

明年是“十三五”开局之年，是G20杭州峰会举办之年。**我们要全面贯彻党的十八大、十八届三中、四中、五中全会和习近平总书记系列重要讲话精神，贯彻中央经济工作会议及省委十三届八次全会、省委经济工作会议精神，按照“五位一体”总体布局和“四个全面”战略布局的要求，牢固树立创新、协调、绿色、开放、共享的发展理念，坚持以“八八战略”为总纲，坚持实干至上、行动至上，紧紧围绕办好G20峰会这个圆心，协调推进杭州改革开放和现代化建设各项事业，努力保持稳中求进、转中求好的良好态势，实现“十三五”发展的良好开局，确保继续走在全国重要城市前列、更好发挥在全省的龙头领跑示范带动作用。**

建议明年我市经济社会发展的主要预期目标为：全市地区生产总值增长7.5%~8%，居民消费价格涨幅3%左右，城乡居民收入增长与经济增长基本同步，城镇新增就业人数和节能减排指标完成上级下达任务，切实提高发展的质量、效益和可持续性。按照“战略上坚持持久战、战术上打好歼灭战”要求，重点抓好“一个圆心、七项工作”：

“一个圆心”，就是举全市之力服务保障G20峰会，坚决完成光荣使命

我们要以最高标准确保实现“四个满意”，以最快速度确保筹备工作明年6月全部就绪，以最实作风确保每项工作不留遗憾，以最佳效果确保城市国际化水平明显提升。这是我们作出的庄严承诺！不辱使命、不负重托，就必须严格按照中央筹委会和省委、省政府确定的方案、标准、时间节点，以只有确保、没有力争的决心，保持非常状态，采取非常措施，落实非常责任，举全市之力快干、早干、大干，充分展示历史文化名城与创新活力之城交相辉映的独特韵味，呈现给世界一份别样的精彩，为办成一届具有里程碑意义、取得最佳成效的G20峰会作出应有贡献。**坚决打赢安保维稳硬仗。**服务保障G20峰会，安保维稳是前提、是底线，是树在前面的“1”。“1”不倒，后面“0”多了才有意义。以确保绝对安全为目标，以“六大体系”建设为基础，深化平安杭州建设，突出反恐防暴重点，依法严打严管严治，实施“冲刺”“决战”系列行动，抓好风险隐患排查，努力化解和管控一切不稳定因素，整合群防群治力量打好“人民战争”，构筑整体防控、立体防卫、层圈过滤的安保防线，坚决防止发生危害国家安全和社会稳定的重大政治事件、坚决防止发生重大暴力恐怖事件、坚决防止发生重大群体性事件和个人极端事件、坚决防止发生重大公共安全事件，巩固打造最具安全感城市成果。**按时保质完成重要场馆改造，**弘扬工匠精神，注重绿色环保，高标准、高质量、高效率推进峰会主场馆、国宾接待酒店等改造提升，坚决打造精品工程、安全工程、廉洁工程。**有力有序推进环境保护和整治，**持续深化打造“美丽杭州”、建设“两美”浙江示范区等专项行动，扎实推进“四边三化”和“两路两侧”专项整治，做到从机场、火车站到宾馆，从会议点到活动点，从景区到社区，从城市到农村，都要让人耳目一新。像上城区的馒头山社区、滨江区的水电新村、江干区的常青社区、云峰社区、定海社区等老旧小区和“城中村”，环境设施普遍落后，居民生活品质普遍较差，已成为杭州这座城市令人难堪的“伤疤”。我们要站在道德的制高点、法律的制高点、文化的制高点上，借助服务保障峰会的最佳契机，理直气壮推进这些地块的整治，修复好“城市伤疤”，还群众一个更有品质的生活环境。要强调的是，环境整治工作一定要注重质量，街面改造、卷帘门和广告整治等，都要加强城市设计，做到一次成功、不“翻烧饼”，真正把这件惠及民生的大实事做好。**着力提升软件服务品质，**做好联络员、翻译员、服务员、驾驶员、志愿者“五大员”招募培训工作，完善和落实主会场运营、配偶活动线路及非遗项目展示、会务保障等19个方案，为与会各国嘉宾提供高效、专业、优质、温馨的服务。**全面掀起“办好G20、当好东道主”的热潮，**严守保密纪律，加强新闻宣传和应对，深入开展市民素质提升行动，营造全民支持峰会、服务峰会的浓厚氛围，展示“现代、文明、开放、诚信、友善”的杭州市民形象。

“七项工作”，就是围绕办好G20峰会圆心，确保在七个方面实现新突破

（一）用足用好G20峰会重大机遇，在提升城市国际化水平上实现新突破。举办G20峰会，对我市提升城市国际化水平的作用是直接、显见的，影响将是全面、深远的。明年重点要在三个方面见实效：**讲好“杭州故事”，提升城市知名度美誉度。**制定实施G20峰会杭州国际形象传播方案，落实针对不同阶段、不同受众的传播策略，用世界语言传递杭州这部历史人文经典藏书的底蕴，呈现千年古都、文化胜地的独特韵味；传递杭州这幅钟灵毓秀山水画卷的美丽，呈现山水相依、湖城合璧的独特韵味；传递杭州这座美丽华贵人间天堂的繁华，呈现流光溢彩、日新月异的独特韵味；传递杭州这首潮起潮涌时代赞歌的创新活力，呈现海纳百川、引领潮流的独特韵味；传递杭州这道温暖如春美丽风景的幸福和谐，呈现和谐友善、大爱无疆的独特韵味，让“江南忆、最忆是杭州”成为各国元首、嘉宾、记者和中外游客难以忘怀的最美好记忆。**用好“金字招牌”，推进旅游会展业转型发展。**习近平总书记指出，国际峰会是当今世界上最为重要的会议，把国际峰会放在浙江、杭州开，就是要利用这一平台，向世界全面展示我国现代化建设的新的发展成就，让国际社会对我们有更深的了解，同时也是给浙江和杭州带来一块“金字招牌”，全面拉升会展业的提升发展。抢抓峰会机遇，旅游会展业要当好“急先锋”，唱好“重头戏”。制定实施旅游国际化新一轮行动计划，加快旅游产品、营销、服务、功能、管理和环境的国际化进程，加大境外宣传推介力度，向全世界推出一批精品旅游线路、旅游景区和旅游景点、旅游产品，促进旅游业大转型大发展。要充分展示我市发展国际会展的良好条件、能力水平和巨大潜力，大力推介杭州·云栖大会、中国国际动漫节、中国杭州西湖国际博览会、中国（杭州）国际电子商务博览会、文化创意产业博览会、全球首届XIN公益大会等会展品牌，扎实做好亚运会、世界短池游泳锦标赛等重大赛事活动筹办工作，积极引进和培育国际知名会展机构、会展项目、赛事活动，加快打造“国际会展之都”。**对接国际标准，提升服务品质。**加快建立国民待遇加负面清单管理的外资管理模式，加强和改进外籍人员法律等咨询服务，积极引进国际知名中介服务机构，打造便捷高效的政务环境和接轨国际的商务环境。实施教育、医疗国际化行动计划和国际化标识改造工程，加快推进国际学校、国际医院和国际化街区、商务楼宇、生活社区等建设，构建国际化的宜居宜业环境。不少外国友人建议，杭州要专门建一个面向外国人的呼叫服务网络，这也是城市国际化程度提升的一个重要标志，我们要加快推进。同时，要学习借鉴国内外先进城市经验，抓紧研究制定“后峰会”深化策略，最大限度发挥好G20峰会“金字招牌”的“黄金效应”。

（二）坚定不移实施“一号工程”，在推进创新发展上实现新突破。坚持把“一号工程”作为加快经济转型升级的主攻方向，充分发挥“两区”建设叠加优势，全面实施“创新创业新天堂”行动计划，持续打好转型升级系列组合拳，促进经济提质增效，加快新旧动能转换，厚植创新活力之城的优势和特色。**进一步聚焦创新要素集聚。**深入推进国家促进科技金融结合试点城市和国家小微企业创业创新基地城市示范建设，加快破解科技创新“四不”问题，加大知识产权保护力度，推动众创、众包、众扶、众筹“四众齐进”，促进创客、创业、创新、创投“四创联动”，持续释放创业创新活力。深入实施“人才强市”战略，加大投资于人的力度，抓好人才管理改革试验区试点，全面落实“人才新政27条”，持续深化与名院名校名企及国家“千人计划”专家联谊会的战略合作，建立与在杭高校良性互动、融合发展的机制，加快推进西湖大学、浙江工程师学院、湖畔大学建设，汇聚浙商系、高校系、海归系、阿里系等更多创业创新人才，真正把杭州打造成人才向往、人才集聚、人才辈出的创业创新高地。实施企业创新主体培育工程，深化大企业大集团五年行动计划、小微企业三年成长计划，大力推进产学研资用协同创新，谋划和实施一批重大科技项目，打造一批具有国际竞争力的创新型领军企业，加快培育百舸争流、千帆竞发的科技型中小企业集群。**进一步聚焦创新平台建设。**积极推动杭州国家自主创新示范区建设从杭州高新区和临江高新区向“一区十片、多园多点”拓展，全力支持高新区（滨江）建设世界一流高新区、更好发挥“大孵化器”功能和辐射带动作用。立足创新机制、配优资源、集聚要素、优势互补，制定实施“两廊两带”发展规划和建设行动计划。像规划建设城西科创大走廊和钱塘江金融港湾，都是省委经济工作会议明确的任务。城西科创大走廊作为全市乃至全省企业创新、人才创业的重大战略平台，是“十三五”既该干、又能干成的一件大事。我们必须按照省委、省政府要求，抓紧研究解决综合交通体系不健全、体制机制不完善、土地要素“瓶颈”制约等问题，为各种创新要素进一步汇聚创造良好条件。同时，要以互联网金融、财富管理等为特色，抓紧规划建设钱塘江金融港湾，加快发展各类新型金融机构，努力打造全国金融创新中心。坚持特色化、差异化发展，严格创建标准，深化完善特色小镇培育和发展机制。坚持以亩产效益综合评价为导向，持续推进各类园区整合提升，加快国际合作产业园建设，建成一批融创新、产业、生态、景观、人文于一体的创新平台。**进一步聚焦重大产业培育。**围绕培育万亿级信息产业群和高端装备制造、时尚产业、文化创意、金融服务、旅游休闲、大健康6大千亿级产业目标，以建设国家新一代互联网示范城市为契机，深入实施“互联网强市”战略和“互联网+”行动计划，深化“中国软件名城”建设，着力打造5G应用先行区，大力发展分享经济、平台经济，加快建设“六大中心”，保持信息经济先发优势。坚持“两化”深度融合，制定实施《中国制造2025杭州行动纲要》，大力实施工厂物联网专项行动，持续深化“四换三名”工作，联动推进质量强市、标准强市和品牌强市建设，积极发展智能制造、协同制造、绿色制造和服务型制造，着力提升先进制造业核心竞争力。加快建筑业发展，推动杭州从建筑业大市向强市转变。主动适应消费结构升级和消费方式转变的趋势，深化服务业综合改革和信息惠民等国家试点，创新产品和服务供给，巩固提升传统消费，积极培育服务、信息、绿色、时尚、品质和农村消费等新领域新热点。**进一步聚焦经济体制改革。**按照“改革政策要实”要求，切实落实供给侧结构性改革举措，不断增强发展动力。坚持优胜劣汰，通过兼并重

组、债务重组乃至破产清算等举措，对已停产半停产、连年亏损、资不抵债、靠政府补贴和银行续贷的“僵尸”企业，对陷入“两链”的重危企业，实现市场出清，坚决淘汰落后产能。统筹推进投融资体制改革和国资国企改革，加快国有企业资产重组和资产证券化，进一步做大做强国有投融资平台，引导更多国有资本投向事关发展全局的重要行业和关键领域。抓住国家新一轮财税体制改革机遇，积极争取国家和省各类基金、债券及资金支持，发挥城市发展基金、政府产业基金、PPP等新型融资模式的杠杆和放大效应，拓展融资平台和渠道，提高资金筹措和运作能力。同时，要积极发展地方资本市场，稳步推进企业上市融资、发债融资，支持企业技术改造和设备更新。加强风险监测预警，高度重视并做好金融风险防范化解工作。继续深化“四张清单一张网”改革，推广服务清单模式，按照“地方能减的先减”要求，全面开展企业负担调查，积极落实降低企业成本改革举措，助推实体经济转型升级。落实以满足新市民为出发点、购租并举为主要方向的住房制度改革措施，着力化解房地产库存，保持房地产市场健康平稳发展。建立大数据管理机构，打破“信息孤岛”，深化“一平台四体系”建设，巩固全国社会信用体系建设示范城市成果。**进一步聚焦扩大有效投资。**以G20峰会、智慧城市、重大产业、基础设施、城乡统筹、生态保护、公共服务及民生保障项目等为重点，特别要着力抓实一批事关全局发展的重大基础设施和公共服务类项目，确保明年全市固定资产投资增长10%以上。省委经济工作会议已经明确，明年固定资产投资要增长10%左右，部分重点领域要确保增长15%以上。杭州作为省会城市，要当仁不让挑起重担，把扩大有效投资作为明年经济工作的重中之重，抓紧研究完善投资考核办法，着重回答好“项目从哪里来”“钱从哪里来”“地从哪里来”三个问题。一是“项目从哪里来”。就是要围绕“四个重大”，重点抓好“四个一批”：开工一批，初步安排省、市重点建设项目439个；续建一批，抓好已开工项目特别是峰会项目的续建工作；投用一批，让重大项目投资尽快转化为新的生产能力和服务能力；储备一批，加快推进前期工作。二是“钱从哪里来”。必须在用好财政资金和银行贷款“两个老渠道”的同时，着力在用好向上争取资金和政策、向资本市场要资金“两个新渠道”上求突破。当前尤其要抓紧对接国家重点支持的32个方向的专项基金政策，最大限度地争取建设资金。明年财政资金安排，要重点保障峰会项目。三是“地从哪里来”。重点要利用大规划、大战略、举办重大赛事活动等契机，积极向国家和省争取指标和用地空间支持；依法依规及时做好征地拆迁工作，确保重大项目顺利实施；同时要加大内部挖潜、存量盘活力度，鼓励发展“台地园区”“坡地村镇”，为有效投资增长拓展发展空间。

（三）立足不断增强发展整体性，在推进协调发展上实现新突破。全面建成小康社会，不仅要做到人口、区域、领域全覆盖，而且更要注重发展的协同性、整体性。**着力优化中心城区功能。**牢固树立“精明增长”“紧凑城市”理念，坚持“两疏散、三集中”，优化“一主三副六组团”空间布局和功能配置，深入推进主城区城市有机更新，推动中心城区非核心功能和产业、人口外移，强化研发创新、现代服务、商务会展等功能；推动副城组团加快产城融合发展，提升基础设施建设和公共服务水平。重点要做好“地上”“地下”“联通”“融合”四篇文章。做好“地上”文章，就是要以“无违建区、县（市）”创建为龙头，坚定不移推进“三改一拆”，加大现有城镇棚户区、“城中村”和危房改造力度，完善社区商业、文化、安全等公共和生活服务功能。特别是要围绕主城区包括杭州经济开发区和杭州西湖风景名胜区五年时间基本完成“城中村”改造目标，因地制宜采取拆除重建、综合整治和拆整结合等多种方式加快推进，明年重中之重是全力推进峰会环境整治专项行动涉及的“城中村”整治提升，打造若干样板，确保打响五年攻坚的“头炮”。从前期摸底调研情况看，目前主城区还有246个撤村建居村，完成或基本完成改造的占47%，正在改造的占33%，尚未启动改造的占20%，剩下的都是难啃的“硬骨头”。各城区都要有序推进、不急不躁、确保平稳。做好“地下”文章，就是要加强地下空间开发利用，统筹推进地下道路、管廊、停车库、公共服务设施建设和管理，确保武林广场地下空间开发等重点工程明年六月精彩亮相。做好“联通”文章，就是要围绕打造国际性交通枢纽目标，积极支持杭州萧山国际机场改造提升、开通更多国际航线，确保建成萧山机场公路改建工程、杭金衢高速公路拓宽杭州段、富春江船闸扩建工程等18个项目，加快推进杭黄高铁、绕城西复线和临金、千黄高速等重点项目建设，加快完善综合交通体系。做好“融合”文章，就是要按照三年融合的目标，加快萧山、余杭、富阳全面融入主城区步伐。要全面推进智慧城管“一中心四平台”建设，进一步落实“美化、洁化、序化、亮化、绿化”长效综合管理，不断提高城市管理的智慧化、精细化和现代化水平，持续提升城市品位。像户外广告管理、野导黑车整治、城市“牛皮癣”清理、BRT线路设置等，都要在落细落实和长效管理上加大力度，解决好“重主体轻配套”“重面子轻里子”“重发展轻风险”等问题。**着力加大城乡区域统筹力度。**坚持以人为核心的新型城镇化，认真贯彻《居住证暂行条例》，学习借鉴兄弟城市做法，抓紧制定积分落户和居住证管理办法，促进有能力在城镇稳定就业和生活的农业转移人口举家进城落户，努力实现基本公共服务常住人口全覆盖。开展新一轮区县（市）协作，完善“联乡结村”、结对帮扶工作机制，深化产业、科技、人才、文创、旅游、交通等西进行动，推动城乡在规划布局、要素配置、产业发展、公共服务和生态保护等方面融合发展，支持县（市）因地制宜构建现代产业体系、增强发展的内生动力，加快绿色崛起。围绕农业增效、农民增收、农村美丽，深化农民素质提升工程，深入实施藏粮于地、藏粮于技战略，推进供销合作社和农业生产经营管理体制改革，提升发展优势特色农业，积极发展智慧农业，大力培育现代民宿、农村电商、乡村旅游、运动休闲、健康养生等新型业态，加大“千村示范、万村整治”力度，全面推动美丽乡村建设从“物的新农村”向“人的新农村”迈进。**着力提升城市软实力。**拓展“我们的价值观”主题实践活动，实施市民文明素质提升工程，持续推进“打造国内最清洁城市”，巩固提升“最美现象”精神文化品牌。深入实施“城市记忆”和“文艺精品”“文化民生”等工程，加快推进之江文化中心、中国动漫博物馆等重大文化设施建设，高标准建设一批基层文化阵地。坚持文创产业化、产业文创化，加快文创产业与其他产业跨界融合发展，确保文创产业综合竞争力全国领先。**着力推进军民融合发展。**加强对党管武装工作的领导，坚持把武装工作纳入区、县（市）目标责任考核，加快建设具有杭州特色的军民融合创新示范区。加强国防动员和后备力量建设，充分发挥民兵预备役部队在峰会安保维稳中的重要作用。深化“双拥”模范城、模范县创建，增进军政军民团结。

（四）照着“绿水青山就是金山银山”路子走下去，在推进绿色发展上实现新突破。杭州是一个传统资源小市，缺地矿资源、缺港口资源、缺政策资源、缺项目资源，但同时又是一个环境资源大市，被称为“人间天堂”。说到底，首先是一个好地方，山清水秀、人杰地灵。坚持环境立市、绿色发展理念，把实现绿富美有机统一作为根本追求，着力打造“环境监管最严格城市”，确保国家级生态市创建验收得高分，全面推进“美丽杭州”建设。**坚持保护第一，加强源头管控。**强化规划引领和刚性约束，推进“多规合一”，落实主体功能区战略，科学划定并严格城市开发边界，严守耕地和生态红线，促进生产、生态、生活空间合理布局。巩固西湖、西溪、运河等综保成果，继续推进“三江两岸”生态景观保护与建设，切实保护好、建设好市域西部生态屏障和市区“六条生态带”。**突出“四治”重点，加大攻坚力度。**坚持治污先行，把治污泥纳入治水任务，把区域流域治水作为重要方法，坚定不移推进“五水共治”。治污水要以“零直排区”建设与“河长制”为抓手，全力打好城镇截污纳管、工业污染防治、农业面源污染治理、农村生活污水治理四场“硬仗”；排涝水、防洪水，要持续深化“强库、固堤、扩排”三大工程，强化区域系统排涝治理；保供水，要继续加大钱塘江、苕溪等流域保护力度，加快千岛湖配供水一体化等重点工程建设；抓节水，要积极推进海绵城市建设，加快建设节水型社会。坚持标本兼治，加大治气力度。按照“从严控制烟囱排放、高标准控制汽车上牌”要求，深入实施大气污染防治行动计划，在持续推进转方式调结构、加大治本力度的同时，大力开展企业脱硫脱硝及烟粉尘改造，巩固全面淘汰黄标车成果，加快老旧车淘汰和车用油品升级，加大新能源汽车推广应用力度。新能源汽车是中国制造2025提出的十大重点产业之一，我市推广应用和产业发展势头都很好。必须抢抓机遇、乘势而上，确保继续走在全国前列。初步考虑，明年我市要确保推广新能源汽车7500辆以上。加强对全市建筑工地全覆盖监管，积极推动区域联防联治，更广泛唤醒公众参与意识，汇聚全社会力量打好攻坚战，全面提升大气质量。坚持“三化四分”，深化垃圾处置。抓好《杭州市生活垃圾管理条例》实施，稳步推进天子岭循环经济产业园、九峰环境能源等重点项目建设，提高城乡生活垃圾分类覆盖面、准确率，加快解决“户里分垃圾、运时混一起”问题，努力实现垃圾处理无害化减量化资源化。坚持公交优先，推进交通治堵。推进交通治堵行动计划和“畅通西部”三年行动计划，抓紧规划建设城西综合交通枢纽，基本建成“四纵五横”快速路网并向城西、大江东、富阳等区域延伸，加快建设地铁二期工程和杭富、杭临市域轨道交通项目，加强“堵点”地段综合治理，推进各类公交“零距离换乘”，进一步提升交通管理水平，努力让交通更顺畅、出行更便捷。组织改革大交通管理体制。全面完成出租车行业改革。**务必从严从紧，强化制度保障。**严格落实党委、政府领导及有关部门生态文明建设“一岗双责”制，落实领导干部自然资源资产离任审计和生态环境损害责任终身追究制度。制定《杭州市生态文明建设促进条例》，将生态文明建设纳入法治化、制度化轨道。完善自然资源资产产权和有偿使用、生态保护红线、生态保护补偿等制度以及排污权、碳排放权交易市场化机制。严格实施能耗倒逼和污染物排放总量控制，完善主要污染物排放财政收费制度，统筹推进淘汰落后产能、过剩产能、园区转型升级和城区工业企业搬迁等工作，推动形成绿色低碳循环发展新方式。省里明确提出明年在生态环保方面要强化两项制度建设：一是对国家考核的二氧化硫、化学需氧量、氨氮、氮氧化物四种污染物，按每吨2000元收费；二是对重点生态功能区、县（市），按出境水质和森林覆盖率予以“环境年金”。

（五）培育对外开放新优势，在推进开放发展上实现新突破。顺应世界经济深度融合趋势，主动对接“一带一路”、长江经济带等国家战略，积极拓展对外开放新空间，努力发展更高层次的开放型经济。**把打造核心竞争力作为主攻点，抢占跨境电商发展制高点。**围绕打造跨境电商全球最优“生态圈”，全力抢抓“窗口期”，持续深化“六体系两平台”建设，更好发挥阿里巴巴等龙头企业作用，进一步破解跨境支付、信用保障、国际物流和“海外仓”建设等难点问题，加快打造跨境电子商务创业创新中心、服务中心和大数据中心，着力促进跨境电商自由化、便利化、规范化，加快推动综试区先行先试机遇向核心竞争力转变。**把抢占市场份额作为着力点，加快转变外贸发展方式。**坚持以渠道、品牌、技术、质量、服务为核心，积极创新“互联网+外贸”方式，优化出口结构，更加注重服务贸易、机电与高新技术产品等附加值和效益高的产品出口，更加注重能带动结构调整的产品和服务出口，推动跨境电商B2B贸易尽快做大规模，实现传统市场与新兴市场齐头并进，构筑外贸发展新优势。**把招大引优作为关键点，打好招商引智“主动仗”。**举办G20峰会和B20峰会，是我们在家门口对接国际市场、扩大招商引资、融入全球经济的难得机遇。要抓紧制定峰会招商引智行动方案，搭建专门班子，设计有效载体，全方位推介我市的优势产业、发展平台、重点企业、投资环境，加强对与会全球财经界“大佬”的“一对一”精准对接服务，力争有若干个大项目好项目落户杭州。要坚持产业、总部、资本、人才、科技回归并重，深化浙商回归工作。要加快建立招商引资跨区域协作模式和利益共享机制，优化完善考核办法，进一步形成招商合力。**把整合利用更多资源作为新增点，拓展对外开放新空间。**创新完善境外投资服务促进体系和风险防控监管机制，支持有条件的企业“走出去”，兼并重组国际知名企业、建立海外研发中心，更好利用全球技术、人才、资本等要素资源，提升企业和产业的国际竞争力。加强与以上海为龙头的长三角城市群对接，落实杭州都市经济圈转型升级综合改革试点三年行动计划，发挥杭州都市区在全省的龙头带动作用。继续加强与国内兄弟城市的交流合作，持续推进“山海协作”工程，认真做好对口支援和帮扶工作。

（六）着力保障和改善民生，在推进共享发展上实现新突破。坚持以人民为中心的发展思想，把增进人民

福祉、促进人的全面发展、朝着共同富裕方向稳步前进作为发展的出发点和落脚点，确保全市一般公共预算新增财力的三分之二以上用于民生，坚决守住平安底线，着力保障改善民生，让人民群众有更多共享发展成果的获得感。**不断提高就业质量**。实施更加积极的就业创业政策，促进有就业能力的残疾人员、城镇零就业家庭和被征地农民等困难群体就业再就业，努力实现社会充分就业；继续把促进高校毕业生就业摆在突出位置，深入实施大学生就业促进和创业引领计划，以创新促创业、以创业带就业。完善收入分配制度和劳动报酬增长机制，确保劳动报酬提高与劳动生产率提高同步。**推进社会保障全覆盖**。实施全民参保计划，优化完善社保政策，推动参保扩面提质增效；逐步提高企业退休人员和城乡居民养老保障待遇，进一步减轻参保人员医疗费负担，完善覆盖城乡、全民共享的养老和医疗保障体系；完善城乡"四级救助"网络，深入开展"春风行动"，稳步提高最低生活保障标准和生活补助水平，更好兜住民生底线。**坚持教育优先发展**。实施全面育人、名校集团化、教育国际化等"品质教育"七大行动，积极推进六城区优质教育资源向三区、四县（市）延伸，着力推进15年基础教育优质均衡发展，让城市和农村的孩子都能得到高品质的教育服务。加速构建现代职业教育体系，支持杭师大建设特色鲜明的一流综合性大学。**加快建设健康城市**。推进"名院集团化办医"和"双下沉、两提升"，拓展完善"智慧医疗"和医养护一体化服务体系，让城市和农村的居民都能得到高水平的医疗服务。积极应对人口老龄化加速趋势，推进公办养老机构改革，支持社会力量兴办养老机构，完善以居家养老为中心的养老服务体系，让每个老人过上更幸福的生活。我市老年人口占户籍人口比重达19.98%，高于全国全省水平，老龄化、高龄化、空巢化、失能化"四化叠加"趋势明显。积极应对老龄化问题，已成为补齐全面建成小康社会短板的重要内容，更需要我们健全养老服务体系，探索创新社会养老模式，发展银发经济，促进公益性和产业化养老的融合发展，让老年人生活得更有质量。**加强社会治理创新**。在确保峰会安保万无一失的前提下，完善社会治理体制，加大危爆物品管理和电信、金融诈骗等新型犯罪打击力度，不断健全防灾减灾、应急救援体系，实现经济社会安全发展。以创建国家食品安全城市为契机，健全食品、药品和餐饮监管体系，强化源头治理和全过程监管，保障人民群众饮食用药安全。

（七）贯彻全面从严治党要求，在营造风清气正的政治生态上实现新突破。无论是服务保障G20峰会，还是实现"十三五"良好开局，党员干部都是关键。要牢固树立"抓党建是最大的政绩"理念，坚持全面从严治党，落实管党治党责任，健全完善"大党建"工作机制，全面开展"保障峰会争先锋、担当有为谋新篇"主题活动，不断提高党的建设科学化水平，为全面推进改革发展提供根本保证。**进一步提升驾驭经济社会发展的能力**。坚持总揽全局、协调各方，健全党委运行机制和工作机制，发挥各级党委（党组）领导核心作用，进一步形成党委领导下的人大、政府、政协各司其职、团结奋进的工作格局。加强和改善党对经济工作的领导，学好用好中国特色社会主义政治经济学，牢牢把握新常态的大逻辑，科学遵循市场经济发展规律，自觉践行"五大发展理念"，全面提高领导经济工作专业化水平。加强同各民主党派的政治协商，巩固和发展最广泛的爱国统一战线，支持和推动协商民主广泛多层制度化发展。支持工会、共青团、妇联等群团组织依照各自章程开展工作，稳步推进群团改革。做好老干部、民族宗教、对台侨务、外事等工作。深入落实"杭法十条"，加快建设法治政府、法治社会，提高领导干部运用法治思维和法治方式推动发展的能力，提高人民群众自觉守法、遇事找法、解决问题靠法的意识和能力。**进一步强化思想理论武装**。持续深化深入学习习近平总书记系列重要讲话精神和以中国梦为主题的中国特色社会主义宣传教育活动，推动全市党员干部进一步坚定理想信念，增强道路自信、理论自信、制度自信。切实加强对意识形态领域的领导，落实意识形态工作责任制，深化"让网络空间清朗起来"活动，牢牢把握工作主动权、主导权和领导权。**进一步强化正确用人导向**。坚持严格要求和关心关爱并重，贯彻落实习近平总书记关于新时期好干部标准和"三严三实"等要求，突出顾大局、守纪律、敢担当、善作为，切实抓好市、区县（市）、乡镇（街道）三级组织换届工作，加强领导班子和干部队伍建设，配强好班长、建设好班子、培养好梯队。坚持以实干论英雄、凭实绩用干部，完善领导班子和干部考核评价办法，实行服务保障G20峰会专项考核，继续开展"三不"专项整治，推进优进庸退、能上能下。落实容错免责实施办法，为担当者担当、让有为者敢为，进一步激发党员干部斗志、营造干事创业环境。**进一步夯实基层基础**。紧紧围绕"强化政治引领、强化服务功能"的总体要求，牢固树立大抓基层导向，加大"智慧党建"力度，全面落实"双基十条"，加快推进基层治理体系和治理能力现代化。坚持把党组织的政治功能和服务功能有机统一起来，把服务群众同教育引导群众结合起来，打通服务群众"最后一纳米"，在倾听群众呼声、为民分忧解难中密切党群关系，在加强政策宣传、提升服务能力中增强基层党组织的凝聚力、向心力。深化基层"领头雁"工程，选优配强基层党组织"带头人"，大力弘扬"朱忠华式"乡镇（街道）干部优秀品质、"杭兰英式"村（社区）干部良好作风。如"十大最美人大代表"中的淳安县人大代表胡海燕，她也是千岛湖镇南山社区党委书记兼居委会主任，对社区范围内900户人家情况了如指掌。**进一步加强党风廉政建设**。坚决落实"两个责任"，推动主要领导和班子成员认真履行"第一责任人"责任和"一岗双责"。尊崇党章，认真贯彻落实《准则》和《条例》，坚持把纪律和规矩"两个挺在前"，严格执行六大纪律特别是政治纪律和政治规矩，把握运用监督执纪"四种形态"，持之以恒纠正"四风"，坚定不移惩治腐败，进一步加强党内监督，努力构建不敢腐、不能腐、不想腐的体制机制。

同志们，让我们更加紧密地团结在以习近平同志为总书记的党中央周围，坚决贯彻中央和省委决策部署，坚持实干至上、行动至上，敢于担当、奋发有为，扎实做好各项工作，圆满完成光荣使命，实现"十三五"发展精彩开局，为服务全国全省大局作出应有贡献。

注：文中部分经济数据为初步统计数

照片由杭报集团提供

政府工作报告

（2016 年 2 月 1 日在杭州市第十二届人民代表大会第六次会议上）

杭州市人民政府市长 张鸿铭

各位代表：

现在，我代表市人民政府向大会报告工作，请予审议，并请市政协委员和其他列席人员提出意见。

一、2015年工作和“十二五”发展回顾

2015年是不平凡的一年。市政府认真贯彻落实党中央国务院、省委省政府和市委各项决策部署，主动适应发展新常态，突出改革创新、转型升级、环境治理、民生改善、社会和谐等工作重点，励精图治、奋发进取，全面完成了市十二届人大五次会议确定的各项目标任务。尤为可喜的是，在党中央国务院关心支持和省市共同努力下，杭州成为2016年G20峰会举办城市，并成功获得2022年亚运会主办权、获批设立中国（杭州）跨境电子商务综合试验区和建设杭州国家自主创新示范区，为推进我市高起点上新发展注入了强大动力。

（一）转型升级加快推进，发展质效持续提升。坚持稳增长与调结构相结合，经济运行高开稳走向好，全市生产总值10053.58亿元，成为全国第十个总量超万亿元城市，比上年增长10.2%，增幅居全省第一、副省级以上城市第二；财政总收入2238.75亿元，其中一般公共预算收入1233.88亿元，分别增长11%和9.8%。投资结构进一步优化、重大项目有力推进，全市完成固定资产投资5556.32亿元，增长12.2%。成功举办西博会、动漫节、文博会、电商博览会、国际快递业大会，全市社会消费品零售总额4697.23亿元，增长11.8%，网络零售额增长42.6%；出口总额（不含省属企业）2760.72亿元，增长5.1%，其中跨境电商出口141.13亿元。实际利用外资71.13亿美元，增长12.3%；国内招商到位资金1249.27亿元，增长18.5%，其中浙商回归到位资金660.58亿元，增长27%，成功引进和签约一批重大产业项目。深入实施“一号工程”，信息经济强势发展，高新技术产业、战略性新兴产业、先进装备制造业增加值增幅明显高于规上工业，电子商务、文化创意、旅游休闲、金融服务等优势产业快速发展。新增境内外上市企业9家、新三板挂牌企业130家。新建省级现代农业园区18个、各级粮食生产功能区262个，现代都市农业发展取得新进展。

（二）创新驱动持续强化，发展动力加快转换。坚持把创新驱动作为发展主引擎，全市一般公共预算科技支出增长33.9%，入选中国十大创新生态城市，成为首批国家小微企业创业创新基地示范城市，大众创业万众创新呈现良好态势。临江国家高新区获批，杭州高新区（滨江）、杭州经济开发区、城西科创产业集聚区、大江东产业集聚区等平台创新集聚功能增强，新增国家重点扶持高新技术企业311家，全市高新技术产业增加值达到

1212.60亿元，贝达药业小分子靶向抗癌药项目获国家科技进步一等奖。纳入国家科技孵化器体系的众创空间达到14家，约占全国总量的十分之一；省级特色小镇达到9个、市级特色小镇32个，成为创业创新重要载体和经济新增长点。落实“人才新政27条”，发放人才创新创业资助资金1.4亿元，办理人才落户10730名。新增大学生创业企业 1485家。科技、产业、金融深度融合发展，新增备案私募金融机构838家，新成立蒲公英等引导基金10家。成功举办2015杭州云栖大会，全国云计算中心地位初步确立。

（三）重点改革深入实施，发展活力明显增强。跨境电商综试区建设取得重大成效，一批管理制度和试点经验得到国务院高度肯定，并向全国复制推广。深化“四张清单一张网”改革，浙江政务服务网（杭州市）运行的行政许可事项达554项。开展行政规范性文件专项清理，废止和宣布失效文件543件。工业企业“零土地”技术改造项目不再审批。实现“五证合一、一照一码”企业注册登记制度全覆盖，全市新登记企业62998家、新增注册资本4529.45亿元，分别增长17.6%和56.9%。新设“七大产业”小微企业20922家，新增“个转企”3954家、“小升规”1852家、省股权交易中心“挂牌”企业450家。投融资体制改革取得新进展，筹建设立规模逾400亿元的城市发展基金。全市消化利用批而未供土地4.52万亩、低效用地再开发3.86万亩。大江东管理新体制实体化运作，余杭经济开发区与钱江经济开发区整合提升，钱塘智慧城

启动建设，杭汽轮等市属国企混合所有制改革加快。出台实施出租汽车行业管理体制和运营机制改革方案。开展公共租赁住房货币补贴试点，出台拆迁安置住房保障货币化政策。居民用水和天然气价费改革平稳推进。成为首批全国社会信用体系建设示范城市。

（四）城乡统筹发展加快，功能品质持续提升。杭州城市总体规划（修订）获得国务院批复。G20杭州峰会筹备工作顺利开展，场馆设施改造提升和环境重点整治项目有力推进。杭新景高速公路建德段等市域交通项目竣工，东湖快速路、文一路地下通道等市区交通项目快速推进，秋石三期四期、环城北路地下通道、吉鸿快速路等治堵重点工程建成开通。地铁四号线首通段、一号线下沙延伸段建成运营，轨道交通初步成网。打通“断头路”12条，新建停车泊位50156个。推行公交优先优惠新措施，主城区公共交通分担率有新提升。道路分类保洁项目荣获中国人居环境范例奖。全国社区治理和服务创新实验区通过考核验收。深入实施城乡区域统筹“六大西进”行动，落实区县（市）协作资金3.78亿元、项目92个，落实联乡结村帮扶资金1.68亿元。农村“三权一房”确权登记颁证和农村供销、生产、信用合作“三位一体”改革深入推进，村级股份制改革进一步深化。加快建设美丽县城、小城市和中心镇，推进193个中心村和62个美丽乡村、精品村建设，开展12个杭派民居建设试点，培育民宿示范村（点）57个，乡村旅游（民宿）游客突破3000万人次。

（五）生态保护持续加强，环境整治成效明显。落实环境目标责任，加强生态环境建设，国家生态文明先行示范区建设扎实推进。市本级通过国家生态市技术评估，萧山、富阳通过国家生态区考核验收，桐庐、淳安入选首批国家生态保护与建设示范区，临安市成为“国家园林城市”，杭州经济开发区被评为国家生态工业示范区。深化“五水共治”，千岛湖配供水工程有序推进，闲林水库下闸蓄水。实现1845条乡镇级以上河道“河长制”全覆盖，完成 84条137公里黑臭河整治、16座污水处理厂提标改造，新增污水管网239公里；农村生活污水治理保持全省领先。市控以上断面水质达标率85.1%，交接断面水质获省考核优秀。节水技术改造持续推进，全市万元生产总值用水量预计下降6%。完成防洪排涝项目221个，三堡排涝工程建成并在汛期发挥重要作用。加快“五气共治”，杭钢集团转型升级取得实质性突破，半山和萧山电厂燃煤发电机组关停，主城区“无燃煤区”基本建成，淘汰黄标车81079辆，率先成为无钢铁生产企业、无燃煤火电机组、无黄标车“三无”城市。投入使用新能源汽车11053辆，累计达22131辆，总量居全国城市第三。全市建筑工地实施全方位扬尘管理。全年环境空气优良天数242天，比上年增加14天，PM2.5浓度同比下降12.3%。推进“五废共治”，处置各类垃圾和废物552.62万吨。完成“三改”2168.85万平方米、拆违2057.89万平方米，完成“两路两侧”“四边三化”专项问题自查和整治。关停转迁落后产能企业426家，单位生产总值能耗预计下降3%。节能减排财政政策综合示范工作获得全国优秀。严厉打击污染环境违法犯罪行为，查办案件67件，判处罪犯156名。

（六）为民惠民不断深化，保障水平有效提高。坚持民生为本，十件实事全面完成。全市一般公共预算民生支出921.92亿元，占一般公共预算总支出的比重超过75%。城镇、农村居民人均可支配收入分别增长8.3%和9.2%，家庭人均收入低于4600元的贫困现象全面消除。新增城镇就业28.79万人，帮助失业人员再就业14.22万人，城镇登记失业率1.74%。棚户区改造和保障性安居工程开工47394套、竣工57530套，提供经济适用住房配售房源2637套，推出市本级公共租赁住房（廉租住房）配租房源10821套。新增机构养老床位5782张，改扩建居家养老服务照料中心774家。全市新增中小学、幼儿园73所，新增外籍人员子女学校3所，义务教育基本均衡县实现全覆盖。主城区中小学、幼儿园名校（名园）集团化覆盖面分别达到79.7%和71.2%，义务教育学校配套建设三年行动计划全面启动实施。浙江音乐学院建成使用。杨金龙获第43届世界技能大赛金牌。成为全国城市公立医院综合改革试点，医养护一体化全科医生签约人数达52万人；市中医院丁桥分院等4所市属重点新医院加快建设，新建和改造残疾人庇护中心、康复托养机构245家。出台实施特殊药品大病保险政策。群众文化建设继续加强，新建农村文化礼堂107个。“最美现象”不断涌现，市民素质和文明程度有新提升。开展严厉打击危害食品药品安全、通信和网络诈骗、“黄赌毒恶”等违法犯罪专项行动，加强社会治安综合治理，全市刑事案件继续实现命案全破。加强重点行业领域事故隐患排查治理和打违除患行动，各类事故起数、死亡人数连续12年下降，平安杭州建设取得积极成效。

同时，我们积极开展友好城市合作交流，扎实做好山海协作、对口支援帮扶等工作。外事、港澳台事务、侨务、民族宗教、双拥优抚、国防动员、人防、地方志、气象、残疾人、慈善、红十字、老龄、妇女儿童、关心下一代等工作都取得了新发展。

各位代表，2015年各项工作的扎实成效，为圆满收官“十二五”作出了积极贡献。回顾过去五年，我们战胜了诸多困难和风险，经受住了严峻挑战和考验，通过全市上下的不懈努力和共同奋斗，杭州大地发生了新变化、增添了新活力，经济社会发展迈上了新台阶。

五年来，我们坚持科学发展、富民强市，全市生产总值从2010年的5965.71亿元跃升至2015年的10053.58亿元，年均增长9.1%；常住人口人均生产总值18025美元，达到高收入经济体水平；一般公共预算收入年均增长12.9%；“一基地四中心”城市功能建设取得重大进展，全市综合实力和竞争能力大幅提升。

五年来，我们坚持创新创业、转型升级，全社会研发经费支出从166.9亿元增加到301.6亿元；累计引进海外留学人员2.3万人；累计自主申报入选国家“千人计划”94名，居副省级城市第一；专利授权累计19.12万项，其中发明专利授权2.88万项，连续11年位居省会城市第一；高新技术企业从2285家增加到4044家，高新技术产业增加值占规上工业比重从27.1%提升到41.8%，“十大产业”占全市生产总值比重达到52%；三次产业结构从3.5∶47.3∶49.2调整为2.9∶38.9∶58.2，经济发展新格局基本形成。

五年来，我们坚持深化改革、扩大开放，推进杭州都市经济圈转型升级综合改革、淳安生态功能区建设等国家和省级改革试点，实施大江东体制调整、萧山余杭与主城区一体化发展、富阳撤市设区、要素市场化配置等重大改革；市场主体从49.15万家增加到75.46万家，注册资本从8438亿元增加到23130亿元；国际友好城市达29个；累计到位外资284.06亿美元，30家世界五百强企业在杭投资项目58个；境内外上市、新三板挂牌企业分别达118家和155家；全国民营企业500强达55家，连续13年居全国城市第一，发展活力进一步显现。

五年来，我们坚持城乡统筹、市域协同发展，固定资产投资累计21595.67亿元，建成铁路杭州东站枢纽、钱江通道等一批重大交通项目；开启地铁时代，建成运营轨道交通82公里；“六大西进”、区县（市）协作和联乡结村成效明显，四县（市）地区生产总值、财政收入、固定资产投资、农村居民收入等指标增幅高于全市平均，城乡区域发展更趋均衡。

五年来，我们坚持生态优先、环境立市，“三江两岸”绿道全线贯通，深入开展“五水共治、五气共治、五废共治、三改一拆、四边三化、两路两侧”等环境治理专项行动，城乡环境面貌实现新改善，化学需氧量、氨氮、二氧化硫、氮氧化物排放量前四年累计分别下降16.3%、13.7%、15.4%、17.6%，提前一年完成任务；单位生产总值能耗五年累计下降22.5%左右，大气和水环境质量不断提升。

五年来，我们坚持以民为先、惠民安民，重点民生领域一般公共预算资金累计投入3389亿元，社会发展总指数居全国副省级城市首位。城镇居民人均可支配收入从30335元提高到48316元，年均增长9.8%；农村居民人均可支配收入从14778元提高到25719元，年均增长11.7%，城乡居民收入比从2.05∶1缩小到1.88∶1。基本养老、基本医疗保险参保人数分别达到668.65万人和870.71万人。西湖文化景观、大运河成功列入世界文化遗产名录，杭州成为“双世遗”城市。社会民生各项事业统筹推进，社会安定有序、人民安居乐业。

五年来，我们加强政府自身建设，认真开展党的群众路线教育实践活动和“三严三实”专题教育，深化作风建设，强化绩效管理，提升行政效能。全面推进依法行政，加快职能转变， 市级部门行政权力精减幅度达70.6%；提请市人大常委会审议地方性法规28件，制定和修改政府规章23件、办理人大建议和政协提案6258件，法治政府和服务型政府建设取得新进展。

各位代表，过去五年成绩的取得，是党中央、国务院亲切关怀的结果，是省委、省政府和市委坚强领导的结果，是全市干部群众团结奋斗的结果。在此，我代表市人民政府，向全市人民和外来建设者，向市人大代表和政协委员，向各民主党派、工商联、无党派人士、各人民团体和社会各界人士，向中央驻杭单位和省级各部门，向驻杭解放军和武警部队官兵，向关心支持杭州发展的港澳台同胞、海外华人华侨和国际友人，表示衷心的感谢和崇高的敬意！

我们清醒地认识到，杭州经济社会发展中还存在不少问题和矛盾，主要表现在：自主创新能力还不强，传统产业转型提升不够快；城市国际化程度还不高，城乡和区域发展还不够平衡；资源环境约束趋紧，环境质量提升压力较大；人口老龄化趋势加快，提高基本公共服务供给能力、改善民生的任务日趋加重；影响稳定的潜在风险和隐患较多，维护社会稳定和城市安全的压力加大。在政府自身建设方面，一些工作人员的改革意识、法治意识、服务意识、责任担当意识和行政能力还不强，一些领域的消极腐败现象还时有发生。对此，我们一定高度重视，采取有力措施，认真改进和解决。

二、“十三五”发展主要目标任务

“十三五”是充满机遇和挑战的五年，是杭州高水平全面建成小康社会的决胜阶段，也是加快经济转型、城市转型、社会转型、政府转型的攻坚阶段。根据中共杭州市委《关于制定杭州市国民经济和社会发展第十三个五年规划的建议》，市政府制定了《杭州市国民经济和社会发展第十三个五年规划纲要（草案）》，提请大会审议。经本次大会批准后，市政府将认真组织实施。

“十三五”发展指导思想是，**高举中国特色社会主义伟大旗帜，以马克思列宁主义、毛泽东思想、邓小平理论、“三个代表”重要思想、科学发展观为指导，深入学习贯彻习近平总书记系列重要讲话精神，按照“四个全面”战略布局，坚持创新、协调、绿色、开放、共享的发展理念，持续深化“八八战略”实践，肩负“干在实处永无止境，走在前列要谋新篇”新使命，以改善民生为根本目的，以率先发展为第一要务，以改革创新为第一动力，以办好“两会”、建设“两区”为重要抓手，统筹推进经济、政治、文化、社会和生态文明建设，高水平全面建成小康社会，确保继续在全省发挥龙头领跑示范带动作用，确保继续走在全国重要城市前列，共建共享历史文化名城、创新活力之城、东方品质之城，努力建成美丽中国的样本，朝着建设世界名城目标大步迈进。**

“十三五”发展主要目标是，力争提前实现地区生产总值、人均生产总值、城乡居民收入均比2010年“翻一番”，在全国全省率先高水平全面建成小康社会，为建设世界名城打下坚实基础。全市生产总值年均增长7.5%以上，到2020年，服务业增加值比重达到62%，居民人均可支配收入年均增长8%，社会保障覆盖面达到100%；研发经费支出占地区生产总值比重达到3.3%，高等教育毛入学率达到65%，使杭州综合实力更强、发展质效更高、城市功能更全、生态环境更优美、治理体系更完善、人民生活更美好。

为实现“十三五”目标，我们将坚持强活力、转动力，增优势、补短板，重协调、促均衡，重点抓好六个方面工作。

（一）提升城市国际化水平。推进城市国际化是杭州中长期发展的重大战略任务，必须加强城市硬环境、软实力建设，完善城市国际化支撑体系，提升国际竞争力，加快迈入世界名城行列。

打响城市国际化品牌。全力服务保障2016年G20峰会顺利召开，努力体现中国特色、中国风格、中国气派。全力承办好2017年全国学生运动会、2018年世界短池游泳锦标赛，有序推进2022年亚运会筹备工作，打造具有国际影响力的赛事之城。放大“后峰会、前亚运”效应，积极吸引国际组织地区总部和分支机构落户，提升城市国际知名度。

提升经济国际竞争力。更加积极融入全球创新网

络，以电子商务、物联网、云计算和大数据、高端装备制造等领域为重点，培育一批国际知名创新型领军企业、打造产业高地，成为“互联网+”国际引领城市。深入实施旅游国际化和旅游全域化战略，到2020年境外旅游者接待量达到435万人次以上，建设国际重要的旅游休闲中心。大力培育引进一批国际性会展项目和企业，提升展会国际化水平，打造国际会展之都。

增强文化国际影响力。实施“杭州城市记忆工程”，挖掘良渚文化、吴越文化、南宋文化等传统文化精髓，弘扬“精致和谐、大气开放”人文精神，彰显文化特质；加强历史文化名城保护，发挥西湖和大运河“双世遗”带动效应，推进跨湖桥、良渚、南宋皇城、钱塘江古海塘、西溪湿地等遗址的申遗和保护利用；加强非物质文化遗产保护传承和利用，扩大丝绸、茶叶、中医药等传统文化和产品的展示与输出，提升动漫影视等特色文化产业国际影响力，加强与国际友城合作，深化人文交流，成为东方文化国际交流重要城市。

增强环境国际吸引力。开展国际对标行动，实施国际化环境营造十大工程，加快重点领域国际化步伐，外籍人员子女学校达到8所，国际标准认证医疗中心和国际化医院达到8所以上。按照国际通行规则提高服务水平，完善城市标识系统。提升市民国际开放意识，增强城市文化多元性和包容性。建设国际性区域交通枢纽，杭州空港国际及地区通航点达到40个左右，打造亚太地区重要的国际门户。

（二）增强创新创业能力。把创新作为引领发展的核心动力，实施“创新创业新天堂”行动计划，打造中国创新创业之都。

加强平台创新。加快国家自主创新示范区“一区十片、多园多点”建设，高水平建设国家高新区和省级产业集聚区，整合提升各类科技园区（开发区），努力成为具有全球影响力的“互联网+”创新创业中心。规划建设城西科创大走廊、城东智造大走廊、钱塘江生态经济带、运河湖滨高端商务带、钱塘江金融港湾、杭州空港经济区，激发经济增长潜力和创新动力。培育建设特色小镇100个、市级众创空间100家、各类服务载体500家，努力成为大众创业万众创新的乐园。

加强科技创新。支持在杭高校、科研机构、企业研究院组建科技和产业联盟，提升科技成果转化能力，掌握一批关键核心技术和自主知识产权，建设创新型城市。到2020年每万人发明专利拥有量达33件，科技进步贡献率达到65%以上，高新技术产业增加值占规上工业增加值达到50%，培育科技型小微企业2万家以上，打造创新活力之城。

加强产业创新。深入实施“一号工程”，推进智慧产业化、产业智慧化，形成以信息经济为引领、高端服务业为主导、先进制造业为支撑、都市现代农业为基础的产业新体系。建设信息经济“六大中心”，力争信息产业集群企业主营业务收入突破万亿元；建设文化创意、旅游休闲、金融服务、高端装备制造、健康、时尚等六大千亿产业集群，力争六大产业增加值总量突破万亿元。推进工业化信息化深度融合，实施“互联网+”行动计划、“中国制造2025”杭州行动纲要，加快化纤纺织、轻工、汽配等传统优势产业转型升级，提升发展茶叶、丝绸、工艺美术等历史经典产业和特色产业。加快发展现代生态循环农业，率先基本实现农业现代化。

加强人才创新。实施新一轮全球引才“521”计划，充分发挥现有创新创业人才队伍的牵引作用，加强急需人才培养和引进，引进海外高层次人才2万名，引进和培育国内外顶尖人才20名、国家级领军人才500名，到2020年全市各类科技创业者超过30万人，高技能人才占技能劳动者比例达到30%，人才总量达到250万人，努力建设人才强市。

加强制度创新。健全“四张清单一张网”动态调整机制和监督落实机制，形成规范高效的事中事后监管体系。推进大部门制改革，推进跨部门跨领域综合执法体制改革，探索行政区划调整，推进县域综合改革。推进资源要素配置改革。深化投融资体制改革，加快国有资产证券化，基本完成竞争类国企混合所有制改革。建设信用杭州，打造全国社会信用体系建设示范标杆城市。推进军民融合深度发展。深化各类国家和省级改革试点，努力成为体制机制创新先行先试城市。

（三）提升城乡均衡协调水平。加大统筹协调力度，促进新型工业化、信息化、城镇化、农业现代化同步发展，努力建成经济繁荣、和谐宜居、生态良好、富有活力、特色鲜明的现代化城市。

优化区域空间布局。优化市域空间总体布局，编制市域空间规划，落实主体功能区制度，推进“多规合一”，促进生产空间集约高效、生活空间宜居适度、生态空间山清水秀。遵循城市发展规律，严格执行城市总体规划（修订），明确城市开发边界，加强空间管控，强化市区规划统一管理，促进城市紧凑发展。

深化城乡一体化。坚持“两疏散、三集中”，深化城市有机更新，推动主城区商品专业批发市场、学校和医院等功能向外疏解，加快跨江拥江发展，提升中心城市集聚功能和辐射带动能力。制定实施新一轮城乡区域统筹发展政策，加大产业转移和帮扶力度，发挥桐庐、淳安、建德、临安4县（市）自身优势，推动县域经济向大都市郊区经济转变，促进市域协同发展。提高乡村规划建设水平，推动杭派民居建设，建设一批高品质小城市、中心镇、特色镇和美丽乡村。

完善城乡基础设施体系。实施综合交通畅通工程，推进300余项交通重点项目建设，完成投资3500亿元，实现地铁网、城际铁路网、城市快速路网、高铁网、公路网、航道网、航空网互联互通。加强城市交通治理，形成“四纵五横”城市快速路网和建成250公里轨道交通骨架网络。合理利用地上地下空间，科学建设停车场（库）。加快电网改造升级，完善市域电网主网架结构。坚持公交优先，完善城市慢行系统和绿道网，建成“公交都市”和国家绿色交通发展城市。五年基本完成杭州主城区城中村改造。三年基本完成全市城镇危旧住宅房屋治理改造。推动实施老旧住宅小区电梯改造。推进智慧政务云为主体的基础平台应用，提升数字杭州地理系统建设服务水平，完善智慧城管、网上产品质量监管等协作平台，加快智慧城市建设。

（四）加快美丽杭州建设。坚定走“绿水青山就是金山银山”的科学发展之路，推进可持续发展，打造“两美”浙江示范区，努力成为美丽中国先行区。

加强生态保护和建设。坚守生态底线，划定生态红线，保护西部生态安全屏障，深化“四边三化”，加强江河生态廊道建设，构筑“两圈两廊多块六带”生态格局。全面深化城市、山区、平原和村庄绿化建设，巩固“江河湖海山田城”自然生态基础网架。

强化环境综合治理。深化“五水共治”，全面消除黑臭河和地表水劣V类水质，钱塘江杭州段、苕溪杭州段水质达到或优于Ⅲ类水。深化“五气共治”，PM2.5浓度实现明显下降，空气质量明显改善。实施“五废共治”，建成投运一批固废处理设施，提升治废能力。加快淘汰落后产能，完成主要污染物排放削减目标，打造环境监管最严格城市。

推进资源节约高效利用。发展生态经济和循环经济，推广绿色建筑和节能低碳技术。实行最严格的耕地保护制度，建立集约节约用地激励和约束机制，推动城区工业旧厂房和低端、零散产业用地改造整合，加快低丘缓坡土地开发利用，到2020年单位建设用地生产总值达到5.5亿元/平方公里，建设资源节约型城市。

健全生态文明制度体系。实施以单位生产总值能耗为基础的用能权有偿交易制度，推进新安江和千岛湖水环境补偿国家试点，建立生态文明绩效评价和责任追究制度，建立领导干部自然资源资产离任审计和生态环境损害责任终身追究制，建成国家生态文明先行示范区。

（五）营造开放合作新优势。以更高视野、更新姿态融入全球化，推进区域合作发展，努力成为“网上丝绸之路”枢纽都市。

发挥跨境电商综试区先发优势。深化全国首个跨境电商综试区建设，完善“六体系两平台”，发展“互联网+外贸+中国制造”模式，推进跨境电商自由化、便利化、规范化，打造全球最优的跨境电商生态圈，实现跨境贸易大发展。

加快对外贸易转型升级。推动海关特殊监管区域优化升级，争创杭州综合保税区。完善外贸综合服务平台，争取开展“市场采购”贸易方式，提高自有品牌、自主知识产权、自主营销产品和高新技术产品的出口比重，促进外贸提质增效。扩大服务贸易，发展服务外包，推进服务贸易与货物贸易协调发展，打造外贸综合竞争优势最强城市。

优化外资利用和对外投资。创新招商方式，引导外资投向，提升招商引资质量。实施新一轮“以民引外、以企引企”行动计划，支持民企以多种方式与外商合资合作，使杭州成为外商云集的投资热土。深入实施浙商回归工程，办好世界杭商大会，加强产业招商。鼓励支持企业“走出去”，培育一批具有全球竞争力和影响力的本土跨国公司。

深化区域合作。积极参与国家“一带一路”建设，主动融入长江经济带战略，加强对口支援各项工作，巩固提升“一基地四中心”功能，加快杭州都市区规划建设，提升杭州都市圈协同发展水平。

（六）共享幸福和谐品质生活。以人民为中心，深入推进生活品质共建共享，增加市民获得感，努力成为全面小康的品质之城。

促进社会就业和增收。完善就业创业培训教育服务支撑体系，提高全社会就业水平，新增城镇就业85万人。完善长效机制，多途径增加城乡居民收入，着力提高低收入群体的收入水平。

完善社会保障体系。实施全民参保计划，推进全市统一的社会保险管理信息系统建设，实现社会保险精细化管理。发展职业年金、企业年金、商业养老保险，探索建立长期护理保险制度。完善大病保险制度。完善城乡“四级救助”网络，扩大社会救助覆盖面。发展社会福利和慈善事业。

推进公共服务均等化。推进学前教育优质均衡发展、义务教育高水平均衡发展、普通高中教育多样化发展，加快教育现代化。加快现代职业教育发展，完善终身教育体系。加强公共卫生，深化医药卫生体制改革，推进医养护一体化，健全城乡基本医疗卫生制度。深入研究人口发展战略，发展健康服务和养老服务业，发展体育事业和体育产业，健全农村留守妇女儿童和老人关爱服务体系，支持发展残疾人事业，建设健康城市。加强精神文明建设，实施“满城书香”工程，加快公共文化事业发展，创建联合国教科文组织全球学习型城市。

建设平安和谐社会。深化“平安杭州”建设，完善立体化社会治安防控体系、基层社会治理网络体系，加强流动人口管理服务，鼓励支持社会组织参与社会治理。加强社区建设，规范社区管理。落实安全生产责任制，加强公共安全，保障食品药品安全。健全防灾减灾救灾机制，维护人民生命财产安全，打造最具安全感城市。

各位代表，宏伟蓝图已经绘就，只要我们坚定信心、埋头苦干，开拓创新、团结奋斗，“十三五”宏伟目标一定能转化为美丽现实！

三、2016年政府工作安排

2016年是“十三五”发展开局之年、G20杭州峰会举办之年、本届政府收官之年，全市改革发展稳定的任务十分繁重，机遇与挑战并存，必须保持清醒头脑，积极抢抓机遇，主动应对挑战，力创发展顺势。要以办好G20峰会为圆心，以加强供给侧结构性改革、加快“去产能、去库存、去杠杆、降成本、补短板”为重点，坚持实干至上、行动至上，全面推进改革开放和现代化建设各项事业，努力实现“十三五”良好开局。

综合各方面因素，今年全市经济社会发展主要预期目标为：地区生产总值增长7.5%～8%；一般公共预算收入增长8%左右；城镇和农村居民人均可支配收入分别增长7.5%和8.5%左右；居民消费价格涨幅3%左右；节能减排指标完成省下达目标任务。重点做好八项工作：

（一）强化峰会服务保障，着力推进城市国际化。办好G20峰会是党中央交给杭州的光荣使命，机遇难得、时间紧迫、责任重大。要以“最高标准、最快速度、最实作风、最佳效果”为要求，全力以赴做好G20峰会服务保障工作，努力呈现历史与现实交汇的独特韵味，真正办成别样精彩、安全圆满的盛会，加快城市国际化进程。**高质量完成场馆改造建设和环境整治。**确保在6月底前，全面完成峰会主场馆、国宾接待酒店改造提升任务，完成峰会120个环境综合整治重点项目。**高标准做好安保维**

稳和接待服务。深化治安、交通、消防、网络、食品、环境等领域隐患排查和专项治理，依法严打严管严治，有效化解不稳定因素，确保社会安定。做好联络员、翻译员、服务员、驾驶员、志愿者招募培训工作，精心组织礼宾接待等工作。**努力提升市民素质和城市文明程度。**以"当好东道主、办好G20"为主题，开展市民素质提升行动，弘扬社会主义核心价值观，提升"最美现象"文化品牌，营造全民支持和服务峰会的浓厚氛围，展示"现代、文明、开放、诚信、友善"的杭州市民形象。**全面提升城市国际化。**抓住峰会契机，对接国际标准，提升城市管理水准。放大峰会综合效应，提升西博会、云栖大会、动漫节、文博会、电商博览会等展会水平，扩大经贸合作与交流。制定实施新一轮旅游国际化行动计划，加大境外推介力度，促进旅游业"四位一体"转型发展。加快卫生等重点领域国际化，创设市一医院、市中医院、滨江医院、下沙医院国际医疗中心。

（二）强化改革开放，着力增强体制机制活力。深化政府管理体制改革。深化"四张清单一张网"改革，全面推广市区投资项目并联审批互联互通等制度，推进"先照后证""证照网上申请、快递送达"等商事制度改革，健全事中事后监管机制。开展重大财政资金绩效及财政政策评估，推进全过程预算绩效管理。加快实施不动产登记制度改革。建立大数据管理机构。**深化经济发展体制改革。**推进建设用地、节能权、碳排放权、排污权等资源要素交易，开展试点区域水权确权登记工作，提高资源配置效率。深化国有企业改革，加快资产重组和资产证券化。加大金融改革创新力度，推进钱塘江金融港湾、杭州财富管理中心、全国互联网金融创新中心建设。**深化城市管理体制改革。**加快推进萧山、余杭、富阳、大江东与主城区一体化融合发展。调整西溪湿地管理体制。出台户籍制度改革整体方案。加快大交通管理体制改革，有序实施传统出租车行业管理体制改革和网络约租车规范管理。**扩大对内对外开放。**实施跨境电商综试区发展规划，加快"六体系两平台"建设，做大B2B规模。鼓励企业走出去，培育壮大本土跨国企业。办好二十国集团工商界活动（B20峰会），强化招商引资"一把手"工程，创新招商模式，优化招商综合服务，争取更多世界500强、行业领军企业、优质央企、民企和浙商回归项目落地。加强与长三角和杭州都市圈城市合作交流，做好对口帮扶工作，深化区域合作。

（三）强化创新转型，着力提升发展质量效益。激发创新动力。以国家自主创新示范区建设为重点，推进城西科创大走廊、城东智造大走廊、钱塘江生态经济带、运河湖滨高端商务带规划建设；深化园区整合提升，加快特色小镇建设，新增市级众创空间20家。实施高新技术企业倍增计划，用好企业研发费用税前加计扣除等政策，推进国家小微企业创业创新基地示范城市建设，新增国家重点扶持高新技术企业150家、科技型初创企业300家。鼓励企业建立研究院。落实"人才新政27条"，汇聚更多高层次人才。**增强产业实力。**深入实施"一号工程"，更加注重实体经济发展。加强粮食生产功能区和现代农业园区建设，大力发展现代生态循环农业。制定实施万亿级信息经济和六大千亿级产业集群发展配套政策，推进"两化"深度融合，推广工厂物联网和智能制造，深化"四换三名"，实施"机器换人"重点项目500个，培育示范应用企业30家。支持"老字号""国字号"企业创新发展，提升发展茶叶、丝绸等历史经典产业，加快化纤纺织、轻工等传统优势产业转型升级。深化服务业综合改革国家试点，加快发展现代服务业。推进新型建筑工业化。实施质量标准品牌战略，推进质量强市建设。**提升内生能力。**实施"去产能"行动方案，推进"僵尸企业"兼并重组和破产清算，淘汰落后产能企业200家以上。落实国家和省"降成本"政策，清理和废除一批市级收费项目，切实减轻实体经济企业负担。鼓励企业通过股改、挂牌、上市、发债等途径扩大直接融资，增强内生发展能力。深化大企业大集团五年行动计划、小微企业三年成长计划，支持"个转企、小升规、规改股、股上市"，加快形成雁阵型企业梯队集群。

（四）强化有效供给，着力推进经济平稳增长。提高投资有效性和精准性。加大有效投资力度，确保完成6100亿元投资任务，增长10%以上。注重优化投资结构，启动建设一批大项目，确保产业转型、基础设施、城乡统筹、生态环保、公共服务等重点领域投资保持较快增长。创新政府投融资方式，争取国家和省各类基金、债券和资金支持，放大城市发展基金、产业基金的杠杆效应，大力推进PPP项目。强化要素保障，垦造水田6000亩，完成批而未供土地利用3万亩、城镇低效用地再开发3万亩，加快供而未用土地开发建设。**创新产品和服务供给。**适应需求变化，加快供给结构调整，扩大有效和中高端供给，提高全要素生产率。大力培育信息、文化、健康、绿色、时尚、品质等消费新热点，开展"消费总动员"活动，全年安排200场以上各类促销活动。推动网络市场健康发展，完善城乡电商流通体系建设，实施"互联网+流通"计划，加快传统商贸转型升级。**推动房地产和金融市场健康发展。**采取租售并举、加大货币化安置、合理安排经营性土地供应等多种方式，加快"去库存化"，促进房地产市场平稳健康发展。加强企业运行监测预警，化解企业资金链风险，维护地方金融市场稳定。

（五）强化统筹协调，着力加快城乡一体化。提升中心城区功能。加大城市总体规划（修订）宣传和执行力度，开展分区规划试点，加强城市设计，强化对城市建筑风貌的规划、管控、修补和保护。加快杭州国际空港改造提升，完成萧山机场公路改建。加快地铁二号线西北段、四号线二期、五号线一期、六号线一期和市域轨道交通临安线、富阳线建设。加强地下综合管廊建设，完成市域地下空间开发利用450万平方米。深化交通治堵，打通断头路，加快推进快速路和停车场（库）等建设。加强智慧交通建设，优化行车道、人行横道和红绿灯设置，提升支小路通行效率，推进"禁左"措施，强化路面严管严治，加强市民文明交通意识和行为规范教育，提高交通管理科学化水平。加快保障性住房建设和棚户区改造，开工47544套（户），竣工43230套；完成城镇危旧住宅房屋治理改造31.5万平方米；实施"城中村"整治提升，打造"城中村"改造样本。推进智慧城管建设，加强城市综合执法，加大对市容市貌、渣土运输、户外广告、老小区停车、城市养犬、公共场所吸烟等重点领域管理，提高城市管理水平。**深化城乡区域统筹发展。**实施畅通西部三年行动计划，推进快速路网向绕城外延伸。确保完成富春江船闸扩建等16个项目，加快绕城西复线、千黄高速、临金高速、京杭运河浙江段三级航道整治工程、杭黄铁路等重大项目建设。启动新一轮城乡统筹发展，深化区县（市）协作、联乡结村和结对帮扶。加快四县（市）中心城区和中心镇建设。**加强农业农村工作。**深化农村产权制度改革，全面推进"三权一房"确权登记颁证工作；探索村级股份经济合作社提升发展机制，壮大农村集体经济。深入实施农民素质提升工程，培养新型职业化农民，加强农业科技创新，提高农业标准化、农机社会化水平，发展农村电商、民宿经济、运动休闲、健康养生等新业态，促进农业增效。加大低收入农户和临近贫困线边缘农户帮扶力度，防止返贫，多途径提升收入水平，促进农民增收。启动新一轮美丽乡村建设，推进农村生态化改造和农村精品线路、精品区块建设；提高农房规划设计水平和建设质量，打造"杭派民居"新农村。

（六）强化保护治理，着力加快生态文明建设。坚持"保字为先"。实施环境功能区划管理，建立城市开发边界管理体制，加强淳安省级重点生态功能示范区建设试点，推进沿江沿河沿路生态景观保护和生态廊道建设，确保国家生态市创建通过验收，加快国家生态文明先行示范区建设。**坚持"治字当头"。**全面攻坚"五水共治"，推进"污水零直排区"全覆盖，确保完成省下达的劣Ⅴ类水质断面消除任务。加快城镇污水处理厂一级A提标改造和七格四期、之江污水处理厂建设，推进农村农业污染防治，建立农村污水管网维护机制；实施防汛排涝项目200个以上，推进"海绵城市"试点和重点区域建设；实施"强库、固堤、扩排"工程，推进钱塘江干支流堤塘加固提标、苕溪清水入湖河道整治；加快千岛湖配供水等工程建设，完成祥符水厂饮用净水改造一期工程，提升7.2万农村居民饮水安全条件；深化节水型小区（企业）创建。大力实施"五气共治"，萧山余杭富阳三区和四县（市）中心城区建成"无燃煤区"，推进热电锅炉超低排放改造；加强机动车尾气治理，推广机动车使用国Ⅴ柴油；全面完成小燃煤锅炉淘汰或清洁化改造；加强建筑工地全覆盖监管和"餐饮排气"治理。出台"五废共治"行动计划，强化源头减量，深化垃圾"三化四分"工作，推进九峰环境能源等重点项目建设；工业危险废物无害化处置率达到96%，医疗废物集中处置率保持100%；全面推进建筑固废综合利用。**坚持"管字从严"。**按照环境监管最严格城市标准，以铁的决心、铁的手腕、铁的举措做好环境监管和执法。深化"三改一拆""两路两侧""四边三化"等专项整治，确保完成"三改"1000万平方米、拆除违法建筑1000万平方米。实施能耗强度、总量和煤炭消费总量"三控"行动，开展热电联产行业综合改造升级行动，推行合同能源管理。**坚持"制度为本"。**加强生态文明制度建设，完善主要污染物排放收费、排污权交易、生态保护绩效评估考核和责任追究等制度，促进资源节约集约利用。

（七）强化民生保障，着力提高共建共享水平。推动更高质量就业。实施"就业创业新政27条"，完成大学生创业三年行动计划，以创业带动就业。推进困难群体就业再就业，及时动态消除城镇零就业家庭。**加强社会保障和养老服务。**实施全民参保计划，推动参保扩面提质增效，推进萧山、余杭、富阳与主城区社会保险一体化。实施机关事业单位养老保险制度改革。完善城乡"四级救助"网络，关怀智残人士，发展慈善事业，鼓励社会各界参与"春风行动"。加强居家养老服务和农村养老工作，深化公办养老机构改革，支持社会力量兴办养老机构，发展养老产业。**扩大高品质教育覆盖面。**深入实施"品质教育"七大行动，促进15年基础教育优质均衡发展，推动杭州主城区优质教育资源与萧山余杭富阳三区融合发展，加快向四县（市）延伸。支持社会力量办学，促进民办教育健康发展。加快现代职业教育发展，开展"现代学徒制"国家级试点，深化产学融合、校企合作创新发展，打造"杭州工匠"品牌，推进终身教育。推动市属高校转型发展，加快杭师大二期建设。启动西湖大学、湖畔大学和浙江工程师学院前期规划。**提高群众健康水平。**联动推进医疗、医药、医保改革，深化医养护一体化服务，完善分级诊疗体系，推进"名院集团化办医"和"双下沉、两提升"全覆盖。加强精神卫生工作，加快杭州老年病医院、精神病医院规划建设。加强计生服务管理，重视妇幼保健，实施一对夫妇可生育两个孩子政策。深化学校体育场地对外开放服务，开展全民健身活动。**加强平安杭州建设。**加强社区治理和服务创新。创新立体化社会治安防控体系，依法严厉打击违法犯罪活动。加强网络管控服务。抓好公共安全和安全生产管理，坚决防范遏制重特大事故发生。推进国家食品安全城市创建，强化食品药品安全管理。加强法律服务队伍和公共法律服务体系建设，完善人民调解、行政调解、司法调解联动工作体系，做好信访工作，化解社会矛盾，提高人民群众安全感。

（八）强化政府自身建设，着力提升行政效能。提高素质本领。积极适应发展新常态，加强各级政府机关工作人员的思想建设和素质能力建设，不断提升理论素养、专业水平、法治意识，努力建设一支政治坚定、能力过硬、作风优良、奋发有为的高素质公务员队伍。**提高依法行政水平。**推进决策科学化、法制化，规范执法，推进政务公开。加强政府立法，依法履行政府职能，完善依法行政制度。依法接受市人大及其常委会的监督，主动接受市政协的民主监督，自觉接受司法、审计、舆论和社会监督。**提高治理能力。**加强电子政务建设，整合政务大数据，推进政府服务管理创新。建设统一政务咨询服务和投诉举报平台。加大非涉密部门预决算和财政拨款"三公"经费预决算公开力度。提高政府资产配置效率，打造节约型政府。完善政府购买服务目录，提高公共服务供给效率。**深化作风建设。**巩固"三严三实"专题教育成效，编制首轮政府绩效管理规划，深化综合考评和"公述民评"活动，落实"容错免责"实施办法，推进作风建设常态化、长效化。坚守政治纪律，严守法纪规矩，确保政令畅通，健全廉政风险防控机制，坚决整治"四风"，坚决整肃庸政懒政怠政，坚决惩处各类腐败行为。

深入开展"双拥共建"活动，加强国防教育和国防后备力量建设，促进军民融合发展。支持工会、共青团、妇联等人民团体和社会组织充分发挥作用。继续做好外事侨务、港澳台事务、民族宗教、统计、审计、地方志、红十字、残疾人等工作，推动各项事业发展。

各位代表，办好民生实事是我市坚持多年的一项重要制度，按照民生实事群众提、群众定的理念，确定了今年十个方面实事，我们将健全工作机制、全力把民生实事办实办好。**一是加大水环境治理力度。**治理农村生活污水160个村，全面完成全市农村生活污水治理工作；完成河道清淤综合整治240公里；完成道路和住宅小区积水治理100处；完成截污纳管项目200个。**二是加大雾霾治理力度。**削减挥发性有机物排放3000吨以上，回收油气800吨以上，新增新能源汽车7500辆；加强建筑工地扬尘治理，创建文明施工示范工地160个以上。**三是持续改善交通出行。**新辟和优化公交线路45条；增扩容公共自行车服务点80处，更新公共自行车10000辆；新建停车泊位48000个。**四是改善城乡人居环境。**新增管道燃气用户4万户；完成公厕提升改造119座；新增城市绿地450万平方米；推出实物配租房源4500套；完成农村住房改造13460户、农村困难家庭危房改造1260户。**五是完善社会保障体系。**城乡最低生活保障标准额提升10%以上，农村低保标准达到城镇标准的90%；持社会保障卡人数达900万以上，社会保险全民参保登记率100%。**六是加快电商网络建设。**新建电子商务乡村服务站（点）1000个；新建E邮站站点300个。**七是强化食品安全治理。**中小学校大宗食材统一配送或定点采购率达98%以上，阳光厨房建设率达88%以上；建成150家农贸市场快速检测室和40个基层食品安全快速检测室；新增“五可阳光餐饮”400家。**八是加强养老为老服务。**组织企退人员文体活动900场以上，为30万名以上企退人员开展健康体检；改造提升50家居家养老服务照料中心和50家养老机构。**九是丰富城乡文体生活。**建设农村文化礼堂100个，新增社会体育指导员1200名，免费无线网络覆盖1500个社区（村）公共文化场地。**十是优化公安办证服务。**推出省内户籍人员办理出国境证件“一证通”服务；建立公安行政服务办理移动平台、机动车驾考预约和移动教育平台。

各位代表，杭州的未来充满希望，干在实处永无止境、走在前列要谋新篇。让我们更加紧密团结在以习近平同志为总书记的党中央周围，在浙江省委、省政府和中共杭州市委的坚强领导下，振奋精神、敢于担当，真抓实干、奋发有为，为率先高水平全面建成小康社会、努力建设世界名城而共同奋斗！

注：文中部分经济数据为初步统计数

照片由杭报集团提供

▶▶ 资料：《政府工作报告》名词解释

2016年G20峰会：G20峰会即二十国集团领导人峰会，是全球最重要的国际经济合作论坛之一。二十国集团成员包括：美国、日本、德国、法国、英国、意大利、加拿大、俄罗斯、中国、南非、巴西、印度、阿根廷、澳大利亚、印度尼西亚、墨西哥、沙特阿拉伯、韩国、土耳其19个国家和欧盟，人口占全球2/3、国土面积占60%、GDP占85%、贸易额占80%。G20峰会参加人员包括：二十国集团成员领导人；联合国、世界银行、国际货币基金组织、世界贸易组织、国际劳工组织、经济合作与发展组织、金融稳定委员会7个国际组织负责人；东盟、非盟、非洲发展新伙伴计划3个国际组织成员被邀请的领导人。2016年G20峰会，中国是主办国，将于2016年9月4～5日在杭州举行。

2022年亚运会：2015年9月16日在土库曼斯坦阿什哈巴德举行的第三十四届亚奥理事会代表大会上，杭州获得2022年第十九届亚运会举办权，成为继北京、广州后，第三座举办亚运会的中国城市。

中国（杭州）跨境电子商务综合试验区：2015年3月国务院批复同意设立，主要是通过试点建设“六体系两平台”，实现线上交易自由与线下供应链综合服务有机融合，推动跨境电子商务新型贸易方式发展。“六体系两平台”，即信息共享体系、金融服务体系、智能物流体系、电商信用体系、统计监测体系和风险防控体系；线上“单一窗口”平台和线下“综合园区”平台。

杭州国家自主创新示范区：2015年9月国务院批复同意建设，以建成具有全球影响力的“互联网+”创业创新中心为战略目标，打造创新驱动转型升级示范区、互联网创业创新示范区、科技体制改革先行区、全球电子商务引领区、信息经济国际竞争先导区。

西博会、动漫节、文博会、电博会、国际快递业大会：指中国杭州西湖国际博览会、中国国际动漫节、杭州文化创意产业博览会、中国（杭州）电子商务博览会、中国（杭州）国际快递业大会。

一号工程：是市委、市政府2014年7月做出“发展信息经济、推进智慧应用”部署的简称，旨在推进工业化与信息化深度融合，智慧产业化、产业智慧化，打造国际电子商务中心、全国云计算和大数据产业中心、物联网产业中心、互联网金融创新中心、智慧物流中心、数字内容产业中心。

新三板：全国性非上市股份有限公司股权交易平台，主要针对中小微型企业，挂牌企业均为高科技企业。

国家小微企业创业创新基地示范城市：2015年4月财政部、工业和信息化部、科技部、商务部、工商总局开展的，通过竞争性评选，杭州成为首批15个城市之一，将获得9亿元国家补贴。

特色小镇：不是行政区划概念，是一个以产业为核心、以项目为载体、生产生活生态相融合的特定区域。重点围绕未来发展的大产业或历史经典产业，促进要素集聚和产业融合发展。规划空间范围一般在3平方千米，建设面积1平方千米左右。

人才新政27条：市委、市政府2015年1月出台的《关于杭州市高层次人才、创新创业人才及团队引进培养工作的若干意见》，共27条。

云栖大会：前身是“阿里云大会”，2015年起由市政府与阿里巴巴集团联合举办，因举行地点在云栖小镇而定名“云栖大会”，旨在打造一个支撑大众创业万众创新的平台。2015年以“互联网、创新、创业”为主题，2万多名开发者、3000多个企业参加。

四张清单一张网：政府权力清单、部门责任清单、企业投资项目负面清单、财政专项资金管理清单及政务服务网。

"零土地"技术改造：企业在不涉及新增建设用地前提下开展的技术改造。

五证合一、一照一码：由工商（市场监管）、质监、税务、人力社保、统计五个部门分别核发证照，改为由工商（市场监管）部门加载法人和其他组织统一社会信用代码的营业执照，组织机构代码证、税务登记证、社会保险登记证、统计登记证不再发放。

个转企、小升规：个转企，指个体工商户利用现有的生产经营条件，依法重新登记有限公司、个人独资企业、合伙企业等各类企业。小升规，指工业规模以下小微企业转型升级为规模以上企业。

杭州城市总体规划（修订）：2013年杭州市启动城市总规修订工作，2016年1月11日国务院批复同意《杭州市城市总体规划（2001~2020年）（2016年修订）》。

钱塘智慧城：位于江干区东部，面积15.3平方千米，重点发展智能制造、电子商务、信息服务、现代商贸产业，努力打造杭州东部科技创新中心。

六大西进：市委、市政府为推进城乡区域统筹发展的综合性措施，主要围绕科技、现代服务业、文创、旅游、交通、人才六个方面，通过区县协作等机制推进西部县（市）加快发展。

三权一房：三权，指农村土地承包权、宅基地使用权、集体收益分配权等三项权益落实到人（户），并实现权跟人（户）；一房，指农村房屋所有权。

五水共治、五气共治、五废共治：指治污水、防洪水、排涝水、保供水、抓节水"五水共治"；燃煤烟气、工业废气、车船尾气、扬尘灰气、餐饮排气治理"五气共治"；生活固废、建筑固废、污泥固废、有害固废、再生固废治理"五废共治"。

三改一拆：旧住宅区、旧厂区、城中村改造和违法建筑拆除。

四边三化、两路两侧：四边三化，指对公路边、铁路边、河边、山边等区域的洁化、绿化、美化；两路两侧，指公路、铁路两侧可视范围内的环境专项整治。

节能减排财政政策综合示范工作：是财政部、发展改革委在"十二五"期间开展的，杭州被列为示范城市，经过四年努力顺利通过验收并获考核优秀，获15亿元国家补贴和3亿元考核优秀补贴。

医养护一体化：利用信息技术，根据居民需求，提供可及、连续、综合、有效、个性化的医疗、养老、护理一体化健康服务模式。

一基地四中心：国务院批复的《长江三角洲地区区域规划》提出，杭州要努力"建设高技术产业基地和国际重要的旅游休闲中心、全国文化创意中心、电子商务中心、区域性金融服务中心"。

三江两岸：钱塘江、富春江、新安江流域总长约231千米的主干流两岸，包括浦阳江、兰江、大源溪、分水江等主要支流两岸。

十大产业：市"十二五"规划明确重点培育发展的文化创意、旅游休闲、金融服务、电子商务、信息软件、先进装备制造、物联网、生物医药、节能环保、新能源产业。

杭州城市记忆工程：整合城市发展变迁中形成的文字、图表、声像资料、数据等有保存价值的档案文化资源，进行系统保护、挖掘、整理和开发。

两疏散、三集中：即疏散老城区人口和建筑，工业向工业区集中、高校向大学城集中、城市建设向新城区集中。

四纵五横：四纵：吉鸿路—紫金港隧道—紫金港路—紫之隧道—之浦路；通益路—上塘快速路—中河快速路—复兴大桥—时代大道—四季大道；秋石快速路—西兴大桥—风情大道；东湖路快速路—九堡大桥—通城快速路。五横：留祥路—石祥路—石大路；文一西路—文一路—德胜快速路；天目山路—环城北路—艮山西路—艮山东路—下沙路—六号大街；江南大道—机场快速路；云河路—之江大桥—彩虹大道。

两圈两廊多块六带：两圈，沿"一绕"（绕城公路）生态圈和沿"二绕"（杭州都市经济圈环线）生态圈；两廊，指钱塘江（杭州段）生态走廊和运河（杭州段）生态走廊；多块，指六条生态带内严格保护和重点管理的区域；六带，指城市总体规划明确的环绕主城区的六条生态带。

旅游业"四位一体"转型发展：形成旅游观光、休闲保健、文化体验、商务会展"四位一体"产业发展模式，实现杭州旅游休闲业从全国领先水平向国际接轨的新跨越。

四换三名：腾笼换鸟、机器换人、空间换地、电商换市；培育名企、名品、名家。

僵尸企业：经济学家彼得·科伊提出的一个经济学概念，是指那些无望恢复生气，但由于获得放贷者或政府的支持而免于倒闭的负债企业。

品质教育七大行动：全面育人行动、名校集团化行动、教育国际化行动、教育信息化行动、教育内涵提升行动、"四有"教师培育行动、教育治理优化行动。

西湖大学、湖畔大学和浙江工程师学院：西湖大学是杭州市筹建的民办研究型大学，由国家"千人计划"专家或其他顶尖人才领衔组建相关院系。湖畔大学由马云等著名企业家和学者发起创办，坚持公益性和非营利性，以创业者为主要学员，培养新一代企业家。浙江工程师学院由浙江大学筹建，服务国家战略和浙江经济转型升级，突出复合交叉、名校合作、政府支持、校企协同的办学特色。

双下沉、两提升：下沉医学人才和城市三甲医院资源；提升县域医疗服务能力和群众服务满意度。

海绵城市：发挥建筑、道路和绿地、水系等生态系统对雨水的吸纳、蓄渗和缓释作用，有效控制雨水径流，实现自然积存、自然渗透、自然净化的城市发展理念和建设方式。

三化四分：生活垃圾减量化、资源化、无害化和分类投放、分类收运、分类利用、分类处置。

创业就业新政27条：市政府2015年12月出台的《关于支持大众创业促进就业的意见》，包含27条政策。

五可阳光餐饮：后厨操作可视、企业管理可量、食材来源可溯、诚信承诺可查、群众感受可评。

注：城西科创大走廊、城东智造大走廊、钱塘江生态经济带、运河湖滨高端商务带、钱塘江金融港湾等涉及"十三五"发展的相关名词具体内容，请参阅《杭州市国民经济和社会发展第十三个五年规划纲要（草案）》。

·党和国家领导人在杭州·

【习近平在浙江调研】 5月25~27日，中共中央总书记、国家主席、中央军委主席习近平在浙江省委书记夏宝龙、省长李强陪同下，来到舟山和杭州，深入企业、社区、国家战略石油储备基地等考察调研，就抓好经济社会发展、做好“十三五”规划编制工作进行指导。习近平强调，干在实处永无止境，走在前列要谋新篇。要深入贯彻党的十八大和十八届三中、四中全会精神，协调推进全面建成小康社会、全面深化改革、全面依法治国、全面从严治党进程，切实解决改革发展中的突出矛盾和问题，努力实现经济社会持续健康发展。25日上午，习近平一下飞机就到舟山城市展示馆，了解舟山群岛新区概况。25日下午，习近平到岙山国家战略石油储备基地视察。下午5时许，习近平到定海区了解城乡统筹发展和社区文化建设情况。

26日下午，习近平到杭州考察。他来到杭州城市规划展览馆，看沙盘，观视频，听介绍，了解近年来杭州城市发展特别是新城区建设情况，对杭州确立并不断实现城市功能更全、生态环境更美、人民生活更好的目标表示肯定。随后，习近平来到钱江新城城市阳台观看钱江两岸的新城风貌。看到一旁群众设立的自愿捐书借书的“漂流书亭”，习近平表示这种文化传播方式有特点。现场群众热烈欢迎总书记的到来，习近平同他们亲切交谈，祝他们幸福快乐。离开钱江新城，习近平又来到杭州海康威视数字技术股份有限公司，察看产品展示和研发中心，对他们拥有业内领先的自主核心技术表示肯定。习近平指出，企业持续发展之基、市场制胜之道在于创新，各类企业都要把创新牢牢抓住，不断增加创新研发投入，加强创新平台建设，培养创新人才队伍，促进创新链、产业链、市场需求有机衔接，争当创新驱动发展先行军。习近平对簇拥在身边的年轻科研人员表示，人才是最为宝贵的资源，只要用好人才，充分发挥创新优势，我们国家的发展事业就大有希望，中华民族伟大复兴就指日可待。

考察期间，习近平听取了浙江省委和省政府工作汇报，对浙江经济社会发展取得的成绩和各项工作给予肯定。他希望浙江努力在提高全面建成小康社会水平上更进一步，在推进改革开放和社会主义现代化建设中更快一步，继续发挥先行和示范作用。

习近平指出，中国经济发展已经进入新常态，如何适应和引领新常态，我们的认识和实践刚刚起步，有的方面还没有破题，需要广泛探索。关键是要保持战略定力，应势而谋，深入研究管用的措施和办法。改革是推动发展的制胜法宝。路总是有的，路就在脚下，关键是要通过变革打通道路，释放经济发展潜力。各级领导干部要加强调研，在实践中深化规律性认识，努力在调研中吃透情况、把准脉搏，在调研中指导工作、解决问题。

习近平强调，一个好的社会，既要充满活力，又要和谐有序。社会建设要以共建共享为基本原则，在体制机制、制度政策上系统谋划，从保障和改善民生做起，既尽力而为又量力而行，多一些雪中送炭，使各项工作都做到愿望和效果相统一。要加强对领导干部的法治教育，对社会领域出现的各种问题，要善于运用法治思维和法治方式来解决。要乐见群众用法、支持群众用法，使人民群众成为社会主义法治的忠实崇尚者、自觉遵守者、坚定捍卫者。

习近平指出，从严治党是一个永恒课题，党要管党丝毫不能松懈，从严治党一刻不能放松。要坚持标本兼治，加大治本的工作力度，严格按照纪律和法律的尺度，把执法和执纪贯通起来。对一些干部在工作中出现的问题，要采取有针对性的措施加以解决。属于能力不足的，就要加强培训，加强实践锻炼，加强总结提高；属于担当精神缺乏的，就要明确责任、加强督查；属于不作为的，就要严肃批评教育，认真执纪问责。要从健全工作目标责任制入手，使每个岗位都职责和分工清晰、每项工作都程序和目标清晰、每项奖惩都认定和执行清晰，促使广大干部勤奋敬业、勇于担当、甘于奉献。“三严三实”专题教育要突出问题导向，贯彻从严要求，既巩固和扩大从严治党成果，又有效解决党的建设面临的新问题。

王沪宁、栗战书和中央有关部门负责同志陪同考察。

【汪洋在杭州调研外贸工作】 10月10日，国务院副总理汪洋在杭州调研外贸工作并主持召开部分省市外贸工作座谈会。他强调，要从全局和战略高度认识对外贸易的重要作用，增强做好外贸工作的责任感、使命感，切实把党中央、国务院的各项决策部署落到实处，坚持创新引领，努力扩大市场份额，促进对外贸易稳定增长和结构调整。省长李强，商务部国际贸易谈判代表、副部长钟山陪同调研并在座谈会上发言。

汪洋指出，受外需萎缩、内需放缓、价格下跌等多重因素影响，2015年外贸工作出现多年少有的困难，下行压力依然很大。但进出口运行基本面并没有改变，国际市场份额仍在上升，外贸结构全面优化，质量效益继续改善，对经济增长的贡献得到加强。中国外贸正处于动力转换、积蓄力量的关键阶段，仍具备综合竞争优势和持续发展的基础。要认清形势，坚定信心，变压力为动力，充分利用市场倒逼力量，着力破解制约外贸发展的深层次矛盾，把当前形势之危转化为长远发展之机。

汪洋强调，要按照“行动快、方向准、力度大、工作实”的要求，打好四季度外贸攻坚战。要紧紧围绕企业诉求开展工作，在清理进出口环节收费、拓宽外贸融资渠道、促进贸易便利化等方面迅速出台一批含金量高、见效快、能管用的硬招。要整合政策资源，放大政策效应，引导外贸增长潜力大的地区加速发展，鼓励根植性强的企业做大做强，促进优势产品开拓国际市场。要抓紧协调跨境电子商务、市场采购贸易、外贸综合服务企业等新型商业模式试点遇到的突出问题，培育外贸新的增长点。要坚持稳中求进，坚持不懈地推进结构调整和转型升级，为外贸可持续发展创造条件。

9日上午，汪洋到中国(杭州)跨境电子商务综合试验区考察，并听取有关方面汇报。他充分肯定综合试验区工作进展，要求进一步明确跨境电子商务发展模式，把促进产业发展作为工作重点，把做大做强B2B作为主攻方向，大力培育新型产业贸易服务链，创新监管方式，加大政策支持，为中国外贸发展打造新引擎、塑造新优势。

李强在发言时说，浙江将进一步贯彻落实党中央、国务院的决策部署，统一思想、坚定信心、扎实工作，不断完善外贸稳增长、调结构各项政策举措，围绕全年目标抓进度、挖潜力，围绕可持续发展促转型、调结构，努力推动外贸实现可持续增长。浙江将坚持把发展跨境电商作为培育外贸新优势的重要举措来抓，继续举全省之力抓好中国(杭州)跨境电子商务综合试验区建设，加快发展“互联网+外贸”，积极打造良好的跨境电商生态圈，加快推动跨境电商发展，为全国外贸发展做出新贡献。

国务院副秘书长江泽林、财政部副部长胡静林、海关总署副署长吕滨、国家税务总局副局长汪康、国家质检总局副局长孙大伟，省领导赵一德、梁黎明参加调研或座谈。

（年鉴编辑部）

【严隽琪、罗富和在杭州调研文化工作】 5月7~15日，全国人大常委会副委员长、民进中央主席严隽琪，全国政协副主席、民进中央常务副主席罗富和率民进中央考察团一行20余人，深入浙江省杭州、宁波、温州三个城市，就“完善制度、落实政策、推进文化‘走出去’战略”进行专题调研。

严隽琪高度肯定了浙江省推进文化走出去取得的丰富成果，认为浙江在文化事业上取得的成绩和发展与浙江省历任领导对文化建设的高度重视是分不开的。浙江省明确文化产业发展思路，以多元化文化格局为基础，形成了一个比较完整的文化产业体系，在文化发展规划、资金投入、政策设计、平台与渠道建设等方面有许多宝贵经验，值得在全国推广。

严隽琪指出，社会主义核心价值体系是推动文化走出去的灵魂，文化产业是推进文化走出去的活力。要充分认清文化走出去的形势、挑战和机遇，统筹协调文化走出去和请进来，统筹发展国内国际文化市场，各地方在现有的文化产业基础上充分发挥各自的区域文化特色，推进文化走出去。

罗富和指出，浙江有着丰厚的历史文化底蕴，在实施文化走出去战略中具有独特的优势，希望浙江在已有成绩基础上先行先试，探索新路子、创造新经验。精心打造浙江文化走出去的品牌，强化企业在文化走出去战略中的主体作用，努力为推进文化走出去搭建平台，提供政策支持。要抓住时机，形成共识，按照中共中央和国务院的部署，在文化大发展大繁荣战略方针指导下，加强文化建设，进一步推进文化走出去。

考察期间，考察团听取了浙江省政府、省有关部门和杭州、宁波、温州三市实施文化走出去战略的情况介绍，考察了15个文化企事业单位，并与国有文化单位、民营文化企业负责人和文化产业研究专家进行座谈。（年鉴编辑部）

·杭州成为二十国集团领导人峰会举办城市·

土耳其安塔利亚当地时间2015年11月16日，国家主席习近平在二十国集团领导人峰会工作午宴上就中国主办2016年峰会发言，宣布中国将于2016年9月4~5日在浙江省杭州市举行二十国集团领导人第十一次峰会。习近平在讲话中指出，2016年二十国集团领导人峰会的主题为“构建创新、活力、联动、包容的世界经济”，中方希望从4个重点领域推进峰会筹备工作：一是创新增长方式，重在推进改革创新，开辟和抓住新机遇，提升世界经济增长潜力；二是完善全球经济金融治理，增强新兴市场国家和发展中国家的代表性和发言权，提高世界经济抗风险能力；三是促进国际贸易和投资，发挥其对增长的推动作用，构建开放型世界经济；四是推动包容、联动式发展，力求落实2030年可持续发展议程，消除贫困，实现共同发展。

（年鉴编辑部）

·杭州获得2022年亚运会主办权·

北京时间9月16日13时，亚奥理事会主席艾哈迈德亲王在第34届亚奥理事会代表大会上郑重宣布：“中国杭州获得2022年亚运会主办权。”杭州成为继北京、广州后，第三个举办亚运会的中国城市。

是日，亚奥理事会第三十四届代表大会在阿什哈巴德举行。大会主要议程之一是确定2022年亚运会主办城市。会议开始后，国家体育总

杭州奥林匹克体育中心 （田益平 摄）

局局长、中国奥委会主席刘鹏首先代表中国奥委会向亚奥理事会郑重推荐由杭州申办2022年第十九届亚运会。

杭州市市长张鸿铭代表杭州市政府和市民，向大会表达了对主办2022年亚运会的决心、能力和期盼。张鸿铭表示，承办2022年亚运会与杭州城市发展规划、可持续发展目标相一致，杭州市政府将和中国奥委会一道，与亚奥理事会和亚洲各单项体育联合会全面合作，遵守承诺，践行议程，把2022年亚运会办成一届绿色、智能、节俭、文明的体育盛会。

杭州申亚代表团向亚奥理事会做了申办陈述，播放了申亚宣传片，并回答亚奥理事会成员关心的问题。游泳奥运冠军罗雪娟以及阿里巴巴集团总裁金建杭作为申办团成员进行了陈述发言。浙江省副省长郑继伟最后做了总结陈述并郑重承诺：浙江省政府将举全省之力支持杭州举办2022年第十九届亚运会。

（年鉴编辑部）

·国务院批复同意设立中国（杭州）跨境电子商务综合试验区·

随着全球经济一体化与信息化的深入发展，以电子商务与物流、金融融合发展为显著特征的新型国际贸易方式——跨境电子商务迅猛发展。根据国务院总理李克强2014年11月20日在浙江杭州视察工作的指示精神，杭州提出申报建设“中国（杭州）跨境电子商务综合试验区”。2015年3月7日，国务院批复同意设立“中国（杭州）跨境电子商务综合试验区”（简称“综合试验区”）。

综合试验区旨在适应新型商业模式发展的要求，通过制度创新、管理创新、服务创新和协同发展，破解跨境电子商务发展中的深层次矛盾和体制性难题，实现跨境电子商务自由化、便利化、规范化发展。

杭州建立综合试验区有着独特的优势。杭州是全国电子商务中心，电子商务交易规模居全国首位。2015年，全市信息经济实现增加值2313.85亿元，比2014年增长25.0%，占全市GDP的23%，提高4.9个百分点。其中，电子商务、数字内容产业增加值分别增长34.5%、35.5%，云计算与大数据、物联网、互联网金融和智慧物流产业增加值分别增长29.6%、12.7%、33.5%和8.4%。

杭州作为全国首批5个跨境贸易电子商务服务试点城市之一，率先开展跨境电子商务进出口业务双试点，建立“清单核放、汇总申报”通关模式，初步建立海关、检验检疫、税务、电商、物流、银行等数据交换平台，初步实现“长三角”区域通关一体化，为综合试验区建设奠定良好的工作基础。

（年鉴编辑部）

·国务院同意杭州建设国家自主创新示范区·

8月25日，国务院批复同意杭州和萧山临江2个国家级高新技术产业开发区（统称杭州国家级高新区）建设国家自主创新示范区。这是继北京中关村、武汉东湖、上海张江等之后国务院批复的第10个国家自主创新示范区。

国家自主创新示范区是指经国务院批准，在推进自主创新和高技术产业发展方面先行先试、探索经验、做出示范的区域。根据批复，国务院同意杭州国家级高新区享受国家自主创新示范区相关政策，同时结合自身发展特点，积极在跨境电子商务、科技金融结合、知识产权运用和保护、人才集聚、信息化与工业化融合、互联网创新创业等方面先行先试。

9月8日，杭州市把市国家自主创新示范区创建工作领导小组调整为市国家自主创新示范区建设工作领导小组，按照国务院批复文件对杭州国家自主创新示范区的战略定位，加大国家自主创新示范区发展规划、空间布局规划编制工作力度。9月10日，杭州市委常委会议第120次会议审定市建设领导小组会议提出的推进工作计划和方案。10

月16日，新任市委书记赵一德听取示范区建设专题汇报。10月15日，科技部高新技术发展及产业化司主持了《杭州国家自主创新示范区发展规划纲要》专家论证。根据专家意见，杭州市及省级部门对杭州国家自主创新示范区发展规划纲要做了进一步的修改完善。11月30日，省政府正式向科技部报送《杭州国家自主创新示范区发展规划纲要（2015~2020）（送审稿）》。

（年鉴编辑部）

·杭州打造创业创新高地·

【杭州入围国家首批小微企业创业创新基地城市示范】 4月16日，财政部、工业和信息化部、科技部、商务部、国家工商总局联合印发《关于支持开展小微企业创业创新基地城市示范工作的通知》，中央财政对“两创示范”工作给予奖励资金支持。5月19日，杭州参加省财政厅组织的省内城市初选答辩，获得浙江省唯一推荐名额。5月31日，在全国25个答辩城市（全国申报35个，初审直接淘汰10个）中，杭州成为2015年国家“两创示范”15个入围城市之一。

7月2日，财政部等五部门印发《关于批复小微企业创业创新基地城市示范工作目标的通知》，明确杭州“两创示范”的目标是：到2017年，小微企业营业收入增长35%；就业人数3年累计增长35%；技术合同成交额增长53%；拥有授权专利增长40%。7月9日，财政部将首批70%的专项资金即6.3亿元拨付至浙江省财政厅。省财政厅将中央专项资金全部下达至杭州市财政局，用于支持杭州市小微企业创业创新基地城市示范工作。

（陆　敏）

【杭州被评为中国十大创新生态城市】 2015年，中国十大创新城市排行榜，是由中国城市竞争力研究会按照自主创立的GN评估指标体系，根据翔实的基础资料及大量的调查研究评选而出。《GN中国创新城市评价指标体系》由经济创新指数、政治创新指数、科教创新指数、文化创新指数、生态环保创新指数5项一级指标、28项二级指标、123项三级指标组成。杭州是浙江省会，地处“长三角”南翼，科教资源集聚，人才优势明显。杭州市政府持续提供高品质的优惠政策和配套服务，为企业提供大量资金帮助。杭州坚持“人才+资本”的孵化器建设模式，为科技型企业成长提供优质的发展空间。经过相关指标评审，杭州以84.53的总分，被评为2015年中国十大创新生态城市。

（曾维启）

【“杭州人才新政27条”发布】 1月23日，《杭州市高层次人才、创新创业人才及团队引进培养工作的若干意见》（即“杭州人才新政27条”）发布。《意见》分为5大部分27条，主要对人才的引进培养、创业扶持、生活保障等方面进行改革创新、完善提升，进一步凸显政策优势，发挥黄金政策的效应。

杭州将首次建立“5+1”的人才分类机制。打破原有按行业划分人才的模式，将杭州市重点引进培养的高层次人才，按照能力水平和业绩贡献分为5个层次，即国内外顶尖人才（A类）、国家级领军人才（B类）、省级领军人才（C类）、市级领军人才（D类）、高级人才（E类），不同层次的人才享有不同的政策。同时对产业发展急需、社会贡献较大、现行人才目录难以界定的“偏才”“专才”，经过认定也可以享受相应的人才政策。5类高层次人才和“偏才”“专才”，形成了人才新政重点保障的“5+1”人才范围。

此外，还建立了“1+X”操作体系。制定了45个操作实施细则，既让人才比较清晰、全面地了解杭州人才政策，能够“对号入座”，又让他们知道通过什么样的渠道和方式获得政策。政策内容涵盖人才最关心最直接最迫切需要解决的居留落户、教育医疗、人才住房、社会保障等方方面面。“杭州人才新政27条”还明确了人才退出约束机制。

【“发现双创之星”主题活动】 11月8~13日，由国务院办公厅组织，国家发改委等15个部委指导，浙江省政府、杭州市政府等主办的“发现双创之星”大型系列主题活动走进浙江（杭州）成功举办，活动运用“互联网+”模式，开展线上线下主题活动，阐述大众创业、万众创新的重大意义、典型事例和丰富实践，营造创业创新生态环境，推进创业创新蓬勃发展。11月11日，市长张鸿铭专门接受中国政府网的在线访谈，全面介绍杭州软硬环境、人才集聚、资本市场、创新政策和产业高

杭州高新技术产业开发区全景　（张关春　摄）

地等优势，展示杭州市在“双创”领域的主要工作和发展特色。11月13日是杭州主题日，国家部委和省有关方面负责人就“创客”在创业创新过程中遇到的问题，与“创客”代表进行面对面交流和政策解读，优秀“创客”代表就自身的创业历程与社会各界分享。活动期间，中央电视台、中国政府网、央视网、省市各新闻媒体纷纷开设专栏、专题，对活动的各环节进行全方位报道；杭州电视台制作5分钟杭州市“双创”宣传片、1分钟市长致辞背景片，提供杭州市总体宣传片，在主题日活动当天播放。中国杭州门户网站专门设置“发现双创之星”活动专题，对各种报道及时进行链接。杭州“创客”评选推荐出37名具有典型性和示范性的候选人，其中20名优秀“创客”入选浙江“发现双创之星”（全省共61名）。

【众创空间建设国内领先】 至2015年末，杭州市纳入统计的众创空间有81家，经市级认定的众创空间45家，其中青创迭代空间等14家众创空间纳入国家孵化器管理体系（全国136家）。众创空间总面积12.03万平方米，累计入驻团队（项目）1430个，已注册企业938个，注册资本19.24亿元，吸纳就业1.56万人；设立或整合基金158个，资金总规模91亿元。省委省政府、市委市政府高度重视众创空间建设。2014年8月，省长李强亲自谋划杭州市余杭区“梦想小镇”，确立“互联网+基金”的融合发展思路。市长张鸿铭参加全市众创空间建设现场会。杭州市出台《关于发展众创空间推进大众创业万众创新的若干意见》《杭州市众创空间认定和管理办法》，支持举办各类创新创业活动，促进交流与合作。引进国内外知名创投机构，硅谷知名孵化与投资机构落户未来科技城，英特尔创客空间落户云栖小镇，硅谷幼发拉底孵化器（中国）总部落户上城区。杭州市众创空间的建设在全国居于领先位置。

7月18日，杭州市众创空间联盟（简称联盟）成立，省科技厅厅长周国辉、副市长张耕、科技部火炬中心领导出席大会并致辞。联盟成立后，在支持举办创新创业活动、为政策制定提供服务和联盟自身建设等方面做了大量工作，对促进杭州市众创空间发展、推进“大众创业、万众创新”工作做出应有的贡献。联盟成立时有“楼友会”“贝壳社”“浙大科技园”“云咖啡”等66个创始成员单位。至年末，已拥有联盟会员单位100个，行业组织地位凸显。　（潘学冬）

·萧山余杭富阳加快融入杭州·

【加快萧山区余杭区与主城区一体化发展新闻发布会召开】 杭州市召开新闻发布会，《关于进一步加快萧山区余杭区与主城区一体化发展的若干意见》（简称《意见》）公布。《意见》于2015年1月1日起正式发布实施。根据《意见》，从2015年起，萧山、余杭两地的户籍、就业和社保、社会救助、教育、公共卫生、市民卡服务、公积金制度、保障性安居工程、公共交通等9个领域的公共服务政策将率先“破题”，并将在3年内逐步实现与杭州并轨。

同时，《意见》也明确了在加快一体化发展过程中深化政府管理体制改革的任务，要求依法做好规划管理、完善财政体制、深化行政审批改革、做好重大基础设施等城市建设项目的统筹安排、明确城乡建设和社会管理责任等。

【医保互认覆盖余杭萧山】 余杭、萧山与杭州主城区首批911家杭州市基本医疗保险定点医疗机构将实现互认互通，1月2日起可刷卡就诊配药。

主城区、萧山区和余杭区医保定点医疗机构互认，是三地一体化迈出的重要一步。此次互认互通的911家定点医疗机构中，除了近70家原本就可以实现看病“一卡通”的定点医疗机构外，主要增加的是三地的社区卫生服务机构（已覆盖三地所有的公立社区卫生服务中心、服务站）。　（年鉴编辑部）

【富阳加速融入杭州主城区】 2月15日下午，富阳撤市设区仪式举行，富阳融入杭州主城区步伐不断加快，民生保障、交通基础设施、医疗教育等各方面均在朝“同城同待遇”方向发展。5月1日，320国道杭富收费站停止收费，3个月后被拆除，富阳进入杭城再无收费站。8月20日，富阳与杭州主城区市民卡资源公司化整合，成立杭州富阳市民卡有限公司，实现平台统一、服务均等、资源共享。至年末，社会保障方面，五保供养、失业保险金、高龄老人生活补贴等25个项目与杭州市标准同步。医疗教育方面，富阳区第一人民医院成为浙江省中医药大学滨江学院附属医院，并与邵逸夫医院组成住院医生规范化培训基地联合体。富阳区第二人民医院、富阳区妇幼保健院分别与杭州市一医院、省妇保医院签约，细化帮扶服务项目，加大合作深度和频次。东洲中学与北师大附属杭州中学、东洲中心小学与杭州市学军小学、东洲中心幼儿园与杭州市胜利幼儿园成为联盟学校，推进深度合作，建立优质教育资源共享渠道。　（陈炜祥）

·杭州荣誉·

【2015年杭州市获得的主要荣誉】 3月7日，国务院批复同意设立“中国（杭州）跨境电子商务综合试验区”。5月31日，在全国25个答辩城市（全国申报35个，初审直接淘汰10个）中，杭州成为2015年国家“两创示范”15个入围城市之一。7月，杭州被中国城市竞争力研究会评为“中国最美丽城市”第一名，中国十大创新城市、最具国际影响力十大城市、城市文化形象竞争力排行榜前十。8月25日，国务院批复同意杭州和萧山临江2个国家级高新技术产业开发区建设国家自主创新示范区。这是继北京中关村、武汉东湖、上海张江等之后国务院批复的第10个国家自主创新示范区。9月，杭州被欧洲货币集团评为2015年首届“中国最佳城市”。10月31日，由新华社《瞭望东方周刊》联合中国市长协会《中国城市发展报告》共同主办的“中国最具幸福感城市”调查推选活动结果揭晓，杭州获“2015中国最具幸福感城市”荣誉称号。推选活动与“小康社会建设示范城市”评价活动同时进行，杭州同时获“2015中国小康社会建设示范奖”。　（年鉴编辑部）

·2015年杭州市大事记·

1月

1日　零点，西湖南线景区净慈寺举行新年敲钟祈福活动。

△　《中共杭州市委、杭州市人民政府关于进一步加快萧山区余杭区与主城区一体化发展的若干意见》发布实施。

△　《杭州市院前医疗急救管理条例》实施。

△　西湖水上巴士开通运行。

△　杭州市区居民阶梯水价制度实施。

6日　杭州市总工会命名30个杭州市高技能人才（劳模）创新工作室，并授予100个车间（班组）“杭州市工人先锋号”称号。

9日　市工业经济联合会、市企业联合会、市企业家协会2014年度会员大会暨企业家协会成立30周年纪念活动举行，会上表彰第十届杭州市优秀企业家。

△　第二届“最美杭州人”光荣墙揭幕暨《最美杭州人》微漫画作品首发仪式在“雷锋广场”举行。

△　浙江首个民营金融控股集团——杭州国瀚金融控股集团有限公司成立。

10日　第六届携程年度最佳旅游目的地网络评选颁奖盛典举行，杭州获“最佳国内旅游城市”第二名和“大学生最爱目的地”第二名。

12日　住房和城乡建设部公布“2014年中国人居环境范例奖”获奖名单，杭州市公租房日常管理服务体系建设项目成为国内公租房领域首个获奖项目。

14～16日　由中国贸促会和杭州市政府主办的首届孟中印缅商务论坛在杭州举行。

15日　紫金港路（文一西路—留祥路）、余杭塘路二期（丰潭路—紫金港路西侧）、吉鸿路（振华路—紫金港路）开通。

16日　市政府与中国铁塔浙江分公司签署战略合作协议，中国铁塔杭州分公司成立。

18日　国网杭州供电公司采用无人机助力放引线，完成新建110千伏半岛线和改造110千伏排千线、排淳线的架线任务。

19日　杭州地铁4号线一期工程（首通段）通过试运营基本条件评审。

20日　杭州火车站大修主体工程完成。

21日　在全国高级法院院长会议上，杭州市江干区法院被最高人民法院授予“全国优秀法院”称号。

22日　全国电子商务产品质量信息共享联盟成立大会在杭州召开。

23日　《杭州市高层次人才、创新创业人才及团队引进培养工作的若干意见》发布。

25日　杭州首个公益慈善商店“益·Life”在世纪联华超市西湖文化广场店开业。

26日　“湖畔大学”项目启动，阿里巴巴集团董事局主席马云任首任校长。

27日　由海邦人才基金与杭州经济技术开发区合作设立的浙江海邦生物医药基金正式运作。

30日　中共杭州市第十一届纪律检查委员会第四次全体（扩大）会议召开。

△　首届中国电商资源对接大会暨浙江省电商公共服务平台启动仪式在余杭举行，浙江省电商公共服务平台上线。

2月

1日　臻奇汇艺术中心在滨江区开馆。

2日　中国人民政治协商会议第十届杭州市委员会第四次会议开幕（6日闭幕）。

△　地铁4号线首通段开通试运营。

△　杭州市食品安全监督协会成立。

△　杭州财富管理联合会成立。

4日　杭州市第十二届人民代表大会第五次会议开幕（8日闭幕）。

△　杭州图书馆完成联机计算机图书馆中心（OCLC）平台开通工作，实现与全球49个国家1万个图书馆间的馆际互借和文献传递业务。

5日　国务院批复同意萧山临江高新技术产业园区升级为国家高新技术产业开发区，定名为萧山临江国家高新技术产业开发区。

9日　中国（杭州）智慧信息产业园在拱墅区开园。

△　中国（杭州）跨境电子商务综合试验区空港园区在萧山空港经济区南阳街道开园。

13日　杭州市女大学生就业创

业导师团在市女企业家协会年会上成立，杭州市为首批20个女大学生就业创业实践基地进行授牌。

△ 杭州首个跨境电商保税超市O2O体验馆开业。

15日 富阳撤市设区动员会暨授牌仪式举行。

17日 杭州电缆股份有限公司在上海证券交易所挂牌上市，成为杭州经济技术开发区本土培育的首个上市工业企业。

26日 全市深化作风建设大会召开。

3月

2日 杭州市政府与富士康集团有限公司签署全面战略合作协议，市委书记龚正等出席。

4日 阿里云计算有限公司宣布美国硅谷数据中心投入试运营。

6日 市妇联召开杭州市纪念“三八”国际妇女节暨男女平等基本国策宣传·建设服务型基层妇联组织推进大会。

7日 国务院批准设立中国（杭州）跨境电子商务综合试验区。

8日 “乙未元宵钱王祭”在杭州钱王祠举行。

11日 杭州发布国内首部网络交易政府规章——《杭州市网络交易管理暂行办法》，5月1日起实施。

12日 《杭州年鉴2014》在第五届全国年鉴编纂出版质量评比中获特等奖。

16日 杭州滑稽艺术剧院、浙江艺术职业学院、杭州艺术学校签约合作办学，恢复了中断10年的曲艺专业3+2大专班招生。

19日 国务院教育督导委员会办公室发布公告，对拟认定的2014年全国义务教育发展基本均衡县（市、区）名单予以公示，杭州市的富阳区、桐庐县、淳安县、临安市入选。

19～20日 中国国际会议及奖励旅游论坛（CCMIT2015）在杭州举行。

20日 全市农村工作会议召开。

20～23日 第八届中国（杭州）国际花园、户外家具及休闲用品展览会在杭州和平国际会展中心开幕。

21日 杭州（江干）第三届皋亭观桃节暨杭州市第八届骑游大会开幕（4月19日闭幕）。

24日 “杭州大使环球行”全面启动，历时30天。

25日 萧山区政府与上海易贸集团、浙江泽大合润投资管理有限公司在萧山签署“易贸合润低碳产业金融综合服务平台项目”协议，标志着全国首个低碳产业金融综合服务平台落户萧山。

26日 “杭州国家数字产业出版基地”在上城区越界锦绣工坊创意园区挂牌。

27日 中国（杭州）西湖国际茶文化博览会开幕，为期3个月。

28日 位于余杭未来科技城的梦想小镇开园。

△ 2015年中国（杭州）财富管理论坛在未来科技城国际会议中心举行。

4月

1日 第十四届中国餐饮连锁发展战略研讨会在杭州召开。

△ 《杭州市民用建筑节能条例》实施。

3日 第三届岳飞文化节暨岳飞诞辰912周年系列活动开幕（5月3日闭幕）。

△ 西溪天堂·西溪湿地游客中心落成。

8日 首届“融合与运营·2015中国家装电子商务战略峰会”在杭州召开。

15日 全国人大常委会副委员长、民盟中央主席张宝文一行到杭州和睦老人公寓调研养老问题。

16日 绕城高速东线下沙南互通工程开工。

17日 市志愿服务工作委员会召开第十一次全体成员（扩大）会议，杭州“智慧公益”网络综合平台——“志愿汇”启动，是浙江省首个“智慧公益”网络平台。

△ 第十四届中国茶圣节在余杭区径山镇启幕（5月中旬结束）。

18日 第八届杭州市民体验日暨第二届钱塘江文化节启幕。

20日 2015年浙江省暨杭州市侵权盗版及非法出版物集中销毁活动在黄龙体育中心举行。

21日 首届中国数字阅读大会在西湖区召开。

△ 全国健康城市建设工作研讨会在杭州召开。

23日 杭州市“千名村官进万户”主题实践活动暨千名返乡大学生农村电商创业三年行动在临安市启动。

△ 第九届西湖读书节在钱江新城城市阳台开幕（9月28日闭幕）。

25日 第二十二届全球金融年会暨第七届中国开放经济与金融工程国际会议在杭州召开。

27日 运河杭州武林门新码头启用。

28日 第十一届中国国际动漫节开幕（5月3日闭幕），“金猴奖”颁奖典礼在杭州大剧院举行。

△ 杭州市职工创业创新动员暨市“五一劳动奖章”（奖状）表彰会召开，授予50个集体杭州市“五一劳动奖状”和100名个人杭州市“五一劳动奖章”。

29日 杭州动漫游戏学院在白马湖动漫广场揭牌。

30日 中国共产党杭州历史馆开馆，5月1日起对外开放。

△ 第五届中国动漫新锐榜颁奖典礼在西湖区之江文化创意园举行，“中国动漫新锐创新创业基地”揭牌。

△ 由清华大学国家文化产业研究中心和亚太文化创意产业协会研究完成的《两岸城市文化创意产业竞争力研究报告2015》在杭州发布，杭州“文化创意产业综合竞争力”排名第五位。

△ 文一路保俶北路过街地道开通，城站广场邮驿路、江城路两座天桥投入试运行。

5月

1日 《杭州市小客车总量调控管理规定》实施。

△ 《杭州市科学技术普及条例》实施。

△ 即日起，居民客户在国网杭州供电公司的缴费失信记录计入浙江信用辅助系统。

△ 即日起，320国道杭州段收费站实行免费通行。

7日 全国人力资源市场建设工作座谈会在杭州召开，会上举行“中国杭州人力资源服务产业园”授牌仪式。

△ 市政府办公厅发布《关于完善杭州市大病医疗保障制度有关

问题的通知》，建立特殊药品大病保险制度。

7~10日 第八届杭州艺术博览会在浙江世贸国际展览中心举行。

7~15日 全国人大常委会副委员长、民进中央主席严隽琪，全国政协副主席、民进中央常务副主席罗富和率民进中央考察团一行到杭州等地调研。

8日 第五届"西湖之春"国际少儿书法大赛在杭州钱王祠启动，8月完成评审。

9~15日 杭州国际时尚周活动在杭州西溪天堂举行。

11日 10时，国网杭州供电公司配电运检室智能抢修系统上线。

12日 位于钱塘江南岸的钱江枢纽闸站完成整体运行调试。

△ 杭州市"5·12"防灾减灾日大型广场宣传活动在滨江白马湖举行。

12~14日 由中国贸促会和杭州市政府主办的第七届东亚商务论坛在杭州举行。

13日 由省市专家学者组成的专项课题组首次发布杭州市市民公共文明指数。

14日 全市"三严三实"专题党课暨专题教育部署会召开，"三严三实"专题教育启动。

15日 杭州市"最美家庭"系列评选揭晓。

15~18日 第十五届最佳人居环境展览会暨第二届网上人居展在杭州和平国际会展中心举行。

15~19日 杭州市民摄影活动周举行。

16~17日 "2015全球对冲基金西湖峰会"在杭州召开，玉皇山南基金小镇揭牌。

16~24日 杭州科技活动周举行。

20日 "西湖之春"艺术节开幕（6月6日闭幕）。

△ 由望江智慧产业园孵化成功的全球首个具有中国自主知识产权的大数据操作系统Sponge在北京发布上市。

△ 杭州市上城、下城、拱墅、江干4区入选浙江省基本实现教育现代化区。

22日 "财富中国·资本杭州"暨首届钱江湾区"金融·资本·产业"国际高峰论坛在杭州举行。

25日 第四届中国杭州大学生创业大赛总决赛在浙江工业大学朝晖校区举行。

26日 中共中央总书记、国家主席、中央军委主席习近平到杭州调研。

28日 市长张鸿铭会见瑞士驻沪总领事霍力轩一行。

△ 第八届全国儿童剧优秀剧目展演在杭州开幕（6月10日闭幕）。

△ 秋涛南路改造提升工程高架建成通车。

△ 浙江首个以文化创意产业为服务对象的小贷公司——浙江文创小额贷款股份有限公司在杭州正式营业。

30日 国网杭州供电公司配网抢修指挥中心启动国内首次配电自动化三遥开关全自动状态操作。

31日 杭州市第十届"天堂儿歌"演唱和创作大赛决赛在市青少年发展中心举行。

6月

3日 中国杭州大学生旅游节在中国美院象山校区启动（12月18日闭幕）。

△ 浙江省首批37个特色小镇创建名单揭晓，杭州市入围9个。

4日 和睦港污水提升泵站投入试运行。

5日 浙江省暨杭州市世界环境日纪念活动在拱墅区运河广场举行，"杭州市河道水质"手机应用软件上线。

6日 富阳"公望富春"文化周活动中，"2015杭州生活品质总点评十大现象"（人物、区块、活动）发布。

9日 第十届浙江省非物质文化遗产节暨2015年"文化遗产日"主场城市（杭州）展演活动举行。

11日 市委创建"平安杭州"领导小组表彰杭州市2014年度"十佳平安巡防勇士"。

13日 第四届大运河文化节开幕。

14日 杭州西溪龙舟文化节启动（8月30日结束）。

15日 市政府办公厅发布《关于在滨江区开展居住证制度改革试点工作的通知》，宣布滨江区开展流动人口居住证制度改革试点，并确定先行试点积分申请子女入学。

16日 2015年杭州都市圈交通发展论坛暨杭州都市圈交通专委会第九次会议在杭州举行。

18日 杭州市"网络文化进社区、进乡村"活动启动。

19~22日 第二届中国茶业博览会在杭州举行。

23日 中国城市竞争力研究会发布"2015中国城市分类优势排行榜"，杭州居中国最美丽的30个城市首位。

25日 杭州市政府与国家"千人计划"联谊会签署战略合作协议，将在西湖区云栖小镇筹建西湖大学。

△ 杭州市纪念中国人民抗日战争暨世界反法西斯战争胜利70周年美术书法作品展在杭州图书馆开幕（7月4日结束）。

△ 国内首个"云"上银行——浙江网商银行在杭州开业。

26日 杭州师范大学文化创意学院揭牌。

△ 幼发拉底杭州孵化中心成立，标志着幼发拉底（中国）总部启用。

△ 富阳区通过国家级生态区创建验收。

28日 "杭州消费投诉"手机应用软件上线。

△ 西湖财富大讲堂——2015年互联网金融创新与监管高峰论坛在杭州举行。

29日 《中国（杭州）跨境电子商务综合试验区实施方案》发布。

△ 中国智慧体育产业联盟成立大会暨中国智慧体育产业基地（杭州）启动仪式在富阳举行，中国智慧体育产业联盟与富阳区政府签署智慧体育产业基地合作协议。

△ "梦开始的地方——未来科技城发展论坛"在杭州梦想小镇举行。

30日 杭州市公安局反通讯（网络）诈骗中心启动运行，这是浙江省首个侦防一体化反通讯（网络）诈骗犯罪专门机构。

7月

2日 财政部、工业和信息化部、科技部、商务部、国家工商总局联合批复，同意将杭州市纳入全国

2015年小微企业创业创新基地城市示范名单。

△　市人力社保局公布第四批杭州市技能大师工作室名单。

3日　杭州首个跨境电子商务人才培养基地在杭州师范大学钱江学院揭牌。

4日　2015年全国职业院校技能大赛在天津闭幕，杭州市获9金16银12铜。

5日　杭州青年科技工作者协会成立大会暨第一次会员代表大会召开。

6～7日　中共杭州市委十一届九次全体（扩大）会议召开。

8日　第二届中国县域电子商务峰会在桐庐县召开。

△　第三届中国（杭州）女装节启动，活动持续到10月。

△　第三届浙江科技金融论坛在萧山区举行。

9日　杭州市被财政部、商务部、国家标准化委员会列为物流标准化试点城市。

13日　市人力社保局发布《关于将艾滋病列入我市基本医疗保险规定病种范围的通知》，8月1日起实施。

14日　西湖区西溪谷被市政府授予“杭州互联网金融集聚区”称号，成为首个被市政府授予该称号的互联网金融集聚区。

15日　第三届“全球教育共同体”国际会议在杭州市崇文实验学校召开。

16～20日　第三十二届全国青少年信息学奥林匹克竞赛（NOI）在杭州学军中学举行。

18日　中国（国际）资产管理大会在杭州召开。

△　杭州市首个从事科学传播和文化传播的专业学会——杭州市科技传播学会成立。

△　由杭州市科技企业孵化器协会发起的杭州众创空间联盟成立。

△　首批“中国好水”颁奖仪式在北京举行，淳安千岛湖水源地入围。

18～19日　第十四届亚太金融高峰论坛暨九鼎财富颁奖典礼在杭州举行。

20日　2015年杭州市残疾人田径、游泳锦标赛在萧山区开幕（8月21日闭幕）。

22日　杭州海关启动全国首批跨境电子商务B2B（公司对公司交易）出口业务试点。

△　国家发改委和中国人民银行联合发文，将杭州等11个城市列为首批全国创建社会信用体系建设示范城市。

△　市人力社保局、市财政局联合发布《关于开展主城区特殊药品大病保险工作的通知》，将“格列卫”等15种药品纳入主城区大病保险支付范围，9月15日起实施。

24日　江干区政府与杭州市金融投资集团签订全面战略合作协议，杭州市首个市区联动信息产业基金——杭州金投江干信息产业基金落户江干区。

28日　市政协、杭州公共外交协会举行“杭州公共外交友好使者”聘任仪式。

29日　杭州东部软件园股份有限公司在“新三板”挂牌，成为浙江省在“新三板”挂牌的首个园区类公司和首个国企。

30日　市长张鸿铭会见加拿大驻沪总领事艾伟敦一行、英国驻沪总领事吴侨文一行。

31日　第七届创意杭州金水滴奖（第七届“创意杭州”广告创意设计大赛）启动。

8月

1～2日　“新安集团杯”科研类全国航空航天模型（建德）公开赛举行。

3日　杭州市被交通运输部定为全国首批16个综合运输服务示范城市之一。

5日　教育部公布首批现代学徒制试点单位，杭州市成为全国17个试点地区之一。

7日　市委召开全市领导干部会议，宣布中央和省委决定：龚正同志任中共山东省委委员、常委、副书记，不再担任杭州市委书记职务。

△　《中共杭州市委、杭州市人民政府关于加快富阳区与主城区一体化发展的若干意见》发布。

8日　“2015中国（杭州）互联网+投融资峰会”在杭州召开。

11日　中国（杭州）跨境电子商务综合试验区临安园区开园。

△　世界级非物质文化遗产项目“古琴艺术（浙派）”首期公益传承班开班，15日结束。

△　临安市兆丰小额贷款股份有限公司在“新三板”挂牌，是杭州首个在“新三板”挂牌的小贷公司。

12日　由市直机关工委和市档案馆共同举办的“历史的见证——杭州市抗日战争档案史料展”开幕（9月30日闭幕）。

14日　“2015中国企业投资德国高峰会”在杭州召开。

16日　杭州市海邦留学联盟成立。

17日　杭州市纪念中国人民抗日战争暨世界反法西斯战争胜利70周年合唱展演活动举行。

△　杭州技师学院选手杨金龙在巴西圣保罗第四十三届世界技能大赛中获汽车喷漆项目金牌，为中国首次获“技能奥林匹克”金牌。

18日　杭州国画院美术馆开馆，“美丽杭州”中国画邀请展同时开幕。

19日　由市直机关工委、杭州文广集团联合主办的“杭州市机关纪念中国人民抗日战争暨世界反法西斯战争胜利70周年文艺演出”举行。

△　市政府召开2015年度杭州市外国专家“钱江友谊奖”颁奖大会，授予10位外国专家“钱江友谊奖”。

20日　“2015浙江·台湾基础教育校长论坛”在杭州第十四中学凤起校区举行。

△　“喜迎G20、健康文明行”第四届杭州市市民健康知识大赛启动。

25日　国务院批复同意杭州和萧山临江两个国家级高新技术产业开发区（统称杭州国家级高新区）建设国家自主创新示范区。

△　杭州市8所学校被省教育厅认定为省一级普通高中特色示范学校。

27日　由市委宣传部、杭州文广集团主办的“铭记历史，珍爱和平——纪念中国人民抗日战争暨世界反法西斯战争胜利70周年交响音乐会”在杭州电视台演播厅举行。

△　中国·杭州跨境电商峰会在临平新城召开。

27～28日　2015年创新中国总

决赛暨秋季峰会在杭州举行。

28日 杭州跨境电子商务协会成立。

△ 第十二届中国政府创新论坛暨参与式政府绩效管理学术研讨会在杭州举行。

△ 由中国大学生计算机设计大赛组委会主办，杭州市商务委、浙江传媒学院联合承办的第三届中国大学生软件服务外包大赛决赛在浙江传媒学院举行。

△ 临安"云制造小镇"青山湖科技城开园，大学生创意园和科技服务平台建成启用。

28~30日 首届浙江省"互联网+"大学生创新创业大赛暨首届中国"互联网+"大学生创新创业大赛选拔赛在杭州师范大学举行。

9月

1日 由市委宣传部、市文广新闻出版局联合举办的"纪念抗战胜利70周年农村电影周暨农村数字电影进文化礼堂"活动启动。

△ 国家级智精残疾人托养服务标准化试点项目启动仪式在杭州市残疾人托管中心举行。

△ 以"五彩满园民族风，一碧千里大地情"为主题的"西湖秋韵"秋季花展在杭州植物园开幕（10月10日闭幕）。

△ 郁达夫故居"风雨茅庐"对外开放。

2日 浙江社会各界纪念中国人民抗日战争胜利70周年主题活动在富阳区"侵浙日军投降仪式旧址"举行。

2~8日 "烽火追忆——纪念中国人民抗日战争暨世界反法西斯战争胜利70周年书画展"在杭州画院举行。

3日 富阳区"侵浙日军投降仪式旧址"正式开放。

6日 杭州市第十一届"美德少年"评选活动颁奖直播晚会举行，全市美德少年20强选手名单揭晓。

8日 第五届杭州学习节开幕（30日闭幕）。

11日 由杭州市推进学习型城市建设工作指导委员会办公室与浙江大学教育学院共同建立的杭州终身学习研究中心成立。

11~13日 第五届中国智慧城市技术与应用产品博览会在宁波召开，杭州入选"2015中国十大智慧城市"，大江东的新松机器人自动化股份有限公司获"最优项目奖"。

12日 全省首个由海峡两岸共同合作的文创项目——台湾文创礼品馆落户千岛湖。

13日 杭州市互联网金融协会成立大会暨2015年中国（杭州）互联网金融高峰论坛在杭州举行。

14日 杭州市所有区县（市）完成卫生计生机构改革，成为全省率先全面完成卫生计生机构改革的地市。

14~19日 杭州籍残疾人运动员在第九届全国残疾人运动会上获47枚金牌、29枚银牌、16枚铜牌，18次打破全国纪录。

15日 由杭州市政府和台湾南投县政府共同举办的第七届西湖—日月潭"两湖论坛"在南投县南开科技大学举行，"第二届两岸亲子文创作品联展（南投展）"同日开幕。

16日 第三十四届亚洲奥林匹克理事会代表大会宣布，杭州获得2022年第十九届亚运会举办权。

△ 首届杭台音乐交流节在杭州图书馆开幕（10月8日闭幕）。

17~19日 中国（杭州）会议与奖励旅游产业交易会在杭州召开。

△ 第九届亚洲技巧锦标赛在临安市文体会展中心举行。

18~21日 "第三届海内外江南丝竹邀请赛"暨"中国杭州江南丝竹音乐节"在杭州艺术学校举行。

19日 全国科普日暨杭州市第二十九届科普宣传周活动启动仪式在杭州低碳科技馆举行（25日闭幕）。

△ 中国（杭州）非物质文化保护传承论坛在杭州万向职业技术学院举行。

△ 以"千岛湖，让生活更美好！"为主题的千岛湖秀水节开幕，活动持续到11月底。

△ 杭州国际戏剧节开幕（30日闭幕）。

△ 杭州图书馆运动分馆开馆。

20日 由国家发改委国际合作指导中心、北京中青年改革与创新论坛主办的"互联网+"时代的创业创新峰会在良渚新城举行。

△ 7：01，浙江大学自主研制的两颗皮星二号卫星在太原卫星发射中心由"长征六号"运载火箭顺利发射。

21~23日 "创青春"中国青年互联网创业大赛总决赛在杭州梦想小镇举行，杭州参赛项目获冠军奖和5个银奖。

22日 第九届IMPACT国际版画大会在中国美术学院美术馆开幕（26日闭幕）。

△ "2015中国全球投资峰会：杭州"开幕（23日闭幕），杭州获欧洲货币集团评选的"2015中国最佳城市"大奖。

△ 中国版协城市出版社工作委员会五届五次会议暨全国城市出版社社长论坛在杭州举行。

24~25日 第七届中国国际服务外包交易博览会在杭州举行。

25日 市委召开全市领导干部会议，宣布中央和省委决定：赵一德同志任中共杭州市委书记。

28日 乙未年杭州孔庙祭孔典礼举行，纪念孔子诞辰2566周年。

△ 杭州市政府主办的"听南宋，读杭州"首届中国南宋文化节在太庙广场开幕（10月31日闭幕）。

△ 杭州市"我送你秀——百家社区文化行"活动启动，11月30日结束。

△ 杭州市核发首张标注统一社会信用代码的"五证合一、一照一码"营业执照。

△ 城西（蒋村）污水处理厂北线管网建成通水。

29日 "百年西泠·乐石吉金"西泠印社大型国际篆刻活动总决赛在杭州举行。

△ 杭州产"绿水青山"纯电动公交大巴车举行发车仪式。

△ 浙江互联网金融联盟在杭州成立。

30日 "台胞爱国历史的证言与证物——甲午（1894）·乙未（1895）120周年图片展"在杭州连横纪念馆开幕（10月15日闭幕）。

10月

1日 杭州在全市行政区划内实施"黄标车"禁行。

△ 杭州市区居民生活用管道天然气阶梯价格制度实施。

△ 《杭州市城市房地产开发经营管理若干规定》实施。

5～6日　长江三角洲管乐独奏大赛在白马湖畔的建国饭店举行。

8～9日　国务院副总理汪洋在杭州调研外贸工作并主持召开部分省市外贸工作座谈会。

9日　杭州新青年歌舞团股份有限公司“新三板”挂牌仪式在湘湖举行，成为全国第一个在“新三板”挂牌的专业文艺团体。

△　中俄工程技术论坛在杭州举行。

△　湘湖旅游度假区入选国家旅游局公布的首批17个国家级旅游度假区。

10日　国际业余游泳联合会10千米马拉松游泳世界杯赛在千岛湖举行。

△　第四届大运河诗歌节举行。

△　由中国林业产业联合会主办的首批“全国森林旅游示范县”评选结果揭晓，淳安县成为浙江省唯一入选的县。

11日　第十二届中国国际动漫节第七届“我是动漫王”之“童画我心目中的美丽学校”创意大赛颁奖暨拜师会在中国茶叶博物馆举行。

△　第二届中华茶奥会仿宋斗茶大赛选拔赛暨第三届南宋斗茶会在玉皇山南基金小镇举行。

13日　中国休闲度假大会在千岛湖召开，千岛湖成为永久会址。

△　第七届杭州网络文化节开幕。

△　杭州市国家级生态市创建技术评估汇报暨反馈会议召开，杭州市通过国家级生态市技术评估。

14日　杭州市社会科学界首届学术年会举办。

14～15日　“杭州·云栖大会”在杭州云栖小镇召开。

15日　市长张鸿铭会见澳大利亚驻沪总领事梅耕瑞一行。

△　中国（杭州）工艺美术精品博览会在杭州和平国际会展中心开幕（19日闭幕）。

△　第九届杭州文化创意产业博览会开幕（19日闭幕）。

△　市政协发起的香港杭州政协之友联谊会在香港举行第一届理事大会暨成立大会。

△　杭州环城北路隧道开通。

△　首个“两岸文创产业合作试验区”核心区块——杭州创意设计中心举行开园仪式。

15～17日　中国首届传统村落保护利用国际高层研讨会在建德召开。

16日　第十七届西湖国际博览会开幕（11月1日闭幕），经贸科技大会主题展开馆活动在浙江世贸国际展览中心举行。

△　新生代企业家论坛在杭州举行。

△　“西湖论健”国际高峰论坛在杭州举行。

△　第七届中国城市会展发展大会在杭州开幕（17日闭幕），杭州被授予“中国会展市场转化型示范城市”称号。

△　首届版权合作与交易大会在杭州白马湖召开。

△　中国能源互联网大会暨智慧能源产业博览会在杭州召开。

△　位于西湖区象山区块的浙江音乐学院（筹）投入使用。

16～18日　“治未病”高峰论坛暨首届中国中医药健康服务业大会在杭州举行。

△　国际互联网金融投资者峰会在桐庐县召开。

17日　第五届国际（杭州）毅行大会在钱江新城市民中心启动。

△　杭州市社会科学普及周活动开幕（23日闭幕）。

△　首届杭州大学生戏剧节在杭州艺苑剧场开幕（10月30日闭幕）。

△　第三届中国国际棋文化博览会在中国棋院杭州分院开幕（11月17日闭幕）。

△　杭州首届孝心登皋节在皋亭山启动（11月20日结束）。

17～18日　“世界旅游互联网大会”在杭州召开。

18日　杭州市孝道文化馆开馆。

19日　首届杭州“文创新势力”颁奖盛典举行。

△　浙江自然博物馆分馆——千岛湖鱼博馆在淳安千岛湖开馆，是省内首个专业鱼文化博物馆。

20日　中国（杭州）跨境电商综合试验区江干园区开园。

△　中国（浙江）人力资源服务博览会在杭州举行。

△　第八届“世界创业论坛（WEnF）”全球年会在杭州开幕（22日闭幕）。

21日　第七届西湖论坛暨第二届两岸亲子文创作品联展（杭州展）在杭州连横纪念馆开幕（11月5日闭幕）。

22日　“性别平等与企业社会责任国际会议”在杭州召开。

△　杭州（国际）物联网传感技术高峰论坛暨首届浙江传感技术创新大赛在杭州举行。

△　第十六届中国国际丝绸博览会暨中国国际女装展览会在杭州开幕（24日闭幕）。

△　杭州市首笔住房公积金资产证券化产品“杭州住房公积金贷款权益资产支持专项计划”在上海证券交易所发行，发行规模5亿元。

23日　杭州市暨萧山区全民终身学习活动周开幕（29日闭幕）。

△　中国（杭州）微商产业博览会在杭州和平国际会展中心开幕（25日闭幕）。

△　第二届中国大运河庙会在杭州运河天地开幕。

23～29日　第六届中国民间艺人节在吴山广场举行。

24日　第十八届杭州国内经济合作洽谈会举行。

△　第十一届西湖文化研讨会在杭州市科技交流馆召开。

25日　九沙河全线通水。

24～25日　“第十五届中国教育信息化创新与发展论坛暨2015全国教育信息化创新应用成果展览会”在白马湖国际会展中心举行。

25～26日　第三届世界浙商大会在杭州召开。

26日　《杭州市众创空间认定和管理办法（试行）》发布。

28日　市委书记赵一德会见新加坡驻沪总领事王首毅一行。

△　全国副省级城市暨大中城市侨务工作协作会议在杭州召开。

△　杭州荣誉市民授予仪式暨2015年侨界十大杰出人物表彰活动举行。

△　第二届中国笔业博览会在桐庐县召开。

29日　中国（杭州）国际电子商务博览会在浙江世贸国际展览中心开幕（11月1日闭幕）。

△　“博鳌亚洲论坛——2015中国（杭州）全球电商领袖峰会”在杭州举行。

△　首届“网上丝路”市长论坛在杭州举行。

△ 第八届杭州国际体验日启动，活动持续到2016年2月。

30日 第十届中国（杭州）国际休闲产业博览会在杭州和平国际会展中心开幕（11月2日闭幕）。

△ 杭州市第十二届人民代表大会常务委员会第三十二次会议审议通过《杭州市第二水源千岛湖配水供水工程管理条例》。

△ 杭州市商旅产学合作联盟成立。

31日 中共中央政治局委员、国务院副总理马凯到杭州调研。

△ "2015中国最具幸福感城市"系列榜单发布，杭州获"2015中国最具幸福感城市"称号和"2015中国幸福城市政府贡献大奖"。

11月

1日 中国（国际）休闲发展论坛在杭州举行。

△ 《杭州市公路条例》发布实施。

△ 杭州钱塘智慧城启动建设。

2日 西泠印社举行乙未秋季雅集"百年西泠·乐石吉金"大型国际篆刻选拔展开幕式。

△ 杭州公积金中心一体化系统上线运行，萧山区、余杭区与主城区公积金实现一体化发展。

3日 "创客天下·2015杭州市海外高层次人才创新创业大赛"总决赛在杭州举行。

△ 第十二届京沪杭高科技产业化合作交流活动——大数据与人工智能高峰论坛在杭州举行。

△ 第三届全国"村官大讲堂"在余杭区开幕（6日闭幕）。

△ "平安杭州动起来"暨2015年度杭州市第二届十大"平安卫士"评选活动启动。

4日 杭州市金融人才协会成立。

4~6日 "2015浙江·杭州国际人才交流与项目合作大会"在杭州召开。

5日 "国际工程科技发展战略高端论坛——创新设计论坛暨2015中国创新设计大会"在良渚举行。

△ 第五届全国职工职业技能大赛计算机程序设计员、动画绘制员决赛在杭州举行。

△ 首届国际华文教育论坛在杭州市天长小学举行。

△ 杭报集团举行《杭州日报》创刊60周年庆祝活动。

6日 杭州市文艺评论家协会成立大会暨第一次会员大会召开。

△ 杭州市人民调解委员会成立。

6~8日 第十六届中国（杭州）美食节举行。

8日 中国城市学年会暨第五届城市学高层论坛在杭州举行。

8~9日 第三届中国南宋史国际学术研讨会在杭州召开。

△ 2015年中国杭州名师名校长论坛在上城区举行。

9日 "市长杯"创意杭州工业设计大赛决赛举行。

9~12日 第五届亚洲协会全球城市教育网络（GCEN）研讨会在上海、杭州召开。

10日 余杭区召开余杭经济技术开发区（钱江经济开发区）体制调整工作会议，决定两区实施整合提升。

△ 《杭州市人民政府关于支持金融服务机构加快集聚的实施意见》发布，12月11日起实施。

11日 市委书记赵一德等会见新加坡文化、社区及青年部部长，新加坡—浙江经贸理事会联合主席傅海燕一行。

△ "天猫双十一全球狂欢节"成交额912.17亿元。

13日 "发现双创之星"走进浙江（杭州）主题日活动在杭州举行。

△ 中国新媒体创业大赛全国总决赛在杭州举行。

△ 首届中国（杭州）国际快递业大会在桐庐召开。

14~15日 全国首届"新学程大讲坛"在萧山区举行。

16日 第四届杭商论坛在杭州举行。

△ 杭州云栖小镇作为国台办首批12个"海峡两岸青年创业基地"之一，举办揭牌仪式。

△ 《杭州市人民政府关于加快我市私募金融服务业发展的实施意见》发布，12月17日起实施。

17日 《杭州市人民政府关于推进"互联网+"行动的实施意见》发布，12月18日起实施。

18日 杭州市服务业联合会成立。

△ 杭州市第十二届邻居节启动，表彰44位杭州市"好邻居"。

△ 庆祝杭州市政协成立六十周年——南京、武汉、长春、西安和杭州五市政协书画艺术交流活动在杭州举行。

△ "互联网+旅游"新生态峰会在杭州召开。

19日 第三届"最美杭州人"评选活动产生10名"最美杭州人"和20名"最美杭州人提名奖"获得者。

△ "杭州微信自媒体交流论坛"暨"杭州阳光微信联盟成立仪式"举行。

20日 第十一届杭州市道德模范（平民英雄）评选活动揭晓。

21日 中国（杭州）互联网金融博览会在浙江世贸国际展览中心举行。

22日 "喜迎G20·杭州毅行大会"举行。

23日 2015年度全国综合实力（科学发展）百强县（市、区）、镇名单公布，杭州市萧山、余杭、西湖、江干、富阳五区和瓜沥镇上榜。

24日 杭州地铁1号线下沙延伸段开通试运营。

25日 在全国第六届特殊教育学校艺术会演中，杭州获一等奖、二等奖、三等奖、启智奖各1个。

△ 杭州市获住房和城乡建设部批复，成为全国首批在银行间市场开展住房公积金贷款资产证券化业务的试点城市。

26日 中国文化发展指数在武汉发布，杭州位列中国文化城市100强榜单第四位。

△ 杭州美术节开幕式暨第二届"美丽中国·艺术之家"联展举行。

△ 杭州创业活动周启动（12月6日结束）。

△ 杭州首个城市文化公园"吴山文化公园"开园。

27日 第十一届杭州·浙西旅游合作峰会在萧山召开。

△ "西湖汇"网络公益联盟成立。

28日 第九届中国"新星杯"故事型原创漫画大赛颁奖盛典在杭州良渚文化艺术中心举行。

△ "2015中韩美术交流展——京畿美术与杭州美术联展"

在杭州第七中学安定美术馆开幕。

29日 首届千岛湖马拉松赛在千岛湖举行。

△ 杭州图书馆电影分馆开馆，为国内首个电影主题公共图书馆。

12月

1日 《杭州市生活垃圾管理条例》实施。

△ 萧山区、余杭区、富阳区与杭州主城区实现社会保险权益互查互认。

2日 《杭州市人民政府关于深化出租汽车行业改革的指导意见》发布，杭州市出租车行业改革实施。

3日 杭州市首条青年创业大街开街。

△ 杭州市首届"十大律师先锋"评选活动颁奖典礼举行。

△ 杭州市公安局举行G20杭州峰会公安安保工作誓师大会。

4日 市妇联"西子女性"新媒体微信、微博平台上线。

4~6日 九三学社中央委员会第六次科学座谈会在桐庐召开，九三学社科技学术基地永久落户桐庐。

5日 第六届"童画杭州名人"在唐云艺术馆举行颁奖典礼。

△ 杭州市出租车综合管理服务中心项目启动。

7日 市委书记赵一德会见美国驻沪总领事史墨客一行。

△ 首批"杭州市非物质文化遗产旅游经典景区"名单公布。

8日 中国（杭州）跨境电子商务综合试验区萧山园区开发区产业园开园。

△ 第四届"最美杭州人——感动杭城十佳教师"评选活动颁奖仪式举行。

9日 美国西雅图市政府代表团一行到杭州考察。

△ 市政协召开庆祝杭州市政协成立60周年座谈会。

10~12日 "文化在城市可持续发展中的角色"国际会议在杭州召开。

11日 杭州市对口黔东南州帮扶工作座谈会在杭州召开。

△ 首个中韩文化基金SV中韩文化—ICT融合基金在杭州成立。

14日 第三届"新春欢乐颂——杭州文广集团迎新春文艺精品剧目展演"开幕，活动持续到2016年2月底。

15日 市长张鸿铭会见新西兰驻华大使麦康年一行。

△ 《关于建立党员干部改革创新容错免责机制的实施办法》发布实施。

△ "2015中国（浙江）新三板高峰论坛"在杭州举行。

15~16日 金麦奖暨中国（杭州）国际电商营销峰会在杭州召开。

16日 首届中国（杭州）旅游创客大赛决赛举行。

△ 中国民主建国会成立70周年纪念大会在北京召开，民建杭州市委会被授予"全国先进组织""民建全国参政议政先进集体"称号。

17日 国家园林城市（县城、城镇）名单在住房和城乡建设部网站公示，临安入选。

18日 杭州大自然科技股份有限公司举行"新三板"挂牌仪式，成为全国首个由"老三板"转型"新三板"的股份制公司。

19日 浙江大学"中国文艺评论基地"揭牌仪式暨中国文艺评论家协会书法篆刻艺术委员会成立仪式在杭州举行。

△ 市环保局和市科学技术协会主办的第一届西湖环境学术论坛院士报告会在省人民大会堂举行。

△ 杭长高速公路延伸线（吉鸿路）开通运营。

20日 首届全球互联网金融领袖峰会在杭州召开。

△ 首届知名中学与大学教育创新论坛在学军中学举行。

21日 由省侨联、市侨联等单位策划发起的"侨连全球·服务G20"系列活动在杭州启动。

22日 杭州市第三十届青少年科技创新大赛（高校组）决赛暨颁奖大会举行。

△ 《杭州市人民政府关于加快科技服务业发展的实施意见》发布，2016年1月23日起实施。

△ 市委反腐败协调小组办公室发文成立追逃追赃工作办公室。

△ 杭州钢铁集团半山钢铁基地停产。

23日 《杭州市人民政府关于支持大众创业促进就业的意见》发布，2016年2月1日起实施。

△ 中国首届跨境电商创业创新大赛启动，持续到2016年3月。

24日 "中国杭州"政府门户网站入选2015年度中国最具影响力政务网站，并获中国政府网站领先奖。

△ 市委政法委、市委宣传部联合举办"人人参与，平安护航G20"文艺专题晚会。

25日 第三届"最美杭州人"光荣墙在吴山文化公园·雷锋广场揭幕。

26日 格力电器杭州智能电器产业园项目在大江东产业集聚区奠基。

△ 杭州市第四届青少年西湖明信片大赛颁奖典礼暨获奖作品展开幕。

△ 丁兰智慧小镇·西子智慧产业园开园。

△ 杭州图书馆科技分馆暨滨江区图书馆启动试运营。

27日 2015年现代职业教育西湖论坛在杭州举行。

28日 中国影视艺术创新峰会暨第三届中国影视产业推介会在杭州召开。

△ 第三十届电视剧"飞天奖"颁奖典礼暨中国影视艺术创新峰会在杭州云栖小镇举行。

△ 《杭州市创建国家食品安全城市试点工作方案》发布，2016年1月28日起实施。

△ 浙江省首个消费金融公司——杭银消费金融股份有限公司在杭州开业。

29日 杭州欧美同学会·杭州留学人员联谊会召开一届一次理事大会暨成立大会。

29~30日 "中国县域互联网+行动联盟"和"中国县域互联网+扶贫协作联盟"在桐庐成立。

30日 中共杭州市委十一届十次全体（扩大）会议召开。

△ 2016年杭州新年音乐会在杭州大剧院歌剧院举行。

△ 杭州市公共法律服务中心试运行。

31日 国家工商总局发布《关于支持中国（杭州）跨境电子商务综合试验区建设发展的若干意见》。

△ 杭州供销集团有限公司挂牌成立。

△ 望江路过江隧道开工建设。

（市委办公厅 市政府办公厅 年鉴编辑部）

总　述

General Survey

·历史　地理　气候·

【历史沿革】 杭州是华夏文明发祥地、中国七大古都之一。考古发现，大约10万年前，在杭州市所辖建德市李家镇一带有智人"建德人"活动。1936年在余杭区发现良渚遗址，良渚文化距今约5300年～4200年，被称为"文明的曙光"。随着2001年萧山区跨湖桥遗址的发现和2004年12月"跨湖桥文化"被正式命名，杭州乃至浙江文明史推前到距今8000年新石器时代的早期。

秦王政二十五年（公元前222年）置钱唐县、余杭县，属会稽郡。

隋开皇九年（589年）废钱唐郡，置杭州，杭州之名首次在历史上出现。

五代吴越国（907～978年）在杭州建都。

南宋建炎三年（1129年），高宗赵构南渡至杭州，升杭州为临安府。绍兴八年（1138年），南宋正式定都临安，历时140多年。

元至元十四年（1277年），改临安府为杭州。至元二十一年（1284年），自扬州迁江淮行省治于杭州，次年改称江浙行省。至正二十六年（1366年），朱元璋攻占杭州，置浙江等处行中书省，治杭州府。明洪武九年（1376年），改浙江行中书省为浙江承宣布政使司。

清康熙元年（1662年），改浙江承宣布政使司为浙江行省。

1912年2月，以钱塘、仁和县并置杭县；1927年5月，划杭县城区等地设杭州市，杭州置市始此。

1949年5月3日，杭州解放。1949年10月1日，中华人民共和国成立。杭州市是浙江省省会，全国15个副省级城市之一，长江三角洲的重要中心城市，被国家列为全国历史文化名城、全国文明城市和重点风景旅游城市。

【地理位置和面积】 杭州市地处东南沿海的长江三角洲南翼。市区地处钱塘江下游，京杭大运河南端，是中国东南部的重要交通枢纽。市域界于北纬29° 11′～30° 34′和东经118° 20′～120° 37′之间。全市土地面积16596平方千米，其中市区土地面积4876平方千米。

【地貌】 杭州境域地貌类别多样，大地构造处于扬子准地台钱塘台褶带。近期现代构造运动趋向缓和，地震活动显得微弱，自公元2世纪以来有记载的4级以上地震5次，多为弱震（3级～5级）和微震（1级～3级）。杭州有记载的最强地震为5级（929年）。杭州西北部和西部系浙西中山丘陵区，主要山脉有天目山、白际山、千里岗山等，全市最高点是海拔1787米的清凉峰。市区最高峰是位于余杭区鸬鸟镇的窑头山，海拔1095米。市区丘陵分布在城区西南部向北东—南西向延伸。主城区主要有吴山、紫阳山、玉皇山、北高峰、云居山、三台山、翁家山、将台山、老和山、月轮山、五云山、狮峰、半山、天马山、二龙头、屏风山、凤凰山、青龙山、老焦山、龙门山、玉泉山等。杭州东北部和东南部属浙北平原地区，地势低平，海拔3米～6米，地表江河纵横，湖泊密布。全市土地面积构成中，山地丘陵占65.6%，平原占26.4%，江、河、湖、荡、水库占8%。

【湖泊河流】 杭州江、河、湖、海、溪"五水共导"。市域内主要河流有钱塘江（境内长74千米）、东苕溪（境内长96千米）、京杭大运河（境内杭申甲线长49.21千米，杭申乙线长39.78千米）、萧绍运河和上塘河等。钱塘江水系包括新安江、富春江。京杭大运河是世界上最长的人工运河。新安江水库又名千岛湖，面积573平方千米，蓄水量178亿立方米，湖内大小岛屿1078个，是中国东南部沿海地区最大的水库。西湖水面面积6.5平方千米。杭州湾以钱塘潮著称，是中国沿海潮差最大的海湾。2011年6月24日，杭州西湖文化景观被列入《世界遗产名录》。2014年6月22日，中国大运河被列入《世界遗产名录》。杭州成为"双世遗"城市。　　（年鉴编辑部）

【气候特征】 杭州市属亚热带季风性气候，四季分明，温暖湿润。2015年杭州市气候总特点：年平均气温偏高，降雨量显著偏多，雨日偏多，日照时数明显偏少；梅雨量比常年偏多83%。受梅雨期降水显著偏多和寡照的影响，夏季（6～8月）高温特征不明显，年平均气温、高温日数（最高气温≥35℃的日数，下同）为2000年以来最低值。汛期内发生4次主要的暴雨及强对流天气过程，受3个台风影响。

全市年平均气温16.5℃（临安）～17.7℃（淳安），其中主城区年平均气温17.5℃，比常年偏高0.5℃。

全市极端最高气温出现在萧山，为39.6℃，出现日期为8月5日；极端最低气温出现在临安，为-5.7℃，出现日期为1月2日和2月10日。

全市年降雨量1927.4毫米（萧山）~2131.9毫米（主城区），其中主城区年降雨量2131.9毫米，比常年偏多48%。全市年雨日数164天（临安）~181天（建德），其中主城区年雨日数169天，比常年偏多50%。杭州市于6月7日入梅，7月12日出梅，梅雨期35天，比常年偏多11天，梅雨量508毫米，比常年偏多83%。

全市年日照时数1200.2小时（桐庐）~1503.9小时（淳安），其中主城区年日照时数1315.8小时，比常年偏少23%。（陈剑锋 俞 布）

2015年杭州市行政区划概况

表1 单位：个

地域名称	街 道	乡	镇	社 区	居民区	行政村
上城区	6	—	—	54	—	—
下城区	8	—	—	74	—	—
江干区	10	—	—	175	—	4
拱墅区	10	—	—	106	—	—
西湖区	10	—	2	157	—	45
滨江区	3	—	—	57	—	—
萧山区	14	—	12	173	—	411
余杭区	14	—	6	160	—	184
富阳区	5	6	13	28	3	276
市区小计	**80**	**6**	**33**	**984**	**3**	**920**
桐庐县	4	4	6	18	3	183
淳安县	—	12	11	12	1	425
建德市	3	1	12	27	15	229
临安市	5	—	13	16	14	287
合 计	**92**	**23**	**75**	**1 057**	**36**	**2 044**

注：1. “合计”数中不包括“市区小计”数

2. 西湖区的西湖街道（下辖6个社区、9个村）委托杭州西湖风景名胜区管委会管理

3. 江干区的下沙街道（下辖18个社区）、白杨街道（下辖18个社区）委托杭州经济技术开发区管委会管理

4. 萧山区的河庄街道（下辖1个社区、20个村）、义蓬街道（下辖4个社区、22个村）、新湾街道（下辖1个社区、12个村）、临江街道（下辖1个社区、2个村）、前进街道（下辖3个村）委托杭州大江东产业集聚区管委会管理

2015年杭州市社区、居民区、行政村调整情况

表2

单 位	撤销、新建社区、行政村
江干区	闸弄口街道新建濮家联合社区，撤销濮家、机神、天城社区；彭埠街道新建普新、建和社区；丁兰街道新建赵家苑、华鹤、华亭、五会港社区，撤销丁桥、三义、大塘、建塘社区；白杨街道新建晨光、东郡社区
拱墅区	祥符街道新建申悦、万家、三宝、申信、申慧、申花、庆和社区
西湖区	三墩镇新建嘉苑社区
滨江区	西兴街道新建滨和、丹枫、奥体社区；浦沿街道新建江南社区
萧山区	蜀山街道新建秀水社区；闻堰街道新建湘湖南苑社区
余杭区	乔司街道新建良熟新苑社区；塘栖镇新建莲花社区；南苑街道新建龙兴社区；临平街道新建顺达社区
富阳区	鹿山街道新建东吴社区；银湖街道新建如意社区
临安市	锦城街道新建琴山、戚家桥社区，撤销林学院社区；锦南街道新建锦溪社区；玲珑街道新建玲珑山社区；锦北街道新建西溪山、林水社区

·行政区划·

【行政区划概况】 2015年，杭州市新建社区35个，撤销社区8个。至年末，在市行政区域范围内，有市辖区9个、县级市2个、县2个，镇75个、乡23个、街道92个，社区1057个、居民区36个、行政村2044个。

【行政区域界线联合检查】 2015年，杭州市组织相关区县（市）完成1条市级行政区域界线（杭州绍兴线）、7条县级行政区域界线（上城滨江线、上城江干线、江干拱墅线、滨江西湖线、富阳桐庐线、萧山富阳线、富阳临安线）的联合检查任务。重点检查行政区域界线管理法律法规的贯彻落实情况，毗邻双方人民政府签署的行政区域界线协议书及其附图的执行情况，界桩及其方位物变化和界桩维护管理情况，指示行政区域界线走向的其他标志物及行政区域界线实地位置有关的地物、地貌的变化等情况。指导协调相关区县（市）处理边界不稳定因素，确保边界稳定，并以平安边界建设为纽带，开展走访、互访、加强联系、交流工作、增进感情。共同防范各类突发性、群体性事件，及时互通信息，确保边界不稳定因素能早发现、早介入、早化解，避免事态扩大。通过界线毗邻区县（市）、乡镇的交流和协作，全市未发生因边界纠纷引发的集体上访、群体性械斗和恶性刑事案件。（张 刚）

·人口变迁·

【常住人口】 至2015年末，杭州市常住人口901.8万人，比上年（指2014年，下同）末增加12.6万人，其中城镇人口679.06万人，占比75.3%，提高0.2个百分点；人口出生率10.6‰，人口自然增长率5.4‰。全市新增城镇

就业人员28.79万人，安置失业人员再就业14.22万人。年末城镇登记失业率1.74%。（年鉴编辑部）

【户籍人口】 至2015年末，杭州市总人口（指户籍人口，下同）2257933户、7235545人，比上年增加34483户、77969人，人口增长率1.08%，下降0.2%，平均每户3.20人。总人口中，男性3606837人，占49.85%；女性3628708人，占50.15%；性别比（女=100，下同）99.40，下降0.22。全市城镇人口4953778人，占总人口的68.46%，上升11.98%，城镇人口是乡村人口的2.17倍。全市城镇人口比例较高的主要原因：一是杭州市城镇区域不断扩大，城镇人口大幅增加；二是迁入人口数量大，其中乡村人口转城镇人口比例有所增加；三是根据户籍制度改革工作调整统计口径，不再按照户口性质划分，而是按照实际户籍地址的城乡属性来统计。

全市出生人口70617人，比上年减少29126人，出生率9.81‰，下降2.81个千分点。出生人口中，男性36548人，女性34069人，出生人口性别比107.28。全市死亡人口40326人，比上年减少89人，死亡率5.60‰，下降0.08个千分点。自然增长30291人，自然增长率4.21‰，下降2.73个千分点。出生率和自然增长率下降的主要原因：一是部分市民忌讳有关羊年的民俗而避开生育，出生人口明显下降；二是2015年起未落户常住人口中的出生人口不做统计。

【市区人口】 至2015年末，杭州市区总人口1604743户、5328628人，比上年增加248439户、743975人。市区总人口中，男性2647142人，占49.68%；女性2681486人，占50.32%；性别比98.72，上升0.06。市区总人口密度为每平方千米1093人。市区城镇人口4215954人，占市区总人口的79.12%，城镇人口是乡村人口的3.79倍。市区出生人口55275人，出生率10.45‰。出生人口中，男性28606人，女性26669人，出生人口性别比107.26。市区死亡人口26492人，死亡率5.01‰。市区人口自然增长28783人，自然增长率5.44‰。

【迁移人口】 至2015年末，杭州市迁移人口127588人，人口机械增长50796人，增长率7.1‰，比上年上升0.95‰。市区迁移人口110456人，机械增长50806人，比上年增加12375人。杭州市的户口迁移态势为持续净迁入。（蔡 妮）

·经济建设·

【地区生产总值10050.21亿元】 2015年，杭州市实现地区生产总值10050.21亿元，比上年增长10.2%。其中第一产业增加值287.95亿元，第二产业增加值3909.01亿元，第三产业增加值5853.25亿元，分别增长1.7%、5.5%和14.6%。人均生产总值112230元，增长9.1%，按国家公布的2015年平均汇率折算，为18019美元。三次产业结构为2.9∶38.9∶58.2。

【财政总收入2238.75亿元】 2015年，全市财政总收入2238.75亿元，比上年增长11.0%，其中地方一般公共预算收入1233.88亿元，增长9.8%。一般公共预算支出1205.48亿元，增长15.6%。其中：用于民生支出921.92亿元，增长16.3%，提高3.1个百分点；科学技术、住房保障等民生项目支出分别增长33.9%和31.3%。

【居民人均可支配收入42642元】 2015年，全市居民人均可支配收入42642元，比上年增长8.7%，扣除价格因素，实际增长6.8%。其中城镇居民人均可支配收入48316元，增长8.3%，农村居民人均可支配收入25719元，增长9.2%，扣除价格因素，实际分别增长6.4%和7.3%。城镇居民人均生活消费支出33818元，农村居民人均消费支出19334元，分别增长5.1%和8.5%。

【农林牧渔业增加值292.40亿元】 2015年，全市实现农林牧渔业增加值292.40亿元，比上年增长1.8%。其中：农业180.62亿元、林业39.33亿元、渔业29.45亿元，分别增长3.7%、4.5%和3.0%；牧业增加值39.55亿元，下降9.6%。农林牧渔服务业增加值4.45亿元，增长7.1%。全市粮食总产量63.38万吨，增长1.3%；水果产量78.96万吨，增长4.8%；水产品产量20.92万吨，增长0.1%；肉类产量27.84万吨，下降6.2%。新建省级现代农业园区18个，市级“菜篮子”基地42个，各级粮食生产功能区262个。

【工业增加值3497.83亿元】 2015年，全市实现工业增加值3497.83亿元，比上年增长5.5%，其中规模以上工业企业增加值2875.05亿元，增长5.4%。规模以上战略性新兴产业增加值877.35亿元，装备制造业增加值1086.12亿元，高新技术产业增加值1212.60亿元，分别增长9.4%、13.5%和9.8%。新产品产值率由上年的31.2%提高到35.2%。工业产品产销率98.50%。全市规模以上工业企业实现利税1559.68亿元，增长4.4%，其中利润891.12亿元，增长2.4%。企业亏损面18.0%。

【信息经济增加值2313.85亿元】 2015年，全市信息经济实现增加值2313.85亿元，比上年增长25.0%，占全市生产总值的23%，提高4.9个百分点。其中电子商务、数字内容产业分别增长34.5%、35.5%，云计算与大数据、物联网、互联网金融、“智慧物流”分别增长29.6%、12.7%、33.5%和8.4%。

【固定资产投资5556.32亿元】 2015年，全市固定资产投资5556.32亿元，比上年增长12.2%。从产业投向看，第一产业31.47亿元，增长65.0%；第二产业931.78亿元，增长1.8%，其中工业930.01亿元，增长1.8%；第三产业4593.07亿元，增长14.3%。全市引进内资项目2376个，到位资金1249.27亿元，增长18.5%。其中浙商回归项目到位资金660.58亿元，增长27.0%。

全市完成基础设施投资1355.18亿元，增长34.8%。地铁4号线首通段、1号线下沙延伸段建成运营，轨道交通初步成网。秋石路三期四期、环城北路地下通道、吉鸿快速路等一批治堵重点工程建成通车，东湖路、文一路地下通道等建设推进，萧山机场公路改建工程西兴互通两对匝道开通，杭新景高速公路建德段建成。

【批发和零售业增加值818.02亿元】 2015年，全市实现批发和零售业增加值818.02亿元，比上年增长2.3%。社会消费品零售总额4697.23亿元，增长11.8%，扣除价格因素，实际增长11.6%。其中：商品零售额4241.5亿元，增长12.3%；餐饮收入455.73亿元，增长7.4%。城镇消费品零售额4457.76亿元，增长11.7%；乡村消费品零售额239.47亿元，增长13.2%。在限额以上批发零售贸易业零售额中，家具类、饮料类商品分别增长65.8%和46.6%，粮油食品类、服装鞋帽针纺织品类、烟酒类商品分别增长18.5%、15.5%、10.5%，金银珠宝类、汽车类商品分别增长12.6%、7.1%，石油及制品类下降7.4%。全市网络零售额2679.83亿元，增长42.6%，全市居民网络消费额1119.1亿元，增长38.2%。

【货物进出口总额665.66亿美元】 2015年，全市货物进出口总额665.66亿美元（4132.43亿元），比上年下降2.1%（1.0%）。其中：进口总额165亿美元（1024.40亿元），下降12.3%（11.3%）；出口总额500.67亿美元（3108.03亿元），增长1.8%（2.9%）。不含省属出口444.65亿美元（2627.06亿元），增长4.0%（5.5%）。出口总额中，机电产品出口201.92亿美元（1254.17亿元），高新技术产品出口63.6亿美元（394.94亿元），分别增长4.4%（5.5%）和6.2%（7.4%）。按贸易方式分，一般贸易出口433.78亿美元（2693.23亿元），增长5.1%（6.2%）；进料加工贸易出口60.95亿美元（377.94亿元），下降15%（14.2%）。出口市场中，大洋洲、北美洲、拉丁美洲、亚洲市场分别增长8.0%（9.2%）、6.3%（7.4%）、3.6%（4.6%）、3.4%（4.5%）；欧盟、欧洲市场分别下降1.6%（0.6%）和3.9%（2.9%）。全市服务贸易进出口190.33亿美元，增长25.4%。全市跨境电商进出口总额34.64亿美元（215.07亿元），占全市外贸进出口的5.2%（5.2%）。其中，进口11.91亿美元（73.94亿元），出口22.73亿美元（141.13亿元）。

【境外合同投资26.49亿美元】 至2015年末，全市设立各类境外投资企业（机构）1341个，其中非贸易企业491个。境外合同投资26.49亿美元，其中非贸易性投资14.71亿美元，比上年增长64.9%。对外承包工程和劳务合作营业额17.69亿美元，增长69.8%。离岸服务外包合同执行额51.94亿美元，增长26.7%。全市批准外商直接投资475项，实到外资71.13亿美元，增长12.3%。新批总投资3000万美元以上项目130个，总投资140.09亿美元，占新批外商项目总投资的84.9%。引进世界500强企业投资项目10个，累计有112个世界500强企业到杭州投资188个项目。

【货物运输总量2.94亿吨】 2015年，全市实现交通运输、仓储和邮政业增加值299.92亿元，比上年增长8.2%。全社会货物运输总量2.94亿吨，增长1.7%。旅客运输量2.39亿人次，下降0.5%。至年末，萧山国际机场开通航线235条，其中国际航线32条，港澳台航线7条。内地航线进出港旅客2470.3万人次，增长10.1%；国际及地区航线进出港旅客365.1万人次，增长18.3%。境内公路总里程6210.02千米，其中高速公路615.08千米。全市民用机动车拥有量273.35万辆，其中私人汽车184.91万辆，比上年末分别增长1.4%和2.8%。

全市邮政企业和规模以上快递服务企业实现业务收入159.69亿元，增长35.7%。规模以上快递服务企业业务量12.57亿件，增长48.7%。建成并投入运营便民“E邮站”1824个。电信业务收入173.66亿元，增长3.3%。年末固定电话用户293.44万户，下降5.7%；移动电话用户1726.76万户，增长10.6%；宽带用户294.96万户，增长5.8%。

【旅游产业增加值719.68亿元】 2015年，全市实现旅游产业增加值719.68亿元，比上年增长12.8%。旅游总收入2200.67亿元，增长16.7%，其中旅游外汇收入29.31亿美元，增长7.1%。接待入境旅游者341.56万人次，增长4.7%；接待国内游客1.2亿人次，增长13.5%。至年末，全市有各类旅行社685个，增长4.1%；星级宾馆186个，其中五星级24个、四星级46个；A级景区54个，其中AAAAA级景点3个、AAAA级景点34个。

【金融业增加值941.47亿元】 2015年，全市实现金融业增加值941.47亿元，比上年增长12.0%。年末全市有金融机构409个，当年新增35个；外资金融机构32个，当年减少17个。全市金融机构本外币存款余额29863.83亿元，增长13.9%；贷款余额23327.95亿元，增长9.3%，其中住户贷款5859.46亿元，增长19.1%，非金融企业及机关团体贷款17241.85亿元，增长6.1%。

全年新增上市公司9个，募集资金255.98亿元。至年末，全市上市公司累计118个，实现上市融资3008.58亿元。“新三版”挂牌企业155个。全市保费收入374.38亿元，增长16.8%。其中：财产险保费收入156.91亿元，增长11.2%；人身险保费收入217.47亿元，增长21.3%。支付各类保险赔款139.68亿元，增长17.3%，其中财产险93.72亿元，增长12.6%，人身险45.95亿元，增长28.4%。（年鉴编辑部）

·政治建设·

【从严治党】 2015年，杭州市落实全面从严治党责任，按照中央和省委部署，组织全市县处级以上领导干部开展“三严三实”专题教育。组织全市县处级以上党员领导干部开展党章党规党纪集中轮训，巩固拓展党的群众路线教育实践活动成果，纠正“四风”问题。贯彻中央和省委关于做好意识形态工作的部署，把意识形态工作纳入全市党建工作责任制考核。完善领导班子和干部考核评价办法，推进优进庸退、能上能下。实施“双基十条”，切实加强基层党建和基层政权工作。贯彻落实《中国共产党廉洁自律准则》和《中国共产党纪律处分条例》，严格执行六大纪律特别是政治纪律和政治规矩。履行党风廉政建设主体责任，落实主体责任履行情况向上一级党委、纪委报告制度，落实省委巡视组反馈意见，支持纪委履行监督责任。

【地方立法】 2015年，市人大常委会依法立法，完善立法机制，提升立法质量。制定《杭州市智慧经济促进条例》《杭州市生态文明建设促进条例》《杭州市公路条例》《杭州市生活垃圾管理条例》等条例。协助全国人大常委会和省人大常委会完成多件法律法规草案的征求意见工作。向市十二届人大六次会议提出关于提请审议《杭州市立法条例（草案）》的议案，以完善立法工作程序，规范立法活动。制定《杭州市人民代表大会常务委员会地方性法规立项办法》《杭州市地方性法规实施情况报告规定》《杭州市人大常委会建立立法基层联系点办法》《杭州市人大常委会立法听证办法》，完善立法工作制度。

【人大监督】 2015年，市人大常委会审议专项工作报告50个，开展执法检查、专题询问、专题调研、专项工作评议、视察等9次，审查规范性文件116份。加强财政经济、民生领域、城市环境、司法执法监督。依据宪法、法律法规的有关规定，形成杭州市3类48项的重大事项清单，将人大及其常委会讨论决定的重大事项具体化、条目化，并以中共杭州市委名义印发《杭州市人大及其常委会讨论决定重大事项清单》，推进重大决策的科学化、民主化、法治化。

【依法行政】 2015年，杭州市推动依法行政和治理方式创新。推进政务公开，推广电子政务和网上办事。建立重大政策落实督查问责机制，开展第三方评估。加强安全生产监管。总结杭州市综合考评工作经验，制定《杭州市绩效管理条例》，强化绩效目标执行、绩效评估和绩效问责，为改进机关作风、转变政府职能树立法治导向，并于8月27日杭州市第十二届人民代表大会常务委员会第三十次会议通过，9月25日浙江省第十二届人民代表大会常务委员会第二十三次会议批准。

【简政放权】 2015年，杭州市推进简政放权、放管结合、优化服务改革。取消和下放311项行政审批事项，取消123项职业资格许可和认定事项，终结非行政许可审批。工商登记前置审批精简85%，实施“五证合一、一照一码”。加强事中事后监管，优化公共服务流程。“四张清单一张网”改革持续深化，清理非行政许可事项169项。

【政府信息公开】 2015年，杭州市持续推进政府信息公开工作。根据《2015年杭州市政府信息公开工作要点》要求，重点推进行政权力清单动态调整、行政处罚、财政资金、公共资源配置、重大建设项目、公共服务、企业信息、公共监管8个领域的政府信息公开。全年新增主动公开政府信息39.09万条。其中，市级机关主动公开政府信息14.96万条，区县（市）政府及其职能部门主动公开政府信息24.12万条。全年办理政府信息公开申请6399件。其中，市级机关办理3244件，区县（市）政府及其职能部门办理3155件。各申请人当面申请1434件，网络申请1896件，传真申请72件，信函申请2997件。申请内容主要涉及土地征迁、房屋拆迁、规划编制、环境质量、行政审批等信息。

【社会治理创新】 2015年，杭州市加强和创新社会治理，法治杭州、平安杭州建设全面推进。巩固完善“一网三中心”基层社会治理体系，深化“网格化管理、组团式服务”，健全基层社会服务信息化平台，抓好“杭法十条”各项目标任务的分解落实，为各项改革推进提供保障。启动新一轮“公述民评”问政问效活动，提升依法行政水平。发挥人大法律监督和政协民主监督作用，拓宽群众评议监督途径。

【建议提案办理】 2015年，全市收到全国及省市“两会”建议、提案1103件。其中，全国政协提案1件；省人大代表建议12件，省政协提案35件；市人大代表建议618件，市政协全会建议案2件、提案435件。市“两会”结束后，市政府召开全体（扩大）会议和常务会议，贯彻落实“两会”精神，并研究部署建议、提案办理工作。市人大常委会、市政府和市政协联合召开交办会议，加强组织领导，明确责任分工，落实办理责任。市政府领导带头领办2件市政协全会建议案和18件重点建议、提案，带领承办单位调研，加强沟通协调，完善政策措施。市政府办公厅强化督办，加强目标管理，着力提高办理质量和实效。全年建议提案办结率100%、面商率100%、满意率99.5%。 （年鉴编辑部）

8月26日，“铭记历史，开创未来——纪念中国人民抗日战争暨世界反法西斯战争胜利70周年历史影像展览”在杭州市科技交流馆开幕（杭州图库 供稿）

·文化建设·

【2015年杭州文化工作十件大事】 1.纪念抗战胜利70周年系列文化活动浓墨重彩；2.“当好东道主·喜迎G20”文化活动声势浩大；3.中国国际动漫节和杭州文博会的国际范儿更加彰显；4.多个文化企业挂牌“新三板”，杭州文创竞争力位居大陆城市第三；5.文艺精品创作生产再居全国同类城市前列；6.谭盾受聘文艺顾问，杭州文艺名家享誉国际舞台；7.杭州出台首个“1+X”公共文化服务标准化体系；8.各文艺家协会成功换届，杭州率先成立文艺评论家协会和网络作家协会；9.创新建立六大载体，深入培育礼堂文化；10.创编全国省会城市和副省级城市第一部文化年鉴。

【2015年杭州文化工作十大亮点】 1.《杭州优秀文艺家丛书》出版发

行；2."书非书"杭州国际现代书法艺术节成功举办；3."百年西泠·乐石吉金"国际篆刻选拔活动产生广泛影响；4."公望富春"文化周成为两岸文化交流新品牌；5."我送你秀"百家小区文化行广受市民好评；6.杭图成为我国第3个实现全球馆际互借的公共图书馆；7.全国最大的数字阅读运营企业落户杭州；8.首届中国数字阅读大会在杭州召开；9.全市首个城市文化公园建成开放；10.社会主义核心价值观主题篆刻创作展引起强烈社会反响。

【教育覆盖率提高】 至2015年末，全市有小学443所，在校学生52.45万人；初中243所，在校学生21.13万人；普通高中75所，在校学生11.00万人。学前三年幼儿入园率98.8%，初中毕业生升入各类高中比例99.7%。优质学前教育覆盖面由上年的76.7%提升到78.6%；优质高中招生比例86.4%，比上年提高0.8个百分点。普通高等院校39所；在校学生47.56万人，其中在校研究生5.02万人，分别增长0.2%和4.5%；毕业生12.5万人，增长1.4%。高等教育毛入学率由上年的59.8%提高到60.4%。全市累计解决义务教育阶段外来务工人员子女入学26.71万人。

【科技创新】 2015年，全市发明专利申请量17777件，发明专利授权量8296件，分别比上年增长20.3%和49.4%。新认定国家重点扶持高新技术企业311个，累计1986个。年内新增14个中国驰名商标，累计146个。至年末，培育认定研发中心1438个，其中省级研发中心517个。技术市场吸纳科技成果6243项，实现交易额77.42亿元。科技企业孵化器83个，其中国家级21个，孵化总面积239.36万平方米，国家级孵化器总量连续3年居全国省会城市第一位。纳入国家科技孵化器体系的众创空间达14个，全市研究和试验发展（R&D）经费支出相当于地区生产总值的3%。

【文化创意产业增加值2232.14亿元】 2015年，全市实现文化创意产业增加值2232.14亿元，比上年增长20.4%。全年拍摄电视剧29部，共1221集。生产原创动画片14500分钟。摄制完成19部电影。出版报纸22亿份、各类杂志1800万册、图书2.9亿册。全市有各类专业艺术表演团体21个。

【公共体育发展】 至2015年末，全市有3所国家级体育传统项目学校，1个国家级高水平体育后备人才基地，9个浙江省级体育后备人才基地。全市567所符合开放条件的公办中小学体育场地全部向社会开放。杭州取得2022年第十九届亚运会举办权，成为第3个举办亚运会的中国城市。（年鉴编辑部）

【基层文化阵地建设】 至2015年末，全市有文化馆15个、公共图书馆14个，图书馆藏书1785万册。图书馆实现与全球49个国家和地区1万多个图书馆间的馆际互借和文献传递业务，"数字图书资源进学校"项目覆盖774所城乡中小学校。2015年，下城区长庆街道等3个乡镇（街道）入选省文化强镇（乡、街道），东新街道水漾苑社区等17个村（社区）入选省文化示范村（社区），下城、拱墅、萧山的3个项目被评为省公共文化服务体系示范项目。创建市级乡镇（街道）示范综合文化站20个，新建乡镇（街道）图书分馆21个，公共电子阅览室43个。全年累计送戏下乡7292场次，送书下乡95万多册，送讲座、展览7725场次，开展文化走亲605场次，886万人次受惠。

【"1+X"现代公共文化服务标准化体系建设】 2015年，市文广新闻出版局牵头制定杭州市《关于加快构建现代公共文化服务体系的实施意见》和《杭州市基本公共文化服务标准（2016~2020年）》，作为全市实施公共文化服务工作的"1"。拱墅区《文化志愿服务管理规范》，下城区《公共文化服务第三方评价规范》《公共文化服务需求调查规范》《公共文化服务第三方评价规范》，萧山区《乡镇（街道）公共文化服务评估规范》先后发布，加上余杭区于2014年发布的《乡镇综合文化站服务规范》，初步形成"1+X"现代公共文化服务标准化体系。这些基层标准涉及公共文化管理、运行、评价、反馈和社会参与等领域，并且联合质监部门发布，具有较高实施效力。

【文化市场发展】 2015年，全年行政区域内办理文化行政审批审核及备案事项883个。在杭州市行政区域内经依法许可或备案的文化市场经营户有10113个，其中互联网上网服务营业场所1616个、游艺娱乐场所220个、歌舞娱乐场所769个、印刷企业2355个、出版物经营单位3628个、广播电视节目制作单位413个、电影放映单位136个、美术品经营单位151个、文艺表演团体164个、演出经纪机构186个、演出场所99个、互联网文化经营单位376个。市本级有演艺业、书刊发行业、娱乐业、网吧业、艺术品业、娱乐品牌促进会、印刷业等文化市场行业协会7个。

【非物质文化遗产保护】 11月，第五批杭州市非物质文化遗产项目代表性传承人名单公布，65人入选。至此，杭州市有国家级非物质文化遗产项目代表性传承人22人、省级非物质文化遗产项目代表性传承人160人、市级非物质文化遗产项目代表性传承人388人。12月，评出首批市级非物质文化遗产旅游经典景区11个。至年末，全市有非物质文化遗产保护项目334个。推进杭州市非物质文化遗产镇级名录试点工作，临安市18个乡镇（街道）298个村镇级名录工作全覆盖，为国内首批开展非物质文化遗产保护镇级名录建设的城市；下城区在全省率先建立城区街道级非物质文化遗产名录，西湖、萧山、富阳、建德等地也在推进中。（孙立波）

【杭州创建联合国教科文组织全球学习型城市】 1月21日，杭州市成立市创建联合国教科文组织全球学习型城市办公室，委托浙江大学课题组撰写专题报告《杭州学习型城市建设的探索与实践》。3月3~4日，杭州市承办联合国教科文组织全球学习型城市大会第二次国际专家会议，来自联合国教科文组织及会员国家教育部、国际和区域组织等机构的20多位国际专家学者到杭州参会。9月11日，市推进学习型城市建设工作指导委员会办公室与浙江大学教育学院联合成立"杭州终身学习研究中心"。9月28~29日，杭州市应邀组团参加在墨西哥举行的第二届全球学习型城市大会并做主旨发

2015年，临安市天目山镇桂芳桥村文化礼堂建成

（市农村文化礼堂建设工作领导小组办公室 供稿）

言。11月，中国联合国教科文组织全国委员会秘书长杜越签署同意推荐杭州加入联合国教科文组织全球学习型城市网络的函件。

（市委宣传部）

【农村文化礼堂建设】 2015年，农村文化礼堂建设被继续列入杭州市委、市政府年度十大惠民实事项目，全年高标准建成107个农村文化礼堂，并对已建成的345个农村文化礼堂进行全面提升，促进长效运行和持续发展。市、县、镇三级财政全年投入约1亿元，其中市级财政投入1800万元、县级财政投入约6700万元、镇级财政投入约1500万元；另外社会和民间资助约2200万元，用于补助农村文化礼堂建设和已建成的文化礼堂的日常运行。萧山区和桐庐县被评为“2015年度浙江省农村文化礼堂建设先进县（市、区）”，杭州市委宣传部和萧山区委宣传部承办浙江省首届“村晚”主会场活动。市农村文化礼堂建设工作领导小组办公室通过创建“六大载体”，培育礼堂文化；借助“网上文化礼堂”和“掌上文化礼堂”等宣传网络平台，评选“十佳特色文化礼堂”和“十佳乡村文化公益使者”。22个市领导小组成员单位提供40个服务项目，其中市委投入宣传保障资金300万元，依托“杭州群众文化网”的“你点我送”平台配送234场文化演出，结合“新春文化下乡”配送综合性文艺演出100多场。县、镇两级配送演出2500多场、宣讲（培训）2600多场、图书14.4万册。

▶▶资料：农村文化礼堂建设六大载体

1.以“星级认定制度”促进长效运行。按照统一制定的认定办法和标准，对运行满1年的农村文化礼堂，分别认定为“二星”至“五星”的不同等级，促进长效运行和不断提升。2.以“理事会负责制”实现汇智聚力。“理事会负责制”是在村的基层党组织领导下构建的村民自治管理模式和运行机制，以“汇智聚力、共建共享”为宗旨，因地制宜，发扬民主，理事会参与文化礼堂的建设谋划、工作统筹、活动开展和经费管理等日常工作。3.以“村规民约家风”夯实红色基础。开展“好家风家庭”评选，宣扬好家训、族训，用“家文化”孕育文明和谐；发动群众树村规民约，并以喜闻乐见和通俗易懂的形式传播，将社会公德和文明公约融入村民共同的价值认同。4.以“网络传播平台”拓展服务空间。通过对“网上文化礼堂”和“掌上文化礼堂”的改版升级，使其更亲民、更便捷、更丰富。至年末，“掌上文化礼堂”拥有5万多个关注用户，“网上文化礼堂”点击浏览量75万多次。5.以“乡村文化走亲”繁荣村落文化。选择在余杭区进行试点“文化走亲”常态化机制，通过以村组队、以镇组团，建立“节目库”，搭建结构松散、机制稳固的“走亲平台”，丰富农村文化生活和建强乡村文体队伍。6.以“大菜单式配送”推动服务均等。市、县二级利用网络信息技术，整合各部门涉农资源，建立菜单式、点对点式的配送平台，按照需求导向原则，以灵活便捷的方式送到农村文化礼堂最需要的地方。

（潘韶京）

·社会建设·

【居民生活保障提高】 至2015年末，杭州市城镇居民人均现住房建筑面积35.5平方米，每百户居民家庭拥有家用汽车48.7辆、空调207.3台、家用电脑110.1台；农村居民人均现住房建筑面积68.8平方米，每百户农村居民家庭拥有家用汽车38.2辆、空调147.6台、家用电脑69.6台。全年推出公共租赁住房配租房源10821套，新增廉租住房货币补贴保障家庭740户。市区城乡居民最低生活保障标准由每人每月660元调整为744元，各县（市）最低生活保障标准同步提高。全市城镇享受最低生活保障1.39万人，农村享受最低生活保障7.43万人。全市有城乡社区居家养老服务照料中心2329个，老年食堂1198个，分别比上年增加770个、106个。拥有各类福利院、敬老院316所，比上年增加8所，床位6.19万张，增长10.3%，收养人员2.3万人。开展第十五次“春风行动”，募集社会帮扶资金5057万元。

【医疗保障能力提高】 至2015年末，全市有各类医疗卫生机构4428个，其中医院244个，比上年末分别增加230个和26个。拥有床位6.36万张，其中医院床位5.84万张，分别增长14.1%和15.0%。有各类专业卫生技术人员9.30万人，其中执业（助理）医师3.48万人，注册护士3.82万人，分别增长8.7%、8.9%和10.0%。全市医疗机构完成诊疗人数11733.03万人次，增长4.9%。全市婴儿死亡率和5岁以下儿童死亡率分别为2.32‰和3.0‰。每10万名孕产妇死亡率为6.94人。作为第三批公立医院改革国家联系试点城市，杭州市

政府印发《杭州市公立医院综合改革试点方案》，自7月26日起施行。

【公共设施建设】 2015年，杭州市新辟公交线路14条，优化公交线路42条。新增公交专用道133.2千米，新建停车泊位50156个。年末拥有公共交通运营线路716条。地铁客运量2.23亿人次，比上年增长53.9%。全年杭州电网建设投入64.68亿元，新开工110千伏及以上输电工程42项，容量513万千伏安，线路403.94千米。全市用电量646.38亿千瓦时，增长1.0%，其中城乡居民生活用电90.26亿千瓦时，增长7.6%。市区自来水日供水能力382万立方米。1月1日起，杭州市区（不含萧山区、余杭区、滨江区和富阳区）施行居民阶梯水价制度。10月1日起，杭州市区（不含萧山区、余杭区、富阳区）施行居民生活用气阶梯价格制度。

【杭州入选全国创建社会信用体系建设示范城市】 8月，国家发改委和中国人民银行联合发文，将杭州等11个城市列入首批全国创建社会信用体系建设示范城市。创建示范城市的目标任务分为两年。2015年的主要任务是建立示范城市创建的工作体系和运行机制，实施统一社会信用代码制度，建立健全公民、法人和其他组织各领域的信用记录，启动建设信用信息共享交换平台，加强各领域对信用记录和信用产品的使用，建立并实施失信行为联合惩戒机制，开展诚信教育、诚信宣传等活动。到2016年，建成信用信息共享交换平台，广泛应用信用记录和信用产品，初步建立以信用为核心的市场监管体系，提高社会诚信意识。 （年鉴编辑部）

【社会保障】 至2015年末，杭州市基本养老保险、基本医疗保险、工伤保险、生育保险、失业保险参保人数分别达668.65万人、870.71万人、418.17万人、326.65万人、349.42万人，分别新增5.2万人、30.50万人、11.52万人、17.42万人、17.59万人。全市基本养老和医疗保险参保率分别在95%以上和98%以上，基本实现全民覆盖。城乡居民基本养老保险制度进一步完善，实现制度名称、缴费标准、财政补贴标准和基础养老金标准“四统一”。萧山区、余杭区、富阳区与主城区社会保障一体化推进，“三区”养老保险缴费比例等部分政策先行实现与主城区接轨，“四地”社保参保权益实现互查互认。大病医疗保障进一步完善，特殊药品大病保险制度建立，艾滋病纳入医保规定病种报销范围，“格列卫”等15种药品纳入大病保险支付范围。城乡居民健康体检项目增加乳腺B超检查项目和宫颈刮片检查项目。全市107.05万名企业退休人员基本养老金人均每月提高259.41元，主城区城乡居民养老保险基础养老金由每月150元提高到170元。

【人才强市】 2015年，杭州市推进人才强市战略和创新型城市建设，贯彻“人才新政27条”，制定实施高层次人才分类认定办法和管理制度、偏才专才认定实施细则，完成人才分类认定1034名。实施“131”“115”“815”等重大人才工程，高层次和高技能人才队伍建设力度持续加大，引进资助国外智力项目235项、博士后研究人员68人，选聘钱江特聘专家31人，培养高技能人才4.03万人。1人入选“国家外专千人计划”，实现“零”的突破；4人获省政府“西湖友谊奖”；59人入选省“千人计划”；新增国家级技能大师工作室1个、省级技能大师工作室6个、省首席技师6名；杭州市轻工高级技工学校晋升技师学院。

【就业创业】 2015年，杭州市城镇新增就业28.79万人，年末城镇失业人员再就业14.22万人，城镇登记失业率1.74%。接收高校毕业生7.67万人，组织大学生创业实训和见习训练6.57万人，新增大学生创业企业1485个、带动就业6496人。出台“就业创业新政27条”，萧山区、余杭区、富阳区和主城区就业创业政策首次实现一体化。制定失业应急预案，提高失业风险预警调控能力。“互联网+”就业新模式入选人力社保部发布的“2015地方就业创新事件”。首次在美国硅谷举办“创客天下·2015杭州市海外高层次人才创新创业大赛”，搭建杭州市与海外人才项目对接合作的新平台，总决赛8个获奖项目6个落户杭州，一等奖项目现场获风险投资资金近1亿元。举办第四届中国杭州大学生创业大赛，91个参赛项目正式落地。杭州市网络创业培训技术标准上升为国家标准。扶持大学生和留学生创业项目276个、资助金额3381万元。

【劳动关系】 11月1日起，市区（不含富阳区）最低月工资标准调整为1860元；非全日制工作的最低小时工资标准调整为17元。建立健全职工工资共决和正常增长的长效机制，单独组建工会的企业工资专项集体合同签订率98.0%，全市劳动合同签订率98.4%。妥善安置杭州钢铁集团1.2万名职工。全市劳动保障监察机构监察检查用人单位17万多户，立案查处举报投诉案件5236起，行政处罚141起，处罚款327.35万元。防欠薪“一办五组”工作机制进一步完善，在元旦、春节两节期间继续实施“一办五组”实体化办公，全年为2.5万名劳动者追发工资待遇3.8亿元。在西湖区转塘街道探索实施乡镇街道调解、仲裁、监察执法“三位一体，一站式服务”劳动关系和谐平台建设试点，全市劳动人事争议仲裁委员会受理争议调解仲裁案件7737件，当期结案7685件，结案涉及金额3.42亿元。劳动关系和谐指数测评居全省第一位。

【基层医疗机构服务网】 2015年，杭州市医保定点范围进一步扩大，新增定点医疗机构80个、定点零售药店95个。至年末，开通市域范围内医保“一卡通”定点医疗机构211个，开通省域范围内医保“一卡通”定点医疗机构180个。萧山区、余杭区与主城区医疗保障一体化持续推进，939个定点医疗机构实现三地医保互认互通。启用医保药师库模块，医保智能监管平台由主城区延伸到全市，市本级定点零售药店纳入总额预算付费管理，着力确保基金安全。8月18日起，个人医保结算信息实现手机短信推送。 （骆椿美）

·生态文明建设·

【环境质量】 2015年，杭州市生态环境总体平稳向好，全市主要污染物减排等年度目标均达成。按照环境空气质量标准（GB3095—2012），市区环境空气质量优良天数242天，比上年增加14天，优良率66.3%，提高3.8%。空气中主要污染物为细颗粒物（PM2.5），市区环境空气PM2.5年均浓度57微克/立方米，下降12.3%。杭州市降水pH年均值4.65，酸雨率84.0%，上升4.0个百分点，酸雨污染仍处于严重水平。地表水总体状况良好，在全省跨行政区域河流交接断面水质考核中为优秀。全市47个市控以上断面中，水环境功能达标率85.1%，达到或优于Ⅲ类标准的比例为85.1%。全市饮用水源水质良好、稳定。声环境质量总体保持稳定，环境噪声主要来源为生活和交通噪声。市区的区域环境噪声56.2分贝，质量等级为轻度污染；富阳区、桐庐县、淳安县、建德市、临安市环境噪声均小于55分贝，质量等级为较好。全市辐射环境质量总体安全稳定。生态环境不断改善，生态环境状况指数（EI）继续名列全国前茅。

【环境整治】 2015年，杭州市推进总量控制和污染减排。全面落实减排工作目标，制定并印发《杭州市2015年主要污染物减排计划》，实施减排工程项目383个。至年末，全市化学需氧量、氨氮、二氧化硫、氮氧化物排放量分别比上年减少6.52%、4.01%、7.65%和10.88%，累计完成“十二五”目标任务的173%、131%、148%、153%，超额完成“十二五”减排目标任务。在市产权交易中心开展排污权交易6次，成交金额4954万元。完成全市1017个企业的排污权初始登记和缴费工作，累计缴款金额11.19亿元。完成全市市控以上重点污染源238套（254个企业）刷卡排污监控端的安装，市控以上重点污染源覆盖率100%。

杭州市全面开展“五气共治”，围绕G20杭州峰会环境质量保障，全面实施大气污染整治工作，推进“燃煤烟气”“工业废气”“车船尾气”“扬尘灰气”“餐饮排气”治理，率先建成无钢铁生产基地、无燃煤火电机组、基本无黄标车的“三无”城市。2015年，全市淘汰燃煤小锅炉3225台，关停萧山电厂、半山电厂燃煤机组、杭州钢铁集团公司半山基地，完成挥发性有机物（VOCs）污染整治企业128个，关停转迁及落后产能淘汰企业426个，淘汰黄标车81079辆，回收油气1196吨，在全国率先设立“低排放区”，建设“绿色搅拌站”19个，并加大对道路扬尘整治，强化餐饮油烟监管。

杭州市推进“五水共治”。主城区新建234.24千米污水管网，污水处理厂进水量增加10万吨/日。全市完成694个农村生活污水治理和23座污水处理厂提标改造。市区两级建设河道75条，新建或续建河道总长度77.5千米，完成农村河道综合整治321千米，整治完成黑臭河84条137千米，全市基本消灭“垃圾河、黑河和臭河”。加强饮用水源地环境保护，全市在用的12个县级以上水源地全部完成合格规范饮用水源创建。加大工业、农业污水整治力度，印染、化工行业及特定污染行业整治提升完成，规模畜禽养殖场治理、农药化肥减量等农业面源污染治理工作全面完成。

2015年杭州市生态环境总体平稳向好。图为西湖　　（市环保局 供稿）

杭州市协同推进“五废共治”，全年工业固体废物产生量673.13万吨，无害化处置利用率99.72%；工业危险废物产生量23.90万吨，无害化处置利用率94.23%；医疗废物产生量1.93万吨，无害化集中处置率100%。创新固体废物管理手段，全市完成100个企业268个视频监控点建设和148台危险废物转运车辆车载GPS安装及并网工作。加强危险废物处置设施建设，全市危险废物经营单位26个，危险废物年利用处置能力115万吨；建成污泥处理处置设施16座，年处置能力175万吨。打击违法转移、无证经营和随意处置危险废物行为，推进工业企业退役场地污染治理。

【环境管理执法】 2015年，杭州市加强环境立法工作。10月，《杭州市生态文明建设促进条例（草案）》通过市人大常委会审议并报省人大审定；《杭州市大气污染防治规定（草案）》在市人大审议中。落实最严环境执法，打造环境监管最严格城市，全市立案查处行政处罚案件1048起、处罚金额4934万元。其中，移送公安案件63起，刑事拘留66人，行政拘留55人，移送案件数和拘留人数分别比上年增长40%和137%。

【生态文明试点市建设】 2015年，杭州市致力打造“美丽中国”先行区和“两美浙江”示范区，继续推进“美丽杭州”建设。杭州市通过国家级生态市技术评估，萧山区、富阳区通过国家级生态区考核验收，全市共建成92个市级生态文明村、535个市级生态村、27个社区生态角、2个“1250”示范工程。至年末，全市累计有8个区县（市）通过国家生态区县（市）命名、验收和技术核查，国家级生态县（市、区）创建率88.89%；建成国家级生态乡镇（街道）118个、国家级生态村2个；建成省级生态区（县、市）9个、省级生态乡镇（街道）135个；建成市级生态（文明）乡镇（街道）164个、市级生态（文明）村1646个，整体创建比例和进度均位于全省前列。

（徐　静）

·文明城市建设·

【2015年杭州精神文明建设十件大事】 1.杭州制定文明法，市民行为法治化；2.毅行大会迎峰会，文明欢乐齐步走；3.文明一米迎嘉宾，打造地铁风景线；4.以德育人倡风尚，美丽校园育人才；5.九年连续获殊荣，杭州最具幸福感；6.省会城市首发布，公共文明有指数；7.医养护成一体化，为民惠民得民心；8.最美高速杭千路，一路风光伴客行；9.网络传播正能量，一周发布效果佳；10.百姓有个邻居节，邻里互夸好邻居。

（年鉴编辑部）

【道德模范关爱帮扶机制出台】 1月，市文明办、市财政局、市人力社保局联合印发《杭州市道德模范关心关爱制度若干规定（暂行）》，并自颁布之日起实施，以构建推进杭州文明创建与市民整体文明素养持续提升的制度化体制机制。这是国内省会城市出台的首个道德模范关心关爱政策。该规定明确，对市级道德模范给予精神鼓励和物质奖励，以精神鼓励为主，给予一定的政治和物质生活方面待遇。

【《杭州市文明行为促进条例》发布】 10月30日，杭州市第十二届人民代表大会常务委员会第三十二次会议通过《杭州市文明行为促进条例》。12月30日，条例经浙江省第十二届人民代表大会常务委员会第二十五次会议批准，于2016年3月1日起施行。这是浙江省首次将文明行为规范列入地方性法规。杭州成为全国省会城市中率先对文明行为进行立法的城市之一。该条例分8章，分别为总则、文明行为基本规范、文明行为的鼓励与促进、职责与实施、保障措施、检查与监督、法律责任、附则，共40个条款，对市民应当遵守的文明行为规范进行规定，并明确责任义务。

【杭州入选“最具幸福感城市”】 10月31日，“2015中国最具幸福感城市”系列榜单在北京发布，杭州再次获“中国最具幸福感城市”称号，已是连续9年上榜。同时，杭州还获“2015中国幸福城市政府贡献大奖”。此外，7月，中国城市竞争力研究会发布“2015中国城市分类优势排行榜”，杭州居中国最美丽城市排行榜第一位和最具幸福感城市排行榜第二位，并在十大创新城市、最具国际影响力十大城市、城市文化形象竞争力排行榜中均位居前10位。

【市民公共文明指数发布】 2014年10月，杭州市在全国副省级城市中启动首个市民公共文明指数调查研究。2015年5月13日，由省社科院、市社科院和省属高校专家共同组成的专项课题组首次发布杭州市市民公共文明指数。结果显示，杭州市市民公共文明指数为83.63，总体反映杭州市民公共文明程度处于国内较好水平。该调查重点对3650名杭州市民（包括杭州城区居民、城郊农民和外来务工人员）和300名在杭州居住生活半年以上的外籍人士进行入户问卷调查，并进行174.6万人次累计近7000小时的现场实时观测，经过公众访谈座谈、入户问卷调查、现场实时观测、专家学者论证和问卷统计分析等环节，形成《杭州市民公共文明指数分析报告》，其中首次在城市公共文明程度评价研究中引入网络文明指标。

【孔胜东被评为全国道德模范】 10月13日，第五届全国道德模范表彰活动在北京举行，中共中央总书记习近平做批示。杭州公交车司机孔胜东获全国道德模范荣誉称号。孔胜东安全驾驶公交车约65万千米，每天载客1000多人次。因为他开车特别稳、服务特别好，乘客称他的车为“放心车”“雷锋车”。他每周六晚在家门口为市民义务修车，坚持29年，修车超过3万辆，使用材料费达数万元。在他带动下，杭州市成立孔胜东志愿服务队，成员200多人。另外，杭州海关退休职工吴梅丽获全国道德模范提名奖，吴俊斌、吴梅丽被评为浙江省道德模范。至此，杭州有全国道德模范5名、浙江省道德模范11名、杭州市道德模范110多名。

（沈　欢）

【杭州市道德模范（平民英雄）】 5月，由市委宣传部、市文明办、市总工会、团市委、市妇联主办的第十一届杭州市道德模范（平民英雄）评选活动启动，经群众推荐、评委评议、媒体公示和公众投票、综合评定等环节，于11月20日举行颁奖晚会。何俊斌、王森章、金长、楼飞华、施永忠、吴庭槐、钱爱娟、吴梅丽、黄飞华、余杭交警邱山二号岗当选新一届杭州市十大道德模范（平民英雄），并向全市人民发出“争做最美杭州人，喜迎四海众嘉宾”倡议。

【“最美杭州人”评选】 2015年，市委宣传部开展第三届“最美杭州人”评选活动，经过社会推荐、评委初评、媒体公示、市民投票等一系列环节，于11月19日召开评委会会议，评选产生董永军、陈腊英、石

8月中旬，市委宣传部、市文明办、市地铁集团和杭州日报社联合启动地铁文明引导志愿服务行动

（市文明办 供稿）

11月18日，杭州市第十二届邻居节暨“文明杭州、全城点赞”活动在拱墅区小河直街启动 （市文明办 供稿）

卓、成宝福、杨金龙、许爱娥、潘樟友、徐琴、邵宏斌、潘建东10名“最美杭州人”获得者和20名“最美杭州人提名奖”获得者。市委宣传部将10位新“最美杭州人”的“最美”故事在吴山广场“最美杭州人”光荣墙上集中展示。 （年鉴编辑部）

【地铁文明引导志愿服务行动】 8月中旬，市委宣传部、市文明办、市地铁集团和杭州日报社联合启动“先下后上乘地铁，文明一米迎嘉宾”地铁文明引导志愿服务行动，市相关部门及有关城区配合活动开展。活动期间，按照“就近就便、属地对接、把握重点、注重长效”原则，采取建立志愿服务组织、签订志愿服务包干协议等形式，发动地铁站附近党政机关、社区及企事业单位的干部职工参与，并通过媒体宣传动员全体市民共同关注、共同参与，在实践中提升市民文明素质。至年末，全市出动志愿者3.86万人次，服务时间5.79万小时，服务站点涵盖全市22个繁忙或较繁忙的地铁站。《杭州日报》、《都市快报》、杭州电视台、“杭州发布”网络平台等媒体和地铁官方微博、微信等连续刊播相关报道，推动“先下后上、排队乘车”理念内化于心、外化于行。

【杭州孝道文化馆建成开放】 10月18日，位于江干区皋亭山景区的杭州孝道文化馆经过1年多筹建正式开馆。这是全省首个以孝文化为主题的博物馆。杭州市孝道文化馆通过实物、文字、图片、影像等形式，采用“静态展陈+动态体验”模式，以孝乡丁兰故事为原型创作的艺术作品为主线，展示中华孝文化历史发展和新老“二十四孝”故事，宣传杭州的本土孝文化遗迹景观及民间的孝文化内容。

【邻居节】 11月18日，杭州市第十二届邻居节暨“文明杭州、全城点赞”活动在拱墅区小河直街启动。活动以“当好东道主·喜迎G20”为主题，聘请全国道德模范孔胜东为“文明杭州、全城点赞”形象大使。邻居节以线上互动、线下活动的方式吸引市民群众参与。通过“寻找老邻居，夸夸好邻居”活动，讲述邻里间互敬互爱、互帮互助的故事；通过敲门走访、孝老爱亲、学雷锋志愿服务等主题活动，在全市形成邻里和睦、守望相助的良好社会风尚。 （沈 欢）

·市和区县（市）机构概况·

【市级主要机构及负责人名单】
（2015年1月至12月）

中国共产党杭州市第十一届委员会

书 记：龚 正（至2015年7月）
赵一德（2015年9月始）

副书记：张鸿铭
杨戌标

常 委：龚 正（至2015年7月）
赵一德（2015年9月始）
张鸿铭 杨戌标
许勤华 翁卫军
徐立毅（至2015年4月）
张仲灿 佟桂莉（女）
俞东来
施彩华（女）（至2015年5月）
潘方敏 徐文光
马晓晖（2015年4月始）
叶寒冰
范 辉（女）（中央挂职干部）
陈擎苍（2015年5月始）

委 员：（按姓氏笔画为序）
马晓晖（2015年4月始）
王 宏 王立华（女）
王金财 毛溪浩
方 毅 叶 明
叶寒冰 朱 华
朱建明 朱党其
许 明 许勤华
李 玲（女） 杨 军
杨戌标 吴才敏
吴春莲（女） 佟桂莉（女）
张 耕 张仲灿
张如勇 张建庭
张振丰 张鸿铭
陈永良 陈红英（女）
陈国妹（女） 陈春雷
陈新华 陈震山
陈擎苍（2015年5月始）
范 辉（女）（中央挂职干部）
金 翔 金志强
项永丹
赵一德（2015年9月始）
胡征宇 俞东来
施彩华（女）（至2015年5月）
姜 军
洪航勇（至2015年10月）
柴宁宁（女） 徐一超
徐文光
徐立毅（至2015年4月）
翁卫军 翁钢粮
郭禾阳 黄海峰
戚哮虎
龚 正（至2015年7月）
盛阅春 崔鹏飞
章舜年 董 悦
詹 敏 缪承潮
滕 勇

候补委员：（按得票数为序）
方建生（至2015年2月）
陈卫强 徐小林
刘 颖 阳作军
洪庆华 屠辛庚
赵 晴 李 虹

秘书长：许勤华

市委工作部门：
办公厅
主　任：何美华
组织部
部　长：张仲灿
宣传部
部　长：翁卫军
统战部
部　长：董建平
政策研究室
主　任：郭东风
政法委员会
书　记：杨戌标
国防动员委员会（人民武装委员会）
第一主任：龚　正（至2015年7月）
　　　　赵一德（2015年9月始）
主　任：张鸿铭
保密委员会
主　任：许勤华
党史研究室
主　任：韩　卫
党　校
校　长：张仲灿
杭州日报报业集团
社　长：赵　晴
总编辑：万光政
党委书记：赵　晴
机构编制委员会办公室
主　任：柴宁宁（女）
老干部局
局　长：施迎利（女）
市直机关党工委
书　记：占仁义
农业和农村工作办公室
主　任：张如勇
市综合考评办公室
主任、党组书记：伍　彬

中国共产党杭州市纪律检查委员会
书　记：施彩华（女）（至2015年5月）
　　　　陈擎苍（2015年5月始）
副书记：陈春雷　　陈建华
　　　　郎文荣
常　委：施彩华（女）（至2015年5月）
　　　　陈擎苍（2015年5月始）
　　　　陈春雷　　陈建华
　　　　郎文荣　　邬月培
　　　　温洪亮（2015年4月始）
　　　　吴凤莲（女）　胡绍平
　　　　胡飞龙

杭州市第十二届人民代表大会常务委员会
主　任：王金财
副主任：洪航勇（至2015年9月）
　　　　朱金坤　　项　勤
　　　　陈振濂
　　　　吴春莲（女）（2015年2月始）
　　　　徐祖萼　　郑荣胜
　　　　徐苏宾（女）
秘书长：陈建华（女）
委　员：（按姓氏笔画为序）
　　　　王　剑　　王慧中
　　　　叶茂东　　阮重晖
　　　　孙　云　　李　敏（女）
　　　　杨志毅（女）（2015年2月始）
　　　　肖仁东　　张邢炜
　　　　张治芬（女）　陈一辉（女）
　　　　陈马多里
　　　　陈国妹（2015年2月始）
　　　　邵根松　　邵雅萍（女）
　　　　林丽雅（女）　林家兴
　　　　金永新　　周　扬（女）
　　　　郑健波（2015年2月始）
　　　　钟　玮　　钟文静（女）
　　　　俞雪坤（2015年2月始）
　　　　施长友
　　　　施水祥（2015年2月始）
　　　　袁建进　　袁森浩
　　　　徐小林（至2015年7月）
　　　　奚国强　　黄志耀
　　　　崔新明
　　　　章　燕（2015年2月始）
　　　　章方祥　　章国经
　　　　路江通
　　　　解崇明（2015年2月始）
　　　　薛滔菁（女）　魏　颖（女）
党组书记：王金财
党组副书记：洪航勇（至2015年10月）
　　　　　　朱金坤

市人大专门委员会：
法制委员会
主任委员：徐祖萼（兼）
内务司法委员会
主任委员：徐祖萼（兼）
财政经济委员会
主任委员：项　勤（兼）
城乡建设环境保护委员会
主任委员：朱金坤（兼）
教科文卫委员会
主任委员：徐苏宾（女）（兼）
农业和农村委员会
主任委员：郑荣胜（兼）
外事委员会
主任委员：陈振濂（兼）
民宗侨委员会
主任委员：陈振濂（兼）

市人大常委会工作部门：
办公厅
主　任：叶茂东
研究室
主　任：阮重晖
法制工作委员会
主　任：路江通
内务司法工作委员会
主　任：孙　云（至2015年12月）
　　　　陈马多里（2015年12月始）
财经工作委员会
主　任：王　剑
城乡建设环境保护工作委员会
主　任：施水祥
教科文卫工作委员会
主　任：钟　玮（至2015年12月）
　　　　姚　坚（2015年12月始）
民宗侨、外事工作委员会
主　任：袁建进
人事代表工作委员会
主　任：袁森浩（至2015年12月）
　　　　章一超（2015年12月始）
农业和农村工作委员会
主　任：邵雅萍（女）（至2015年4月）
　　　　邱卫星（2015年4月始）

杭州市人民政府
市　长：张鸿铭
副市长：徐立毅（至2015年4月）
　　　　马晓晖（2015年4月始）
　　　　张建庭
　　　　戚哮虎
　　　　谢双成
　　　　陈红英（女）
　　　　项永丹
　　　　张　耕
　　　　范　辉（女）（中央挂职干部）
党组书记：张鸿铭
秘书长：王　宏

市政府工作部门：
办公厅
主　任：徐一超（至2015年12月）
　　　　高国飞（2015年12月始）
党组书记：王　宏
研究室
主任、党组书记：何利松
发展和改革委员会
主任、党委书记：李　玲（女）
国有资产监督管理委员会
主任、党委书记：屠辛庚

经济和信息化委员会
主任、党委书记：洪庆华
科学技术委员会（知识产权局、地震局）
局长、党组书记：阳作军
教育局（市委教育工委）
局长、工委书记：沈建平
财政局
局长、党委书记：金　翔
国家税务局
局长、党组书记：沈　华
地方税务局
局　长：金　翔
监察局
局　长：陈春雷
人力资源和社会保障局
局长、党委书记：郭禾阳
民政局
局长、党委书记：
邵　胜（至2015年6月）
徐小林（2015年6月始）
公安局
局长、党委书记：叶寒冰
国家安全局
局长、党委书记：赵宪国
司法局
局长、党委书记：吴声华
交通运输局
局长、党委书记：范建军
安全生产监督管理局（安全生产委员会办公室）
局长（主任）、党组书记：
王　辉（女）
商务委员会（市粮食局）
主任（局长）、党委书记：
高国飞（至2015年12月）
刘晓明（2015年12月始）
城乡建设委员会
主任、党委书记：丁狄刚
钱江新城建设管理委员会（钱江新城建设指挥部、杭州铁路及东站枢纽建设指挥部）
主任（总指挥）、党委书记：郑翰献
规划局（测绘与地理信息局）
局　长：张　勤（女）
党组书记：龚志南（至2015年1月）
郑书文（2015年1月始）
住房保障和房产管理局
局长、党委书记：周先木
国土资源局
局长、党委书记：谢建华
环境保护局
局　长：胡　伟
党组书记：孔春浩（至2015年1月）
张鸿斌（2015年1月始）
园林文物局
局长、党委书记：刘　颖
城市管理委员会（城市管理行政执法局、城市管理行政执法支队）
主任（局长、支队长）、党委书记：
翁文杰
旅游委员会
主任、党委书记：李　虹
西湖博览会组委会办公室
主任、党组书记：叶　敏
审计局
局长、党组书记：骆　寅
统计局（市社会经济调查局）
局长、党组书记：杜国忠
调查队长、党组书记：沈国良（兼）
市场监督管理局（工商行政管理局、食品药品监督管理局）
局长、党委书记：陈祥荣
物价局
局长、党组书记：郭初民
质量技术监督局
局长、党委书记：邵新华（女）
城乡区域统筹发展工委办
主　任：张如勇
农业局
局长、党委书记：程春建
林业水利局
局长、党委书记：周定炎
文化广电新闻出版局
局长、党委书记：钮　俊
文化广播电视集团（文化广播电视集团有限公司）
管委会主任、党委书记：
方建生（至2015年2月）
余新平（2015年3月始）
公司总经理：余新平
体育局
局长、党委书记：
赵荣福（至2015年1月）
金承龙（2015年1月始）
卫生和计划生育委员会
主任、党委书记：滕建荣
外事办公室
主任、党组书记：
邱卫星（至2015年4月）
董祖德（2015年5月始）
侨务办公室
主任、党组书记：林国蛟
法制办公室
主任、党组书记：魏　民
行政审批服务管理办公室（公共资源交易管理委员会办公室）
主任、党组书记：马杭军
金融工作办公室
主任、党组书记：
赵　敏（至2015年12月）
民族宗教事务局
局　长：郭清晔（至2015年6月）
杨志刚（2015年8月始）
党组书记：杨志刚
人民防空办公室
主任、党组书记：林友保
台湾事务办公室
主　任：梁建华（女）
国内经济合作办公室
主任、党组书记：
董祖德（至2015年5月）
戚建国（2015年10月始）
市政府驻北京办事处
主　任：刘晓明
市政府驻上海办事处
主　任：金承龙（至2015年1月）
楼杏元（2015年2月始）
市政府驻深圳办事处
主　任：金承龙（至2015年1月）
楼杏元（2015年2月始）

中国人民解放军浙江省杭州警备区
党委第一书记：
龚　正（兼）（至2015年7月）
赵一德（兼）（2015年9月始）
党委书记：雷　林
司令员：潘方敏
政治委员：雷　林
陆军预备役步兵师高炮团
党委第一书记：王金财（兼）
党委书记：王英军
团　长：关玉良
第一政治委员：王金财
政治委员：王英军

政协杭州市第十届委员会
主　席：叶　明
副主席：张鸿建　何关新
董建平　赵光育
朱祖德　张必来
汪小玫（女）　叶鉴铭
常务委员：（按姓氏笔画为序）
丁国才　王　坚
王　翔　王世恒
王发明
王利民（2015年2月始）
毛伟民　方　方
方伟文　石仕元
石连忠　白　莉（女）
包嘉颖（女）　冯仁强
吕芬芳（女）（2015年2月始）
朱彩凤（女）　刘　英（女）

刘庆敏（女） 刘政奇
刘秋敏 汤建新
许 红（女） 许 雷
孙 跃 杨宝庆
杨金南 杨营营（女）
李 虹（女） 李 黎（女）
吴 静（女）
吴洁静（女）（2015年2月始）
何建法 何黎明
余 岱 余新平
辛 薇（女） 沈建平
沈墨宁
宋传水（至2015年1月）
宋雪娟（女） 张 刚
张 明（2015年2月始）
张 莉（女） 张利群
张炳新 张爱莲（女）
张慧慧（女） 陈 凯
陈 涛（2015年2月始）
陈伯滔 陈国安
陈建华（2015年2月始）
陈桂珍（女） 陈清莉（女）
林 沛（女） 林 蔚（女）
范 渊 金志强
金建祥 周 红（女）
周 琪（女） 周智林
郑家茂 单 敏（女）
胡 伟 胡志荣
胡泽之
胡惠芬（女）（至2015年1月）
赵才苗 赵金龙
钟玉腾
皇甫伟成（至2015年1月）
洪守霞（女） 宦金元
姚 萍（女）（至2015年1月）
姚树列 袁国标
徐土松 郭清晔
高德康 桑坚信
崔小平 章鹏飞
释月真 楼玉宇（女）
楼章华 谭勤奋
黎青平 戴文昌

秘书长：王叶林
党组书记：叶 明
党组副书记：张鸿建 何关新

市政协工作部门：

办公厅
主 任：孙 跃

研究室
主 任：王 翔

提案委员会
主 任：宋雪娟（女）

文史委员会
主 任：宋传水（至2015年1月）
王利民（2015年1月始）

教科文卫体委员会
主 任：周 红（女）

经济和农业农村委员会
主 任：石连忠

城市建设和人口资源环境委员会
主 任：杨营营（女）

社会法制和民族宗教委员会
主 任：辛 薇（女）

港澳台侨和外事委员会
主 任：胡泽之

委员学习和工作联络委员会
主 任：丁国才

市中级人民法院
院长、党组书记：翁钢粮

市人民检察院
检察长、党组书记：
吴春莲（女）（至2015年1月）
代检察长、党组书记：
顾雪飞（2015年1月始）
检察长：顾雪飞（2015年2月始）

市民主党派和工商联：

中国国民党革命委员会杭州市委员会
主 委：叶鉴铭

中国民主同盟杭州市委员会
主 委：陈振濂

中国民主建国会杭州市委员会
主 委：郭清晔

中国民主促进会杭州市委员会
主 委：赵光育

中国农工民主党杭州市委员会
主 委：周智林

中国致公党杭州市委员会
主 委：王 坚

九三学社杭州市委员会
主 委：朱祖德

杭州市工商业联合会
主 席：张必来
党组书记：邵根松

部分人民团体：

杭州市总工会
主 席：郑荣胜（兼）
党组书记：吴仁财

中国共产主义青年团杭州市委员会
书记、党组书记：周 扬（女）

杭州市青年联合会
主 席：周 扬（女）

杭州市妇女联合会
主席、党组书记：魏 颖（女）

杭州市归国华侨联合会
主席、党组书记：章 燕（女）

杭州市科学技术协会
主席、党组书记：郑健波

杭州市文学艺术界联合会
主席、党组书记：
陈一辉（女）（至2015年6月）
应雪林（2015年6月始）

杭州市老龄工作委员会
主 任：戚哮虎（兼）

杭州市社会科学界联合会
主席、党组书记：沈 翔

中国国际贸易促进委员会杭州市委员会
会长、党组书记：蒋建安

杭州市残疾人联合会
理事长、党组书记：钟文静（女）

杭州市对外友好协会
名誉会长：龚 正（兼）
会 长：王金财（兼）

其他行政事业机构：

市爱国卫生运动委员会
主 任：陈红英（女）

市地方志编纂委员会
主 任：张鸿铭（兼）

市机构编制委员会
主 任：张鸿铭（兼）

国网浙江省电力公司杭州供电公司
总经理：杨 勇
党委书记：姜启亮

中国电信股份有限公司杭州分公司
总经理、党委书记：章晓钫（女）

浙江省邮政公司杭州市分公司
总经理：严 明
党委书记：陈祖明

杭州市邮政管理局
局长、党组书记：赵 武

浙江移动通信有限公司杭州分公司
总经理：林长春（至2015年10月）
张汉良（2015年10月始）
党委书记：刘 璇

中国联合网络通信有限公司杭州市分公司
总经理、党委书记：聂明岩

中国石化股份有限公司浙江杭州石油分公司
总经理：丁成伟
党委书记：孙建国（至2015年5月）

市气象局
局长、党组书记：苗长明

市供销合作社联合社
主任、党委书记：华德法

市机关事务管理局
局长、党组书记：江 冰

市委、市政府信访局

局长、党组书记：
周伟新（至2015年12月）
局　长：杨　钊（2015年12月始）
市档案局
局长、党组书记：郎健华
西泠印社社务委员会
主任、党委书记：杨志毅
市烟草专卖局（杭州烟草分公司）
局长（经理）、党组书记：
林少华（女）
杭州大江东产业集聚区（杭州临江高新技术产业开发区）管理委员会
主　任：杨　军
党工委书记：俞东来（兼）
杭州城西科创产业集聚区管理委员会
主　任：陈永良
党工委书记：佟桂莉（兼）
杭州经济技术开发区（浙江杭州出口加工区）管理委员会
主任、党工委书记：陈　晨
杭州钱江经济开发区（杭州工业新区）管理委员会（至2015年10月）
主任、党工委书记：戚建国
杭州余杭经济技术开发区（杭州钱江经济开发区）管理委员会（2015年10月始）
主任、党工委书记：沈　昱
萧山经济技术开发区管理委员会
主任、党工委书记：
裘　超（女）（至2015年12月）
杭州良渚遗址管理区管理委员会（浙江省杭州良渚遗址管理局）
主任（局长）：朱　华
党工委书记：徐文光
杭州高新技术产业开发区管理委员会
主　任：詹　敏（至2015年1月）
金志鹏（2015年1月始）
党工委书记：詹　敏
杭州之江国家旅游度假区管理委员会
主　任：章根明（至2015年12月）
党工委书记：
王立华（女）（至2015年12月）
杭州西湖风景名胜区管理委员会
主任、党委书记：刘　颖
市发展规划研究院
院　长：周建华（兼）
市农业科学研究院
院长、党委书记：严建立
中国人民银行杭州中心支行
行长、党委书记：张健华
中国工商银行浙江省分行营业部
总经理、党委书记：沈　忻
中国建设银行浙江省分行营业部
总经理、党委书记：劳新江
中国农业银行浙江省分行营业部
行长、党委书记：朱文达
交通银行浙江省分行
行长、党委书记：陆　涛
杭州银行
董事长、党委书记：陈震山
行　长：宋剑斌
中国人民财产保险公司杭州市分公司
总经理、党委书记：徐　斌
中国人寿保险公司杭州市分公司
总经理、党委书记：胡国林
中国太平洋财产保险公司杭州中心支公司
总经理、党委书记：叶咏蓁
中国太平洋人寿保险公司杭州中心支公司
总经理、党委书记：姚胜琴（女）
市社会科学院
院长、党组书记：沈　翔
市实业投资集团有限公司
董事长、党委书记：
傅力群（至2015年12月）
总经理：骆旭升
市交通投资集团有限公司
董事长、党委书记：
冯国明（至2015年6月）
章舜年（2015年12月始）
总经理：章舜年
市城市建设投资集团有限公司
董事长、党委书记：
王　坚（至2015年6月）
冯国明（2015年6月始）
总经理：章维明
市运河综合保护开发建设集团有限责任公司
董事长、党委书记：高小辉
总经理：倪政刚
市钱江新城投资集团有限公司
董事长、党委书记：朱云夫
杭州奥体博览城建设指挥部
总指挥、党委书记：黄昊明
市地铁集团有限责任公司
董事长、党委书记：邵剑明
总经理：朱少杰
市商贸旅游集团有限公司
董事长、党委书记：
应雪林（至2015年6月）
赵　敏（2015年12月始）
总经理：陆晓亮
市金融投资集团有限公司
董事长、党委书记：张锦铭
总经理：虞利明
西泠印社集团有限公司
董事长、总经理：钱伯皓
市千岛湖原水股份有限公司
董事长、党委书记：胡洪志
总经理：陈云龙
市对口支援新疆阿克苏地区阿克苏市指挥部
指挥长、党委书记：楼建忠

【区县（市）主要机构及负责人名单】
（2015年1月至12月）

中共杭州市上城区第九届委员会
书　记：缪承潮
中共杭州市上城区纪律检查委员会
书　记：金晓东
杭州市上城区第十四届人大常委会
主　任：丁晓芳（女）
上城区人民政府
区　长：陈　瑾（女）
政协杭州市上城区第四届委员会
主　席：余　勇
上城区人民法院
院　长：施金良
上城区人民检察院
检察长：李森红（女）

中共杭州市下城区第九届委员会
书　记：陈卫强
中共杭州市下城区纪律检查委员会
书　记：富永伟
杭州市下城区第十四届人大常委会
主　任：朱钟毅（至2015年2月）
许岳荣（2015年2月始）
下城区人民政府
区　长：吴才敏
政协杭州市下城区第四届委员会
主　席：朱永祥
下城区人民法院
院　长：何　敏
下城区人民检察院
检察长：潘松萍

中共杭州市江干区第九届委员会
书　记：盛阅春
中共杭州市江干区纪律检查委员会
书　记：叶　素
杭州市江干区第十四届人大常委会
主　任：蔡仲光
江干区人民政府
区　长：滕　勇
政协杭州市江干区第四届委员会
主　席：朱关泉
江干区人民法院
院　长：叶　青（女）
江干区人民检察院

检察长：余国利

中共杭州市拱墅区第六届委员会
书　记：许　明
中共杭州市拱墅区纪律检查委员会
书　记：洪晓明
杭州市拱墅区第六届人大常委会
主　任：洪永跃
拱墅区人民政府
区　长：朱建明
政协杭州市拱墅区第四届委员会
主　席：钟丽萍（女）
拱墅区人民法院
院　长：王美芳（女）
拱墅区人民检察院
检察长：罗有顺

中共杭州市西湖区第八届委员会
书　记：王立华（女）
中共杭州市西湖区纪律检查委员会
书　记：陈　忆
杭州市西湖区第十四届人大常委会
主　任：施增富
西湖区人民政府
区　长：章根明（2015年2月始）
代区长：章根明（至2015年2月）
政协杭州市西湖区第四届委员会
主　席：张　岐
西湖区人民法院
院　长：程建飞
西湖区人民检察院
检察长：张　鸣

中共杭州市滨江区第四届委员会
书　记：詹　敏
中共杭州市滨江区纪律检查委员会
书　记：王慎非
杭州市滨江区第四届人大常委会
主　任：韩建中
滨江区人民政府
区　长：詹　敏（至2015年2月）
金志鹏（2015年2月始）
政协杭州市滨江区委员会
主　席：沈孔良
滨江区人民法院
院　长：杜　前（女）（至2015年6月）
代院长：池海江（2015年7月始）
滨江区人民检察院
检察长：陈平祥

中共杭州市萧山区第十四届委员会
书　记：俞东来
中共杭州市萧山区纪律检查委员会
书　记：蒋杭平
杭州市萧山区第十五届人大常委会
主　任：王珠瑛（女）
萧山区人民政府
区　长：卢春强（2015年2月始）
代区长：卢春强（至2015年2月）
政协杭州市萧山区第十三届委员会
主　席：谭勤奋
萧山区人民法院
院　长：楼军民
萧山区人民检察院
检察长：方顺才

中共杭州市余杭区第十三届委员会
书　记：徐文光
中共杭州市余杭区纪律检查委员会
书　记：蒋金娥
杭州市余杭区第十四届人大常委会
主　任：汪宏儿
余杭区人民政府
区　长：朱　华
政协杭州市余杭区第十届委员会
主　席：阮文静（女）
余杭区人民法院
院　长：罗　鑫
余杭区人民检察院
检察长：孙　勇

中共杭州市富阳区第十三届委员会
书　记：姜　军
中共杭州市富阳区纪律检查委员会
书　记：胡光伟
杭州市富阳区第十五届人大常委会
主　任：汤金华
富阳区人民政府
区　长：黄海峰
政协杭州市富阳区第八届委员会
主　席：陆洪勤
富阳区人民法院
院　长：赵　平
富阳区人民检察院
检察长：王晓光

中共桐庐县第十三届委员会
书　记：毛溪浩
中共桐庐县纪律检查委员会
书　记：黄利文
桐庐县第十五届人大常委会
主　任：游　宏
桐庐县人民政府
县　长：方　毅
政协桐庐县第八届委员会
主　席：王金才
桐庐县人民法院
院　长：陆忠明
桐庐县人民检察院
检察长：夏　涛（2015年1月始）
代检察长：夏　涛（至2015年1月）

中共淳安县第十三届委员会
书　记：朱党其
中共淳安县纪律检查委员会
书　记：赖明诚
淳安县第十五届人大常委会
主　任：余永青
淳安县人民政府
县　长：柴世民
政协淳安县第八届委员会
主　席：刘小松
淳安县人民法院
院　长：陈奇策
淳安县人民检察院
检察长：钱　铖

中共建德市第十三届委员会
书　记：戴建平
中共建德市纪律检查委员会
书　记：王伟平
建德市第十五届人大常委会
主　任：程茂红
建德市人民政府
市　长：童定干（2015年1月始）
代市长：童定干（至2015年1月）
政协建德市第十三届委员会
主　席：吴铁民
建德市人民法院
院　长：梁以东（至2015年6月）
代院长：毛志军（2015年7月始）
建德市人民检察院
检察长：江波均（女）

中共临安市第十三届委员会
书　记：张振丰
中共临安市纪律检查委员会
书　记：沈国祥
临安市第十五届人大常委会
主　任：吴苗强
临安市人民政府
市　长：王　敏
政协临安市第八届委员会
主　席：张金良
临安市人民法院
院　长：毛煜焕
临安市人民检察院
检察长：陈云高

（市委组织部）

农　业

Agriculture

·农业综述·

【农林牧渔业总产值440.41亿元】 2015年，杭州市"三农"和城乡区域统筹发展工作持续推进。全市农村居民人均可支配收入2.57万元，比上年（指2014年，下同）增长9.2%。全市农林牧渔业总产值440.41亿元，增长5.2%；增加值292.40亿元，增长1.8%。

【农业保供能力提升】 2015年，全市粮食播种面积10.60万公顷、总产量63.82万吨。新建"菜篮子"生产基地42个、面积610公顷，累计建成"菜篮子"生产基地425个、面积8666.67公顷。其中，叶菜自给率80.2%，主城区蔬菜自给率60.1%。全市有勾庄、新农都2个农产品批发市场，7个区级销售平台，400多个经销点。全年杭州勾庄农副产品物流中心实现交易额341亿元、交易量401万吨；浙江新农都实业有限公司实现交易额155亿元、交易量110万吨。

【"两区"建设】 2015年，杭州市推进农业"两区"（粮食生产功能区和现代农业园区）建设。新建各级粮食生产功能区262个、面积7793.33公顷。"十二五"期间累计建成各级粮食生产功能区1326个、4.53万公顷。新建省级现代农业园区18个。"十二五"期间累计建设85个，投入资金26.50亿元，其中筹措整合财政资金8.79亿元，引进工商资本、社会力量投资17.71亿元，提升了农业现代化水平。

【农业发展方式转变】 2015年，杭州市加大农业科技创新力度，全年实施各级各类科技项目108项，其中新立项目72项；获科技成果奖励5项，授权专利11项。培育和引进水产、蔬菜、花卉、果树、玉米、甘薯、草莓和食用菌新品种（品系）86个。开展气象防灾减灾，推出农业气象服务手机应用软件，发送农业气象决策服务及气象预警短信约44万条次。全年升级改造完成自动气象站123个，新建雨雪冰冻站37个、土壤墒情监测站21个和激光云高仪5个。建成第一批社区公共显示屏自动接收与传播终端404个。

【农产品安全保障】 2015年，杭州市农产品质量安全保障不断深化，农产品合格率98.5%。全市涉农乡镇农产品安全快速检测室向公众免费开放；认证3年有效期内无公害农产品895个，认证绿色食品189个。农业安全生产持续向好，创建全国"平安农机"示范区1个，市级以上"平安农机"示范乡（镇）26个、示范村135个。动植物疫病防控持续稳定，构建以9个专业监测站为主体、45个病虫监测点为辅助的覆盖全市的农作物病虫监测预警体系，设立植物疫情监测点117个，累计普查作物面积7.91万公顷，疫情普查率和处置率100%。农资保质保供服务加强，全年供应化肥73.6万标准吨、农药1.57万吨、农用薄膜5422吨，实现农资销售收入13亿元，确保农业生产所需。

【农业综合生产能力增强】 2015年，杭州市加强农田水利和耕地质量建设，改造中低产田项目50个、面积2153.33公顷，新增标准农田质量提升1333.33公顷，实施垦造耕地后续管护市级示范项目62个、面积496.07公顷。新建成市级设施农业示范园17个，实施设施农业推广项目76个；新增各类农机具1万台（套）。"十二五"期间，累计改造中低产田1.18万公顷，实施标准农田地力提升1.7万公顷；落实各级农机购置补贴资金2.63亿元，新增农机具7.51万台（套），受益农户4.79万户，全市农机总动力342.18万千瓦；累计建成市级"智慧农业"示范园8个、农业物联网应用示范点20个，全市30多个农业物联网试点应用企业和平台实现对接。

【"美丽乡村"建设】 2015年，杭州市新打造"美丽乡村"精品村62个、第三批"风情小镇"8个，对67个历史文化村落进行保护利用，启动12个杭派民居示范点建设，中心村和精品村建设收官。"十二五"期间，全市累计创建193个中心村、249个精品村、29个风情小镇；完成28条农村生态精品线路和14个精品乡村休闲区块建设；在"两江一湖"沿线建成340千米绿道；建成余杭径山区块，临安"一廊十线"，桐庐慢生活体验区，建德乾潭、梅城、杨村桥板块，淳安129千米小环湖乡村自驾游等精品线路、区块。

【农村"五水共治"】 2015年，杭州市推进农村生活污水治理，全年完成项目投资24.94亿元，开工建设694个村，完成接户20.97万户，农户受益率75%以上。全年完成水利建

设投资59.96亿元。其中：闲林水库完成投资2.3亿元，累计完成总投资25.36亿元；三堡排涝完成投资1.52亿元，累计完成总投资10.3亿元；完成中小河流重要堤防加固95.2千米，完成绕城外农村河道“黑臭河”整治36条（75.3千米）。

【农村生活垃圾减量化资源化试点】 2015年，杭州市启动农村生活垃圾减量化资源化试点工作。探索建立“水岸共治”新机制，制定《关于开展农村生活垃圾分类及减量化资源化处理整乡镇试点实施方案》，全市137个乡镇和带村的街道有16个完成垃圾分类、减量和资源化利用。

【农村现代民宿培育】 2月，市委办公厅、市政府办公厅印发《关于加快培育发展农村现代民宿业的实施意见》，明确对民宿经营示范点和民宿示范村的扶持补助标准。8月，市农办、市市场监管局、市公安局、市公安消防局、市卫生计生委、市环保局、市旅委联合印发《关于进一步优化服务促进农村民宿产业规范发展的指导意见》，明确农村民宿业发展标准。通过政府搭台、企业唱戏，农旅携手、市县联动等途径，培育现代民宿。全市新建成民宿示范村（点）57个，新改造农房555幢，新增床位超1万张。

【农村电子商务发展】 2015年，依靠市、县、乡（镇）、村四级探索，杭州农村电子商务形成“两个依托、双网同推”（依托阿里巴巴集团等本地网络电商和依托“三通一达”等本地快递物流企业，农村电子商务网和农村快递物流网同步推进）的模式。全市新建成农村电子商务服务站（点）1271个。累计建成电商公共服务平台10个、服务农村电商主体1003个；创建年销售额1千万元以上的电子商务村34个，集聚近680个农村网商；完成56个乡镇的电商化建设工作。2015年，农村电子商务实现销售额60亿元，比上年增长15%。

【农家乐规范管理】 2015年，杭州市继续加强对农家乐休闲业的规范管理，新确定71个“农家乐”和“农家茶楼”纳入市本级会议培训定点单位范围。至年末，全市有农家乐特色镇、村149个，农家乐旅游点360个，农家乐经营户3652户，接待餐位数和床位数分别达22.8万个和5.3万张。全年接待游客3048万人次，经营总收入32.2亿元。

【农事节庆展会】 2015年，杭州市举办和参加杭州市·都市圈优质农产品迎新春大联展、第十届中国国际休闲产业博览会、第十三届中国国际农产品交易会、2015年中国茶叶博览会、2015年浙江农业博览会等农业会展。市县联办农事节庆27个，促进杭州市特色农业产业发展和优质农产品销售，提高农民收入。

【新型农业经营体系构建】 2015年，杭州市加大职业农民培育力度，全市完成各类农民培训9.4万人，其中农村实用人才1.5万人。建立以家庭承包农户为基础，专业种养大户、家庭农场和合作农场、农民专业合作社、农业龙头企业等为骨干，其他组织形式为补充的新型农业经营体系。新命名市级农业龙头企业40个，累计634个。培育32个市级规范化农民专业合作社、54个市级示范性家庭农场。开展农民专业合作社资金互助会试点工作。

【农村改革推进】 2015年，杭州市开展县乡农村土地确权登记颁证试点工作。确定临安市为整县试点单位；西湖区留下街道、萧山区南阳街道等7个乡镇（街道）为整乡镇试点。9月14日，市农办出台《关于深化农村土地承包经营权确权登记颁证工作的指导意见》，指导各地开展农村土地确权登记颁证工作。推进村级股份制改革，全市新增村级股份经济合作社408个，累计完成村级股份制改革村2419个，覆盖面99.6%。为破解农村小额贷款难问题，分别在萧山、富阳、桐庐、淳安的专业合作社联合社开展试点，核准成立农民专业合作社资金互助会。推进农村“三位一体”农民合作经济组织体系建设工作，按照省委、省政府要求，确定淳安县、临安市作为杭州市首批推进县。

【区县协作深化】 2015年，全市区县（市）协作落实年度协作资金3.78亿元，安排协作项目92个，总投资8.68亿元。其中：第一协作组落实协作资金8000万元，安排协作项目21个，总投资1.76亿元；第二协作组落实协作资金5800万元，安排协作项目13个，总投资1.05亿元；第三协作组落实协作资金1.4亿元，安排协作项目25个，总投资3.48亿元；第四协作组落实协作资金1.0亿元，安排协作项目33个，总投资2.39亿元。

【“联乡结村”活动】 2015年，全市市级部门和各企业为欠发达乡镇、村筹资1.68亿元，资金用于扶贫项目。围绕促进低收入农户增收，2015年扶贫项目重点向发展民宿经济、乡村旅游、农家乐、运动休闲、养生养老、来料加工、电子商务、农房租赁等新型业态倾斜。以“联乡结村”“万名党员干部结对帮扶万户城乡困难家庭”活动为载体，按照扶贫到户、扶贫到点、扶贫到根的要求，落实结对帮扶措施，全市省定标准以下的低收入农户按照一户一策一干部的要求，全面落实结对帮扶。

【低收入农户增收】 2015年，杭州市完成2014年度扶贫成效数据的录入工作，采集2015年度帮扶计划信息，落实低收入农户帮扶对象。做好“低保”扩面，江干、西湖、滨江、萧山、余杭实现“低保”标准城乡一体化，在2014年每月660元的基础上，提高到每月744元。富阳、桐庐、淳安、建德、临安推进“低保”扩面进度，提高“低保”标准。低收入农户参加城乡居民基本医疗保险，其个人应缴纳的其他城乡居民医保费用部分，按照相关规定由政府全额补贴。重点关注年人均纯收入5500元以下的低收入农户，引导帮扶资金向消除5500元以下的低收入农户倾斜，加大政策性扶持力度，推进金融扶贫，给低收入农户发放丰收爱心卡，形成金融扶贫、产业扶持、转移就业、安排公益岗位、来料加工、土地流转、发展农家乐等政策性扶持，促进低收入农户持续增收。对低收入农户分片逐户进行排查，按照特事特办原则，采取漏记的收入及时补记、符合“低保”条件的及时纳入"低保"、不符合"低保"条件的发放临时困难补助等超常规措施给予解决，完成全市"消除4600"（全面消除家庭人均纯收入4600元以下低收入农户群体）工作。

【下山集聚工程】 2015年，杭州市按照"移得下、富得起、稳得住、建得好"要求，引导居住在高山、深山、处于地质灾害隐患地区的农民搬迁下山，实现脱贫致富。全市安置下山移民1803户、5970人，市财政补助资金2209.6万元，对下山移民农户以发放银行存折的形式进行现金直补；对吸纳安置下山移民30户以上的18个"下山集聚工程"小区，市财政安排442万元以奖代补资金，对基础设施建设进行补助。自2007年以来，全市安置下山移民1.76万户、5.98万人。

【村级集体经济长效发展】 2015年，杭州市在桐庐县百江镇、建德市寿昌镇、淳安县石林镇各选1个市级扶贫重点村，开展光伏发电帮扶项目试点工作。3个试点村由3个企业开展试点建设，每个试点村投入100万元，预计年纯收入10万元以上，可连续收益20年~25年。至年末，3个项目均并网发电。杭州市探索村级集体经济发展长效机制的工作在中央电视台综合频道播出。

【结对帮扶】 以杭州市政府为组长单位的省级帮扶团组与衢州市衢江区上方镇等14个乡镇88个扶贫重点村进行结对帮扶。2015年，杭州市团组扶持衢江区结对资金约1000万元。

【迎新春优质农产品联展】 1月20~25日，杭州市在和平国际会展中心连续第17年举办"杭州·都市圈迎新春优质农产品大联展"，展销杭州和杭州都市经济圈的嘉兴、绍兴、湖州的名特优新农产品。邀请台湾南投县、新疆阿克苏市、贵州黔东南州参展，还首次邀请省内其他城市企业参展。共有参展企业500多个，接待购物市民超12万人次，实现农产品销售总额2000多万元。

【全市农村工作会议】 3月20日，市委、市政府召开全市农村工作会议。市长张鸿铭做会议讲话。市委副书记杨戌标主持并宣读表彰决定，朱金坤、戚哮虎、张必来出席。会上，江干区等8个区县（市）负责人做交流发言。会议强调，贯彻中央1号文件精神和"三农"工作系列决策部署，围绕"农业增效、农民增收、农村发展"主线，深化农业农村改革，稳粮增收、提质增效、创新驱动，开创"三农"工作新局面。

【民宿经济发展工作现场会】 4月22日，市委副书记杨戌标到临安调研，实地考察临安太湖源镇临目村、白沙村的民宿经济，并召开会议研究部署民宿经济发展工作。副市长戚哮虎主持会议。会议强调，民宿经济是发展现代农业的带动力，各地各部门要把发展民宿经济摆在"三农"工作的重要位置，突出三产融合，加大工作力度，彰显综合效应，实现杭州民宿经济跨越式发展。

【农村生活污水治理工作现场会】 8月19日，市委、市政府在建德召开全市农村生活污水治理工作现场会，贯彻落实全省会议精神，研究部署杭州市推进工作。会前，与会人员实地考察乾潭镇梅塘村、陵上新村和幸福村的生活污水治理、长效运维管理和垃圾分类试点处置工作。市委副书记杨戌标出席并讲话，副市长戚哮虎参加。会议还对全市农村土地承包经营权确权登记颁证试点工作做部署。 （童湘岚）

·种植业·

【种植业概况】 2015年，市农业局根据中央、省、市发展现代农业的要求，走现代都市农业之路，围绕保供给、保安全，建设生态农业、设施农业、效益农业，全面完成年度目标任务。全年全市粮食复种面积106.02千公顷，比上年减少1.2%；平均每公顷产量5978千克，增长2.5%；总产量63.38万吨，增长1.3%。油菜种植面积28.50千公顷，减少0.3%；平均每公顷产油菜籽2324千克，增长4.4%；总产量6.62万吨，增长4.2%。蔬菜种植面积94.17千公顷，增长2.1%；平均每公顷产量33.86吨，增长5.2%；总产量318.84万吨，增长7.4%。茶叶种植面积34.41千公顷，增长0.4%；毛茶总产量2.81万吨，增长6.0%；总产值31.77亿元，增长6.7%。果园面积30.04千公顷，增长2.0%；水果总产量42.78万吨（不含果用瓜），增长3.7%。桑园面积12.57千公顷，减少5.3%；饲养蚕种21.4万张，减少16.4%；蚕茧产量1.04万吨，减少15.4%。

【粮食生产功能区建设】 2015年，杭州市强化政府主导作用，加大对粮食功能区建设的投入力度。全年新建成市级粮食生产功能区20个、面积686.67公顷，建成各级粮食生产功能区（水田类）262个、面积7793.33公顷。累计建成各级粮食生产功能区（水田类）1324个、面积4.56万公顷。功能区内农田基础设施配套率82%，良种覆盖率100%，全面实现社会化服务。

【旱粮生产形势良好】 2015年，全市建成市级旱粮生产功能区8个，面积124公顷；建成各级旱粮生产功能区2713.33公顷；新认定省级旱粮生产示范基地79个，示范面积1149.73公顷；认定"三园套种"旱粮生产示范基地9个，示范面积196.60公顷。至年末，全市旱粮生产面积6.25万公顷，比上年增加2400公顷。

【蔬菜直供直销能力提高】 2015年，杭州主城区新增蔬菜直供直销点13个，累计144个，直供直销蔬菜量从2010年的6万吨增长到2015年的22.5万吨，年均增长30.3%，有效解决鲜活农产品市场供应区域性、结构性问题。涌现一批"基地+直销点""基地+超市""基地+食堂""基地+互联网"等新模式。

【多险种蔬菜综合保险试点】 2015年，根据基地规模和常年叶菜种植面积，杭州市择优选择24个市级叶菜生产功能区，在省内率先实施蔬菜政策性综合保险试点工作。综合保险险种为"3+1+1"模式："3"指大棚设施、露地蔬菜、大棚蔬菜3类自然灾害保险，第1个"+1"指叶菜价格指数保险，第2个"+1"指务农人员意外伤害保险。全市基地累计

投保大棚钢架（薄膜及棚内蔬菜）108.23公顷，投保露地蔬菜56.91公顷，三期叶菜价格指数359.37公顷。总保费313.1万元，其中市补助246.4万元、基地自缴66.7万元，总保额6141万元，累计赔付金额82.9万元。

【“菜篮子”基地建设】 2015年，全市新建“菜篮子”生产基地38个、面积609公顷。全市新增省保障型蔬菜基地213.33公顷，市县级高山蔬菜基地140.67公顷。“十二五”期间，全市累计建成“菜篮子”生产基地376个、面积8666.67公顷。

【中药材种植发展态势良好】 2015年，全市中药材种植面积9460公顷、产值7.93亿元，分别比上年增长9.6%、30.0%。其中：草本中药材面积3580公顷，产量8300吨，产值7.14亿元，铁皮石斛等中高档中药材占比较大；木本中药材5887公顷，产量3617吨，产值0.79亿元。

【经济作物产业品牌推介活动】 2015年，杭州市经济作物产业围绕品牌建设，以主体培育、质量提升、产品推介为重点开展一系列活动，以提高产品的市场知名度和美誉度。5月22~24日，由浙江省农业厅、河南省农业厅共同主办，中国国际茶文化研究会、浙江省茶叶产业协会、河南省浙江商会协办的第十届浙江绿茶博览会在郑州举行。杭州市组织9个区县（市）13个单位参展，并安排2支茶文化和茶艺茶道表演队参加。茶博会上，杭州市参展的萧山“湘湖”牌湘湖龙井、余杭“双径”牌径山茶、富阳“安顶云雾”牌安顶云雾茶、桐庐“雪水云绿”牌雪水云绿、桐庐“天尊贡芽”牌天尊贡芽、建德“慧芝源”牌清心三绿茶、建德“共聚堂”牌共聚堂茶、淳安“千岛玉叶”牌千岛玉叶龙井茶、杭州西湖区“天香”牌九曲红梅茶9个品牌获金奖。7月24日，市农业局、市农业科学研究院、市园艺学会联合举办杭州市第二届优质鲜桃评比暨鲜桃产业发展研讨会。来自7个区县（市）的21个规模生产主体的27个产品参评。省、市专家按照《杭州市优质鲜桃评比标准》逐一打分，评选出10个金奖产品和10个银奖产品。8月1日，2015年浙江精品果蔬展销会

设施栽培蔬菜　　（市农业局 供稿）

在杭州和平国际会展中心举行。杭州市34个果蔬生产企业（合作社）参展。桐庐阳山畈蜜桃专业合作社的“阳山畈”牌桃、临安阿林家庭农场的“牛上阿林”牌桃、建德市园旺生态农业开发有限公司的“乌龙园旺”牌桃、淳安县水果产业协会的“千农园”牌桃、杭州余杭鸬鸟果农专业合作社的“杭鸟”牌梨、杭州美人紫农业开发有限公司的“美人紫”牌葡萄、杭州富阳丰禾生态农业开发有限公司的“富春丰禾庄园”牌葡萄、杭州滨江果业有限公司的“JINGLONG”牌梨8个水果产品获金奖。此外，2015年杭州市还组织参加省级以上水果评比活动6次，多个草莓、西瓜、蜜梨、葡萄、柑橘等品种获奖。

【山区纯农户增收工程】 2015年，市农业局针对山区纯农户增收难、公共服务弱的问题，以茶叶、蚕桑、水果、中药材等高效特色产业发展为重点，全面实施“山区纯农户增收工程项目”，设立特定的纯农户扶持项目类型，在补助标准、产业发展、公共设施、人才培养、农业保险等方面给予倾斜，推进了特色产业的公共服务、品牌带动和优新品种基地发展，提高农产品品质和价格，实现纯农户增收的新突破。3年来，实施山区纯农户增收工程项目165个，覆盖基地6666.67公顷，带动纯农户1.4万户，户均增加收入1.14万元，为山区纯农户实现“不离乡不离土，家门口奔小康”目标做出有益探索。

【西湖龙井茶手工炒制技师评定】 2015年，杭州市为进一步保护和传承西湖龙井茶手工传统炒制工艺，保持其历史原真性和传统特色，在中国茶叶研究所手工龙井茶炒制中心开展西湖龙井茶手工炒制高级技

2015 年杭州市粮食作物生产情况

表3

项 目	播种面积（千公顷）	比上年（%）	总产量（吨）	比上年（%）	平每公顷产量（千克）	比上年（%）
早 稻	2.26	2.2	14 906	7.1	6 599	4.9
晚稻及迟中稻	44.52	−0.8	361 106	0.4	8 112	1.3
大 麦	0.54	20.2	2 147	27.0	4 006	5.7
小 麦	10.40	−5.7	42 473	−3.0	4 082	2.8
玉 米	18.11	4.7	93 546	4.8	5 166	0.1
大 豆	16.22	−13.9	52 196	−9.9	3 217	4.6
番 薯	8.31	15.3	45 376	15.9	5 459	0.5
其 他	5.66	5.9	22 070	9.3	3 899	3.2
总 计	106.02	−1.2	633 820	1.3	5 978	2.5

2015 年杭州市棉花、麻类、油菜籽生产情况

表 4

项　目	播种面积（千公顷）	比上年（%）	总产量（吨）	比上年（%）	每公顷产量（千克）	比上年（%）
棉　花	0.45	-10.0	705	-5.0	1563	5.6
麻　类	0.01	-14.3	21	-16.0	3500	-2.0
油菜籽	28.50	-0.3	66 227	4.2	2324	4.4

2015 年杭州市蔬菜、茶叶、水果生产情况

表 5

项　目	种植面积（千公顷）	比上年（%）	总产量（吨）	比上年（%）	每公顷产量（千克）	比上年（%）
蔬　菜	94.17	2.1	3 188 439	7.4	33 859	5.2
茶　叶	34.41	0.4	28 139	6.0	818	5.6
水　果	30.04	2.0	427 828	3.7	14 241	1.6

注：水果不含果用瓜

师评定工作。20位炒茶技师参加评定。经中国茶叶研究所国家一级评茶师刘栩、浙江省农业厅研究员罗列万等专家评比审核，12人被评定为西湖龙井茶手工炒制技师。

【农田土壤环境保护】 2015年，杭州市联合中国科学院南京土壤研究所等科研院校，在农业“两区”、“菜篮子”基地、龙井茶保护基地和钱塘江流域等农业生态敏感区定点开展土壤环境监测、土壤修复和酵素应用试验。全市累计布设197个土壤环境定位监测点，定期采集土壤和植株样品进行检测、分析和评价，基本摸清全市农田土壤环境状况和动态变化，确保农田土壤安全。

【生态循环农业示范】 2015年，市农业局按照“县域大循环、区域中循环和主体小循环”的循环体系构建要求，以生态循环农业技术模式集成应用为重点，指导桐庐县和淳安县做好现代生态循环农业整建制推进工作，在投入品包装物回收处置、沼渣沼液配送、农业废弃物资源化利用和农业土壤污染防治等方面开展工作。组织11个现代生态循环农业示范区和110个示范主体开展创建工作，全年完成58个生态示范主体的验收认定。

【农作物秸秆综合利用】 根据全市农作物产量数据，通过草谷比理论推算，结合各地调查分析，2015年全市农作物秸秆产量约140万吨，综合利用秸秆量129.6万吨，利用率90.0%。杭州市秸秆综合利用主要以肥料化利用为主，占68.7%，其他饲料化利用19.5%、能源化利用8.2%、基料化利用2.9%、原料化利用0.7%。

桐庐县阳山畈蜜桃　（市农业局 供稿）

【中低产田改造】 2014年冬至2015年春，杭州市组织实施中低产田改造市级示范项目50个，实际改造面积2158.60公顷、总投资4615万元，改造后预计可节本增效1914万元，按项目使用年限10年计算，投入回报比1∶4.63。“十二五”期间，全市累计改造中低产田1.18万公顷，每公顷节本增效8520元。

【垦造耕地后续管护】 2015年，杭州市实施垦造耕地后续管护市级示范项目63个，面积496.07公顷，其中种植面积490.33公顷，占示范面积的98.8%，播种总面积757.13公顷，复种指数152.6%。项目区新增产粮油、蔬菜1875.5吨，水果、茶叶1311.6吨，干果、中药材202.5吨，豆类1893吨，新增产值1602.3万元，土壤有效氮、磷明显提高，土壤酸度趋向平衡，pH值5.5～8.0。

【农业环境质量监测】 2015年，杭州市进一步健全农业生态环境监测预警体系，全市设基本农田长期定位监测点30个，生态农业土壤监测点52个，“菜篮子”工程土壤环境监测长期定位点50个，农田土壤污染综合监测点35个，茶园长期定位监测点30个。经检测、分析和评价，杭州市茶园基地重金属污染总体是安全的；钱塘江太湖流域和蔬菜生产基地与2014年相比污染有增长趋势；蔬菜基地的灌溉水符合标准要求；没有明显大气污染问题；农田土壤污染综合监测情况不容乐观，污染有加重趋势。

【农产品新品种引进】 2015年，杭州市种子总站引进晚稻、油菜、高粱、马铃薯、土豆、番薯、黍米等粮油作物新品种131个，引进鲜食甜糯玉米、西甜瓜、辣椒、番茄、甘蓝等蔬菜瓜果新品种173个，筛选出金银208、双色先蜜、苏玉糯1502、白玉翡翠甜瓜、夏丽青菜等表现较好的品种9个。引进家蚕原种新品种7对，引进杂交种新品种6对。

【杭州种业集团有限公司组建】 2015年，杭州市整合市农科院、市种子总站、市原种场、市蚕种场等种业资源，在原有基础上组建杭州种业集团有限公司。该公司已列入首批省级农作物种业“育繁推一体化”企业培育计划，整个项目总投资2179.14万元。杭州种业集团有限公司建设的前期工作已全面启动。

【救灾应急种子储备】 2015年，杭州市种子总站落实水稻、玉米、大豆、荞麦等粮食作物救灾储备种子127.07万千克，蔬菜应急种子0.4万千克，蚕种1万张。因灾情及种植面积扩大，全年动用储备种子4858千克（其中早稻种子500千克、晚稻种子1400千克、玉米种子1900千克、大豆种子100千克、蔬菜种子958千克），补播面积426.67公顷，发挥了救灾储备种子的应急供种能力。

【种质资源保护利用】 在农作物种质资源普查的基础上，2015年，杭州市种子总站按省农业厅的要求，委托余杭区、淳安县、建德市等做好花梅豆、八月豇、圆梗油冬儿、白玉苦瓜、小洋芋、船豆、红苋菜等12种地方特色农作物种质资源的提纯保护工作，并收集提纯后的种质资源种子进行储藏保护和推广。继续做好西湖莼菜种质资源保护工作，维护保养西湖莼菜种质资源保护圃。在余杭区塘栖镇建立小林黄姜种质资源圃，在塘栖镇建设临平甘蔗、茭白、枇杷种质资源基地。

【植物病虫害防控】 至2015年末，全市建成国家级区域病虫测报站2个，省级区域病虫测报站7个，建成病虫监测点59个，可全面掌握全市农作物病虫发生动态，准确发布病虫预警预报信息。全年病虫害发生面积84.93万公顷，防治面积116.67万公顷次；推广农作物病虫害专业化统防统治3.25万公顷，其中水稻2.11万公顷、蔬菜及经济作物1.14万公顷。实施专业化统防统治与绿色防控融合，全年推广绿色防控技术4.06万公顷，实现统防统治与绿色防控融合1.29万公顷。建成4个整建制推进统防统治与绿色防控融合试点示范区，示范区水稻田减少用药1次~2次，蔬菜经济作物减少用药3次~4次，化学农药用量减少20%~30%，农田生态环境明显改善。

【植物疫情防控】 2015年，全市建立植物疫情监测点117个，其中市级监测点24个；植物疫情普查作物面积3.31万公顷，发现检疫性有害生物5种，发生面积97.2公顷，其中甘薯茎腐病属于进境检疫性有害生物，为2015年省内首次发现，并得到及时处置和防控。“加拿大一枝黄花”发生面积406公顷，比上年同期下降3.8%，大部分控制在零星轻发生状态，对农田和作物影响不大。

【测土配方施肥】 2015年，全市实施测土配方施肥28.71万公顷次，建立各级示范方610个，示范面积1.80万公顷，覆盖1905个村，覆盖率91%。设计配方肥26个，推广配方肥2.64万吨（折纯），施用面积14万公顷次。全年推广商品有机肥16.80万吨，应用面积3.2万公顷次。

【“千社千顾问”行动】 为了把农业专业合作社培育成科技应用示范型合作社，省农业厅发起“千社千顾问”行动。2015年，杭州市向省农业厅推荐“千社千顾问”专家48名，加上省级有关单位专家已对接杭州市农业专业合作社100多个。这些农业专业合作社将得到省、市级专家一对一的技术指导服务。

【为农服务活动】 2015年，杭州市各级举办农业技术培训班700多期，培训农技人员3100多人次，培训农民4.1万人次；新编科普教材51种，印发6万多册；建立科技示范户4500户；科技人员联系科技示范户4000多户、联系农业企业601个；建立科技示范基地331个，涉及种养面积近10万公顷。全年开展各类科技下乡活动300多次，6000多人次农技人员参与活动，4万多人次农民参加技术咨询，发放资料10万多份，赠送和销售农资90多吨，展示农业新品种249个，推荐农业新技术142项。其中，3月，由市农业局、市农科院、市科委、市农学会和淳安县农业局在淳安县中洲镇联合举办的送科技服务下乡活动中，市县两级共100多名农业技术人员参加。

【“绿剑”执法行动】 为保证农产品质量安全，按照省农业厅统一部署，3月，市农业局在全市启动“绿剑”执法行动。行动期间，出动执法检查人员3479人次，检查各类生产经营网点2411个次，印发各类宣传资料4.52万份，监督抽检农产品和农业投入品2251批次，查处各类违法行为79起，立案51起，移送公安机关3起，查获假劣农资3429.9千克，货值金额11.20万元。

【农药包装废弃物回收处置】 2015年，杭州市贯彻执行《浙江省农药包装废弃物回收和集中处置试行办法》，指导和督促各地因地制宜开展

余杭塘栖枇杷　　（市农业局 供稿）

农药包装废弃物回收处置工作。余杭区、桐庐县和淳安县三地2015年财政分别安排300万元、200万元和370万元，在全域推进农药包装废弃物回收处置工作，形成较为成熟的“以各镇街为责任主体、相关部门协调监督、经营单位折价回收、农资公司集中存放运输、专业环保单位归集销毁”的回收处置机制，农药废弃包装物回收率均为85%以上。其他地区也在推进该项工作。杭州市的农药废弃包装物回收处置工作居全省前列。（徐德玉）

·林　业·

【林业概况】 2015年，杭州市实施“生态立市”战略，以林业五大重点工程为主抓手，促进林业增效、林农增收。全市完成造林更新6933.33公顷，其中造林3800公顷、迹地更新3133.33公顷。完成中央投资重点防护林建设1133.33公顷，其中海防林666.67公顷、长防林466.67公顷。新建“三江两岸”景观绿化带53万平方米。新增省级以上公益林优质林分800公顷，累计建成38.13万公顷。创建省级森林城镇5个、省级森林村庄21个、省级生态文化基地2个。至年末，全市有森林公园50个，其中国家级9个、省级12个。

全市林业产业总产值829亿元，居全省首位。新建省级现代林业园区7个，其中主导产业示范区1个、精品园6个；新认定省级森林食品基地16个。完成林道建设1450千米。全市森林面积109.6万公顷，森林蓄积量5799万立方米，森林覆盖率65.22%。全市森林火灾受害率0.01‰，发生率0.27次/10万公顷，森林病虫无公害防治率99.2%。

【省级公益林扩面区划界定】 2015年，根据省林业厅统一部署，富阳、桐庐、淳安、建德、临安等区县（市）开展省级公益林扩面区划界定工作，并上报工作成果。经省政府批复同意，2015年全市新增省级公益林7万公顷，主要分布在水库湖泊周围、主要河流源头及两岸、饮用水源保护地、成片阔叶林或针阔混交林，以及省级自然保护区等重要生态区位。国家级和省级公益林建设规模达47.13万公顷，占全市森林面积的43%。（郭新保）

【新一轮林道建设完成】 2015年，根据市林水局、市财政局印发的《杭州市新一轮林道建设项目和资金管理办法》规定，杭州市进一步推进山区林道建设，促进林农节支增收。2013~2015年，对富阳区、桐庐县、淳安县、建德市和临安市5个地方建设的林道实施以奖代补政策。对淳安县和列入杭州市“联乡结村”市级集团帮扶乡镇的林道建设实施业主每千米给予补助3万元，其他乡镇每千米补助1.5万元，共建成657千米。加上前一轮林道建设（2009~2011年）长度1035千米，累计建成1692千米。林道通行可惠及林农4.2万户，受益林业特色基地3.4万公顷，每年节约生产成本3060万元。（裘　靓）

【森林资源与生态状况监测公告发布】 2015年杭州市森林资源与生态状况监测公告项目实施单位国家林业局华东院开展样地调查，严格科学监测。各地开展2015年度县级森林资源补充调查、档案更新、数据更新等工作，加强县级森林资源补充调查质量检查工作。通过全市各级林业部门的支持和配合，完成杭州市2015年度森林资源与生态状况监测工作。公告显示，全市森林面积109.62万公顷，比2012年增加6053.33公顷，活立木总蓄积5898.19万立方米；森林覆盖率65.22%，比2012年上升0.45个百分点，森林覆盖率继续居全国省会城市和副省级城市首位。

【林权制度改革推进】 2015年，全市建立45个股份合作组织、23个家庭林场，实际颁发林地经营权流转证5本。公益林火灾险投保面积56.67万公顷，占公益林面积的100%；商品林火灾险投保面积16.38万公顷，占商品林面积的31%；毛竹林综合保险投保面积3.84万公顷，占毛竹林面积的30%以上；全市林权抵押贷款发生额4.92亿元，全市小额林权抵押贷款发生额3.85亿元。（汤惠明）

【森林资源保护专项行动】 2015年，杭州市森林公安机关先后开展“雷霆一号”“雷霆二号”专项行动，受理各类森林和野生动物案件387起，查处383起，查处率98.9%。打击和处理各类违法犯罪人员402人次，收缴林木树木245立方米，行政罚款332万元。查处毒品原植物种植点123处，铲除罂粟1.11万株，办理非法种植毒品原植物案件5起。（徐惠芳）

【珍贵树种培育发展】 2015年，杭州市修订和实施珍贵树种发展培育扶持政策，提高林农造林积极性，推动珍贵树种培育发展，全年培育发展珍贵树种826.67公顷。开展珍贵树种进万村行动，完成村庄数446个，建设示范村35个、示范林7个。全市累计发展培育珍贵树种4566.67公顷，通过造林、定向培育及珍贵树种进万村行动、全民义务植树等活动，累计培育珍贵树种1012万株，完成林业“十二五”规划“发展培育5万亩”“千万株珍贵树种藏富行动”目标任务。建立珍贵树种赠苗档案，珍贵彩色树种赠苗造林计划完成率109.7%，造林质量合格率100%，在国家、省级种苗质量抽查中未发现不合格苗批。

【种质资源保护】 2015年，杭州市申报的杭州植物园的石蒜种质资源、杭州花圃的荷花睡莲种质资源和月季种质资源被列为浙江省第四批省级林木种质资源库。全市累计取得省级林木种质资源库7个，占全省的1/4。（李朝秀）

【70棵（群）“杭州最美古树”揭晓】 2014年12月18日，杭州市首次在全市范围内开展寻找“杭州最美古树”活动。经寻找调查、组织申报、区县初评、市局中评、公众投票、专家终评等环节，2015年7月20日，评选结果在杭州电视台揭晓，从入选的310棵（群）古树中评选出“杭州十大最老古树”“杭州十大最大古树”“杭州十大最神奇古树”“杭州十大最美古树”“杭州十大珍稀古树”“杭州十大最美古树群”和“杭州十大名木”七大类70棵（群）“杭州最美古树”。70棵（群）“杭州最美古树”分布是：临安市16棵，淳安县13棵，建德市10棵，桐庐县9棵，西湖风景

区8棵，余杭区6棵，富阳区4棵，萧山区2棵，滨江区和西湖区各1棵。

（汤惠明）

【18棵古树名木入选“浙江最美古树”】 6月，由省绿化与湿地保护委员会、省林业厅举办的寻找“浙江最美古树”评选活动揭晓。杭州市绿化委员会办公室推荐上报63棵古树名木参评，18棵古树入选“浙江最美古树”，其中6棵分别获“浙江十大树王”“浙江十大古树”“浙江十大名木”“浙江古树之最”称号。18棵“浙江最美古树”分别是：西湖景区五云山银杏、云栖竹径枫香、灵隐景区七叶树、花港公园北美红杉，萧山区闻堰街道樟树，桐庐县毕浦娘娘樟、芦茨马尾松，淳安县威坪镇银杏、姜家镇银杏、金峰乡枫香、王阜乡三角槭，临安市天目山银杏（五世同堂）、天目山金钱松、天目山柳杉（新大树王）、天目山天目铁木、太湖源镇南方红豆杉、太湖源镇圆柏、於潜镇榉树。其中，临安市天目山金钱松和桐庐县芦茨马尾松入选“浙江十大树王”，淳安县威坪镇银杏和临安市天目山银杏（五世同堂）入选“浙江十大古树”，桐庐县毕浦娘娘樟和西湖景区花港公园北美红杉入选“浙江十大名木”。

【大江东湿地设立疫源疫病监测点】 3月，杭州市按照国家林业局《陆生野生动物疫源疫病监测防控管理办法》要求，结合杭州市候鸟等野生鸟类分布状况，在大江东湿地重要地段设立市级野生动物疫源疫病监测点，加强疫源疫病监测。大江东湿地位于钱塘江南岸的大江东产业集聚区，属于原生态江海湿地，是中国东部候鸟迁徙路线上重要中转站。至年末，全市范围内有各类野生动物疫源疫病监测站点10个，其中市级3个（大江东湿地、西湖风景名胜区西湖周边、杭州野生动物世界）、省级2个（临安市天目山、淳安县龙川湾）、国家级5个（清凉峰、青山湖、瓶窑、临平山、西溪湿地），在市域候鸟迁徙通道上基本形成疫源疫病监测网。（李朝秀）

【森林消防】 2015年，杭州市提升森林火灾综合防控能力，森林消防工作保持良好态势。全市发生森林火灾3起，受害森林面积9.27公顷，发生率0.27次/10万公顷，森林火灾受害率0.01‰，森林火灾控制率3.09公顷/起，森林火灾发生次数比上年下降83%，受害森林面积下降94%，是杭州市成立森林消防办近30年以来森林火灾发生次数最少和森林面积损失最低的一年。

【林区村级消防队伍建设】 2015年，杭州市建立50支市补村级森林消防队伍。2013年，杭州市出台《杭州市林区村级（林场）森林消防队伍建设以奖代补管理办法》，将消防队伍建设由乡镇向村级延伸，以每年建设50支的进度，每支队伍5万元以奖代补的标准，在富阳区、桐庐县、淳安县、建德市和临安市重点林区建立村级（林场）森林消防队伍。至2015年末，累计建成市补村级森林消防队伍150支，下达以奖代补资金750万元。村级森林消防队伍在及时控制火势、实现“打早、打小、打了”方面发挥显著作用。

（徐惠芳）

【非公路木材检查站撤除】 4月22日，根据《关于调整部分木材检查站的通知》文件精神，杭州市撤除杭州市非公路木材检查站。该非公路木材检查站于1996年成立，以保护和发展森林资源、维护木材运输市场秩序。近年来，随着交通发展，通过车站、码头运输木材的车辆变少，木材检查站的工作职能发生变化，取消了市区公路和车站码头木材运输的检查职能，最终撤除杭州市非公路木材检查站。（赵丽涵）

【林业科技】 2015年，市林水局开展林业科技下乡培训活动10期，培训人数587人次。9月，承办浙江省第十二届林业科技周活动。9月中旬，杭州市第七届林业科技周在余杭区举行。市林水局全年主持各类林业科研项目8个，其中“退化山核桃林专用的有机无机复混肥料”获国家发明专利授权，“红果观赏佳品——北美冬青产业化关键技术研究与推广”项目获科学技术成果登记证书；出台市级地方标准规范1部。市森林和野生动物保护管理总站编撰完成《杭州市林业危险性有害生物图谱》并于6月在中国农业科学技术出版社出版发行。

【《杭州市林业志》出版】 2015年，历时6年编撰的杭州第一部林业专志——《杭州市林业志》出版。7月8日，市林水局召开《杭州市林业志》编撰总结暨首发式。该志共11篇、37章，计94.4万字。志书完整记录杭州林业发展历史，最早追溯到8000多年前跨湖桥遗址发现的独木舟，记述林业在杭州经济社会发展过程中的历史和现状，反映杭州林业的兴衰起伏及其发展规律。

【省林业科学研究院杭州分院成立】 11月30日，省市共建浙江省林业科学研究院杭州分院签约仪式在杭州市林业科学研究院举行，浙江省林业科学研究院杭州分院挂牌成立。签约仪式由省林业厅巡视员吴鸿主持，省林业科学研究院院长江波和市林水局局长周定炎签订联合建立杭州分院协议书。副市长戚哮虎出席签约仪式并为浙江省林业科学研究院杭州分院揭牌。该分院成立后，将依托和借助省林业科学研究院的科研队伍和仪器设备，以及50多年来积累的600多项科技成果，探索和丰富合作机制和形式，在条件平台、项目合作、人才交流、科技攻关等领域开展多层次、多形式的合作，实现人才共育、资源共用、信息共享。

【全国北美冬青技术交流研讨会在杭召开】 11月28日，第三届全国北美冬青技术交流研讨会在杭州召开，来自18个省（市）的100多名代表参加会议，浙江农林大学教授、杭州北美冬青发展中心主任郑炳松做工作报告。北美冬青是集园林景观、庭院绿化和花材花艺应用于一身的优良植物，最大特点是冬天满树红果。自2006年从美国引进后，经技术攻关和推广，全国已有22个省（市）的200多个单位引种栽培，已制定出北美冬青育苗生产规范和生产栽培规范（盆栽和切枝），组培育苗初显成效。（李朝秀）

【小学生观鸟赛】 11月28日，市林水局联合西湖风景名胜区管委会、市野生动物保护协会、浙江野鸟会等单位在杭州市植物园举办杭州市第六届小学生观鸟赛。主要目的是通过观鸟比赛使学生亲近自然、热爱自然，加强小学生的生态及环境保护教育，普及鸟类知识，提高爱鸟护鸟意识，为学生素质教育提供平台。全市22所学校150多人参加观鸟比赛。（汤惠明）

·畜牧业·

【畜牧业概况】 2015年，杭州市畜牧部门按照"美丽杭州"生态文明建设和"保供给、保安全、保生态"中心任务的要求，抓住"五水共治"机遇，以畜牧业生态化治理和减排为突破口，推进产业结构优化调整、标准化项目建设、畜禽粪便污染治理和资源化利用、死亡动物无害化收集处理，强化畜产品质量安全监管，保障全市畜牧业健康持续发展和畜产品安全。全年生猪饲养量457.40万头，比上年减少9.7%；年末存栏156.82万头，减少9.6%；出栏300.58万头，减少9.8%。牛饲养量3.21万头，增长8.4%，其中奶牛存栏7542头，增长1.7%。羊存栏24.00万只，增长3.8%；出栏30.88万只，增长12.2%。兔存栏21.66万只，减少6.8%；出栏86.76万只，增长0.2%。家禽存栏1143.64万羽，减少16.8%；出栏2829.10万羽，减少4.0%。蜂存栏18.31万箱，增加3.7%。肉类产量27.84万吨，减少6.2%；禽蛋产量11.40万吨，减少12.9%；蜂蜜产量2.93万吨，增加16.1%；牛奶产量3.42万吨，减少7.3%。全市畜牧业产值80.70亿元，减少1.4%，畜牧业产值占农林牧渔业总产值的18.3%。

【家禽屠宰净膛上市】 2015年，为防控H7N9禽流感，市农业局按照省农业厅、省食品药品监督管理局的要求，深化家禽屠宰净膛上市工作，进行专题研究和部署，要求屠宰企业做好设备设施调试、人员配备等工作。全市家禽定点屠宰企业必须按家禽屠宰相关标准规范实施生产，家禽屠宰后要摘除内脏（可保留肺、肾），未摘除内脏的家禽产品不得出具检疫证明，外地进杭的禽产品未净膛不得备案报验。

【畜禽养殖业污染治理】 2015年，杭州市配合"五水共治"，整治完成年存栏50头以上养殖场（户）568个、关停367个，生态达标验收养殖场915个。完成标准化水禽场建设改造20个，新建畜禽粪便收集处理中心2个。新增畜禽粪便生态消纳地3.18万公顷、沼液利用量89万吨。

【发展养羊产业】 2015年，杭州市根据生态畜牧业规划，优化畜牧产业布局的要求，推广临安市发展草食牲畜模式，发展以湖羊为主的草食动物，同时推广秸秆过腹还田等秸秆饲料化利用配套技术，萧山、建德、临安等地湖羊规模饲养发展迅猛。11月上旬，在湖州市南浔区练市镇举办的浙江省赛羊大会上，杭州市临安振兴牧业公司、余杭华丽牧业公司选送的参赛羊分别获综合组和体重组一等奖。

【动物尸体无害化集中处理】 2015年，杭州市畜牧部门继续推进动物尸体无害化集中处理工作。至年末，位于主城区的立佳环境服务有限公司和位于大江东的萧山区动物尸体无害化处理中心已正常运行；临安市动物尸体无害化处理场全面投入使用，并摸索出新型设备的优化工艺；桐庐县动物尸体无害化处理厂完成基建，正在安装设备；富阳区动物尸体无害化处理厂完成选址。

【畜禽标准化养殖场建设】 2015年，杭州市组织申报畜禽标准化养殖场建设，新确定2个部级、4个省级和12个市级畜禽标准化养殖场的提升改造项目。通过标准化场建设，改扩建畜舍1.2万平方米、附属用房7200平方米、道路1000米、围墙260米、各类沟渠管网4480米，新增生产设备522套（台）、饲喂设备66套、环控设备20套、环保治理设备2套、视频监控等其他设备15套（台），项目投入资金515万元。

【重大动物疫病免疫和动物疫病风险预警】 2015年，杭州市提高动物免疫密度，建立防疫屏障。全市使用禽流感疫苗2112万毫升，完成省下达任务数的122.1%；使用猪口蹄疫疫苗926.93万毫升，完成省下达任

2015 年杭州市畜牧业生产情况

表 6

项目	单位	年内出栏	比上年（%）	年末存栏	比上年（%）
生猪	万头	300.58	-9.8	156.82	-9.6
牛	万头	1.55	26.0	1.66	-4.0
其中：奶牛	头	—	—	7542	1.7
羊	万只	30.88	12.2	24.00	3.8
兔	万只	86.76	0.2	21.66	-6.8
家禽	万羽	2 829.10	-4.0	1 143.64	-16.8

2015 年杭州市主要畜产品产量

表 7

项目	总产量（吨）	比上年（%）	全市人均拥有量（千克）	比上年（%）
肉类	278 409	-6.2	38.48	-7.2
禽蛋	113 996	-12.9	15.76	-13.8
牛奶	34 176	-7.3	4.72	-8.3
蜂蜜	29 327	16.1	4.05	14.8

2015 年杭州市蚕茧生产情况

表 8

项目	蚕种张数（万张）	比上年（%）	总产量（吨）	比上年（%）	每张单产（千克）	比上年（%）
春蚕	9.97	-17.2	5 032	-21.0	50.48	-4.5
夏蚕	1.79	-15.4	765	-14.3	42.71	1.3
秋蚕	9.59	-16.2	4 628	-8.1	48.27	9.6

务数的101.1%；使用牛羊口蹄疫疫苗100.51万毫升，完成省下达任务数的227.4%；使用高致病性猪蓝耳病疫苗571.11万毫升；免疫犬狂犬病42.37万只，实现应免尽免。全年采集和检测畜禽血样4.97万份次，其中生猪血样1.78万份次，家禽2.67万份次，牛、羊血样5158份次，完成省监测任务数的146.6%。对12个奶牛场实行结核病和布病监测，监测奶牛8645头次。对144个商品代饲养场户实行布病抽检，抽检羊血样6914份。检测血吸虫病血清样本123份、狂犬病抗体120份、高致病性猪蓝耳病抗原255份。每月进行飞行监测，全年监测8个区县（市）规模畜禽场117个，检测畜禽血样1749份，发现情况及时通报并督促整改。

【动物检疫】 2015年，全市产地检疫生猪169.17万头、牛2266头、羊2.10万只、家禽1598.80万羽。屠宰检疫生猪227.56万头、牛羊8.08万头、家禽641.94万羽。检出病畜0.32万头、病禽6.46万羽。

【规范处置动物突发疫情】 2015年，全市应急处置5个区县（市）12起疑似动物疫情，预防扑杀和无害化处理病死家禽6450羽、生猪1009头、羊128只、牛60头。全市未发生口蹄疫、禽流感等重大动物疫病。做好H7N9禽流感的应对，全市共监测农贸市场57场次、家禽屠宰场（点）40场次、家禽养殖场（户）145个次，检测家禽血样9070份、咽肛拭子4260份。其中：检测养殖环节家禽血样8373份、咽肛拭子2767份；检测流通环节农贸市场家禽血样610份、咽肛拭子833份；检测家禽屠宰场（点）血样87份、咽肛拭子660份。未在养殖、屠宰环节检出H7N9流感病毒核酸。对卫生部门通报的人感染H7N9禽流感病例密切接触的家禽及其环境，开展溯源调查和H7N9病毒监测，以消除隐患。

【主城区宠物防疫】 2015年，为加强主城区宠物防疫，杭州市畜牧兽医局简化流浪猫绝育办事程序，主城区实施流浪猫绝育手术715例。对有关流浪猫绝育的9.67万个投诉件、信访件进行调查并书面答复。继续开展主城区犬类春、秋两季集中免疫和日常补免工作，开展宠物防疫管理下社区活动，现场办证免疫，宣传规范犬类管理和狂犬病防控。制定《杭州市主城区犬类狂犬病强制免疫管理办法》，增加免疫点数量，推进主城区宠物狂犬病的免疫工作。

【检疫申报点建设】 2015年，根据农业部《动物检疫申报点建设管理规范》通知要求，杭州市畜牧部门落实动物检疫申报制度，规范动物检疫申报点建设和管理。至年末，全市已建成规范化动物检疫申报点52个，其中主城区9个、各区县（市）43个。

【畜禽屠宰企业专项整治执法行动】 2015年，针对杭州市畜禽屠宰企业点多面广、经营规模小、设施设备落后等现状，杭州市畜牧部门对其开展清理整顿、专项整治行动。全年开展生猪屠宰专项整治行动、畜禽定点屠宰企业专项执法行动、“百日会战”专项行动、“零点”屠宰环节暗访专项行动、病死生猪无害化处理核查等专项整治执法行动999次，出动执法人员4420人，取缔私屠滥宰窝点30个，立案查处20件，罚款7.93万元。

【定点屠宰场多种“瘦肉精”检测】 2015年，根据省畜牧兽医局要求，杭州市推进定点屠宰企业宰前多种“瘦肉精”检测。各区县（市）规范定点屠宰企业“瘦肉精”宰前检测，同时创造条件督促企业在原克伦特罗检测的基础上，增加对莱克多巴胺和沙丁胺醇残留抽检，把好肉品出厂关。动物卫生监督部门通过监督抽检、留样随机复核抽检等手段，加强对定点屠宰场宰前“瘦肉精”检测工作监督，全市定点屠宰环节监督抽检生猪尿样6.2万批次。

【肉品和水产品安全专项整治“百日会战”行动】 为提升杭州市农产品质量安全水平，按照省、市统一部署，3月1日至6月10日，市农业局开展肉品和水产品质量安全专项整治“百日会战”行动，对辖区内畜禽和水产养殖场户、动物及动物产品调运单位、畜禽屠宰企业进行排查，摸清底数，登记造册。行动中共检查水产养殖场438个、畜禽养殖场1669个、畜禽屠宰场（点）146个、活畜收购贩运企业154个。对排摸的结果梳理分析，对养殖档案不完善、投入品使用难追溯等安全隐患提出整改要求；开展抽样监测，抽检生产基地各类样品300多批次，合格率100%；在流通市场抽取水产品22批次，合格率90%，对不合格产品进行分析追溯，提出处理意见；畜产品药物残留监测中，在提高生猪尿样监测比例的基础上，增加肉羊、肉牛的“瘦肉精”监测，全市抽检各类样本3622批次，合格率100%。

【动物诊疗行业管理】 2015年，市畜牧兽医局印发《关于进一步规范和加强动物诊疗机构管理工作的通知》，并召开主城区动物卫生监督所负责人会议，统一制作《杭州市动物诊疗规程》和从业人员公示牌，分发到主城区每个动物诊疗机构。联合主城区各动物卫生监督所对61个动物诊疗机构进行执法检查，受理投诉举报14起，主要集中在非法使用疫苗、无证诊疗、动物扰民等问题，均得到妥善处理。

【市小动物诊疗行业协会组建】 经多个动物诊疗机构提议，结合杭州市实际情况，行业协会主管部门于7月批复“同意成立杭州市小动物诊疗行业协会”，10月通过市民政局审核并召开协会成立大会暨第一届会员大会。至年末，协会有会员单位94个、理事单位27个、常务理事7名、理事长1名、副理事长2名、秘书长1名。下设培训部、项目部、组织部、综合部、财务部和社会部等机构。

【供沪畜产品企业】 至2015年末，杭州市实有供沪畜产品企业21个，其中萧山区10个、余杭区5个、淳安县1个、建德市2个、临安市3个。2015年度，杭州市供沪生猪28.69万头、生猪产品49.92吨、鸡产品54.60吨、鸭产品10.21吨、羊肉90.95吨、羊65只。

·水产业·

【水产业概况】 2015年，杭州市渔业部门继续坚持现代渔业发展方向，以“两区一基地”（现代渔业园区、设施渔业示范园区和“菜篮子”基地）建设为平台，以提高渔业安全水平和可持续发展能力为重点，加快渔业转型升级，进一步完善现代渔业产业体系，实现“保生态、保安全、保供给、促增收”的目标，保持渔业持续、稳定、健康发展。全市水产养殖面积5.92万公顷，比上年减少0.7%；水产品总产量25.86万吨，减少5.6%；渔业总产值45.23亿元，占农林牧渔业总产值的10.3%。

2015 年杭州市水产养殖面积

表 9

项　目	面　积	比上年（%）
一、水域养殖（公顷）	59 227	-0.65
池塘	8 978	-1.74
湖泊	427	0
河沟	3 639	-0.41
水库	44 958	-0.05
稻田	9 421	-2.40
其他	1 225	-14.40
二、网箱养殖（平方米）	459 238	-17.34

注：稻田养鱼面积不计入“水域养殖”

2015 年杭州市水产品产量

表 10

项　目	产量（吨）	比上年（%）
（一）总计	258 564	-5.63
淡水养殖	168 983	-3.25
淡水捕捞	9 897	-12.98
远洋渔业	79 684	-9.41
（二）养殖水域		
池塘	69 973	1.28
湖泊	1 456	-24.17
河沟	11 963	-7.07
水库	16 550	5.6
稻田	59 834	-4.79
其他	9 207	-24.87
（三）主要养殖品种		
青鱼	4 643	13.08
草鱼	13 574	-3.53
鲢鱼	22 958	4.96
鳙鱼	21 435	4.62
鲫鱼	13 558	-0.75
鳊鱼	7 004	-2.14
鲤鱼	2 106	-7.87
罗非鱼	118	22.93
鲶鱼	490	-9.43
鳖	27 708	-15.08
蟹	573	-1.88
虾类	28 633	-5.16
加州鲈鱼	205	-26.79
乌鳢	14 770	-9.10
鳗	126	77.46
鳜鱼	86	-28.33
黄鳝	86	-14.00

【渔业水域资源调查】 2015年，为掌握全市渔业水域资源情况，市渔政渔港渔船管理总站委托中国水产科学研究所淡水渔业中心、浙江省淡水水产研究所，对全市主要渔业水域开展调查，调查内容包括渔业资源、饵料生物资源和水体初级生产力和主要环境因子。全市设立14个断面，每个断面设3个采样点，按照每季度采样1次的频率，共采样8次。通过1年的调查，初步掌握杭州市主要渔业水域资源状况。

【渔业基础设施完善】 2015年，杭州市获批省级主导产业示范区和特色渔业精品园49个，面积3040公顷。新建成“菜篮子”水产基地21个、建设面积466.67公顷，累计建成“菜篮子”水产基地106个、建设面积4066.67公顷，全年向市场供应水产品3.5万吨。

【远洋渔业管理】 2015年，根据省委、省政府相关文件精神及规范省属企业管理的相关要求，省海洋与渔业局决定将4个原省直属的远洋渔业企业交由杭州市属地管理。杭州市接手以来，要求4个公司从完善制度、跟进管理、保障硬件等方面抓好安全生产，按照《远洋渔业管理规定》管理所属船舶，遵守相关国际公约。所属船舶均安装船位监测系统，并按照部局规定要求船位监测设备24小时正常开机，同时要求填写《渔捞日志》，凡入渔他国专属经济区，要遵守中国远洋渔业协会和对方国的管理规定。

【水产养殖污染治理】 为贯彻落实“五水共治”，2015年，杭州市完成水产养殖塘生态化改造和生态养殖模式技术推广面积1302.2公顷，推广稻鱼共生轮作面积619.67公顷，完成增殖放流1.69亿尾，划定水产养殖禁养限养和整治72.73公顷，建设市级平台1个、区（县、市）级渔业环境监测点55个，实行22项指标四季监测，以保证养殖水域安全。

【渔业良种良法应用】 至2015年末，全市已建成国家级水产原良种场2个，省级水产良种场8个。杭州市“四大家鱼”和名特优水产品种的良种覆盖率90%以上。推广示范优

良品种与新型高效养殖模式技术，扩大良种良法的应用覆盖面，推进渔业科技成果转化应用。选择南美白对虾、中华鳖等7个主推品种，推广水质微生态制剂调控技术、池塘名特优多品种水产混养模式技术、南美白对虾设施大棚养殖模式与技术、中华鳖二段法养殖模式与技术、杂交鳢池塘清洁养殖技术等。全市共建成农业部健康养殖示范场43个，面积4.15万公顷，产量超过1.56万吨。建成低碳循环水养殖生产试验点4个，试点养殖已完成，产量产值较普通池塘翻一番，且养殖用水“零排放”，对环境无压力，示范效果明显。

【水生野生动物保护】　为更好保护水生野生动物，9月15日至10月14日，杭州市渔政部门开展杭州市2015年水生野生动物科普宣传月活动。在萧山区举行科普宣传月启动仪式，在吴山广场开展水生野生动物保护科普宣传活动，与杭州师范大学东城小学联合开展以“感受鱼水情深、领略诗画江河、发现美丽杭州”为主题的渔业资源和水生野生动物保护宣传活动。杭州市水生野生动物救护中心全年开展水生野生动物救护15次，救护松江鲈鱼、大鲵、绿海龟、蠵龟等共28尾。加强对持证驯养繁殖水生动物企业的监管，对大鲵、鲟鱼和保护类龟鳖养殖企业进行统计调查和现场检查，规范源头管理；对水生野生动物展演场馆开展专项执法检查，确保水生野生动物展演场馆依法、规范运营。

【落实退捕减船措施】　根据《杭州市渔业资源保护管理规定》，65周岁以上渔民捕捞许可证自行失效、禁止使用地拉网（大牵网）捕捞。2015年，市渔业部门争取政府及财政部门支持，做好高龄渔民退捕减船、禁止地拉网作业及退捕渔民转产资金补助等相关工作。全市有95艘渔船因捕捞许可证自行失效（持证人年满65周岁）退出捕捞，3艘地拉网作业渔船退出捕捞，4艘渔船因持证人自愿而提前退出。

【渔业专项执法】　2015年，杭州市渔政管理部门按照省海洋与渔业局《关于开展“春潮2015”渔业执法行动的通知》《关于开展内陆水域打击电鱼等非法捕捞专项行动的通知》要求，结合杭州市实际，于4～6月开展以打击非法捕捞和实现安全生产为重点的“春潮2015”专项执法行动，于10～12月开展以打击电鱼为重点的专项整治行动。通过专项执法检查，查清杭州市作业渔船及捕捞存在的问题，惩处各种非法捕捞行为，保护渔业资源和水域生态环境，促进渔业生产秩序好转。

【渔政执法检查】　2015年，市渔政部门开展渔政执法检查114次，其中联合检查18次、夜间执法8次，检查渔船544艘，查获渔业违法行为128起，没收“三无”（无船名船号、无船舶证书、无船籍港）船只7艘、舷外机3台、丝网20张、电捕器具26套、延绳钓2盆、定置张网17张。

【渔船安全管理】　2015年，市渔政渔港渔船监督管理总站检验各类渔船258艘，征收渔船检验费1.22万元。开展渔船安全检查46次，出动243人次，检查渔船435艘、渔民477人次。开展安全管理督查2次，督查7个单位。开展渔民宣传教育培训7期，参训503人次。下发和转发渔船安全管理文件8份。2015年，全市没有出现人员死亡的渔船安全生产事故。（徐德玉）

·水　利·

【水利概况】　2015年是“十二五”水利改革发展收官之年，也是“五水共治”关键之年。杭州市各级党委、政府贯彻落实中央治水新思路，围绕省委、省政府“五水共治”重大决策部署，加快建设步伐，深化管理改革，强化依法治水。全市累计投入水利建设资金59亿元，推进“五水共治”水利建设。加强钱塘江综合治理，推进大江东标准海塘建设，继续实施富阳区富春江治理工程，开工建设萧山区浦阳江堤防加固工程。完成19座水库、118座山塘除险加固，49.8千米海塘河堤加固。杭州市第二水源千岛湖配水工程政策处理基本完成并全线开工建设。闲林水库工程主汛期通过试蓄水阶段验收，并下闸蓄水730多万立方米。萧山区湘湖应急备用水源扩建工程等备用水源工程进展顺利，农村饮水安全提升工程受益13.5万人。三堡排涝工程通过工程通水及泵站机组设备启动验收，梅汛期累计排水4400多万立方米。四五排灌站改建工程、七堡排涝站扩建工程、萧山顺坝排涝闸站和滨江华家排灌站主体工程完工，浦沿排灌站扩建工程开工建设，全市新增入海强排能力86.4万立方米/小时。完成321.4千米农村河道综合整治工程。全市农村河道“河长制”、河道保洁实现全覆盖，河道引配水39亿立方米。加快“一高五小”小型农田水利建设，完成新增旱涝保收面积5206.67公顷，扩大灌溉面积3486.67公顷，新增喷微灌1320公顷，圩区整治2666.67公顷，改造排灌渠道519.79千米。经测算，全市农田灌溉水有效利用系数0.587。（叶　青）

【水资源量】　2015年，全市面降雨量2126.0毫米（折合水量239.06亿立方米），比常年偏多36.8%，比上年偏多27.8%。降雨量时空分布不均，总的趋势是由西部山区向东部平原递减，降雨量在2750毫米～1780毫米之间。降雨量年内分布不均，与多年平均相比，1月、3月、5月、9月、10月降水偏少，其他月份降水偏多。

2015年，全市地表水资源量236.64亿立方米，地下水资源量40.39亿立方米，扣除地表水和地下水重复计算量37.97亿立方米，全市水资源总量239.06亿立方米。全市产水系数0.68，产水模数144.0万立方米/平方千米。

【供水量】　2015年，全市总供水量34.79亿立方米（从2014年起，总供水量和总用水量中不再包括环境配水量），比上年减少2.35亿立方米。其中：地表水源供水量34.51亿立方米，占99.2%；地下水源供水量0.14亿立方米，占0.4%；其他水源供水量0.14亿立方米，占0.4%。市区总供水量25.28亿立方米，占72.7%。提水工程供水为主要的供水方式。

【用水量】　2015年，全市总用水量34.79亿立方米。其中：生产用水量

23.86亿立方米，占68.6%；生活用水量10.14亿立方米，占29.1%；生态用水量0.79亿立方米，占2.3%。市区总用水量25.28亿立方米，占72.7%。

【耗水量】 2015年，全市总耗水量17.82亿立方米，平均耗水率51.2%。其中：生产耗水量13.19亿立方米，生活耗水量3.90亿立方米，生态耗水量0.73亿立方米。市区耗水量12.56亿立方米，占70.5%。

【退水量】 2015年，全市退水量12.62亿立方米。其中：工业退水量7.02亿立方米，占55.6%；城镇居民生活退水量2.74亿立方米，占21.7%；建筑业退水量0.19亿立方米，占1.5%；第三产业退水量2.67亿立方米；占21.2%。市区退水量9.75亿立方米，占77.3%。

【水资源利用】 2015年，全市人均年综合用水量385.8立方米，城镇居民人均年生活用水量61.2立方米，农村居民人均年生活用水量51.5立方米，城镇公共用水量人均132.4立方米，农田灌溉亩均用水量422.1立方米，人均水资源占有量2650.9立方米，水资源利用率14.6%（不包括过境水资源量）。 （李朝秀）

【防汛防台】 2015年汛期（4月15日至10月15日，下同）具有梅期时间偏长、梅雨总量偏多、局地强降雨频发、梅雨与台风相遇、秋台风与天文高潮位叠加等特点，防汛形势严峻。杭州市防汛抗旱指挥部2次启动防汛Ⅳ级应急响应，3次启动防台Ⅳ级应急响应，并在防御“灿鸿”台风中提升至Ⅲ级应急响应和Ⅱ级应急响应。除东苕溪、兰江部分站点略超警戒水位外，其他主要江河水位均在警戒水位之下。2015年汛期，全市平均降雨量1155毫米，各区县（市）累计平均降雨量从大到小依次为：淳安1365毫米、临安1252毫米、桐庐1207毫米、建德1184毫米、富阳1170毫米、主城区1069毫米、余杭1025毫米、萧山968毫米。全市单站最大降雨量为淳安县安阳畏岭站2057.5毫米，主城区单站最大降雨量为杭州国家基准气候站。

【汛期主要特点】 2015年汛期梅雨期偏长、梅雨量偏多、过程降雨明显、梅汛后期温度偏低、梅雨期出现强台风、局地暴雨频发、秋季台风与天文高潮位叠加。6月7日入梅，比常年偏早6天（常年平均6月13日入梅）；7月12日出梅，出梅时间比常年偏迟5天（常年平均7月7日出梅）。梅雨期35天，比常年偏多11天（常年平均24天）。全市面平均梅雨量487.8毫米，比常年（283.6毫米）偏多70%，比上年（250.4毫米）偏多近1倍。梅雨期间发生4次较大强度的降雨过程，降雨范围广，强度大，过程性降雨特征明显。7月4日起，受冷空气影响，杭州市持续低温阴雨，7月5日平均气温18.6℃，为1951年以来7月历史最低。出现较为罕见的梅雨、台风双碰头，由于前期降雨多，土壤含水量基本饱和，外围水位高，排泄不畅，对防汛造成较大压力。出梅后，局地暴雨频发，主城区“7·21”暴雨造成局部受淹，临安天目山区连续4次遭遇局地山洪，其中“6·23”昌化暴雨洪涝损失大。第21号台风“杜鹃”与农历八月十八天文大潮相遇，时间上与中秋国庆长假重叠，给防御工作带来较大压力。

三堡排涝工程 （市林水局 供稿）

【主要降雨过程】 **6月7~11日全市暴雨** 6月7日8时至11日8时，杭州市普降大到暴雨，面平均降雨量156.1毫米，最大为淳安220.1毫米，其次为建德185.5毫米，最少为余杭80.1毫米。单站最大降雨量为淳安的汾口石壁站303.5毫米，其次为淳安的大墅站302.5毫米。受兰江上游洪水过境影响，建德三河站、大洋站超警戒水位，富春江水库开闸泄洪，最大下泄9100立方米/秒。

6月23日局地暴雨 6月23日12~20时，余杭、主城区、临安发生局部大暴雨，面平均雨量分别达37.6毫米、31.6毫米、29.1毫米。单站最大降雨为临安道场坪站131.9毫米，主城区单站最大降雨为南庄兜站132.2毫米，城北南庄兜铁路桥涵积水致交通受阻。临安西部山区发生局部短历时强降雨，导致昌化溪上游河道水位暴涨，山洪暴发，洪涝损失较重。

6月30日至7月1日全市降雨 6月30日15时至7月1日24时，全市面平均降雨量47.2毫米，降雨空间分布较为均匀，最大降雨量为淳安枫树岭大源站194.5毫米。临安西部山区再次受到袭击，昌化溪流域面平均降雨量50.1毫米，分水江水库开闸泄洪。

7月4~7日全市持续阴雨 7月4日8时至7日8时，全市大范围降雨，面平均降雨量92.7毫米，其中桐庐、富阳分别达120.0毫米、114.6毫米。降雨强度不大，但是历时较长，全市有297个站点的过程降雨量超过100.0毫米，单站最大为临安的玲珑化龙站242.5毫米。东苕溪流域面平均降雨量104.6毫米，运河流域面平均降雨量89.6毫米，青山水库开闸泄洪，经科学调度，东苕溪瓶窑站水位低于警戒水位。

7月17~19日局地暴雨 7月17~19日，全市局地强降雨频发，短

时降雨强度大，部分县市出现洪涝损失。1小时降雨超过50毫米以上的有55站次。其中，临安太湖源镇南庄雨量站1小时降雨量100毫米（19日16时），桐庐瑶琳镇坞口水库站1小时降雨量88.5毫米（18日18时），建德寿昌镇绿荷塘水库1小时降雨量79.5毫米（17日18时）。强降雨给山洪灾害防御、地质灾害防御和城区暴雨积水防御带来不利影响。

7月21日主城区局地暴雨 7月21日7~9时，主城区贴沙河、钱江新城区块突降暴雨，钱江新城站最大1小时降雨量114.2毫米（降雨频率接近百年一遇）。强降雨造成钱江新城、环城东路一带道路大面积积水，风起立交下穿桥涵、解放东路新城隧道、艮山西路铁路桥涵积水中断。三堡南排工程开机1台排涝，控制运河水位上涨。

8月15日局地暴雨 8月15日17时左右，临安市天目山镇突发局地暴雨，临安西天目站累计降雨量147毫米，降雨造成天目山镇山洪暴发，给景区农家乐旅游带来安全影响。主城区城西区域也受到影响，西湖区沿山河1小时降雨量77毫米，造成西湖区多处道路积水。

【台风】 **第9号台风“灿鸿”** 由于“灿鸿”台风路径偏东，登陆点位于舟山，离杭州市较远，短暂登陆后转向海上，对杭州市风力影响较大，降雨影响总体较小。7月10日8时至12日8时，全市普降大雨，临安、桐庐、富阳、萧山等地局部暴雨。全市面平均降雨量46.5毫米，较大的有富阳70.0毫米、萧山62.3毫米。强降雨主要集中在钱塘江口、临安天目山区、余杭西部山区和富阳桐庐龙门山脉。台风局地暴雨造成临安天目山镇和太湖源镇、桐庐富春江镇、富阳龙门镇等乡镇出现少量灾情。大风造成市区及部分县市树木倒伏，少量房屋倒塌，部分电力线路跳闸，未造成人员因灾伤亡。

第13号台风“苏迪罗” 8月8日4时40分在台湾省花莲县秀林乡沿海登陆，并于8日22时10分在福建省莆田市秀屿区沿海再次登陆，登陆福建时为台风级（38米/秒）。登陆后向西北方向移动，9日2时减弱为强热带风暴，9时减弱为热带风暴，23时减弱为热带低压。8月10日17时中央气象台对其停止编报。受台风外围云系影响，全市从8日中午开始陆续降雨。据水雨情遥测站网统计，8月8日8时至10日17时，全市面平均降雨量88.5毫米，其中临安117.4毫米、淳安100.5毫米、桐庐94毫米、余杭90.7毫米、富阳79.2毫米、建德78.4毫米、主城区67.9毫米、萧山62.8毫米。全市单站最大降雨量为临安清凉峰大石门站385毫米，主城区单站最大降雨量为闸口站92.5毫米。全市江河水位有所上涨，但均在警戒水位以下，未发生洪涝灾害。

第21号台风“杜鹃” 9月28日17时50分前后在台湾宜兰沿海登陆，登陆时为强台风级（48米/秒），29日8时50分前后在福建省莆田市秀屿区沿海再次登陆，登陆时为台风级（33米/秒），登陆后向西偏北移动，强度迅速减弱，中央气象台于29日20时解除台风黄色预警并停止编报。受台风外围云系影响，全市从28日中午开始陆续降雨。据水雨情遥测站网统计，9月28日8时至30日7时，全市面平均降雨量29.4毫米，其中余杭61.2毫米、主城区53.3毫米、萧山50.3毫米、富阳31.6毫米、桐庐26.3毫米、临安23.0毫米、建德8.4毫米、淳安7.2毫米。全市单站最大降雨量为大江东外二十工段站137.5毫米，主城区最大降雨量为滨江区建设河排灌站104毫米。全市有6个站降雨量超过100毫米；有210个站超过50毫米，约占站点总数的20%。短时降雨强度不大，最大1小时降雨量28毫米。全市江河水位略有上涨，但均在警戒水位以下，未发生洪涝灾害。

【灾情损失】 2015年汛期，萧山、富阳、桐庐、淳安、建德、临安6个区县（市）59个乡镇共7.2万人受灾，倒塌房屋262间，因灾转移人口6.21万人次，全市因洪涝和台风影响直接经济总损失3.64亿元。其中：农作物受灾9466.67公顷，因灾减产粮食0.91万吨，经济作物损失5670万元，农林渔业直接经济损失9333万元；因灾停产工矿企业16个，县乡道路中断74条次，供电中断60条次，通信中断22条次，工业交通运输业直接经济损失1.53亿元；因灾损毁堤防622处34.4千米、损坏护岸298处、冲毁堰坝24处、损坏灌溉设施303处，损坏水文测站3个，水利设施直接经济损失8115万元。全市无人员因灾死亡。（朱家驹）

【大中型水库蓄水动态】 至2015年末，全市有大型水库4座，中型水库13座。总蓄水量151.81亿立方米，其中大型水库总蓄水量149.23亿立方米、中型水库总蓄水量2.58亿立方米，总蓄量比上年末增加6.19亿立方米。

【水权制度改革试点推进】 2015年，杭州市先后完成东苕溪（杭州段）流域水权制度改革试点方案的报批、流域水量分配，初步完成流域内73个工业企业取用水情况调查核定、1万立方米以上取用水户实时监控系统建设，水权登记信息系统开发并投入试运行、农村集体经济所有的山塘、水库水资源确权登记方案编制等工作，水权制度改革取得实质性进展，得到市委书记赵一德的批示肯定及水利部、省水利厅肯定，并于6月底在全省水利改革试点工作座谈会上做主题介绍和交流，10月被特邀参加全国水权工作座谈会并做主题发言。

【水资源管理制度】 2015年，杭州市制定出台《杭州市实行最严格水资源管理制度考核工作实施方案》，建立部门联席会议制度。及时完成2014年度工作自查，配合做好省政府对杭州市工作情况的监督检查和现场审核，考核结果为良。制定2013~2015年度对各区县（市）政府实行最严格水资源管理制度考核计划，明确考核时间、对象和方法。完成全市年取水量300立方米以上共20个企业国控点建设，数据接入国家监控网。新水资源费征收标准全部执行到位，征收1.8亿元，比上年度增长100%。

【水利工程管理体制改革】 2015年，杭州市继续对七堡排涝泵站、青山水库电站、钱塘江海塘等11个大中型水利工程通过政府购买服务方式开展运行维护管理，破解水利工程管养难题，取得典型经验并于11月24日在全省水利工作会议上交流推广。

【黑臭河整治】 2015年，杭州市消

余杭区闲林港

（市林水局 供稿）

除绕城外垃圾河、黑臭河36条，共75.31千米，完成整治任务。10月16日，市“五水共治”领导小组办公室、市“河长制”办公室联合印发最美河长评选活动通知，在全市开展最美河长、警长评选活动。评出最美河长20名、最美警长2名，其中农村河道河长12名、农村最美警长1名。

【农村灌排河道整治】 2015年，杭州市试点财政支农资金因素法分配工作。5月，市河道管理总站编制并实施《2015年杭州市农村灌排河道综合整治项目财政资金因素法分配方案》，通过因素分配，改变一刀切的补助模式，提升农村灌排河道综合整治项目绩效管理水平。农村河道整治开工430千米（计划300千米），完工321.4千米，超额完成年度目标任务。完成2014年度省级河道生态示范建设工程创建工作，推荐申报的余杭区闲林港整治工程（一期）通过省级考核复评，被授予省河道生态优秀示范工程。

【七堡排涝泵站扩建工程完工】 七堡排涝泵站扩建工程是杭州市防汛排涝三年计划、市农口系统“五水共治”三年行动计划内容之一。该工程于2014年12月8日开工建设，工程的任务是在七堡口门新建36立方米/秒、装机2400千瓦的排涝泵站，同时对已建24立方米/秒的配水泵站进行技术改造，建成后七堡口门总排涝能力60立方米/秒，配水规模18立方米/秒，确保上塘河流域杭州范围内130平方千米的防洪排涝安全，提升上塘河流域范围内市民财产、生命安全保障能力，改善河网水环境。新建排涝泵站属于中型泵站、Ⅲ等水利工程，主要建筑物包括前池、泵站主体、出水池、箱涵等，概算投资3538万元。2015年12月14日实施开机试运行，效果良好。12月21日，杭州电视台、浙江日报社、杭州日报社等媒体到现场采访并进行报道。 （李朝秀）

【青山水库维修加固工程完工】 青山水库维修加固工程于2014年12月16日开工，大坝防渗处理、泄洪闸结构加固两个主要分部工程于2015年5月中旬通过验收。至年末，全部单位工程完成验收，完成投资3310万元。水库维修加固的主要内容为：拦河大坝与泄洪闸接头处防渗处理、坝顶整修、泄洪建筑物加固、安全监测系统改造、上坝公路及库区道路整修、边坡处理、防汛楼改造、管理系统升级和其他附属设施。

【青山水库管理和保护范围划界】 2015年，杭州市青山水库管理处抓住临安市实施青山湖综保工程契机，通过对上加强汇报，争取最大支持，对属地加强对接、沟通，争取最大理解，同时制定策略，推动水库管理和保护范围的划界。10月，临安市政府向浙江省政府请示，要求批准实施《青山水库管理和保护范围划定方案》。

【“水库大坝安全保障关键技术研究与应用”获国家科学技术进步一等奖】 杭州市青山水库管理处参与的“水库大坝安全保障关键技术研究与应用”成果获2015年度国家科学技术进步一等奖，是杭州水利史上首次获该荣誉。青山水库注重科学技术在水库管理中的应用，先后建立多种业务系统，促进水库管理向前发展。青山水库在除险加固期间，参与“十一五”国家科技支撑计划项目“水库大坝安全保障技术研究”，建立青山水库实时安全调度系统。该系统集成雨情、工情、视频监控等几乎所有的有关水库防汛调度的功能模块，避免调度不考虑工程本身结构安全状态的片面调度决策思路，提出综合水雨情、工情的全面分析的调度方案，能够全面反映工程及上下游防汛状态，较之以往，调度深度更深、范围更广、决策更科学。该系统自运行以来，取得良好效果，尤其在洪水期，能快速分析出实时高水位时工程安全状态，能对预报调度未来水位时的工程状态做出科学评判，提高水库实时调度的安全保障能力。该成果在全国多座大型水库得到应用。另外，青山

水库管理处郭建红获“全国水利行业技术能手”称号。（蔡红娟）

【水文站网智能维护协同管理平台建设】 2015年，杭州市水文水资源监测总站利用物联网、大数据分析、3S、工作流、NT服务等技术，采用集成创新方式，基于C/S和B/S架构，研发水文站网智能维护协同管理平台，实现站网运行状态智能感知、异常数据发现修复、多部门资料共享与发布、站网维护动态跟踪、绩效考核协同管理等应用。

【闲林水库工程通过试蓄水验收】 2015年，闲林水库工程完成年度投资2.3亿元，完成年度任务115%，累计完成投资25.35亿元，基本完成主体工程建设。6月12日，通过试蓄水验收；6月16日，下闸投入试蓄水运行；10月16日，开始放水清库，放水耗时13天；12月21日，输水隧洞通水通过验收，闲林水库工程正式具备运行条件，水库综合效益开始显现。在防御第9号台风“灿鸿”、第13号台风“苏迪罗”、第21号台风“杜鹃”中效益明显，拦蓄洪水730万立方米，减缓杭州城西留下地区防洪压力。

【三堡排涝工程推进】 2015年，三堡排涝工程完成投资5150万元，累计完成总投资10.1亿元。2月10日，泵站及进水建筑物结构工程完工；4月22日，完成分部工程验收；4月26日，工程通水；5月4日，完成4台泵组设备单机24小时连续试运行，工程具备应急开机条件；6月3日，通过工程通水及泵站机组设备启动阶段验收，工程具备运行条件；11月初，开始引水运行，至年末，累计引水约5300万立方米，以改善运河水质。入梅后，开机排涝，至年末，累计单机运行245小时，排水4400万立方米，缓解城区内涝。4月，三堡排涝工程获2013~2014年度全国水利建设文明工地称号。

【千岛湖配水工程取得阶段性成效】 2015年，千岛湖配水工程取得阶段性成效。政策处理工作基本完成，全线16个土建施工招标工作完成，建设资金得到全面保障，与交通银行以完全信用、项目预期收益为支撑签订全覆盖融资合作协议。工程全线建设工作启动，全年完成隧洞开挖12.85千米（主洞和支洞），完成形象投资9.6亿元，累计完成形象投资11.3亿元。

【《杭州市第二水源千岛湖配水供水工程管理条例》获批】 10月30日，杭州市第十二届人大常委会第三十二次会议审议通过《杭州市第二水源千岛湖配水供水工程管理条例》，12月30日，浙江省第十二届人大常委会第二十五次会议批准该条例，自2016年2月1日起施行。条例从工程管理与保护、水质保障与供水等方面，对配水供水工程的管理做出规定。根据条例，千岛湖配水供水工程的范围包括金竹牌取水口，输水隧洞、管道及其辅助设施，沿线建德市、桐庐县、富阳区等区域的分水工程设施，闲林水库等配水工程，以及从闲林水库至市区的供水分支管线工程。条例还规定，千岛湖配水应优先满足城市生活饮用水需要，不得用于园林绿化、环境卫生、市政工程管理、深井回灌等作业。

【千岛湖配水工程质量安全监督】 3月30日，市水利水电工程质量安全监督站开始受理千岛湖配水工程质量安全监督。全年完成16个主体施工标的6个标段质量安全监督申请，即施工6标、8标、9标、10标、11标、15标。开展7次重大质监活动，参加质监人员42人次，出具质监活动整改纪要7份，发现问题41个，提出意见和建议31条。

【钱塘江防潮安全长效管理】 2015年，杭州市钱塘江防潮安全管理协调小组办公室提升技防水平，开展防潮安全信息化建设，通过与专业院校合作，优化防潮安全预警算法，提升潮汐远程实时监测预警精度和效率，在整合沿江视频监控和水文潮汐监测预报等系统基础上，初步建成具备电子监控、潮汐实时监测预报和远程预警管理等功能的防潮安全指挥系统，为钱塘江防潮安全长效管理人防、技防、物防的结合创造条件。同时，与市人防办协调，在萧山区美女坝和大江东围垦段沿江闸站建设8处人防高音喇叭，通过语音播报强化防潮安全宣传和预警作用。全年劝阻下堤下江5.4万人次，预防和减少潮水卷人事件的发生。

【水利科技】 2015年，水文水资源监测总站研发的“一种基于水位和流速的江河涌潮自动检测及实时预报方法”及“钱塘江涌潮历史水文数据分析系统V1.0”科技成果获国家知识产权局发明专利和国家计算机软件著作版权各1项。农村河道管理总站研发的水域水质净化器获国家新型实用专利。三堡排涝工程一系列研究成果得到肯定：3月，泵站上部建筑获国家2015年度第二批绿色建筑评价标识最高等级——绿色三星建筑标识；4月，获全国水利建设工地文明工地称号，是水利行业文明施工的最高荣誉；6月，水工箱涵下穿道路半逆作法施工工法获水利部级工法，获2015年水利行业优秀质量管理小组QC成果一等奖，获2015年全国优秀质量管理小组、2015年水利行业质量信得过班组等称号；12月，获2015年度浙江省建筑安全文明施工标准化工地称号。

（李朝秀）

·农业机械·

【农业机械概况】 2015年，市农机管理部门围绕推进“现代农业行动计划”和农业领域“机器换人”，着力现代农业转型升级和“增产增收”目标，落实农机购置补贴政策，实施设施农业推广项目、开展农机社会化服务体系建设和农机新技术新机具推广等工作，促进全市农机化水平提高。至年末，全市拥有农业机械总动力（不含渔船）299.46万千瓦，其中柴油机动力153.89万千瓦、汽油机动力16.80万千瓦、电动机动力128.75万千瓦。拥有主要农机具50.73万台（套），其中各类拖拉机3.17万台（与其配套的各类农机具1.35万台）、收获机械1451台、植保机械3.18万台、排灌机械16.09万台、农产品初加工机械2.75万台，农业机械原值45.16亿元。农机存量结构优化，涌现畜牧养殖机械、无人植保机械等各种高性能农机装备，农机应用领域拓宽，农业领域机器换人良性发展。

【农机作业水平提高】 2015年，杭州市主要粮食作物（水稻）生产全程机械化率到70%以上。其中：水稻机械栽植面积1.48万公顷，比上年增加7.3%，再创新高；机耕、机插和机收水平分别在90%、30%和88%以上；油菜机械化收获稳定在3700公顷以上，油菜机械化移栽面积继续扩大，为530多公顷；粮食烘干机械保持高速发展态势，新增烘干机57台，新增批次机烘能力680多吨，抗御自然灾害能力提高；秸秆机械化还田面积3万多公顷。优势特色农业关键环节机械化技术普及率提高。

【“智慧农业”发展加快】 2015年，市农业局以市委“一号工程”为指引，推进“智慧农业”建设，强化顶层设计、优化服务平台、建设指挥系统，市级“智慧农业”综合服务平台投入试运行，新建市级“智慧农业”示范点5个，全市30多个农业物联网试点应用企业和平台实现对接。全年建成市级“智慧农业”示范园8个、农业物联网应用示范点20个，培育发展花卉、葡萄、中药材等产业“智慧应用模式”。启动“智慧监管”服务体系，基于农业物联网应用，整合全市30个市级叶菜生产功能区和高山蔬菜基地，实现生产远程监控、灾害预警预测和应急生产指挥，在“智慧农业”综合服务平台上实现与农产品质量监管溯源系统的资源整合、数据共享。

【新机具新技术引进试验】 2015年，为加大新机具新技术的引进试验力度，杭州市农机化促进项目中首次新增新机具新技术引进试验项目，对新机具新技术引进试验给予最高80%的补贴，并要求引进单位做好数据分析和完整的试验台账，形成试验成果和总结材料，以便推广。10月9日，邀请浙江大学农工与食品学院教授郑文钟和农机方面的高级工程师，对临安市板桥镇洪军农机植保专业合作社引进的“4DE1000型植保飞机”和淳安县千岛湖仙川农产品专业合作社引进的“珠海羽人飞行器有限公司3WDM4-10无人植保机”两个项目进行专题讨论。10月10日，市农机部门在桐庐县进行农用无人机、喷杆式喷雾机等高效植保机械作业演示。至年末，全市拥有农用无人机12架、高效植保机械3711台。

无人机进行山地茶园植保　　（市农业局 供稿）

无人机进行水稻田植保　　（市农业局 供稿）

【农机农艺融合】 2015年，市农机部门围绕水稻育秧、油菜栽植和畜禽生产等农业生产关键环节机械化，在萧山区、余杭区、富阳区、桐庐县、建德市等地培育发展区域特色明显、融合机制长效、示范带动力强的农机农艺融合示范点6个。在富阳区进行水稻机械直播全程试验，制定水稻工厂化育秧、粮食烘干、自动喂料等农机作业操作规程，为改良品种、创新栽培模式、研发装备提出统一规范要求，为加快农机农艺融合，扩大农机作业面提供技术支撑。

【农机社会化服务体系建设】 2015年，市农机部门继续培育农机专业合作社及育秧、烘干、维修等区域性农机服务中心，新建区域性农机服务中心7个，推进有机户之间、有机户与无机户之间的对接合作，缓解农机规模作业与农业一家一户经营的难题，促进农业经营规模化。全年新建农机专业合作社5个，累计115个，服务耕、种、收、烘干、植保和秸秆还田等面积5.67万公顷。

【环保节水机械列入农机购置补贴范围】 2015年，为贯彻执行省、市政府提出的“西湖蓝”“五水共治”等战略部署，市农机部门推广环保节水机械，并通过专家的选型，将茎秆收集处理机械、喷灌机械设备、废弃物处理设备、地源热风机组等机具列入杭州市农机购置补贴目录，给予50%左右补助，比原有补贴标准提高约20%。

【农机购置补贴督查】 8月中旬至9月上旬，为优化农机购置补贴政策实施环境，确保补贴政策高效规范廉洁实施，提升财政资金使用效

益，根据《浙江省农业机械管理局关于开展农机购置补贴工作督查的通知》要求，市农机管理部门开展全市性农机购置补贴政策落实督查活动。抽查经销商12个，抽查补贴机具986台（套），其中实地核查208台（套）、电话抽查778台（套），没有发现大的问题。

【农机安全专项整治】 2015年，为确保农机生产安全，市农机管理部门开展春运农机安全生产大检查活动、农机“绿剑”春秋两季集中执法行动和安全生产月“双夏”农机安全检查活动。春运农机安全生产大检查活动与公安驻农机警务联络室联动，主要查处超速、超载、酒驾、疲劳驾驶、无证无照行驶、非法载客等违纪违法行为，共开展执法检查122次，检查上道路拖拉机1732台次，纠正违规拖拉机269台次。农机“绿剑”春秋两季集中执法行动，集中力量深入各乡镇（街道），开展日常巡查。主要查处拼装农业机械、未取得维修技术合格证书从事维修经营和报废机车上路行驶等违纪违法行为。春秋两季集中执法行动累计出动执法人员791人次，检查农机合作社181个、农机维修网点319个、农机销售企业47个、拖拉机和联合收割机等农机具3230台，查处违法行为165起。安全生产月“双夏”农机安全检查活动期间，农机人员到田间、场院检查田间作业农业机械，针对查出问题落实整改措施。全市累计排查农机维修网点、农机专业合作社、农机销售企业等402个，查出隐患177处，100%及时整改。全年拖拉机事故发生起数、死亡人数、受伤人数、直接经济损失分别比上年降低51%、58%、46%和35%，未发生死亡3人（含）以上的重大农机事故。

【拖拉机报废补偿】 2015年，根据节能减排要求，杭州市全面实施拖拉机报废补偿政策。市农机管理部门在系统梳理往年拖拉机报废工作的基础上，拟定计划、落实资金。全市实际报废拖拉机833台，落实中央报废补贴资金20.3万元、省级补偿资金83.98万元、市级补偿资金74.23万元、县区配套补偿资金116.78万元。 （徐德玉）

·供销合作·

【供销合作概况】 2015年，市供销社各项经济指标平稳增长，为农服务能力提升，获全国、全省系统综合业绩考核特等奖。打造为农服务综合平台，完善农产品流通体系，发挥社有企业及各类专业市场在水果、茶叶等特色农产品领域的流通主渠道作用。全年完成农产品收购额110.4亿元，比上年增长33.7%。发展基层连锁门店，新增255个，累计达3578个，实现经营收入59亿元。实施“一号工程”，组建杭州供销电子商务有限公司，搭建一体化电商运营主体，全年新增农村电商服务站150个，实现电商销售额2.7亿元，增长51.9%。参与农贸市场和社区蔬菜超市建设、运营、管护，全年实现农产品批发市场交易额105.8亿元，增长26.1%。延伸农业社会化服务领域，发挥农资保障供应主渠道作用，全市市场占有率保持在80%以上。加快“智慧农资”服务平台和庄稼医院体系建设，依托9个庄稼医院和4个专科医院，构建市域“智慧农资”网上庄稼医院体系，覆盖全市涉农县市和农业特色产业，实现农作物病虫害线上线下实时解决。丰富农村合作金融服务，拓展资金互助、小额贷款、私募基金、互联网金融等业务领域，巩固提升全市农信担保服务体系，全年完成担保额8亿元，其中涉农担保超50%。

【粮食生产功能区和精品农业园区建设】 2015年，市供销社在农业“两区”内设立农副产品收购点57个，全年收购农副产品3.7亿元。设立为“两区”服务的门店560个，全年实现销售收入7.9亿元；为“两区”服务的农资门店656个，全年农资销售收入5.2亿元。51个农资经营企业开展测土配方施肥服务，面积1.68万公顷。全年举办各类培训和咨询活动39次，培训农民4351人次，接受农民咨询1.42万人次，提供各类资料4.73万份。

【基层社实现涉农乡镇全覆盖】 2015年，市供销社新发展基层社66个，累计133个，实现涉农乡镇全覆盖，实现经营收入49.4亿元，比上年增长22.5%。新领办发展农民合作社38个，累计561个（其中联合社24个），全年实现经营收入34.1亿元、利润5821万元，带动农户超30万户。加强农民合作社规范化管理，新增省级示范社5个，全国、省级、市级示范社累计38个、82个、93个；新增村级综合服务社70个，累计812个；新增经营服务综合体35个，累计131个，其中一类34个、二类40个、三类57个。

【“三化融合”战略】 2015年，市供销社实施“三化融合”战略，打造社有企业发展“杭州模式”，实现总经营收入397亿元、利润5.9亿元、所有者权益61亿元，分别比上年增长13.3%、9.9%、7.1%。坚持集团化发展，组建杭州供销集团有限公司，培育合众集团、果品集团、土特产集团、萧山万丰集团、余杭供销集团、富阳百合集团六大集团。其中：合众集团利润2.7亿元；果品集团营业收入53亿元，占据杭州水果流通市场90%以上份额；萧山万丰集团资产总额35亿元、营业收入超55亿元。坚持多元化发展，参与城乡商贸城、农产品批发市场、风情小镇等项目建设，加快推进萧山万丰大厦、西湖合诚商务中心、富阳商贸城、滨江寰诺科技大厦、临安藻溪兔业等一批项目建设，完成有效投资7.86亿元。强化与民营资本的合作，与九好集团合作投资2.5亿元，共同打造现代农业示范园区。探索与科研院所的合作，与浙江经贸职业技术学院签订战略协议，搭建社校合作、联动发展机制。坚持品牌化发展，实施名品、名企、名家“三名”工程，发展中国驰名商标1个、省市著名商标37个、省市名牌产品23个。

【行业协会建设】 2015年，全市供销社系统领办各类协会28个，带动生产基地433个，带动农户27441个，帮助农民推销农副产品5411万元，帮助农民增收9009万元。

【全国供销总社主任到杭调研】 11月10日，全国供销总社理事会主任王侠调研市供销社改革发展工作，实地考察萧山区供销社南部经营服务综合体项目、临浦综合农贸市场经营情况，并到浙江太古可口可乐有限公司、茶都名园参观指导。

【市委常委会研究供销社工作】 11月23日，十一届市委举行第125次常委会，专题学习纪念毛泽东同志“新仓经验”批示60周年座谈会和全国供销社企业工作会议精神，听取市供销社工作情况汇报。会议对近年来市供销社改革发展取得的成绩予以肯定，并要求贯彻落实《中共中央国务院关于深化供销合作社综合改革的决定》和浙江省《关于深化供销合作社和农业生产经营管理体制改革构建“三位一体”农民合作经济组织体系的若干意见》文件精神，立足杭州实际和基层实际，打造“三位一体”改革的浙江样本。

【淳安、临安“三位一体”改革推进】 9月28日，省委出台《关于深化供销合作社和农业生产经营管理体制改革构建“三位一体”农民合作经济组织体系的若干意见》，并在慈溪召开深化供销合作社改革构建“三位一体”农民合作经济组织联合会推进会，确定淳安、临安为全省第一批推进单位。此后，两地供销社结合当地实际，分别制定出台实施意见，为其他区县（市）推进“三位一体”改革、打造杭州样本提供试点经验。

【“党建带社建、村社共建”活动】 12月14日，市委组织部、市农办、市供销社联合发文，启动“党建带社建、村社共建”活动。在桐庐、淳安、建德、临安等地选择6个试点项目，探索经营服务增收、生产服务增收、资源开发增收和兴办第二、第三产业增收等路子，着力提升基层党组织和供销社基层组织的服务功能，助力农民收入、村集体经济收入“两个增收”。

【杭州供销集团挂牌运营】 12月31日，经市政府批复同意，杭州供销集团有限公司挂牌运营。该公司由市供销社全资企业——杭州中汇实业投资公司出资，注册资本1.2亿元，致力于打造集投资、融资、服务、监管于一体的综合性企业集团，发挥对供销系统社有企业的引领带动服务作用。

【市现代农业综合服务中心投入使用】 12月23日，市现代农业综合服务中心投入使用。该项目总投资4100多万元，施工5个多月，是市政府重点工程。中心位于余杭区仓前镇吴山前村，占地面积0.88公顷，集农资仓储配送、聚集展示、科技培训、信息咨询和“智慧农资”庄稼医院总院等农资全程化服务功能于一体，是供销社服务现代农业发展的标准化、综合化基地。

【全市首个农民专业合作社联合会资金互助会成立】 7月31日，由萧山区供销社牵头，组建全市首个农民专业合作社联合会资金互助会，首批入会会员60名，入会资金1149万元。互助会坚持组织封闭、对象封锁、上限封顶的原则，实行资金总量控制、封闭运行的办法，互助资金有偿使用，并实施会员担保制，发放互助金额度和占用费率按申请会员不同，结合实际开展灵活多样的小额资金互助活动，当年投放互助金超1000万元。

【茶叶企业在“浙茶杯”获佳绩】 5月，由省供销社、省茶叶产业协会、省微茶楼文化发展协会联合举办的2015年“浙茶杯”优质红茶推选结果揭晓。市供销社系统茶叶企业获1个金奖、5个银奖、2个优胜奖。其中，杭州九曲红梅茶业有限公司的“天香”牌九曲红茶获金奖，余杭王位山茶叶园区有限公司的径顶红茶、临安大洋茶叶有限公司的“天目生态”牌天目红茶、桐庐大自然茶业发展有限公司的“达然”牌芦茨红、杭州银泉茶业有限公司的“银泉”牌银泉金毫红茶、富阳富春江茶厂的茶胡红获银奖，杭州茶厂的“西湖”牌红茶、杭州千岛玉叶茶业有限公司的“千岛玉叶”牌红茶获优胜奖。

（市供销社）

·气　象·

【气象概况】 2015年杭州市总体气候特点：年平均气温偏高，降雨量显著偏多，雨日偏多，日照时数明显偏少；梅雨期较常年偏长，梅雨量较常年偏多。夏季（6~8月，下同）高温特征不明显，杭州年平均气温、高温日数（最高气温≥35℃的日数，下同）为2000年以来最低值。

气温 全市年平均气温16.5℃（临安）~17.7℃（淳安），其中主城区年平均气温17.5℃，比常年偏高0.5℃。杭州1月平均气温6.7℃，比常年偏高2.1℃；2月平均气温7.7℃，比常年偏高1.3℃；春季（3~5月，下同）平均气温17.1℃，比常年偏高1.1℃；夏季平均气温26.4℃，比常年偏低0.9℃；秋季（9~11月，下同）平均气温19.0℃，比常年偏高0.4℃；12月平均气温7.9℃，比常年偏高0.9℃。全市极端最高气温出现在萧山，为39.6℃，出现日期为8月5日；极端最低气温出现在临安，为-5.7℃，出现日期为1月2日和2月10日。

降水 全市年降雨量1927.4毫米（萧山）~2131.9毫米（主城区），其中主城区年降雨量2131.9毫米，比常年（1438毫米）偏多48%。杭州1月降雨量66.9毫米，比常年（80.6毫米）偏少17%；2月降雨量147.1毫米，比常年（88.2毫米）偏多67%；春季降水总量479.5毫米，比常年（392.4毫米）偏多22%；夏季降水总量948.3毫米，比常年（554.4毫米）偏多71%；秋季降水总量381.3毫米，比常年（273.5毫米）偏多39%；12月降雨量108.8毫米，比常年（48.9毫米）偏多122%。

全市年雨日数164天（临安）~181天（建德），其中主城区年雨日数169天，比常年（112.4天）偏多50%。

日照 全市年日照时数1200.2小时（桐庐）~1503.9小时（淳安），其中主城区年日照时数1315.8小时，较常年（1709.4小时）偏少23%。杭州1月日照时数107小时，接近常年（102小时）；2月日照时数95.3小时，接近常年（97.2小时）；春季日照时数399小时，比常年（421.7小时）偏少5%；夏季平均日照时数353小时，比常年（542.3小时）偏少35%；秋季平均日照时数291.7小时，比常年（417.5小时）偏少30%；12月日照时数69.4小时，比常年（128.7小时）偏少46%。

【主要气候事件】 多雨寡照，出现凉夏 2015年夏季杭州平均气温26.4℃，高温日数14天，为2000年以来平均气温最低、高温日数最少的

夏季，比常年高温日数偏少13天。6月7日入梅后，梅雨期持续35天，6~7月出现多雨寡照的天气。夏季杭州雨日56天，比常年夏季（41天）偏多15天，日照时数353小时，比常年夏季偏少35%。

梅雨典型，雨期偏长 杭州6月7日入梅，7月12日出梅，梅雨期35天，全市平均梅雨量508毫米。入梅比常年偏早6天，出梅比常年偏晚5天，梅雨期偏多（常年平均24天）。梅雨量较常年（277毫米）偏多83%，其中主城区506毫米、富阳534毫米、建德532毫米、淳安531毫米、临安514毫米、萧山493毫米、桐庐486毫米、余杭438毫米。有2个测站累积雨量超过800毫米，分别是淳安红山乔村832毫米、淳安大源村802毫米，228个测站超过500毫米。

梅汛期暴雨及强对流天气频发 全市主要出现4次暴雨及强对流天气过程。6月7~8日，受西南暖湿气流和切变线的影响，杭州出现强降水过程。截至9日8时全市面雨量129毫米，其中主城区122毫米、淳安165毫米、临安130毫米、桐庐129毫米、富阳129毫米、建德125毫米、萧山109毫米、余杭87毫米。单点最大为淳安汾口241毫米，杭州最大值位于闲林水库上游159毫米。6月18日，3时开始主城区出现较为明显的降水，4~5时北高峰出现43.2毫米最大小时雨强。截至18日9时，全市面雨量41毫米，有161站超过50毫米，单站最大为淳安梓桐92毫米；主城区面雨量58毫米，最大为西湖区龙门岭90毫米。6月23日，午后强对流云团发展，临安、余杭、富阳、主城区等地出现暴雨。由于短时雨强特别大，临安昌化局地出现山洪。雨量较大的有余杭南庄兜132.4毫米、临安道场坪131.9毫米、临安荞麦塘114.0毫米，这次暴雨主要有突发性、局地性、短时雨强大的特点，富阳洞桥1小时雨量83.1毫米，临安昌化等地小时雨强也有60毫米~70毫米，18~19时三墩的小时雨强46.9毫米。6月30日夜到7月1日上午，杭州普遍出现暴雨，其中4个站出现大暴雨，最大值为淳安大源村140毫米，小时雨量最大值为淳安白马44.6毫米，淳安、萧山等地还出现8级~9级雷雨大风，全市最大风速位于淳安铜山水库21.1米/秒。

影响杭州的主要台风 杭州主要受第9号强台风“灿鸿”和第13号台风“苏迪罗”影响。7月10~11日，受第9号强台风“灿鸿”的影响，桐庐、富阳、萧山和临安天目山区等多地出现暴雨、大暴雨，局地出现特大暴雨，最大值位于临安东关站，累计雨量388毫米。10日8时至11日6时，全市面雨量44.0毫米，其中主城区50.6毫米、萧山71.2毫米、富阳70.7毫米、临安54.3毫米、桐庐52.7毫米、余杭45.7毫米、建德21.5毫米、淳安6.3毫米。暴雨主要集中在富春江沿岸、主城区和萧山大江东、临安天目山区和余杭西部山区。全市超100毫米的有39个站，超200毫米的有临安东关（377.8毫米）、临安市岭（285.2毫米）、桐庐外源（206.3毫米）、富阳上南坞（204.2毫米）。主城区最大为西湖区金家岭站80.2毫米。全市97个测站大风超过8级，8个测站超过10级，最大值位于临安大明山雷达站12级，主城区最大值位于天竺山站10级。第13号台风“苏迪罗”主要影响临安、淳安、桐庐、建德等中西部县市，尤其对于临安东、西天目山一带造成大暴雨影响，主城区影响程度相对较小，影响时段主要集中在8月9~10日。

【气象监测预报预警】 2015年，杭州市气象部门重点针对暴雨、雾霾、低温、连阴雨、雷雨大风和台风“灿鸿”“苏迪罗”等做好服务。市、县两级气象台共发布气象灾害预警473次，暴雨和雷电预警平均提前时间33分钟，全年24小时晴雨预报准确率88.3%。7月10日“灿鸿”台风影响期间，杭州主城区和余杭、萧山、富阳、临安、桐庐等区县（市）实施手机短信全网和数字电视全频道发布，发送预警短信1050多万条，为避免人员伤亡和经济损失发挥重要作用。对空气质量指数（AQI）预报平台进行优化，预报时效从1天延长到3天~5天。

【气象现代化建设】 2015年，杭州在全国率先基本实现气象现代化试点建设各项目标和任务。11月，临安市新一代天气雷达设备通过中国气象局验收并投入业务试运行，在台风“灿鸿”和“6·23”临安暴雨等灾害性天气监测中得到应用。全市升级改造完成123个自动气象站，完成37个雨雪冰冻站、21个土壤墒情监测站和5个激光云高仪建设。推动县域突发暴雨精细化监测预警工程实施，6月，完成市本级和建德市暴雨公式修订。年初，启动《杭州市城市气候规划》基础研究；7月，形成《杭州市城市气候特征评价与区划》。

【气象服务】 2015年，杭州市气象部门研发完成社区公共显示屏自动接收与传播气象信息系统，第一批建成404个接收终端，实现对45块新华传媒户外大型显示屏共享。“杭州天气网”全年日均点击率8.2万次，杭州气象官方微博和微信关注用户分别为33.8万人次、4.1万人次。研发完成交通、旅游、农业气象服务平台，12月1日，推出农业气象服务手机应用软件，实现农业气象服务个性化定制。以萧山、富阳等地全国“三农”气象服务试点为辐射带动，全市累计建成10个现代农业气象服务示范基地。引进省级指导产品和技术，5月底，初步建立杭州市快速循环同化精细化预报系统，开展暴雨诱发中小河流洪水、山洪地质灾害、城市积涝预警服务。完成G20杭州峰会高影响天气风险及大气扩散条件分析。

【气象防灾减灾管理】 8月5日，经市政府批复同意，由市气象局与市编委办、市财政局、市城管委联合发文，明确主城区气象工作责任机构，气象工作纳入乡（镇、街）“三定”（定职能、定机构、定编制）方案，规范气象信息员津补贴，完善基层气象防灾减灾工作体系。推进应急准备工作认证，全市新创建完成省级示范社区49个。市、县两级政府全部出台《突发公共事件预警信息发布实施办法》。

【气象科普宣传】 2015年，杭州市开展各类气象科普宣传活动40多次。利用各类媒体，采取各种形式，开展气象科普宣传，全市气象科普直接受众超20万人次。杭州气象志愿者队伍达330多人。1月，中国气象局、中国气象学会授予萧山区传化青少年教育基地、富阳区鹳子山气象科普公园全国气象科普教育基地称号。（陈剑锋 俞 布）

·工业综述·

【工业经济运行稳中有升】 2015年，在国内外宏观经济复杂多变和工业经济增长压力加大的形势下，杭州市规模以上工业企业（指年主营业务收入2000万元及以上的企业，下同）主动适应发展新常态，全年经济运行稳中有升。全市6073个规模以上工业企业全年实现增加值2875.05亿元，扣除价格因素，增长5.4%。全年增加值增幅比全省高1.0个百分点，比宁波高1.6个百分点，居全省第6位。全市37个工业行业大类中，有15个行业总产值比上年（指2014年，下同）有所增长，14个行业增速超过全市平均水平。其中，电气机械业实现总产值1050.96亿元，增长8.8%；计算机、通信和其他电子设备制造业实现总产值1186.26亿元，增长16.6%。战略性新兴产业实现增加值877.30亿元，增长9.4%。高耗能行业比重持续回落，总产值占规模以上工业企业的30.1%，下降0.9个百分点。高新技术产业实现增加值1212.60亿元，增长9.8%，占规模以上工业的41.8%。规模以上工业企业实现新产品产值4472.21亿元，增长13.5%，新产品产值率达35.2%。

至年末，杭州市规模以上工业企业中，产值100亿元以上的企业有8个，实现产值1686.87亿元，增长20.1%，占规模以上工业的13.3%；产值10亿元以上的企业有195个，实现产值6294.55亿元，增长6.5%，占规模以上工业的49.6%。龙头企业带动作用明显，成为拉动全市工业经济增长的重要力量。其中，产值增速超过100%的企业有4个，海正辉瑞制药有限公司增长264.0%，杭州依维柯汽车传动技术有限公司增长160.6%，杭州海康威视数字技术股份有限公司增长143.8%，浙江荣盛石化股份有限公司增长110.8%。

【工业强县（市、区）综合评价】 8月13日，浙江省工业强县（市、区）综合评价结果揭晓。杭州市13个县（市、区）在工业的质量效益、自主创新、结构调整、“两化”融合和绿色发展5个方面都有不同的提升。13个县（市、区）简单平均的综合评价得分为53.78分，比上年提高1.5分。在总得分全省排名前30强中，杭州占7席。滨江区、萧山区和余杭区连续3年获评价结果第1名、第3名和第11名。

【国有及国有控股企业投资2017.69亿元】 2015年，在G20杭州峰会项目的推动下，杭州市国有及国有控

浙江省工业强县（市、区）综合评价结果

表11

县（市、区）	质量效益（分）	自主创新（分）	结构调整（分）	“两化”融合（分）	绿色发展（分）	总得分（分）	总排名
滨江区	85.3	93.6	93.5	86.3	95.6	90.74	1
萧山区	84.5	70.0	70.9	65.1	58.8	71.83	3
余杭区	56.1	67.7	78.3	63.2	45.8	61.48	11
上城区	73.4	29.3	23.9	64.9	95.8	58.29	14
富阳区	55.2	58.2	67.2	62.1	28.1	53.49	22
江干区	41.9	39.2	47.8	68.5	66.2	50.03	28
西湖区	31.5	48.6	61.5	61.9	61.8	50.03	29
临安市	45.0	55.3	68.2	61.8	26.4	49.69	31
下城区	30.6	35.3	62.6	67.3	60.4	47.58	38
拱墅区	40.3	40.9	64.7	61.4	24.4	44.26	51
桐庐县	52.5	37.3	49.7	51.8	26.9	43.72	54
建德市	51.6	50.9	37.4	57.6	16.7	42.24	58
淳安县	39.5	22.0	30.9	50.4	41.5	35.78	76

股企业完成投资2017.69亿元，比上年增长29.8%。对全市固定资产投资增长的贡献率为76.7%，拉动全市固定资产投资增长9.3个百分点。国有及国有控股企业投资项目中，基础设施投资1201.12亿元，增长36.9%，占全部国有及国有控股投资的59.5%。

【工业投资完成930.01亿元】 2015年，杭州市完成工业投资930.01亿元，其中制造业投资759.27亿元。工业投资中，技术改造投资630.60亿元，比上年下降4.8%。全年完成高新技术产业投资261.62亿元，增长12.1%；装备制造业投资365.62亿元，增长3.2%；战略性新兴产业投资285.22亿元，增长12.8%。软件及信息产业、节能环保产业、生物产业等九大战略性新兴产业中，总量居前3位的产业为节能环保产业、生物产业、新材料产业，分别完成投资83.03亿元、60.07亿元和40.62亿元。

【生产性服务业企业实现增加值3585.72亿元】 2015年，杭州市生产性服务业企业实现增加值3585.72亿元，比上年增长15.4%。其中，信息软件和信息技术服务业企业实现增加值1253.27亿元，增长29.0%；租赁和商务服务业企业实现增加值295.29亿元，增长17.4%；金融业企业实现增加值941.47亿元，增长12.0%。大企业实力雄厚，规模以上服务业企业中（不含批发、零售、住宿、餐饮、房地产开发和金融企业，下同），阿里巴巴集团、浙江天猫网络有限公司、浙江淘宝网络有限公司、支付宝（中国）网络技术有限公司、网易（杭州）网络有限公司5个服务业企业营业收入超过100亿元，有57个服务业企业营业收入超过10亿元。

信息经济各子产业中，以服务业为主体的软件与信息服务业企业实现增加值1596.45亿元，增长29.4%；数字内容产业企业实现增加值1234.45亿元，增长35.5%；云计算与大数据产业企业实现增加值828.96亿元，增长29.6%；电子商务产业企业实现增加值826.54亿元，增长34.5%；互联网金融产业企业实现增加值326.17亿元，增长33.5%。规模以上高技术服务业企业全年实现营业收入3031.79亿元，增长43.8%。年内，全市服务业企业新增5.68万个，增长22.4%；个体工商户新增6.88万个，增长29.6%。服务业就业岗位增长较快，全市规模以上服务业企业事业单位年均从业人员91.21万人，增加3.93万人。

【服务业企业年利润超1000亿元】 2015年，杭州市规模以上服务业企业实现利润1005.14亿元，比上年增长27.8%，其中文化体育娱乐业、租赁和商务服务业企业利润分别增长76.8%和60.8%，信息软件和信息技术服务业企业增长20.7%。房地产、租赁和商务服务、信息软件、批发零售等服务行业企业成为杭州市税收的重要税源。全年服务业企业实现税收1249.92亿元，增长14.6%。其中，地税收入707.61亿元，是第二产业税收的2.98倍，占全市地税收入的74.8%。全年完成服务业固定资产投资4593.07亿元，增长14.3%。其中，水利环境和公共设施管理业投资增长49.7%，金融业增长47.1%，租赁和商务服务业增长43.0%，教育增长28.6%。全年引进世界500强企业投资项目10个，其中美国苹果公司、日本东京海上日动火灾保险公司、澳大利亚西农集团等7个项目为服务业项目。年内，全市服务业企业利用外资实际到位52.02亿美元。其中，信息软件业企业实际到位资金9.47亿美元，增长67.5%；租赁及商务服务业企业实际到位资金7.47亿美元，增长81.7%；科学研究和综合技术服务业企业实际到位资金6.28亿美元，增长30.7%；金融业企业实际到位资金4.91亿美元，增长443.6%。

【企业单位增加值能耗下降】 2015年，杭州市规模以上工业企业消耗能源2075.09万吨标准煤，比上年增长4.1%，单位增加值能耗下降1.2%。六大高耗能行业消耗能源1430.58万吨标准煤，增长3.4%。其中，黑色金属冶炼和压延加工业能耗下降16.0%；化学原料和化学制品制造业能耗增长6.4%；造纸及纸制品业、纺织业、电力热力生产供应业能耗分别增长9.4%、7.8%和5.9%；非金属矿物制品业能耗增长9.3%。

全市13个区县（市）和2个产业集聚区中，单位增加值能耗下降的地区有10个。其中降幅超过9%的有滨江区、拱墅区、江干区，分别下降17%、11.1%和9.2%；降幅介于5%～9%的有上城区、淳安县、大江东产业集聚区、杭州经济技术开发区，分别下降8.5%、8.2%、6.6%和5.3%；低于5%的有临安市、余杭区、下城区，分别下降4.5%、4.0%和1.0%。

【工业八大专项行动实施】 2015年，杭州市工业在统筹协调上、产业结构转型调整上、政策制度环境营造上，加强中心工作、整合力量，以实施八大专项行动为突破口，加快工业和信息化深度融合。八大专项行动分别是：

“智慧应用”专项行动。加快“智慧应用”三年行动计划的实施，协调推进“智慧政务”、“智慧城管”、国家网上产品质量监管协作三大基础性平台建设和发展；

2015 年全市规模以上工业分行业能源消耗利用情况

表 12

类 别	能源消耗			单位增加值能耗降低率（%）
	总 量（万吨标准煤）	占 比（%）	增长率（%）	
规模以上工业企业	2 075.09	100	4.1	1.2
一、六大高耗能行业	1 430.58	69	3.4	-7.4
纺织业	300.14	14.5	7.8	-9.3
造纸和纸制品业	194.89	9.4	9.4	-8.0
化学原料和化学制品制造业	305.38	14.7	6.4	-14.6
非金属矿物制品业	278.49	13.4	9.3	-13.8
黑色金属冶炼和压延加工业	215.07	10.4	-16.0	9.9
电力、热力生产和供应业	136.61	6.6	5.9	-9.5
二、重点用能企业	1 724.46	83.1	2.7	-0.3

加快与民生相关的“智慧医疗”、“智慧景区”、农村电子商务相关“智慧应用”的突破；推进“智慧丁桥”“智慧昌化”“智慧常安”等“智慧城镇”创建和发展；实施“宽带杭州”战略，加强与中国铁塔股份有限公司浙江省分公司的战略合作。

新能源汽车发展专项行动。以国家新一轮新能源汽车推广应用试点城市为抓手，加快新能源汽车推广应用，全年超额完成6000辆的推广应用任务；加快“比亚迪”“万向”“长江汽车”等新能源汽车项目在杭建设；加快公共领域充电设施的规划建设和标准制定，深化微型纯电动汽车的“分时租赁”模式，保持新能源汽车发展在全国的领先地位。

移动互联网发展专项行动。加强“中国软件名城”建设，建成“阿里云”“华数云”“华三云”“萤石云”四朵云网；发展可穿戴设备、数字内容、车联网等移动互联网；加快移动电子商务在丝绸、服装、化妆品等时尚产业中的应用，发展O2O商业新模式；促进在线设计、定制生产、远程检测等模式创新，推动制造业的柔性化、服务化发展。

智能制造专项行动。主要是产品、装备、生产、管理和服务的智能化，加快“工业和信息化”深度融合，促进信息技术在制造业的集成应用，推动制造业中高端发展；重点抓住集成电路、芯片、传感器三大核心环节，推进一批重点企业、重点项目和重点领域的应用。

工厂物联网专项行动。加大物联网在传统产业中应用，推动企业生产流程再造；在余杭区试点的基础上，实施30个工厂物联网、机联网等智能化制造示范项目和10个智能工厂样板。

工业绿色发展专项行动。实施以结构性节能和淘汰落后产能为重点发展路径，引导产业结构向绿色低碳转型；严禁水泥、钢铁等高能耗项目，严控印染、化纤、数据中心等高能耗项目，适当发展信息经济基础性、公益性的耗能较高项目；推进杭钢转型升级工作；严格执行能耗等量减量置换，推广用能量交易机制，采用市场化手段倒逼企业转型发展。

园区再提升专项行动。以再造一个杭州工业平台为目标，实施履约清理、淘汰落后、拓展空间等举措，加快形成产业特色明、集聚功能强的“创新型、高产型、生态型、融合型、服务型”五型园区。

精准对接服务企业专项行动。深化工信专项资金统筹机制，全面梳理整合现有工信经济政策，加强信息产业投资基金监管，形成符合市场经济导向和信息经济要求的产业扶持方式；推动大企业大集团建立首席信息官制度；以180多个10亿元大企业大集团为重点，深化“一对一”精准对接服务机制；深化中小企业服务，完善中小企业转贷引导基金、金融超市等平台作用，加快中小企业信用担保体系建设；落实“四张清单一张网”，巩固和扩大企业减负工作成果。

【“设计之都”创建】 至2015年末，杭州市在工商部门登记注册的工业设计、产品设计公司187个，其中市级以上工业设计中心91个、特色工业设计基地17个，专职从事工业设计人员7122人，工业设计服务业纯收入超过10亿元，工业设计成果转化值约700亿元。杭州瑞德设计有限公司、杭州博乐工业产品设计有限公司、杭州飞鱼工业设计有限公司、杭州凸凹工业设计有限公司等企业成为杭州设计的成功典范，其中杭州瑞德设计有限公司年内在“新三版”上市，成为国内工业设计第1个上市公司。年内，全市有4个企业获中国工业设计十佳设计公司，12个企业获省十佳设计企业称号，8个企业成为中国工业设计协会理事单位。

2015年，杭州市积极创建“设计之都”，成立市工业设计产业发展领导小组，印发《关于促进工业设计产业发展的若干意见》和《关于推进特色工业设计基地建设加快工业经济转型升级的若干意见》等政策文件，加强产业政策引导。通过Workshop、创新设计营、优秀毕业设计邀请赛、设计师精英人物评选、“市长杯”工业设计大赛等形式，发现和培养一批优秀工业设计人才。全市有2人获中国十佳杰出设计师，5人获中国设计业十大杰出青年，杭州瑞德设计有限公司副总裁晋常宝入选德国IF大奖赛评委。年内，承办工业设计培训班2次，选送2批共16名优秀工业设计师赴美国顶尖设计院校培训。在第117届广交会上，全球共有86个设计公司、机构参展，其中杭州占12个。

▶▶资料：“设计之都”

“设计之都”是联合国教科文组织于2004年创办的全球创意城市网络的一部分。至2015年，全球有9个城市入选，其中中国深圳、上海、北京先后获“设计之都”荣誉。创建“设计之都”是一项系统工程，涉及相关领域比较广泛，包括文化创意、城市美化、工业设计、工程设计、建筑设计、园林设计等多个方面。

【新能源汽车推广运用】 2015年，新能源汽车示范推广被列为杭州市十大为民办实事项目之一。年初，杭州市制定出台《杭州市新能源汽车推广应用财政补助暂行办法》等财政补贴政策，明确新能源汽车推广应用主要由企业自主投资，市级财政对符合条件的新能源汽车购车主体和基础设施投资运营的企业进行财政补助。全年市级财政实际下拨财政补贴3.17亿元。市政府出台新能源汽车布点规划、充电站管理与服务规范、充换电服务试销价格、公共停车场、城市建筑工程充电桩配建等一系列规范性文件及政策，推动新能源汽车发展和应用。

至年末，全市完成推广应用新能源汽车累计21548辆，推广应用数量居全国第3位。累计节约柴油4594万升、汽油1816万升，折合标准煤7.56万吨，减少CO_2排放16.85万吨，SO_2、NO_x、粉尘分别减少排放1247吨、1179吨和726吨。 （严炜烽）

【老字号企业累计345个】 至2015年末，杭州市经国家、省、市认定的老字号企业累计345个，其中中华老字号39个、浙江老字号150个、杭州老字号156个，胡庆余堂、楼外楼、张小泉等一批老字号在全国乃至全球具有较大影响力。杭州市重视老字号企业培育工作，采取有效措施保护和促进老字号发展，打造国内唯一的国家级中华老字号示范商业街区——清河坊，组建首个老字号领域非政府智库——杭州老字号研究

院，连续举办12届国家级中华老字号博览会和中华老字号百年品牌高峰论坛，策划发行全国性的《中华老字号》杂志和中华老字号电视纪录片、微电影，建立老字号文化创意园等，取得良好的社会成效。引导老字号企业适应互联网发展和经济全球化趋势，支持企业"上网"运营和"走出去"发展，举办浙江省中华老字号日本展、浙江省中华老字号台湾展、浙江中华老字号暨浙澳名优商品展销会等展会，在台湾、澳门等地建立以老字号企业为骨干的浙江杭州名品中心。研究出台杭州老字号保护和发展条例，使老字号企业保护和发展有法可依。

6月9日，杭州市召开"工厂物联网"推广应用工作现场会，市长张鸿铭（前右）到现场指导　（胡传明　供稿）

【政府与重点企业建立服务专员制度】 2015年，为推动工业经济平稳增长，杭州市开展对重点企业服务活动。10~11月，市四套班子29位领导集中时间，分组实地走访全市119个重点企业，召开座谈会93场，34个市级部门主要负责人和13个区县（市）、2个产业集聚区主要领导参加走访服务活动。市工业部门建立重点企业服务专员制度，开展对企业实施"一对一"的精准服务。全年安排机关和直属单位105名干部与283个重点企业建立服务专员制度，专门成立8个责任工作组，设立委领导带队抓总，联络专员划区协调、服务专员深入一线的工作机制，确保服务专员与企业保持经常联系，及时对接。全年各部门累计走访企业5032个次、1.56万人次，召开各类专题会议833次，收集各类困难和问题3392个，解决问题3279个，问题解决率96.66%。安排市级部门长效服务工作项目148项，至年末全部完成。各区县（市）及产业集聚区累计走访企业2.96万个次、4.34万人次，召开各类专题会议1563次，收集企业困难和问题1.12万个，解决问题9597个，问题解决率85.4%。

【"工厂物联网"样板工厂运行】 2015年，为推进"两化"深度融合，实现企业生产流程再造，提升精细化管理水平，由浙江力太科技有限公司为浙江春风动力股份有限公司量身设计的杭州市首个"工厂物联网"样板工程开始运行。该项目通过新增智能排产、生产调度、实时监控等功能模块，实现生产过程自动化、透明化、网络化管理。"工厂物联网"将企业所有的材料采购、设计开发、生产管理、质量控制、设备维护等职能部门在生产指挥中心连接着110台摄像机协同办公，共同对生产过程（人、机、料）实行精确掌控和快速响应。根据效益评估，人均生产效率提升30%，设备利用率提升25%，库存周转率提升50%。

【"工厂物联网"推广应用】 6月9日，杭州市召开"工厂物联网"推广应用工作现场会，市长张鸿铭出席会议并讲话，各区县（市）主要负责人出席会议，全市40多个机械、冶金、轻纺等传统行业的企业家参会。会议由副市长张耕主持。

"工厂物联网"是物联网技术在工业生产领域的具体运用，其基础是互联网，实质是"两化"融合，关键是大数据管理，其核心是智能制造。物联网技术在制造业中加速应用，是提高企业生产效率、降低生产成本、提升企业管理水平的有效手段。杭州推进"工厂物联网"应用，重点在汽车零部件、化工、生物医药和轻工等传统制造行业先行推广。主要做好五个方面工作：加强组织领导，建立健全机构，统筹做好规划、政策和协调；从企业实际需求出发，以区域试点、重点企业示范、行业推广为手段，加强工厂物联网改造；加快培育一批具有工厂物联网服务能力的科技型企业，选出一批产业智慧化改造项目，打造一批工厂物联网和智能制造示范样板；推动全市物联网技术应用于生产全过程，推广到供应链、环保监测、工业安全生产管理等各领域；坚持市区县（市）联动，在财政、金融、融资和人才方面给予重点资助；总结典型案例，加大培训力度，推广经验成果。

▶▶资料："工厂物联网"

"工厂物联网"就是物联网技术在工业生产领域的具体运用，通过物联网数据终端将工厂中的人、机器、物料、产品等联网，实现实时感知、实时指挥、实时监控。

【企业技术中心认定和评价】 2015年，为引导和支持企业增强技术创新能力，健全技术创新市场导向机制，杭州市依据《国家企业技术中心认定管理办法》《浙江省企业技术中心管理办法》《浙江省建设行业企业技术中心管理办法》等规定，开展对企业技术中心认定和评价工作。全年新认定国家级企业技术中心2个、省级企业技术中心15个、市级企业技术中心49个。至年末，国家级、省级、市级企业技术中心分别累计36个、191个、498个，合计725个。国家级、省级企业技术中心每年度认定1次，每两年度评价1次。市级企业技术中心每年度认定1次、评价

1次。

【企业排污权交易及登记体系】 1月，以“互联网+金融+线下服务”方式构建的排污权交易及登记体系在杭州市产权交易所挂牌。主城区重点工业企业根据环境保护部门核定的排污权初始配额，在杭州市产权交易所进行排污权初始交易及登记。主城区69个应登记企业均递交初始登记申请表，经审核后获得排污权初始申购及登记资格确认通知书，最终66个企业顺利缴款后进入排污权设立登记流程，登记缴款完成率95.7%，累计缴纳排污权初始交易款1.20亿元。

年内，杭州万事利漂染有限公司获得杭州银行253.77万元的排污权初始交易抵押贷款，成为杭州市第1个享受抵押贷款政策的企业。

【“迈迪网”全国运营中心落户下城区】 5月，浙江迈迪信息技术有限公司（“迈迪网”全国运营中心）在下城区注册成立，注册资金5000万元。“迈迪网”是工业互联网平台，是国内装备制造业最专业的零配件产品推广平台。在全国拥有注册用户7万余个，专门面向中国装备制造业，在线展示并提供24大类数十万种机械零配件、三维设计样本，集工业产品设计研发、采购销售、加工制造于一体。

该网络平台为制造业上下游的信息沟通、设计研发、生产制造架起了便捷的桥梁，解决了制造业两端企业的难题，实现客户资源精准定位。它直接面向制造业的设计选型工程师，使配件生产企业及时了解用户需求，及时跟进销售，做到精准定位客户资源，为零配件生产企业降低市场推广成本。实现资源化设计。利用“迈迪网”平台和迈迪通软件客户端，提高企业的设计效率，缩短制造周期，节省采购成本。迈迪通的即时沟通功能搭建制造业上下游信息交流互通平台，使供需双方可直接沟通，方便技术选型支持、产品价格征询、供货周期确认、特殊配件招标等程序，实现资源化设计，为制造业企业节省时间和采购成本。

【推动工业经济稳增长十条措施制定】 2015年，杭州市为确保工业经济平稳发展，阻止经济下滑趋势，制定推动工业经济稳增长十条措施。（一）市级财政年度安排10亿元资金，配套产业基金10亿元，主要用于稳定工业增长的各项资（补）助和奖励政策的实施。（二）按各区县（市）年度工业投资目标任务0.5%的额度安排并下拨工业扶持资金，重点用于支持当地工业发展。（三）对新开工的工业投资（技术改造）项目，酌情征收城市市政基础设施配套费。（四）推进“零增地”技术改造项目审批改革，实行承诺验收制。（五）提高工业投资（技术改造）项目资（补）助标准，对设备投资额分别在500万元（含）以上和2000万元（含）以上的技术改造项目，按其设备投资额的15%、18%分别给予资助；对设备投资额分别在500万元（含）以上和2000万元（含）以上的“机器换人”项目，按其设备投资额的20%、23%分别给予资助，单个项目资助额最高不超过2000万元。（六）对企业在“工厂物联网”方面的直接投入，按实际投资额的30%给予资助；对经市政府认定的“工厂物联网”示范样板工程，单个项目再给予不超过50万元的一次性资金奖励。（七）设立总额10亿元的企业兼并重组基金，对企业在兼并重组过程中产生的相关费用给予减免。（八）对产业影响重大的工信投资项目按20%~50%比例给予跟投。（九）在工业园区推行前置审批“化零为整”，以园区为单位，明确功能定位，编制控制性规划，统一设置相关指标，统一办理水保、交评、文保、矿产压覆、地质灾害等前置审批，不再对单个项目进行审批；对工业项目的设计审批和施工图审批，实施集中联审联办制度。（十）对工业经济稳增长做出突出贡献的企业，按销售收入、利税和工业投资等指标进行综合排名，前30名给予表彰奖励。

【中国“互联网+化妆品”产业基地落户临安】 7月2日，中国“互联网+化妆品”产业基地落户临安市於潜镇。当日，在该镇举行中国化妆品时尚产业园推介会。该产业基地规划总面积76.67公顷，以洗护用品系列、彩妆品系列、婴幼儿护理用品、香水系列、甲油系列、面膜系列为龙头，以化妆品用具及配套包装品、公共科技服务、电子商务为特色的产业基地。

为推动化妆品产业与互联网的互动融合，园区建造1万余平方米的电子商务楼及相关配套，确定以B2M、M2C的电子商务模式为主，可实现商品与服务信息的线上线下销售，供企业发布信息。

【工业领域推广智慧应用项目】 3月25日，杭州市组织征集工业领域智慧应用重点推广项目活动，经过评估和甄选，全市25个产品智慧化、生产管理智慧化、营销智慧化应用项目入选杭州首批重点推广的智慧应用项目，其中有工厂“神经外科”手术专家浙江力太科技有限公司、汽车领域的智能车间改造能手的杭州沃镭智能科技股份有限公司等。市工业部门为杭州集控软件有限公司的“智慧工厂”、浙江秀维科技有限公司的“服装O2O自商业平台架构”、杭州微巴信息技术有限公司的“微信营销解决方案”等项目在杭州举办多场产品和技术应用推广会，杭州集控软件有限公司等项目研发企业与杭州华日电冰箱有限公司、浙江西子富沃德电机有限公司、杭州纯粹空间服饰有限公司等7个单位达成合作意向。

【国家重大工程专项落户杭州】 1月30日，国家重大工程专项——激光显示产业化项目及中科院理化所杭州分所同时落户杭州经济技术开发区，并作为中国科学院与浙江省“十三五”战略合作计划的重要内容之一，于年内启动实施。该专项拟在未来15年投入160亿元，其中中央财政专项资金投入55亿元。该专项将重点围绕半导体激光材料和芯片器件、封装工艺以及检测设备与方法等相关领域重大创新，建立国家激光显示产业标准体系，建成激光显示自主创新链和国家级、省级工程（技术）中心等创新基地，新增相关发明专利1000件以上，为激光显示技术的持续发展奠定基础。根据项目计划，到2030年，将完成“激光显示”产业示范线建设，形成从材料、芯片、器件、到显示器集成的激光显示全产业链创新及产业化集群，实现年产值3000亿元，并带动

12000亿元以上相关产业产值。该专项围绕科技创新及产业化，将培养和凝聚一批高水平的技术创新和产业创新人才，其中领军人才100名、技术专家500名、技术骨干1000名，形成一支产学研用结合、创新能力强的科技队伍，可持续地进行科技创新。

【重点用能单位能源监察】 2015年，杭州市围绕“强化节能监察执法，加强用能监督管理，提高能源利用效率”的方针，推进能源监察工作。全年完成计划内重点用能单位能源监察任务300个，其中监察重点用能企业228个、监察公共建筑单位72个。累计检查重点用能设备4782台（套），节能监测重点用能设备614台（套），提出限期（强制性）整改意见65条、整改建议1322条。监察的重点用能企业主要涉及造纸、热电、化工、印染、纺织、化纤、机械制造、建材等高能耗行业，约占全市重点用能单位总数的17.5%。这部分企业全年消耗能源359万吨标准煤，约占规模以上工业企业总能耗的21.7%。（胡传明）

【新材料发展“十三五”规划初步完成】 2015年，为实现杭州新材料产业发展与《中国制造2025杭州行动纲要》和《杭州市工信经济发展十三五规划》相衔接，配合省经信委开展全省新材料“十三五”规划调研，杭州市摸排新材料产业基本情况，制定“十三五”发展初步思路。招标确定规划编制单位，组织全市新材料产业发展“十三五”规划调研，对285个新材料企业进行初审，对其中60多个重点企业组织问卷调查。根据新材料产业不同门类，召开3场重点企业座谈会，31个重点企业、10个区县（市）经信局、10位高校科研院所专家参加座谈交流。在调研座谈和分析研究基础上，完成新材料发展“十三五”规划初稿。（黎　勇）

【杭实集团实现主营业务收入556.81亿元】 杭州市实业投资集团有限公司（简称杭实集团），前身系杭州市工业资产经营有限公司。杭实集团是根据《中华人民共和国公司法》建立法人治理结构的大型集团，产业经营和资本运作并举，以制造业、房地产业、资产经营投资为三大核心主业，重点培育文化创意产业。杭实集团拥有控参股企业62个，职工3万余人，生产经营业务范围主要涉及机械装备、化工医药、轻工家电、房产酒店、金融证券、文化创意等多个门类。

2015年，杭实集团通过经济发展方式、转型升级方式和企业管理方式的转变，化解下行压力，全年实现主营业务收入556.81亿元，利税44.71亿元，利润27.68亿元。财务合并口径实现营业收入252.80亿元，净利润15.08亿元，净资产收益率8.8%，总资产超593亿元，净资产185亿元，分别比上年增长6.3%和17.0%，新产品研发费增长13.1%。

【中策橡胶（泰国）有限公司开业投产】 6月29日，中策橡胶（泰国）有限公司开业投产，首条半钢子午线轮胎下线，标志着中策橡胶集团有限公司作为国内最大的轮胎企业向全球化发展迈出实质性一步。中策橡胶（泰国）有限公司位于泰国安美德工业城泰中罗勇工业园，占地56公顷，总投资1.59万美元，是中策橡胶集团有限公司建立的首家海外实体子公司。在国家推进“一带一路”战略发展的背景下，中策橡胶集团有限公司把握机遇，选择在泰国设立实体工厂，利用泰国天然橡胶资源丰富和东南亚国家市场空间广阔的优势，通过“走出去”进一步做强做大企业。7月22日，中共中央政治局常委、全国政协主席俞正声莅临中策橡胶（泰国）有限公司，对公司的生产、工艺、设备、经营、员工食堂等方面进行视察。12月18日，中共中央委员、中华人民共和国国务委员王勇一行莅临中策橡胶（泰国）有限公司视察，参观半钢子午线轮胎生产线，并观看成品轮胎硫化开缸全过程。

【新天地集团实施混合所有制改革】 12月5日，杭州新天地集团有限公司混合所有制改革（股权转让和增资扩股项目）网络竞价会在杭州产权交易所举行，前海人寿保险股份有限公司以14.19亿元竞得杭实集团所持杭州新天地集团有限公司73.9%股权，计3.695亿元。受让方竞得后，以其购买挂牌转让标的相同每股单价，以现金出资方式对杭州新天地集团有限公司进行增资扩股，同步实施企业核心管理团队增资持股，混合所有制改革引入战略投资者资金超过100亿元。

【新天地城市综合体建设】 2015年，杭州新天地城市综合体项目投资15亿元，各地块进度均顺利完成，逐步成为旅游、文化、休闲、办公、居住、商业业态相融合的总部基地、创新基地、特色引领齐头并进的产业创新基地。

以新天地城市综合体为核心载体的跨贸小镇成为杭州市首批特色小镇，中国跨境电子商务综合试验区示范区落户该小镇，首创“海彼购”跨境保税国际街，一期推出的

6月17日，杭州新天地集团有限公司与加拿大太阳马戏团签约，合作开发建设太阳马戏团进入中国的第一台常驻秀项目　（章卓佳　供稿）

3500平方米的体验中心，设立国家馆、主题馆，通过实物与虚拟、展示与体验、展示与下单、PC断与移动端结合，实现一站式进口商品实体网购，成为杭州的新亮点。

6月17日，杭州新天地集团有限公司与加拿大太阳马戏团正式签约，合作开发建设太阳马戏团进入中国的第一台常驻秀项目。太阳马戏团被誉为加拿大的“国宝”，是全球顶级的马戏团。该合作项目总投资5亿元，通过对新天地工业遗存厂房的创意设计，做成一个剧场面积1.3万平方米、容纳1450人的梦幻演出空间。预计2018年可与观众见面，届时将使杭州的全球知名度和国际旅游城市地位得到新提升。

（章卓佳）

·食品工业·

【食品工业概况】 杭州市食品工业涵盖农副食品加工业，食品制造业，酒、饮料和精制茶制造业及烟草制品业四大门类，涉及53个自然行业，形成门类较全的食品产业体系。

2015年，杭州市食品工业各项经济指标与上年基本持平。全市规模以上食品企业281个，全年实现工业总产值882.77亿元，与上年持平；工业销售产值862.55亿元，与上年持平；利税330.88亿元，增长5.3%；出口交货值23.69亿元，下降10.4%。

杭州市食品工业通过实施名牌发展战略，优化调整产业结构，形成以国家级名牌产品为龙头、省级名牌产品为骨干、市级名牌产品为基础的名牌梯队格局。至2015年末，杭州市获得食品生产许可证的企业有1840个，列入监管目录的添加剂生产企业80个，小作坊822个，其中已取得申报登记的小作坊285个。全年抽检食品产品3048批次，合格2911批次，合格率97.5%，合格率比上年增长1.1%，安全性指标合格率98.7%。

【新版《食品安全法》学习培训】 10月1日，新版《中华人民共和国食品安全法》（简称《食品安全法》）实施。新版《食品安全法》比原版内容增加50多条，对原有70%的条文进行实质性的修订。该法确立的新制度，提出的新理念，对强化企业自律、改革监管方法、推进社会共治提供法理依据。以监管制度为例，增加食品安全风险自查制度、食品安全责任保险制度、食品安全全程追溯制度、食品安全有奖举报制度等20多项。年内，市食品工业协会为了使全市食品企业更好地理解与执行法律法规，提高企业食品质量安全管理人员的管理水平，以新版《食品安全法》宣传贯彻为主题，开展9场次、为期11天的培训，参加学习培训人员769人。

【6个产品被评为“长三角”地区名优食品】 11月5日，“长三角”地区名优食品评选结果公布，65个食品生产企业的75个产品获“长三角”地区名优食品称号。杭州新希望双峰乳业有限公司生产的“双峰”牌乳制品、杭州翠沁斋清真食品有限公司生产的“翠沁斋”牌糕点、祐康食品（杭州）有限公司生产的“祐康”牌冷冻饮品、浙江致中和实业有限公司生产的“致中和”牌五加皮酒、杭州豆制食品有限公司生产的“鸿光浪花”豆制品及杭州玫隆食品有限公司生产的“玫隆”牌蜜儿蛋糕6个产品，被评为“长三角”地区名优食品。

【娃哈哈集团热心社会公益】 2015年，杭州娃哈哈集团有限公司（简称娃哈哈集团）通过产品创新、技术创新、营销创新，克服各种不利因素的影响，保持平稳健康发展，全年上缴税金56亿元，各项经济指标连续18年居中国饮料行业第1位。年内，该集团通过“娃哈哈慈善基金会”在助学、助老、扶贫等领域广泛开展公益活动，共计投入3492万元，其中为杭州市“春风行动”捐赠1000万元，累计捐款5460万元。举办“娃哈哈春风助岗”专场培训、招聘会，140多名高校大学生参加，10多名学子与该集团达成就业、实习意向，标志着娃哈哈集团春风助学向春风助岗延伸。29年来，娃哈哈集团累计为社会公益投入5亿元。

【农夫山泉公司推出玻璃瓶装高端矿泉水】 2015年，农夫山泉股份有限公司（简称农夫山泉公司）秉承其一贯的创新能力推出玻璃瓶装高端矿泉水。该产品以长白山地下涌泉莫涯泉为水源，水中含多种矿物元素，偏硅酸含量超过30毫克/升，钠含量低于6.8毫克/升，是以偏硅酸为特征指标的优质低钠淡矿泉水。产品上市后，分别获得Pentawards铂金奖、The Dieline软饮料类第一名、D&AD木铅笔奖、FAB包装设计类最佳作品奖、无酒精饮料包装设计金奖等国际大奖，其中多个奖项是中国产品首次获得世界包装设计类的奖项。“农夫山泉”玻璃瓶装高端矿泉水多次在重要国际会议、宴会上用于接待外宾，填补国内没有高端玻璃瓶装矿泉水的空白，深受中外嘉宾喜爱。

农夫山泉股份有限公司的抚松工厂外景 （袁琼芳 供稿）

【社区一站式肉类专营店设立】 杭

州五丰联合肉类有限公司是一个产业链完整的专业化肉类生产销售企业。公司旗下“联合康康”冷鲜肉品牌在杭州家喻户晓。至2015年末，“联合康康”在城区开出100多个连锁直营门店，其中8个是社区一站式肉类专营店，为周边小区居民提供便捷。年初，引进“藏香猪”等高端肉类产品，满足不同层次消费者的需求。公司被评为中国肉类行业50强，获得中国肉类产业影响力品牌、中国肉类食品行业强势企业、全国诚信洽商双优示范单位、中国肉类食品行业最具价值品牌、全国商业质量效益先进企业、浙江省诚信经营示范企业、浙江省农业龙头企业等荣誉。

【杭州豆制食品公司加大技术改造力度】 2015年，杭州豆制食品有限公司（简称杭州豆制食品公司）加强对豆饮料生产系统的技术改造，增加巴氏杀菌设备；改进油豆腐、脆皮干等产品生产线，进一步提升产品质量的稳定性。该公司重视生产场所环境改善，采用无害化的臭氧消毒系统进行全面杀菌，保证食品品质和安全。组织技术力量进行攻关，完成日产8吨休闲类即食豆制品产业化项目，开发鸿光豆卷、鸿光豆干、卤汁豆干等三大系列12个产品并投放市场。年内，该公司参与GB/T30885《植物蛋白饮料、豆奶和豆奶饮料》国家标准制定和GB/T22106《非发酵豆制品》国家标准的修订。开展两台各8吨水煤浆锅炉能源清洁化改造项目，完成天然气环保锅炉招议标，争取在G20杭州峰会之前全面使用天然气能源。

【祖名豆制品公司实施多个大型技术改造项目】 2015年，祖名豆制品股份有限公司（简称祖名豆制品公司）加大技术改造投入，实施包括全自动臭豆腐坯生产线、冷链系统改造、污水处理系统全面升级改造等多个大型技术改造项目。在杭州和安吉公司实施的污水系统能源回收沼气项目，累计收集沼气150万立方米，产生蒸汽1.1万余立方米，回收沼气价值400多万元。研发部门完成利乐浓浆豆奶产品、片状和颗粒状大豆拉丝蛋白、千叶豆腐等新产品的研发，其中素肉系列产品投放市场后，得到消费者的认可，成为该公司新的主打产品。该公司参与GB/T23494《豆腐干》和GB/T22106《非发酵豆制品》国家标准的修订。

11月，该公司向全国中小企业股份转让系统提交“新三板”挂牌的申请材料，并于11月底获得该系统颁发的受理通知书。

【利民食品厂整体搬迁】 2015年，杭州市食品酿造有限公司所属利民食品厂因城市改造列入拆迁范围。年内，公司着手进行德清生产基地糖制食品生产的布局规划、调研、充实、调整，投入1800万元，从第四季度开始，搬迁和改造同步进行，年末，利民食品厂的整体搬迁完成。改造完成后实现苏式月饼、广式月饼自动化生产，为提高生产效率，确保食品安全奠定良好基础。

【千岛湖啤酒公司实施多元化发展战略】 2015年，杭州千岛湖啤酒有限公司（简称千岛湖啤酒公司）以“酿造快乐生活”为企业使命，实施多元化发展战略，以创新引领企业转型升级。该公司不断加强技术改造，提升产品质量，积极开拓市场，增强千岛湖啤酒品牌的知名度和美誉度。充分整合资源，推进工业旅游，投资7亿元建设中国首个啤酒小镇，其中啤酒文化长廊、激情广场和啤酒酒店已接待中外游客近10万人次。投资5000万元打造全国连锁运营的精酿啤酒体验馆，首个CHEERDAY啤酒+餐吧亮相杭城，国内最先进水平的精酿啤酒车间也将落成。培育OEM海外市场，产品远销新加坡、澳大利亚、美国、英国、俄罗斯等国家，全年实现4000千升的OEM销量，在浙江省出口啤酒企业中排名第一位。　（袁琼芳）

·纺织化纤工业·

【纺织化纤工业概况】 纺织化纤行业是杭州市工业经济总量和出口创汇中所占比重最大、从业人员最多的一个行业。杭州已成为全省乃至全国的纺织化纤大市，并正在向纺织化纤强市迈进。全市已拥有中国纺织工业的名城1个、名镇6个，萧山区已成为重要的中国纺织化纤生产基地。

2015年，杭州市纺织工业加快企业转型升级，调整产业和产品结构，创新发展，经济运行基本平稳。全市列入国家统计口径规模以上的纺织、化纤、服装企业1230个，其中纺织业765个（含丝绸46个）、化纤制造业118个、纺织服装服饰业347个，占全市工业企业总数的20.3%。全行业从业人员22.05万人，其中纺织业12.39万人（含丝绸0.69万人）、化纤业2.82万人、服装服饰业6.84万人，占全市工业企业从业人员总数19.7%。另有羽绒纺织品加工企业44个，从业人员9396人；编织、刺绣和地毯企业39个，从业人员5397人。

杭州市纺织化纤行业全年实现工业总产值1796.44亿元，占全市工业经济的14.5%，比上年下降1.92%。其中：纺织业922.75亿元（含丝绸44.79亿元），下降4.26%；化纤业583.06亿元，增长1.30%；服装服饰业290.63亿元，下降0.32%。另有羽绒纺织制品89.73亿元，编织、刺绣工艺品和地毯35.18亿元。总产值中新产品产值达470.17亿元，新产品产值率26.17%。其中：新产品产值纺织业为192.75亿元、化纤业208.39亿元、服装服饰业69.03亿元，新产品产值率分别为20.89%、35.74%、23.75%。全年完成工业销售产值1756.37亿元，占全市工业经济的14.36%，下降1.97%，产销率97.77%。其中：纺织业908.21亿元（含丝绸43.61亿元），下降3.96%；化纤业561.62亿元，增长0.89%；服装服饰业286.54亿元，下降0.77%。另有羽绒纺织制品88.80亿元，编织、刺绣工艺品和地毯34.72亿元。全年完成出口交货值353.26亿元，占全市工业品出口的20.57%，下降7.35%。其中：纺织品163.78亿元，下降10.71%；化纤35.32亿元，下降24.99%；服装和服饰154.16亿元，增长2.24%。另有羽绒纺织制品出口51.85亿元，编织、刺绣工艺品和地毯出口15.06亿元。全年实现利税总额133.59亿元，占全市工业8.57%，下降2.51%。其中：纺织业75.96亿元（含丝绸2.53亿元），增长3.9%；化纤业30.84亿元，下降17.75%；服装和服饰业26.79亿元，增长1.48%。全年实现利润总额83.88亿元，占全市工业利润的9.41%，下降1.97%。

其中：纺织业47.96亿元（含丝绸1.5亿元），增长5.65%；化纤业23.18亿元，下降14.47%；服装和服饰业12.74亿元，下降3.72%。另有羽绒纺织服装制品业实现利税5.48亿元，利润总额2.44亿元；编织、刺绣工艺品和地毯业实现利税2.13亿元，利润总额1.13亿元。

全年实产纱71.62万吨，下降0.4%。其中：棉纱35.18万吨，下降1.12%；棉混纺纱14.50万吨，增长15.97%；化纤纱21.94万吨，下降7.94%。全年实产布42.44亿米，下降1.50%。其中：棉布3.48亿米，增长18.55%；棉混纺布4.77亿米，下降2.45%；化纤布34.20亿米，下降3.03%；色织布牛仔布5220万米，下降4.75%。印染布加工60.03亿米，增长5.06%。各类化纤实产669.64万吨，增长18.23%。其中：合成纤维类的涤纶纤维实产621.79万吨，增长19.93%；氨纶纤维实产6.83万吨，下降1.68%；锦纶纤维实产17.7万吨，下降9.04%；丙纶纤维实产586.5吨，下降51.78%。人造纤维类的粘胶短纤维实产14.59万吨，增长5.74%。

全年实产各类服装37779.34万件，下降1.95%。其中：梭织服装26829.72万件，增长0.48%；针织服装10949.62万件，下降7.43%。另有羽绒服装342.55万件，下降8.77%；西服套装391.8万件，下降11.29%；衬衫690.7万件，下降17.34%。其他有无纺布17.67万吨，增长10.92%；帘子布2.96万吨，与上年持平；蚕丝4260.89吨，增长7.45%；丝织和丝交织品2357.31万米，下降11.34%；蚕丝被34.02万条，下降26.11%。

【8个企业入选中国制造业500强】 8月22日，由中国企业联合会、中国企业家协会举办的“2015年中国500强企业高峰论坛”在广西南宁举行。其间，公布2015年中国制造业企业500强名单，并发布分析报告，中国制造业500强企业全年营业收入总额26.9万亿元。中国企业500强的入围门槛由上年的67.1亿元上升为68.1亿元，上升1.49%。杭州纺织化纤企业入选中国制造企业500强的有8个，分别是：浙江恒逸集团有限公司（第72位）、浙江荣盛控股集团有限公司（第83位）、浙江翔盛集团有限公司（第355位）、兴惠化纤集团有限公司（第362位）、胜达集团有限公司（第406位）、富丽达集团控股有限公司（第421位）、浙江航民实业集团有限公司（第427位）、开氏集团有限公司（第479位）。其中，浙江恒逸集团有限公司、浙江荣盛控股集团有限公司入选中国企业500强，分别排在第170位和第185位。

【10个企业入选中国民营企业500强】 8月25日，由全国工商联主办的中国民营企业500强新闻发布会在北京召开。其间，公布中国民营企业500强、中国民营企业制造业500强、中国民营企业服务业100强名单，并发布中国民营企业500强分析报告。

杭州纺织化纤企业入选中国民营企业500强的有10个，分别是：浙江恒逸集团有限公司（第24位）、浙江荣盛控股集团有限公司（第32位）、浙江翔盛集团有限公司（第323位）、兴惠化纤集团有限公司（第340位）、浙江正凯集团有限公司（第348位）、浙江航民实业集团有限公司（第350位）、富丽达集团控股有限公司（第367位）、万事利集团有限公司（第408位）、柳桥集团有限公司（第417位）、胜达集团有限公司（第449位）。另有14个杭州纺织化纤企业入选中国民营企业制造业500强。

【21个企业入选中国纺织服装竞争力500强】 9月22日，中国纺织工业联合会发布“2014～2015年度中国纺织服装企业竞争力500强”名单。杭州市有21个纺织化纤企业入选，分别是：杭州永翔纺织有限公司、金富春集团有限公司、万事利集团有限公司、浙江荣盛控股集团、浙江恒逸集团有限公司、达利（中国）有限公司、杭州诺邦无纺股份有限公司、杭州柯力达家纺有限公司、浙江红剑集团有限公司、浙江富丽达股份有限公司、宏扬控股集团有限公司、杭州萧山林芬纺织有限公司、浙江航民实业集团有限公司、浙江天长纺织有限公司、杭州宏峰纺织集团有限公司、杭州奥华纺织有限公司、三元控股集团有限公司、浙江春江轻纺集团有限责任公司、杭州路先非织造股份有限公司、杭州中亚布艺有限公司、杭州华辰植绒有限公司。

【20种产品被认定为省市名牌产品】 2015年，杭州纺织化纤行业有20种产品被认定为省市名牌产品，其中省名牌产品6种、市名牌产品14种。6种省名牌产品分别是新认定的3种和延续认定的3种。

【33个商标被认定为省市著名商标】 2015年，杭州纺织化纤行业有33个商标被认定为省市著名商标，其中省著名商标22个、市著名商标11个。22个省著名商标中，新认定的有6个，复评后延续认定的有16个。

【9个项目获“纺织之光”科学技术奖】 11月24日，“纺织之光”2015年度中国纺织工业联合会科技教育奖励大会在北京召开。大会颁发2015年度中国纺织工业联合会科学技术奖的授奖项目93项，其中一等奖11项、二等奖42项、三等奖40项。杭州市共获9个奖项，其中一等奖1项、二等奖7项、三等奖1项。杭州市获奖项目名称和主要完成单位分别是：东台恒舜数控精密机械科技公司、浙江理工大学和杭州旭仁纺织机械公司完成的HYQ系列数控多功能圆纬无缝成型机获一等奖。浙江理工大学和绍兴金隆机械制造公司完成的多功能特种手套关键技术与装备的研发，浙江大学、浙江理工大学、湖州澳特丝生物科技公司和湖州新天丝生物技术公司完成的蚕丝蛋白制备关键技术及其高值化利用研究，杭州万事利丝绸科技公司、万事利集团公司和浙江工商大学完成的新一代数字化生态丝绸文化产品的关键技术研究与产业化，浙江丝绸科技公司完成的纺织品环保型拔染印花新技术的产业开发应用，浙江传化股份公司和杭州传化精细化工公司完成的缔合型增稠剂及其复配增效技术、浙江理工大学和浙江奇汇电子提花机公司完成的织物智能提花工艺技术的创新与产业化应用、浙江华欣新材料股份公司完成的彩色差别化涤纶丝熔体直纺产品多元化工程技术7个项目获二等奖。浙江纺织服装科技公司和杭州中泰激光科技公司完成的CO_2激光切割机的研究开发及其在服装皮草领域的应用获三等奖。

【纺织产业转型升级思路和对策报告会举办】 12月9日，中国工程院院士、著名纺织材料学家和纺织教育家姚穆到杭州做专题报告，报告主题为“中国制造2025大局中的纺织产业转型升级思路和对策”。全市纺织行业近40个骨干企业的80多位正副总经理和生产技术负责人及研发中心主任到会。会后，市纺织协会和华鼎集团负责人就“旧衣零抛弃纤维再生利用的循环经济项目”与姚穆院士进行交流。

【组团赴上海观摩环保纺机两大名展】 6月11日、16日，市纺织协会分别组织92个纺织企业共190多人赴上海参加2015上海国际水处理和固废气处理展和第十七届上海国际纺机展。展会以“智能环保、技术创新，造就可持续发展的时尚新纺织”为主题，分7个专区集中展示当今世界先进的纺纱及产业用布机械、纺织机械零配件、织造机械、针织及织袜机械、创新运动服、印花/染色/后整理机械/纺织化学品、数码印花机械等，有30名资深专家现场为企业进行深入讲解。参观人员根据企业实际，分别在展位进行观摩、洽谈，收集有关技术资料，部分企业就自动化生产线的设备和工艺技术与有关制造厂商进行商贸对接与技术洽谈。

【国家资源再生利用重大示范工程在华鼎集团启动】 12月21日，工业和信息化部公布国家资源再生利用重大示范工程，浙江华鼎集团有限责任公司（简称华鼎集团）“年综合利用6万吨废旧纺织品项目”被列入其中。该项目由华鼎集团与上海缘源实业有限公司联合组建的浙江鼎缘纺织品科技有限公司承担建设。项目分二期实施，第一期工程投资1.5亿元，年产再生纤维2万吨，于12月动工兴建。一期工程所需的生产设备，采用自动化程度高、基本无污染产生的德国先进设备，共引进分拣、开送、气流成网等三条自动化流水生产线，计划于2016年底前投入生产。

【杭州纺织行业加大援疆力度】 2015年，杭州纺织行业加大援疆力度，加快新疆维吾尔自治区“三城（阿克苏、库尔勒、石河子三个纺织城）七园一中心”建设步伐，推动新疆纺织行业发展。

浙江华鼎集团有限责任公司 （余杭经济技术开发区 供稿）

12月13日，浙江富丽达股份有限公司与新疆塔里木农业综合开发股份有限公司合作建设的年产30万吨粘胶纤维项目，一期工程10万吨粘胶技改项目在阿拉尔开机投产。由杭州金丰纺织公司和富丽达集团公司共同投资，在库尔勒纺织服装城建设的新疆金富特种纱业有限公司，在2014年12月1日100台气流纺纱机建成投产基础上，2015年又增加50台气流纺纱机，月产量达1.3万吨。杭州永翔纺织公司在阿克苏投资建设气流纺纱厂，在原有投产20台新型气流纺纱机的基础上，2015年新增20台，使棉纱月产量达3000吨。4月28日，胜达集团下属的杭州双可达纺织公司的整套先进生产技术装备整体迁移至新疆阿克苏纺织工业园，至年末，阿克苏胜达纺织公司一期工程21台气流纺投产，年产各类棉纱约2万吨，预计可实现工业总产值3亿元。该项目总投资4.8亿元，是阿克苏纺织工业园内仅有的少数当年开工当年投产的企业。二期工程计划于2016年建设投产5万锭环锭纺项目。

【萧山化纤行业开展智能化装备应用】 杭州化纤行业主要集中在萧山区。萧山区有规模以上化纤企业86个，其中年销售100亿元以上的企业2个、年销售50亿元以上的企业6个，全部从业人员45622人。

2015年，萧山区在化纤行业重点开展智能化装备的应用，发展行业自动检测、自动装配、自动校核、智能仓储物流等自动化生产辅助设备的应用，促进关键设备升级改造，核心工艺或工序采用机器人或机器手。浙江荣盛控股集团有限公司在涤纶纺丝车间建成机器手自动落丝饼、机器人自动运输、自动化包装、自动化检验，在全国涤纶长丝行业中开了先河。 （姚 挺）

·丝绸和女装产业·

【丝绸和女装产业概况】 2015年，杭州有规模以上丝绸和服装企业279个，其中丝绸企业50个，服装企业229个，企业总数比上年减少20个；从业人员平均人数6.18万人，其中丝绸0.73万人、服装5.45万人，总平均人数减少0.56万人。全年完成工业总产值234.05亿元，其中丝绸46.21亿元、服装187.84亿元，工业总产值下降5.4%；工业销售产值231.62亿元，其中丝绸45.08亿元、服装186.54亿元，工业销售产值下降5.7%；出口交货值103.33亿元，其中丝绸7.56亿元、服装95.77亿元，出口交货值下降0.7%。主营业务收入230亿元，其中丝绸44.70亿元、服装185.30亿元，主营业务收入下降6.6%；实现利税总额17.46亿元，其中丝绸2.68亿元、服装14.78亿元，利税总额下降11.2%；实现利润6.56亿元，其中丝绸1.59亿元、服装4.97

亿元，利润总额下降19.5%。

9月21日，中国纺织工业联合会发布2014～2015年度中国纺织服装企业竞争力500强企业名单。杭州的万事利集团有限公司、达利（中国）有限公司和金富春集团有限公司3个杭州丝绸企业进入2014～2015年度中国纺织服装企业竞争力500强，分列第37位、100位和271位。

【丝绸与女装博览会】 10月23～25日，由商务部和杭州市政府主办，中国纺织品进出口商会、市经信委共同承办，市丝绸女装展览有限公司和浙江米奥兰特商务会展股份有限公司联合实施的2015年第十六届中国国际丝绸博览会暨中国国际女装展览会在浙江世贸国际展览中心举行。本届博览会以科技、时尚为先导，以创新发展、专业实效为宗旨，以国际化、时尚化、智慧化为主要特征，以丝绸及面料、丝绸及女装设计、丝绸及女装市场宣教为主要版块，设立国际展区、丝绸品牌专区、设计师品牌“pop-up”快闪、设计师品牌SHOWROOM专区、高端丝绸品牌体验区、时尚秀场等六大展区。展示面积2万平方米，展位550个。意大利、法国、英国、美国、日本、韩国等国家和中国香港、台湾地区，以及浙江、上海、广东、江苏、四川、重庆、江西、山东、北京9个省（市）的260个品牌170个企业参展，其中国外企业30个。专业观众8522人，其中现场登记5478人，组团参观2907人，海外观众137人。现场成交额1100万元，达成意向成交额2.87亿元。

其间，举办中国国际丝绸论坛、“2017春夏中国丝绸流行趋势动态发布”、中华嫁衣创意大赛及相关商贸对接会、培训会、时尚品牌发布秀等20多场活动。

【中国国际丝绸论坛】 10月22日，由中国丝绸协会和杭州市人民政府主办，市丝绸与女装产业发展领导小组办公室、市丝绸行业协会和全国丝绸标准化技术委员会承办的“2015中国国际丝绸论坛”在浙江世贸君澜大饭店举行。论坛分别由中国丝绸协会副会长唐琳和副会长兼秘书长钱有清主持，中国丝绸协会会长杨永元，杭州市副市长张耕出席论坛并致辞。国内外150多位代表出席论坛。

论坛围绕“丝绸与时尚”主题，就世界丝绸业发展、丝绸品牌营销渠道创新和丝绸与时尚产业发展方向进行广泛研讨，并探讨世界丝绸产业未来发展的新方向及对策。中国丝绸协会副会长兼秘书长钱有清做“2015中国茧丝绸行业发展研究报告”，日本茧丝会会长小林芳雄、意大利丝绸办公室秘书长季杜·特塔曼蒂、法国丝绸质量协会董事西德里克·布罗希尔、印度FabricPlus公司总裁迪利普巴鲁阿、法国玛可璐西公司CEO巴黎特、越南会安丝绸之乡项目总监董凯莉、苏州大学纺织与服装学院教授冯岑、厦门凤飞服饰设计有限公司董事长兼设计总监曾凤飞、浙江理工大学服装学院院长邹奉元、杭州市经济和信息化委员会副主任徐土松分别就“日本蚕桑丝绸业现状与新技术”“意大利丝绸产业面临的难题”“法国丝绸行业和法国丝绸组织”“丝绸行业的挑战和机遇”“奢侈品与丝绸发展之路”“会安——世界丝绸缝制服务业基地”“丝绸品牌的文化营销”“传统文化在现代时尚设计中的探索和应用”“创造中国时尚，从研究中国丝绸流行趋势开始”“杭州丝绸女装时尚产业未来发展方向”发表主题演讲。

10月22日，第十六届中国国际丝绸博览会暨中国国际女装展览会在杭州开幕
（高振纲 供稿）

【中国丝绸流行趋势发布】 10月22日，由中国国际丝绸博览会组委会、中国丝绸协会、中国流行色协会、杭州城市品牌建设基金会联合主办，浙江凯喜雅国际股份有限公司与杭州丝绸文化与品牌研究中心共同承办的“2017春夏中国丝绸流行趋势动态发布”在浙江世贸中心举行。此次发布，分别展示四个主题，40套服装，主题为“丝路·逸”的灵感来自丝绸之路及敦煌壁画，面料选用丝绸精致的绉纱和半透明的乔其搭配素绉缎，色彩以深豆沙色和苔绿为主色，图案以敦煌飞天等壁画为元素；主题为“云端·酷”的灵感来自互联网及云科技时代，面料选用哑光色金属感的涂层和双宫及缎纹真丝织物，色彩以水蓝色和血牙红色相拼，图案用简约几何和线条纹样搭配；主题为“回声·仙”的灵感源来自自然肌理和渐变色彩，面料选用垂感十足的真丝针织面料和纱肖及素绉缎搭配，色彩以蓝紫色和米咖为主色，图案采用自然机理和段染印花工艺；主题为“穿越·媚”的灵感源自中国元素与国际潮流的对撞冲击，面料选用织锦与刺绣、素绉缎加印花、纱销加珠片和蕾丝，色彩以饱和度极高和极具冲击力的对比色系，图案以传统花卉混搭如意纹样、传统吉祥龙凤和龙袍图案。法国、意大利、日本、印度、越南等国际丝绸企业及行业组织，以及国内各主要丝绸产地企业和协会的代表观看本次发布。

【中华嫁衣创意大赛】 10月22日，第四届“金富春杯”中华嫁衣创意大赛在浙江世贸中心举行。本届大赛由中国丝绸协会、中国高等职业技术教育研究会、中国纺织服装教育学会、杭州市城市品牌工作指导委员会办公室、杭州市丝绸与女装产业发展领导小组办公室主办，金富春集团有限公司、杭州市丝绸行业协会、杭州生活品质传媒有限公司、扬州职业大学、杭州职业技术学院承办。大赛参赛选手涵盖24个省市与地区，包括全国121所高校、2所中专、26个企业单位、31名自由设计师的参与，参赛作品以匿名方式进行参评，体现大赛的公平、公正。评委会以"中华嫁衣"为主题，本着创意性、与传统文化相结合、面料运用的合适性、可推广性，含有一定比例丝绸面料的宗旨，通过层层筛选，浙江理工大学文劲颖的作品 *love love in doll* 获金奖，吉林大学艺术学院陈勇兴的作品《年轮》、米兰理工大学边缘的作品 *MISS* 获银奖，代莎娜、王维、刘晶晶分别以作品《荷色》《郁·见》《梦红楼》获铜奖。

【杭州"国际时尚周"举办】 2015年，杭州市举办两届"国际时尚周"活动，旨在为服装品牌和独立设计师提供一个具有国际水准的专业发布平台。5月9～15日，2015年秋冬杭州国际时尚周在西溪天堂举行。本届时尚周主题为"健康、生态"。女装品牌PLD、LESIES、COCOON、SUNGREEN、"旎莱雅"、"威芸"，羊绒品牌LAFOPPAI，潮牌LOVECHOC，电商品牌"衣品天成"，户外品牌"伊思佳"，童装品牌M.latin、ZDKIDS等共22件风格各异的时装作品发布。10月23～28日，2016年春夏杭州国际时尚周在城市之星工业遗存保护区举行。本届时尚周主题为"从一种姿态，到一种行走"。*D2C*、《男生女生》、*CRAVE*、《衣品天成》、*jnbybyJNBY*、*VK*、*MIJA*、*LESIES*、《潮童星》、《衣–自在》、《花树果》、《高研班》等14件时装作品发布。其间，围绕不同主题日（市集日、无衣日、手作日、互动日、腐BUY日）开展时尚互动论坛和悦曼丁非洲鼓、*GETWAYDJ*、皮具手作、花艺互动展示、*XXcafe*分享、烧饭狗美食主题分享、*CRAVE*及69品牌分享。线上直播62万人次，微博"杭州国际时尚周"话题阅读量69.8万次，居新浪时尚榜第4位。

【中国国际女装设计师大奖赛】 2015年，第十一届*LIKE ME*中国国际女装设计师大奖赛在杭州举办。大赛征稿从6月1日开始至10月20日截止，共收到稿件892份。11月2日，在浙江印象实业股份有限公司举行大赛初评的作品选拔。中国美术学院服装系主任陶音、中国十佳时装设计师刘思聪、中国十佳时装设计师陆敏超、浙江印象实业有限公司创始人姚虞坚组成专家评审团，评选出45组作品进入大赛复评环节。根据复评要求，进入大赛复评环节设计师制作完成的服装于12月11～25日在LIKE ME电子商务平台呈现，进行线上投票活动。33位设计师入围总决赛。2016年1月11日，在浙江美术馆举行作品动态展示总决赛。评委由中国服装设计师协会主席李当岐，中国十佳时装设计师、浙江印象实业股份有限公司董事长应翠剑，浙江理工大学服装学院院长邹奉元，金顶奖设计师武学凯，蓝色倾情集团艺术总监王欣然，意大利知名设计师Francesco，丹麦知名设计师ULF Timmer mann等7人担任。通过对33位选手的综合考核，上海设计师李昀的作品《药方》获金奖；杭州设计师孙益丹的作品*urchinthink*、北京设计师梁陶的作品*FOUCS*获银奖；大连设计师高才晟的作品*Twice-born*、北京设计师李想的作品《玩味儿》、广东设计师刘斌的作品《回归》获铜奖。中国服装设计师秘书长杨健、浙江省服装行业协会副会长兼秘书长韩礼成等领导出席并观摩总决赛。

【服装高技能大赛】 10月18日，2015杭州市服装制作工职业技能竞赛暨第十一届服装高技能大赛决赛在杭州职业技术学院举行。该大赛由市人力社保局和市总工会共同主办，市服装行业协会和市总工会职工技术协作办公室联合承办。大赛以发现服装优秀版型师，选拔服装核心技术人才，引领服装版型师行业标准为目的，着力提升行业职工技能水平，促进服装技术进步和科技创新，按照"大赛品牌化，内容专业化"原则进行。大赛共有参赛选手112人，通过理论考试和操作比赛，获市人力社保局颁发的相关证书66人，其中获服装制作技师证书2人、获服装制作高级工证书64人，获市人力社保局授予"杭州市技术能手"称号3人，获市总工会授予"杭州市职工经济技术创新能手"称号5人，获共青团杭州市委授予"杭州市青年岗位能手"称号2人。大赛第一名由市总工会申报"杭州市五一劳动奖章"。

【服装设计"未来之星"评选】 5月12日，由市丝绸与女装产业发展领导小组办公室和市文化创意产业办公室主办，市服装设计师协会承办的第十三届*I LOVE CHOC*院校服装设计"未来之星"评选活动在杭州西溪天堂大草坪举办。参加评选活动的单位有中国美术学院、浙江理工大学、浙江科技学院、浙江农林大学、杭州职业技术学院、温州大学、温州职业技术学院、金华职业技术学院、浙江纺织服装职业技术学院、绍兴文理学院等10所浙江院校，有清华大学美术学院、北京服装学院、苏州大学、上海东华大学、厦门理工大学等省外专业院校。全国22所院校服装设计专业毕业作品中挑选出的33组优秀作品入围总决赛。金顶奖设计师武学凯、中国十佳时装设计师张义超、中国十佳时装设计师应翠剑、中国十佳时装设计师刘华、*I LOVE CHOC*品牌设计总监魏超、*GXG*品牌艺术总监李建春，法国巴黎高级时装工会资深教授多米尼克佩兰等7名品牌企业资深人士担任评委。经过专家评审组评定，中国美术学院刘逸恬以作品*BaBaBuBu*、浙江理工大学陈筱艺以作品《说谎的"我"》等10组作品的选手获本届院校服装设计"未来之星"称号。

【时装设计师入选"中国十佳"】 11月1日，在中国服装设计师协会主办的2015年中国国际时装周颁奖典礼上，杭州服装设计师魏超获"中国十佳时装设计师"称号。至此，杭州已有24位设计师获"中国十佳时装设计师"称号。

10月28日，在北京*751D·PARK*中央大厅举行*I LOVE CHOC*·魏超潮流时装发布会，其主题是"温室效应"，分"呼吸""释放"两部分对设计系列主题进行阐述。展示的精彩作品赢得评审专家和业内人士的一致好评。

【国际丝绸企业促进发展联盟在杭成立】 10月23日，由浙江凯喜雅国际股份有限公司牵头发起、国内外相关丝绸企业与机构共同响应，国际丝绸企业促进发展联盟创始成员大会在浙江世贸君澜大饭店召开。中国、意大利、法国、泰国、印度、越南、新加坡、巴西、缅甸、日本等国家和地区的70多个丝绸企业和相关组织自愿加入联盟。会议审议通过联盟章程，选举产生联盟组织架构。浙江凯喜雅国际股份有限公司董事长李继林当选联盟主席，中国丝绸协会会长杨永元受聘为联盟中方名誉主席，杭州丝绸文化与品牌研究中心理事长费建明担任秘书长。

【万事利丝绸文化博物馆开馆】 1月31日，万事利丝绸文化博物馆在杭州万事利大厦举行开馆仪式，全国人大财经委员会副主任吕祖善，市委常委、宣传部部长翁卫军出席。丝绸文化博物馆收藏国内各时期的1000多件丝绸制品，有明清时期的宫廷、民间刺绣服饰，有包括万事利为北京奥运会设计制作的青花瓷颁奖礼服、为APEC会议设计制作的礼品等建厂以来的作品。其间，举办首届丝绸文化艺术节；与中国社会科学院签署合作协议，筹建该院在浙江省首个“新丝路博士后工作站”。

【3个丝绸和服装项目获纺织工业科学技术进步奖】 11月24日，中国纺织工业联合会在北京人民大会堂召开科技教育奖励大会。由杭州万事利丝绸科技有限公司、万事利集团有限公司、浙江工商大学共同完成的“新一代数字化生态丝绸文化产品的关键技术研究与产业化”项目和浙江丝绸科技有限公司独立完成的“纺织品环保型拔染印花新技术的产业开发应用”项目获“纺织之光”2015年度中国纺织工业联合会科学技术奖二等奖；由浙江纺织服装科技有限公司和杭州中泰激光科技有限公司共同完成的“CO_2激光切割机的研究开发及其在服装皮草领域的应用”项目获三等奖。

【4个丝绸服装企业参加台北魅力展】 11月12～15日，杭州市组织杭州思源丝绸有限公司、杭州秀缯丝绸有限公司、杭州秘瓷服饰有限公司、浙江海贝服饰有限公司4个丝绸服装企业参加在台北松山文创园区举行的“2015秋季台北魅力展”，参展面积50平方米，主要展示丝绸、女装等产品，现场达成订单协议70万元。其间，浙江海贝服饰有限公司旗下8位设计师以“森林”和“都会”为主题，举行80套春夏时装作品的设计师品牌发布秀。

【223个企业参加国际家用纺织品及辅料博览会】 8月26～28日，市家用纺织品行业协会组织会员企业参加在上海虹桥中国国家会展中心举办的2015年中国国际家用纺织品及辅料博览会。杭州组团参展企业223个，比上年增加58个；参展面积1.88万平方米，扩大4795平方米。展示各类沙发布、真丝窗帘、窗帘饰品及各式装饰布、丝织床上用品、家居装饰用品等杭州家纺产品。达成意向成交5亿元，增加1.7亿元，其中外贸部分占30%。

【金富春公司新产品通过省级专家鉴定】 8月7日，金富春集团有限公司研发的负离子锦纶丝/氨纶功能性包缠复合丝通过省经信委组织的新产品专家鉴定。该产品由70D/48F负离子锦纶6长丝与30D氨纶包缠复合而成。通过优化原料纤度、牵伸比、包缠度及包覆工艺参数等，解决包缠过程中氨纶易露底、负离子锦纶丝单纤易断裂等难题，包缠复合丝弹性和回复性优良。以该产品制成的真丝/锦纶交织弹性织物能够释放负离子，具有清新空气等功能，抗皱和悬垂性好，穿着舒适。产品在原料选择和包缠工艺上有创新，工艺技术处于国内领先水平。

【5个企业和11个品牌入选省时尚及丝绸品牌名单】 12月30日，省经信委公布浙江省时尚及丝绸品牌名单，杭州市有2个服装企业和3个丝绸企业、5个服装品牌和6个丝绸品牌上榜。服装企业分别是汉帛（中国）有限公司、江南布衣服饰有限公司；丝绸企业分别是浙江华鼎集团有限责任公司、万事利集团有限公司、浙江凯喜雅国际股份有限公司。服装品牌分别是江南布衣服饰有限公司的“江南布衣JNBY”、卓尚服饰（杭州）有限公司的“三彩”、杭州蓝色倾情服饰有限公司的“蓝色倾情”、浙江印象实业股份有限公司的COCOON、浙江汉帛服饰营销管理有限公司的Nancyk；丝绸品牌分别是万事利集团有限公司的WANSLI、金富春集团有限公司的“金富春”、浙江凯喜雅国际股份有限公司的“凯喜雅”、杭州喜得宝集团有限公司的“喜得宝”、杭州威芸实业有限公司的“威芸”、淳安县茧丝绸总公司的“千岛湖”。

【丝绸行业质量管理小组成果评审】 5月29日，省丝绸协会在杭州召开2015年度全省丝绸企业质量管理小组成果发表会。经评审，达利（中国）有限公司服装中心工器具开发QC小组、针织中心工艺编程QC小组和印染中心印花前道QC小组，浙江喜得宝丝绸科技有限公司科技中心QC小组，以及杭州万事利丝绸科技有限公司数码印花QC小组被评为优秀QC小组，各自发表的“时装疏缝制作器具的研发”“提高裙装批办一次OK率”“降低印花小样画稿不合格率”“提高印染再生水循环利用率”及“柯根纱类数码印花解决方案”成果获一等奖；达利（中国）有限公司印染中心数码印花QC小组、杭州金富春丝绸科技股份有限公司准备车间QC小组被评为优秀QC小组，各自发表的“降低活性浆料上浆成本”“精密络筒机的改造”成果获二等奖；达利（中国）有限公司、浙江喜得宝丝绸科技有限公司、杭州金富春丝绸科技股份有限公司被评为“质量管理小组活动优秀企业”；达利（中国）有限公司陶尧定、浙江喜得宝丝绸科技有限公司赵之毅、杭州金富春丝绸科技股份有限公司何会林被授予“质量管理小组活动卓越领导者”称号；达利（中国）有限公司余光明被授予“质量管理小组活动优秀推荐者”称号；达利（中国）有限公司针织中心套口手缝组和印染中心印花工业工程组及杭州金富春丝绸科技股份有限公司准备车间机修班被评为“质量信得过班组”。 （高振纲）

·轻工业·

【轻工业概况】 杭州市轻工行业按行业管理门类分主要包括食品、造纸及纸制品、家用电器、家具木材、印刷、文教体育用品、塑料制品、工艺品等10多个行业。2015年，杭州市轻工业实现工业总产值4918.67亿元，占全市规模以上工业总产值的38.7%。其中，农副食品加工业实现生产总值130.67亿元，比上年增长7.5%；食品制造业实现生产总值191.03亿元，下降9.2%；家具制造业实现生产总值156.16亿元，增长5.7%；造纸和纸制品业实现生产总值350.42亿元，下降1.2%；酒、饮料和精制茶制造业实现生产总值237.49亿元，下降4.7%；烟草制品业实现生产总值323.58亿元，增长9.0%。

杭州轻工产业集群发展较快，产业集群规模、技术装备水平、产品档次、资源综合利用效率、污染控制能力提升，集群发展优势显现。至年末，杭州轻工特色产业集群有11个。其中，中国轻工业联合会授牌的有"中国婴童产业基地""中国办公家具产业基地""中国化妆品产业基地""中国白板纸基地""中国制笔之乡"等；联合国经济与社会理事会授牌的有"中国婴童之都"。

【中国国际妇幼婴童产业博览会】 10月30日至11月1日，第十一届中国国际妇幼婴童产业博览会在杭州白马湖国际会展中心举办。该博览会利用电商、创新与投资产业优势，结合国内妇幼婴童产业未来发展需求，探索出妇幼婴童行业"互联网+"的发展模式，成为中国妇幼婴童产业发展的风向标。本届博览会展览面积2万平方米，特装展位67个，标准展位149个，有216个婴童产业品牌参展，并有连锁加盟的婴童用品专卖店、早教机构参与。内容涵盖孕妇和婴童用品、食品、医疗、早教、玩具等产业。参观人数约4万人，专业观众3000多人。博览会期间成交总金额24亿元，其中签约成交额23.98亿元，现场零售额300万元，创历年新高。本届博览会被杭州市西湖博览会组委会评为最佳品牌奖。

【新生态环境下儿童商业投资研讨会】 3月22～24日，由杭州市婴童行业协会主办、杭州起跑线儿童新天地承办的新生态环境下儿童商业投资研讨会在杭州同人广场举办。参加研讨的有浙商投资合伙人、企业创始人、市场营销总监、高校教授等。会议研讨的主题是如何教育创新、打破传统、联手电商，推进关联产业的整合发展；如何携同新媒体、新金融、新文化资源及一批优势互补的创业者共同创建一个有机商业生态圈，让资源、生源、客源在内部形成有机循环。本次研讨会为期3天，共有500多名创业者参加。

【34人被授予杭州市工艺美术大师称号】 9月，杭州市开展工艺美术大师评审工作。根据《杭州市传统工艺美术保护规定》精神和专家评审委员会的评审意见，授予周扬（根雕）、吴荣奎（纸伞制作）、宋志明（西湖绸伞）、陈小波（陶艺）、王梅（刺绣）、金尧根（陶艺）、钱友杰（石雕）、甄景虎（陶艺）、叶萌（牙雕）、刘莲花（剪纸）、侯红美（陶艺）、王国平（雕塑）、王连道（天竺筷设计制作）、林祖亮（石雕）、吴立君（雕塑）、张于龙（陶艺）、吴松标（石雕）、闻德汉（工艺伞制作）、朱晓辉（陶艺）、潘建钢（石雕）、张新根（竹雕）、陈明珠（制笔）、方明山（根雕）、高关松（雕塑）、王泉元（石雕）、闻星根（制笔）、陈狄明（微雕）、陈顺兴（铜雕）、游晓婷（扇艺）、程迪申（风筝）、戴剑瑀（雕塑）、朱戴林（陶艺）、李海燕（刺绣）、王永祥（烙画）34人为第四批杭州市工艺美术大师。

【工艺美术行业组团参加深圳文博会】 12月11～14日，杭州工艺美术行业协会组团参加第十一届深圳文博会冬季工艺美术精品展。本次组团参加展位20个。中艺花边集团、陈水琴大师工作室、映山静水刺绣馆、吴敏华大师工作室、杭州修内司官窑研究所、杭州邵芝岩笔庄、杭州现代工艺刻印有限公司、杭州泉季工艺品有限公司、夏伟媚大师石雕艺术工作室、杭州弥和园文化艺术有限公司、杭州泰邦陶瓷艺术有限公司、王泉元石雕艺术工作室、陈狄明微雕艺术工作室等单位参加。参展作品涵盖萧山花边、杭州手绣、手艺机绣、陶瓷、宝剑、石雕、湖笔等品类。其间，公布中国工艺美术百花奖评选结果并举行颁奖典礼。杭州组团共获金奖4个、银奖10个、铜奖5个。

【新增省工艺美术大师示范工作室6个】 7月，省经信委印发《浙江省工艺美术大师示范工作室试点工作实施意见》并开展2015年浙江省工艺美术大师示范工作室试点工作。杭州市的赵锡祥、王文英、嵇锡贵、陈水琴、朱炳仁、赵建忠6位国家级工艺美术大师的工作室获批浙江省首批工艺美术大师示范工作室。

【16人获省工艺美术大师称号】 2月，在第五届浙江省工艺美术大师培训班上，省经信委、省人力社保厅向新评定的120位第五届浙江省工艺美术大师颁发荣誉证书，其中杭州市金国荣、翁祝红、刘瑞芬、张炜、俞备红、凌东辉、季劭聪、傅春江、朱方华、陈稚玉、夏伟媚、闫贵海、高晟、蔡履平、王文宾、郑亦平16人被授予第五届浙江省工艺美术大师荣誉称号。

【中国笔业博览会】 10月28~30日，第二届中国笔业博览会在桐庐县分水镇中国笔业国际博览中心举办。本届博览会展出面积1万余平方米，设有425个展位，除分水镇本地知名企业外，上海、江苏、江西、广东以及浙江宁波、温州等地的制笔及配套企业参加展出，共有1万余种新产品。20多个国家和地区的1.56万名客商参加博览会，其中有400多名外商、5230多名国内专业采购商。其间，有167个参展企业与采购商签订交易订单，累计交易金额1.83亿元，其中现场达成交易金额9800万元。

（刘文吉）

【中国（杭州）工艺美术精品博览会】 10月15～19日，2015中国（杭州）工艺美术精品博览会（简称工美博览会）在杭州和平国际会展中心举办。该工美博览会由中国轻工业联合会、杭州市人民政府主办，杭州日报报业集团承办。工美博览会汇集全国工艺美术大师、民间艺人及学院工美艺术等工艺力量，100多位国家级、省级、市级工艺美术大师携近1万件作品参展。展出的工艺品类包括陶瓷、玻璃、首饰、水晶、雕塑工艺（玉、木、金属、石、竹、泥、牙等）、抽纱刺绣、纺织纤维、皮雕、纸工、扇艺、伞艺、民间工艺品、古典家具等，工美文化礼品、工美设计、工美创意手作的创新型展示更是精彩纷呈。

杭州作为东道主，共展出包括钱高潮、王星记等近100位工艺美术师的作品，涵盖陶瓷、杭州刺绣、萧山花边、扇艺、剪纸、毛笔、宝剑、西湖绸伞等杭州工艺美术品。浙江龙泉的宝剑和青瓷、青田的石雕、长兴的紫砂、东阳的木雕、浦江的水晶、义乌的珠宝，以及江西、新疆、安徽、海南等地的作品共同参展。其间，工艺美术传承人进行技艺表演与观众互动体验，组织并开展学术研讨。（胡传明）

【“王星记”扇被评为“中国十强旅游商品”】 9月18日，由国家旅游局主办、中国旅游协会承办的中国“百佳十强”旅游商品遴选活动颁奖大会在天津梅江会展中心举行。杭州王星记扇业有限公司出品的“王星记”扇系列——《西湖风景》获“中国十强旅游商品”称号，这是浙江省唯一获奖的旅游产品。获奖的这款王星记扇选料考究，纯手工精制，扇面以西湖蓝、杭州绿为色泽基调，以西湖杨公堤、雷锋塔、三潭印月等著名景点为主题，表达出“江南忆，最忆是杭州的”情愫。

年内，杭州王星记扇业有限公司入围“2015中国品牌文化影响力500强”，是500强中唯一的中华老字号企业和国家级非物质文化遗产生产性示范基地。杭州王星记扇业有限公司董事长孙亚青获“中国品牌文化影响力（行业）十大创新人物奖”，是国内唯一女性获奖者。

（章卓佳）

·化学工业·

【化学工业概况】 杭州市化学工业主要由石油加工、炼焦和核燃料加工业，化学原料和化学制品制造业，橡胶和塑料制品业三大行业构成，涵盖基础化工、精细化工、生物化工、农用化工、橡胶制品等20个大类1000多种产品。精细化工是杭州市化学工业中最具活力的新兴领域之一，是新材料的重要组成部分。产业链主要包括医药、染料、农药、涂料、表面活性剂、催化剂，助剂和化学试剂等传统的化工部门，也包括食品添加剂、饲料添加剂、油田化学品、电子工业用化学品、皮革化学品、功能高分子材料和生命科学用材料等。形成了以大江东临江高新技术产业园、建德市马目—南峰高新技术产业园等主要产业集聚区为主的杭州精细化工产业转型升级核心平台。

2015年，杭州市有规模以上化学企业656个，工业总产值占全市规模以上工业的13.5%。化学工业企业全年实现主营业务收入1631.21亿元，比上年下降9.6%。其中，石油加工、炼焦和核燃料加工业7.59亿元，下降15.8%；化学原料和化学制品制造业1039.32亿元，下降4.6%；橡胶和塑料制品业584.3亿元，下降9.3%。企业亏损面扩大，其中化学原料和化学制品制造业企业亏损数达57个，增长83.9%。

10月15~19日，“2015中国（杭州）工艺美术精品博览会”在杭州和平国际会展中心举行
（胡传明 供稿）

杭州市部分化学工业企业产业规模具有一定的影响力，如杭州中策橡胶有限公司生产的轮胎生产规模国内第一、世界第十；浙江传化股份有限公司的纺织化学品生产规模（年产20万吨）亚洲第一、世界第二，其活性染料产能国内第一；浙江新安化工集团股份有限公司的草甘膦原药生产规模亚洲第一、有机硅单体国内第一，其金帆达草甘膦水济销售量连续9年全国第一；杭州百合化工有限公司的有机颜料生产规模国内第一；浙江吉华集团有限公司的染料生产规模世界第三；浙江恒逸集团有限公司的已内酰胺单线产能（年产20万吨）世界第一。至年末，杭州市化工行业已建成3个国家级企业技术中心、22个省级企业技术中心和40个市级企业技术中心。

【6个化工企业入选中国石油和化工民营企业100强】 10月24日，2015中国石油和化工民营企业高峰论坛暨百强发布会在河北沧州召开，会议发布2015中国石油和化工民营企业100强、2015中国石油和化工中小企业创新榜单及2015中国石油和化工民营企业百强发展研究报告。杭州市有6个化工企业入选100强，分别是浙江荣盛控股集团有限公司（第2位）、恒逸石化股份有限公司（第11位）、浙江新安化工集团股份有限公司（第33位）、浙江传化股份有限公司（第41位）、浙江金帆达生化股份有限公司（第56位）、百合花集团股份有限公司（第88位）。

【2个化工企业获中国农药出口额30强荣誉】 10月28—30日，由中国农药工业协会主办的第十五届全国农药交流会暨农化产品展览会在上海世博展览馆举办。浙江新安化工集

团股份有限公司和浙江金帆达生化股份有限公司获2014年度中国农药出口额30强荣誉，浙江新安化工集团股份有限公司获第十五届全国农药交流会暨农化产品展览会最佳合作伙伴奖。

【大桥油漆公司获全国石化行业“两化”融合优秀实践奖】 9月25日，在中国石油和化工行业“两化”融合推进大会上，浙江大桥油漆有限公司（大桥油漆公司）获全国石油和化工行业“两化”融合优秀实践奖，该奖项评选活动由工业和信息化部指导，中国石油和化学工业联合会等联合主办。

这次“两化”融合推进大会，以“智能制造引领新型石化工业发展”为主题，工业和信息化部、中国工程院等单位的专家介绍国内推进两化深度融合的工作重点，深入解读“中国制造2025”“互联网+”等方针政策和推进措施。2003年，公司实施“以财务为核心，产供销一体化”的企业信息化战略，统筹原料投入——生产制造——市场竞争，在错综复杂的市场形势中打开局面；2009年，该公司申报并完成杭州市科技局PDM项目，凭借信息化技术，引入人工智能专家知识微循环理论，结合卸库稳产、内挖潜力、员工轮训等管理措施，实现企业价值观提升；2014年，为提高企业运行效率，实现资源优势最大化，该公司对生产制造和仓储物流进行扁平化信息系统改造，将原来的三级管理优化为二级管理，重新整合企业资源，减冗增效，加强财务对整个企业生产经营的有效监管。

【朝阳轮胎公司成为阿里汽车战略合作伙伴】 4月22日，阿里巴巴集团在上海举行“2015 Ali AutoDay——与未来同行”高峰论坛。中策橡胶集团副总经理葛国荣参加，中策橡胶集团朝阳轮胎公司成为阿里汽车O2O战略合作伙伴。

作为国内一线轮胎品牌，朝阳轮胎公司是传统轮胎领域内贯彻互联网思维的最早实践者。2013年7月，朝阳轮胎公司成为首家入驻“天猫”网上商城的轮胎品牌商。2015年第1季度，朝阳轮胎公司在天猫的销售数据比上年增长8倍。

【石化行业组团参观上海国际泵管阀展】 6月11日，市石化行业协会和市化工学会联合组织会员企业到上海参观国际泵管阀展，展会在全球最大会展综合体——国家会展中心（上海）举行。本次展会在3.5万平方米的展览场馆内，云集550个国内外品牌企业，1万件展品集体展示，展品涉及市政建设、能源、重化工业、轻工业、环保等应用领域。杭州共有36个化工企业120多名工程技术人员前往参观。其间，参加石油化工环保治理技术交流会。会上，杭州电化集团有限公司工程分公司设备总工程师胡万明做“氯碱企业化工泵管阀的选型与应用”学术交流。

【石化行业安全生产培训】 7月8日，市石化行业工会、行业协会、化工学会联合为行业企业的安全生产管理干部举办安全生产培训班。培训班特邀国务院特殊津贴获得者、教授级高工周学良进行专题讲座。全市石化行业企业的54名工会主席和安全生产管理干部参加培训。

9月29日，为汲取“8·12”天津爆炸事故教训，加强石化行业危险化学品的管理，提高企业危化品管理人员的监管意识，杭州市在大江东临江工业园区举办石化行业危险化学品管理培训班。全市共15个重点石化企业的60多名企业危险化学品管理负责人参加培训。

10月，市石化行业协会联合市经济管理培训中心分别在百合花集团股份有限公司、浙江万马高分子股份有限公司等企业举办3期5天不同内容的培训班。内容涵盖“精准成本控制与预算管理”“产品质量零缺陷管理”“制造业安全生产管理实务”等。全市30多个会员企业150多名企业相关管理人员参加培训。

【化学分析工技能大赛】 11月18日，杭州市第三届化学分析工技能大赛在建德市浙江新安化工集团研发大楼举行。大赛由市工业工会、市石油和化学工业行业协会、市石油和化学工业行业工会主办，浙江新安化工集团股份有限公司承办。大赛旨在加快高技能人才队伍建设，深化“发展创新型经济、发挥主力军作用”主题活动，推进“四位一体”职工素质工程，促进杭州经济发展方式转变和持续健康发展。杭州电化集团有限公司、浙江传化集团有限公司、正大青春宝药业有限公司等20个企业的56名选手参赛。大赛按化学分析工高级工职业标准命题，分理论知识和实践技能两部分。其中，理论知识采用闭卷笔试方式进行；实践技能采用现场操作的方式进行，内容包括操作前的仪器、器皿检查，操作过程的称样、滴定、数据分析等整个流程。主要考查选手的理论功底和操作规范性及技术娴熟度。

经综合考评，浙江新安化工股份有限公司选派的选手获前3名和第5名；杭州电化集团有限公司选手获第4名；正大青春宝药业有限公司、浙江传化集团有限公司、杭州信息科技有限公司选派的选手分别获第6名、第7名和第8名。根据相关文件精神，理论知识和实践技能成绩均合格的选手，获得由市人力社保局颁发的高级职业资格证书；取得比赛第1名选手获得技师职业资格证书并被授予“杭州市技术能手”称号。（金　炼）

【大桥油漆公司环保型涂料生产项目开工】 3月28日，浙江大桥油漆有限公司（前身系杭州油漆有限公司，简称大桥油漆公司）“35000吨/年环保型涂料树脂研发生产项目”在德清工业园区开工建设。项目占地9.33公顷，总投资5.23亿元，主要生产水性、功能性涂料和树脂，总产能3.5万吨，项目计划在2016年建成投产。项目建设以“总量合理、技术先进、结构优化、竞争优势”为目标，通过全面优化工艺、技术、产品、管理结构，实现企业转型升级。投入的生产技术装备将实行全程自动化、密闭化和机械化，废气处理系统采用国内涂料行业中最先进的RTO废气焚烧装置，全面实现绿色清洁生产。项目竣工达产后，预计可实现年均销售收入6.6亿元，年均利税总额1.7亿元。（章卓佳）

·建材冶金工业·

【建材冶金工业概况】 2015年，杭州市建材冶金工业受市场低迷、产能过剩、环境约束明显增强等多重不利因素的影响，经济运行呈现下行态势。全市规模以上建材冶金企业全年工业销售产值1639.96亿元，比上年下降8.4%；利税91.79亿元，下降20.8%，其中利润48.62亿元，下降36.4%。

分行业来看，2015年各行业销售产值、利税、利润总体降多增少。其中，黑色金属矿采选业工业销售产值0.33亿元，下降22.6%，利税亏损0.05亿元，利润亏损0.05亿元；有色金属矿采选业工业销售产值5.29亿元，增长1.3%，利税0.51亿元，下降44.1%，利润0.08亿元，下降78.4%；非金属矿采选业工业销售产值23.12亿元，增长16.6%，利税5.52亿元，增长49.7%，利润3.62亿元，增长57.2%；非金属矿物制品业工业销售产值471.22亿元，下降11.8%，利税35.1亿元，下降27.8%，利润20.19亿元，下降35.1%；黑色金属冶炼和压延加工业286.94亿元，下降20.2%，利税5.42亿元，下降70.4%，利润亏损0.88亿元；有色金属冶炼和压延加工业销售产值460.36亿元，增长0.3%，利税18.71亿元，增长5.5%，利润10.82亿元，下降12.2%；金属制品业工业销售产值408.24亿元，下降4.1%，利税25.86亿元，下降0.13%，利润14.84亿元，下降5.1%。水泥行业趋势一路走低。全年水泥产量1684.87万吨，下降14.6%。其中，新型干法窑企业生产熟料1654.11万吨，增长2%；工业总产值81.14亿元，下降7.6%；散装量1335.5万吨，下降18.1%，散装率79.3%。全行业水泥、熟料销售收入分别为37.4亿元和26.89亿元，下降29.5%和12.2%；利税5.82亿元，下降64.9%；利润1.99亿元，下降80.3%。

【新型墙体材料推广应用】 2015年，杭州市全面推广应用新型墙体材料，拉动绿色消费，引导绿色发展，促进绿色建材生产和应用，推动建材行业结构优化和转型升级。全市新型墙体材料年产量为39.02亿块标准砖，比上年增长7.5%。新型墙体材料生产比例91%。新型墙体材料产品能耗下降4%。村镇民房新型墙体材料应用试点61.58万平方米，共2050户。其中，联建房1450户，农民自建房600户。

通过推广应用新型墙体材料，全市节约土地185.58公顷，节约标准煤24.19万吨，减少二氧化硫排放0.54万吨，减少二氧化碳排放60.48万吨，综合利用建筑垃圾、江河淤泥等固体废弃物490万吨。

【水泥企业节能减排】 2015年，杭州市鼓励水泥企业化解产能过剩、倡导行业自律、推行节能减排，全市水泥行业综合能耗从上年的65.67万吨标准煤下降到61.63万吨标准煤，熟料标准煤耗从上年的109.7千克/吨下降到106.12千克/吨，水泥粉磨电耗从上年的32.05千瓦小时/吨下降到30.79千瓦小时/吨。全年行业内12条新型干法窑余热发电量5.56亿千瓦小时，吨熟料平均发电33.6千瓦小时，平均吨熟料电耗和标准煤耗、吨水泥粉磨电耗分别为55.6千瓦小时、105.83千克、29.91千瓦小时，除熟料标准煤耗达到新国标《水泥单位产品能源消耗限额》的能耗准入值外，其余两项指标都达到先进值。至年末，全市关停水泥回转窑2座，减少排放污染物150万吨；关停烧结砖瓦窑2座、共54门，淘汰产能6200万块标准砖，节约土地7公顷，节约标准煤8100吨，减少二氧化硫排放161.2吨。

【散装水泥发展和应用】 2015年，杭州市散装水泥供应量累计1544.13万吨，比上年减少285.98万吨，下降15.6%。水泥散装率实际完成85.1%，继续保持全国主要城市先进水平。预拌砂浆供应量累计216.33万吨，再创历史新高。预拌混凝土供应量4599.68万立方米，减少831.15万立方米。全市散装水泥发展和应用领域节省标准煤累计71.86万吨，减排水泥粉尘19.31万吨、二氧化碳86.46万吨、二氧化硫0.06万吨。循环综合利用工业固体废弃物2362.53万吨。创综合经济效益6.5亿元。

全年市本级与区县（市）联合执法检查539次，检查建设工地500多个，涉及建筑面积1000多万平方米，发出限期整改通知书25个，行政许可7个。市工业部门联合市建设管理部门成立6个专项检查小组，开展协同检查项目40个，对其中26个未按照要求使用预拌砂浆的项目，下发限期整改通知书。年内，对各区县（市）推荐的符合申报条件的29个水泥企业进行现场检查和评审，对通过评审的22个企业和基本通过评审的7个企业换发化验室合格证。

为做好过剩产能等量或减量置换工作，杭州市协调浙江金首水泥有限公司和杭州太茂盛源水泥有限公司日产2500吨新型熟料生产线产能置换给红狮控股集团有限公司，由红狮控股集团有限公司将此两条水泥生产线产能用于在江西省投产的日产5000吨新型干法项目。

【杭萧钢构公司创建钢结构住宅体系】 4月23日，由杭萧钢构股份有限公司（简称杭萧钢构公司）承办的2015年第五届全国建筑结构技术交流大会在杭州举行，大会案例工程——杭萧钢构公司承建的钱江世纪城人才专项用房采用的“钢管束组合结构住宅体系”受广泛关注。9月9日，中国国际住宅产业暨建筑工业化产品与设备博览会在北京中国国际展览中心（新馆）举办，杭萧钢构公司的“钢管束组合剪力墙结构住宅体系”成为该博览会的一大亮点。

钢结构体系住宅具有抗震性能好、施工周期短、环境污染少、资源节约等优势，被称为绿色建筑。以钱江世纪城人才专项用房项目为例，钢结构施工工期比混凝土施工缩短350天，综合碳排放量减少36.8%，施工中污水、扬尘、噪音大大减少。建筑拆除时主材可回收再利用，建筑垃圾减少60%以上。钢结构形成剪力墙，既具有剪力墙结构中墙体随建筑功能要求布置灵活的长处，又充分发挥钢结构制作工业化程度高、施工速度快的特点，对现有住宅体系具有革命性历史性的突破，是建筑行业的自我革命，也是建筑产业的转型升级。

【杭钢集团半山钢铁基地全线关停】 12月22日，杭州钢铁集团半山钢铁基地生产线全线关停。该钢铁基地是浙江乃至“长三角”地区钢铁深加工企业重要的原材料供应商和优特钢精品基地，成立于1957年，经过59年的发展，成为一个以钢铁为主业，房地产、贸易流通、环境保护、酒店餐饮、高等职业教育、科研设计等多元产业协调发展的大型

企业集团，拥有全资及控股子公司37个，其中杭州钢铁股份有限公司为上市公司。2014年5月，市政府公布《杭州市大气污染防治行动计划（2014~2017年）》，要求杭州钢铁集团公司于2017年前完成搬迁工作。之后，省政府进一步明确：2016年底前关停杭州钢铁集团半山钢铁基地全部产能。由于二十国集团领导人第十一次峰会于2016年9月在杭州召开，所以杭州市决定提前1年关停。该钢铁基地每年需要用120万吨原料煤，占杭州主城区用煤量的50%左右。关停后，市区每年将减排二氧化硫7000吨、氮氧化物3400吨、烟尘3000吨。

【“永杰铝”商标被认定为中国驰名商标】 7月7日，浙江永杰新材料股份有限公司“永杰铝”商标被国家工商总局认定为中国驰名商标。中国驰名商标是企业无形资产中含金量最高的国家级荣誉。浙江永杰新材料股份有限公司能够通过中国驰名商标的认定，提升铝板带箔产品市场竞争力和产品附加值，标志着公司的品牌建设迈上一个新台阶，对于提高公司的知名度和产品竞争力有极大的推动作用。

7月8~10日，在第十一届中国国际铝工业暨上海国际工业材料展览会上，浙江永杰新材料股份有限公司展出模具用料、交通用铝板带材、热传输铝基钎焊复合料、阳极氧化料、铝箔等产品，吸引了众多客商光顾。

【诺贝尔公司“双十一”交易额7236万元】 11月11日，杭州诺贝尔集团有限公司（简称诺贝尔公司）首次参与“双十一·天猫购物狂欢节”大促销活动，当天交易额7236万元，成为瓷砖品类销售冠军。杭州诺贝尔集团有限公司全年销售收入101.5亿元。

8月25日，全国工商联发布“2015中国民营企业500强”和“2015中国民营制造业500强”名单，杭州诺贝尔集团有限公司分列第388位，比上年上升27位，连续13年上榜，在上榜的138个浙江民营企业中列第95位。8月，该公司获2015年度建材行业两项标准创新奖，JC/T2195-2013薄型陶瓷砖获一等奖，CBMF/Z5-2014建筑卫生陶瓷生产企业污染物排放控制技术获二等奖。10月，该公司获评全国水泥玻璃陶瓷产业节能减排先进典型企业，被中国建筑材料联合会授予“建材行业转型升级成效显著企业”荣誉称号。12月，该公司“通体质感数码喷墨质感渗透瓷质砖”项目获2015年中国建筑材料科学技术奖二等奖（科技进步类），项目达到国际领先水平。

【东南网架公司拓展海外市场】
2015年，浙江东南网架股份有限公司（简称东南网架公司）通过运用品牌联盟、伙伴联盟、产业联盟、信誉联盟四大联盟，紧跟国家“一带一路”建设步伐，抓住“高铁外交”契机，实施“走出去”战略，拓展海外市场。分别在巴拿马和委内瑞拉成立分公司，在委内瑞拉、巴拿马、越南、马里、蒙古、印度尼西亚、苏丹、安哥拉、哈萨克斯坦、刚果、俄罗斯等国家和地区开展钢结构建筑业务，先后承接委内瑞拉棒球馆、巴拿马办公楼、哥斯达黎加体育场、刚果布拉柴维尔玛雅国际机场等海外工程，订单总额35.5亿元。

8月25日，浙江东南网架股份有限公司与浙江大学建筑设计研究院有限公司联合建设的云栖小镇国际会展中心建成。该会展中心具有会议、展览两项功能，是东南网架公司首次以设计、施工总承包模式参与建设的工程项目，地上3层，建筑面积1.97万平方米，其中包括能容纳6000人的国际会议中心和1.2万平方米的展览空间，从前期设计到最后竣工只用了85天。

【和鼎铜业公司推进技术改造】
2015年，浙江和鼎铜业有限公司（简称和鼎铜业公司）实施年新增13.5万吨电解铜技术升级改造（二期）项目，联合中国瑞林工程技术有限公司等国内知名冶金设计单位，对本公司工程技术人员开发出的“一种富氧侧吹熔池熔炼铜锍的生产工艺及三侧吹熔炼炉”这一新型冶炼工艺进行专利成果转化，对现有熔炼工艺进行节能减排升级改造，继续推进“稀氧燃烧”改造，对整个生产系统进行“实时生产信息化管理系统”升级改造。全年电解铜产量15.88万吨，比上年增长24.4%；生产黄金1.01万公斤，增长32.1%；生产白银268吨，增长14.2%；产销率基本保持在99.5%以上。同时，在产量增长的情况下，天燃气使用量大幅下降，全年天然气消耗减少110.9万立方米，下降16.7%，单位铜冶炼综合能耗下降7%。

【建德海螺公司技改项目投入使用】 2015年，杭州建德海螺水泥有限责任公司（简称建德海螺公司）以“三机一楼一路”技改工程为契机，以管理转型为抓手，调整工作思路，

12月22日，杭州钢铁集团半山钢铁基地生产线全线关停

（杭州图库 供稿）

各个技改项目均按期、按质投入使用。水泥分厂两台辊压机分别在5月22日、6月10日投入运行。1号窑三风机改造工程4月底开工建设，8月25日投入使用；砂岩破技改工程6月29日开工建设，11月30日投入运行；新建宿舍楼工程6月验收使用，7月员工入住；9月，厂外道路拓宽自营路基工程经市交通部门验收后，路面工程由建德市政府完成沥青浇注。

（黎　勇）

·医药工业·

【医药工业概况】 2015年，杭州市有规模以上医药工业企业85个，资产总计436.59亿元，比上年增长10.2%；资产负债率44.5%，下降1.2%。全部从业人员平均人数3.45万人，增长3.7%。全年完成销售产值344.18亿元，增长11.4%；完成主营业务收入335.57亿元，增长9.6%；完成出口交货值33.17亿元，下降5.9%；实现利润49.17亿元，下降6.2%。

新型化学制药行业是杭州市医药工业的主导领域，著名企业有杭州赛诺菲制药有限公司、杭州默沙东制药有限公司、杭州中美华东制药有限公司等。年内，列入行业统计口径的90个医药工业企业中，化学制药企业完成主营业务收入286.56亿元，占全市医药工业总量的73.9%。

现代中药行业是杭州市医药工业的特色领域，著名企业有青春宝集团有限公司、杭州胡庆余堂药业有限公司、浙江康莱特药业有限公司等。年内，列入行业统计口径的90个医药工业企业中，中药制药企业完成主营业务收入53.38亿元，占全市医药工业总量的13.8%。

生物技术药物行业是杭州市医药工业的重点发展领域，著名企业有艾博生物医药（杭州）有限公司、杭州九源基因工程有限公司、艾康生物技术（杭州）有限公司等。年内，列入行业统计口径的90个医药工业企业中，生物技术药物企业完成主营业务收入24.18亿元，占全市医药工业总量的6.2%。

生物医学工程行业是杭州市医药工业的新兴领域，著名企业有泰尔茂医疗产品（杭州）有限公司、雅培眼力健（杭州）制药有限公司等。桐庐尖端内窥镜有限公司等企业生产的内窥镜产品达到全国同行业领先水平。年内，列入行业统计口径的90个医药工业企业中，生物医学工程企业完成主营业务收入20.14亿元，占全市医药工业总量的5.2%。

【医药产业重点扶持】 2015年，杭州市推进医药产业发展，促进医药产业结构调整和优化升级，推动企业技术创新，确保医药产业发展资金科学、合理、有效使用。根据《杭州市工业和科技统筹资金使用管理办法》、《关于预拨2015年工业统筹资金重点创新项目资助资金的通知》有关规定，华东医药（杭州）百令生物科技有限公司、浙江贝达药业股份有限公司、杭州九源基因工程有限公司、杭州中翰盛泰生物技术有限公司等医药企业列入杭州市重点扶持的项目，资助医药企业总额7764万元，预拨4658万元。

【医药产业重点项目建设】 2015年，杭州市推进医药产业发展，促进杭州海正药业有限公司（富阳二期）、华东医药百令生物有限公司（前进园区）、浙江苏泊尔南洋药业有限公司（前进园区）、浙江贝达药业股份有限公司（余杭）、杭州胡庆余堂药业有限公司（余杭）等企业新建（扩建、搬迁）项目建设及竣工投产。浙江贝达药业有限公司、杭州艾森医药有限公司、杭州九源基因工程有限公司、杭州龙达新科生物制药有限公司、杭州天龙药业有限公司等企业的新药科技含量较高，部分达到国内乃至世界先进水平。华东制药有限公司、杭州海正药业有限公司、浙江贝达药业股份有限公司、浙江星月生物科技股份有限公司、杭州易文赛生物技术有限公司等企业研究院工作进展顺利。

【重点医药产品发展】 2015年，杭州市在新型化学制药、现代中药、生物技术药物、生物医学工程等领域保持浙江领先地位，形成一批优势产品。“凯美纳”“波立维”“安博维”“乐沙定”“泰能”“保列治”“舒降之”“科素亚”“百令胶囊”“赛斯平”“卡博平”“洋立苏针”“赛可平口服液”“青春宝抗衰老片”“丹参注射液”“参麦注射液”“吉粒芬”“孕宝口服液”“21金维他”“胃复春”“铁皮石斛”“药用片”“食合片”及民生输液、医用SF导管、SP输液器、TS输液器、护理液、血液透析器、单抗诊断试剂、康莱特注射液、液体疫苗等40种产品年销售额均超过1亿元，其中“波立维”单种产品销售额超40亿元，继续保持国内单品种销售额第一。这批产品已占全市医药工业总量的60%以上。

【外资制药企业发展】 2015年，杭州市加强国际交流，引进国际著名制药公司到杭投资建厂、合资合作。杭州赛诺菲制药有限公司、杭州默沙东制药有限公司、泰尔茂医疗产品（杭州）有限公司、雅培眼力健（杭州）制药有限公司、艾康生物技术（杭州）有限公司、艾博生物医药（杭州）有限公司、浙江大冢制药、浙江惠松制药有限公司8个在杭主要外资制药企业在杭州制药企业中，所占比重及排名不断靠前，各项指标远高于全市平均水平。这些企业全年累计完成主营业务收入167.55亿元，实现利润17.71亿元，分别占全市统计口径医药工业总量的49.9%和42.1%，成为支撑全市医药产业发展的重要力量。

【医药产业集中度提高】 2015年，杭州经济技术开发区“新药港”产业集聚区初步形成集聚效应，成为杭州医药产业的示范基地。杭州默沙东制药有限公司、泰尔茂医疗产品（杭州）有限公司、旭化成医疗器械（杭州）有限公司、浙江史密斯医学仪器有限公司、艾博生物医药（杭州）有限公司、九源基因工程有限公司、杭州中肽生化有限公司、杭州国光药业有限公司、浙江杭康药业有限公司等各类医药企业相继进区，并陆续建成投产，产生效益，形成生物技术药物、现代中药、新型医疗器械、新型化学制药产业。杭州国家高新技术产业开发区、杭州余杭经济技术开发区、富阳经济技术开发区、桐庐经济开发区、临安经济开发区等医药产业功能区建设取得积极进展，为建成杭州市医药产业重要基地奠定坚实基础。

【医药物资储备】 2015年，杭州市根据疫情预报和对突发事故发生时的临床用药需要，调整医药储备的品种，增加相关药物的储备。7月21日，市经信委、市财政局、市卫生局等部门联合对承担全市医药储备任务的华东医药股份公司、浙江英特药业有限责任公司进行现场检查，检查结果符合杭州市医药物资储备要求。正大青春宝药业有限公司、杭州胡庆余堂药业有限公司、浙江普康生物技术股份有限公司、浙江天元生物药业有限公司、浙江中医药大学饮片厂、杭州老桐君制药有限公司、杭州朗索医用消毒剂有限公司、建德市朝美日化有限公司等8个单位承担省医药生产能力储备。

【辉瑞全球生物技术中心项目落户下沙】 9月11日，全球医药巨头辉瑞制药有限公司的成熟药品业务集团与杭州经济技术开发区管委会签约，在下沙投资建设辉瑞全球生物技术中心项目。副市长谢双成出席签约仪式。世界500强企业辉瑞制药有限公司，是全球最大的以研发为基础的生物制药公司之一。

（徐良峰）

【医药港园区建设】 2015年，下沙东部医药港小镇建设启动。该小镇位于杭州经济开发区西北部，北至新建河，南至纬一路、松乔路，西至规划支路六，东至福城路、金乔路、方元路合围区域，规划面积约3.02平方千米。该小镇总体定位为打造国家生物医药健康小镇，以健康产业为导向，聚焦发展生物医药产业，重点发展以生物医药为主导、健康保健食品和智慧医疗为支撑的“1+2”产业体系，打造集生产制造、研发创新、创业孵化、商贸物流、公共服务于一体的生物医药全产业链，塑造产业、生态、旅游、人文、居住的生态链。小镇空间规划形成“四区两廊”，集聚产业高端要素、实现产城融合发展，打造主题鲜明、功能完善、布局合理的医药健康特色小镇。其中：“四区”是指医药研发成果转化区、生物医药创新孵化区、智慧医疗器械制造区、综合配套服务区四大功能区，承担小镇产业发展、创业创新和服务配套功能；“两廊”是指沿小镇北部新建河和西部幸福河打造的两大生态走廊，承担小镇“绿肺”和“休憩”功能。该小镇已列入第一批市级特色小镇创建名单。

（严炜烽）

·装备制造业·

【装备制造业概况】 2015年，杭州市装备制造业生产、销售、利润保持中速增长。全市规模以上装备制造业企业2312个，全年完成工业总产值4680.11亿元，比上年增长9.2%；工业销售产值4600.03亿元，增长8.7%；主营业务收入4668.7亿元，增长6.1%；出口交货值887.76亿元，增长0.03%。全年实现利润425.68亿元，增长12.5%。其中：汽车制造业增长164.8%；铁路、船舶、航空航天和其他运输设备制造业增长21.4%；其他制造业增长25.8%；计算机、通信和其他电子设备制造业增长14.1%。专用设备制造业利润下降33.9%。亏损企业473个，增长36.7%；亏损额37.44亿元，增长36.4%。

杭州市装备制造业企业实施“创新驱动、高端引领、基础支撑、绿色发展”战略，出现一批工业销售产值和利润总额增长较快和平稳增长的企业。杭州华新电力线缆有限公司年销售产值增长39.3%，杭州西力电能表制造有限公司年销售产值增长20.2%，万向钱潮股份有限公司年销售产值增长13.7%，杭州电缆有限公司年销售产值增长12.0%，杭州杭锅工业锅炉有限公司年销售产值增长11.7%。万向集团公司全年利润总额增长65.1%，西子电梯集团有限公司全年利润总额增长15.7%，杭州东华链条集团有限公司全年利润总额增长39.6%，杭州杭锅工业锅炉有限公司全年利润总额增长36.3%，浙江万马集团有限公司全年利润总额增长25.3%，浙江春风动力股份有限公司全年利润总额增长24.7%。全年装备制造业企业完成新产品产值2600.58亿元，增长23.8%。

杭州市装备制造业在激烈的市场竞争中，涌现出一批具有行业重要影响力的标杆企业。以杭州制氧机集团有限公司、杭州汽轮机集团有限公司为代表的机械行业传统老企业，通过技术创新、机制创新，市场竞争能力不断提升，成为杭州机械行业转型升级的中坚力量。以杭州永创智能设备股份有限公司、杭州中泰深冷技术股份有限公司、浙江春风动力股份有限公司、浙江西子航空工业有限公司等一批民营企业在市场竞争中不断发展，突破并掌握了一批关键技术，开发出一批高附加值、高技术含量并具有较强市场竞争力的特色优势产品，成为杭州机械行业转型升级的新生力量和细分行业的龙头企业。

杭州市装备制造业布局模式从“专业化生产+块状经济”演变为“专业化分工制造+系统集成+产业集群”为主的现代生产服务体系。一批以研发、营销和售后服务为主的装备制造业专业化服务型企业逐步形成和发展，产业链向“微笑曲线”的两端有序延伸。杭州制氧机集团有限公司实施工程项目的总体设计、系统集成、成套生产、配套服务等“一揽子”功能业务，全面开展空分工程总承包业务。杭州汽轮机集团有限公司创造了一个国有工业企业“通过转型升级实现跨越式发展”的奇迹，集团提供厂房建设、流程布置、设备安装、机组运行全套服务。

年内，杭州电缆股份有限公司、杭州中泰深冷技术股份有限公司、杭州永创智能设备股份有限公司、杭州先锋电子技术股份有限公司4个企业成功上市。至此，杭州装备制造业共有33个企业上市。

【企业技术中心增至282个】 2015年，南方泵业股份有限公司成为第22批国家级企业技术中心；浙江亚通焊材有限公司、杭州乐荣电线电器有限公司、浙江春风动力股份有限公司、东风裕隆汽车有限公司、杭州万通气门嘴有限公司、广汽吉奥汽车有限公司、杭州炬华科技股份有限公司、杭州世宝汽车方向机有限公司、杭州天创环境科技股份有限公司、杭州国泰环保科技有限公司、浙江科维节能技术有限公司11个企业成为第22批省级企业技术中心；杭州吉利机械有限公司等20个企业成为第16批市级企业技术中心。至年末，杭州装备制造产业有国家级企业技术中心23个、省级企业技术中心75个、市级企业技术中心

184个，累计282个。

【11个企业入选中国机械工业百强榜】 2015年，盾安控股集团有限公司、富通集团有限公司、浙江富春江通信集团有限公司、杭叉集团股份有限公司、杭州制氧机集团有限公司、万马联合控股集团有限公司、杭州汽轮动力集团有限公司、天马控股集团有限公司、华立集团股份有限公司、杭州锅炉集团股份有限公司、杭州前进齿轮箱集团股份有限公司11个企业入选中国机械工业百强榜，占全省入选数的55%，入选企业数居全国第一位。

【30个企业产品入选国内和省内首台（套）产品】 2015年，杭州汽轮机股份有限公司、浙江中控技术股份有限公司的产品入选浙江省装备制造业重点领域国内首台（套）名单，占全省国内首台（套）产品的67%，浙江国自机器人技术有限公司、杭州永创智能设备股份有限公司等28个企业的产品入选省内首台（套）产品名单，占省首台（套）产品的30%。

【西子航空公司交付“蛟龙600”首架舱门】 1月19日，西子航空工业有限公司（简称西子航空公司）承担的蛟龙600大型水陆两用飞机投水舱门和后顶部舱门，通过中航飞机股份有限公司西安飞机分公司的质量检验，实现首架交付。西子航空公司位于杭州大江东产业集聚区前进工业园区，承接了蛟龙600飞机中机身部件上9个金属舱门（8个投水舱门和1个后顶部舱门）的研制生产工作。这次交付的舱门用于蛟龙600飞机，是国务院立项批复的三个大型民用飞机项目之一，是国内自主设计研制的大型民用特种飞机。该公司还供应中国商飞公司、庞巴迪公司、波音公司等飞机制造商的零部件。从2009年开始，该公司中标中国大飞机C919项目，负责C919大飞机舱门的研制和生产，标志着西子航空公司真正步入航空制造领域。

【杭州南车公司交付地铁列车216辆】 2015年，杭州南车城市轨道交通车辆有限公司（简称杭州南车公司）累计交付杭州地铁列车216辆。该公司以铝合金地铁列车为主打产品，兼顾城际市域动车、有轨电车等总装、检修、调试及运营维护。自落户杭州空港经济区以来，该公司注重产品质量，从工艺源头进行质量把控，识别生产工序中的每一道关键工序，得到客户好评。

【“杭叉数字工厂平台”上线】 6月，杭叉集团股份有限公司（简称杭叉集团）的“杭叉数字工厂平台”上线。杭叉集团利用云计算、物联网、移动互联技术，改善传统的生产制造过程，在提升产品生产过程管控能力和质量保障能力上取得显著效果。上线的系统主要集中在制造环节的数字化管理。生产现场员工利用移动终端可以在流水线上实时采集和查看生产进程，实时采集和查看叉车关键件数据，实时采集和查看产品质量数据。通过与智能生产设备的实时数据交互，准确掌握生产设备的运行状态和生产数据。同时通过对这些采集数据的分析，系统能自动判断每道关键工序的合格与否，并在后道进行自动控制，大大提升了产品质量的稳定性和可靠性。“杭叉数字工厂平台”后续还将在“数字化设计”“数字化服务”上进行开发和整合，真正实现产品全生命周期的数字化管理。

杭州西奥电梯有限公司机器手作业　　（余杭经济技术开发区 供稿）

【枕头坝水电站发电机组投产运行】 8月1日，由浙江富春江水电设备有限公司（简称浙富公司）设计制造的中国国电集团枕头坝一级水电站首台180兆瓦轴流转桨水轮发电机组正式转入商业运行，实现电站投产发电目标。枕头坝水电站位于四川省乐山市金口河区大渡河流域，安装4台180兆瓦的轴流转桨式机组，总装机容量720兆瓦，全部由浙富公司提供。枕头坝水电站发电机组是浙富公司自主设计制造的最大单机容量轴流转桨式水轮机发电机组，在国内同类机型中排第2位。浙富公司在多年的技术积累和消化吸收国内外先进技术的基础上，引进先进设备，不断改进工艺，大胆创新，开展多项技术攻关，攻克各种设计及制造难题，最终满足和实现该发电机组“稳定性高、结构性能优化、具备国际先进”的设计要求。该发电机组的投产运行，标志着浙富公司大型轴流转桨水轮发电机组的设计制造水平达到了世界一流水平。

【杭州富生公司与上海海立公司重组并购】 8月8日，杭州富生电器有限公司（简称杭州富生公司）与上海海立（集团）股份有限公司（简称上海海立公司）重组并购暨揭牌仪式在富阳区东洲机器人小镇举行。杭州富生公司是一个专业从事微特电机研发、制造、贸易于一体的大型民营企业，在全球制冷电机行业具有领先的市场地位。上海海立公司是国有控股的上市公司，全球最大的空调压缩机制造商之一。上海海立公司并购重组杭州富生公司后，杭州富生公司与上海海立公司显现出产业协同、资源互补的整合优势，拥有

年产2000万台以上的压缩机整机能力和年产4800万台以上的特种电机能力，成为全球最具竞争力的制冷压缩机电机及微特电机供应商。

【盾安集团为福清核电厂提供核岛防爆波阀设备】 8月12日，盾安控股集团有限公司（简称盾安集团）与中国核工业集团子公司中国核电工程有限公司签订《福清核电站5、6号机组核岛防爆波阀供货合同》。盾安集团为中国核电福建福清核电厂5、6号机组（“华龙一号”）提供两台100万千瓦级核电机组的核岛防爆波阀设备。这是盾安集团继2014年中标“华龙一号”核级冷水机组设备后，再次为“华龙一号”提供关键设备。盾安集团本次为“华龙一号”提供的防爆波阀设备主要用于核岛通风系统所有需要抵抗室外爆炸波及龙卷风的室外新风入口，在出现爆炸波及龙卷风等意外情况时，能迅速关闭隔离，防止通风系统遭受瞬时压力的冲击，保证通风系统管路及设备的完整性。

【杭汽轮公司10万等级空分装置用汽轮机试验成功】 8月24日，杭州汽轮机股份有限公司（简称杭汽轮公司）参加神华宁夏煤业集团有限责任公司400万吨/年煤制油项目配套国产化首台（套）10万空分空压组整机试验见证会。该项目配套汽轮机由杭汽轮公司负责研发、生产乃至现场安装，是国内在10万等级以上空分项目的首台（套）。10万等级空分装置用汽轮机国产化，标志着杭汽轮公司打破国外垄断，为“中国重器”崛起写下了浓重一笔。杭汽轮公司依托自主核心技术，成为全球产量最大的工业汽轮机制造商，是国际工业汽轮机市场上与西门子公司、美国通用电气公司和三菱重工业公司同具竞争力的“中国力量”。杭汽轮公司在工业领域60%的销售收入、70%的利润来自自主创新产品。近年来，杭汽轮公司的研发投入以每年15%的速度增长，占销售收入的比重超过5%。杭汽轮公司建立了生产一代、研发一代和储备一代的三层次创新体系。

【南方泵业公司的科研技术与产品在上海水展上展出】 9月23日，唯一专注于建筑给水排水行业的“BWT2015中国建筑水展”在上海新国际博览中心举办，南方泵业股份有限公司（简称南方泵业公司）在展会上展出DRL恒压变频供水设备、第五代NFWG无负压变频供水设备、NFQWG-DRL全变频罐式无负压供水设备等一系列先进科研技术与产品。此次展会以“绿色建筑，节水节能”为主题，介绍国际建筑给排水行业的最新动态，集中展示建筑给排水行业最为领先的技术与产品，是国内外给排水产品生产商、代理商、采购商、给排水设计师、政府主管部门等专业人士的年度盛会。南方泵业公司作为国内水处理和泵行业龙头上市企业，是年6月收购金山环保集团，向下游工业及市政污水处理行业拓展，股权激励到位，员工持股计划完善，建立了完善的营销服务网络，在满足国内市场需求的同时积极出口海外市场，与欧美、东南亚等50多个国家和地区建立良好的业务往来关系。

【“娃哈哈”机器人亮相中国国际工业博览会】 11月3日，杭州娃哈哈集团有限公司（简称娃哈哈集团）4个机器人亮相在上海举办的第十七届中国国际工业博览会。长得酷似长颈鹿模样的机器人名叫“娃哈哈码垛机器人”，是2012年研发成功的。这种机器人每分钟能码完30箱“爽歪歪”饮料，定位误差低于0.5毫米。除了这台长颈鹿式机器人，还展出吸管投放机、饮料装箱机、封箱机等智能设备，它们都达到国内领先水平。娃哈哈集团已经研制和正在研制的机器人涵盖各种类型，如六轴机器人、并联机器人、SCARA平面关节机器人和大负载的桁架机器人等。7月，工业和信息化部公布2015年智能制造试点示范项目名单，全国共有46个项目入选，娃哈哈食品饮料生产智能工厂名列其中，是饮料行业唯一入选的示范项目。

（金永玲）

【杭叉集团年产5万台电动工业车辆项目开工】 4月，杭叉集团股份有限公司年产5万台电动工业车辆项目动工兴建。该项目位于青山湖科技城产业园区，一期建设用地18.8公顷，是浙江省重点建设项目、省重大产业项目，也是杭叉集团股份有限公司实现转型升级的重大举措之一，项目预计在2016年底完工。杭叉集团股份有限公司位列全球叉车行业第9位，该项目的实施将提升企业研发和制造能力。

（章卓佳）

【杭氧公司实现营业收入59.81亿元】 杭州杭氧股份有限公司（简称杭氧公司）是在原杭州制氧机集团有限公司的基础上通过股份制改造设立的国内最大的空分设备和石化设备开发、设计、制造成套企业，以设计、制造、销售成套大中型空分设备和石化设备为核心业务，是国内空分设备行业唯一一个国家级重点新产品开发、制造基地，属高新技术企业，拥有国家级技术中心，享有国家外贸自营权，是国内重大技术装备国产化基地，亚洲最大的空分设备设计和制造基地，并已成为国际空分"五强"企业。杭氧公司的大型空气分离设备在国内市场占有率为41.2%。2015年，杭氧公司实现营业收入59.81亿元，比上年增长0.8%，专用设备行业平均营业收入下降13.6%，归属于上市公司股东的净利润1.33亿元，下降1.9%，专用设备行业平均净利润下降4.1%。年内，杭氧公司入选“2015中国能源装备杰出贡献企业”。

【工业汽轮机保持国内领先地位】 杭州汽轮动力集团有限公司（简称杭汽轮集团）是杭州市首批改制为政府授权经营的国有独资企业，是国内最大企业500强之一、国内制造业500强之一、国内竞争力100强之一、全国创和谐劳动关系模范企业、中国机械百强企业列第19位。杭汽轮集团拥有成员企业16个，其中全资企业2个、绝对控股公司5个、相对控股公司4个、参股公司5个。至2015年末，杭汽轮集团员工总数3800多人，其中各类专业技术人员1550人、工程技术人员920人。杭汽轮集团拥有国家级技术中心、博士后工作站、工业汽轮机研究所各1家；有数十项科研成果获省部级以上科技进步奖，其中国家科技进步一等奖项目2个、国家科技进步二等奖项目2个。杭汽轮集团是国内唯一能按用户特殊需要非标设计制造工业汽轮机的厂家，是唯一将产品打入由少数几个国际著名跨国公司控制的工业驱动汽轮机高端市场的中国企业。其工业驱动汽轮机产品在国内市场占有率始终稳定在80%以上。

（严炜烽）

【老板电器公司减员增效】 杭州老板电器股份有限公司（简称老板电器公司）是国内行业龙头企业之一，核心产品为吸油烟机、燃气灶具等厨电产品。2015年，该公司在实施“机器换人”项目后，累计减员、转岗员工近100人，减少劳动用工成本约500万元，产品品质明显提升，实现减员增效。吸油烟机钣金面板自动成型生产线，原来需要16名员工，人均日产量81件，改造后只需2名员工，人均日产量1300件，产品优质率提升62%。老板电器公司正在组织建设年产225万台厨房电器生产建设项目，总投资7.5亿元，其中设备投入3亿元。

【万向钱潮公司持续实施“机器换人”】 杭州万向钱潮股份有限公司（简称万向钱潮公司）是专业生产汽车底盘及悬架系统、汽车制动系统、汽车传动系统、轮毂单元、精密轴承等关键零部件企业，是国内最大的独立汽车系统零部件专业生产基地之一。为接轨欧美一流工厂水平，该公司以倒逼推行精益生产方式与存量装备优化改造提升为契机，持续实施“机器换人”。通过采用自动化设备替代人工，减少和避免人工操作失误，提高批量加工质量可靠性。2015年，万向节产量比公司上市时提高9.3倍，实现营业收入增加10.6倍，一线操作人员减少40%；产值综合能耗比上年降低13.4%，生产成本下降10.7%，产品稳定性提高30%。该公司围绕“自动化、智能化、省人化、少人化”的改造原则，自主开发十字轴劈面车倒角、钻孔专机，通过采用专机劈面打中心孔，十字轴四个轴头同时加工，场地面积节约80%，能耗节约78%，综合成本可降低72%。 （胡传明）

·汽车工业·

【汽车工业概况】 至2015年末，杭州市汽车工业有规模以上企业210个，全年实现工业总产值679.5亿元，比上年增长54.9%；主营业务收入649.38亿元，增长42.2%；销售产值663.27亿元，增长52.0%，利润总额51.41亿元，增长164.8%。

杭州市有整车、改装车及专用车企业23个，其中拥有整车生产资质的企业9个。东风裕隆汽车有限公司全年销售汽车6.04万辆，销售产值64.89亿元；杭州益维汽车工业有限公司销售汽车6万辆，销售产值32亿元；长安福特杭州分公司销售汽车7.1万辆，销售产值192亿元。整车产业的快速发展带动全市汽车产业的快速发展。

杭州市拥有国家级汽车工业企业技术中心4个、省级汽车工业企业技术中心16个、市级汽车工业企业技术中心29个。创新发展受到企业重视，产业研发能力提升。万向集团的“钱潮”牌万向节被评为世界名牌产品，“万向”牌轴承、汽车制动系统及浙江亚太机电股份有限公司的“湘湖”牌汽车制动系统被评为中国名牌产品。杭州市汽车零部件制造业主要产品有动力系统、传动系统、制动系统、悬挂系统及转向系统等。

杭州市推广应用新能源汽车，强化管理创新和技术创新，探索和实践适合中国新能源汽车推广应用工作的商业运营模式，发挥企业的主体作用，新能源汽车推广应用工作领跑全省，走在全国的前列。杭州新能源汽车产业寻求与比亚迪汽车工业有限公司（简称比亚迪公司）、上海汽车集团股份有限公司、浙江吉利控股集团有限公司等大企业、大集团合作，加快推进新能源汽车产业化进程和快速发展。年内，比亚迪公司杭州分公司立项的新能源汽车项目投入生产，并出口美国、英国、瑞典等国家，杭州成为“比亚迪”新能源客车的主要出口基地。杭州长江汽车有限公司投资20多亿元建设的纯电动轻型客车项目建成投产。万向集团通过国际化并购战略，加快动力电池的研发和整车技术的储备，确保其在新能源汽车产业的先发优势。万马集团、华立集团主攻充电设施、新能源物流车的研发，寻求传统装备制造产业向新兴战略产业的转变。吉利集团总投资80亿元的新能源汽车项目落户大江东产业集聚区。新能源汽车产业快速发展成为杭州工业经济新的增长点和工业投资重点。

【吉利“博瑞”外事礼宾用车交付使用】 3月20日，首批20辆、共计50辆吉利“博瑞”外事礼宾用车交付仪式在北京钓鱼台国宾馆举行，外交部部长助理钱洪山和吉利控股集团董事长李书福作为双方代表出席交付仪式。随着公务出行日趋社会化、市场化，外事礼宾用车和驻华使节用车不仅要满足公务需求，更是展示国家形象的窗口。选用吉利“博瑞”作为外事礼宾指定用车和驻华使节用车，对于展现中国品牌魅力和提升民族自豪感具有里程碑意义。

【长安福特“锐界”下线投产】 3月24日，长安福特汽车有限公司杭州分公司一期建成投产，浙江首款高端乘用车长安福特“锐界”下线。该公司选址大江东产业集聚区，总投资11.75亿美元，是杭州市引进的最大单体工业项目，一期达到完全产能后，每年可制造25万辆汽车，年产值500亿元。二期建成后，年产量达50万辆，年产值将达1000亿元。年内，该公司销售轿车7.1万辆，实现销售收入192亿元。

【杭州爱知公司年产高空作业车超1000台】 4月7日，中日合资杭州爱知工程车辆有限公司（简称杭州爱知公司）成立20周年。杭州爱知公司是生产高空作业车的专业厂家，公司前身为杭州园林机械厂。1995年4月，杭州园林机械厂与日本最大的制造商——日本爱知公司合资组建杭州爱知工程车辆有限公司，公司总部位于杭州经济技术开发区。20年来，杭州爱知公司经历市场考验，发展成稳居中国工程机械高空作业车行业首位，全国销量最大、品种最全、产品涉及领域最广、市场份额最高的高空作业车龙头企业，生产能力从最初年产100台，发展到年产1000台以上。

【“比亚迪”纯电动客车项目建成投产】 7月，比亚迪公司杭州分公司纯电动客车项目建成投产。该项目总投资15亿元，设计年产能3000辆

纯电动客车。一期投资10亿元，全年生产纯电动客车1025辆，实现销售产值19.5亿元。至年末，该公司生产的667辆"比亚迪"纯电动客车在杭州主城区30多条公交线路上投入运行。

【新能源汽车产业快速发展】 2015年，杭州市推广应用纯电动汽车11053辆，其中纯电动公交车1285辆、租赁汽车6856辆、通勤车714辆、物流快递车74辆、私人购买及其他2124辆。至年末，累计建成公交车充换电站15座、充电桩1130个；出租车充换电站92座（投入使用37座）、充电桩777个；分时租赁立体停车库30座（投入使用12座），平面站点100座、公共充电桩1000多个。新能源汽车总行驶里程5.74亿千米，其中公交车行驶总里程3.63亿千米，单车最高行驶里程54万千米。新能源出租车总行驶里程2.11亿千米，换电129.4万次。单车最高行驶里程近32.6万千米。　　（金永玲）

【新一代纯电动公交大客车首发】 9月29日，杭产"绿水青山"纯电动公交大客车首发仪式在西湖灵隐景区公交总站举行。西湖电子集团有限公司董事长章国经、市城投集团董事长冯国明分别介绍新车的研发、运营准备等工作，市长张鸿铭出席并宣布新车上路。

"绿水青山"款西湖新能源纯电动公交大客车，产自余杭区仁和街道西湖比亚迪新能源汽车生产基地，是"蓝天白云"款的升级换代车型。该车外饰方案是经过市民公开投票选定的，其简洁的"蓝、绿、白"主色调，描绘出一幅碧水青山、蝴蝶翻飞的诗情画意。其铁锂电池和轮边驱动总成及控制系统等技术世界先进，电池能量密度提升了30%，减轻了自重，增加了车内空间，提升了安全性及乘客的舒适性。"绿水青山"纯电动公交大客车安装了由西湖电子集团研制的独具杭州特色的"西湖芯"，具有实时动态行车安全信息管理、智能客流统计与行车安全视觉辅助、能耗数据采集管理、智能语音报站和手自一体化破玻璃等五大信息化智能系统，为行车安全、准点运行提供可靠保障。

（方泽民）

9月29日，杭产"绿水青山"纯电动公交大客车首发仪式在西湖灵隐景区公交总站举行。市长张鸿铭（右三）出席并为新车上路宣布发车　（方泽民　供稿）

【三花汽车零部件公司加快转型升级】 浙江三花汽车零部件有限公司（简称三花汽车零部件公司）是国内最大的汽车空调膨胀阀和贮液器产品供应商，产品广泛配套于中高档车型，是宝马、奔驰、特斯拉等知名车企的战略合作伙伴，也是通用汽车全球采购的两家供应商之一。2015年，该公司加快转型升级，专注高端装备制造，在原有技术和产品的基础上，加大新能源汽车零部件的研发，为戴姆勒、特斯拉、比亚迪等车企提供新能源汽车温控解决方案。该公司以"机器换人"为契机，在引进尖端制造设备的同时，不断提高装备的信息化、智能化和自动化水平，实现产品高标准化，减少对人工的依赖。通过引进日本、欧洲的加工中心、多工位组合加工机床等国际先进高端装备，自主开发条码扫描技术和生产数据实时无线传输系统，将信息化融入生产过程，形成国内最先进的膨胀阀和贮液器加工阵容，并在国内率先开展膨胀阀装配线自动化改造，实现装配、检测同时进行的自动装配生产线，企业在标准化、优质化、信息化、网络化方面达到国际先进水平。　　（胡传明）

·电力工业·

【电力工业概况】 2015年，国网杭州供电公司职工总数4921人（其中市本级2205人）；固定资产原值284.32亿元，净值102.19亿元。全年产值332.93亿元，上缴国家税金6.21亿元。

杭州市有35千伏及以上公用变电所350座，变电容量5887.96万千伏安；有35千伏及以上输电线路（包括电缆）834条，总长度9488.79千米；有10（20）千伏配电变压器（含用户）10.27万台，总容量5005.47万千伏安；10（20）千伏配电线路（含电缆）4577条，总长度4.06万千米。

按电度表户为计算单位，杭州市有电力用户407.603万户；全社会用电量646.38亿千瓦小时，比上年增长0.97%。供电量625.33亿千瓦小时，增长1.42%。

2015年，国网杭州供电公司全体干部员工按照"大责任、大贡献，高效率、高标准"的发展定位，各项经济技术指标良好，完成售电量606.26亿千瓦小时，增长1.45%。固定资产投资64.68亿元。实现利润总额11.47亿元。全口径劳动生产率116.38万元/人·年。全年安全生产无事故，连续安全日达到2765天。同业对标和业绩考核创造历史最好成绩，在国网大型供电企业同业对标中排第4位，在省内地市公司同业对标中首次获得综合排名第一并进入综合、管理、业绩三项标杆，萧山公司、临安公司、淳安公司包揽省内县公司同业对标三个集团第一；业绩考核在省电力公司系统中首次名列第一。年内，国网杭州供电公司获全国文明单位和省供电公司精神文明建设先进单位、安全生产先进单位等荣誉称号。

【最高用电负荷1213.81万千瓦】 8月3日14时，地区全社会最高用电负荷达到1213.81万千瓦，创历史最高负荷纪录，比上年最高负荷纪录1136.74万千瓦，增长6.78%。网供负荷1171.13万千瓦，增长8.3%。持续高温让杭州市区部分变电站出现重载甚至满载情况，相邻变电站负载率均较高，配网负荷转移困难，设备运行压力增大。为确保电网安全，保障正常供用电秩序，7月30日起，启动区域范围A级有序用电应急预案。市经信委能源监测中心和国网杭州供电公司联合对钱江新城万象城等商业综合体进行空调温度控制检查。国网杭州供电公司加强抢修力量，在全市设有90个抢修服务点，1200多名抢修人员，8支机动小分队，全力确保居民供用电安全。

【安全生产保持平稳】 2015年，国网杭州供电公司落实各级安全责任，严格执行生产计划刚性管理、同进同出等规章制度，强化作业安全管控，提升全员安全意识和管控水平。推进各类安全大检查，开展配网装置性违章、出租房用电安全专项整治，加强消防、交通安全管理。强化外协外包管理，搭建全省首家外来施工人员一体化管控平台。完善应急处置流程，积极应对“灿鸿”“苏迪罗”台风，快速做好“6·23”昌化暴雨故障抢修。加大反违章力度，查处各类违章8969人次。

【供电保障机制完善】 2015年，国网杭州供电公司完善特高压运维保障机制，完成安兰Ⅰ、Ⅱ线特高压保电任务。加强变电设备管理，优化变电站巡视模式，推行开关柜差异化检修，创新消弧线圈增容方式。落实“五个零时差”要求，建立重复停电预警机制，消除配变超过载、低电压问题。完善电力设施迁改工作流程，完成杭黄铁路等迁改工程187项。推广带电作业技术，顺利通过国网不停电作业质量评估。深化应用标准化抢修模式，扩展主动抢修范围，抢修服务满意率提升0.25个百分点。加强防外破管理，建立危险点星级评定机制，消除外破隐患49处。

【供电智能系统建设】 2015年，国网杭州供电公司加快六大智能系统建设。建立变电站智能辅助一体化监控中心，推进机器人巡检实用化运行，完善电缆运行监控平台，“智能变电站运维关键技术研究”项目获国家电网公司科技进步二等奖。创新“三遥”开关全自动状态操作、变电站10千伏母线停电负荷全自动转移等先进技术，市区配电自动化率达95%。

【电网规划管理加强】 2015年，国网杭州供电公司加强规划管理，明确规划编审的流程、职责。电网规划委员会成立，协调解决电网发展中的重大问题。研究中长期目标网架，制定“十三五”电网发展规划和配网专项规划。明确20千伏配网建设边界，合理布局大江东、钱江世纪城电网发展。完善建设管理机制，对内签订项目属地管理责任书，按照年度内控目标实施动态跟踪考核。深化政府与企业合作，电网建设目标纳入市委市政府重点督办项目，征地拆迁列入全市“清零”行动。

2015 年全社会电力消费量

表13

项　目	用电量(万千瓦小时)	为上年(%)
城乡居民生活用电	902 609.38	107.6
农林牧渔业	47 247.57	95.5
工业	4 070 222.52	96.9
建筑业	139 136.06	106.8
交通运输、仓储、邮政业	117 159.72	114.2
信息传输、计算机服务和软件业	146 489.21	118.1
商业、住宿和餐饮业	355 504.03	107.6
金融、房地产、商务及居民服务业	314 382.32	115.5
公共事业及管理组织	371 009.18	104.9
总计	6 463 759.99	101.0

【电网建设发展三年攻坚计划启动】 2015年，国网杭州供电公司针对电网发展滞后问题，启动电网建设发展三年攻坚计划。完成电网投资59.44亿元，可研、核准、投产均创历史新高。完成±800千伏灵绍特高压工程本体、接地极极址和线路的政策处理工作，确保杭州境内段线路架设全线贯通。500千伏钱江、萧东、杭州变电站升压改造获得核准。针对区域发展热点、农村电网薄弱点，启动新一轮城农网改造升级工程。召开全市城镇和农村电网改造升级工作会议。建立城农网改造领导小组。落实项目91项、开工78项。

【G20杭州峰会供电保障】 2015年，国网杭州供电公司确立“工作零差错、用户零闪动、设备零故障、服务零距离”的保电目标，成立G20杭州峰会供电保障领导小组、保电协调办公室，编制保障方案，建立“一会一报”“周督办月考核”等工作机制。向国家电网公司、省电力公司争取项目资金，获准专项保电项目77项、新增投资85.6亿元。开工建设220千伏庆隆、世纪、机场变电站等工程。加强用户侧管理，开展客户端安全评估，出台《重大活动场所用电设施配置与管理导则》，建立政府主导、用户主体、电力主动的“三位一体”客户侧保电机制。

年内，48项G20杭州峰会供电保障类项目全面开工，主供主会场的110千伏奥体变电站按期投产，场馆供电电源提升与网架改接治理、环西湖老旧设备提升改造加快推进。

【服务政府重点工程项目】 2015年，国网杭州供电公司制定业扩提质提速方案及六大配套子方案，前移供电方案编制和答复关口，深化营配调贯通应用，提前介入政府重点工程和新型产业园区建设，完成

报装容量756.5万千伏安，比上年增长15.1%，业扩报装时限缩减20%。

【供电服务能力提升】 2015年，国网杭州供电公司优化供电服务机构，成立滨江、下沙、西湖供电营业部，健全江东分中心职能，缩短服务半径、提升服务效率。夯实营销服务基础，全面开展供电服务整治提升专项行动。以全流程客户满意为导向，完善供电服务评价体系，建立多部门协同管控机制。梳理服务问题清单，开展典型案例穿透分析，落实整改提升措施78项，“95598”工单比上年下降14.7%，非故障接派单及时率、投诉处理及时率均达100%。

【电费管理加强】 2015年，国网杭州供电公司加强电费管理，将电费缴纳纳入人民银行征信体系。优化“十分钟”缴费圈，加强微信绑定宣传推广，拓展支付宝智联缴费新业务，新增电费充值卡销售网点629个、电费社会化缴费网点49个，居民代扣电子化签约比例提升至81.3%，实现电费年内全额回收。加大费控应用，远程预付费控用户达5.35万户。开展计量资产全寿命周期管理，新装智能电表74.53万户，完成老旧表箱改造11.74万只。实施错接线专项排查整治，排查用户8.76万户，发现并整改问题用户5177户。

【节能减排措施落实】 2015年，国网杭州供电公司落实国家能源战略和节能减排、大气污染防治等措施，推进电能替代和节能工作。全年完成30项合同能源管理项目，节约电量3934.17万千瓦小时。推动用电企业开展节能技术应用，实现推动社会节能1046.28万千瓦小时。协助用户利用电能代替煤、油等能源，全年指导用户开展电锅炉、冰蓄冷等电能改造项目120多项，替代电量8.88亿千瓦小时。企业内部节能6905.34万千瓦小时。开展220千伏桃源变电站、110千伏石塘变电站规划建设，投资1.2亿元完成杭钢南苑、北苑、西苑等9000多户配网改造接收。配合杭州华电半山发电有限公司2台煤机组、浙能集团萧山电厂2台煤机组在年末关停。加强路灯节能改造，主城区共计改造路灯开关箱368个，路灯5.29万盏，合计改造功率1.47万千瓦。全市路灯综合节电率达19%。

6月26日，杭州地区首座500千伏智能变电站——昇光变电站建成投入运行
（徐长松 供稿）

【绿色能源发展加快】 2015年，国网杭州供电公司宣传“以电代煤，以电代油，电从远方来”的绿色发展理念，做好增供扩销及电能替代工作，最大程度拓展市场。浙江最大渔光互补项目——110千伏舒能变电站建成投入运行，装机总容量为10万千瓦。该项目利用江东围垦区域丰富的鱼塘资源，占地约100公顷。项目全部建成并网后，年发电总量将达1.1亿千瓦小时，相当于每年可节约标准煤3.52万吨，减排二氧化碳9.46万吨、二氧化硫716万吨和氮氧化合物242万吨。完成电能替代项目150个，增加售电量8.88亿千瓦小时。推进新上小区电动汽车充电桩计量点装设工作，对接电动汽车4S店，服务前置，助力电动汽车发展。加快电动汽车快充网络建设，出台充电设施规划及建设计划，推进杭州公共服务充电设施建设，落实项目选址45处，开工项目17个。规范新能源并网流程，完成并网467户、容量16.15万千瓦。

【500千伏昇光变电站投入运行】 6月26日，1000千伏浙北—福州特高压工程的配套输出工程，500千伏昇光变电站及其220千伏送出工程（昇光—荷花、昇光—戴村各两回）建成投入运行。该变电站是杭州地区首座500千伏智能变电站，按照数字智能化标准建设，占地面积不到常规站的50%，开关实现智能化操作和数字化监控，具有设备简洁化、网络归一化、设备集成化等特点。该变电站的投入运行，为浙北地区送入最高额定容量240万千瓦的负荷，缓解杭州及周边地区用电负荷增长的压力，完善浙江主网架及负荷供给配置，满足浙北电网分层分区需要，保障杭州经济社会发展。 （徐长松）

【宏扬集团光伏电站项目竣工】 12月底，由浙江舒奇蒙光伏科技有限公司承建的宏扬6MWP光伏并网发电项目竣工。该项目不占用土地资源，充分利用公司的屋面约8万平方米，预计年发电量570万千瓦小时，与相同发电量的火电厂相比，每年节约标准煤2223吨。 （姚 挺）

信息经济

Information Economy

·信息经济综述·

【信息经济实现增加值2313.85亿元】 2015年，杭州市信息经济产业实现增加值2313.85亿元，比上年（指2014年，下同）增长25%，占全市生产总值的23%。电子商务产业实现增加值826.54亿元，增长34.5%。云计算与大数据产业实现增加值828.96亿元，增长29.6%。物联网产业实现增加值307.21亿元，增长12.7%。互联网金融实现增加值326.17亿元，增长33.5%。"智慧物流"产业实现增加值58.07亿元，增长8.4%。数字内容产业实现增加值1234.45亿元，增长35.5%。信息软件产业实现增加值1596.45亿元，增长29.4%。电子信息制造产业实现增加值557.83亿元，增长12.5%。移动互联网产业实现增加值844.71亿元，增长37.5%。集成电路产业实现增加值42.54亿元，增长8.6%。信息安全产业实现增加值221.58亿元，增长15.3%。机器人产业实现增加值15.77亿元，增长1.5%。

2015年杭州市各地区信息经济产业增加值及增长情况

表14

地　区	增加值（亿元）	比上年（%）
上城区	44.08	11.7
下城区	73.06	17.1
江干区	46.21	18.8
拱墅区	40.81	11.5
西湖区	312.32	23.4
滨江区	647.34	29.8
萧山区	105.41	19.3
余杭区	619.15	29.9
富阳区	59.33	15.3
桐庐县	19.11	20.1
淳安县	10.09	14.7
建德市	11.96	10.5
临安市	60.94	12.5
杭州经济技术开发区	81.78	13.9
西湖风景名胜区	0.76	16.9

【"两化融合"发展指数全省第一】 根据省经信委发布的《2015年浙江省区域两化融合发展水平评估报告》，杭州"两化融合"发展指数85.71，列全省第一位，比上年提高6.78。滨江区以99.96列各县（市、区、功能区）第一位。该报告评估对象涵盖全省11个设区的市和99个县（市、区、功能区），指标包括基础环境、工业应用、应用效益三大类、共23项，样本企业近2000个。全省11个设区的市中，杭州市"两化融合"基础环境指数19.10，列第二位（金华市基础环境指数19.14，列第一位）；工业应用指数43.50，列第一位；应用效益指数23.11，列第一位；"两化融合"发展总指数85.71，列第一位。99个县（市、区、功能区）中，杭州市所属的15个区县（市）（含功能区）都处于第一梯队和第二梯队。其中，11个区县（市）进入第一梯队，且全部列全省前20位，滨江区、萧山区、西湖区分别列全省第一位、第三位和第四位；4个区县（市）处于第二梯队。全市有8个区县（市）"两化融合"发展总指数超过80。（包环玉）

【《杭州市智慧经济促进条例》颁布实施】 11月7日，杭州市出台《杭州市智慧经济促进条例》（简称《条例》），并于12月1日起施行。"智慧经济"是指基于云计算、大数据、物联网、移动互联网等信息技术，以知识和数据为核心生产要素，以信息科技创新应用与产业间的协同发展为核心特征，具有自主性、创新性、协同性和可持续性的一种现代经济发展形态。《条例》分为七章，分别是总则、"智慧经济"发展规划、信息基础设施建设、"智慧经济"发展、"智慧应用"推广、保障和附则。51条具体条款涉及大数据管理机构、突出规划引领作用、加快信息基础设施建设、涵盖"智慧经济"发展各领域、强化"智慧经济"发展保障等方面。通过制度化、法律化，引领"智慧经济"这一新经济形态的发展。《条例》对信息技术专业人才培养、政府采购扶持、信息安全保障等内容做出规定。

（包环玉　胡传明）

【《杭州信息经济智慧应用总体规划》印发】 4月，杭州市印发

《杭州信息经济智慧应用总体规划（2015~2020年）》（简称《规划》）。《规划》共有七个章节，分别是“绪论”“指导思想、原则、目标与任务”“智慧产业”“智慧公共服务”“信息经济的基础设施建设”“信息经济的空间布局”“信息经济的体制机制保障”。《规划》提出信息经济产业总体目标：到2017年，增加值达到2536亿元，主营业务收入达到6500亿元；到2020年，增加值达到3805亿元，主营业务收入达到1万亿元。重点发展电子商务、软件与信息服务、电子信息产品制造、文化创意、云计算和大数据、物联网、“智慧物流”、移动互联网、互联网金融、机器人、集成电路、信息安全等12个产业。《规划》明确杭州市信息经济空间布局：以杭州国家高新技术产业开发区为核心，以城西科创产业集聚区、大江东产业集聚区为重点，以主城区、杭州经济技术开发区、萧山经济技术开发区、余杭经济技术开发区为支撑，重点辐射西面区县。（包环玉）

【“互联网+”行动实施意见发布】 11月17日，杭州市人民政府印发《杭州市人民政府关于推进“互联网+”行动的实施意见》（简称《意见》），深化互联网与经济社会各领域全面融合，加快推进杭州信息经济智慧应用发展。《意见》明确实施“互联网+”创业创新、“互联网+”制造、“互联网+”商贸、“互联网+”金融、“互联网+”农业、“互联网+”物流、“互联网+”文化创意、“互联网+”城市运行、“互联网+”交通、“互联网+”教育、“互联网+”健康医疗、“互联网+”旅游、“互联网+”公共安全、“互联网+”生态、“互联网+”能源、“互联网+”信用共16个重点行动，并从加强组织领导、加大资金支持力度、完善基础支撑、促进产业发展、强化安全保障、培育人才队伍6个方面，强化保障措施。《意见》提出到2020年，基于互联网的新业态成为经济增长新动力，互联网支撑大众创业、万众创新的作用进一步增强，成为提供和优化公共服务的重要手段；着力培育一批“互联网+”国内外知名企业，推进一批“互联网+”示范试点项目，打造具有全球影响力的“互联网+”创新、创业中心，基本形成网络经济与实体经济协同互动发展的格局。（周狄波）

【杭州被认定为国家信息消费示范城市】 10月，工业和信息化部组织开展国家信息消费试点市（县、区）评估。12月，杭州市被工业和信息化部认定为国家信息消费示范城市。信息消费是一种直接或间接以信息产品和信息服务为消费对象的经济活动，涵盖生产消费、生活消费、管理消费等领域。信息消费覆盖信息服务，如语音通信、互联网数据及接入服务、信息内容和应用服务、软件等服务形态；覆盖手机、平板电脑、智能电视等信息产品；还包括基于信息平台的电子商务、云服务等间接拉动消费的新型信息服务模式。（李京海）

【实施“一号工程”加快实体经济提升发展大会召开】 3月31日，市委、市政府召开实施“一号工程”加快实体经济提升发展大会。会上播放《“互联网+”时代，杭州制造再出发》视频短片。萧山区、杭州经济技术开发区、杭州大江东产业集聚区管委会负责人以及杭州娃哈哈集团有限公司、西子联合控股有限公司、浙江春风动力股份有限公司、西湖电子集团有限公司等企业负责人做交流发言。

【杭州市“智慧应用”推进】 杭州市按照“统筹设计、分步实施、有序推进”原则，推进“智慧应用”。市质监局承建的国家电子商务产品质量监管协作平台投入使用后，全年提供信息91.43万条。7月，国家发展改革委员会印发《关于报送信息惠民工程创新应用案例的通知》，把杭州市“健康医疗”信息惠民工程的创新与实践作为全国示范样本，向全国80个信息惠民试点城市推广。2015年，杭州市评定农村电子商务示范村12个、示范乡镇（街道）6个、村级示范服务点12个，建成村级电商服务点1806个。全市民宿（农家乐）办证1099张，建成民宿示范点34个。4月7日，住房和城乡建设部、科学技术部公布第三批国家智慧城市试点名单，富阳区“智慧常安”项目入选。杭州经济技术开发区和滨江区开展区域综合平台建设试点。其中，杭州经济技术开发区完成平台建设，并于11月底投入运行；滨江区完成江南大道到钱塘江边区域所有视频资源的共建共享。2月15日，杭州市政府出台《杭州市政务数据资源共享管理暂行办法》，发布政务数据资源目录，汇总55个单位、409条政务数据资源，开展征信数据库、电子证照数据库两个跨部门综合数据库建设。（包环玉）

【中国（杭州）智慧信息产业园开园】 2月9日，中国（杭州）智慧信息产业园开园。产业园位于拱墅区的杭州北部软件园内，处于祥园路两侧，由14幢楼宇构成，建筑面积45万平方米。主要打造移动互联网产业、工业物联网产业、互联网金融产业、传感业、智慧云服务业五大产业

2月9日，中国（杭州）智慧信息产业园开园（杭州图库 供稿）

阿里巴巴集团淘宝城外景（杭州城西科创产业集聚区 供稿）

楼宇。智慧信息产业园的三楼连廊为全国物联网展示体验长廊，面积为2000平方米，长约1千米，规划为智慧地球、时空隧道、智慧城市、智慧社区、智慧生活、智慧家居等体验馆。浙江托普云农科技股份有限公司、杭州贝腾科技有限公司、杭州集控软件有限公司、金蝶软件（中国）有限公司杭州分公司等16个企业入驻产业园。（年鉴处）

【信息经济投资基金设立】 1月，杭州市设立信息经济投资基金，采取政府管控和市场化基金管理相结合的模式，由杭州市金融投资集团有限公司的全资子公司杭州金投产业基金管理有限公司管理。该基金总规模为20亿元，其中市财政出资10亿元、市金融集团筹集10亿元。基金由市金融集团负责组建，按照"政府引导、市场化运作"的原则，通过子基金投资、定向投资等市场化模式运营，引导和鼓励投资机构以及社会资本集聚杭州，关注并投向互联网、电子商务、物联网、"智慧物流"等信息经济产业领域，促进杭州市信息产业发展。杭州市在信息经济领导小组办公室工作框架内，成立信息产业投资基金联席会议，指导基金的投资方向，考核基金的使用绩效。（胡传明 包环玉）

【信息经济智慧应用专项目标考核办法实施】 2015年，杭州市把信息经济智慧应用（"一号工程"）列入年度市级单位和区县（市）的重点专项考核。7月，市信息经济和智慧经济发展工作领导小组办公室研究并印发《〈杭州市信息经济智慧应用专项目标考核办法（试行）〉及二〇一五年信息经济智慧应用考核目标的通知》。通知明确对31个市级单位、13个区县（市）和杭州经济技术开发区的考核要求。对市级单位的考核，重点关注推进智慧应用、政务数据共享开放以及带动企业发展效应等完成情况。对区县（市）的考核，重点关注信息经济增加值、"两化融合"以及产业发展平台、重点项目建设等完成情况。根据日常跟踪、半年度抽查、年终书面审查以及对市级单位"一号工程"考核内容完成绩效的专家代表评议结果，市经信委、市委宣传部（文创办）、市卫生计生委、市公安局、市统计局、市城管委，滨江区、余杭区、西湖区获信息经济智慧应用（"一号工程"）专项考核单项奖。

【杭州市政府与阿里巴巴集团战略合作推进】 5月，杭州市政府与阿里巴巴集团战略合作协调推进小组第三次联席会议召开。双方围绕电子商务产业集聚区、互联网金融产业集聚区、云计算和大数据产业集聚区、跨境电子商务产业集聚区、智能物流产业集聚区及"信用杭州"诚信体系等方面开展合作，并实施"创办国际化学校"等12个重点项目。2月，由阿里巴巴集团和富士康科技集团联合打造的"淘富成真"创业孵化平台启动。该平台旨在为创业公司提供从技术、设计、研发到创业的全链路互联网创新服务。（包环玉）

【杭州市政府与富士康科技集团战略合作推进】 2015年，杭州市推进与富士康科技集团的战略合作，建立项目责任、项目推进周报和突出问题报告、办公例会、项目联席会议、重要事项快报专报、项目推进督查等制度。"云栖小镇"周边公交配套设施完成，新增2条公交线路，优化2条公交线路。"淘富成真"创业孵化平台举办39场路演，292个创新型企业参加，59个企业入驻云栖小镇。加快建设工程师社区，首期装修住房100套，分批解决各类技术人才的住房问题。富士康（杭州）系统工程中心的专利、标准、检测测试、新产品导入、供应链、电子商务等平台完成方案编制。10月，1200平方米的快速打样中心启用。（王明兴）

【"互联网+时代创新融合发展"论坛】 4月13日，由市经信委、杭州文广集团、团市委等单位发起、策划，以"互联网+时代创新融合发展"为主题的论坛在杭州电视台演播厅举行。万事利集团、阿里巴巴集团、德意控股集团、泰一指尚科技有限公司、汉帛国际集团有限公司等企业负责人，分别围绕"互联网+时代如何创新融合发展""2015：中国产业巨变""移动互联时代的新丝绸之路""互联网、数据、计算""拥抱互联网实现新发展""大数据助力传统媒体转型""未来时尚产业新定位"等主题做主旨演讲。财经作家吴晓波、阿里巴巴集团首席执行官、万事利总裁作为论坛嘉宾，围绕"互联网+背景下，实体经济该如何去拥抱这种变化，打好这场转型之战？""互联网企业如何与传统实体经济产业进一步深度融合，寻找下一个风口？"等话题，与企业家、大学生创业者、记者代表等进行对话交流。（包环玉）

【4个信息经济类小镇列入第一批省级特色小镇】 6月4日，第一批37个省级特色小镇创建名单公布，在杭州市入围的9个第一批省级特色小镇创建名单中，有丁兰智慧小镇、云栖小镇、梦想小镇、硅谷小镇4个信息经济类特色小镇。

丁兰智慧小镇位于江干区丁兰街道，规划面积3.2平方千米，产业及配套用地建设面积178.77公顷，其

中产业用地近53.33公顷，建筑面积100多万平方米。小镇由西子智慧产业园、智慧企业总部园、科技企业创新园3个智慧园区构成核心区域，以“互联网+软件、软件开发、信息技术研发等”新型信息服务业为主导产业。2015年，丁兰智慧小镇完成固定资产投资19.6亿元。其中，特色产业投资额6.5亿元，占44.4%；1亿元以上项目14个，建成产业楼宇20万平方米，入驻企业400多个，税收3亿元。

云栖小镇在原有转塘科技经济园的基础上打造而成，位于杭州之江国家旅游度假区，规划面积3.5平方千米。云栖小镇以云计算大数据和智能硬件产业为核心。至年末，引进企业328个，其中云计算领域企业255个。2015年，云栖小镇实现云计算领域产值近30亿元，完成财政总收入2.1亿元。

梦想小镇位于杭州未来科技城仓前区域，规划面积3平方千米，包括互联网村和天使村两个部分。其中，互联网村重点鼓励和支持“泛大学生”群体创办电子商务、软件设计、大数据、云计算、动漫等互联网相关领域的企业；天使村则重点培育和发展科技金融、互联网金融领域的企业。2015年，小镇引进创业项目500多个，新注册投资机构和各类基金108个，集聚管理资本总额362亿元。

硅谷小镇位于银湖街道，规划面积3.8平方千米，其中核心区域1平方千米。小镇以信息技术和信息服务为核心。至年末，引进“富春硅谷”、浙大网新银湖科技园、中国智谷富阳园区、颐高圣泓工业设计园、中国智慧体育产业基地等项目，总投资超过130亿元。2015年，硅谷小镇完成固定资产投入18.76亿元，入驻企业（含项目）160个，工业总产值2.51亿元，服务业营业收入23.72亿元，税收8261万元，新增财政收入5049万元。 （吴毓娟）

·云计算和大数据产业·

【云计算和大数据产业概况】 2015年，杭州市云计算与大数据产业限上企业主营业务收入1262.07亿元，比上年增长24.6%，增加值828.96亿元，占全市生产总值的8.2%。阿里云计算有限公司等骨干企业优势明显。华数集团（“华数云”）、杭州华三通信技术有限公司（“华三云”）、杭州海康威视数字技术股份有限公司（“萤石云”）、恒生电子股份有限公司（“金融云”）等企业快速发展。杭州的企业在金融、信用、安防、社会保障、财政税务、公安、交通、广播电视、教育等领域为细分行业提供云计算服务和大数据分析、保障。

【云计算和大数据产业中心三年行动计划出台】 4月2日，杭州市信息经济和智慧经济发展工作领导小组办公室印发《杭州市建设六大中心和推进智慧应用三年行动计划》。其中，包含由市经信委牵头编制的《杭州市建设全国云计算和大数据产业中心三年行动计划（2015~2017年）》。计划提出“至2017年，全市云计算和大数据产业规模显著扩大，云计算和大数据应用水平位居国内前列，发展成为全国主要的云计算规划设计、云平台提供、运维与服务的输出地，形成在大数据技术研发和应用方面全国领先、具有突出能力、产业推进效果显著的运营服务和协同创新体系，为2020年基本建成国际一流、国内领先的云计算和大数据产业中心打下坚实基础”的目标。

【杭州·云栖大会召开】 10月14~15日，杭州市政府和阿里巴巴集团联合举办的“2015杭州·云栖大会”在云栖小镇召开。大会以“互联网、创新、创业”为主题，展现云计算与各行各业的交错连接，介绍云计算产业升级和改革创新的情况。2万多名业内人士参加，219个企业参展。大会设置两个主论坛、30场分论坛和2场开发者大赛，还有“开发者之夜”环节。约150位国内外业界专家发表主题演讲。论坛期间，围绕云联世界、云栖小镇、DT技术、行业生态四大主题，邀请“阿里云”上200多个中小企业进行创新展示，展示面积约1万平方米。

【杭州大数据产业联盟成立】 12月28日，杭州大数据产业联盟成立大会暨第一次理事会召开。联盟由浙江大学、浙江工业大学、杭州电子科技大学、阿里云计算有限公司、芝麻信用、杭州联通公司、杭州海康威视数字技术股份有限公司、银江股份有限公司、城云科技（杭州）有限公司、杭州泰一指尚科技有限公司10个单位共同发起成立。大会审议通过联盟章程及2016年度工作计划，表决通过联盟理事会及秘书处名单。市经信委任指导单位，浙江大学任理事长单位，杭州泰一指尚科技有限公司任秘书长单位。联盟成立后，通过产学研合作、应用推广、标准制定、交流共享、资源整合等形式，在杭州大数据产业界形成凝

10月14~15日，“2015杭州·云栖大会”在云栖小镇召开 （杭州图库 供稿）

杭州云计算产业园 （之江度假区管委会 供稿）

聚力和推动力，推进大数据技术创新、业务创新和服务模式的创新，推动杭州市“一号工程”的发展。

【云计算与大数据产业处设立】 5月29日，杭州市人民政府办公厅关于印发《杭州市经济和信息化委员会主要职责内设机构和人员编制规定的通知》，明确在市经信委设立计算与大数据产业处。处室职能主要是负责组织、拟订并实施云计算和大数据发展规划、重点专项规划和产业政策；推进云计算和大数据产业发展，协调产业发展中的重大问题和事项；承担云计算和大数据产业的经济运行分析、产业投资、企业培育、企业服务及招商引资等相关工作。 （周狄波）

·物联网产业·

【物联网产业概况】 2015年，杭州市物联网产业以工厂物联网为突破口，推进“互联网+制造”融合发展。全市物联网产业规模以上企业135个，实现主营业务收入891.90亿元，比上年增长19.4%。

产业链不断完善。全市物联网产业涵盖感知层、网络层、应用层3个层面。在感知层领域，监控设备、RFID（无线射频识别）、智能仪器仪表、敏感元器件、嵌入式系统、无线传感设备、网络通信设备等产品门类全、应用领域广。在网络层领域，移动、联通、电信、华数等运营商为主导形成基础网络营运平台。在应用层领域，大数据、云计算等新一代网络通信技术与物联网技术融合发展，带动物联网技术在多领域的广泛应用，形成应用案例。

优势产业特色突出。杭州海康威视数字技术股份有限公司、浙江大华技术股份有限公司、浙江宇视科技有限公司3个企业的安防产品及行业解决方案在国内市场占有率超过70%。杭州海康威视数字技术股份有限公司提供的视频采集、传输、存储控制、报警、中心管理等1000多个软件系列、近1万款产品，应用于金融、公安、电讯、交通、能源、楼宇等多个领域。2015年，该公司实现主营业务收入253.28亿元，增长47.0%；实现利润67.43亿元，增长29.5%；出口额10.4亿美元，增长64%。11月，工业媒体a&s《安全自动化》发布的2015年度全球安防50强榜单中，杭州海康威视数字技术股份有限公司居“全球安防50强”第二名，并蝉联亚洲第一名。

【中国（杭州）国际传感技术高峰论坛在杭举行】 10月22日，“2015中国（杭州）国际传感技术高峰论坛”在杭州举行。300多位企业家、创业者、工程师和专家学者围绕传感器技术、市场、应用和资本等方面的内容开展交流探讨。中国工程院院士潘云鹤做题为“传感器推动的巨变”的报告。论坛期间，杭州国际传感谷推荐项目签约仪式、2015年浙江物联网传感技术创新大赛等活动举行。杭州国际传感谷位于杭州钱江经济开发区内，总规划面积约25平方千米，分培育孵化区、产业集聚区和商住配套区3个区块。按照《杭州国际传感谷建设规划（2015～2020）》，重点发展以红外线、无线、纳米、RFID（无线射频识别）为特征的新兴传感技术产业，打造“集传感器技术研发、技术应用、产业化生产、产品展示、技术交易、公共平台支撑和产学研合作一体化，绿色低碳的综合性传感器技术核心区、创新示范区、产业集聚区”。至年末，杭州国际传感谷引入杭州麦乐克电子科技有限公司、思创医惠科技股份有限公司、中国数码港科技有限公司等20多个企业。

【工厂物联网专项行动实施】 4月，市经信委出台《2015年度工厂物联网专项行动》，明确全市实施工业企业工厂物联网发展目标和工作重点。6月9日，市政府在余杭区召开“工厂物联网”推广应用现场会，市各有关部门、各区县（市）负责人参加会议，浙江春风动力股份有限公司和杭州西奥电梯有限公司负责人代表工厂物联网实施企业介绍经验。会后，全市“工厂物联网”推进工作启动。8月24日，杭州市工厂物联网示范应用推进工作小组成立，下设技术服务组、专家指导组和推广协调组，为企业实施工厂物联网提供服务保障。全市举办3期工厂物联网推广应用培训班，编印《杭州市工厂物联网推广工作手册》1000多份，并先后在建德市、萧山区、临安市、桐庐县等地组织召开化工、水泥、汽车零部件、磁性和医疗器械等行业的专场对接会，提高对工厂物联网的认识，分类推进工厂物联网项目。至年末，全市有76个项目被认定为杭州市工厂物联网项目。

【物联网示范应用项目认定】 2月，市经信委开展2015年杭州市物联网示范应用项目认定。经专家评审，聚光科技（杭州）股份有限公司等44个企业申报的项目被认定为第一批杭州市物联网推广应用示范项目。项目涵盖环保、仓储物流、交通、营销、农业、消防、医疗、节能、教学、工业制造等领域。聚光科技（杭州）股份有限公司自主研发的大气环境质量物联网智能管理平台项目，通过对大气的环境质量监测数据采

集传输，建设数据质量控制标准和流程，基于设备智能化技术，结合运营维护记录、审核和修改规则，对数据进行审核，保证统计数据和发布数据的完整性和有效性。浙江好络维医疗技术有限公司的“智慧医疗”项目，借助物联网技术，使用远程无线网络生理参数监控设备及前置信息采集端，结合慢性病智慧管理平台，以上城区服务中心为依托，以好络维健康服务中心为支撑，实时采集和完善居民健康数据，构建一个涵盖慢性病预警、慢性病治疗、健康管理、健康生活的干预、健康咨询等多方面的“智慧医疗”管理平台应用服务新模式。

（陈　蓉）

【物流公共信息平台“园区通”产品发布】 2月10日，国家交通运输物流公共信息平台与传化物流集团共同举行“全国中小公路物流企业发展峰会暨国家交通运输物流公共信息平台园区通产品发布会”，“园区通”产品正式落户杭州。该平台由交通运输部和浙江省政府牵头、传化物流集团承建。平台每日信息交换量200万条。信息平台可以解决传统物流中货车空车返回的问题。物流公司通过平台获取货源信息，提前把货配好并运回出发地。信息平台可以解决保障问题，线上线下相结合，围绕司机的吃、住、行和货车的停车、加油、维修配套，提供“一站式”服务。信息平台可以解决贷款问题，为货车司机和物流企业解决线上支付、小额贷款、保险等金融需求。国家交通运输物流公共信息平台“园区通”产品整合线下公路港、物流园区和线上云平台，提供物流园区从设计、运营到管理的智能服务和运输企业信息化管理的解决方案，提升物流园区管理的信息化水平。

【“利尔达”物联网科技园开园】 2015年，利尔达科技集团股份有限公司（简称利尔达科技集团）实现营业收入11.5亿元，有员工900多人。利尔达科技集团的核心技术取得重大突破，该集团的物联网无线收发器在能耗不变的前提下，通信距离提高4倍～8倍。4月，集团投资建设的利尔达物联网科技园开园。科技园位于杭州未来科技城，建筑面积14.5万平方米，项目总投资4.5亿元，入驻物联网企业37个。该园采用利尔达科技集团自主开发的“智慧园区”管理系统。（胡传明）

·信息软件产业·

【信息软件产业概况】 2015年，杭州市软件和信息服务业实现增加值1596.45亿元，比上年增长29.4%，占全市生产总值的15.9%。全市软件和信息技术服务业完成软件业务收入2553.7亿元，占全国软件业务收入的6.0%，列全国中小城市第五位，在15个副省级城市中列第三位（深圳列第一位、南京列第二位）；比上年增长25.0%，增速在15个副省级城市中居第六位。

在软件业务收入中，软件产品收入827.3亿元，增长18.1%，增速高于全国平均水平1.65个百分点；信息技术服务收入1608.83亿元，增长29.4%，高于全国平均水平10.97个百分点；嵌入式系统软件收入为117.57亿元，增长19.0%，高于全国平均水平7.15个百分点。软件业务出口额21.84亿美元，增长11.7%，高于全国平均水平6.36个百分点。

【中国软件名城创建深化】 杭州市加强部、省、市合作，坚持创新思维、整合资源、统筹协调、突出重点，有效推进软件和信息服务业发展。适时组织软件和信息服务企业与传统产业对接。鼓励软件和信息服务企业参展中国国际软件博览会、世界互联网大会·互联网之光博览会、中国（杭州）国际电子商务博览会等展会，打造杭州软件的整体品牌。2015年，全市有5个企业入围2015年中国互联网企业100强名单，分别是阿里巴巴集团、杭州顺网科技股份有限公司、天鸽互动控股有限公司、杭州斯凯网络科技有限公司、核新同花顺网络信息股份有限公司。9个企业入围“2015年（第十四届）中国软件业务收入前百家企业”，分别是杭州海康威视数字技术股份有限公司、浙江大华技术股份有限公司、恒生电子股份有限公司、中控科技集团、信雅达系统工程股份有限公司、银江股份有限公司、阿里云计算有限公司、杭州士兰微电子股份有限公司、杭州和利时自动化有限公司。

【软件和信息服务业产业结构优化】 杭州市软件和信息服务业总体呈橄榄形发展态势。软件产品、嵌入式系统软件增速低于全国平均水平，信息技术服务业增速高于全国平均水平。2015年，安防监控产业保持快速增长，全市信息安全产品收入150.1亿元，比上年增长201%，高于全国平均水平184.5%；电子商务服务、集成电路设计产业稳定增长，电子商务平台服务收入、集成电路设计收入分别为856.24亿元和245.07亿元，增长23.2%和21.5%。

【4个企业软件业务收入超过100亿元】 浙江天猫技术有限公司、淘宝（中国）软件有限公司、支付宝（中国）网络技术有限公司、网易（杭州）网络有限公司4个企业软件业务收入超过100亿元，占全部软件业务收入的34.8%；杭州海康威视数字技术股份有限公司等24个企业软件业务收入超过10亿元，占全部软件业务收入的35.4%；软件业务收入5亿元～10亿元企业有16个，占全部软件业务收入的4.3%。软件业务收入5亿元以上企业占全部软件业务收入的74.5%。

阿里巴巴集团的浙江天猫技术有限公司、淘宝（中国）软件有限公司、支付宝（中国）网络技术有限公司、阿里巴巴（中国）网络技术有限公司、阿里云计算有限公司、阿里巴巴（中国）软件有限公司6个企业实现营业收入1053.95亿元，比上年增长32.4%；实现利润410.83亿元，增长4.4%；上缴利税128.85亿元，增长7.9%。

【软件和信息服务企业研发经费259.32亿元】 2015年，软件和信息服务企业研发经费259.32亿元，比上年下降4.3%，主要原因是纳入统计企业个数减少165个。企业研发经费投入占软件业务收入的10.2%。673个企业实现利润总额754.74亿元，比上年873个企业实现利润总额增长11.6%；软件著作权登记7640件，比上年增加146件。

10月23~25日，“2015中国（杭州）微商产业博览会”在杭州和平国际会展中心举行（杭州图库 供稿）

【移动互联网产业实现增加值845亿元】 2015年，移动互联网产业实现增加值845亿元，比上年增长35.5%。全市323个移动互联网企业实现软件业务收入1568.84亿元，增长28.4%，增幅高于全部软件和信息服务业软件业务收入3.45个百分点。移动互联网企业软件业务收入占全部软件和信息服务业软件业务收入的61.4%。移动电子商务、网络游戏、互联网金融、自动化控制、网络视频等行业成为引领移动互联网发展的主导行业。（张向荣）

【移动互联网专项行动】 2015年，杭州市建立和完善移动互联网企业数据库，深入部分企业调查研究。通过移动互联网专项行动，明确职责分工，协同推进。8月，市经信委与杭州市软件行业协会合作举办“中国互联网+时代的资本之路”主题活动。通过主题讨论、互动对话交流，实现投融资机构、银行与企业的对接合作。8月6日，中国电子商务协会移动应用培训服务专委会在浙江省人民大会堂正式成立，有会员企业180多个（其中杭州市80多个），每月组织2次网络在线培训服务和线下培训服务。专委会制定《移动电商培训和运行服务标准》《微商创业者服务行为规范》等准则规范。10月，市经信委联合杭州市电子商务协会成立杭州首个针对微商的社会团体组织“杭州市电子商务协会微商专业委员会”。机构设在杭州运通网城微创业园。10月23~25日，“2015中国（杭州）微商产业博览会”在杭州和平国际会展中心举行。杭州市组织微商系统的服务商、微商品牌、微商金融服务商、创投公司等企业参加博览会，搭建全产业链平台。（胡传明）

·电子信息制造产业·

【电子信息制造产业概况】 2015年，杭州市规模以上电子信息制造业实现主营业务收入1984.67亿元，比上年增长10.8%，增幅高出全市规模以上工业平均水平11.9个百分点，占全省电子信息制造业主营业务收入的30.9%。增加值557.83亿元，增长12.5%；增加值占全市规模以上工业增加值的19.2%，增幅高出全市规模以上工业7.1个百分点。利润总额232.98亿元，增长13.3%；利润占全市规模以上工业利润的26.4%，增速高出全市规模以上工业10.87个百分点。

产业集聚度提高，滨江区、杭州经济技术开发区、富阳区、余杭区、临安市、萧山区6个地区的主营业务收入占全市电子信息制造业的92.8%。杭州成为国家电子信息产业基地、国家集成电路设计产业化基地、国家通信产业园（滨江）、国家光纤光缆产业园（富阳）、国家计算机及网络设备产业园（杭州经济技术开发区）、国家数字家庭产业基地，企业发展形成一条完整的产业链。

大企业和大集团优势明显。万马集团等7个企业入围全国电子100强。富生电器股份有限公司等7个企业入围全国电子元件100强。杭州华三通信技术有限公司等13个企业入围2015年浙江省电子信息制造业30强。根据IMS（国际权威调查机构）发布的《2015全球视频监控设备市场研究报告》，杭州海康威视数字技术股份有限公司列全球视频监控企业第二位、DVR（硬盘录像机）第一位。

【8英寸集成电路芯片生产线建设项目开工】 7月，杭州士兰微电子股份有限公司8英寸集成电路芯片生产线建设项目开工。项目计划总投资10亿元，规划用地总面积5.32万平方米，项目建设周期24个月，建成后形成月加工8英寸硅片5万片的生产能力。2014年11月17日，该项目作为2014年第二批重大创新项目通过专家评审。2014年11月25日，杭州市政府印发《关于杭州士兰微电子股份有限公司8英寸集成电路芯片生产线建设有关问题的专题会议纪要》。2015年4月，项目完成规划变更批复，并完成备案变更。2015年7月，办理完成项目施工前的各项审批手续，并于7月中旬开始土建施工，预计2016年12月底投产。

【杭州海康威视数字技术股份有限公司桐庐生产基地一期竣工】 12月，杭州海康威视数字技术股份有限公司桐庐生产基地一期工程竣工。项目一期工程位于富春江科技城，2014年12月10日开始施工，总投资10亿元，规划用地面积20公顷，厂房、办公楼等建筑面积30万平方米，主要生产安防监控领域音频和视频采集、处理设备，实现年产值200亿元以上。9月，该公司桐庐生产基地项目二期工程启动。二期工程计划总用地面积33.33公顷，建设厂房26万平方米，综合楼和食堂1万平方米，宿舍用房7万平方米。

【杭州企业获国家集成电路产业投资基金】 2月，杭州士兰集成电路有限公司获国家集成电路产业投资基金6亿元，用于8英寸集成电路芯片生产线的建设。6月，杭州长川科

技股份有限公司获国家集成电路产业投资基金5000万元，用于购买集成电路芯片测试设备。国家集成电路产业投资基金于2014年9月24日设立，采用公司制形式。基金重点投资集成电路芯片制造业，兼顾芯片设计、封装测试、设备和材料等产业，实施市场化运作、专业化管理。

（方义务）

【西湖电子集团稳步发展】 西湖电子集团有限公司（简称西湖电子集团）总部位于杭州市中心高新技术开发区，以新能源汽车产业为主业，以“智慧交通”、“智慧社区”、通信产品、电子信息、房地产开发、软件园区等多种产业的综合性产业布局。有数源科技股份有限公司、杭州西湖比亚迪新能源汽车有限公司、杭州西湖新能源汽车运营有限公司、杭州西湖新能源科技有限公司、杭州西湖新能源投资有限公司、数源移动通信设备有限公司、杭州易和网络有限公司、杭州西湖数源软件园有限公司、杭州中兴房地产开发有限公司、浙江数源贸易有限公司、西湖集团（香港）有限公司等10多个全资、合资与控股企业。至年末，西湖电子集团注册资本2.66亿元，总资产72.25亿元，净资产15.71亿元。2015年，实现销售收入56.83亿元，比上年增长104.7%；利润总额8644.11万元，增长80.7%；缴税费1.13亿元，增长19.1%。

西湖电子集团采用租赁运营模式推广新能源汽车，在杭州市集中投放“蓝天白云”和“绿水青山”两款纯电动公交车共810辆，开通纯电动公交车线路32条，配套建成公交充电站15座，充电桩1213个。推出的纯电动公交车全年总行驶里程2415万千米，节约柴油966万升，减少二氧化碳排放3.5万吨。在市质监局的牵头下，以西湖电子集团为主起草的杭州市地方标准——《电动汽车充电站管理和服务规范》于7月发布并实施。公司与市城管委合作，对黄姑山路上的路灯杆进行新能源智能化改造，实现路灯节能、电动汽车充电、移动手机客户端交互等功能。6月，西湖比亚迪新能源汽车生产基地一期工程——新能源客车生产和出口基地竣工投产，年生产能力3000辆。

推进“智慧交通”产业。西湖电子集团设计开发“动态显示路牌”“车载信息终端”“智能手自一体破玻璃系统”“客流统计及智能图像检测系统”以及“智能驾驶视觉辅助系统”等一系列新能源大客车配套产品。公司开发V-smart公交与出租车智能化车联网系统，建成并启用新能源汽车与充电设施数据采集中心。在工业和信息化部与浙江省合作推进的“基于5G宽带移动互联网的智能汽车、智慧交通应用示范”项目中，公司承担新能源汽车“智慧分享”“智慧充电”“智慧运营”等课题的研发和展示。自主研发的智能车载终端、监控和报站系统、智能充电桩等汽车电子产品，除在杭州批量应用外，还输出到比亚迪股份有限公司、长安汽车股份有限公司等多个汽车厂商。

数源科技股份有限公司申报的“面向新能源电动大巴车载智能终端和智慧公交服务平台研发及产业化”项目入选2015年浙江省电子信息产业重点A类项目，“新能源汽车充电桩主控系统”项目通过杭州市国内首台（套）重大技术装备及关键部件产品认定。数源科技股份有限公司、杭州易和网络有限公司分别通过高新技术企业的再次认定。全年申请技术专利37项，其中发明专利5项、实用新型专利14项、外观专利18项；授权技术专利15项，其中发明专利2项、外观专利13项。获得软件著作权7项。

西湖电子集团与下属的15个单位、部门和入驻西湖数源科技软件园的30多个单位签订《安全生产目标管理责任书》《治保、消防安全目标管理责任书》。根据餐饮业的特点，与5个租赁餐饮单位签订《消防安全目标管理责任书》，对消防安全工作提出具体要求。全年组织安全检查156次，发现事故隐患153个，整改隐患153个，整改率100%，投入安全整改费用14.4万元。围绕“加强安全法制，保障安全生产”的主题，进行“安全生产月”摄影比赛、举办“互联网+安全答题”、组织消防灭火应急疏散演练6场。全年培训企业安全生产负责人、安全生产管理员、特种作业人员、新进员工380多人次。

【“数源科技”和“易和网络”通过高新技术企业再次认定】 2月，浙江省高新技术企业认定工作领导小组办公室转发全国高新技术企业认定管理工作领导小组办公室《关于浙江省2014年第一批高新技术企业备案的复函》，确定浙江省721个企业为国家级高新技术企业，并颁发“高新技术企业证书”。西湖电子集团所属的数源科技股份有限公司和杭州易和网络有限公司两个企业通过再次认定。

按照企业申请，经市、省、国家科技主管部门逐级审核等程序评审，数源科技股份有限公司和杭州易和网络有限公司的企业研究开发组织管理水平、科技成果转化能力、自主知识产权数量、销售与总资产成长性等指标符合《高新技术企业认定管理工作指引》的要求。根据规定，两个企业通过再次认定后三年内（2014~2016年），将继续享受高新技术企业的相关优惠政策，即按15%的税率缴纳企业所得税。

【“智慧公交”项目列入省重点A类项目】 3月，省经信委发文《关于印发2015年省电子信息产业重点项目计划的通知》，公布2015年省电子信息产业重点项目计划。数源科技股份有限公司申报的“面向新能源电动大巴车载智能终端和智慧公交服务平台研发及产业化”项目，列为A类重点项目计划。

省电子信息产业重点项目计划是根据省政府《关于加快发展信息经济的指导意见》精神和《浙江省经济和信息化委员会关于组织报送2015年浙江省电子信息产业重点项目的通知》要求，在企业自主申报和各县（市、区）经信局推荐的基础上，经省经信委依据统筹兼顾、综合平衡、合理布局、扶优扶强等原则综合评定。该计划项目180个，其中A类项目58个、B类项目122个。数源科技股份有限公司申报的项目面向新能源电动大巴，采用物联网和车联网技术，研发集行驶记录、GPS定位监控、公交线路存储、自动报站、视频存储传输、多媒体信息发布等功能于一体的车载智能终端。通过采集车辆、驾乘、充电设施等数据，构建智慧公交服务大数据平台，实现公交车辆运营调度的智能化。

【西湖电子集团国家级企业技术中心通过综合评价】 12月，国家发展改革委员会发布《国家发展改革委办公厅关于发布国家认定企业技术中心2015年评价结果的通知》，公布2015年国家级企业技术中心评价结果，西湖电子集团国家级企业技术中心以77.9分的总得分通过，列浙江省电子信息行业第二名。国家级企业技术中心是由国家发展改革委员会、科技部、财政部、海关总署、国家税务总局五部委联合认定，由国家发展改革委员会牵头组织相关部委每两年进行一次综合评价，评价内容涵盖创新机制、技术与人才、产出与效益等30多项指标内容，根据评价结果优胜劣汰。全国1098个企业参加2015年国家级企业技术中心评价，其中8个被认定为不合格，撤销国家级企业技术中心资格。

（方泽民）

·机器人产业·

【机器人产业概况】 2015年，杭州市机器人产业整体保持平稳发展势头。全市纳入统计的机器人企业主营业务收入50.18亿元，比上年增长5.9%。杭州市机器人重点企业发展势头良好。浙江国自机器人技术有限公司产值增长111.3%，利润增长127.6%；杭州新松机器人自动化有限公司产值增长21%；杭州赫瓦机器人技术开发有限公司产值增长32%，利润增长800%；杭州高博智能机器有限公司产值增长86%；浙江鼎炬电子科技股份有限公司产值增长65.1%。

杭州机器人产业产品类别全面，覆盖机器人产业链主要环节。“娃哈哈”精密机械机器人应用于食品、饮料等行业；“国自”机器人应用于电力、食品饮料、电子机械、民用等领域；“日鼎”机器人应用于纺织行业；“中亚”和“永创”机器人应用于包装行业；“新松”机器人应用于物流、军工等行业。

杭州市机器人产业具有良好基础，有中控科技集团有限公司、杭州和利时自动化有限公司、浙江拓峰科技有限公司等自动化公司。杭州市机器人科研机构丰富，有工业自动化国家工程研究中心、工业控制技术国家重点实验室和浙江大学智能系统与控制研究所，浙江大学机器人研究中心，浙江工业大学特种装备制造与先进加工技术教育部重点实验室及杭州电子科技大学智能与控制实验室。

1月，浙江正泰中自控制工程有限公司的“Chitic>中自”商标被认定为浙江省著名商标。2015年，杭州永创智能设备股份有限公司年产值突破10亿元。5月，公司在上海证券交易所主板上市。11月，杭州凯尔达机器人科技股份有限公司在“新三板”挂牌上市。

【智能移动机器人数字化生产车间项目】 9月，杭州新松机器人自动化有限公司的智能移动机器人数字化生产车间项目正式开始建设。项目计划总投资5000万元，实施周期为2015年9月至2018年12月。其中，一期智能移动机器人自动化生产线建设投入1276.7万元，计划于2016年7月建成投产。新松移动机器人数字化生产车间实现“用机器人生产机器人”的信息化、数字化、智能化生产及管理模式。项目建成后，预计产品生产节拍为30分钟/台，达到年产AGV（自动导引运输车）4000台的能力。

（王明兴）

【“机器换人”重点项目实施675个】 “机器换人”是以现代化、自动化的装备提升传统产业，推动技术红利替代人口红利，成为新的产业优化升级和经济持续增长的动力。2015年，杭州市共组织实施“机器换人”重点项目675个。全市规模以上工业从业人员数比上年下降2.3%，每万元工业增加值从业人员数下降10.3%，单位工业增加值直接材料消耗下降12.9%。浙江金固股份有限公司生产轿车、卡车、客车、重型汽车车轮500多个品种，年生产能力达1800万只。公司实施“机器换人”计划，投入资金4.85亿元（其中设备投资4.4亿元），完成年产350万只高强度钢制滚型车轮和200万只高强度钢制车轮技术改造项目，实现生产过程全流水线化，提高生产线自动化、智能化、网络化水平。杭州老板电器股份有限公司核心产品为吸油烟机、燃气灶具等厨电产品。该公司实施“机器换人”计划，总投资近5亿元，引进国外进口先进设备，建设完成中国厨房电器创业产业园。实施“机器换人”项目后，累计减员、转岗员工近100人，减少劳动用工成本约500万元。4月，公司开始建设年产225万台厨房电器的生产建设项目，总投资7.5亿元，其中设备投入3亿元，提升自动化水平。

（韩世福）

【“机器换人”产业基金成立】 6月10日，杭州市“机器换人”产业联盟成立“机器换人”产业基金，首期融资规模10亿元。根据产业基金条约，省“机器换人”产业联盟为杭州市提供首期融资贷款，支持“机器换人”上下游企业协同发展，并建立“机器换人”企业融资绿色通道，申请流程简单快捷，贷款利率优惠。“机器换人”产业基金的设立使中小企业可以通过设备抵押租赁、供应链金融服务、经营性物业贷款等方式解决融资瓶颈。成立仪式上，德意电器股份有限公司、杭州吉达汽车配件有限公司、杭州海尔希畜牧科技有限公司与省“机器换人”产业联盟签订“机器换人”产业基金融资意向书。

（胡传明）

【智能制造促进产业转型发展的指导意见发布】 5月，市经信委起草《杭州市推进智能制造促进制造业转型发展的指导意见》，召开专家、企业家和行业协会座谈会听取意见，征求各区县（市）政府和市各有关部门的意见，并于网上公开征求意见。8月10日，经市政府常务会议审议通过。8月21日，《杭州市人民政府关于加快推进杭州市智能制造促进产业转型发展的指导意见》（简称《指导意见》）印发。《指导意见》提出要加快发展智能制造技术、产品和服务，加快传统制造业智能化改造，加强工业基础能力建设，积极培育战略性新兴产业，全面推行绿色制造，加快工业园区提升发展6项任务，为推动杭州市制造业向智能化、绿色化、高端化发展明确发展路径。

【智能制造服务小组成立】 10月27日，由杭州市自动化领域的研究机构、智能制造集成应用骨干企业、机器人重点企业等专家组成的智能

制造推进服务小组成立。服务小组由15个单位组成，分为3个小组，组长单位分别是杭州新松机器人自动化有限公司、中国机械科学研究院浙江分院和杭州市自动化研究院。小组旨在为企业智能化改造提供咨询、诊断、方案策划、项目实施等服务。11月，小组就浙江盛达铁塔有限公司实施"机器换人"项目进行上门服务。双方就公司提出的"机器换人"具体方案进行讨论，并对车间生产现场进行考察。12月，小组赴桐庐参加医疗器械行业工业物联网、机器人推广应用对接会。桐庐医疗器械行业协会及浙江天松医疗器械股份有限公司、杭州康基医疗器械有限公司、桐庐康尔医疗器械有限公司等10多个医疗器械生产企业参加会议。

【杭州市首批智能制造示范试点项目确定】 5月20日，市经信委印发《关于申报2015年杭州市智能制造示范应用项目的通知》。各区县（市）经信部门推荐企业申报智能制造应用项目90个。市经信委对企业申报材料进行初审，9月底组织专家评审，11月3日提交党委会审议。市经信委相关产业处室、专家及浙江省工业经济研究所对评审通过的50个项目进行现场调查核实，删除不符合试点要求的项目。12月14日，提交党委会再次审议，确定全市首批智能制造应用试点项目30个，并发文公布。

【中国3D打印技术产业联盟理事会议在萧山区召开】 1月25日，由中国3D打印技术产业联盟主办，萧山区政府、浙江省3D打印技术产业联盟、杭州先临三维科技股份有限公司承办的中国3D打印技术产业联盟2015年第一次理事会会议在萧山区召开。来自全国的100多名联盟成员代表参加。会议总结2014年全国3D打印联盟工作，重点分析3D打印行业存在的问题和困难，研究制订2015年工作计划。会议期间，萧山区举行3D产业园推介会。产业园位于湘湖新城，依托杭州先临三维科技有限公司等企业的优势，引进3D打印领域的国际企业和研究机构。有18个高新项目入驻产业园。

11月11日，杭州先临三维科技股份有限公司宣布注资1000万元成立全资子公司——杭州先临三维云打印技术有限公司，统筹母公司在全国线下分布的10多个打印服务中心，通过"云协同"和"云整合"方式，实现3D打印分布式制造，优化3D打印服务行业的资源分配，提高整体利用率。（王明兴）

·信息安全产业·

【信息安全产业概况】 2015年，杭州市信息安全产业增加值221.58亿元，比上年增长15.3%。在身份识别验证技术、数据存储与数据安全、电子数据保全、信息安全管理产品、网络安全检测与防御、信息安全综合服务等行业中，涌现一批关键产品具有自主知识产权的企业。

杭州市网络与信息安全协调小组办公室（市经信委）指导各区县（市）、市级部门开展网络与信息安全保障工作，特别对重要时间段的保障任务做重点部署，保障网络与信息安全。6月15日，杭州市举办全省网络与信息安全高峰论坛杭州分论坛，提升相关单位的安全意识和防护能力，市级单位、各区县（市）共80多人参加。9月15日，杭州市网络与信息安全协调小组办公室（市经信委）组织召开2015年杭州市重要信息系统单位信息安全工作会议，传达国家和浙江省关于开展网络安全检查的精神，分析当前网络安全面临的严峻形势，部署2015年网络安全检查工作。全市重要信息系统单位共120多人参加。

【杭州市信息安全产业园开园】 11月6日，杭州市信息安全产业园开园授牌暨签约仪式在萧山区钱江世纪城举行。园区占地面积3公顷，建筑面积15万平方米，主要由国泰科技大厦、联合中心南区、联合中心北区、鲲鹏中心等5幢甲A级商务写字楼组成。园区采用企业化运营模式，由园区投资方成立运营管理公司对园区的规划、招商、运营进行统一管理，为企业量身打造"物业管理服务、生活配套服务、专业咨询服务、金融服务、产业联盟支持"五大贴身定制服务。产业园针对入驻企业推出"人才引进及培养、地方财政奖励、科技创新奖励、新引入企业租金优惠和装修补贴、公共服务平台发展扶持、总部经济发展扶持"等入驻支持政策。园区重点发展云计算安全产业、电子商务安全产业、移动安全产业和物联网安全产业，并以信息安全产业为基础向信息产业的上下游扩展。

【信息安全企业推介活动】 6月1~7日，杭州市参与"第二届国家网络安全宣传周"相关活动，协调并推进杭州海康威视数字技术股份有限公司、阿里云计算有限公司、浙江政安信息安全技术研究中心有限公司、浙江远望信息股份有限公司、杭州安恒信息技术有限公司等企业到北京参展，宣传和推广杭州信息安全企业和产品。11月4~6日，市经信委以浙江·杭州国际人才交流与项目合作大会为契机，推介产业园，促进网络安全、数据安全等网络和信息安全产品的自主研发与产业化。依托第二届世界互联网大会、工业和信息化部应急产品征集、《中国应急产品实用指南》丛书编辑等契机，市经信委组织杭州的信息安全企业参与，帮助企业扩大影响、拓展市场。市经信委以全市重要信息系统单位信息安全工作会议、企业信息安全管理和技术体系培训班、信息安全攻防演练等活动为平台，邀请信息安全服务企业介绍信息安全技术发展情况，提出相关领域解决方案，为供需双方搭建桥梁。

【信息安全基础保障体系完善】 2015年，市经信委推进杭州市政府重要网站统一安全监测、政府重要数据灾难备份服务、数字证书运营维护项目的实施，督促检查服务质量和进度，数字证书新老系统完成过渡。9月20~25日，组织信息服务技术人员培训，累计培训人数2400多人。为50个政府部门和项目的重要信息系统提供数据灾难备份服务。全年对50个政府部门的门户网站进行24小时不间断安全监测，及时发现问题和隐患，促进系统的加固和防护水平提升。

【信息安全队伍建设】 9月15日，市经信委举办面向政府部门信息安全工作人员的"互联网+安全培训班”。9月20~24日，市经信委在杭州电子科技大学（文一校区）举办面向信息安全服务企业技术人员的信息安全技能培训班，并于9月25日举办信息安全技能大赛，23支代表队共69人参加。大赛获胜的前十强单位作为杭州市网络与信息安全应急处置推荐单位。10月22~23日，举办面向工业信息、企业信息安全工作人员和管理队伍的“信息安全管理与技术体系培训班”。（李秀先）

·信息基础设施建设·

【信息基础设施建设概况】 2015年，杭州市城域网出口带宽扩容，从1.2太字节（TB）扩容到3.6太字节（TB）；因特网出口带宽2550吉字节（GB）。全市基本实现光网全覆盖，城区光纤覆盖率100%，农村区域覆盖率97%。全市城镇区域具备100兆位/秒（Mbps）宽带接入覆盖能力，农村家庭宽带具备20兆位/秒（Mbps）接入覆盖能力。“村村通”工程取得成效，100%的行政村通电话，100%的乡镇通互联网，100%的乡镇和100%的行政村基本具备宽带接入能力。杭州市建成数据中心（10个标准机架以上，包含云数据中心）45个。建成数据中心总机房面积17.52万平方米，设计机架3.75万个，使用服务器31.85万个。

至年末，全市互联网宽带接入用户384.3万户，比上年增长7.3%。全市固定电话用户284万户，减少5.4%。移动通信网络实现3G网络全覆盖，3G网络用户超过682万户。杭州是全国首批TD-LTE4G移动通信网络试商用试点城市之一，全市4G基站2.04万个，人口覆盖率99%，4G用户656万户。8月，杭州成为全国首个“4G+”商用城市，区域全路段下行吞吐率提升至66兆位/秒（Mbps）。全市4G基站全部实现VOLTE高清语音功能。

9月，杭州市政府决定成立杭州市信息基础设施建设工作领导小组。组长由副市长张耕担任，副组长由市政府副秘书长李强煜、市经信委主任洪庆华担任。领导小组下设办公室（设在市经信委），负责日常工作。

【杭州互联网国际通信专用通道申报获批】 11月25日，工业和信息化部组织专家对杭州设置互联网国际通信出入口专用通道（简称国际通信专用通道）的申报方案进行评审，并最终批复同意该申报方案。根据批复，为支持杭州国家级服务外包示范城市的发展，提升杭州国家高新技术产业开发区（滨江）和中国（杭州）跨境电子商务综合试验区等园区的国际互联网通信服务水平，同意建设杭州至上海互联网国际出入口局（国内侧）的互联网国际通信专用通道。

根据建设方案，每台核心路由器以2条10千兆位/秒（Gbps）链路上联杭州骨干节点、以2条10千兆位/秒（Gbps）链路上联上海国际互联网出入口，每台核心路由器需要加载上联链路。专用通道拥有两对、4台核心路由器，杭州国际通信专用通道在建设初期的总容量为160千兆位/秒（Gbps）。（李京海）

【数据中心建设】 至年末，全市共建成数据中心（包含云数据中心）45个，规划建设17个，拟扩容5个。建成的数据中心总用地面积20.09万平方米，总机房面积17.52万平方米，累计机架3.75万个，使用服务器31.85万个。其中，西湖区建成数据中心7个、下城区4个、滨江区7个、拱墅区3个、江干区2个，杭州经济技术开发区2个、萧山区9个、余杭区6个、富阳区1个、临安市2、桐庐县1个、建德市1个。建成的45个数据中心中，由政府建设的13个，运营商建设的25个，其他社会企业建设的7个。其中，云数据中心5个，占11.1%。数据中心用电平均价格为每千瓦小时0.788元，大型数据中心获大工业用电的支持政策，用电平均价格为每千瓦小时0.775元。69%数据中心的能源效率指标低于2.0，平均能源效率指标为1.75。大型数据中心平均能源效率指标为1.51。（严炜烽）

【杭州市免费无线网络推广】 2015年，以华数集团为主承建的“爱杭州”（i-hangzhou）无线网络项目逐步覆盖杭州。重点公共场所部署开放免费无线网络点位数6500多个（主城区4600个，区县免费无线网络以及主城区其他SSID形式的免费无线网络约1900个），无线访问接入点的在线率93%。累计注册用户数超过320万人，全网月平均用户连接次数1300万人次、流量约280太字节（TB）。

【杭州市政府与铁塔公司战略合作】 1月，杭州市政府与中国铁塔股份有限公司浙江省分公司（简称中国铁塔浙江公司）签署战略合作协议。中国铁塔浙江公司以加快移动通信基础设施建设为主要任务，提高资源利用效率，推动杭州全国信息消费试点城市建设。杭州市政府支持中国铁塔浙江公司在杭州通信基础设施及相关产业领域发挥更大作用，完善工作措施和机制，指导、协调和督促有关地方政府在移动通信基站的规划布局、资源开放、流程审批、执法保护和科普宣传等方面，加大支持力度，提供便利条件，为更好地促进产业升级、扩大信息消费创造良好的环境。

6月16日，市政府组织各区县（市）、市直有关单位、三大通信运营商、中国铁塔股份有限公司杭州市分公司（简称中国铁塔杭州公司）、杭州华数集团召开杭州市移动通信基础设施建设推进工作专题会议。会议对各区县（市）、市级部门、运营商和中国铁塔杭州公司就加快通信基础设施专项规划的修编、支持通信基础设施的共建共享提出具体要求。2015年，中国铁塔杭州公司完成与杭州移动公司、杭州联通公司和杭州电信公司的存量资产接收，接收存量基站1.41万个，承接并完成客户需求4000个。其中，共享改造机站近2800个，新建交付超过1200个，整体新建共享率超过70%。10月，杭州西湖风景名胜区管委会会同中国铁塔杭州公司编制完成《西湖景区内铁塔改造规划（2015~2018年）》，计划在西湖景区59.04平方千米范围内规划598个移动通信基站。（李京海）

【社区综合宽带应用示范项目】 1月10日，中国移动通信集团浙江有限公司与工业和信息化部签订“面向家庭的社区综合宽带应用示范”项目委托合同。其中，杭州移动公司负责1万住户的宽带示范项目建设。至3月末，该公司完成与上城区、下城区

和拱墅区政府共同确定湖墅街道、米市街道、小河街道、东新街道和望江街道5个街道，包括珠儿潭社区、卖鱼桥社区在内的21个社区作为项目建设目标社区。项目建成后，示范社区具备光覆盖、100兆宽带入户能力，实现4G网络信号覆盖，用户宽带智能提速。项目构建面向家庭互联网信息服务的平台，开展基于宽带网络的家庭老人医疗看护、儿童健康和教育、信息服务、在线视频等应用，实现社区信息化应用的统一接入。该项目还为政府有关部门或公共卫生机构等组织提供基于大数据分析的社区人群健康状况、流动人口、安防事件等方面的监测信息。项目投资1500万元，于8月完成示范建设和应用服务并通过工业和信息化部验收。 （胡传明）

【智慧电子政务建设】 2015年，杭州市搭建以浙江政务服务网杭州平台为基础的杭州智慧电子政务总体框架，构建全市一体化的智慧电子政务管理体系。2月和4月，杭州市先后出台《杭州市政务数据资源共享管理暂行办法》《杭州市智慧电子政务项目管理办法（试行）》《推进杭州市智慧电子政务建设工作的若干意见》。完成《杭州市智慧政务发展“十三五”规划》编制。

通过完善浙江政务服务网杭州平台的系统功能，推进权力事项集中进驻、网上服务集中提供、政务信息集中公开、数据资源集中共享。完成权力事项网上运行全流程监督、行政处罚结果网上公开等平台建设任务，并开展8项试点工作，包括统一公共支付平台、向乡镇（街道）村（社区）延伸、页面优化升级、财政专项资金管理系统建设、证照网上申请快递送达、网站集约化建设、行政处罚系统建设、推出“数据开放”板块。12月，中国信息化研究与促进网发布2015年中国优秀政务平台推荐及综合影响力评估报告。“中国杭州”政府门户网站被评为“年度中国最具影响力政务网站”，并获中国政务网站领先奖。

杭州市编制政务数据资源目录，梳理55个单位、568类数据。市电子政务办联合市质监局编制杭州市地方标准规范《智慧电子政务数据资源共享管理服务规范》。建设全省统一的公共信用信息平台，健全人口、法人、地理空间等基础数据库。杭州平台全年归集六大类、7017万条政务数据。加强资金引导，完成全市40个单位申报的110个智慧电子政务项目预审，资金压缩率超过40%。约50个单位、150个智慧电子政务系统在“政务云”上部署和运行。 （市电子政务办）

【市民卡累计发卡937.50万张】 2015年，杭州市民卡新增发卡63.3万张，累计发卡937.50万张。按地域划分，主城区新增发卡39.0万张，累计发卡429.7万张；区县（市）新增发卡24.3万张，累计发卡507.8万张。按人群划分，成人新增发卡48.7万张，累计发卡790.5万张；学生新增发卡3.6万张，累计发卡89.2万张；儿童新增发卡11.0万张，累计发卡57.8万张。市卫生计生委联合市民卡公司向自费病人推出“浙江·杭州健康卡”，全年所有市属医院新增发卡104.88万张，累计发卡119.88万张。

【市民卡应用拓展】 市民卡“智慧医疗”应用。至年末，“智慧医疗”覆盖全市13个市属医院、46个社区卫生服务中心、60个县级医院（含县社区中心）、13个省级医院和4个民营医院。494万人开通“智慧医疗”功能，活跃人数305.2万人，累计使用人次2289.1万，市级医院“智慧结算”使用率77.2%。其中，2015年院内应用市民卡账户结算笔数1466.5万笔。1月，“杭州智慧医疗”手机应用软件正式上线，实现预约挂号、检查单查询、排队叫号查询、智能导诊、健康百科、医院导航、专家信息、医院简介等功能。8月，充值功能开通。至年末，“杭州智慧医疗”手机应用软件注册用户15.6万人，充值笔数906笔，充值金额16.6万元，取单量32.1万次，方便患者就医，简化就医流程。

“智慧交通”应用。杭州市民卡有限公司配合市城管委完成杭州城区道路停车设备的中央处理器升级，做好道路停车刷卡、停车费补缴等服务工作。配合市治堵办“P+R”换乘优惠政策的实施，完成地铁湘湖站、临平站、九堡站“P+R”停车场验收，及金沙湖站、江陵站、朝阳站的“P+R”换乘优惠系统上线运行。配合市地铁集团，做好地铁4号线开通的技术、业务和服务对接工作，实现地铁站点杭州通卡（市民卡）自动充值、自动检票系统的正常运行。配合市公共自行车公司，完成自行车服务系统新平台和20个网点升级的试运行，所有功能通过技术测试和验证。根据市政府提高公交分担率和交通满意度的要求，10月1日起，实施公交和公交之间优惠换乘。至年末，优惠换乘2864.4万次，优惠减免金额3496.3万元，换乘比例18.9%。12月1日起，实施公交和地铁优惠换乘。至年末，优惠换乘128.8万次，优惠减免金额220.4万元，换乘比例为12.9%。

惠民支付应用。完善互联网支付和手机软件应用，市民卡微信关

2015年，杭州市民卡新增发卡63.3万张，累计发卡937.50万张。图为市民卡城南服务厅 （杭州市民卡有限公司 供稿）

注用户数52.4万人，市民卡手机应用软件用户数19.5万人。实现互联网端支付接入的商对客电子商务模式（B2C）充值15个、快捷充值4个、提现1个，并就移动端应用提供相关接口。市民卡相关服务功能输出到“杭州发布”微信号。支付宝服务窗“智慧医疗”相关功能上线。PC端燃气费、水费、华数电视、华数宽带等充值缴费功能上线。

惠民理财应用。探索互联网金融服务，经过市场调研和策划，6月，市民卡公司以经纪业务（通道代理）模式开展理财业务，联合浙江金融资产交易中心、杭州金投行金融资产服务有限公司推出市民卡惠民理财产品。惠民理财应用在移动端上线。至年末，市民卡惠民理财注册客户数6.1万人，理财产品销售额67.88亿元。

区域拓展应用。富阳、萧山、余杭3个区的市民卡子公司正式成立，实现与主城区统一服务、统一管理和统一运营。市民卡实现在富阳、桐庐、淳安等区县（市）的市民卡公交车及公共自行车应用。

惠民征信应用。组建由金融、市场、技术和大数据分析人员组成的杭州惠民征信有限公司筹建团队，建立健全制度体系，完成惠民征信系统等现场评审工作，完成首批10个政府部门数据对接，获得来自20个政府部门的可公开信息并导入惠民征信系统。完成与水务集团的数据对接。启动征信业务试运营，提供1.6万人次惠民征信系统查询。

公共服务应用。加载金融IC卡功能的二代市民卡规划获得人力资源和社会保障部批复，并通过人力资源和社会保障部的通用性测试。丰富公共服务和便民服务，市民卡惠民理财、图书馆、微店、第二课堂应用、支付宝服务窗、校园健身等功能开通。

【市民卡服务完善】 2015年，市民卡公司扩大代理点和合作范围。社区金融服务中心代理点增加“老年卡、学生卡充值服务”。扩大杭州城投投资有限公司综合服务厅的电子钱包代理业务范围，5个服务厅电子钱包全业务通柜上线。与“众城通”、浙江连连科技有限公司合作，在杭州主城区拓展近100个线下代理充值网点。与深圳万通顺达科技有限公司合作发行杭州通纪念卡。配合市地铁集团，开展地铁站驻点服务，提供杭州通卡售卡、电子钱包充值、咨询等服务。完善自有服务体系建设，全年新增40多个电子钱包业务柜台。11月15日，市民卡5个服务厅和下沙服务点上线市民卡公园年卡功能的开通、续充及补换等业务。市民卡城东、城南、城西、城北及拱墅5个服务厅完成无线网络安装，为市民提供免费上网服务。12月30日起，在市民卡8个服务网点提供“市民卡电子钱包记名挂失”服务办理。（袁　俊）

【“96345”便民服务中心】 2015年，“96345”便民服务热线全年受理话务216.29万通，日均量5942通。从服务类型看，政务服务受理来电占76.2%，公共信息服务受理来电占16.5%，商务类服务受理来电占4.5%。“96345”便民服务网站更新便民服务信息1.8万条，网站日均访问量超过1000人次。华数数字电视“96345”门户专区发布便民信息1.45万条。12月30日，“96345”市民之家服务体验点正式投入运营。市民之家体验点除提供线上便民咨询外，还结合市民之家资源，现场为市民展示“96345”各类便民服务。全年举办便民服务进社区活动近50场。“96345"便民服务中心联合绿城物业服务集团有限公司、浙江南都物业管理有限公司、杭州滨江物业管理有限公司等物业服务公司以居民需求为出发点开展定制型社区便民主题活动16场。结合杭州老字号食品开展社区年货展。除常规服务项目外新增肩颈推拿、爱心理发、手机贴膜、牙齿护理等免费公益服务。（黄　敏）

7月1日，杭州电信公司武林手机广场开业　（杭州电信公司 供稿）

·电信通信·

【电信通信概况】 2015年，中国电信股份有限公司杭州分公司（简称杭州电信公司）设综合支撑部门7个，前后端部门23个；各部门下辖中心18个。主业员工2977人。杭州电信公司完成全业务主营收入63.08亿元，占全省主营业务收入的27.1%，比上年提高1.15个百分点，增长率为7.8%。在移动业务方面，杭州电信公司打造4G精品网。至年末，网络规模比上年提升50%以上。在宽带业务方面，打造精品光网，提升安装维护服务，在第三方测评、本地即时测评、“19楼”网络媒体调查中，杭州电信宽带服务满意度83.8分。在综合信息业务方面，创新互联网应用，拓展云计算。开展号码百事通合作经营，全年实现收入2.05亿元。“翼支付”交易额列全省电信公司第一位，“添益宝”用户数列中国电信集团公司中第四位。NFC（近距离无线通信技术）杭州通应用空开模式上线。

杭州电信公司深化“划小承包，纵向到底、横向到边”，落实创新领域及产品线承包。构建倒三角支撑体系，重点提升“组织扁平、集约支撑、流程再造、权力下放、服务

下沉、逆向考核”6个专项，并建立“政企一家人”销售服务团队，落实“三化五融合”（“三化”指标准化流程、信息化支撑、精确化管理；“五融合”指团队融合、管理融合、责任融合、文化融合、跨界融合）。杭州电信公司打造“智慧下沙”“智慧滨江”等“智慧城市”示范项目，参与政府信息惠民和“智慧家庭”专项行动。完成第二届世界互联网大会、杭州·云栖大会、中国国际动漫节、中国杭州西湖国际博览会等重大会议和活动的通信保障任务。

【杭州电信公司武林手机广场开业】 7月1日，杭州电信公司武林手机广场开业，并举行“武林手机广场体验日暨全国示范青年文明号集体授牌”活动。武林手机广场的前身是武林广场营业厅。改造后的武林手机广场全店面积4000平方米，产品业务涵盖智能手机、智能家居情景间、手机潮品配件、手机终端维修等，是集终端体验、业务展示和服务为一体的新业态。武林手机广场引进“概念店智能化应用产品”，体现科技、时尚、便捷服务等前沿消费理念。“品类齐全、体验丰富、专业服务、售后无忧”是武林手机广场的主要特色。武林手机广场的微信公众号“武林驿站”和易信线上服务渠道为客户提供更为便捷和专业的通信解决方案。

【电信通信保障】 2月2～6日和2月4～8日，杭州市政协十届四次会议和杭州市第十二届人民代表大会第五次会议分别召开。杭州电信公司在浙江省人民大会堂和代表们入住的各宾馆提前进行现场测试，做好3G、4G和WLAN无线网络的深度覆盖和网络优化，并为杭州市第十二届人民代表大会新闻中心、议案中心、值班室提供光纤、局域网、电脑、打印机、电话、传真机等重点通信保障。在杭州市“两会”召开期间，杭州电信公司派出服务团队入驻代表们住宿的宾馆提供业务咨询，介绍和演示百兆“光宽带”、高清iTV“天翼”宽带电视、保密手机、4G移动互联网等新业务。杭州电信公司专门开辟“两会”的安装维护“绿色通道”。杭州电信微信服务厅中增设“聚焦两会”特色专区模块，发布“两会”及相关业务信息，并以信息安全为主题，开展有奖互动答题活动。

【杭州电信公司与搜房网开展异业合作】 杭州电信公司和搜房网杭州分公司进行多次深入沟通后，达成建立长期战略合作关系的共识。1月29日，由杭州搜房网主办、杭州电信公司赞助的“2015杭州房地产互联网大会”召开。万科企业股份有限公司、绿城房地产集团有限公司、滨江集团、伟业我爱我家集团、九鼎装饰股份有限公司等杭州房地产和家居领域企业参加。会上，搜房网的“预见·共建”为主题的搜房新房电商交易平台、“掌控·共赢”为主题的搜房家居交易平台和“和合·共生”为主题的二手房交易平台启用。搜房网杭州分公司与杭州电信公司“智慧社区”合作签约仪式在会上举行，现场设立“体验区”宣传业务，并向用户演示4G-MiFi终端等应用。

【“互联网+邮政”合作模式启动】 4月29日，杭州电信公司启动“互联网+邮政”合作模式。该合作模式以“用户在中国邮政储蓄银行冻结存款，由中国电信免费赠送手机”的金融担保模式开展。由杭州电信公司指派人员进驻中国邮政集团公司指定的网点进行现场营销，客户需要在中国邮政储蓄银行冻结存款两年，办理合约套餐，就可以获赠手机。为优化业务流程、缩短办理时长，杭州电信公司开发邮政跨界活动mini网上营业厅（WAP手机版），并于7月1日正式上线。营业人员可以通过该应用向客户演示智能手机的功能，加深客户对电信4G网络和应用的感知。

【平安信用担保购买手机项目启动】 8月31日，杭州电信公司与平安产险浙江分公司签订战略合作协议，启动平安信用担保购买手机项目。双方联合向杭州市民提供“信用担保零元购手机”业务。9月7日，该业务正式在杭州地区推出。杭州电信公司与平安产险浙江分公司在挖掘各自大数据及客户群的基础上进行合作，促进规模发展。

【“114”移车服务平台启动】 1月10日，作为浙江省“114”移车服务项目的第一个试点，萧山区开通该服务，并不断完善、优化流程和模式。6月15日，杭州市公安局联合杭州电信公司在全市范围内推出“114”移车服务。在试运行的10天时间里，“114”移车服务平台为市民提供电话移车服务1万多次，电话接通率98%，平均响应时间在15秒左右，单日最高话务量1300次。6月30日，杭州市公安局联合杭州电信公司召开新闻发布会，正式启动杭州“114”移车服务平台，提供24小时服务。自7月1日起，市民拨打“114”移车服务热线求助，工作人员记录待移机

6月30日，杭州市公安局联合杭州电信公司召开新闻发布会，正式启动杭州“114”移车服务平台
（杭州电信公司 供稿）

5月11日，中国电信股份有限公司临安分公司建成临安市首个电信“光网村”——白牛村（杭州电信公司 供稿）

动车的车牌号、品牌、车型、车身颜色及需移车地址等信息，通过交警部门查询并联系到车主尽快移动车辆。在整个过程中，车主的个人信息包括手机号码等都处于隐匿状态。

【杭州电信跨界mini网上营业厅投入运营】 1月27日，杭州电信公司启动跨界mini网上营业厅建设运营项目。杭州电信公司通过与专业领域客户合作，优先聚焦于企业及企业周边客户，为企业及企业客户、门店、代理等各领域渠道打造具备查询、充值、缴费、团购、代理佣金结算等多种功能的个性化mini网上营业厅。项目启动后，杭州电信公司建立标杆mini网上营业厅模型。2月13日，杭州电信公司首个跨界mini网上营业厅——鸿程mini网上营业厅上线，并投入运营。该网上营业厅提供大客户专属套餐产品办理、查询、缴费等自助服务功能，减轻客户经理日常服务的压力。

【“翼健康”预约挂号平台上线】 9月，杭州电信公司与中国电信云康公司共同合作运营的云康预约挂号平台——“翼健康”正式上线。中国电信云康公司以移动互联网方式集约运营全集团的挂号业务，是中国电信“114”语音预约挂号业务流量的集约运营单位。在杭州电信公司的配合下，进行话务汇聚的试点，将客服的预约挂号系统对接到云康预约挂号平台。项目启动后，杭州电信公司组织业务、技术、客服、销售4个部门共同承接，明确职责分配。6月，进行“翼健康”业务集约合作洽谈；7月，进行挂号平台本地集约测试；8月，进行挂号平台试运营。

【余杭区启动“良安通”项目】 2015年，余杭区良渚街道围绕打造“智慧良渚”，建设“掌上安监、移动执法”的应用平台。中国电信余杭区分公司成立项目工作小组，制订推进计划。项目从需求沟通、合作洽谈、系统研发、调试上线历经3个多月，搭建“区—街道—村—企业”四级网格化管理平台。8月18日，余杭区召开“智慧安监——良安通”项目推进会。“良安通”项目是一套从上至下的互动式沟通渠道，为安全生产打造“行政有工具、执法有标准、流程有规范、管理有监督、追述有依据、信息有互动、安全有保障”的智能化系统。该项目在余杭区21个乡镇（街道）启动，发展用户1000多个。

【富阳区建成电信全光网城区】 5月，中国电信富阳区分公司（简称电信富阳区分公司）提出“打造首个全光网支局，建设全光网城区，打造100个百兆村”的理念，在14个支局开展比赛，并选择在光覆盖能力最好、“光宽带”占比最高的金桥支局进行首个“互联网+平移”改造工程。把金桥支局打造成富阳第一个全光网支局。电信富阳区分公司陆续启动桂花支局、迎宾支局和春秋支局的“全光网”支局改造计划。经过3个多月改造，9月7日，实现F-150交换机退网下电，富阳区建成电信全光网城区。

【临安市建成首个电信“光网村”】 5月11日，中国电信股份有限公司临安分公司（简称电信临安分公司）建成临安市首个“光网村”——白牛村。白牛村位于临安山核桃主产区。2011年，该村被阿里巴巴集团认定为全国四大“淘宝村”之一。该村在各电子商务平台经营的网店超过50个。电信临安分公司在原网络基础上，加大对白牛村光纤改造力度，投资26.69万元，建设纤芯416芯、光交接点3处。5月11日，全村115户电信宽带用户全部改为电信“光宽带”。电信临安分公司与临安市200多个农村淘宝服务站开展合作，提供相关优惠，加快光网推进。

【建德市“96345”社会公共服务平台启动】 10月21日，由中国电信建德分公司（简称电信建德分公司）承办的建德市“96345”社会公共服务平台启动。该平台由建德市民政局牵头，建德市发改委、建德市经信办等部门参与，电信建德分公司实施的社会公共服务平台。以服务热线“96345”和微信平台为载体，通过政府购买服务和市场化运行，依托政府各部门、加盟企业、社会组织、志愿者队伍，为市民提供生活类和咨询类两类服务。市民通过“96345”热线电话预约服务，加盟商家会应约上门提供服务。服务完成后，“96345”服务平台的工作人员会对顾客进行跟踪回访，调查市民满意度及听取建议，并及时反馈给商家。（江　瀛）

·移动通信·

【移动通信概况】 中国移动通信集团浙江有限公司杭州分公司（简称杭州移动公司）设有13个区县（市）分公司，有员工2944人，其中本科及以上学历人员占55%。

2015年，杭州移动公司坚持“客户为中心、战略合作、精细化管理”三大理念，加快转型步伐，推进4G网络建设。公司全年实现通信服务

收入85.16亿元；政企通信和信息化收入9亿元，比上年增长21%；通话用户数928万，通话用户市场份额67.4%；4G活跃用户数466万。杭州4G网络建设实现行政村全覆盖，覆盖面积1.44万平方千米，人口覆盖率99%。客户规模高速发展，4G用户超过400万个。

3月，杭州移动公司被中央精神文明建设指导委员会评为"全国文明单位"。公司获全国"安康杯"竞赛优胜企业、浙江省现场管理星级评价示范基地等称号。市场部呼叫中心被评为全国五一巾帼标兵岗和浙江省五一巾帼标兵岗。市场部呼叫中心和萧山分公司金城路营业厅获"全国现场管理星级评价五星级现场"称号。8个质量管理项目获全国级、省级奖项。

12月10日，"迎G20峰会·建美丽杭州"暨杭州移动公司"和4G"两周年客户分享会在元通营业厅举行　　（杭州移动公司　供稿）

【"4G+"商用服务推出】 8月，杭州移动公司推出"4G+"高清语音、网络加速两个业务的商用服务。"4G+"高清语音采用VOLTE技术，具有通话音质不失真、接通等待不延迟的特点，把原本处于2G网络下的通话语音质量至少提高2倍，把原本的通话分辨率提升近10倍。"4G+"网络加速采用载波聚合技术，把4G网络的多个载波聚合捆绑在一起，让网速得到大幅度提升，比4G网速快1倍。

【杭州移动公司助力"智慧城市"建设】 2015年，杭州移动公司开展杭州市数字城管信息处置中心"城管通"项目、淳安县交警大队公路交通安全防控体系建设项目、杭州公交集团4G网络车载应用项目等。9月，"城管通"项目正式推出，主要为杭州城管执法人员提供600台4G执法终端及配套通信服务。城管执法人员在路面巡查中发现问题可通过"城管通"终端联入执法专网，借助移动4G网络及"4G+"高速带宽，做到现场信息快速采集与传送，执法监管人员在后台即时了解执法现场案件办理情况，提高城市管理问题发现和处理的及时性，促进"阳光执法"。杭州移动公司与市考评办、市质监局等部门合作开发政务类平台，开展市考评办"杭州智评"、国家电商监管移动互联（微信）平台、杭州城市游客综合动态监测平台、市民卡手机应用软件微信公众号平台等项目。

【移动通信保障】 2015年，杭州移动公司完成通信保障224次，出动应急车221次，比上年增长34.1%。其中，重大节假日12次，各类重大活动、展会、大型演唱会、大型赛事、自然灾害等保障64次。校园网保障85次，激活1242个站点、测试44个院校的校园网、扩容站点122个、新建站点55个。学校考试和小型活动通信保障63次。

【营业厅集中运营体系深化】 2015年，杭州移动公司深化营业厅集中运营管理体系。杭州市60多个自有营业厅完成转包，80多个合作营业厅开业。集中运营后，营业厅的4G资费用户发展、4G终端销售、宽带等业务以及员工计件数增长，运营流程改善，综合成本降低。杭州移动公司建立销售部集中监控中心，对全市营业厅环境管理、宣传布置、服务规范、营销执行等方面进行实时监控，及时指导纠正偏差，实现营业厅的集中监控运营管理，提升营业厅专业化管理水平和运营能力。

【"和4G"两周年客户分享会】 12月10日，杭州移动公司在元通营业厅举行"迎G20峰会·建美丽杭州"暨杭州移动公司"和4G"两周年客户分享会。杭州移动公司4G业务发展经历B1快速公交线路4G网络体验、CPE友好用户招募、4G终端首发、4G试商用、4G手机首发、4G网络商用6个发展阶段，用户发展数量460万个。

【"一线宽级化"改革推进】 2015年，杭州移动公司推进"一线宽级化"改革。采用科学合理的评价体系，每个职位设5个职级，依据"有效激励、能上能下、结构合理、动态优化、导向清晰、公开公平"原则，从绩效、学历、技能测试、面试、突出表现等维度进行综合评定，确定每个职位上从业员工的星级。星级决定该员工在职级带宽区中所处的具体职级。全年有1423名一线员工参加职业技能评定笔试，266名员工参加晋升评定面试。　　（计红勤）

·联通通信·

【联通通信概况】 中国联合网络通信有限公司杭州市分公司（简称杭州联通公司）是中国联通公司在杭州的分支机构，下设上城、下城、江干、西湖、拱墅、滨江、下沙、萧山、余杭、富阳、临安、建德、桐庐、淳安等15个分公司。有员工2000多人，平均年龄32.9岁，大专及以上专业人员占员工总数的85%。

2015年，杭州联通公司实施"移动宽带领先与一体化创新"战略，推进经营模式、网络能力、服务方式和体制机制转型。全年实现主营业务收入增长，4G用户比上年增长112%，4G用户平均流量1194兆

（MB），比3G用户平均流量提升1倍。4G网络规模不断扩大，全市4G网络人口覆盖率提高到71%。杭州联通公司完成T-SDN（软件定义的传送网）现网城域部署，在杭州城域传送网实现BoD（带宽按需订购）政企专线应用。杭州联通公司推进网络光纤化改造，互联网出口带宽860千兆（G）。构建"大市场经营平台+名单制客户深度经营+基于物理区域全业务经营"的营销组织模式，形成"纵向到底、横向协同"的一体化运营体系。推进以营业厅为单位的综合网格承包工作。

【4G网络建设加快】 2015年，杭州联通公司持续推进LTE网络覆盖，实施"为客户提质计划"。完善深度覆盖，加快推进农村4G网络广覆盖建设。3G基站6000多个，3G网络人口覆盖率97%，4G基站3000多个，4G网络人口覆盖率80%。实施"为客户提质计划"，全网开通高清语音通话功能，利用载波聚合、在重要场景实现300兆（MB）以上的速率。

【特色小镇信息化建设项目】 杭州联通公司响应市政府开展特色园区建设的号召，提出"四个一"（一个门户、一张智能网络、一个云平台、一揽子企业信息化服务）的"智慧小镇"架构，推行"一站式办公、一条龙服务"，拉近管理者与服务对象的时空距离。2月，杭州联通公司投资400多万元承建的梦想小镇"智慧园区"无线网络建设项目启动。项目从需求沟通、工程施工、调试上线历时1个月，为小镇搭建扁平化的无线网络管理服务平台，提升园区整体服务水平，提供专业化的公共平台和技术支撑。至年末，"梦想小镇"入驻创业项目440多个，落户投资机构90多个，集聚管理资本320多亿元。

【"强政、兴业、惠民"智慧应用项目】 2015年，杭州联通公司利用移动互联网应用、物联网应用、云计算应用、大数据应用四大平台，从信息强政、信息兴业、信息惠民3个维度发展"智慧应用"，推动智慧产业化输出。在"智慧强政"领域，公司整合杭州IT资源共同建设"五水共治"平台，通过整合城管、环保、水利等部门的数据资源，实现信息共享、静态展示和动态管理，提升政府的城市管理能力。在"智慧兴业"领域，公司推进中小企业信息化和"两化融合"，投入近1亿元，搭建信息化应用平台100多个，为2000多个企业部署信息化应用，其中农夫山泉股份有限公司作为杭州的总部型企业，使用"销售管家"平台后，降低管理成本近30%。在"智慧惠民"领域，公司开发"老人定位服务""智慧高速一号通""考试院网上巡查"等项目。

【"沃云"品牌深化】 2015年，杭州联通公司实施"互联网+"云计算战略。6月，公司在梦想小镇组织召开"沃载梦想，云领远航"——"沃云"助力"互联网+"战略合作发布会，与杭州未来科技城以及园区重点平台、企业代表签署战略合作协议。12月，公司推出"一条光纤一朵云"的政企云计算解决方案，加快构建VDC（分布式云资源池）机房，实现云平台上数据信息共享、业务协同。为旅游企业部署"互联网+"旅游项目，依托自主开发的手机应用软件，为导游提供带团管理、订餐订票等服务。至年末，7个项目签约并入网"沃云"。

【"沃赢+"合作联盟成立】 9月，杭州联通公司推进资源拓展战略合作平台建设，打造合作联盟"沃赢+"，从公司现有产品、服务的特点及优势出发，通过整合联盟内各成员在产品、营销和渠道等方面的资源，进行跨界合作。3月和9月，开展平台系列活动"联合创意实验室"两期，内容主要包括基于校园和中国（杭州）国际电子商务博览会场景的异业合作探索。至年末，有8个企业参与异业合作，市场份额提升4%。

【"提速降费"政策落实】 10月1日起，杭州联通公司正式实施手机月套餐内剩余流量单月不清零服务，即月套餐内当月剩余流量可延期结转至次月底前使用。该服务惠及联通4G、3G和2G的手机月套餐用户，有助于解决用户套餐内剩余流量问题，改善用户的使用体验。杭州联通公司为满足不同用户的多种通信需求，加快4G网络建设，优化资费套餐体系，并推出多个套餐品种，如使用周期为半年的"流量半年包"、优惠定向流量包、全家共享通话时长和4G流量的"智慧沃家"组合套餐，实现用户在资费水平不变的前提下，获得更多的可用流量。流量单月不清零服务及相关措施实施后，用户数据流量综合单价下降20%以上。

【联通通信保障】 12月16～18日，第二届世界互联网大会在浙江桐乡乌镇召开。为保证互联网大会期间的通信需求，杭州联通公司成立专项工作组。对部分基站开展"拆闲补忙"工作，历时10个月，对杭州段高速公路、高架快速路、大型商务场所、火车站等重要场景进行4轮摸底测试及调整复测，出动人员及车辆138次，测试总里程数4732千米，调整152个基站（242个小区），邻区调整共计689条。对无信号覆盖或者信号覆盖较弱的地点提出新增基站计划，对各基站的容量、隐性故障进行诊断，并通过收集到的信息进行现场测试。对基站开展硬件故障处理、扩容、改造、射频控制、频点调整、参数调整等工作。新开通3G和4G站点139处。经过网络建设及调整优化，重点区域的网络能力得到提升，完成第二届互联网大会的通信保障任务。

【T-SDN现网部署完成】 12月25日，浙江联通公司T-SDN网络创新发布会在杭州举行。浙江联通公司与华为技术有限公司合作完成T-SDN（软件定义的传送网）现网部署，在杭州城域传送网实现BoD（带宽按需订购）政企专线应用，完成对全网资源统一协调，实现智能化的带宽按需订购和业务快速部署以及网络集约化运营。杭州联通公司采用OTN客户侧"1+1"保护方式，通过业务双发同时在传统网络及SDN网络运行，验证SDN相关功能对现网业务的实际支撑，实践"电商化"业务开通、调整和预约等功能，推进T-SDN商用进程。

（周　尚　王晓青）

交通运输·邮政

·交通运输综述·

【交通有效投资连续七年突破100亿元】 2015年，交通部门围绕完善综合交通运输网络、促进新型城镇化和产业集聚区建设、推动城乡区域统筹发展等重点，全面推进交通建设与管理各项工作。“十二五”期间，全市完成综合交通固定资产投资2150亿元，其中公路水路投资达623亿元，是“十一五”期间的1.4倍。初步形成公路、水路、铁路、民航和城市公共交通组成的综合交通运输体系，各种交通方式之间的衔接更加紧密，萧山、余杭、富阳与主城区一体化更加深入。大力推进杭州都市区交通建设，杭、湖、嘉、绍四市共同推进260多个交通项目，完成总投资超过3000亿元，实现都市区市市通高铁、县县通高速、镇镇通干线、村村通班车。其中，2015年完成公路水路交通建设投资125亿元，交通有效投资连续七年突破100亿元，重点推进55个重点项目建设以及40多个前期项目。杭新景高速公路寿昌至开化白沙关建德段、杭州绕城下沙互通至江东大桥高速公路、杭长高速吉鸿路等项目建成通车，萧山机场公路改建工程西兴互通匝道开通，主线高架全线贯通。京杭运河二通道、绕城高速西复线、临金高速、千黄高速等重点项目前期工作取得突破性进展。完成农村公路等级提升450千米、路面维修499千米、实施安保工程307千米，建成港湾式停靠站330个。

【G20杭州峰会交通保障全面推进】 根据峰会保障工作总体部署，交通部门重点协调推进交通基础设施建设、入城口综合整治、驾驶员培训及车辆保障等重大任务。建设峰会交通基础设施项目共23个，组织实施33个入城口综合整治，景观绿化整治主体工程，至2015年末完成87%。启动驾驶员与车辆保障、安全检查站等工作，举办第一批专业驾驶员培训班。制定峰会水上交通保障工作方案，完成水上交通管控能力测试。

【综合交通运输服务】 2015年，由公路、水路、铁路、航空和城市公共交通组成的综合交通运输体系日臻完善，运输服务保障能力明显增强，全市综合客运量达2.39亿人次。综合运输结构不断优化，公路运输占69%，仍占主体地位，水路、铁路、航空发展迅猛，分别比“十一五”期末增长31%、93%、63%。加强各种交通运输方式之间的有效衔接，推进长途客运接驳运输试点，实现杭州市内机场、火车站、汽车站及黄龙旅游集散中心等之间客运专线全覆盖，杭州铁路东站枢纽至杭州都市区班线全覆盖以及萧山机场至全省各地市班线基本覆盖，东站枢纽公共交通分担率达96%。全市具备条件建制村实现农村客运车辆“村村通”，通达率达99.9%。

【交通规划编制】 2015年，交通部门会同市发改委开展杭州市“十三五”时期综合交通规划编制，包括一个总报告和交通发展战略研究、综合交通枢纽体系、构建大城西创新大走廊综合交通体系等15个专题研究，提出“十三五”时期发展思路、目标、重点和保障。京杭运河浙江段三级航道整治工程、临金高速公路国高网段项目等重点项目工程可行性研究报告获批。绕城高速公路西复线等重点项目前期工作取得重大突破，其中国家发改委、交通运输部原则同意将杭州绕城高速公路西复线作为G25国家高速公路扩容项目的组成部分，并纳入交通运输部“十三五”时期高速公路建设规划和项目建设“三年滚动计划”。规划选址、用地预审、环评、水保、文物调查、地震安评、地质灾害评估、社会稳定风险评估等完成审批和备案，绕城高速公路西复线中埠枢纽节点工程于2015年12月先行开工建设。

【城市交通治堵】 2015年，交通部门重点从提升公共交通分担率和控制汽车总量入手，大力推进交通治堵工作。自2012年启动治堵五年行动以来，成功申报创建国家“公交都市”示范城市和国家综合运输服务示范城市，着力构建以公共交通为主导的公众出行模式，实施线网优化、公交线路提速、公交专用道完善、新增公交运力、提升公交运营班次总量、公交地铁换乘优惠等措施，出台公共交通成本规制和公交、地铁服务质量考核及绩效评价等办法。配合机场公路改建，开通11条机场专线。全年公共交通站点500米覆盖率达98%，市区公交专用道达136.5千米，主城区公共交通日均客运量达402万人次，比上年增长9%，主城区公交分担率逐年提升，达到

38.3%。修订完善小客车总量调控政策，强化需求管理，实行县（市）差异化配置。自2014年限牌政策实施以来，全市仅新增小客车11.9万辆，为限牌前年增长数的三分之一。

【交通物流业发展】 2015年，市交通运输局抢抓跨境电商综合试验区建设机遇，大力推进交通物流业发展，城乡物流配送网络基本形成，物流快递业突飞猛进。全市综合货运量达2.94亿吨，比"十一五"期末增长13%。建立以国家交通物流信息平台和传化"公路港"物流信息平台为主导的物流信息交流共享体系，日交易信息量200多万条，扶持物流项目近70个，争取交通运输部、浙江省物流补助资金1.25亿元。传化"公路港"模式被国家发改委、交通运输部等五部委联合推广。萧山国际机场货邮吞吐量突破36万吨，列全国第七。杭州港跻身亿吨内河港，集装箱运输实现"零"突破，"十二五"期间累计吞吐量突破3万标准箱；三堡船闸通过量累计达2.3亿吨，较"十一五"期间增长56.5%。船舶运力结构朝标准化、大型化方向发展，"十二五"期末，内河货船平均吨位305载重吨，沿海货船平均吨位5884.8载重吨，较"十一五"期末分别提升33.8%、24.5%。杭州获"中国快递示范城市"称号，并列入全国电子商务与物流快递协同发展五大试点城市，全市邮政业务和规模以上快递服务企业业务总量年均增长40%以上，2015年253.52亿元，居全省第一、全国前列。（王　鹏）

【春运发送旅客3023.7万人次】 2月4日至3月15日春运期间，全市道路、铁路、民航、水路纳入统计口径的客运发送总量达3023.7万人次，比上年增长101%。

道路旅客发送量2292.44万人次，增长96.5%，最高峰日2月14日发送旅客66.73万人次。其中市区完成旅客运输量377.66万人次，增长96.3%，最高峰日2月14日发送旅客14.28万人次。铁路发送旅客528.72万人次，增长119%，最高峰日2月14日发送旅客19.43万人次，创杭州站春运历史最高纪录，也是建站以来单日发送次高峰，仅低于2014年国庆节当日的21.88万人次极值。民航杭州萧山机场发送旅客166.26万人次，增长114.4%，最高峰日出现在2月13日，发送旅客达4.69万人次，创机场单日发送历史新高。水路杭州航区发送旅客36.27万人次，增长124.7%，最高峰日为2月23日，达4.24万人次。另外，城市公交春运期间运送乘客1.17亿人次，增长96.5%，春运期间城市公交运输量总体平稳，受地铁分流影响，较去年同期有微幅下降，最高峰日为3月12日，达375万人次。地铁春运期间运送乘客1646.5万人次，增长136.9%，成为市民及旅客春运期间市内出行的重要选择，最高峰日为3月13日，达58.14万人次。收费公路方面，春运期间杭州辖区内高速公路总流量达2294万辆次，其中2月18～24日（除夕至正月初六）春节黄金周期间总流量为396.4万辆次，小型客车免费通行量为374.6万辆次，增长18.5%，免收通行费近1亿元。（赵立中）

【交通行业安全生产】 2015年，杭州市交通行业各项安全指标均控制在省市考核指标以内，工程施工、轨道交通运营保持"零"死亡事故，平安交通考核实现七年全优。建立市县联动应急指挥体系，建成钱江、内河2个应急物资仓库，推进钱塘江船舶搜救基地、交通战备杭州勤务训练基地和国家区域性公路交通应急装备物资（浙江）储备中心建设，完善安全应急预案体系、应急队伍和物资储备，举行全省内河最大规模港口危险货物事故演习以及公共交通、道路运输等各类应急救助和安全保障演练，及时有效处置千岛湖油污染事件，在应对恶劣天气和突发事件中发挥作用。推进交通运输安全体系和企业安全生产标准化建设，"两客一危"车辆GPS动态监管安装率和过闸船舶GPS上线率均达100%，基本完成50辆以上普货道路运输企业、水路货运企业和港口企业安全标准化达标工作。加强隐患排查治理力度，开展"道路运输平安年"、"安全生产月"、安全隐患大排查大整治等行动，加强公路桥梁隧道监管监测，累计完成病危桥改造133座、隧道15座，整治交通事故多发点段和临水临崖5处。（王　鹏）

【交通领域依法行政】 2015年，交

杭州铁路东站枢纽　（市交通运输局 供稿）

通部门持续完善行业治理体系建设。建立依法决策机制，为修改完善《杭州市小客车总量调控管理规定》，召开8场（次）征求意见会，听取“两代表一委员”、市民、行业、企业、专家学者等层面的意见，通过“12328”热线电话、网络邮箱、“12345”市长公开电话、群众来信来访等多渠道征集到意见1939条；建立联合治理机制，整合系统内部力量，加强与相关部门以及跨省市的联合执法、联合治理，发挥交通各行业协会的力量，实现政府治理和行业自我调节、服务对象自治的良性互动，建立协调推进机制。利用杭州都市区交通专委会、交通治堵、综合交通信息资源整合等平台，形成综合交通运输协调机制，加强跨地区、跨部门沟通协调，推进重点难点问题的解决。全年共受理行政复议2件，行政应诉案件4起。

（罗　燕）

【交通职业教育与培训】 杭州技师学院占地面积35.68公顷，建筑面积11.45万平方米，以汽车、机电和商务三大类专业群为特色，开设13个专业，在校生6092人。2015年录取新生1046人，成人高考（526名学生参加）上线率达91%；961名实习生进入248家用人单位实习，毕业生就业率和就业满意度分别为99.2%和98%，用人单位对学生满意度在98%以上。在编职工267人（教师218人），其中全国交通中等职业教育专业带头人2名，技工院校省级专业带头人7名，全国技术能手6名，全国交通技术能手8名，省技术能手6名，德国机动车技术服务总监和加拿大高级电工师12名。正高级职称3名，高级职称教师比例占36.8%，共有校内实训基地66个，校外实训基地350多个。学院完成第43届世界技能大赛汽车喷漆和钣金技术项目各项赛事。2名选手赴巴西参赛，汽车喷漆项目获世界冠军。承办浙江省第44届世界技能大赛汽车喷漆项目和钣金技术项目选拔赛，汽车维修技术项目选拔赛获第一名和第四名。学院获2015年“金蓝领”汽车技术国内培训及省本级汽车维修工高技能人才培训两项资格，承办浙江省“金蓝领”汽车技术高技能人才培训1期，培训31人次。开办道路运输从业资格培训、职业资格培训、公安考试员培训、交通行政执法培训等250多期，培训1.37万人次。

杭州汽车高级技工学校录取新生448名，高级工以上占招生总人数的71.9%。分配实习人数446人，实习生落实率100%。向社会输送毕业人数392名，就业率97.2%，毕业生抽样满意率91.6%。学校形成汽车和机械两大学科门类，汽车运用、新能源汽车、汽车检测、汽车钣金、汽车涂装、汽车营销、汽车维修、数控加工八个方向的专业结构。拥有汽车营销和汽车检测两个省品牌专业。汽车运用与维修实训中心为市公共实训基地的分基地。校企合作单位达210个，其中包括“奔驰”“宝马”“奥迪”等高端品牌，加入由汽车工程学会主导的全国新能源汽车专业人才培养产学研创新联盟，共同探索产学研新模式。编写各类教材4本，承担省交通运输厅课题1项、市交通运输学会课题1项并通过验收。特别是营销项目获得2015年全国职业院校技能大赛中职组汽车营销赛项冠军。驾驶技能培训3000人，培训合格率85%，职业培训人数总计达1.06万人次。

（陈　莹　唐　毅）

【杭州被确定为全国综合运输服务示范城市】 8月3日，交通运输部发出通知，确定杭州等16个城市（城市群）为全国第一批综合运输服务示范城市。根据申报方案，全市将加强综合运输网络、客运枢纽、物流集疏运中心、运输组织模式、工作机制、安全体系、服务标准、特色示范等八大重点工程建设，提高客流换乘及货物周转效率，促进电子商务的发展，提升杭州市综合运输服务水平。（王　鹏）

【公路水路收费惠民力度加大】 2015年，全市公路水路收费减免惠民力度大幅提升。“十二五”期间全市撤销8个收费公路项目，取消12个收费站点，合并1个收费站，同时妥善解决钱江三桥收费协议争议案历史遗留问题。2012年“国庆节”开始全面实施重大节假日收费公路小客车免费通行政策，历年免费通行总量超过4600万车次，免收通行费超过10亿元。市域范围内高速公路ETC覆盖率达100%，并完成10个收费站ETC“二通道”建设，高速不停车收费累计达21.26万车次。水运方面，减免小微企业货港费、船舶船港费等共计3.2亿元。（赵立中）

【交通科技创新取得新进展】 2015年，杭州市公路管理局承担的“基于整车模型的沥青路面平整度评价方法和预防性养护时机研究”获得2015年度中国公路学会科学技术三等奖；全市交通运输系统有9个项目列入省交通运输厅项目（含补充和推广项目）；“大型船闸施工安全风险评估体系研究”列入2015年度浙江省交通运输科技成果推广指南；“移动式农村公路交通量信息采集关键技术的研究与示范应用”研究成果达国内领先水平，该研究成果在实体工程中得到应用，具有良好的社会和经济效益。（郑　亮）

【绿色低碳交通运输体系建设】 2015年，杭州完成绿色低碳交通运输体系建设区域性试点等国家级试点，市交通运输局获得全国交通运输行业节能减排先进集体称号。“五位一体”绿色公交体系初步形成，主城区公交和出租车中新能源及清洁能源车辆比例分别为85%、33%。在全国率先编制完成2个公共自行车省级地方标准，其中《城市公共自行车管理服务规范》上升为国家标准。完成“三江两岸”码头整治，共拆除码头318座、完成生态化景观化改造37座；完成151座老码头的技术检测评估。通过政策引导与政府资金补助等方式，拆解老旧、小吨位船舶1363艘。内河船舶免停靠报港信息服务系统面向全国推广，内河船舶能耗动态统计监测系统入选全国首批绿色循环低碳示范项目。推进交通大气污染整治和“五水共治”工作，全市营运“黄标车”全部淘汰；推行船舶防污染政府购买服务，船舶垃圾和油污水上岸收集率达98%以上，完成“三改一拆”、“两路两侧”等环境整治工作。

【轨道交通4号线首通段开通试运营】 2月2日，杭州地铁4号线首通段开通试运营。标志着杭州地铁迈入网络化运营时代。地铁4号线一期工程按首通段和南段分阶段实施。

其中，首通段线路起于江干区彭埠站，线路沿新塘路—庆春东路—钱江路—富春路，终于上城区近江站，全长9.65千米，设有10个车站。此次除新塘路站暂缓开通外，其余9个车站均投入运营。为方便市民换乘，交通部门牵头制定4号线首通段公交配套方案，对有关公交线网做进一步优化。其中彭埠站、火车东站、近江站与1号线同台换乘，钱江路站与2号线同台换乘。4号线票价2元起步，按里程分段计价。（王　鹏）

·公路运输·

【公路运输概况】　至2015年末，杭州市公路总里程1.62万千米（不含高速公路匝道里程）；公路桥梁5843座39.93万延米；公路隧道206座11.33万延米；公路密度分别为97.82千米/百平方千米（以国土面积计算）和22.65千米/万人。按行政等级分，国道602.04千米、省道1033.83千米、县道4020.88千米、乡道2250.16千米、专用道53.25千米、村道8249.85千米。其中，国省道干线公路1635.87千米，占公路总里程的10.1%；农村公路1.46万千米，占公路总里程的89.9%。按技术等级分，高速公路615.08千米（其中国家高速公路368.74千米）、一级公路835.89千米、二级公路1615.65千米、三级公路1043.85千米、四级公路7215.71千米、准四级公路4170.69千米、等外公路713.15千米。等级公路占公路总里程的95.6%；二级及以上公路3066.62千米，占公路总里程的18.9%；等外公路占公路总里程4.4%。其中国道二级及以上公路为100%，省道二级及以上公路为93.6%。国省道干线二级及以上公路为1570.02千米，占总里程的96%。

全市从事道路运输的经营单位（含个体联户）1.82万户，营运客货汽车7.84万辆（其中营运货车7.27万辆、52.48万吨，营运客车5727辆、21.70万座）。从事道路货运相关服务的单位2413个。

从事道路旅客运输单位107个。班线客运66户，包车（旅游）客运76户。开行客运线路1282条，其中：省际线路392条，日发班次907.5个；市际线路385条，日发班次2895.3个；县际线路167条，日发班次1633个；县境内线路338条，日发班次9507个。杭州主城区（不含萧山、余杭区、富阳区，下同）开行道路客运线路559条，其中：省际线路290条，日发班次748个；市际线路200条，日发班次2204.8个；县际线路62条，日发班次893个；主城区内线路7条，日发班次474个。全年完成道路旅客运输量1.66亿人次，旅客周转量107.8亿人千米。分别比上年减少4.8%和5.7%。

公路货物运输单位（含个体联户）1.81万户，拥有营运货车7.27万辆、52.48万吨位，其中主城区1890户拥有营运货车4.29万辆、31.02万吨位。全年完成货物运输量2.38亿吨、货物周转量300.4亿吨千米，分别增长2.6%和8.8%。全市有货运交易市场及较大型物流企业56个，年吞吐货物1.25亿吨。

11月30日，提升改造后的杭州南收费站　（市交通运输局　供稿）

全市有等级客运站89个，其中一级站7个、二级站6个、三级站18个、四级站24个、五级站34个。农村港湾式停靠站3566个。

全市城市综合客运枢纽5个，公交调度指挥中心17个，从事公共汽电车经营户13户，运营车辆9171辆，额定载客量64.95万人。运营线路871条，线路总长度1.46万千米，其中快速公交系统总长度127.8千米，无轨电车总长度52.4千米，年完成客运量15.13亿人次。

从事客运出租汽车经营户1307户，经营车辆1.27万辆（其中企业户127户，经营车辆1.14万辆；个体户1180户，经营车辆1269辆）。主城区客运出租汽车经营户1022户，经营车辆1.01万辆（其中企业户78户，经营车辆9030辆；个体944户，经营车辆1033辆）。1.01万辆出租车装有市民卡刷卡系统。出租车服务区12个，占地面积4.2万平方米，停车位1795个。

轨道交通站53个，运营线路总长度81.5千米，运营车数78列、468辆，额定载客量11.2万人次。全年客运量2.23亿人次，旅客周转量20.15亿人千米。

全市有机动车驾驶培训机构127个，从业人员1.05万人。其中，一级驾培机构8个，二级驾培机构17个，三级驾培机构102个，理科培训中心1个。道路客货运输驾驶员从业资格培训机构18个（其中6个具备危险货物运输驾驶员培训资格）。全市有各类教练车8247辆，教练员9214人，全年共培训驾驶员37万人。

全市有各类机动车维修企业5557个，从业人员3.4万人。其中，一类机动车维修企业238个，二类机动车维修企业1061个，三类机动车维修业户3121个，摩托车维修业户1137个，全年维修各类车辆695.35万辆次。主城区有机动车维修企业978个，全年维修车辆305.58万辆次。全市有汽车综合性能检测站17个，检测车辆19.41万辆次。

全市已备案登记机动车配件经销业户4610个，其中分布在7大配件经销专业市场2550个，散户816个（含涉及配件经销的维修企业541个），区县（市）1244个。

全市已备案登记汽车租赁企业

766个，备案车辆2.68万辆。

（倪国定 叶鹏飞 胡立宁）

【《杭州市公路条例》实施】 11月1日《杭州市公路条例》正式实施。该条例是省内首部、国内第三部由地市级颁布的关于公路管理的地方性法规，标志着杭州市公路管理事业在法治化、规范化上迈向新台阶。该条例分为总则、公路规划与建设、公路养护、路政管理、收费公路、法律责任、附则等七章共四十五条。该条例结合杭州公路管理实际，以“依法行政、建养并重、便民服务”作为立法原则，重点对公路管理实践中较为突出、急需地方立法解决，而法未明确的问题做了规定，将村道纳入适用范围，突出公路管理机构养护行政管理属性，为治超“非现场执法”提供法律支撑；简化施工许可手续，加强过江隧道保护等内容，有利于推动公路的全面协调管理，促进公路管理的规范化水平。

【干线公路养护管理】 10月31日至11月1日，交通运输部检查组赴杭州市检查“十二五”时期干线公路养护管理工作。全国干线公路养护管理检查为五年一次，检查内容由路况检查和管理规范化检查两部分组成。检查组抽查杭州市公路管理局、桐庐公路段、杭州国益路桥经营管理有限公司等单位的规范化管理工作，实地踏勘杭州市公路网管理与应急处置中心、G320江南公路养护站、杭州公路应急抢险中心、袁浦超限运输检测站以及G320场口大桥、S208桐千线灾害防治、杭昱线临安段大中修工程等。交通运输部检查组充分肯定杭州在“十二五”时期干线公路养护管理工作上所取得的成绩。市交通运输局围绕“建路、造景、惠百姓”的要求，完成S201彭安线余杭段、淳安淳杨线、桐庐徐七线3个养护示范项目创建工作。

【路域环境专项整治】 2015年，市交通运输局投入12.9亿元对463千米高速公路、普通国省道实施路面整修。开展“四边三化”“三改一拆”“两路两侧”等路域环境整治，拆除违法建筑3.65万平方米，清理堆积物16.55万立方米，拆除非公路标牌5731块，整治马路市场379个。围绕“美丽公路”建设，建成450千米农村公路升级改造、499千米路面大中修和307千米安保工程。实施33个入城口景观提升改造，基本完成景观绿化整治主体工程。杭新景高速公路桐庐服务区、杭金衢高速公路萧山服务区改造。沪杭甬高速公路收费站等10个收费站完成ETC“二通道”建设，新发展用户7.9万名，通行使用率达30%。

12月16日，萧山机场公路改建工程全线贯通　　（市交通运输局 供稿）

【公路路政管理】 2015年，全市共查处违法超限运输车辆5168辆。投入资金1761万元新增7个非现场执法点位。充分发挥“互联网+”作用，在全市7座特大桥梁安装视频监控系统，有效提高路政管理难点攻坚能力。扎实推进公路安全生产大排查、大整治工作，及时消除安全隐患。完善轨道交通专家库，全年共出动500人次对轨道交通安全保护区内90多个项目开展监督巡查工作，履行保护区安全管理任务。

（胡立宁）

【萧山机场公路机场路高架主体结构全线贯通】 12月16日，萧山机场公路跨03省道北伸段高架桥主跨合龙，至此主体结构全线贯通。萧山机场公路作为“省门第一路”是连接杭州主城区与杭州萧山国际机场的主干道，也是杭州承办G20国际峰会和亚运会的主要通道。萧山机场公路于2014年4月15日开工建设，工程全长19.55千米，其中主线高架桥长14.6千米。工程累计完成投资42.9亿元，占总投资的73.4%。工程建成后缩短从钱江三桥到机场的行驶时间。

（王 鹏）

【杭长高速公路延伸线（吉鸿路）建成通车】 12月19日，杭长高速公路延伸线（吉鸿路）开通运营。该项目北起绕城高速公路紫金港枢纽，南至留石快速路，全长2.86千米，设计时速80千米。工程于2012年6月开工建设，2015年6月完成竣工验收。杭长高速公路延伸线（吉鸿路）将为西湖景区和城西区域增加一条南北向快速通道，对古墩路、莫干山路——环城西路以及上塘、中河高架的交通压力起到一定的缓解作用。

（丁姝婷 张冬玲）

【杭州都市高速公路（杭黄铁路中埠枢纽节点）开工】 杭州交通基础设施投资规模最大项目的杭州都市高速公路（杭黄铁路中埠枢纽节点）于12月25日先行开工。该项目总用地1282.12公顷（含留祥路西延工程），农用地1026.84公顷，其中耕地708.36（水田389.94）公顷。杭州都市高速公路杭州至绍兴段项目起点为德清与余杭交界的姜家山以北唐家畈附近，经余杭、临安、富阳、萧山和绍兴诸暨，全长97.78千米；跨越杭长高速公路、杭徽高速公路、杭新景高速公路、杭黄铁路等主要节点，设枢纽互通4处，一般互通10处，服务区2处；终点与杭金衢高速公路相接，双向6车道，设计时速100千米/小时，总投资约268亿元。中埠枢纽节点工程位于杭州都市高速公路与杭黄铁路交叉位置，是都市高速的重要控制节点，分别与富春江大桥和杭千高速公路中埠枢纽连接。此节点的开工标志着都市高速公路项目建设正式启动。（丁姝婷 童锋发）

【杭州绕城下沙互通至江东大桥高速公路工程完工】 杭州绕城下沙互通至江东大桥高速公路工程起点位于杭州绕城下沙互通，终点为江东大桥东桥头，接江东大桥东接线，全长6.43千米，总投资4.9亿元，设计时速80千米，是连接杭州经济开发区和大江东产业集聚区的重要纽带。项目于2013年6月开工，2015年9月完工。该工程连通德胜快速路、江东大桥、绕城高速等干线道路，有效缓解德胜东路和文汇路、绕城下沙出口的拥堵情况，减轻江东大桥的运载负荷。

【杭新景高速公路建德寿昌至白沙关段完工】 杭新景高速公路建德寿昌至白沙关段起点寿昌镇卜家蓬村，终点为与衢州市交界的李家镇三溪村，全长23.5千米，总投资15.5亿元，设计时速100千米。项目于2013年4月开工，2015年12月完工。该工程完工后将完善建德西南部的交通路网。（张冬玲）

【320国道杭州收费站免费通行】 5月1日，320国道杭州段收费站实行免费通行。320国道杭州段收费公路项目是经省政府批准的“四自”工程，全长11.93千米，按一级公路标准建设，总投资1.7亿元，于1994年10月竣工通车。取消320国道杭州段收费站，是推动区域经济发展、加快富阳区融入杭州和推进区域交通一体的迫切要求，也是顺应民生和方便广大人民群众出行的急迫需求。市交通运输局受市政府委托，会同市建委、市财政局、市国土资源局、市法制办等相关部门，加快推动320国道杭州段收费站免费通行相关工作，落实好320国道杭州段属地养护、人员安置等工作，确保320国道杭州收费站免费通行工作平稳有序。（王 鹏）

【“吴斌车队”班组入选学雷锋活动示范点】 3月4日，在第52个“3·5”学雷锋日前夕，中宣部公布第一批50个全国学雷锋活动示范点和50名全国岗位学雷锋标兵。杭州长运运输集团有限公司“吴斌车队”班组被中宣部列入第一批全国学雷锋活动示范点。“吴斌车队”班组是“最美司机”吴斌生前所在杭州长运运输集团有限公司客运二公司的无锡班线。2008年，“吴斌车队”就入选为北京支援奥运保障车队，同年在抗雪救灾保春运中被评为杭州市抗雪救灾先进集体；2012年6月，吴斌英雄事迹感动了中国，这支车队被浙江省交通运输厅命名为“吴斌车队”，吴斌所在的无锡班线被命名为“吴斌示范班线”。“吴斌车队”班组以雷锋为楷模，以吴斌为榜样，以打造“最美行业”为己任，以过硬的业务技能，崇高的职业操守和职业精神，让雷锋精神、吴斌精神渗透到道路运输服务工作的每一个环节。（丁姝婷）

“吴斌车队”班组人员热情服务乘客（丁姝婷 供稿）

【小客车总量调控新政实施】 4月30日，《杭州市小客车总量调控管理规定》（下称《管理规定》）正式发布，于5月1日起正式实施。《管理规定》主要对七个方面进行修订：明确个人申请增量指标中的驾驶证要求，明确给予县（市）一定的政策倾斜，放宽新投资企业申请增量指标的相关限制，预设新能源车总量调控条款，设置竞价的最高限价，明确“被盗抢”车车主的增量指标申请资格，对审核部门的复核期限做了规定。《杭州市小客车总量调控管理暂行规定》自2014年5月1日实施以来，实施情况总体平稳有序，政策预期效果逐步显现，有效遏制全市小客车快速增长的势头，在缓解城市交通拥堵、治理大气污染等方面发挥积极作用。

5月25～26日，杭州市小客车总量调控管理新政实施后的首次竞价和摇号工作完成。经过前期资格审核，6月份取得摇号有效编码的个人47.94万个，较上月减少16.35万个，单位有效编码8109个。当日摇号共产生6014个增量指标，其中个人指标5208个、单位指标806个。个人中签率为1.09%，单位中签率为9.94%，较4月份均有一定幅度提高。此外，根据5月份市小客车增量指标竞价结果统计，本期个人小客车最低成交价为2.55万元，平均成交价为2.81万元；单位小客车最低成交价为2.45万元，平均成交价为2.68万元，较4月份均有不同程度上涨。

【出租车行业改革】 12月2日，杭州市政府正式发布《关于深化出租汽车行业改革的指导意见》，标志着全市出租车行业改革正式实施。意见

包括"指导思想和改革目标""坚持市场化发展方向""改革经营权管理制度""落实企业主体责任""提高服务监管水平""加强组织保障"等六大版块，共23条，涉及科学定位出租汽车、培育多元市场主体、规范经营权交易行为、鼓励公司化规模化经营、提升行业服务品质、依法严厉打击非法营运、发挥行业协会作用和加快同城一体化进程等内容。意见发布前经历2个多月的筹划制定过程，严格落实公众参与、专家论证、风险评估、合法性审查、集体讨论等重大事项决策程序。此次改革将全面启动传统出租车行业体制机制改革，推动国有企业整合发挥行业标杆作用，九城区实现同城同价，加快推进网络约租车改革相关工作。

【首批6条社区"微"公交开通】 2月6日，之江国家旅游度假区、滨江区等区域陆续开通6条社区"微"公交，试行"发车班次时刻表"。相对于常规公交，社区"微"公交只在某个特定区域内运营，以解决区域内住宅区与周边地铁站、公交换乘点、公建设施等地之间的出行需求，实现"点到点"的公交营运模式。社区"微"公交以途经社区道路、支小路、村道为主，兼顾主干道上的换乘，早晚通勤时道路拥堵不明显，线路较短，车辆周转较快。社区"微"公交票价均为2元；各类IC卡和免费乘车凭证均通用，并按相关规定享受优惠折扣。

【首条禁毒宣传公交专线开通】 6月3日，杭州市开通首条禁毒宣传公交专线。该次活动由市禁毒办与市公交总公司合作，选定杭州49路公交车作为禁毒宣传公交专线。公交专线将从公交车报站语音、车辆外部喷绘等全方位开展禁毒宣传。公交49路、126路增添禁毒方面的报站语音。每抵达一个站，在正常的报站语音结束后，还会播报"拥抱健康、远离毒品"的语音提醒。禁毒宣传公交专线的开通，引领市民积极参与禁毒工作，合力阻击合成毒品对社会的侵蚀。

【公交地铁换乘优惠】 12月1日开始，持有公交IC卡的乘客，在公交与地铁之间享有换乘优惠。优惠换乘实施范围为：市区（含萧山、余杭、不含富阳区）范围内可使用公交卡的地面公交线路（K588、K596、K598、K599除外）和地铁线路。在享受已有优惠幅度的基础上，市民在3分钟~90分钟内，使用同一张公交IC卡刷卡换乘公交和地铁，按所持公交IC卡享受1次换乘优惠，根据卡的不同类型，优惠1元~2元。投币的市民或只采用地铁单种交通方式出行，不享受换乘优惠。10月1日起，杭州市就实施地面公交之间优惠换乘措施。根据10月的统计数据显示，共有862.19万人次享受到优惠换乘带来的便利和实惠，占总刷卡乘车人次的21.4%，优惠金额达1047.74万元，平均单次优惠为1.22元。

（王　鹏）

【道路运输市场监管】 2015年，开展"两非"车辆、套牌出租车、客运市场整治，春秋季旅游旺季、西湖景区旅游环境秩序专项整治，简易客运站稽查行动、危险货物运输车辆专项稽查行动、杭州市非法营运黄标车专项整治行动、"专车服务"专项监管行动等多项整治活动，累计出动执法人员5.72万人次，查处非法营运1860起（其中汽车446起，非机动车1414起），查处出租车违章724起，客运违章601起，货运违章22起，有力维护道路运输市场秩序。在原有的16个责任区及13个严管点的基础上，新增、调整严管点至21个，加强对商贸区、车站、学校等重点区域的监管。受理来电、来人、来访、来信（函）18.32万起，其中"96520"受理电话量4.51万起，"12328"受理运管类电话量13.6万起，查找失物5.01万起，市长公开电话"12345"交办件2200起。按时反馈率100%，月度办结率100%，满意率98%。

【危险货物运输车辆"打非治违"专项稽查】 8月17日至10月17日，交通运管部门在全市范围内集中开展为期两个月的危险货物运输车辆"打非治违"专项稽查行动。整治范围包括全市所有客、货运输企业及场站；各区县（市）运管处（所）辖区，特别是运输场（站）、景区、商圈等重点区域。重点查处营运车辆超限运输、无道路运输证车辆从事客货运输经营、出租车拒绝载客等非法违法生产经营行为。

【公共交通运输服务】 2015年，杭州市在全省率先出台实施《关于规范公共汽车客运线路管理的若干意见》和《关于规范公共汽车客运车辆管理的若干意见》。完成主城区6000多辆公交车营运证、400多条公交线路经营许可证的核发，新辟公交线路34条，优化公交线路41条，新增公交首末站6个，公交车停车保养维修基地2个，新增公交车335辆，公交分担率提升2.5%。完成《杭州市城市轨道交通运营管理办法》修订，优化城际城乡客运网络，推动淳安千岛湖汽车客运北站枢纽建设，基本实现建制村农村客运车辆"村村通"，城乡客运一体化发展水平平均得分814.11分，市区为845.32分，达到AAAA级别。开通安徽黄山、苏州周庄、昆山锦溪、绍兴安昌、湖州安吉等5条旅游专线，完善火车东站的道路客运班线配套，开通省际、市际、县际班线20条，推动长途客运接驳运输联盟化发展。（郑　垚）

·水路运输·

【水路运输概况】 至2015年末，杭州市水路运输企业58个，其中货运企业29个、客运企业29个。全航区有营运船舶3132艘（100.5万载重吨、2.97万客位）；运力规模100.5万载重吨，比上年下降6.9%。完成货运量5251.3万吨，下降9.4%；货运周转量162.6亿吨千米，下降9.1%。

杭州港港口货物吞吐量9371.6万吨，下降6.9%；完成旅客吞吐量596.7万人次，下降3%。三堡船闸过闸运量5424.7万吨，下降3%。

全市内河航道里程2005.98千米，其中四级到七级航道1158.52千米，准七级航道847.46千米。全年完成航道日常养护投资930万元，全年续建新建项目11个，累计完成投资1910万元。全航区4519艘船舶完成检验。推进船型标准化，启动内河船型标准化补贴工作，累计受理船舶拆解（改造）申请578艘；完成拆解（改造）549艘，占受理船舶的95%；跟进钱塘江船舶更新政府补贴工作，受理申请586份，完成审核538份。萧山区第二期补贴工作于10月完成。

全市累计完成信息化投资3756万元，实施14项信息化建设项目，其中12项通过验收。

航区发生一般等级以上水上交通事故4起，死亡4人，直接经济损失30.3万元。全年实施行政处罚6062件，增长30.6%。

【水运基础设施建设】 2015年，全市完成水运基础设施在建项目投资5.32亿元（航道工程完成投资4.38亿元，港口工程完成投资9498万元）。其中，桐庐南方水泥有限公司富春江码头、桐庐红狮水泥有限公司专用码头、崇贤益海嘉里码头等项目顺利推进，萧山临江出海码头技改工程、余杭叶根建材公司码头改造工程完工。新增300吨级以上泊位7个，吞吐能力94.8万吨。航道建设方面，例行养护投入1225万元，疏浚航道土方17.5万立方米。专项养护投入3925万元，渌渚江航道养护工程、浦阳江航道养护安保工程等4个专项养护工程基本完成。水上重点工程建设方面，富春江船闸扩建改造工程完成年度投资3.5亿元，老船闸改造加固工程、上下游锚泊服务区工程完工，船闸主体水工土建工程、下游引航道基本完工，闸阀门及启闭机安装工程、船闸房建工程加快推进。完成兰江杭州段、浦阳江杭州段、富春江船闸上下游航道等航道提升工程。完成钱塘江双浦锚泊区、鸦雀漾（三期）锚泊区等公交优先项目。

【“五水共治”工作有效推进】 市交通局港航管理部门深入推进“五水共治”工作，督促船舶向港口、码头和装卸作业点等单位设置的垃圾接收点送交生活垃圾300多吨上岸。投入近1000万元用于船舶污染治理，新建5个油污水回收装置和3艘油污回收船，收购1艘小型油污水回收船，购买2辆油污水运输车辆，配合环保部门完成钱塘江、京杭运河2处含油污水处理装置的验收。10月，通过政府购买服务的方式，委托杭州鸦雀漾水上服务有限公司对船舶垃圾、油污水进行回收处理，明确船舶油污水上岸的要求。至年末，向401艘船回收237吨油污水，率先在全省建立船舶垃圾和油污水回收上岸处理长效机制。（万隽媛）

【武林门水上公交码头改造工程通过验收】 3月26日，杭州武林门水上公交码头改造工程通过验收。该码头是杭州市水上交通旅游线路的综合性换乘枢纽，位于下城区繁华地段，东侧为西湖文化广场，西侧为杭州大厦C座，北临京杭运河。工程包括建设2个水上巴士泊位，其中东侧1号泊位限停19.6米以下船型，西侧2号泊位停靠25米标准船型，码头采用趸船式浮码头结构，设计长度58.5米，设计年旅客吞吐量155万人次。（王　鹏）

·铁路运输·

【铁路运输概况】 2015年，杭州市境内营运铁路有4条高铁、4条干线和1条支线。正线延长共计404.4千米，其中：杭州市境内（属杭州工务段管辖）沪杭高铁17.0千米，杭甬高铁5.6千米，宁杭高铁9.3千米，杭长高铁25.0千米；4条干线沪杭线49.9千米，浙赣线132千米，宣杭线93.2千米，萧甬线33.2千米；金千支线39.2千米。沪杭、杭甬、宁杭三条高铁均为全封闭电气化铁路。沪杭、浙赣、宣杭、萧甬4条干线均铺设60千克无缝钢轨，除宣杭线外，其余设施为电力网线、信号自动闭塞双线铁路。车站内通过计算机联网控制。沪杭、浙赣、宣杭线均为全立交。金千支线为铺设50千克普通钢轨、信号半自动闭塞的单线铁路，站内信号为继电集中控制。

杭州市境内铁路车站原有30个，因提速改线后，减至26个，分别由杭州站、乔司站、嘉兴车务段、金华车务段和宁波车务段等分管。杭州站、杭州东站属一等客运站，隶属杭州直属站管理。乔司直属站分管艮山门、南星桥、杭州北、临平、笕桥、行宫塘、沈家塘、星桥、仓前等车站。其中，乔司站为综合自动化编组站，二级四场配置，承担杭州地区货物列车编解作业任务，为一等编组站。艮山门站设机械化驼峰，采用全减速顶连续调速系统辅助编组站，为二级三场配置，承担杭州地区部分货物列车的编解作业，是杭州地区主要货物承运站。杭州北站主要承担易燃、易爆、有毒物品及其他危险货物的运输、装卸。南星桥站承担零担货物和部分集装箱运输，并负责杭州客车的整备工作。排塘、寿昌、更楼、新安江、朱家埠、千岛湖等车站由金华车务段管理。余杭、石濑车站由嘉兴车务段管理。除上述主要车站外，涉及铁路运营的单位还有杭州客运段，负责旅客列车乘务；杭州机务段，负责辖内机车乘务、整备和检修；杭州北车辆段，负责货车的整备和检修；杭州工务段，负责线路、桥梁、隧道的维修养护；杭州电务段，负责铁路信号的维修和养护；杭州供电段，负责铁路电网的调配和维修。

杭州地区全年发送旅客5282.2万人次，到达旅客5292.11万人次，发送货物306.4万吨，到达货物1029.36万吨，实现运输收入75.41亿元。

【商合杭高铁全线开工】 11月30日，商合杭高铁全线开工建设，建设总工期60个月。商合杭高铁是华东地区又一路网性高铁建设项目，南北向第二条高速铁路通道。北起河南商丘，纵贯安徽，南至浙江杭州，连接中原和江淮腹地、“长三角”地区。线路等级为双线客运专线，正线全长794.55千米，设计时速350千米，全部运行动车组列车。

商合杭高铁安徽、浙江段设28个站，其中新建芦庙、亳州南、古城东、太和东、阜阳西、颍上北、凤台南、寿县、淮南南、巢湖北、含山西、芜湖北、郎溪、广德南和安吉15个站；改扩建合蚌客专的水家湖、合宁铁路的肥东、合福高铁的巢湖东、宁杭客专的湖州4个站，利用合蚌客专的合肥北城、合宁铁路的合肥、三十里铺和宁杭高铁的德清、杭州东5个车站和在建宁安铁路、皖赣铁路扩能改造工程芜湖至宣城段新双线的芜湖、弋江、湾沚南、宣城4个站。商合杭高铁全线衔接合蚌、合福、合宁、宁安、宁杭等多条客运专线，途经郑徐高铁连通古城开封各城市间的城际客运顺畅快捷。

【铁路“95306”网站正式运行】 4月10日，中国铁路“95306”网站上线

运行。“95306”网站主要开展三项服务业务：提供铁路货运电子商务服务，开办“我要发货”、运费查询、货物追踪等铁路货运业务；提供大宗物资交易服务，支持煤炭、矿石、钢铁、粮食、化工、水泥、矿建、焦炭、化肥、木材、饮料食品等11个品类物资在线交易并提供配套物流服务；提供小商品交易服务，包含商品选购、在线支付、物流配送、网络营销、客户服务等功能。

“95306”网站开通初期，中国铁路客户服务中心“12306”网站货运服务功能仍然保留一段时间。过渡期结束后，“12306”网站主要开展客运相关服务业务，“95306”网站主要开展货运相关服务业务。

【铁路推出旅客人身意外伤害保险业务】 11月1日，铁路部门为境内乘坐火车的旅客提供铁路旅客人身意外伤害保险业务服务（简称铁路乘意险），旅客可自愿投保。从2013年1月1日起，火车票价中不再包含旅客意外伤害强制保险费用，铁路旅程中的人身安全保险经济保障出现空缺。

铁路乘意险指被保险人在保险期间内持有效乘车凭证，乘坐境内旅客列车，遭受意外伤害致使本人身故、伤残或者受伤治疗的，铁路自保公司按照约定给付保险金的一种保险服务。该保险由旅客在购买火车票时自愿购买，保费3元，最高保障30万元意外身故、伤残和3万元意外医疗保险金。保险事故发生后，铁路站车现场工作人员可直接受理报案。

【铁路“变更到站”无须退票另购】 6月10日，铁路部门推出“变更到站”服务。旅客购票后，可根据行程变化，重新选择新的目的地，在车票预售期内变更到站及乘车日期、车次、席位。

原车票开车前48小时以上，旅客可任意选择有余票的列车。已取得纸质车票，可在车站指定售票窗口办理；未换取纸质车票，可在“12306”网站办理。办理“变更到站”不收取手续费。“变更到站”只办理一次，已经办理“变更到站”的车票，不再办理改签。对已改签车票、团体票及通票暂不提供此项服务。办理“变更到站”时，新车票票价高于原车票，补收差额；新车票票价低于原车票的，退还差额，对差额部分核收退票费并执行现行退票费标准。办理“车票改签”时（即到站不变），新车票票价高于原车票，补收差额；新车票票价低于原车票，退还差额，同样对差额部分核收退票费并执行现行退票费标准。

2015年杭州市铁路客、货运量

表15

单位	站名	旅客		货物		运输收入（万元）
		发送（万人次）	到达（万人次）	发送（万吨）	到达（万吨）	
杭州直属站	杭　州	1 235.07	1 217.03	—	—	198 835.23
	杭州东	3 976.89	4 007.78	—	—	460 585.65
	盈　宁	—	—	—	—	—
	钱塘江	—	—	—	0.06	1.07
	杭州南	—	—	—	—	—
	萧山西	—	—	13.86	43.19	12 212.72
	萧　山	—	—	23.91	2.60	695.30
乔司直属站	乔　司	—	—	—	—	—
	艮山门	—	—	30.61	61.51	19 187.97
	南星桥	—	—	11.58	17.92	5 746.42
	杭州北	—	—	73.34	730.65	20 059.88
	临　平	—	—	14.16	65.69	8 919.02
	笕　桥	—	—	0.75	5.23	370.56
	行宫塘	—	—	0.37	—	—
	沈家塘	—	—	—	—	—
	星　桥	—	—	—	—	—
	仓　前	—	—	0.04	39.40	24.00
嘉兴车务段	石　濑	—	—	—	5.51	78.41
	余　杭	70.24	67.30	—	—	7 522.04
金华车务段	排　塘	—	—	—	—	—
	寿　昌	—	—	1.82	5.70	145.40
	更　楼	—	—	24.45	19.67	1 420.70
	新安江	—	—	1.96	23.28	1 145.30
	朱家埠	—	—	55.34	8.66	10 273.90
	千岛湖	—	—	54.21	0.29	6 917.00
宁波车务段	夏家桥	—	—	—	—	—
合　计		5 282.20	5 292.11	306.40	1 029.36	754 140.57

注：货物发送量、到达量和运输收入数据均由杭州、金华货运中心提供

【杭州东站启用反向自动验票机】 10月1日，上海铁路局首批58台反向自动验票机在上海虹桥、南京南、合肥南和杭州东站陆续投入使用，高铁枢纽大站的旅客中转换车更便捷。杭州东站检票口安装反向自动验票机，不仅可以正面读票进站，需要中转的乘客也可以反向读票出门。中转的旅客在站台层只需按一下按钮，即可乘坐垂直电梯，持磁质车票经反向自动验票机“刷票”，进入候车厅，享受便捷的换乘服务。

【“西子号”乘务组获全国铁路火车头奖杯】 “西子号”列车是省政府1988年8月5日正式命名，全国政协副主席、著名书法家赵朴初为“西子号”题写匾名。铁路进入高铁时代，“西子号”迎来又一次嬗变。2013年6月28日，“西子号”冠名至高铁杭京线。

“西子号”乘务组有5个车班、30名“西子”姑娘，平均年龄24岁，大多是空乘客服和旅游服务专业毕业，具有良好的职业素养。“西子号”乘务员把服务“空间”拓展到网络，注册“杭客西子号”新浪微博，及时发布捡到旅客遗失物的信息。

两年来，帮助上百名旅客领回遗失在列车上的钱包、笔记本（平板）电脑、手机和银行卡及各类证件，总价值30多万元。这支年轻团队以自信、热情的形象和主动、热诚、细腻的服务，诠释着“浓浓西子情、暖暖杭京行”的新“西子号”服务理念。2015年，“西子号”乘务组获得全国铁路火车头奖杯。

【萧山货场启用】 12月23日，由上海铁路局与杭州市政府合资建设的萧山货场正式启用。该货场总投资近22亿元，主体工程总占地面积64.99公顷，拥有仓库4个，笨重货物作业区、集装箱堆场各1处，设计货场运量及规模近期为984万吨/年，远期为1175万吨/年。

萧山货场紧邻传化物流园区，旁依萧山国际机场。货场重点开展商品汽车发运、钢材及生铁市场交易物资发送、饮料和食品到达配送、化肥农资到达配送、塑料粒子及有色金属市场交易及配送和铁路班列产品发送及到达等业务，对区域物流市场和地区经济发展具有重要意义。

【贵阳南站特需货物班列首发】 11月6日，“79049”次特需班列拉载着32车江浙地区生产的汽车零配件、塑料粒子等轻工产品从乔司站启程，驶往目的站——成都铁路局贵阳南站。这也是杭州货运中心年内继广州三眼桥、福建泉州东班列之后，按铁路批量零散货物快运组织开行的第三个方向的点到点特需班列。贵阳南站特需班列在杭州货运中心杭州北站经营部永宁货场组织装车，每日单向开行，编组不少于30辆。

【杭州货运中心完成进藏物资运输任务】 10月19日，随着最后一批进藏物资从永宁货场发出，杭州货运中心为期两个月的进藏物资运输工作完成。该中心于8月28日起承担总计159车进藏物资的发运任务。这次运输任务要求高、时间紧、任务重，特别是在货物外包装和车辆的选择上十分严格，外包装不能破、脏，装载的车辆车底板均要进行清洗，车内四周和车底板必须用尼龙薄膜衬垫。杭州货运中心杭州北站经营部与永宁网点的货装人员在每次作业时提前到岗，对车辆内部突出物的处理、货物的装载加固、封门后的处理及“前后三检”等严格按责任制进行包保。 （叶建明 姚乃峰）

·航空运输·

【航空运输概况】 杭州萧山国际机场位于浙江省杭州市东部，距市中心27千米，是国务院确定的国内区域性枢纽机场、国家一类航空口岸和浙江省门户机场。2000年12月28日建成通航，2006年12月与香港机场管理局合资合作，成为内地首家整体与香港合资的机场。机场已发展成为国内第十大客运机场、第七大货运机场和前五大航空口岸，2009年起跻身全球机场百强。

至2015年末，机场用地总面积10平方千米，3座航站楼总面积36.5万平方米，建有2条跑道（分别为3600米长、45米宽和3400米长、60米宽）和等长的滑行道，停机坪面积约140万平方米、机位127个，飞行区等级为4F级，可以保障世界上最大的民航客机空客A380全重起降。机场设施能够满足年旅客吞吐量3250万人次、货邮吞吐量80.5万吨、航班起降量26万架次的保障需求。

杭州萧山国际机场围绕各项目标任务，提升发展品质、运行品质和管理品质，总体呈现出“稳中有进、量效齐增”良好态势。全年旅客吞吐量2835.44万人次、货邮吞吐量42.49万吨、航班起降23.21万架次，比上年分别增长11.1%、6.6%和8.8%。旅客、货物吞吐量排名继续保持国内机场第10位和第7位。全年出入境旅客吞吐量365.1万人次，增长18.3%，其中国际旅客吞吐量、货邮吞吐量和航班起降量分别增长35.5%、13.8%和42.3%。

【全面筹备保障G20杭州峰会】 2015年，在省、市峰会领导小组和民航部门统筹部署下，杭州萧山国际机场做好G20杭州峰会各项筹备工作。成立机场国际峰会航空运输保障工作领导小组，建立起驻场单位保障网络，加强工作联络和对接。

确定G20杭州峰会专用停机坪及滑行道工程、专用候机楼工程和专用迎宾道路工程等三大建设项目及一批专用设施设备投资计划，三

2011～2015年杭州萧山国际机场主要生产指标

表16

年份	旅客吞吐量（万人次）	增幅（%）	货邮吞吐量（万吨）	增幅（%）	航班量（万架次）	增幅（%）
2011	1 751.2	2.6	30.62	8.0	14.95	2.2
2012	1 911.5	9.2	33.84	10.5	16.63	11.3
2013	2 211.4	15.7	36.81	8.8	19.06	14.6
2014	2 552.6	15.4	39.86	8.3	21.33	11.9
2015	2 835.4	11.1	42.49	6.6	23.21	8.8

2015年杭州萧山国际机场直达通航流量前十位城市

表17

位次	城市	客流量（万人次）	出港平均客座率（%）
1	北 京	225.7	79.2
2	广 州	219.5	84.6
3	深 圳	150.2	80.2
4	成 都	110.3	86.7
5	西 安	108.3	87.2
6	重 庆	98.0	81.1
7	香 港	87.5	74.3
8	昆 明	76.1	89.0
9	贵 阳	49.6	87.1
10	郑 州	47.8	84.8

注：以上数据不含经停航线

大建设项目于9月全面启动。以“六化”（洁化、绿化、美化、优化、规范化、制度化）为着力点，提升飞行区、候机楼、场区整体环境。制定完善保障方案，初步制定运行、服务和安保三大保障方案及子方案。

【机场通航点增至131个】 2015年，杭州萧山国际机场以“优化结构，提质增效”为原则，提升航线网络通达性。全年新增张掖、丹东、六盘水等17个国内航点以及丹麦哥本哈根、西班牙马德里、日本函馆、越南芽庄和胡志明市、柬埔寨西哈努克港、美国关岛等7个国际航点，其中杭州—马德里航线是华东地区首条直达西班牙的洲际航线。至年末，机场通航点达到131个（内地94个、港澳台6个、国际31个），比上年增加8.3%；入驻航空公司60个（内地30个、港澳台7个、国际23个），增加5个。

【机场运输生产稳步增长】 杭州萧山国际机场加强对外沟通协调，为运输生产提供坚实支撑。年内分别与中国东方航空股份有限公司、北京首都航空有限公司签订战略协议，与四川航空公司、美国联合航空公司对接开通美国航线；争取新开国际航线培育政策，省、市、区三级政府航线补助资金提高到原来的3倍；与市旅委共同举办杭州旅游·航空国际营销合作联席会议，加快建立旅游产业链间合作机制。7月，顺丰速运集团有限公司杭州枢纽基地投入运行，成为亚洲规模最大、设施设备最先进的机场快件运输枢纽基地。9月，杭州圆通货运航空有限公司开通首条由浙江省速递企业自主运营的全货机航线。年内，食用水生动物进境指定口岸落户，进境水果指定口岸获批，为拓展航空货运新领域、融入跨境电商创造条件。

【民用航空安全形势总体平稳】 杭州萧山国际机场落实新安全生产法要求，加强过程管理、风险管理，确保安全形势总体平稳。7月11日，及时应对第九号台风“灿鸿”等恶劣天气；12月3日，实施机场通航以来首起货机爆胎返航救援，确保人机安全。全年机场共发生1起不安全事件，机场责任原因不安全事件万架次率为0.043，实现连续第15个安全年，在民航系统2015年度安全目标综合考评中名列华东地区机场第一。

【服务品质全面提升】 2015年，杭州萧山国际机场秉承“快速响应、至诚至微、超越期望”的服务理念，探索“互联网+”在机场商业、旅客服务等领域的应用，推进自助值机和二维码手机值机业务，开通支付宝支付通道及服务窗，推出“杭州机场”APP。优化服务设施，制定航站楼提升方案，完成航站楼国际中转厅和C值机岛改造，启用海创园城市航站楼，开通余杭、温州等多条巴士专线。此外，杭州萧山国际机场做好第二届世界互联网大会等多项重大活动的保障。全年机场ASQ（旅客满意度调查）得分为4.73分，比上年提高1.5%，对社会公布的28项服务承诺100%达标。

【航班延误率降低】 杭州萧山国际机场高度重视航班延误问题，通过加强运行组织管理、变革运行指挥模式（5月，在内地民航机场中率先完成地面滑行指挥权从空管到机场的移交）、推广新技术应用和积极争取政策支持等措施，取得良好效果。全年航班放行正常率为60.7%，比上年提高9个百分点。机场始发航班8点前起飞不受限政策自9月份实施后至2015年末，8点前航班放行正常率达到94.2%，全天放行正常率为76.5%，提高14.5个百分点，比政策实施前的2015年1~8月提高23.6个百分点。

【服务地方能力增强】 2015年，杭州萧山国际机场挖掘经营潜力，非航空业务收入达到12.85亿元，比上年增长8%，占总收入的52%。全年机场范围内各企业向国家和地方缴纳税金约6.4亿元，增长25.5%。其中杭州萧山国际机场有限公司及子公司缴纳2.3亿元，在机场运营的各航空公司缴纳约2.3亿元，其他驻场经营企业缴纳约1.8亿元。杭州萧山国际机场全年用电量下降0.02%，用气量下降15.3%。

▶▶资料：2015年杭州萧山国际机场定期航点

1.内地航点94个：北京首都、广州、深圳、西安、成都、重庆、昆明、贵阳、郑州、青岛、三亚、大连、哈尔滨、海口、沈阳、厦门、太原、南宁、长沙、武汉、天津、石家庄、桂林、乌鲁木齐、长春、丽江、兰州、珠海、呼和浩特、泉州、银川、西双版纳、西宁、揭阳、福州、临沂、烟台、海拉尔、惠州、威海、绵阳、宜昌、赣州、锦州、大理、济南、潍坊、九寨、张家界、宜宾、广元、毕节、拉萨、通辽、泸州、南阳、包头、鄂尔多斯、洛阳、遵义、襄阳、恩施、延吉、阿克苏、铜仁、运城、芒市、满洲里、腾冲、连城、

7月18日，省重点建设项目——杭州机场快件运输枢纽基地（顺丰基地）投入运行。图为基地外景（曾宪武 摄）

武夷山、万州、赤峰、南充、北海、邯郸、东营、西昌、稻城、阜阳、长白山、柳州、丹东、佛山、张掖、湛江、黔江、敦煌、六盘水、甘孜、安顺、榆林、唐山、阿尔山。

2.港澳台航点6个：香港、澳门、台北桃园、台北松山、高雄、台中。

3.国际航点31个：日本东京、大阪、冲绳、静冈、函馆，韩国首尔、釜山、济州、清州、务安，新加坡，马来西亚吉隆坡、沙巴，泰国曼谷（素万那普、廊曼）、清迈、普吉、甲米，越南胡志明市、岘港、芽庄，柬埔寨暹粒、西哈努克港，印度尼西亚巴厘岛，菲律宾卡里波，卡塔尔多哈，荷兰阿姆斯特丹，法国巴黎，丹麦哥本哈根，西班牙马德里，美国关岛。

（曾宪武）

·邮政 快递·

【邮政快递概况】 2015年，杭州市邮政企业和规模以上快递服务企业业务收入（不包括邮政储蓄银行直接营业收入）累计完成159.69亿元，比上年增长35.7%；业务总量累计完成253.52亿元，增长42.1%。其中，规模以上快递服务企业业务量累计完成12.57亿件，增长48.7%；业务收入累计完成143.75亿元，增长40.6%。全市邮政行业发展继续保持良好势头。全年快递业务量、业务收入列全国各大城市第五位，省会城市第二位。

全市邮政函件业务累计完成1.33亿件，下降23.9%；报纸业务累计完成2.93亿份，增长0.4%；杂志业务累计完成1309.6万份，下降8.8%；汇兑业务累计完成169.15万笔，下降48.8%。

至年末，杭州市邮政局所288个。其中邮政支局111个，自办邮政所117个，代办邮政所60个；邮政储蓄网点203处，其中单设47处；报刊零售网点656个（含报刊亭）；“村邮乐购”店1518个；“E邮站”2180个，其中主城区1800个；集邮专业网点93处；邮路159条，其中一级干线邮路19条、二级干线38条、邮区内邮路102条；投递道段1229条，其中城市投递道段719条，农村投递路线510条；行政村通邮率100%，城区日均投递次数2.7次。

【桐庐邮政管理局成立】 11月13日，桐庐邮政管理局举行成立暨揭牌仪式。国家邮政局、浙江省和杭州市邮政管理局、桐庐县有关部门负责人以及杭州市快递协会、桐庐县邮政企业、快递企业代表50多人参加揭牌仪式。

桐庐邮政管理局是杭州地区成立的首个县级邮政业监管机构，设办公室和行业监管科两个内设机构，下设桐庐县邮政业发展服务中心事业单位。桐庐邮政管理局的主要职责为：协助杭州市邮政管理局贯彻执行国家法律法规、方针政策和邮政服务标准；研究拟订辖区邮政发展规划；监督管理邮政市场及邮政普遍服务和机要通信等特殊服务的实施；负责行业安全生产监管、统计等工作，保障邮政通信与信息安全；承办上级邮政管理部门和地方政府交办的其他事项。

11月13日，桐庐邮政管理局举行成立暨揭牌仪式 （市邮政管理局 供稿）

【中国（杭州）国际快递业大会落户桐庐】 11月13日，首届中国（杭州）国际快递业大会在杭州桐庐召开。会议以“便民惠民、通达天下”为主题，来自国家发改委、公安部、工业和信息化部、商务部、交通运输部、海关总署、国家邮政局等相关部委专家和国内外的快递企业负责人建言献策，围绕“互联网+”视野下的市场开放与中外快递合作、大众创业万众创新与物流产业发展、快递与关联产业融合发展、快递业的质量与安全等话题共谋快递产业发展大计。会议还解读《国务院关于促进快递业发展的若干意见》，并发布2015年第三季度中国快递发展指数。会议决定“中国国际快递产业大会”将永久性会址落户桐庐，每两年举办一次。

【电子商务与快递协同发展试点】 2015年，杭州市作为全国电子商务与物流快递协同发展第一批项目的五个试点城市之一，成立试点工作领导小组，印发《杭州市开展电子商务与物流快递协同发展试点工作实施方案》，以解决实际工作中存在的突出问题为导向，有针对性地引导、推动试点项目的实施，有效解决制约电子商务发展的物流快递发展瓶颈问题。组织和动员相关单位积极申报协同发展项目，有17个单位29个项目入围，带动投资43亿元。10月28日，全国电子商务与物流快递协同发展试点工作会议上，杭州的试点工作成效得到商务部、国家邮政局的充分肯定。五个试点城市中杭州市综合评分排名全国第一。

【农村电子商务迅速延伸】 2015年，市农办与邮政杭州分公司通过战略合作对接政府“电子商务进万村”工程，依托邮政在农村丰富的线下渠道，将“村邮乐购”打造成一个集“网络代购+平台批销+农产品返城+便民服务+普惠金融+物流配送”于一体的电子商务服务品牌，让

农村居民体验到购物不出村、销售不出村、生活不出村、金融不出村、创业不出村。至年末，累计建成“村邮乐购”店1518个，其中标准示范站604个。

【寄递渠道安全管理】 5月18日，杭州市寄递渠道安全管理领导小组成立，由市委政法委秘书长和市邮政管理局局长任组长。杭州市寄递渠道安全管理领导小组加强邮件、快件寄递安全管理工作，定期向各成员单位通报有关工作进展情况，组织召开每年一次全体会议或根据工作需要召开临时全体会议，建立完善有效协作机制，共同解决工作难题，形成“齐抓共管、综合治理”的整体合力。至年末，制作发放安全警示牌2000个，收寄验视手册2.6万册，禁寄物品标签50万张，印发《邮政行业安全生产设备配置规范》《快递营业场所设计要求》《邮政行业从业企业标准化工作指南》等安全监管规范，落实收寄验视、实名收寄、过机安检三项制度。

【跨境电子商务综合试验区邮件寄递便捷】 2015年，市邮政管理局通过跨境电商综试区这一平台，协调邮政、快递企业为跨境电商综试区发展提供更加便捷的邮件（快件）寄递服务，鼓励支持邮政快递企业实施“走出去”战略。至年末，全市国际及港澳台业务量2046万件，比上年增长18.2%；业务收入累计完成14.76亿元，增长9.1%。邮政国际互换局在海关等部门的支持实现24小时通关服务，提高跨境电子商务邮政小包通关效率，邮政国际小包完成2313万件，业务收入4.05亿元，占全省三分之一。

【快递行业安全培训计划启动】 5月，市邮政管理局联合市安监局启动“强人防，保安全”——2015年快递行业安全培训计划，对全市快递法人企业、分支机构负责人和安全管理人员进行安全生产培训。至年末，开办行业安全生产培训班11期，培训并组织考核企业负责人、安管员483人次，339名负责人和安管员顺利通过考核取得培训合格证书。

【“双十一”业务量突破9000万件】 “双十一”期间（11月11~20日），杭州市16个主要网络型快递企业处理快件9128万件，其中揽件量6552万件，派件量2576万件。超过1~10月全市快递累计业务量的1/10。12日当天快递业务量峰值为1278万件，比上年增长62%，列全国城市第三位。全市确保“全网运行不瘫痪、重要节点不爆仓”和“保畅通、保安全、保平稳”的目标，新增快递从业人员近万余名、新增运输车辆3000多辆、新增快递分拨场地近20万平方米，同时4000多组智能快件箱投入“双十一”末端配送服务。

【智能快件箱建设】 3月，市邮政管理局、市房管局、市经信委和市商委联合印发《关于在专业物管项目推进便民E邮柜建设的通知》。“E邮站”建设被列入2015年市政府“十件实事”，提出继续推广建设社区“E邮站”快递包裹智能存取服务平台，在主城区新建站点800个以上。至年末，全市累计建成智能快件箱4000多组，包裹自提式“E邮站”2180个，其中主城区1800个。87个快递公司在“E邮站”注册使用，注册快递员1.49万人，转交快件1382万件，“E邮站”投送的快递邮件日均3.5万余件。运营质量有效提升，成为投递自提网建设的有效载体。通过智能快件箱投送快递邮件，解决居民家中无人接收快递的问题，有效避免个人隐私泄露，保障住宅公共安全。

【流水化工艺改造工程完成】 中国邮政集团公司在全国19家单位推行流水化工艺改造工程，杭州邮区中心局成为首批改造单位之一。3月，针对火车运邮，中心局取消邮袋封发，利用火车车厢作为封装容器进行封发转运，探索流水化工艺改造。11月8日，邮区中心局双层包裹分拣机投产试运行。在“双十一”期间，中心局单邮件处理量比上年增长51%，人员减少25%。从而提高分拣运输效率，简化封发模式。

【《中国大运河》贝雕邮票获奖】 5月，由杭州市集邮公司开发的《中国大运河》贝雕邮票珍藏套装，在近100款选送邮品中脱颖而出，获全国最佳集邮品时尚文化类优胜奖第一名。此套邮票以2009年发行的京杭大运河邮票为模本，选取天然贝壳，采用先进的贝雕着色工艺，以彩色浮雕的形式展现一幅幅运河画卷。

【乌鲁木齐至杭州火车邮路开通】 3月18日晚上9时15分，由乌鲁木齐至杭州的593次列车挂着邮政车厢驶入杭州火车站，标志着新疆面向东南沿海、辐射全国的邮政大动脉全线贯通。乌鲁木齐至杭州火车干线邮路全长4221千米，是国内最长的一条线路，沿途有7个交接点，分别为乌鲁木齐、兰州、宝鸡、西安、郑州、合肥、杭州。该邮路的开通、增强浙江发往新疆的邮件运输能力。

【杭州邮政“海淘乐购”体验馆开业】 8月26日，位于武林广场支行的杭州邮政“海淘乐购”体验馆正式开业。“海淘乐购”是杭州邮政与浙江省粮油进出口公司合作推出的境外商品“O2O”体验馆。消费者只要扫码下单，保税区的境外商品就会直接送到家，所有商品均经过海关、检验检疫等部门严格监管。除“海淘”体验馆，现场还设立未来邮局、“把美丽杭州寄出去”DIY明信片打印区、集邮品销售区、体感游戏区等新服务体验区域。

（付姗璐）

民营经济

Private Economy

·民营经济综述·

【民营经济增加值5951.72亿元】2015年，全市民营经济实现增加值5951.72亿元，占全市地区生产总值的59.2%。全年除民营商贸企业商品销售总额外，其余指标增速均低于全市平均水平。全市民营商贸企业实现商品销售总额15587.81亿元，比上年（指2014年，下同）增长4.2%，回落0.2个百分点，增幅高于全市平均水平1.8个百分点；占全市商品销售总额的76.8%，提高1.4个百分点。民营固定资产投资额2976.88亿元，增长4.7%，回落21.5个百分点，较一季度（22.2%）、上半年（10.7%）和前三季度（6.8%）分别回落17.5个百分点、6.0个百分点和2.1个百分点。民营投资增速低于全市固定资产投资增速7.5个百分点；民营投资占全市固定资产投资的53.6%，下降3.8个百分点。民间投资对全市固定资产投资的贡献率由上年的85.7%下降至22.0%，其中项目民间投资1085.86亿元，由上年的增长13.5%转为下降4.3%。规模以上民营工业企业实现销售产值5938.48亿元，下降0.7%，回落4.6个百分点，低于全市规模以上工业企业销售产值增速1.2个百分点；占规模以上工业企业销售产值的47.5%，下降0.6个百分点。规模以上民营工业企业实现新产品产值2033.7亿元，增长11.6%，低于全市规模以上工业企业新产品产值增速1.9个百分点；占全市规模以上工业企业新产品产值的45.5%，下降0.7个百分点。

2015年杭州市民营企业登记注册情况

表18

行业分类	企业数（个）	分支机构（个）	投资者人数（人）	雇工人数（人）	注册资本（金）（亿元）
合　计	334 732	18 378	687 407	1 900 042	15 065.38
农、林、牧、渔业	5 949	116	11 450	23 320	160.35
农、林、牧、渔服务业	868	56	1785	2 987	34.07
采矿业	164	6	355	2 212	15.07
开采辅助活动	3	0	21	4	2.15
制造业	47 379	748	92 728	369 554	1 775.44
金属制品、机械和设备修理业	182	5	355	778	5.60
电力、热力、燃气及水生产和供应业	452	105	855	2 561	29.95
建筑业	16 378	1 747	30 098	98 020	965.72
批发和零售业	120 911	7 377	225 189	637 920	2 755.75
交通运输、仓储和邮政业	4 830	474	10 495	24 333	148.84
住宿和餐饮业	5 372	792	9 798	32 293	105.10
信息传输、软件和信息技术服务业	22 587	677	50 957	119 513	931.40
金融业	2 811	398	8 798	15 210	714.15
房地产业	6 993	996	13 041	37 207	1 041.72
租赁和商务服务业	49 034	2 518	123 294	273 690	4 597.00
科学研究和技术服务业	28 330	762	64 876	148 056	1 171.35
水利、环境和公共设施管理业	858	78	1 713	4 153	55.82
居民服务、修理和其他服务业	15 339	1 176	28 944	71 452	410.77
教　育	1 271	58	2 529	6 000	12.81
卫生和社会工作	735	236	944	3 132	23.62
文化、体育和娱乐业	5 318	112	11 307	31 337	149.26
其　他	21	2	36	79	1.25

【民营经济实现财政收入912.56亿元】 2015年，全市民营经济实现财政收入912.56亿元，比上年增长10.3%，提高3.3个百分点，比全市财政收入增速低0.7个百分点；占全市财政总收入的40.8%，下降0.2个百分点。（胡传明）

【民营经济主体数量增加】 继2014年3月1日实行注册资本认缴制及2014年8月8日将高新区（滨江）9项试点举措在全市推广以来，杭州市企业登记数迅猛增长。2015年5月8日，杭州出台深化商事制度改革“新九条”，进一步推进商事制度改革向纵深发展，推动全市内资市场主体持续快速增长。至年末，全市有民营企业（含下属分支机构，下同）33.47万个，注册资本（金）15065.38亿元，分别比上年增长21.3%和49.0%。民营企业中，第一产业5949个，注册资本（金）160.35亿元，分别增长8.1%和29.0%；第二产业6.44万个，注册资本（金）2786.18亿元，分别增长7.4%和18.7%；第三产业26.44万个，注册资本（金）12118.85亿元，分别增长25.6%和58.7%。个体工商户38.61万户，资金总额333.03亿元，分别增长11.8%和23.7%。民营企业和个体工商户从业人员分别为258.74万人、79.45万人，分别比上年增长16.1%和10.3%。

【民营企业规模壮大】 2015年，杭州市民营企业注册资本（金）规模持续壮大。至年末，全市注册资本（金）100万元~500万元的企业9.11万个，比上年增长35.5%；注册资本（金）500万元~1000万元的企业2.60万个，增长42.4%；注册资本（金）1000万元~1亿元的企业3.08万个，增长49.8%；注册资本（金）1亿元以上的企业2347个，增长59.1%。

【新增民营企业6.05万个】 2015年，在深化商事制度改革“新九条”及“先照后证”“五证合一”等政策的激励下，杭州市民营企业新设数增长较快。全年新增民营企业6.05万个，注册资本（金）3774.19亿元，分别占全市新增内资企业的97.4%和91.6%，与2014年5.20万个的新设数和2333.82亿元的新增注册资本（金）相比，分别增长16.4%和61.7%。（方国平）

2015年杭州市个体工商户登记注册情况

表19

行业分类	年末实有数		全年开业数		全年注销数（户）
	户数（户）	从业人员（人）	户数（户）	从业人员（人）	
合　计	386 127	794 455	71 635	154 952	24 125
农、林、牧、渔业	6 329	16 981	1 044	2 786	85
农、林、牧、渔服务业	325	836	70	151	5
采矿业	51	288	0	0	1
开采辅助活动	0	0	0	0	0
制造业	19 015	70 333	1 535	6 659	616
金属制品、机械和设备修理业	92	219	19	53	2
电力、热力、燃气及水生产和供应业	52	101	3	3	0
建筑业	1 160	4 304	211	866	38
批发和零售业	260 181	424 822	41 032	74 185	17 332
交通运输、仓储和邮政业	6 546	10 363	1 061	1 601	326
住宿和餐饮业	43 845	116 177	15 910	39 501	2 899
信息传输、软件和信息技术服务业	717	1 406	228	446	55
金融业	0	0	0	0	0
房地产业	118	196	31	51	9
租赁和商务服务业	5 019	42 819	1 268	2 692	229
科学研究和技术服务业	1 149	2 498	138	352	75
水利、环境和公共设施管理业	51	153	11	33	2
居民服务、修理和其他服务业	39 514	96 764	8 632	23 864	2 264
教　育	358	1 115	76	305	25
卫生和社会工作	494	1 221	76	225	23
文化、体育和娱乐业	1 524	4 907	379	1 383	146
其　他	4	7	0	0	0

【民营企业对外贸易增长】 2015年，全市有进出口实绩民营企业8066个。其中：有出口实绩企业7031个，比上年增加450个；有进口实绩企业2629个，增加110个。全年民营企业实现进出口总额361.36亿美元，增长5.7%，占全市进出口总额的60.9%。其中：出口292.68亿美元，增长10.9%，占全市出口总额的65.8%；进口68.68亿美元，下降11.8%，占全市进口总额的46.2%。

【民营企业对外经济合作规模扩大】 2015年，全市实现民营企业境外企业中方投资额26.49亿美元，比上年增长143.9%。全市累计批准民营企业对外投资项目1341个，分布于全世界96个国家和地区。民营企业对外投资项目规模扩大，项目平均投资额900.75万美元，项目以中方独资为主。承包工程平稳发展，中国联合工程公司、浙江中地海外水务有限公司、浙江城建集团股份有限公司、杭州海兴电力科技股份有限公司等企业的大项目带动作用明显。（冯蕾颖）

【55个企业入选民营企业500强】 8月，全国工商联发布“2015中国民营企业500强”榜单，杭州市有55个企业入榜，占全国的11%，占浙江省的39.86%，连续第13次蝉联全国城市首位。“2015中国民营企业500强”入围门槛从2013年度企业年营业收入总额91.22亿元上升到2014年度的95.09亿元，增幅4.2%。杭州市入围企业中，第二产业企业40个，占比72.7%，第三产业企业15

杭州市进入"2015 中国民营企业 500 强"企业名单

表 20

序号	企业名称	地区	营业收入总额（万元）	全国排序（位）
1	浙江吉利控股集团有限公司	滨江	15 395 264	10
2	广厦控股集团有限公司	西湖	9 868 116	18
3	浙江恒逸集团有限公司	萧山	7 911 115	24
4	杭州娃哈哈集团有限公司	上城	7 204 254	31
5	浙江荣盛控股集团有限公司	萧山	7 185 218	32
6	中天发展控股集团有限公司	江干	5 630 461	41
7	盾安控股集团有限公司	滨江	5 031 944	53
8	杭州锦江集团有限公司	临安	3 667 906	100
9	浙江昆仑控股集团有限公司	西湖	3 012 720	135
10	传化集团有限公司	萧山	2 481 600	175
11	西子联合控股有限公司	江干	2 327 219	188
12	富通集团有限公司	富阳	2 066 848	213
13	浙江富冶集团有限公司	富阳	2 011 965	219
14	浙江新湖集团股份有限公司	西湖	1 950 168	224
15	华东医药股份有限公司	下城	1 894 738	230
16	银泰商业（集团）有限公司	下城	1 863 992	233
17	杭州海康威视数字技术股份有限公司	滨江	1 723 311	257
18	万马联合控股集团有限公司	临安	1 620 664	271
19	海外海集团有限公司	拱墅	1 559 828	287
20	浙江中南建设集团有限公司	滨江	1 511 649	300
21	泰地控股集团有限公司	下城	1 503 718	302
22	巨星控股集团有限公司	江干	1 477 728	310
23	华立集团股份有限公司	余杭	1 464 770	314
24	绿都控股集团有限公司	萧山	1 425 846	320
25	浙江翔盛集团有限公司	萧山	1 409 758	323
26	浙江明日控股集团股份有限公司	上城	1 405 184	325
27	浙江东南网架集团有限公司	萧山	1 379 466	335
28	兴惠化纤集团有限公司	萧山	1 359 050	340
29	祐康食品集团有限公司	江干	1 341 386	345
30	浙江正凯集团有限公司	萧山	1 331 660	348
31	浙江航民实业集团有限公司	萧山	1 322 365	350
32	红楼集团有限公司	下城	1 302 657	354
33	浙江富春江通信集团有限公司	富阳	1 295 065	358
34	浙江兴日钢控股集团有限公司	萧山	1 273 630	362
35	富丽达集团控股有限公司	萧山	1 268 146	367
36	杭州华三通信技术有限公司	滨江	1 246 695	376
37	歌山建设集团有限公司	滨江	1 238 746	379
38	浙江国泰建设集团有限公司	萧山	1 221 114	382
39	杭州东恒石油有限公司	下城	1 217 430	383
40	杭州诺贝尔集团有限公司	余杭	1 211 651	388
41	浙江协和集团有限公司	萧山	1 197 826	396
42	杭州滨江房产集团股份有限公司	江干	1 175 857	404
43	杭州鼎胜实业集团有限公司	余杭	1 173 463	406
44	汇宇控股集团有限公司	萧山	1 168 760	407
45	万事利集团有限公司	江干	1 167 143	408
46	高运控股集团有限公司	萧山	1 156 847	413
47	柳桥集团有限公司	萧山	1 153 042	417
48	浙江建华集团有限公司	拱墅	1 117 981	436
49	开元旅业集团有限公司	萧山	1 106 755	442
50	浙江东杭控股集团有限公司	江干	1 102 218	445
51	康恩贝集团有限公司	滨江	1 102 164	446
52	胜达集团有限公司	萧山	1 092 267	449
53	农夫山泉股份有限公司	西湖	1 054 198	465
54	浙江康桥汽车工贸集团股份有限公司	拱墅	1 032 473	477
55	宏胜饮料集团有限公司	萧山	1 001 148	486

个，占比27.3%。新入围的7个企业均为第二产业，先进制造业支撑作用显现。杭州市入围企业营业收入总额12941.72亿元，比2013年度增长11.8%，户均235.30亿元；资产总额10413.86亿元，比2013年度增长17.5%，户均189.34亿元；税后净利润总额502.42亿元，比2013年度增长23.7%，户均9.13亿元；纳税总额515.17亿元，户均9.4亿元，比2013年度增长12.6%。纳税额超过10亿元的企业有17个，比2013年度增加4个，浙江吉利控股集团有限公司以91.66亿元的纳税额居第一位。

杭州市有42个企业进入"2015中国民营企业制造业500强"行列，10个企业进入"2015中国民营企业服务业100强"行列。

【规模以上民营企业新增投资扩大】 2015年，杭州市民营企业参与和配合"一带一路"等国家发展战略的实施，实现重大项目投产或重大技术突破。78.4%的规模以上民营企业有新增投资，户均新增投资3.88亿元，比上年度增长13.1%。70%的规模以上民营企业通过投资重大项目、重大技术突破和并购等方式实现企业发展壮大和转型升级。65.0%的规模以上民营企业进入物联网、新能源、生物医药、新材料、高端装备制造业、节能环保产业等战略性新兴产业。

【规模以上民营企业科技创新能力增强】 2015年，全国工商联开展2014年度全国工商联规模以上民营企业调研，对象为2014年度营业收入总额5亿元以上的民营企业。在参加调研的杭州市规模以上民营企业中，70.6%的企业设立研发费用；68.0%的企业拥有研发人员，其中38.7%的企业研发人员占员工总数的比重超过10%。71.6%的企业的关键技术来源于自主研发与研制。获国家级科技奖的有10个企业，获省部级科技奖的有32个企业，被国家有关部门认定为"国家重点实验室"的有10个、"国家工程实验室"的有1个、"国家级企业技术中心"的有19个、"行业重点实验室"的有9个；设立博士后工作站的有39个。56.2%的企业获政府各类科技资金支持，62%的企业与科研院所、高校开展

各种形式的合作，主要形式有项目合作、共建研发机构等。

【资本经营稳步推进】 2015年，杭州市民营企业加快上市步伐，加快结构调整和产业升级，拓宽融资渠道，实现企业制度、产业发展、经营模式和增长方式等方面的重大转变，推动全市民营经济实现跨越发展。至年末，全市民营企业中有上市公司107个（其中境内上市80个）。

（吴　炜）

·民营经济发展环境·

9月29日，副市长张建庭（左一）到市民中心调研商事制度改革工作

（市市场监管局 供稿）

【助企融资1336.43亿元】 2015年，市市场监管部门利用股权出资、股权出质等融资政策，为1266个企业融资1336.43亿元。通过指导办理融资租赁物抵押登记、支持开展办理自然人和民间融资服务中心等新类型抵押权人的动产抵押登记、推进动产抵押登记网上填录、信息网上公示等途径，优化和规范动产抵押登记工作。全年办理动产抵押登记1511件，主债权金额260亿元，比上年增长5.9%，连续4年帮助企业融资总额超过200亿元，其中1亿元以上大单45笔，单笔最大12亿元。

【减免注册登记费2.24亿元】 根据财政部、国家发改委《关于取消、停征和免征一批行政事业性收费的通知》，全市市场监管系统于1月1日起，继续免收企业注册登记费及个体工商户注册登记费。全年减免注册登记费2.24亿元，减免额比上年增长54.3%，惠及各类市场主体25.59万个。其中：惠及小微企业8.93万个，免征注册登记费3713.41万元；惠及个体工商户10.27万户，免征注册登记费188.64万元。（方国平）

【中小企业转贷引导基金】 为解决民营企业及中小企业融资难、还贷难问题，杭州设立中小企业转贷引导基金，并于2014年11月出台《关于印发杭州市中小企业转贷引导基金管理办法（试行）的通知》。经浙江银监局、人民银行杭州中心支行许可，至2015年末，全市有24个金融机构与杭州市中小企业服务中心开展合作，合作团队11个。通过开展转贷服务，帮助中小企业解决融资难问题。全年帮助2900个小微企业完成转贷3788笔，转贷金额249.09亿元，帮助小微企业节省转贷成本3.13亿元。

【融资性担保】 2015年，全市149个融资性担保公司通过换领经营许可证，其中有60个自愿申报的担保机构开展信用评级工作。评级结果：AA-级4个，A（含A+、A）级38个，BBB（含BBB+、BBB-）级18个。全年新增担保金额342亿元，其中中小微企业151.32亿元。至年末，全市在保额263.92亿元，其中中小微企业142.65亿元。全市新增担保户数9848户，其中中小微企业1839户。至年末，在保企业户数16795户，其中中小微企业4104户。

【民营企业创业辅导服务】 2015年，杭州以“创业创新平台新格局”为主题，为民营企业创业进行辅导服务。全年举办“互联网+时代创业思维变革辅导”“企业股权设计与规范治理辅导”“经营创新助推中小微企业成长辅导”“微商大学创业辅导”“青年员工职业素养及职业生涯规划辅导”“完善科技创新机制启智园区创新服务辅导”“‘互联网+’电子商务法务的完善与提升专题辅导”“中小微企业政策辅导”“担保行业及工业设计相关专题政策解读”等主题活动22场，服务企业500多个。提供融资、政策、信息、法律、管理等综合性服务，收集企业需求表30多份。政府各部门采取分类帮扶，送服务上门，助推小微企业转型升级、创新发展，组织服务机构专家与中小企业对接并开展“中小企业走访诊断”活动，全年开展诊断活动22场次。引荐杭州汇点新能源科技有限公司、苏州伏泰信息科技有限公司、南京泰普环境工程有限公司等20个科技型民营企业与杭州富春硅谷开展项目落园对接活动和推进工作会。全年为民营企业汇总、梳理国家和地方各类扶持新政策397条，受理答复企业电话咨询112人次。编辑《政策手机报》46期，累计发送信息265万多条；编辑发送“杭州市中小企业服务在线”微信179条，用户1640人；累计发送新浪微博1744条。（胡传明）

【和谐劳动关系构建】 2015年，规模以上民营企业在提高劳动工资与社会保障水平、维护劳动者合法权益、改善企业劳动关系方面取得成效，总体和谐稳定。在参加2014年度全国工商联规模以上民营企业调研的杭州市规模以上民营企业中，企业职工劳动合同签订率较高。93.9%的企业订立书面劳动合同人数占职工总数的100%，98.9%的企业订立书面劳动合同人数占职工总数的90%以上，69.4%的企业参加养老保险人数占职工总数的100%，69.4%的企业参加医疗保险人数占职工总数的100%，69.4%的企业参加失业保险人数占职工总数的100%，87.8%的企业参加工伤保险人数占职工总数的100%，70.2%的企业参加生育保险人数占职工总数的100%。94.3%的企业设置党委（支部）或工会等组织。

【企业社会责任意识增强】 2015年，杭州市民营企业将社会责任纳入企业战略管理体系，融入企业战略规划与日常经营管理，通过建立社会责任绩效指标使社会责任的实践制度化、规范化。在参加2014年度全国工商联规模以上民营企业调研的杭州市规模以上民营企业中，27.3%的企业发布社会责任报告。

【民营企业规范化发展】 2015年，民营企业在用法治思维和法治手段规范企业经营管理方面取得进展。在参加2014年度全国工商联规模以上民营企业调研的杭州市规模以上民营企业中，82.0%的企业建立现代企业制度；62.4%的企业推进厂务公开和民主管理，在法治框架内构建和谐劳动关系；67.0%的企业建立健全合同审核、决策论证等相关环节法律风险控制体系和预警防范机制。95.1%的企业聘请常年法律顾问；44.6%的企业有法务部等专设法律机构；12.0%的企业虽然没有专门的法律机构，但有专职法律员工。当企业遭遇法律纠纷时，43.0%的企业通过协商解决，33.5%的企业到法院起诉，11.5%的企业通过调解解决，8.8%的企业通过仲裁解决，3.3%的企业通过行政途径解决。 （吴　炜）

·协会活动·

【现代金融、现代科技“双对接”服务活动】 2015年，杭州市及各区县（市）民营企业（个体劳动者）协会（简称民个协会）开展各类科技、金融对接活动60场，参与企业2480个次。其中：科技对接9场，参与企业131个；金融对接30场，参与企业1159个；合并举办21场，参与企业1193个。组织280多个企业参加省工商局、省民个协会举办的对接会。

【“民企大讲堂”系列培训】 2015年，市民个协会贯彻落实“杭改十条”及“小微企业三年成长计划”，举办6期“民企大讲堂”，参与培训的企业高级管理人员642人次；各区县（市）民个协会举办培训300多场，参与培训的企业高级管理人员6300多人次，内容涉及法律、财务、金融、企业文化等领域。

【便民渠道拓展】 2015年，工商咨询服务热线“86892777”接听电话6.42万件，比上年增长7%；网上咨询3012件，增长87.0%；语音留言834件。其中，复杂咨询转办361件。完善协会微信平台，群发信息57次，编辑信息215篇，关注用户7478人次，增长198.1%。“杭州民企服务网”浏览量51.97万次，独立访客量11.16万次。3月23日，网站增设民企“网络招聘”功能，全年有105个企业参与招聘，提供岗位359个。

【非公有制经济组织党建推进】 2015年，市民个协会出台《2015年全市个体工商户和商品交易市场党建工作要点》。5月25日，召开全市个体工商户和商品交易市场党建工作汇报交流会，强调进一步优化原有的党组织设置方式，完善党组织全覆盖。10月22～23日，举办全市个体工商户和商品交易市场党建工作培训会，对全系统党务工作者进行培训，培训覆盖面95%以上。至年末，建立党组织137个，其中党委9个、党总支8个、党支部120个。隶属党员627名，其中个体工商户党员278名、市场经营户党员67名、小微企业党员252名、协会工作人员12名。 （方国平）

【担保机构组成】 2015年末，杭州市有146个担保机构上报财务年报。其中，公司制144个、非公司制2个，国有控股担保机构18个、非国有控股126个。共有资产总额135.17亿元，其中公司制担保机构资产总额134.44亿元。

2015 年杭州市担保机构组成情况

表 21　　　　单位：个

按注册资本划分 \ 项目	担保机构			其中公司制担保机构		
	合计	公司制	非公司制	合计	国有控股	非国有控股
法人机构数量	146	144	2	144	18	126
10 亿元（含）以上	1	1	0	1	1	0
1 亿元（含）～10 亿元	35	35	0	35	9	26
5000 万元（含）～1 亿元	62	61	1	61	4	57
5000 万元以下	48	47	1	47	4	43

【担保机构为中小企业融资266.80亿元】 2015年，杭州市担保行业面临小微企业转型升级、国内经济持续下滑、金融环境不佳和担保机构生存空间恶化的情况。据146个担保机构2015年度财务年报统计，全市为中小企业融资266.80亿元，其中为中型企业融资担保36.80亿元、为小微企业融资担保103.67亿元；担保户数1.79万户，其中中型企业277户、小微企业3747户。担保业务总数、户数均居浙江省各市之首。

【担保行业面临困境】 2015年，一些银行机构大幅压降银担合作规模，甚至停止民营担保机构授信贷款，对长期依赖银行机构资金渠道的担保机构造成困难。据146个担保机构2015年度财务年报统计，融资性担保代偿总额15.97亿元，代偿率3.8%；融资担保损失额1.64亿元，损失率0.4%；融资担保机构净利润总额0.95亿元，所有者权益110.09亿元，平均资本利润率0.9%；融资担保业务成本总额6.37亿元，融资担保业务收入总额4.53亿元，成本收入比140.6%；融资担保负债总额25.17亿元，资产总额134.44亿元，资产负债率18.2%。

【协助政府监管部门工作】 2015年，担保业协会协助和配合完成市经信委交办的各项工作。起草《杭州市融资担保行业2014年发展监管情况报告》初稿。承担市经信委交办的组织担保机构上报《浙江省融资担保行业监管信息系统》公司财务月报、半年报、年报的审核及汇总；配合市经信委到余杭区、富阳区调研，并撰写《关于促进杭州市担保行业发展的报告》；组织60个担保机构参加市经信委开展的年度信用评级工作。配合民建市委会，组织担保机构参加民建市委会参政议政委员会“关于完善我市小微企业政策性担保体系的若干建议”座谈，并整理修改意见、建议上报。

【服务会员单位】 2015年，市担保

7月9日，"21世纪海上丝绸之路与杭州企业"合作交流会举行　　（市工商联 供稿）

业协会组织会员单位，配合市经信委完成"融资性担保信用体系建设讲座"项目的4场培训及2015年"瞪羚计划"项目的2场培训。组织担保机构参加"第二期浙江省中小企业融资担保专业高级研修班""全省融资性担保机构财务人员培训班""2015浙江成长型中小企业投融资大会"。召开协会换届大会1次、理事会2次、理事会工作小组正副组长会议2次、联络员会议2次。组织5个担保机构负责人分期到温州市担保协会举办的"温州担保系列讲堂"讲授交流，分享担保行业的经验和做法。组织理事单位高管到安徽学习考察并参加省信用与担保协会举办的江苏考察学习。首次开展"2015年杭州市担保业协会优秀联络员"评选活动。　（陶凤蛟）

【"21世纪海上丝绸之路与杭州企业"合作交流会】 7月9日，由市政协外事委员会、杭州公共外交协会、市政府新闻办、市工商联和市贸促会共同主办的2015年外国朋友"走进美丽杭州"暨"21世纪海上丝绸之路与杭州企业"合作交流会举行。来自印度、约旦、哈萨克斯坦等13个"一带一路"沿线国家的驻华领事馆官员和有关机构代表近30人出席。市工商联邀请各区县（市）和有关直属商会共80多个企业参加，推动东盟和南亚各国代表和杭州市民营企业的沟通了解。

【市美发美容行业协会承办"西子美丽节"】 10月16日，杭州市美发美容行业协会参与承办的作为杭州西湖国际博览会系列活动之一的第七届"西子美丽节"开幕。开幕式现场发布"美丽地图"，列出杭州100多个美容美发场所。活动除在社区、景区开展美发美容、养生保健等便民志愿活动和美发美容技能竞赛，还结合西湖景区开展"船娘、茶娘、新娘"三娘时尚秀，结合美发美容行业特色开展形象设计、发型趋势时尚秀。还举行台湾、广西、广东以及韩国、意大利等国内外美发美容行业协会、企业商贸洽谈交流会。

【市保健服务行业协会承办全国足部按摩师职业技能竞赛总决赛】 为加强沐浴行业技能人才队伍建设，推动行业健康发展，4月14~16日，杭州市保健服务行业协会承办的第二届全国足部按摩师职业技能竞赛总决赛在杭州举行，126人参加比赛。经过理论、实践操作、答辩等环节，40名选手分别获"全国足部按摩师技术能手"和"全国十佳足部按摩师"称号。在此基础上产生的前10名中，杭州有4人，分别居第一、三、四、五名。

【市装饰装修商会开展"诚信经营，放心消费"评选】 为响应国家质检总局联合相关部门开展的全国"质量月"活动，促进装饰装修行业社会诚信体系建设，9月，杭州市装饰装修商会开展杭州市装饰装修行业"诚信经营、放心消费"主题评选活动。通过听取消费者意见、对申请单位实地检查、征求相关部门的意见，评选出杭州市装饰装修行业2015年度"诚信经营、放心消费"门店53个、"消费者信得过品牌"26个、杭州市消费者信得过家装单位10个、"商会贡献奖"8个。11月30日，举行颁奖大会，表彰获奖单位。

【市种子商会举办秋季蔬菜品种展示会】 为推动秋季蔬菜品种选育与新优品种推广，11月23日，杭州市种子商会与浙江传化科技服务有限公司联合举办第五届杭州秋季蔬菜品种展示会。这次展示会的品种征集历时一个半月，309个品种参展，经评议，18个企业的28个蔬菜品种获蔬菜优良品种称号。主办方组织种子企业、外省市种子商会及参试种子企业、蔬菜种子经销商、蔬菜种植大户、蔬菜加工企业等参加展示会。杭州市种子商会自2011年来，连续举办4届秋季蔬菜品种展示会，累计推荐秋季蔬菜新优品种100多个。

【市城市照明行业协会承办"城市剪影"灯光小品秀】 10月16日晚，杭州市城市照明行业协会承办的以"城市剪影"为主题的杭州灯光小品秀在湖滨路开幕，是杭州第二届灯光秀。参展的10个作品结合灯光和工业设计，反映城市发展面貌，表现现代城市文化。10月16~25日每晚日落时间至21:30，在湖滨路步行街（庆春路至长生路段）展出10多位艺术家、设计师的光艺术作品。

【市苗木商会参加土地流转及农业投资专题研讨会】 8月27日，由杭州市苗木商会和浙江省园林花木商会协办的第九届土地流转及农业投资专题研讨培训会在杭州召开。研讨会旨在帮助企业找到新的经济增长点及农业的盈利诀窍。演讲会上，专家从6个方面对土地流转政策、法律风险规避、农业投资模式等做解析。　（吴　炜）

商业

Commerce

·商业综述·

【社会零售和消费形势探底回升】 2015年，在国内外形势错综复杂，经济增长下行压力增大，大宗商品价格持续低迷，内需不足，消费品市场增速趋缓的大环境下，全市社会消费品零售总额4697.23亿元，比上年（指2014年，下同）增长11.8%。其中，批发零售业零售额4239.34亿元，增长12.3%；餐饮业零售额457.89亿元，增长7.4%。汽车类销售增幅持续上升，全年零售额773.1亿元，增长7.1%。基本生活消费品类平稳增长，其中粮油食品类、服装鞋帽类、针织纺织品类、文化办公类、化妆品类增势较快，全年零售额628.4亿元，增长17.5%；家电、通信、音像器材类商品增幅较大，增长29.5%，增幅提高13.5个百分点。

杭州市各蔬菜批发市场蔬菜年成交量90.18万吨，减少10%，其中：外地菜成交54.15万吨，占总成交量60.1%，本地菜成交36.03万吨，占总成交量40%；猪肉批发市场猪肉年供应量11.61万吨，增加6.7%，其中外地冷鲜猪肉8.54万吨，占总供应量73.6%，本地新鲜猪肉3.07万吨，占总供应量26.4%。

【主题促销系列活动】 2015年，杭州市以“消费总动员”为平台，开展各类促销活动210项，有15万家商户参与，全年销售额310.8亿元。其中：1月，启动“红红火火过大年”主题促销活动；3月，开展丽人节主题促销；4月，以春游、春茶、春菜为主推出“全国消费促进月暨2015春季购物节”活动；5月，以“激情五月”主题促销月活动；6月，启动“爱幼·童趣”主题购物节；7月，推进“缤纷夜游·特色小吃”夏季夜间休闲活动；8月，“清凉度夏”主题购物节拉动夜间消费；9月19日至10月21日举办“欢乐金秋”主题促销活动。

【杭州休闲购物节】 12月5日，杭州市举办以“活力杭州·精彩消费”为主题第八届杭州休闲购物节。活动持续4周，有80个活动项目和近3万家商户参与。87个样本企业在购

2015年杭州市社会消费品零售额

表22

社会消费品零售额	2015年（亿元）	比上年（%）
全市总计	4 697.23	11.8
一、分行业		
批零业	4 239.34	12.3
住餐业	457.89	7.4
二、分城乡		
城　镇	4 457.76	11.7
乡　村	239.47	13.2
三、分地区		
市　区	4 230.07	11.7
上城	341.81	11.6
下城	916.27	12.0
江干	388.75	11.6
拱墅	461.75	11.0
西湖	513.91	11.6
滨江	106.68	14.9
萧山（不含大江东）	549.04	11.1
余杭（不含钱江开发区）	388.37	11.9
富阳	198.04	16.0
杭州经济技术开发区	83.33	16.5
西湖风景名胜区	26.45	11.0
大江东产业集聚区	24.87	16.8
钱江经济开发区	2.84	16.0
四县（市）合计	467.16	12.3
桐庐	132.34	12.8
淳安	72.15	12.7
建德	104.48	11.9
临安	158.19	12.1

物节期间累计销售额156亿元，增长9.1%。其中：17个百货企业销售额16.7亿元；21个超市销售额8.5亿元；11个餐饮企业营业额1.58亿元，增长8.3%；8条特色街销售额10.5亿元，增长3%；100多个电商企业网络零售交易额1300万元。杭州市汽车流通协会组织50多个汽车销售企业以“汽车生活·城乡共享”为主题赴桐庐、建德两地开展汽车下乡巡展活动，有意向客户592人，新车成交120辆。

12月5日，第八届杭州休闲购物节河坊街活动场景　（市商务委 供稿）

【商业特色街业态调整】 2015年，随着电商的冲击，杭州市转变经营思路进行业态局部调整。规划、改造并提升丝绸特色街区、四季青服装特色街区、湖滨旅游商贸特色街区、清河坊历史文化特色街区、南山路艺术休闲特色街区、武林路时尚女装街区、文三路电子信息街区、信义坊商业步行街、梅家坞茶文化村、石祥路汽车贸易街区、绍兴路汽车文化精品街区、胜利河美食街、千岛湖秀水街、青芝坞休闲旅游慢生活特色街、西溪天堂风情美食特色街、桐庐中杭路服装时尚特色街和大兜路美食与历史文化特色街等17条市级商业特色街。其中，有8条特色街获国家级商业特色街称号，11条特色街获评省级特色商业示范街。全市基本形成定位准确、消费便捷、服务优质的商业特色街区网络体系。集休闲、旅游、购物、娱乐为一体的杭州城市品牌效应，成为城市文化展示中心和城市形象“金名片”。至年末，17条市级商业特色街有店铺1.41万家，从业人员8.49万人，年营业额近700亿元，上缴税收11.54亿元。　（冯蔷颖）

【市商旅集团实现营业收入320.06亿元】 2015年，市商旅集团全资和控参股企业实现营业收入320.06亿元，增长0.8%；实现利润总额16.46亿元，增长11.7%。集团合并报表实现营业收入106.8亿元，增长2.2%；实现净利润6.12亿元，下降4.7%；实现国有净利润3.84亿元，下降6.6%；国有净资产总额54.92亿元，增长8%；国有净资产收益率7%。

集团公司制定全面深化企业改革“八条意见”。初步明确新解百集团总部功能定位、组织架构设置，加快杭州大厦与解百集团融合步伐。按市委、市政府要求成立市国有出

2015 年特色商业街区情况

表 23

街区名称	街区总长度（米）	总营业面积（平方米）	入驻商家（户）	就业总人数（人）	营业额（万元）	年度收入（万元）	客流量（万人次）
清河坊	1 800	200 000	482	2 000	210 000	12 400	1 800
南山路	2 500	20 000	102	3 482	296 865	10 269	373
湖滨路	1 100	295 000	427	7 650	389 851	18 284	662
丝绸城	2 000	20 000	650	1 500	540 553	1 887	850
梅家坞	1 500	36 000	130	550	8 800	250	320
武林路	1 650	96 000	491	4 500	151 000	4 757	1 000
四季青	1 100	420 000	8 345	18 830	1 554 740	15 787	3 102
信义坊	500	20 000	127	742	5 607	193	206
文三路	3 200	400 000	2 500	30 000	1 130 000	11 030	2 850
石祥路	10 500	688 000	177	7 108	2 189 466	18 894	65
绍兴路	960	65 000	120	5 000	400 000	19 800	161
胜利河	770	9 655	36	423	10 035	500	154
大兜路	788	24 908	24	380	5 800	326	80
秀水街	650	26 800	55	320	10 000	430	420
青芝坞	800	138 665	113	890	13 000	270	123
西溪天堂	340	35 000	57	900	15 000	200	580
中杭路	650	30 000	290	580	12 800	150	120
合 计	30 808	2 525 028	14 126	84 855	6 943 517	115 427	12 866

租车平台企业。完成新侨饭店合资期满强制清算，完成五洋宾馆、国大房产开发公司、保安服务总公司、外事旅游汽车公司等4个非公司制企业公司制改革，完成新龙坞旅游开发公司、杭州中国美食节有限公司、杭州金城大厦有限责任公司等3个企业歇业清算工作。收购浙江粮油进出口公司持有的五丰冷食系列公司9%股权。组建酒店管理公司，推动集团转向轻资产运作。

集团全年实施各类大项目18个，总投资15亿元。杭州灵隐休闲旅游购物中心改造基本完成并营业；“西子国际”项目竣工验收。

新解百集团在新元华商场打造以体验带动消费的商业新业态涉足体育文化产业和健康医疗产业。联华华商集团转型网点发展，直营门店尝试轻资产运作。杭州大厦尝试多元素跨界营销，运用ibeacon等新技术扩大营销活动传播面。丰富集采网站和采购信息，采购商品涉及11类2000多个单品、价值2亿余元。

集团与杭州科技职业技术学院等7家市属高校签署商旅产学合作联盟协议，发挥企业产业优势和学校办学优势。（梁　之）

【商贸综合体迅猛发展】 自2008年以来，杭州市商贸综合体发展迅猛，商贸综合体融合商业发展新模式，数量上取得突破性进展，品位品质得到提升，成为全市商业网点的重要组成部分。至年末，全市建成并开业的商贸综合体36个，商业建筑总面积达307.7万平方米。杭州的城市商业格局不断刷新。

【家禽冷链体系建设】 6月11日，市商务委印发《关于组织申报2014～2015年家禽体系建设财政补助项目的通知》。对杭州市行政区域内为市区冷鲜禽供应配套设置的批发市场、定点屠宰企业和市区零售企业（经营户），实施冷鲜家禽产品冷链改造、冷链车辆购置等项目投入，按实际投资额15%给予补助，单个项目最高达200万元；对企业家禽冷鲜连锁销售连锁门店达到5个（含）以上，给予每个门店5万元的补助。据不完全统计，全年杭州市区冷鲜家禽供应配套设置的批发市场、定点屠宰企业和市区零售企业（经营户）共获得补助资金211.79万元，其中市级财政补助59.17万元，区县（市）财政配套补助152.62万元。杭州市区经杀白（冷鲜）而新鲜的鸡、鸭和鸽子等家禽产品销售供应点达200多个。（冯蔷颖）

·批发和零售业·

【商品市场总数和成交额居全省首位】 2015年，杭州市围绕文明示范农贸市场创建和商品交易市场提升发展，加快网上网下融合，不断推进全市商品交易市场稳定发展。至年末，全市登记各类市场776个，其中：商品交易市场735个（包含消费品市场624个、生产资料市场98个、服务市场13个），增加4个；生产要素市场9个，减少1个；网上交易市场32个，增加2个。全市各类市场总成交额达3.16万亿元，比上年增长24.9%，其中：商品交易市场成交额4351.6亿元，下降2%；生产要素市场成交额289.24亿元，增长12.8%；网上交易市场（不含淘宝网、天猫商城）成交额2.7万亿元，增长30.8%。杭州商品交易市场总数和成交额均位列全省第一。

【省星级文明规范市场创建】 2015年，杭州市按照《浙江省星级文明规范市场认定办法》和《浙江省星级

杭州市已建主要商贸综合体

表24

综合体名称	建筑面积（万平方米）	商业建筑面积（万平方米）	开业时间	经营情况（亿元）	所在地区
杭州大厦购物中心	17.2	14.0	1988	60.5	下城区
银泰购物中心武林总店（原杭州百大及银泰购物中心武林店）	8.7	6.7	2014	42.2	下城区
解百购物广场	5.0	5.0	1996	20.9	上城区
银泰（西湖）购物中心	7.6	4.7	2008	12.6	上城区
湖滨国际名品街	10.1	10.1	2005	2.0	上城区
万象城	80.0	24.0	2010	17.0	江干区
砂之船	4.4	3.9	2011	2.8	江干区
庆春银泰	6.2	5.9	2009	8.5	江干区
福雷德广场	6.4	6.4	2010	1.1	江干区
城西银泰城	40.0	29.0	2013	3.7	拱墅区
西城广场	5.5	3.3	2009	0.9	西湖区
杭州星光大道商业街	15.0	14.0	2009	5.0	滨江区
西田城购物中心	9.2	4.3	2013	1.2	余杭区
莱蒙商业中心	5.0	2.6	2007	3.8	余杭区
杭州西溪印象城	23.4	14.6	2013	3.9	余杭区
恒隆商厦	17.0	6.0	2007	3.9	萧山区
银隆世贸中心	6.0	5.5	2009	8.0	萧山区
玉长城商业公司	6.7	6.7	2006	7.1	富阳区
总　计	273.4	166.7	—	205.1	—

文明规范市场标准》，积极做好规划、引导、督促、检查、考核等工作，持续推进星级文明规范市场创建。经申报、核查和考核验收，全市新创和延续申报77个三星级以上文明规范市场，其中新创四星级文明规范市场2个，延续四星级文明规范市场24个；新创三星级文明规范市场4个，延续三星级文明规范市场39个；新创文明诚信示范市场8个。

【省放心农贸市场创建】 杭州市以农贸市场改造提升为契机，开展省放心农贸市场创建活动。通过深入调研、制订方案、落实责任，积极推进创建工作。至2015年末，全市85个被省政府命名为省放心农贸市场，市场数列全省第一，惠及市民410多万人，市民满意率95%以上。

【农贸（农批）市场食品快速检测体系】 5月，市市场监管局制订出台《杭州市2015年农贸市场农产品安全快速检测室建设及免费开放实施方案》。至年末，全市有127个农贸（农批）市场建立快速检测室，覆盖率达到50%以上。全市农贸（农批）市场快速定性检测农产品134.79万批次，检测发现不合格蔬菜食品4820批次，合格率99.6%，检出并销毁问题蔬菜食品12.83万吨。105个市场向市民免费开放检测室，统一配备快检箱、快检仪等设备，统一建立快检人员岗位职责、工作程序等规章制度，并在市场显眼位置明示免费开放的检测室位置、检测时间、工作人员联系电话及操作流程。全市组织开展检测业务培训5期，参训人员近300人次。

【禽流感防控工作持续开展】 2015年，针对部分农贸市场和小蔬菜门店出现活禽交易的情况，市市场监管局联合市农业局、市公安局和市商务委等部门联合对畜禽产品流通环节集中整治，加大巡查和执法力度，严厉查处经营、加工、使用私宰的畜禽产品、无证章标志或证章标志不全的畜禽产品。全年出动检查人员1008人次，检查农贸市场756个次、马路市场287个次，发现违规交易的摊点87个，立案查处6起。严格执行每月3天的休市制度，确保防控措施全面落实到位；在允许开展活禽交易的区域内，加强索证索票工作，落实禽类摊位的每日消毒工作。全年共出动督查380人次，发出整改通知书46份。 （方国平）

【杭州大厦内购会单日销售额1.5亿元】 12月11日，杭州大厦举办第三届内购会，利用网络、报纸、地铁、广播、微信、点对点客户传播等渠道进行营销推广。内购会实现1.5亿元的销售额业绩，再次刷新杭州大厦单日销售额历史新高。同时加快与杭州解百融合步伐，利用两家店贵宾卡、消费卡互通优势，通过新媒体营销、跨界联动、线上线下融合等创新举措，推出“半年庆”大促活动。本次活动微信阅读量8万人次，销售额比上年增长24.3%。

【杭州解百新元华改造提升】 8月，杭州解百新元华启动改造提升工程。新元华在项目设计、楼层布局、业态组合上有众多创新之举，打破原来以“购物”为导向的传统模式，而以“生活”为核心，结合新技术，打造体验化、互动化、场景化、资源配置最大化的社交场所。同时，新元华在运营上颠覆传统零售企业模式，将招商与营运紧密结合，品牌招商、企划设计、营运推广、美术陈列、场景布置等由一个团队完成，打造复合型运营团队。

【“杭州味道”商旅集成店开业】 杭州商旅经营发展有限公司携手市商旅集团旗下“知味观”“奎元馆”等老字号企业，在高速公路服务区开设“杭州味道”商旅集成店，提供高速公路服务区餐饮及杭州“老字号”名优产品售卖服务，在延续“老字号”品牌优势的基础上追求“小份量、物美价廉和高性价比”。至2015年末，开设杭州湾跨海大桥北岸高速服务区东、西区以及长安服务区南区3家集成店，实现营业收入371.8万元。

【世纪联华超市“双十二”销售创新高】 12月12日当天，杭州联华华商集团世纪联华超市开展“双十二”全场5折优惠活动。单日实现销售额1.12亿元，比上年增长52%；接待客流超过100万人次，实际达成交易83.27万笔，增长56.6%；支付宝交易49.11万笔，增长190%。 （梁 之）

·住宿和餐饮业·

【住宿和餐饮服务业概况】 2015年，杭州市有星级住宿业限额以上餐饮业企业894个。其中：住宿业法人企业417个，包括旅游饭店253个、一般旅游饭店164个；餐饮业法人企业477个，包括正餐企业433个、快餐企业19个、饮料及冷饮服务企业14个。星级住宿企业营业收入101.41亿元，其中客房收入54.39亿元、餐饮收入35.62亿元、商品销售收入4937万元。限额以上餐饮企业营业收入136.55亿元，其中客房收入4.12亿元、餐饮收入128.81亿元、商品销售收入1.09亿元。

【餐饮业促进转型发展试点】 3月5日，市商务委制定《关于开展进一步优化环境促进餐饮业转型发展试点工作方案》。该方案结合国家及省市各项改革举措，推进餐饮业审批简便化、厨房透明化、权力清单化、负担减量化、发展连锁化、网点合理化、营销网络化、管理信息化等“八化”建设。市本级财政下拨资金2448万元，优化餐饮发展环境，激发市场活力和内生动力。11月，杭州市开展餐饮业转型发展示范企业创建活动。经过企业申报、专家评审、网民投票、社会公示等程序，评定杭州楼外楼实业集团股份有限公司等10个企业为首批“杭州市餐饮业转型发展金桂奖示范企业”，杭州饮食服务集团有限公司、杭州奎元馆等10个企业为首批“杭州市餐饮业转型发展银桂奖示范企业”。全年餐饮业收入457.89亿元，比上年增长7.4%，增幅提高2.5个百分点。

【财政扶持餐饮住宿业转型升级项目】 9月14日，市商务委与市财政局、市旅委联合印发《关于落实餐饮住宿企业发展财政补助政策的通知》，拟制《餐饮住宿企业发展财政补助政策实施细则》，召开城区落实餐饮住宿企业发展财政补助政策工作部署会。市本级财政资金下拨2686万元，扶持餐饮企业连锁经营、电商换市等转型发展项目。

【中国（杭州）美食节】 11月6~8日，第十六届中国（杭州）美食节运河美食嘉年华活动在杭州大厦C座广场举行。活动由中国饭店协会和杭州市政府主办，市商务委、下城区政府承办，现场参展商户近60个，设中国名优点心展、中国好食材、运河美食、咖啡、茶馆、杭帮菜大讲堂以及主舞台等区域。本次活动聚集杭城及运河沿线多个知名休闲美食企业，吸引众多市民游客前往购买。3天参与人数达90多万人，实现销售额225万元。比上年增长7%。

【城市餐饮推介交流】 市政府以"一带一路"为纽带，以美食为载体，牵动沿线城市合作发展。8月19~25日，赴西安、兰州举办杭州餐饮业推介交流活动，以"杭帮美食·丝路飘香"为主题，举办美食品鉴会、美食图片展、餐饮企业交流、厨艺交流、杭州特色产品推介等系列活动。

【杭州美食文化国际推广交流】 2015年度杭州美食文化国际交流活动由市政府主办，市商务委承办，市餐饮旅店行业协会、土耳其厨师协会、希腊华侨华人总商会等协办。5月25日至6月5日，由市委常委、宣传部部长翁卫军带队，组团赴土耳其伊斯坦布尔、希腊雅典和西班牙马德里。先后举办开幕式、杭帮菜品鉴会、厨艺茶艺表演、美食美景图片展、厨艺交流等多项活动，展示杭州"美食天堂"品牌的内涵和形象。 （冯蔷颖）

【杭州仁和酒店管理有限公司成立】 12月，市商旅集团组建杭州仁和酒店管理有限公司，注册资本500万元，经营范围包括酒店管理、企业管理咨询，批发、零售等。通过酒店管理公司的专业化、集团化、品牌化运作，以"轻资产"为主要模式，采取直营、委托管理、加盟等方式，创造新的利润增长点。

【黄龙饭店获第三届"中国饭店金星奖"】 10月，杭州黄龙饭店从全国300多家参评饭店中脱颖而出，获"中国饭店金星奖"荣誉。杭州黄龙饭店加大转型力度，强化酒店的国际化服务理念和接地气的中国特色管理，努力打造、引领高科技智慧型酒店，得到业界和市场的肯定。同年获得"2015中国最佳会议酒店"等荣誉。

【知味观·味庄通过安全生产标准化认证】 2015年，知味观·味庄通过安全生产标准化认证，成为杭州市首家通过认证的餐饮企业。味庄多次代表杭州乃至中国出征国内国际大赛，数次代表中国出访国外进行美食文化交流。味庄严格遵循国家标准进行"三大安全"日常管理维护工作，在食品安全、生产安全、消防安全三方面起到积极的正面示范作用，由市政府主办的"市民厨房公开日"活动每年都在味庄举办。至年末，实现营业收入7376万元。

10月27~28日，"商旅杯"杭州市客房服务员职业技能竞赛举行
（市商旅集团 供稿）

【杭州饮服集团5人入选"浙菜专家名人院"】 2015年，浙江省餐饮行业协会发起组建"浙菜专家名人院"，在全球范围内评选出100名浙菜中国烹坛精英。根据当代浙菜中国厨艺大师在浙江乃至全国全球餐饮界的厨德、厨艺、威望和社会影响力，获得的荣誉和曾对行业做出的贡献，以及掌握的菜点代表作品和已经出版的餐饮著作等多方面进行考核认证，100名专家名人入选分浙菜宗师、浙菜顶级大师、浙菜新锐大师三种类型，入选人员将推荐进入浙江省人力资源和社会保障厅人才库。杭州饮服集团有5位厨师入选"浙菜专家名人院"，其中著名国际烹饪艺术大师、中华名厨胡忠英被评为浙菜宗师，董顺翔、王政宏、刘国铭当选为浙菜顶级大师，盛忠飞当选浙菜新锐大师。

【杭州饮服集团获中国特色餐饮十大品牌第一】 2015年，中国饭店协会发布中国餐饮集团百强排名，杭州饮服集团获中国特色餐饮十大品牌第一。杭州饮服集团紧扣大众消费，加大网络营销力度，发挥特色优势，提升品牌效应。知味观总店改造后增效明显，春节七天实现营业收入637.21万元，单店营业收入位列全市餐饮企业首位。杭州酒家集聚网络人气，单日最高营业收入25.35万元，单日最多接待人次2657人次。杭帮菜博物馆精心打造婚宴品牌，在19楼网站和婚庆博览会现场重点推出杭帮菜特色婚庆，婚宴营业收入237.68万元，比上年增长37%。杭州饮服集团开展跨界合作，与"天猫"商城、"娱乐宝"、北京光线影业有限公司合作推出"港囧"月饼；与浙江中南卡通股份有限公司合作，推出"卡通"绿豆糕。

【"商旅杯"职业技能竞赛】 10月27~28日，市商旅集团联合团市委、市总工会、市人社局在黄龙饭店举办2015"商旅杯"杭州市客房服务员职业技能竞赛。来自上城区、西湖区、萧山区、富阳区、建德市、临安市、财贸旅游工会和商旅集团系统的11支队伍共52名选手参加比赛。比赛按客房服务员国家职业标准三级（高级技能）要求命题，分理论知识和操作技能两部分，现场操作包

含中式铺床、夜床创意、艺术插花和英语问答四个板块。对竞赛综合成绩第1名获得者授予"杭州市技术能手"称号，第2~8名获得者授予"杭州市职工经济技术创新能手"称号；35周岁以下的获奖选手中，第1名授予"杭州市杰出青工岗位能手"称号，第2~6名授予"杭州市优秀青年岗位能手"称号。

【杭菜厨艺表演队成立】 8月，杭菜厨艺表演队正式成立。此次杭菜厨艺队选拔活动由市商务委主办，参与选拔的是杭州各大餐饮企业的精英。选拔活动旨在挖掘一批杭帮菜绝技，选拔一批杭菜厨艺表演人才，组建一支特色明显、厨艺精湛、作风优良的杭州厨艺表演队伍，对杭州餐饮业整体水平的提高、餐饮人才的培养起到推动作用。通过初赛和决赛两场赛事选出厨艺队成员。杭州饮服集团有王政宏、方卓子、韩琦、辛杭军等4名大厨入选杭菜厨艺表演队。（梁　之）

【便民早餐工程建设】 2015年，市政府投入400万元，对新丰小吃等3家主食加工中心、尊客任等3家早餐经营企业新开连锁门店进行扶持。组织编印《杭州市便民早餐门店汇编》口袋书。完成商务部关于早餐服务体系建设评估报告意见的反馈工作。

【挖掘餐饮文化】 11月19日，由市商务委组织撰写，浙江摄影出版社出版的《寻味江南——杭州小食记》出版。该书用散文的笔调和图文并茂的形式，对杭州名点、小吃的历史渊源、文化背景、精品特色、制作工艺等作了深入的梳理和发掘。本书的出版对充实、拓展杭州餐饮文化内涵，丰富杭菜、杭食品类，推进杭州休闲旅游业发展具有积极的意义。

【"十大最聚人气"包子评选】 12月22日，"包罗万象、包包不同"杭城最聚人气包子评选活动由市商务委和杭州文广集团主办，杭州电视台生活频道、市餐饮旅店行业协会承办、19楼网站协办。活动历时三个月，有25.5万人次参与投票。知味观"鲜肉小笼"、杭州酒家"南方大肉包"、七彩阳光大酒店"阳光肉包"、尊客任"美味豆腐包"、新丰小吃"特味大包"、咬不得生煎"鲜肉生煎"、心怡鲜"灌汤包"、陈扬蟹黄汤包"蟹黄汤包"、甘其食"香菇青菜包"、巴比馒头"霉干菜肉包"被评选为"2015杭城十大最聚人气包子"。（冯蔷颖）

【"城市之星"项目引进战略合作者】 11月，市商旅集团、中国城市建设控股集团有限公司和华人文化产业投资基金在黄龙饭店展开"城市之星"项目整体战略合作，共同成立项目开发公司并签署合作意向书。"城市之星"国际旅游综合体项目是以国际城市博览中心为主题的国际旅游综合体，包括城市博物馆、建筑博物馆等博物馆集聚群，以及精品酒店、精品剧院、精品商业、精装修公寓等。总用地35.33公顷，总建筑面积75万平方米，其中地上建筑面积41万平方米，老厂房保护改造9幢。

【"尚城1157"项目引入"利星名品广场"】 1月，"尚城1157"（中山南路77号原杭州卷烟厂地块）项目引入主力店——利星名品广场。"尚城1157"项目主体用地面积3.2公顷，建筑面积5.3万平方米，三层建筑，层高分别9米、7.5米和6.5米。项目总体理念和定位以"潮"为特色，打造集零售、美食、影视、娱乐、文化展示、时尚发布于一体的"24小时"旅游综合体。利星名品广场的入驻，意味着"尚城1157"项目"1+5"（1家大型主力店、5家明星店）主力商业结构正式确定。7月，"尚城1157"的停车设施竣工验收。停车设施面积近2万平方米，高6层，提供480个车位。

【余杭中泰旅游项目启动】 3月，市商旅集团与余杭区旅游集团、中泰街道组建杭州旅游实业发展有限公司，共同开发余杭中泰旅游休闲目的地项目。中泰旅游休闲目的地位于中桥—白云谷内，以及南峰村和泰峰村，计划建造12个旅游项目点。一期项目包括布鲁克精选、天井湾山居等；二期项目包括瑞丽樱花温泉度假酒店、山顶酒吧、空壳村、自行车俱乐部等。项目坚持自主开发与合作经营两种方式相结合，打造具有本土特色的运动旅游休闲目的地。

【外事旅游汽车集团有限公司完成改制重组】 根据市委、市政府深化传统出租车行业改革工作要求，9月29日，杭州外事旅游汽车公司改制重组为杭州外事旅游汽车集团有限公司。集团有限公司与"滴滴公司"合作，开发"外事滴滴"打车软件。该平台对司机的驾龄、健康程度、甚至普通话发音及外语水平进行严格的要求和规范，乘客通过这个平台约到配备清洁袋、矿泉水、纸巾、蓝牙耳机和充电器的高端出租车。此外，外事集团准备建立自己的电话约车平台，主要针对因特殊情况无法上网或不会使用网络的老年乘客群体，提升服务水平，努力履行企业社会责任。（梁　之）

·电子商务·

【电子商务概况】 2015年，杭州市电子商务增加值826.54亿元，比上年增长34.5%，占全市GDP比重8.2%。网络零售额2679.83亿元，占全省总额的35.2%，占全国总额的6.9%，相当于全市社会消费品零售总额的57.1%，增长42.6%。居民消费额1119.1亿元，占全省总额的27.9%，增长38.2%。网络零售顺差1560.73亿元，增长31.3%。网络零售、居民网络消费和网络零售顺差，继续稳居全省第一。全市电子商务产业继续高速增长，融入文化、旅游、金融、医疗、生活服务等相关领域。

【阿里巴巴集团带动效应显著】 杭州市与阿里巴巴集团的战略合作是推进电子商务发展的重要内容。云栖大会、云计算和大数据应用、网络银行、云谷项目、跨境电商项目等12个重点项目发挥出带动效应。11月，"天猫双十一全球狂欢节"阿里巴巴交易额再创新高，达912.17亿元，比上年增长59.7%。产生2.78亿个包裹，阿里移动端成交额243亿元，成为世界第一移动电商。

【跨境电子商务产业园增至6个】 中国（杭州）跨境电子商务综合试验区（简称综试区）成为首批唯一国家

战略层面的跨境电商综试区。综试区包括“天猫国际”“苏宁易购”等40个平台电商、44个垂直电商和40个电商服务企业，初步形成跨境产业集聚群。10月9日，国务院副总理汪洋莅临综试区视察调研，肯定综试区建设取得的成绩，并鼓励综试区要形成可复制、可推广的宝贵经验。12月18日，“意大利之窗”正式开园，吸引165个意大利企业入园。至2015年末，全市跨境电子商务产业园6个。全市跨境电商进口额11.9亿美元，出口额22.7亿美元，企业上线2633个。

【农村电子商务总额60亿元】 2015年，杭州市实现农村电子商务总额60亿元，比上年增长20%。建成农村电商县级区域服务中心11个，村级服务点1973个，创建年电商销售额千万元以上的电子商务村34个。桐庐县在全国创新实行“农村淘宝”项目合伙人制，成为全国第一个实现农村淘宝项目全覆盖的县域。阿里巴巴集团在桐庐举行桐庐模式2.0版本全国首发仪式，并向全国其他县市推广应用。支付宝全国县域服务首家试点落户建德，打造中国第一个“支付宝县”。

【中国（杭州）国际电商营销峰会】 12月15～16日，第三届“金麦奖”颁奖盛典暨中国（杭州）国际电商营销峰会在杭州召开。该活动由杭州市政府和省商务厅主办，“金麦奖”是国内第一个引入国际评奖标准的电商营销奖项，作为国内电商界最高级别的盛典，此届“金麦奖”以“跨境、跨界、跨越，商业改变未来”为主题，现场发布《2015年中国互联网营销白皮书》。评选出六大类、50个电商奖项，包括：金麦奖年度最佳营销大奖、年度最佳服务大奖、年度最佳影响力电商媒体、年度最佳跨境案例、年度最佳创新项目和“金麦奖”全场大奖等。

【中国（杭州）国际电子商务博览会】 10月29日至11月1日，由省政府指导，市政府、省商务厅和中国电子商务协会共同主办的第二届中国（杭州）国际电子商务博览会在杭州举行。据统计，共有14个会议论坛、600多个展位，吸引430多个知名和成长型电商企业参会，12万余人次参与，其中包括1500多位政界、学界、电商界、投资界和金融界的高层高管、专家学者，200多位来自28个国家和地区的业界人士。本届电博会以开放、创新、合作理念和市场化运作手段，以互联网新思维搭建国际电子商务交流大平台，打造具备“国际化、专业化、品牌化、市场化”水准的电子商务盛会，扩大杭州电子商务产业的影响力和话语权。

【电商产业支撑体系愈加完善】 2015年，杭州市电子商务平台服务、电子支付、物流配送体系不断完善。完成2271个移动通信基站建设，保持4G移动通信全国领先，公共场所Wi-Fi免费向公众开放站点4600多个。阿里云计算有限公司研制的“飞天”大规模分布式操作系统成为国内首个单集群管理规模达到5000台服务器的通用云计算平台，与杭州海康威视数字技术股份有限公司、中控集团、杭州大华技术股份有限公司、杭州恒生电子有限公司等众多高科技企业建立云平台的战略合作，共同实践云生态的成型。

（冯蔷颖）

杭州市富阳区东洲码头国际货运区　（丁姝婷 供稿）

【跨境电商B2B出口业务试点】 7月22日，杭州海关启动跨境电子商务B2B出口业务试点。杭州环宇文化创意有限公司一批价值3.4万美元、载重15.9吨的玩具、家具通过中国（杭州）跨境电子商务综合试验区“单一窗口”平台向杭州海关申报出口，成为全国首批通过跨境B2B模式试点出口的货物。这批货物在杭州市富阳区东洲码头国际货运区通过海关监管后，从陆海联运、水水中转以及航空运输分别发往设在美国、澳大利亚、英国、德国等地的海外仓。标志着跨境电子商务出口模式从此前B2C模式向B2B大货模式延伸，丰富跨境电子商务出口模式，促进跨境电子商务出口业务发展。（丁姝婷）

·粮油供应·

【粮油供应概况】 2015年，杭州市各粮油专业市场全年成交粮油及副产品278.08万吨（其中粮食259.87万吨、食油及油料16.42万吨、粮油食品1.73万吨、副产品574吨），比上年增长8.1%；成交金额126.05万元，增长5.4%。杭州粮油物流中心批发市场实现粮油现货和网上交易量208万吨、成交额75亿元，分别增长7.3%和11.9%。杭州市政府通过公开竞标，完成2015年市级储备粮油轮换目标，全年轮出原粮15.84万吨、成品粮4.07万吨、食用油3305吨，轮入原粮26.51万吨、成品粮3.77万吨、食用油3305吨。

【粮食安全新政出台】 12月1日，市政府第73次市长办公会议原则通过《杭州市人民政府关于进一步落实粮食安全市县长责任制增强粮食安全综合保障能力的实施意见》，并于12月23日颁布实施。意见从粮食生产、流通、消费等各环节，进一步明确各级政府在保障粮食安全方面

的事权与责任，是维护杭州市粮食安全的规范性文件。

【粮油供需平衡调查】 2015年，杭州市通过对全市172个粮食企业（其中22个国有粮食经营企业、75个重点非国有粮油加工经营企业、75个粮食转化企业以及607户农户），41个油脂企业（其中6个国有油脂经营企业、23个重点非国有油脂加工经营企业、12个油脂转化企业以及387户城乡调查户）的粮油收支存情况进行抽样调查，全面完成全市2014年度粮油供需平衡调查工作。调查显示，2014年全市粮食总产量为62.53万吨，比上年增长3.3%；食用油及油料产量为2.11万吨，减少1.23万吨。据调查测算，2014年全市粮食消费总量为374.82万吨，减少18.94万吨，粮食产需缺口为312.29万吨；食用油及油料消费总量为19.2万吨，减少1500吨，产需缺口达17.09万吨。

【"订单粮食"收购】 2015年，全市"订单粮食"7.99万吨，其中小麦2726吨，早稻6837吨，晚稻7.04万吨。市本级对订单粮食合同数量允许上下20%的浮动，市财政对按"订单粮食"交售，用于市级储备粮轮换的早籼稻谷、中晚籼稻谷、晚粳稻谷和小麦（含订单良种）的种粮户，分别确定为每50千克给予30元、25元、25元、30元的奖励；一般农户早籼稻谷为20元，其他为16元的奖励。

【粮库基础建设】 杭州市积极推进粮库基础建设，全市中心粮库仓容达到70万吨。余杭区中心粮库迁建工程于2012年7月立项，2013年9月开工建设，项目用地面积5.18公顷，总投资2.57亿元，仓容5.05万吨，是仓储、交易、物流、资源、管理数字化为一体的中心粮库，2015年10月投入使用。

【粮食应急供应网络健全】 2015年，全市粮食行政管理部门与杭州粮油物流中心、杭州世纪联华等338个企业和经营户签订应急供应网点协议；与杭州恒天面粉集团有限公司、杭州富义仓米业有限公司等34个当地粮食加工企业签订应急加工协议，日应急加工能力5739吨；与杭州粮油运输有限公司、杭州华辰连锁超市有限公司等10个运输企业签订应急运输协议，落实运输车辆372辆，日运输能力4920吨。（冯蔷颖）

市烟草专卖局配送中心送货员将卷烟和承诺卡送到零售客户手中

（翁尚勇　摄）

·烟草专卖·

【烟草专卖概况】 2015年，全市批发销售卷烟40.94万箱，占浙江省份额16.2%；单箱销售额4.33万元，比上年增长9%，在全国36个重点城市排名第一；销售额177.45亿元，增长6.8%；实现利税49.95亿元，增长19.7%。全年查获各类涉烟案件1657起，查扣卷烟19.79万条，案值4813.34万元；破获国标网络案12起，其中公安部督办案件2起。卷烟市场净化率保持98%以上。全年新办零售许可证3127户，注销3318户，至年末，全市有持证经营户3.87万户，正常经营户3.86万户，比上年均有减少。全年零售客户、工业企业满意度继续保持全省领先。

【卷烟市场监管规范有序】 2015年，杭州市烟草专卖局运用"APCD"工作法系统，梳理重点监管区域和重点监管对象，提升市场检查的计划性和针对性。"杭州烟草"微信公众号上线运行，形成对卷烟市场秩序的网络监督、环境评价。利用"12313"投诉系统，做实"三线四员"联合监管机制。全市全年查处各类涉烟违法案件1657起，其中假烟案件205起，呈逐年下降趋势，治理成效明显；降级降档427户，确认停业479户，取消经营资格14户，铲除假私非烟滋生土壤。

【烟草行业打击假烟与走私烟】 2015年，杭州市烟草专卖局依托烟草专卖稽查侦测指挥系统，筛选、整合、串联有效信息，通过"三统一"模式，不断强化打击假烟、走私烟的力度。加强航空托运站、物流园区、快递分拣中心监管，对涉烟违法行为精准打击。全市全年共破获涉烟国标网络案件12起，其中"7·30"公安部督办案件实现"多环节、多场所，打通打透"的打假破网目标。杭州市烟草专卖局被评为全省打假"特殊贡献单位"。

【卷烟营销市场化取向改革试点】 在国家烟草专卖局、省烟草专卖局统一部署下，杭州烟草部门积极承担市场化取向改革试点工作，通过大数据应用，完成卷烟销售从单纯依靠批发数据分析向批零数据综合应用转变，以零售数据分析指导卷烟采购、销售、存量。推进现代终端新营销服务管理系统，实现零售数据"自动采集、在线分析、个性化输出"的闭环管理，有效解决异常数据监测、零售客户经营指导、消费者信息采集等多个难点问题。2015年，全市累计发展现代终端7300户，占客户总数20.1%。其中，网上配货客户3100户，客户数占比8.5%。

（翁尚勇）

经济合作交流

Domestic Economic Cooperation

·经济合作交流综述·

【国内招商引资总量创下历史新高】 2015年，杭州市国内招商到位资金1249.27亿元，比上年（指2014年，下同）增长18.5%，创下历史新高。其中：第一产业项目到位资金5.39亿元，增长1.53倍；第二产业项目到位资金235.64亿元，增长30%；第三产业项目到位资金1008.24亿元，增长15.8%。到位资金中，信息经济项目到位资金266.34亿元，增长65.9%，占引进资金总额的21.3%。全年引进到位资金1亿元以上项目154个，到位资金633.45亿元，占引进资金总额的50.7%；引进到位资金5亿元以上项目25个，到位资金279.30亿元，占引进资金总额的22.4%。

【支持浙商创业创新工作获全省考核一等奖】 2015年，杭州市支持浙商创业创新工作保持全省领先水平，呈现稳步提升态势。全年浙商回归到位资金660.58亿元，比上年增长27.0%，浙商回归到位资金总量位居全省第一，杭州市获全省支持浙商创业创新目标责任制考核一等奖。其中，引进产业项目到位资金495.47亿元，资本回归项目到位资金165.11亿元。引进项目到位资金中，重大项目到位资金278.25亿元，占到位资金总额的42.1%。引进浙商回归项目中，引进50亿元以上特别重大项目1个，20亿元以上特别重大工业项目2个，总部经济项目5个。全市坚持和强化市领导联系重大项目机制和重大项目三级协调机制，建立主要领导“1+2+10”（党政“一把手”挂钩省外商会1个以上，联系重大项目2个以上，服务推进浙商回归企业10个以上）责任清单，加大对浙商回归工作督查考核力度，推进“三办合力”并联审批工作机制。全年48个浙商回归和内资重点项目完成投资116.45亿元，完成年度目标任务的123.2%。

10月24日，第十八届杭州国内经济合作洽谈会在杭州举行

（市经合办 供稿）

【第十八届杭州国内经济合作洽谈会】 10月24日，第十八届杭州国内经济合作洽谈会在杭州举行。洽谈会由市委、市政府主办，市经合办承办。省委常委、市委书记赵一德出席会议并讲话。市委副书记、市长张鸿铭致辞并介绍杭州投资发展环境。市经信委、富阳区、杭州大江东产业集聚区、梦想小镇等分别介绍有关情况。杭州各区县（市）和开发区领导、市级有关部门负责人、签约项目代表、全国各地浙江和杭州商会会长、异地在杭商会（协会）会长、国内知名企业代表及外地驻杭办事机构代表350多人参加会议。会上有18个项目签订合作协议，总投资额138.4亿元，其中引进外地资金132.3亿元。签约项目中，总投资额10亿元以上项目3个，引进资金85亿元，占签约资金总额的61.4%；总投资额5亿元以上项目8个，引进资金113亿元，占签约资金总额的81.7%。签约项目主要集中在节能环保、健康医疗、高端装备制造等新兴产业、高新技术产业。

【中国（杭州）跨境电子商务综合试验区专题推介会】 10月26日，第三届世界浙商大会专题活动——中国（杭州）跨境电子商务综合试验区专题推介会在杭州举行。推介会由市委、市政府主办，市经合办、市跨

境电子商务综合试验区办公室、市商务委、市工商联承办。省委常委、市委书记赵一德出席会议并致辞。副市长谢双成对中国(杭州)跨境电子商务综合试验区建设情况做总体推介。浙商代表、跨境电子商务企业代表等500人参加会议。会上,中国(杭州)跨境电子商务综合试验区下城园区、下沙园区、空港园区、江干园区分别介绍园区环境。与会浙商代表考察综合试验区下城跨境贸易园区及“跨贸小镇”。

10月26日,中国(杭州)跨境电子商务综合试验区专场推介会在黄龙饭店举行　　(市经合办 供稿)

【新设立外地驻杭办事机构128个】 2015年,杭州市新设立中铁十一局集团有限公司驻杭办事处、北京动力源科技股份有限公司驻杭办事处、浙江双环传动机械股份有限公司驻杭办事处等外地驻杭办事机构128个,撤销中外合资珠海亿达科技电子工业有限公司驻杭办事处、上海恒寿堂健康食品股份有限公司驻杭办事处、浙江博通通讯科技有限公司驻杭办事处等外地驻杭办事机构347个,外地驻杭办事机构减至1779个。新增杭州市义乌商会、杭州市玉环商会、杭州市南昌商会等外地在杭商会9个,累计56个,企业会员1万多个。杭州市有关部门为129个外地到杭投资企业办理投资入户认证手续,核准迁入杭州户籍指标187名。

【“两外”党建创新】 杭州“两外”(外地在杭商会、外地在杭办事机构)党组织以“三严三实”专题教育和 “三转一争”专题活动为动力,加强基层服务型党组织建设。新成立杭州市经合办新经济组织新社会组织党委(简称市经合办“两新”党委)。至年末,杭州市经合办机关党委和“两新”党委有基层党组织84个,其中所属党委4个、党总支6个、党支部74个,党员686人。杭州市经合办机关党委和所属的外地驻杭机构党委、杭州国电能源环境设计研究院党委、杭州市温州商会党总支、杭州英才高级中学党支部5个党组织被市直机关工委评为先进基层党组织;市经合办机关党委和市外地驻杭机构党委、浙江新世纪经贸专修学院党委、杭州国电能源环境设计研究院党委、杭州市温州商会党总支、杭州泉州商会党支部6个党组织被市直机关工委授予“五星级党组织”称号;杭州市温州商会党总支开展的“总支委员轮值制活动”,被市委组织部评为“百佳党员固定活动日案例”。

·支持浙商创业创新·

【杭商迎春专场音乐会】 2月9日,市委、市政府在杭州大剧院举行2015年杭商迎春专场音乐会,市领导与到会杭商共叙乡情、共贺新春。600多名获2014年世界杭商大会“功勋杭商”“杰出杭商”“青年领军人物”“新锐企业”“优秀商会”称号的企业家、在外杭州商会和异地在杭商会的企业家代表,以及各行各业的知名杭商代表参加音乐会,一起欣赏由杭州爱乐乐团精心准备的音乐节目。音乐会前,市委副书记、市长张鸿铭会见杭州娃哈哈集团有限公司董事长宗庆后等40多位知名杭商代表,充分肯定杭商对推动杭州经济社会发展所做的贡献,希望杭商把握杭州创建中国(杭州)跨境电子商务综合试验区和国家自主创新示范区、杭州都市圈转型升级综合改革试点等机遇,积极参与杭州改革发展。

【支持浙商创业创新促进杭州发展工作领导小组会议】 2月10日,杭州召开支持浙商创业创新促进杭州发展工作领导小组会议。市委副书记杨戌标、市委常委佟桂莉、市政协副主席张必来到会并讲话,副市长谢双成主持会议,市领导小组成员单位负责人参加会议。会议总结2014年全市支持浙商创业创新工作,讨论并通过2014年度杭州支持浙商创业创新工作考核情况通报、奖励办法和2015年工作思路及目标任务。

【开放型经济暨支持浙商创业创新工作会议】 3月23日,杭州召开全市开放型经济暨支持浙商创业创新工作会议。市委副书记杨戌标出席会议并讲话,副市长谢双成主持会议。会上,市经合办通报2014年国内招商引资和浙商创业创新工作情况。杨戌标要求,全市各级各部门要主动适应经济发展新常态,牢牢把握稳中求进的工作总基调, 咬定“全省领先”目标,主动拉高标杆,突出“浙商总部、高端制造业、浙商资本回归”三大主攻方向,着力创新体制机制,优化政务环境,努力开创杭州开放型经济和浙商创业创新工作新局面。

【全市浙商回归工作推进会暨全市产业招商工作会议】 8月25日,杭州召开全市浙商回归工作推进会暨全市产业招商工作会议,专题部署浙商回归和产业招商工作。市委副书记、市长张鸿铭出席会议并讲话,市委副书记杨戌标主持会议。各区县(市)政府、开发区主要负责人及经济合作（招商）部门主要负责人、市直有关单位主要负责人等参加会议。会议传达全省浙商回归工作推进会精神，总结2015年上半年浙商回归情况，全面部署下一阶段浙商回归和产业招商工作。

【市领导走访浙商杭商】 3月25日，市人大常委会主任王金财、市政府副市长谢双成带队赴沪走访考察巨力环球控股有限公司、上海复星高科技（集团）有限公司外滩金融中心项目部和上海市浙江商会。王金财希望在沪浙商发挥浙商回归的桥头堡作用，为两地企业牵线搭桥，助推回归创业。杭州将营造良好环境，提供优质服务，推动浙商企业在反哺家乡建设中实现更好发展。

7月20～24日，市政协主席叶明、副主席赵光育带队赴滇开展“浙商走亲”活动，并召开杭州（昆明）支持浙商创业创新座谈会。云南省浙江商会、杭州商会负责人等30多名在滇浙（杭）商参加。会上，叶明为云南省杭州商会新设立的“杭州市支持浙商创业创新服务中心云南联络处”授牌。市经合办与云南省浙江商会签订战略合作协议，并向在滇浙（杭）商介绍杭州支持浙商创业创新工作情况。在滇期间，叶明一行走访云南康恩贝集团有限公司、奥斯迪电子商务产业园和昆明益邦投资有限公司等浙商企业。

·国内招商引资·

【国内招商引资绩效提高】 2015年，杭州市引进国内招商项目2376个，市外到位资金1249.27亿元。历年来引进国内招商项目在统计年度（2014年11月至2015年10月，下同）中，实现固定资产投资1146.04亿元，占同期全市固定资产投资总额的21.2%；在杭注册的国内招商引资项目在统计年度中实现税收182.01亿元，占同期全市财政总收入的8.6%；省级以上开发区引进到位资金占引进资金总额的44.4%；当年新项目个数占引进项目总数的比例达70.6%，占引进资金总额的56.7%，资金占比提高9.93个百分点；上年引进项目正常运转率达49.5%。

【信息经济项目大幅增长】 2015年，杭州市引进信息经济项目到位资金266.34亿元，增幅比上年提高34.47个百分点，信息经济项目到位资金占到位资金总额的比例提高6.09个百分点，信息经济对全市国内招商的贡献度达66.5%。其中，物联网、机器人、互联网金融等新兴产业增幅居前三位，分别增长128.1%、90.2%和87.1%。

【高端项目招商成效明显】 2015年，全市引进市外四类500强企业（中国500强、中国服务业500强、中国制造业500强、中国民营企业500强）当年投资1亿元以上项目6个，涉及到位资金19亿元；引进总部企业10个；引进市跨境电子商务综合试验区办公室认定的跨境电子商务龙头企业7个；引进“千人计划”人才领衔的和省部属科研机构（大院名校）类项目10个；引进楼宇经济项目759个，涉及到位资金709.23亿元。

【十大产业招商组成立】 7月27日，杭州市产业发展协调委员会制定《杭州市产业招商协调工作方案》，确定在杭州市产业发展协调委员会统一领导下，全市成立文化创意、金融服务、基础设施、旅游会展、健康养老、电子商务（跨境电子商务）、体育产业、先进装备制造及生物医药产业、信息产业、总部经济10个产业招商组。招商组由分管市领导领衔，产业主管部门牵头，有关部门和区县（市）、开发区参与。市经合办、市发改委、市经信委、市文创办、市金融办等单位先后赴北京、上海、兰州、西安、深圳、武汉、广州等地开展产业专题招商活动。

【杭州（深圳）投资环境推介会】 4月21日，“2015杭州（深圳）投资环境推介会”在深圳举行。副市长谢双成、市政协副主席张必来出席会议。深圳高层次人才及科研院所、高新技术企业、文创企业、金融企业代表和深圳市杭州商会会员企业、在深圳的浙（杭）商代表，以及杭州有关单位代表180多人参加会议。会上，深圳市杭州商会会长、深圳富春东方投资有限公司董事长胡惠康致辞。市经信委、市文创办、市金融办介绍杭州信息产业、文化创意产业、金融产业发展情况，城西科创产业集聚区管委会、拱墅区政府分别介绍投资环境及合作项目。

【杭州（南京）经济合作洽谈会】 6月24日，“杭州（南京）经济合作洽谈会”在南京举行。市经合办、市人力社保局、市金融办、市科委有关负责人参加会议。下城区、江干区、西湖区、高新区（滨江）、杭州经济技术开发区等单位招商部门负责人，南京市人力社保局、江苏省浙江商会、南京绍兴商会、南京衢州商会、南京天台商会等7个在宁浙商商会，以及在宁高等院校、科研机构、人才中介机构代表180多人参加推介会。

【杭州（上海）“浙商回归”投资环境说明会】 6月25日，杭州市（上海）“浙商回归”投资环境说明会暨杭州大江东产业集聚区专题推介会在上海国际会议中心举行。会议由市政府主办，市经合办、市经信委和大江东产业集聚区管委会联合承办。上海浙江商会、杭州驻沪企业联合会、在沪知名企业、世界500强企业和跨国公司上海总部代表及媒体记者等200多人参加。副市长谢双成出席会议并讲话，市政府党组成员、杭州大江东产业集聚区（萧山临江高新技术产业开发区）管委会主任杨军致辞。会上，市经信委推介杭州信息经济发展情况，大江东产业集聚区推介投资环境和七大产业园区及重点项目。大江东产业集聚区管委会与杭州驻沪企业联合会、仲量联行签订战略合作框架协议。

【杭州（兰州）特色小镇专题推介会】 7月7日，杭州市借助第二十一届兰州经济合作洽谈会平台，在兰州举行杭州（兰州）特色小镇专题推介会。省、市经合办，上城区政府，甘肃省浙江企业联合会负责人出席会议。甘肃天瑞集团有限公司等85个浙商企业代表以及上城、西湖、余杭等城区招商部门负责人参加推介会。会上，市经合办负责人介绍杭州创建“特色小镇”、发展信息经济、创建中国（杭州）跨境电子商务综合试验区和国家自主创新示范区有关情况，邀请在陇浙商到杭参与总部经济、财富管理中心合作，以及城镇化和城市国际化建设。玉皇山南基金小镇、梦想小镇、西溪谷管委会负责人介绍投资环境和重点招商项目。

7月29日，杭州（北京）经济合作洽谈会在北京亮马河会议中心举行

（市经合办 供稿）

【“杭州招商在线”上线】 7月27日，杭州在浙江国际大酒店召开新闻发布会，宣布“杭州招商在线”（www.hz96202.cn）、“投资杭州”官方微信和“96202” 招商服务热线上线。新闻发布会同步推出“杭州招商在线”第一期网上专题招商会。副市长谢双成出席新闻发布会。平台推出后，开展线上招商，全年推出跨境电子商务、大江东产业集聚区2期网上专题招商会，并结合线下招商活动主题，在网站和微信公众号上同步推出地块出让、旅游、文创产业、信息产业、金融产业、体育产业、养老产业、招才引智8个招商热点专题。全年网站浏览量1.5万人次。

【杭州（北京）经济合作洽谈会】 7月29日，杭州（北京）经济合作洽谈会在北京亮马河会议中心举行。副市长谢双成，市政府党组成员、杭州大江东产业集聚区管委会主任杨军参加会议。中粮集团有限公司、中国航空工业集团公司、京东商城电子商务有限公司、北大青鸟集团、天下浙商（北京）投资管理有限公司及中国电子商务协会等150多个在京企业代表参加会议。会上，市发改委、市经信委、市文创办、富阳区和大江东产业集聚区就产业发展情况、区域投资环境及合作项目进行推介，并举行项目签约仪式，现场签约150亿元。签约项目包括亿达科技新城管理有限公司与国开城市交通投资

2015年杭州市各区县（市）、开发区、集聚区国内招商引资情况

表25

单 位	项 目（个）	到位资金（亿元）	目标数（亿元）	完成率（%）	比上年（%）
上城区	88	86.46	85	101.7	7.5
下城区	322	146.18	142	102.9	12.8
江干区	207	144.39	143	101.0	16.1
拱墅区	527	153.43	149	103.0	17.6
西湖区	186	165.36	163	101.5	21.8
高新区（滨江）	65	77.91	76	102.5	11.8
萧山区	166	93.03	90	103.4	–0.3
余杭区	99	90.97	90	101.1	27.7
富阳区	73	46.69	45	103.8	31.5
桐庐县	115	40.51	40	101.3	21.8
淳安县	66	25.34	—	—	–4.6
建德市	161	40.22	40	100.6	24.6
临安市	136	42.83	42	102.0	25.5
杭州经济技术开发区	60	30.60	30	102.0	–26.2
杭州大江东产业集聚区	83	55.32	55	100.6	—
杭州钱江经济开发区	22	10.03	10	100.3	24.9
杭州城西科创产业集聚区	35	36.94	35	105.5	—
合 计	2 376	1 249.27	1 200	104.1	18.5

注：合计中不包括杭州城西科创产业集聚区数据

发展基金共同投资建设的“杭州生态科技创新城”、中国铁道科学研究院投资建设的“智慧轨道交通产业园”、中国供销合作对外贸易有限公司投资建设的“中国智慧农业谷”等项目。在京期间，谢双成带队走访中关村亚洲杰出企业家成长促进会、方正集团、北大青鸟集团等单位，就信息经济、“智慧医疗”、企业创业人才孵化等项目商讨合作事宜。

2015 年杭州市引进信息经济项目到位资金情况

表 26

产业类别	到位资金（亿元）	比上年（%）
电子商务	34.63	13.0
物联网	9.49	3.6
互联网金融	42.53	16.0
智慧物流	32.41	12.2
数字内容	53.01	19.9
软件与信息服务	50.09	18.8
电子信息产品制造	34.78	13.1
移动互联网	5.63	2.1
集成电路	1.53	0.6
机器人	2.24	0.8
合 计	266.34	65.9

2015 年杭州市开展招商活动情况

表 27

时间	地点	活动名称
4 月 21 日	深圳市	杭州（深圳）投资环境推介会
6 月 24 日	南京市	杭州（南京）经济合作洽谈会
6 月 25 日	上海市	杭州（上海）“浙商回归”投资环境说明会
7 月 7 日	兰州市	杭州（兰州）特色小镇专题推介会
7 月 29 日	北京市	杭州（北京）经济合作洽谈会
8 月 21 日	西安市	杭州（西安）支持浙商创业创新对接会
9 月 7 日	武汉市	杭州（武汉）投资环境推介会
9 月 9 日	银川市	宁夏浙（杭）商交流推介会
9 月 23 日	中山市	杭州（中山）投资环境推介会
9 月 24 日	广州市	杭州（广州）支持浙商创业创新座谈会
10 月 24 日	杭州市	第十八届杭州国内经济合作洽谈会
10 月 26 日	杭州市	中国（杭州）跨境电子商务综合试验区专题推介会
11 月 25 日	天津市	杭州（天津）投资环境推介会

·“长三角”区域合作与杭州都市圈建设·

【长三角城市经济协调会第十五次市长联席会议】 3月26～27日，长江三角洲城市经济协调会第十五次市长联席会议在安徽省马鞍山市举行，会议签署《长江三角洲地区城市合作（马鞍山）协议》。国家发改委地区司领导、长三角协调会30个成员城市政府领导和有关部门负责人出席会议。副市长项永丹出席会议并发言。

【杭州都市圈市长（交通）专题工作会议】 8月27日，杭州都市圈市长（交通）专题工作会议在湖州召开。会议以“同促都市圈融合发展、共推大交通共建共联”为主题，回顾总结杭州都市圈成立8年来的建设成果，听取交通专业委员会关于“十三五”时期都市圈综合交通运输发展思路等情况的汇报。杭州市市长张鸿铭、湖州市市长陈伟俊、嘉兴市代市长林健东、绍兴市市长俞志宏出席会议并分别做主旨讲话。四城市共同签署2015年杭州都市圈市长（交通）专题工作会议备忘录。

【杭州都市圈生产总值突破2万亿元】 2015年，杭州都市圈经济总体呈现稳中有进、进中提质的发展态势，都市圈生产总值稳步上升。全年生产总值首次突破2万亿元，达到20121.56亿元，都市圈生产总值占全

8月27日，杭州都市圈市长（交通）专题工作会议在湖州召开　　（市经合办 供稿）

省比重46.9%，比上年增长8.7%，增幅高于全省0.7个百分点，在全国各都市圈中增幅仅次于上海都市圈、广州都市圈。其中：第一产业实现增加值749.32亿元，增长0.9%；第二产业实现增加值9040.72亿元，增长5.9%；第三产业实现增加值10331.52亿元，增长12.5%。经济新常态下，杭州都市圈成为浙江经济最具活力的区块，在“长三角”地区的经济地位进一步提升。

【15个沪杭合作项目完成】 2015年，杭州市持续深化接轨上海工作，进一步推进与上海在重点领域的合作交流，全年完成沪杭合作项目15个。杭州从上海引进项目185个，到位资金158.78亿元，分别比上年增长17.8%和25.3%。沪杭医保接轨，参保人员医疗费实现异地实时结算。全年杭州医保经办机构受理实时结算的上海参保人员2813人次，总费用1773.98万元。引导和鼓励企业与上海高等院校和科研院所建立紧密的合作联系，创造条件开展技术成果转移转化，全年实现合作项目交易额2.12亿元。

【28个杭州都市圈一体化合作项目完成】 2015年，杭州都市圈完成跨区域合作一体化项目28 个，项目主要涉及交通、旅游、医疗、教育、文化、金融、人才、科技、会展等领域，包括都市圈高速公路环线（杭州绕城高速公路西复线）、京杭运河二通道、杭黄铁路等重大交通建设项目，都市圈杭产家电精品巡回展、杭湖嘉绍新春旅游优惠月、都市圈旅游联合促销等产业合作，以及市民体验日、奥林匹克日长跑等民生活动。

【杭州都市圈大型联合采访活动】 8月21日，2015年聚焦杭州都市圈大型联合采访活动在绍兴市柯桥区启动。联合采访活动以“交通共建，城市共联”为主题，来自杭州都市圈协调委员会办公室、杭州都市圈宣传专业委员会、杭州都市圈交通专业委员会的负责人，以及国家有关部门、“长三角”地区、杭州都市圈城市、境外媒体记者代表60多人参加启动仪式。活动期间，杭州、湖州、嘉兴、绍兴四城市交通局局长做客“杭报在线”新闻演播室，就“十二五”时期杭州都市圈交通建设成果以及“十三五”时期将重点推进的重大交通工程项目等话题进行在线互动。采访团先后走访杭州铁路东站枢纽、富春江船闸、钱江通道、杭甬运河等四城市的现代化交通设施，用笔和镜头记录都市圈交通发展的成果。

【“一小时半”都市圈形成】 2015年，杭州都市圈加快推进都市圈高速公路环线（杭州绕城高速公路西复线）、京杭运河二通道、临金高速公路、千黄高速公路等项目前期准备工作；推进杭金衢高速公路拓宽工程及杭州都市圈内杭州至临安、富阳、海宁、柯桥4条城际铁路建设；建成钱江通道北线一期、湖嘉申线航道一期、31省道北延越城区段等工程。都市圈公交一体化效应逐步显现，杭州主城区及萧山、余杭等地与德清、安吉、海宁等周边县（市）的公交运输班线增至29条，绍兴越城区至上虞区公交开通运营。杭州通·杭州都市圈德清卡在德清县发行3万多张并成功升级。年末，杭州都市圈“五线一枢纽”高铁网络体系初具雏形，以高速公路、城市主干道系统和市际轨道快速交通网为主的“一小时半”都市圈初步形成。

【区域市场拓展】 2015年，杭州都市圈通过以主办和参展大型展会的形式，帮助规模企业拓展国内外市场，先后举办“江南绝色·吴越经典”——杭湖嘉绍新春旅游优惠月、杭州都市圈旅游联合促销、杭州·都市圈迎新春优质农产品大联展等活动，在湖州安吉、嘉兴桐乡和绍兴举办精品智能家电巡回展。都市圈四城市还首次联合参加在土耳其举办的第二届欧亚（土耳其）中国家居品牌博览会，有200个企业参会，实现现场销售和订货1800多万美元。

【公共服务一体化深化】 2015年，杭州都市圈深化四城市科技政策、科技项目、科研课题、科技人才的互联互通机制。加强四城市之间教育交流与合作，举办都市圈高考改革普通高中校长论坛、职业教育中等职业学校校长论坛、高中学生科学辩论大赛、优秀学生干部夏令营等活动，推进高品质教育的相互融合与借鉴，着力打造都市圈教育金名片。深化都市圈特殊教育（听障）联盟、文创人才联盟、公共图书馆服务联盟的合作，探索成立区域内版权服务组织，进一步扩大区域公共文化合作和交流。举办首届浙北苏南神经外科区域论坛、第四届华东胃肠外科中青年专家沙龙、杭湖嘉感染性疾病学术年会等活动，向都市圈内基层医疗机构输出优质医疗资源，共同提升都市圈医疗卫生技术水平。四城市市场监管局定期开展食品安全监管信息沟通、跨区域食品违法案件查处交流，有效维护群众食品安全。

·区域经济合作和外部空间拓展·

【组团参加大型展会】 2015年，市经合办会同市经信委、市商务委等单位，组织浙江喜得宝丝绸科技有限公司、西子优耐德电梯有限公司、杭州凡迹纺织品有限公司等30多个企业参加第十八届重庆经济合作洽谈会、第十九届西安经济合作洽谈会、第二十一届兰州经济合作洽谈会、第三届丝绸之路经济带城市合作发展论坛暨第二届丝绸之路国际食品展览交易会等重大展会11个，实现销售额和签订合同意向金额7.3亿元。其中，第二十一届兰州经济合作洽谈会设展位10个，首次以特装形式在展馆开展“特色小镇”宣传推介。

【“浙商宁夏行”活动】 9月9 ~12日，市经合办组织杭州阿里巴巴集团有限公司、杭州华数数字电视传媒集团、杭州四季青集团有限公司、浙江新安化工集团股份有限公司等8个知名企业参加“浙商宁夏行”活动。其间，杭州企业实地考察银川阅海湾中央商务区和银川IBI育成中心、中国（吴忠）清真产业园、生态纺织产业园及浙商项目。正泰新能源开发有限公司与宁夏宁东能源化工基地管委会签订光伏发电项目投资合作协议，计划总投资90亿元，其中一期投资20亿元。

【杭州与黄山签署深化合作交流协议】 11月13～14日，安徽省黄山市党政代表团到杭考察。考察期间，杭州与黄山举行工作交流会并签署深化合作交流协议。根据协议，两市将建立政府间交流合作常态化机制，加强跨区域重大基础设施规划建设合作，巩固提升新安江流域生态补偿机制，构建高铁时代“名城—名湖—名山”大旅游新格局，推进优势产业发展互利共赢，深化两地人文领域的交流与合作。省委常委、杭州市委书记赵一德，黄山市委书记任泽锋在签署仪式上讲话。杭州市市长张鸿铭、黄山市市长孔晓宏分别介绍杭州和黄山经济社会发展情况。两市还签署《余杭区人民政府与歙县人民政府缔结友好区县协议》《杭州青山湖科技城和黄山经济开发区管委会缔结友好经济开发区协议》《杭州市商贸旅游集团有限公司与黄山市徽文化产业投资有限公司战略合作框架协议》3个子协议。

【拓展空间保障供给】 2015年，杭州市推进粮食产销合作，在省外建立各类粮食生产基地6.04万公顷。全市达成省际（战略）合作项目19个，其中能源、粮食等合作项目合作金额26.2亿元。组织企业参加各类农业展会、农事节庆活动10次，带动70家网商的农产品销售，帮助浙商开拓市场，提升企业品牌。全市按计划引进煤炭1364万吨、电力589亿千瓦小时、成品油283万吨、天然气8.7亿立方米，为全市生产生活提供能源保障。

·对口帮扶和山海协作·

【“双对口”帮扶全面推进】 2015年，杭州市全面推进与四川省阿坝州、重庆市涪陵区的“双对口”帮扶工作。全年落实对口帮扶四川省阿坝州援建资金2550万元，对口帮扶马尔康、红原、若尔盖3个县，帮助援建涉及基础设施、教育设施、牧民定居、引水供水工程等方面的项目6个。落实对口支援重庆市涪陵区专项资金365万元，援建涪陵区清溪镇移民小区农贸市场等项目。其中，市本级落实对口专项资金120万元，拱墅区、高新区（滨江）、桐庐县、建德市、临安市等区县（市）落实对口专项资金245万元，落实对口支援资金总量居全省第一。

【与对口地区交流互动】 6月25～26日，四川省阿坝州委副书记、州长杨克宁率领对口支援考察团到杭考察交流对口支援工作。杭州市委副书记、市长张鸿铭与考察团进行座谈交流，杭州市有关部门、有关城区负责人与阿坝州开展交流对接。考察团实地考察上城区玉皇山南基金小镇、阿里巴巴网络技术有限公司、杭州海康威视数字技术股份有限公司、杭州华三通信技术有限公司等单位。9月16～18日，副市长谢双成带领由市经合办、市财政局、市农办、市教育局、市人力社保局、市旅委、杭州绿盛集团等单位有关负责人组成的代表团赴阿坝州考察交流对口帮扶工作。11月10～12日，市人大常委会副主任项勤带领市人大财经工委、市经合办负责人，以及富阳区、淳安县、建德市人大有关领导赴阿坝州考察交流。

【西部人才培训】 3月、6月和10月，市经合办会同市人力社保局干部培训中心举办3期对口支持西部人才培训班，培训主题分别为“招商引资工作能力提升”“特色农业及农产品加工产业化”“中小学师资能力与素质提升”，参加培训学员150人，其中对口支援地区四川省阿坝州、重庆市涪陵区、贵州省黔东南州学员70人。

【“山海协作”工程到位资金全省第一】 2015年，杭州市按照“围绕资金抓落实、围绕项目抓推进、围绕互访抓合作”的思路，以推进绿色产业、社会事业、人力资源培训合作和提升群众增收为主要任务，深化“山海协作”工程。全年完成“山海协作”产业合作项目到位资金55亿元，完成全年目标任务的2.11倍，“山海协作”工程到位资金全省第一。其中，新签订“山海协作”工程衢州合作项目23个，协议投资28.4亿元，到位资金4.06亿元；续建项目到位资金36.8亿元，合计到位资金40.9亿元；与淳安新签订合作项目16个，协议资金17亿元，到位资金1.3亿元，续建项目到位资金12.8亿元，合计到位资金14.1亿元。

【山海协作产业园建设】 杭州健全山海协作产业园合作共建机制，加快推进“余杭—柯城”“萧山—龙泉”山海协作产业园建设。全年余杭区与衢州柯城区、萧山区与丽水龙泉市的山海协作产业园分别举办2次联合招商活动。8月4～5日，市政府组织考察团赴丽水龙泉市考察“萧山—龙泉”山海协作产业园建设情况。2个山海协作产业园开发土地面积10平方千米，投入基础设施资金9.4亿元。全年园区引进企业18个，引进投资1亿元以上项目8个，实际到位资金16亿元，实现工业总产值13.7亿元。

【群众增收和社会事业合作】 2015年，杭州市落实百村经济发展促进计划要求，组织推动发达区县（市）和市直有关部门，帮助结对地区低收入农户发展特色种养业、来料加工业、乡村民宿等群众增收及帮扶农村社会事业项目，推进结对地区新农村建设。全年“百村结对”促进计划落实结对项目38个，到位资金330万元；实施群众增收、社会事业合作等新农村建设项目75个，到位资金882万元。“百村结对”促进计划到位资金完成省下达目标任务的2.94倍。（马洪飞）

【杭州与黔东南州对口帮扶】 12月11日，杭州市与贵州省黔东南州召开对口帮扶座谈会，交流前两年对口帮扶情况，研究今后五年帮扶重点工作。市科委、市贸促会分别与黔东南州对口部门签订帮扶框架协议。杭州帮扶黔东南州围绕产业合作、教育合作、人才培养合作、旅游合作、现代农业合作、文化合作、民生合作等方面，累计安排对口帮扶项目119个。至2015年末，第一批、第二批79个对口帮扶项目全部完成，第三批40个对口帮扶项目全力推进。产业招商成效明显，全年对口帮扶项目中新增浙商投资项目27个，投资总额39.18亿元。

（严　建）

·对外贸易·

【对外贸易概况】 2015年，杭州市实现外贸进出口总额665.66亿美元（4132.43亿元），比上年（指2014年，下同）下降2.1%（1.0%）。其中：进口165亿美元（1024.40亿元），下降12.3%（11.3%）；出口500.67亿美元（3108.03亿元），增长1.8%（2.9%）。全市跨境电子商务进出口总额34.64亿美元（215.07亿元），占全市外贸进出口总额的5.2%。其中，出口22.73亿美元（141.13亿元）。按不包含省级公司进出口实绩统计，杭州市外贸进出口总额593.39亿美元（3684.12亿元），增长0.4%（下降0.7%）。其中出口444.65亿美元（2760.72亿元），增长5.1%（4.0%）。

杭州市出台《关于加快培育外贸竞争新优势的实施意见》《杭州市人民政府关于推进跨境电子商务发展的通知（试行）》和鼓励企业保增长的外贸专项扶持政策，推动对外贸易取得新成效。

【重点企业联系制度建立】 2015年，杭州市将出口排名前100位和出口潜力较大的外贸企业作为重点联系单位，由市和区县（市）政府及各级商务部门分层次对口联系、开展调研，建立定期走访、定期汇报制度，及时了解企业生产经营情况和外贸出口进度，宣传相关政策，了解企业诉求并协调解决问题。强化对浙江一达通企业服务有限公司、浙江融易通企业服务有限公司等重点企业的协调服务。

【国际贸易摩擦应对】 2015年，杭州市完成40起国际贸易救济调查案件的排查和应诉。其中，反倾销调查32起，“双反”调查6起，保护措施调查2起，涉案企业355个，涉案金额1.33亿美元。构建外贸风险防范体系，完善12个省、市两级对外贸易预警示范点，发布外贸防风险预警信息1728条，指导涉案企业开展案件应对40多起。

【外贸风险防范】 2015年，杭州市联合中国出口信用保险公司定期举办风险信息发布会，深入基层开展信保业务咨询和风险信息咨询，提升企业防范风险意识和能力。全年全市出口参保企业1960个，覆盖率23%；投保额130.34亿美元，比上年增长6%；报损案件506起，增长10%，报损额1.18亿美元，增长25%；挽回经济损失1.04亿美元，其中直接赔付0.28亿美元。

【国际市场开拓】 2015年，杭州市融入国家“一带一路”战略，搭建展会平台，帮助企业开拓国际市场。把企业需求、目标市场、重点展会有机结合，深挖传统市场，开拓新兴市场。全年市商务委组织境内外国际性展会120场次，其中自办展会3场次，分别是中国（杭州）国际花园、户外家具及休闲用品展，中东欧（波兰）中国家具品牌展览会和欧亚（土耳其）中国家具品牌博览会。组织杭州交易团参加中国进出口商品交易会、中国华东进出口商品交易会、中国国际日用消费品博览会、中国义乌国际小商品博览会等。全年推荐企业参加国际性专业展会100个。

【出口品牌认定】 2015年，杭州市有13个企业品牌被认定为“浙江出口名牌”，15个企业品牌通过“浙江出口名牌”复评。浙江铁流离合器股份有限公司“铁流”等19个品牌和杭州中泰实业集团有限公司“ZHT”等47个复评品牌被认定为2015年度“杭州出口名牌”。

【国际花园、户外家具及休闲用品展】 3月20~24日，由市政府、省商务厅、中国轻工工艺品进出口商会共同主办的第八届中国（杭州）国际花园、户外家具及休闲用品展览会在杭州和平国际会展中心举行。参展企业185个，设展位615个，吸引来自美国、英国、德国、法国等34个国家和地区，及国内22个省市超过5000个经销商、专业观众参展参观，其中境外采购商超过600人、国内采购商近1900人。其间，主办方为60多个境外采购商、20多个国内采购商组织4场“一对一”商务配对活动，并举办产业高峰论坛等交流活动。

【杭州交易团参加春季、秋季广交会】 4月15日至5月5日，第117届中国进出口商品交易会（春季广交会）在广州举行。杭州交易团设展位1569个，其中品牌展位272个，参展企业655个，实现成交额8.3亿美元。主要成交国家和地区为美国、俄罗斯和中东、欧洲等，主要成交商品有五金工具、机械设备、照明灯具、卫浴、汽车零配件、家具家居和家纺产品等。

10月15日至11月4日，第118届中国进出口商品交易会（秋季广交会）在广州举行。杭州交易团设展位1547个，其中品牌展位254个，参展企业652个，实现成交额8.08亿美元。主要成交国家和地区为美国、印度和欧洲、中东等，主要成交商品有五金工具、机械设备、照明灯具、卫浴产品、汽车零配件、家具家居和家纺产品等。

【跨境电子贸易培训】 4月27日至5月15日，杭州市开展跨境电子贸易普及培训和专题轮训，分片区举办跨境电子商务培训13场，全市3000多个外贸企业、3500多人次参加培训。

11月25日，市商务委联合杭州跨境电子商务协会举办“传统外贸企业转型跨境电商的机遇和挑战”专题培训，300多人参加培训。

【外贸公共服务平台项目申报】 5月，市商务委启动外贸公共服务平台项目申报工作。年内，初审通过省级出口基地外贸公共服务平台项目5个，其中公共国际营销平台项目1个。

8月，市商务委实施“2015年国家鼓励进口项目”申报落实工作，35个企业申报进口项目196个。

【中东欧（波兰）中国家居品牌博览会】 5月27～29日，由市政府主办，市商务委、米奥兰特国际会展集团承办的2015年中东欧（波兰）中国家居品牌博览会在波兰波兹南国际展览中心举行。展览面积约8000平方米，来自浙江、上海、山东、广东、四川、江苏、河南、安徽等省市近350个企业参展，展品包括纺织服装、家电、家具、家居用品、建材、照明灯具等2000多种。展会还设置“VIP买家见面会”“现场贸易配对”等特色活动。吸引波兰、乌克兰、立陶宛、白俄罗斯、捷克、罗马尼亚等国家采购商观展。其间，举办“中国波兰经济论坛”和“一带一路”国际经贸投资合作论坛。中国驻波兰大使馆商务处、波兰政府有关部门、波兰企业向中国企业介绍波兰的投资优惠政策、法律法规及成功案例。

【欧亚（土耳其）中国家居品牌博览会】 6月3～6日，2015年首届欧亚（土耳其）中国家居品牌博览会在土耳其伊斯坦布尔展览中心举行。博览会由市政府主办，市商务委、市经济合作交流办公室、萧山区政府、余杭区政府、米奥兰特国际会展集团共同承办。副市长谢双成率杭州市参展企业参展。浙江、江苏、山东、安徽、福建、广东、上海、深圳等11个省市组团参展。展会设家纺、服装、面料、家具、家居装饰、厨房卫浴、家电及灯具等展区8个，展览面积1.4万平方米，展品3000多种。参展企业405个，展位620个，其中杭州参展企业88个，展位150个。展会吸引来自土耳其及周边国家的专业观众1.21万人次，现场成交额105万美元，意向成交额1702万美元，累计成交额1807万美元。现场组织贸易配对330场次。

5月27～29日，2015年中东欧（波兰）中国家居品牌博览会在波兰波兹南国际展览中心举行 （市商务委 供稿）

【杭州跨境电子商务协会成立】 8月28日，杭州跨境电子商务协会召开成立大会。其间，协会第一届会员大会召开，选举产生杭州跨境电子商务协会第一届会长、副会长、常务理事和理事等。协会由网易（杭州）网络有限公司、阿里巴巴（中国）有限公司、浙江网盛生意宝股份有限公司、浙江电子口岸有限公司、浙江点库电子商务有限公司5个单位共同筹备成立，会长由网易（杭州）网络有限公司董事长丁磊担任，协会的职责是服务好会员企业、服务好产业发展、服务好综试区建设。至年末，协会有会员企业111个。

·利用外资·

【利用外资概况】 2015年，杭州市新批外商投资企业475个，实际到位外资71.13亿美元，比上年增长12.3%，连续9年保持全省首位，利用外资总体规模在16个“长三角”重点城市和15个副省级城市中均位居前列。引进世界500强企业投资项目10个。至年末，有112个世界500强企业到杭州投资项目188个。

【招商引资“五大机制”实施】 2015年，杭州市招商引资“五大机制”实施，即完善招商资源整合机制、完善招商竞争合作机制、完善招商考核激励机制、完善“以企引企”工作机制、完善招商服务管理机制。其中具体工作包括起草并实施2015年杭州市招商引资宣传方案和重大招商宣传活动计划，制订招商业务培训方案，做好中国浙江投资贸易洽谈会、中国全球投资峰会、“海风计划”系列活动宣传工作；建立健全重大外资项目首报、统筹流转机制，并开展调研活动，走访主要地区，落实重大项目跟踪服务制度，排摸、梳理各地重点在谈、在建项目；完成对2014年全市招商引资综合评价体系的考核，修改完善2015年招商引资目标责任制考核办法，组织实施对各地区利用外资目标任务的考核；发布《杭州市招商引资产业空间布

局导引手册（2015年本）》，重点对全市市级以上开发区（园区）及其拓展区的主导产业进行明确定位和招商指引。

【重大项目三级协调机制完善】 2015年，市商务委建立重大项目首报制度、统筹流转制度和领导联系重点招商引资项目制度，完善重大项目三级协调机制，开展“五个一批”项目跟踪推进协调。全年全市重点跟踪推进在谈项目117个，总投资110亿美元，合同外资70亿美元。

【杭州市代表团参加厦门投资贸易洽谈会】 9月8～11日，由13人组成的杭州市代表团参加厦门国际投资贸易洽谈会。其间，杭州市代表团考察贝莱胜电子（厦门）有限公司、施坦博投资咨询公司、厦门速煜信息科技有限公司、美国西园资本有限公司等20多个企业，会见威立雅水务集团和财富嘉禾代表团。

【杭州企业参加“两会两展”】 6月8～12日，第十七届浙江投资贸易洽谈会、第四届中国海洋经济投资洽谈会、第十四届中国国际日用品消费品博览会、2015年中东欧国家投资贸易博览会（简称“两会两展”）在宁波举行。杭州代表团350多人参会，参展企业32个，设展位46个。其间，杭州市代表团参加“之江峰会”“在浙世界500强跨国公司座谈会”“创业创新金融服务高峰论坛”“中东欧展商和跨境电商合作对接会”“中国—中东欧国家投资合作洽谈会”等活动。

“两会两展”期间，杭州代表团签约项目9个，总投资10.9亿美元，合同外资6.5亿美元，项目单体投资规模平均超过1亿美元。现场发放招商宣传资料2000多册，并设立大会唯一的城市形象展示馆。

【“海风计划”系列活动】 2015年，市商务委举办“海风计划”系列活动6场。

1月28日，“2015互联网·金融创新型中小微企业与风投资本对话”活动在杭州西溪谷举行，158人参加活动。

2月5日，“华星论道，一键聚融”互联网金融价值论坛在杭州互联网金融大厦举行，60人参加活动。

5月16日，“阿里创业帮”开放日暨2015年杭州创业高峰论坛在杭州西溪宾馆举行，120人参加活动。

5月22日，“财富中国·资本杭州——暨首届钱江湾区‘金融·资本·产业’国际高峰论坛”在杭州洲际大酒店举行，1000多人参加活动。

7月28日，“2015望江·创新型中小微企业与国际资本对话论坛”在杭州华辰凤庭大酒店举行，60人参加活动。

7月30日，“众创互联·海风计划”——北京中关村专场活动在北京文津国际酒店举行，120人参加活动。

【招商沙龙系列活动】 4月29日，招商沙龙系列活动之“移动医疗：趋势背后的逻辑”活动举行。该活动由市商务委和清科集团共同举办。华创汇才投资管理（北京）有限公司、英菲尼迪股权基金管理集团、凯盛国际投资集团、道富资产管理有限公司等投资机构，辉瑞制药有限公司、中国大都会人寿保险公司等世界500强企业代表以及银江股份有限公司、汉鼎信息科技股份有限公司、贵州益佰制药股份有限公司、中国平安保险（集团）股份有限公司等上市公司代表，创业者，区（县）招商部门负责人，媒体记者等近100人参加活动。

【赴日本、韩国招商活动】 11月12～21日，市商务委带队在日本、韩国开展经贸交流及“敲门招商”活动。其间，在韩国首尔举办杭州投

2015年杭州市出口额前25位企业情况

表28

排序	名　称	出口额（万美元）	比上年（%）
1	浙江一达通企业服务有限公司	239 276	4 563.4
2	杭州海康威视科技有限公司	97 059	55.7
3	杭州中策橡胶集团有限公司	91 179	-11.1
4	东芝信息机器（杭州）有限公司	84 179	-26.8
5	杭州华三通信技术有限公司	81 480	-8.2
6	杭州巨星科技股份有限公司	48 587	7.2
7	浙江大华科技有限公司	47 632	60.2
8	杭州美巢进出口有限公司	47 361	160.7
9	浙江物产国际贸易有限公司	39 833	0.3
10	浙江正泰太阳能科技有限公司	36 779	3.2
11	浙江融易通企业服务有限公司	34 253	1 062.3
12	杭州意年进出口有限公司	33 561	-18.5
13	杭州市轻工工艺纺织品进出口有限公司	32 320	-5.4
14	杭州库豆进出口有限公司	28 616	-26.2
15	博世电动工具（中国）有限公司	26 828	5.5
16	西子奥的斯电梯有限公司	26 004	11.2
17	浙江恒逸石化有限公司	23 670	1.5
18	杭州杭丝时装进出口有限公司	22 211	18.0
19	杭州鼎胜进出口有限公司	22 035	-15.5
20	杭州群涵贸易有限公司	21 739	—
21	汇孚集团有限公司	20 039	-11.3
22	杭州矢崎配件有限公司	19 371	-20.9
23	顾家家居股份有限公司	18 746	19.8
24	杭州大和热磁电子有限公司	17 696	33.1
25	杭州中艺实业股份有限公司	17 401	-7.0
	合　计	1 177 855	35.2

资环境及跨境电子商务产业专场推介会。招商活动以跨境电子商务产业和日本、韩国世界500强先进制造业企业为重点，开展活动14场，举办专场招商推介会1场，拜访政府机构4个、世界500强企业4个，考察一批跨境电子商务企业。促成1个世界500强企业增资，推动在谈项目3个。

【全球投资峰会】 9月21～23日，由市政府、省商务厅、欧洲货币集团主办的“2015中国全球投资峰会：杭州”举行。峰会以“中国新常态与新经济”为主题，吸引包括世界500强企业、知名行业领先企业、跨国公司、投资促进机构、境外客商代表，浙江企业界代表、政府和商务部门代表800多人参会。其间，外商投资签约项目15个（其中重大外商投资项目8个），总投资21.69亿美元，合同外资10.82亿美元。

2015年杭州市进口额前25位企业情况

表29

排序	名　称	进口额（万美元）	比上年（%）
1	赛诺菲（杭州）制药有限公司	61 977	7.8
2	杭州中策橡胶集团有限公司	53 039	3.9
3	杭州默沙东制药有限公司	52 804	45.5
4	杭州海康威视科技有限公司	42 288	29.2
5	杭州热联集团股份有限公司	40 189	19.6
6	浙江江铜富冶和鼎铜业有限公司	36 288	-12.9
7	浙江物产国际贸易有限公司	33 036	-63.1
8	浙江大华科技有限公司	25 611	39.7
9	荣盛石化股份有限公司	22 525	78.6
10	中航国际矿产资源有限公司	21 512	-25.2
11	杭州杭钢对外经济贸易有限公司	19 378	-63.6
12	浙江庞鑫电力能源有限公司	18 827	-10.1
13	杭州福斯特光伏材料股份有限公司	18 800	13.6
14	浙江物产森华集团有限公司	16 075	24.2
15	杭州优买科技有限公司	15 445	—
16	浙江省轻纺供销有限公司	14 969	-20.8
17	杭州汉达国际货运代理有限公司	14 584	235.0
18	中国诚通国际贸易有限公司	14 304	231.6
19	东风裕隆汽车有限公司	13 808	5.5
20	杭州娃哈哈保健食品有限公司	13 553	-68.9
21	杭州热联矿产资源股份有限公司	13 330	258.7
22	统合电子（杭州）有限公司	12 976	7.5
23	乐金电子（杭州）有限公司	12 958	-27.1
24	史陶比尔（杭州）精密机械电子有限公司	12 811	14.4
25	浙江新湖农业科技有限公司	12 346	—
	合　计	613 435	-3.3

·对外经济合作·

【对外经济合作概况】 2015年，杭州市实现境外企业中方投资额26.49亿美元，比上年增长143.9%。批准对外投资项目1341个，分布在96个国家和地区。对外投资项目平均投资额900.75万美元，项目以中方独资为主。中国联合工程公司、浙江中地海外水务有限公司、浙江正泰电器股份有限公司、浙江城建建设集团有限公司、杭州海兴电力科技股份有限公司等规模企业带动作用明显。

【“一带一路”重点项目进展顺利】 2015年，浙江恒逸石化股份有限公司文莱石油化工项目、杭州锦江集团有限公司印度尼西亚日产6000吨水泥熟料项目、泰国泰中罗勇工业园等“一带一路”重点项目进展顺利。

市商务委组织13个企业参加在北京召开的“一带一路”项目对接会。走访调研杭萧钢构股份有限公司在蒙古国乌兰巴托市承建棚户区改造钢结构住宅项目进程，该项目合同金额4.5亿美元，建筑面积60万平方米，工程地点位于蒙古人民共和国乌兰巴托市巴音朱日和区第13、第14分区，市商务委与省国家开发银行、中国出口信用保险公司争取使该项目纳入“一带一路”政策扶持范围。

【境外园区建设】 2015年，华立集团股份有限公司在缅甸、泰国边界建立跨境工业园区，在缅甸一侧建设生产区，在泰国一侧建立办公区。富通集团有限公司在墨西哥靠近美国边界建立工业园区，利用两国自由贸易协定，重点对美国出口产业进行布局。富通集团有限公司光纤生产线作为园区主导产业优先进行布局。浙江吉利控股集团有限公司主导建立中国—白俄罗斯工业园浙江园区，将集团汽车上游、下游配套企业引进园区，并引进杭州海兴电力科技股份有限公司、杭州海康威视数字技术股份有限公司等杭州企业。

【“网上丝路·杭州出发”电视宣传活动】 9月1日，市商务委、杭州文广集团联合推出“网上丝路、杭州出发”大型电视宣传行动。杭州电视台综合频道派出4路采访小组，分别对北美、欧洲、澳新、日韩地区的杭州企业及在建工程进行实地采访报道，展示在“一带一路”上杭州本土企业和企业家的心路历程及成果。该活动于10月起在杭州电视台综合频道《杭州新闻联播》《财经第一线》节目播出，其中：《杭州新闻联播》播出综述报道25篇，每篇时长3分钟～5分钟；《财经第一线》播出综述报道6篇，每篇时长8分钟。《杭州日报》发布系列新闻报道10篇，每篇字数约1500字。

·服务贸易·

【服务贸易概况】 2015年，杭州市

服务贸易实现进出口总额190.33亿美元。其中,出口127.57亿美元、进口62.76亿美元。计算机和信息服务(承接国际外包服务)出口51.94亿美元,占出口总额的40.7%;建筑服务出口28.58亿美元,占出口总额的22.4%;旅游服务出口25.50亿美元,占出口总额的20.0%;运输服务出口10.01亿美元,占出口总额的7.9%。全市承接服务外包合同签约额75.02亿美元,服务外包合同执行额69.70亿美元,其中离岸服务外包合同签约额55.24亿美元,离岸服务外包合同执行额51.94亿美元,离岸服务外包合同执行额比上年增长26.7%。杭州市重点服务外包培训机构开班235期,培训人员1.69万人。

杭州市全年有7个企业入选国家级文化出口重点企业,3个项目入选国家级文化出口重点项目;14个企业入选省级文化出口重点企业,13个项目入选省级文化出口重点项目。

【中国国际服务外包交易博览会】 9月24~25日,由商务部、市政府主办,中国国际投资促进会、省商务厅、市商务委共同承办的第七届中国国际服务外包交易博览会在杭州举行,来自日本和欧美、东南亚等国家和地区的买家,国内大型企业IT业务负责人,国内服务供应商,示范城市与园区代表900多人参加会议。博览会以“互联网+:数字化驱动商业价值”为主题,包括全球服务外包行业论坛、热门行业专题研讨会、系列商务活动、学习培训类活动和展览等内容。其中热门行业专题研讨会涉及“智慧健康”、“云生态”、“智能制造”、“互联网金融”、跨境电子商务服务外包人才培养、电信服务、对日外包等领域,部分专题增加项目路演环节;系列商务活动包括“一对一”买家预约洽谈、服务供应商案例分析、买家专场座谈和“一对一”分析师咨询;学习培训类活动包括普及型分析师讲座和小规模最佳服务实践研讨班。博览会期间,举办跨境电子商务服务创新高端研讨会、对日服务外包专题研讨会和《中国服务外包领军及成长型企业分析报告》发布仪式。

【杭州代表团参加法国戛纳秋季电视节】 10月6~9日,法国戛纳秋季电视节举行。杭州市组织浙江华策影视股份有限公司、浙江中南卡通股份有限公司、杭州玄机科技信息技术有限公司、博采传媒有限公司、杭州阿优文化创意有限公司、浙江华麦网络技术有限公司等12个影视动漫企业组成杭州动漫代表团参展。其间,杭州动漫代表团与来自英国、法国、美国、俄国、日本、西班牙、土耳其、加拿大、韩国和阿拉伯地区等80多个国家和地区的客户进行商务洽谈350场次,内容涉及版权代理、海外发行、联合制片、人才引入、IP开发等。

【联合举办中国(浙江)—英国影视文化合作对接会】 10月10~12日,市商务委联合省商务厅、省广电局与英国驻上海总领馆等在英国伦敦举办中国(浙江)—英国影视文化合作对接会。浙江华策影视股份有限公司、浙江中南卡通股份有限公司、杭州美盛动漫有限公司、杭州阿优文化创意有限公司、浙江华麦网络技术有限公司等10多个影视动漫企业代表约30人参会,与英国影视企业交流、对接、洽谈。

【杭州企业参加中国(上海)国际技术进出口交易会】 4月23~25日,第三届中国(上海)国际技术进出口交易会在上海世博展览馆举行。杭州市组织拱墅区、萧山区、余杭区和富阳区商务主管部门,服务外包园区等单位负责人60多人参会。杭州海康威视数字技术股份有限公司、维杰思科技(杭州)有限公司等企业参展,展示杭州市在安防、软件外包等方面的创新理念和技术实力。

【杭州代表团参加中国国际软件和信息服务交易会】 6月16~19日,第十三届中国国际软件和信息服务交易会在大连举行。由杭州未来科技城、东忠科技园、杭州海康威视数字技术股份有限公司、维杰思科技(杭州)有限公司和杭州冰特科技股份有限公司5个园区和企业组成的杭州代表团30多人参展,展示杭州市软件和信息服务外包方面的创新理念和技术成果。

【大学生软件与服务外包大赛】 8月28~30日,由中国大学生计算机设计大赛组织委员会主办,市商务委和浙江传媒学院承办的2015年(第三届)中国大学生软件服务外包大赛在杭州举行。大赛于4月启动,包括杭州服务外包企业命题和自主命题2部分,围绕电子商务、移动终端应用、大数据分析、物联网应用和人机交互应用等5个类别展开,吸引全国129所高校的210件作品参赛。经初评、公示、复评等环节,92所高校的137件作品入围决赛。大赛最终评出一等奖9项、二等奖51项、三等奖72项。华东师范大学《移动输液系统开发》、武汉理工大学《实景即时共享应用——EagleEyes》、东北大学《麦冬冬在线商城,汇聚您的心思》等作品获一等奖。

9月24~25日,第七届中国国际服务外包交易博览会在杭州举行。图为跨境电子商务服务创新高端研讨会现场 (市商务委 供稿)

【服务外包公共服务平台项目申报】 2015年，市商务委开展服务外包公共服务平台项目资助申报，并组织专家对申报项目进行评审。全年完成资助杭州服务外包综合服务平台、服务外包在线教学平台、跨境贸易综合服务平台、大数据及云计算公共服务平台4个平台项目申报和评审工作。推进建设中的杭州师范大学人才培训公共服务平台和杭州经济技术开发区人才实训公共服务平台建设。（冯蔷颖）

·国际贸易促进·

【国际贸易促进概况】 2015年，中国国际贸易促进委员会杭州市委员会（简称市贸促会）围绕推进城市国际化战略和开放型经济发展目标，开展国际交流与合作，加强贸易投资促进工作，优化为企业开拓国际市场和提升国际竞争力服务，促进杭州市外向型经济健康持续发展。市贸促会全年邀请、接待38个国家和地区的访问团组88批次、648人次。组织对外展出项目56个，展位数629个，参展企业439个次。其中10个展位以上展会项目18个，包括德国法兰克福国际家用纺织品展、美国西部安防展、慕尼黑太阳能展等。

全年市贸促会签发一般原产地证明书7.09万份，办理单据认证1368份，签发优惠产地证3343份，出具商事证明书4.59万份，代办使馆认证3623份，签发货物免税通关证（ATA单证册）60份。

承办和组织参与第十届中国国际休闲产业博览会、第十三届杭州国际珠宝首饰展览会、杭州国际孕婴童产业博览会等展览项目8个，总展出面积9.45万平方米，展位数3242个，参观人数25万人次。

【孟中印缅商务论坛】 1月14～16日，由中国贸促会、市政府主办，市贸促会和孟中印缅商务理事会承办的首届孟中印缅商务论坛在杭州举行。市长张鸿铭会见参加孟中印缅商务论坛的嘉宾一行。

该论坛是孟中印缅地区的首届国家级商务论坛。论坛以“互联互通、共享共赢”为主题，邀请孟加拉工商联合会会长乌丁·艾哈迈德、印度驻上海总领事史耐恩、缅甸驻华使馆商务参赞昂觉丹和孟加拉国、印度、缅甸政府及商会、协会嘉宾，以及近100名外方企业家代表，250多名国内嘉宾、企业家代表参会，论坛内容涉及汽车、建材、能源、工程机械、矿业、通讯与信息技术等行业。会议采取主题宣讲、专题讨论、圆桌会议、对口洽谈等形式，就贸易与投资机遇、旅游与人文交流、跨境电子商务和纺织工业合作等议题交换意见。其间，市贸促会与缅甸曼德勒地区工商会签署《中国（杭州）—缅甸（曼德勒）企业家理事会合作备忘录》，与孟加拉工商联合会（FBCCI）签署友好合作协议。四国工商会共同签发杭州会议纪要。

【东亚商务论坛】 5月12～14日，由中国贸促会、市政府、东亚商务理事会主办，市贸促会承办的第七届东亚商务论坛在杭州举行。市长张鸿铭、副市长谢双成分别会见参会嘉宾并在论坛开幕式和欢迎招待会上致辞。来自“东盟十国”和中国、日本、韩国、澳大利亚、印度等15个国家的政府官员、驻华使节、商会和协会领袖、企业代表、专家学者400人出席论坛。

该论坛以“扩大务实合作实现共同繁荣”为主题，就东亚区域经济一体化、金融、投资、中小企业合作等议题展开讨论，并组织食品、服饰、户外用品、化工、生物医药、仪器仪表等行业企业进行对口洽谈和名品展示等活动，印度塔塔集团、新加坡腾飞集团和浙江吉利控股集团、华立集团股份有限公司等企业参会。论坛同期举行第三十一次东亚商务理事会和区域全面经济伙伴关系工作组会议，探讨东亚工商界机制建设、促进贸易便利化与投资等议题。

5月12～14日，第七届东亚商务论坛在杭州举行　　（市贸促会　供稿）

【杭州代表团参加夏季达沃斯论坛】 9月9～11日，市贸促会组织浙江大华技术股份有限公司、浙江迪安诊断技术股份有限公司、思美传媒股份有限公司、浙江贝达药业股份有限公司等6个企业组成杭州代表团，参加在大连举办的第九届夏季达沃斯论坛。其间，副市长谢双成参加论坛并会见韩华集团、瑞士再保险集团、洲际酒店集团、尚泰集团、瑞士无人机公司等企业相关负责人。

【杭州企业参加中国—拉美企业家高峰会】 10月13～14日，市贸促会组织龙邦装潢股份有限公司、杭州安琪儿置业股份有限公司、浙江双金机械集团股份有限公司、杭州数豪投资有限公司、华立集团股份有限公司5个企业到墨西哥瓜达拉拉哈拉参加第九届中国—拉美企业家高峰会。副市长谢双成参会并应巴西里约热内卢商会邀请访问巴西。其间，谢双成会见泛美开发银行对外推广和伙伴合作部总经理贝尔纳多·吉利亚蒙，拜访巴西里约热内卢市议员和巴西工商总会。

【中国国际休闲产业博览会】 10月30日至11月2日，由市贸促会主办的

第十届中国国际休闲产业博览会在杭州和平国际会展中心举行。博览会以“体育休闲”为主题，分国际展位区、运动健康区、红酒品尝区、珠宝鉴赏区等区块，总展览面积1.5万平方米，有展位410个。展会邀请美国、波兰等10个国家和地区的13个机构、企业及200多个国内企业参展，设国际展位85个。副市长张建庭及阿根廷共和国驻沪总领馆总领事、印度驻沪总领事馆代总领事、印度尼西亚驻沪总领事馆副总领事、泰中东盟商会会长等嘉宾到场观展。博览会接待观众8万人次。

【杭州国际孕婴童产业博览会】 5月30日至6月1日，由市贸促会主办的杭州国际孕婴童产业博览会在杭州和平国际会展中心举行。博览会展出面积1万平方米，设标准展位388个，其中国际展位233个，展出展品包括食品、喂养用品、洗护用品、孕妇护理用品、车床、玩具、棉制品、纸品等。展会期间接待观众2万多人次。

【国际经贸交流】 4月2日，市贸促会联合德国汉堡经济促进局、汉堡驻上海联络处在杭州举办“投资德国经验分享会暨投资项目介绍会”。

4月23日，市贸促会联合德国石荷州政府在杭州举办“德国石荷州经贸洽谈会”。杭州30多个企业参加洽谈活动。

5月26日，由美国驻华使团、美国商务部主办，市贸促会、市商务委、市工商联等协办的“选择美国大中华路演”活动在杭州举行。

5月27日，市贸促会联合澳大利亚商会在杭州举办“中澳自贸协定政策解读与机会分析研讨会”。杭州45个企业的80多名代表参加研讨活动。

8月14日，由德国投资与贸易署、德国法兰克福莱美两河地区国际投资促进会、汉堡投资促进局以及GIC公司主办，市贸促会协办的“2015中国企业投资德国高峰年会”在杭州举行。杭州27个企业的40多名代表参加会议。

9月8～11日，市贸促会组织杭州29个企业参加2015年浙江出口商品（大阪）交易会，设展位60个，产品涉及纺织服装和日用消费品。

9月17日，德国联邦外贸与投资署和德国商会上海代表处在杭州举办“德国东部：中国企业最佳投资地”投资推介会。市贸促会组织杭州电子商务、资本运营、机械制造等行业企业参加推介活动。

11月10～13日，市贸促会组织85个浙江企业参加2015年俄罗斯五金工具展，设展位123个。

【“贸促课堂”培训】 2015年，市贸促会围绕企业需求和关注热点，与国内外专业机构合作，举办“照明企业开拓国际市场培训会”“纺织品欧美有害物质管控与应对研讨会”“涉外商事法律风险防范培训会”“中国电商趋势峰会”“中国‘互联网+’时代的资本之路”等培训活动12场，参加培训1714人。

（郑慧颖）

·杭州海关·

【杭州海关概况】 2015年，杭州海关审核报关单108.40万份，比上年增长7.8%；监管进出口货物1.41亿吨、集装箱236.05万标箱，分别增长3.7%、17.6%；监管进出境人员399.47万人次、邮递物品6208.73万件、快件2713.40万件，分别增长14.9%、89.7%、87.1%；审批进口重大技术装备21批次，涉及货值872.77万美元，减免关税、增值税1257.4万元。

杭州海关印发《关于进一步促进外贸增长重点工作实施意见的通知》等文件，推动外贸出口稳定发展。落实“四张清单一张网”改革，清理、规范管理制度，梳理权力和责任清单，规范内部核批事项，深化行政审批制度改革。发挥“12360”公益服务热线作用，为企业提供24小时通关等咨询服务。

杭州海关坚持先行先试，全力服务中国（杭州）跨境电子商务综合试验区建设。出台涵盖15项创新举措的《中国（杭州）跨境电子商务综合试验区海关监管方案》，基本建成与跨境电子商务特点相适应的通关监管体系。推进跨境电子商务通关实现全程无纸化。注重实际监管，推动跨境电子商务规范发展。坚持法治思维和底线思维，对电子商务企业实施诚信验证并使用不同通关便利政策，鼓励企业诚信经营。发挥全流程数据汇聚基础性作用，强化信息比对，建立三大类13项风险参数，防控跨境电子商务走私违规风险。

【“清单审核、汇总申报”模式推出】 2015年，为解决境外B2C贸易模式退税、结汇等难题，杭州海关推出跨境电子商务出口“清单审核、汇总申报”模式，企业只需在跨境服务平台中申报清单，便可在园区进行通关，直接为企业解决通关、结汇、退税等问题，确保出口实效性，为企业节省通关成本。

【外贸“稳增长”措施出台】 2015年，杭州海关出台9个方面22条措施，促进浙江外贸稳定增长。22项措施包括落实简政放权政策、降低企业经营成本、落实“三互”（口岸管理部门信息互换、监管互认、执法互助）推进大通关建设、改进通关监管服务、推动加工贸易创新发展、加大税收服务力度、推进企业诚信体系建设、做好海关统计和打击走私等工作。其中通关与服务相关措施15条，包括：推进区域通关一体化改革，全面完成“杭州海关大通关平台”升级改造，规范和发展关区内一体化通关业务；挖掘港口功能，促成港口物流与内陆物流良性联动发展；加快推进关检合作“三个一”改革，细化操作规程，建立健全长效工作机制；落实国家口岸办和省政府有关部署和要求，参与和推进“单一窗口”建设；推进监管创新，优化查验作业模式，深化“双随机”实际应用，体现公平公正原则；落实统一社会信用代码政策，实现企业使用18位统一社会信用代码办理进出口报关业务。针对企业反映较多的成本和资金压力问题，清理和规范进出口环节收费，降低转关运输车辆运营成本。对于办理注册登记手续的境内公路承运海关监管货物运输企业，根据企业自愿原则，以行业协会担保或银行担保等形式替代原有现金担保，缓解企业资金压力。

【海关服务效能提升】 2015年，杭州海关推进区域海关通关作业一体化改革，完成“杭州海关大通关平台”升级改造，与上海、宁波等海关签订联系配合办法，推动杭州一体化报关货物在上海、宁波等地实现电子化放行操作。推进关检合作“三个一”改革，深化与检验检疫部门协作联动，实现“一次申报”报关单1.75万票，“一次查验”和“一次放行”报关单各3583票。优化查验工作机制，制订查验规范实施细则和查验指数，强化非侵入式查验设备使用比例，提升通关效率。改进监管方式，为展会提供上门监管服务。全年监管“海上瓷路——粤港澳文物大展”“仍在曹家——曹其镛夫妇珍藏中国古代漆器特展”“吴赵风流——吴让之、赵之谦书画印特展”等展会进出境展品6批次，累计货值6.7亿元，减免各类保证金1.3亿元。

【空港服务环境优化】 2015年，杭州海关支持杭州萧山国际机场新开马德里、哥本哈根等“一带一路”沿线航点5个、加密国际（地区）航线9条。支持全省首个65吨级全货机升级，支持设立口岸进境免税店，支持保税供油业务等口岸特色业务，优化杭州空港服务功能。自主研发“智慧空港”项目，推进海关监管工作“机器换人”，实现监管场所“可视化监控、数据化跟踪、智能化监管”，推动空港物流发展。保障杭州西湖博览会等节庆活动及文化经贸交流活动通关服务。加强进出境行李物品监管，升级改造旅检监管场所，顺畅进出境人员通关秩序。

【海关统计监测预警工作加强】 2015年，杭州海关加强统计分析针对性，做好外贸进出口海关监测预警，全年编发统计分析215篇，获省领导批示15篇次。加强虚假贸易管控，开发贸易统计数据宏观监控平台，按月监控分析进出口情况、价格指数，发布虚假贸易风险信息。全年编发《虚假贸易风险通报》6期，核查虚假贸易风险企业22个，涉及进出口额约150亿元。全年上报有效统计监督信息93篇。

【进出口秩序规范】 2015年，根据海关总署统一部署，杭州海关开展“清风”专项行动，重点打击侵犯知识产权和制售假冒伪劣商品。其间，杭州海关采取知识产权保护措施479批次，涉案货物562万件，涉案金额1808万元。

开展打击农产品走私攻坚战、打击成品油走私“春雷”专项行动、打击毒品枪支走私攻坚战、打击“洋垃圾”走私攻坚战、打击象牙等濒危动植物制品走私攻坚战等“五大战役”。全年查处杭州地区农产品走私犯罪案件14起、案值3.71亿元、涉税1.41亿元、涉案农产品1.82万吨；查获走私毒品案件2起，查获大麻等各类毒品5.91千克；查获枪支弹药走私犯罪案件1起，缴获枪支4支、铅弹1467发；查获走私珍贵动植物及制品犯罪案件6起，查获象牙等动物制品86.47千克、濒危动植物36个（只）。

8月13日，杭州海关关员正在查看进口零件 （贾迪尔 摄）

【海关跨境电子商务服务机构设立】 2015年，杭州海关设立专门机构负责对接服务中国（杭州）跨境电子商务综合试验区建设，针对人手少、业务量大的实际情况，从关区各业务单位选调35名业务骨干到跨境电子商务通关作业现场，为中国（杭州）跨境电子商务综合试验区企业提供“全年365天无休，24小时内办理海关结关手续”通关服务。

【关企合作长效机制建立】 2015年，杭州海关推广海关信用管理办法，完成企业分类类别向信用等级过渡转换，接受5686个原A类及以上企业的认证换证申请，其中155个原AA类企业转换为高级认证企业。

升级改造“杭州海关关企联络平台”系统，实现关企“点对点”批量通讯，利用微信群、公众号等新媒体建立“AEO（经认证的经营者）企业”微信群26个，为AEO企业提供一站式在线服务。

推行企业协调员制度，为诺基亚（中国）技术服务有限公司杭州分公司检测物品提供进出口通关便利，为长安福特汽车有限公司杭州分公司提供“杭州—乍浦直通线”通关模式，与浙江融易通企业服务有限公司、阿里巴巴集团“一达通”电子商务平台建立专项帮扶长效联系机制。

【“一个窗口”行政审批改革】 7月1日，杭州海关启动“一个窗口”行政审批制度。将“常驻机构、非居民长期旅客公私用物品进出境核准”“报关企业注册登记”“暂时进出口货物核准”“海关监管货物仓储审批”“出口监管仓库、保税仓库设立”等11项行政许可事项整合在“一个窗口”受理，并在全省范围内（除宁波外）设置47个受理专窗，企业和个人办理海关行政许可事项，无须区分具体审批事项，仅面对一个窗口，即可完成全部流程，申请材料的后台流转和分拨都由杭州海关内部承担。只要企业或个人申请的事项属于窗口职权范围内，申请材料齐全、符合法定形式，或者按照要求提交全部补充申请材料的，由“一个窗口”受理关员出具书面受理单，受理单上注明申请人基本情况、申

请事项、提交材料、受理机构、受理人员、受理时间、办理时限承诺等内容。

【"汇总征税"模式启动】 7月23日，诸暨华海氨纶股份有限公司申报进口的一批价值73.6万美元的聚四亚甲基醚二醇，通过"汇总征税"模式在杭州海关隶属绍兴海关办结通关手续，成为杭州海关首票通过"汇总征税"模式完成通关的报关单。

集中汇总征税通关模式是指进口货物通关时海关凭企业提供的担保先予以放行、后集中汇总征税的通关模式，进口企业于每月第五个工作日结束前完成上月应缴纳税款的汇总支付。

作为汇总征税模式首批试点，杭州海关有3个企业在试点期间获汇总征税资格。汇总征税试点企业需是进出口报关单上的一般认证及以上级别经营单位，同时与海关税费电子支付系统联网，上一个自然年的月均纳税次数不低于4次。

【中国（杭州）跨境电子商务产业园空港园区开园】 2月9日，中国（杭州）跨境电子商务产业园空港园区在杭州保税物流中心启动进口业务，成为杭州第三个跨境电子商务产业园。

杭州跨境电子商务产业园空港园区一期规划面积5平方千米，主要启用10万多平方米的保税物流中心场站。空港园区先行启动跨境电子商务进口业务，并同时开展"网购保税进口"模式和"直邮进口"模式，顺丰速运（集团）有限公司、上海洋码头网络技术有限公司、浙江缔品进出口有限公司等10多个境内外电子商务企业、物流企业入驻。

空港园区计划通过3～5年，形成集航空运输、口岸服务、分拨转运、保税仓储、线上交易、线下展示、支付金融、快递派送等于一体的全产业链体系，打造平台支撑、产业集群、功能复合、优势叠加的跨境电子商务生态圈。

【武器弹药走私案告破】 5月21日，杭州海关对外宣布，经一年多的侦办，该关成功破获一起特大走私武器弹药案，抓获境内外犯罪嫌疑人9名，查获、查证各类违法枪支112支，铅弹、子弹3000多发。该案件是一起涉及多个国家和地区的特大走私枪支弹药案，犯罪嫌疑人于2012～2014年，在香港通过QQ群和网上论坛，向群内公开发布、兜售气枪，犯罪嫌疑人先收取购枪款，后在境外组织货源并将枪支拆成散件并伪装成装饰品、灯具等，通过快递从香港走私发至买家指定的收货地址，购枪买家遍及全国10多个省、市、自治区。各地公安机关根据杭州海关移交的线索，查获枪支85支、配件一批。

【跨境电子商务B2B出口业务试点】 7月23日，杭州海关在全国率先启动跨境电子商务B2B出口业务试点，一批由杭州环宇文化创意有限公司申报的，价值3.4万美元的"莱贝比"牌玩具、家具通过中国（杭州）跨境电子商务综合试验区"单一窗口"平台向杭州海关申报出口，成为全国首批通过跨境B2B模式出口的货物。

在新模式下，从事跨境B2B业务的企业只需在中国（杭州）跨境电子商务综合试验区"单一窗口"平台完成企业备案获取备案编号，并通过"单一窗口"平台提交"电子报文"即可完成出口申报手续，实现"一键申报、无纸通关"。跨境B2B出口节省报关时间，通过海外仓，实现产品在海外的前置销售和发货，解决跨境电子商务本地发货时间长、售后服务跟不上的问题。

【浙江金固公司通过海关高级认证】 9月16日，浙江金固股份有限公司通过杭州海关高级认证现场会现场认证，成为《海关企业信用管理暂行办法》实施以来杭州海关辖区内首家通过海关高级认证的企业。根据《海关企业信用管理暂行办法》，海关注册企业按企业信用状况，划分为认证企业、一般信用企业和失信企业。其中，认证企业可分为一般认证企业和高级认证企业，不同信用等级的企业享受不同级别的通关待遇。海关高级认证企业，除享有一般认证企业的通关便利服务外，其进出口货物在确定商品归类、原产地确定、海关估价和办结其他海关手续前可先行验放，由海关统一设立协调员，提供便捷通关服务。高级认证企业作为中国海关的AEO企业，即"经认证的经营者"能够享受与中国签订AEO互认协议的韩国、新加坡等国家和地区海关提供的通关便利服务。

【杭州敏驿行公司通过中美海关一商贸反恐伙伴认证】 9月18日，2015年度中美海关一商贸反恐伙伴（C-TPAT）联合验证杭州组启动验证工作，杭州敏驿行制衣有限公司通过验证，成为浙江省（除宁波外）首家通过中美海关C-TPAT联合验证企业。通过中美海关C-TPAT联合验证的企业，在美国拥有竞争和品牌保护优势，货物进境、出境过程中可享受信任放行、优先查验、专人指导等待遇。

6月15日，舟山海关嵊泗办事处工作人员在铁矿砂轮上了解企业经营情况及需求 （章 勇 摄）

C-TPAT成员企业根据不同认证级别可享受不同优惠政策，三级成员企业货物在美国通关时可享受95%左右的免验率，并可参加中国海关提供的C-TPAT安全培训和海关企业分类管理指导。

【《中国（杭州）跨境电子商务综合试验区海关监管方案》出台】 10月20日，《中国（杭州）跨境电子商务综合试验区海关监管方案》通过海关总署批准。根据方案，杭州海关计划对跨境电子商务实行“清单核放、集中纳税、代扣代缴”通关新模式，实现跨境电子商务进出口B2B、B2C试点模式全覆盖，申报模式将更加简化。方案指出对于不涉及出口征税、出口退税、许可证件管理且金额在5000元以内的电子商务出口货物，电子商务企业可按照相关规定进行简化申报，提高通关速度。杭州跨境电子商务企业无须递交纸质单证，只要在网上的跨境电子商务通关服务平台向海关递交备案、申报、征税、查验、放行、转关等单证。跨境电子商务B2C企业及消费者还可享受集中征税、代扣代缴等服务。（周敏伟）

·浙江杭州出口加工区·

【浙江杭州出口加工区概况】 2015年，浙江杭州出口加工区（简称出口加工区）以实施“三大战略”“四大工程”，深化“两港”和“三美”副城建设为契机，以“适应新常态、创新跨贸业、提升旧业态”为主线，推进园区转型发展，跨境电子商务创业新城建设取得新进展。全年出口加工区实际到位外资1602万美元，实际到位内资1.02亿元，引进浙商回归资金1.90亿元。实现工业总产值96.51亿元，工业产品销售额96.42亿元。完成保税物流业务6.01亿美元。实现进出口总额21.08亿美元，其中进口7.24亿美元、出口13.84亿美元。实现税收3.89亿元，完成固定资产投资2.01亿元。出口加工区全年实现保税物流业务总量6.01亿美元，比上年增长73.7%。其中，一般贸易保税物流业务货值2.18亿美元，跨境电子商务保税进口业务货值3.83亿美元。

【园区服务特色工作制度建立】 2015年，出口加工区建立“每月例行走访”“企业负责人见面交流”“重点项目主要负责人联系制度”等工作制度。领导干部深入基层走访社区住户和企业员工，分阶段、分层次对区内企业开展调研，了解企业发展实际困难，进行“送政策”“送服务”“送关爱”。全年走访服务区内企业150多个，接待企业负责人来访61人次，梳理并落实解决企业生产经营所涉及的重点、难点问题30多个。

【可持续发展新业务模式探索】 2015年，出口加工区结合杭州经济技术开发区产业发展要求，创新思维，探索实现区域经济可持续发展新业务模式，包括园区监管设施改造、软件升级以及智能卡口建设等方案。鼓励区内保税加工企业向产业链两端延伸，开展研发、检测等新业务。其中，东芝信息机器（杭州）有限公司扩充产品研发队伍，完成部分产品设计开发、软件开发等任务，研发团队90多人。

【业态发展多元化促进】 2015年，出口加工区借鉴重庆、苏州综合保税区发展经验，推进区内企业发展贸易多元化经营，扩大国内原材料采购，试行展示、维修等业务，降低成本、扩大经营，促进企业转型升级。区内多个企业进行战略调整，立足保税加工业务同时，探索业务发展新模式。其中，松下电器（中国）有限公司杭州分公司尝试网上进口B2C业务，利用区内跨境贸易电子商务平台优势，上线生产智能马桶盖、剃须刀等小家电产品。

【跨境电子商务专题培训】 2015年，出口加工区与区内知名互联网培训机构合作，开设跨境电子商务专题培训，推进跨境电子商务业务普及。中国计量学院、杭州电子科技大学、浙江经贸职业技术学院等高校和30个入园企业的111名学员参加培训。专题培训采取近期与远期、就业与创业相结合的思路，建立下沙园区跨境培训实训中心，培训对象为下沙高教园区学生和出口加工区入驻企业业务骨干。

【杭州出口加工区申报进口肉类指定口岸】 2015年，出口加工区协助

2015年浙江杭州出口加工区主要经济指标完成情况

表30

指标名称	计量单位	实　绩	比上年（%）
招商引资			
外资项目批准数	个	8	300
其中：仓储物流企业	个	8	300
外资项目投资总额	万美元	1 491	167.2
其中：增资额	万美元	514	—
合同利用外资	万美元	1 277	128.6
其中：增资额	万美元	300	—
实际到位外资	万美元	1 325	—
内资项目审批数	个	80	—
其中：仓储物流企业	个	80	—
内资项目注册资本数	万元	41 880	—
工业经济			
工业总产值	万元	965 188	-18.1
工业产品销售产值	万元	964 247	-18.2
税收总额	万元	38 975	-39.2
进口值	万美元	72 467	73.4
出口值	万美元	138 442	-21.0
基本建设			
固定资产投资	万元	20 113	30 374.2
投产企业数量	个	90	8 900.0
从业人员	个	8 255	-9.05

8月27日，“敦煌网”落户中国(杭州)跨境电子商务综合试验区下沙园区签约仪式举行 (杭州经济技术开发区管委会 供稿)

市政府有关部门拟定进口肉类指定口岸申报、可行性研究分析等材料，并到上海、温州等地水果、肉类指定口岸调研。根据出口加工区开展一般贸易和跨境电子商务进口肉类业务实际情况，与浙江联合工程公司进行对接，对冷链核心仓库(含跨贸作业区)、车辆待检区、集装箱暂扣区、X光集装箱查验设备区、检验检疫处理区域等进行初步规划。对申报口岸工作进行定人跟踪和联络，与省、市检验检疫部门联合起草说明，书面材料于10月12日由省政府转报国家质检总局审批。

【中国(杭州)跨境电子商务产业园下沙园区进口业务交易额25.2亿元】 2015年，中国(杭州)跨境贸易电子商务产业园下沙园区实现进口业务1481万单，交易额25.2亿元，引进跨境电子商务企业125个，服务平台上备案的海外电子商务企业500个，备案产品种类超过1万个。全年引进敦煌禾光(杭州)信息技术有限公司、浙江物产跨境电商服务有限公司、中国工商银行“融e购”商城、北京同仁堂国际(杭州)电子商务有限公司、杭州攸品科技有限公司、杭州亦和网络技术服务有限公司、杭州全球商品采购中心有限公司、浙江达缘供应链管理有限公司、杭州乾集跨境电子商务有限公司等企业的重大项目26个。

【中国(杭州)跨境电子商务产业园下沙园区启动“跨境尝鲜”业务】 1月27日，一批来自南美智利的车厘子在中国(杭州)跨境贸易电子商务产业园下沙园区通关试运转，下沙园区成为全国同类试点园区中首个引入进口水果的区域。

10月17日，中国(杭州)跨境贸易电子商务产业园下沙园区启动冷鲜业务和冷鲜口岸建设。园区选择具备资质和条件的电子商务企业，启动肉类、冰鲜等业务，并按照肉类、水果等口岸建设要求加快申报。整合6400平方米冷链场地，建设冷冻、冷藏、恒温等库区，并配备独立专用的查验和监管设施。

【“跨境杭州”微信公众号上线】 4月10日，微信公众号“跨境杭州”上线，该微信平台设“跨境知识”“跨境园区”“服务你我”三大板块、12个栏目。其中：“跨境知识”板块包括“政策信息”“新闻资讯”“海外资讯”等栏目，“新闻资讯”特设“行情观察室”“一周要闻”“干货分享”“跨境趣闻”“洋货PK”“乐活生活”等子栏目；“跨境园区”板块设“园区微书”“服务模式”“优秀电商”“服务联盟”子栏目；“服务你我”板块设“微官网”“活动布告”“入驻流程”“疑难解答”等子栏目，主要承担与市民的互动功能。至年末，“跨境杭州”微信公众号关注人数近1万人次。

【跨境电商创业园和跨境创业孵化基地落户杭州新加坡科技园】 4月16日，跨境电商创业园和跨境创业孵化基地落户出口加工区新加坡科技园。其中：跨境电商创业园是支持电商做优做强的平台，促成跨境电商产业的集聚；跨境创业孵化基地主要服务于大学生创业项目，鼓励大学生参与跨境电子商务试点。

新加坡科技园一期面积2万平方米，其中1层~3层是孵化基地，4层~8层是创业园。中国(杭州)跨境贸易电子商务产业园下沙园区根据电子商务企业及孵化项目特点，提供包括办公场地、信息应用、业务推广等服务。

【杭州首个跨境电子商务O2O体验中心开业】 4月17日，由中国(杭州)跨境电子商务综合试验区下沙园区创办的杭州首个跨境电子商务O2O体验中心在下沙物美大卖场高沙店开业。体验中心面积90平方米，店内

4月17日，杭州首个跨境电子商务O2O体验中心在下沙物美商场高沙店开业 (杭州经济技术开发区管委会 供稿)

陈列实物500多种，商品涵盖母婴、服饰、保健食品、化妆品、小家电等，体验中心与杭州电子科技大学建立产学研合作，开发建设展示中心后台管理系统。至年末，体验中心扫码量超过9万次。

【跨境电子商务产业园下沙园区一周年发展纪实宣传报道】 5月7日，中国（杭州）跨境贸易电子商务产业园下沙园区成立一周年，《浙江日报》对园区进行"打造智造e谷·建设跨贸新城"中国（杭州）跨境贸易电子商务产业园下沙园区一周年发展纪实宣传报道。杭州电视台等媒体推出系列报道，全面介绍园区发展情况。同时，园区配合中央、省、市等媒体做好跨境贸易宣传报道工作，包括"一路一带"关于跨境进口及专题宣传片《海上丝绸之路》在园区的拍摄工作。全年接待省内外代表团约300批次，接待相关企业约1000批次。

【出口加工区与杭州萧山国际机场签订合作备忘录】 6月26日，杭州经济技术开发区管委会代表出口加工区与杭州萧山国际机场航空物流有限公司就发挥航空口岸优势，创新合作模式，实现实体园区和口岸联动，签订合作备忘录。内容包括创新模式，简化流程，建立杭州萧山国际机场口岸至中国（杭州）跨境贸易电子商务产业园下沙园区的跨境电子商务物品进出口绿色通道，实现航空口岸与园区进出口邮件、物品、货物的快速转关与放行；加强与属地口岸监管部门协调，全面实现一体化通关、通检；加强信息化合作，依托信息平台建设，实现信息互通、资源共享；加快推进电子关封、关锁项目实施，实现园区跨境电子商务空运物品快速转关，加强冰鲜、生鲜等商品指定口岸合作等。

【下沙园区跨境电子商务企业协会成立】 7月10日，中国（杭州）跨境电子商务综合试验区下沙园区跨境电子商务企业协会成立，首批入会企业53个。该协会旨在参与综合试点建设，定期组织座谈交流会，促进园区跨境产业良好发展。其中"天猫国际"跨境购物商城为会长单位、"网易考拉"跨境购物商城为常务副会长单位。（王　洁）

·出入境检验检疫·

【出入境检验检疫概况】 2015年，杭州出入境检验检疫局（简称杭州检验检疫局）检验检疫出入境货物8.05万批次，货值36.50亿美元，分别比上年增长2.8%和10.1%。其中：出境货物6.24万批次，货值20.18亿美元，分别下降2.3%和8.4%；入境货物1.81万批次，货值16.32亿美元，分别增长25.4%和46.7%。检出不合格货物2486批次，货值19971.42万美元，抽检不合格率和货值不合格率分别为36.6%和24.3%。其中：出境不合格货物369批次，货值1363.45万美元，抽检不合格率和货值不合格率分别为13.1%和9.2%；入境不合格货物2117批次，货值18607.97万美元，抽检不合格率和货值不合格率分别为53.2%和27.6%。

2015年，杭州检验检疫局签发货物检验检疫证书1.45万份，增长3.21倍；签发检验检疫证单7.48万份，增长16.2%。签发原产地证书17.65万份，涉及金额77.73亿美元，分别减少5.6%和10.7%，为企业减免关税3.3亿美元。其中，自贸区优惠证书签证量增长17.2%、中国—东盟原产地证增长13.2%。

全年检疫特殊物品6100批次，增长13.5%。检疫出入境集装箱4.73万只；增长12.5%。对1478只出入境集装箱实施卫生除害处理。截获进境植物疫情186批次、有害生物89种。设立外来有害生物监测点81个，开展大宗进口粮谷储存、加工企业及其周边区域杂草监测3次，完成富阳口岸（东洲码头）有害生物跟踪调查。

杭州检验检疫局全年行政处罚立案14起、结案13起、移送其他局1起，涉及处罚金额18.5万元，主要查处原产地证违规、未经检验擅自销售进口商品等事项。杭州检验检疫局科研项目获全省检验检疫系统科技兴检奖一等奖1项、二等奖2项；科技论文获全省检验检疫系统优秀科技论文二等奖、三等奖各2篇。杭州检验检疫局获全省检验检疫系统科技兴检先进集体称号，2人被评为"科技兴检先进个人"。杭州检验检疫局丝检中心首次承担国储丝检验任务，获中国茧丝绸交易市场机制桑蚕丝绵片交易独家检测资格。

全年为301批进口货物出具对外索赔证书，货值1.44亿美元，增长2.07倍。其中：进口铜精矿索赔货值9220万美元，占索赔总货值的64%，主要索赔原因为重金属含量不符合合同规定，不合格率27%；进口生产设备、医疗仪器等产品索赔210批次，货值5092万美元，分别占索赔总批次和货值的70%和35%，主要原因是产品设计存在缺陷、质量不合格等。强制退运和销毁货物39批次，增长22%，其中进口食品占62%，主要原因是微生物毒素超标。

【杭州加快设立检验检疫区域分支机构】 2015年，杭州市推进在下城区、江干区、临安市等区县（市）设立检验检疫分支机构，方便企业就近办理检验检疫业务。12月15日，杭州检验检疫局与下城区政府签订合作协议，正式入驻中国（杭州）跨境贸易电子商务产业园下城园区。同时，加快设立江干区、临安市检验检疫分支机构。

【跨境电子商务检验检疫监管】 2015年，杭州检验检疫局推进跨境电子商务监管工作纵深发展。推动顶层设计，促成国家质检总局出台中国（杭州）跨境电子商务综合试验区检验检疫业务流程及支持综合试验区发展16条检验检疫新政，总结出"监管模式""负面清单""风险监控""关检合作"4条可复制、可推广的跨境电子商务检验检疫"杭州经验"，由中国（杭州）跨境电子商务综合试验区领导小组办公室上报国务院，为全省及全国跨境电子商务监管提供借鉴。构建监测网络，与"天猫国际"跨境购物商城合作探索产品质量安全"大数据"监测模式，开展跨境电子商务产品监测425批次，检出不合格样品81批次。完善配套支撑，支持杭州市申报进口肉类、水果指定口岸工作取得阶段性成果；研发跨境信息监管系统对接杭州市跨境电子商务"单一窗口"平台。分析跨境电子商务发展中的新成效、新情况、新问题，相关信息和报道被媒体录用88篇。全年监管进口邮包1867.81万件，货值30.15亿

元；监管出口邮包111.49万件，货值493.74万美元。截获无IPPC（国际植物保护公约）标识木托盘2个、有害生物45批次、非法入境邮包551个。

【出口产品示范区建设】 2015年，杭州检验检疫局发挥示范区对提升产品整体质量的促进作用，辖区5个示范区集聚规模以上出口企业近200个，其中示范企业24个。建立考核引导机制，将推进质量安全示范区和中国出口质量安全示范企业等建设工作纳入全市外贸工作要点及督查考评项目，将示范区公共检测、信息平台建设纳入政府信息平台建设范畴。建成临安出口电光源质量安全示范区展示厅，以行业整体发展为平台，全面介绍示范区的发展历程和状况，集中展示示范企业品牌升级、质量提升的实践和成果。5月14～15日，由新华社视频、中央电视台、《经济日报》、《中国日报》等10多家媒体组成的采访团专题采访建德出口低压电器质量安全示范区、桐庐出口针织产品质量安全示范区和临安出口电光源质量安全示范区创建情况，对示范区在提升中国品牌竞争力方面发挥的作用进行跟踪报道。

【技术性贸易措施规则研究】 2015年，杭州检验检疫局开展“跨太平洋战略经济伙伴关系协定（TPP）呈现的技术性贸易措施发展动态和趋势研究”和“检验监管区建立技术性贸易措施预警示范点研究和实践”等课题研究，关注技术性贸易措施发展动态和趋势、及时发布预警示范，实现国外技术性贸易措施规则研究常态化。杭州检验检疫局被评为2014～2015年度全省检验检疫系统技术性贸易措施先进集体，2人被评为全省检验检疫系统技术性贸易措施工作先进个人。

【进出口食品检验监管】 2015年，根据浙江检验检疫局和市食品安全委员会关于肉品和水产品安全专项整治“百日会战”总体部署，杭州检验检疫局开展辖区内进出口肉品和水产品安全专项整治“百日会战”。针对市民关注的“僵尸肉”问题开展专项检查，对查获的近100千克美国进口过期冻鸡肉制品实施销毁。联合相关部门，对城北肉类批发市场开展监督检查，查封来源不明牛肉400千克。针对日本核辐射污染区食品、新西兰乳品氟乙酸钠事件，开展日本进口食品、新西兰乳品集中排查，防止受污染食品流入杭州市场。规范进口食品检验检疫，检出安全卫生指标不合格进口食品20批次，涉及进口茶叶稀土超标、进口干坚果微生物超标、进口饮用水亚硝酸盐超标、进口饼干含禁用添加剂硼砂等问题，提高进出口食品、化妆品风险监控能力。检出出口不合格绿茶6批次、乌龙茶2批次、红茶和花茶各1批次。

【外贸发展服务举措推出】 2015年，杭州检验检疫局出台促进外贸稳定增长的若干意见，推出10条举措服务外贸发展。其中：服务“一带一路”和中国装备“走出去”战略，签发产地证书2.88万份，减免进口关税1.23亿美元。完成千岛湖有机鱼直供香港项目的风险评估和企业对口资质备案工作；服务重点工程、重点企业、重点项目（“三重”项目）进口设备项目，落实与长安福特汽车有限公司杭州分公司合作备忘录服务措施，该公司新车于3月24日下线；落实“三重”项目后续回访工作，走访杭州市地铁集团有限责任公司、长安福特汽车有限公司杭州分公司等企业，关注进口设备后续使用过程中的质量安全情况。

【通关环境优化】 2015年，杭州检验检疫局复制推广中国（上海）自由贸易试验区检验检疫8项改革经验，在中国（杭州）跨境电子商务综合试验区实施推广第三方检验结果采信制度、通关无纸化改革、进口货物预检验等制度。试行并推广全省系统内通报、通签、通放，1月14日签发首张省内跨机构报检的电子通关单，全年完成出口货物通报、通签、通放4042批次。落实“沪浙出口直放和无纸化通关”工作机制，对辖区企业从上海口岸启运的货物实施出口直放和无纸化通关，全年为企业办理无纸化直通放行1.17万批次，占出境货物报检量的65.9%。发挥一站式服务优势，全年检验检疫流程平均周期缩短至1.89天。

【富阳口岸（东洲码头）验收准备完成】 2015年，杭州检验检疫局根据口岸检验检疫设施建设有关要求，跟进浙江富阳口岸（东洲码头）建设进度，保持与杭州海关驻富阳办事处、码头投资方的联系沟通，及时解决建设过程中的困难，督促码头投资方按照口岸检验检疫设施建设规范及口岸核心能力建设要求，做好相关场地及设施的建设工作。与码头投资方评估分析，根据口岸建设实际情况，建议分期申报口岸业务，并基本完成口岸验收准备工作。浙江富阳口岸（东洲码头）是集口岸国际、水陆运输、物流仓储三大功能为一体，辐射一定区域的现代国际物流中心，主要进口产品为铜矿砂等。

【进口铜精矿检验监管模式创新】 2015年，杭州检验检疫局助推辖区

10月13日，杭州检验检疫局工作人查获日本产脱色勺子　　（谢　桦　摄）

进口铜精矿业务发展。全年完成铜精矿进口检验检疫145批次，重量22.6万吨，货值32859.1万美元，分别增长30.6%、121%和108.8%。根据富阳口岸特色条件，针对进口铜精矿以成分含量计价结算的产品特点，采用“全部衡重、抽样衡重、监督衡重”组合的重量鉴定和取样、制样方法。与杭州海关驻富阳办事处对接，建立信息互通、监管区共享和物流协同监管的协作机制。与嘉兴检验检疫局对接，建立“检检合作”模式，在“江海联运”和“水陆联运”两种物流方式下，为企业提供通关便利。允许企业采取“一次报检、分批检验、合格放行”模式，降低物流成本。关注铜精矿安全卫生指标，检出不合格铜精矿31批次，对铅含量严重超标的铜精矿实施封存并移交海关做退运处理。

【有害生物截获】 8月13日，杭州检验检疫局在对一批来自美国的樱桃木进行现场检疫时，截获多种活体林木有害生物。经采样鉴定，确定为窄吉丁（非中国种）及小花蜱属，其中窄吉丁（非中国种）为国内禁止进境的检疫性有害生物。此次是杭州检验检疫局首次截获该有害生物。

11月23日，杭州检验检疫局在对一批进口泰国电线进行现场查验时，在集装箱中截获活体蜗牛，经鉴定，确认为重大检疫性有害生物非洲大蜗牛，此次是浙江检验检疫系统首次截获该有害生物。

11月25日，杭州检验检疫局从一批来自印度尼西亚的进境货物中截获检疫性有害生物橡胶材小蠹，是杭州检验检疫局首次截获该有害生物。

【境外生物隔离检疫】 6月6日，20只来自苏丹的耳廓狐抵达上海浦东国际机场，根据输入活体动物的有关检验检疫要求，浙江检验检疫局工作人员将它们转运到富阳隔离检疫场进行为期30天隔离检疫，并接受检疫抽血检测。

9月11日，一批来自巴厘岛的活体珊瑚抵达杭州萧山国际机场，在杭州检验检疫局的监管下，度过14天的隔离检疫期。

11月11日，20只来自秘鲁的水豚抵达上海浦东国际机场，在杭州检验检疫局全程监管下，水豚被转运到富阳隔离检疫场实施为期30天的隔离检疫，此次是浙江地区首次引进野生动物水豚。

11月16日，一批来自菲律宾海域的海葵抵达杭州萧山国际机场，在杭州检验检疫局全程监管下，送到指定隔离场实施为期14天的隔离检疫。

【美国种猪隔离检疫项目解除隔离】 1月12日，历经2年多检验检疫跟踪指导和45天驻场检疫隔离，杭州批量引进美国种猪隔离检验工作结束，杭州检验检疫局在桐庐种猪隔离场举行隔离解除仪式，浙江出入境检验检疫局向企业颁发“动物检疫证书”和“入境检验检疫证明”。该项目由浙江沃德威先种猪有限公司于2014年11月26日从美国引进，总投资1.1亿元，引进4个品种种猪1100头，种猪成活率99.6%。

【不合格汽车用儿童安全座椅退运】 3月9日，杭州检验检疫局工作人员在查验一批数量为499箱（998个）、金额为22654.6欧元的法国进口“NAONII（诺尼亚）”牌汽车用儿童安全座椅时，经抽样送至国家重点实验室进行动态试验，结果显示样品不符合《机动车儿童乘员用约束系统》强制性国家标准，产品存在严重质量安全隐患。4月2日，杭州检验检疫局对不合格产品进行封存并退运。国家质检总局发布警示通报，中央电视台《每周质量报告》对该案例做专题报道。

【跨境电子商务商品质量安全风险国家监测中心挂牌】 6月11日，国家质检总局检验司同意在中国（杭州）跨境电子商务综合试验区设立“跨境电子商务商品质量安全风险国家监测中心”，承接进出口商品质量安全风险国家监测中心（浙江分中心）职能，开展跨境电子商务商品质量风险监测和政策法规研究。

10月13日，浙江检验检疫局同意由杭州检验检疫局承建该中心。

12月28日，跨境电子商务商品质量安全风险国家监测中心挂牌成立。该中心主要职能是开展跨境电子商务商品质量安全风险监测政策法规研究；建立跨境电子商务商品质量风险监测平台；全面收集、分析、传递、研究跨境电子商务商品质量安全风险信息；及时对风险监测结果进行研判，形成质量分析报告；开展对跨境电子商务商品的监督抽查工作；承担国家质检总局和省局委托的其他与跨境电子商务商品质量安全风险监测、监督抽查等有关工作。

【中国丝类检测联盟工作会议在杭举行】 6月2日，中国丝类检测联盟在杭州召开2015年联盟工作会议。会上，联盟负责人做2014年度工作报告，并邀请中国（嘉兴）茧丝绸市场相关负责人及大客户代表介绍丝绸行业形势、检验需求以及检验中的风险问题，各联盟成员就检验中的问题进行交流与讨论，并确定2015年联盟工作总体思路。

【临安出口电光源产品技术贸易性措施通报评议基地授牌】 7月9日，浙江检验检疫局在义乌召开浙江检验检疫系统技术性贸易措施业务培训暨工作会议，并对杭州临安出口电光源产品技术贸易性措施通报评议基地进行授牌。杭州检验检疫局从2014年下半年开始筹建电光源通报评议基地，旨在搭建企业、行业协会和政府部门三位一体的应对国外技术性贸易措施体系，快速响应国外电光源领域的通报评议、市场通报等事务。该基地于2014年底通过浙江省检验检疫局现场评估。至2015年末，基地采集并报送针对性产品技术贸易措施信息8298篇，录用1632篇，通过“检企通”平台发布针对性信息220条，对156个企业进行国外产品技术贸易措施企业影响调查。

【跨境电子商务B2B业务试点服务】 7月28日，全国首批跨境电子商务B2B出口业务在中国（杭州）跨境电子商务综合试验区下沙园区完成试点。杭州环宇文化创意有限公司一批价值3.4万美元的玩具、家具等货物，通过中国（杭州）跨境电子商务综合试验区“单一窗口”平台向海关、检验检疫申报出口，成为全国首批通过跨境B2B模式试点出口的货物。该货物在富阳口岸（东洲码

头）通过海关、检验检疫监管后，以水、陆、空三种不同的物流方式，分别发往美国、澳大利亚、英国、德国。

10月17日，中国（杭州）跨境电子商务综合试验区下沙园区完成全国第一单以跨境电子商务贸易方式销售的进口牛肉。此批来自乌拉圭的牛肉，共6个品种，重7.6吨，货值5.6万美元，从上海入境后以保税方式调运至杭州保税区进行分割包装，再经消费者网上下单，分批包装销售。

10月17日，中国（杭州）跨境电子商务综合试验区下沙园区完成全国第一单跨境电子商务贸易。图为检验检疫工作人员对进口牛肉进行检查

（谢　桦　摄）

【大江东产业集聚区业务受理】 7月底，根据国家质检总局及浙江检验检疫局有关机构设置和人员编制的批复，杭州检验检疫局完成内设机构及人员调整。根据杭州和萧山检验检疫业务划分情况，10月1日起，杭州检验检疫局正式接收杭州大江东产业集聚区业务，主要受理业务为危险化学品、化工染料、机械设备、汽车零部件及食品化妆品等，涉及进出口企业60个。

10月8日，杭州检验检疫局开发区办公室检验检疫窗口受理杭州大江东产业集聚区杭州吉华进出口有限公司出境货物报检业务，货物为分散红等化工染料，共5个批次，主要出口日本、韩国、阿根廷、泰国、尼日利亚等国家。该业务的办理标志杭州检验检疫局与萧山检验检疫局杭州大江东产业集聚区业务交接完成。

【“质量月”活动】 9月，杭州检验检疫局围绕“迈向质量时代·畅享品质生活”主题，从质量宣传、质量提升、质量整治三方面入手，开展“质量月”活动42项。其中：质量宣传活动组织一线人员进社区、商场、企业，开展食品安全知识进超市、实验室开放日、外贸企业政策咨询会、工业品消费安全知识在线访谈等主题宣传活动，210个企业、415名企业管理人员和质检员参与活动。质量提升行动为16个纺织品企业的50多人开展丝类商品目光校对培训，17个生丝实验室的29人参加生丝黑板和外观检验项目能力验证，90多名跨境电子商务企业和部门代表参加生物安全知识讲座，210名进出口食品企业代表听取新食品安全法解读。质量整治行动加强跨境电商产品质量风险监测，抽查进口电商消费品30批次。开展认证监管活动，抽查15个化工、食品、化妆品生产企业质量管理体系执行情况，“一对一”约谈10个3C强制认证免办企业。

【丝检中心举办现场能力验证活动】 9月23日，杭州检验检疫局丝检中心举办2015年度丝类商品检测实验室能力验证活动。该活动是丝检中心自2006年获能力验证提供者资质以来，首次开展生丝黑板、生丝外观两个项目的能力验证，也是首次采用现场集中验证方式开展能力验证。

能力验证是检测实验室外部质量保证工具，通过参加能力验证，可识别与同行之间的差别、补充内部质量控制技术，为自身的持续改进和质量管理提供信息；能力验证结果是中国合格评定国家认可委员会（CNAS）评价实验室是否具备相应检测能力的重要依据。能力验证活动由组织者分发样品给参加者，根据参加者对样品的检测结果评定其能力水平。黑板和外观是生丝检验中最重要的两个感官检验项目，是体现丝类检测实验室能力状况的关键项目。来自检验检疫、技术监督和社会企业的17家实验室、29人参加能力验证。

【浙江检验认证公司杭州分公司和浙江检科院杭州分院挂牌】 12月28日，浙江检验认证公司杭州分公司和浙江省检验检疫科学技术研究院杭州分院挂牌运行。浙江检验认证公司杭州分公司主要从事商品检验、认证、检测及相关的咨询服务，认证及认证培训，仪器仪表、设备的计量校准，商品报检代理、报关代理，卫生除害处理服务。浙江省检验检疫科学研究院杭州分院主要从事食品、动植物产品、机电轻工、纺织服装、包装等辖区主要进出口产品的检测，发挥技术支撑作用。

【危化品安全排查及应急演练】 2015年，杭州检验检疫局落实国务院和国家质检总局关于深入开展危险化学品和易燃易爆物品安全专项整治要求，对辖区内36个进出口危险化学品及危险品包装使用企业和17个危险品包装生产企业进行安全排查。对排查中发现的15个安全隐患，督促企业自查自纠、排除事故隐患，指导企业完善应急救援预案，提高应对突发事故的处置能力。8月底，联合浙江新安化工集团股份有限公司建德农药厂承办浙江出入境检验检疫局危险化学品泄漏联合应急演练，60多人现场观摩。

（朱　杰　姚玉平）

国家级开发区·产业集聚区

National Development Zones · Industrial Agglomeration Area

·杭州经济技术开发区·

【杭州经济技术开发区概况】 2015年，杭州经济技术开发区（简称杭州开发区）坚持以“一号工程”“两区”建设为引领，深入实施“三大战略”“四大工程”，各项工作取得明显成效。

全年开发区实现地区生产总值587.3亿元，比上年（指2014年，下同）增长8.8%；规模以上工业增加值431.1亿元，增长6.9%；服务业增加值143.1亿元，增长13.4%；财政总收入126.7亿元，增长4.2%，其中地方财政收入54.8亿元；实际到位外资5.8亿美元，实际到位内资38.7亿元，浙商回归到位资金30.7亿元；全社会固定资产投资142.8亿元；进出口总额91.4亿美元，其中出口59.4亿美元；社会消费品零售总额增长16.5%，增幅保持全市前列。至年末，杭州开发区集聚国家“千人计划”、省“千人计划”等人才803名，高层次人才创办企业129个，其中高新技术产业产值占开发区生产总值约40%。

创新要素加快集聚。杭州开发区推进“东部人才港”“东部科技港”建设，建成投用创新平台27万平方米，浙商创业园、和达文化创意产业园分别获批国家级孵化器和省级孵化器，“WE-LINK1024创新基地”成为杭州市第一批被科技部认定的众创空间，“东部医药港小镇”列入首批市级特色小镇；新增领军型人才26人，中科院理化所杭州分所落户开发区，杭州立昂微电子股份有限公司和杭州中肽生化有限公司被评为省领军型创新创业团队。新增高层次人才创办企业30个，新增国家高新技术企业23个，新增市级以上研发（技术）中心33个，每万人发明专利授权量居全市首位。杭州开发区注重大企业、大集团和成长性企业培育，全年规模以上工业企业利润增长15.5%，新产品产值增长27%，新产品产值率提高4.9个百分点。产值5亿元以上企业发挥支撑带动作用，销售产值占全区生产总值80%以上，其中15个企业实现2位数以上增长。杭州电缆股份有限公司在上海证券交易所上市，杭州沃镭科技有限公司、杭州澳沙科技有限公司、杭州创兴织造设备科技有限公司挂牌新三板，232个企业挂牌浙江股权交易中心成长板。

转型升级步伐加快。围绕“跨境电子商务示范园”建设，杭州开发区拓展业务门类、完善产业链条、整合库房资源，引进“敦煌网”“浙江物产”“工行融e购”等项目，开设全市首家跨境电子商务O2O体验中心，新增库房20万平方米，日均订单量增长10倍，累计订单超过1700万单。杭州开发区围绕“智造谷”建设，运用互联网思维和技术改造提升主导产业，其中娃哈哈集团智能工厂入选国家首批智能制造试点示范项目，浙江三花汽车零部件有限公司智能生产线列入省“两化深度融合”计划，7个企业列入市级物联网项目。史陶比尔（杭州）精密机械电子有限公司、杭州和利时自动化有限公司、杭州益维汽车工业有限公司等企业产值实现2位数以上增长，杭州安费诺飞凤通信部品有限公司等企业增资扩产项目稳步推进。围绕“信息港”建设，发展“互联网+”新经济新业态，其中中国电信创新园摘牌，“士兰8英寸芯片”“立昂第二代集成电路”等项目启动实施。信息经济产业实现增加值81.78亿元，增长13.9%。

功能区开发扎实推进。加快功能区开发，推动基础建设、要素保障、招新引优等工作，其中总部基地大楼和创智天地项目开工建设，金沙湖中央商务区征地拆迁顺利展开，辉瑞全球生物技术中心落户东部高新产业园，新加坡杭州科技园入选省首批国际产业园。六大功能区全年完成投资52.89亿元，招商引资注册资金30.15亿元。

副城配套更加完善。通过项目带动，加快提升城市功能，之江东路、地铁1号线延伸段全线通车，江东大桥西接线建成投用，新辟和优化公交线路13条。全年杭州开发区建成投入使用的大型商业设施面积18万平方米以上，其中商业综合体2个、星级酒店、超市、农贸市场各1个。龙湖金沙时代天街、宝龙城市广场、和达城购物中心、开元名都大酒店、物美大卖场高沙店等商业综合体投入运营。加快“智慧城市”综合管理平台试点工作，城市运行管理中心、应急指挥中心等首期工程试运行。

民生服务全面优化。金沙湖实验学校等6所学校建成投用，养正中学、国际幼儿园正式招生，优质学前教育覆盖率95%；省中医院下沙院区二期、邵逸夫医院下沙院区急诊中心等医疗项目正式投用，医养护签约服务项目有序推进，“智慧医疗”信息平台顺利建成；残疾人服务中心、群艺中心等项目加快建设，全年民生类投入增长20%以上。

生态环境持续提升。落实打造“美丽杭州”、建设“两美浙江”示范区专项行动，“三改一拆”持续推进，拆除违章建筑23万平方米，下沙街道、白杨街道创建无违建先进街道，“两路两侧”“四边三化”整治工作成效明显。实施“五水共治”，整治黑臭河2条，11个防汛排涝项目完工，企业“中水回用”工程、节水型小区创建工作扎实推进。开展大气综合整治，关停转迁化工企业4个，8个企业完成挥发性有机物治理，黄标车淘汰工作全面完成，空气质量优良天数增加20天，PM2.5平均浓度下降17.1%。

社会治理不断完善。制订出台法治下沙实施意见，启动综合行政执法体制改革和刑事案件速裁试点，推进“四张清单一张网”改革，高教园区法律宣传服务中心成为全市普法特色项目。深化“平安下沙”建设，健全社会治安防控体系，完善矛盾纠纷调处化解综合机制，落实安全生产责任制，强化食品药品安全监管，社会形势总体平稳有序。巩固全国文明城市创建成果，杭州开发区通过国家、省、市三级文明指数测评，开展“最美下沙人”评选、文明单位创建等活动。

【杭州开发区获批国家生态工业示范园区】 8月，环保部、商务部、科技部联合批准杭州开发区为国家生态工业示范园区，成为浙江省第二个通过验收并批准命名的国家生态工业示范园区。杭州开发区于2008年启动“创建国家生态工业示范园区”工作，编制完成《杭州经济技术开发区国家生态工业园区建设规划》。创建期间，杭州开发区以产业转型升级、发展循环经济、改善环境质量以及保障环境安全为重点，开展系列生态创建工作。获批前，国家生态工业示范园区建设协调领导小组组织专家到杭州开发区现场验收。经过听取相关报告、实地考察以及现场质询，验收组专家一致同意杭州开发区通过国家生态工业示范园区验收。

【杭州开发区列工业强区（开发区）评价首位】 10月，浙江省2014年度工业强区（开发区）评价结果公布，杭州开发区综合评价得分81.18分，名列首位。2014年度工业强区（开发区）评价由省工业转型升级领导小组办公室会同省经信委、省商务厅、省统计局实施，旨在合理评价开发区工业转型升级情况，建立健全创工业强区激励机制，夯实工业强区建设平台支撑。评价设置规模效益、创新发展、集约发展3个一级指标和规模以上工业增加值等13个二级指标，总分100分，全省62个国家级经济技术开发区和省级经济开发区参加综合评价。

【杭电股份公司上市】 2月17日，杭州电缆股份有限公司（简称杭电股份公司）A股正式在上海证券交易所上市交易。杭电股份公司是杭州开发区本土培育的首个上市工业企业。公司前身为有50多年历史的杭州电缆厂，是浙江省电线电缆行业协会理事长单位、中国电器工业协会电线电缆分会理事单位，该公司“永通”牌商标是中国驰名商标。2007年7月，公司迁址杭州开发区，公司专注于电线电缆产品的研发、生产、销售和服务。

杭电股份公司A股证券简称为“杭电股份”（证券代码603618）。开盘当天涨幅44.03%。杭电股份公司公开发行5335万股，占发行后公司总股本的25%。募集资金5.73亿元，拟投向城市轨道交通用特种电缆建设项目、风力发电用特种电缆建设项目、电线电缆高新技术研发中心建设项目和补充流动资金项目。

【辉瑞全球生物技术中心项目签约】 9月11日，辉瑞成熟药品业务集团与杭州开发区签约，计划在下沙投资建设辉瑞全球生物技术中心项目。其间，省长李强会见辉瑞成熟药品业务集团总裁杨宇翰（John Young）一行，双方就辉瑞在浙江投资情况和未来发展计划进行交流。

辉瑞全球生物技术中心项目落户杭州开发区，是辉瑞成熟药品业务集团在中国设立的第三个研发中心。该中心位于杭州开发区东部高新产业园，是集研发与生产于一体的本土化生物药综合基地。辉瑞成熟药品业务集团是全球领先的以研发为基础的生物制药公司，生产生物药品、化学药品和疫苗等，业务遍及全球175个国家和地区。

【“相约东部人才港”创新创业推介会】 11月4～6日，2015年浙江·杭州国际人才交流与项目合作大会在杭州举行。其间，杭州开发区洽谈项目205个，达成合作意向87个，签约项目20个，签约金额2.5亿元，主要涉及电子信息、生物医药、新能源新材料等产业领域。8名与杭州开发区签约的人才入选市“521”计划人选。

11月5日，2015年浙江·杭州国际人才交流与项目合作大会分会场活

9月11日，辉瑞全球生物技术中心项目签约仪式举行

（杭州开发区管委会 供稿）

动之“相约东部人才港”创新创业推介会在杭州开发区举行。旨在通过推介活动广纳贤才精英、深化交流合作、共商发展大计，合心合力推进创新创业。会议对5名杭州开发区自主培养的国家“千人计划”、省“千人计划”入选代表进行表彰，并颁发80万元~100万元的人才奖励金。其间，与会代表参观考察国家级高科技企业孵化器、新加坡杭州科技园、高教园区，并开展创业创新投资环境介绍和项目对接交流等活动。

【WE-LINK众创联盟成立】 6月30日，由杭州开发区管委会牵头，下沙大学城各高校、孵化器园区、国家大学科技园、新型众创空间、科技服务机构及部分创业代表共同发起的区域性众创空间联盟——“WE-LINK众创联盟”正式成立。该联盟首批成员以杭州市高科技孵化器为核心单位，“1024创新基地”为首个落地平台，有成员单位50个。杭州开发区管委会整合政府、企业、高校等创新资源，对联盟项目落地平台给予支持，并对创业创新成员单位给予场地载体、金融资本、创业活动、创新氛围、公共服务等全方位支持，构建创新、创业、孵化、加速、产业化为一体的综合性众创生态圈。目标是3年建成12个~15个众创空间创新型孵化器、孵化项目1000个，设立“WE-LINK众创引导基金”，形成规模5亿元的众创基金。

【10个重点项目集中开工】 8月16日，杭州开发区2015年重点项目集中开工。10个项目总投资40.6亿元，包括5个工商业项目、3个民生项目、2个产业平台，分别为东部湾总部基地大楼项目、东部创智天地项目、“五水共治”截污纳管项目、道路环境提升项目、中心区单元规划支路项目、商业综合体项目、士兰集成8英寸芯片生产线项目、三花微通道10万台大型换热器技术改造项目、容贝电子项目、跨境电子商务保税仓项目。

【中科院理化所杭州分所落户杭州开发区】 7月22日，中国科学院理化技术研究所（简称中科院理化所）与杭州开发区管委会开展全面战略合作，就共建中科院理化所杭州分所签订正式协议。根据建设方案，中科院理化所杭州分所主要致力于先进制造、新材料、生物医药及装备等领域核心关键技术突破、共性技术研发、技术系统集成、工程化示范应用和产业化，创建“政产学研用资”协同创新的研究机构。具体目标是建成人才聚集高地，面向区域经济发展需求，5年内组建10个以上领军型创新创业团队，使杭州分所达到100人以上的规模（高级人才占90%以上），其中引进和培育领军型人才20名以上；推进技术成果转化，组建基础科研平台、中试试验平台、产业发展公共服务平台、省级重点实验室（或工程中心）等平台10个以上，并组建育成中心和成果转化基金，5年内孵化育成高新技术企业5个以上，支撑10个以上企业成为高新技术企业。授权实施发明专利50个以上，推动10项以上高新技术成果应用，与企业合作开展5项以上技术成果商品化，到2020年总收入超过2亿元；推动重点项目，重点推进激光制造、系能源汽车热管理研究、高速螺旋电纺胶原蛋白纤维制造技术及合成编码与蛋白质工程等，尤其是总投资5亿元的国家重点研发计划和总投资160亿元的国家重大专项——激光显示及关键材料专项计划落户中科院理化所杭州分所。

【“长三角绿色制药协同创新中心”杭州研究院成立】 4月24日，“长三角绿色制药协同创新中心”杭州研究院合作共建签约仪式暨第一届理事会第一次会议在杭州开发区举行。“长三角绿色制药协同创新中心”是首批入选国家“2011计划”的14个协同创新中心之一。杭州研究院是“长三角绿色制药协同创新中心”与杭州开发区合作共建的重点科研机构，下设4个研究所、4个服务中心，主要在创新药物开发、药物制剂开发、绿色制药技术、环境友好、产学研联合研发、检测与质量控制等领域开展研究，为杭州开发区打造杭州“新药港”的建设提供科技、人才、平台与信息的支撑，并进行科技成果转化新模式的探索。12月，杭州研究院入驻和达高科生命科技中心，成为首个落户和达高科生命科技中心的重大平台项目。

【味全食品公司被评为全国质量诚信标杆典型企业】 10月，由国家质检总局、中宣部、国家发改委、国家工商总局等39个部门共同主办的全国“质量月”活动评选结果公布，杭州味全食品有限公司获“全国质量诚信标杆典型企业”称号。杭州味全食品有限公司位于杭州开发区银海街，主要生产果汁、乳酸菌饮品、优酪乳、咖啡等饮品。企业秉持“诚信、务实、创新”经营理念，坚持严格的源头和产品品质管理，利用一流的质量管理体系和食品安全风险监控体系，向消费者提供“新鲜、健康、优质”的产品。

【2个企业获中国创新创业大赛奖项】 10月12日，第四届中国创新创业大赛生物医药行业总决赛在北京举行，杭州开发区企业杭州多禧生物科技有限公司和杭州景杰生物科技有限公司代表浙江省参赛，分别获第二、第三名。

第四届中国创新创业大赛生物医药行业总决赛由科技部、教育部、财政部和全国工商联共同指导，北大科技园与北京市创业孵育协会联合承办，报名参赛项目2.7万个，分33个地方赛区，210个企业入围总决赛。杭州开发区高科技企业孵化园区为复赛第二场生物医药专场的主场地。

杭州多禧生物科技有限公司成立于2012年，主要从事靶向治疗癌症技术平台及系列新药的研发。创始团队曾获“杭州市全球引才‘521’计划创业创新团队”称号。

杭州景杰生物科技有限公司成立于2011年6月，公司为跨国制药公司、国内外著名生物医学研发机构与实验室提供重大疾病的生物标志物筛选、药物靶点鉴定等高端项目合作、技术服务与技术支持。

【龙湖金沙时代天街开业】 9月26日，位于金沙大道与海达南路交界口的龙湖金沙时代天街开业。该项目是龙湖集团在杭州开发区的综合体项目，项目总面积21万平方米（含车库），其中商业设施面积15万平方米。项目定位为“时尚、体验、乐活”，集购物、餐饮、娱乐、休闲、文化等多业态于一体，突出体验性消费生活理念，打造高品质的“家庭一站式城市商业体”。龙湖金沙时代天街有服饰名品店200多个、餐饮美食店80多个。至年末，华润万家超市、世纪星真冰滑冰场、上影海上国际影城、“ZARA”、“星巴克”、威尔士健身会所、万宁超市、大食代美食广场等品牌签约入驻。

【地铁1号线下沙延伸段通车】 11月24日，杭州地铁1号线下沙延伸段开通试运营。该段自文泽路站延伸至下沙江滨站，设文海南路、云水和下沙江滨3个站点，全长5.6千米，方便下沙高教东区师生和沿江居民出行，缓解地铁文泽路站节假日客流压力。该工程于2012年5月开工，2013年6月全线“洞通”，2015年5月、6月全线“轨通”“电通”，并顺利“热滑”，2015年7月开始试运行。

（张红丹）

9月26日，杭州开发区商业综合体——龙湖金沙时代天街开业

（杭州开发区管委会 供稿）

·萧山经济技术开发区·

【萧山经济技术开发区概况】 2015年，萧山经济技术开发区（简称萧山开发区）实现地区生产总值181.1亿元，比上年增长9.4%；规模以上工业销售产值425.8亿元；规模以上工业增加值108.8亿元，增长12.8%；固定资产投资54.5亿元，增长36.3%；外贸出口19.9亿元；限额以上社会消费品零售额41.7亿元，增长7.5%；服务业增加值60.7亿元，增长12.2%；财政总收入43.4亿元，增长16.1%。其中，地方财政收入18.8亿元，增长14.2%。

萧山开发区坚持把招商引资作为“一号工程”，着力在“招大引强”“招新引优”“招资引税”等方面见成效，完成实际到位外资4亿美元、市外内资30.1亿元。通过“驻点招商”“敲门招商”“片区招商”“全员招商”等举措，引进圣戈班集团、中铁航空港集团、浙江交投集团高速物流项目、台湾裕隆汽车金融项目、上海交通大学杭州慧谷科技园、联东U谷工业地产等项目。萧山开发区加快推进信息经济发展，大龙网（中国）有限公司、杭州网批网科技有限公司、浙江猪八戒胜达网络科技有限公司、亿享会网络科技有限公司、杭州龙运网络科技有限公司、北京黔龙图视科技有限公司等信息技术企业和网盛融资、葵睿基金等基金项目落户开发区。

萧山开发区集聚新兴产业，发展特色经济，培育和壮大品牌产业和园区。编制省机器人和高端智能装备产业园规划、两大小镇城市设计及《开发区市北、桥南、科技城电力专项规划》等，完成《科技城核心区单元控规》《益农区块分区规划》评审。科技城核心区内部路网基本成形，“一横两纵”道路建设加快推进，陆家嘴项目13.2亿元资金到位，惠灵顿国际双语学校开始建筑方案设计。中国广东核电集团公司浙江分公司、钱塘大数据中心、省广电集团新青年酒店等项目落户萧山开发区，中德能源合作项目上报国家发改委，浙江国际影视中心项目和好易购项目加快推进。

萧山开发区全年争取土地农转用指标74公顷，完成54.73公顷征地协议签订，市北区块二宗土地10.93公顷出让。深化与金融机构战略合作，设立产业发展引导基金15亿元，以制度建设加强对政府投资项目的监管。萧山开发区出台《人才工作指导意见》《人才公寓管理办法》，开展专业人才申报和审核工作。

萧山开发区以安全生产为使命，围绕消防安全“大排查、大整治、大完善、大宣传”工程，落实安全生产责任，组建安全生产专家库，抓好重点行业、重点领域安全生产工作。萧山开发区全年安全事故率下降29.6%。开发区以产业提升为目标，按照生态目标责任制严格制订环境整治目标和方案，推进产业结构优化。全年关停重点污染企业11个，减少排放化学需氧量（COD）总量173吨，对41个有挥发性有机化合物（VOC）企业实施整治。落实节能降耗项目105个，投入资金4142.4万元，工业增加值能耗下降2.7%。

【产业结构优化】 2015年，萧山开发区围绕“产业智慧化、智慧产业化”导向，调整优化产业结构，提高经济增长质量和效益。全年实施“机器换人”项目66个，技术创新项目106个，节能降耗项目107个，智能化产品项目31个，新增电子商务应用企业23个，生产过程信息化改造项目26个，完成技术改造投资12.1亿元。推进“五个一批”工程建设，浙江健盛集团股份有限公司、杭州杨利石化有限公司、浙江世纪康大医疗科技股份有限公司、浙江华瑞信息资讯股份有限公司等企业上市，15个企业完成股权分置改革。科技创新力度加强，实现新产品产值184.8亿元，比上年增长56.3%；新产品产值率42.3%，增长16.7%。全年新增高新技术企业10个。龙头企业带动作用明显，萧山开发区1亿元以上工业企业实现销售产值371.3亿元，占规模以上工业企业销售总产值的87.2%。

萧山经济技术开发区杭州湾信息港夜景　　　（萧山开发区管委会 供稿）

【特色平台建设】 8月，萧山开发区杭州湾信息港二期主体建筑结顶，注册企业580多个。“挂号网”成为国际上用户规模最大的互联网医疗平台，“数联中国”家居产业平台完成场景科技的技术研发并建设CT场景科技谷。信息港小镇入选省级特色小镇创建名单，成为萧山区首个省级特色小镇。

机器人小镇引进浙江机器人技术与应用研究院、智珀机器人研究院等，兆丰机器人研究院和机器人应用示范项目全面运营。机器人小镇被列入省级特色小镇培育名单。

中国（杭州）跨境电子商务综合试验区萧山园区开发区产业园开园，引进电子商务企业40多个和一批服务机构。浙江中瑞（萧山）产业合作园入选浙江国际产业合作园首批创建名单。

【全国开发区协会座谈会】 3月26~27日，2015年全国省（自治区、直辖市）开发区协会座谈会暨开发区“十三五”规划编制研讨班在萧山开发区举行，国家有关部委、全国各省（自治区、直辖市）商务厅以及开发区协会、各国家级开发区的相关负责人等500多人参加会议。会议通报国家级经济技术开发区2015年主要工作情况，交流《国务院办公厅关于国家级经济技术开发区转型升级创新发展的若干意见》落实情况，讨论《国务院关于清理规范税收等优惠政策的通知》对开发区的影响以及落实举措和国务院关于自贸区、自主创新示范区相关经验在开发区复制推广工作，会议还就开发区“十三五”规划编制工作进行培训。

【萧山开发区机器人产业链创建】 5月28日，浙江机器人技术与应用研究院产业化项目落户萧山开发区签约仪式在杭州湾信息港举行。其间，萧山开发区管委会相关负责人与浙江机器人技术与应用研究院、浙江大学机器人研究中心负责人分别签署合作协议。萧山开发区计划以浙江大学和浙江机器人技术与应用研究院的品牌招引关联企业集聚发展，打造一个集技术研发、成果转化、产业培育及人才引进为一体的机器人技术产业链。

【萧山开发区与建行省分行营业部战略合作】 6月18日，萧山开发区与建设银行浙江省分行营业部签署《战略合作协议》《助保贷意向合作协议》。建设银行浙江省分行计划在3年内为萧山开发区提供80亿元意向性融资支持，搭建优质金融服务平台。其中：对萧山开发区经济建设发展提供40亿元的融资敞口，为开发区招商引资、新兴产业配套、产业基金和创业投资基金及重大工程建设项目提供综合金融服务；对开发区企业提供40亿元的融资支持，为开发区推荐重大项目和大型招商引资企业，提供一系列金融产业和服务。

【中国创新创业大赛电子信息专场复赛】 8月24日，第四届中国创新创业大赛浙江赛区暨第二届浙江省“火炬杯”创新创业大赛电子信息专场复赛在杭州湾信息港举行，来自省内30个创业团队参赛。该大赛由省科学技术厅、科技部火炬高科技产业开发中心主办，浙江火炬生产力促进中心、省科技企业孵化器协会承办，萧山区科技局、杭州湾信息港专场承办。杭州映墨科技有限公司、杭州思看科技有限公司、浙江浚泽光电科技有限公司、威睿电通（杭州）有限公司、杭州派迩瑞筹信息技术有限公司、浙江托普云农科技股份有限公司、杭州数亮科技股份有限公司、浙江创泰科技有限公司、杭州冰特科技股份有限公司9个企业获电子信息专场复赛优胜奖。

【杭州大龙网贸科技有限公司成立】 9月28日，大龙网（中国）有限公司与萧山开发区管委会签订投资协议。11月6日，大龙网（中国）有限公司完成注册登记，成立杭州大龙网贸科技有限公司，建立华东区总部，注册资本6000万元。

大龙网（中国）有限公司是商务部首批跨境电子商务试点四强企业之一，分别在俄罗斯、巴西、印度、加拿大、澳大利亚等10多个国家设立海外本土化服务办公室及中国品牌样品体验中心（网贸馆），并组建全本土化的海外团队。杭州大龙网贸科技有限公司计划依托华东区总部，将“长三角”产业带外贸出口订单向萧山开发区聚集。

【机器人小镇和信息港小镇入选市首批特色小镇】 12月2日，杭州市公布首批32个市级特色小镇创建名单，萧山开发区的机器人小镇和信息港小镇入选。市级特色小镇是市发改委按照产业支撑、三生融合、市场主导、政策保障等指标对小镇进行评分后，结合杭州重点产业空间布局确定的。入选小镇获税收支持、土地要素保障、重点项目支持、科技创新支持四大扶持政策。

【跨贸综试区萧山园区开发区产业园开园】 12月8日，中国（杭州）跨境电子商务综合试验区萧山园区开发区产业园开园仪式举行。该产业园采用“政府主导、企业运作”模式，由中国（杭州）跨境电子商务综合试验区首批试点企业——浙江速通天呈商务服务股份有限公司负责园区整体运营。至年末，园区注册入驻跨境电子商务企业38个，入驻企业总计投资额1.1亿元。萧山开发区围绕中国（杭州）跨境电子商务综合试验区整体规划，坚持差异化和错位式发展理念，为萧山开发区外贸制造企业和外贸企业转型升级提供服务，计划把园区建设成为推动制造业升级的驱动器、中国（杭州）跨境电子商务综合试验区示范园。

（戴少青 张 琼）

12月8日，中国（杭州）跨境电子商务综合试验区萧山园区开发区产业园开园

（萧山开发区管委会 供稿）

·杭州余杭经济技术开发区（钱江经济开发区）·

【杭州余杭经济技术开发区（钱江经济开发区）概况】 2015年，杭州余杭经济技术开发区（钱江经济开发区）按照“思想不乱、工作不断、纪律不松”要求，做到体制调整和工作推进“两手抓、两不误”。全年规模以上工业企业实现总产值506亿元，财政总收入37.6亿元，固定资产投资102亿元，实际到位外资3.75亿元，实际到位内资34.74亿元，浙商回归到位资金27亿元。余杭开发区在2014年全省国家级开发区综合考评中排名第四位，在全省（区县市级）国家级开发区排名首位，并获“先进开发区”称号。

余杭开发区全年引进武汉东湖高新生物医药产业园、中国平安杭州综合创新产业园、五龙电动车核心零部件产业园、奥泰医疗系统有限责任公司、中国数码港科技园、“意大利之窗”跨境贸易综合体验区等重大产业项目，总投资近100亿元。其中东湖高新智能制造产业园和中国平安杭州综合创新产业园两个项目的单体投资额均为25亿元。

余杭开发区全年开工建设各类项目80个，项目开工率100%，累计完成工业投资69.6亿元。杭州长江汽车有限公司、杭州老板电器股份有限公司、杭州思创汇联科技有限公司等重大项目建成投产，杭州汽轮机股份有限公司、浙江贝达药业股份有限公司、浙江美浓易盒包装科技有限公司、蓝星（杭州）膜工业有限公司海水淡化二期等项目进展顺利。杭州长江汽车有限公司项目土建、设备安装与调试工作完成。

编制实施余杭开发区“两化”深度融合（信息化和工业化高层次深度融合）实施方案，全年新增“机器换人”项目25个。杭州老板电器股份有限公司和杭州民生药业集团有限公司被工业和信息化部列为“两化”深度融合贯标试点，杭州贝因美集团有限公司被列入省“两化”深度融合计划项目，4个项目被列入省级智能制造专项计划，6个企业被认定为市级工业企业信息化应用示范企业和试点企业，12个项目申报市级智能制造示范试点。

特色小镇建设工作进展顺利。健康产业小镇规划面积3.14平方千米，小镇依托生物医药高新园区建设，围绕医疗器械和创新药物两大产业主导方向，吸引一批医疗器械领域研发团队和高端项目，其中在建产业化项目7个、孵化项目15个、在谈项目30多个。智能能源小镇规划面积3.01平方千米，小镇以打造新能源汽车整车及核心零部件、发电工程核心部件、动力储能系统为核心，以杭州长江汽车有限公司为龙头，带动五龙电动车（集团）有限公司电动车核心零部件研发和生产、中聚电池有限公司等产业链项目，推进新能源产品的生产、销售、服务、展示博览及文化旅游。钱江传感小镇规划面积4.55平方千米，重点发展基于微机电系统（MEMS）新一代智能传感器产业，小镇完成《杭州国际传感谷建设规划（2015～2020年）》编制，举办2015年中国（杭州）国际传感技术高峰论坛暨首届浙江物联网传感技术创新大赛，推进省传感器和微系统工程技术研究中心筹建，吸引中国数码港等14个产业项目入驻。布艺小镇、意大利之窗和天工小镇3个特色小镇建设有序推进。

余杭开发区有杭州老板电器股份有限公司、杭州兴源过滤科技股份有限公司、南方泵业股份有限公司等上市企业7个，上市后备企业30多个，其中杭州微光电子股份有限公司、浙江贝达药业股份有限公司等5个企业申报材料获受理，浙江春风动力股份有限公司、杭州天地数码科技股份有限公司等企业加快推进上市准备工作。浙江双林机械股份有限公司、杭州海皇科技股份有限公司、杭州马斯汀医疗器材有限公司登陆“新三板”。杭州东邦科技有限公司、浙江乐恒动力科技有限公司、杭州佳宝网络技术有限公司3个企业在浙江股权交易中心挂牌。

余杭开发区把存量盘活作为提升和推动投产项目集约节约发展水平的突破口，提升亩均土地投资强度和产出效益。对开发区用地项目开展调查摸底，根据项目实际情况，盘活存量土地，优化资源配置。至年末，累计盘活闲置土地17宗、

69万平方米，盘活闲置厂房42万平方米，"零土地"技术改造（企业在不涉及新增建设用地的前提下开展的技术改造）项目新增空间40万平方米。

【余杭开发区与钱江开发区整合提升】 11月10日，市委、市政府召开余杭开发区（钱江经济开发区）体制调整工作会议，整合余杭开发区和杭州钱江经济开发区，成立新的余杭开发区（钱江经济开发区）。会议明确"一个平台、一个主体"原则和"一个机构、两块牌子、一套班子"管理体制，并就工作推进、干部选配等做专题部署。新机构是市委、市政府的派出机构，机构级别为正局级，由市委、市政府委托余杭区委、区政府管理。整合提升后的开发区规划面积76.94平方千米，下辖1个街道（东湖街道），托管村（社区）40个，总人口约25万人。

【贝达药业公司抗癌新药临床试验获批】 3月15日，浙江贝达药业股份有限公司申报的国家靶向小分子抗癌新药BPI-9016M获国家食品药品监督管理总局（CFDA）颁发的药物临床试验批件。BPI-9016M是该公司运用计算机模拟设计，经过多轮筛选和结构优化后获得的候选药物分子，是具有自主知识产权、全新化学结构的小分子激酶抑制剂。临床前研究结果显示，BPI-9016M具有显著的抗肿瘤活性，安全性良好。BPI-9016M在靶点选择方面具有新颖性，该项目同时获国家重大新药专项支持。

【东华链条集团参加德国汉诺威工业博览会】 4月13～17日，杭州东华链条集团有限公司参加德国汉诺威工业博览会。该集团展台占地面积200平方米，集团欧洲机构及团队参会。其间，杭州东华链条集团有限公司与南非BMG集团签署关于"东华"牌部分产品在非洲南撒哈拉地区独家代理协议，其中包括农机链、糖机链、板式链、工程链、输送链等产品。

【诺邦无纺布公司8号生产线投产】 5月14日，杭州诺邦无纺股份有限公司8号生产线投产。该生产线总投资1.5亿元，是全国第二条、世界第四条湿法水刺生产线。年产量比上一代生产线提高3倍，生产效率200米/分钟，计划年产量1.5万吨。

杭州诺邦无纺股份有限公司"散立冲"产品于2013年4月投产，采用多种规格纤维素为原料，通过自主关键技术进行生产，实现湿态下的使用强力和水冲下的分解降解能力，技术及产品性能达到全球领先水平。该公司是全球拥有散立冲技术的2个企业之一，有生产线8条。

【老板电器公司被评为省级工业设计中心】 6月18日，省经信委公示拟认定第二批省级工业设计中心名单，杭州老板电器股份有限公司工业设计中心位列其中。至年末，余杭开发区有省级工业设计中心2个（杭州老板电器股份有限公司、浙江双林机械股份有限公司）、省级工业设计基地1个（中国品牌布艺设计基地）、市级工业设计中心3个（汉尔姆杭州家具有限公司、杭州西奥电梯有限公司、杭州勇电照明有限公司）。

浙江贝达药业股份有限公司外景　　（余杭开发区管委会 供稿）

【斯沃德电梯中标迪拜世博会综合项目】 6月26日，杭州西奥电梯有限公司高端品牌"斯沃德（SWORD）"电梯中标2020年迪拜世界博览会JEWELOF THE CREEK综合项目，计划为该项目提供100多台电梯和扶梯，并提供全方位多维度的楼宇交通方案。位于迪拜赛义德港的JEWELOF THE CREEK综合项目，由阿联酋财政部下属迪拜国际房地产公司（Dubai International Real Estate）投资建设，总投资8.16亿美元，是地标性项目，也是2020年迪拜世界博览会配套建筑，项目配备5幢五星级酒店和数十幢海湾商业配套建筑。

【"长江"纯电动新能源汽车项目进入生产销售流程】 7月末，长江汽车纯电动新能源汽车项目通过工业和信息化部生产资质审查，正式投入生产。该项目是余杭区引进的重大浙商回归项目，于2013年落户余杭开发区，一期占地面积46.67万平方米，建筑面积约27万平方米，总投资25亿元，包括生产工艺车间、科研大楼及相关附属公用设施等，产品覆盖纯电动中型客车、轻型客车、商务车、乘用车及专用车整车等。至年末，新能源汽车项目实现销售收入145亿元、税收12.8亿元。

【新能源汽车核心零部件产业园落户余杭开发区】 2015年初，余杭区政府与香港五龙电动车（集团）有限公司签订新能源汽车核心零部件产业园项目合作协议，新能源汽车核心零部件产业园项目正式落户余杭开发区。项目计划总投资1.6亿美元，注册资本约7500万美元，用地面积约20万平方米。项目建设包括电池系统、电源系统、充电站、整车模具等在内新能源汽车核心零部件产业集群，分两期实施，其中一期为年产2万套新能源汽车动力电池系统及其关键配套项目，二期计划引进国际先进整车模具生产线。

【诺贝尔集团入选“中国民营企业500强”】 8月25日，由全国工商联主办的2015年中国民营企业500强发布会在北京召开。杭州诺贝尔集团有限公司在“2015中国民营企业500强”排名第388位，比上年上升27位。该集团同时入选“2015中国民营制造业500强”企业榜单，是国内建筑卫生陶瓷行业唯一入选企业。至此，杭州诺贝尔集团有限公司连续13年入选“中国民营企业500强”。

【春风动力摩托车成为阅兵仪式专用车】 9月3日，中国人民抗日战争暨世界反法西斯战争胜利70周年阅兵仪式在北京举行。阅兵仪式上，第一个通过天安门的是由抗战老兵、支前模范和抗战英烈子女组成的乘车方队，该方队由45台浙江春风动力股份有限公司生产的CF650G国宾护卫摩托车护卫，国宾车呈箭头状排开，在敞篷车的前、后、左、右列队护卫。为符合国宾护卫装备的特殊安全需要，该款摩托车实现车对车语音视频传输等特殊功能，与总队指挥互联互通。

【运达风电公司获浙江机械工业科学技术奖一等奖】 10月22日，中国机械工业集团科学技术奖励工作办公室发布2015年度浙江机械工业科学技术奖评审结果，浙江运达风电股份有限公司“台风型风力发电机组的研发与产业化”项目获一等奖。该项目通过对台风环境分析研究，对兆瓦级变速恒频风力发电机组进行台风环境适应性设计，完成适用于台风地区1.5兆瓦、2.0兆瓦、2.5兆瓦系列风力发电机组开发，形成具有自主知识产权的台风型风力发电机组技术。该机组是中国东南沿海地区风力发电建设项目中主流机型。

【东湖高新智能制造产业园项目签约】 10月24日，在第十八届杭州国内经济合作洽谈会上，余杭开发区与武汉东湖高新集团签订智能制造产业园合作项目，项目总投资25亿元。

东湖高新智能制造产业园用地面积26.67公顷，计划引进约100个企业及项目，打造以智能制造为核心，集信息化、智能化、自动化及服务化为一体的智能制造产业发展平台，加快余杭开发区传统制造产业转型升级，推动开发区“工业4.0”发展。项目主要产业方向以智能装备制造为核心、以智能机器人产业为驱动核心、以关键零部件和智能生产服务产业为支撑、以高端装备制造产业为产业范畴，聚焦电子信息、新材料、新能源等国家战略新兴方向和关键技术环节，在杭州构造一个完整的高科技知识创新生态系统。

【全球大直径聚乙烯实壁管生产线研发成功】 10月26日，浙江双林机械股份有限公司采用大直径塑料管道设备加工工艺，研发并制造出全球大直径（2600毫米）的聚乙烯（PE）实壁管生产线。该生产线全长97米，具有结构独特、设计新颖、设备整线布局合理、操控性能强等优点，采用可编程逻辑（PLC）控制系统和人机对话界面，操作简便、全线联动、自动故障报警，是管道设备领域难加工的大直径直接挤出成型设备。至年末，该公司实现销售额1.6亿元。

【中国平安杭州综合创新产业园落户钱江经济开发区】 11月6日，中国平安杭州综合创新产业园项目落户杭州钱江经济开发区。该项目是杭州市引进的世界500强企业项目，由平安不动产有限公司和上海城际投资有限公司共同建设，总投资25亿元，整体规划面积33.33公顷。

该项目毗邻京杭大运河，分2期实施，建设周期约2年。一期项目占地18.47公顷，总投资15亿元，主要打造汽车零部件综合服务产业平台。该平台以汽车产业孵化为核心业务，主要功能定位为汽车产业孵化服务、汽车后市场服务和汽车零部件电商配送。二期计划打造电子商务综合金融产业平台、国际贸易、冷链贸易和O2O综合服务产业平台。项目建成后，拟引入80个以上国内外汽车配套厂商、40个以上汽车改装品牌，并引入平安综合金融服务相关部门。

【余爱民获国务院政府特殊津贴】 1月29日，《关于公布2014年享受政府特殊津贴人员名单的通知》印发，杭州诺贝尔集团有限公司副总裁余爱民名列其中，成为余杭区自主申报的第六位享受国务院政府特殊津贴人员。

余爱民，教授级高级工程师，杭州诺贝尔集团有限公司副总裁、总工程师兼技术中心主任，中国硅酸盐学会陶瓷分会常务理事及建筑卫生陶瓷专业委员会副主任委员，景德镇陶瓷学院兼职教授，上海大学材料科

9月3日，浙江春风动力股份有限公司生产的国宾护卫摩托车成为纪念中国人民抗日战争暨世界反法西斯战争胜利70周年阅兵仪式指定用车

（余杭开发区管委会 供稿）

学与工程学院研究生指导老师，中国建筑材料联合会科技教育委员会委员。先后获中国建筑材料科学技术奖二等奖（科技进步类）2项、省科学技术进步奖二等奖1项、省优秀工业新产品新技术奖一等奖1项、市优秀新产品新技术一等奖1项，列入国家重点新产品计划项目2项，发表论文9篇，获核心发明专利7项，主要技术成果10多项。（周筱纯）

·富阳经济技术开发区·

【富阳经济技术开发区概况】 2015年是富阳经济技术开发区（简称富阳开发区）实现“一年形象提升，三年实力倍增，五年跨越发展”目标的关键之年，富阳开发区以富阳撤市设区为契机，抓住杭州争创“两区”（国家自主创新示范区和国家跨境电商综合试验区）机遇，以转型升级和创新驱动为核心，以招商引资、项目推进、平台建设和服务优化为工作重心，推动开发区工作全面提升。

全年完成主营业务收入1693.8亿元，比上年增长2.2%；规模以上工业企业实现总产值1061亿元，增长1.2%；实现税收49.8亿元，增长3.5%；完成固定资产投资267.1亿元，增长35.9%。其中，基础设施投资113亿元，增长100.2%。

富阳开发区完成征用土地136.47公顷，其中场口新区8.94公顷、东洲新区97.86公顷、银湖新区29.67公顷。收购国有土地32.90公顷，其中杭州奔腾电子有限公司9.87公顷、杭州华友电缆有限公司6.85公顷、杭州富阳百代机械有限公司1公顷、杭州永博包装印刷有限公司3公顷、银湖街道上陈大坞区块7.67公顷、杭州野生动物世界1.2公顷。拆迁农户149户、企业21个。完成政策处理土地192.13公顷。

全年完成土地出让117.66公顷，农转用报批土地40.8公顷。完成三大新区803公顷土地利用规划的中期修编工作，其中场口新区265.7公顷、东洲新区119.7公顷、银湖新区417.6公顷。消化批而未供土地88公顷。

全年实际利用外资2.64亿美元，实际利用杭州以外内资29.02亿元，实际利用富阳以外杭州以内内资14.44亿元，完成招商引税5154.91万元。

银湖新区 2015年，银湖新区拆迁企业6个、经营户9户、农户23户，征地29.67公顷。完成政策处理、青苗补偿土地56公顷。杭州富春硅谷一期总建筑面积22.87万平方米办公写字楼、二期总建筑面积12.05平方米住宅楼项目、沿九龙大道4幢商业体及展示区主体结构均结顶，地下室施工完成；二期工程主体建筑结顶，粉刷、砌体工程完工；大官邸样板房室外施工及室内装修完成，双联体样板房砌体、外墙保温工程完工。天鸿文化创意产业园一期办公写字楼项目建筑面积698.27万平方米，年内竣工验收。浙大网新集团总建筑面积23.25万平方米的一期工程进入主体建筑施工阶段。中国智谷富阳园区总建筑面积22.40万平方米，一标、四标主体建筑封顶，砌体工程完工；三标主体结构竣工验收。

杭州富春硅谷办公写字楼、住宅楼、商业体及展示区鸟瞰
（富阳开发区管委会 供稿）

东洲新区 东洲新区加强与街道和乡镇沟通协调，全年完成征地97.86公顷，政策处理土地79.6公顷。围绕京东富阳市服务中心、浙江大华技术股份有限公司两个重点项目的推进，实行目标管理、任务分解、责任落实到人，形成倒逼机制。至年末，两个项目均完成工程量的30%以上。莱蒙水榭山中心路工程、杭新景高速东洲入城口景观整治提升工程、12号路杭千桥洞积水整治工程、高新园区水电配套工程等竣工验收。高新园区排水改造工程、大华区块土方平整工程施工完成。

场口新区 场口新区百丈畈区块三期绿化和41号路排洪渠工程竣工，甘浦8公顷土地完成征地，土方平整工程和1号路工程开工建设。塘东畈7号路和真佳溪标准厂房配套工程完工。青江畈区块一期土方平整工程、9号路工程、青江渠工程开工建设。阳光家园四期竣工，职工宿舍楼项目主体完工。

【富阳开发区引进项目51个】 2015年，富阳开发区引进项目51个，总投资116.09亿元，其中1亿元以上项目6个、5亿元以上项目2个、10亿元以上项目3个、50亿元以上项目1个。

富阳开发区全年招商引资围绕“三个一百”（完成招商引资合同总额100亿元，固定资产投资超100亿元，新增主营业务收入100亿元）目标，实施招商引资“一号工程”，强调以引进“大、好、优”项目为工作重点，做好前期布线、信息对接、商务洽谈和招商活动事务性工作，紧盯目标项目，推进落地项目，拓宽招商渠道。全年走访对接企业100多个，到广东、上海、湖南、四川等地招商。参加中国（义乌）世界电子商务大会、中国（杭州）投资峰会等商务活动。6月，承办富阳区重点项目集中签约仪式；10月，杭州西湖国际博览会产业平台展布展；12月，承办富阳区重点项目集中开工仪式。推进中国智慧体育产业基地、宇培

（杭州）电子商务运行中心、中民筑友杭州绿色建筑科技园等重点项目建设。

【产业项目投资107.15亿元】 2015年，富阳开发区直管区域内被列入富阳区大计划产业项目31个，其中工业项目26个（续建项目17个、新建项目9个）、服务业项目5个（续建项目4个、新建项目1个），实际完成投资107.15亿元。列入政府基础设施建设重大项目65个（不含开发区做地及零星配套项目），其中新建项目29个、续建项目36个，实际完成投资34.7亿元。至年末，36个续建项目中竣工18个，13个项目完成工程量70%以上，其余项目按时间节点计划顺利推进。其中：场口新区多层公寓四期、场口百丈公寓主体建筑完工；银湖新区公寓项目地下室施工完成，进入主体施工阶段；杭州雄迈科技有限公司、杭州犸凯奴户外用品有限公司等70多个企业入驻银湖创新中心，实现税收600多万元；东洲新区引进京东富阳市服务中心、浙江大华技术股份有限公司，1号~3号路管道埋设工程完成工程70%，4号路宕渣填筑工程完成工程20%以上。

【富阳开发区现代服务业专题推介会】 3月24日，富阳开发区在上海举行面向电子商务、移动互联网等现代服务业专题推介会。上海地区30多个电子商务、移动互联网企业负责人参加会议。会上，富阳开发区介绍富阳区以及开发区投资环境，重点推介银湖创新中心。其间，天安·富春硅谷、浙大网新银湖科技园负责人做项目招商介绍，杭州京东惠景贸易有限公司负责人介绍落户富阳区情况。

【富阳开发区列全省国家级开发区考评第八位】 5月18日，富阳开发区以总分387.2分，在全省20个参加综合考评的国家级开发区中列第八位。综合考评依据4类指标：经济规模、发展质量、综合效益、增量增速，其中富阳开发区在发展质量和增量增速两项指标考核中得分分别为100.8分和158.4分。

【富阳硅谷小镇入选省特色小镇】 6月1日，富阳硅谷小镇入选全省首批37个特色小镇。富阳硅谷小镇位于富阳开发区银湖新区，规划面积3.8平方千米，以发展“物联+创意”为产业导向，完善规划布局，提升设施配套，强化项目带动。硅谷小镇全年完成固定资产投资18.76亿元，累计入驻企业（含项目）160多个，实现工业总产值2.51亿元，服务业营业收入23.72亿元，税收收入8261万元，新增财政收入5049万元。硅谷小镇引进富春硅谷、浙大网新集团、中国智谷富阳园区、颐高圣泓工业设计园、中国智慧体育产业基地等产业园项目，总投资超过130亿元，形成“多园一谷一市场”服务平台体系。“多园”指跨境贸易电子商务产业园、孵化园及留学人员创业园等，其中杭州留学人员富阳创业园总部大楼面积1.2万平方米，内设展示馆、会议中心、洽谈室、休闲运动区等公用设施，有孵化单元100多个，可为不同类型的留学人员回国创办企业提供50平方米~500平方米的孵化空间和研发基地；“一谷”指“工创谷”，由硅谷小镇联合浙江工业大学与富春硅谷合作共建，采用“政府引导+高校主导+企业参与”三位一体方式，具备“人才汇聚+项目孵化+资金集聚”三大功能，以“工业4.0”为特色，推动科技成果转化，促进大学生创业创新；“一市场”指富阳科技大市场，由硅谷小镇联合富阳区科技局、浙江伍一技术股份有限公司、浙大网新科技股份有限公司建设的公共服务平台，包括展示中心、众创空间、服务窗口、活动中心4个模块，为硅谷小镇创新创业提供低成本、便利化、全要素专业服务。

【杭州首创奥特莱斯项目签约】 6月29日，富阳开发区与首创钜大有限公司签订“杭州首创奥特莱斯项目”协议。首创钜大有限公司是首创置业股份有限公司控股的香港红筹上市公司，是以奥特莱斯、城市核心综合体及创新业务为主的商业地产运营平台。该公司计划在富阳开发区东洲新区投资建设“杭州首创奥特莱斯项目”，总投资10亿元，注册资本3.35亿元，项目用地10.1公顷。项目建筑为托斯卡纳风格，计划打造以国际知名品牌为主导、国内知名品牌为补充的富阳山水“意大利小镇”，有店铺约350个，计划引入品牌300多个。

【中国智慧体育产业基地落户富阳开发区】 6月29日，富阳开发区与北京华运智体投资管理有限公司、赛伯乐投资集团签订“中国智慧体育产业基地项目”协议。中国智慧体育产业基地项目由北京华运智体投资管理有限公司联合赛伯乐投资集团共同投资建设，通过先行引入中国智慧体育产业联盟、中国智慧体育产业投资基金等项目，带动相关企业项目落户。基地包括总部经济区（公司总部、国际论坛、金融总部和创新研究院），产业集聚区（智慧体育众创大厦、研发中心和数据中心），教学培训区（体育大学、中小学、国际合作中心、网络教学平台），展示体验区（围绕山、江、岛自然风光建设智慧体育项目体验中心），逐步形成智慧体育产业基地。项目位于银湖新区，计划以特色小镇模式打造，规划占地面积3平方千米，建筑面积1平方千米。项目一期用地20公顷，总投资超过50亿元。

【杭州中民筑友绿色建筑科技园项目签约】 10月26日，富阳开发区与中民筑友科技集团（香港）有限公司就开发建设“杭州中民筑友绿色建筑科技园项目”签订投资协议书，该项目是富阳开发区升级为国家级经济技术开发区后引进的首家全外资规模型制造企业。

杭州中民筑友绿色建筑科技园项目位于场口新区塘东畈区块，占地11.74公顷，总投资10亿港元。主要从事智能建筑和绿色建筑的技术研发，建筑产业现代化用的新材料、新工艺、新技术、新装备的研发、生产、销售以及智能建筑开发经营等。年末，项目完成注册、土地摘牌，并于12月28日开工建设。

【杭州犸凯奴户外用品集团总部入驻富阳开发区】 12月15日，富阳开发区与杭州犸凯奴户外用品集团有限公司签订“犸凯奴户外用品集团总部”入驻协议。杭州犸凯奴户外用品有限公司成立于2010年，主营业务为“全系列户外用品研发、设计及销售”，旗下拥有犸凯奴（Makino）、犸凯奴儿童（Makino kids）、迪高

（deeko）等8个独立品牌，为浙江省体育产业联合会理事单位。公司以“探索、超越、梦想”为品牌理念，通过O2O商业模式，致力于打造成中国时尚户外第一品牌。线上渠道覆盖“唯品会”“天猫”“京东”“亚马逊”等电子商务平台，线下实体店布局超过100个。该公司全年实现销售额2.4亿元，列全国户外用品企业前5位。犸凯奴户外用品集团总部项目选址于富阳开发区银湖新区，除总部机构外，计划重点打造旗下运动体验中心和跨境电子商务平台项目。（周根潮）

·杭州国家高新技术产业开发区·

【杭州国家高新技术产业开发区概况】 2015年，杭州国家高新技术产业开发区（简称杭州高新区）围绕建设国家自主创新示范区核心区和世界一流高科技园区目标，以“三次创业”为主线，以深化改革为动力，加快建设“智慧e谷”，打造创新高地，经济社会呈现持续快速健康发展的良好态势。

全年实现地区生产总值790.40亿元，比上年增长13.2%，增幅居全市首位。工业增加值408.00亿元，增长16.1%；服务业增加值368.00亿元，增长12.0%。规模以上工业企业总产值1183.4亿元，规模以上工业企业销售产值1183.5亿，分别增长14.8%和16.2%。财政收入200.03亿元，增长16.1%。其中地方一般公共预算收入108.45亿元，增长21.0%。杭州高新区在国家级129个高新技术产业开发区中综合排名第七位。

全年高新技术产业实现营业收入3704.80亿元。其中：信息经济营业收入1767.60亿元，增长25.4%；信息软件、电子商务、物联网、数字安防等产业发展迅速，营业收入分别增长27.1%、58.4%、19.1%、23%。全区信息经济增加值占开发区生产总值81.9%，占比居全市首位，总量占全市信息经济的28%。新引进文化创意企业105个，增长25%；全区限额以上文化创意企业实现主营业务收入639.15亿元，增长39.56%，实现利税156.87亿元，增长53.61%。杭州高新区在全省工业强县（市、区）综合评价、“两化融合”指数、37个创新型试点县（市、区）综合测评中均名列首位。

全年杭州高新区固定完成资产投资225.47亿元，其中政府投资55.1亿元。阿里巴巴（中国）有限公司二期、网易（杭州）网络有限公司二期等20个产业项目开工建设，杭州芯图科技有限公司等15个项目竣工投产。入选省云服务云工程项目、服务业重大项目计划等22项，393个项目获市级以上财政资助6.92亿元。举办第十一届中国国际动漫节和第九届中国杭州文化创意产业博览会。物联网小镇、创意小镇被评为市级特色小镇。

全年新认定国家高新技术企业67个（列全省县市区首位）、“瞪羚企业”137个。新认定国家级技术转移机构1个、省级企业研究院7个、省级研发中心16个、市级研发中心24个；新批省级重点企业研究院5个。15个企业入选省技术创新能力100强企业，其中杭州华三通信技术有限公司、杭州海康威视数字技术股份有限公司、网易（杭州）网络有限公司、恒生电子股份有限公司、阿里巴巴（中国）有限公司分列100强企业榜前5强。浙江吉利控股集团有限公司、盾安控股集团有限公司、杭州海康威视数字技术股份有限公司等7个企业入围“中国民营企业500强”。新设立企业6048个，增长11.5%，新增注册资本311.8亿元，增长24.5%。新增上市公司2个、“新三板”挂牌企业29个。

新认定省、市级孵化器各3个，新建众创空间15个，列入首批市级众创空间6个，其中5个纳入国家级科技企业孵化器体系管理。开发区有市级及以上科技企业孵化器15个，孵化面积38.4万平方米，新增在孵企业353个。杭州高新区科技创业服务中心、东部软件园被评为2014年度优秀国家级科技企业孵化器。

杭州高新区全年获批国家知识产权服务业集聚发展试验区，吸引国家知识产权局专利局杭州代办处、国家知识产权局（浙江）专利信息服务中心等35个知识产权专业服务机构落户开发区，初步具备知识产权代理、受理、咨询、运用、维权、展示、交易的一站式全流程服务平台。物联网产业知识产权联盟正式成立，首批联盟成员44个。成立中国（浙江）知识产权维权援助中心杭州高新区（滨江）分中心。

全年全区实现自营出口额50.79亿美元，增长8.6%，境外投资额7.56亿美元。杭州海康威视数字技术股份有限公司、浙江大华技术股份有限公司、浙江宇视科技有限公司等安防产业出口额增幅明显且主导作用显著，机电和高新技术产品出口额涨幅明显。新批外商投资企业45个，实际利用外资7.66亿美元，新引进投资总额1000万美元以上外资项目26个。实际到位内资100.75亿元，浙商创业创新实际到位资金78.07亿元。

阿里巴巴（中国）有限公司、网易（杭州）网络有限公司等38个企业入选首批中国（杭州）跨境电子商务综合试验区试点企业。推进中

建设中的华数数字电视创意产业园　（杭州高新区管委会 供稿）

以新IT科技园、中加国际科技园、中德科技园建设。开展“一带一路”、企业海外研发中心并购计划、浙江企业—芬兰产业联合研发计划、浙江—以色列产业联合研发计划等科技合作项目申报工作。

全年全区研究与试验发展经费支出105亿元，占开发区生产总值的13.3%。区级财政产业扶持资金12.91亿元。区9支创投引导基金阶段参股投资基金，带动社会资本近20亿元。获市级以上科技计划项目290项，其中国家级77项、省级57项。获上级经费资助1.3亿元，其中省级经费4128万元。全年获国家科技进步二等奖2项、国家技术发明奖二等奖1项、省科技进步奖22项，其中省科技进步奖一等奖6项，占全省一等奖项目数的31.6%。获市级科技进步奖12项（一等奖2项）、中国专利奖6项。主导和参与制订国际标准2项、国家标准6项、行业标准17项。6个企业被认定为国家知识产权优势企业，占全市被认定企业总数的42.9%，列全市各区县首位，有国家知识产权示范优势企业12个、省知识产权示范企业29个、市专利示范试点企业62个。全年专利申请和授权量10160件和6338件，分别增长56.81%和50.26%，其中发明专利授权量1147件。全区专利申请量和授权量创历史新高，居浙江省各区县（市）首位。6项专利获中国专利优秀奖。新增“万人发明专利授权量”44件。

全年引进各类人才2.32万人。新增国家“千人计划”专家16人（累计56人），省“千人计划”专家16人（累计105人），入选国家科技创新创业人才4人（累计11人）。实施两批海外引才“5050”计划，新引进海外归国留学人员310人，留学人员创办企业110个。新增国家级博士后科研工作站4个。新批省创新团队2个，获省级经费资助1000万元、市级经费500万元。

杭州高新区科技金融服务中心有金融服务机构153个，其中直接在中心登记注册的创投机构136个，注册资本55亿元，投资基金规模超过200亿元。金融信息服务公共平台（深交所路演中心）基本建成。依托杭州科技银行体制机制优势，推出订单贷、收入贷、股权质押贷、知识产权质押贷等系列创新服务产品。浙江省知识产权运营基金落户杭州高新区，基金规模拟2亿元以上，其中国家、省市区政府引导基金8000万元。

制订《杭州高新区（滨江）科技体制改革试点方案》，确定完善技术创新、国际科技创新开放合作体制机制等5个方面、12项重点改革举措。修订“5050”计划，优化杭州高新区创新创业环境。推行企业“五证合一”登记制度改革，试点经验在全省推广。推行“一照一码”改革。（徐　宏）

【海康威视公司获国家技术发明奖】 1月9日，国家科学技术奖励大会在北京召开。杭州海康威视数字技术股份有限公司和华中科技大学、中兴通讯共同研发的“主动对象海量存储系统及关键技术”获2014年度国家技术发明奖二等奖。该项目率先提出“主动对象”作为存储接口的思想，将传统存储的被动响应主机请求改变为主动服务于复杂应用环境，确定信息存储系统智能化发展新方向。

【安恒信息技术公司入围“全球网络安全企业500强”】 2月，美国网络安全风险投资公司推出“全球网络安全企业500强”榜单，国内4个企业上榜，其中杭州高新区上榜企业是“提供网页应用和数据库安全技术”的杭州安恒信息技术有限公司。

该公司由国家“千人计划”专家、杭州高新区（滨江）海外高层次人才联谊会和杭州高新区（滨江）留学人员和家属联谊会会长范渊于2007年创办，有多年应用安全和数据库安全的技术背景以及安全攻防实践经验，是信息安全产品和服务的解决方案提供商。

【“大众创业、万众创新”群英大会】 4月10日，由杭州高新区（滨江）侨联、区人才办、区工商联主办，杭州高新区（滨江）党外知识分子联谊会、新生代企业家联谊会承办的杭州高新区首届“大众创业、万众创新”群英大会在海外高层次人才创新创业基地举行。大会以“大众创业、万众创新”为主题，500多名创业精英参会。其间，“滨江众创基金”正式成立，并启动10亿元“众创基金”，首期募集3亿元，重点服务科技型创新企业和投资于信息电子技术为主体的高新技术产业，并定向选聘首批区内16个龙头企业负责人担任创业导师，为初创企业提供“贴身”指导与服务。大会期间，举办创客圆桌会，“贝壳社”“米趣网络”等创业人士交流成功经验、分享创业心得，浙江赛伯乐投资管理有限公司创始人陈斌、聚光科技（杭州）股份有限公司创始人姚纳新、杭州安恒信息技术有限公司总裁范渊等创业者做主旨演讲，讲述创业故事。

【5个项目获省科技进步一等奖】 4月15日，浙江省科学技术奖励大会在省人民大会堂举行。杭州高新区有21个项目获省科技进步奖。其中杭州海康威视数字技术股份有限公司参与的“智慧城市视频监控大数据平台关键技术及应用”等5个项目获省科技进步一等奖，杭州安恒信息技术有限公司参与的“网站恶意代码云安全防治系统”等8个项目获二等奖，浙江元亨通信技术股份有限公司参与的“融合多种通讯网络的智能化应急指挥通讯系统”等8个项目获三等奖。

【金融信息服务公共平台基本建成】 2015年，杭州高新区金融信息服务公共平台（深圳证券交易所路演中心）基本建成。该平台依托杭州科技银行体制机制优势，推出订单贷、收入贷、股权质押贷、知识产权质押贷等系列服务产品。至年末，该平台为414个科技型中小企业发放贷款63.34亿元。

【5个众创空间被纳入国家科技孵化器体系管理】 6月，科技部国家火炬中心复函省科技厅，杭州有14个众创空间被纳入国家级科技企业孵化器管理、服务与支持体系，其中杭州高新区的“贝壳社”“楼友会”“六和桥”“西湖创客汇”和“王道互联网+众创空间”5个众创空间名列其中。

【紫光股份公司控股新华三集团】 5月21日，清华控股有限公司旗下紫光股份有限公司与美国惠普公司签署协议，联合成立新华三集团。紫光股份有限公司以不低于25亿美元的价格持有新华三集团51%股权，成为控股方。该集团成为惠普服务器、存储、网络产品和硬件支持服务在中国境内的独家供应商。

【海康威视公司与阿里巴巴公司开拓家居安防市场】 5月18日，杭州海康威视数字技术股份有限公司与阿里巴巴（中国）有限公司达成深度合作，将阿里巴巴（中国）有限公司云计算和大数据能力与其旗下品牌“萤石云”视频服务平台及产品结合，开拓家居安防市场。阿里巴巴（中国）有限公司旗下“天猫”“聚划算”等综合性购物网络平台在品牌推广和产品销售方面给予全方位支持，提升“萤石云”产品的市场竞争力。

【安恒信息公司入选“国家级”网络安全应急服务支撑单位】 5月25日，国家互联网应急中心在湖北省武汉市举行第六届CNCERT网络安全应急服务支撑单位评选会议，评选产生8个国家级应急服务支撑单位和42个省级应急服务支撑单位。杭州高新区杭州安恒信息技术有限公司成为“国家级网络安全应急服务支撑单位”。该公司曾为第二十九届夏季奥林匹克运动会（2008年北京奥运会）、中华人民共和国成立60周年庆典、中国2010年上海世界博览会、第十六届亚洲运动会（2010年广州亚运会）、第二十六届世界大学生夏季运动会（2011年深圳大运会）、第二届世界互联网大会（乌镇峰会）等重大活动提供全方位信息安全保障。

【中国·加拿大四方科技战略合作协议签约】 5月28日，溢思得瑞国际创新创业集团、杭州高科技投资有限公司、杭州高新区管委会、滨江区政府和浙江大学科技创业投资有限公司签署中国·加拿大四方科技战略合作协议。该协议以资本为纽带，以中国和加拿大两国合作为背景，营造创新创业生态环境，促进高科技企业成长壮大，推动产业集聚。签约仪式前，加拿大驻上海代理总领事Eric Pelletier、加拿大企业孵化器协会（CABI）会长Gail Gillian-Bain一行参观杭州高新区“智慧e谷”展厅，实地考察杭州海康威视数字技术股份有限公司和杭州华三通信技术有限公司等企业。

【中国创客空间联盟成立】 6月6日，第二届中国创客西湖峰会暨中国创客空间联盟成立大会在杭州高新区海外高层次人才创新创业基地举行。来自全国各地的近1000名创客、投资者参加。中国创客空间联盟正式宣布成立，西湖创客汇、武汉光谷创客空间、南京创客空间、成都创客坊等50多个创客空间成为首批成员。会上成立国内首个创客公益基金——“1566创客公益基金”，并发布《中国创客西湖共识》。

星光大道夜景　　（杭州高新区管委会 供稿）

【产业互联网大会】 6月29日，由中国互联网协会、中国新闻社共同主办，中国新闻社浙江分社承办的“2015产业互联网大会”在杭州高新区举行。来自中国、美国、德国、日本互联网企业的800多人参会。大会以“大智移云，产业互联”为主题，以“互联网+制造”为核心，探讨传统制造业在信息化互联网时代的发展，交流在云计算大数据方面的最新应用。其间，中美产业互联网联合实验室启动，该项目旨在推动中美两国在产业互联网方面的交流与合作，助力中国传统产业转型升级。

【大华技术公司在国际安全博览会获奖】 4月28～30日，第十八届台北国际安全博览会在台北世贸南港展览馆举行，其间发布2015年台北国际安全优秀奖（“Secutech Excellence Award 2015”）评选结果，浙江大华技术股份有限公司“1200万像素全景摄像机”和“128路4K智能型网络硬盘录像机”获台北国际安博会2015年“最佳IP高清摄像机”和“最佳网络硬盘录像机”奖。

【全国大学生网络技术大赛决赛】 7月10～14日，“华三杯”2015年全国大学生网络技术大赛”决赛在杭州华三基地举行。网络技术大赛以“网聚校园精英，服务企业发展”为主题，自2月启动以来，收到来自全国31个省、500多所高校近3000名在校学生报名。来自南京邮电大学通达学院的学生牛伟杰和山东电子职业技术学院的学生韩学强凭借在笔试、上机与现场问答环节的优异表现，分获本科组与高职组特等奖，另有来自27所院校的28名选手获本科组、高职组与中职组的一等奖、二等奖、三等奖。闭幕式后举行招聘会，参加此次决赛的队员与杭州华三通信技术有限公司及20多个华三人才联盟企业达成就业或实习意向。

【3个项目获国家补助资金1200万元】 9月，国家发改委印发《国家下一代互联网示范城市重点项目资金申请报告的复函》，杭州高新区网易（杭州）网络有限公司“下一代互联网网站系统IPV6升级改造”、恒

生电子股份有限公司“基于IPV6网络的安全可靠的个人基金理财投资平台建设”、浙江省公众信息产业有限公司“基于下一代互联网的Wi-Fi公共服务平台建设”3个“国家下一代互联网示范城市重点项目”获国家补助资金1200万元。

【优思达公司获创新创业大赛三等奖】 10月9～12日，第四届中国创新创业大赛生物医药行业全国总决赛在北京举行。杭州优思达生物技术有限公司以90.98分获三等奖，并以75票的成绩获企业组最高人气奖。杭州优思达生物技术有限公司是杭州高新区引进的第一批“5050计划”企业，从事核酸分子诊断试剂相关产品研发，该公司的分子诊断试剂产品及配套仪器被广泛应用于基层医院、公共疾病控制、出入境检测等，曾获盖茨基金会无偿科研资助和投资1327万美元，是盖茨基金在中国投资入股的首个企业。

【海康威视公司通过国家知识产权局“双优评选”】 10月12日，国家知识产权局公布“2015年度国家级知识产权优势企业评选结果”，杭州海康威视数字技术股份有限公司入选年度优势企业名单。国家知识产权局同时公布“第十七届中国专利奖评审结果”，杭州海康威视数字技术股份有限公司报送的“复杂场景下的多视角人脸检测方法及其装置”专利获中国专利优秀奖（发明奖）。至此，该公司拥有授权专利693项，其中发明专利192项。

【物联网产业知识产权联盟成立】 11月17日，杭州高新区（滨江）知识产权创新发展研讨会暨物联网产业知识产权联盟成立。该联盟由杭州华三通信技术有限公司、杭州海康威视数字技术股份有限公司、浙江大华技术股份有限公司等44个物联网产业优势企业及高校院所、知识产权服务机构、投融资机构共同发起，是开放的非营利性合作组织，旨在为物联网产业创新发展提供专业化知识产权服务。联盟计划搭建交流与信息共享平台，建立企业自律机制和协作机制，共同防范应对物联网产业知识产权纠纷与争端。设立“浙江省物联网产业知识产权运营基金”，以技术和专利储备形式，支持中国企业特别是杭州高新区物联网企业的创新和转型，至年末，基金规模超过2亿元。

【杭州高新区科技金融服务中心获“十佳创业服务机构”称号】 11月26日，杭州高新区科技金融服务中心获首批“十佳创业服务机构”称号。该中心于2014年成立，入驻金融服务机构146个，其中直接在中心注册和管理的创投机构128个，注册资本超过50亿元，投资基金规模超过200亿元。中心先后策划举办银企资本对接、项目路演、创业辅导、“新三板”上市培育等活动48场次，受众企业1500多个，形成“资金+资本+项目”服务模式。

【杭州高新区第九年被评为全国火炬统计工作先进单位】 12月，2015年度科技部火炬中心统计年报工作会议在北京举行。杭州高新区获“2014年度火炬统计工作先进单位”称号，是杭州高新区第九年蝉联该称号。会议公布115个国家高新区和苏州工业园考核结果，杭州高新区居首位。

【大华技术公司云计算一体机获安博会“金鼎奖”】 10月29日至11月1日，2015年第十五届中国国际社会公共安全博览会在深圳会展中心举行。其间，浙江大华技术股份有限公司新推出的云计算一体机，以高性能及创新技术优势获“金鼎奖”。该公司凭借对“智慧城市”解决之道的理解和贡献，获“2015年第四届中国智慧城市推荐品牌”称号。

【泰一指尚公司获“中国大数据领域创新企业奖”和“最具革新力企业奖”】 11月10日，在中国电子信息产业发展研究院、中国信息化推进联盟等联合主办的“2015中国IT服务年会”在北京举行，杭州泰一指尚科技有限公司作为“互联网+”解决方案提供商，获“2015年度中国大数据领域创新企业奖”。

12月3日，由工业和信息化部、国家信息中心、中国产业互联网发展联盟等联合主办的2015年中国产业互联网大会暨年度榜单颁奖典礼在北京举行。杭州泰一指尚科技有限公司获“最具革新力企业奖”，其旗下子公司杭州泰一传媒有限公司获“2015年度数字营销案例优秀奖”。

杭州泰一指尚科技有限公司公司凭借大数据技术和创新商业模式，构建包括大数据、数字营销及移动化在内的三大商业能力开放平台，面向传统企业、传统媒体及传统广告公司提供数据咨询、数据能力开放、数据管理平台定制开发、广告营销平台定向开发、移动电子商务解决方案、移动媒体解决方案等一体化“互联网+”转型升级服务。

（徐　宏）

·杭州之江国家旅游度假区·

【杭州之江国家旅游度假区概况】 2015年，杭州之江国家旅游度假区（简称之江度假区）以“全国旅游度假示范区、生态文明示范区，全省文化产业集聚区、城乡统筹示范区和生态宜居示范区”建设为总目标，以“创建省级特色小镇”为突破口，发挥国家级度假区品牌优势、政策优势、区位优势、生态优势，经济建设等各项工作均取得较好成效。云栖小镇、龙坞茶镇入选省首批特色小镇创建名单，艺创小镇入选市特色小镇创建名单。

之江度假区全年实现财政总收入22.67亿元、地方财政收入12.81亿元，分别比上年增长22.1%和18.6%，财政总收入首次超过20亿元。引进市外到位资金41.95亿元、浙商创新创业资金17.41亿元，实际利用外资2.1亿美元，吸引泰康人寿保险股份有限公司等项目落地。恒大水晶城等11个项目开工，养生堂二期等3个项目竣工，凤凰大厦等4个项目投入运营，杭州国际会展中心等27个续建项目加快推进，全年完成固定资产投资160.77亿元。

坚持以“3+1”特色产业体系为导向，以特色小镇为主平台，加快产业集聚发展。休闲度假、文化创意、高新技术3个主导产业发展势头强劲，旅游产业逐步向旅游观光、休闲保健、文化体验、商务会展“四位一体”方向发展。之江旅游度假区全年接待旅游总人数336万人次，实现旅游总收入35.93亿元，分别增长18%和18.7%。全年新增文化创意企业565个（累计2799个），举办第十一届中国国际动漫节分会场、第三届氧气音乐节、第十二届海峡两岸文创产业高校研究联盟"创客趋势"研讨会、凤创汇投融资路演等活动。借助之江文化创意园、中国美术学院、浙江音乐学院三大文化创意平台，启动艺创小镇建设。云栖小镇全年新引进涉云企业156个，有序推进西湖大学、浙江西湖高等研究院等重点项目建设，举办云栖大会、全省特色小镇建设现场会、第二十届电视剧"飞天奖"颁奖盛典等活动。乡村旅游产业链逐步拉长，以"美丽乡村"建设为基础，进一步整合农业资源，全年接待乡村游客175.89万人次，实现营业收入1.74亿元。龙坞茶镇整治建设启动。

配合浙江省之江文化中心"四馆"（浙江博物馆之江新馆、浙江图书馆新馆、浙江省非物质文化遗产馆、浙江文学馆）前期工作，落实之江文化大平台建设规划，推进之江地区各单元控规和专项规划的编制工作。《杭州市凤凰谷单元控制性详细规划》、2015版《杭州转塘单元控制性详细规划》获市政府批复，《杭州市之江度假区单元控制性详细规划》《杭州市双浦单元控制性详细规划》完成修编报批稿并上报市政府，《之江地区城市防洪减灾规划》获市政府批复，《之江新城地下空间开发利用与人民防空专项规划》结题。

全年投入20亿元加快之江基础配套建设和环境面貌提升。重点实施绕城杭州南、绕城转塘、绕城袁浦、绕城龙坞、杭新景袁富等5个入城口整治工作，杭州南入城口是杭州市第一个完成整治的G20国际峰会入城口。全面完成村口路、环山路、石龙路、庙前路及象山北沿山渠二期、象山生态走廊音乐学院段"四路两渠"整治建设。配合紫之隧道、地铁6号线等项目建设，有序开展杭富沿江公路、叶埠桥路、小江路等储备道路前期工作。建成之江分中心临时停车场、龙潭路两侧地面停车场，新增公共停车泊位467个，完成双浦、转塘村村通公交道路修缮工程。坚持"名院名校"发展战略，定山幼儿园、定山小学、之江青少年活动中心等开工建设，西湖区第二人民医院、之江医院等民生工程有序推进。围绕打造"精品农居"目标，全年竣工农居24.4万平方米，回迁安置660户、4403人。

推进"五水共治""三改一拆""两路两侧""四边三化"等专项整治工作。开展河道环境联合执法行动，查处违法违规企业，全面完成畜禽禁养，加大钱塘江饮用水源保护力度。推进大气污染治理，完成碎石场整治、扬尘整治等各项专项治理。完成36条道路、12条污水管道和3项绿化移交工作。完成做地8宗、26.93公顷，出让土地3宗、10.74公顷，拆除违法建筑97.45万平方米。

2015年，龙坞茶镇入选省首批特色小镇。图为龙坞茶园

（之江度假区管委会 供稿）

【杭州宋城景区营业收入5.8亿元】2015年，宋城演艺发展股份有限公司杭州宋城旅游管理分公司秉承"建筑为形，文化为魂"经营理念，挖掘旅游文化，创新节庆旅游活动，大型歌舞表演《宋城千古情》累计演出1.9万场次，接待观众5700万人次。全年举办"新春大庙会""花痴节""肚兜节""面具节"4个主题活动，接待游客783万人次，实现营业收入5.8亿元。宋城景区获省"游客最喜爱的浙江亲子旅游目的地（景区）""2015最值得推荐的杭州夜休闲商户""2015杭州生活品质总点评年度活动优秀奖"等奖项。

【文化创意产业发展迅速】2015年，之江度假区新增文化创意企业565个（累计2799个），其中杭州之江文化创意园新增企业191个（累计1466个），引进"奥斯卡大白"原创作者张少甫动漫团队和项目。推进"艺术+互联网"创意设计综合公共服务平台建设，打造数字媒体中心并启动凤凰·创意大厦智慧信息自助公共客厅建设，获国家级"两岸文创产业实验示范基地"及杭州市"最具品质体验点"等称号。园区文化创意名人何见平入选国家"千人计划"，杭州北斗星色彩研究有限公司获"2015IDS·城市规划类金奖"，杭州微客联合设计机构获全球综合类设计大赛"成功设计奖"、德国红点设计奖，并受邀到德国柏林参加第四届国际工业设计与创新合作峰会。

【艺创小镇入选首批市级特色小镇】11月27日，艺创小镇入选首批市级特色小镇创建名单。艺创小镇规划范围北至梦园路，东至杭富路，南至灵富路，西至灵龙路，规划面积3.5平方千米。小镇围绕"艺术振兴城镇，智造引领众创"指导方针，以"中国美术学院国家大学科技（创意）园"为基础，依托中国美术学院和浙江音乐学院人才资源，实现政府、高校、企业深度协同，艺术、科技、生活高度融合，教育、产业、管理总体创新总体设想，成为文化产业创新与城乡营造转型的综合试验区。

【中国动漫新锐创新创业基地揭牌】4月30日，第十一届中国国际动漫节分会场活动——第五届中国动漫新锐奖颁奖典礼暨中国动漫新锐创新创业基地揭牌仪式在凤凰·创意国际举行。新锐奖评选于3月启动，全国800多名动漫工作者报名参选，经评委会审核初选和网络投票，64名候选人进入专业委员评审环节。杭州筑作文化创意有限公司总经理陈晓东等10人获第五届中国动漫新锐榜“十佳”新锐奖。由中国国际动漫节节展办公室、杭州之江文化创意中心和中国动漫周刊合作推进建设的“中国动漫新锐创新创业基地”正式落户之江文化创意园凤凰·创意国际。

【氧气音乐节】 5月16～17日，由FM93浙江电台交通之声主办的2015年第三届“氧气音乐节”在之江文化创意园凤凰·创意国际举行。音乐节邀请国内10支知名新生代乐队及著名歌手参加表演，吸引观众1.5万人次。其间，园区设美食专区、亲子专区和创意集市。“氧气音乐节”成为杭州品牌音乐节和国内七大音乐节之一。

【云栖小镇（转塘科技经济园区）引进企业212个】 2015年，云栖小镇（转塘科技经济园区）引进企业212个，其中云计算领域企业156个。财政总收入2.1亿元，比上年增长38%；地方财政收入8787.34万元，增长13.6%。市外到位资金6.25亿元，引进浙商回归资金3.66亿元，引进外商投资项目4个，到位外资3500万美元。工业销售产值21.91亿元，固定资产投资13.2亿元，其中工业投资8.8亿元。引进杭州数梦工场科技有限公司、浙江淘富电子商务有限公司等产业大项目。阿里云计算有限公司落户云栖小镇。

【杭州市与富士康科技集团战略合作协议签订】 3月2日，市政府与富士康科技集团签署全面战略合作协议。根据协议，双方围绕发展信息经济和推进“智慧应用”、为全国中小微企业产品质量提升和品牌营造提供服务、加快富士康研发团队和项目落户杭州、助力杭州企业拓展国际市场等方面开展战略合作。

富士康科技集团计划入驻云栖小镇核心区域，与阿里巴巴集团合作开发“淘富成真”项目。该项目是

杭州云计算产业园阿里云创业创新基地 （之江度假区管委会 供稿）

云栖小镇“创新牧场”平台项目，定位为智能硬件的创新平台。项目运营过程中，富士康科技集团从硬件方面为科技创新企业提供服务，阿里巴巴集团提供云服务和互联网营销的资源，该项目为创业者和企业提供一系列创业链上的服务，帮助智能硬件企业加速产品的成型、量产和市场推广。

【西湖大学筹建】 6月25日，市政府与国家“千人计划”专家联谊会签署战略合作协议，计划在云栖小镇建民办研究型大学——西湖大学。西湖大学计划10年投资200亿元，以民间筹资为主，政府配套部分资金，旨在为国家培养创新型复合型人才。该校借鉴美国加州理工大学和斯坦福大学办学理念，师资力量来自全球，以国家“千人计划”专家为主，并在全球范围内招聘教授，计划于2016年9月招收博士生。

12月23日，《凤凰谷单元【西湖大学（筹）选址范围】控制性详细规划局部调整（草案）》公示。西湖大学规划总用地面积147.85公顷，其中建设用地77.07公顷、山体水域等非建设用地70.78公顷。

【云栖小镇国际会展中心启用】 10月14日，总建筑面积2万平方米、总投资1.97亿元的云栖小镇国际会展中心启用。会展中心设计方案理念源自“云栖竹径”，设计风格围绕“云栖筑梦”和“竹径论剑”两大主题。外立面主要采用白色、蓝色和绿色，分别象征“云”“科技蓝天”和“创新牧场”。内部主体建筑为深色，象征“产业黑土”。该项目于7月开工建设。会展中心包括能容纳6000人的国际会议中心和1.2万平方米的展览空间，可承办大中型会议、报告、展览、展示、交流等活动，是云栖大会永久性会场。

【杭州·云栖大会】 10月14～15日，由市政府和阿里巴巴集团联合主办的2015年杭州·云栖大会在云栖小镇举行。大会以“互联网、创新、创业”为主题，展现“互联网+”时代云计算与各行各业交错连接和云计算为产业升级和改革创新提供的非凡动力，挖掘云计算助力下的创业激情和机遇。大会设2个主论坛、约30场分论坛和2场开发者大赛，并设置“开发者之夜”环节，展示云计算技术、量子计算、人工智能等前沿科技。省委副书记、省长李强出席大会并发表主旨演讲，省委常委、市委书记赵一德在大会主论坛上致辞，市委副书记、市长张鸿铭主持主论坛主题演讲。大会参展企业219个，参会企业3000多个，参会人数2.15万人次，吸引观众4.26万人次。新华社、中央电视台等300多家境内外媒体发表相关文章和报道2000多篇，全球直播收看人数超过127万人次。

【“发现双创之星”走进浙江（杭州）主题日活动】 11月13日，由国家发改委等15个部委指导，省政府、市政府承办的“发现双创之星”大型

系列活动走进浙江（杭州）主题日活动在云栖小镇举行，来自各地的企业家、创业创新者分享在创业和创新路上的心得体会。其间，举办"创客说"主题分享活动，阿里巴巴集团首席技术官王坚、杭州安恒信息技术有限公司董事长范渊、杭州龙盈互联网金融信息技术有限公司联合创始人熊伟等参加活动并讲述创业故事。

【电视剧"飞天奖"颁奖盛典】 12月28日，由国家新闻出版广电总局、省政府共同主办，中国电视艺术委员会、中央电视台、省新闻出版广电局、浙江广播电视集团、市委宣传部、西湖区政府、中国（浙江）影视产业国际合作实验区杭州总部管委会联合承办的中国广播影视大奖第三十届电视剧"飞天奖"颁奖典礼在杭州云栖小镇国际会展中心举行。参评剧目为2013年3月1日至2015年9月30日播出的剧目200部、7534集，入围提名作品48部。颁奖典礼颁发作品奖16项，涵盖"重大题材""历史题材""现实题材"三个板块和"优秀编剧""优秀导演""优秀女演员""优秀男演员"四个单项奖。 （祁雯佳）

·杭州大江东产业集聚区（临江高新技术产业开发区）·

【杭州大江东产业集聚区概况】 2010年9月21日，省政府印发关于浙江省产业集聚区发展总体规划（2011~2020年）的通知，杭州大江东产业集聚区（简称大江东产业集聚区）正式确立。2011年9月9日，杭州大江东产业集聚区管委会经省编委办批复设立，2012年10月18日正式成立。2014年8月28日，市委、市政府召开大江东体制调整工作会议，并印发关于大江东产业集聚区体制调整实施方案的通知。明确大江东党工委、管委会是市委、市政府派出机构，在大江东区域贯彻执行省市党委、政府的重要决策和工作部署，在保持萧山区行政区划不变、司法管辖不变、汇总统计不变原则下，对大江东区域统一履行经济、社会、文化、生态文明建设和党的建设各项管理职能，负责大江东区域内各派出机构、分支机构协调管理。按照"精简、高效、扁平"原则，撤销原江东、临江、前进等功能区管理机构，保留杭州江东工业园区、萧山临江高新技术产业园区的牌子。大江东区域内的河庄、义蓬、新湾、临江和前进5个街道，由萧山区委、区政府整体委托大江东党工委、管委会管理。萧山区人大、政协、法院、检察院、人武部继续在大江东区域行使相关职权。

大江东产业集聚区位于萧山区东北部，西、北分别与杭州经济技术开发区、海宁市隔江相望。规划控制总面积427平方千米，内含江东、临江、前进3个功能区块，托管萧山区河庄、义蓬、新湾、临江、前进5个街道。

2015年末，大江东产业集聚区有常住人口15.01万人，登记流动人口12.79万人。区内初步形成以新型交通装备、高端装备制造、新能源、现代物流等为主导的产业体系。全年大江东产业集聚区完成地区生产总值250.52亿元，比上年增长17.0%，增速居全市首位。第一产业增加值12.77亿元、第二产业增加值206.09亿元、第三产业增加值31.66亿元，分别增长1.6%、17.3%、21.0%。三次产业结构比例为5.1∶82.3∶12.6。区内258个规模以上工业企业全年完成总产值1051.25亿元，增长27.2%，其中高新技术产业产值379.18亿元，占工业总产值约36%。工业增加值191.43亿元，增长17.6%，其中规模以上工业增加值181.28亿元，增长18.6%。战略性新兴产业实现增加值34.13亿元，高新技术产业实现增加值60.06亿元，分别增长10.5%和0.7%。规模以上工业企业实现利税89.71亿元，增长38.7%，其中利润55.29亿元，增长40.8%。新产品产值率45.8%，工业产品产销率96.2%。固定资产投资257.41亿元，增长15.6%；服务业增加值31.66亿元，增长21%；社会消费品零售额24.87亿元，增长16.8%。出口总额11.43亿美元，增长9.5%。财政总收入51.23亿元，增长44.3%，其中地方一般公共预算收入19.58亿元，增长15.9%。。

大江东产业集聚区体制调整以来，社会民生事业有序发展。基本社会保障、户籍管理、教育、医疗等公共服务与杭州主城区实现一体化。

大江东产业集聚区推进"三改一拆"等工作、创建"无违建"工业园区。全年完成旧住宅改造57.2万平方米，旧厂区改造22万平方米，"城中村"改造19.3万平方米，拆除违法建筑42.1万平方米。加快交通道路建设，动工和竣工主干道路工程（新建或延伸）6条，涉及里程58千米。编制完成《大江东公交专项规划》，新开通公交线路4条、优化公交线路3条，新增公共自行车服务点65处，首条快速公交8号线于12月开建。加快供电设施建设，编制完成《大江东"十三五"主网建设规划》，年内投入运行变电工程110千伏1座，在建500千伏1座、220千伏和110千伏各2座。

【大江东产业集聚区管委会机构设置】 2014年8月28日，市委、市政府发布《关于印发大江东产业集聚区体制调整实施方案的通知》，明确有关大江东产业集聚区组织构架。

2015年末，大江东产业集聚区党工委、管委会内设9个正处级工作机构，分别是党工委、管委会办公室（挂政法委、综治办、维稳办、信访室和审计局牌子），党群工作部（挂组织部、编委办牌子），财政局，经济发展局（挂统计局、科技局、农业局、环境保护局牌子），社会发展局（挂人力社保局、教育局、卫生和计划生育局牌子），规划国土建设局（挂城市管理行政执法局牌子，与市规划局大江东分局、市国土资源局大江东分局合署办公），投资合作局（挂招商局牌子），市场与安全生产监督管理局（挂工商局牌子），行政审批局。大江东产业集聚区设20个主要直属事业单位，分别是办事服务中心（挂公共资源交易中心牌子），招商服务中心，江东企业服务处，临江企业服务处，前进企业服务处，城管行政执法大队，行政事务服务中心（挂社会事务服务中心牌子），土地整理储备中心，环境监察大队，农（林）业行政综合执法大队，环境监测站，卫生监督和疾病防控中心，社会保障管理中心（挂就业管理服务中心、劳动人事争议仲裁院牌子），住房保障与改革办公室（挂物业管理中心牌子），公路管理所（挂路政大队牌子），科技服务中心，国库集中支付中心（挂会计结算中心牌子），人大政协联络处，新闻中心，市场与安全生产监察大队。设立杭州大江东投资开发有限公司作为开发建设平台。

2014年7月，大江东产业集聚区纪律检查工作委员会成立。同年9月，调整为驻大江东产业集聚区管委会纪检监察组、监察室。2015年9月，调整为中共杭州市纪委派驻杭州大江东产业集聚区管理委员会纪检组。

至2015年末，大江东产业集聚区设5个市政府序列派出机构，分别是杭州市公安局大江东分局、杭州市规划局大江东分局、杭州市国土资源管理局大江东分局、杭州市地方税务局大江东分局、杭州大江东国家税务局。

2015年4月，大江东总工会成立；12月，大江东妇女工作委员会和大江东关心下一代工作委员会成立。

【临江高新技术产业开发区设立】 临江高新技术产业开发区（简称临江高新区）的前身是萧山临江高新技术产业园区。园区创建于2003年3月，总规划面积160.2平方千米。2006年4月通过国家发改委审核，被确定为省级工业园区，核准面积3.8平方千米。2010年被省发改委认定为“新能源省高技术产业基地核心发展区”及“国家新能源高新技术产业化基地拓展区”。2013年被省科技厅认定为“省级高新技术产业园区”。

2015年2月5日，国务院发布《关于同意临江高新技术产业园区升级为国家高新技术产业开发区的批复》，升级为国家高新技术产业开发区，核准面积3.55平方千米；4月，市委、市政府同意大江东产业集聚区与临江高新区施行“两块牌子，一套班子”管理模式，临江高新区辐射至大江东规划控制总面积427平方千米范围。

【城市规划布局和产业规划确定】 2015年，大江东产业集聚区发展定位为“智慧大江东，魅力生态城”。远期目标为“两个再造”，即“再造一个杭州工业、再造一个杭州新城”；近期目标为“六年翻两番、五年见新城、全面创一流”，至2020年实现工业总产值4000亿元，基本建成城市核心区。至2015年末，大江东完成发展战略规划、分区规划、中心区概念规划及核心区城市设计，确定“一城三园、三带一心”布局：“一城”指苏绍高速以西的高品质城区；“三园”指苏绍高速以东的高端制造园、战略新兴园、物流产业园；“三带”指江东大道以北的区域创新带、江东大道以南的城市服务带及江海湿地生态带；“一心”指城区内的综合服务中心。为缓解产城分离的矛盾，满足辖区企业和群众生产生活需要，大江东产业集聚区规划布局“10+X”城市功能性项目：“10”指“智慧谷”、科技谷、“智造谷”、江滨公园、职教科技城、国际社区、标准海塘、江东大道、快速公交系统、省级重点高中；“X”指城市地下管道走廊。形成“1+2+X”产业规划：“1”指新能源运输装备制造产业，“2”指智能装备制造和新能源产业，“X”指航空航天、电子信息、生物医药、公共安全、现代服务业等关联产业。启动汽车及零部件产业园、新能源新材料产业园、轨道交通产业园、机器人及自动化产业园、生命健康产业园、航空航天产业园和临空产业园“7+X”产业园规划。

【大江东产业集聚区实际利用外资6.1亿美元】 2015年，大江东产业集聚区招商引资工作围绕战略定位、产业体系和区内七大产业园布局，突出“招大引强、招新引优、招财引资、招才引智”。全年实际利用外资6.1亿美元。市外到位内资57.45亿元，比上年增长10.7%。引进及结转浙商回归项目33个，到位资金46.8亿元。全年引进产业项目24个（外商投资项目9个），总投资额约300亿元。其中，100亿元以上项目1个（格力电器杭州智能电器产业园），50亿元以上项目2个（深国际华东智慧城项目、吉利新能源汽车项目），10亿元以上项目5个。盘活低效土地39公顷。

【大江东产业集聚区办事服务中心运行】 1月1日，大江东产业集聚区办事服务中心正式运行。至年末，办事服务大厅有入驻部门9个，设服务窗口56个，包括投资项目审批、工商注册登记、便民服务和招投标服务等公共服务功能。

大江东产业集聚区办事服务中心推出优化行政审批前置条件、优化投资建设项目审批流程、开通重大项目审批绿色通道、试行投资项目审批代办制等多项审批制度改革。该服务中心入驻审批事项769项。投资建设项目审批相关事项从原有119项精简到72项，精简率39.5%。

全年大江东产业集聚区办事服务中心受理事项56.54万件，办结56.53万件。固定资产投资项目立项99个，固定资产投资374.62亿元。取得工程规划许可证77个，建筑面积286.90 万平方米。开工项目55个，开工面积159.30万平方米；竣工项目68个，竣工面积121.62万平方米。

大江东公共资源交易平台完成各类交易项目263个，包括建设工程

杭州大江东产业集聚区入口景观　（沈青松 摄）

项目168个、政府采购项目95个，合计预算金额221亿元。

【行政审批权力承接到位】 4月，大江东产业集聚区承接46个市直部门3915项行政审批权力，领取48枚市级行政权力印章，基本实现“办事不出大江东”目标。至年末，大江东产业集聚区有行政权力事项5227项，其中市级事项3816项、区级事项1411项。大江东办事服务中心起草《杭州大江东产业集聚区行政权力清单动态管理办法》，对权力清单进行动态管理。

【企业登记门限放宽】 2015年，大江东产业集聚区管委会制订《关于充分发挥市场和安全生产行政审批职能促进大众创业、万众创新的若干意见》《放宽企业住所（经营场所）登记条件的实施细则》《关于放宽企业名称登记的实施意见》《关于放宽企业经营范围登记的若干意见》《中介机构服务管理办法》《商事登记制度改革方案》等政策性文件，实施“简易注销”制度和“五证合一”“一证一码”营业执照。全年新增各类市场主体1988户，新增注册资本229.15亿元，新增市场主体数量比上年增长13.9%，注册资本增长3.81倍。

【科技创新有序展开】 2015年，大江东产业集聚区以临江高新区科技服务中心为核心，建立“高校产学研联盟大江东中心”，启动“智慧谷”“智造谷”“科创谷”建设，成立3项产业基金，出台《杭州大江东产业集聚区关于实施“一号工程”促进实体经济发展的若干政策意见》等政策，强化科技服务体系，增强科技创新活力。全年研究和试验发展经费支出占地区生产总值4.2%，比上年增长18.4%。新产品产值率42.4%。发明专利申请110件，发明专利授权329件。新认定国家重点扶持高新技术企业10个（累计54个）。培育认定研发中心9个，其中省级研发中心3个，市级科技企业孵化器1个。

【产业转型升级机制建立】 2015年，大江东产业集聚区管委会出台《杭州大江东产业集聚区全面落实“一号工程”深入推进“三个一批”提升发展实施方案》《杭州大江东产业集聚区“三个一批”企业名单》，建立“高进低退、扶优扶强”机制。以“重点关停一批、整治提升一批、转型升级一批”为突破口，引导传统企业通过淘汰落后设备、搬迁、“退二进三”等途径转型升级。至年末，完成旧厂房改造21.9万平方米，强制关停重污染、高能耗企业18个。以《大江东产业指导目录》为导向，严把企业准入关。新创建工厂物联网项目5个，通过信息化途径引导企业转型升级。

【大江东劳动仲裁委员会成立】 4月7日，大江东产业集聚区劳动人事争议仲裁委员会成立，聘请法律仲裁员4人。至年末，委员会受理劳动人事争议案件74件（其中人事争议1件），涉及劳动者人数295人，结案56件，结案率76%（其中调解撤诉结案40件，调解率71.4%），结案金额587.6万元。其中依法裁决结案166人诉杭州青年汽车有限公司等4个公司拖欠职工工资的集体劳动争议案，涉及标的金额403.42万元。

【“走千企解千难”服务活动】 5月开始，大江东产业集聚区管委会开展“走千企解千难”服务活动。机关各部门、各企业服务处和各街道办事处负责人和工作人员，在2个月内走访企业700多个，协调解决企业项目问题260多个，协调推进重点项目341个。

【“百大项目、百日攻坚”专项行动】 2015年，大江东产业集聚区在完善《重大项目开工、竣工、投产推进工作机制》《周协调月公示季点评年考核工作机制》等十大项目推进机制的基础上，开展为期3个月的“百大项目、百日攻坚”专项行动。管委会成立专项行动领导小组，下设办公室及开工、竣工、投产、社会、创新、环境等6个专项小组，建立例会制度，推动50个重大产业项目早签约、早落地、早开工、早竣工、早投产，对60个政府类项目落实责任。全年实现新开工项目30个，其中市重点项目25个，项目总投资195亿元，其中投资10亿元以上项目7个。

【科技金融体系和人才招引计划完善】 2015年，大江东产业集聚区完善科技金融体系。依托临江国家高新区科技服务中心，引进金投集团、杭州高科技投资有限公司等国有企业，合作运行产业引导基金、创业投资基金、天使引导基金，谋划科技金融风险池、科创贷、科技保险等科技金融模式，为临江高新区创新创业、为中小型科技企业成长提供资金保障。加大人才招引力度。出台《关于加强杭州大江东产业集聚区（临江国家高新区）人才高地建设的意见（试行）》，围绕临江高新区发展实际，启动实施高层次创新创业人才“领军计划”、主导产业紧缺人才“集英计划”、高技能人才“雄鹰计划”、企业经营管理人才“金领计划”和社会事业重点人才“同心计划”等五大人才计划，为“引才、留才、用才”打好基础。全年入选国家“千人计划”、省“千人计划”、市“521”计划、钱江特聘学者各1人，入选市“115”计划5项。

【生态环境整治提升】 2015年，大江东产业集聚区以“五水共治”为突破口，推进污染减排、污染整治等工作。加大化工、印染、铸造等落后产能行业的淘汰和整治力度，关停企业18个，整治提升企业199个；对32个重点排污企业实施刷卡排污，完成排污权交易83笔、2.05亿元。开展“美丽河道万人行动”，清理河道73条，总长143.67千米；抓好47条河道“污水零直排”工程建设，完工23条，整治排污口845个，新增污水管网15千米；开展河道清障专项行动，清障641处，清障面积6296平方米；实施疏浚清淤与河岸砌石绿化并举的河道整治改造工程，完成河道整治总长度16千米，总投资1.1亿元。全年淘汰黄标车799辆；完成小锅炉淘汰改造157台；开展环境执法“雷霆”专项行动，打击环境违法行为，责令停产企业10个，移送公安机关处理5起。

【循环化改造示范区创建】 2015年，大江东产业集聚区成立大江东循环化改造工作领导小组，负责循环化改造工作的计划制订、招商选资、项目建设和后期运行管理，组织

实施大江东各类规划衔接、项目论证和重大基础设施建设工作。8月，大江东产业集聚区被评为市级循环化改造示范区；10月，被评为省级循环化改造示范区。至年末，大江东产业集聚区获批省级循环化改造重点支持项目23个，总投资18.43亿元。

【安全生产监管规范化】 2015年，大江东产业集聚区落实“党政同责、一岗双责、齐抓共管”安全生产责任体系，加强安全隐患的排查和整治。编制大江东“十三五”时期安全发展规划，制订大江东安全制度规范、《基层公共安全监管网格建设实施办法》，建立“应急决策系统”、隐患动态排查整治机制和事故应急处置工作规范机制，成立5支应急救援分队。推进安全标准化和诚信机制建设，22个重大危险源生产企业进行标准化创建，达标率100%。245个规模以上企业中有153个工贸类企业达到三级以上安全生产标准化，其中一级1个、二级9个。落实安全生产和职业卫生许可制。规范职业健康体检，加强员工安全知识培训，全年参加职业健康体检员工5305人，参加安全知识培训员工3.12万人。

【重点行业领域安全隐患专项整治】 2015年，大江东产业集聚区对涉及危化（化工）行业40个重点企业、规模以上企业进行“两查一确认”隐患排查工作，对1111条各类安全隐患问题进行整治，并推进规模以上化工类企业“一企一档”工作。对“三场所两企业”（有限空间作业场所、涉及可燃爆粉尘作业场所、喷涂作业场所、船舶修造企业、涉氨制冷企业）37个企业开展排查。对酱腌菜企业进行专项整治。加强电梯安全监管，对341个使用单位及975台在用电梯进行安全检查，发现安全隐患电梯53台，即时整改45台，责令停止使用并限期整改6台，现场查封2台。发现气瓶充装单位隐患19条，淘汰锅炉95台。

【萧围东线标准塘一期工程完工】 5月，萧围东线标准塘一期工程通过竣工验收。萧围东线标准塘是大江东东部的临江堤塘，总长10.42千米。一期工程北起外十八工段闸，南至东江闸，长4.5千米，概算投资3.31亿元，于2013年11月开工。二期工程北起二十工段排涝闸，南至外十八工段闸，长5.92千米，计划投资3.47亿元。至年末，该工程完成工程总量45%。　（沈青松）

2015年，杭州大江东产业集聚区开展“美丽河道万人行动”，图为整治后的河道　（沈青松　摄）

·杭州城西科创产业集聚区·

【杭州城西科创产业集聚区概况】 杭州城西科创产业集聚区（简称城西科创区）位于杭州市区西部，规划面积302平方千米，其中核心区块49.9平方千米，下辖杭州青山湖科技城和杭州未来科技城（海创园）。其中：青山湖科技城是浙江省科研机构创新基地，规划面积115平方千米，核心区块20.9平方千米；杭州未来科技城是全国四大人才基地之一，规划面积113平方千米，核心区块29平方千米。城西科创区是浙江省加快推进经济社会转型发展、构筑区域经济新增长点的重大战略平台，也是全省唯一一个以科创为主导的省级产业集聚区。

城西科创区是杭州国家自主创新示范区重要组成部分。经过5年多的发展，确定以阿里巴巴集团为代表的新一代信息技术和以杭州制氧机集团有限公司、杭叉集团股份有限公司为代表的高端装备制造两大主导产业，同时确立生物医药、节能环保、科技服务业三大重点培育产业。全年城西科创区核心区完成固定资产投资252.38亿元，比上年增长29.5%；服务业营业收入1402.56亿元，增长57.1%；财政总收入122.69亿元，增长43.9%。

城西科创区集中杭州师范大学、浙江农林大学、香港大学浙江科学技术研究院、中科院长春应用化学所浙江研究院、湖畔大学等56所高校和科研院所，建成院士、博士后科研工作站20个，培育高技术企业3000多个。城西科创区是省内唯一一个省、市、区共建的人才特区和市首批人才生态示范区，集聚海外高层次人才2100多人，其中国家“千人计划”人才99人、浙江省“千人计划”人才140人，累计引进两院院士24人、海外院士6人。

在梦想小镇、云制造小镇带动下，城西科创区形成“种子仓—孵化器—加速器—产业园区”“接力式”创业平台，全年举办中国杭州财富论管理论坛、万物互联创新大会、互联网汽车高峰论坛等创业创新活动300多场次，参与人数6万多人次，被中央电视台《新闻联播》《焦点访谈》等栏目深度报道。集聚金融机构近200个、管理资本近400亿元，中国最大的人力资源中央企业——中智集团等专业机构入驻城西科创区。

城西科创区有西溪国家湿地公园、青山湖国家森林公园、国学大师章太炎故居等自然和人文景观。在新一轮杭州城市总体规划修编中，城西科创区被确定为杭州城市副中心。浙医一院国际医学中心、学军中

3月28日，未来科技城梦想小镇正式开园

（城西科创产业集聚区管委会 供稿）

学海创园分校、萧山机场海创园航站楼、地铁5号线、杭临城际铁路等项目建设落地，城西科创区成为全省田园城市样板区。

【未来科技城梦想小镇开园】 3月28日，未来科技城梦想小镇正式开园。梦想小镇核心区规划面积3平方千米，致力于构筑最富激情的创业生态系统，重点培育互联网创业和天使投资两大产业门类，打造互联网创业高地。至年末，引进创业项目521个、创业人才4550人，其中56个项目分别获100万元以上融资，融资总额15.37亿元。引进金融机构176个，集聚管理资本总额368亿元。根据规划，3年内集聚互联网创业者1万名，创业项目2000个，基金及投资机构300个，资产管理规模1000亿元。

【青山湖科技城云制造小镇开园】 8月28日，青山湖科技城云制造小镇正式开园。云制造小镇规划面积3.17平方千米，重点打造“创城”“智谷”“云村”。其中：“创城”包括云创核心区、众创服务中心等重点项目；“智谷”打造云制造技术研发、云制造创新服务、云制造企业孵化、云数据存储服务、云技术应用示范等五大云平台；“云村”重点建设院所创新基地、大师工坊创新学院、创客新车间、艺术工坊等。至年末，浙江恩大施福软件科技有限公司、杭州利珀科技有限公司、杭州橙麦科技有限公司等100多个科技型企业落户小镇。未来3年，计划集聚科技型企业500个，各类创新创业群体5000人，实现智能装备产业提升产出超过200亿元，成为中国云制造技术的创新源、浙江智能制造产业的新引擎。

【“人工视觉系统”获中国创新创业大赛生物医药行业第一名】 10月12日，浙江诺尔康神经电子科技股份有限公司在中国创新创业大赛生物医药行业总决赛中获第一名。参赛项目为“人工视觉系统”，该系统主要服务于因视网膜色素变性和老年性黄斑变性致盲的患者，能为重度和极重度失明患者提供功能性视觉的高科技植入型电子装置。浙江诺尔康神经电子科技股份有限公司主要从事“人工耳蜗系统”“人工视觉系统”“人体平衡植入装置”“偏瘫及全瘫类疾病电子刺激康复装置”等神经电子产品的研发和生产。公司曾获美国高盛集团、江苏启明投资管理有限公司、凯鹏华盈创业投资有限公司等风投机构投资，承担“十二五”国家科技支撑计划等多个项目，是中国科学院“科技助残计划”唯一的产业化基地。

【杭州萧山国际机场海创园航站楼投入运营】 10月21日，杭州萧山国际机场在杭州地区开设的第二个城市航站楼项目——“海创园航站楼”投入运营。该航站楼位于杭州未来科技城海创园内，周边常住人口约30万人，航站楼可为旅客提供航班咨询、国内航线值机办理和机场专线巴士等服务，计划开通购买机票、行李托运等业务，为城西居民和杭州未来科技城海创园内人才提供航空出行服务。

【浙江大学清洁能源研发基地落户青山湖科技城】 11月3日，浙江大学与青山湖科技城管委会签署协议，共同建设浙江大学青山湖清洁能源研发基地。基地占地面积3.07公顷，重点以煤炭分级转化清洁发电协同创新中心（国家“2011计划”）和可持续能源技术研发平台（国家“985工程”）为核心，汇聚浙江大学等国内名校与龙头中央企业的人才和技术优势，计划建设一个对能源、环境、发电等行业具有科技引领、人才支撑、产业示范作用的国家级研发基地、引智引才基地和企业孵化基地。

【中电海康集团总部基地项目开工】 11月18日，中电海康集团总部基地项目开工奠基仪式在杭州未来科技城举行。该项目位于未来科技城良睦路东侧、溪望路北侧，总投资11.98亿元，用地面积6.88公顷，总建筑面积23.5万平方米，计划2018年底竣工验收。中电海康集团有限公司是中国电子科技集团公司投资设立的全资安全电子产业子集团，是国内电子信息领域从事以计算机信息存储技术为核心的技术研究、产品开发、生产、销售、服务的大型高科技集团公司。项目建成后将成为中电海康集团及中国电科安全电子产业子集团的总部基地，整合和引领板块内各项业务发展，成为集产品研发制造、解决方案提供和运营服务于一体的高科技子集团。

【城西科创区决策咨询委员会成立】 11月19日，城西科创区决策咨询委员会成立。首届决策咨询委员会设经济发展组、规划建设组和人才工作组，有委员36人，任期3年，主要由驻杭高校、科研机构、省市直单位、重点企业等相关领域的专家和负责人组成。委员会牵头对城西科创区发展中的战略问题、重要规划、重要政策、重要项目等开展咨询论证，对重大决策实施情况和经济社会运行中的突出问题开展调研，帮助城西科创区与国内外其他院校和专家建立工作联系。 （邵敏凡）

·城市建设管理综述·

【城市功能品质持续提升】 2015年，杭州市加快城市基础设施建设，城市功能品质持续提升。城市快速路网建设、交通拥堵治理、“三改一拆”、“五水共治”、保障性安居工程建设等重点工作全面完成年度目标任务。全年城建系统重要项目完成投资536.56亿元，市建委实施的九大重点工程完成投资248.68亿元，城建计划项目完成市本级财政投资60亿元。出台《杭州市城市房地产开发经营管理若干规定》《关于加快推进新型建筑工业化的实施意见》等政策措施，房地产业、建筑业、勘察设计三大行业健康稳步发展。市政基础设施建设、城市停车场库建设和地下空间开发利用大力推进。切实做好G20杭州峰会环境提升和交通保障工作。市建委牵头实施的85个市政基础设施建设项目，完成27个，抓紧推进58个。不断创新投融资体制，引入社会资本参与重大市政基础设施建设，着力推进停车产业化，积极申报国家棚户区改造专项资金。

【城市路网建设】 2015年，杭州市继续推进城市快速路网、城市主次干道、人行过街设施和支小路建设，城市路网日趋完善。全年建成快速路17千米，开工、续建59.7千米。秋石快速路三期和四期、环城北路地下通道、杭长高速公路延伸线等工程建成开通，主城区快速路基本成网。机场路改造、九堡大桥南接线、风情大道、东湖路、文一路地下通道、石祥路提升改造、紫之隧道等工程加快推进。紫金港路、之浦路、备塘路等提升改造工程开工建设。新建、改造城市主次干道25千米。育英路（化工路—莫干山路）、东新东路（永安路—石祥路）等主次干道建成通车。茶汤路（石祥路—善贤路）、化工路（余杭塘路—留祥路）等项目全力推进。丁桥东路（石祥路—华丰路）铁路箱涵、笕丁路（石大线—丁桥港）铁路箱涵等搁置多年的道路开工建设。打通草庄路三期（同协路—明石路）、环站北路（创新路—同协南路）等断头路9条。建成文一路—保俶路人行过街地道、吉鸿路—潘家路人行天桥等人行过街设施18处。开工建设市区支小路51条，完工22条。

【“畅通西部”建设】 8月6日，为完善城市西部地区交通基础设施配套，提升主城区西部城市功能，加快推进城乡一体化发展，市政府办公厅印发《杭州市“畅通西部”三年行动计划（2015~2017年）》，并决定成立杭州市“畅通西部”建设领导小组及办公室。行动计划推出快速路网、主次干道、轨道交通、公交场站、公交专用道、公共停车场库六大类98个建设项目。年内，吉鸿路、振华西路、金昌路、锦江路、转塘公交停保基地等工程建成，都市高速公路西复线、地铁5号和6号线、杭富城际线、杭临城际线、紫金港路提升等重点工程开工建设，320国道提升、留石快速路西延、天目山路提升改造、康桥上塘立交等工程开展前期准备。

【城市交通拥堵治理】 2015年，杭州市深入开展“两突出六强化”治堵行动，以“基础设施建设、公共交通优先、区域交通完善、交通强化

10月15日，杭州环城北路隧道开通　（市建委 供稿）

5月28日，秋涛南路提升改造工程（秋石四期）高架建成 （市建委 供稿）

管理、治堵宣传引导”五大举措为抓手，持续推进交通拥堵治理。治堵工作通过省治堵办考核。全年新增公交首末站6座，改造港湾公交停靠站10对，新增公交车辆335辆，完成运量最大的30条公交线路提速，公交运营班次总量提升5%。实施公交优惠换乘政策。升级公共自行车系统，公共自行车租还时间延长至24时。新增机动车停车泊位50156个，其中公共停车泊位6694个。完成10个老居住小区交通治理，新增停车泊位1515个。地铁4号线首通段、1号线下沙延伸段开通试运营，地铁1号线湘湖站、九堡站、临平站、江陵路站、金沙湖站和2号线朝阳站实施P+R停车换乘优惠。严管重点道路16条，创建交通严管示范区4个；试点建立严重交通违法行为与个人征信系统挂钩制度；实施规划、建设、管理“三位一体”综合治理措施，改善四季青市场、钱江小商品城等重点区域交通环境5处。发布城市交通运行指数，建立并应用智能化公交运营调度系统、智能交通诱导系统、停车诱导系统及多功能城市交通公众出行服务查询系统。编制并发布杭州市交通拥堵治理工作白皮书。

【“三改一拆”行动】 2015年，杭州市围绕建设“美丽杭州”目标，坚决贯彻落实省委、省政府“三改一拆”行动部署，以“无违建县（市、区）”创建为抓手，以长效常态化管理、“城中村”改造和改拆后土地利用为重点，突破难点、强化考核，“三改一拆”工作取得新的成效。全年完成“三改”2169万平方米、拆除违法建筑2058万平方米，分别完成年度目标任务的2.17倍和1.72倍。开展“两路两侧”“四边三化”整治，完成省政府提出的865个问题点及杭州市自查排摸的1686个问题点整治。全市30个乡镇（街道）被市政府命名为“无违建创建示范乡镇（街道）”，89个乡镇（街道）被市政府命名为“无违建创建优胜乡镇（街道）”。

【河道综保工程建设】 2015年，杭州市全力推进市区河道综合整治与保护开发工程建设，加大截污纳管、清理淤泥、清水入城等工作力度，综合运用挂牌督办、“河长制”、问责制等方法，注重河道系统治理。全年完成河道整治45条（段），建成闸站4座，打通断头河7条（段）。新建或续建河道总长度54.5千米，新增和修复驳坎27.9千米，绿化33.2万平方米，新建、改建河道慢行系统26.6千米。

【保障性安居工程建设】 2015年，杭州市保障性安居工程开工47394套、竣工57530套，开工、竣工数量分别完成省政府年度目标任务的122%和120%，居全省前列。提供公开销售的经济适用住房房源17.6万平方米。谋划主城区“城中村”改造五年攻坚行动，着力提升“城中村”整治改造水平。多渠道筹措棚户区改造资金，全市获国家开发银行棚户区改造专项贷款授信额度216亿元。完善配套政策体系，出台《关于加快推进棚户区改造工作的实施意见（试行）》《杭州市区保障性安居工程配套公建用房补办土地出让及上市交易管理办法（试行）》《杭州市区棚户区界定标准（试行）》等文件。

【完成建筑节能评估项目393个】 2015年，市建委以《杭州市民用建筑节能条例》正式实施为契机，启用“杭州市建筑节能信息管理平台”，初步形成节能评估审查信息、在建项目节能信息、既有建筑节能信息、公共建筑能耗监测四大系统，为开展杭州市民用建筑能耗统计工作奠定基础。全年完成建筑节能评估项目393个，建筑面积3193.39万平方米；完成绿色建筑星级评价标识项目35个，建筑面积389.35万平方米；实施可再生能源建筑应用面积279.42万平方米；结合“三改一拆”，完成既有居住建筑节能改造135.2万平方米。全年实施各类建筑节能示范项目建筑面积117.36万平方米。

【城市建设新领域工作启动】 2015年，杭州市加快推进新能源汽车充电设施建设。出台《杭州市城市建筑工程机动车停车位配建标准实施细则（修订）》，规定新建建筑工程应预留充电桩。制定《杭州市推进新能源汽车充电基础设施建设实施办法》（征求意见稿）。建成第一批11个公共充电桩项目，配置快速充电枪128支。根据国务院有关海绵城市建设的要求，开展“海绵城市”建设研究。完成“道路与周边地块开发排水设施建设标准及径流控制技术对策研究（基于“海绵城市”模式）”等研究课题，市政府制定关于推进“海绵城市”建设的指导意见、关于“海绵城市”低影响开发建设项目暂行管理规定（征求意见稿）等政策文件。确定以滨江区为试点，推进“海绵城市”重点区域建设。

▶▶资料：海绵城市

“海绵城市”是指通过加强城市规划建设管理，充分发挥建筑、道路和绿地、水系等生态系统对雨水的吸纳、蓄渗和缓释作用，有效控制雨水径流，实现自然积存、自然渗透、自然净化的城市发展理念和建设方式。

（郎淑文）

·城市规划·

【城市规划概况】 2015年，杭州市推进城乡规划体制机制改革创新，确立“三统两分两提高”的城乡规划体制机制建设目标。完成杭州市城市总体规划修改，并上报国务院，作为全市“十三五”时期城乡空间建设的依据。编制《杭州市环境提升与交通保障实施导则（试行）》，经市政府批准成为全市打造“美丽杭州”建设“两美浙江”示范区的行动依据。开发“G20国际峰会重点项目一张图”系统，为G20杭州峰会项目管理和指挥调度提供技术支持。针对实施单独两孩、人口老龄化加快等新情况，开展中小学、医疗、养老、文化设施和综合交通等8个专项规划评估，修订《杭州市城市规划公共服务设施基本配套规定》。全年完成23个单元控制性详细规划的修编调整，其中大关单元、文新单元、蒋村单元等21个单元的控制性详细规划修编成果获市政府批复。开展市域发展战略规划研究，引导城乡统筹和“三生”（生产、生活、生态空间）融合，提高城市可持续发展能力。出台《城市轨道交通建设规划管理办法》《城市工业用地管理办法》等贴合实际、操作性强、符合城市建设发展规律的制度性文件。加强对萧山、余杭、富阳三区控制性规划的统筹管理，参与余杭区域总体规划、余杭超山风景区总体规划、萧山进化镇控制性规划的审查，完成余杭梦想小镇、萧山钱江世纪城沿江景观带、杭州大学城D区块等重点项目的规划协调。对《杭州市城乡规划条例》实施后的80个规划许可案卷和65个规划竣工核实案卷进行核查。清理历史遗留项目152个，废止规划部门文件17个，进一步理清权责边界。实现2.5米分辨率和0.5米分辨率的遥感影像数据对全市域和八城区（富阳区除外）的全覆盖，三维地理信息数据覆盖主城区400平方千米范围。建立与地理市情调查相结合的基础地理信息数据库和公共应用平台，为城市的智能化和精细化管理、应急处置、公共服务以及科学决策等提供服务。（陈　曦）

【全市规划系统依法行政工作会议】 11月9日，市政府召开杭州市城乡规划系统依法行政工作会议。副市长项永丹、省住房城乡建设厅总规划师顾浩以及市人大、市政协有关领导，各区县（市）、各开发区、市直有关部门负责人和全市城乡规划部门有关人员等140多人参加会议，住房城乡建设部驻杭州督察员蒋珊珊应邀到会指导。会议回顾《杭州市城乡规划条例》颁布实施4年多来城乡规划系统依法行政工作情况，明确下一步城乡规划依法行政工作的着力点。项永丹在会上做题为“强化依法行政意识，推进城乡规划管理工作上新台阶”的讲话，强调加强城乡规划依法行政的重要性和紧迫性，要求各部门自觉增强城乡规划的龙头意识、法治意识和责任意识，切实维护杭州市城市总体规划的严肃性，努力提升规划工作依法行政管理水平。（戴雪军）

【规划管理】 2015年，市规划部门开展规划审批改革工作评估，总结前期规划审批改革情况，提出深化审批改革、提升审批效率的意见。完成上年工程规划许可阶段审批工作自查，提出工程规划许可阶段标准化审批制度，进一步优化工程规划许可阶段审批流程。在市级层面对审批权限调整后联审流程与相关部门进行有效对接，明确审批流程、各自职责及审批时限；在区级层面以拱墅区为试点，探索符合各区实际的审批管理新模式。规划审批流程中取消建设工程规划许可前阶段提交“面积测绘成果”的要求，实行建筑面积形式审查制度。加强中介机构管理，拟定《杭州市建设工程规划管理告知承诺实施办法》《杭州市建筑工程日照分析成果规划管理要点》，对测绘类中介机构的资源进行整合，提出“多测合一”初步方案。（李传江）

【杭州市城市总体规划修改完善】 2月，杭州市城市总体规划修改通过住房城乡建设部组织的部际联席会议及专家会议审查。根据审查意见，市规划部门对城市建设用地布局、环境保护规划、市政设施规划进行进一步修改，并与市国土资源部门对接，落实最新的基本农田保护要求。其间，规划部门向住房城乡建设部等有关部门，就城市规划与土地利用总体规划的衔接情况进行专题汇报，同时按照国务院对杭州市城市总体规划修改成果的最新要求，对总体规划的文本、图纸进行完善。年末，杭州市将修改完善后的总体规划修改成果再次报国务院审批。（公　理）

【制定《杭州市环境提升与交通保障实施导则（试行）》】 年初，市规划部门开展迎接G20杭州峰会环境整治与提升前期筹备工作，制定一系列环境整治提升导则和规划指导要求，在此基础上于5月完成《杭州市环境提升与交通保障实施导则（试行）》（简称《导则》）编制。《导则》由1个通则和6个分册组成，通则就整治提升工作的目标、原则、重点、程序和成果等提出总体要求。分册以技术引导为主，分道路街面与市政设施、既有建筑、绿化广场、设施家具与公共艺术、户外广告和夜景灯光等6个部分，提出一般控制规定和特色引导的基本要求。《导则》成为杭州市开展环境整治和提升工作的指导性文件。为推进《导则》的实施，市规划部门印发《关于落实〈杭州市环境提升与交通保障实施导则（试行）〉的通知》，提出实施《导则》的工作要求和保障机制。（黄玮玮）

【制定城市景观和建筑特色风貌管理指导意见】 3月29日，市规划局、市建委、市城管委联合印发《关于加强杭州市城市景观和建筑特色风貌管理的指导意见》（简称《意见》）。《意见》依据国家宏观发展要求和杭州实际，借鉴兄弟城市经验，提出城市景观和建筑特色风貌管理应做好制定城市设计导则、建立健全专家审查制度、加大政府资金投入等7个方面的工作。《意见》按照保护山水格局、保护老城风貌等原则，首先划定杭州市区规划建设重点地区范围。其中，上城、下城、江干、拱墅、西湖五城区范围重点地区细化到边界，滨江、萧山、余杭、富阳四区范围重点地区以定位为主。同时提出重点地区规划管理方案，要求加强重点地区建筑方案审查和城市家具的设计与管理。（董巧巧）

【修订城市规划公共服务设施基本配套规定】 4月18日，市政府规划专题会议原则同意《杭州市城市规划公共服务设施基本配套规定（修订稿）》（简称《配套规定》）。《配套规定》打破传统技术层面的“居住区级—居住小区级—基层社区级”三级体系，建立与行政管理体系相对应的“街道级—基层社区级”二级体系，使公共服务设施资源配置与行政管理体制的“街道—社区”相对应。提高公共服务设施建设标准，公共服务设施数量由原来的51项增加到56项，街道级增加文化广场、城管执法中队用房等设施5项，社区级增加E邮站、居家养老服务照料中心、残疾人社区康复站、垃圾直运接驳点以及早餐店等日常商业设施9项。突出设施功能性与居民便利性，居住区体育中心、文化活动中心、养老院及部分日常商业网点等设施的服务半径扩大至800米~1000米，使居民步行10分钟~15分钟就能到达；社区文化活动站、体育健身设施、社区医疗服务站、日托养老服务站及部分日常商业网点等设施的服务半径缩小至300米~500米，使居民步行5分钟~10分钟就能到达。为指导各类设施的规划落点与实施利用，《配套规定》专门提出各类设施的布局与选址要求。

（应联行）

【编制“杭钢系列规划”】 2015年，市规划部门根据省、市政府与杭钢集团商定的“关停杭钢集团半山钢铁基地”工作安排，将编制“杭钢系列规划”作为重点项目，组织力量加快推进。该规划包括一系列子项目。5~6月，规划部门组织开展“杭钢集团半山钢铁基地转型提升规划前期研究”。前期研究提出杭钢新城功能定位的初步设想、规划结构设想、骨干交通调整方案及建议、市政改造方案及建议。在前期研究基础上，开展《杭钢新城概念规划》《杭钢新城交通专项规划》《杭钢新城市政专项规划》《杭钢厂区工业遗存保护利用规划》等规划编制。7月，开展《杭钢集团半山钢铁基地转型提升规划》方案咨询，组织5个单位对杭钢新城范围进行规划研究，对杭钢集团半山钢铁基地范围进行规划设计。年末，《杭钢集团半山钢铁基地转型提升规划》结题，《杭钢新城概念规划》《杭钢新城交通专项规划》《杭钢新城市政专项规划》《杭钢厂区工业遗存保护利用规划》处于深化完善阶段。

（顾　倩）

【《杭州都市区规划纲要》编制完成】 1月20日，《杭州都市区规划纲要》（简称《纲要》）经市政府规划预审查专题会议同意，上报省政府审查。11月11日，《纲要》通过省推进城市化工作协调指导小组办公室课题验收评审。《纲要》明确杭州都市区的发展定位和战略、需要共同保护的空间和资源、需要合理优化的重大交通和基础设施以及重点协调区域，提出要健全区域发展协调机制。编制《纲要》旨在推进杭州与周边县市，以及周边县市互相之间的协作和发展，逐步实现互惠共赢的整体发展目标。（宋征宇）

【《杭州市城市轨道交通建设规划管理办法》施行】 7月31日，《杭州市城市轨道交通建设规划管理办法》（简称《管理办法》）获市政府批复，于9月1日起施行。《管理办法》主要包括建设规划许可依据、“一书两证”（选址许可、用地规划许可、工程规划许可）的审批许可、公告公示、批后管理、规划核实等内容。《管理办法》在城市轨道交通用地和工程规划许可、工程建设周边地块验收、规划公告时间、“使用土地证明文件”界定等方面进行创新。《管理办法》的施行，较好地适应杭州地铁站点方案小幅调整的实际，避免出现多次控制性规划调整，缩短审批时间，缓解因地铁建设导致出让地块验收难的问题。

（吴　璐）

【天子岭循环产业经济园区规划优化】 2015年，市规划部门与市环境集团对《天子岭静脉产业园（循环经济产业园区）空间布局规划》进行优化。根据《杭州市固体废弃物处置规划》的要求，在静脉产业园区中专门增加部分处置设施，促进天子岭垃圾处理场由传统垃圾填埋转向分类处置、资源化利用，通过“三全一零一化”（全过程处理、全产业链发展、全物料循环；污染物“零排放”；园区运营智能化）解决城市垃圾处置难题，打造固体废弃物处置的样板。完善园区规划结构，推出“一总部、三廊道、六基地、十大示范工程+X项目”，确定绕城高速公路以北为市政公用设施用地和与静脉产业相关的产业用地，绕城高速公路以南为研发、展示、企业总部等服务设施用地。（黄玮玮）

【“百名规划师服务百家社区”活动】 2015年，市规划部门“百名规划师服务百家社区”活动的参与范围扩大至全市域，服务对象扩展至社区（村）和部分街道（乡镇），服务内容增加测绘与地理信息工作，通过建立局领导联系点制度、成立片组临时党支部，把党建工作与规划业务工作有机结合。活动注重民众所需和解决实际问题。全年市、区规划部门规划师走访社区（村）278个、上门服务920多次，召开座谈会360多个，撰写走访手记397篇，回收征求意见表4231份，征集各类意见建议1200多条，多数意见建议和诉求得到回应和解决。年末，开展“双百”活动内容展板、优秀现场示范点、优秀走访手记、优秀规划师、优秀片组评选，梳理总结活动成果，并召开总结推进会。浙江电视台新闻频道、《杭州日报》、杭州网等媒体报道“双百”活动开展情况。

（沈海良）

【第一次地理国情普查】 杭州市第一次地理国情普查于2014年1月启动，2015年12月完成。在上年完成“地形地貌”等5个地理市情普查项目的基础上，2015年集中完成“城市公共设施”“地下管线及市政设施”和“道路及交通设施”等12个项目的普查。地理国情普查成果数据分别覆盖市域、市区和主城区3个层级，涵盖自然地理、人文地理和经济地理三大类地理要素、56项市情要素、92个图层。根据“边普查边应用”的原则，应用普查成果按自然地理、“一区两率”省情、城市建设、经济人口四大篇章编制《杭州市地理市情手册》。（黄林进）

【基础测绘投入资金4300万元】 2015年，杭州市投入基础测绘与地理信息资金4300万元，用于市本级

基础地理信息数据的获取。根据省基础测绘"十三五"规划纲要，完成杭州市基础测绘"十三五"规划的编制，并组织专家对规划进行评审。推进地理国情普查，全年完成市区700平方千米范围内1:500和1:1000地形图动态更新、杭州市2500平方千米地面沉降监测网首期建设、市区1000平方千米面积高精度雷达点云数据的后期处理，建立为杭州市城市规划和建设服务的精细数字地表模型。完成《杭州市影像地图集》《杭州市政务地图册》等地图编制。（李　捷）

【地理市情平台建设】 2015年，杭州市以地理市情信息整合、共享与挖掘利用为核心，以数据的动态时间轴管理、"一图一表"管理和"图斑化"管理为重点，加强地理市情平台建设，形成全区域、全行业、多资源、信息高度关联、具有杭州特色的地理市情数据库，为各级政府综合规划、决策、管理和监督提供服务。至年末，平台入库地理市情数据图层265个，其中自然地理图层132个、人文地理图层127个、经济地理图层6个。按照边建设边应用的原则，开展应用创新。通过对第二次全国土地调查以来杭州市农用地的分布变化分析，厘清3年来杭州市农用地的空间变化情况；对杭州市现状的建设强度分布、绿化生态空间分布以及城市人口分布等城市要素进行定量空间分析。在"城市开发边界"规划中，利用水源保护区、基本农田、水体、山体等地理信息要素，进行空间限制要素的叠合，形成开发边界划定的重要依据。

【数字杭州地理空间框架应用】 2015年，数字杭州地理空间框架建设围绕全面改革、创新思维、智慧应用的目标，以打破信息孤岛为核心，推进政务数据资源化、空间化，进一步提升"智慧杭州"建设能力和水平。建立数据应用新机制。市政府印发《关于推进数字杭州地理空间框架应用工作的通知》，为地理空间框架在部门系统建设和空间规划编制应用提供顶层政策保障，实现全市各部门、各地区的数字地理信息"一个坐标、一套标准、一个空间"。革新数据服务模式，由单向数据申请向双向数据共建共享转型，明确数据生产和更新的责任主体，与市公安局、市民政局、市电力局、市城投集团等单位签订数据共建共享协议，初步建立地理信息数据循环流通的路径。研究实现地理空间框架在个人计算机、移动设备等多终端协作上的服务。创新数据采集技术。利用航空摄影测量、全球定位系统参考站、倾斜摄像、激光点云等新技术，提高数据的完整性、准确性和现势性，提升地理空间框架的共享服务能力。推进智慧服务保障。开发"G20国际峰会重点项目一张图"和"重点督查一张图"平台，实现峰会项目综合规划、科学决策、实时监督。规划部门基于数字杭州地理空间框架搭建的"智慧城投地理信息平台"，促进市属企业地理信息系统建设的高起点、跨越式发展，提升城市供气、供水、供电、雨污水排放等的应急处置能力。全年为市应急办、市公安局、市城管委等28个应用系统提供空间框架数据服务，数据接口访问量达2200万次。（汝　虎）

【市规划展览馆接待参观团748个】 2015年，市规划展览馆接待党政军代表团、社会团体748个，接待社会各界代表及外国友人50万人次。5月26日，习近平总书记到规划展览馆考察。全年召开大型会议及各类座谈会63场，完成包括杭州市城乡规划委员会2015年第一次全体会议、全省住房城建系统法制调研会、杭州市市域发展战略规划研究专家研讨会等会议服务保障工作。完成东新单元控制性规划、城市雕塑专项规划等6个批次的规划公示、告示，回收市民群众对公示、告示及规划工作的意见建议600多条。举办《中华人民共和国测绘法》宣传展、《杭州市城市旅游专项规划》主题展等展览10个。为杭州学军中学、杭州第七中学、杭州师范大学附属中学、杭州第十四中学30多名学生提供社会实践服务。启动志愿者讲解活动，通过老百姓自己的讲解，把规划工作成果带到城乡各个角落。（朱海卫）

·勘察设计·

【勘察设计概况】 2015年末，杭州市有勘察设计企业467个，比上年（指2014年，下同）增加127个。其中市勘察设计行业协会会员企业241个。全行业从业人员7.23万人，增长45.2%。实现营业收入709.83亿元，增长31.8%。营业收入超过1亿元的企业58个，500万元以上的企业395个。市勘察设计行业成为杭州现代服务业的重要力量。市勘察设计行业协会履行协调、服务职能，配合市建委做好勘察设计质量管理、勘察设计企业信用评价标准制定、注册建筑师审核和注册工程师变更受理等工作。

4月22日，杭州市城乡规划委员会2015年第一次全体会议在市规划展览馆召开（市规划局 供稿）

【市勘测设计行业协会参与杭州“十三五”行业发展规划编制】 2015年，市勘察设计行业协会参与市建委牵头的杭州“十三五”勘察设计行业发展规划编制工作。组织专家对“十二五”行业发展规划执行情况进行评估；开展调查研究，全面分析行业发展趋势，提出工作思路。规划初稿形成后，召开3次“十三五”发展规划座谈会，分别邀请在杭勘察设计院负责人、行业协会各专业委员会负责人、优秀青年设计师代表座谈，征求对规划初稿的意见，其中一些有价值、可操作的意见建议被采纳。12月，杭州市“十三五”时期勘察设计行业发展规划完成编制。

【房屋建筑施工图审查网上受理】 2月，杭州市施工图审查网上统一受理摇号系统正式运行。根据有关规定，房屋建筑工程项目在1月1日之后取得初步设计或方案设计批复的，其施工图设计文件全部纳入施工图审查信息系统审查。受市建委委托，市勘察设计行业协会全力做好施工图审查受理工作，及时发现并研究解决受理中遇到的问题，认真答复客户的投诉。行业协会施工图审查专业委员会加强对各城区受理窗口的巡回指导，确保施工图审查信息系统的正常运转。

【优秀勘察设计项目评选】 2～4月，市勘察设计行业协会组织开展2015年度杭州市建设工程“西湖杯”奖（优秀勘察设计）评选工作。此次评选收到80多个勘察设计单位报送的参评项目311个，参评项目分建筑、勘察、市政、风景园林、工程技术、智能化6类。经过40多位专家分组评审，评出一等奖32个、二等奖63个、三等奖96个。其中，一等奖项目有杭州滨江物联网感知中心、杭州师范大学仓前校区、杭州延安路综合整治工程、杭州彩虹快速路工程、杭州白塔公园、杭州富阳污泥焚烧资源综合改造利用工程等。评选揭晓后，市勘察设计行业协会组织“建筑类获奖作品讲评会暨设计创作学术沙龙”“风景园林类获奖作品讲评会暨学术报告会”等4场学术活动。结合学术活动，由资深专家对获奖项目进行点评，让大家共同分享优秀项目的创作经验。

【杭州首届优秀青年园林景观师选拔培养】 2月，市建委、市文化创意产业办公室、市勘察设计行业协会联合启动杭州首届优秀青年园林景观师选拔和培养工作。5月，经过多轮选拔、面试，确定8名青年园林景观师参加先在北京后赴美国的高端培训。12月，刘丰、吕振峰等8名青年园林景观师的优秀作品得到专家认可，他们被市建委授予“杭州市优秀青年园林景观师”称号，副市长项永丹等领导为其颁奖。

【工程勘察设计质量检查】 2015年，市勘察设计行业协会配合市建委组织3次在建项目工程勘察设计质量综合性检查。6月，从勘察设计单位抽调7名专家，分5个检查组，对各城区在建项目进行检查。8月，组织26名专家，抽查市本级34个项目的勘察设计质量，提出问题和建议200多条，发出整改通知书15份。9月，组织29名专家，抽查各类项目37个，抽查内容包括建筑结构、建筑节能、给排水、电气、工程概算等，提出问题和建议300多条，发出整改通知书13份。

【市勘察设计行业协会被认定为“AAAAA级社会组织”】 2015年，市勘察设计行业协会以创建“AAAAA级社会组织”为契机，加强协会基础管理工作，加快提升自身能力与水平，为承接政府职能转移和购买社会服务提前做好准备。9月7日，杭州市民间组织管理局委托第三方评估机构，对市勘察设计行业协会进行现场检查评估。年末，经评估和网上公示，市勘察设计行业协会被市民间组织管理局认定为“AAAAA级社会组织”。

（顾　全）

【市城市规划设计研究院承接重大项目21个】 2015年，杭州市城市规划设计研究院承接的重大项目既有总体规划类、产业发展类、基础设施类、资源环境类，也有实施评估类、社会民生类、制度创新类、城市设计类。全年完成杭州市城市总体规划修改及《京杭运河杭州段（三堡至塘栖段）城市景观提升工程规划》《城北产业空间转型及城市功能提升》《杭州市城市综合交通规划实施评估》《杭州历史文化名城保护规划实施评估》《杭州市主城区中小学教育设施规划实施调查报告》《杭州市养老设施布点规划实施评估》《杭州市医疗卫生设施布局规划实施评估》《杭州市钱塘江两岸城市景观提升工程系列规划》《杭州市总体城市设计修编及杭州市城市设计编制规程》《杭派民居（试点村）规划》《杭州市重点片区城市设计》等21个重大项目的编制。其中，《杭州市固体废弃物综合处理规划》通过对固体废弃物产生量的预测和对各类固体废弃物之间关系的分析，向政府提出固体废弃物处置的方法和模式，对综合处理各类废弃物所需要场地和设施进行总体布局，并提出要有政策支持和管理保障的建议。市城市规划设计研究院编制的规划基本上一次性获市政府批复。

（王冬艳）

【市勘测设计研究院7个项目获省部级优秀工程奖】 2015年，杭州市勘测设计研究院完成近600平方千米主城区的跟踪修测，涉及图幅1.2万幅。承接全市第一次地理国情普查任务，完成首批水、农用地、人工化区域、教育、环卫、医疗等公共设施的信息数据采集，首次摸清杭州“家底”，并以白皮书的形式向社会发布。建立符合公安部门要求的CIM数字城市基础数据平台，打造虚拟现实一体化的三维空间信息数据应用平台，以适应警卫、反恐、交通指挥调度等安保需要。完成BIM（建筑信息模型）技术到CIM（城市智慧模型）技术的提升，并在“滨江区彩色实景真三维数字城市模型（数据库）”等项目中进行推广和运用。绘制交通、住宿、消费、文化、体育等11个系列的便民地图。配合“五水共治”，完成《杭州的水》画册信息解译，为杭州防洪减灾和相应河道建设规划提供基础性数据。参与3个铁路工程1∶500地形图修测、首级控制网测设及后期现场服务等项目，确保测绘地理信息数据成果准确及时地服务杭州城市轨道交通建设。完成杭州市地面沉降监测网建设。完成549点水准线路普查、选埋和水准外业测量、水准数据平差处

理，为后期地面沉降监测网分期、分区域的复测奠定基础。“杭州市火车东站站房及站台雨棚工程”“商业综合用房（钱江商城）基坑围护设计”等7个项目获省部级优秀工程奖。（韦欧阳）

·城建投资·

【城建投资概况】 2015年，市城投集团借助“两区两会”、城市国际化、“美丽杭州”建设等重大机遇，按照“三大主体”（重大城建项目建设主体、城市基础设施投融资主体、市政公用设施运营主体）的定位，全力抓好事关全局的重大项目建设和G20杭州峰会服务保障，全面提升“两保一优”（保安全、保供应、优服务）水平。全年实现营业收入155.7亿元，比上年增长14.0%。实现利润10.5亿元，增长11.7%，其中净利润7.5亿元，增长16.6%。年末总资产913.4亿元，净资产376.9亿元，分别增长2.6%和3.3%。

峰会保障工作有序推进。紫之隧道、茹家河河道整治等交通设施保障、停车场库建设、河道环境整治项目完成计划进度。建成1500个“比亚迪”纯电动客车充电桩并移交。有780辆“比亚迪”纯电动公交车及100辆“万向”纯电动公交车投入运营。主城区恢复4条公交电车线路，投运电车150辆。新增（改建）公共自行车服务点100处，新增（更新）公共自行车3000辆。对主城区范围内的给排水及天然气管网开展安全隐患排查，完成供排水老旧管网改造10.1千米、天然气老旧管网改造6.9千米。对28家宾馆、饭店进行两轮排查，科学制定给排水、天然气保障（服务）工作导则；全面完成30多家重点场馆的“成环成网、双路保障”管网改造工程。

重点工程建设进度加快。全年实施重点工程项目149个，完成投资98.2亿元。其中，紫之隧道完成掘进1.33万单延米，累计完成掘进3.03万单延米，占掘进总量的99.2%。完成天然气利用工程富阳—桐庐高压管线施工，建成中低压天然气管道140千米；东部LNG（液化天然气）应急气源站工程完工并投入运行。祥符水厂饮用净水改造工程完成土建施工和深度处理设施设备安装，九溪水厂饮用净水改造工程完成桩基和部分主体结构施工。餐厨垃圾处理一期工程建成试运行。七格污水处理厂三期提标改造工程完成土建，着手设备安装。千岛湖配供水工程施工有序推进。闲林水厂取得项目选址意见书和环评审核意见，进行地质勘探和初步设计编制。开工建设公共停车场库项目1个，竣工2个，新增停车泊位308个。全年完成做地10宗、25.5公顷。

企业改革改制取得新进展。杭州金通科技有限公司在“新三板”挂牌上市。杭州城投建设有限公司完成混合所有制改革，杭州热电集团混合所有制改革及资产剥离方案通过论证。杭州市水务集团有限公司抓紧确立水价联动机制和污水处理政府购买服务机制。杭州市环境集团、杭州市路桥集团、杭州市城乡建设设计院等企业上市工作加快推进。配合市物价部门完成天然气价格调整，市区居民生活用气价格于10月1日起按新方案执行。公共交通政府购买服务机制进一步确立，基本明确公交多元化经营利润分成办法、员工年平均收入标准以及历史政策性亏损解决办法。（王　艳）

【市公交集团推出五项便民服务举措】 5月，为满足市民群众日益增长的出行需求，杭州市公交集团采取五项便民服务举措。推出4路、8路、25路、290路等6条公交运营服务示范线，按照首末站高峰发车间隔不大于3分钟，平峰发车间隔不大于5分钟，其他时段最长发车间隔不大于8分钟的标准，提升公交服务的通勤能力。改善热点线路乘车条件，通过增加高峰班次，加强现场管理，强化调度手段，提升9路、19路、42路等20条乘客反映集中的热点线路运营能力。推出120路、127路、219路、383（M）路（M为地铁接驳线标志）、397路新一轮“班次时刻公示”线路。延长30路、70路、78路等10条线路服务时间。快速公交4号线增设“西溪湿地高庄”“西溪湿地周家村”2对双向停靠站；开通1504（M）路社区微公交，由地铁江陵路站始发，经水印巷至滨盛路信诚路口（省儿童保健院滨江院区），将沿途住宅小区、医院等公建设施与地铁站相连接。

【杭州出租汽车集团挂牌成立】 8月26日，杭州市公交集团投资成立的杭州出租汽车集团有限公司挂牌成立，标志着杭州出租车行业改革迈出坚实一步。新组建的公司以“公司化运营、信息化管理”为基本模式，引入“互联网+的士”管理理念和大数据技术，开展出行需求信息调查、分析和动态寻价、拼车等新模式研究，推出网络预约、在线调度、乘客评议等举措，拓宽市民卡、银联、支付宝、微信等线上支付渠道，更好地满足市民群众出行需求，方便市民和中外游客乘坐出租车。

【杭州公共自行车软硬件系统获“中国好设计”银奖】 11月5日，中国工程院和浙江省政府主办的国际

8月26日，杭州出租汽车集团有限公司成立　　（市城投集团　供稿）

工程科技发展战略高端论坛——创新设计论坛暨2015年中国创新设计大会在杭召开。“杭州公共自行车软硬件系统”在全国146个参评项目中脱颖而出，获“中国好设计”银奖。杭州在全国率先推行城市公共自行车，2015年全市公共自行车总量达8.4万辆，服务网点达3300多个，每天为30万人次提供服务，主城区租车时间为6～24时。公共自行车成为杭州构建“五位一体”大众公交体系的重要组成部分，公共自行车“杭州模式”在全国140个城市得到推广。

【杭州金通科技股份有限公司登陆“新三板”】 11月16日，杭州金通科技股份有限公司（简称金通科技公司）挂牌敲钟仪式在北京全国中小企业股转中心举行。金通科技公司成为市城投集团首个上市企业。该公司以公共自行车系统的研发、销售、建设、维护为核心业务，面向全国各城市提供公共自行车租赁系统建设解决方案，以及公共自行车租赁系统配套设备和维护等服务。至2015年末，金通科技公司协助全国158个城市（含县）开发建设公共自行车系统项目506个，开发建设城市涉及21个省、自治区和3个直辖市，为25个城市提供品牌化的公共自行车运营管理。

【杭州公交车载Wi-Fi启用】 自12月17日起，杭州主城区8路、22路等195条线路的3000多辆公交车正式启用免费车载无线网络。至年末，主城区公交车车载无线网络实现全覆盖。乘坐公交车出行的乘客可以用带有无线网络功能的移动终端（手机、电脑等），通过验证轻松上网；可以使用微信、微博、QQ等APP浏览信息、获得资讯。此前，杭州主城区体育场路、环城东路、环城西路等主要道路上的339个公交车站启用带宽为2M的无线网络。（郑增杰）

【清泰水厂成为省级现代化水厂】 12月17～18日，清泰水厂通过浙江省城市水业协会专家组核查评审，成为“浙江省城市供水现代化水厂”。城市供水现代化水厂是衡量水务企业现代化管理水平的重要标志之一。清泰水厂是继南星水厂后杭州第二个达到省现代化评价标准的水厂。该厂建于1930年，是全省第一个城市水厂，经过5次大规模改造扩建，制水能力从每日0.8万立方米提升到30万立方米。2008年，该厂投资近4亿元，启动饮用净水改造工程，至2013年建成投入运行。工程采用强化预臭氧、炭砂过滤与膜处理相结合的新型工艺流程，经过膜处理后的出厂水水质达到直饮水标准。

【“保供水”重大项目全面推进】 2015年，杭州市水务集团加快推进祥符、九溪两个水厂深度处理改造、七格污水处理厂提标改造和建设、千岛湖配供水工程、老旧供水管网改造等重大项目。年内，祥符水厂完成深度处理系统构筑物主体施工和主要设备安装，该厂涉及7.2万户农村居民饮水安全；九溪水厂完成东侧预臭氧接触池主体施工。七格污水处理厂三期部分工程设备到货并开始安装，四期工程开工建设。千岛湖配供水工程九溪线配套项目初步设计获批复，九溪线、城北线共用段工程通过施工、监理招标。闲林水厂工程环评和水土保持方案批复、用地预审、勘察设计招标等前期工作全部完成。秋涛路、环城北路、艮山西路、之江路、飞云江路、庆春东路、武林路等道路老旧供水管道完成改造77.11千米。（王　翔）

12月23日，杭州东部液化天然气应急气源站建成投入运营

（市城投集团　供稿）

【杭州主城区民用管道天然气实行阶梯价格】 10月1日起，杭州市区（不含萧山、余杭、富阳区）居民生活用管道天然气实行阶梯价格，居民家庭按年度用气量为计算周期，全年用气量划分为三档，各档用气量价格实行超额累进加价。第一阶梯用气量为276立方米（含）以下，销售价格每立方米3.10元（含税，下同）；第二阶梯用气量为276立方米～480立方米（含），销售价格每立方米3.72元；第三阶梯用气量为480立方米以上，销售价格每立方米4.65元。居民用气户用气地址对应的户籍人口多于4人的，每增加1人，相应增加年用气量60立方米。此次实行阶梯价格是2004年杭州居民开通使用天然气以来，首次对民用管道天然气进行调价。

【杭州东部液化天然气应急气源站建成】 12月23日，杭州东部LNG应急气源站建成试运行。该应急气源站是杭州规划建设4座应急气源站中的第2座。东部LNG应急气源站建有1台1万立方米的常压罐，储存量折合气态约600万立方米，为省内最大的城市应急气源站，于2012年12月开工建设，2014年12月完成主体工程建设。东部应急气源站投入运行后，杭州一旦发生上游紧急状态的“断气”，东部气源站存储的液化天然气，即可气化输入管道向市民供气，与西部应急气源站一起，满足全市平峰时期6天、高峰时期3天的供气保障。（方翠燕）

【杭钢半山生活区用气用水改造完成】 9月20日、29日，杭州市燃气集团、杭州市水务集团提前2个月分别

完成杭钢半山生活区民用天然气、自来水改造及转换工作，为年底实现杭钢半山基地关停奠定基础。此次居民天然气改造及转换涉及杭钢半山生活区南苑、北苑、田园三大区块，改造项目包括更新地下管道9.4千米，更换地下引入管499根，新增区域调压器3座，对178幢7181户居民用户以及24个共建用户天然气管道进行转换。居民自来水改造及转换涉及南苑、北苑区块114幢4612户用户，通过实施新建改建市政管线11.72千米，新设“一户一表”户外立管618条，成功实现2个区块的居民用水转换。（王 艳）

7月15日，市长张鸿铭（右六）检查杭州钢铁集团半山区域天然气、自来水改造工作（市城投集团 供稿）

【天子岭静脉小镇入选首批市级特色小镇】 11月27日，天子岭静脉小镇入选首批市级特色小镇，成为杭州市级小镇中唯一一个主导发展环保产业的小镇。天子岭静脉小镇总规划面积2.8平方千米，以发展环保产业为核心，以“三生（生活、生产、生态）打通、三业（产业、旅游、文化）叠加、五废（生活固废、污泥固废、建筑固废、有害固废、再生固废）共治”为引领，计划在3年时间内实施资源循环利用产业、环保新技术与装备制造集成基地、循环经济教育示范基地及旅游文化建设、城市固体废物综合处置、基础设施建设五大类24个项目，总投资50.54亿元。

【餐厨垃圾一期项目建成】 12月31日，杭州市环境集团设计日处理量200吨的餐厨垃圾处理一期项目建成。该项目为国家第三批餐厨废弃物资源化和无害化处理试点项目。项目实施后，在一定程度上降低由于餐厨垃圾处理不规范导致的食品安全隐患和生态环境污染风险，缓解广大市民对餐厨垃圾“地沟油”回流到餐桌的担忧，提升政府公信力，并可将餐厨垃圾处理过程中产生的沼气用于发电，产生的油脂进行再循环利用，实现良好的社会与经济效益。

【打造垃圾清洁直运“升级版”】 2015年，杭州市环境集团着力打造垃圾清洁直运“升级版”。上城、下城、江干、拱墅、西湖五城区相继成立垃圾清洁直运分公司，并建立“契约管理、指标考核、工作例会、信息报送、联动共治、先试先行”六大工作机制。开通“垃圾不落地”清运线、厨余垃圾清运示范线路各10条，打造大关、和睦街道等垃圾清洁直运共建街道10个。拓展垃圾清运“五定五公开”（线路定点、定时、定次、定类、定向，公开垃圾桶数量、收集清运时间、日清运频次、投诉电话、责任人）区域，设置标准化清运集中放置点47个，推进建立“政府主导、企业主体、社区辅助、社会参与”的垃圾社会治理新模式。全年完成直运垃圾165.22万吨，比上年增长16.1%。

【承办海峡两岸暨香港、澳门固体废物管理论坛】 10月30日至11月1日，由杭州市环境集团等单位承办的海峡两岸暨香港、澳门固体废物管理论坛暨中国城市环境卫生协会第六届垃圾与文化论坛，在杭州天子岭垃圾填埋场举行。来自相关地区和海外的领导、专家、学者240多人参加。论坛以“固废治理与美丽城市”为主题，集中探索垃圾治理的理念、技术、机制，交流垃圾治理的经验、案例、思路。当日，中国垃圾与文化博物馆开馆，并在博物馆举行“绿色风行·中国第二届垃圾与文化书画展”。（于明革）

【全省首幢住宅产业化试点楼宇结顶】 12月30日，杭州三墩北地块经济适用房项目首幢楼宇主体结顶。该项目是全省首个住宅产业化示范项目，于2014年7月开工建设，总建筑面积10.35万平方米，由8幢21~27层高层住宅组成，届时可满足1086户3000多人的入住需求。项目采用标准化设计、工厂化生产、装配化施工、产业化开发模式，不仅缩短建设周期，降低物耗、能耗及施工过程对周边环境的影响，而且有助于提高住宅的品质和寿命。该项目由杭州安居房产有限公司承建。（田守明）

【武林人行地道养护班组被评为“全国五一巾帼标兵岗”】 4月23日，杭州市路桥集团武林人行地道养护班组被中华全国总工会授予“全国五一巾帼标兵岗”称号。武林人行地道建于2005年6月，位于杭州主城区商业枢纽中心，日均人流量3万人次。武林人行地道养护班组有职工13人，其中女职工10人。全体养护人员6年如一日，爱岗敬业、任劳任怨、精心管养、创先争优，先后获得杭州市建设工会“女职工建功立业标兵岗”、杭州市总工会“先进职工小家”等称号。（胡张璇）

·钱江新城·

【钱江新城概况】 2015年，钱江新城管委会以习近平总书记视察钱江新城为契机，围绕“树立新标杆，构建大格局”的总要求，以更高标准、更大努力，推进各项工作在新的起点上更好更快发展，钱江（城东）

新城建设取得新的进展。全年完成有效投资284.12亿元，其中政府项目投资127.04亿元，社会项目投资157.08亿元。钱江新城管委会被评为“杭州市2015年度投资及重点项目管理优胜部门和先进集体”“杭州市2015年度城乡区域统筹发展（新农村建设）区县（市）协作贡献单位”“杭州市治理城市交通拥堵工作先进单位”。钱江新城投资集团实施的杭州铁路东站综合交通枢纽及配套设施项目、白石港（天城路—源聚路）河道整治工程分别获杭州市重点项目建设先进集体、杭州市河道综保工程“五水共治先锋”劳动竞赛先进集体称号。

重大项目建设进度加快。杭州高级中学钱江新城校区、杭州行知幼儿园新城园区交付使用；钱江（城东）新城开工建设安置房及配套工程200万平方米；江干区块和上城区块完成安置房土建和配套工程23.2万平方米。上城区块安置房完成回迁。全力推进涉及G20杭州峰会11个社会项目、39个场馆交通保障和环境提升等项目的建设。其中，杭州大剧院完成改造，并启动场馆服务员招募培训；220千伏乔景—候文线4000米“上改下”工程全面完成；新业路（新塘路—钱江路）建成通车；钱江路延伸线（三新路—塘工局路）完成投资2.7亿元；富春路污水管道铺设完成工程量80%；核心区主题灯光工程建设全面推进。杭黄铁路（浙江段）建设完成投资61.41亿元，沿线农居户拆迁基本完成。杭州铁路北站货场三期交付建设用地10.4公顷。铁路东站综合交通枢纽及配套设施项目开工13个，完工10个；“一环一井四通道”交通主框架全面打通。

征迁安置工作成效明显。涉及G20杭州峰会项目征迁取得重大进展，核心区二期59户居民全部搬迁，历时8年的拆迁工作画上句号，为新业路年底前贯通创造条件；市民公园和金融城建设项目完成杭州东升铝幕墙厂搬迁扫尾、杭州爱大制药有限公司拆迁腾空、杭州胡庆余堂药业有限公司腾房交地，完成浙江中嘉商贸发展有限公司拆迁、渔人码头建设有关小区和单位动迁。五福村拆迁签约农户61户，完成率91%。云峰社区整体拆迁基本实现当年启动、当年完成。全年未发生因征迁引发的群体性上访事件。

城市资源经营管理取得新成效。全年钱江（城东）新城完成做地30.68公顷，出让土地24.88公顷，实现土地出让合同金额破100亿元的目标。钱江新城核心区高德置业、杭州来福士广场等15个新建、续建社会项目完成投资35.29亿元，城东新城39个社会项目完成投资103.38亿元。收回、追缴有关项目滞纳金和违约金1.02亿元，以及有关地块土地出让金和其他应收回资金，对钱江新城投资集团代建项目的往来资金进行清理，建立自有资产资料库。与浙江出版联合集团签订战略合作协议，联合开展城市阳台东侧区块招商。

综合管理工作统筹推进。完成渔人码头和生态公园控制性规划局部调整、市民公园选址论证报告编制；完成钱塘江安全应急中心项目选址意见书编制、环境评价批复、初步设计方案报批；完成核心区综合整治方案制订和施工图设计、世纪花园桥等3座景观桥初步设计和新塘河沿线景观照明方案设计；青年路过江隧道和四季路（暂定名）可行性研究报告等项目建议书获批复；核心区主题灯光工程、新塘河绿道工程等通过立项。富春路（清江路—之江东路）污水管道系统改造工程等6个大型项目、钱江路延伸线智能交通等20个项目确定招标单位。钱江新城完成造价结算审计项目183个（含一次性审结项目）。地下空间新开工11.99万平方米，完工13.86万平方米，分别完成年度计划的119.9%和138.6%。加强核心区漂流书亭、物业、广告、商业设施及绿化养护等管理，全面推进核心区环境整治提升。（施旭青　蔡宏华）

【钱江新城上城区块建设加快】 12月9日，钱江新城管委会与上城区政府举行联席对接会，双方就南星单元B—03地块回迁安置、钱江新城上城区块征迁扫尾、安置房源调拨等事项进行协商，并达成一致意见。对接会后，钱江新城上城区块建设步伐加快。有关地块完成征迁扫尾。年内，南星单元B—03地块农转非居民拆迁安置房（含城市居民）完成竣工备案，该地块总建筑面积8.3万平方米，总套数553套。紫阳地块和原杭州木材厂区块的回迁安置进度加快，首批安置拆迁户64户，其中农户45户，拆迁户主要涉及上城单元B—01、B—02、B—04、B—05等地块的开发和相关配套道路建设。

【杭黄铁路建设全面铺开】 杭黄铁路东起杭州火车东站，经萧山、富阳、桐庐、建德、淳安五区县（市）进入安徽省，全长265千米，其中浙江段境内185千米。全线设杭州东、杭州南、富阳、桐庐、建德东、淳安、三阳、绩溪北、歙县北、黄山北10座车站，工程概算总投资365.5亿元。杭黄铁路（浙江段）于2014年6月30日先行开工，工程建设顺利推进。2015年，浙江段完成建设投资61.41亿元，为年度计划的122.8%。完成农户拆迁签约1696户，签约率99.8%；签约农户年内全部腾空并完成房屋拆除。完成企业搬迁58个，占搬迁企业总数的68.2%。交付建设用地380.8公顷、施工临时用地246.4公顷。（施旭青）

【交通拥堵治理工程完工】 钱江新城投资集团加快推进拥堵治理工程实施进度，进一步完善区域范围内道路路网。10月29日，交通治堵重点项目杭州铁路东站枢纽地区环站东路（德胜路—天城路）道路工程全面竣工。该路段北接德胜路，南连环站北路、天城路，全长930米，标准宽度43米，双向六车道，设计时速60千米/小时。12月18日，城东新城东宁路（机场路—德胜路）、环站东路（德胜路—天城路）、明月桥路（环站北路—天城路）、天城路（同协南路—明石路）、同协南路（天城路—源聚路）、源聚路（同协南路—明月桥路）6条道路全部完工。年内杭州铁路东站枢纽地区“一环一井四通道”交通主框架全面打通。

【5个河道整治建设项目完成】 2015年，钱江（城东）新城实施城东新城二号港、横河港等河道整治建设项目7个，总投资5900万元。各实施单位倒排整治建设工期，实行项目责任管理。通过河道卡口拓宽、障碍物清除、河道疏浚、加固驳坎等举措，扩大河道断面，提高河道行洪排涝能力。全年完成河道整治建设

6月30日，钱江路延伸段跨京杭运河南半幅桥建成　（施旭青 供稿）

项目5个，其中主汛期前完成4个。河道整治项目中，白石港（天城路—源聚路）河道标准宽度30米，长约600米，河道挡墙采用重力式浆砌、鱼巢砖贴面的生态式驳坎。（蔡宏华）

【钱江路延伸段地面道路部分开通】 6月30日，钱江路延伸段（三新路—塘工局路）地面道路部分开通。延伸段工程为G20杭州峰会重点项目，道路西起三新路，向东跨越京杭大运河，下穿杭长高速铁路、杭甬高速铁路、浙赣铁路、杭甬高速公路至观潮路，是未来连接钱江新城和杭州经济技术开发区及临平副城的重要干道。该工程钱江二桥以东段至观潮路（包括三标段）由钱江新城投资集团负责建设。三新路至塘工局路路段由钱江新城建设指挥部负责建设，总长1725.6米。至年末，延伸段道路南半幅完成钢桁架桥并通车，北半幅小箱梁桥附属结构落地，杭海路跨三堡船闸的运河桥完成整修，新时代南广场交付使用，工程量完成年度计划的129%。

【新业路延伸段建成通车】 12月25日，新城核心区新业路延伸段（新塘路—钱江路）正式通车。新业路延伸段西起新塘路，东至钱江路，沿线与杭海路、中央公园路、新塘路相交，延伸路段全长200米，此前因拆迁问题工程迟迟不能开工，过往车辆从新业路下口到市民中心，要绕一条半圆形的临时通道。钱江新城建设指挥部聚力攻坚克难，用不到3个月时间完成核心区二期59户居民拆迁扫尾，继而加快延伸路段电力、通信、燃气、给水、雨水、污水等管线铺设，以及交通标志标线和交通智能信号设置和亮灯、绿化施工，把新业路断头的地方拉直，打通断头路。（施旭青）

【“一城两口三区”规划提升启动】 2015年，“一城两口三区”（城东新城、江河汇流口、彭埠入城口、上城区块、扩容区块、景芳三堡区块）的控制性详细规划及各类专项规划提升工作启动，并取得阶段性成果。先后完成彭埠入城口地区整治与提升规划编制、江河汇城市综合体城市设计及控制性规划方案优化，二期扩容区块城市设计进入控制性规划阶段。12月5日，市规划局、钱江新城投资集团联合举行城东新城规划建设中期评估报告会。会上，首次公布由同济大学课题组完成的《城东新城规划建设中期评估报告》。该报告通过中国科学院院士郑时龄等12位专家学者的评估审查，为城东新城转型升级奠定良好基础。（蔡宏华）

【实施“城·水·光·影”主题灯光工程】 2015年，钱江新城管委会实施以“城·水·光·影”为主题的灯光工程。该工程为G20杭州峰会社会项目之一，由T轴开放空间亮灯、主题灯光一期亮灯、主题灯光二期亮灯3个项目组成。其中，T轴开放空间亮灯范围包括波浪文化城、城市主阳台、CBD公园景观带等区域，覆盖面积约38公顷，总投资8000万元，于12月底前完工。主题灯光一期亮灯拟通过杭州市民中心、杭州国际会议中心（洲际酒店）、杭州大剧院三大建筑颜色变化与社会项目楼体整体互动，体现“天圆地方”“日出江华”“众星拱月”的理念，达到整体震撼的视觉效果，总投资6700万元，年内完成大部分工作量。主题灯光二期亮灯涉及富春路和钱塘江之间约30栋建筑，主要通过“水之灵”“城之魂”“光之影”3个模式之间的灯光互动，打造光和人的立体互动体验，总投资约1亿元，项目建设有序进行。（施旭青）

2015年，钱江新城实施以“城·水·光·影”为主题的灯光工程。图为新建的音乐喷泉　（施旭青 供稿）

【“两口一枢纽”环境提升工程推进】 钱江新城投资集团加快推进以彭埠互通入城口区域（云峰社区）、德胜互通区域（白石社区）和铁路东站枢纽亮灯工程为核心的“两口一枢纽”环境提升工程。5月中旬，铁路东站枢纽地区彭埠单元G1—03地块居住区公园项目通过景观方案专家论证会。6月5日，彭埠入城口地区整治与提升规划方案通过市规划局组织的专家评审。10月28日、12月1日，省委常委、市委书记赵一德两次赴云峰社区征地现场调研，充分肯定征地工作和彭埠入城口景观提升改造工作。年内，云峰村拆迁基本完成，相关设计前期工作全面展开；德胜入城口与铁路东站枢纽周边完成30万平方米拆除区域的场地平整、1.5万米围墙砌筑及高速公路西侧、南侧5个绿化项目的拆迁签约。

【望江路过江隧道主体工程开工】 12月31日，省重点建设项目望江路过江隧道主体工程开工建设。望江路过江隧道工程位于钱江三桥（西兴大桥）和钱江四桥（复兴大桥）之间，北起上城区望江路，下穿钱塘江，南接滨江区江晖路，为新建城市主干道，隧道全长3.24千米，隧道主线双向四车道，设计时速60千米/小时，分试验段工程（北出口工程）和主体工程两期实施。项目总投资25亿元，计划2019年建成。望江路过江隧道建成后，有利于完善钱江新城至滨江区的交通系统，加快钱江两岸一体化进程。（蔡宏华）

【“双清”攻坚成效明显】 2015年，钱江新城以G20杭州峰会举办为契机，强势推进“双清”（征地拆迁“清零”暨回迁安置“清零”）工作。围绕新业路延伸、市民公园建设、金融城建设等6个项目的征迁扫尾，建立征迁工作制度，加强征迁工作宣传，形成较强工作合力和氛围。创新工作方式，通过说服教育搬一批、重点拆迁带一批、行政裁判迁一批、依法动迁清一批，千方百计破解征迁“清零”难题。全年完成杭州供电公司修理厂、杭州爱大制药有限公司等11个企事业单位及采荷南苑、三叉、五福等社区135户农居户拆迁。彭埠入城口提升改造项目涉及的云峰村318户农户、24个企业签订拆迁协议，上城区块、三堡及扩容区块、城东新城拆迁扫尾顺利推进。其中城东新城完成30个企业、15户农户拆迁及55户拆迁户扫尾安置。全年在建安置房及公租房（含代建）374万平方米。安置房的教育配套项目有序推进，5所新建、续建幼儿园和小学完成进度计划。（施旭青 蔡宏华）

【资产经营收益提升】 2015年，钱江新城投资集团对商业物业资产业务进行归集，梳理整合成商业物业租赁、酒店会展、广告文化传媒、物业服务、停车管理五大核心业务板块，全年实现营业收入4.78亿元。其中，洲际酒店收益稳步提升，收益在洲际酒店集团大中华区的200多家酒店中居第三位，并获星光奖“最佳会议会展酒店”、漫旅中国·旅行奖“中国百佳酒店”等荣誉；商业物业租赁完成招商面积10.38万平方米，成功吸引国内最大旅游企业锦江集团入驻；广告位出租面积8692平方米，比上年增加249平方米；与北京金地停车有限公司开展合作，成立杭州钱江新城金地停车服务有限公司，涉足停车服务产业，接管杭州火车东站、波浪文化城、市民中心等停车泊位面积30万平方米、停车泊位约1万个，并加快停车智能化系统研发建设；物业服务在管项目总面积207.51万平方米；市民中心主楼入驻率100%。（蔡宏华）

9月10日，杭州高级中学钱江新城校区交付使用　（市钱投集团 供稿）

【杭州高级中学钱江新城校区投用】 9月10日，由钱江新城管委会投资建设的杭州高级中学钱江新城校区交付使用。新城校区位于江干区七堡，南临沿江大道，西接五号港路，北面为引水河路，东面为规划中的七华路，建设用地面积8.87万平方米，总建筑面积12.9万平方米，其中地上面积10.33万平方米，地下面积1.60万平方米，架空平台面积9961平方米，是杭州主城区占地面积最大的中学。校区建设分三期：一期为体育健身中心、行政楼（包括国际交流中心、校史馆），建筑面积2.48万平方米；二期为艺术楼、科技楼、1~3号教学楼和图书信息楼，建筑面积4.36万平方米；三期为学生宿舍楼、外籍教师公寓等，建筑面积3.49万平方米。新校区总投资12亿元。校区建设按照工程上高强度推进、装修上高标准设计的“两高”要求，抢时间，抓节点，用6年时间建成体现历史和文化内涵的一流学校。校区投用后第一年招收新生13个班级。

【杭州行知幼儿园新城园区开园】 9月1日，由钱江新城管委会投资建设的杭州行知幼儿园新城园区开园。新城园区位于钱江路与甬江路交叉口，东临二号支路，南面为规划绿地，西面为规划公共服务设施，北面与三号支路相邻。园区建筑地上3层，地下1层，建筑高度15米，建筑面积3700平方米，规模为9个班，总投资1450万元。园区建设按照一级示范幼儿园的标准，布局合理，造型新颖，安全环保。投入使用后，南星地区儿童“入园难”“上好园更难”问题得到缓解。

【首届浙江全民阅读节】 4月23~26日，首届浙江全民阅读节暨浙江书展之“漂流书亭”公益活动在钱江新城城市阳台举行。阅读节暨书展以“书香浙江，品质生活”为主题，在城市阳台设立少儿馆、文艺馆、特色书店馆等主题展馆12个，来自全国各地600多家图书、报刊、电子音像出版单位和数字娱乐、动漫网络发行单位及知名品牌特色书店、文化创意机构参展，展出图书近20万种。先后举办各类阅读和文化活动106场。书展人流超过4万人次，图书销售额约220万元。其间，30多个单位前往认领“漂流书亭”，当起“公益娘家”。其中一号、二号阳台上的20座书亭被浙江出版联合集团认领，并捐赠优秀书籍2000多册。“漂流书亭”自2012年杭州第二届学习节之际启漂以来，累计漂进漂出图书4万多册，成为钱江新城公益阅读的品牌。“漂流书亭”中的明星书亭接待过莫言、麦家等名家的签名漂书。此次，梁晓声、格非两位大家赶赴现场，将自己的签名作品漂进明星书亭，让更多的读者阅读欣赏。

（施旭青）

·建筑业·

【建筑业概况】 2015年，杭州市有建筑施工企业3064个，比上年增长2.5%。其中，施工总承包企业1115个，专业承包（含设计与施工一体化资质）企业1585个，劳务分包企业364个。全年完成建筑业总产值4097.57亿元，增长3.2%，占全省建筑业总产值的17.1%，居全省第二。实现建筑业增加值412.54亿元，增长5.6%，占全市生产总值的4.1%。实现工程结算收入3620.34亿元，增长3.1%。实现利润总额89.55亿元，下降1.9%。全市建筑行业平均从业人员131.06万人，增长1.3%。

（俞　辉）

【建筑业企业资质管理】 2015年，市建委按照国家建筑业企业新资质标准，制定换发新版建筑业企业资质证书办法，开展建筑业企业资质网上换证和中介机构资质申报试点，推进资质换证工作的平稳过渡。全市核准建筑业企业资质116个，延续核准201个；核准省住房城乡建设厅下放企业资质4个、下放企业延续资质8个；核准园林绿化企业三级资质145个、工程监理企业丙级资质7个和造价咨询企业乙级（暂定期一年）资质7个、招标代理企业暂定级资质21个。

（郎季洁）

【建筑市场信用体系建设】 6月29日，市建委出台《杭州建设市场主体信用记录记分标准（2015版）》，制定有关“信用杭州”信用信息报送及使用管理办法和在行政管理事项中使用信用信息的暂行办法，推进建筑市场信用体系建设。完善建筑市场监管平台，与“浙江省建筑市场监管与诚信信息平台”实现数据对接。开展2014年度杭州市建筑业企业（含建筑施工、工程监理、造价咨询和招标代理企业）信用等级评价，评出信用等级优秀企业265个、良好企业336个。建立市政府投资项目预选承包商更新机制与动态清出机制，对发生年度信用扣分超过25分，在政府投资项目投标和工程变更、工程决算过程中有弄虚作假等不良信用行为的企业，给予清除承包商名录或暂停承包资格的处罚。强化建设行业企业和从业人员信用管理。全年对550个次企业、3191人次人员进行信用扣分，对1625个次企业进行信用加分。

（俞　辉）

【建筑市场执法检查】 2015年，杭州市规范建筑市场执法程序，制定建筑市场执法调查取证、行政处罚案件立案移送及市场行为纠纷投诉处理办法，加强建筑市场执法检查，着重查处建筑市场中的违法分包、转包、挂靠等违法违规行为，对有违法违规行为的企业进行跟踪督查。全市执法检查包括市场与现场联动检查、地铁工程分包情况检查、发生民工工资纠纷的建筑施工企业及项目工地检查、执业资格证书挂靠借用检查、建设工程质量安全检查等。全年检查建筑业企业1556个次、建筑工地490个次，发出责令限期整改通知书157份，约谈企业66个、有关人员104人次。实施简易程序处罚76起、一般程序行政处罚24起。

（俞　辉　郎季洁）

【建设工程招标投标监管】 2015年，杭州市实施建设工程招标投标分类管理，规范国有企业参股建设项目招标投标管理，优化建设“两美浙江”示范区重点工程招标投标服务。扩大电子评标的工程类别和范围，尽可能避免人为因素影响评标情况，评标工作透明度和效率进一步提高。完善监理评标和招标代理比选办法，完善施工、监理、材料设备等招标文件示范文本，预防招标文件中不合理条件的设置，实现备案过程的快捷、高效。完善评标专家动态管理系统，加强对交易场所评标、开标监督管理。全年杭州市区（不包括萧山、余杭、富阳，下同）建设工程中标项目3436个，中标金额582.5亿元。加强招标控制价审查和备案管理及工程造价统计分析，完成市区建设工程施工合同备案项目541个，合同备案金额295.14亿元。

（郎季洁）

【推进新型建筑工业化】 7月21日，杭州市成立推进新型建筑工业化领导小组及办公室，副市长项永丹任领导小组组长，市有关直属部门、各区县（市）、开发区管委会分管负责人为领导小组成员，全面负责全市新型建筑工业化推进工作。领导小组办公室设在市建委，建立部门协同、市区联动、职责明确的新型建筑工业化工作推进模式。市政府办公厅出台《关于加快推进新型建筑工业化的实施意见》。加快技术标准体系建设，制定全国首个《装配整体式混凝土结构施工与质量验收规定》，组织10个企业和大专院校编写22项浙江省新型建筑工业化技术标准和图集，主编完成全省首个《浙江省工业化建筑工程计价定额》（钢结构部分），填补新型工业化建筑工程计价空白。建立新型建筑工业化部分构件市场价格信息发布机制；出台《关于新型建筑工业化项目招标投标的实施意见》，规范新型建筑工业化项目招标投标。举办推进杭州市新型建筑工业化工作现场会、技术培训班和公益讲座，通过《中国建设报》、《浙江日报》、《杭州日报》、人民网等媒体进行宣传普及，提高公众对新型建筑工业化的认同感。推动成立浙江省新型建筑工业化产业联盟，组建杭州市新型建筑工业化协会，建立政、产、学、研全产业链企业交流合作平台。年内，杭州远大住工现代建筑产业园、杭萧钢构钢结构国家住宅产业化基地、杭州东南网架装配式钢结构住宅国家低碳技术创新及示范基地建成投产。培育新型建筑工业化重点示范企业12个，其中4个被列入省推进新型建筑工业化示范企业。在保障房建设和市政项目中实施样板工程8个，建筑面积66.5万平方米，其中5个列入省“1010”（10个示范基地和10个示范项目）工程。对4个新型建筑工业化示范项目给予奖励，引导传统建筑业向新型建筑工业化转型升级。

【推进建筑业绿色发展】 2015年，杭州市加大建筑工地全方位扬尘治理力度，倡导建设工程文明施工、绿色施工，着力维护城市环境卫生。开展工地扬尘综合整治，全年检查督查项目13342个，发出责令限期整改通知书10208份、停工通知单396份，工地环境明显改善，场地积灰、车辆带泥上路等情况明显减少。开展绿色施工示范工程创建活动，浙江省长城建设集团有限公司、浙江中南建设集团有限公司、浙江省一建建设集团有限公司承建的3个工程项目被中国建筑业协会评为第五批全国建筑业绿色施工示范工程，浙江省建工集团有限责任公司等46个建筑施工企业承建的61个工程项目被评为浙江省建筑安全文明施工标准化工地，浙江城建建设集团有限公司等104个建筑施工企业承建的190个工程项目被评为杭州市建设工程安全生产、文明施工标准化样板工地。

【建筑业技术创新能力提升】 2015年，杭州市建筑业企业大力推进技术研发中心建设。浙江蓝天求是环保股份有限公司等4个企业技术中心入选省级企业技术中心名单，浙江警安科技有限公司企业技术中心入选市级企业技术中心名单，浙江恒誉建设有限公司等6个企业技术中心通过市级建设行业企业技术中心认定。推进施工技术改造提升。浙江省一建建设集团有限公司的“悬瓦幕墙施工工法”等7项工法入选2013～2014年度国家级工法名单（2015年公布）。科技进步取得新成果。浙江大华技术股份有限公司等研发的“高清视频物联的感知层和应用层关键技术及产业化”、浙江方远建材科技有限公司等研发的“面向海绵城市建设的生态铺装关键技术及其应用”2项技术获省科技进步奖一等奖，浙江东南网架股份有限公司等研发的“大型体育场馆钢结构智能化建造关键技术研究及实践”等4项技术获省科技进步奖二等奖，杭州岩土科技股份有限公司等研发的“一种在旧建筑物下建造地下车库及人防、抗震设施的技术”等3项技术获省科技进步奖三等奖。聚光科技（杭州）股份有限公司等研发的“基于荧光技术的气体中重金属在线监测系统研制与应用”项目获市科技进步奖一等奖，三维通信股份有限公司研发的“WLAN网络优化及网络质量测试分析系统”等3项技术获市科技进步奖二等奖。

【优秀企业和企业家受到表彰】 2015年，杭州建筑业加快转型升级，大力拓展国内外市场，加强工程质量和安全施工管理，一批经济效益好、纳税贡献大、管理上水平的企业及企业家受到表彰。浙江省建工集团有限责任公司被中国施工企业管理协会评为全国工程建设企业质量管理先进单位。浙江省建工集团有限责任公司、浙江省大成建设集团有限公司、浙江新盛建设集团有限公司等9个企业被中国建筑业协会评为全国建筑业AAA级信用企业。浙江省送变电工程有限公司、浙江省武林建筑装饰集团有限公司、杭州建工集团有限责任公司等8个企业被中国施工企业管理协会评为中国工程建设诚信典型企业。杭萧钢构股份有限公司董事长单银木被省企业联合会、省企业家协会评为第十四届浙江省优秀企业家。浙江省建工集团有限责任公司陈一龙等31位项目经理被省建筑业协会评为浙江省建筑业企业优秀建造师项目经理。 （俞　辉）

【14个工程项目获鲁班奖】 11月，全市14个建筑企业承建或参建的工程项目获2014～2015年度中国建设工程鲁班奖，其中在杭州市的工程项目为新建杭州东站扩建工程站房及相关工程（站房工程）和萧山供电局电力调度大楼工程。同时有15个工程项目获2014～2015年度国家优质工程奖，其中，杭州企业参建的浙江浙能六横电厂新建工程（2×1000兆瓦）和福建仙游抽水蓄能工程获国家优质工程金质奖。另外有44个工程项目获2015年度浙江省建设工程“钱江杯”（优质工程）奖。

【建筑产业工人管理】 2015年，杭州市更新升级建设工程现场人员实名制管理信息系统，强化现场人员实名制管理和动态管理。组织施工、监理和外地进杭企业实名制管理培训，全市2000多个企业近3000人参加。加强劳务作业人员岗前培训，通过“自培自考”、依托民工学校培训15万多人次。全市新增岗前培训“自培自考”点127个，有注册师资748人。新增民工学校400所，有246所参与示范民工学校创建，达到创建标准163所，有136所通过达标验收。完成2014年度示范民工学校、十佳民工学校评选。组织开展精细木工、装饰镶贴工、管工、工程电气设备安装调试工等工种的职业技能竞赛，并选派13名选手组成杭州代表队参加省级技能竞赛，分别获得2个优秀组织奖，并在精细木工、装饰镶贴工、管工等工种比赛中获得个人名次。会同市普法办、市司法局、市文广集团等单位开展以“关爱民工”为主题的送法治、送电影、送图书、送医疗进工地活动100多场。制定《2015年建筑工地党建和流动党员管理服务工作要点》，开展争做“美丽杭州”先行者及“知党史，强党性”流动党员在线知识问答等活动，推进工地党建工作扩面、提质、增效。 （俞　辉　郎季洁）

·城市管理·

【城市管理概况】 2015年，杭州城市管理工作围绕建设“美丽中国”杭州样本目标，以“美丽建设学天津”和举办G20杭州峰会为动力，突出“两美”建设、“三改一拆”、城市“四治”（治水、治气、治堵、治废）等重点工作，深入实施“人才兴管、创新强管、全民共管”三大战略，统筹推进城市管理向城市治理转变，

坚持打造“贴心城管”，服务保障能力不断增强，城市治理水平不断提高。

城市管理坚持“洁化、序化、亮化、绿化和美化”标准，市政、环卫、绿化综合管养水平进一步提升。全年主城区综合管养道路61条、面积186.79万平方米，提升改造及接管公厕46座，道路、公厕清洁度分别达96.6%和96.8%，道路分类保洁项目获2015年住房城乡建设部“中国人居环境范例奖”。加大对街面秩序管控，督促整改序化问题3763个，街面秩序长效管理进一步落地，平均序化度98.1%。深化公建养护工作，重点区域127处建筑物的17.64万盏景观照明设施实行市场化养护；完成30个新建及改建亮化项目，全年消除城市照明暗区1017处，道路照明、景观照明亮灯率分别达99.2%和99.4%。加大绿化保护力度，全年市区查处损绿毁绿案件436起；全力做好台风、冰冻等灾害天气下护绿保绿工作。编制《城市空间及城市家具、设施等美化标准》，协调推进城市标识国际化、湖滨路步行街提升改造、街面卷闸门美化试点，以及弱电箱体“多箱合一”、交通杆件“多杆合一”、标识标牌“多牌合杆”、监控设施“多眼合一”等工作。

以清水治污为重点，深化“五水共治”。全年主城区完成截污纳管项目416个，市本级日增截污量4.63万立方米；整治和封堵排污口1987个，疏浚河道31条（段）48.8千米，清除淤泥31.6万立方米；改造闸站16座，新增生态示范河道5条、水质监测断面86个，引配水8亿多立方米；完成主城区污水系统运行评估，协调推进污水“零直排区”创建，消除黑臭河道41条，沿线居民对黑臭河道治理满意率98.1%。实施城市防汛排涝项目270个，完工221个，其中159个在主汛期前完成并发挥重要作用。推进节水技术改造，完成居民家庭非节水型器具改造5030套，建设雨水收集系统528处，创建省级节水型企业8个、节水型小区36个，完成“一户一表”改造2.89万户，杭州通过国家节水型城市第三次复查。市、区两级执法部门开展工地排水检查，全年进工地执法检查3966次，立案查处涉水案件623起。按照《城镇排水与污水处理条例》，对污水排放严重超标单位开出10万元罚单，全年罚款164万多元，通过媒体曝光严重违章排水工地10多个。

推进生活垃圾分类减量。主城区新增垃圾分类小区320个，累计1836个；设置定时定点投放点145个、低价值物回收点695个、废旧衣物回收（熊猫）桶1180个、有害垃圾投放点436个，开通垃圾不落地音乐告知清运线8条；开展垃圾分类企事业单位951个。全年清运处置生活垃圾365.47万吨，比上年增长2.9%，生活垃圾增长量首次控制在3%以内。杭州入选国家首批垃圾分类示范城市。

坚持依法行政，推进城管改革创新。市政府办公厅出台《城市管理审批和管理权力事项下放各区城管局实施方案》，进一步理顺市、区两级城管体制机制。全年下放工程渣土准运证核准等审批和管理权力33项，推出网上申报、信任在先、办结核验四星级服务审批事项6项；城管审批窗口办结事项1271项，平均办理时间比承诺时限缩短50%左右，按时办结率100%。受理市民群众投诉咨询16.75万件，反馈率、办结率均100%，城管热线综合处置满意率97.2%；受理来信来访164件，办结率100%，无越级上访情况发生；处置联动事件2729件，市“110”社会应急联动工作年度考核得分排名全市第一。（莫明跃 孙春芳）

【全面提升城市环境】 2015年，市城管部门围绕办好G20杭州峰会圆心，全面谋划峰会服务保障工作，着力打造与西子容颜相媲美的城市环境。成立环境提升和交通保障工作领导小组及5个专项组，制订城市道路整治和街容美化、城市环境秩序治理2个专项方案，并编制“一整治一方案”。学习借鉴北京、上海等城市借举办国际重大活动之机，提升城市环境的经验，编制五大类27小类环境提升整治标准、《杭州城市家具国际化设计导则》、《杭州市城市道路杆件与标识整合设计导则（试行）》等标准规范。开展摊点乱摆、车辆乱停、广告乱设、渣土乱倒、违法养犬等脏乱差问题专项整治。坚持高起点规划，从市政道路整治到环卫设施提升，从街头绿化到夜景亮灯，力求精准定位，体现特色。严格落实工程项目责任制，确保环境提升工程质量和进度。全年实施环境提升项目264个，其中道路专项工程217个、亮灯专项工程46个、环卫专项工程1个，所有工程均开工并有序推进。年内，环境提升项目完成工程量30%，完成投资16.47亿元。

（莫明跃）

【停车管理】 2015年，市城管委加大道路停车未收费补缴工作力度，推出方便、快捷付费举措，加快道路停车泊位周转，全年每个停车泊位日均周转次数提高34.6%，平均停放时长由2小时以上缩短至1小时20分，现场未收费率由40%降至9%左右。做好政府投资建设公共停车场库接管及界定工作，全年接管公共停车场库3个、660个泊位，完成环城西路省府路口、环城北路市府大

1月30日，江陵路站公共停车场开放　　（市建委 供稿）

楼路口等交通设施改善项目31个。通过依法合规公开征集，确定浙江创泰科技有限公司与城管部门合作，实行主城区公共停车场库数据互换、信息共享。至年末，主城区道路停车收费泊位、政府投资建设公共停车场库和6个老城区129个对外开放停车场库、3.5万个停车泊位的共享数据纳入“贴心城管”APP并向社会发布。（周友杰）

【供水管理】 7月15日，杭州市发布《城镇供水服务规范》。该规范依据《中华人民共和国生活饮用水卫生标准》等国家标准规范和浙江省实施细则，在省内率先提出制水工艺、水质检测、输水配送、应急管理、服务评价等具体标准和要求。该规范填补省内地方标准的空白。10月29日，市城管委会同市卫计委、市建委、市物价局、市住保房管局等单位出台《关于加强和改进杭州市高层住宅二次供水设施建设与管理确保水质安全的实施意见》，提出建立高层住宅二次供水长效管理机制，明确规定新建高层住宅二次供水设施由供水企业进行专业管理，实施抄表到户、计量到户、服务到户；既有高层住宅二次供水设施按照“成熟一批、改造一批、接管一批”的原则，逐步实现抄表到户。（牟彬辉）

【公厕提升改造】 2015年，主城区公厕提升改造列入市政府为民办实事项目。全年主城区完成提升改造公厕27座，其中新建5座、改建22座。新建公厕主要分布在九堡、丁桥、转塘、浦沿等公厕数量少、市民需求量大的地方。协调315个企事业单位对外开放内部卫生间，增加厕位数2234个。引入社会资本，在60多座公厕内增加报刊架、免费纸巾、除臭剂等公益文化设施和卫生用品，为市民提供更多方便。按照自来水“优水优用”和河道水“应用尽用”原则，建成河道环卫取水点35个，利用河水进行公厕冲洗、道路洒水、绿化浇灌，自来水替代率达40%以上。（陈金辉）

【市区生活垃圾清运处置】 2015年，杭州市区清运处置生活垃圾365万吨，日均1万吨，清运处置量比上年增长3%。其中：主城区和西湖风景名胜区、杭州经济技术开发区清运处置生活垃圾180万吨，日均4933吨，占市区清运处置总量的49.3%，增长2.2%；余杭、萧山、富阳3个区清运处置179万吨，日均4906吨，占市区总量的49.0%，增长4.2%；其他社会清运单位清运6万吨，占市区总量的1.7%。市区垃圾填埋场处理生活垃圾220万吨，通过焚烧处理生活垃圾145万吨，焚烧处理占市区处置量的39.7%。市生活垃圾处置费结算平台向纳入市级监管的3个垃圾处置场（厂）支付垃圾处置费2亿元。（张　媛）

【生活垃圾处理能力建设】 2015年，杭州市生活垃圾处理能力建设取得新的进展。日处理垃圾3000吨的九峰环境能源项目在完成规划选址、项目立项、环境影响评价、社会稳定评价、工厂注册等前期工作后，于4月开工建设日处理垃圾1800吨的萧山东部焚烧厂项目加快建设，其中一期工程于11月点火试运行。市环境集团日处理垃圾200吨的餐厨垃圾一期项目于12月建成试运行。厨余垃圾减量暨生化利用一期项目日处理垃圾200吨，经过6个多月调试运行，基本趋于稳定。（何亦风）

7月16日，市城管委直属大队会同市市区河道监管中心拆除余杭塘河河道内违法设置的泥浆管（市城管委 供稿）

【犬类社会治理】 2015年，杭州市推进犬类社会治理，动员社会力量加强养犬管理。主城区举办“犬只管理开放日”活动7场，与中小学校联合开办“文明养犬第二课堂”讲座2次，向社区发放“养犬宣传进万家”海报3万多份，设立文明养犬志愿者宣传劝导点105个。发挥社区自治管理、犬业协会自我管理和犬主自主管理作用，成立文明养犬义务督导队，协助杭州犬业协会制定行业规范。全年犬业协会发展会员单位57个，组织社会领养收容犬只5批、28条。开展犬类执法整治1029次，捕获无证犬2587条，立案查处违规养犬案件425起。（赵解文）

【“城市剪影”灯光小品秀】 10月16～25日，市城管委亮灯监管中心在湖滨路（庆春路—长生路段）举办以“城市剪影”为主题的杭州第二届灯光小品秀，来自国内10多位艺术家、设计师的光艺作品在小品秀上集中展出，其中包括杭州本土设计师的作品。参展作品结合灯光和工业设计，以富有创意的形式和材料、强烈的视觉冲击力和艺术感，反映城市发展面貌，表现现代城市文化。灯光小品秀为2015年杭州西湖国际博览会期间的夜晚增添一道美丽风景。灯光小品秀吸引观众17万多人次，平均每小时人流量2000多人次，其中10月16日、17日两晚达6000多人次。

【路灯杆综合利用】 6月15日，市城管部门选择黄姑山路（黄姑山横路—天目山路段）作为首个路灯杆综合利用试点。该路段依托路灯杆公共资源，运用互联网、物联网、地理信息系统、多媒体交互等信息技术，对沿线18根路灯杆进行改造，安装快充充电桩1套、慢充充电桩2套，路灯杆安装视频监控探头2套、免费无线网络热点3个和信息推送屏2套，实现电动汽车充电、道路停车资源利用、路灯节能增效、城市管理信息推送等功能于一体。年内，主城区陆续推开路灯杆综合利用工作。（李湛圆）

【工程渣土资源化利用】 2015年，市城管部门开展工程渣土综合治理，研究探索建筑装修垃圾资源化利用途径。通过试点，将建筑装修垃圾再生产品运用于垃圾房提升改造。12月，启动80万吨/年的建筑垃圾再生利用项目建设，并牵头制定全市渣土中转码头改造、渣土运输车辆密闭化改装等标准。年内，自筹资金200万元，完成城东粮库码头、瓜山杜子桥码头等5个渣土临时中转码头提标改造，为推进渣土综合治理和资源化利用奠定基础。（陈金辉）

【“智慧城管”项目获第五届智博会“最具创意奖”】 9月13日，市城管委组织参加第五届中国（宁波）智慧城市技术与应用产品博览会（简称智博会），集中展示杭州“智慧城管”公共服务平台、综合指挥平台建设及实施智慧亮灯、智慧停车等方面的最新成果；杭州“智慧城管”建设成果在微博、微信、智博会官网等媒体上进行宣传，取得智博会主办方和同行的认可。杭州“智慧城管”项目获第五届智博会“最具创意奖”。11月17日，杭州“智慧城管”项目被市政府列入“互联网+”试点项目。市政府专门出台关于推进“互联网+”行动的实施意见，要求推进“智慧城管”建设，向市民提供集便民服务、宣传引导、预警预告、信息互动等功能于一体的“智慧城管”应用服务。（冯晔琳）

【违法建筑案件核查】 6月1日，市城管执法部门开展为期1个月的违法建筑案件核查专项行动。对主城区近10年立案查处的3926件违法建筑案件进行全面梳理，对243处重点违法建筑发生地进行现场踏勘核实，并加强办案监督，防止“查而不拆”。对被媒体曝光和社会关注的重点违法建筑案件，落实办案主体

5月12日，市城管委犬类收容中心工作人员为杭州育才外国语学校学生上“规范文明养犬，预防犬类伤害”主题教育课（市城管委 供稿）

责任，建立市级协调指导、区级监管服务、街道执法中队巡查管控的“三级联动”长效管理模式。经过近2个月的现场协调、跟踪督办，违法建筑整改率由初检时的63%提升至90%。

【“五水共治”执法保障】 2015年，市城管执法部门进一步强化“五水共治”执法保障，建立完善涉水设施养护、监管和执法协同联动机制，组织市区两级执法、市政监管和养护单位联合开展工地排水专项执法检查。全年主城区立案查处涉水违法行为623起，罚款164万元，分别比上年增长10.7%和5.8%。（胡学军 赵解文）

【燃气安全隐患整治】 2015年，市城管执法部门会同属地街道和有关部门，对主城区263个燃气投诉和查处点位开展“回头看”复查。推进餐饮业规范用气“一条街”试点，对餐饮集中区域发放《餐饮行业规范使用瓶装燃气提醒告知书》，引导规范燃气使用。全年组织燃气安全隐患整治194次，办理燃气违法投诉296件，查扣无证钢瓶9949个，查扣数比上年增长3.37倍；公安部门拘留74人。（赵解文）

【加强媒体联系合作】 2015年，市城管部门借助媒体平台，推进市民参与城管工作。全年召开新闻发布会、组织集中采访活动43次，接待媒体记者采访896人次，在各类媒体推出重要报道1809篇。联合浙江电视台拍摄播出“1818在路上”城管专题片315集、杭州电视台“文明监督眼”城管专题片144集。举办“防汛排涝工程请您监督”“黑臭河整治现场验收”“文明行车·杜绝垃圾窗外飞”“举手之劳·清凉一夏”及“水的记忆——两美浙江五水共治”征文、“美丽杭州”随手拍和微信PK赛等活动。开展“最美城管人”评选，其中“最美城管人”夏静获第三届“最美杭州人”提名奖，另有5人入选浙江广电集团组织的“最美浙江人”典型宣传活动人选名单。联合杭州媒体品牌促进会等单位推出“社会治理·垃圾分类”公益微电影并组织首映式。组织“城管开放日”各类主题活动64场次，接待市民群众5100多人次。全年有30多家媒体和社会组织20多次向环卫工人捐赠棉衣、清凉饮料、防暑爱心包等物品2.45万份，有1500多名环卫工人享受免费疗休养和健康体检。市城管部门通过与媒体的积极合作，有效地拉近市民与城管的距离，增进市民对城管工作的理解、支持。（金永飞）

·住房保障管理·

【住房保障管理概况】 2015年，杭州市不断创新为民服务举措，积极探索住房保障工作新模式，坚决落实房地产市场“去库存”工作，健全完善房屋安全管理长效机制，

深化“住有所居”“住有宜居”两大工程，杭州居民居住条件进一步改善。

加快推进住房保障工作。蒋村西溪人家、牛田九和人家、三里亭、普福心苑、北城枫景园、阳光嘉苑、景致公寓（花园岗）等公租房项目交付入住。全年市本级推出公共租赁住房（廉租住房）配租房源10821套；全市新增廉租住房货币补贴保障家庭740户，其中主城区新增475户，继续对家庭收入在低保标准2.5倍（含）以内的住房困难家庭实施“应保尽保”；组织两期经济适用住房公开销售与选房，推出房源2637套，建筑面积17.67万平方米。

加强房屋安全管理。9月25日，浙江省第十二届人民代表大会常务委员会第二十三次会议批准新修订的《杭州市城市房屋使用安全管理条例》。该条例明确房屋安全管理的职责分工，细化房屋使用安全管理的内容和措施，加大对房屋使用中禁止行为的处罚力度；有关建筑幕墙安全维护管理的创新性规定走在全国前列。12月9日，市政府出台关于推进城镇危旧住宅房屋治理改造工作的通知和《杭州市城镇危旧住宅房屋治理改造三年行动计划（2015~2017年）》，明确城镇危旧住宅房屋治理改造的政策和任务。全市完成C、D级危旧住宅房屋治理改造398幢、面积16.08万平方米；改造旧住宅区475.3万平方米。

为民服务持续深入。推出公租房货币补贴试点、年审与补贴一站式办理、扩大公租房调房范围、换房平台服务前移、利用人民银行“集中代收付”系统发放补贴5项便民举措，惠及4200多户家庭。推出房产办证“爱心上门、贴心引导、温心预约、悉心告知、舒心立等”的“五心”服务，全年主城区发放房屋权证36.64万本，受理购房入户4541件，完成房屋实际测绘建筑面积2191.43万平方米、预测绘建筑面积1312.45万平方米，为单位和个人提供房产办证上门服务467次。房产档案自助查询适用范围扩大至萧山区、余杭区及杭州大江东产业集聚区，全年对外出具查询记录近30万份，房屋档案查询时间缩短至1分钟以内。做好物业专项维修资金和物业保修金归集和拨付，年内归集资金7.31亿元；核实拨付物业专项维修资金使用项目1358个，拨付金额5259.43万元，其中102个电梯、消防等涉及公共安全的维修项目按简易程序申请使用维修资金1068.12万元；办理物业保修金缴交确认70件，归集保修金2.93亿元，实现应缴尽缴。推行以监测控制技术为核心的白蚁综合防治技术，推动传统白蚁防治向现代有害生物综合治理方式转变，结束杭州23年新建房屋预防白蚁靠喷洒药物的历史。

【住房保障模式转变】 2月15日，市政府出台《关于进一步加强公共租赁住房和廉租住房并轨运行管理的通知》，全面推进公共租赁住房和廉租住房并轨。3月，杭州市暂停主城区经济适用住房申请，全市住房保障转为以公共租赁住房保障为主。4月29日，市政府出台《关于大力推进住房保障货币化的指导意见》，明确推进住房保障向货币化发展的方向，建立保障房和商品房互通渠道，提出实行公共租赁住房货币补贴试点思路。11月9日，上城区先行试点公共租赁住房货币补贴，标志着杭州公租房保障进入“实物配租”和“货币补贴”并举的发展阶段。采取公共租赁住房货币补贴保障模式，有利于扩大公租房保障覆盖面，提高保障的及时性和效率，促进保障对象的职住平衡。

6月29日，市住保房管局与团市委联合打造的蒋村西溪人家公租房服务青年创业示范区揭牌 （市住保房管局 供稿）

【阳光征收全面实施】 6月，为破解房屋征收难题，杭州市全面推行“阳光征收信息系统”。该系统通过整合政策发布、房屋测绘、产权查档、房改核准、征收补偿、安置办证等功能，实现市、区各类数据互联互通和即时采集，全市实现网上审批、网上签约、网上备案。通过政府门户网站网上查询平台、征收现场查询机、上墙公示等方式，实现年度计划、征收决定、补偿方案、评估结果、补偿结果5类15项信息的主动公开和自助查询。实施阳光征收使征收补偿投诉信访量比上年下降40%，征收项目完成平均用时比以往缩短三分之二。 （吕文汇）

【住房公积金管理】 杭州住房公积金管理中心负责全市住房公积金的归集、管理、使用和会计核算。中心内设7个处，下设8个分中心。2015年全市（不含省直单位）公积金开户职工35.20万人，净增实缴公积金职工12.96万人。归集住房公积金227.34亿元，比上年增长18.5%。支持职工购房、租赁等住房消费，提取住房公积金162.63亿元，增长23.4%。针对房地产市场销售旺盛、职工贷款申请迅速增加、贷款发放出现轮候问题，积极调度资金，提高审批办理效率。全年发放个人住房贷款2.64万笔，发放金额128.31亿元，分别增长36.8%和53.6%；支持职工用公积金贷款购房270.48万平方米；回收个人住房公积金贷款45.22亿元，增长28.6%。实现增值收益15.68亿元，增长66.4%。年末，全市住房公积金建制职工195.87万人，其中实缴

职工139.24万人；全市住房公积金归集余额535.50亿元，个人住房贷款余额495.11亿元。公积金转商业贴息贷款余额65.02亿元，个人住房公积金贷款率92.5%，贷款逾期率0.025‰。

推进萧山、余杭两区与主城区公积金管理一体化发展，统一政策制度、服务标准和资金运行体制，实现三地公积金通存、通贷、通兑。推出跨区域公积金存贷款信息互查、提取住房公积金取消单位盖章等便民举措。增设杭州大江东产业集聚区公积金缴存网点。完善公积金服务平台，实现"12329"客户服务平台统一运行。将农民工纳入住房公积金覆盖范围，推出无房职工租房可提取公积金政策，按每人每月500元标准提取公积金用于支付租金。加大公积金信贷对职工购房支持力度，贷款申请条件由连续正常缴存住房公积金一年以上调整为6个月（含）以上，家庭最高贷款额度由80万元提高到100万元，二套房公积金贷款首付比例由30%降至20%，个人可贷额度由"按月缴存额确定"调整为"按账户月均余额的一定倍数确定"。推出异地缴存职工申请公积金贷款业务。深化权力清单、责任清单、服务清单和浙江政务服务网杭州平台建设，整理公积金缴存、提取、降低缴存比例和缓缴3项业务11项服务清单并对外公布。

为进一步支持缴存职工公积金贷款需求，缓解住房公积金中心资金压力，根据住房城乡建设部、财政部、中国人民银行《关于发展住房公积金个人住房贷款业务的通知》《关于切实提高住房公积金使用效率的通知》规定，杭州开展公积金贷款资产证券化业务，拓展住房公积金中心融资渠道。10月，在上海证券交易所成功发行首单5亿元资产证券化产品。11月，杭州获住房城乡建设部批复，成为首批在银行间市场开展资产证券化试点城市。12月，杭州完成资产证券化产品结构设计和方案制订，并上报中国人民银行审批。（韩　燕）

【主城区直管公房清查】 6月，市住保房管局完成全市主城区直管公房清查工作。经过清查核实，主城区有市直管公房15690套，总面积65.15万平方米。其中，上城区6618套、下城区3407套、江干区1454套、拱墅区2551套、西湖区1117套、滨江区355套、西湖风景名胜区188套。根据市直管公房各种不同情况和管理中存在的问题，制定具体的处置意见和管理办法，进一步明确直管公房管理责任及各区政府、相关职能部门的职责，完善直管公房房改、户名变改、使用权有偿转让等政策，健全直管公房管理配套机制。

【房产档案鉴定清理】 为规范房产档案管理，促进档案资源和设备合理利用，12月，市住保房管局印发《关于规范房屋登记档案鉴定和销毁工作的通知》，并组织对保管期满的房产档案进行统计清查。全市经梳理鉴定可以销毁的房产档案包括预告转现档案、预告注销档案以及抵押注销档案80.47万卷。上述档案占位占档案馆标准库房的12.2%。

【第十五届最佳人居展】 5月15～18日，由市政府、省住房城乡建设厅、市住保房管局共同主办的"中国（杭州）第十五届最佳人居环境展览会"（简称人居展）在杭州和平国际会展中心举行，同时在"透明售房网"同步推出第二届网上人居展。人居展以"引导住房自住消费，促进人居品质改善"为主题，以节俭务实为理念，通过实体与网络展会相结合的方式，展示杭州人居建设规模和品质，宣传杭州房地产市场发展成就。展会吸引49个房地产开发企业参展，设展位858个；开设地铁馆、绿色馆、学区馆、商业馆、海外馆以及之江组团、余杭组团等特色鲜明、定位精准的主题馆。展会期间，观展总人流量约15万人次，达成商品房销售意向1360套；签约89套，面积9083.4平方米。

【物业服务监管】 市住保房管局加强街道（乡镇）、社区居委会对物业服务的指导、监督和协调，全年举办各区县（市）物业管理培训14次，参加培训1352人。牵头做好"问题小区"治理整改工作，组织开展以推进居住安全、垃圾分类、违章搭建整治、"群租房"防控为重点的"优化居住环境"百日行动，对全市956个物业管理项目涉及的公共安全、防汛排涝设施以及"群租房"、小区停车管理等情况进行排查摸底，针对存在的问题提出限时整改要求，并建立长效预防管理机制。4月，启动杭州市首届"最美物业人"评选，经过宣传发动、征集报名、初审筛选、公众投票、专家评审、媒体公示等环节，于12月评出杭州绿城物业服务集团鱼昀照团队及9名物业服务行业一线从业者为杭州首届"最美物业人"。

【规范房屋租赁经纪行为"百日行动"】 8月1日至10月31日，市住保房管局会同市房地产中介行业协会，组织开展全市规范房屋租赁经纪行为"百日行动"，旨在加强房屋租赁经纪管理，维护城市房屋租赁市场

5月15～18日，第十五届最佳人居环境展览会在杭州和平国际会展中心举行。图为人居展现场　（市住保房管局　供稿）

秩序。“百日行动”覆盖主城区以及之江国家旅游度假区、杭州经济技术开发区、杭州大江东产业集聚区的房地产经纪机构所从事的房屋租赁经纪业务。其间，市、区两级房管部门对全市502个房地产经纪机构进行逐一检查，针对检查中发现的违法违规行为，市住保房管局根据不同情形分别给予处理。其中责令限期整改43个，暂停网签资格24个，记入诚信档案49个，按照行政处罚程序立案调查42个。年内，市住保房管局对此次检查中发现存在违法违规情形的43个房地产经纪机构再次开展执法检查。

【房地产业平稳健康发展】 2015年，杭州市出台房地产开发经营管理规定，推行房屋征收货币化安置，试点推出公租房货币化补贴，将“去库存”列入对区县（市）目标责任制考核内容。在各项措施综合作用下，杭州房地产市场信心提振，自4月起，市区商品房销售量月月超过1万套。全年市区成交商品房13.29万套，成交面积1399万平方米，比上年分别增长38.5%和35.0%。其中，商品住房成交12.23万套，成交面积1381.7万平方米，分别增长35.3%和35.4%。市区二手房成交67617套，成交面积695万平方米，分别增长80.8%和85.7%，其中二手住房成交62265套，成交面积620.3万平方米，分别增长82.1%和93.5%。至年末，市区可售商品房库存17.72万套，面积1999.2万平方米，分别增长10.9%和4.4%，其中可售商品住房库存97830套，面积1172.1万平方米，分别下降5.5%和7.6%。全市商品住房去化周期由2014年底的16.5个月缩短为2015年底的12个月，“去库存”工作取得明显成效，杭州房地产业平稳健康发展。（吕文汇）

·国土资源管理·

【国土资源管理概况】 2015年，杭州市着力推进土地保护、用地保障、土地节约集约利用等工作，为杭州经济社会发展和“十二五”规划全面收官提供坚实的土地要素支撑。

用地保障精准有力。调整完善市、区县（市）、乡镇三级土地规划，推动“多规融合”。推进“坡地村镇”建设，因地制宜拓展发展空间。用地指标精准投放，实行重大项目保障和耕地保护与新增用地指标挂钩，全年新增用地指标2066.67公顷，优先用于重大基础设施、重大产业和民生项目建设，地铁二期、千岛湖配供水工程、闲林水库等重点项目用地得到切实保障。将G20杭州峰会项目作为用地保障的重中之重，通过建立省、市、区（县、市）三级联动机制，峰会项目用地获国土资源部并联审批，一揽子解决规划调整、农田核减、指标追加等问题，实现G20杭州峰会项目“快落地”。

土地市场平稳有序。有计划、有节奏的供地策略全面实施，主城区出让经营性用地123.87公顷，实收土地出让金408亿元。加大土地收储力度，开展市区经营性用地做地“攻坚年”活动，全年主城区拆迁住户2000多户、企业近300个，完成土地收储108宗、341.33公顷，超过年度计划的30%，为稳定土地市场奠定基础。实施垦造水田专项计划，保障全市经济社会发展用地需求。征迁“双清”行动和货币化安置有力推进，发挥促投资、稳市场作用，121个省市重点项目实现征迁“清零”，全市完成拆迁117万平方米，货币化安置腾出安置房39万平方米。

耕地红线严格保护。永久性基本农田划定全面展开，划定方案通过国土资源部审查，划定比例为60.5%，杭州成为全国永久性基本农田划定的示范样板。土地整治深入推进，全市完成垦造耕地1366.67公顷，综合整治农村土地453.33公顷，建成高标准基本农田1213.33公顷，杭州连续18年实现耕地占补平衡。执法问责更加严格，开展执法监督检查、历史违法用地清理、“两路两侧”乱搭乱建问题专项整治，全市违法占用耕地下降到5.9%，新发生违法用地明显减少。市国土资源局和市监察局对5个违法用地情况严重的乡镇（街道）逐个警示约谈，对2个连续3年被约谈的乡镇政府负责人提请市监察部门问责。

节地水平明显提高。切实转变土地利用方式，制定《产业用地管理办法》《存量楼宇盘活细则》，取消保障房配建、溢价上限等行政调控措施，节约集约用地政策体系更加完善。建立“批而未供”“供而未用”“低效用地”数据库，摸清存量土地全部家底，全年消化“批而未供”土地3000公顷，利用“供而未用”土地3933.3公顷，再开发“城镇低效用地”2600公顷，用地保障实现从“新增”向“存量利用”的转变。土地节约集约利用水平明显提高，全市单位建设用地GDP每亩36万元，是“十一五”期末的2倍，超过全省平均水平近60个百分点，增幅全省第一；市区新出让工业用地每亩平均投资强度415万元，比上年提高15%。

群众利益切实维护。宅基地规范化管理开局良好，年内审查通过15个宅基地管理样板村创建方案。落实15499户农民建房用地。组织开

4月22日，省、市国土资源管理部门联合在淳安县举行纪念第46个“世界地球日”活动
（市国土资源局 供稿）

展地质灾害隐患排查，通过避让防灾和防灾治理，杭州城乡经受雨雪冰冻、主汛期局部地区强降雨、台风"灿鸿"和"苏迪罗"等极端气候条件的考验。围绕"大气治霾"，全市注销采矿权20个，采矿权数压缩至163个；全年完成矿山粉尘治理项目17个，建成绿色矿山50个。开展"两路两侧"矿山专项整治行动，56个矿山纳入整治范围。

【5个地质遗迹点入选省首批公众"喜爱的地质遗迹点"】 2月16日，全省首批公众"喜爱的地质遗迹点"评选结果揭晓，淳安县文昌潭头文昌组地层剖面、建德市寿昌枣园—岩下寿昌组—横山组地层剖面、临安市马啸加里东运动构造不整合面、西湖区转塘九溪之江组地层剖面、余杭区塘栖超山超山组—超峰组地层剖面5处地质遗迹点入选，入选地质遗迹点数量占全省的一半。

【土地要素市场化配置改革】 3月3日，市政府办公厅印发《进一步优化产业用地管理、促进土地要素市场化配置的实施办法》，启动产业用地市场化配置改革。建立差别化的供地制度，由属地政府对产业项目进行准入评估，根据评价结果差别化供地。建立灵活的用地制度，产业用地可采取50年、30年或"6+24"年3种方式出让，实行"弹性化""菜单式"的出让年期。建立履约监管制度，将《土地出让合同》一分为三，属地政府与用地单位签订《履约监管协议书》，做地主体与用地单位签订《交地协议书》，分别落实建设项目的监管主体。建立低效腾退制度，由属地政府对存量产业用地进行分等评级，根据A、B、C3个等级排名情况实施差别化的调节政策，倒逼企业转型升级。全年全市工业用地每亩平均投资强度达410万元，其中主城区590万元，全市和主城区分别比上年提高10%和18%；主城区工业用地增加15宗30.8公顷，平均容积率2.8，工业用地增长近25%。

【首批创新型产业用地挂牌出让】 4月23日，杭州市首批创新型产业用地挂牌出让。此次出让的两宗创新型产业用地容积率最高达3.5，投资强度每亩不低于1000万元，产值每亩不低于1500万元，税收每亩不低于80万元，其中税收是传统产业用地的近2倍。挂牌前，相关区政府对落地项目实行准入评估，确定两宗用地的产业类型为现代物流产业中的一类物流仓储，经评估确认两宗用地的出让起价每亩270万元，是全市最低工业用地限价的3倍。5月22日，该两宗土地通过网上挂牌成交，由杭州丰泰电商产业园管理有限公司分别以14242万元和7465万元的报价竞得。

【3个县（市）被列为"坡地村镇"建设用地试点县】 5月19日，全省"坡地村镇"建设用地首批试点县名单公布，杭州市桐庐、淳安、建德3个县（市）被列为试点县，试点县数量占全省的42.8%。9月13日，省国土资源厅公布"坡地村镇"建设用地首批试点项目，临安市湍口温泉民宿等11个项目被列入，试点项目数占全省的三分之一。11个项目总投资24亿元，规划用地面积320公顷，其中永久建筑和基础设施用地面积52.5公顷。试点项目中，旅游类项目8个，建设用地面积38.9公顷；村庄建设类项目2个，建设用地面积9.3公顷；特色产业类项目1个，建设用地面积4.2公顷。

【国土资源所实现乡镇全覆盖】 根据省国土资源厅、省编委办、省人力社保厅提出的"在全省每个乡镇基本都建有国土资源所"的要求，全市各乡镇按照"有牌子、有印章、有职责、有人员、有场所"的标准加快国土资源所设置。至6月，全市98个乡镇全部按"一乡一所"设置国土资源所，共增加中层职数33名，增加参照公务员编制4名。年末，全市有基层国土资源所164个，其中乡镇所100个、街道所50个、乡镇中心所14个。

【集体土地住宅房屋补偿货币化安置】 9月24日，市政府办公厅印发《杭州市征收集体所有土地住宅房屋补偿货币化安置指导意见》，鼓励集体土地住宅房屋拆迁补偿货币化安置。住宅房屋补偿货币化安置是指补偿人向被补偿人提供货币化安置款，由被补偿人自行解决安置用房的安置方式，旨在进一步缩小货币化安置方式和调整产权安置方式间的政策差距，切实保障被补偿人的合法权益。

【不动产统一登记职责整合】 12月1日，市政府办公厅印发《关于加快推进全市不动产统一登记工作的通知》，明确将市住保房管局的房屋登记职责、市林水局的林地登记职责、市农办的农村土地承包经营权登记职责划入市国土资源局，其中农村土地承包经营权登记职责划转自2014年起，通过5年过渡期完成。调整区级林地登记、农村土地承包经营权登记职责，将原由区级有关部门负责的登记职责统一划转交由市国土资源局承担。不动产登记职责整合后，市国土资源局设立不动产登记局，同时组建市不动产登记服务中心。12月25日，市不动产登记服

12月25日，杭州市不动产登记服务中心揭牌成立 （市国土资源局 供稿）

务中心揭牌成立。 （徐驰翔）

·城市轨道交通·

【城市轨道交通概况】 2015年，杭州市以加快地铁网络化建设和运营为重点，坚持建设、运营、经营“三位一体”协调发展，地铁建设取得新的进展。地铁二期建设项目全面推进。地铁4号线首通段、1号线下沙延伸段相继开通，杭州地铁线网运营里程增加至82千米。地铁2号线西北段和二期、4号线南段主体结构施工快速推进，5号、6号线建设有序推进，城际轨道交通杭临线、杭富线开展建设前期工作。地铁客运中心站上盖物业、七堡上盖物业开盘销售。全年完成地铁建设投资122.83亿元，比上年增长56.8%，累计完成投资557.47亿元。

【地铁建设全面提速】 2015年，市地铁集团加快推进地铁在建工程建设，全年在建总里程达168千米。地铁1号线下沙延伸段提前建成通车。按照G20杭州峰会保障要求，全力加快地铁2号线西北段建设，年内庆春广场站、庆菱路站、古翠路站、丰潭路站4座车站完成主体结构施工，其余7座车站主体结构施工抓紧推进，5段区间隧道实现贯通。地铁二期工程建设全面启动。地铁4号线南段、地铁2号线二期均进入主体结构施工阶段。5号线9座车站开工建设。6号线之江段率先启动建设。完成城际轨道交通杭临、杭富线的工程可行性研究和初步设计编制，上报省发改委审批，其中杭临线试验段工程具备开工条件。

【地铁初步实现网络化运营】 2015年，杭州地铁初步实现网络化运营，日均客流明显增长，运营安全平稳可控，各项运营指标达到较高水平，服务管理迈上新台阶。地铁4号线首通段、1号线下沙延伸段分别于2月2日、11月24日开通运营，与地铁1号线、2号线东南段成网运营。日均客流从上年的39.8万人次，提升至61.23万人次，客流增长53.8%，其中“五一”节单日客流达113万人次。通过合理调配车辆，缩短行车间隔，提高运行速度等措施，地铁运行能力进一步提升。全天运营服务时间接近18小时，平均列车准点率、平均列车运行图兑现率均达99.98%。地铁运营服务不断完善。推出导向标识系统，增设母婴室，主动回应乘客诉求，乘客满意度达85%以上。

▶▶资料：地铁4号线首通段

杭州地铁4号线一期工程按首通段工程和南段工程分阶段实施。其中，地铁4号线首通段线路起于彭埠站，终于近江站，线路全长9.65千米，全为地下线，设车站10座、停车场1座。首通段于2014年11月实现全线“洞通”“轨通”“电通”，2015年1月16～19日，通过试运营基本条件专家评审，2月2日开通试运营。首通段与既有运营线换乘站4座：近江站与地铁1号线进行T型换乘，火车东站站、彭埠站与地铁1号线实现双向同站台换乘，钱江路站与地铁2号线东南段单向同站台换乘。另外，市民中心站和钱江路站还将分别与规划中的地铁7号线和9号线换乘。

11月24日，杭州地铁1号线下沙延伸段开通运营 （叶寒青 摄）

▶▶资料：地铁1号线下沙延伸段

地铁1号线下沙延伸段起于文泽路站（不含），止于下沙江滨站，线路长5.6千米，全部为地下线，设车站3座。下沙延伸段工程于2012年5月开工建设，2014年6月完成3座车站主体结构施工，2014年12月实现全线“洞通”，2015年6月实现全线“轨通”“电通”，7月试运行，10月29～31日通过试运营基本条件专家评审，11月24日开通试运营。

【地铁运营安全有序】 2015年，市地铁集团坚持“安全第一”的运营理念，制订各项运营安全措施和《国际峰会运营安全保障工作方案》，全面提升运行安全保障水平。严格执行“逢包必查、逢疑必查、逢液必查”的要求，全年安检系统检测箱包总数1.27亿件，查获危险品46163件、违禁品2594件，未发生因携带违禁品或危险品造成的运营事故。优化列车安全员随车巡查路线，安全员随车巡查实现全覆盖。修订《杭州市城市轨道交通运营管理办法》，为地铁保护提供政策保障。制定《城市轨道交通保护区管理实施办法》，加强地铁保护区内建设项目技术审核，全年审核各类建设项目160多个，巡查运行线路总里程2.29万千米，发现并处理安全隐患129处。编制线网运营突发事件应急处置预案，设立线网运营管理值守平台，规范集团层面线网运营管理。组织自然灾害、公共卫生、社会事件、事故灾难等各类应急演练2918次，提升地铁运营故障排查和应急反应能力。

【地铁三期建设规划报批】 2015年，市地铁集团通过线网评估、意见征集、补充完善等工作，编制完成地铁三期建设规划。该规划于12月21日通过市委常委会审议，并上报省发改委。地铁三期建设规划的编制

年限为2017~2022年，规划线路长度196.1千米，总投资约1450亿元。地铁三期包括建设1号线三期、2号线三期、3号线一期、4号线二期、5号线二期、6号线二期、7号线、8号线、9号线、10号线等线路。具体建设线路及里程根据国家发展改革委批复而定。

【地铁5号线PPP项目推进】 地铁5号线PPP（政府投资与社会资本结合）项目为财政部首批PPP示范项目，采用政府与社会资本合作的模式。5号线项目分拆成A（土建工程）、B（机电设备工程）两部分资产，此次仅对B部分资产进行招商，通过竞争性磋商程序选择社会资本。拟与社会资本合资成立项目公司，负责5号线B部分资产项目设施的投资、建设及5号线工程项目全部设施的更新维护、运营管理，并取得客运票款收入和其他非客运收入。3月，市地铁集团发布项目全球招商公告，有多个潜在社会投资人报名。7月，发布项目资格预审公告。9月，有3个社会投资人通过资格预审，进入后续竞争性磋商流程。11月，结合项目财政承受能力与物有所值论证，对项目磋商文件及相关附件进行专家评审。

【地铁中期票据获准注册发行】 市地铁集团创新筹融资方式，降低资金使用成本。12月15日，中国银行间市场交易商协会出具“接受注册通知书”，同意接受市地铁集团60亿元中期票据注册。此次申请注册中期票据的期限为7年，分3期发行，募集资金用于地铁2号线二期、4号线一期、5号线一期、6号线一期建设。

【《杭州市城市轨道交通运营管理办法》修订】 11月6日，市政府第52次常务会议审议通过市交通运输局新修订的《杭州市城市轨道交通运营管理办法》，该办法于2016年1月1日起实施。新修订的管理办法行政主体更加明确；地铁保护重要性更加凸显，对地铁保护区范围内作业单位的行为做出更为严格的规定；对逃票行为的处罚进一步加重，逃票行为将纳入个人征信系统。

【地铁在建工程安全管理】 2015年，市地铁集团从建章立制入手，严格贯彻落实安全生产责任制，切实抓好在建工程安全管理。修订《安全生产管理办法》，出台《地铁地下管线施工及保护管理办法》，加强建设工地全过程管控。全年开展各工点巡查278次，落实整改意见1397条；聘请风险管控专家进行风险管控巡查34次，发出警告警示7起、黄牌警示1起。对重大风险源制定专项设计、施工和监理方案，并把好方案审查、条件验收关，加强跟踪监督。全年地铁安全生产态势稳定，未发生重大事故。

【地铁上盖物业开盘销售】 2015年，地铁七堡车辆段上盖物业杨柳郡项目启动土建施工。该项目占地面积32.8万平方米，可开发面积60.4万平方米，由杭州市地铁置业有限公司与绿城集团联合开发。10月23日，杨柳郡项目首次开展意向选房活动，一周内签约商品房900套，实现销售收入18亿元。此前，地铁客运中心上盖物业东城广场项目于4月18日首次开盘销售，全年完成商品房认购182套，实现销售收入1.13亿元。

【地铁文明乘车活动】 8月11日，市地铁集团会同市文明办策划开展“先下后上乘地铁，文明一米迎嘉宾”地铁文明乘车活动。市文明办牵头建立地铁文明引导志愿服务联席会议制度，定期组织市有关单位专题研究地铁文明乘车工作，并落实市直机关工委、地铁沿线区政府（管委会）以“包站”服务的形式在22个地铁重点车站开展地铁志愿服务活动，实现重点站点地铁文明乘车引导全覆盖、常态化。市地铁集团通过车站及列车上广播提醒、投放车站及列车上灯箱广告，以及在地铁电视中滚动播出地铁文明乘车宣传动漫片，大力营造文明乘车活动氛围。由市地铁集团领导班子带头，组织全体党团员赴各个站点开展文明乘车引导。年内，累计有4.34万人次志愿者为乘客提供文明乘车服务。文明乘车活动得到广大乘客支持，受到社会各界普遍好评，被入选杭州市精神文明建设十件大事。

【杭州地铁推出旅游票】 4月25日，杭州地铁发售旅游票，以减少到杭游客多次购票、兑零等不便，降低乘坐地铁的时间成本，也为市民提供一种新的购票选择，满足乘客对地铁票种多样化的需求。旅游票分一日票和三日票两种，售价分别为15元和40元，自售出当日起6个月内使用有效；旅游票不限线路、不限车站、不计里程、不计次数、不回收，其中一日票在首次刷卡进站后24小时内可无限次乘坐，三日票在首次刷卡进站后72小时内可无限次乘坐。首次推出的旅游票票卡设计融合西湖十景，具有浓郁的杭州特色，乘客集齐一日票的10张票卡，可形成完整的西湖十景纪念套票。

（黄亚洲）

·运河保护·

【运河保护概况】 2015年，杭州市

杭州地铁4号线市民中心站出入口　（白池民 摄）

10月23日，杭州市举行第二届中国大运河庙会　　（市运河集团 供稿）

以保护文化遗产、助推转型升级为主线，坚持综合保护和投资经营一起抓，着力加快市重点工程建设。金昌路中段建成通车，杭州运河水陆交通集散服务中心完成主体结构验收，清真寺完成竣工验收并移交给杭州伊斯兰教协会，拱辰桥西B—13地块成功出让。保障房和安置房建设进展顺利，全年安置拆迁户335户，运河新城北片区和江干新塘社区拆迁基本“清零”。京杭运河杭州景区通过AAAAA级景区省级质量评审。启动大运河遗产保护管理规划编制，《杭州大运河文化保护条例》被列入立法项目。年末，市运河集团注册资本增加到50亿元，通过各种渠道融资41.02亿元，并新增授信储备29.5亿元。全年完成投资23.5亿元，为年度计划的103%，其中市重点项目完成投资6.71亿元，为年度计划的1.55倍。房地产销售、物业租赁等经营收入5.92亿元。京杭运河杭州景区接待市民游客1183.6万人次，旅游直接收入1334.4万元。

【武林门水上巴士新码头试运营】 4月27日，武林门水上巴士码头完成升级改造并试运营。新码头候船厅由东、西两艘长28米、宽7.7米的钢制趸船组成，总面积240平方米，客运泊位100吨级，最大日客运量1万人次。东侧1号泊位限停长19.6米以下水上巴士船型，西侧可停靠25米长标准水上巴士船型。候船厅可同时容纳200人。为方便乘客上下船，新码头设计两条残疾人坡道。候船厅整体为半封闭式膜结构顶，用钢构幕墙玻璃包起，既可遮风挡雨，又不影响候船乘客观看风景。厅内安装通风空调系统、液晶电视屏、金属检测门、服务台等设施，乘客候船舒适安全。

【香积寺管理权移交】 4月29日，杭州香积寺举行管理权移交签字仪式，正式由建设方市运河集团移交给市佛教协会管理。市政协副主席、市委统战部部长董建平，市佛教协会会长光泉法师以及市民族宗教局、市运河集团、拱墅区委统战部、香积寺等单位负责人出席移交签字仪式。杭州香积寺是大运河世界文化遗产的重要组成部分，占地面积1.69万平方米，总建筑面积1.32万平方米，于2009年按照建设“二十一世纪都市新寺庙”的目标启动复建，2010年2月完成复建并对外开放。

【市运河集团两家新公司成立】 4月，杭州运河集团建设管理有限公司、杭州运河集团文化旅游有限公司完成工商注册和班子组建后成立。根据市政府批复，市运河集团拥有土地开发、旅游发展、产业投资3项主营业务。为做大做强主营业务，市运河集团成立上述两家全资子公司，注册资本均为2亿元。其中，杭州运河集团建设管理有限公司主要从事京杭运河杭州主城区段沿岸的土地开发、工程建设，承担市政府重大专项建设任务；杭州运河集团文化旅游有限公司主要负责对京杭运河杭州景区及相关资产的经营管理。

【金昌路中段（巨州路—拱康路）通车】 10月20日，连接拱墅区和余杭区的金昌路中段（巨州路—拱康路）建成通车。金昌路工程是杭州市快速路网建设工程的重点项目，为城北连接半山与老余杭区块的一条东西向城市主干道，与石祥路、留祥路平行，与古墩路、莫干山路、上塘高架等多条南北走向的道路相交。此次通车的路段为拱康路至巨州路储运路段，全长1.86千米，标准宽度42米，双向6车道，工程包括道路、桥梁、排水、交通设施、绿化、亮灯、各配套管线等，总投资6.52亿元。

【大兜路历史街区业态调整启动】 10月，由历史建筑国家厂丝储备仓库改造而成的杭州运河契弗利酒店试营业，标志着大兜路历史街区业态调整正式启动。大兜路历史街区原业态定位为以中高档餐饮、会所为核心，融入禅宗文化元素的美食特色文化街区，随着商业格局的变化，逐步向民宿等休闲旅游文化历史街区转型。杭州运河契弗利酒店毗邻香积寺等人文景点，占地面积1万多平方米。酒店沿袭运河航运仓储古建筑群风格，设豪华客房140间，中西餐厅及酒吧、宴会厅、会议室、室内游泳池、健身中心、瑜伽等设施一应俱全。

【大运河庙会助推运河旅游品牌打造】 10月23～25日，第二届中国大运河庙会在京杭运河杭州景区举行。庙会以“邂逅大运河，风情最杭州”为主题，分设9个会场，举办包括开幕式、大运河婚典、旗袍秀、青春音乐会、民国风情秀以及创意集市、手工集市、非遗集市、传统集市、民俗集市、品牌集市等活动。庙会各大集市分布于大兜路、小河直街、桥西、运河天地、运河文化广场、西湖文化广场、塘栖古镇等地，内容涵盖传统、民俗、时尚、创意等领域。庙会接待市民、游客51.69万人次，实现营业收入407.15万元。60多家中央、省、市媒体进行报道，14万人次现场参与全媒体平台互动活动，大运河庙会被杭州西湖博览会组委会办公室评为第十七届西博会最佳创新奖。

【清真寺通过竣工验收】 11月9日，杭州清真寺通过竣工验收，并移交给市伊斯兰教协会。杭州清真寺位于京杭大运河东面，地处江干区昙花庵路、东运河路交叉口西北角，占地面积1.32万平方米。整个建筑群采用阿拉伯式伊斯兰建筑风格，以礼拜大殿为核心主体，主体部分地上五层，上覆铜质穹顶，主体东侧主入口处设一对高耸的邦克楼（宣礼塔），邦克楼与穹顶具有鲜明的异域风情。清真寺工程为市重点项目，于2012年10月开工建设，历时3年建成。

【拱宸桥单元原B—13地块出让】 11月20日，拱宸桥单元GS0605—04地块（原B—13地块）出让。该地块位于拱墅区拱宸桥单元桥西中心区块，东至吉祥寺路，南至育苗路，西至通益路，北至红旗河滨河绿化，规划为住宅用地，出让面积2.76万平方米，容积率2.8，可建建筑面积7.74万平方米。经过25轮竞价，由杭州金地集团以13.03亿元报价竞得，折合楼面价16842.46元/平方米，溢价率32.5%。

【两个运河景区入选省“非遗”主题小镇】 11月18日，省文化厅、省旅游局联合公布第三批浙江省非物质文化遗产旅游景区候选名单，全省有17个“非遗”主题小镇被列入候选单位。经评定，杭州桥西历史街区、余杭区塘栖镇、富阳区富春江镇茆坪村被评为省第三批“非遗”旅游景区，杭州省级“非遗”旅游景区增至12个。其中桥西历史街区、塘栖镇两个运河景区被列入省级“非遗”主题小镇。

【运河两岸亮灯提升工程完工】 12月31日，杭州运河两岸亮灯提升工程完工。该工程为建设“两美浙江”、打造“美丽杭州”城市环境项目之一，以“文化运河”为主题，在原有亮灯基础上，对运河两岸历史街区、旅游景点、跨河桥梁等进行亮化提升。年内，武林门码头、青园桥、御码头、江涨桥、富义仓、十里银湖墅、桥西历史街区迎水面7个节点的亮灯提升工程全部完成，再现运河作为“历史长河”“文化长河”的丰富内涵。

【杭州手工艺活态馆全新亮相】 12月31日，杭州手工艺活态馆2号、3号馆完成提升改造，成为杭州运河旅游新名片。2号馆以伞、丝类产品为主要特色，设置“演出式”参观浏览线路；3号馆以千年运河·手工艺大戏为主题，分为竹艺、纸扇、儿童互动、多功能教学、临展区、常态产品展示区6个区域，通过对原有展示内容调整，更加系统地展现手工艺文化的魅力。

【运河水环境治理】 3月18日，根据省、市运河水环境治理工作部署以及运河“河长制”工作要求，市运河综保中心编制完成《京杭运河（杭州段）水环境治理2015年工作计划》。6月和10月，运河省级河长、副省长黄旭明，市级河长、副市长张建庭先后调研运河水环境治理工作，要求市有关部门保质保量完成年度水环境治理目标。全年开展河道综合治理、工业污染防治、农业面源污染治理等工作任务11项，整治完成运河沿岸黑臭河16条，新增运河沿岸市区段截污量1225立方米/日，完成运河清淤疏浚14.2万立方米，运河三堡引配水量达5.48亿立方米。每月定期开展运河（三堡—大麻渡口）60个断面的水质监测和评价，监测项目为溶解氧、氨氮、总磷、透明度等指标8个。

【大运河遗产保护管理规划编制启动】 2015年，市运河综保中心启动《大运河（杭州段）世界文化遗产保护管理规划》（简称《保护管理规划》）编制，拟对遗产河道和遗产点提出具体保护要求，以确保运河遗产的真实性和完整性。10月19日，市运河综保中心完成《保护管理规划》招投标，确定由中国建筑历史研究所和杭州市城市规划设计研究院组成的项目联合体编制。《保护管理规划》计划从大运河（杭州段）与城市空间形态演变、大运河遗产突出普遍性价值、水体治理、环境景观保护、城乡建设管理、航运与综合交通、旅游与展示规划和中长期保护管理保障8个方面进行专题研究。

【遗产区范围监控视频全覆盖】 2015年，市运河综保中心积极对接市港航管理局、市区河道监管中心等遗产河道责任单位，协调遗产河道视频监控布点建设及其他单位视频监控系统接入等问题。全年接入市区河道监管中心的上塘河、中河等视频监控点12个，完成上塘河永宁桥、姚家坝、浙工大桥3个新增视频监控点的系统建设。与市港航管理局对接，从加强运河遗产监控、设备品牌兼容、标准统一、施工衔接等问题提出相关建议。年内，港航监控视频提升扩容工程完成招标并进入实施阶段。

【运河文化遗产保护活动】 2015年，市运河综保中心利用第十届文化遗产日和运河申遗成功一周年等契机，整合各方面资源，策划举办杭州运河遗产新老照片主题展、“运河因文化而走运”专题讲座、运河文化

11月9日，杭州清真寺通过竣工验收　　（市运河集团 供稿）

银泰百货庆春店屋顶绿化 （市城区绿化办 供稿）

进校园、首届“小小河长”杭州运河水质观察活动、“运河公益跑”等活动，有力提升杭州运河遗产保护的社会参与度。 （许金花 张佳英）

·城区绿化·

【城区绿化概况】 2015年，杭州市围绕“城区扩绿、环境美化提升和服务保障G20杭州峰会”三大任务，优化园林绿化结构，多渠道扩大绿色空间，城市生态环境和人居环境进一步改善，行业管理水平持续提升，“十二五”城市绿化事业圆满收官。

扩绿任务超额完成。全年建成区建成元宝塘公园、长虹公园、沿江景观公园等4000平方米以上公园绿地36处，新增绿地337万平方米，新增面积比上年增长11.0%，超额完成年度目标任务。年末，杭州市区建成区拥有绿地面积189.5平方千米，绿地率37.4%，绿化覆盖率40.7%，人均公园绿地面积14.6平方米。

美化彩化突出重点。全年实施“美化家园”工程25个，其中下城区“美化家园”工程有体育场路、庆春路、环北公园等10个。根据不同季节，举办桃花节、花朝节、“两宋”菊花艺术节等花事活动，将花展与美食、科普、亲子等主题相融合，着力营造喜庆、欢乐、祥和的氛围。

绿化养护继续加强。采用“互联网+”的模式，开发绿化养护抄告系统APP软件，放大市、区、企业三级联动管理机制的积极作用。全年城区绿化养护质量检查记录9万多条，整改完成率100%，整改完成及时率99.3%。深化“最佳最差”公园绿地评选活动，开展古树名木“回头看”、行道树修剪和扶正、绿地病虫害防治、无物业社区绿化、城区高架绿化挂箱等专项检查。园林绿化经受台风“灿鸿”和严重冰雪等恶劣天气及自然灾害考验。

绿化审批规范高效。行政审批等政务服务实行“一站式”网上办理，推进行政权力运行“全流程”效能监督，市级绿化行政许可审批事项实现网上运行，其中网上办理的四星级审批事项7项。全年市园文局审批窗口办理建设项目审批615件，所有审批项目均在承诺期内按时办结，按时办结率和窗口满意度均100%。

【全市城区绿化工作会议】 4月21日，杭州召开城区绿化工作会议。市长张鸿铭出席会议并讲话，省林业厅副厅长俞坚到会指导。会议总结上年度城区绿化工作，布置新一年绿化任务，对绿化先进集体、先进个人进行表彰。副市长张建庭代表市政府与江干、萧山区政府负责人签订2015年绿化目标责任书。张鸿铭在讲话中要求各级各部门从城市环境品位、市民生活品质和城市发展环境角度出发，顺应人民群众对良好绿化环境的期待，切实加强绿化建设和管理，加快提升全市绿化水平，守护好绿水青山。

【屋顶绿化现场推进会】 3月25日，杭州召开屋顶绿化现场推进会，组织市政府直属部门和城区政府（管委会）负责人考察拱墅区隽维生态科技园区屋顶绿化，听取市园文局有关城区屋顶绿化推进情况及下一步工作介绍。副市长张建庭到会并讲话，强调要抓紧出台屋顶绿化实施方案，通过政府主导推进包括屋顶绿化在内的立体绿化。会后，市政府办公厅印发关于进一步推进杭州市城区立体绿化工作的通知。通知提出杭州城区（指上城、下城、江干、拱墅、西湖区范围，下同）立体绿化的目标、内容、重点实施区域和建设程序，以及具有强制性、鼓励性和保障性的政策措施。全年城区实施既有屋顶绿化项目36个，新增屋顶绿化面积5.7万平方米。

【杭州通过“国家园林城市”复查】 4月14～16日，住房城乡建设部组织专家，对杭州进行“国家园林城市”复查。国家园林城市复查组分园林组、规划督察组和市政组三路，重点考察城市绿化、绿地规划、公园会所整改和市政建设等情况，走访西溪湿地、江洋畈公园、城北体育公园、天子岭垃圾填埋场、七格污水处理厂等园林、市政设施，实地检查花圃小隐园、听涛居、钱王美庐、高家花园等公园内高档餐饮转型情况，以及昙花庵路旁、九沙大道口东南角等规划绿地保护工作；听取市政府关于国家园林城市成果巩固情况汇报。专家组对杭州巩固国家园林城市工作表示肯定，希望进一步拉高标杆，巩固成果，争创国家生态园林城市。

【城区绿化养护管理综合考核】 市政府办公厅发布《关于2015年度杭州市城区绿化养护管理综合考核结果的通报》，西湖区政府（含杭州之江度假区管委会）和杭州西湖风景名胜区管委会被评为年度城区绿化养护最佳管理奖，下城区政府、上城区政府、余杭区政府、杭州经济技术开发区管委会被评为年度城区绿化养护优秀管理奖，拱墅区政府、江干区政府、萧山区政府、市市区河道监管中心、杭州高新区（滨江）管委会（政府）被评为年度城区绿化养护管理达标奖。

【义务植树】 3月6日，省委常委、市委书记龚正，市委常委、杭州警备区司令员潘方敏等党政军领导到江干区东宁路铁路防护林带义务植树，与200多名市区机关干部、解放军指战员、武警官兵及"护绿使者"一同种下香樟、水杉、桂花、鸡爪槭、玉兰等树苗近1000株。全年城区推出绿地认建认养点19个，面积33万平方米。有111万人次参加各城区、各单位组织的义务植树。

【绕城高速公路西线防护绿地改造】 11月，西湖区建设局（绿化办）对绕城高速公路西线防护绿地进行改造，并于年内完成雨水系统改造。该绿地位于绕城高速公路（蓬驾港河—文一西路）东侧，总长度1250米，绿地面积11.9万平方米。由于绿地地势低洼，每年雨季积水严重。西湖区建设局采取开挖水系，整理地形，控制下沉式绿地标高、生物滞留带标高，调整池塘景观水位标高等办法，进行生态雨水系统改造和重建，实现雨水资源化利用，缓解雨季积水。

【花事创作竞赛活动】 4月，市城区绿化办组织开展"五一"自然花境创作竞赛活动。参赛城区选送自然花境作品26件，参赛作品构思新颖、造型美观、植物配置合理，充分体现绿色、生态、和谐、开放的城市风貌。经过园林花卉专家评比，评出"五一"城区花境一等奖作品7件。9月，组织开展以"生态杭城、品质生活"为主题的"国庆"立体花坛创作竞赛活动。各城区制作参赛作品18件，用去时花20万盆、红黄白绿黑草5000多平方米、观叶植物5万多盆，部分立体花坛配置夜景灯光、背景音响、雾森等装置。参展作品主题突出、寓意明确、造型别致、艺术感强。经过园林专家评比，江干区绿化办作品"西湖印象"获特等奖，拱墅区绿化办作品"低碳"、杭州西湖风景名胜区风景管理局作品"民族情花间乐"、下城区绿化办作品"荷趣"获一等奖。

【"美化家园"工程】 2015年，杭州市结合服务保障G20杭州峰会，实施西湖大道、环城西路、环城北路等"美化家园"工程项目25个。各实施单位按照"生态保护、合理配置、特色鲜明、景观提升、持续利用"的要求，强化四季花灌木、球宿根花卉、色叶乔木的应用，使绿地增加绿量，丰富多彩，凸现季相。杭州西湖风景名胜区在重要景观节点和核心区域，通过"疏"和"加"相结合的方法，引进新优特色彩化植物品种，使整个景区"点、线、面"彩化景观实现全兼顾。

【参加武汉园博会】 9月25日，第十届中国（武汉）国际园林博览会（简称园博会）开幕。杭州参展的"杭州园"选取西湖十景之"三潭印月"为核心意境，将主要景观元素进行提炼并加以创新，秉承"师法自然，天人合一"的造园理念，叠山理水、架桥构亭、栽花植竹，深入诠释西湖自然山水的诗情画意，传递和谐共生的人文精神。园博会开园后，"杭州园"内游人络绎不绝，成为最受欢迎的城市展园之一。

【"最佳最差"公园绿地评选】 2015年，杭州市区有74个公园（景区）、100条道路绿地和41条河道绿地、11条高架绿化参加"最佳最差"公园绿地评选活动。经评定，湖滨景区和南江公园被评为年度杭州市区"最佳公园（景区）"；湖中三岛景区、龙井景区、八卦田景区、太子湾公园、城北体育公园、滨江公园、西溪公园、环北公园被评为"优胜公园（景区）"；东湖中路、迎宾大道、江南大道四桥西被评为"最佳道路绿地"；3号路、通益路、沿江大道、康桥路、江南大道四桥东被评为"优胜道路绿地"；赭山港被评为"最佳河道绿地"；紫金港河、冯家河、高沙渠被评为"优胜河道绿地"；中河高架被评为"最佳高架绿化"；艮山西路公铁立交桥被评为"优胜高架绿化"。年度"最差河道绿地"为康桥河。根据评选方案，市区无最差公园（景区）、最差道路绿地、最差高架绿化。 （赵　艳）

·村镇建设·

【村镇建设概况】 2015年，杭州深入实施城乡区域统筹"六大西进"行动，落实区县（市）协作资金3.78亿元、项目29个，落实联乡结村帮扶资金1.68亿元。依据县（市）域总体规划，各区县（市）优化完善县域村庄规划布局和中心村规划，保留村建设规划编制完成率99.8%，153个村庄规划完成修改完善。加快推进6个省级小城市培育试点镇、193个中心村、62个"美丽乡村"和精品村建设，开展12个"杭派民居"建设试点，培育民宿示范村（点）57个。年内，改造农村住房30932户、危房1460户。纳入省定任务的1556个村庄污水治理按进度要求实施，全年完成694个行政村的生活污水治理，农村生活污水治理保持全省领先。

（郭清民　严　建）

9月29日，市城区绿化办举办立体花坛创作竞赛活动。图为杭州铁路东站立体花坛 （市城区绿化办 供稿）

建德市大洋镇兰苑新村景色　　（市建委 供稿）

【村庄规划设计编制】 3月，市规划部门与各区县（市）村镇规划主管部门联合成立专家组，对所辖乡镇村庄规划设计编制情况进行调查评估。经专家组严格筛选和市规划部门审查核实后，确定未编制村庄规划的行政村25个、需修编村庄规划的行政村163个、需编制村庄设计的中心村102个。9月，全市安排落实2015年度需开展规划设计的村庄109个。市规划部门召开城乡统筹例会，组织城乡统筹服务小分队进行指导、帮助，协调各区县（市）做好规划编制、审批管理、技术服务和队伍建设等工作，助推乡村规划编制和“杭派民居”建设顺利实施。至年末，纳入当年规划设计的村庄基本达到评审阶段的成果要求，其中3个省定的规划设计试点村完成编制。（傅德仁）

【“杭派民居”村庄规划】 1月，市政府出台“杭派民居”示范村创建扶持政策，计划用3~5年时间，结合培育农村新型业态，打造一批“杭派民居”典范。成立由市建委、市财政局、市国土资源局、市规划局等部门组成的组织协调机构，明确部门分工，建立工作指导、规划编制、项目扶持、项目管理、项目验收、绩效评价等制度。以区县（市）为单位，统一组织有资质的专业机构进行“杭派民居”示范村规划编制。8月，确定富阳区春建乡大唐村、临安市潜川镇中间桥村、桐庐县横村镇阳山畈村、建德市三都镇寿峰村、淳安县千岛湖镇富泽村5个村为“杭派民居”试点村，参照市规划部门提供的33套“杭派民居”设计方案和13个试点村的规划方案，以及《“杭派民居”村庄规划和农房设计通用图集》，进行规划编制。年内，各试点村规划进入中间审查阶段。（周　雯）

【中心镇建设】 杭州市根据《2015年全省小城市培育试点和中心镇发展改革工作要点》提出的重点任务，以人口集中、产业集聚、功能集成和要素集约为着力点，推进小城市试点和中心镇建设。加强对中心镇建设工作指导，实行资金投入、项目建设、要素保障向中心镇倾斜，为中心镇的培育发展提供政策支持。全年中心镇完成限额以上固定资产投资404.96亿元，累计完成投资1144.32亿元，超额完成中心镇“双千工程”三年行动计划1000亿元的投资目标。（陈新建）

【中心村建设】 2015年，杭州市围绕“人口集中、产业集聚、要素集约、功能集中”的目标，结合村域经济发展、生态文明村创建、“百千”工程实施、农村土地综合整治、农村住房改造、农村社区服务中心建设，加大中心村培育工作力度。全年列入培育计划的中心村193个。通过培育建设，全市中心村居住环境明显改善，人口集聚力、公共服务辐射力、农村经济发展带动力明显增强，基本公共服务均等化程度、城乡统筹水平明显提高。中心村成为人口集聚中心、公共服务中心和社会管理中心。（严　建）

【农村住房改造建设】 2015年，杭州市坚持“联席会议、推进例会、进度通报、信息报送、专项考核”五项制度，加强农房改造检查指导和统筹协调。全年完成农村住房改造建设30932户，完成年度目标任务的1.4倍。其中实施“二合一”模式14270户、“二选一”模式3852户、“民建公助”模式12810户。改造建设面积1006.27万平方米，总投资199.49亿元。

【农村住房改造示范村工程】 2015年，杭州市按照“规划设计一流、质量安全一流、风貌特色一流、生态环境一流、社区管理一流”的要求，实施农村住房改造示范村工程，提升村庄人居环境建设水平。全年申报农房改造示范村工程19个，其中萧山区1个、余杭区2个、富阳区2个、桐庐县5个、淳安县3个、建德市3个、临安市3个。至年末，全市累计申报农房改造示范村工程80个。经过省住房城乡建设厅考核，先后有61个农房改造示范村工程通过验收。

【农村困难家庭危房改造】 2015年，杭州市继续推进农村困难家庭危房改造。全年完成危房改造1460户，完成年度目标任务的100%。危房改造面积24.53万平方米。危房改造中，新建763户、扩建20户、改建376户、修缮230户、置换71户。救助对象中“五保户”5户、低保户1003户、受灾困难户45户、其他困难户407户；四类受救助对象中残疾人494户。投入财政补助资金4016.8万元，其中中央资金1095万元、市级资金315万元、县（市）级资金1804.3万元、乡镇级资金800.5万元。（郭清民）

·环境保护综述·

【生态建设成效明显】 2015年，杭州市围绕“五位一体”总体布局和“四个全面”战略布局，牢固树立和贯彻落实“创新、协调、绿色、开放、共享”五大发展理念，抢抓筹备G20杭州峰会历史机遇，以“五水共治”“五气共治”“五废共治”为抓手，全面推进“美丽杭州”建设。杭州生态环境总体平稳向好，市区环境空气质量优良天数比上年（指2014年，下同）增加14天，PM2.5年均浓度下降12.3%。全市地表水水质达到或优于地表水环境质量Ⅲ类标准的市控以上断面占85.1%。水、大气、声和辐射环境质量总体稳定，全市环境安全得到有效保障，生态环境状况质量评价指数继续名列全国前茅。

【水环境质量有所改善】 2015年，杭州市地表水总体状况良好，水质达标率稳中有升。全市47个市控以上断面中，水环境功能达标率为85.1%，比上年上升10.6个百分点；达到或优于Ⅲ类标准的比例上升4.2个百分点。钱塘江水质状况为优，水环境功能达标率95%，干、支流市控以上断面达到或优于Ⅲ类标准的比例为100%。苕溪水质状况为优，水环境功能达标率100%，达到或优于Ⅲ类标准的比例为100%。运河、城市河道水质有明显改善，水环境功能达标率分别上升25个百分点和28个百分点。西湖水质优良，平均透明度1.36米，湖区内湖心、西里湖北、少年宫、小南湖4个监测点位水质均符合或优于Ⅲ类水质。千岛湖水质优良，全湖平均透明度4.56米，湖区内小金山、大坝前、三潭岛、排岭水厂、航头岛、茅头尖6个监测点位水质均达到水环境功能区Ⅱ类目标要求。

全市集中式饮用水水源地水质优良，12个国控饮用水水源地水质保持稳定，达标率均为100%。

【空气质量持续好转】 2015年，根据《环境空气质量标准（GB3095—2012）》评价，杭州市区（不含富阳区，下同）环境空气质量优良天数242天，优良率66.3%，比上年提高3.8%。市区环境空气中二氧化硫（SO_2）年平均浓度为16微克/立方米，下降23.8%，符合环境空气质量二级标准；二氧化氮（NO_2）、PM10、PM2.5年均浓度分别为49微克/立方米、85微克/立方米、57微克/立方米，分别超标0.22、0.21和0.63倍，但分别下降2.0%、13.3%、12.3%，其中PM2.5达标天数283天，增加28天，达标率77.5%，上升7.6%。空气中的降尘平均浓度为5.11吨/平方千米·月，达到浙江省控制标准，下降9.9%。富阳区、桐庐县、淳安县、建德市、临安市环境空气质量优良天数分别为302天、322天、324天、313天、291天，优良率分别为82.7%、88.2%、93.3%，86.5%、79.9%。空气中主要污染物为细颗粒物(PM2.5)。

全市酸雨污染处于严重水平，污染程度总体比上年略有减轻。建德市属中度酸雨区，主城区和余杭区属较重酸雨区，其他区县（市）属于重酸雨区。降水pH值范围为3.25~7.62，最低值出现在桐庐县。全市降水pH年均值为4.65，与上年相同；酸雨率84.0%，上升4.0个百分点。

【声环境质量保持稳定】 2015年，杭州市声环境质量与上年基本持平，环境噪声的主要来源是交通和社会生活噪声。杭州市区的区域环境噪声为56.2分贝，比上年下降0.2分贝，质量等级为轻度污染。富阳区和四县（市）区域环境噪声均小于55分贝，质量等级为较好；与上年相比，市区区域环境噪声强度略有下降，四县（市）中除桐庐县有一定程度的上升外，其余县（市）基本保持稳定。杭州市区道路交通噪声68.6分贝，质量等级为较好；富阳区和四县（市）道路交通噪声62.9分贝~69.8分贝，其中富阳区、桐庐县、建德市、临安市质量等级为好，淳安县为较好；与上年相比，市区道路交通噪声值不变，富阳区和四县（市）均略有下降。

根据《城市区域环境噪音标准（GB3096—2008）》评价，杭州市区Ⅰ类标准适用区昼间噪声超标1.7分贝，其余类别标准适用区昼间噪声达标；富阳区、桐庐县、淳安县、建德市、临安市各类标准适用区昼间噪声均达标。

·生态建设·

【生态文明试点市建设】 2015年，杭州市致力于打造“美丽中国”先行区和“两美浙江”示范区，深入推进“美丽杭州”建设。加大生态文明建设考核力度，市政府与13个区县（市）以及杭州经济技术开发区、56个市级部门签订生态文明建设目标责任制度，年末考核评定出生态文明建设（“美丽杭州”建设）优秀区县（市）6个，“美丽杭州”实验区建设优秀区县（市）1个，生态文明建设（“美丽杭州”建设）良好区县（市）7个、优秀建设单位26个、优秀支持单位30个。建立环境功能区管理机制，完成各区县（市）环境功能区划编制。严格执行生态功能区规划，在项目审批中对不符合环境功能区划的实行一票否决，并将相关内容纳入杭州市对各区县（市）党委、政府的年度考核。深化生态文明体制改革，推进淳安县国家主体功能区建设试点，编制并组织实施《千岛湖及新安江上游流域水资源与生态环境综合规划》，编制完成《淳安县国家主体功能区试点方案》，制定并实施淳安“美丽杭州”实验区建设方案，提升千岛湖自然生态保护水平。修订完善《杭州生态市建设专项资金使用管理暂行办法（初稿）》及《杭州市生态补偿专项资金使用管理办法（初稿）》，并拨付生态补偿资金。开展对临安天目山、清凉峰等国家级自然保护区的专项检查，完善生态保护设施，提升自然资源的生产能力和品质。

【生态环境建设】 2015年，杭州市生态区县（市）、生态乡镇和生态村创建取得明显成效。杭州市通过环保部组织的创建国家级生态市技术评估，萧山区、富阳区通过国家生态区考核验收，桐庐县、淳安县入选首批国家生态保护和建设示范区，临安市成为“国家园林城市”。全市建成92个市级生态文明村、535个市级生态村、27个社区生态角，2个“1250”示范工程。至年末，全市累计有8个区县（市）通过国家生态区县（市）命名、验收和技术核查，国家级生态区县（市）创建率达88.9%；建成国家级生态乡镇（街道）118个，国家级生态村2个；建成省级生态区县（市）9个，省级生态乡镇（街道）135个；建成市级生态（文明）乡镇（街道）164个；市级生态（文明）村1646个；整体创建比例和进度均位于全省前列。

【“三江两岸”生态景观保护与建设收官】 2015年，“三江两岸”生态景观保护与建设工程完成。全年整治“三江两岸”畜禽污染面积1.5万平方米。整治废弃构筑物7万平方米，建成绿色景观长廊80多万平方米。完成9个民宿示范村和13个绿色企业的建设。实现矿山复绿11.5万平方米，关停萧山西姑湾矿区和灰窑坞矿区、富阳富萧界矿区和雁峨山石料厂。关停沿线污染企业2个，9个企业完成“阳光排污口”设置；拆除码头3个，完成4个码头景观化改造。“三江”水质达标率稳步上升，地表水中氨氮、总磷、高锰酸钾等污染指标下降。“三江两岸”绿道全线贯通，累计建成景观廊道和生态廊道300千米，“山水秀美、生态宜居、城景交融、和谐发展”的黄金生态旅游线初步形成。

【“四边三化”建设】 2015年，杭州市全面完成“四边三化”“两路两侧”年度整治任务，并建立健全长效管理机制。完成省有关部门交办的660个公路、195个铁路“两路两侧”问题点的整治；公路边拆除违法建（构）筑物3.51万平方米，清理沿线建筑、生活垃圾15.87万吨。完成农村河道综合整治299.2千米。启动矿山重点治理项目7个，完成3个。完成公路边、铁路边、河边、山边绿化总长度480千米。

【城乡环境保护统筹】 2015年，杭州市投入25亿元，完成694个行政村的生活污水治理，治污投资完成年度计划的125%。开展畜禽养殖污染防治专项治理，启动全市第一个畜禽养殖污染防治规划的编制，完成915户家庭畜禽养殖生态化治理验收，关停367个畜禽养殖场、80多万平方米甲鱼养殖场，194个、面积133.33公顷的黑鱼养殖场退养转产。完成323个“十二五”期间中央农村环境综合整治项目，开展7个农村生活垃圾减量化资源化处理整乡镇试点，受益农户18.8万户。推进农业废弃物资源化利用，全市农作物秸秆综合利用率92.5%。

·环境综合整治·

【G20杭州峰会环境保障】 2015年，杭州市全力以赴做好G20杭州峰会环境质量保障，成立杭州市环保行动与场馆保障部环境质量保障组，与市大气污染整治领导小组办公室合署办公，统一协调环境整治工作。借鉴北京、上海和南京等城市举办大型会议环境质量保障经验，结合杭州环境空气质量现状，编制完成杭州市、浙江省、“长三角”及周边地区3个层面G20杭州峰会环境质量保障方案，并编制完成杭州市直部门专项方案和各区县（市）子方案。依托“长三角”区域协作平台，加强与上海、江苏、安徽及江西等周边省（市）沟通、协调。在全省率先开展污染源清单调查，通过对工业、农业、生活等污染源全面梳理，确定第一批管控企业名单。运用科技手段，完成第二轮杭州市环境空气PM2.5来源解析研究，为大气污染整治提供科学依据。搭建空气质量保障指挥平台，组建专家团队，开展预测预警及G20杭州峰会期间大气保障措施等研究。

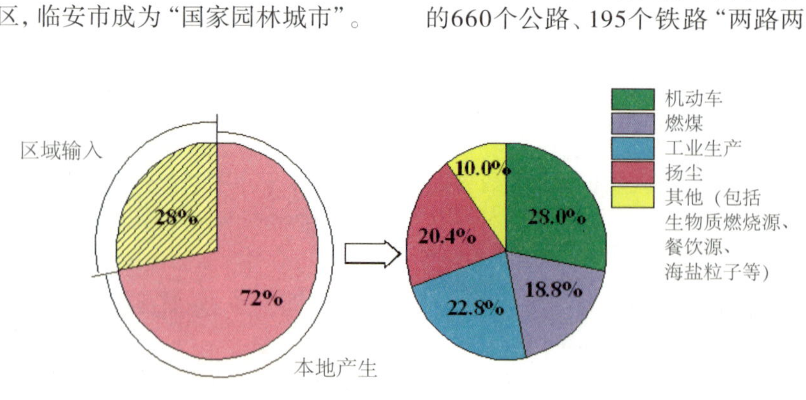

2015年杭州市区（不含富阳区）PM2.5来源解析　（市环保局 供稿）

【主要污染物减排】 2015年，杭州市围绕主要污染物减排三大体系建设，抓好工程减排、结构减排和监管减排，创新总量控制制度和工作机制，主要污染物减排工作扎实推进并取得明显成效。全年全市化学需氧量、氨氮、二氧化硫、氮氧化物排放量分别比上年削减6.52%、4.01%、7.65%和10.88%，超额完成主要污染物总量减排年度任务。累计完成“十二五”时期减排目标的173%、131%、148%和153%。杭州市获得全国节能减排财政政策综合示范工作考核优秀城市称号。

根据污染减排目标，制订《杭州市2015年主要污染物减排计划》，将目标任务细化、量化并分解到各级政府、部门和企业，市政府与各区县（市）政府签订减排责任书，实行“行政问责制”和“一票否决制”。着力推进重点减排项目建设，全年实施减排工程项目383个，其中国家减排项目14个。推进主要污染物排放权交易，完成1017个企业的排污权初始登记和缴费，累计缴费11.19亿元。构建全市统一的排污权交易管理体系，正式启用互联网电子竞价交易系统，定期组织开展排污权线上竞价交易，全年组织排污权竞价交易6次，参加竞价交易企业80个次，成交金额4954万元。排污权有偿使用和交易获得的非税收收入全部用于环境污染治理。“刷卡排污”管理逐步铺开，完成全市市控以上254个企业重点污染源刷卡排污监控端的安装，市控以上重点污染源刷卡排污监控覆盖率100%。开展重点工业企业吨排污权税收贡献排名，实行差异化总量控制激励政策。桐庐县探索排污许可证“一证式”改革，有效整合环评审批（备案）、总量管理、建设项目“三同时”和竣工验收等各项制度，优化审批流程，明晰环境责任主体，提高工作成效。推进减排监测体系建设，对全市国控、省控和市控废水废气污染源开展全指标的监督性监测，督促企业全面开展自行监测，落实企业自行监测巡检机制，推进污染源自动监控管理制度化、规范化、标准化。至年末，监督性监测完成率99.1%，公布率100%；企业自行监测公布率97.0%，完成率93.0%；国控重点源在线传输有效率98.4%。

【大气污染整治】 2015年，全市围绕G20杭州峰会环境质量保障，以“五气共治”为重点，全面实施和推进大气污染整治，杭州率先成为无钢铁生产基地、无燃煤火电机组、基本无黄标车的“三无”城市。推进“燃煤烟气”治理，全年淘汰燃煤小锅炉3225台，关停萧山电厂、半山电厂燃煤机组，实现全市燃煤火电机组“清零”。推进“工业废气”治理，全面关停杭州钢铁集团有限公司半山基地，完成128个企业的VOCs（挥发性有机物）治理、15个水泥企业的烟灰粉尘治理，转迁及淘汰落后产能企业426个，完成清洁生产企业审核494个。推进“车船尾气”治理，全市淘汰黄标车8.1万辆，回收油气1196吨。推进“扬尘灰气”治理，加强工地扬尘防控，累计完成109个企业239个工地可视化管理系统安装并接入市级监管平台，553个工地安装雾炮等扬尘防控设备，建设“绿色搅拌站”19个；加大对道路扬尘整治，对324条（段）扬尘污染较重的道路增加洒水和冲洗次数，完成重点路段347.4千米扬尘整治。推进“餐饮排气”治理，强化餐饮油烟监管。全年立案查处餐饮油烟案件89起，整改351起。

【机动车污染防治】 2015年，杭州市通过黄标车淘汰补助、限行、执法和检测等措施，加强机动车排气污染防治。全年全市淘汰黄标车8.1万辆，其中国Ⅲ老旧公交车1172辆，全面完成黄标车淘汰任务，淘汰总量居全省首位。按照国家机动车污染减排核算系数计算，全年削减碳氢化合物（HC）0.64万吨、氮氧化物（NOx）1.47万吨、一氧化碳（CO）4.41万吨、颗粒物（PM）0.19万吨。加强油气回收监管，出台《杭州市2015年油气回收专项督查方案》和《油气回收违法行为量罚指导意见》，组织开展三轮油气回收设施联合检查检测，处罚违规加油站11座，责令限期整改加油站53座，全年回收汽油1196吨，其中主城区649吨。推进“低排放区”试验，组织开展西湖景区机动车环保行动，市环保部门与市交警部门出动执勤人员622人次，劝返国Ⅱ及以下限行机动车9100辆，开具警告单230份，发放宣传册1万多册。实施机动车环保检验合格标志管理，全年核发机动车环保检验合格标志129.7万枚，发放率90%以上。联合市交警部门开展道路执法检查，10月1日起全市域24小时禁行黄标车，全年交警部门重点车辆查控系统查处黄标车1.38万辆，环保自主拍摄系统移送交警部门处罚黄标车3630辆。加强对公交车尾气排放监管，全年检查公交车8747辆，查处冒黑烟车41辆。加强机动车检测，主城区和萧山区、建德市、临安市、杭州大江东产业集聚区实施柴油车加载减速法检测，全年检测柴油车49.7万辆。

【水环境整治】 2015年，杭州市完成在用的12个县级以上合格规范饮用水源保护区创建，饮用水源一级保护区实施物理（生物）隔离防护，开通移动、电信、联通三网短信提醒业务。印发《关于加强全市饮用水源保护区域内危险化学品运输管理的通知》，进一步明确杭州市饮用水源保护区内危险化学品运输管理办法，推进安监、公安、交通、环保等部门对饮用水源危险化学品运输的联合管理。开展饮用水源环境调查，完成《2014年度杭州市集中式饮用水水源环境状况自查报告》，全面摸清全市饮用水源环境状况。协调推进跨界饮用水源地保护，着力解决东苕溪余杭和德清跨界水源地保护问题。加强基础设施建设，战略备用水源闲林水库下闸蓄水，城区备水能力从1.5天提高到8天。全年农村新建供水管网342千米，改造供水管网170千米，受益16.48万人。深化治污水工作，全市实现1845条乡镇级以上河道“河长制”全覆盖，完成84条137千米黑臭河整治、321千米农村河道综合整治，基本消灭“垃圾河、黑河和臭河”。新建或续建河道总长度77.5千米，新增绿化面积48.1万平方米。开展污水“零直排区”建设，整治或封堵排污口6267个。新增污水管网234.24千米，完成694个农村生活污水治理、23座污水处理厂提标改造。加大工业、农业污水整治力度，完成印染、化工行业及特定污染行业整治提升，万元工业增加值废水下降率15%。全面完成规模畜禽养殖场治理、农药化肥减量等农业面源污染治理。

【重污染高耗能行业整治】 2015年，萧山区杭州海尔希畜牧科技有限公司和杭州油漆有限公司2个化工企业搬迁入园，余杭区、富阳区、建德市化工行业完成整治验收。全市羽绒、铸造、印制电路板、球拍、彩钢、水晶6个污染行业完成整治，纳入整治范围的829个企业，分别实现关停、整治提升和搬迁入园。至此，杭州市按照“关停淘汰一批、整合入园一批、规范提升一批”的思路，全面完成铅蓄电池、电镀、印染、造纸、制革、化工6个重点行业整治任务，纳入整治范围的企业945个，累计关停418个、整治提升439个、搬迁入园88个。新建成电镀园区5个、化工园区1个，入园电镀、化工企业422个，入园率80.1%。6个行业削减废水排放量38.7%、化学需氧量45.1%、氨氮42.3%，企业污染防治能力不断增强，区域环境质量明显改善。

【杭州都市圈环境共保】 2015年，杭州、湖州、嘉兴、绍兴四城市开展都市圈环境共保。杭州市环保局承担“杭州都市圈蓝皮书（2016）”相关课题编制，完成“推进杭州都市圈智慧环保建设研究”课题。4月16日，在湖州市召开浙皖跨界环境污染纠纷处置和应急联动工作协调会议，杭州市与安徽省黄山市、宣城市分别签订跨界环境污染纠纷处置和应急联动协议，为边界区域的跨界环境污染纠纷处置和跨界突发环境事件应对提供保障。4月16日，在嘉兴市召开杭湖嘉绍边界环境联合执法联席会议，并开展杭湖嘉绍边界环境联合执法行动。5月13日，在金华永康市召开钱塘江跨行政区域联合行动启动会议，杭州、嘉兴、绍兴等地执法人员共同对交界区域重点企业进行现场执法检查，消除交界区域的环境监管盲区，增强监管力度。

·环境管理执法·

【环境法制建设】 杭州市加强环境立法工作。12月25日，《杭州市生态文明建设促进条例（草案）》通过市人大常委会审议并报省人大常委会批准。《杭州市大气污染防治规定（草案）》提交市人大常委会审议。开展有关环境保护规章的清理和市环保局权力清单的梳理。组织重新修订《杭州市环境违法行为行政处罚量罚办法》，进一步约束行政处罚自由裁量权。推行法律顾问制度，聘请专业律师作为兼职法律顾问，为全市环境执法提供法律支持。

【环境监察与排污收费】 2015年，杭州市全面落实最严格监管措施，着力打造环境监管最严格城市。全年立案查处行政处罚案件1048起，处罚金额4934万元。其中：向公安机关移送涉嫌环境污染犯罪案件36起，刑事拘留66人；移送适用行政拘留环境违法案件27起，行政拘留55人，移送案件数和拘留人数分别比上年增长40%和137%。实施按日计罚3起、查封和扣押29起、限产和停产8起。全面开展环境保护大检查，其中由市环保局领导带队的专项执法检查9次、省市县三级环保联动执法检查5次，重点检查排污单位污染排放状况、违法违规建设项目清理情况及群众举报投诉的重点案件或区域。全年各级环保部门检查企业2.83万个次，查处违法企业963个。

全市排污费征收按照《排污费征收管理条例》的要求组织实施，确保征收全面、规范、足额。全市申报登记排污企业10615户，实际征收4663户，全年征收排污费1.75亿元。

11月13日，杭州市在临安青山湖科技城举行应急人员现场处置泄漏化学品演习　　（市环保局 供稿）

【危险废物安全监管】 2015年，杭州市产生工业固体废物673.13万吨，综合利用583.88万吨，处置87.37万吨，无害化处置利用率99.7%。产生工业危险废物23.9万吨，综合利用8.63万吨，处置13.89万吨，无害化处置利用率94.2%。产生医疗废物1.93万吨，无害化集中处置率100%。创新固体废物管理手段，对全市危险废物动态监控系统进行提升改造，建立以危险废物动态监管系统、污泥处置电子监控系统、GIS管理系统、视频监控管理系统四位一体的信息化平台，完成100个企业268个视频监控点建设和148台危险废物转运车辆车载GPS安装及并网。开展危险废物专项整治和执法行动，每季度组织一次全市危险废物交叉专项执法检查，全年抽查各类危险废物产生和经营单位110多个，对违法转移、无证经营和随意处置危险废物行为进行严厉打击。推进工业企业退役场地污染治理，对所有重新开发利用的工业企业退役场地进行环境调查和环境风险评估，对既有污染场地开展治理。加强危险废物处置设施建设，全市危险废物经营单位26个，危险废物年利用处置能力115万吨。建成污泥处理处置设施16座，年处置能力175万吨。

【建设项目环境管理】 2015年，杭州市加强建设项目环境管理，严格执行《中华人民共和国环境影响评

价法》《建设项目环境保护管理条例》和国家、省、市产业发展导向目录，切实把好建设项目环保审批关。通过强化产业导向、总量控制和达标排放，有效控制一批污染严重、与区域环境发展不相协调的建设项目。全年完成7127个建设项目环保审批，其中报告书项目254项、报告表项目3589项、登记表项目3284个，建设项目环评执行率100%。完成1593个项目验收，其中市本级对8个项目在经过两到三级初审后实行委托审批，对211个项目进行现场验收检查，核发《建设项目环保“三同时”检查意见书》188份，建设项目“三同时”执行率100%。市本级完成56个市区各类经营性土地出让前环境影响初步分析备案、13个市区搬迁退役企业土壤专题评价备案。严格执行重大项目、敏感项目集体审议制度，实行专家审查、公众调查制度，加大环境影响评价公众参与和政府信息公开力度。深化环评审批制度改革，市经信委、市环保局等单位联合印发《关于做好工业企业“零土地”技术改造项目审批方式改革实施工作的通知》，将项目选址符合生态环境功能区划等相关规划、主要污染物不增加、防护距离内无敏感建筑物的项目实行承诺备案制，由企业自行组织验收。加大对浙商创业创新项目、治理交通拥堵项目、省市重点工程项目的环保服务力度，采取提前介入、跟踪服务、动态管理，年内完成杭州九峰环境能源项目、七格污水处理厂四期工程等省市重点工程环评审批。

【辐射环境管理】 2015年，杭州市有放射源单位186个、放射源1234枚，核技术利用单位775个，全市辐射环境保持安全水平。完成电离、辐射环境监管及监督性监测，市本级抽查、抽测辐射工作单位120个，各区县（市）检查辐射工作单位、废旧金属熔炼企业1116个次，完成率均100%。开展辐射安全专项检查，市环保部门抽查部分辐射工作单位14个，各地检查辖区内Ⅱ类射线装置单位（不含医院）和日常监督检查中存在辐射安全隐患的单位200个。完成5个饮用水水源的状况调查及饮用水源周边放射性污染源调查。加强辐射安全许可监管，全年审批验收辐射项目53个，受省环保厅委托审批颁发“辐射安全许可证”133份。督促送贮闲置、废弃放射源92枚，送贮率100%。各核技术利用单位开展核安全文化宣传贯彻活动，增强员工防范辐射意识。

【环境应急管理】 2015年，杭州市修订《杭州市突发环境事件应急预案》，印发《杭州市钱塘江流域突发环境事件应急联动工作机制》，市环保部门与安徽黄山市、宣城市环保部门建立市级环境污染纠纷处置和应急联动工作机制。建立完善环境安全隐患定期排查报告制度，全年检查风险源企业1962个次，发现并整改风险隐患点109个。编制《杭州市2015年度突发环境事件检验性演习总体方案》，于8月20日、11月13日分别在富阳区和临安市开展由交通事故导致危险化学品泄漏引发的突发环境事件应急演习。严密防范和快速处置突发环境事件，全年发生突发环境事件7起，比上年下降36%，突发环境事件均在第一时间得到妥善处置。

【环境宣传教育】 2015年，杭州市以提高全社会环境意识为重点，开展全方位、多角度、深层次的环境宣传教育。围绕“6·5”世界环境日、“浙江生态日”等主题日，策划纪念“6·5”世界环境日现场活动、环保文艺演出进社区、“暑期快乐大篷车”进街道等主题活动15个，参与人数2万多人，发放环保法规宣传资料5000册。围绕“五水共治”、“五气共治”、打造“环境监管最严格城市”等工作开展宣传，全年在市级以上媒体发表环境新闻稿550篇，刊登专版8个，制作播出《环保之窗》专栏260期，出版《杭州环保》杂志6期。拓展新媒体宣传和应用，组建杭州市环保系统政务微博微信网络，“杭州环保”发布微博2235条、微信716条。推出《今日环保快讯》栏目，全年累计推送信息583条。加强环保培训，举办领导干部生态文明建设研讨班、乡镇干部生态文明建设研讨班、暑期师资环保培训班等。编发《践行绿色生活、推进水气治理》漫画宣传册、《打造“西湖蓝”之清水治污》、《打造“西湖蓝”之五气共治》、《打造“西湖蓝”之环保服务指南》等宣传折页5万份，制作播出《山清水秀天朗气清美丽杭州》《刨根问底说雾霾》《在水一方》等科普宣传片。组织召开杭州市环保志愿服务总队总结会暨成立10周年纪念大会，完善志愿者组织架构和城区志愿者骨干队伍。全年开展志愿者护河护水、环保大讲堂活动、“一把伞，一座城”环保公益行动等环保志愿活动13次。指导第七届在杭高校绿色联盟常务理事会换届选举，组织参加国家和全省环保知识竞赛，举办“大中小学环保社团公众参与博览会暨第八届高校绿色论坛”。

加强环保信息公开。在市环保局门户网站上发布PM2.5等实时浓度和AQI（空气质量指数）实时数据、全市1845条乡镇级以上河道水质数据、重点监控企业主要污染物监测数据、监督性监测数据，完成杭州环境空气质量和河道水质信息手机端APP发布。根据《杭州市大气重污染应急预案（试行）》规定，市大气办通过门户网站、杭州“智慧城市”网络平台和相关官方微博、广播等媒体向社会发布大气重污染预警和启动应急响应信息，并提醒公众采取健康防护措施。全年发布2次三级预警并启动2次三级应急响应信息、11次空气质量提示。对门户网站（杭州绿网）进行改版，整合信息公开目录。全年主动公开信息4.45万条，受理答复依申请公开46件。

【“绿色”系列创建】 2015年，杭州市深化“绿色”系列创建工作，全年推荐申报全国中小学环境教育基地2个，创建省级生态文明教育基地3个、省级“绿色家庭”30户、省级“绿色医院”2个；创建市级“绿色学校”49个、市级“绿色家庭”10户，命名环保小卫士34名。团市委、市环保局、市教育局等单位联合开展“绿色文明号”、保护母亲河生态监护站、“寻访美丽杭州——发现生态美”等系列主题实践活动，出版《杭州市学校环境教育优秀教案集》。组织参加全国中学生环保英语征文比赛，获二等奖1项、三等奖1项、优秀奖2项。组织参加中学生水科技发明比赛，获水科技发明类特等奖1项、二等奖1项、三等奖1项、优秀奖1项，水资源调查类二等奖1项、三等奖2项、优秀奖2项，评为优秀指导老师5人。组织参加全国环境小记者项目新闻作品大赛，获文章类一等奖1项、二等奖1项、三等奖1项，照片类一等奖1项、三等奖三项。组织参加“践行绿色生活——‘百旺杯’全国中小学生环保绘画大赛”，获一等奖4个、二等奖1个、三等奖1个。

【环境信访提案办理】 杭州市畅通群众环保诉求渠道，出台《杭州市环境信访调处反馈和督查规范》，着力提高信访办理质量，推动重点难点问题化解。全市处理各类环境信访总量2.45万件，比上年增长5%。其中省转信访356件，上升25%；市级信访2982件，上升67%；区县（市）级信访2.12万件，下降0.3%。所有信访件均及时办理并反馈。妥善处理多起集体访、重复访，没有出现严重的越级上访事件。收到涉及环保的省市人大代表建议、政协委员提案67件，全部按时办理完毕并上网公布，按时办结率、面商率、满意率（基本满意率）均100%。

·环保科研监测·

【“智慧环保”建设】 2015年，杭州市围绕“推进智慧应用，提升管理能力，促进智慧经济”的目标，推进“12369”架构体系的“智慧环保”建设，全面提升环境信息化水平。“智慧环保”以云平台实现硬件虚拟和数据资源的整合一体化为核心，以杭州环保业务人员、领导为主要对象的综合应用门户和以社会大众、排污企业及媒体为对象的公众服务门户为触角，以环境感知体系、标准规范体系和安全及运维保障体系为依托，以监测监控、环境管理、行政执法、政务协同、公共服务、决策支持为应用内容，以物联感知工程、信息展示工程、数据保障工程、公共服务工程、决策支持工程、政务协同工程、行政执法工程、环境管理工程、基础设施工程等为载体，开展环境监测监控和应急指挥中心、环境中心数据库项目（二期）、移动执法一体化系统（三期）、污泥全过程电子监控系统、污染源管理数据更新系统、危险废物动态监控系统二期等项目建设，助力打造环境监管最严格城市，为环境管理提供有力技术支撑。

【环保科研】 杭州市加强环保科研管理和科技成果共享工作。编印《环保科研课题成果汇编》。市环保局组织申报各级各类科研项目，其中“杭州大气光化学污染形成特征及其典型污染物臭氧控制对策研究”“千岛湖区域生态环境演变的遥感调查和评估”等6个项目被列为市级科技计划项目。加强与科研院所合作，推进“钱塘江突发环境污染事故预警应急系统研究”“东苕溪（杭州段）突发性污染事故模型及应急对策研究”“新安江水库集水区小流域面源污染防控技术集成研究”等课题研究。开展钱塘江水动力模型构建、国家生态文明先行示范区建设杭州市重点制度创新相关研究和“杭州市资源环境承载力监测预警机制研究”“杭州市推行排污权交易及环境污染第三方治理制度研究”等工作，编制完成《杭州市2015年近岸海域污染防治实施方案》《“十三五”时期美丽杭州建设研究》等。开展《杭州峰会空气质量预报预警会商方案》等3个专项研究。编制完成《杭州市环境保护“十三五”规划基本思路》，并形成初稿。完成“杭州市环境空气PM2.5来源解析持续研究”“千岛湖引水工程水源地生态安全及水污染综合防治研究”“杭州市重度灰霾天气污染类型解析及应对措施研究”等12个课题的验收。《细颗粒物中二次有机气溶胶（SOA）源解析研究》获省环保科学技术奖二等奖，《常见化学品在不同物料输送泵输送过程中的污染物排放系数研究》《杭州市主要湖库、河流微囊藻毒素污染现状及防治对策研究》《基于物联网的杭州市危险废物智能监管平台设计与应用》3个课题获省环保科学技术奖三等奖；《杭州市大气颗粒物重金属污染特征与防治对策研究》《杭州市主要饮用水源壬基酚污染现状及黑碳在其迁移转化与控制中的作用》2个课题获市科技进步奖三等奖。开展大气污染物源排放清单编制，杭州市大气污染物源排放清单调查系统正式上线，全年调查企业2500多个，并完成相关数据审核。

【学术交流与人才培训】 12月19日，杭州市举办第一届西湖环境学术论坛院士报告会，邀请中国工程院院士郝吉明、孟伟做主题报告，学习借鉴北京、上海等城市借举办重大国际活动之机提升环境质量的经验，为G20杭州峰会环境质量保障提供科学参考。4月和12月，杭州院士（专家）工作站举办2次环保技术交流会，邀请国内一流环保科研机构的专家和学者与会，为G20杭州峰会环境保障建言献策。组织全市辐射环境监测、激光雷达数据应用、离子色谱分析、检验检测机构资质认定评审准则等业务培训8次，参加人员300多人次。派员参加各类专业监测培训50人次，组织环保科研人员和环境协会会员参加上海环境科研成果交流会和第十六届中国环境博览会，开展环保学术交流活动。

【环境监测】 杭州市加强环境监测能力建设。全年投入1006万元，购置便携式气相色谱—质谱联用仪、全自动COD测定系统等国际先进环境监测设备，进一步提高环境监测及环境预警能力。全市累计建成空气质量自动站监测站36个、地表水自动站44个、污染源在线监测系统561套。杭州市环境监测中心站开展“五水共治”“土壤调查”等专项监测。全年获取监测数据592.7万个，上报并发布环境空气质量日报和预报365期；编发全市饮用水源地水质、重点流域水质月度报表等60期，完成企业委托监测132个。完成161个核技术利用单位电离辐射监督监测、16个电磁污染源监督监测、18个省级重点管控单位电离辐射监督监测、43个单位辐射委托和验收监测；出具大气、水、噪声、辐射等监测报告1460多份。加强应急监测能力建设，编制《2015年杭州突发环境事件应急演习监测方案》，全年开展临安苕溪流域、富阳钱塘江流域水体污染，以及杭州市港口危险化学品泄漏3次应急演练，开展小印染作坊污染窝点、电池废液倾倒事件等11次应急监测。

（徐　静）

·会展业综述·

【杭州会展业全面提升】 2015年，杭州市以"打造全国首屈一指的会展城市"为目标，加大政府主导项目统筹整合力度，推进会展业转型升级，全市会展业在专业化、特色化、国际化、市场化方面取得新的提升。全年举办展览297个，比上年（指2014年，下同）增加7个；展览总面积265.4万平方米，增长9.0%；单个展览平均展览面积8600平方米。杭州市会议展览业协会所属会员单位全年承接各类会议12563个，增长7.7%，其中国际会议692个，占5.5%。杭州西湖国际博览会（简称西博会）期间举办节庆活动12个，观众634万人次。年内，杭州获"2015年中国十佳品牌会展城市""2015年度中国会展十大影响力城市""2015年度金五星优秀会展城市奖""最佳会展城市管理奖""中国会展市场化转型示范城市""2015中国十大活力休闲城市"等荣誉。

【杭州获"2015中国十大活力休闲城市"大奖】 11月1日，2015年中国（国际）休闲发展论坛在杭州举行。全国人大常委会副委员长、中央民主建国会主席陈昌智发来贺信。该届论坛由中华体育文化促进会、小康杂志社、杭州市西湖博览会组委会办公室联合主办。以"城市休闲的新活力"为主题，从国家战略、城市发展、产业优化和学术前沿等视角，积极探讨中国休闲产业领域的热点、难点话题，以及休闲产业相关政策与行业发展趋势，努力推动与促进国内休闲产业的发展及休闲城市的建设。其间，举办"新常态下休闲产业经济发展态势暨休闲城市市长峰会""'旅游+美丽乡村'投融资峰会""休闲度假酒店地产投融资峰会""国际休闲的潜力和前景""文化保护和城市文明——'中华名城行'大型纪录片拍摄暨活动启动仪式""互联网+休闲度假"6场主题分论坛。此次论坛上，杭州市获得"2015中国十大活力休闲城市"大奖。

【"文化在城市可持续发展中的角色"国际会议】 12月10～12日，"文化在城市可持续发展中的角色"国际会议在黄龙饭店举行。会议由联合国教科文组织主办，联合国教科文组织全国委员会及杭州市政府联合承办。来自全球各地文化创意、遗产保护、建筑设计、城市规划等领域的国家和地区代表、非政府组织代表以及知名专家学者200多人参会。围绕"城市文化遗产保护"和"城市文化创意产业"两大主题，展示和讨论教科文组织遍布世界各地的研究小组关于上述两大主题的

2015 年杭州市展览规模分类情况

表 31

展览规模（平方米）	展览数（个）	占展览总数的比例（%）
5 000 以下	134	45.1
5 000~10 000	91	30.6
10 000~20 000	42	14.1
20 000 以上	30	10.1

2015 年杭州市展览项目构成情况

表 32

项目构成	展览数（个）	占展览总数的比例（%）
国际性展览	67	22.6
全国性展览	168	56.6
地方性展览	62	20.9

2015 年杭州市举办会议情况

表 33

项　目	数　量
会议数（个）	12 563
其中：国际性会议（个）	692
会议营业收入（亿元）	1.38
接待会议代表人数（万人次）	114
其中：境外代表人数（万人次）	4.2

10月16日至11月1日，第十七届西博会市民休闲节在杭州举行

（阿　贵　摄）

研究成果，形成《文化及可持续城市发展全球报告》。会议通过《杭州宣言》，就大力发挥文化在实现城市可持续发展中的作用，以及将文化有效整合至城市规划中的途径提出多项建议。此次会议是杭州市与联合国教科文组织自2013年举办世界文化大会后的又一次重要合作。

【杭州位列全国第三位国际会议会展城市】 5月11日，ICCA（国际大会及会议协会）发布《2014年国际协会会议市场年度报告》，杭州连续四年位列中国境内城市举办国际性会议数量第三名，仅次于北京和上海。杭州市围绕打造最具魅力的“国际会议目的地”，吸引大量国际会议落户杭州，有力地提升杭州城市知名度和竞争力。2015年引进“文化在城市可持续发展中的角色”国际会议、英国《金融时报》中国年度高峰论坛、第八届世界创业论坛等高端国际会议，继续提高杭州作为国际会展城市的软硬实力，进一步巩固其作为国际会议城市的地位。

【全市会展业发展大会】 4月9日，杭州召开全市会展业发展大会，副市长张建庭出席会议。会议传达学习全省加强节庆展会论坛管理工作会议精神，并就新形势下如何加快发展杭州会展业开展研讨。西湖区政府、萧山区政府、米奥兰特会展有限公司、阿里巴巴集团、杭州报业集团、市贸促会6个单位在会上进行交流发言。会议对第十六届西博会39个优秀项目和10个组织保障先进单位进行表彰。

【城市会展发展大会】 10月16～17日，第七届中国城市会展发展大会在杭州海外海皇冠假日酒店召开。大会由中国会展经济研究会、杭州市发展会展业协调办公室主办，浙江大学城市学院、杭州市会议展览业协会承办。中国国际贸易促进委员会原会长俞晓松、原外经贸部副部长孙广相、杭州市政府副市长张建庭和全国300多名政界、会展业界、学界、媒体嘉宾参加会议。与会嘉宾围绕“互联网+会展”主题，就会展业在新常态下的作用、政府主导型展会的转型等问题进行交流。杭州、青岛、东莞等城市及国内知名会展企业介绍会展经济发展的经验。会上，中国会展经济研究会向杭州授予“中国会展市场化转型示范城市”称号。

·西湖博览会·

【西湖博览会概况】 10月16日至11月1日，以“品质西博、美丽杭州”为主题的第十七届西博会在杭州举行。西博会紧扣打造“国际会议年”和服务全市中心工作两大重点，统筹推出“国际会议、信息产业、旅游产业、文化产业”四大板块内容。会期内，策划举办经贸科技合作大会主题展、《金融时报》中国年度高峰论坛、市民休闲节等35个重点会展项目，实现贸易成交额104.5亿元，协议引进内资138.4亿元，合同外资10.82亿美元。来自40多个国家和地区的中外嘉宾、客商、市民和游客800多万人次参加西博会各项活动。在国内合作城市、杭州都市圈城市和“长三角”地区城市设立南浔、德清、安吉、诸暨、上虞、武义、龙泉、海宁、江山、枫泾、昆山、铁岭、徽州、朱家尖、嵊泗15个分会场，带动相关区域会展经济发展。西博会在2015年中国会展产业金手指奖年度评选和第十二届中国会展行业年会期间，分别获“十大政府主导型展览会”和“2015年度中国会展十佳品牌展会”称号。

【经贸科技合作大会主题展】 10月16～18日，第十七届西博会经贸科技合作大会主题展在浙江世贸国际展览中心举行。展会以“信息经济，智慧城市”为主题，设立智慧城市·创想馆、智慧产业·创新馆、智慧金融·财富馆、智慧能源·未来馆等展区，邀请英特尔公司、华为技术有限公司、阿里巴巴集团、腾讯公司、百度公司等近180个企业，以及杭州南江机器人股份有限公司、杭州回车科技电子有限公司、西湖电子集团有限公司等具有代表性的信息相关企业参展，展示机器换人、物联网技术等杭州“智造”成果。展会接待中外客商、市民观众20多万人次，专业客商近1万人。主题展为西博会经贸科技合作大会系列活动之一。

【市民休闲节】 10月16日至11月1日，第十七届西博会市民休闲节在杭州举行。休闲节采取“一主多点”的形式，集中展示休闲新理念、新方式、新途径，重点展示杭州和各区县（市）休闲发展新成果。在吴山广场和城隍阁、伍公山景区组织休闲主题活动，设置区县（市）主题区、国际花卉展示区、品质休闲主题区、休闲大舞台等8个板块，推出休闲美食、休闲文化、休闲旅游、休闲体育等主题活动，邀请9个国家的130多位民间艺术家参加启动仪式及各分会场巡演，吸引135万人次市民、游客参加活动，拉动消费2700万元。

【西博会获批浙江省著名商标】 1月，杭州西湖国际博览会的简称“西博会”3个字及西博会会标组合正式获批浙江省著名商标。自恢复举办西博会以来，杭州一直重视西博会的商标保护，专门聘请商标事务顾问单位，对西博会商标进行全面系统的专业化维护管理，制定一系列商标品牌管理制度，监控商标注册情况，全面保护西博会商标品牌。经过广泛使用和宣传，“西博会”商标在公众中的知名度和美誉度不断提高。2009年，“西博会”被批准为浙江省服务业名牌产品，成为省内首个获此荣誉的会展品牌。2012年，“西博会”被授予杭州市著名商标。至2015年，“西博会”在30多个商品服务类别中注册文字、会标、吉祥物等商标109件，其中到期商标续展30多件。

·重要会展·

【中国国际动漫节】 4月28日至5月3日，第十一届中国国际动漫节在杭举行。该届动漫节以“动漫盛会·人民节日”为宗旨，以“国际动漫·美丽杭州”为主题，设立1个主会场和12个分会场，围绕会展、论坛、商务、赛事、活动5个板块组织58项活动，吸引78个国家和地区参与，617个中外企业、机构参展参会，137.29万人次客商、市民、游客参与各项活动，达成签约交易、意向合作项目325项，涉及金额93.54亿元，实现现场成交和消费额54.92亿元，合计148.46亿元。

【千岛湖秀水节】 9月19日至11月29日，杭州千岛湖秀水节在淳安千岛湖举行。秀水节由千岛湖国际露营大会、中国国际休闲度假大会、第八届千岛湖国际游艇展及户外用品装备展、中国国际名城经典汽车巡礼·千岛湖、国际泳联10千米马拉松游泳世界杯赛、中国杭州千岛湖有机鱼文化节、环千岛湖国际公路自行车赛暨中国国际自行车嘉年华、千岛湖国际马拉松大赛等活动组成。秀水节诠释“千岛湖，让生活更美好”的主题，成为当地展示品质生活新变化的重要平台。

【云栖大会】 10月14～15日，云栖大会在杭州云栖小镇举行。大会以“互联网+、创新、创业”为主题，聚焦“互联网+”时代下无处不在的云计算与各行各业的交错连接，介绍云计算为产业升级和改革创新提供的源源动力，挖掘云计算助力下生生不息的创业激情和机遇，是国内云计算规模最大的一届盛会。大会设置2场主论坛、30场分论坛和2场开发者大赛以及“开发者之夜”环节。上万名开发者和创新创业企业成为大会主角，发布云计算新产品，展现云上创新。国内外3000多个云上企业出席，150位业内专家发布主题演讲，2万多名大数据爱好者从全球各地前往参会。

【杭州文化创意产业博览会】 10月15～19日，第九届（2015）杭州文化创意产业博览会（简称文博会）在白马湖国际会展中心主会场及杭州创意设计中心、滨江海创基地、浙江博物馆孤山展区、杭州和平国际会展中心4个分会场同时举行。文博会总展陈面积10万平方米，邀请2000多个国内外文创企业、专业机构、大专院校参展，围绕“文化与科技”“创意与生活”“传承与创新”三大主题，全面展示杭州文创产业的转型升级和创新成果，以及国内外文创产业的最新潮流和发展趋势。文博会成为全国四大文化创意产业综合会展活动之一。该届文博会实际成交及意向成交金额28.82亿元，32.68万人次参加各项活动。

【中国（杭州）工艺美术精品博览会】 10月15～19日，中国（杭州）工艺美术精品博览会在杭州和平国际会展中心举行。博览会以“匠心所至，美学生活”为主题。在往届的基础上，进一步整合工艺美术大师、民间艺人及有关学校工美艺术专业教师等工艺力量。有100多位国家级、省级、市级工艺美术大师携近1万件作品参展。博览会创新采用“互联网+”的办展思路，利用电子商务手段，将现场观展与线上“展厅”联动进行，并设立“大师珍品”与“民间工艺”两大板块，吸引4万多人次客商、市民参展参观，现场成交金额1500万元，项目签约金额近1亿元。

【国际汽车工业展览会】 10月15日，第十六届中国杭州国际汽车工业展览会在杭州国际会展中心举行。10月15～19日（第一季）以日韩合资品牌和国产自主品牌为主，10月28日至11月1日（第二季）以欧美合资品牌、高端进口品牌和新能源汽车为主。该届车展两季室外内展区汇聚近90个乘用车及商用车品牌，有2500多款展示和销售车辆亮相，首发新车30多款，总展览规模16万平方米。车展以“休闲·环保·安全”为主题，以“打造东方日内瓦车展”为目标，以“车展+互联网”和“服务+互联网”为展会新特点，全面推进展会与互联网的融合。

10月15～19日，第九届（2015）杭州文化创意产业博览会在白马湖国际会展中心主会场举行
（市西博办 供稿）

第十七届(2015)中国杭州西湖国际博览会会展活动项目

表34

序号	项目名称	主办、承办单位	举办时间
1	第七届中国杭州超山梅花节	余杭区风景旅游局、余杭超山风景名胜区管委会、余杭旅游集团、超山景区度假有限公司	1月19日至3月31日
2	2015年第十二届19楼结婚采购大会	十九楼网络股份有限公司	3月13～15日(春季) 8月21～23日(秋季)
3	第八届中国(杭州)国际花园、户外家具及休闲用品展览会	杭州市商务委	3月20～23日
4	第四届亚欧大学校长会议	浙江大学、浙大同力会展业管理有限公司	3月21～27日
5	第七届桐庐山花节	杭州市政府、桐庐县政府、桐庐县风景旅游局	3～7月
6	2015年第十一届19楼家博会	十九楼网络股份有限公司	4月10～12日(春季) 9月11～13日(秋季)
7	2015年中国(杭州)国际名茶博览会	中国国际茶文化研究会、浙江省农业厅、杭州市旅委、杭州市西博办	4月17～19日
8	第二十二届全球金融年会暨第七届WTO与金融工程国际会议	浙江工业大学全球浙商发展研究院	4月20～22日
9	中国(杭州)第十五届最佳人居环境展览会暨第二届网上人居展	杭州市政府、浙江省住房和城乡建设厅、杭州市住保房管局	5月15～18日
10	首届全球女性创业者大会	阿里巴巴集团	5月20～21日
11	第二届中国茶业博览会	中华全国供销合作总社、浙江省政府、中国茶文化研究会、杭州市政府、上海励新展览有限公司	6月19～22日
12	第二届中国县域电子商务峰会	阿里巴巴集团	7月8～9日
13	第七届中国(国际)资产管理大会	浙江新华大宗商品交易中心有限公司	7月18～19日
14	移动、存储、感知世界——首届中美"互联网+"创新产业资源(杭州)峰会	杭州经济技术开发区管委会	8月25～27日
15	2015年中国食用菌产业年会暨第二届中国食用菌博览会	中国菌物学会、武汉菌博会展服务有限公司	9月3～5日
16	2015年千岛湖秀水节	淳安县委、淳安县政府	9月19日至11月29日
17	2015年中国全球投资峰会:杭州	浙江省商务厅、杭州市政府、欧洲货币集团、杭州市商务委	9月21～23日
18	中国(浙江)铁皮石斛发展西湖论坛	现代联合集团	9月24日
19	第七届中国国际服务外包交易博览会	杭州市商务委、杭州西湖国际博览有限公司	9月24～25日
20	2015年秋季花展	杭州市政府、杭州西湖风景名胜区管委会、杭州植物园	9～10月
21	"不朽的梵高"感映艺术大展杭州站	杭州市西博办、江干区政府、杭州西湖国际博览有限公司	10月5日
22	第十七届中国国际西湖情大红鹰玫瑰婚典	浙江省青年联合会 共青团杭州市委 杭州青少年活动中心、杭州青年文化传播有限公司	10月6日
23	2015年富春江运动节	富阳区政府、富阳区运动休闲办公室	10月10～26日
24	2015年休闲度假大会	杭州日报报业集团	10月12～14日
25	2015年杭州·云栖大会	阿里巴巴集团	10月14～15日
26	第九届(2015)中国杭州文化创意产业博览会	杭州市文创办、杭州西湖国际博览有限公司	10月15～19日
27	2015年中国(杭州)工艺美术精品博览会	中国轻工联合会、杭州市政府、杭州市经信委、杭州都市艺术文化发展有限公司	10月15～19日
28	第五届中国(杭州)大学生创意生活节	浙江大学城市学院	10月15～19日
29	第十六届中国杭州国际汽车工业展览会	浙江中汽会展有限公司	10月15～19日(第一季) 10月28日至11月1日(第二季)
30	第十七届西博会国际合作论坛	杭州市西博办	10月16日
31	"西湖论健"国际高峰论坛	杭州健培科技有限公司	10月16日
32	2015年国际大学创新与投资合作论坛	商务部投资促进事务局、国际大学创新联盟、杭州市政府	10月16日

续表 34

序号	项目名称	主办、承办单位	举办时间
33	2015 年新生代企业家论坛	杭州市工商联、杭州市西博办	10 月 16 日
34	2015 年中国能源互联网大会暨智慧能源产业博览会	中国智慧能源产业技术创新战略联盟	10 月 16 日
35	2015 年英国《金融时报》中国年度高峰论坛	杭州市西博办	10 月 16 日
36	2015 年当天财富全国巡回金融讲座——当天对话郎咸平（杭州站）	上海当天财富资产管理有限公司	10 月 16 日
37	2015 年第七届中国城市会展发展大会	中国会展经济研究会、杭州市政府、浙江大学城市学院、杭州市西博办	10 月 16 ~ 17 日
38	第十七届西博会经贸科技合作大会主题展	杭州市西博办	10 月 16 ~ 18 日
39	第十七届西博会中国杭州市民休闲节	杭州市西湖博览会组委会、杭州市西博办、杭州市旅委、杭州西湖风景名胜区管委会、杭州市商务委、杭州市体育局、杭州市文广新闻出版局、杭州文广集团、杭州日报报业集团、各区县（市）政府	10 月 16 日至 11 月 1 日
40	第五届国际（杭州）毅行大会	杭州市委宣传部、杭州市体育局、杭州市西博办、都市快报社、杭州力尚体育策划有限公司	10 月 17 日
41	2015 年杭州美食节	杭州市政府、中国饭店协会、杭州市商务委	10 月 17 ~ 31 日
42	第三届（2015）中国国际棋文化博览会	中国棋院杭州分院	10 月 17 日至 11 月 17 日
43	2015 年西博会国际旅游节	杭州市西湖博览会组委会、杭州市旅委、杭州西湖风景名胜区管委会、杭州之江旅游度假区管委会、钱江新城管委会、杭州市西博办	10 月 17 日至 11 月 30 日
44	第八届世界创业论坛	浙江大学	10 月 19 ~ 22 日
45	2015 年中国民间艺人节暨吴山庙会	上城区政府、杭州市旅委、杭州市商务委、杭州市文广新闻出版局、杭州西湖风景名胜区管委会、杭州市文创办、上城区风景旅游局、清河坊历史街区管委会、吴山景区管理处	10 月 19 ~ 25 日
46	2015 年杭州（国际）传感技术高峰论坛暨首届浙江传感技术创新大赛	杭州钱江经济开发区管委会	10 月 22 日
47	2015 年性别平等与企业责任（杭州）国际会议	杭州市妇联、杭州市外办	10 月 22 ~ 23 日
48	2015 年中国大运河庙会	杭州市政府、拱墅区政府、下城区政府、余杭区政府、杭州市委宣传部、杭州市西博办、杭州市园文局、杭州市旅委、杭州市文广新闻出版局、杭州市运河集团	10 月 23~25 日
49	2015 年中国国际丝绸博览会暨中国国际女装展览会	杭州市经信委、杭州市丝绸女装展览有限公司	10 月 23 ~ 25 日
50	第十八届杭州国内经济合作洽谈会	杭州市经合办	10 月 24 ~ 26 日
51	2015 年亚洲警察研究协会年会暨“警察与科学”国际讲坛	浙江警察学院	10 月 27 ~ 28 日
52	2015 年（第二十三届）国际传媒融合技术研讨会	浙江省广播电视科学研究所	10 月 27 ~ 29 日
53	2015 年侨界精英创业创新峰会	杭州市侨联、杭州西湖国际博览有限公司	10 月 27 ~ 29 日
54	2015 年固体废物管理论坛暨第六届垃圾文化论坛	杭州市环境集团	10 月 30 日至 11 月 1 日

续表 34

序号	项目名称	主办、承办单位	举办时间
55	2015 年中国(杭州)休闲发展国际论坛	杭州市西博办、求是小康杂志社	10 月 30 ~ 31 日
56	2015 年第十一届中国国际妇幼婴童产业博览会	杭州婴童行业协会	10 月 30 日至 11 月 1 日
57	2015 年中国(杭州)国际电子商务博览会	杭州市商务委、杭州日报传媒有限公司	10 月 29 日至 11 月 1 日
58	2015 年中国国际休闲产业博览会	杭州市贸促会、杭州市体育局	10 月 30 日至 11 月 2 日
59	2015 年中国·长三角国际体育休闲博览会	杭州畅意商务会展有限公司、浙江广电集团、杭州市体育休闲行业协会、中国国际商会杭州商会事业发展中心	10 月 30 日至 11 月 2 日
60	世界优秀大学博览会暨金吉列留学第四十七届世界名校全国巡回招生面试会	金吉列出国留学咨询服务有限公司浙江分公司	10 月 31 日
61	第十七届(2015)西博会杭州人才交流大会暨杭州市 2016 届高校毕业生就业招聘大会	杭州市人才市场	10 月 31 日
62	第三届西湖国际海水淡化与水再利用院士高峰论坛	中国海水淡化与水再利用学会	11 月 3 ~ 4 日
63	2015 年浙江·杭州国际人才交流与项目合作大会	杭州市委组织部、杭州市人力社保局、杭州西湖国际博览有限公司	11 月 4 ~ 7 日
64	2015 年杭州·亚洲设计管理论坛暨亚洲生活创新展	杭州西博文化传播有限公司	11 月 5 ~ 9 日
65	第十八届(2015)西湖艺术博览会	浙江省文化艺术发展有限公司	11 月 6 ~ 9 日
66	2015 年杭州国际珠宝玉石展览会	博闻(广州)展览有限公司	11 月 6 ~ 9 日
67	中国城市学年会	杭州国际城市学研究中心	11 月 7 ~ 8 日
68	浙江国际养老服务业博览会	浙江省老龄委、浙江省商务厅、杭州商贸国际会展有限公司	11 月 12 ~ 16 日
69	首届杭州国际花展	浙江省花卉协会盆花分会、杭州绿港花卉世界有限公司	11 月 13 ~ 16 日
70	打造"中国最美高速"论坛	杭州杭千高速公路发展有限公司	11 月 18 日
71	2015 年世界养生大会暨国际大健康产业博览会	杭州华圣健康管理有限公司、浙江世养会展有限公司	11 月 19 ~ 22 日
72	2015 年新媒体西湖峰会	浙江阜博通影音科技有限公司	11 月 23 日
73	浙江省第二十二届房地产博览会	浙江省房地产业协会	11 月 27 ~ 30 日

注：2015年举办的会展活动均作为西博会的会展项目

【新生代企业家论坛】 10月16日，新生代企业家论坛在杭州世贸君澜饭店举行。论坛以"未来新动力——新生代的梦想与挑战"为主题。400多位政府部门代表、省内外新生代企业家、香港籍青年企业家等汇聚一堂，为处于转型升级关键阶段的民营企业寻求新突破，探讨多元化成长发展之路。党政领导、创业导师与行业内的新生代企业家代表分别就"大众创业、万众创新""中国经济四大新动力：新实业、新消费、新金融、新城镇化"等话题开展对话，共同探讨新生代企业家的梦想和挑战。

【国际大学创新与投资合作论坛】 10月16日，国际大学创新与投资合作论坛在杭州世贸君澜饭店举行。此次活动为科技创新项目走向产业化搭建国际交流互动平台，吸引来自境内外高科技企业、高等院校、孵化器、投资促进机构的100多名代表参会。以色列研发团队和美国麻省理工学院、香港大学、北京大学、浙江大学的创新研发团队在会上进行高科技项目路演，与参会的高科技企业开展对接。大会促进中国企业与美国、德国、以色列科技企业及研发团队在产业创新和投资领域的交流与合作。

【英国《金融时报》中国高峰论坛】 10月16日，英国《金融时报》中国高峰论坛在杭州黄龙饭店举行。论坛围绕"时局与前瞻——中国经济新格局"主题，设置"中国金融市场改革与民营企业下一个十年""中国智造2025""科技创新与'互联网+'时代"等议题，邀请近40位专家学者和企业家到会，就2015年度经济社会热点问题展开交流和探讨。论坛吸引国内和跨国企业、商会、商学院及媒体代表350多人参加。该论坛是国际媒体在中国唯一连续举办多年并具有较大影响力的国际财经论坛，也是首次将论坛举办地放在北京、上海之外的城市杭州。

10月16日，英国《金融时报》中国高峰论坛在杭州黄龙饭店举行

（市西博办 供稿）

中亮相，现场展示手工绝活技艺。艺人节吸引市民、游客50万人次，实现贸易成交额400万元。

【中国国际丝绸博览会】 10月23～25日，中国国际丝绸博览会暨中国国际女装展览会在浙江世贸国际展览中心举行。两会以国家“一带一路”战略为引领，以“世界的丝博会，丝博会重走丝绸之路”为定位，以科技、时尚为先导，以创新发展、专业实效为办展宗旨，展出面积2万多平方米，设置550个标准展位，吸引全球260多个品牌，接待专业观众8522人，其中现场登记观众5478人、组团参观人数2907人、海外观众137人，达成意向成交金额2.87亿元。

【中国能源互联网大会】 10月16～18日，中国能源互联网大会暨智慧能源产业博览会在浙江世贸国际展览中心举行。两会以“互联网+能源，引领智慧能源产业创新”为主题，展示智慧能源新技术、新产品、新应用，旨在推进能源互联网建设。博览会是国务院发布“互联网+”行动计划后的第一个智慧能源产业展会，也是国内唯一一个以“互联网+智慧能源”为主题的聚会，又是第十七届西博会唯一的智慧能源板块专题。来自韩国、德国、美国及世界银行等国家和国际金融机构的智慧能源领域专家，以及国内多个省、市地方政府负责人及相关企业代表聚首杭州，畅谈能源互联网和“大众创业、万众创新”等热门话题。

【国际（杭州）毅行大会】 10月17日，第五届国际（杭州）毅行大会在钱江新城市民中心南广场举行出发仪式，1.5万名选手参加。毅行大会自2011年举办以来受到广大体育爱好者的喜爱。该届毅行大会首次与动漫联姻，中国国际动漫节吉祥物“乐乐”成为毅行大会的形象大使，在“乐乐”的带领下，由300人打扮成各个动漫人物的COSPLAY表演者，走在毅行队伍前面，成为最吸引眼球的动漫风景线。

【世界创业论坛】 10月19～22日，第八届世界创业论坛在杭州黄龙饭店举行。论坛以“创业国际化：全球联动，创新机会”为主题，联合来自全球的500多位经济、社会、政治和学术领域创业者，交流分享全球创业与创新新思路、新经验。该论坛是全球最大的高端创业交流平台首次登陆中国。

【中国民间艺人节】 10月19日～25日，中国民间艺人节暨吴山庙会在杭州举行。民间艺人节以“保护、传承、创新、发展”为主题，举办中国民间工艺精品展、中国民间工艺产业示范展、中国旅游工艺品推介汇展、中国民间艺术高层论坛、中国民间收藏品交流展、中国民间工艺精品拍卖会等活动。其中中国民间工艺精品展最具人气，有全国近30个省、市、区的100名民间工艺大师集

【中国大运河庙会】 10月23～25日，中国大运河庙会在杭州举行。庙会以“邂逅大运河，风情最杭州”为主题，分设9个会场，举办包括开幕式、大运河公益婚典、旗袍秀、青春音乐会、民国风情秀以及创意集市、手工集市、非遗集市、传统集市、民俗集市、品牌集市等活动。运河庙会吸引市民、游客52万人次，集市实现商品销售额407万元。

【国际电子商务博览会】 10月30日至11月1日，中国（杭州）国际电子商务博览会在浙江世贸国际展览中心举行。博览会以“网上丝路杭州出发”为主题，以“国际化、专业化、品牌化、市场化、大众化”为目标，通过会议论坛、展览展示、活动体验、

10月17日，第五届国际（杭州）毅行大会在钱江新城市民中心南广场举行出发仪式

（市西博办 供稿）

对接交流四大板块，分享“智慧经济”领域的经验，展示电商最新成就。主场馆浙江世贸国际展览中心60多个展团(企业)设展位600多个，展出面积1.6万平方米。有12万多人次专业客商、各界人士参与各项活动，其中包括1500多位政界、学界、电商界、投资界和金融界的官员、专家学者及企业高管，200多位来自德国、美国、英国、加拿大、法国等28个国家和地区的业界人士。国内29个省、市、自治区的140多个城市代表团，430多个知名以及成长型电商企业参加博览会。

【中国国际妇幼婴童产业博览会】 10月30日至11月1日，第十一届中国国际妇幼婴童产业博览会在白马湖会展中心举行。博览会以“创意、创新、创业”为主题，汇聚3000多个国内外知名婴童品牌参展，为江浙沪专业观众及亲子家庭提供一场全新的B2B专业母婴盛会。开幕当天吸引4万多名经销商、代理商、电商等专业观众和杭州1万多户亲子家庭前往观展、体验。中国国际妇幼婴童产业博览会连续举办10届，逐渐成为集产业集聚、品牌推广、成果转化、人才培育和亲子体验的综合平台。

【国际休闲产业博览会】 10月30日至11月2日，第十届中国国际休闲产业博览会在杭州和平国际会展中心举行。博览会以“休闲体育”为主题，以“国际化”为亮点，展览规模1.5万平方米，分国际展位区、运动健康区、红酒品尝区、珠宝鉴赏区四大部分。来自美国、波兰、保加利亚、斯洛文尼亚、阿根廷、泰国、菲律宾、印度尼西亚、印度、澳大利亚等10个国家的13个机构、企业及200多个国内企业参展，设置国际标准展位410个，接待观众8万多人次。

【杭州·亚洲设计管理论坛】 11月5~8日，杭州·亚洲设计管理论坛暨亚洲生活创新展在杭州锅炉厂老厂房举行。创新展以美丽而充满创业活力的杭州作为展示平台，融合城市深厚的文化创业产业软实力，以全球的视野和创新的思维，邀请亚太地区顶级的建筑事务所、设计机构、房地产企业、品牌材料商参加，关注当下关于设计创新及科技创新的产业热点，体现杭州在文创创意领域的国际化水平。展会期间，针对专业观众举办20场论坛，近2000位来自中国一线设计领域和设计教育领域专业人士参会，超过7000人次观众出席论坛现场，参观总人数超过5万人。论坛是国内设计活动中嘉宾整体专业层次和影响力最高的活动之一。

·会展场馆·

【会展场馆概况】 2015年，杭州市有浙江世贸国际展览中心、杭州国际会展中心、杭州和平国际会展中心、杭州海外海国际会展中心、杭州白马湖会展中心等主要专业会展场馆，场馆总面积26.8万平方米。全年专业场馆举办展览297场，展出总面积265.4万平方米。原浙江展览馆因地铁建设影响，未作为专业展馆使用。建设中的杭州国际博览中心计划于2016年投入使用。

【杭州和平国际会展中心】 杭州和平国际会展中心位于杭州市东新路、绍兴路、潮王路、建国路4条城市交通干道交会的黄金地段。建筑面积6.1万平方米，室内展览面积1.68万平方米，可容纳国际标准展位1000个。由杭州和平国际会展中心有限公司经营管理。2015年举办中国（杭州）工艺美术精品博览会、中国国际休闲产业博览会、第十八届西湖艺术博览会等展览52个，占全市举办展览总数的17.5%。展览总面积59.3万平方米，占全市展览总面积的22.3%。

【杭州国际会展中心】 杭州国际会展中心又称杭州汽车城，由杭州海外海集团建设，于2003年10月竣工并投入使用，建筑面积12.7万平方米，室内展览面积6万平方米，可容纳3000个国际标准展位，室外展览面积2万平方米。2015年，第十六届中国杭州汽车工业展览会在该会展中心举办。

【杭州白马湖会展中心】 杭州白马湖会展中心位于滨江区白马湖生态创意城，由滨江区政府投资。会展中心内标准展示厅、大型集中展厅、多功能厅、会议厅、贵宾厅、信息中心、餐饮、医疗、停车等设施配套齐全，可满足国际国内展览会议、企业年会、商业演出等各种活动需要。会展中心建筑面积近11万平方米，分为两个独立展馆，其中A馆面积4.07万平方米，B馆面积6.81万平方米，可设置近2000个国际标准展位。2015年举办中国杭州文化创意产业博览会、中国（杭州）白马湖汽车博览会、中国国际妇幼婴童产业博览会等展览30个，展览总面积32.7万平方米，举办展览数和展览总面积分别比上年增长30.4%和24.8%。

【杭州海外海国际会展中心】 杭州海外海国际会展中心位于杭州上塘路和德胜路交叉口，隶属于杭州海外海集团，于2009年竣工并投入使用。室内展览面积1.5万平方米，展厅分3层，每层均为5000平方米，能容纳700多个国际标准展位。2015年举办第八届春季杭州渔具展、第九届秋季杭州渔具展、中国（杭州）国际医疗器械暨医疗设备博览会等展览33个，展览总面积8万平方米。

【浙江世贸国际展览中心】 浙江世贸国际展览中心地处黄龙商务圈，交通便捷，配套设施完善，有展览面积1.4万平方米。由浙江世贸君澜酒店承包给浙江中博展览公司经营管理，是杭州市举办大型会展的主要场馆之一。2015年举办第十七届西博会经贸科技合作大会、中国国际丝绸博览会暨中国国际女装展览会、杭州国际珠宝玉石展览会等展览35个，展览总面积22.9万平方米。

【杭州国际博览中心】 杭州国际博览中心位于高新区（滨江）与萧山区分界的七界河两侧，总占地面积19.7公顷，是集会议、展览、酒店、商业、写字楼5个业态于一体的综合体。建筑面积85万平方米，展览面积9万平方米，分10个展厅，可容纳国际标准展位4500个。西侧会议中心总面积1.8万平方米，含2500人的多功能厅、1000人的报告厅和若干大、中、小型会议室，能满足国际、国内大型会议的需要。杭州国际博览中心计划于2016年G20杭州峰会时投入使用。（陶　梁）

旅游业
Tourism

·旅游业综述·

【接待境内外旅游者1.24亿人次】 2015年，杭州市接待境内外旅游者1.24亿人次，比上年（指2014年，下同）增长13.3%；实现旅游总收入2200.67亿元，增长16.7%。全市旅游休闲业增加值719.68亿元，增长12.8%，占地区生产总值的7.2%，旅游休闲业增加值占服务业增加值的12.3%。全市乡村旅游接待3669.37万人次，增长81.2%；经营总收入38.09亿元，增长46.1%。

1月16日，杭州市召开旅游发展大会，确立旅游业是杭州战略性支柱产业。1月，市政府印发《杭州市旅游休闲业转型升级实施意见》和《杭州市旅游休闲业转型升级三年行动计划》。全市在建旅游项目152个，实际投资额163亿元。10月9日，国家旅游局新闻发布会公布首批17个国家级旅游度假区，浙江湘湖旅游度假区成为其中之一。杭州市全年建设70座旅游厕所，其中新建23座、改建和扩建47座。2月15日，在全国旅游厕所工作现场会议上，杭州被国家旅游局评为“全国旅游厕所革命创新城市”。

【接待入境旅游者341.56万人次】 2015年，杭州市接待入境旅游者341.56万人次，比上年增长4.7%；旅游外汇收入29.31亿美元，增长7.1%。入境旅游者人数和外汇收入在全国15个副省级城市中均列第3位，前两位分别是深圳和广州。

到杭州旅游的外国人237.85万人次，比上年增长5.5%，占入境旅游者总数的69.6%。其中：亚洲142.12万人次，占入境旅游者总数的41.6%；欧洲42.32万人次，占入境旅游者总数的12.4%；美洲34.16万人次，占入境旅游者总数的10.0%；大洋洲8.38万人次，占入境旅游者总数的2.5%；非洲及其他10.86万人次，占入境旅游者总数的3.2%。杭州旅游十大客源国分别是韩国、美国、日本、马来西亚、新加坡、泰国、德国、英国、法国和澳大利亚，占全年接待外国人总数的67.1%，占全年入境旅游者总数的46.4%。

【出境旅游人数150.73万人次】 2015年，杭州市旅行社组织出境旅游人数150.73万人次，比上年增

2015 年杭州市接待境内外旅游总人数和总收入情况

表 35

地　区	旅游人数（万人次）	比上年（%）	旅游总收入（亿元）	比上年（%）
全　市	12 381.97	13.3	2 200.67	16.7
主城区	4 011.92	15.2	1 331.65	17.7
萧山区	1 880.10	7.2	235.08	10.0
余杭区	1 380.36	15.1	147.55	17.3
富阳区	951.30	19.0	83.45	18.1
桐庐县	1 150.03	14.7	118.32	15.0
淳安县	1 121.89	8.8	104.88	11.6
建德市	751.07	13.9	59.61	28.2
临安市	1 135.29	13.0	120.13	18.7

2015 年杭州市入境旅游人数和外汇收入情况

表 36

地　区	入境旅游人数（万人次）	比上年（%）	旅游外汇收入（万美元）	比上年（%）
全　市	341.56	4.7	293 065.15	7.1
主城区	278.05	7.3	271 959.39	8.2
萧山区	39.55	0.1	12 926.89	–0.7
余杭区	16.68	–8.0	5 116.22	–5.7
富阳区	1.71	–22.3	545.24	–28.1
桐庐县	1.81	–30.9	705.30	–35.4
淳安县	2.39	–25.8	838.32	–20.3
建德市	0.48	–7.7	300.31	–6.6
临安市	0.88	3.5	673.48	2.8

2015 年杭州市出境游主要目的地及旅游人数增长情况

表 37

出境游目的地	人数（万人次）	比上年（%）
日　　本	33.55	151.1
泰　　国	27.60	82.6
韩　　国	22.28	–17.1
越　　南	9.18	142.8
柬 埔 寨	5.49	112.8
印度尼西亚	5.07	8.7
美　　国	3.85	28.7
法　　国	3.71	15.1
新 加 坡	3.66	23.0
意 大 利	3.31	17.6
瑞　　士	3.30	27.1
澳大利亚	2.78	25.2

2015 年杭州市入境游前 10 位客源国及旅游人数增长情况

表 38

位　次	客源国	入境旅游人数（万人次）	比上年（%）
1	韩　　国	62.68	7.0
2	美　　国	22.46	5.3
3	日　　本	21.07	–2.7
4	马来西亚	10.02	0.7
5	新 加 坡	9.85	10.2
6	泰　　国	8.97	10.1
7	德　　国	7.43	1.7
8	英　　国	6.25	7.2
9	法　　国	5.71	5.0
10	澳大利亚	4.50	7.8

长26.5%。其中出国游124.91万人次，增长45.8%，占出境游人数的82.9%。出境游到达主要目的地依次为：日本、泰国、韩国、越南、柬埔寨、印度尼西亚、美国、法国、新加坡、意大利、瑞士、澳大利亚、马来西亚、德国、新西兰、菲律宾和荷兰等国家。

【接待国内旅游者1.2亿人次】 2015年，杭州市接待国内旅游者1.2亿人次，比上年增长13.5%；旅游收入2019.74亿元，增长15.8%。到杭州旅游的国内游客以省内及周边和近距离市场为主，省内占41.2%；其次是江苏12.2%、上海7.8%；江浙沪三地客源总计占61.2%。其他主要客源地有安徽、江西、山东、广东、河南、湖南、湖北、四川、北京等省市。

到杭州旅游的目的主要是观光游览、休闲度假、商务会展、探亲访友、会议培训等，所占比重分别是35.3%、28.5%、10.1%、13%和4.6%。与上年相比，以观光游览为目的游客比例下降3个百分点，休闲度假游客比例上升2.7个百分点，商务会展客人比例上升1.6个百分点，探亲访友比例与上年持平，参加会议培训比例上升0.6个百分点。

·旅游资源·

【旅游重大项目投资163亿元】 2015年，杭州市有在建旅游项目152个，实际投资163亿元。其中，西湖风景名胜区2.27亿元，市商旅集团2.93亿元，上城区8.26亿元，下城区15.14亿元，江干区8.37亿元，拱墅区0.55亿元，西湖区10.53亿元（含之江旅游度假区），滨江区7.58亿元，萧山区36.20亿元，余杭区12.06亿元，富阳区2.88亿元，桐庐县21.15亿元，淳安县20.68亿元，建德市4.99亿元，临安市9.15亿元。江干区政府投入约5亿元，打造皋亭山国家AAAA级旅游景区。拱墅区完善大运河旅游配套设施，并申报创建国家AAAAA级景区。萧山区推进湘湖景区三期工程。富阳区推进龙门永安运动休闲综合体建设，飞翔假日酒店竣工，永安山滑翔基地游客体验设施建成开放。建德建成从梅城严东关至乾潭码头全长18千米的绿道。

【A级景区建设】 2015年，杭州市新增国家A级景区4个，其中AAAA级景区1个、AAA级3个。至年末，杭州有国家A级景区54个，其中AAAAA级景区（点）3个、AAAA级景区（点）34个、AAA级景区17个。杭州公园、景区（点）全年接待游客1.23亿人次，比上年增长4.7%；门票收入25.84亿元，增长12.3%。其中，A级景区接待游客1.04亿人次，增长2.7%；门票收入21.11亿元，增长12.0%。全市纳入统计监测的公园、景区（点）营业收入31.43亿元，增长15.1%。其中A级景区营业收入23.63亿元，增长14.7%。5月，杭州市制订《杭州市“迎接国际峰会提升景区品质”专项行动实施方案》和《2015年杭州市旅游景区“四边三化”行动实施方案》。11月，杭州市召开旅游景区环境整治工作会议。杭州市16个景区成为首批“全国旅游价格信得过景区”。

【杭州通过“国家旅游休闲示范城市”终评】 根据国家旅游局《关于开展旅游休闲示范城市标准试评工作的通知》要求，杭州市启动“国家旅游休闲示范城市”试点申报创建工作。市政府成立杭州市试评工作领导小组，全市30多个部门及单位协同配合、整合资源、系统对标，实施八大体系提升计划。7月21~24日，国家旅游局正式对杭州市开展“国家旅游休闲示范城市”试点终评。试评测评方法包括材料审核、实地考察和问卷调查。杭州以891分通过终评。

【杭州旅游经济实验室建设】 8月14日，市旅委与中国旅游研究院合作建设的地方旅游经济实验分室成立。实验室旨在打造基于大数据应用的旅游经济运行分析平台，形成

以游客、旅游企业、旅游行政管理部门为主体的旅游产业数据采集、整合和分析体系，为政府、企业和游客提供决策和咨询服务。杭州旅游经济实验室以移动互联网、大数据、云计算等技术为主导，通过异构数据的专业化整合集成、关联共享、深度挖掘和安全防护，实现数据资源的综合应用、深度应用。建设内容为杭州旅游大数据中心1个、支撑体系3个（数据采集、数据分析、数据应用）和应用服务平台3个（政府决策、企业运营、公众服务），简称“1+3+3”结构体系。实验室一期重点任务是围绕杭州旅游经济监测与预警系统和杭州城市游客综合动态监测系统的开发应用，初步形成杭州旅游大数据平台。平台核心是通过对在线旅游用户、到杭州的游客、旅游企业以及景区景点的实时监测，掌握包括城市游客分布、景区流量、旅游企业经营情况以及游客的预订偏好、归属地信息、行为轨迹、逗留时间、刷卡消费、网络舆情等数据，为事前预测预警、事中引导分流、事后精准营销提供数据支撑。

【“杭州民宿网”上线运行】 市旅委整合杭州特色民宿、旅游线路、旅游资源，搭建杭州民宿产业经济的宣传展示平台、商务预订服务平台和招商引资平台。8月，“杭州民宿网”、“杭州民宿网”手机版、杭州民宿微信公众号同步上线运行。全年完成200多个民宿的信息实地采集，包括文字、图片、视频等信息。网站浏览量平均每天3180次、访客数平均每天1105人、预订量平均每天5单，网站及微信咨询人数平均每天10人，每周定期推送1条~3条民宿微信信息，平均阅读量超过1500人次。（张文照）

【西溪天堂·西溪湿地游客中心落成】 4月3日，西溪天堂·西溪湿地游客中心落成并正式接待游客。市民及游客可直接在该服务中心购买西溪湿地的门票和船票并直达景区。游客中心面积近1400平方米，按照国家AAAAA级景区的要求和标准建造，面积是西溪周家村游客服务中心的3倍多。西溪天堂·西溪湿地游客中心建设历时10个月。游客中心以服务团队客人为主，定位偏中、高端游客。西溪天堂作为杭州旅游集散中心的常设地，配有大型生态景观停车场。（梁　之）

【清凉峰旅游度假区与滨湖新区建设合作协议签署】 杭实集团下属的杭州新天地集团有限公司与临安市政府签订战略合作协议，开发建设清凉峰旅游度假区与滨湖新区。

临安清凉峰旅游度假区总规划面积76.29平方千米，涉及河桥、昌化、湍口、潜川、龙岗5个镇，东西长8.2千米，南北长7.7千米。一期开发范围为河桥、湍口及周边地块。预计一期总投资35亿元，投资建设期3~4年。

滨湖新区位于临安市主城区东部，东临青山湖，占地43.07公顷，规划总建筑面积约126万平方米，其中住宅面积93万平方米，商业面积33万平方米，总投资额135亿元，建设成为集现代居住生活、度假酒店、商业休闲、文化娱乐、商务办公等多功能于一体的城市综合体。2015年，道路等前期建设开始实施，预计5年完成。（章卓佳）

·旅游管理与服务·

【星级饭店186家】 至年末，杭州市有星级饭店186家，比上年减少13家。星级饭店按地区划分，杭州主城区92家、淳安县26家、余杭区21家、萧山区17家、富阳区11家、建德市7家、临安市7家、桐庐县5家；按星级划分，五星级24家、四星级46家、三星级68家、二星级46家、一星级2家。客房总数3.2万间，床位5.41万张，平均客房出租率59.1%，每间客房日均出租价格390.24元。全市纳入统计监测的宾馆和饭店营业收入144.41亿元，增长0.2%。其中，星级饭店91.62亿元，下降3.0%。全市新增绿色银叶级饭店3家。

【旅行社增至685家】 杭州市有旅行社685家，新增27家。其中，经营国内旅游业务和入境旅游业务旅行

2015年杭州市接待国内旅游人数和收入分布情况

表39

地　区	国内旅游人数（万人次）	比上年（%）	旅游收入（亿元）	比上年（%）
全　市	12 040.41	13.5	2 019.74	15.8
主城区	3 733.87	15.9	1 163.73	16.1
萧山区	1 840.55	7.4	227.10	9.8
余杭区	1 363.68	15.4	144.41	18.5
富阳区	949.59	19.1	83.11	18.3
桐庐县	1 148.22	14.8	117.89	15.2
淳安县	1 119.50	8.9	104.36	11.7
建德市	750.59	13.9	59.42	28.5
临安市	1 134.41	13.0	119.72	18.7

2015年杭州市收费景区（点）接待人数和收入分布情况

表40

地　区	接待人数（万人次）	比上年（%）	门票收入（万元）	比上年（%）
全　市	6 559.29	8.5	258 350.98	12.3
主城区	3 586.37	8.8	118 794.61	15.0
萧山区	602.36	29.6	39 047.84	−0.2
余杭区	464.46	−5.1	19 231.43	17.8
富阳区	332.00	−3.0	14 688.31	6.6
桐庐县	313.81	5.2	14 780.13	25.3
淳安县	796.29	19.8	31 720.35	22.4
建德市	103.59	−15.2	4 032.24	−1.1
临安市	360.41	−2.5	16 056.07	1.7

2015年杭州市国家AAA级以上景区（点）接待游客人数和门票收入情况

表41

景区名称	星级	接待人数（万人次）	比上年（%）	门票收入（万元）	比上年（%）
合计	—	10 402.39	2.7	211 093.56	12.0
西湖风景区	AAAAA	2 726.15	-6.3	30 766.88	1.0
千岛湖风景区	AAAAA	748.22	20.8	29 262.75	25.5
西溪国家湿地公园	AAAAA	536.01	2.3	9 557.15	7.3
清河坊历史街区	AAAA	1 811.81	-0.2	—	—
杭州宋城旅游景区	AAAA	783.02	31.7	57 920.32	31.5
萧山湘湖景区	AAAA	420.99	4.2	462.75	14.4
雷峰塔景区	AAAA	332.27	4.3	12 387.25	3.9
塘栖古镇	AAAA	246.83	0.4	—	—
杭州乐园	AAAA	230.1	19.0	14 412.88	-8.5
超山风景区	AAAA	136.17	17.0	616.92	15.8
杭州野生动物世界	AAAA	129.79	-8.8	9 363.72	8.5
江南古村落景区	AAAA	103.83	—	—	—
桐庐瑶琳仙境	AAAA	80.27	-4.5	5 716.78	35.9
杭州极地海洋世界	AAAA	71.02	4.4	14 400.97	10.8
富春桃源风景区	AAAA	64.83	-3.3	1 089.02	-4.0
大明山景区	AAAA	62.20	7.6	3 116.28	18.5
浙西大峡谷景区	AAAA	62.00	-6.9	2 983.91	-13.4
新沙岛景区	AAAA	61.59	-0.7	1 849.97	-0.2
杭州东方文化园	AAAA	56.01	11.3	1 496.02	0.7
良渚博物院	AAAA	49.96	3.1	—	—
龙门古镇	AAAA	47.00	0.8	1 256.53	9.7
浙江旅游职业学院国国际教育旅游体验区	AAAA	41.38	—	—	—
垂云通天河景区	AAAA	34.99	-2.0	1 291.33	17.9
双溪竹海漂流景区	AAAA	34.71	0.1	1 593.81	3.5
太湖源景区	AAAA	33.96	2.5	789.39	4.8
天目山景区	AAAA	32.02	0.6	1 508.34	-2.4
严子陵钓台	AAAA	23.49	1.5	1 331.34	-0.9
东天目山景区	AAAA	19.62	-6.3	634.74	-21.8
大慈岩景区	AAAA	18.5	27.0	820.28	-0.4
灵栖洞景区	AAAA	16.95	21.0	643.08	-12.1
山沟沟景区	AAAA	13.17	14.1	768.94	16.5
柳溪江景区	AAAA	9.83	-18.0	400.74	-40.1
浪石金滩景区	AAAA	8.12	-8.0	138.56	57.3
七里扬帆景区	AAAA	7.46	3.9	256.95	-14.6
河桥古镇景区	AAAA	6.69	—	43.36	—
京杭大运河杭州景区	AAAA	890.01	-3.4	377.21	-24.8
中国江南水乡文化博物馆	AAA	195.78	22.7	—	—
鹳山旅游景区	AAA	76.65	1.7	—	—
小营·江南红巷景区	AAA	33.06	—	—	—
大奇山国家森林公园	AAA	30.19	5.5	1 211.87	10.1
浙西大龙湾风景区	AAA	26.24	-6.0	1 050.71	17.5
良渚玉文化产业园	AAA	21.71	28.0	—	—
农夫乐园	AAA	16.54	-56.0	631.89	-47.8
千岛湖森林氧吧	AAA	14.73	12.6	376.74	-3.6
画外桐坞景区	AAA	14.65	—	—	—
琵琶湾生态园	AAA	4.36	-91.6	40.37	-94.8
好运岛（情人谷）景区	AAA	10.96	12.0	301.01	11.9
九咆界风景区	AAA	3.00	2.6	116.69	-10.0
灵山景区	AAA	2.53	14.8	82.97	3.2
天钟山景区	AAA	1.02	-42.2	23.14	-39.6

社622家，经营国内旅游业务、入境旅游业务和出境旅游业务旅行社63家。旅行社营业收入150.56亿元，比上年增长13.3%。全市星级旅行社102家，其中五星级15家、四星级35家、三星级44家、二星级5家、一星级3家。杭州市有导游1.34万名，新增1642名，增长2.7%。

【旅游移动互联网响应式应用项目】 2015年，杭州市开通适应苹果系统、安卓系统平板电脑的“杭州智慧旅游”门户网站。为游客提供杭州旅游动态新闻、吃、住、行、游、购、娱、旅游咨询等相关信息查询，包括含文字、图片、视频、地理位置等信息。11月，该应用项目在苹果商店、安卓市场等13个手机应用平台进行发布，下载次数40多万次。

【“96123”旅游呼叫中心一体化项目建设】 2015年，市旅委改造“96123”旅游呼叫中心，建立统一的通信呼叫平台和统一的旅游咨询热线号码，实现“统一接入、分地区应答”，并利用各地旅游咨询分中心场地、人员和设备资源，逐步统一全市旅游服务热线号码，推进“96123（12301）”向区县（市）延伸。“96123”旅游呼叫主中心的硬件平台搭建、软件系统（主要包括受理登记功能、人工处理功能、查询功能、班长席实时监控系统、绩效考核系统、统计报表功能等）完成建设。萧山、余杭、富阳、桐庐、淳安、建德、临安7个区县（市）的旅游呼叫分中心同步建设。

【旅游市场环境秩序整治】 2015年，杭州市出动执法人员3.46万人次，教育“野导”1.09万人次，处罚280人、治安拘留7人、罚款2.2万元，收缴涉及旅游的非法广告1.8万份。市旅委强化对旅游企业监管，检查旅游企业371个次，发出责令改正通知书21份，实施行政处罚6起。通过随团暗访等形式，加强对旅游团队出行环节的检查，开展旅游团队服务质量访查48批次。现场检查旅游团队1033个，查处违规导游157人次，IC卡扣分538分。审查主流媒体涉及旅游的广告2136份次，旅游网站及第三方旅游交易310个次，纠正不规范广告25次。全年收到各类旅游投诉、求助、咨询1469起，其中受理旅游投诉案件970起（有责投诉278起），规定时限内结案率、反馈率100%。组织现场调解46次，退款和赔偿游客113.86万元。

（张文照）

【旅游集散中心换乘53.72万人次】 2015年，杭州旅游集散中心在法定节假日之外的换乘时间由春、秋旅游旺季双休日改为全年的双休日，换乘天数增加到115天，比上年增加47天。杭州旅游集散中心加强与交通、公交部门及属地单位的联系，布置落实旅游换乘值班、信息及简报报送工作。全年黄龙旅游集散中心和西溪天堂换乘点接待换乘车辆27.01万辆，增长124.7%；接待换乘游客53.72万人次，增长79%。

【旅游客运班线调整】 2015年，杭州旅游集散中心加强旅游客运班线车的调整。旅游客运站有客运班线13条，其中省际线路3条（上海浦东机场、安徽黄山、江苏周庄），市际线路3条（舟山、衢州、嵊州），城际巴士6条（桐庐、千岛湖、建德、安吉、柯桥、杭州萧山国际机场），旅游直通车1条（横店），每日班次110个。全年班车发送旅客63.07万人次，比上年下降5.9%；实现营业收入3588.4万元，增长0.1%。旅游集散中心通过增加旅游班车线路、调整或增加个别班车班次、更新班车车型等措施，提升客运站的知名度和吸引力，满足游客需求。

【“旅游局+景点+班车”运作模式】 2015年，杭州旅游集散中心深化免费直通车的理念。针对性的免费直通车有“良渚玉文化”免费直通车、“皋亭山登山节”免费直通车、“西溪花朝节”免费直通车、塘栖免费班车（包含超山梅花节和塘栖枇杷节）；个性化的免费直通车有西湖区春季茶文化特色旅游专线、西湖区夏季水文化特色旅游专线；常态化的免费直通车有余杭旅游假日免费班车。旅游直通车有金华旅游直通车、天台旅游假日直通车、慈城周末慈孝之旅直通车、龙泉假日直通车等。

（梁　之）

·旅游市场营销·

【“杭州大使环球行”活动】 “杭州大使环球行”活动从5月启动至8

2015 年杭州市境外旅游促销活动

表 42

时　间	内　容
5 月 18 ~ 28 日	赴德国、奥地利、波兰开展杭州会议与奖励旅游促销活动
6 月 24 日至 7 月 3 日	赴德国、法国、西班牙开展“美丽中国”京杭大运河旅游带推广活动
8 月 2 ~ 10 日	赴美国和哥伦比亚开展杭州旅游促销活动
8 月 20 ~ 29 日	赴俄罗斯、韩国、日本开展杭州旅游促销活动
11 月 19 ~ 28 日	赴泰国、新加坡等地进行杭州旅游参展和促销活动
11 月 29 日至 12 月 8 日	赴俄罗斯开展杭州旅游重点市场促销活动

2015 年杭州市国内旅游促销活动

表 43

时　间	内　容
1 月 28 ~ 29 日	赴南京召开杭州旅游护照新闻发布会，并举行新春推广活动
3 月 30 日至 4 月 2 日	赴武汉和长沙开展 2015 年杭州旅游春季大型促销暨杭州旅游护照推广活动
6 月 15 ~ 19 日	赴蚌埠、徐州、泰安开展 2015 年杭州都市圈国内联合促销活动
9 月 7 ~ 12 日	赴长春、沈阳、唐山开展 2015 年杭州旅游东北地区促销活动
11 月 12 ~ 17 日	赴昆明和腾冲参加 2015 年中国国际（昆明）旅游交易会，并开展杭州旅游西南推广活动

6月29日至10月25日，在美国洛杉矶双层观光巴士的车体上投放杭州旅游形象宣传广告（市旅委 供稿）

月结束，分为“全球海选、杭州体验、环球旅行、快乐分享”4个阶段。“杭州大使”们在杭州经过一周的体验和培训后正式开启环球旅程。8月1日，“杭州大使”团队出发前往7个国家的10座城市开展为期30天的杭州旅游海外推广活动。“杭州大使”们在沿途城市承担起推广杭州城市形象的职责。以图片、文字和视频的形式记录旅途全程，并通过Facebook、Twitter、YouTube等网络平台与全球网友进行实时互动。活动获得美国联合通讯社、美国雅虎公司、美国广播公司、瑞士国家电视台等近700个境外媒体报道转载，覆盖目标市场超过1亿人。新华社、中新社、人民网、环球网等40多个国内媒体对活动进行报道和转发。“杭州大使环球行”活动获第八届中国网络旅游节“互联网+”旅游营销创新大赛银奖。

【“杭州旅游护照”发布】 1月29日，由市旅委和阿里巴巴集团合作推出的“杭州旅游护照”项目在南京召开新闻发布会。该项目集“智慧服务”“智慧营销”于一体，分成两个部分。一部分是设在支付宝钱包的“杭州旅游护照”服务窗，由“畅游、活动、我的护照”3个功能构成，是游客查阅信息、预订服务、消费支付的移动端平台；另一部分“杭州旅游护照”指定商户的支付宝“当面付”业务，可实现游客刷手机付款的快捷付款体验。项目实现7423家酒店、133个景区的在线预订和2000多家旅游门店的“当面付”。全年完成交易200万笔、交易额5000万元。

【“杭州旅游文化纪念章”发行】 5月15日，“杭州旅游文化纪念章”首发暨合作签约仪式在市民卡中心举行。杭州旅游纪念章套装内有4枚纪念章，将杭州标志性的西湖景观及地域历史文化浓缩其中。纪念章由中国美院专家团队针对杭州西湖的历史文化底蕴设计。纪念章套装由市旅委、杭州公共自行车有限公司、杭州宝泉科技开发有限公司联合设计开发，在杭州70多个旅游咨询公共自行车网点同步推出，并在西湖景区的纪念章自助售货机上出售。

【北美市场整合营销项目】 2015年，北美市场营销项目以美国和加拿大市场为核心，进行创新策划、公关、传播为主要手段的一体化营销推广。4～10月，在美国《旅游周刊》《旅游代理》《国家地理旅行者》《漫旅》《悦游》等旅游杂志及杂志的网络媒体上进行为期10周的广告投放。1月，市旅委与美国旅游旅行商协会合作，上架销售6条杭州旅游线路的产品。6月29日至10月25日，在4辆美国洛杉矶双层观光巴士的车体上投放杭州旅游形象宣传广告，为期17周。在双层巴士车的电子显示屏上投放广告4周。组织公关公司联络100个旅行商，发布4篇新闻稿，被媒体转载300次以上。市旅委邀请35名美国旅行商、媒体记者到杭州实地考察2次。

【欧洲市场整合营销项目】 杭州市与法国航空—荷兰皇家航空集团合作，在其主要航线、主要客源市场进行杭州旅游营销推广，重点市场包括荷兰、英国、德国、西班牙、意大利、法国6个国家。英语、法语、德语、西班牙语、意大利语、荷兰语、葡萄牙语、挪威语8种语言的杭州目的地专题广告，在其荷兰官网首页投放3周、在英国官网首页投放1周。1月，在荷兰皇家航空公司官网举行杭州机票折扣活动1次，通过电子邮件把活动内容发送至900万电邮订阅者。4月和10月，举办“诗意杭州”和“皇室游杭州”2次抽奖活动，覆盖500万杂志会员，活动曝光量200多万次，点击量20多万次，最终参加人数共1万多人，产生4名获奖者免费到杭州旅游。向荷兰皇家航空公司“中国在线”俱乐部1.7万会员发布杭州主题文章3篇；向6.9万名公司客户、2200名会奖活动服务商分别发放电子邮件，宣传杭州商务旅游。在《发现》电视栏目欧洲频道投放杭州宣传片，在英国、法国和德国播出882次，覆盖2321万人次；在奥地利及瑞士播出492次，覆盖274万人次。

【韩国市场主题推广实施】 2015年，市旅委在韩国首尔地铁灯箱、韩国*AB-ROAD*旅游杂志、《朝鲜日报》等投放杭州旅游广告，并结合网络主题事件营销活动，进行包括杭州旅游形象品牌的策划、推广、执行等一体化整合营销。首尔地铁灯箱广告覆盖人群1000万人次，平面媒体软文报道覆盖人群300万人次。

【与在线旅行商合作营销旅游产品】 2015年，杭州市与携程旅游网合作，针对国内散客市场，进行杭州旅游产品开发、推广、销售、目的地形象品牌宣传、数据统计分析等营销。开发并销售针对国内散客的自由行产品或半自由行产品（跟团游）超过50多个。专门设计制作“自由行中国，最忆是杭州”的杭州旅游品牌形象推广专题页面，并在携程旅游网首页以及“旅游频道”“特卖汇”等多个栏目进行发布。1月和4月，开展“冬季温泉特卖汇”“春季高铁自由风”两项特惠促销活动。

通过携程旅游网到杭州旅游的游客257.07万人次，比上年增长68%；到杭州的游客花费（指游客在网上预订时花费的住宿费和门票费）共10.78亿元，增长75%。

【中国（杭州）会议与奖励旅游产业交易会】 9月16～19日，2015年中国（杭州）会议与奖励旅游产业交易会在杭州召开。交易会由中国会展经济研究会、市旅委、江干区政府、中国会议产业大会组委会联合主办。大会邀请来自澳大利亚、新西兰、北京、上海、杭州等19个国家和城市的83个参展商、113个专业买家，共400多人参加。交易会设有“2015中国会奖旅游目的地大数据发布”“一对一交易会采购洽谈”等活动。杭州在交易会期间重点推介其会议与奖励旅游资源和优惠政策，吸引更多会议落户杭州。该交易会旨在为杭州引进高品质的会议项目，以企业商务洽谈为核心，配套专业培训、提升服务水平。交易会采购总项目数量3498个，采购金额30.8亿元。

【全国高等院校旅游创新策划大赛在杭举行】 11月1～3日，首届全国高等院校旅游创新策划大赛暨第三届杭州奖励旅游创意策划大赛在杭州东方文化园太虚湖假日酒店举办。大赛由中国旅游协会指导，市旅委和中国旅游协会旅游教育分会联合主办。大赛于6月启动，分为院校选拔、初赛、决赛3个阶段，共设A、B两个竞赛版块，主题分别为“旅游目的地创意策划”和“奖励旅游产品创意策划”，选手自由选择1个主题报名参赛。大赛共收到232所高校的593支参赛队伍报名。经院校选拔后，共有178所高校的330份作品进入初赛。经过专家评委筛选，两个版块各有20份作品入围决赛。决赛期间，选手通过演示文稿软件、视频或表演等方式，在有限的时间里展现各自内容，并现场回答评委提问。来自北京第二外国语学院的“布热芒哈”和来自南京农业大学的“盐&韩队”获一等奖；来自黑龙江大学的“芦渔”等4支队伍获二等奖；浙江树人大学的“逸游工作室”等6支队伍获三等奖。34所高校获得优秀组织奖。北京第二外国语学院、杭州师范大学获突出贡献奖。

【“会议与奖励旅游”特惠季活动】 8月1日至11月20日，杭州市举行“会议与奖励旅游”特惠季活动。市旅委组织63个会议酒店和会议公司为在杭州举办的会议项目进行让利。通过发放“会议与奖励旅游特惠券”的形式，实现到杭州办会议“满10000元减500元”，吸引国内公司到杭州举办会议。活动期间，有30多个国内企业申领特惠券，30多个会议与奖励旅游项目在杭州举行，参会人数近1万人，拉动会议消费2000万元。（张文照）

·旅游节庆活动·

【中国（杭州）西湖国际茶文化博览会】 3月27日，2015年中国（杭州）西湖国际茶文化博览会开幕式暨西湖龙井开茶节在杭州西湖区转塘街道何家村举行。博览会主题为“东方品质·茶丝之乡”，活动持续至5月，分为主体项目、茶文化、区县（市）项目、茶旅游体验四大产品版块、20多个项目。其中，新增设“‘茶与世界’杭州茶文化全球联动活动”项目。该项目由杭州中国茶都品牌促进会具体实施，主要内容有通过发动相关国际城市及孔子学院进行全民饮茶联动活动；到美国、俄罗斯等国家进行杭州茶文化交流巡演活动；举办“茶都杯”茶与爱情微电影大奖赛等。

【杭州西溪龙舟文化节】 6月14日至8月30日，由市政府、省文明办主办，市旅委、市文明办、西湖区政府和余杭区政府承办的杭州西溪龙舟文化节在杭州西溪国家湿地公园内举行。龙舟文化节以西溪湿地·洪园为主场。6月20日，龙舟胜会开幕，五常港和深潭口都举行“请龙王”仪式，推出节庆美食“龙船饭”。龙舟文化节增设“龙课堂”——洪氏故居书房读家训、学国学，“龙集市”——端午民俗文化特色体验街，“龙舟闯关”——驾龙舟比赛，“龙的传人”——免费家庭传统影像体验，“洪园听荷”——东关荷塘杭州市荷花大会等活动。6月1～20日，“梦想小镇杯”高校龙舟系列活动在洪园举行。活动期间，举办“龙舟宝贝队伍征集”“龙舟宝贝（啦啦队）大赛”“高校龙舟竞渡”等活动。

【杭州西湖—诸暨西施故里荷花会】 7月20日至8月30日，2015年第十届杭州西湖—诸暨西施故里荷花会在西溪湿地·洪园主会场和诸暨分会场举行。荷花会以“西湖西

6月3日，2015年中国杭州大学生旅游节在中国美院开幕　（市旅委 供稿）

施·莲荷相约”为主题。活动期间，主会场有“荷你有约”啤酒音乐纳凉之夜——洪园夜游浪漫醉人活动、你是我的“荷花女神”——微照片现场拍摄现场打印活动、“荷你在一起”小候鸟西溪公益行等活动。分会场有诸暨旅游电商节、驴妈妈“寻美赏荷”大型自驾游等活动。

【“缤纷夜·乐无眠”杭州夜休闲嘉年华】 6月17～21日，第三届“缤纷夜·乐无眠”杭州夜休闲嘉年华活动在杭州吴山广场举行。106个参展商在演艺、餐饮美食、美酒佳酿、休闲时尚、旅行社等六大展区展出。有79.7万人次参与活动，销售额270多万元，30多个中央和省、市媒体予以报道。

【中国杭州大学生旅游节】 6月3日，由市旅委、团市委、市教育局、杭报集团等单位联合主办的2015年中国杭州大学生旅游节在中国美院象山校区启动。旅游节以“创意杭州·追梦青春”为主题，从6月持续到12月。大学生旅游节新增“众筹游杭州”活动。大学生们自行设计杭州旅游线路、展示创意，争取大家的关注和支持，进而获得所需要的资金或援助，完成“游杭州”的心愿。其间，主办方举办“沙发客”等系列活动，对参与者进行考量，给予众筹支持，帮助其达成心愿。获得主办方众筹支持的参与者通过写游记、摄影、手绘等形式，提交一本个性化的杭州旅游攻略。旅游节期间，主办方招募杭州本地设计院校的学生参与创意品市集，让大学生把自己设计的旅游创意品在市集上展示与售卖。

【“爱在杭州”杭州国际婚恋旅游节】 8～11月，“爱在杭州”第四届杭州国际婚恋旅游节举行，开展“恋遇久久”杭州婚纱摄影旅游产品大巡展、“爱情信物进民宿”等活动。21个杭州婚庆产业单位到苏州参与大巡展，参展面积800平方米。9月25日至10月25日，通过杭州“19楼”网站，发动杭州100家民宿及100个旅游纪念品设计、生产机构参与“爱情信物进民宿”活动，300多人展示自己的爱情纪念品，10多万市民投票评出20家爱情民宿和50件爱情信物。

【“醉美春日”杭州户外休闲季】 3月21日至5月31日，2015年“醉美春日”杭州户外休闲季主题推广活动举行。活动围绕运动休闲、赏花采摘和民俗体验三大春季户外休闲主题。活动期间，杭州市举办2015年杭州山地马拉松赛、皋亭山景区千人骑游大会、音乐派对嘉年华、“三江两岸”骑游季等活动。市旅委联合区县（市）旅游局与浙江交通之声、浙江女主播电台合作推出“春游去哪儿”电台版亲子户外休闲推广节目。各区县（市）和相关协会以户外休闲为主题的节庆和促销活动50多个，吸引市民和游客200多万人次参加，带动旅游休闲消费超过1000万元。

【“活力暖冬”杭州休闲养生季主题推广活动】 11～12月，杭州休闲养生季主题推广活动举行。其间，举行杭州休闲养生季主题推广活动新闻发布暨资源对接会、杭州养生集市主题活动、乐享杭州休闲养生之旅等活动。11月27～29日，市旅委在鼓楼小广场举办“喜迎G20·杭州养生集市”，开展冬季养生产品展销、中医义诊、中医推拿、体质检测等项目。为期3天的养生集市吸引3万多人次参加，销售额近50万元。活动期间，开展“活力暖冬”休闲养生体验之旅，组织部分市民游客、新闻媒体代表到萧山区，体验排毒养生、品尝冰酒，感受“仙草养生节”。

【杭州旅游进社区活动启动】 5月17日，2015年“中国旅游日”杭州旅游进社区活动在西城广场启动。10个旅游企业向16个社区赠送800张景区门票，30个旅游休闲企业现场派送优惠券。杭州市增设35个服务点并扩建社区联络员队伍。活动内容主要有“我旅游我快乐”杭州社区四季旅游体验行、“美丽杭州文化家园”杭州市农村文化礼堂“村社结对”走亲欢乐行、“夕阳无限好”杭州社区老年旅游体验季等。

（张文照）

【《印象西湖》获最佳演出“卓越奖”】 2015年，《印象西湖》获TripAdvisor（猫途鹰）旅游评论网站颁发的最佳演出“卓越奖”。杭州印象西湖文化发展有限公司加强营销宣传，到国内外参加各种展会及推介会，与媒体合作策划“探密印象西湖”、“印象诗画”绘画比赛等宣传活动。公司以科学的管理制度流程、专业的岗前培训、定期的技术比武、严格的业绩考核，提升演出现场的服务质量和管理水平。在8个月的演出时间内接待观众28万人次，实现营业收入5200多万元。（梁　之）

【旅游宣传品编印】 2015年，市旅委全年编印、制作、发放的旅游宣传品主要有4种。

《杭州旅游指南》印量250万册，有中文简体和繁体、英文、日文、韩文、德文、法文、西班牙文7种文字。推出春、夏、秋、冬四季版本，内容涵盖“游、购、吃、娱、住、行”旅游六大要素，为游客提供旅游资讯服务。该手册通过全市星级酒店、民宿、旅游集散中心、公共自行车租赁点免费派发给游客。

《在杭州——十大特色潜力行业消费指南》（简称《在杭州》）全年发行4期，单期印数15万册，共60万册。《在杭州》根据时令特色分成春、夏、秋、冬四期，向市民与游客介绍具有杭州特色的相关旅游休闲产品及资源。通过《都市周报》随报发行，并在杭州餐饮类机构门店展示。在旅游咨询点、酒店、商场、机场、车站等处向游客进行派送。

《多语种旅行社手册》印量3000册，有中文、日语、韩语、意大利语、阿拉伯语5种语言。手册围绕杭州城市特色，从自然风光、历史人文、创新活力等板块进行介绍，为国内外旅行商提供杭州旅游产品信息，通过市旅委的国内外旅游促销推广活动及旅行商实地考察活动发放。

《杭州旅游英文地图》改版，并增印4万份。地图采用“杭州大使”形象元素设计，介绍杭州主城区及区县（市）旅游景点。市旅委与TripAdvisor（猫途鹰）旅游评论网站合作，推出杭州景区景点排行榜。地图通过全市宾馆饭店、旅游咨询中心、旅游集散中心免费发放。

（张文照）

西湖风景名胜

The West Lake Historic & Scenic Area

·西湖风景名胜综述·

【综保工程有序推进】 2015年，杭州西湖风景名胜区管理委员会（简称杭州西湖风景名胜区管委会）继续推进西湖和南宋皇城大遗址两项综合保护工程。中国茶叶博物馆三期（龙井馆区）、杭州博物馆二期工程分别于5月1日和10月1日建成开放。中国茶叶博物馆龙井馆区成为集茶园生态保护、茶文化展示及互动体验为一体的旅游综合体。10月，白塔公园A区块地下停车库建设、B区块建筑与环境整治工程完成。11月，西湖钱塘江引水扩容水质提升一期工程、西湖水生态稳态转换和流场优化示范工程完工。老虎洞窑址整修工程、杭州植物园蔷薇园建设工程、虎跑公园观音殿恢复及周边建筑改造提升工程、南宋博物院建设前期评估等重点项目有序推进。

杭州被确定为G20国际峰会举办地后，杭州西湖风景名胜区管委会根据市委、市政府的统一部署，确定实施项目、分解落实任务，并坚持每周例会制度，保障筹备工作进度。按照“最高标准、最快速度、最实作风、最佳效果”要求，首批确定实施的53个项目完成设计、审批、招标等前期程序，进入现场施工阶段。

【西湖景区综合整治】 2015年，杭州西湖风景名胜区管委会围绕秩序管理和环境治理两大重点构建“美丽西湖”。坚持集中整治与长效管理相结合，通过“智慧巡查”手机应用软件等方式，深化网格化管理体系。坚持“高频率、高密度、常态化”要求，以属地单位为主，联合公安、交警、行政执法等管理部门，全年开展规模化联合整治145次，教育“野导”204人次、“黑车”96辆、无照经营484起、机动车违停2909辆次、偷钓158起。针对湖滨公园降低噪音管理、断桥客流量管理控制、西湖晨泳、非宗教场所烧香点治理等热点难点问题，树立开放管理理念，通过与社会各界广泛互动，形成正面舆论导向。

杭州西湖风景名胜区管委会的10个属地管理区域、15个村（社区）防汛防灾体系规范化建设和5项防汛排涝应急改造工程完成，排水管网的清淤疏浚和改造提升实现全覆盖，辖区道路严重积水情况基本消除。全年景区组织拆违514次，拆除违法建筑894处，建筑面积2.64万平方米。杭州西湖风景名胜区管委会推行社区垃圾分类，试点“垃圾不落地”，景区生活垃圾总量比上年（指2014年，下同）下降2.14%。统一实施景区园林垃圾合理化处置，实现园林废弃物资源化利用。西湖景区实施机动车环保行动，推进餐饮行业污染整治行动。景区森林资源保护力度加大，3800公顷山林连续28年无火灾。10月，杭州西湖风景名胜区管委会被评为浙江省森林防火先进集体。

【西湖风景名胜区经济社会协调发展】 2015年，西湖风景名胜区实现财政总收入8.23亿元，比上年增长22.5%。其中，地方财政收入5.76亿元，增长23.1%。景区门票收入3.08亿元，增长1%。一般预算支出总额11.11亿元，增长4.56%。西湖景区总客流量2726.15万人次，减少6.32%，其中收费景点客流量1669.30万人次，减少3.89%。杭州西湖风景名胜区管委会深化商事制度改革，推行“五证合一”，助推小微企业成长，

5月1日，中国茶叶博物馆龙井馆区开馆 （杭州西湖风景名胜区管委会 供稿）

景区投资环境进一步优化。农业总产值1.32亿元，农民人均年收入2.74万元，增长9.5%。“农家乐”接待游客量517万人次，经营总收入2.57亿元，增长7%；民宿产业接待人数118万人次，营业额2.39亿元。

杭州西湖风景名胜区管委会加大民生投入，景中村雨水污水管网提升工程推进，龙井村等3个区块环境整治完成，灵隐白乐桥和龙井区块实现管道煤气入户全覆盖。新建居家养老服务中心2个，为990名老人提供“智慧养老”服务，通过政府购买服务方式为260名特殊老人提供关爱照顾。建成国家农业综合开发西湖龙井茶良种繁育示范基地。国家农业综合标准化示范区（西湖）项目开展。出台资金扶持办法推进病虫害统防统治和手工炒制技艺传承。新建27个蓄水池进行龙井茶园雨水回收利用试点。加快城乡统筹，通过产业扶持和基础设施援建，深化与淳安县对口帮扶。全年受理群众来信来访来电2021件，反馈率、办结率和满意率均为100%。

·风景名胜·

【西湖三潭石塔保养性维护工程】 8月31日，历时30多天的西湖三潭石塔保养性维护工程完工。为确保“三潭印月”核心景观要素的可持续性，工程主要对石塔表面进行清理，用去离子水、除青苔剂和水性除藻剂等清洗液清除石塔表面的各种生物病害。对部分裂隙进行防护性封闭，预防冬天湖水侵蚀而引发的石构件胀裂等次生残损。对石塔进行局部加固处理，减缓表层的风化速度。升级三潭石塔的安全防护网，增设防护栏、设置安全警示灯，降低人为因素影响石塔本体的可能性，并设置水下防浪涌网减缓涌浪对塔基的冲刷。

【西湖景区彩化美化提升工程】 2015年，杭州西湖风景名胜区管委会对景区的绿化开展彩化美化提升工程。通过多种渠道广泛收集新优植物品种信息，确立并丰富包括球宿根植物、花灌木、地被植物、攀援植物、水生植物以及乔木树种的彩化植物品种库，引进能适应西湖生态环境的特色植物。西湖景区实施32个彩化提升项目，包括17条道路、14个景点及1条航道，引进新优植物品种300多种。推进各公园景点专题花展及自然花境、立体花坛等花卉布置，举办各类花展近20个，并在40多处主要公园、道路景观点进行季节性花坛、花境、环境小品等花艺布置，全年用花270万盆。

【植物园菊花艺术节获“国际园林旅游奖”】 12月10日，在韩国顺川举行的国际园林旅游颁奖典礼上，杭州植物园菊花艺术节获“国际园林旅游奖”。“国际园林旅游奖”由国际园林旅游网（IGTN）通过全球网络评审，颁发给在开发和推广园林旅游景点方面有突出贡献的组织和个人。该奖项共评出9个大奖，分别由来自中国、英国、韩国、澳大利亚、新加坡等国家的项目获得。杭州植物园菊花艺术节自2010年举办以来，连续举办六届，累计吸引近700万市民游客参观。

【园林小品获香港花展金奖】 3月20日，2015年香港花卉展览在香港维多利亚公园开幕。杭州西湖风景名胜区管委会代表杭州参展的园林小品《钱塘春韵》被授予最佳展品（园林景点）金奖。该园林小品展示杭州南宋传统文化和江南园艺为主，配以主题花“跳舞兰”，杭州特色植物桂花、垂柳、桃花、海棠、喷雪花、佛肚竹等，并融入酒肆、茶市、古城门、小桥流水等元素。2015年香港花卉展览以“春·花·舞”为主题，吸引来自荷兰、澳大利亚、新加坡、泰国、日本等多个地区和国家共220多个单位参展，展出超过35万株花卉，展期至3月29日结束。

【《西湖园林植物景观艺术》出版】 8月，由杭州市风景园林学家施奠东主编的《西湖园林植物景观艺术》由浙江科学技术出版社出版发行。该书在阐述西湖1000多年来悠久历史的基础上，系统梳理60多年来西湖植物景观营建中的基本理念、原则和配置的艺术手法，对植物景观的空间组织、季相变化以及群落结构等进行分析。该书分为8章，主要包括“概述”“西湖植物景观的历史特征及历史延续性”“当代西湖植物景观特点”“西湖风景园林植物多样性与景观多样性”“公园景点”等内容。《西湖园林植物景观艺术》是对风景园林实例进行植物景观全方位透视解析的出版物，编撰历时6年，近10万文字和700多张照片，展示西湖植物景观的魅力，为风景园林界的教学、科研及设计、施工、管理提供参考。

·保护管理·

【西湖钱塘江引水扩容水质提升一期工程】 11月30日，西湖钱塘江引水扩容水质提升一期工程完成主体施工并进入调试阶段。该工程是国家“十二五”水专项工程，建成微污染地表水降氮处理设施，采用上向流反硝化生物滤池工艺对经过絮凝预处理的钱塘江引水进行降氮处理。每日可以处理引水5万立方米，出水总氮量达到IV类地表水环境质量标准。该工程旨在降低钱塘江引水氮含量、减少西湖引水营养负荷，提升西湖引水效益，从源头缓解西湖水质富营养化问题，提升西湖水体透明度。

【西湖监测预警体系建设项目一期通过评估】 杭州西湖文化景观遗产地是国家文物局确定的中国世界文化遗产预警监测体系建设的12个试点单位之一。6月17~18日，中国世界文化遗产地监测预警体系建设项目评估工作小组一行11人，对西湖文化景观遗产监测预警系统建设情况开展检查评估。通过检查试点单位在世界文化遗产预警监测体系方面所做的工作，总结各遗产地监测预警工作的成果与问题，促进遗产地预警监测工作的科学发展。评估工作小组听取了关于杭州西湖文化景观遗产预警监测体系建设情况汇报，实地考察指挥中心、信息中心机房，以及岳飞墓（庙）、飞来峰造像、六和塔、雷峰塔遗址、苏堤等遗产点，查阅相关资料档案。西湖文化景观遗产监测预警系统建设项目一期通过评估。

【国家农业综合标准化示范区（西湖）项目通过中期考核】 7月，国家标准委员会及国家质检总局抽调广

西、湖南、重庆、江西等省（市）专家组成的抽查组对杭州市第八批国家农业综合标准化示范区（西湖）项目进行抽查。抽查组实地查看西湖龙井“美丽茶园”建设项目，并对照考核办法四大类、38项指标进行检查核对。西湖龙井“美丽茶园”国家农业综合标准化示范区项目以93.5分的成绩通过中期考核。

【西湖文化景观遗产游客量监测项目建成】 11月，西湖文化景观监测预警保护管理系统建设——游客量监测项目主体施工完成。该项目旨在进行实时监测预警，科学调控遗产区游客承载饱和度。系统通过红外线感应装置和视频监控系统，依托大数据分析等方法，对游客量实现动态监测，为开展游客容量管控提供科技支撑。5月，该项目在断桥进行试点。断桥两端都装有红外线感应装置，在游客进入断桥时，能感应到热量，由此判断在某一时刻断桥上的游客人数。至年末，西湖世界文化景观遗产的“西湖十景”和14处历史文化史迹的景观要素均安装红外线感应装置。

【西湖景区道路集中养护】 3月，针对春季雨水较多从而导致景区部分沥青路面出现下陷、破损、开裂等情况，杭州西湖风景名胜区管委会根据以往养护经验，并结合辖区道路实际状况，组织力量对景区所有道路进行普查。对南山路、虎跑路、杨公堤、龙井路、灵隐路、灵溪隧道南接线、北山路等7条核心道路进行集中养护。养护修复工程于3月底结束，沥青修复面积1.6万平方米。

【断桥景区客流通过率提高】 为有效缓解旅游旺季断桥景区客流滞留状况，杭州西湖风景名胜区管委会分析客源构成、停留时间、分时段人流等，在“五一”假期采取潮汐分流、面上疏导、进口调控、客流引导、“小景”志愿服务及软隔离手段等6项临时分流和现场服务措施，引导人流方向，确保旺季大客流前提下游客人流有序行进。5月1~3日，游客在断桥桥面通过速率35秒/人，比上年45秒/人提高22%。根据航拍和监控视频显示，节日期间断桥未出现拥堵现象。

【西湖景区机动车环保行动】 1月1日起，西湖景区机动车环保行动正式启动。杭州西湖风景名胜区管委会和交警部门在南山路玉皇山路口、北山路保俶路口等8个卡点联合执法，对闯入禁区的车辆进行现场拦截和劝返。1月1~3日，劝返国二及以下排放标准的高排放车辆322辆、开具警告单102份，现场发放宣传单6402份。水上交通观光新线路转驳游客2898人，苏堤、白堤电瓶游览车往返线路转驳游客1781人。

【“打违除患”专项整治行动】 10~12月，杭州西湖风景名胜区管委会开展以出租房消防安全和流动人口管理为重点的“打违除患”专项整治行动。对辖区出租房屋和流动人口开展“拉网式”清查检查，特别是针对消防安全隐患较大的群租房和违章建筑出租房严格按照“七个一律”加大查处力度。整治行动检查出租房678个，发现火灾隐患271处，整改160处，其中整改群租房火灾隐患43处、函告“三改一拆”办公室违章建筑7个。新登记流动人口2051人，变更登记554人。查处针对出租房的消防案件17起，罚款1.93万元；查处流动人口案件19起，其中查处违法房东3人、用人单位15个、流动人口1人。

【湖滨公园市民自发聚集活动专项整治】 8月19日，杭州西湖风景名胜区管委会在前期调查摸底和完善方案的基础上，启动湖滨公园市民自发聚集活动专项整治。通过设置17块温馨提示牌、告知短信、定时播放提醒语、发放倡议书、上门约谈、征集签名活动等形式，做好舆论引导，增强市民游客的公共空间意识。完善登记资料，详细记录活动组织者的姓名、家庭地址、身份证号码、联系方式等信息便于沟通联系。杭州西湖风景名胜区管委会分别在志愿军塑像、淞沪抗战纪念碑、湖滨一公园木平台等5处活动聚集点，对噪音分贝进行监测，并做好噪音调查基础台账。抽调善于做群众工作的民警和执法人员组成工作小组，对市民自发聚集活动进行联合劝导。建立例会制度，每周召开1次例会，对存在的问题商讨对策。

【西湖手划（摇橹）船专项整治行动】 自9月7日起，杭州西湖风景名胜区管委会对所有在湖面从事营业的274艘手划（摇橹）船开展为期两个月的专项整治行动。整治期间，在湖滨至断桥沿线重点手划船码头采取定点、定人、定岗的方式，围绕手划船的安全状况、优质服务情况、文明用语情况、游览时间情况等开展专项整治，接受现场投诉和现场执法。专项行动期间，开展集中整治17次，出动检查人员322人次，对于发现的问题现场发出整改通知，限期要求完成整改。

【西湖水域偷钓行为查处】 2015年，杭州西湖风景名胜区管委会整合水域管理、公安、交警以及环湖属地单位等力量，对西湖水域偷钓行为加强联动巡查和整治力度。全年开展西湖水域偷钓行为专项整治59次，处罚157起，收缴渔网482张、3.11万米，鱼叉260把，海兜654只，鱼竿685根，线筒3815只，地笼35只，电捕鱼设备14套，橡皮艇3只，网箱9只。

【杭州市园林科学研究院挂牌】 3月28日，杭州市园林科学研究院挂牌成立。研究院位于杭州植物园，下设3个研究所，分别是植物资源保护与进化研究所（植物标本馆）、植物生态监测与保护研究所（园林绿化质量监测中心）和园林植物开发与应用研究所（科技示范推广中心）。有各类专业技术人员64人，主要开展植物资源调查、植物迁地保护、植物分类与系统发育、植物遗传育种、新优植物开发与应用、古树名木保护、园林植物病虫害防治、土壤质量检测等研究。

【杭州市园林植物病虫害补充调查项目完成】 2015年，市园文局历时3年完成“杭州市园林植物病虫害补充调查”。该项目对西湖特色植物主要病虫害的种类、为害症状及为害情况进行重点调查。在野外调查中新发现园林植物害虫242种、病害71种，其中新发现西湖特色植物害虫30种、病害9种。7月，项目研究成果《杭州园林植物病虫害图鉴》由浙江科学技术出版社出版发行。该图鉴重点阐述危害较重的病虫害种类及特征、5种新发生的重大病虫害的发生特点及防治建议、西湖特色植物的主要病虫害以及新发现的病虫害种类等内容。

·特色活动·

【慧因高丽寺郁金香品种展】 3月15日，西湖景区慧因高丽寺郁金香品种展开幕，展期至4月15日。花展主题为“郁见金羊，花开见喜”，展出郁金香品种83个、洋水仙品种15个、风信子品种8个，寺内外种植近10万球球根花卉。“羞涩小姐”“罗根教授”“硕大粉红”“橙色艾奇”“浪漫法兰西”“彩色帆船”“国王的礼物”“玲曲”“糖果谷物”“撒哈拉赛车”等10多个品种都是首次在杭州展出。花展期间，“禅意人生”根雕和插花艺术展在慧因高丽寺举行，展出根雕作品30件、插花作品28件。

【万松书院饮食文化花卉展】 5月23日，万松书院饮食文化花卉展开幕。花展以味道来分区，包括“酸”“甜”“苦”“辣”4个区域，用不同主题的园林小品构架并结合可食用花卉及观赏性蔬果来布置。整个花展使用近60种可食（药）用的常见园林植物和20多种蔬果，并进行科普介绍。花展期间，结合花卉和书院传统文化，每个周末都安排主题活动，如开幕式当天的“种下美丽祝愿”种菜体验活动、儿童节期间的“书院花花游艺会”、父亲节的“父爱无边”花艺活动等。结合杭州市科普宣传周活动，举办名为“植物与养生”的主题科普展。花展为期半个月，吸引2.2万人次游客参观。

【“西湖秋韵”秋季花展】 9月1日，“西湖秋韵”秋季花展在杭州植物园开幕。花展以“五彩满园民族风，一碧千里大地情”为主题，分为室外园林景点展示区、阳生花卉展示区、耐阴花卉展示区、花艺与观赏鱼展示区及企业展销区5个展示区，主要采用大地艺术、装置艺术、盆栽及插花艺术等形式。展区面积5万平方米，用花100万盆。白鹭莞（星光草）、午时花（夜落金钱）、红尾铁苋、姜荷花、姜黄、湿地木槿、芙蓉葵、高砂芙蓉、香根菊、艳花飘香藤、洋桔梗（草原龙胆）、巴西野牡丹、花叶香桃木、洋兰等20多种秋季植物品种首次展出。花展持续至10月10日。

【纹章瓷精品器展】 8月5日，南宋官窑博物馆联合深圳博物馆联合举办的“中西交融——纹章瓷精品器展”开幕。展览共展出精品纹章瓷105件（套）。纹章瓷又称“徽章瓷”，因其印有欧洲贵族家族的徽章得名。纹章瓷开始于16世纪中晚期，是西方贵族提供造型式样、图案纹饰并委托陶瓷贸易商在中国特别定制烧造的瓷器。展品中有大航海时代葡萄牙、西班牙和荷兰订制的早期纹章瓷，有腓特烈大帝、叶卡捷琳娜二世的皇家订制瓷器等。展览持续至10月20日。

10月15日至11月15日，2015年第十四届“相约西湖”系列文化活动在唐云艺术馆举行

（杭州西湖风景名胜区管委会 供稿）

【杭州—南投亲子文创作品联展】 10月21日，第二届“杭州—南投亲子文创作品展”在位于杭州玛瑙寺旧址的连横纪念馆开幕，为期15天。作品展以“梦想·起航”为主题，通过亲子艺术共创的方式，搭起两地亲子互动交流的桥梁。联展展出杭州和南投两地亲子文创作品200多份，包括画作、泥塑及布艺作品等。作品由台湾南投县仁爱小学、杭州英伦幼儿园等16所幼儿园及小学的学生和父母共同完成。9月，台湾南投县举办的第七届“两湖论坛”期间展出。

【“相约西湖”系列文化活动】 10月15日至11月15日，2015年第十四届“相约西湖”系列文化活动在唐云艺术馆举行。活动围绕“山水西湖、家园情怀”主题，开展“中华艺术名家邀请展”“西湖人文山水雅集”“西湖名人后裔聚话西湖”等活动。邀请周士心、洛夫、李奇茂等30多位书画家的50多件作品参展。“西湖名人后裔聚话西湖”系列活动邀请盖叫天、章太炎、吴昌硕、黄宾虹、钱学森等10多位名人后裔与市民及青少年学生讲述“我的先辈和西湖”的故事。

【“六和祈福步步高”系列活动】 12月18日，由杭州西湖风景名胜区钱江管理处主办的“六和祈福步步高”系列活动之丙申年迎新笔会在六和塔文化公园举行。8位书法家的“福帖”“春联”以及四轴手卷书法作品进行展陈。书法家现场书写“福”字，集成“百福”长卷。长卷被制作成“百福墙”，从除夕至正月十五日，市民游客可以在六和塔文化公园与“百福墙”合影。“六和祈福步步高”系列活动以“六和祈福‘福’进万家”为主题，设置“金刀出福、书福、拍福、送福、祈福”等环节。

【“吴山庙会”民俗活动标识评选】 杭州西湖风景名胜区管委会自1月起向社会公开征集“吴山庙会”民俗活动标识，征集到来自全国16个省、市的100多名设计者提交的有效作品设计图99件。经过前期投稿、市民游客投票、专家评审等环节，来自杭州、重庆、北京的6位设计师的作品分别获得一等奖、二等奖和三等奖。一等奖作品选取“吴”字为设计主题的创意构型，融合“大红灯笼”“印章”“吴山庙会建筑剪影”“中国红”等元素，突出吴山作为杭州民俗文化中心的独特性以及春节庙会传统的文化底蕴内涵。

【中小学生陶艺大赛】 第八届中小学生陶艺大赛以“‘陶醉’美丽学校”为主题，由市教育局和市园文局联合主办，杭州南宋官窑博物馆承办。大赛于3月18日启动，历时半年。其间，开展“陶瓷文化进校园”“陶艺夏令营——龙泉宝溪青瓷文化之旅”等系列活动，收到全市85所学校的309组、838件参赛作品。参赛的小选手们通过陶艺创作展示学生们眼中的校园。经过筛选和讨论，按照小学组、初中组、高中组3个组别评选产生124件获奖作品。10月24日，大赛在南宋官窑博物馆举行颁奖典礼暨优秀作品展。作品展持续两个月。

10月24日至12月24日，第八届中小学生陶艺大赛优秀作品展在南宋官窑博物馆举行 （杭州西湖风景名胜区管委会 供稿）

【“清风杯”青少年书法大赛】 4月，由杭州西湖风景名胜区管委会和市文史研究会、市书法家协会联合主办，杭州名人纪念馆承办的第四届“清风杯”青少年书法大赛启动。活动以弘扬于谦的“勤政爱国，清廉为民”精神为主题，通过小书法家们书写于谦的诗词，推进廉洁文化进校园。活动吸引包括杭州市采荷第一小学、杭州市采荷第二小学等23所中小学参加，收到参赛作品近150幅。5月17日，在于谦诞辰617周年时，大赛举办颁奖仪式，并启动为期两个月的获奖作品展览。

【“童画杭州名人”大赛】 5月30日，以“寻找名人家训，与名人一起成长”为主题的第六届“童画杭州名人”大赛启动。大赛由市文明办、市园文局、市教育局、杭报集团主办，杭州名人纪念馆承办。经过征集，初评，终评等程序，历时6个多月，收到1200多幅作品。活动评选出一等奖10名、二等奖20名、三等奖30名，并评选出10个优秀组织奖和10位优秀指导老师奖。12月5～11日，活动中的优秀作品在唐云艺术馆展出。

【“西湖文化特使”活动】 6月，第四期“西湖文化特使”活动启动，吸引400多名海内外大学生报名，最终录取40名学员，包括杭州籍的海外留学生、国内高校的在校大学生和在杭州留学的外国籍学生。训练营开营期间，除聘请专家举办多场西湖文化的知识讲座外，注重对遗产地的实地考察、游学和采访，增强对西湖文化的认同和理解。7月、8月和11月，分别推出“我带同学游西湖”“西湖文化特使——运河之旅”“赴澳门遗产地与澳门文物大使协会回访交流”等活动。继续在杭州学军中学开设世界遗产选修课，讲授“西湖文化景观解读”“西湖茶文化”“西湖名人”“西湖美食文化”等内容。

【杭州园林艺术亮相国际园林博览会】 9月25日，第十届中国（武汉）国际园林博览会在武汉开幕。园博会以“生态园博，绿色生活”为主题，园区总面积213公顷，有82个国内城市、10个国外城市、4位国际风景园林大师、12个企业等参建的117个展园以及长江文明馆、国际园林艺术馆等主展馆。杭州市参展的“杭州园”占地4300平方米，位于“园林与人文艺术”主题展区，以“西湖十景”之“三潭印月”为核心意境，通过“一堤、二湖、三潭、四亭、五桥”等景观元素，对西湖山水美学进行诠释。通过叠山理水、架桥构亭、栽花植竹营造出“三潭印月”“我心相印”“桃柳花堤”“鱼沼秋蓉”“竹径通幽”“四季花事”等景观。10月19～22日，第十届中国（武汉）国际园林博览会杭州城市文化周活动在“杭州园”举行。活动以“诗画江南、魅力杭州”为主题，推出江南风情特色的文艺演出，展示与西湖“三潭印月”主题有关的文创产品，并通过微信公众号开展互动。

【杭州市花卉园艺师职业技能大赛】 10月22日，2015年“中艺生态杯”杭州市花卉园艺师职业技能竞赛决赛在太子湾公园举行。竞赛由市园文局、市总工会、市人力社保局联合主办。全市有9支代表队、55名选手报名参赛，选手80%以上为大专学历，最高学历为硕士。比赛分为两个阶段：书面答题阶段主要考核理论知识和绿化平面设计、常见植物和病虫害识别；实践操作阶段考核花镜布置和盆栽植物修剪。41人通过初赛进入决赛。最终，有33名选手完成比赛，获园林花卉师三级（高级）职业资格证书。杭州植物园的王页、杭州少儿公园的蒋涛和杭州植物园的汪弘毅分别列前3名，获花卉园艺师二级（技师）职业资格证书，并授予“杭州市技术能手”称号。 （方　涛）

财政·税务

Finance & Taxation

·财　政·

【财政概况】 2015年，杭州市实现地区生产总值10050.21亿元，按可比价计算，比上年（指2014年，下同）增长10.2%。其中：第一产业增加值287.95亿元，增长1.7%；第二产业增加值3909.01亿元，增长5.5%；第三产业增加值5853.25亿元，增长14.6%。三次产业结构比为2.9∶38.9∶58.2。全市按常住人口计算的人均GDP为112230元，增长9.1%。全社会固定资产投资5556.32亿元，增长12.2%。社会消费品零售总额4697.23亿元，增长11.8%。外贸进出口总额665.66亿美元，下降2.1%。全市居民人均可支配收入42642元，增长8.7%，扣除价格因素，实际增长6.8%。其中：城镇常住居民人均可支配收入48316元，增长8.3%；农村常住居民人均可支配收入25719元，增长9.2%。扣除价格因素，实际分别增长6.4%和7.3%。

全市完成财政总收入2238.75亿元，增长11.0%。其中，全市地方一般公共预算收入1233.88亿元（包括税收收入1125.95亿元），增长9.8%，占财政总收入的55.1%。全市一般公共预算支出1205.48亿元，增长15.6%。其中，市区一般公共预算支出1023.51亿元，增长16.1%。完成市区财政总收入2073.87亿元，增长11.2%。其中，市区地方一般公共预算收入1081.69亿元，增长10.3%。市本级财政总收入396.07亿元，增长8.1%。其中，市本级地方一般公共预算收入157.79亿元，增长1.5%。市本级一般公共预算支出291.57亿元（含地方债券支出18.00亿元），增长24.9%。全市各级财政收支平衡，预算执行情况良好。

4月23日，市财政局局长金翔（左）做客FM89杭州之声《民情热线》栏目

（刘　淮　供稿）

【财政收入管理水平提高】 2015年，杭州市建立“税源绩效管理平台”，实行“机器代人、流程找人、绩效考人”三位一体的税源绩效管理模式，全年31个管理指标中27个指标得到提升。其中：申报率从95.7%提高到98.6%；入库率从96.4%提高到98.9%。设立数据分析室和数据分析中心，全面实施大数据税收管理。全年开展数据分析与风险识别12次，识别风险纳税人2122个，补缴税款3.24亿元。

开展营业税专项清理，涉及企业8527个（次），查补营业税9.82亿元。加强土地增值税清算管理，创新引进第三方机构参与协审，补征税款9.50亿元。首次实施社会保险费自动催报催缴，催缴入库金额2.71亿元。

强化政府非税收入征管，加快推进非税收入征管信息化。开展浙江政务服务网统一公共支付平台试点，杭州市车辆违章罚款等3项非税收入纳入网上缴款平台。全年市本级完成非税收入及其他资金504.84亿元，其中国有土地使用权出让金收入406.38亿元。

【“营改增”试点推进】 2015年，杭州市继续推进“营改增”试点，全市共有近14万个纳税人纳入试点范围。落实中小微企业、高新技术企业等税收和社保基金优惠政策，清理规范行政事业性收费，全市减免税费（不含出口退税）地方部分215.56亿元。

2015 年杭州市市区公共财政收支情况

表 44

收入项目	2014 年（万元）	2015 年（万元）	为上年（%）
地方公共财政收入合计	8 930 502	11 360 166	127.2%
一、税收	8 696 917	10 397 084	119.5%
增值税（25%）	1 798 655	2 111 787	117.4%
营业税	2 329 172	2 860 392	122.8%
企业所得税（40%）	1 542 964	1 806 722	117.1%
个人所得税（40%）	619 503	868 108	140.1%
城市维护建设税	618 304	740 857	119.8%
耕地占用税	32 514	54 272	166.9%
契税	707 572	703 962	99.5%
房产税	328 309	363 773	110.8%
其他地方各税	719 924	887 211	123.2%
二、非税收入	233 585	963 082	412.3%
教育费附加	229 413	276 316	120.4%
排污费	6 102	12 177	199.6%
行政事业性收费	4 364	6 988	160.1%
罚没款	107 559	128 888	119.8%
国有计划亏损补贴	–133 289	–188 284	141.3%
其他	19 436	726 997	3 740.5%
公共财政支出合计	7 500 996	10 234 864	136.4%
一、一般公共服务	690 374	855 121	123.9%
二、国防	8 394	7 458	88.8%
三、公共安全	515 767	628 286	121.8%
四、教育	1 321 530	1854 997	140.4%
五、科学技术	438 420	635 515	145.0%
六、文化体育与传媒	201 345	415 629	206.4%
七、社会保障和就业	864 904	1 106 868	128.0%
八、医疗卫生	529 508	602 695	113.8%
九、节能环保	178 439	349 951	196.1%
十、城乡社区事务	1 034 047	1 464 782	141.7%
十一、农林水事务	283 685	629 529	221.9%
十二、交通运输	196 546	271 235	138.0%
十三、资源勘探电力信息等事务	514 786	572 841	111.3%
十四、商业服务业等事务	200 259	296 142	147.9%
十五、金融监管等事务	13 196	7 569	57.4%
十六、援助其他地区	41 398	51 769	125.1%
十七、国土资源气象等事务	26 132	33 500	128.2%
十八、住房保障	53 664	67 054	125.0%
十九、粮油物资储备事务	4 561	11 454	251.1%
二十、其他	379 535	348 224	91.8%
二十一、债务付息	4 506	20 532	455.7%
二十二、债务发行费用	—	3 713	—

【产业发展专项资金投入】 2015年，市本级投入产业发展专项资金27.46亿元，加快推进“四换三名”，促进“两化融合”发展。通过产业基金、财政补助、贷款贴息、政策性担保等方式，鼓励企业加大研发投入，优化企业融资环境。入选全国首批小微企业创业创新基地城市示范，获得中央财政3年9亿元的专项资金支持。

【支持跨境电商综试区建设】 2015年，杭州市推进中国（杭州）跨境电子商务综合试验区建设，出台财税扶持政策，鼓励跨境电子商务企业主体培育、电商平台搭建、人才培养、园区建设、物流发展及融资体系建设等，支持做大做强B2B规模，促进“跨境消费”回流。至年末，杭州市跨境电子商务交易规模从上年不足2000万美元增至30.40亿美元。

【政府投资带动发展】 2015年，杭州市发挥政府投资带动作用，市本级投入建设资金80.86亿元，加大对城市快速路网、主次干路、停车场库、保障住房、园林文物、农田水利和高速公路、铁路等基础设施投入，秋石高架快速路三期和四期、环城北路地下通道、吉鸿快速路等一批重大交通基础设施建成启用。筹建规模400亿元的城市发展基金，通过财政资金引导社会资本投入，促进有效投资持续增长。

【财政支出结构优化】 2015年，杭州市统筹各项财政资金，确保财政收支平衡。合理安排支出结构，保障各项重点支出需要。市本级全年用于民生及社会事业支出213.22亿元，增长22.7%，占一般公共预算支出的73.1%。

市本级筹措资金40.59亿元，围绕就业创业、治水治堵治气、食品安全、养老为老服务、人居环境、文化生活以及法律援助、电子商务服务网络等领域一批事关群众利益的热点难点问题，落实市政府为民办十件实事的承诺。市本级教育支出38.31亿元，助推教育改革，逐步缩小教育资源配置的城乡、区域、校际差距。市本级投入城乡统筹和支农专项资金18.96亿元，加快推进中心镇、中心村和“美丽乡村”建设，夯实农业和农村发展基础，促进农民增收致富，缩小城乡差距。逐步理顺大江东产业集聚区、钱江开发区财政管理体制，加快萧山区、余杭区、富阳区与主城区在教育、社保、民政等民生领域融合发展。

市本级医疗卫生与计划生育支出20.19亿元，推进市属公立医院综合改革、医养护一体化，保障应急救治机构建设、重大疾病防治、食品药品安全监管等工作，提升医疗卫生保障水平。城乡居民基本公共卫生服务财政补助标准由35元提高到40元。市本级社会保障和就业支出35.24亿元，完善城乡居民社会保障体系，落实企业退休人员统筹外待遇、医疗困难救助等政策，建立特殊药品大病保险制度。主城区城乡居民社会养老保险基础养老金标准从每人每月150元提高到170元。

修订市本级行政事业单位国有资产处置管理办法，对管理权限、使用年限、损失赔偿认定等进行重大调整。启动市本级行政事业单位资产管理信息一体化项目，推进行政事业单位资产管理精细化。市财政局、市机关事务局、市建委、市住保房管局等部门开展联合调查，对市级各单位，包括建设指挥部占有使用的房产、土地进行全面清理。市财政局会同市机关事务局研究制定《杭州市党政机关办公用房统一管理办法》《市级机关周转房管理办法》并开发行政事业单位房产管理信息化平台，推进杭州市党政机关各类房产使用信息化动态管理。

市本级生态环保和城管专项资金支出22.81亿元，推进治水、治气、治废、垃圾治理和城市的长效管理。节能减排财政政策综合示范工作成效明显。2013~2015年三年试点期间市本级累计投入6.75亿元推广新能源汽车，至年末，新能源汽车应用累计21548辆。

为保障服务G20国际峰会，杭州市建立峰会资金筹措和投入机制，通过年度预算安排、政府债券、预算稳定调节基金调入等方式，加快建设与峰会配套的各类基础设施、环境整治和服务保障项目，重点确保峰会主会场按期顺利建成。规范资金管理，出台峰会项目专项资金、政府采购以及峰会捐赠等系列管理办法。

【财政管理机制改革】 2015年，杭州市贯彻落实新《中华人民共和国预算法》，遵循统筹兼顾、勤俭节约、量力而行、讲求绩效和收支平衡的原则，构建全面规范、公开透明的预算制度。

建立四项预算之间有机衔接和统筹联动安排的管理机制，政府性基金和国有资本经营预算按规定转列或调入一般公共预算。扩大国有资本经营预算范围，提高国有资本收益收取比例。清理规范重点支出同财政收支增幅或生产总值挂钩事项，对重点支出根据推进改革的需要和确需保障的内容统筹安排、优先保障。继续增加安排预算稳定调节基金，建立跨年度预算平衡机制。探索以权责发生制为基础的政府综合财务报告制度，反映政府整体财务状况、运行情况和财政中长期可持续性。

开展财政存量资金清理，加强结转结余资金管理，推进财政资金统筹使用。建立预算执行动态监控机制，强化预算执行刚性。出台并贯彻落实关于清理整合和加强市级财政专项资金管理的实施意见，制定专项资金管理清单并向社会公开。制定出台《市级行政事业单位公款竞争性存放管理暂行办法》，推动财政资金和市级单位公款竞争性存放，规范财政资金和单位公款的存放管理。贯彻厉行节约各项规定，严格执行各类公务开支标准，持续压缩行政运行经费，全市一般公共预算"三公"经费6.43亿元，比上年下降19.5%。

开展政府债券置换存量债务，降低政府融资成本。把经批准的政府一般债券和专项债券分别纳入一般公共预算和政府性基金预算管理，规范政府债务管理。全年由省政府代发的市本级新增债券29.80亿元（一般债券18亿元、专项债券11.80亿元），用于市重点政府投资公益性项目支出。推进存量债务置换进度，市本级置换债券及在建项目融资债券131.94亿元（一般债券90.95亿元、专项债券40.99亿元），确保在建项目后续建设。

细化财政预决算、部门预决算、"三公"经费预决算以及重点支出、政府债务、转移支付、财政政策、政府采购等重要事项信息的公开。扩大公开范围，市本级91个预算部门向社会公开预决算信息，主动接受社会监督。

【财政监督管理】 2015年，杭州市前移监督关口，加强对预算编制环节的审查和质量考核。深化财政监督，加强对财政资金尤其是重大民生资金的监管。探索重大财政政策评价和结果应用机制，逐步改变预算单位"重分配轻管理、重投入轻绩效"的传统观念，推进全过程财政监督和绩效评价。

政府采购网上商城和网上卖场实行"承诺入围"制，通过进口产品采购、甄别单一来源项目、出台操作办法等方式，引导采购单位优先采购本地产品。"智慧政府采购"连续4年获中国政府采购"年度创新奖"。（刘　淮）

·国家税务·

【国家税务概况】 杭州市国家税务局（简称市国税局）主要负责增值税、消费税、企业所得税、车辆购置税和储蓄存款利息所得个人所得税等的征收管理，以及国际税务管理和进出口税收管理。至2015年末，市国税局征管的纳税户56.11万个。市国税局机关设17个处室和4个直属机构、2个事业单位，下设11个区局、5个县（市）局以及22个基层税务分局（所）。全系统在职干部职工2417人。

2015年，市国税局全年组织税收1218.07亿元，比上年增长8.5%，占全省（不含宁波）国税收入的37.2%，收入总量居全国省会城市第2位。全市财政总收入中，国税部门组织的税收1170.10亿元，增长11.6%，占比54.1%；全市地方公共财政预算收入中，国税部门组织的税收374.88亿元，增长13.6%，占比32.4%。

年内，市国税局落实各项税收优惠政策，全市共办理各类税收优惠656.90亿元，约占国税收入总量的54%。助推"两区"建设。在服务中国（杭州）跨境电子商务综合试验区建设方面，提出"有票退税、无票免税、便利办税"新思路，促进跨境电子商务快速发展。全年为跨境电

商办理退税8.43亿元，增长507倍。在支持杭州国家自主创新示范区建设方面，发挥税收政策促进创新驱动的重要作用。全年为技术创新减免税收150.40亿元。力促“大众创业、万众创新”。落实小微企业税收优惠政策，办理税收优惠减免10.40亿元。简化办税流程，促进“一号工程”建设。为信息经济、智慧城市快速发展创造条件，试行电子化退税，加速退税流程，全年为软件企业办理软件产品超税负退税35.72亿元。

【国税征管改革】 2015年，市国税局贯彻中共中央办公厅、国务院办公厅《深化国税、地税征管改革方案》，制定实施意见，从思想认识、学习宣传、组织领导、工作举措等方面提出具体要求。扩大“营改增”试点范围。至年末，全市纳入试点纳税人13.87万个，改征增值税入库100.3亿元，试点纳税人直接减负77.83亿元，原有工商企业从试点企业购买应税服务间接减税39.43亿元。扎实践行“互联网+税务”行动计划。运用互联网思维和现代信息技术，加快税收信息化建设步伐，提出电子税务局规划设想。全面完成增值税发票系统升级版工作，涉及纳税人近20万个。

【依法治税加强】 2015年，市国税局推进行政制度审批改革。清理取消64项非行政许可审批事项，只保留6项行政许可。全面实行“三张权力清单”和“一张权力运行图”，框定权力的边界，规范税收执法行为。推行商事制度改革，实施“五证合一”“一照一码”。加速下放外贸企业出口退（免）税审批权，平均缩短审批时间3~5个工作日。落实“四个规范”，即落实纳税服务、税收征管、出口退税、国税地税合作规范，实现“服务一把尺子、办税一个标准、执法一条杠杆”。加强基层法治建设。组建公职律师队伍，开展“法治税务示范基地”建设。严格税收执法。依法打击违法行为，查处涉税违法企业3361个，查补税款6.35亿元，其中查处涉税100万元以上大案要案76件。

【税源风险管控】 2015年，市国税局开展“税源管理年”活动，加强重点税源的分析监控，提高税收经济联动分析的针对性、有效性，提出加强征管举措建议。加强中小企业税收风险防控，成立市国税局风险控制中心，建立“统一分析、分类应对、上下联动”的税源风险管理体系，利用第三方信息进行纳税评估，开展对服装、医药、成品油、国际名品等多个行业1528个企业的风险应对工作，累计查补税款3.67亿元。加强税收征管网格化管理。至年末，全市有国税网点471个，纳入网格内管理的个体户纳税人22.30万个，占全市个体户的97.0%。

【纳税服务优化】 2015年，市国税局发挥特色推进“三贴近”服务。贴近工业经济、外贸经济、现代服务业，以税资政。深化税收经济联动分析，完善常态化专题汇报机制，争取党委政府对国税工作的领导和支持。完善社会化办税平台推行网格化管理服务。推进全市税收网格化管理服务点建设，实现“全城有网、网中有格、格中有人、人尽其职、一网管尽”的目标，解决服务纳税人“最后一公里”问题。开展“便民办税春风行动”，制定4类12项36个具体服务措施。推广微信移动办税，打造纳税人“掌上税务局”。深化国税地税合作，确定39项合作事项。加强“税银互动”，用纳税信用担保帮助解决中小企业融资难问题，惠及近500个企业，累计放贷2.5亿元。

【“税银互动”全面合作协议签署】 6月23日，市国税局与建行浙江省分行营业部签署“税银互动”全面合作协议。根据双方合作协议，市国税局为建行省分行营业部提供企业纳税信用级别评价最新结果的查询渠道，建行省分行营业部根据该渠道提供的企业纳税信用信息和企业需求及经营情况，提供以税定贷的“税易贷”业务。“税易贷”是建行对依法纳税的小微企业发放，用于短期生产经营周转，最高额度200万元的人民币信用贷款业务，具有纯信用、随借随还、线上线下均可操作等优点。试点期间，成功发放贷款4500万元，受惠企业77个。

在市国税局的授权下，建行网点将来可办理代开普通发票、代征税款和其他法律规定的税收业务，市国税局的自助办税终端等服务设施也将逐步铺入建行网点，给企业办理纳税事务带来更多的便利，为金融同业探索银税合作提供较为独特的合作视角。

【纳税大户代表座谈会召开】 5月22日，杭州市召开全市纳税大户代表座谈会，了解企业生产经营情况，听取企业家对政府工作的意见建议。会上，阿里巴巴集团董事局主席马云、浙江中烟工业有限责任公司总经理刘建设、杭州华三通信技术有限公司副总裁卢英杰、娃哈哈集团董事长宗庆后、西子联合控股有限公司董事长王水福、杭州海康威视数字技术股份有限公司董事长陈宗

6月23日，市国税局与中国建设银行浙江省分行营业部签署“税银互动”全面合作协议
（金岱楠 供稿）

5月22日，杭州市召开全市纳税大户代表座谈会　　（金岱楠 供稿）

年、杭州银行董事长陈震山、东风裕隆汽车有限公司董事长吴新发、网易（杭州）网络有限公司首席执行官丁磊、杭州滨江房产集团董事长戚金兴、杭州大厦董事长童民强和浙江华策影视股份有限公司总经理赵依芳等12位企业家代表先后发言，介绍企业生产经营和发展情况，并结合自身实际，就优化政务环境、加快杭州发展畅谈意见建议。

【国税宣传进小镇】 5月8日，市国税局到位于余杭未来科技城的梦想小镇，召开"国税小镇齐牵手、同筑梦想与未来"税企座谈会，通过与企业面对面的交流沟通，就办税服务、涉税需求等方面直接征求意见和建议，以提供更具针对性的纳税服务。杭州智诺英特科技有限公司、杭州祥元电子科技有限公司等24个企业代表参加。会上，与会代表积极发言，并提出企业在经营发展过程中遇到的涉税问题和一些困惑。市国税局发放小微企业相关税收优惠政策等宣传资料。　（金岱楠）

·地方税务·

【地方税务概况】 2015年，杭州市地税部门共组织各项收入1611.80亿元，比上年增长14.6%。入库税收入946.10亿元，增长14.0%。其中：营业税收入290.40亿元，增长15.8%；企业所得税收入124.00亿元，下降1.3%；个人所得税收入230.20亿元，增长35.1%；其他各税收入301.40亿元，增长6.3%。其他收入665.70亿元，增长15.4%。其中，社会保险基金收入570.00亿元，增长16.3%。

杭州市区地税部门共组织各项收入1013.70亿元，增长13.2%。入库税收入582.30亿元，增长13.2%。其他收入431.50亿元，增长13.1%。其中，社会保险基金收入372.00亿元，增长13.2%。县市地税部门共组织各项收入598.00亿元，增长17.99%。入库税收入363.8亿元，增长15.2%。其他收入234.3亿元，增长19.9%。其中，社会保险基金收入198.00亿元，增长22.6%。

全年杭州市地税收入规模再创历史新高，总量增幅居全省首位。全市构成地方财政收入的税收为733.50亿元，增长12.4%，占地税收入比重为77.5%。营业税增长稳健，个人所得税和企业所得税表现差异较大。地方小税种整体增速偏慢，契税成最大减收点。全年地方小税种入库税收301.40亿元，增长6.3%，低于整体税收增幅7.6个百分点。城建税和土地增值税是增收贡献最大的两个税种。县市增速快于市区，市本级低于全市平均。重点税源企业税收稳定，支柱作用依然明显。

【税费减免政策落实】 2015年，杭州市落实税费减免政策，减轻企业负担。依法落实结构性减税、社保费减免等各类政策，通过网税系统对小微企业自动判别、100%减免，全年共减免税费129.68亿元，惠及3.92万个小型微利企业。继续推进"营改增"试点，全市共有近14万个纳税人纳入试点范围。

【"财税直通车"服务】 2015年，杭州市深化"财税直通车"服务品牌建设，定期维护25个原有站点，新建3个特色站点，创新推出"创业创新直通车"服务，与创客空间、创投协会、基金公司、金融机构、团市委等机构合作，组织开展创业者论坛、创投企业论坛、创业青年论坛等专题服务活动15场。"财税直通车"入选杭州市"六五"普法检查验收和成果宣传十大项目，省政府《调查与研究》系统介绍推广杭州市"财税直通车"经验做法。

【"银税互动"守信激励工程实施】 2015年，杭州市全面实施"银税互动"守信激励工程，与市国税部门联合评定纳税人信用等级纳税户9.05万个，其中A级纳税人7258个，占8.0%。与中国建设银行浙江省分行营业部签订"银税互动"协议，全年出具报告35份，审核、反馈企业税收违法及纳税信用情况2622个，帮助260个纳税信用良好的小微企业获"税易贷"信用贷款1.60亿元。

【日常征收管理】 2015年，杭州市加强企业所得税后续管理。全市各税务分局选择100个重点企业，采取纳税评估等方式，选择不低于30%的企业，采取约谈、实地核查等方式进行重点管理，全年经重点审核调增450个企业应纳税所得额1亿元，补缴税费2800万元。加强个人股权转让管理，实施股权转让税收前置，对拟上市公司股权分置改革、上市公司并购重组跟踪监管，实现个人股权转让管理有效控管。全年股权转让个人所得税入库30.94亿元，比上年增长142.5%。建立大企业集团数据跟踪系统，收集整理对市税源有重大或决定性作用的大企业集团名单。年内收集阿里巴巴集团、娃哈哈集团和杭钢集团3个企业名单。

【地方税体系建设】 2015年，杭州市调研走访所有重点房地产税源企业，收集分析行业形势、项目储备、土地储备、销售进度、经营规划等

税源影响因素，形成《2015～2016年杭州市房地产业地税税源税收分析预测报告》，加强房地产行业税收一体化征管。全年房地产行业入库税收入309.70亿元，比上年增长11.6%，税收占比32.7%，拉动整体税收增长3.9个百分点。在全市开展土地税源核查，核实土地信息2.66万条，增加城镇土地使用税登记应纳税额3037万元，开展“亩产税收”软件开发工作。完成城镇土地使用税政策调整各项准备工作。加强土地增值税清算管理，创新引进第三方机构参与协审，全年完成151个项目清算，补征税款9.50亿元。首次实施社会保险费自动催报催缴工作，经催报后完成申报的企业3482个，经催缴后完成入库的企业3.86万个，催缴入库金额2.71亿元。全市月平均申报率97.7%，月平均入库率100.1%。

【税源管理信息化】 2015年，杭州市以“税友龙版”数据库为依托，深化数据分析应用，在自行开发的“杭州地税税源管理平台”上丰富完善报表查询系统，强化数据分析应用。全年共开发并应用431张查询报表，其中92张报表为各分局根据自身管理需要开发的个性化报表，各类查询报表累计使用3.70万次。完成“五证合一”“一照一码”的技术对接，修改相关软件。建立市一级企业登记基本信息信用交换平台。优化流程设置方案，完成在“税友龙版”数据库中的机构调整和流程设置。依托“税友龙版”数据库，完善和深化应用“以税源风险管理为导向、以分类分级专业化管理为基础、以纳税评估为手段”的税源专业化管理模式。建立“税源绩效管理平台”，实行“机器代人、流程找人、绩效考人”三位一体的税源绩效管理模式。运用“互联网+”信息技术，设立数据分析室和数据分析中心，实施大数据税收管理。完善市地税局、各地税分局和税源岗3个层级的重点税源管理方式，运用“税友龙版”征收系统重点税源管理模块，加强全市重点税源企业管理。

5月11日，杭州财税青年服务直通车在浙江大学科技园服务

（刘 淮 供稿）

【征管与稽查互动】 2015年，杭州市改革以往征管与稽查两条线的管理模式，采取责成自查、行业检查、重点稽查和专案稽查相结合的方式，加大对涉税违法案件的稽查力度，推动行业税收日常征管。全年征管与稽查部门联合对2817个企业开展税收检查，查补税费等7.13亿元。对317个建筑企业发票使用情况进行专项检查，查补税款9185万元，选案准确率94.0%，入库率96.7%，查结率81.1%，复查率15.8%。

【税收法治】 2015年，杭州市深入推进税收行政审批制度改革，将15个母项49个子项，由审批转为办理，全面取消各类税费减免审批事项。简化行政审批程序，将前置审批融入到事中事后管理中，提高审批效率。出台《杭州市财政地税法律顾问工作规则》，明确法律顾问职责，细化工作流程。通过政府购买服务聘请浙江海通律师事务所、浙江天册律师事务所作为法律顾问，参与重大行政决策、行政规范性文件、政府合同等法律事务的合法性审查。制定司法合作工作流程，全年与法院协办处理7起涉及处置企业或个人财产涉及税费的案件。加强专职法律人员、法制管理岗、普法联络员、公职律师和执法督察内控管理员5支队伍建设，法治干部人数159人，其中各县（市）地税局专职法治干部25人、派出机构法制岗42人、普法联络员54人、公职律师6人、内控管理员24人。

【纳税服务】 2015年，杭州市深入实施税务登记制度改革，推行“五证一章”“一照一码”等服务，全年完成“一照一码”企业税务登记1.95万个。拓宽政策宣传渠道，建立85个微博、微信、QQ群政策宣传平台。在全市设立16个实体“纳税人学堂”，授课221次，培训辅导纳税人2.66万人次。与市国税部门、杭州银行等单位联合发起成立杭州市纳税人权益保护协会，指导区县（市）成立分会14个，发展会员472个。成立国税、地税合作工作领导小组，召开国税、地税合作联席工作会议，明确深度合作事项39项。探索建立大数据采集分类机制，打造数据的采集、筛选、分类到初加工各环节的闭环工作流程，挖掘纳税人的共性特征、行为偏好和需求，为纳税人提供精准服务，逐步推动“12366”中心从单纯的咨询服务部门向综合性财税事务平台转变。“12366”中心全年语音服务总量209万个，其中呼入量197万个、呼出量12万个。 （刘 淮）

金融业

Banking, Affiance & Insurance

·金融业综述·

【金融业发展】 2015年，杭州市有各类银证保金融机构409个。其中，分行级以上银行机构49个，农村信用合作机构4个，信托公司4个，财务公司5个，资产管理公司4个，金融租赁公司1个，消费金融公司1个，省级以上保险机构79个，基金公司1个，证券公司5个，期货公司10个，证券营业部186个，期货营业部53个。全市金融业累计实现增加值978.03亿元，比上年（指2014年，下同）增长15.2%，增长率较上年末提高5.4个百分点。金融业增加值占全市GDP比重为9.7%，比上年末高0.1个百分点。

银行业全市金融机构本外币各项存款余额29863.83亿元（占全省的33.1%），增长13.9%，增幅高于上年3.6个百分点。本外币各项贷款余额23327.95亿元（占全省的30.5%），增长9.3%，增幅低于上年0.89个百分点。全市银行信贷不良率1.84%，比上年末上升0.27个百分点，但低于全省平均水平0.53个百分点。

证券业全市证券经营机构累计代理交易额22.7万亿元（占全省的36.1%），增长181.2%，比上年末高134.6个百分点；手续费收入89.64亿元（占全省的32.2%），增长160.5%，增幅提高109.21个百分点。全市证券经营机构托管市值10657.72亿元，增长58.8%。证券投资者391.66万个，增长60.0%。证券机构全年实现利润59.7亿元，增长2.58倍。

期货业全市期货经营机构累计代理交易额84.4万亿元，实现手续费收入11.03亿元，分别增长104.6%和12.4%。期货投资者20.43万个，增长18.2%。期货机构全年实现利润10.4亿元，增长31.2%。

蚂蚁金融服务集团的数据显示屏　　（市金融办 供稿）

保险业全市累计保费收入374.4亿元，增长16.8%，增幅提高2个百分点。累计赔付支出139.7亿元，增长17.3%，增幅提高1个百分点。全市保险机构全年亏损34.9亿元，下降9.4亿元。其中：财产险公司盈利8.44亿元，增加4.4亿元；人身险公司亏损43.34亿元，扩大13.8亿元。

典当业全市典当业累计典当5.92万笔，增长1.2%，增幅提高9.52个百分点。典当金额142.3亿元，下降1.9%，降幅收窄6.1个百分点。全年实现收入2.4亿元，下降13.0%。上缴税金4277万元，下降0.07%。

【上市公司增至118个】 2015年，杭州市新增境内外上市公司9个，募集资34.69亿元。19个境内上市公司定向发行股票，募集资金211.28亿元。至年末，全市上市公司总数118个，占全省比例超过1/3。其中，境内上市公司88个（包括中小板31个、创业板21个），境外上市公司30个，累计募集资金3008.58亿元。首发上市申请获中国证监会受理的公司44个，处于辅导期内的拟上市公司39个。杭州市在全国中小企业股转系统挂牌企业155个。全市新增浙江省股权交易中心挂牌企业450个，累计793个（成长板40个、创新板753个）。

【交易场所增至18个】 2015年，杭州市新设立浙江互联网金融资产交易中心（网金社）和浙商金融资产交易中心。至年末，全市共有交易场所18个。其中，杭州产权交易所全年累计交易额61.6亿元，比上年增长47.8%，增幅提高75.5个百分点。

【债务融资发行1030亿元】 2015年，杭州市企业在银行间市场发行债务融资1030亿元（占全省的46.2%），比上年增长57.9%。下城城建发展公司、余杭金控集团2个企业发行17亿元的企业债。1个上市公司发行10亿元公司债，4个企业在浙江省股权交易中心发行5.7亿元的私募债。

【股权质押融资1335.19亿元】 2015年，杭州市在工商系统办理股权质押融资企业1260个，质押股权345.67亿元，融资1335.19亿元。其中，在市本级办理的企业366个，质押股权139.06亿元，融资507.24亿元。

【新增备案私募基金管理人838个】 2015年，杭州市新增备案私募基金管理人838个，备案基金873支，管理规模853.05亿元。至年末，全市累计备案的私募基金管理人995个，备案基金1243支，管理规模1215.46亿元，分别占全省的57.0%、58.1%和44.8%。

【跨境人民币结算3635.60亿元】 2015年末，全市跨境人民币结算累计3635.6亿元（占全省的35.2%），比上年增长5.3%。其中：货物贸易出口人民币结算1350亿元，增长4.6%；货物贸易进口人民币结算1652亿元，增长15.9%；服务贸易及其他项目人民币结算92.6亿元，增长3.5%；跨境投融资534.4亿元，下降17.3%。

【小额贷款公司增加3个】 2015年，杭州市增加小额贷款公司3个。有1个小额贷款公司增资扩股3.17亿元。至年末，杭州市55个小额贷款公司注册资金132.12亿元，比上年下降3.5%。年末放贷余额1.7万笔，金额146.3亿元，其中小额贷款分别占92.3%和62.8%。全年累计发放贷款3.15万笔，金额330.36亿元，其中小额贷款分别占87.5%和46.4%，平均利率和逾期率分别为16.7%和10.9%。全年业务收入和利润分别为19.87亿元和8.54亿元，分别下降34.4%和36.2%。

【小额担保贷款发放1.63亿元】 2015年，市就业局发放小额担保贷款1144笔，金额1.63亿元，比上年下降10.9%。其中，主城区发放506笔，金额9185万元，增长4.3%。市大学生创业联盟等部门推动实施大学生创业企业融资“风险池”计划。至年末，有91个企业成功申请“风险池”基金，授信5290万元，其中已放贷78个企业，实际发放金额4654万元。

工商银行浙江省分行营业部、杭州银行等银行机构联合太平洋产险公司杭州中心支公司、浙商财产保险公司等保险机构开展小额贷款保证保险试点。至年末，累计为46个小微企业客户融资1.16亿元。

3月19日，浙江网商银行挂牌成立　（市金融办 供稿）

【财富管理中心和互联网金融创新中心建设】 2015年，杭州市出台《杭州财富管理中心2015年度行动计划》《互联网金融创新中心建设三年行动计划》《关于落实“推进互联网金融创新发展指导意见”的操作指引》等政策，确保“两个中心”建设深入推进。以发展特色小镇为契机，坚持以金融小镇体现杭州市财富管理中心特色。上城区玉皇山南基金小镇、余杭区梦想小镇等金融小镇被省政府挂牌，西溪谷互联网金融集聚区成为首个被市政府授予“杭州互联网金融集聚区”称号的区域。杭州市新一批金融小镇正在加紧建设，具有杭州特色的金融小镇集群逐步形成。

【金融服务创新】 2015年，杭州市专为中小企业服务的网络“金融超市”与38个银行机构建立合作关系。增加登录企业1790个，审核通过企业1780个。全年放贷企业152个，放贷金额3.19亿元。全市金融仓储公司年内授信企业162个，累计授信金额40.50亿元。

至年末，杭州科技银行（杭州银行科技支行）存款64.74亿元，增长26.7%；贷款26.12亿元，增长8.7%。其中，科技型贷款余额33.62亿，占93.1%。全市7个村镇银行年末存款余额56.45亿元，增长19.0%；贷款余额64.46亿元，增长23.0%。建德市大同桑盈资金互助社年末存款余额5768万元，增长8.0%；贷款余额5489万元，增长7.4%。

3月19日，浙江网商银行挂牌成立。年末存款余额255亿元，贷款余额74.13亿元。

【签约金融机构履约】 2015年，14个银行、2个资产管理公司、1个保险公司共17个签约金融机构发挥各自优势，在中小微企业、重大项目建设、产业转型升级、城乡统筹发展等领域加大政策倾斜和金融投放力度。至年末，向全市投放各类资金5622.25亿元。

【金融环境建设】 2015年，杭州市结合金融发展整体战略，继续完善“1+X”政策体系，推动出台金融总部招商政策、私募金融扶持政策等，营造良好政策保障氛围。落实支持中小企业发债融资、科技信贷贴息扩面、银行卡特约商户资金补助、企业股改挂牌上市等扶持政策的兑现工作。完成对在杭金融监管部门考核评价激励工作和在杭银行机构支持杭州经济社会发展激励工作，调动发挥在杭金融监管部门和在杭银行机构支持杭州发展的积极性。推进7个民间融资服务中心和资本管理公司民间融资试点工作。协调推动农民专业合作社资金互助会试点，萧山、富阳、桐庐等地资金互助会开业。组织开展50个小额贷款公司的监管评级，推动康盛小额贷款公司、新安小额贷款公司开展资产证券化、网络小额贷款等创新工作。推进保险机构与杭州市合作设立城市发展投资基金。推进小额贷款保证保险试点深化扩面，会同相关保险公司研究探索以科技型中小企业贷款保证保险试点。推动成立杭州财富管理联合会、市互联网金融协会和市金融人才协会3个协会，借助行业协会的自律功能，发挥联合跨界、人才“智库”等作用，搭建机构招引、人才集聚、创业创新的平台，助推杭州金融创新发展。

【重大金融活动】 2015年，杭州市组织或参与举办中国（杭州）财富管理论坛、第二十二届全球金融年会、首届全球对冲基金西湖峰会、“创新中国”总决赛、中国（杭州）互联网金融高峰论坛、互联网金融创新与监管高峰论坛、第九届中国有限合伙人峰会等高端论坛峰会，提升杭州知名度，营造杭州区域金融服务中心的氛围。

【支付环境建设】 2015年，杭州市新增小额外币兑换网点4个，全市累计小额外币兑换网点117个，占全省的31%以上。全年新增创建“刷卡无障碍示范街区（景区）”8条，全市累计创建“刷卡无障碍示范街区（景区）”86条，其中国家级“刷卡无障碍示范街区（景区）”5条。西湖风景区与中国银行浙江省分行继续合作推进“西湖银亭”项目，建成一站式旅游金融服务。延续对新增银行卡特约商户的补助政策。至年末，全市累计第三方支付机构12个。

【金融行业管理】 2015年，杭州市按照《企业资金链防范与化解机制方案》，落实监测预警、协调化解和善后处置三大专项工作机制。市级企业应急转贷基金，会同银行机构帮助1764个企业转贷143.47亿元，为企业节省成本1.73亿元。市级相关部门会同浙江银监局加强行业管理，引导金融机构加强管理。在全市范围内开展2次非法集资专项排查活动。开展涉嫌非法集资广告资讯信息排查清理活动，开展打击与防范非法集资宣传活动。召开全市交易场所监管联席会议，研究讨论浙江新华大宗商品交易中心、杭州叁点零易货交易所、杭州产权交易所等新增交易品种备案和浙江互联网金融资产交易中心新设审批等事宜。新增市商务委、市文广新闻出版局为市交易场所监管联席会议成员单位，强化交易场所属地管理原则，明确西湖区政府为浙江新华大宗商品交易中心的监管单位。年内，成功化解辖内1个企业的区域集优债兑付风险，稳妥处置辖内1个第三方支付公司的资金风险，对交易场所的白银交易进行专项整治。杭州金融仲裁院共受理金融争议案306件，比上年增加31.3%，标的额12.70亿元，增加4.0%，金融仲裁的影响力和品牌效应逐渐增强。（市金融办）

10月10日，《2005~2014浙江银行业社会责任报告》发布会在杭州召开

（浙江银监局 供稿）

·银行业·

【银行业概况】 至2015年末，杭州市有各类银行业金融机构79个。其中，政策性银行3个，国有商业银行5个，股份制商业银行12，邮储银行1个，金融资产管理公司4个，城市商业银行12个，民营银行1个，农村合作金融机构9个，新型农村金融机构8个，外资银行11个，非银行金融机构12个，持牌专营机构1个。

年末，全市银行业金融机构总资产余额41279.72亿元，比上年末增加5953.25亿元，增长16.9%；总负债余额40200.91亿元，增加5896.68亿元，增长17.2%。

【银行业金融机构各项贷款余额23327.95亿元】 2015年，全市银行业金融机构持续深化“提升信用品质，服务实体经济”主题活动，加大“一带一路”“长江经济带”“五水共治”等重大战略、重大项目的金融支持力度，推进“双创”（创业创新）金融，设立小微企业专营支行和社区支行。至年末，全市银行业金融机构各项贷款余额23327.95亿元，比上年末增加1917.46亿元，增长9.3%，增速高于全省同期2.18个百分点。

【支持小微企业发展】 2015年，全市银行业金融机构促进金融服务均等化，重点加大小微企业发展金融支持力度，小微企业贷款比上年增长9.4%，高于各项贷款平均增速0.12个百分点，贷款户数增加3.11万户，申请贷款获得率高于上年2.21个百分点。全市农合机构打造“普惠金融超市”，全年保障性安居工程贷款增加166.31亿元，增长54.5%。

年内，全市银行业金融机构宣传普及金融知识，开展“普及金融知识万里行”和金融风险宣传教育等活动，弘扬“枫桥经验”，试点第

2015年在杭银行业金融机构情况

表45

机构分类	单位名称
政策性银行	国家开发银行股份有限公司浙江省分行 中国进出口银行浙江省分行 中国农业发展银行浙江省分行
国有商业银行	中国工商银行股份有限公司浙江省分行 中国农业银行股份有限公司浙江省分行 中国银行股份有限公司浙江省分行 中国建设银行股份有限公司浙江省分行 交通银行股份有限公司浙江省分行
股份制商业银行	浙商银行股份有限公司 中信银行股份有限公司杭州分行 上海浦东发展银行股份有限公司杭州分行 华夏银行股份有限公司杭州分行 招商银行股份有限公司杭州分行 广发银行股份有限公司杭州分行 平安银行股份有限公司杭州分行 中国民生银行股份有限公司杭州分行 兴业银行股份有限公司杭州分行 中国光大银行股份有限公司杭州分行 恒丰银行股份有限公司杭州分行 渤海银行股份有限公司杭州分行
邮政储蓄银行	中国邮政储蓄银行股份有限公司浙江省分行
金融资产管理公司	中国华融资产管理股份有限公司浙江省分公司 中国长城资产管理公司杭州办事处 中国东方资产管理公司杭州办事处 中国信达资产管理股份有限公司浙江省分公司
城市商业银行	杭州银行股份有限公司 上海银行股份有限公司杭州分行 宁波银行股份有限公司杭州分行 北京银行股份有限公司杭州分行 南京银行股份有限公司杭州分行 江苏银行股份有限公司杭州分行 浙江泰隆商业银行股份有限公司杭州分行 浙江稠州商业银行股份有限公司杭州分行 浙江民泰商业银行股份有限公司杭州分行 温州银行股份有限公司杭州分行 台州银行股份有限公司杭州分行 金华银行股份有限公司杭州分行
民营银行	浙江网商银行股份有限公司
农村合作金融机构	浙江省农村信用社联合社 杭州联合农村商业银行股份有限公司 浙江萧山农村商业银行股份有限公司 浙江杭州余杭农村商业银行股份有限公司 浙江富阳农村商业银行有限公司 浙江桐庐农村合作银行有限公司 建德市农村信用合作联社 淳安县农村信用合作联社 临安市农村信用合作联社
新型农村金融机构	浙江建德湖商村镇银行股份有限公司 浙江桐庐恒丰村镇银行股份有限公司 浙江临安中信村镇银行股份有限公司 浙江淳安建信村镇银行股份有限公司 浙江余杭德商村镇银行股份有限公司 浙江萧山湖商村镇银行股份有限公司 浙江富阳恒通村镇银行股份有限公司 建德市大同镇桑盈农村资金互助社
外资银行	三井住友银行（中国）有限公司杭州分行 东亚银行（中国）有限公司杭州分行 汇丰银行(中国)有限公司杭州分行 花旗银行(中国)有限公司杭州分行 恒生银行（中国）有限公司杭州分行 渣打银行（中国）有限公司杭州分行 南洋商业银行（中国）有限公司杭州分行 星展银行(中国)有限公司杭州分行 法国兴业银行(中国)有限公司杭州分行 大华银行（中国）有限公司杭州分行 澳大利亚和新西兰银行（中国）有限公司杭州分行
信托公司	中建投信托有限责任公司 杭州工商信托股份有限公司 浙商金汇信托股份有限公司 万向信托有限公司
财务公司	万向财务有限公司 浙江省能源集团财务有限责任公司 浙江省交通投资集团财务有限责任公司 中国电力财务有限公司浙江分公司 物产中大集团财务有限公司
金融租赁公司	华融金融租赁股份有限公司
汽车金融公司	裕隆汽车金融（中国）有限公司
消费金融公司	杭银消费金融股份有限公司
专营机构	交通银行股份有限公司太平洋信用卡中心杭州分中心

三方调解机制，组织消费者权益保护监管考核评价，编写《浙江银行业网点服务流程与语言规范化行为准则》，推进银行业消费者权益保护工作。

【银行业改革深入推进】 2015年，全市银行业改革深入推进，浙江网商银行、裕隆汽车金融（中国）有限公司、杭银消费金融股份有限公司及物产中大集团财务有限公司获批开业，桐庐农村商业银行获准筹建，富阳农村合作银行成功改制为农村商业银行。推进村镇银行集约化管理，深化农合机构股份制改革，推动省农信联社职能转换。全市银行业表内信贷资产占比逐步降低，同业、投资等非信贷资产业务快速发展，银行业综合化经营加快推进，银行业从被动负债向主动负债转型的趋势形成。杭州本地银行业法人机构加强资本管理、完善补充机制逐步建立，浙商银行、杭州银行上市工作稳步推进。

【银行业投贷联动试点】 2015年，全市银行业探索综合化经营，试点投贷联动，开展与非银机构、新金融业态合作，拓展财富管理、投资银行业务，提升业务综合化能力。开展政策性银行转贷款试点，加快推动银团贷款发展，探索扩大还款方式创新适用范围。金融业务与互联网融合不断深化，部分银行运用大数据分析将风险管理技术电子信息化，提升风险管理能力。通过手机、网络等新型平台，提升服务效率。通过信息技术开展批量化营销，拓展业务范围，各种金融业务与互联网融合的尝试不断出现，并日益成熟。

【信贷风险管控加强】 2015年，全市银行业金融机构强化信贷风险管控，成功遏制不良贷款快速上升势头，全年总体运行稳健。至年末，全市银行业金融机构不良贷款率1.84%，杭州辖内中小法人银行业金融机构资本充足率13.4%，比上年上升1.12个百分点。其中，核心一级资本充足率11.9%，上升1.47个百分点。

浙江银监局紧盯“两链”风险，探索总结“解链八法”。研究推动政策性担保公司置换企业担保，推动开展打击逃废债专项行动，逐步推广联合授信管理机制实施，试行主办行制度。创新小法人机构流动性互助机制，建立“累计最大现金流出”（MCO）监测指标并推广。探索风险资产处置新途径，在全国率先搭建押品信息平台。紧抓困难企业服务难点，出台分类帮扶指导意见，构建“政府牵头、银监引导、协会会商、企业自救、银行帮扶”的“五位一体”帮扶工作框架，分类施策、合力施救。开展“清雷防险”专项行动，编制《重点风险防范指南》，梳理重要风险点，确定“最低防控要求”，推广“业内良好做法”，形成风险防控长效机制。

（浙江银监局）

·证券 期货·

【证券期货概况】 2015年，从GDP等宏观经济指标来看，杭州的经济发展水平始终处于全省各地市的首位。与实体经济的发展相适应，杭州的资本市场规模连续多年保持全省第一的地位。至年末，杭州有境内上市公司88个，证券公司5个，证券分公司27个，证券营业部186个，证券投资咨询机构2个，基金公司1个，已登记私募基金管理人995个，期货公司10个，期货营业部53个。

杭州证券经营机构全年累计代理交易额22.72万亿元，比上年增长1.81倍，占全省证券经营机构累计代理交易额的36.1%。杭州期货经营机构全年累计代理交易额84.38万亿元，增长104.6%，占全省期货经营机构累计代理交易额的64.3%。

【企业上市融资活跃】 2015年，全市有8个公司在境内A股市场完成首次公开募股（IPO），融资29.7亿元，比上年增长36.4%。其中：主板4个，融资18.18亿元；中小板1个，融资3.72亿元；创业板3个，融资7.8亿元。21个上市公司实施再融资，募集资金605.85亿元，增长123.5%。其中：19个上市公司进行增发融资，募集资金585.85亿元，增长2.57倍；2个上市公司发行公司债，募集资金20亿元，增长1.85倍。131个企业在“新三板”挂牌，增长4.24倍。493个企业在浙江股权交易中心挂牌交易，增长115.2%。至年末，杭州累计有境内上市公司88个，其中主板36个、中小板31个、创业板21个。有156个企业在“新三板”挂牌，是上一年的6.24倍；有793个企业在浙江股权交易中心挂牌交易，是上一年的2.24倍。此外，杭州还有辅导期企业39个，已报会企业44个。

【证券期货经营机构状况】 2015年，“中信浙江”完成吸收合并。“财通证券”完成两次增资扩股，累计增加股本14.3亿元。“财通证券”“浙商证券”“南华期货”首次公开募股（IPO）稳步推进。“永安期货”挂牌“新三板”。杭州5个证券公司全年实现营业收入102.23亿元，利润总额53.46亿元，分别比上年增长53%和71%。杭州10个期货公司全年实现营业收入30.41亿元，利润总额

2015年杭州市企业上市情况（境内）

表46

序号	指标名称	单位	2014年年末数	2015年年末数
01	上市公司（境内）	个	80	88
02	主板	个	32	36
03	中小板	个	30	31
04	创业板	个	18	21
05	募集资金	亿元	1 096.97	1 732.52
06	首发募资	亿元	476.88	506.58
07	主板	亿元	91.49	109.67
08	创业板	亿元	130.82	138.62
09	再融资	亿元	620.09	1 225.94
10	已报会企业	个	31	44
11	辅导期企业	个	38	39

2015年杭州市证券期货经营机构情况

表47

代码	指标名称	单位	2014年年末数	2015年年末数
01	证券公司	个	5	5
02	证券营业部	个	161	186
03	证券投资咨询机构	个	2	2
04	基金公司	个	1	1
05	已登记私募基金管理人	个	157	995
06	已备案私募基金	支	370	1 243
07	已备案私募基金管理规模	亿元	362.41	1 215.46
08	证券从业人员	人	4 064	5 133
09	期货公司数	个	10	10
10	期货营业部数	个	47	53
11	期货从业人员	人	3 286	2 352

2015年杭州市证券期货交易情况

表48

序号	指标名称	单位	2014年年末数	2015年年末数
01	证券经营机构代理交易金额	亿元	80 810.68	227 210.37
02	其中：A、B股交易额	亿元	57 628.66	182 985.39
03	基金交易额	亿元	1 756.65	6 607.72
04	权证交易额	亿元	0.03	—
05	证券经营机构代理交易手续费收入	亿元	34.41	89.64
06	证券经营机构利润总额	亿元	16.68	59.73
07	证券经营机构托管市值	亿元	6 710.11	10 657.72
08	证券经营机构客户保证金余额	亿元	351.46	633.53
09	证券投资者开户数	万户	244.79	391.66
10	期货经营机构代理交易金额	亿元	412 387.20	843 827.89
11	期货经营机构代理交易手续费收入	亿元	9.81	11.03
12	期货经营机构利润总额	亿元	7.92	10.39
13	期货经营机构客户保证金余额	亿元	264.56	302.98
14	期货投资者开户数	万户	17.29	20.43

10.82亿元，分别增长21%和40%。

经营机构方面：在杭证券经营机构全年累计实现手续费收入89.64亿元，利润总额59.73亿元，分别增长1.61倍和2.58倍；在杭期货经营机构全年累计实现手续费收入11.03亿元、利润总额10.39亿元，分别增长12%和31%。至年末，杭州共有证券投资者391.66万户，增长60%；证券经营机构托管市值1.07万亿元，增长59%；证券经营机构客户结算资金余额633.53亿元，增长80%。期货投资者20.43万户，增长18%；期货经营机构托管市值302.98亿元，增长15%。

【私募基金行业健康发展】 2015年，依托良好的投资环境，杭州私募基金行业持续健康发展，玉皇山南基金小镇、余杭梦想小镇等特色小镇的集聚效应初步显现。下半年A股市场出现深度调整，从对部分私募基金管理人的摸底调查情况看，杭州私募基金行业总体经受住了此次股市波动。至年末，全市在中国基金业协会完成登记的私募基金管理人995个，发行产品1243只，管理资产规模1215.46亿元，分别占全省总数的57.0%、58.1%和44.8%，管理资产规模比上年增长2.35倍。

【证监法网专项执法行动】 2015年，根据证监会"2015证监法网专项执法行动"工作部署，浙江证监局完成3起独立承办和6起参与承办的"证监法网专项行动案件"。全年立案17起，办结16起；开展初步调查案件18起，办结14起；完成协查案件56起；办理自审案件7起，其中完成5起案件审理工作。浙江证监局与杭州市政府共同做好交易场所整改规范；与淘宝公司建立日常投诉沟通渠道，解决互联网销售非法荐股软件问题。

【投资者权益保护】 2015年，浙江证监局建立"四位一体"纠纷调解机制，在信调对接、律调对接、仲调对接的基础上开展诉调对接试点工作。会同浙江证券业协会、浙江期货行业协会开展"保护中小投资者，展行业新风"青年微电影大赛。推动"浙商证券"（互联网）、"浙商期货"（互联网+实体）、"南华期货"（互联网+实体）、"同花顺"（互联网）4个主体6个基地申报第一批国家级投资者教育基地。

（浙江证监局）

·保险业·

【保险业概况】 2015年，杭州保险业坚持稳中求进工作总基调，主动适应经济发展新常态，落实全国保险监管会议精神，贯彻保险新"国十条"和"省十条"，市场运行总体平稳，各项工作再上新台阶。

杭州市全年净增省级分公司1个、中心支公司1个、支公司10个、营销服务部1个。至年末，全市共有保险公司各类分支机构645个，其中总公司3个、省级分公司77个（产险公司36个，人身险公司41个）、中心支公司26个、支公司194个、营业部57个、营销服务部288个；共有保险专业中介法人机构64个，其中代理公司42个、经纪公司14个、公估公司8个。

2015年杭州地区各保险机构经营情况

表49

公司名称	保费收入		赔付支出	
	发生值（万元）	比上年（%）	发生值（万元）	比上年（%）
中国人民财产保险股份有限公司杭州市分公司	511 427.52	11.46	292 247.38	9.28
中国人寿保险股份有限公司杭州市分公司	350 373.73	13.06	126 723.64	57.89
中国大地财产保险股份有限公司杭州市中心支公司	40 466.38	16.73	21 713.34	0.13
出口信用保险股份有限公司杭州市中心支公司（虚拟）	114 588.17	6.29	89 541.93	27.57
中华联合财产保险股份有限公司杭州市中心支公司（虚拟）	56 133.25	35.75	31 344.04	21.73
中国太平洋财产保险股份有限公司杭州市中心支公司	155 788.69	4.32	104 232.57	7.44
中国太平洋人寿保险股份有限公司杭州市中心支公司	130 083.98	0.66	25 766.36	59.65
中国平安财产保险股份有限公司杭州市中心支公司（虚拟）	271 835.55	17.44	129 491.41	14.72
中国平安人寿保险股份有限公司杭州市中心支公司（虚拟）	306 831.23	18.15	47 253.16	2.45
新华人寿保险股份有限公司杭州市中心支公司	117 430.85	−2.8	42 637.39	21.51
泰康人寿保险股份有限公司杭州市中心支公司（虚拟）	46 388.65	−4.4	26 650.31	12.31
华泰财产保险股份有限公司杭州市中心支公司	3 787.36	−8.65	1 981.51	36.68
天安保险股份有限公司杭州市中心支公司	34 122.6	25.14	18 298.65	6.49
史带财产保险股份有限公司杭州市中心支公司（虚拟）	349.2	−95.8	4 013.93	−40.62
华安财产保险股份有限公司杭州市中心支公司（虚拟）	5 527.06	3.64	4 004.36	24.09
永安财产保险股份有限公司杭州市中心支公司（虚拟）	9 903.17	18.78	5 666.87	−29.27
太平财产保险股份有限公司杭州市中心支公司（虚拟）	25 189.58	13.84	11 961.75	−20.63
太平人寿保险股份有限公司杭州市中心支公司（虚拟）	93 491.27	26.88	10 334.25	91.28
中宏人寿保险有限公司杭州市中心支公司（虚拟）	17 447.42	26.12	952.22	13.24
建信人寿保险有限公司杭州市中心支公司	2 470.28	—	—	—
中德安联人寿保险有限公司杭州市中心支公司（虚拟）	11 763.96	20.46	625.63	2.98
工银安盛人寿保险有限公司杭州市中心支公司（虚拟）	69 018.85	55.2	904	4.74
信诚人寿保险有限公司杭州市中心支公司（虚拟）	10 929.47	18.36	1 970.44	199.63
光大永明人寿保险有限公司杭州市中心支公司（虚拟）	6 681.3	54.47	3 405.15	510.14
民安财产保险有限公司杭州市中心支公司	4 130.29	−35.7	4 431.35	0.39
美亚财产保险有限公司浙江省分公司杭州市中心支公司（虚拟）	3 895.76	98.73	4 433.45	996.35

续表49

公司名称	保费收入		赔付支出	
	发生值（万元）	比上年（%）	发生值（万元）	比上年（%）
东京海上日动火灾保险（中国）有限公司杭州市中心支公司	741.99	—	19.19	—
中银保险有限公司杭州市中心支公司（虚拟）	6 922.48	−11.84	7 679.1	129.61
海康人寿保险有限公司杭州市中心支公司（虚拟）	4 241.5	32.38	339.24	12.17
民生人寿保险股份有限公司杭州市中心支公司（虚拟）	8 060.07	−1.69	1 003.75	75.84
招商信诺人寿保险有限公司杭州市中心支公司（虚拟）	43 457.99	29.14	3 828.31	98.32
长生人寿保险有限公司杭州市中心支公司（虚拟）	4 918.39	8.98	807.98	48.58
瑞泰人寿保险有限公司杭州市中心支公司（虚拟）	2 852.57	102.48	59.01	−21.28
利宝互助人寿保险有限公司杭州市中心支公司（虚拟）	12 603.3	−12.68	9 666.32	−13.42
富德生命人寿股份有限公司杭州市中心支公司	43 455.7	109.06	3 537.72	74.79
安信农业保险股份有限公司杭州市中心支公司（虚拟）	6 949.36	−3.94	4 741.29	−7.38
国寿存续保险股份有限公司杭州市分公司	27 119.32	−1.28	3 5916.3	114.14
永诚财产保险股份有限公司杭州市中心支公司	10 303.78	−3.83	7 334.41	4.68
安邦财产保险股份有限公司杭州市中心支公司（虚拟）	17 697.22	−1.52	11 878.04	28.22
信达财产保险有限公司浙江省分公司杭州市中心支公司（虚拟）	11 788.16	−25.86	9 021.83	−7.72
平安养老保险股份有限公司杭州市中心支公司（虚拟）	18 462.73	29.33	10 121.29	16.17
合众人寿保险股份有限公司杭州市中心支公司（虚拟）	3 391.86	−0.09	1 861.55	−2.41
华泰人寿保险股份有限公司杭州市中心支公司（虚拟）	10 220.22	8.61	6 194.58	99.17
陆家嘴国泰人寿保险有限责任公司杭州市中心支公司（虚拟）	3 380.89	5.82	718.16	23.06
安盛天平保险股份有限公司杭州市中心支公司（虚拟）	18 668.42	−5	13 183.85	9.25
太平养老保险股份有限公司杭州市中心支公司（虚拟）	7 579.1	17.51	377.31	122.06
中美联泰保险股份有限公司杭州市中心支公司（虚拟）	30 655.22	35.33	1 110.24	92.9
平安健康保险股份有限公司杭州市中心支公司（虚拟）	1 142.6	27.55	555.02	112.82
人保健康保险股份有限公司杭州市中心支公司（虚拟）	16 238.23	−57.52	5 884.3	−83.06
华夏人寿保险股份有限公司杭州市中心支公司（虚拟）	7 047.48	158.46	287.97	111.21
正德保险股份有限公司杭州市中心支公司（虚拟）	11 818.59	−72.73	40.4	−63.75
信泰人寿保险股份有限公司杭州市中心支公司（虚拟）	11 096.12	8	4 068.95	102.25
农银人寿保险股份有限公司杭州市中心支公司（虚拟）	20 229.6	47.07	1 761.61	−57.01
阳光财产保险股份有限公司杭州市中心支公司（虚拟）	67 605.66	5.59	41 420.7	18.41
都邦保险股份有限公司杭州市中心支公司（虚拟）	8 405.86	7.22	4 712.45	−16.3
昆仑健康保险股份有限公司杭州市中心支公司（虚拟）	852.62	53.66	18.45	−79.2
渤海保险股份有限公司杭州市中心支公司（虚拟）	2 233.87	−4.6	1 307.78	11.41
和谐健康保险股份有限公司杭州市中心支公司（虚拟）	148 151.6	117 316.26	18.18	178.32
人民人寿保险股份有限公司杭州市中心支公司（虚拟）	82 602.48	−9.76	39 483.42	35.51
华农保险股份有限公司杭州市中心支公司（虚拟）	165.99	−92.11	1 227.06	−45.8
国华人寿保险股份有限公司杭州市中心支公司（虚拟）	13 605.03	224.68	1 474	67.84
国寿财产保险股份有限公司杭州市中心支公司	55 202.3	34.26	27 040.23	36.49
安诚财产保险股份有限公司杭州市中心支公司（虚拟）	17 682.53	13.5	9 791.91	29.81
长安责任保险股份有限公司杭州市中心支公司	12 204.09	−5.1	8 614.62	−11
爱和谊保险股份有限公司杭州市中心支公司（虚拟）	1 615.53	7	282.59	−73.18
英大人寿保险股份有限公司杭州市中心支公司（虚拟）	5 427.82	10.67	2 950.02	−56.31
泰康养老保险股份有限公司杭州市中心支公司（虚拟）	5 339.39	1863.3	474.47	43 919.79
幸福人寿保险股份有限公司杭州市中心支公司（虚拟）	17 394.13	21.76	6 966.63	177.66
阳光人寿保险股份有限公司杭州市中心支公司（虚拟）	80 205.06	40.79	22 075.72	51.74
国泰财产保险股份有限公司杭州市中心支公司（虚拟）	6 159.58	42.55	3 845.46	−1.54
英大财险保险股份有限公司杭州市中心支公司	20 326.26	−0.56	8 380.39	−18.18
君龙人寿保险股份有限公司杭州市中心支公司（虚拟）	6 329.5	240.25	337.44	113.43
百年人寿保险股份有限公司杭州市中心支公司（虚拟）	2 862.54	1 354.92	119.06	—
浙商财产保险股份有限公司杭州市中心支公司	29 879.3	−3.46	15 538.15	−12.31
紫金财产保险股份有限公司杭州市中心支公司	6 178.64	50.06	3 404.54	−23.38
中邮人寿保险股份有限公司杭州市中心支公司（虚拟）	264 092.59	8.65	697.92	−10.19
安邦人寿保险股份有限公司杭州市中心支公司（虚拟）	37 420.32	1.08	91.86	988.57
泰山财产保险股份有限公司杭州市中心支公司（虚拟）	4 222.74	−44.16	4 355.88	−22.98
众诚保险股份有限公司杭州市中心支公司（虚拟）	9 331.14	−20.83	7 713.73	546.86
中韩人寿保险股份有限公司杭州市中心支公司（虚拟）	10 107.96	2.55	73.52	−56.4
众安财产保险股份有限公司杭州市中心支公司（虚拟）	67 065.71	230.92	31 925.24	168.63
泰康在线财产保险股份有限公司杭州市中心支公司（虚拟）	0.57	—	—	—

注："虚拟"指没有在杭州地区设分公司或者中心支公司，但业务收支发生在杭州地区的保险机构

全市保险业保费收入374.4亿元，比上年增长16.8%。保险深度3.7%，高于全省平均水平0.4个百分点，上升0.2个百分点；保险密度4151.4元，高出全省平均水平1547.9元，上升538.4元。其中：财产险公司保费收入163.1亿元，占全省市场份额的24.4%，增长12.7%，增速高于全省平均水平1.5个百分点；人身险公司保费收入211.3亿元，占全省市场份额的27.6%，增长20.3%，增速高于全省水平3.5个百分点。

全市保险业赔付支出139.7亿元，增长17.4%，增速低于全省平均水平0.3个百分点。其中：财产险公司赔付95.6亿元，占全省产险公司赔付总额的24.6%，增长13.0%，高于全省增速3.9个百分点；人身险公司赔付44.1亿元，占全省人身险公司赔付总额的26.0%，增长28.1%，低于全省增速15.8个百分点。

全市保险公司资产总额859.2亿元，增长28.9%，资产规模占全省资产总额的28.0%。其中：人身险公司资产总额766.5亿元，增长28.4%；财产险公司资产总额92.8亿元，增长32.9%。

年内，开展为期4个月的非法集资专项风险排查活动和整治非法集资宣传教育月活动，组织行政许可反洗钱审查。出台《关于印发防范化解销售非保险金融产品风险工作方案的通知》等文件，防范非保险金融产品销售风险，督促专业中介机构开展非保险金融产品销售风险专项排查。开展"消保亮剑行动"，全流程治理销售误导，对健康险税优政策误读可能导致的销售误导风险及时向保险公司发布风险警示。开展消费者风险教育，探索开展保险教育进少年和老年的"两个课堂"，开展保险教育进基地推广工作。

开展保险机构"两个加强、两个遏制"检查，对8家保险机构开展监管抽查，发现承保管理等七大类共28项问题。围绕重点领域和关键环节开展专项检查，认真开展农险专项检查，开展基层机构清查工作，组织大病保险"回头看"检查。成立深化保险中介市场改革工作领导小组，继续推进保险中介市场清理整顿工作。

增强服务社会治理能力，全面启动食品安全责任保险试点。推进电梯安全责任保险，推动轻微交通事故快速处理工作。完善服务社会保障体系，开展老年人意外保险，在杭州市启动"政府主导、市场运作"的老年人意外保险统保项目，全年承保近100万老年人。推进大病保险健康发展，出台《浙江省大病保险招投标管理工作指引》，将15种的高值药品纳入报销范围。

7月8日，浙江保险业开展"保险公众宣传日"活动　（浙江保监局 供稿）

【财产险公司实现保费收入163.1亿元】 2015年，杭州市财产险公司实现保费收入163.1亿元，比上年增长12.7%，增速上升1.2个百分点。其中：车险保费收入115.4亿元，增长7.3%，增速下降3.6个百分点；非车险保费收入47.7亿元，增长28.2%，增速下降15.0个百分点。

【人身险公司实现保费收入211.3亿元】 2015年，杭州市人身险公司实现保费收入211.3亿元，比上年增长20.3%，增速上升2.7个百分点。其中：寿险保费收入161.2亿元，增长9.7%；意外险保费收入7.9亿元，增长33.4%；健康险保费收入42.1亿元，增长85.9%。

【财产险公司车险占比回落】 2015年，杭州市财产险公司车险与非车险保费比为70.8∶29.2，车险所占比例比上年同期下降3.5个百分点。车险保费收入增加7.8亿元，对财产险公司保费增长的贡献率为42.6%。非车险保费收入增加10.5亿元，对财产险公司保费增长的贡献率为57.4%。其中，意外险、责任险、保证保险和其他险种保费收入分别增加2.0亿元、1.2亿元、1.5亿元和1.8亿元，贡献率分别为10.7%、6.4%、8.3%和9.6%。

【人身险公司结构持续优化】 2015年，杭州市人身险公司业务结构持续优化。在产品方面，普通寿险产品保费所占比例显著提高。普通寿险保费收入68.7亿元，比上年增长24.7%；险种所占比例42.6%，上升5.1个百分点。在质量方面，新单期缴率为29.5%，上升3.1个百分点。

【财产险公司经营效益提高】 2015年，杭州市财产险公司实现利润总额8.4亿元，比上年增加4.4亿元；实现承保利润8.0亿元，增加4.6亿元。综合成本率为94.2%，下降3.0个百分点；综合赔付率为63.1%，下降4.4个百分点。综合费用率为31.2%，上升1.4个百分点；手续费用率为7.3%，上升0.8个百分点。

【人身险公司赔付支出有所增长】 2015年，杭州市人身险公司累计赔付支出44.1亿元，比上年增长28.1%，增速下降18.5个百分点。其中：满期给付26.9亿元，增长44.5%，增速下降60.3个百分点；年金给付8.7亿元，增长54.6%，增速上升49.0个百分点；死伤医疗给付3.6亿元，增长18.6%，增速下降17.6个百分点；赔款支出4.9亿元，下降31.7%，增速下降66.6个百分点。

（浙江保监局）

经济管理

Economic Management

·综合经济管理·

【综合经济管理概况】 2015年，杭州市实现地区生产总值10050.21亿元，比上年（指2014年，下同）增长10.2%。其中，第一产业、第二产业和第三产业增加值分别增长1.7%、5.5%和14.6%。经济结构继续优化，三次产业比例调整为2.9∶38.9∶58.2。完成全市固定资产投资5556.32亿元，增长12.2%。其中：重点项目投资1655亿元，占29.8%；基础设施投资1355.18亿元，增长34.8%；工业投资930.01亿元，增长1.8%；民间投资2976.88亿元，增长4.7%。

杭州市实施信息经济“一号工程”，推进工业化与信息化融合，制订《杭州市推进“互联网+”行动实施意见》。全年实现信息经济增加值2313.85亿元，增长25.0%。杭州市制订并出台《互联网金融创新中心建设三年行动计划》《关于深入推进文化创意产业与相关产业融合发展的实施意见》《关于加快我市私募金融服务业发展的实施意见》等政策文件。7个单位入选浙江省100个服务业集聚示范区2014年度发展综合评价前20名。8个跨境电商产业园区入驻各类跨境电商企业近500个。电子商务产品质量风险监测中心、“12365”投诉举报处置指挥中心和国家电子商务产品质量信息服务平台落户杭州。

【重点项目建设】 2015年，杭州市重点建设项目549个，其中实施类项目429个、预备类项目120个。全年市重点项目完成投资1655亿元，是年度目标的110.3%。杭州地铁4号线首通段、地铁1号线下沙延伸段、秋石高架四期建设、环城北路地下通道、浙江音乐学院、杭州高级中学钱江新城校区等70个重点项目建成并投入使用。城际铁路临安线试验段和富阳线试验段、望江路过江隧道、绕城西复线中埠节点工程、备塘路改建、九峰环境能源、长安汽车博览园等97个项目开工建设。

【服务业增加值5853.25亿元】 2015年，杭州市实现服务业增加值5853.25亿元，比上年增长14.6%，占全市生产总值的58.2%。服务业中重点产业保持增长，文化创意、旅游休闲、金融服务和电子商务产业增加值分别占全市生产总值的22.2%、7.2%、9.7%和8.2%。服务业招商引资成效明显，实际到位内资1008.24亿元，增长15.8%；实际利用外资52.02亿美元，增长3.0%。服务业税收790.92亿元，增长15.9%，占一般公共预算收入的64.1%。营业税改增值税后直接减轻税负77.83亿元。

【特色小镇建设】 2015年，杭州市创建省、市两级特色小镇41个。其中第一批省级特色小镇9个，第二批省级特色小镇10个，省级特色小镇培育对象15个；第一批市级特色小镇32个。

41个省级和市级特色小镇创建对象完成固定资产投资438亿元，形成信息经济、金融、健康等产业集群，实现经济总收入1300多亿元，税收180亿元，打造众创空间25个，入驻创业项目1374个，引进创业人才9800人，落户天使基金、股权投资、互联网金融、财富管理等金融机构近500个，管理基金规模超过2000亿元。举办各类创业大赛、论坛等活动600多场次。9月25日，杭州市出台《杭州市人民政府关于加快特色小镇规划建设的实施意见》。12月29日，制定出台《杭州市特色小镇创建导则》。

【高新技术产业增加值1212.60亿元】 2015年，杭州市实现高新技术产业增加值1212.60亿元，比上年增长9.8%。全市发明专利授权量8296件，增长49.4%。规模以上工业新产品产值4472.21亿元，增长13.5%。全年研究与试验发展经费支出占全市地区生产总值比重3%左右。全市列入国家高技术产业化项目8个，获得国家补助资金9750万元。

【综合配套改革】 2015年，杭州市出台《杭州都市经济圈转型升级综合改革试点杭州市三年实施计划》，明确五大重点任务。制定实施《2015年接轨上海、推进杭州都市圈工作意见》和《2015年我市接轨上海、推进杭州都市圈工作考核办法》。3月和8月，中国（杭州）跨境电子商务综合试验区和杭州国家自主创新示范区分别获国务院批复。推进投资、融资体制改革，筹建规模400亿元的城市发展基金。全面深化“四张清单一张网”改革，推行服务清单制度。10月，市政府出台并实施《关于加快推进全市开发区（产业园区）整合优化提升工作的实施意见》。11月，杭州钱江经济开发区与

余杭经济技术开发区合并。5月，《杭州市加快推进城市国际化行动纲要（2015~2017年）》公布。杭州市成立5个城市国际化推进工作专业委员会（市对外宣传与推广国际化专业委员会、市城市国际化教育推进专业委员会、市城市国际化医疗推进专业委员会、市城市国际化旅游休闲推进专业委员会和市城市国际化标识建设与改造推进专业委员会），出台实施医疗卫生、教育国际化行动计划。加快萧山区、余杭区、富阳区与主城区融合，实施科技、现代服务业、文化创意、旅游、交通和人才"六大西进行动"。

【社会民生保障改善】 2015年，杭州市一般公共预算民生支出921.92亿元，占一般公共预算支出75%以上。杭州市启动医养护一体化全科医生签约服务，全年签约人数52万人。全市新增机构养老床位5782张，新建（扩建）居家养老服务照料中心774个。至年末，新增基本养老保险、基本医疗保险、工伤保险、生育保险、失业保险参保人数分别为23.61万人、30.5万人、11.25万人、17.43万人和17.59万人，全市基本医疗保险参保率98.9%。市区最低月工资标准调整为1860元。城镇居民人均可支配收入48316元，比上年增长8.3%；农村居民人均可支配收入25719元，增长9.2%。新增城镇就业28.79万人，年末城镇登记失业率1.74%。全市棚户区改造和保障性安居工程开工4.74万套，竣工5.75万套，市本级推出公共租赁住房（含廉租住房）配租房源1.08万套。杭州市居民消费价格指数上升1.8%。

【区域统筹发展】 2015年，杭州市落实区县（市）协作项目92个，总投资8.68亿元。主城区向四县（市）转移产业项目346个，总投资1110.19亿元。实施"联乡结村"共建项目1442个，落实帮扶资金1.68亿元。小城市建设和中心镇培育完成投资404.96亿元。启动"杭派民居"建设项目，新启动62个"美丽乡村"精品村和8个风情小镇建设，培育民宿示范村（点）57个。

【生态文明先行示范区建设行动计划出台】 3月20日，省发改委等6个部门印发《杭州市、丽水市国家生态文明先行示范区建设方案》，正式批复同意杭州市国家生态文明先行示范区建设方案。8月，杭州市出台《杭州市生态文明先行示范区建设行动计划（2015~2018年）》。8月4日，杭州市列入首批国家环境污染第三方治理试点单位，开展城镇污水垃圾处理设施运营体制改革和升级改造试点示范工作。列入试点的垃圾处理处置及污水、污泥处置项目共14个，计划总投资64.8亿元。杭州市提标改造16座污水处理厂，新增纳污管网239千米，境内84条137千米黑臭河整治任务基本完成，市控以上断面水质达标率85.1%。主城区"无燃煤区"基本建成，淘汰黄标车8.11万辆。

【温室气体清单编制体系构建】 2015年，杭州市构建市县两级清单编制体系，完成2014年度市级温室气体清单报告编制工作，在全市13个区县（市）和杭州经济技术开发区推进县级温室气体清单报告编制工作。在水泥、陶瓷、化工、钢铁、造纸、发电六大行业的187个重点企（事）业单位开展温室气体排放报告和核查工作。杭州市开展低碳社区建设，下城区东新园社区、余杭区良渚街道良渚文化村、桐庐县江南镇环溪村被列为省第一批低碳试点社区。6月15日，杭州市政府与省发改委在余杭良渚文化村社区联合举办浙江省暨杭州市2015年"全国低碳日"主题宣传活动。

【"信用杭州"建设】 7月，杭州市入选全国首批社会信用体系建设示范城市。编制《杭州市"信用杭州"建设三年专项行动计划（2015~2017年）》，印发《杭州市法人失信惩戒和守信激励管理办法》和《关于进一步加快我市信用体系建设的实施意见》，开展《杭州市社会信用体系建设"十三五"专项规划》研究。制订《杭州市公共信用信息分类等级管理目录》，建立信用信息分类制度，将公共信用信息划分为社会公开类（A类）、授权查询类（B类）和部门共享类（C类）3类。信用工作成员单位增加到49个。杭州市公共信用信息平台全年归集和处理全市40个政府部门和9个公用事业单位，共198类、1271项、11.5亿条信用信息，形成1000多万份自然人信用记录和60多万份法人信用记录。公共信用信息社会应用杭州模式基本成形，继续打造"市民诚信卡"。与阿里巴巴芝麻信用管理公司合作，利用大数据、云计算实现手机终端查询个人信用记录的应用，打造"芝麻信用杭州加强版"。

（郭玉虎）

【重大规划和重大课题研究】 2015年，杭州市发展规划研究院（简称市发展规划研究院）承担《杭州市体育发展"十三五"规划》《杭州市邮政业发展"十三五"规划》《杭州市价格管理和改革"十三五"规划》3个专项规划的编制。围绕投融资体制改革，开展《政府和社会资本合作（PPP）案例研究》，形成《推广政府和社会资本合作模式（PPP）加快重大民生项目建设的建议》，并上报市政府；开展《杭州市政府融资平台海外融资探索研究》课题研究。市发展规划研究院自主开展《杭州市各类开发区整合提升的对策研究》《抢抓"两区"创建机遇加快我市国家级试点和基地新一轮发展的政策创新研究》等课题，形成《杭州市高技术和试点基地专项资金实施细则（草案）》等具体政策建议。受市人大常委会委托，开展《以市民卡为突破口，打造智慧民生杭州模式》课题研究。围绕市域统筹发展、九城区协调发展，开展《杭州主城区与临安交界地区融合发展研究》《关于推进西湖区双浦区域发展的研究》等课题，形成《新时期杭州市主城周边农村地区发展的思路对策》，并报市政府。受余杭区政府委托，对临平西大门地区开展调查研究，形成《临平新城西大门产业基地开发区建设对策与建议》。

【重大项目评估和概算审查】 市发展规划研究院受市人大常委会委托，分两批次对2015年杭州市2亿元以上重大政府投资项目计划进行评估，涉及项目16个，总投资503.3亿元；受滨江区人大常委会委托，分两批次对2015年滨江区超过1亿元的重大政府投资项目计划进行评估，涉及项目12个，总投资61.53亿元。市发展规划研究院对杭州七格污水处理厂一、二、三期提标改造工程，望江路和青年路2条过江隧道工程，杭州至临安和杭州至富阳3条城际铁路等6个重大民生和基础设施项目开展社会稳定风险评估。在调研基础上，列出各种风险因素，分析其发生概率及影响程度，判定风险级别，提出应对举措，为防范和化解社会稳定风险提供决策参考。

市发展规划研究院完成杭州市大剧院修缮工程、杭州市第七人民医院医疗综合楼改扩建工程、杭州师范大学仓前校区二期C区块建设工程等政府投资项目概预算审查27个，概算投资额68.69亿元，核减3.82亿元，核减率5.56%。完成区县（市）政府投资项目概算审查7个，概算投资额5.99亿元，核减0.54亿元，核减率8.96%，节约政府投资0.54亿元。（曹玉进）

·行政审批服务（公共资源交易）·

【行政审批服务（公共资源交易）概况】 2015年，杭州市行政服务中心受理审批事项56.81万个，办结56.73万个。市公共资源交易中心成交总额781.55亿元，成交项目5.91万个。其中，建设工程项目1551个，成交金额310.76亿元，中标价平均下降2.28%；土地交易项目56个，成交金额375亿元，溢价率24.91%；产权项目230个，成交金额84.33亿元，增值率9.9%；政府采购（含“网上商城”）成交项目5.71万个（次、笔），成交金额14.8亿元（含分散采购），预算资金节约率7.38%；综合交易成交项目175个，成交金额3.74亿元，平均资金节约率15.47%。

杭州“市民之家”办事平台日均接待市民群众4099人次，日均办结各类事项8572个，办结率和群众满意率均为99.9%。“杭网议事厅”网上点击量2246万人次，有1.06万人次通过资讯平台获取信息。

市行政审批服务管理办公室履行市审改办职责，按照省、市政府关于深化行政审批制度改革的总体工作部署，制订并实施《2015年杭州市深化行政审批制度改革工作要点》，协调有关部门完成建立健全“四张清单一张网”、加快推进政府简政放权，切实转变政府职能、巩固改革成果，完善配套机制等5个方面共12项工作。

【审批权力下放】 2015年，杭州市向主城区下放建设工程项目相关的市级审批管理事项85个，基本实现投资项目审批市、区两级扁平化管理，建设工程项目交易权限也同步下放。联合市编委办把100个事业编制下放给各主城区，专门用于投资项目审批。推行简政放权放管，结合区级领导责任制和绩效评估制，把投资项目审批改革纳入对区级领导班子的实绩考核中。贯彻“办事不出大江东”政策，把涉及45个市直部门的4412个权力事项委托给杭州大江东产业集聚区管委会行使。组织38个市直部门分两批制作43枚行政专用印章移交给大江东产业集聚区管委会管理使用。做好萧山区、余杭区、富阳区融入主城区市级审批权限下放协调工作，组织市级职能部门共下放70个各类事项。

【审批事项清理】 杭州市控制新设行政许可事项，梳理完成2015年杭州市行政许可事项目录。市行政审批服务管理办公室会同市法制办、市编委办完成对全市170个暂予保留的非许可审批事项的清理公布工作，不再保留“非行政许可审批事项”权力类别。建立健全权力事项动态调整机制，起草加强事中事后监管的意见，并报市政府。12月25日，市政府办公厅印发《关于深化审批制度改革切实加强事中事后监管的实施意见》，明确监管的重点和内容，要求加强和改进行政监管、完善社会监管机制和加强组织实施。

【投资项目“五阶段”审批新流程督查】 3~5月和11~12月，市行政审批服务管理办公室会同市监察局分别对投资项目“五阶段”审批新流程和简政放权放管推行情况进行专项督查。对投资项目“五阶段”审批新流程提出简化环境评价审批程序、推行方案及初步设计审查要点清单制、部门会签纳入流程管理等12条整改优化举措，压缩部门内部和部门之间流转环节，实现设计审查意见标准化。

【审批机制创新】 2015年，市行政审批服务管理办公室联合市经信委等部门推行工业企业“零土地”技术改造项目不再审批的机制改革。杭州市有334个项目进入新流程试点。9月，开展“证照网上申请，快递送达”试运行。第一批试点在西湖区、桐庐县及市贸促会、市民卡服务中心开展。依托浙江政务服务网，实现“网上申请—网上受理—网上办结—快递送达”的全流程网上流转。申请人在电脑上通过浙江政务服务网申报和传输相关材料，即可完成报批手续，无需到窗口办理。

【《杭州市公共资源交易目录（2015版）》发布】 9月17日，市政府办公厅印发《关于公布杭州市公共资源交易目录（2015版）的通知》。列入目录的市本级范围内公共资源交易项目，均进入杭州市公共资源交易统一平台进行交易。《杭州市公共资源交易目录（2015版）》（简称《目录（2015版）》）含七大类、11个小类、98个项目。新增“国有企业（各类指挥部）非生产经营的货物、服务类采购”1个大类和“电力专业工程及其设备与安装”1个小类；新增“有害固体废物处置”“碳排放权交易”等17个项目。《目录（2015版）》对法律法规未明确监管部门的交易项目，新增市经信委、市国资委、市中级人民法院、市规划局、市环保局、市商务委、市市场监管局等7个部门负责监管相关项目的公共资源交易活动。

【G20杭州峰会项目进场交易服务保障】 市行政审批服务管理办公室成立G20杭州峰会项目审批、招标投标两个保障小组，建立项目联系制度，实行“专人联系，全程陪同，压缩时限，规范办理”的服务承诺。创新G20杭州峰会项目交易的方式方法，修订23个作业指导书，开通绿色通道。至年末，市公共资源交易中心承接205个G20杭州峰会项目进场交易，交易金额161.33亿元，所有项目全部启动。

【“互联网+政府采购”杭州模式打造】 2015年，市行政审批服务管理办公室在实施政府采购“网上商城”和“网上卖场”基础上，联合市

财政局引入“天猫商城”“京东商城”，打造“互联网+政府采购”杭州模式。12月，中国政府采购奖获奖名单公布。市财政局、市政府采购中心的参评项目“互联网+引领智慧采购、破解三大难题”获年度创新奖。《中国政府采购报》《浙江日报》“中国政府采购网”“财经网”等媒体对“互联网+政府采购”杭州模式予以宣传报道。

【《市民之家服务清单电子书》发布】 9月16日，在杭州市推进“服务清单”工作座谈会上，《市民之家服务清单电子书》正式发布。市直机关工委、市编委办、市行政审批服务管理办公室及各窗口单位联合杭州市“市民之家”推行服务清单制，编制“服务清单”。《市民之家服务清单电子书》把“市民之家”窗口单位358个服务事项的服务名称、服务主体、服务流程、服务承诺等以清单形式列出，明确每个事项的设定依据、收费情况、申报材料、服务流程等12个要素。电子书的操作方便，例如市民如果需要查询关于“税务”的服务事项，在搜索界面搜索“税务”关键字，就能得到所有与“税务”相关的服务事项清单。然后找到需要的服务事项，就能了解到它的所有信息。《市民之家服务清单电子书》在杭州网以及政务网站推出，市民们可根据需求进行搜索查询。

【“市民之家”“智慧大厅信息系统”运行】 2015年，杭州市结合省政务服务网建设，探索“互联网+”在政务服务领域的运用，推进“智慧大厅”建设。“市民之家”服务大厅的“智慧大厅信息系统”初步建成。该系统包括七大子系统：登记录入系统、考勤管理系统、网上办事系统、即时评价系统、短信回访系统、数据分析系统、信息展示系统，实现办事信息即时抓取、评价内容精准跟踪等功能，窗口管理逐步向信息化、透明化并轨。

【OSM现场管理系统导入】 2015年，杭州市行政服务中心导入OSM（on site management）现场管理系统。该系统是用科学的标准和方法对现场的各要素，包括各类资源（人力、空间、物品、设备、信息、废物等）、安全、服务等进行合理配置和优化组合。通过计划、组织、领导、协调和控制等管理职能，实现行政审批和公共资源交易服务“场所整洁、管理规范、运作有序、服务高效”的效果，提高服务大厅管理的规范化、标准化水平。余杭、富阳、建德、滨江、江干等区县（市）的行政服务中心也同步导入OSM现场管理系统。（王坚武）

·审　计·

【审计概况】 2015年，杭州市审计机关以深化“四个全面”战略布局为统领、以“审计价值提升”为主线、以审计创新为动力，依法履行审计监督职责。市审计局完成审计项目44个。通过审计查出问题金额56.61亿元，其中违规金额2.75亿元、损失浪费金额5324.33万元、管理不规范金额53.33亿元；查出损益（收支）不实金额8155.2万元。审计处理处罚金额17.65亿元，其中应上缴财政1.99亿元、应减少财政拨款或补贴2288.61万元、应归还原渠道资金5.99亿元、应调账处理金额9.03亿元。通过审计发现非金额计量问题421个。促进整改落实有关问题资金14.84亿元，其中增收节支5.40亿元、已调账处理金额8.96亿元；审计后挽回（避免）损失2386.11万元。移送司法机关、纪检监察机关和有关部门处理事项8件。提交审计报告和专项审计调查报告51篇，被各级领导批示和采用5篇；提出审计建议114条，提交审计信息55篇，被各级领导批示和采用37篇；向社会公告审计结果12篇。

【政策措施落实情况跟踪审计】 2015年，市审计局组织开展全市“稳增长、促改革、调结构、惠民生”政策措施落实情况跟踪审计，促进简政放权等政策落实到位。8月，赴金华市开展稳增长政策措施落实情况跟踪审计，发现大案、要案线索两条。全年移送地方检察院处理4人、行政撤职处分1人、开除党籍处分1人、免职1人、党内严重警告处分4人、予以诫勉谈话16人。3～6月，全市审计机关开展公务支出和公款消费审计，推动中央“八项规定”和省委“六项禁令”等政策进一步落实。4～5月，围绕杭州市“一号工程”，开展杭州市发展信息经济扶持政策专项审计调查，重点关注发展信息经济扶持政策及相关配套措施的执行和效果等方面，客观反映推进信息经济发展过程面临的体制、机制及客观环境存在的问题，并提出针对性的审计意见和建议。

【预算执行审计】 3～7月，市审计局围绕预算执行这一主线，把影响省级财力因素、盘活财政存量、委托业务费等作为审计重点，利用大数据等审计手段，创新不同系统及不同部门之间数据比对分析等审计方法，揭示财政收支管理中存在的问题和经济社会运行风险隐患。从深化财政管理体制改革、提高财政资金使用绩效、加强惠民工程监管、完善政府投资管理体系、强化建设项目管理五个方面提出审计建议，推动公共财政体系完善，审计结果报告得到市领导批示。市政府专题召开市长办公会，研究整改工作。

【“综合问效型”绩效审计】 全市审计部门围绕“公共政策、公共部门、公共资源、公共投资”4个公共领域，实现从单一地关注“资金使用绩效”向综合地关注“政策效用”“体制效率”“管理效能”“资金效益”“工作效果”转变，研究制定《杭州市绩效审计项目实施管理办法》《杭州市公共政策绩效审计操作规程（试行）》《杭州市公共部门绩效审计操作规程（试行）》《杭州市公共资源绩效审计操作规程（试行）》《杭州市公共投资绩效审计操作规程（试行）》，创新“综合问效型”绩效审计的新模式，得到审计署和省审计厅领导的批示肯定。5月，在杭州市三电办公室资金管理使用情况专项审计调查中，审计反映该办的管理体制已不符合社会形势的发展等问题。7月，通过事业单位对外投资绩效专项审计调查，反映“事企不分情况严重”“对外投资绩效有待提高”等问题。开展科技专项资金审计调查项目，撰写的审计信息《审计建议加强科技中介服务机构管理》，被《浙江政务信息》采用并上报国务院办公厅。

【政府投资项目审计】 2015年，全市审计部门以规范政府重点工程管理、节约建设资金为目标，采取决算审计与跟踪审计相结合的方法，加强政府投资项目审计，揭示政府重点建设项目在管理方面存在的普遍性问题，提出审计建议。全市审计机关对3225个政府投资项目开展审计监督，审核投资额223.35亿元，核减投资额18.22亿元。利用跟踪审计联网监管系统，对杭州市第二水源千岛湖配水工程、杭州奥体博览城、杭州地铁工程等重大政府投资项目进行跟踪审计。市审计局联合市国资委印发跟踪审计的指导意见，落实对杭州市地铁集团信息化系统数据采集工作，至现场进行踏勘。3月，开展城镇保障性安居工程项目专项审计，对棚户区改造、资金使用和筹集管理、保障房分配管理和使用、用地和建设等方面进行审计，并围绕棚户区改造、拆迁安置房绩效等重点、热点问题进行深入剖析，撰写《审计反映我市拆迁安置房使用绩效亟待提高》《审计建议进一步加强我市棚户区改造管理》等信息。

【经济责任审计】 3月，杭州市制定并出台《2015年经济责任审计工作指导意见》，建立并完善联络员制度和联席会议制度。市审计局编写《杭州市领导干部经济责任审计知识读本》，除了在全市审计机关内部发行外，重点分发给全市市管领导干部，使他们在履行经济责任时做到心中有数。2015年起，杭州市根据《党政主要领导干部和国有企业领导人员经济责任审计规定实施细则》，把机构编制管理执行情况纳入领导干部经济责任审计范围。审计重点关注机构设置情况、编制和领导职数使用情况、机构编制政策规定执行情况。全年杭州市审计部门对26个单位的29名市管领导干部进行经济责任审计，涉及9个市直单位的10名领导干部、3个国有企业的5名领导人员和14名区县（市）法院院长。通过审计，监督检查领导干部守法、守纪、守规、尽责情况，促进各级领导干部切实履职尽责，完善责任追究和问责机制。在对14名基层法院院长经济责任审计中，创新实行“工作方案、进点实施、集中培训、审计内容、问题定性、责任界定、处理口径、文书格式、落实整改”九个统一的审计模式。

【民生项目审计】 3月，市审计局向市委、市政府提交全市民生审计综合报告，着重反映民生资金管理、民生项目建设、民生政策制度等方面存在的问题，并提出改进措施。4月，市审计局开展环境监管能力建设情况和市环境集团运营情况专项审计调查，重点关注主要污染物减排及淘汰落后产能制度落实情况、市环境集团与各城区在垃圾直运收费方面存在的矛盾等方面的问题，撰写《审计反映环境集团营运及建设有关问题应引起重视》信息。8月，开展部分医院运营管理和药品器械采购绩效的审计调查，撰写《审计反映公立医院改革瓶颈亟须突破》。信息经省审计厅刊发，被省政府转报国务院办公厅。

【审计基础强化】 1月，市审计局举办全市审计机关第四期“强审大讲坛”，主题是“信息技术在数据式审计和信息系统审计中的应用”。省内计算机审计领域专家阐述具体的计算机审计思路、路径、方法、步骤。在2014年度全省计算机审计成果征集中取得突出成绩的审计人员，结合自己主审或参与实施的计算机审计项目交流个人的收获和体会。12月，市审计局举办第五期“强审大讲坛”。华通云数据科技有限公司总经理助理王磊、丽水市青田县高级审计师蒋萍等4位专家分别介绍大数据、云计算和政务云的应用、计算机审计思路等内容。2月，杭州市政府印发《关于进一步加强审计整改工作的意见》，着力构建审计整改联动督查机制。审计整改结果从2015年起将纳入市直部门领导班子、领导干部党风廉政建设责任制、市直单位年度综合考评、考核范畴，并列入领导干部任期经济责任年度报告内容。3月，市审计局出台《关于进一步提升审计项目质量的若干规定》，明确各相关责任人应当承担的审计质量分级控制主要职责，构建“全程控制、全员管理”的审计项目质量管理模式。9月，市审计局结合审计工作特点，进一步突出业绩导向，建立“三维一体”的干部考核评价体系。10月，市审计局加强计算机技术对审计业务和管理的支撑力度，新建审计整改系统，实现从审计立项到审计整改全过程管理信息化。 （戴鹏飞）

·市场监督管理·

【市场监督管理概况】 2015年，全市市场监管部门围绕中心、服务大局。开展“当好店小二、服务小微企”走访服务活动，以创业创新服务券形式开展企业专业服务。杭州市以“小微企业三年成长计划”为统领，引导和支持个体工商户转型升级为企业。全年实现“个转企”3968个，其中转有限公司比例97.6%。转型企业中注销（吊销）981个，“个转企”企业存活率96.2%。杭州市新培育驰名商标14件、省著名商标44件、市著名商标111件，全市商标总量19万件，比上年增加8.6%。

8月，杭州市出台《杭州市食品安全监督抽检闭合管理意见》。全年食品定量检测6.42万批次，发现和处置问题隐患2407个，增长77%。新创建放心农贸市场40个，累计85个。105个农贸市场免费向社会开放快速检测室。杭州市加强食品仓库、冷库等重点区域的监管，制定仓储场所核查标准，明确规定异地仓储场所管辖原则。全年检查批发企业1.17万个，仓储信息登记6636个。加大食品安全监管信息公示力度，全市公布“黑名单”企业64个，主动曝光食品检测不合格信息460批次。

杭州市集中开展食品安全领域专项执法行动。全市查处食品案件2562起，刑事立案48起。全市市场监管部门查处各类案件7001起，大案、要案2419起，罚没款1.32亿元，案件移送司法机关123起。12315举报投诉中心受理咨询、投诉和举报20.13万件，增长67%。其中，投诉和举报10.81万件，增长107%，挽回消费者经济损失4016万元。市市场监管局加强与阿里巴巴集团的打假维权协作，受理网上购物投诉5.08万件。

杭州市完成2013年度和2014年度企业年报工作，试点开展企业年报信息抽查，抽查企业9167个。至年末，全市有3.3万个企业因未参加年

报或通过登记的地址无法联系到法人的被纳入经营异常名录，并抄告招标投标和土地使用等部门。5月1日，《杭州市网络交易管理暂行办法》正式实施，规范网络交易。杭州市首次启动“守合同重信用”称号撤销程序，实施“守合同重信用”企业退出机制。

【商事制度改革】 5月8日，杭州市在不断总结改革试点经验的基础上，出台深化商事制度改革的“新九条”，包括实行“多证合一”、推行“证照合一”、推进“就近登记”、简化互联网金融企业登记程序、允许商务秘书企业登记、试行企业简易注销登记等便利化内容，推进商事制度改革向纵深发展。2015年，全市新登记企业6.30万个，注册资本4543.05亿元，比上年分别增长17.64%和56.86%，带动就业36.7万人。

【市场主体年度报告完成】 根据全国商事制度改革要求及《企业信息公示暂行条例》的规定，2014年9月1日至2015年6月30日市市场监管局开展企业、个体工商户及农民专业合作社年度报告工作。截至2015年6月30日年报工作结束，全市完成2013、2014年度年报申报的企业分别为24.77万个、27.09万个，年报率分别为89.8%、89.09%；完成2013、2014年度年报申报的个体工商户分别为21.33万个、25.15万个，年报率分别为77.93%、77.22%；完成2014年度年报申报的农民专业合作社3307个，年报率77.34%。

【企业信息公示推进】 7月1日，《杭州市人民政府办公厅关于推进企业信息公示的实施意见》发布，并于8月2日起正式施行。依托全国企业信用信息公示系统，开发建设杭州市企业信用信息公示平台及杭州市企业信用联动监管平台。企业信用联动监管平台项目旨在通过对市场监管、公安、消防、税务等21个部门的企业信用信息数据交换共享。至年末，征集企业信用信息数据664.91万条。项目一期投入试运行。

根据《企业信息公示暂行条例》及有关文件要求，杭州市开展企业即时信息、出资信息、年报信息3次企业公示信息抽查，抽查企业1.57万个，占企业总数的5.16%。经检查，有2485个企业信息公示存在违法违规问题，占抽查企业总数的15.8%。未及时年报以及其他符合列入异常名录情形的企业被列入异常名录，并向社会公示。

7月31日，市市场监管局举办新修订的《广告法》培训班

（市市场监管局 供稿）

【“小微企业三年成长计划”实施】 5月，杭州市“小微企业三年成长计划”推进领导小组及办公室成立。开展“当好店小二、服务小微企”走访服务活动，走访企业1.1万个，组织专场培训601场，筹集5400万元资金以创业创新服务券形式向企业提供专业服务。全市七大产业新设小微企业2.09万个，其中科技型小微企业1540个；“个转企”、“小升规”、省股权交易中心“挂牌”企业分别增加3954个、1852个和450个。

【广告园区和文化创意产业深化发展】 2015年，杭州国家广告产业园有广告及关联产业企业757个，实现广告经营额40.8亿元、广告关联产业经营额100亿元，获中央扶持资金9000万元。杭州市加大对文化创意产业的扶持力度，推荐47个项目入选国家工商总局“扶持广告业发展推荐项目库”，其中华数传媒网络有限公司的“华数融合广告运营平台”和十九楼网络股份有限公司的“互动精准营销广告服务平台”项目分别获2015年中央补助文化产业发展专项资金520万和150万元。“2015年浙江省广告行业50强”和“2015年浙江省10大广告创意新锐”中，杭州有12个广告企业和4位广告从业人员入选。10月，在第二十二届中国国际广告节上，杭州市广告企业作品共有56件获奖，其中获中国广告长城奖金奖1个、铜奖3个、其余为优秀奖。

【《广告法》培训班】 4月24日，《中华人民共和国广告法》（简称《广告法》）由第十二届全国人民代表大会常务委员会第十四次会议修订通过。修订后的《广告法》自2015年9月1日起施行。市市场监管局举办新修订的《广告法》培训班25期，培训基层监管执法人员800多人次、培训广告从业人员1200多人次。在《杭州日报》等媒体专版刊登新修订的《广告法》宣传内容，并编印宣传资料发放。加强对媒体单位的走访指导和通报整改，在医疗、药品、食品、医疗器械等领域开展专项整治。全年约谈媒体64个次，上门走访指导52个次，通报广告监测动态15次，通报信用指数排名情况10期，制发《责令暂停发布广告通知书》50份。立案查处虚假违法广告案件323起、罚没款365.97万元，发布虚假违法广告公告3期，公布典型案例28个。

【“创意杭州”金水滴奖广告大赛】 7月31日，由市市场监管局、市文创办等单位主办的2015年“创意杭州”金水滴奖暨第七届“创意杭州”广告创意设计大赛启动。大赛与阿里巴巴集团、珀莱雅化妆品股份有限公司等企业合作，在赛制、命题、推广、评委等方面进行改革与完善。大赛以“梦想成真、美丽杭州、互联网+”为主题，采用命题与非命题、传统媒介与互联网并行的赛制，奖项设置从单纯传统广告创意形式（平面、电视、广播）拓展到互联网营销创意，并为杭州品牌“珀莱雅”和8个小微企业进行品牌全案策划。非命题项分“公益类广告”“商业类广告”“网络营销案例”三大类进行评选。命题项分“珀莱雅作品”与“8个小微企业作品”两大类，分别从视觉传达类、包装设计类、店面形象类、网页设计类、营销概念类5个类别进行评定。大赛收集作品985件，评选出金奖13个、银奖20个、铜奖28个、优秀奖207个，以及学生组“小水滴”金奖、银奖、铜奖各1个。

【“守合同重信用”企业创建机制完善】 2015年，市市场监管局启动“守合同重信用”称号撤销程序，对存在失信行为的企业撤销该称号，初步建立“守合同重信用”企业有进有出的工作机制。建立小微企业“守合同重信用”培育库，走访重点培育企业20个，举办培训5期，培训企业825个次。全年新认定省AAA级“守合同重信用”企业49个，延续认定111个；新认定省AA级152个，延续认定258个；新认定省A级224个，延续认定121个。各级“守合同重信用”企业总数2750个。

【新增中介服务业发展中心2个】 7月7日，以人力资源服务企业为主的杭州智谷中介服务业（人力资源）发展中心挂牌成立。发展中心位于钱潮路369号智谷人才广场，占地面积5769平方米，建筑面积1.77万平方米，入驻企业21个。10月14日，杭州湖滨中介服务业发展中心挂牌成立，落户西湖国贸中心。西湖国贸中心总建筑面积5.69万平方米，入驻中介服务业企业30个。发展中心成立后，新引进的中介服务业企业可以享受市委、市政府及上城区关于发展现代服务业的所有扶持政策，还可以享受中心企业专有的特殊优惠。比如免费代办工商登记、房租补贴、财政配套补助等。市市场监管局开展“送政策、送服务、送信心”企业服务活动，走访中介业服务中心和中介服务业企业65个。至年末，全市有中介服务业发展中心28个以及黄龙中介服务业集聚区，租赁商务总面积54.24万平方米，入驻企业1367个，年营业总额468亿元。

【中介业高级管理人才和专项业务培训】 5月开始，杭州市发展中介服务业领导小组办公室联合浙江大学创办“杭州市中介服务业产业天桥论坛”，开办企业人力资源管理、国学与企业管理、经济形势分析等主题沙龙3期，200多名中介企业负责人参与。7月5日，由市市场监管局和市发展中介服务业领导小组办公室主办、浙江大学承办的第六期中介服务业总裁研修班结业。研修班为期1年，培训中介服务业高级管理人员53人次。与市住保房管局、市人力社保局、市律师协会、市广告协会、市会计协会等单位合作举办房地产中介专项培训、人力资源高管人员短期培训、执业律师短期培训、中介服务业企业高级管理人员短期培训、广告业深度培训会、会计师事务所助理人员短期培训各1期，培训企业900多个次，培训人员1100多人次。

7月31日，2015年“创意杭州”金水滴奖启动　（市市场监管局 供稿）

【“杭剑二号”专项执法行动】 5~7月，针对汽车行业潜规则等问题，全市市场监管部门开展“杭剑二号”机动车销售服务及成品油市场专项执法行动。全市出动执法人员1600多人次，检查经营主体789个次，受理和处理消费投诉140件，挽回消费者经济损失96.48万元；查处违法案件70起，已结案35起，涉案金额255.4万元，罚没款381.01万元。

【“红盾网剑”专项行动】 7~11月，杭州市开展“2015红盾网剑专项行动”。市市场监管部门在线检查网站1.19万个，实地检查网站1975个，关闭网站44个，删除违法商品信息2.10万条，提请平台停止服务网点692个（次）。网上累计建档6.18万个，其中企业一级域名网站6795个，占全市网络经济户口的11.0%。新发放网络工商电子标识7245个，比上年增长11%，累计发放6.58万个。查办各类涉及网络案件469起，罚没款金额1141.21万元，分别增长35.5%和239%；全年移送网络案件线索1.11万条，增长287%。为外地工商部门办理协查材料2660份，增长544%。通过引入市场主体年报数据、红盾标识备案数据、工业和信息化部第二类增值电信服务数据、第三方平台登记数据以及12315投诉举报数据、市消协数据、案件系统数据、外地协查数据等，建立网络户口基础数据库和失信户口数据库，提高监管精准性。

【与阿里巴巴集团强化政企协作】 3月9日，市市场监管局与阿里巴巴集团签订《打假维权合作备忘录》，双方就加强信息共享、开展联合打假、密切消费维权等内容达成共识。7月1日，市市场监管局与阿里巴巴集团

举行2015年政企协作半年度会议暨驻阿里巴巴集团市场监督联络站揭牌仪式。市场监管部门与阿里巴巴集团全面实现数据互联，通过网络指挥调度库系统对电子商务平台商家的身份信息、IP地址、经营地址、交易快照和交易记录等信息进行即时调取，并可对紧急事态进行指令的即时传递和交办，形成打击网络违法行为的合力。

【“打击传销、规范直销”行动】 2015年，杭州市各级市场监管部门协同公安部门开展“打击传销、规范直销”行动，出动执法人员2000多人次，查处并移送涉及传销的案件27起，取缔传销窝点94个，教育遣散1800多人次。全市创建“无传销乡镇（街道）”165个，创建“无传销村（社区）”2537个。直销监管工作重点检查是否超出直销产品范围从事直销经营活动，计酬制度有无违反规定，有无欺骗、误导等宣传和推销行为，是否存在对企业产品进行夸大虚假宣传行为。检查直销企业及分支机构17个，行政约谈4个，查处直销企业违规案件3起。

【食品安全示范城市创建】 9月，杭州市被国务院食品安全委员会列为第二批创建国家食品安全试点城市之一。市政府成立创建试点工作领导小组、“一办八组”工作机构以及方案起草小组，开展座谈调研和征求意见。12月28日，市政府办公厅印发《杭州市创建国家食品安全城市试点工作方案》。工作方案围绕公众食品保障等重点，强调“体现杭州特色、坚持问题导向、突出创新创优、注重群众感受”，主要内容包括指导思想、基本原则、主要目标、主要任务、主要举措、工作步骤。工作要求7个部分。

【“五可阳光餐饮”工程建设】 2015年，杭州市推行“后厨操作可视、企业管理可量、食材来源可溯、诚信承诺可查、群众感受可评”的“五可阳光餐饮”工程建设。全市建成“透明厨房”1431个，建成率53.1%，其中6所学校的午餐配送企业全部建成“透明厨房”。持证餐饮监管实现全覆盖，其中中型及以上社会餐饮服务企业量化分级率100%，学校食堂餐饮全部量化分级且A、B等级占91.5%，持证小餐饮量化分级率85%。全市市场监管系统抽检餐饮具产品2589件，合格率98.76%，下达监督意见书56份，培训从业人员及卫生监督专管员300人次，行政处罚检查不合格或抽检不合格单位12个。

3月9日，市市场监管局与阿里巴巴集团打假维权合作备忘录签约仪式举行，副市长张建庭（后排中）出席　　（市市场监管局　供稿）

【学生饮食放心工程】 2015年，杭州市继续实施“百万学生饮食放心工程”。至年末，全市学校食堂A、B等级率91.5%；中小学校、幼儿园食堂透明厨房建设率70.9%；学校大宗食品统一配送或定点采购率99.89%；学校午餐配送企业餐饮量化分级全部达到A级，透明厨房建设率100%；品牌超市进校园率89.22%。学校公共供水率96.6%，加热保温饮水设施安装覆盖率90%以上，学校供水纳入城镇自来水供应管网接入率98.91%。全市中小学校校园周边200米范围内的小食品店无证无照查处率、不合格食品依法处置率、信息公示率100%，固定场所小餐饮店（饮品店等）无证无照整治率100%。中小学生饮食安全知识知晓率97.3%。

【食品安全基层责任网络建设】 2015年，全市194个乡镇（街道）全部成立食品安全委员会及其办公室，配备427名专职干部，设立市场监管所126个。3046个行政村（社区）配备食品安全专管员3302人、信息员9804人。通过开展全市基层食品安全实务知识竞赛活动，利用网络、电视、报纸等媒体开展知识考试和宣传教育，加强业务培训，提高实务能力，落实工作责任。

【食品安全责任保险试点开展】 5月，杭州市出台《杭州市开展食品安全责任保险试点工作实施方案》，在学校食堂、校园大宗食品统一配送单位等重点食品生产经营单位先行试点，鼓励食品生产、流通、食用农产品种植养殖、农村集体聚餐等领域开展食品安全责任保险。全市16个区县（市）全部印发工作方案并开展试点，10多个保险机构为全市1137个食品生产经营单位提供食品安全责任保险，保险金额累计56.66亿元。

【市食品安全监督协会成立】 2月2日，杭州市食品安全监督协会成立。协会是由杭州市行政区域内熟悉食品安全知识的个人自愿结成，开展食品安全群众监督的专业性、非营利性、地方性社会组织。主要任务是宣传食品安全相关知识、政策、法律法规；向监管部门提供食品安全违法行为和违法案件的信息；参与食品安全有关监督检查活动；反映社会各界对食品安全监管工作的意见和要求等。通过宣传培训，协会组建一支运行规范化、人员规模化、活动常态化的群众监督队伍。至年末，有会员1724名。协会组织

2月2日，市食品安全监督协会成立大会召开　　（市市场监管局 供稿）

开展"你点我检进家庭"、节日食品安全"你点我检"、肉品水产品隐患信息采集、农贸市场专项监督等活动。累计"你点我检"食品452批次，反映食品安全问题221条次；开展培训31次，1500多人次参加；组织会员到优秀食品企业参观52次，600多人次参加。

【食品"三小"整治行动】 5月7日，市市场监管局在《杭州日报》公示食品"三小"（小作坊、小食杂店、小餐饮）重点区域、重点街区名单，开展"销号"行动。全市整治规范食品生产加工小作坊417个，申报登记201个，监督抽检全覆盖。销号无证无照小食杂店834个，销号率84.6%，规范发证704个，关停转业130个。排查固定场所无证照小餐饮6917个。整治无证小餐饮6614个，整治率95.7%，其中规范发证3276个、取缔642个、关停转业2696个。

【食品安全专项整治行动】 3～6月，杭州市组织开展肉品和水产品生产经营领域违法、违规行为集中打击行动。市市场监管局印发并张贴《关于开展肉品和水产品安全专项整治"百日会战"行动的通告》14.7万份，排查9778个单位（户、仓库），排查出风险隐患126个，出动执法人员1.63万人次，受理举报152件，查处违法行为952件，取缔私自屠宰与加工经营"黑窝点"29个，行政立案170起，刑事立案4起，查处问题肉及肉制品、水产品7.45吨，涉案货值169.96万元，公布"黑名单"30个，通报典型案例13个，被公安部列为督办案件1起。

1～2月，市场监管部门对全市火锅店、中型以上餐饮店开展整治，检查火锅店、大中型餐饮单位3113个，责令整改1557个，停业整顿144个，从业人员停岗待业2198人，行政立案143起，罚没款71.3万元。2014年12月20日至2015年3月31日，开展网络订餐百日整治行动。对九莲庄存在的无证无照餐饮店进行排查并依法查处，约谈"饿了么""美团""淘点点"等经营网络订餐第三方平台负责人。全市累计下线无证无照商户1.90万户（次）；网站公示亮证亮照的商户7898户（次）；立案处罚网络订餐平台5个（次），发放责令整改通知书5份，抄告网络订餐平台有关无证商户名单13份。实地排查无证餐饮单位1776个，规范整改1640个，取缔136个，行政立案10起。

【保健品、化妆品生产企业信用分级监管】 杭州市开展保健食品、化妆品生产企业信用分级管理工作。根据生产经营、产品质量、广告宣传等指标进行综合评价，评定结果作为确定日常监管重点、监管方式、监管频次和抽检频次的依据。对需要严格监管和重点监管的企业，采取增加监督检查频次和抽样检验批次、约谈企业负责人、通报相关部门联合惩戒、公开曝光等措施。全市有符合条件的保健食品生产企业32个、化妆品生产企业42个参加评定。32个保健食品生产企业中A级企业10个、B级16个、C级4个、D级2个。42个化妆品生产企业中A级企业25个、B级12个、C级5个。

【美容美发行业规范试点】 为规范美容美发单位化妆品经营使用行为，杭州市在江干区和临安市开展试点，利用数据平台开展排查摸底，建立化妆品经营企业数据库，形成协会引导、企业自查自律、社会参与监督、职能部门监管的模式。在全市范围内对经营单位开展专项整治活动，出动检查人员9158人次，检查化妆品经营企业2969个，立案查处29起，查获违法产品1004盒（瓶），涉案产品货值4.92万元，罚没14.17万元。

【新版药品管理规范认证推进】 2015年，杭州市推进新版《药品经营企业管理规范》（简称GSP）和《药品生产企业管理规范》（简称GMP）认证工作。全市完成3219个药品经营企业的认证检查，其中药品批发企业126个、药品连锁企业60个、零售药店（门店）3033个。全年完成飞行检查和专项审计企业92个，约谈企业13个。各区县（市）市场监管局同步飞行检查经营企业270个。结合小微企业走访，通过会议、约谈、上门服务、日常检查等形式为23个没有通过认证检查的企业提供政策和技术咨询。全市药品经营企业全部加入国家药品电子监管网。82个药品生产企业通过新版GMP认证，换发新版药品生产许可证85个（其中中药饮片生产企业15个、药用辅料生产企业8个），换发新版医疗机构制剂许可证10个。

【药品安全专项整治】 2015年，杭州市开展中药材（中药饮片）、动物胶、银杏叶提取物、小诊所等专项整治行动。对全市销售中药材的集贸市场、中药材中药饮片的经营使用进行现场检查。对"三胶"（阿胶、龟甲胶、鹿角胶）生产、经营、使用的监督检查覆盖率100%。对21个药品经营企业的仓储运输进行专项审计，小诊所药品质量专项整治监督检查全覆盖。抽检中药饮片376批次，其中不合格29批次；抽检"三胶"产品49批次，不合格15批次，不合格率30.6%。对涉及抽检不合格的企业全部立案查处。

【用药安全知识宣传】 为普及用药安全知识，提高公众的用药安全意识和自我防护能力，市市场监管局联合各区县（市）市场监管局以及海王星辰健康药房、九洲大药房等连锁企业，以健康知识大讲堂、执业药师现场安全用药指导、回收过期失效药品、发放宣传资料等形式，开展“药师进社区，健康千万家”系列活动。全年到社区广场宣传咨询61场次，举办“药品安全知识”大讲堂22场，参加“药品安全网络知识竞赛”508人次，清理家庭小药箱5060户，回收过期药品8294盒（包），发放宣传资料3.5万册，公众参与人数1.57万人次。（方国平）

·物价管理·

【物价管理概况】 2015年，杭州市物价部门开展“价格改革深化年”“法治机关建设年”“作风效能优化年”3个主题年活动，加快推进价格改革，落实各项惠民政策，强化市场价格监管。杭州市居民消费价格上涨1.8%，比上年低0.2个百分点，低于年初确定的3.0%左右的预期调控目标。

全年市本级投入使用价格调节基金10.54亿元，增长10.1%。落实物价补贴“两个联动机制”，根据价格水平和指数变化情况，及时测算并公布物价补贴标准。企业退休人员基本生活品价格浮动每人补贴1857元；城镇低保、困难家庭、重点优抚对象、城镇“三无”人员、已入住敬老院供养的农村“五保”对象每人补贴968元，农村低保、农村“三老”人员、未入住敬老院供养的农村“五保”对象每人补贴968元，区级救助对象每人补贴724元。全年市本级发放物价补贴9.7亿元，受益52万人。

11月，杭州市组织完成《杭州市市场调节价监督管理若干规定》立法后评估报告。贯彻落实《中共中央国务院关于推进价格机制改革的若干意见》、《浙江省定价目录》（2015年版），新版定价目录由原来的33个大项缩减、归并为12个大项。

8月5日，市场监管部门执法人员检查食品安全　（市市场监管局 供稿）

具体定价项目缩减幅度为48%。对定价项目（包括放开、下放、承接项目）变化情况进行梳理。

市物价局落实“12358”价格投诉举报平台四级联网要求，全年收到价格咨询、投诉件2.03万件，其中立案查处74起，退还消费者53.8万元，没收违法所得0.07万元，罚款37.9万元，经济制裁总金额91.8万元。价格举报按时办结率98.8%、反馈率100%，满意率98.1%。

【天然气价格改革】 7月24日，杭州市召开市区居民生活用管道天然气价格改革听证会，并在“中国杭州网”“杭州价格网”公开征求社会意见。8月27日，杭州市区居民生活用管道天然气价格改革新闻通报会召开，居民气价改革定价方案向社会公布。10月1日起，实施居民生活用天然气阶梯价格制度，按年度用气量为计算周期，把居民家庭全年用气量划分为3档：第一阶梯用气量为276立方米（含）以下，销售价格为每立方米3.10元；第二阶梯用气量在276立方米~480立方米（含）之间，销售价格为每立方米3.72元；第三阶梯用气量为480立方米以上，销售价格为每立方米4.65元；居民用气户用气地址对应的户籍人口多于4人的，每增加1人，相应增加年用气量60立方米；学校、社会福利场所、宗教场所、城乡社区居委会公益性服务场所等执行居民气价的非居民用户，天然气价格水平按居民第一档气价的1.1倍执行；同时建立居民用气价格上下游联动机制。调整非居民用天然气最高销售价格，4月1日起由每立方米4.98元下调为4.64元，11月20日起再次下调为3.86元，累计下调1.12元。

【公交优惠换乘政策实施】 市物价局梳理现行公交票价水平及各项优惠政策措施，提出优化完善公共交通票价优惠措施的方案，7月开展网上问卷调查，公开向社会征求意见。8月28日，向社会公布公交优惠换乘措施方案：持有公交IC卡（包括杭州通卡、开通公交功能的市民卡）的乘客，在3分钟~90分钟内（公交车从第一次刷卡开始计时，地铁从出站闸机刷卡开始计时），使用同一张公交IC卡刷卡换乘市公交线路和地铁线路，按所持公交IC卡享受1次换乘优惠。其中，使用成人优惠卡、学生优惠卡和老人优惠卡，换乘最高优惠1元；使用普通卡，换乘最高优惠2元。换乘车辆实际票价超过最高优惠额的补差价，低于或相等的免费乘坐。投币乘客、只采用地铁单种交通方式出行的乘客，不享受换乘优惠。其中，地面公交之间优惠换乘政策自10月1日起实施，同时停止实行地面公交季节性降价措施；地面公交与地铁之间优惠换乘自12月1日起实施。

【资源环境价格政策完善】 市物价局落实部分发电企业执行环保电价政策，核定污泥焚烧发电、水电站报废重建、垃圾焚烧发电、光伏项

2015年末杭州市区主要副食品零售价格

表50

品名	规格	2015年12月价格（元/千克）	上年同期价格（元/千克）	比上年同期上升（%）
猪肉	去骨夹心新鲜肉	29.60	26.78	10.5
	无骨新鲜腿肉	30.00	26.74	12.2
	新鲜条肉	32.72	28.18	16.1
鲜蛋	新鲜完整鸡蛋	10.72	12.70	–15.6
	新鲜完整鸭蛋	15.66	15.28	2.5
水产品	500克~1000克鲢鱼	17.32	16.46	5.2
	1000克以上草鱼	15.80	15.84	–0.3
	250克以上鳊鱼	19.08	17.10	11.6
家禽	1000克以上食用鸡	19.42	19.26	0.8
	1000克以上麻鸭	43.14	41.20	4.7
蔬菜	青菜	7.20	4.04	78.2
	包心菜	5.04	4.38	15.1
	芹菜	10.26	7.66	33.9
	花菜	9.22	7.34	25.6
	菠菜	11.70	9.06	29.1
	番茄	8.74	6.92	26.3
	萝卜	4.42	3.90	13.3
	马铃薯	5.62	5.56	1.1
大米	标一晚籼米	5.22	5.16	1.2
	标一晚粳米	5.16	5.22	–1.2
	特二晚粳米	6.48	6.30	2.9
面粉	特一粉	5.46	5.12	6.6
食用油	二级菜油	11.00	11.10	–0.9
	色拉油	9.10	8.84	2.9

目上网电价。杭州市结合国V标准汽油、柴油的供应，落实配套价格政策。7月，市物价局出台电动汽车充电、换电服务价格政策，明确由运营企业自主确定充电、换电服务销售价格。其中，换电服务销售价格按照车辆行驶里程收取，充电服务销售价格按照充电电度收取，自7月10日起试行两年。调整市区垃圾处置企业垃圾处置费及各区垃圾处置结算价格，自2016年1月1日起执行。

【收费许可证制度取消】 1月1日起，全市取消收费许可证制度，停止收费许可证核发及收费许可证年度审验，并加强收费事中和事后监管举措。建立收费执行情况报告制度，各相关部门和单位把具体实施收费单位的名单和变动情况向同级价格部门、财政部门报告，并在其网站向社会公布。每年5月底前，向同级价格、财政部门书面报送上年度收费执行情况报告。完善收费情况公示制度，各收费单位按照价格部门、财政部门批准的项目、标准，通过单位官方网站向社会公布，接受社会监督。建立收费政策及执行情况评估制度，构建包括自评估和第三方评估在内的多元化收费评估制度，对收费政策执行情况及实施效果进行跟踪和评估。建立收费诚信档案制度，凡是存在不按时上报收费单位年度收费情况报告、不按规定实行收费公示或被价格检查部门查处等情况的，该单位列入收费单位失信名单并向社会公开。

【收费清理规范】 1月1日起，杭州市取消、停征和免征59项行政事业性收费，涉及市人力社保局、市贸促会、市园文局、市交通局等16个部门。其中，取消中央级设立的保存人事关系及档案费、货物原产地证书费等5项行政事业性收费，暂停征收中央级设立的采矿登记费、出口商品检验检疫费等7项行政事业性收费，对小微企业（含个体工商户）免征中央级设立的房屋登记费、组织机构代码证书收费等42项行政事业性收费；免征省级设立的婚姻登记证书工本费，对小微企业（含个体工商户）免征风景名胜区维护管理费、货物港务费、引航和移泊费、印刷经营许可证工本费4项省级设立的行政事业性收费。对公布的40项中介服务收费加强督查，规范行政监管、公共服务等窗口行业收费问题。9月1日起，调整监测控制技术白蚁预防收费标准，按建筑面积收费：别墅（排屋等）每平方米7.5元，12层以下的建筑每平方米3.5元，13层（含13层）以上的建筑每平方米2.5元。

【涉及企业经营服务收费实行目录管理】 12月，市物价局向社会公布《杭州市行政事业性收费目录清单》《杭州市实行政府定价的涉企经营服务收费目录清单》。其中，行政事业性收费53项均为国家及省级批准设立的项目，以市本级为执收主体的项目涉及127个行政事业单位及下属机构。实行政府定价的涉及企业经营服务性收费21项，其中国家审批的收费有6项、省级审批的收费有11项、市级审批的收费有4项。收费单位涉及民航、农业、交通、银行、气象、安全监管、海关、环保、卫生计生等行业管理的经营企业，同时明确对目录清单实行动态管理制度。

【住房价格管理】 2015年，全年市本级受理市区商品住房销售价格申请备案762个批次，涉及房源7.13万套、面积840.2万平方米、房价金额2175亿元，平均备案价格每平方米2.58万元。市区商品住房销售价格申报备案率100%，领取预售许可证的项目在杭州价格网、透明售房网进行“一房一价”公示，公示率100%。9月，杭州市区经济适用住房市场评估价格向社会公布，适用于2015年9月12日至2016年9月11日期间经济适用住房购房人取得完全产权需补交的土地收益等价款的计算依据。调整公有住房出售价格和租金标准，其中公房出售成本价（以砖混二等成套住房为标准）调整为每平方米建筑面积1218元，公有住房租金标准为每平方米使用面积3.88元。

【市区人才租赁住房租金管理暂行办法出台】 4月15日起，杭州市区

（不含萧山区、余杭区和富阳区）范围内市属、区属单位（含民营企业）高层次人才的人才租赁住房租金实行政府定价，以同期同类地段房屋租赁市场租金为基础，按照不同的土地等级实行差别化租金，每两年调整一次。其中，B类人才免租金，C类、D类人才按市场租金标准的20%支付租金，E类人才按市场租金标准的40%支付租金。租赁合同有效期内租金标准提高时，承租人仍按原合同确定的租金标准缴纳至合同有效期满；租赁合同有效期限内租金标准降低时，次月起承租人按降低后的租金标准缴纳租金。人才租赁住房租赁合同应当明确服务内容、房屋的租金标准、支付方式及租赁期限。

【价格监测预警】 市物价局对价格监测点进行清理规范，加强工作联系，建立市场巡查制度，升级完善价格监测业务系统，以信息化手段提升价格监测工作效率，开发基于微信公众号的手机移动采报价功能，在市区26个农贸市场监测点试行。每日监测粮油、肉禽蛋、蔬菜等主副食品价格，并通过“杭州价格网”、“杭州物价”微博和微信发布农贸市场每日菜价。每周监测民生商品价格，通过网站发布。市物价局根据市场价格波动情况撰写价格动态信息，通过报纸、网站对外发布。全年编发《杭州价格信息》48期、价格形势分析材料12篇、市场价格巡视专题材料24篇、价格动态信息64篇。1月，杭州市“菜篮子”零售价格指数系统开始试运行，每日上报“菜篮子”品种价格数据到浙江省指数平台和监测系统，市物价局根据数据编写指数分析信息47期。

【农副产品平价商店建设】 2015年，杭州市新设立市区大型超市农副产品平价直销区9个，累计12个，涵盖大润发、物美、世纪联华、沃尔玛等连锁超市。9月，市物价局组织12个超市农副产品平价直销区推出以“平价来袭、惠动杭州”为主题的“平价惠民周”活动，门店推出“1元”菜，部分品种价格低于市场均价50%以上。

【市场价格监管】 杭州市查处价格违法案件235起，经济制裁金额762.46万元，其中退还消费者250.64万元、没收97万元、罚款414.82万元。全市物价部门采取“统一部署、市区联动、区域包干、分片负责”的方式，重点检查超市（商场）、家电卖场、旅游景点、餐饮酒店、停车场、客运车站等场所的价格秩序。开展春运市场价格检查、“3·15”汽车销售和服务价格检查、民生商品价格检查、旅游市场价格巡查、明码标价百日宣传整治行动，以及元旦、春节、中秋节等节假日市场价格检查。全市价格主管部门检查各类经营单位3046个次。

【价格宣传服务】 2015年，杭州市组织召开大型价格政策告诫会6场，开展集中约谈3次，价格政策指导培训7次，累计对市区30多个大型商场超市（家电卖场）、50多个汽车销售和维修企业、100多个家居企业和1个全国性电子商务企业，进行集中约谈和提醒告诫，各类价格政策培训参加人数3500人次。分别在春节、“3·15”国际消费者权益日、“五一”国际劳动节、中秋节、国庆节发布5期市场消费警示，引导群众维护自身价格权益。继续开展明码实价示范店创建活动，授予浙江世纪联华超市有限公司等49个单位为明码实价示范单位。市物价局全年刊印《市场与价格瞭望》6期，《杭州物价》报14期，“杭州物价”微信、微博发布信息126条，通过“杭州发布”平台发布信息32条。举办各类恳谈会、新闻发布会6次，在主流媒体发布新闻稿件270多篇，推出《价立方》电视专栏节目52期。

【农产品成本调查】 2015年，杭州市完善农产品成本调查网点，调整生猪调查点2个，补充蛋鸡调查点3个。完成规模饲养生猪直报和月报、20个品种的农产品常规调查和直报调查，上报1万多组数据。每月定期发布生猪生产收益成本预警信息。调研桑蚕茧行业养殖成本，做好桑蚕茧行业养殖收益课题研究。全年完成成本调查监审项目46个，涉及公用事业、经济适用房、教育、体育服务等，监审和调查成本61.77亿元，核减不应计入定价成本的费用6.64亿元，核减率10.75%。

【价格认定服务】 2015年，杭州市完善涉纪案件财物价格认定工作规则和价格认定市场调查机制。11月，杭州市成立价格认定协调小组，规范价格认定工作程序，认真办理涉案涉纪价格认定工作。全市完成价格认定案件8300多起，涉案金额超过6亿元，其中涉及纪检监察机关和检察机关的案件90多起，涉案金额近1.5亿元。市本级全年办理案件230多起，涉案金额超过6000万元。

（孙向光）

·统　计·

【统计概况】 2015年，杭州市统计部门适应经济发展新常态，开展各项统计调查重点工作，提升统计服务能力，推进统计制度方法改革。4月，市统计局确定38项年度重点工作任务和8项绩效考核目标，印发实施方案和任务分解表，实行项目化管理。在做好规模以上工业、服务业企业，限额以上批发零售业和住宿餐饮业企业及全市投资情况等常规统计调查任务的同时，完成第三次全国经济普查工作。4月，杭州市印发第三次全国经济普查公报；10月，印发第三次全国经济普查主要数据简要本。12月，杭州市完成第三次农业普查机构组建。

根据省统计局方案，杭州市改进地区生产总值核算方法，完成地区生产总值月度监测和历史数据调整。执行基础数据的分析评估制度，把好基础数据质量关。加强固定资产投资统计，建立固定资产投资“一项目一档案”管理制度。对380多个企业及项目单位进行投资统计数据质量检查。3月，市政府办公厅印发《关于开展2015年全市1%人口抽样调查工作的通知》，成立市协调小组，并开展人员培训、数据摸底、入户调查、质量抽查及数据处理等工作。加强社情民意调查，先后开展市直单位、区县（市）综合考评满意度调查、餐饮食品安全、休闲城市、法治政府、“五水共治”、信息惠民以及终身教育、卫生医疗和文化体育等社情民意调查。抓好民生统计，扶贫监测、企业用工、人才资源、妇女儿童监测等统计工作。

【统计制度方法创新】 7月，市统计局成立统计制度方法研究工作领导小组，建立既符合通行惯例、又具有杭州特色的统计制度方法。加强信息经济（智慧经济）统计工作，完善统计调查制度，建立数据测算平台，每个季度开展统计监测。杭州市实施《杭州市电子商务交易统计制度》，每个季度对交易平台企业进行统计监测。推进与阿里巴巴集团等主流网络平台的常态化合作，建立电子商务规范化数据发布机制。6月，市统计局完成《中国（杭州）跨境电子商务综合试验区统计监测体系试点方案》，与相关部门共同开展统计监测。杭州市推进投资领域统计改革，按照固定资产投资统计制度方法改革试点方案实施。5月和6月，市统计局举办2期乡镇、街道投资统计人员业务培训，确保新老投资统计制度“双轨”运行平稳过渡，并做好数据评估分析。规范生产性服务业的分类，完善养老服务业和健康服务业统计制度，加强对服务业生产指数的研究并进行试算。开展特色小镇统计监测，建立特色小镇统计联系人网络，按照《省级特色小镇规划建设统计监测制度》开展统计监测。加强集聚区（园区）统计工作，建立园区统计制度，指导杭州大江东产业集聚区独立行使统计职能。1~7月，全市统计部门开展紧缺人才专项调查。3月，开展杭州市居民旅游消费调查，编制旅游卫星账户，测算杭州市旅游业增加值。9月，开展商贸综合体调查，撰写《商业综合体统计制度研究》等。

▶▶资料：旅游卫星账户

旅游卫星账户（TSA，Tourism Satellite Account）又称为旅游附属账户，是一种宏观统计计量方法。它是以国民经济核算为统计基础，按照国际统一的国民账户的概念和分类标准，在国民经济核算总账户下所单独设立的一个子系统。通过编制账户把由于旅游消费而引发的国民经济各行业中的直接和间接的旅游产出，从相关行业中分离出来单独进行核算，从而达到在国际统一的统计框架下对旅游经济进行全面测量和分析比较的目的。

【统计调查服务优化】 2015年，市统计局撰写各类统计调查材料160多篇，市委、市政府领导批示27篇次。每月向市领导报送主要经济指标运行情况专报，每个季度开展全市经济运行情况综合深度分析。做好信息经济（智慧经济）、“美丽杭州”、民营经济、创新驱动、城乡统筹、转型升级、提质增效、现代农业、杭州都市圈等监测工作。全市统计部门开展重点企业经济形势专项调研，完成《年产值10亿元以上工业企业相关指标监测情况》等情况专报。组织调研组到北京、天津、济南、青岛、大连等地考察学习，完成《“十三五”杭州经济发展动力研究》等课题。定期搜集全国大中城市和省内各市的经济社会发展信息，加强城市间的比较分析，完成全国副省级城市比较研究4篇。市统计局编制领导手册，开发统计月报手机查询客户端和“杭州概览”门户网站。市统计局报送的信息被国家统计局录用60篇，被中央办公厅和国务院办公厅内刊录用2篇。全年市统计局官方微博和微信平台发布信息3000多篇。

【统计基础夯实】 2015年，市统计局实施“四大工程”，并完善联网直报平台；开展网络系统涉密检查，强化统计数据信息系统的安全管理；优化杭州经济社会发展统计数据库，整合月度、年度、社会、评价、区域等数据，完善功能模块，探索面向党政领导、政府部门、社会公众和新闻媒介的分层服务电子网络体系。市统计局利用第三次全国经济普查的成果，更新和维护统计基本单位名录库，提高与市级相关部门的信息共享频率。做好月（年）度“一套表”调查单位审核认定和“个转企”企业入库工作，新增月报单位375个，完成“个转企”企业入库2690个。加强对基层统计人员的业务培训，重新编写统计人员继续教育教材，重点突出统计法、网上直报系统操作、数据解读等内容。

【依法统计理念强化】 2015年，市统计局增强法治统计理念，把统计工作全过程纳入法治框架，严格依法实施，增强法治监督。强化统计依法行政建设，初步完成行政裁量基准、行政执法办案全过程记录、执法案卷质量评估及行政执法结果网上公示等制度。恪守“四条红线”，开展统计稽查和统计巡查，加大统计违法案件的查处、通报和曝光力度。全年市统计局检查企业事业单位97个，查处统计违法案件16件。市统计局先后在江干区、富阳区、临安市以及市委党校乡镇（街道）统计培训班上举办统计法制讲座。杭州市开展统计法宣传月活动，召开全市统计法治宣传工作现场会。

【部门统计联动机制完善】 2015年，市统计局健全“资源互补、信息共享”的部门协同工作机制，结合信息经济、跨境电子商务、特色小镇等工作，深化部门统计改革，完善部门统计制度，改进统计调查方法。杭州市推进部门信息共享。12月，召开全市统计工作联席会议，深化部门协作。把实现部门间统计信息共享作为重中之重，建立部门行政记录共享正面清单制度，加大政府部门间数据反馈、共享力度，实现资源集约发展。4月，杭州市修订完善部门统计报表制度和市直单位综合考评统计工作专项考核办法。加强统计数据的管理，规范统计数据采集、审核、汇总、上报等业务流程，健全质量控制体系。 （周　斌）

·质量技术监督·

【质量技术监督概况】 2015年，杭州市质量技术监督部门坚持“抓质量、保安全、促发展、强质检”工作方针，完成各项工作任务。7月10日，杭州市创建“全国质量强市示范城市”通过省级预验收，8月26日，向国家质量监督检验检疫总局提交验收申请。全市107个产品获“浙江名牌”称号、126个产品获“杭州名牌”称号。推动企业事业单位制（修）订国际、国家、行业和地方标准254项、建设标准化示范项目33个。全年监督抽查生产环节产品4437批次，合格率94.97%，比上年提高1.33个百分点，开展电子商务产品风险监测3258批次，向各地质量监管部门推送风险监测数据2492批次，移交质量协查信息600多批次。全市质监系统出动执法检查1.94万次，检查生

产企业7701个，立案查处质量违法行为795起，处理产品质量投诉举报1.30万起，为消费者挽回经济损失313.72万元。全年排查电梯安全隐患1169处，组织电梯应急处置6818起，解救被困人员8357人，没有发生应急救援不及时、指挥不当而造成电梯伤人、死亡事故。

6月30日，市质监局所属的杭州国家电子商务产品质量监测处置中心，被人力资源和社会保障部、国家质量监督检验检疫总局评为全国质量监督检验检疫系统先进集体。

【“全国质量强市示范城市”创建】1月，市质监局把十大方面271项“全国质量强市示范城市”创建任务逐项分解到26个部门和13个区县（市）政府。4月16日，市政府召开创建验收工作大会。6月30日，十大方面271项创建任务和10个创建验收示范点建设任务完成，23册、3万多页的创建台账完成，并通过中国质量认证中心专家评审。7月8～10日，省质监局对杭州市创建工作进行省级预验收，并予以通过。8月26日，杭州市政府向国家质量监督检验检疫总局提出验收申请。国家质量监督检验检疫总局根据全国第二批全国质量强市示范城市创建申请验收情况，计划安排2016年1月份组织验收。

【品牌强市建设】 市质监局实施“四换三名”工作，引导高技术、高附加值、装备制造、自主创新、现代服务业和现代农业等领域企业争创品牌。2015年，全市共有107个产品获“浙江名牌”、126个产品获“杭州名牌”，杭州汽轮机股份有限公司获中国质量奖提名奖，浙江西子富沃德电机有限公司获省政府质量奖，6个企业进入市政府质量奖现场评审。6月24日，杭州市质量强市领导小组办公室印发《关于打造“浙江制造”品牌的实施意见》，动员企业开展“浙江制造”品牌创建活动，确定85个行业龙头企业为“浙江制造”品牌的重点培育对象，杭州国家高新技术产业开发区（滨江区）为“浙江制造”品牌培育示范区试点。

【标准强市建设】 2015年，市质监局以推进“国家自主创新示范区”“五水共治”“美丽杭州”等建设为载体，把标准化工作的着力点转到智能制造、节能减排、生态循环、服务业和社会管理等领域，推动企业事业单位制（修）订包括“自动化控制、机械制造、海水淡化、半导体照明、印染纺织、电子商务”等领域内的国际、国家标准和行业、地方标准254项。开展包括“美丽县城”、“美丽茶园”、健康养老、电商物流、桑蚕养殖与加工、社区公共文化、家政服务等标准化试点项目33个，组织评选109个企业（单位）222项符合政策资助条件的标准化项目，市政府给予资助1593万元。

【杭州标准共享网运行】 市质监局通过互联网和大数据应用，整合拓展标准化公共服务资源和功能，建设了以“O2O”为运行模式的“杭州标准共享网”，并于3月23日正式上线运行。标准共享网免费向全市经济和社会发展各领域包括跨境电商开通线上标准服务直通车，并搭建“标准化技术公共管理与服务创新大平台”。标准共享网搜集建立143万条国内外标准数据库，并按照智能装备制造、电子商务、信息软件、节能减排等12个重点产业建立分产业、行业标准体系的分数据库。标准共享网建立“标准化工作室”，为企业提供标准托管、推荐、变动提醒和信息咨询等点对点、一站式的定制服务。至年末，全市有1.19万个企业加入标准化工作室，托管标准6.84万个。

【节能减排推进】 2015年，市质监局发挥技术优势，配合市环保局等部门治理“燃煤烟气”工作，推进节能减排。全年完成141个单位的200台锅炉能效测试，为锅炉使用单位出具测试报告，提出有针对性的节能整改意见。组织开展锅炉节能技术改造70台，其中燃油燃气锅炉代替燃煤锅炉42台、锅炉余热回收利用13台、电站等锅炉节能技术改造10台、推广高效煤粉锅炉5台。配合市经信委牵头完成淘汰全市范围内10蒸吨以下的燃煤锅炉750台。推进集中供热项目，新增集中供热管道7700多米，年节约标准煤12.6万吨。继续抓好工业锅炉节能远程监测中心建设，全年安装工业锅炉节能远程监测装置80台。

【“电子商务产品质量监管协作平台”建设】 市质监局按照国家质量监督检验检疫总局的部署和要求，进一步抓好“电子商务产品质量监管协作平台”建设，发起成立“全国电子商务产品质量信息共享联盟”。1月7日，国家质量监督检验检疫总局在杭州召开成立大会，首批成员单位49个。8月5日，国家质量监督检验检疫总局在青海省西宁市召开“全国电子商务产品质量信息共享及风险交流会”，成员单位增至90个，其中电子商务平台企业56个。12月10日，国家质量监督检验检疫总局在杭州召开“全国电子商务产品打假维权协作网”成立大会，首批加入的产品生产企业、电子商务平台企业170个。同日，电子商务产品质量信息公共服务平台和微信公众号开通，实现电子商务产品质量信息全民共享。7月16日，由杭州市标准化研究院主持起草的《电子商务产品质量网上监测规范》和参与起草的《电子商务仓储管理与服务规范》《农村电子商务服务站（点）管理与服务规范》3项省级地方标准发布，并于8月16日起实施。11月25日，国家标准化管理委员会正式批准市质监局筹建“全国电子商务质量管理标准化技术委员会”。12月28日，国家发展改革委员会和国家质量监督检验检疫总局在北京签订电子商务产品质量大数据分析应用战略合作协议，授权国家发展改革委员会互联网大数据分析中心和国家质量监督检验检疫总局电子商务产品质量风险监测中心（杭州），依托各自现有机构和资源，共同组建非法人“全国电子商务产品质量大数据应用中心”。

【电子商务产品质量风险监测】2015年，市质监局开展电子商务产品质量风险监测与处置，全年完成国家质量监督检验检疫总局、省质监局、市人大委托和自行组织的电子商务产品质量风险监测3258批次，向全国22个省市的监管部门推送风险监测数据2492批次，其中浙江省921批次、北京市86批次、上海市264批次、天津市6批次、重庆市1

批次、江苏省211批次、安徽省25批次、福建省273批次、广东省562批次、广西壮族自治区1批次、贵州省1批次、河北省28批次、河南省15批次、黑龙江省1批次、湖北省12批次、湖南省16批次、江西省2批次、辽宁省8批次、内蒙古自治区2批次、山东省49批次、山西省1批次、四川省7批次。组织区域性电子商务产品质量违法线索排查360批次，与江苏省江阴市、广东省中山市和上海市质监部门协作查处5起电子商务产品制假案，分别是生产不合格“樱花”厨用家电产品案件，“海康威视”制假窝点，制售假冒“国际品牌围巾”、“佳能”等品牌复印机耗材、“施华洛世奇”水晶等案件。12月24日，国家质量监督检验检疫总局对案件进行集中公布。

【重点产品质量监督】 2015年，市质监局联合“杭州发布”微信、“杭州网”等媒体，开展产品质量监督抽查目录征集活动，把市民关注度高的液体加热器、插头插座、家用燃气灶具、电冰箱、床上用品、休闲服装、毛针织品、卫生纸、家具、牙刷洁具10类消费品和涉及工业产品许可证、计量制造许可证、3C认证等市场准入产品列为监督抽查重点。全年抽查杭州市4400个企业的4437批次产品，覆盖轻工、化工、纺织、机械、建材、电子、冶金等7个行业，抽查合格4214批次，合格率94.97%，比上年提高1.33个百分点。按照《产品质量监督抽查后处理工作规程》和《产品质量安全预警及重点关注整治工作规程》，完成233个企业、239批次不合格产品的整改复查，复查合格率95.5%。45个预警企业中，有32个企业整改达标解除预警，3个不达标企业延期预警，10个生产条件差的企业被依法关停。全市质监部门开展“蓝剑”系列执法行动，全年出动执法人员1.94万人次，检查生产企业7701个次，立案处罚795起，端掉制假售假窝点13个，罚没款上缴国库1550.73万元，立案查处结案率、到期结案率、重大案件报备率100%。处理各类投诉举报（咨询）1.30万起，为消费者、企业挽回直接经济损失313.72万元。

【特种设备安全监察】 市质监局加大特种设备现场安全监察、监督检查、隐患排查治理力度。全年共检查电梯使用单位和维修保养单位3685个、电梯1.68万台，发现隐患1169处，推动隐患整改1012处，处罚电梯使用单位和维修保养单位50个，罚没款共计99.8万元。查获超期未检液化石油气钢瓶22只、报废钢瓶11只，对8个气瓶充装单位违规行为进行立案查处，行政罚款52.5万元。重点检查1942个企业的厂内专用机动车，查处隐患586处。全年共开展电梯应急处置6818起，解救被困人员8357人，救援人员到达现场平均用时13分49秒，平均每天实施应急救援18起、解救被困人员22人，没有发生应急救援不及时、指挥不当而造成人员受伤、死亡事故。2015年，全市共发生特种设备事故5起、共死亡5人，分别是：浙江双兔新材料有限公司内发生1人被行驶的叉车撞到碾压后死亡事故；杭州百合科莱恩颜料有限公司发生1名人员坠入电梯井道死亡事故；下城区长庆街道新华坊小区发生死亡1人的电梯伤害事故；浙江娜利服饰有限公司发生1名员工坠入电梯井道死亡事故；浙江航峰铁塔有限公司发生死亡1人的起重机械伤害事故。

【民生计量环境优化】 市质监局开展农贸市场、医疗计量器具、加油站加油机的检定工作。全年对129家农贸市场的1.01万台电子秤、912个（次）医疗机构的1.57万台件医疗计量器具、209个（次）加油站在用的3760把加油枪实施强制检定。农贸市场电子秤定检率97.85%，合格率99.5%，加油枪和医疗计量器具的定检率和合格率均为100%。按照《电子停车计时收费表检定规程》要求，杭州市建立电子停车计时收费表（系统）最高社会公用计量标准。11月25日，该标准获省质监局颁发的计量标准考核证书。市质监局加强全市检验检测、认证市场的规范管理，组织279个检验机构进行法制培训和检验行为的自查、核查，组织68个机构能力比对；监督检查检验机构68个、认证产品生产企业和商场超市356个；审查642个次检验机构资质，颁发证书452本。

【重点检测项目建设】 市质监局抓好重点检测项目建设，完成“国家半导体节能光源检测中心”的建设，10月9日通过省质监局预验收。杭州市申请筹建“国家工业锅炉质量监督检验中心”，7月25日通过国家质量监督检验检疫总局现场审查论证。5月28日，杭州市质量技术监督检测院与萧山经济开发区签订项目合作协议，“机器人产业计量测试中心”落户萧山机器人小镇。5月20日，全国质量监管重点产品检验方法标准化技术委员会批准杭州市质量技术监督检测院筹建“全国工业机器人检验方法工作组”。10月30日，工作组正式成立。“工业机器人共性关键指标检测技术开发与应用”列入2015年市级重大科研项目。全年市质监局科研人员完成“超声相控阵检测工艺研究与标准制定”“公共交通领域重载自动扶梯失效机理研究”“工业燃煤锅炉节能与安全操作仿真培训考核系统研究”等30项国家、省市级重要课题研究，科研成果获国家实用新型专利8件、软件著作权6件。（严鸣涛）

·安全生产·

【安全生产概况】 杭州市安全生产监督管理局（简称市安全监管局），挂杭州市安全生产委员会办公室牌子（简称市安委办），是主管安全生产综合监督管理工作的市政府工作部门。杭州市健全安全发展机制，强化隐患治理，加强基层执法，提升安全保障能力，全年安全生产秩序良好。

2015年，杭州市发生各类事故3743起。工矿企业、道路交通、水上交通、渔船运输与捕捞4类事故比上年减少101起，下降3.8%；死亡人数减少4人，下降0.58%；受伤人数减少62人，下降2.32%。全市亿元地区生产总值安全事故死亡率0.07，下降10.65%。工矿商贸企业从业人员10万人生产安全事故死亡率1.27，上升2.7%。道路交通万车死亡率2.23，下降3.04%。

全市各类事故死亡人数688人（不含火灾）。工矿企业发生各类事故68起，下降2.86%；死亡75人，上升4.1%。道路交通发生各类事故2483起，下降3.8%；死亡609人，下

降1.77%；受伤2615人，下降2.2%。水上交通发生各类事故4起，下降33.3%，死亡4人。生产经营性火灾1188起，受伤3人，无人员死亡。渔船运输与捕捞作业未发生事故。全市发生较大事故3起，死亡10人。

杭州市推广余杭区涉氨制冷企业综合整治试点工作经验，进一步巩固综合整治成果，建立涉氨制冷企业长效监管机制，落实涉氨制冷企业安全生产主体责任，逐步完善部门联动和协作监管机制。加强输油气管道安全监管和排查整治工作，发现输油气管道安全隐患21处，整改20处。开展火险区域隐患综合治理，江干（彭埠）、萧山（宁围、浦阳）、余杭（乔司）等省级重点区域初步通过省安委会综合检查验收。

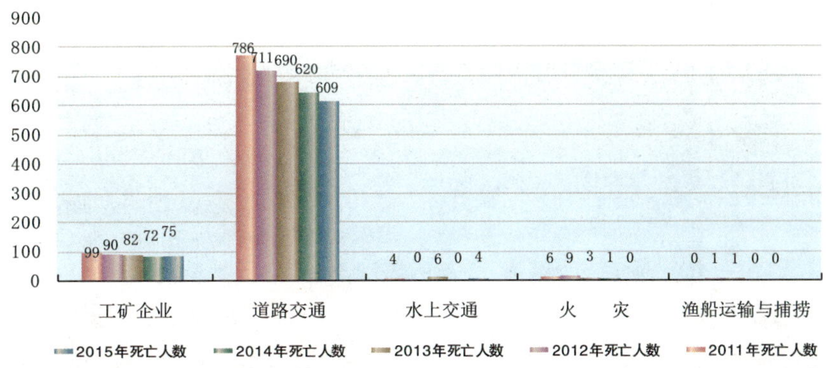

2011～2015年各类事故死亡人数对比图　　（市安全监管局 供稿）

【安全生产组织领导加强】 2015年，市委、市政府重视安全生产工作，按照“党政同责、一岗双责”要求，履行辖区内安全生产监督管理职责，落实安全生产工作措施。上海外滩踩踏事件发生后，市委、市政府主要领导召开会议专题研究安全工作，并分成10个督查组，对全市安全生产情况进行督查。滨江区浦沿街道出租房火灾事故后，市委、市政府主要领导主持召开安全生产委员会、消防安全委员会联席视频会议，部署安全生产、消防安全工作。天津港“8·12”瑞海公司危险品仓库特别重大火灾爆炸事故后，市长张鸿铭主持召开全市安全生产紧急会议，并与副市长项永丹、张耕等分别带队检查港口、危化品库区及危化品企业生产、储存、运输、管理等方面是否规范。

【安全生产责任制度完善】 9月，杭州市增补市委政法委（市综治办）、市住保房管局为市安委会成员单位。安全生产责任制考核优秀等次由分数制改为竞争制。加大安全生产在市委、市政府综合考评、平安创建和区县（市）领导干部年度实绩考核评价考核权重。除把安全生产重大及以上事故作为“一票否决”事项外，安全生产占平安考核分值近20%、综合考评5%，并列为市委组织部对各级党政领导班子考核的23个指标之一。4月，市安委会制订并印发《杭州市创建全国安全发展示范城市工作方案》，与年度安全生产责任制考核相结合，分解落实创建工作任务。7月，杭州市委托第三方机构对13个区县（市）、133个乡镇（街道）的2757位群众开展安全生产满意率、知晓率问卷调查。同月，印发《杭州市公众安全生产知识知晓率安全生产工作满意度调查情况通报》。全市13个区县（市）和2个开发区分别出台与安全生产相关的党委、政府文件，构建安全生产责任制“五级五覆盖”机制。全市189个乡镇、2079个行政村全部落实“五覆盖”工作，4.61万个企业、5372个规模以上企业做到安全生产责任制“五落实五到位”。

【安全生产监管能力提高】 2015年，杭州市健全完善安全监管机构和队伍，市、区两级政府均建立安全生产监管和执法机构，加强基层执法力量。市、区两级政府共有安全监管机构管理人员248人、监管执法人员161人；189个乡镇（街道）均明确安全监管机构，配备有安全监管人员894人，其中专职人员432人。市安全监管局进一步理顺职业卫生监管体制，全市13个区县（市）全部完成职业卫生监管职能划转。杭州大江东产业集聚区、杭州经济技术开发区基本理顺职业卫生监管体制。

【安全生产执法督查深化】 2015年，全市安全监管部门监督检查生产经营单位9134个（次），查处一般事故隐患1.87万处，办理安全生产行政处罚案件540起，罚款1982.4万元。交通系统现场查处593.8万起违法行为，重点查处电动车案件78.2万起，查扣5.4万辆非法电动车，查处酒驾13.35万起。市建委系统查处违法建设行为1005个，罚款3445.6万元，企业信用扣分305个（次），从业人员扣分974人（次）。市质监部门针对问题电梯和电梯企业，发出安全监察指令书364份，立案查处109起。查处余杭“5·20”拆房倒塌较大事故、杭州地铁南星桥站“8·28”燃气泄漏事故等63起工矿商贸事故，追究责任人68人，移送追究刑事责任12人。

【隐患排查治理专项行动】 2015年，在建筑施工领域，全市排查建筑施工企业3069个（次），治理一般隐患1.6万条、重大隐患1675条。在特种设备领域，排查和整治电梯安全隐患，检查电梯1.59万台，电梯使用单位2196个，发现安全隐患577条。在水上交通领域，摸底排查“三无”（无船名牌、无船籍所有人、无证书）保洁船340艘，涉及捕鱼的“三无”船舶252艘；查处农用船非法载客668起、“三无”水上休闲娱乐设施船舶108艘。对杭州港16个港口危险货物作业企业进行隐患排查，查出隐患97条，提出整改意见78条。在矿山领域，整顿和关闭矿山11个，72个矿山全部通过标准化达标考评。在可燃爆粉尘领域，排查出粉尘企业468个，整改166个，处罚32个，停产停业整顿16个，关闭（退出）15个。委托第三方中介机构对全市51个金属粉尘企业进行专项安全评估，确定重点金属粉尘企业22个。在烟花爆竹领域，排查零售点2365个，关闭1093个。

【重点领域安全专项整治】 2015

6月15日，杭州市暨下城区安全生产月宣传咨询日活动在西湖文化广场举行 （市安全监管局 供稿）

年，杭州市开展劳动密集型企业消防安全专项治理、火灾等安全事故防控综合治理体系建设，以及以村级集体留用地建筑为重点的生产经营用房安全专项检查。全市排查劳动密集型企业2644个，整治“三合一”（住宿与生产经营、仓储混合设置在同一空间内的建筑）场所1398个。各级政府部门与2.3万个“个、小、微”场所签订消防安全责任书。建立县、乡、村级教育培训基地144个。排查村级留用地生产经营用房554处，发现工业企业厂区内违法建筑面积7.36万平方米，各类隐患点1596处。

【工程运输车安全专项整治】 2015年，全市查处工程车交通违法6.20万件，扣留2366辆；查处工程车道路运输违章案件57件，涉案的工程运输企业18个，罚款2.6万元。新装盲区可视监控系统3300个。杭州市探索将工程车事故纳入生产安全事故调查处理范畴，由交警部门牵头组织事故调查组开展事故调查。通过强化落实工程运输企业主体责任等措施，解决工程车运输领域车辆挂靠、超载超速等问题。全市工程运输车道路交通事故死亡44人，比上年下降4.35%。

【公路交通安全防控体系建设】 杭州市推进公路交通安全防控体系建设，推广车载流动交通安全执法服务站的应用。全市建成缉查布控系统21套，新建视频监控1097个，共享视频监控1684个，投入测速仪23套，建成指挥集成平台4个。加大挂牌督查力度，规范市级公路交通事故多发点（段）排查治理工作。2015年，全市因道路交通事故造成死亡609人，比上年下降1.77%。

【安全生产标准化和诚信建设】 2015年，杭州市推进安全生产标准化建设。至年末，全市创建一级安全生产标准化企业78个，二级标准化企业691个，三级标准化企业6160个。全市“两客一危”（从事旅游的包车、三类以上班线客车和运输危险化学品、烟花爆竹、民用爆炸物品的道路专用车辆）企业安全生产标准化达标率连续三年实现100%，建筑企业和建设工地安全生产标准化创建全部达标，市级标准化样板工地231个。融合推进安全生产标准化与诚信机制建设，累计对5471个企业进行诚信评定。59个发生安全生产事故的企业列入黑名单，并在工伤保险费率浮动、评先评优、公司上市等方面实行“一票否决”。

【安全生产社会化服务】 杭州市在开展安全生产社会化服务试点的基础上，进一步发挥安全中介机构、安全专家在安全生产工作中的作用，以政府购买服务的形式推动安全生产社会化服务，引导企业开展安全生产技术服务外包。3月，市安全监管局制订并印发《关于2015年开展安全生产社会化服务工作的通知》，对全市问题突出的粉尘企业和危险化学品企业进行排查，并将社会化服务纳入年度安全生产目标管理责任制考核内容。2015年，全市各级政府投入财政资金1353.8万元，在危险化学品、矿山、工贸企业和职业卫生等领域购买社会化服务，服务企业3798个、3万多人次。730多个企业投入1224万元用于开展安全生产长期咨询、现状评估、应急救援预案专项评估等工作。

【安全生产信息化】 2015年，杭州市完成安全生产审批许可系统、监管执法系统、安全生产无纸化考试系统、重大危险源综合监管系统、事故报送与统计分析系统、应急救援视频会商系统、企业基础数据库、容灾备份数据库、综合交通信息指挥中心、特种设备“三库一平台”智慧监管信息化系统等建设。推广使用用电安全隐患监管服务系统、电梯物联网系统、建设工地可视化监管系统、危险化工工艺自动化控制系统和生产场所实时数据感知监控系统。

【安全生产应急救援建设】 2015年，杭州市设立3支矿山、危险化学品专业应急救援队伍。加强危险化学品应急物资储备建设，完成省级（富阳）矿山应急救援队申报。加强危险化学品应急物资储备建设，完成以建德市、杭州大江东产业集聚区及富阳区为重点的“两主一辅”应急物资储备布局。探索建立与市环保局、市建委、市交通局等有关部门物资储备共享机制。7月，全市武警消防部队进行危险化学品事故应急救援培训，2000多名消防兵参加培训。6月，开展面向企业人员和广大市民的应急救援体验活动，300多人参与活动。

【安全生产宣传教育】 6月，市安全监管局开展“安全生产月活动”。6月1日，《杭州日报》头版刊登《坚持依法治理确保安全生产》市长署名文章。6月15日，在西湖文化广场举办宣传咨询日活动。10月，市安全监管局被省安全监管局评为2015年全国“安全生产月”活动省级优秀单位。推进安全生产培训，全市培训各类人员65万人次。“杭州安监”微博和微信平台推出“微培训系统”，方便从业人员进行线上模拟考试。推进安全文化建设示范企业创建活动，全市有省级示范企业3个、国家级示范企业1个。 （袁 飞 钟思思）

·中国共产党杭州市委员会·

【市委工作概况】 2015年，在中央和省委的正确领导下，中共杭州市委全面贯彻中共十八大和十八届三中、四中、五中全会精神，认真学习贯彻习近平总书记系列重要讲话精神特别是在浙江和杭州考察时重要讲话精神，按照“四个全面”战略布局，持续深化“八八战略”实践，团结带领全市人民主动适应经济发展新常态、沉着应对各种风险挑战，稳中求进、转中求好，干在实处、走在前列，推动全市经济社会实现新发展，完成年度主要目标任务，实现“十二五”胜利收官。许多工作走在全国全省前列，全国农村基层党建工作座谈会、全省特色小镇规划建设工作现场推进会等多个全国全省会议在杭州召开，杭州市入选中国十大创新生态城市，成功获得2022年亚运会举办权，连续第9年获“中国最具幸福感城市”称号。

把服务保障G20杭州峰会作为头等大事，各项筹备工作扎实有序推进。认真贯彻习近平总书记关于办好G20杭州峰会的一系列重要指示精神，围绕确保实现“四个满意”目标，坚持一切围绕峰会这个圆心，按照“标准要高、速度要快、作风要实、效果要好”的要求，认真落实中央和省委的决策部署，举全市之力做好峰会筹备工作。深入推进打造“美丽杭州”、建设“两美浙江”示范区行动计划，全力推进场馆设施改造提升工程和基础设施建设、环境整治等七大行动，实现120个重中之重项目全部开工。发挥并强化市人大、市政协环境整治督查作用和市委、市政府大督查机制作用，开展峰会筹备工作推进落实情况专项考核。建立舆论监督机制，开办《今日关注》栏目，主动曝光问题，开展跟踪督查，推动一批影响较大、反响强烈问题的整改。

改革攻坚精准发力，创业创新活力加快释放。中国（杭州）跨境电子商务综合试验区和杭州国家自主创新示范区成功获批。持续推进“四张清单一张网”建设，进一步清理非行政许可事项169项。杭州成为首批全国创建社会信用体系建设示范城市。全面推进村级股份制改革和农村“三地一房”确权登记颁证改革，探索开展农民专业合作社资金互助会试点工作，不断完善农村“三资”管理。涉案财物集中管理信息平台试点、刑事速裁试点、重点涉稳问题领导包案化解机制和健全涉法涉诉信访机制取得积极进展。不断完善文创产业与相关产业融合发展机制。“智慧城市”综合管理平台建设试点扎实推进，传统出租车体制机制改革基本落地，萧山、余杭、富阳融入主城区迈出实质性步伐。顺利完成取水权线下模拟交易，大力推动总量制度创新，实施污染物排污权登记颁证和竞价交易。纪检监察派驻机构规范化管理和巡视工作常态化机制逐步形成。健全“两区三城九镇三谷”等创新平台体系，实施省、市两级特色小镇培育计划；临江高新区升格为国家高新区，成功创建国家小微企业创业创新基地城市示范；全面落实“人才新政27条”，与国家“千人计划”专家联谊会签署战略合作协议，累计自主申报国家“千人计划”94名，居全国副省级城市第二。

“一号工程”深入实施，经济质效明显提升。加快形成信息经济引领、服务业主导的产业发展格局，三次产业结构调整优化为2.8∶39.0∶58.2。深入实施“六大中心”和“智慧应用”三年行动计划、“互联网+”行动实施意见，扎实推进全国电子商务与快递协同发展试点工作。深入推进“两化深度融合国家示范区”建设，加快发展物联网、环保、生物医药、高端装备制造、新能源汽车等产业，有效提升纺织化纤、食品饮料、机械制造、精细化工等优势传统产业，进一步做大做强历史经典产业和“老字号”。大力发展生态农业、设施农业、都市农业、“智慧农业”等现代农业，乡村休闲旅游、现代民宿、农村电子商务、养老养生等新业态。抢抓国家“一带一路”和长江经济带战略机遇，主动招引世界500强、央企国企、浙商杭商。扎实推进杭州都市经济圈转型升级综合改革试点工作，深化接轨上海、融入“长三角”，推进跨区域交通、经济、环保、人才、医疗合作项目。

着力强化环境综合整治，“美丽杭州”建设纵深推进。坚定不移打好“4+1”城市治理攻坚战，全面提升治水、治气、治堵、垃圾处理和食品安全监管能力。创新打造“零直排”区，深化落实“河长制”，加快推进城镇截污纳管，在全省推广市区污水“零直排”治理行动。巩固完善机动车“双限”政策，强化交

2015年中共杭州市委重要文件

表51

序号	标 题
1	中共杭州市委关于全面深化法治杭州建设的若干意见
2	中共杭州市委杭州市人民政府关于杭州市高层次人才、创新创业人才及团队引进培养工作的若干意见
3	中共杭州市委关于印发《中共杭州市委常委会2015年工作要点》的通知
4	中共杭州市委关于进一步加强人大工作充分发挥人大作用的意见
5	中共杭州市委杭州市人民政府关于全面深化国有企业改革的意见
6	中共杭州市委关于全面加强基层党建巩固基层政权的决定
7	中共杭州市委杭州市人民政府关于实施杭州钱江经济开发区整合提升工作的若干意见
8	中共杭州市委杭州市人民政府关于加快富阳区与主城区一体化发展的若干意见
9	中共杭州市委关于建立健全科学民主依法决策机制的实施意见
10	中共杭州市委关于进一步加强和改进人民政协参政议政的意见
11	中共杭州市委关于加强和规范街道人大工作的意见
12	中共杭州市委关于加强和改进党的群团工作的实施意见

通秩序治理。统筹推进生活固废、建筑固废、污泥固废、有害固废、再生固废治理，深入推进生活垃圾治理“三化四分”工作，杭州市入选全国第一批生活垃圾分类示范城市名单。扎实推进国家生态文明先行示范区和淳安县国家主体功能区建设试点、“美丽杭州”实验区建设。加快构建多层次多功能覆盖城乡的基本生态网络，加强“六条生态带”建设和保护，西湖、运河及“三江两岸”沿线生态景观显著提升。

加快完善城市功能，统筹推进城市国际化和城乡一体化。制定实施《杭州市加快推进城市国际化行动纲要（2015~2017年）》，加快推进城市公共服务领域国际化，深入实施教育、医疗卫生国际化行动计划，顺利推进国际化医疗中心建设和国际化生活社区建设试点，国际友城增至29个。加强供电、供水、燃气和垃圾处理等公用设施建设。组织开展市域发展战略规划研究，促进桐庐、淳安、建德、临安与主城区协调发展。深化省级小城市培育试点和中心镇“双千工程”建设，中心镇综合承载力增强。进一步打造“美丽乡村”升级版，加快推进“杭派民居”示范村创建和历史文化村落保护利用。

着力保障和改善民生，群众生活品质不断提升。统筹推进高校毕业生、失业人员、农村居民等重点群体就业创业。继续开展第二轮“万名党员干部结对帮扶万户城乡困难家庭”活动。延伸拓展“春风行动”，帮扶范围向农村和外来务工人员延伸。积极推进城乡居民养老保险市级统筹，萧山、余杭、富阳和大江东产业集聚区等社保一体化进程稳步推进，城乡居民医疗养老保障和最低生活保障水平稳步提高。加快推进中小学名校集团化、城乡学校互助共同体，率先实现全国义务教育基本均衡县全覆盖。浙江音乐学院建成投入使用。完善“社区首诊、双向转诊、急慢分治、上下联动”的分级诊疗体系，“双下沉、两提升”工作和“智慧医疗”建设让城乡居民看病更方便。举办联合国妇女署“性别平等与企业社会责任”国际会议、全球女性创业者大会。全面推进“9064”养老服务体系建设。积极筹备亚运会和世界短池游泳锦标赛等重大赛事。

加强名城强市建设，文化软实力持续增强。深入开展“中国梦”和社会主义核心价值观宣传教育与主题实践活动，组织纪念抗日战争胜利70周年系列活动。健全发现“最美现象”、弘扬“最美精神”长效机制，杭州“最美”宣讲团被评为全国基层理论宣讲先进集体，公交司机孔胜东入选“第五届全国道德模范”。区县（市）和公益性文化单位公共文化服务标准化工作全面推进，全市初步形成“1+X”公共文化服务标准化体系，下城区、余杭区分别制定发布全国首个社区公共文化服务动态评估规范、乡镇综合文化站公共服务地方标准。加快文创与旅游、制造、电商、金融、农业等跨界融合发展，推进文创产业化、产业文创化。成功举办第十一届中国国际动漫节和第九届杭州文博会，文博会成为全国文化产业领域四大综合性展会之一。

加强和创新社会治理，法治杭州、“平安杭州”建设全面推进。巩固完善“一网三中心”基层社会治理体系，抓好“杭法十条”各项目标任务的分解落实。全面启动新一轮“公述民评”问政问效活动。集中开展全市出租房屋消防安全、流动人口登记和出租房屋管理、出租房屋电力设施安全3个专项整治行动。强化源头治理和全过程监控，全面提高社会灾害管理和应对处置能力，切实维护全市公共安全，保障维护人民群众生命财产安全。

落实全面从严治党责任，凝聚改革发展正能量。按照中央和省委部署，高标准、严要求开展“三严三实”专题教育，努力营造良好政治生态。组织全市县处级以上党员领导干部开展党章党规党纪集中轮训，巩固拓展党的群众路线教育实践活动成果，持之以恒纠正“四风”问题。认真贯彻中央和省委关于做好意识形态工作的部署，把意识形态工作纳入全市党建工作责任制考核。完善领导班子和干部考核评价办法，推进优进庸退、能上能下。全面实施“双基十条”，切实加强基层党建和基层政权工作。认真贯彻落实《中国共产党廉洁自律准则》《中国共产党纪律处分条例》，严格执行“六大纪律”特别是政治纪律和政治规矩。认真履行党风廉政建设主体责任，全面落实主体责任履行情况向上一级党委、纪委报告制度，切实抓好省委巡视组反馈意见的整改落实，旗帜鲜明支持纪委履行监督责任。

【市委全委会】 2015年，市委共召

开两次全委会。

十一届九次全体(扩大)会议　7月6日召开。会议学习贯彻习近平总书记在浙江考察时的重要讲话精神和省委十三届七次全会精神并做全面部署,审议通过《中共杭州市委关于全面加强基层党建巩固基层政权的决定》。市委书记龚正代表市委常委会向全会做题为《全面贯彻习近平总书记重要讲话精神,奋力谱写建设“美丽中国”杭州样本新篇章》的报告。

十一届十次全体(扩大)会议　12月30日召开。会议学习贯彻中共十八届五中全会、中央经济工作会议精神和省委十三届八次全会、省委经济工作会议精神,审议通过《中共杭州市委关于制定杭州市国民经济和社会发展第十三个五年规划的建议》,研究部署下一个五年杭州市经济社会发展目标任务。市委书记赵一德代表市委常委会向全会做报告、就《建议(讨论稿)》向全会做说明。

【市委常委会】 2015年,市委常委会召开会议37次。市委常委会全面贯彻中共十八大和十八届三中、四中、五中全会精神,认真学习贯彻习近平总书记系列重要讲话精神特别是在浙江和杭州考察时重要讲话精神,按照党委“总揽全局、协调各方”原则,议大事、把方向、掌全局、用干部,充分发挥在同级党组织中的领导核心作用,就事关杭州经济社会发展的重大问题进行研究。

【市委财经工作领导小组会议】 2015年,市委财经工作领导小组召开会议3次,研究设立杭州城市发展基金、理顺杭州大江东产业集聚区管理体制、2016年全市经济社会发展主要预期目标等事宜。

【市委重要专题会议】 2015年,市委召开的重要专题会议有:全市安全工作专题会议、2015年“春风行动”动员大会、全市“双百”优秀乡村干部座谈会、市“五水共治”和“三改一拆”工作会议、全市深化作风建设会议、杭州国家自主创新示范区创建工作专题会议、全市社区矫正工作会议、全市领导干部会议、全市农村工作会议、国际峰会杭州市筹备工作专题会议、全市开放型经济暨支持浙商创业创新工作会议、全市政法(信访)工作会议、杭州市实施“一号工程”加快实体经济提升发展大会、全市推进农村民宿经济发展现场会、“三严三实”专题党课暨专题教育部署会、打造“美丽杭州”建设“两美浙江”示范区工作动员大会、中国(杭州)跨境电子商务综合试验区建设推进大会、全市防御第9号台风(灿鸿)会议、跨境电商综试区工作专题会议、推进“一号工程”和与阿里巴巴战略合作专题会议、全市农村生活污水(垃圾)治理暨农村土地承包经营权确权登记颁证工作推进会、全市浙商回归工作推进会暨全市产业招商工作会议、全市职业教育工作会议、全市中小学育人工作座谈会、全市计划生育工作会议、杭州国家自主创新示范区建设工作专题会议、中国(杭州)跨境电子商务综合试验区专题推介会、重点工作推进大会、党的群团工作会议、统战工作会议、2015年度杭州市综合考评动员大会、民族工作暨民族团结进步表彰会议、市委理论学习中心组(扩大)专题报告会等。

【市委新设立的市级议事协调机构】 2015年,市委新设立的市级议事协调机构有:国际峰会杭州市筹备工作领导小组、杭州市社区矫正暨安置帮教工作委员会、杭州国家自主创新示范区创建工作领导小组、杭州市行政区划调整实施工作领导小组、全市基层党建工作联席会议、杭州市深化出租车行业改革工作领导小组、2018年世界短池游泳锦标赛组委会、杭州欧美同学会·杭州留学人员联谊会筹备工作领导小组、推进西湖大学(筹)项目联络对接工作领导小组、杭州钱江经济开发区(杭州钱江科技城)整合提升工作领导小组、市司法体制改革试点工作领导小组等。

【G20国际峰会将在杭州召开】 12月1日,中国正式接任二十国集团(G20)主席国。中国于2016年9月4~5日在浙江杭州举办二十国集团领导人第十一次峰会,峰会主题为“构建创新、活力、联动、包容的世界经济”。

【杭州获亚洲运动会举办权】 9月16日,在土库曼斯坦阿什哈巴德第三十四届亚奥理事会代表大会上,亚奥理事会主席艾哈迈德亲王正式宣布杭州获得2022年第十九届亚洲运动会举办权。杭州成为继北京、广州之后,第三个举办亚运会的中国城市。

【国务院同意设立中国(杭州)跨境电子商务综合试验区】 3月12日,国务院批复同意杭州“先行先试”建设中国(杭州)跨境电子商务综合试验区。杭州建设跨境电商综试区的总体目标是通过制度创新、管理创新、服务创新“三个创新”,实现跨境电子商务自由化、便利化、规范化“三化发展”。重点是以信息为基础、诚信为核心、技术为支撑,实现信息流、资金流、货物流“三流合一”,在探索建立跨境电商国际规则、政策体系、数据化监管方式和供应链综合服务体系上实现“四个突破”,打造投资贸易便利、监管高效便捷、法制环境规范的跨境电子商务创业创新中心、跨境电子商务服务中心和跨境电子商务大数据中心“三大中心”,为全国创造可复制可推广的经验。

【杭州建设国家自主创新示范区获批】 8月25日,国务院批复同意杭州和萧山临江2个国家级高新技术产

2015年中共杭州市委办公厅重要文件

表52

序号	标　题
1	中共杭州市委办公厅关于印发龚正同志在市委十一届九次全体(扩大)会议上的报告的通知
2	中共杭州市委办公厅关于印发龚正同志在市委十一届八次全体(扩大)会议上的报告和《2014年市委常委会工作总结》的通知

业开发区(统称杭州国家级高新区)建设国家自主创新示范区。这也是国务院批复的第十个国家自主创新示范区。杭州明确提出,以建成具有全球影响力的"互联网+"创业创新中心为战略目标,把国家自主创新示范区建设成创新驱动转型升级示范区、互联网大众创业示范区、科技体制改革先行区、全球电子商务引领区、信息经济国际竞争先导区。

(杨毅贞)

【G20杭州峰会筹备期间保密服务保障】 2015年,市委保密委(市保密局)制定出台峰会筹备工作领导小组保密工作制度,指导峰会筹备工作领导小组的各工作机构、各成员单位编制保密工作相关制度。举办专题培训班4场,指导参与峰会组织和服务保障的工作人员掌握保密知识技能,为涉及峰会的相关部门提供保密事项业务咨询、指导和确认。对各工作机构集中办公场所进行排查,对承担具体保障任务的24个单位进行抽查,确保落实管控措施。为全市重要会议、活动提供现场服务保障,保证其安全保密和良好秩序。

【"六五"保密法制宣传教育规划总结】 2015年,市委保密委(市保密局)组织开展全市"六五"保密法制宣传教育规划总结工作。印发《关于做好"六五"保密法制宣传教育总结验收前期准备工作的通知》,制定总结验收任务分解表;对组织领导、宣传教育、文化建设、经费保障等方面工作进行细化;成立专门验收检查小组,对部分区县(市)和市直单位进行检查验收。

【保密法制宣传活动】 2015年,市委保密委(市保密局)以《中华人民共和国保守国家秘密法实施条例》公布施行一周年为契机,设计制作保密宣传标语和保密宣传品,在市区主要路段、重要区域、公交站台设置宣传海报90多幅,面向机关单位发放保密宣教书籍350册,利用邮政报亭LED显示屏、"干部学习新干线"、市民大讲堂、华数传媒点播、"保密观"微信公众号等新载体,扩大保密宣传的社会影响力。10月10日,通过省、市、区三级联动合作,在吴山广场举办广场保密宣传活动,为市民讲解保密知识、提供保密咨询、发放保密宣传手册及宣传用品,营造"学保密、知保密、懂保密、善保密"的宣传氛围。

【保密优秀作品文艺汇报演出】 6月1日至7月31日,市委保密委(市保密局)面向全市党政机关、企事业单位、大专院校等开展"保密在身边、使命记心间"征文大赛活动,13个区县(市)及所属机关单位、41个市直机关单位、相关企业和院校组织人员参加保密征文大赛,共征集作品259篇。在此基础上,对优秀征文作品进行成果转化,改编成歌舞、诗歌、快板、小品等艺术展现形式,举办"纪念新修订《中华人民共和国保密法》颁布实施五周年暨保密征文优秀作品汇报演出"。通过文艺会演进行集中演绎,探索新的保密文化宣传方式,培养和提升全社会保密意识。

(皮新廉)

8月20日,全市"三严三实"专题教育工作推进会召开 (市委组织部 供稿)

【党建责任综合绩效考核】 2015年,市委认真落实"抓好党建是最大政绩",加强党建工作的统一领导和统筹协调,创新"大党建"责任考核机制。1月30日,研究制定《党委(党组)及其主要领导落实党建工作责任制考核办法》,明确党委(党组)及其主要领导责任。以党风廉政建设责任、组织建设责任、宣传意识形态责任三大指标体系为主,建立《党建工作基础指标库》。11月2日,制定《党委(党组)落实党建工作责任考核细则》,实现"市本级统筹、各单位一次迎检"的党建考评格局。强化考核结果运用,把党建责任考核结果作为领导干部选拔任用、岗位调整、培训教育和奖惩的重要依据。

【"三严三实"专题教育】 2015年,市委组织部根据市委部署,认真履行双重责任,牵头推进"三严三实"专题教育,会同市纪委、市委办公厅、市委宣传部等部门分线协调推进各项任务落实。5月14日,召开全市"三严三实"专题党课暨专题教育部署会,市委书记带头讲专题党课,做出示范引领,全市1129名市级和市管党员领导干部完成讲党课。通过例会推进、通报倒逼、派员督导等方式,推动全市1.3万名县处级以上领导干部通过党委(党组)中心组学习、"三会一课"、专题培训、个人自学等方式,联系正反典型,完成3个专题研讨。全市各级领导班子和领导干部累计查摆问题7.62万个,即查即改5.77万个。推进群众路线教育实践活动后续整改落实,整改项目完成99.89%。选树朱忠华、杭兰英式优秀乡村干部200名,固化"走村不漏户、户户见干部"等做法,全市乡镇(街道)干部走访群众110.3万户。

【领导干部党性教育】 2015年,市委组织部围绕坚定理想信念,大力推进马克思主义和中国特色社会主义理论体系学习,把学习习近平总书记系列重要讲话精神作为教育的重中之重。市本级举办各类培训

37期，培训干部4269人次，其中市管干部2483人次。把守纪律讲规矩遵法度作为讲党性的基本底线，分层分级开展中共十八届四中全会精神、宪法和党章、“杭法十条”学习培训。组织党校进修班、中青班等主体班次700多名学员举行“忠于宪法”宣誓活动。

【干部专业化能力培训】 2015年，市委组织部围绕杭州城市定位和发展需要，开展专题培训。紧扣中央“互联网+”战略和市委“一号工程”，举办市管干部“智慧经济”和信息经济专题研讨班。从服务G20杭州峰会、跨境电商发展等实际需求出发，启动“干部外语e课堂”培训项目。推进“干部学习新干线”移动终端建设。引进北京大学、中国人民大学等高校优质师资，办好干部网络选学“知行讲堂”，市本级举办“知行讲堂”16期，培训干部2162人。

【选用干部严格规范】 2015年，市委组织部深入贯彻落实《党政领导干部选拔任用工作条例》，抓好系列配套制度建设，对动议、推荐、考察、决定、公示等重点环节做出系统规范。建立干部选任初始提名库，强化基础工作，制定《关于在动议环节实行领导干部署名推荐的办法》。制定《考察工作操作规程》，对考察工作全流程做梳理规范，明确18个细节要求，梳理归纳“考察十问”，建立考察工作人员库。制定《市管领导干部选拔任用纪实工作部内操作规程（试行）》，进一步明确选拔各环节的具体纪实分工、纪实内容、材料清单、标准格式，按照有关要求，建立干部工作资料台账，为选人用人的追溯、倒查提供翔实依据。全年市委新提拔市管干部118人，交流转任60人。

【干部梯队建设】 2015年，市委组织部优化市管后备干部结构，经集体推荐，差额比选，调整确定836名市管后备干部，市管正职、副职后备干部平均年龄分别比调整前下降2.7岁、2.2岁。建立市县两级年轻干部配备计划，实行定期督查通报和预报预审制度，调整充实各层次梯队力量，共确定梯队名单566名。首次面向优秀应届毕业生招录选调生“村官”26名。面向大学生“村官”公开招聘乡镇（街道）事业单位工作人员57名。在全市年轻干部中开展“自觉践行三严三实，青春建功比学赶超”专题活动，启动“我的青春我来讲”年轻干部成长讲坛。

【担当有为干部队伍打造】 2015年，市委组织部在市管领导班子和领导干部中开展“打造‘狮子型’团队、争做担当有为干部”主题活动。提出“狮子型”团队，即做到“四讲四有”：讲政治有定力，对党忠诚；讲实绩有本领，攻坚克难；讲民主有集中，团结高效；讲规矩有纪律，廉洁奉公。“担当有为”干部，即做到“四担当四作为”：政治上敢担当，坚定信念有作为；改革上敢担当，破难创业有作为；作风上敢担当，务实坚韧有作为；法治上敢担当，依法履职有作为。聚焦解决“不担当、不作为、不落实”等问题，从思想引领、民主集中制、履职尽责、依法治理、干净干事等方面正面激励，推动各级领导干部提振精气神，凝神聚力干事业有作为。

【G20杭州峰会专项考核实施】 2015年，市委组织部按照市委部署，围绕国际峰会筹备工作组织专项考核，出台《关于对领导班子和领导干部开展国际峰会筹备工作推进落实情况专项考核的通知》，对参与峰会筹备的市直单位和区县（市）领导班子及领导干部，每月组织一次专项考核，每两个月形成专题考核报告，奖优罚劣，不搞平衡。考核组通过走访项目现场、集中办公点、列席各类工作会议、与干部谈心谈话等方式，全面考察干部在峰会筹备中的表现，把峰会表现作为选用干部的重要依据。

【干部管理专项整治】 2015年，市委组织部按照中组部和省委组织部的部署，继续从严从实抓好“三超两乱”、领导干部违规兼职、“裸官”等问题的专项整治。市本级提前完成市管领导干部超职数配备整改工作，13个区县（市）完成除兼职外领导超职数配备的清理工作。杭州市消化超配干部的做法获中组部《组工信息》报道。全力推进干部人事档案专项审核工作，完成1328卷在职市管干部人事档案的初审、复审工作。会同市公安局开展违规办理和持有因私出国（境）证件专项治理。紧扣省委巡视组反馈的4类问题、省委组织部选人用人检查组反馈的6个方面11个问题，分批对10个区县（市）和18个市属国企开展选人用人情况专项检查，实行“销号式”管理，加强跟踪问效。

【干部选拔任用全程监督】 2015年，市委组织部坚持全过程监督干部选拔任用工作。严格落实市本级干部选拔任用事项向省委组织部预报工作，共上报方案16批次。建立区县（市）干部选拔任用方案预审制度，共预审干部76批次。个人有关事项报告随机抽查比例从4%提高到10%，共随机抽查1233人（其中市管干部129人），诫勉谈话139人，移交纪检部门1人。启动副处级以上拟提拔干部个人有关事项报告“凡提必核”，审核考察对象2405人（其中市管干部151人），10人因与事实出入较大暂缓提拔，163人因漏报向组织做出书面说明和检查。对“一报告两评议”结果进行专题分析，评议结果纳入党建责任制考核，向评议结果相对靠后的23个单位发送书面提醒通知书。

【“双基十条”决定出台】 2015年，市委组织部起草市委《关于全面加强基层党建巩固基层政权的决定》（简称“双基十条”），7月7日，经市委十一届九次全体（扩大）会议审议通过。“双基十条”从巩固提升、改进完善、探索创新3个层面，协调推进156项具体任务。严格推行基层党组织堡垒指数及五星级管理，打造“五好”服务型乡镇（街道）等基层党组织星级示范点（群），健全落实软弱涣散基层党组织长效整治转化机制，全市共选派“第一书记”269人。制定《关于规范乡镇（街道）党委领导班子职位设置和职数管理的意见》，确保每个乡镇（街道）都有3名以上同志抓党建。全面落实村（社区）党组织服务群众专项经费，村（社区）党员活动经费提高到每人每年120元，确保人口规模1500人以上村的村级运转经费每年不少于20万元，其他村不少于10万元，推动基层基础保障由“底线型”向“发展型”升级。

【农村基层党建规范化建设】 2015年，市委组织部系统总结全市农村基层党建“十抓十促”工作经验，编印《杭州市农村基层党建规范化建设指南》。制定进一步提升农村基层党建工作要点，推行乡镇（街道）党（工）委书记定期工作交流会议制度，抓好村（社区）党组织书记定期工作交流。培育打造示范点，带动农村基层党建工作整体提升。杭州市推进农村基层党建的做法得到中组部、省委组织部充分肯定，中央电视台《焦点访谈》介绍杭州市农村党建工作经验，全国农村基层党建工作座谈会与会人员分组前来考察，全省农村基层党建工作推进会在杭州召开。

【“两新”党建工作升级】 2015年，市委组织部以“品牌创建年活动”为抓手，推动杭州“两新”组织党建工作提档升级。在全市建立楼宇集群、商圈街区、产业园、专业市场等“两新”组织集聚区党委312个，构建“一核多堡”的组织网络，创新“三抓三带”联动模式，创新“党建+和谐”新品牌。新建、扩建区域性党群服务中心121个，辐射企业1.03万个，覆盖党员1.8万名，吸纳流动党员7000多名。确定193个领军企业和39个行业性、公益型社会组织进行重点培育，调整升格党组织设置，择优选派党建工作指导员。

【规范系统行业党建】 2015年，市委组织部着眼民生领域抓党建，统筹推进国资、教育、卫计系统党建。会同市国资委部署推动国企党建任务，深入开展“一企一品”党建品牌创建活动。召开全市教育系统党建工作推进会，会同市委教育工委制定出台《关于加强和改进全市教育系统党建工作的意见》（简称《意见》），牵头组织对13个区县（市）、2个开发区、10所市属高校和民办院校、30个市教育局直属学校（单位）贯彻落实《意见》和会议精神情况开展督查。会同市卫计委研究起草加强和改进卫生计生系统党建工作的意见，强化党建统领卫生计生事业改革发展稳定的格局。

【严格党员日常管理】 2015年，市委组织部健全发展党员全程纪实、党组织关系接转“六问一必查”等做法，从严规范发展党员工作，全年发展党员8906名，处置不合格党员846名。严格落实“党员固定活动日”制度，开展专项督查，督促各级党组织融合“三会一课”每月开展活动，推动基层党的组织生活规范化、制度化、常态化。通过评选百佳案例、编印指导手册等方式，推动“党员固定活动日”制度扩面提质。中组部《组工通讯》配发编者按推广杭州市做法。

【创新推出“人才新政27条”】 2015年，市委组织部按照市委要求，对2004年以来的70多个人才工作文件进行梳理整合，1月21日，出台《杭州市高层次人才、创新创业人才及团队引进培养工作的若干意见》，创新推出“人才新政27条”，同步制定操作细则45个、配套文件15个，形成“1+X”政策体系。完善分类评价，改进原有6支人才队伍的划分，按能力水平和业绩贡献，建立“5+1”人才分类认定评价机制。开展新政落实情况督查360多次，市县两级开展送政策活动700多次。完成高层次人才认定1034人，发放各类人才创新创业资助1.4亿元。

【启动人才“两区”建设】 2015年，市委组织部研究起草《杭州市“十三五”人才发展规划》，启动人才生态示范区和人才管理改革试验区“两区”建设。开展人才生态模式研究和整体设计，研究提出领导推动优、政策体制优、发展平台优、工作绩效优、服务保障优、作用发挥优的“六个优”人才生态标准和33项评价指标，探索形成“一核六动”生态模式。全面启动16个人才工作主平台的人才生态示范区创建工作。按照综合类、特色类分类推进人才管理改革试验区试点工作。

【推进引才平台建设】 2015年，市委组织部进一步搭建引才平台，全力推动西湖大学（筹）筹建工作，浙江西湖高等研究院注册落地。统筹推进中科院理化所杭州分所、浙江清华长三角研究院杭州分院、杭州智慧生态产业研究院等高端平台建设，提升集聚人才项目的能力。连续第七年举办“浙江·杭州国际人才交流与项目合作大会”，24个国家和地区的500多名海外人才携带593个创新创业项目参会洽谈，现场签约项目178个、金额达19.3亿元。首次走出国门举办“创客天下”海外高层次人才创新创业大赛，参赛项目明确落地意向数53个。新增国家“千人计划”专家25名，新增省级“千人计划”专家59名、市“521”计划人选33名。

【优化人才服务创新】 2015年，市委组织部起草《关于当好“店小二”优化人才服务的意见》，确定“店小二”代办员152人，实现“一张纸”清单、“一站式”精准服务，帮助人才及相关企业解决问题1500多件。开辟高层次人才网上服务专窗，开发人才分类认定和住房保障管理两大系统，优化人才住房受理程序。制定出台《进一步发挥高层次人才作用的意见》，提出当好智囊、服务大局、创新创业、带徒育才、引才鉴才等8条路径，引导高层次人才发挥作用。

【创新“智慧党建”工作】 2015年，市委组织部全面实施《“智慧党建”规划》，加大重点项目集中攻关力度。推进全市基层党建主干系统建设和公务员库二级分中心等项目建设，做好在职市管干部档案数字化录入、整理和归档工作。全面完成市本级和区县（市）大组工网分级保护建设工作，顺利通过全省首家涉密信息系统分级保护测评。稳步推进“党群服务微平台”二期建设，提高平台应用的科学性和亲和力，2.5万名党员通过党群服务微平台报到，认领完成微心愿5700多个。联动拓展党员志愿服务线下阵地，参与线下活动4500多人次。杭州市党员志愿服务工作得到中组部部长赵乐际批示肯定。 （徐承坪）

【学习型城市建设】 2015年，杭州市学习型城市的平台载体建设取得新进展，通过加强对漂流书亭的建设与管理，以“带一本书来换一本书走”的方式让图书在市民手中实现“漂流”。习近平总书记在考察杭州市钱江新城期间，对漂流书亭做

了充分肯定，称赞这种文化传播方式有特点。组织开展第三批杭州市悦学体验点推荐活动，促进群众性学习活动进一步向基层延伸。9月8～30日，市委宣传部以“学习，让城市更美丽”为主题，举办第五届杭州学习节，同时开展学习研讨、学习发布、“崇学”主题月、学习普及、学习评选等5大类、17项群众性活动，市直有关单位和各区县（市）也在学习节期间，结合各地各单位特点，开展各具特色的学习活动。该届学习节以开门办节送学习的方式，进一步探索学习型城市建设的杭州模式，受到社会各界的广泛关注和参与，仅“对话最强学习大脑”活动网络点击量达300万次。中央和省、市媒体对学习节活动进行宣传报道。

【“我们的价值观”主题实践活动】 2015年，市委宣传部持续深化“我们的价值观”主题实践活动，在抓好原有“三个一”载体基础上，围绕诚信、文明等12个月主题词，创新开展“名人说价值观”“百姓说价值观”“图说价值观”等“三说”价值观活动。“名人说价值观”活动先后邀请宗庆后、余秋雨、叶诗文、孔胜东、黄小荣等知名人士共聊价值观，在“浙江在线”、《杭州日报》以及“杭州发布”微博微信等平台发布信息，点击量达12万多次，积极探索运用名人的传播效应释放和传播正能量，使社会主义核心价值观深植人心。《人民日报》、《光明日报》、《党建》杂志、“浙江在线”等中央和省级媒体先后刊文宣传报道杭州市开展“我们的价值观”主题实践活动的先进经验。

【理论宣讲】 3月31日，市委宣传部完善并制定印发《杭州市中国特色社会主义理论体系宣传普及讲师团师资库》，指导全市各地各单位开展菜单式宣讲。制定印发《党的十八届五中全会精神宣讲工作方案》，组建市委宣讲团开展十八届五中全会精神宣讲，并组织“百支宣讲团、千名宣讲员进基层”宣讲活动。以“信仰的力量”为主题，组建宣讲团并赴6所市属高校宣讲。以“绿水青山就是金山银山”为主题，举办杭州市第二届微型党课大赛。在全省第六届微型党课大赛中，杭州市选手忻皓获一等奖。11月，杭州“最美”宣讲团获中宣部全国基层理论宣讲先进集体，为全国省会城市和副省级城市唯一入选的市级宣讲团。

【理论研究】 2015年，市委宣传部围绕学习贯彻习近平总书记系列重要讲话精神、推进学习型城市建设、深化“我们的价值观”主题实践活动等选题，深入开展理论研究和调研，形成“以社会主义核心价值观引领学习型城市”“社会主义核心价值观与杭州传统文化”“杭州学习型城市建设的模式创新与实践”“杭州加入全球学习型城市网络城市的成功探索”等课题的理论成果。围绕“学习，让城市更美丽”主题，与市社会科学院联合举办“学习型城市杭州模式研讨会”，邀请省级研究机构、驻浙中央媒体及市属研究机构和基层代表参与研讨。在全市社科理论界组织开展“坚定信念、与党同心”主题教育实践活动，组织有关研究单位和媒体单位开展杭州学习型城市样本研究采集工作，出版“2015年理论动车组系列丛书”。《让“我们的价值观”走进寻常百姓生活》入选《全国宣传思想文化工作创新百例》，《全面推进五大发展理念新实践》发表于《浙江日报》理论版。

【开展理论宣传】 2015年，市委宣传部结合学习习总书记系列重要讲话精神，学习贯彻中共十八届四中、五中全会精神和省市委全会精神，组织开展各种理论宣传活动。利用“钱塘论坛”“学与思”“热点面对面”“一理一论”等宣传阵地，先后推出系列理论文章、报道、节目180多篇（期）。在全省基层党校评选活动中，上城区南星街道等4所基层党校被评为浙江省示范基层党校，上城区小营街道等6所基层党校被评为浙江省先进基层党校，4名个人被评为浙江省基层党校优秀教员。

（李　进）

【“最美杭州人”主题宣传活动】 2015年，市委宣传部开展“发现‘最美杭州人’、争做‘最美杭州人’”主题宣传活动，利用《杭州日报》、《都市快报》、“杭州网”和杭州电视台做好新闻报道工作。在市属媒体开展“最美杭州人”宣传报道活动，共宣传报道“最美人物”101人。

1月9日，杭州市第二届“最美杭州人”光荣墙揭幕　　（杭州图库　供稿）

组织省市媒体重点宣传“最美大学生”何俊斌舍己救人的事迹，并在杭州师范大学召开学习何俊斌座谈会。5月，何俊斌被中央文明办评为“见义勇为好人”。开展第三届“最美杭州人”评选活动，评出第三届“最美杭州人”10名和“最美杭州人提名奖”20名，先进事迹在吴山广场“光荣墙”展示。自2013年来，全市共评选出市级、区县（市）级和各条战线“最美杭州人”2200多名，先后有1.5万名“最美人物”的事迹在全市1150个光荣墙、光荣室、光荣栏（廊）上展出，生动展现典型辈出、群星灿烂，从盆景到风景、从风景到风尚的“最美现象”。

【纪念中国人民抗日战争胜利70周年活动】 6月29日，市委宣传部举行纪念中国人民抗日战争胜利70周年群众性歌咏活动，各社区、学校、机关部门合唱团的成员以及市民代表近1000人参加，市委常委、市委宣传部部长翁卫军等领导观看演出。通过群众歌咏的形式，弘扬伟大抗战精神，唱响爱党爱国爱社会主义的时代主旋律，引导全市人民坚定不移走中国特色社会主义道路，坚定不移推进“四个全面”，为实现中华民族伟大复兴的中国梦、推进“两富”“两美”浙江建设和“美丽杭州”建设做出新的贡献。同时，在全市开展社会宣传活动，印发纪念中国人民抗日战争胜利70周年宣传画5000多套。全市机关、学校、基层等单位悬挂、播放宣传标语口号5.6万多条。在城区主要道路、户外LED显示屏、长途汽车站、地铁站（车厢）、公交车电视、社区阅报栏、书报亭、交通指示牌等宣传阵地悬挂、播放宣传标语1.2万多条。各地各单位结合实际广泛开展读书演讲、书画摄影、“网上祭英烈”、寻访抗战老兵、学习抗战歌曲、缅怀先烈等纪念活动。纪念中国人民抗日战争暨世界反法西斯战争胜利70周年大会后，各单位以座谈会等形式，深入学习习近平总书记在纪念大会上的重要讲话精神，大家表示，要以习近平总书记重要讲话为指导，从抗战精神中汲取营养，将伟大的抗战精神转化为实现国家富强、民族复兴的强大动力。（陈明春）

【“杭州发布”政务民生微信列全国334个城市榜首】 2015年，市政府新闻办修订完善《“杭州发布”网络平台成员单位“双微”工作考核办法》，三级矩阵总体实力不断增强。至年末，“杭州发布”关注总人数突破600万个，其中微信用户突破100万个，先后获“全国政务新媒体优秀公众号”“全国十佳城市政务新媒体”等称号，列全国334个主要城市政务民生类微信公众号榜首。精心组织G20国际峰会落地杭州举办、杭州获亚运会举办权等重大信息的及时发布，新增华数电视发布平台，推出15项智慧应用服务。坚持三级平台分级分类发布，有效引导舆论热点，“杭州发布”成为集权威发布、服务民生、舆论引导为一体的综合性政务网络发布平台。

【重大主题对外和网上宣传】 2015年，市委外宣办（市网信办）围绕中心、服务大局，组织市属网络媒体，联系中央、省级主流网媒和涉外媒体，整合资源，着力构建全媒体联动报道矩阵，运用新媒体技术创新网上宣传手段，做好中共十八届五中全会精神、习近平总书记在浙江调研、纪念抗日战争胜利70周年、“办好G20，当好东道主”等重大主题对外和网上宣传，开展“美丽中国杭州样本——小镇故事”“绿水青山就是金山银山”等主题宣传活动和“我的美好家园”微图文征集等网络互动活动。与市有关单位联手举办2015年杭州市网络安全宣传周活动。与市经合办、杭报集团、杭州文广集团携手组织“2015聚焦杭州都市圈”联合采访活动，进一步扩大杭州都市圈影响力。网络正能量传播的“杭州样本”在全省网信系统得到推广。

【杭州市民摄影活动周】 5月，市委外宣办以“最爱杭州——我的城市我的家”为主题，以弘扬“社会主义核心价值观”为主线，围绕市委、市政府提出的建设“美丽杭州”的目标，举办杭州市民摄影活动周，开展“征集100位杭州人肖像”“10个城市著名手机摄影师快拍美丽杭州24小时”“全国10强摄影微信公众号摄影高手快拍美丽杭州24小时”“我的城市我的家——杭州最美社区（村落）摄影大赛”四大征集活动，征集作品上万幅，以两大世界文化遗产地——西湖和京杭大运河作为展区，联动展出2000多幅摄影精品，向广大市民和游客生动展现杭州秀美的自然风景、持续的经济发展、厚重的文化底蕴以及良好的社会风尚。

【杭州网络文化节】 10～12月，由市委外宣办（市网信办）、市网络文化协会主办的2015年（第七届）杭州网络文化节成功举办。该网络文化节围绕“网络正能量，共筑e公益”主题，开展网络文化传播、网媒网商创新、网络公益发展三大系列十项活动，包括“我们的杭州城”网络传播活动、知名微博达人杭州文博会采风活动、杭州微信自媒体发展论坛、2015年中国车联网峰会、“西湖汇”网络公益联盟成立仪式暨“公益讲堂”开讲、“寻找温暖的力量”杭州最美公益系列网络评选活动等，吸引“新华网”“人民网”“中新网”等100多家媒体的报道和转载。

【践行网信精神主题征文】 2015年，市网信办组织全市网信系统围绕“2014年，我们一起走过”和“我的2015年”两个主题，积极参加中央网信办组织开展的全国网信系统主题征文比赛。杭州市有2篇文章成功入选中央网络安全和信息化领导小组办公室编辑的《忠诚、担当、创新、廉洁、团结、奉献——全国网信系统践行网信精神征文比赛》一书。

【新闻发言人队伍建设】 2015年，市委外宣办（市政府新闻办）建立例行新闻发布和管理制度。党委系统实行新闻发言人及助理制度，政府系统实行新闻发言人A、B双岗制度，对全市各级党委、政府部门和单位的228名新闻发言人进行更新，新增新闻发言人单位11个，新闻发言人总数达250名，覆盖范围从党委、政府部门扩展至重要公共事业单位和主要市属国有企业。5月7日，举办全市市级新闻发言人培训班，进一步提升新闻发言人综合素质和发布水平。全年完成“博鳌亚洲论坛”“第八届杭州国际体验日”“国际电子商务博览会”等20多场新闻发布会的组织协调工作。

【市属新闻（重点）网站网络安全工作】 2月10日，市网信办牵头举办全市首次市属新闻（重点）网站网络安全培训会议，100多名来自各区、县（市）委外宣办（网信办）、市属网络媒体、公安网警系统、重点政府网站及各区、县（市）新闻网站的网络安全负责人、技术人员等参加会议。12月30日，印发《杭州市属新闻（重点）网站信息安全工作实施方案》，推动市属新闻（重点）网站网络安全防护工作规范化。

【“网络敲诈和有偿删帖”专项整治行动】 1月起，市网信办在全市开展为期半年的“网络敲诈和有偿删帖”专项整治工作。市网信办及各区、县（市）网信工作人员签订了《杭州市网信办工作人员廉洁从业承诺书》。全市16个网络媒体及20多个重点社会网站均签订开展“网络敲诈和有偿删帖”专项整治工作的承诺书和责任状，并在网站首页进行公示。市网信办设立专门的举报电话和邮箱，在杭州网公布，接受社会监督。

【网上“扫黄打非”专项行动】 4月起，市网信办在全市开展2015年网上“扫黄打非”专项行动。指导杭州网等全市16个新闻网站和葫芦网、19楼、阿里巴巴等商业网站成立内部专项工作小组，督促各网站健全内部工作制度，严格落实主体责任；完善举报机制，设立举报电话和邮箱，各网站均在首页设置举报窗口；重点加强微博、微信、微视、微电影等“微领域”监管，与市文广新局实地检查涉微互联网企业6个。

（市委外宣办）

【市委统战工作会议】 11月27日，市委召开统战工作会议，深入学习贯彻中央和省委统战工作会议精神，研究部署杭州市统战工作。省委常委、市委书记赵一德出席并讲话，要求深入学习贯彻习近平总书记系列重要讲话精神，充分发挥统一战线重要法宝作用，为杭州推进“四个全面”战略布局实践、实现“十三五”新发展提供广泛的力量支持。张鸿铭、王金财、叶明、许勤华、翁卫军、佟桂莉、马晓晖、叶寒冰、范辉、陈擎苍等出席会议，杨戌标主持。

【学习贯彻中央、省委统战工作会议精神】 中央、省委统战工作会议召开后，杭州市全力抓好会议精神的贯彻落实，在全市各级党委、统战系统和党外人士三个方面掀起学习贯彻的热潮。市委先后召开两次常委会专题听取关于中央、省委统战工作会议精神的汇报，及时传达学习会议精神，研究贯彻举措。市委统战部领导班子成员赴各有关单位宣讲中央、省委统战工作会议精神22次；举办全市统战部长读书会、全市统战系统单位专题学习会、党外人士中央统战工作会议精神传达学习会等10多次。12月31日，市委印发《中共杭州市委关于贯彻落实〈中国共产党统一战线工作条例（试行）〉的实施意见》，进一步提升全市统战工作的制度化、规范化、程序化水平。

【统一战线服务G20杭州峰会主题活动启动】 2015年，市委统战部在全市统一战线进行广泛动员，支持鼓励统战成员参与G20杭州峰会服务保障工作，切实把服务保障G20杭州峰会作为统一战线成员服务发展的头等大事来抓。12月14日，召开杭州市统一战线“当好东道主、服务G20”主题活动座谈会，动员全市统战成员凝心聚力、履职尽责、同心协力服务G20杭州峰会。市各民主党派、市工商联、市知联会联合发出《在全市统一战线开展“当好东道主、服务G20”主题活动的倡议书》，号召广大成员争做服务保障G20杭州峰会的参与者、助推者和示范者。

【统一战线经济发展高峰论坛】 9月8日，杭州市举行统一战线经济发展高峰论坛。市委副书记杨戌标出席并讲话，董建平主持。叶鉴铭、王坚、朱祖德、张必来、胡伟等市各民主党派、工商联主要负责人和无党派人士代表参加会议。5位党外专家聚焦经济新常态，围绕“智能制造”、互联网创业创新、“一带一路”等热点问题做交流发言，为促进杭州经济转型升级、增强自主创新能力积极建言献策。杨戌标希望统一战线继续发挥各领域专家的作用，为杭州市全面深化改革、加快经济发展建言献策、献计出力。

【“开放式决策——法治杭州”研讨会】 5月28日，杭州市委统战部、市知联会共同举办“开放式决策——法治杭州”研讨会，研讨会由市新联分会承办，80多人参加。多位统一战线法律界专家、学者围绕“法治杭州”建设进行研讨，并对“开放式决策”的划时代意义、面临的问题和对策建议等进行深入探讨。参会专家的研究成果编入《“开放式决策——法治杭州”研讨会论文集》。

【重点课题调研机制创新】 2015年，市委统战部在开展市各民主党派、工商联重点课题调研活动的基础上，着力构建由市委领导、市委统战部与市委政研室（改革办）具体牵头的服务各民主党派、工商联深化调研的新机制。建立市委统战部、市委政研室与市各民主党派、工商联协同调研联席会议制度，每年召开2次会议协商选题、对成果进行论证研究。首次将重点调研选题纳入市年度课题计划，并给予经费补助。4月30日，召开首次联席会议，协商确定市各民主党派、工商联8项调研课题；12月17日，举办重点调研课题成果协商会，有关民主党派和市工商联详细介绍相关调研成果，提出对策建议，市委副书记杨戌标出席协商会并对课题研究成果予以肯定。

【杭州欧美同学会成立】 2015年，市委统战部为深入贯彻落实中央统战工作会议精神，切实加强新形势下留学人员组织建设工作，杭州市筹备成立杭州欧美同学会·杭州留学人员联谊会，由市委领导、市委统战部负责管理。12月29日，杭州欧美同学会·杭州留学人员联谊会一届一次理事会议暨成立大会举行，选举产生第一届理事会常务理事、会长、副会长，市委副书记杨戌标授牌并做重要讲话。

【中国特色社会主义学习实践活动】 2015年，市委统战部在民主党派和无党派人士中开展坚持和发展中国特色社会主义学习实践活动。1

月8日，召开统一战线坚持和发展中国特色社会主义学习实践活动推进会暨先进事迹报告会，开展统一战线“杰出人物”“建功立业模范”事迹宣讲；5月4~8日，在湖南省社会主义学院举办市各民主党派、工商联领导干部和无党派人士读书班；全年举办爱国主义系列讲座、知联大讲堂各4期，1100多人次参加。市各民主党派在学习实践活动中建立活动基地25个，召开报告会、座谈会88次，培训班39次，组织宣讲80场。

【促进非公有制经济人士成长】 2015年，市委统战部在非公有制经济人士中开展以“四信”为主要内容、以守法诚信为重点的理想信念教育实践活动。制定杭州市《关于以守法诚信为重点深入开展理想信念教育实践活动的实施意见》，在全市非公有制领域开展以“事业成功靠什么、人生出彩为什么、历史责任是什么、我为浙江‘四个全面’做什么”为主要内容的守法诚信大讨论活动。加强对新生代企业家的教育、引导、培养，举办首期新生代企业家研讨班；举办以“未来新动力——新生代的梦想与挑战”为主题的新生代企业家论坛，并获2015年西博会“最佳品牌奖”；13个区县（市）实现新生代组织网络全覆盖。

【党外代表人士队伍建设】 3月20日，市委统战部与市委组织部联合印发《关于进一步加强党外干部人才教育培训和实践工作的若干意见》，进一步深化协作配合工作机制。发挥党外人士实践锻炼基地作用，选拔3名党外干部到下城区党外干部实践锻炼基地参加第二批挂职锻炼；召开民主党派年轻干部实践锻炼工作推进会，总结交流首批党外年轻干部实践锻炼成果。在市委党校举办5期党外代表人士培训班，228名党外人士参加培训。

【纪念抗战胜利70周年“和平论坛”】 8月17日，为纪念中国人民抗日战争暨世界反法西斯战争胜利70周年，欧洲杭州联谊总会、奥地利中国和平统一促进会、奥中友协华人委员会、奥地利杭州华侨华人协会共同在奥地利维也纳举办“和平论坛”，杭州海外联谊会代表团一行6人出席活动。欧洲杭州籍侨团代表发出坚守和平的侨界声音、凝聚实现中华民族伟大复兴中国梦的侨界力量。（龚俊义）

【权责清单建设】 2015年，市编委办加强权力清单责任清单规范化建设。开展权力事项比对梳理，提出新增213项，并上报省编委办审核调整；开展由中央设定省市县实施的审批事项梳理，清理出涉及市级层面的300多项，并提出相应调整意见；开展市县两级非行政许可事项清理工作170项，全面取消非行政许可审批权力类别，实现省市县三级行政权力事项目录库基本保持一致；加强基层行政审批力量，按照“编随事走”原则，专门下放100名事业编制给主城区，强化主城区行政审批权力的承接与运行；试点开展乡镇（街道）、功能区权责清单建设；以责任清单中的公共服务事项为基础，会同相关部门试点推行服务清单制度，对进驻“市民之家”的27个单位共梳理并制定出服务事项358项，形成具有杭州特色的服务清单；拟定《杭州市部门行政权力清单管理实施办法》《杭州市人民政府部门职责管理办法》，强化权责清单长效管理。

【政府职能转变和机构改革】 2015年，市编委办组建市全面深化改革领导小组办公室，加强纪检派驻机构建设，推进纪检派驻机构全覆盖，新增纪检派驻行政编制30名。重新拟定市政府研究室、市司法局、市外办等部门“三定”规定。探索推行部门权责体系建设，以市发改委、市物价局、市民政局、市园文局为试点，全面梳理部门权责事项、职责履行、机构编制等，着力理清部门职责，并以“三定”规定予以明确和固化。经认真审核、按程序报批后，以市委、市政府名义印发各区县（市）政府职能转变和机构改革方案，并做好实施指导督促工作。

【重点领域和关键环节体制改革】 2015年，市编委办推进钱江经济开发区和余杭经济技术开发区管理体制调整，整合组建余杭经济技术开发区管委会（钱江经济开发区管委会），发挥两区整合“1+1＞2”的功效；深化行政审批制度改革，探索设立大江东产业集聚区管委会行政审批局。强化中国（杭州）跨境电子商务综合试验区体制机制保障，设立中国（杭州）跨境电子商务综合试验区管理办公室，与市商务委员会合署办公。推进不动产统一登记制度改革，将市住保房管局负责的房屋登记职责、市农办负责的农村土地承包经营权登记职责、市林水局负责的林地登记职责整合交由市国土资源局承担，并在市国土资源局内设不动产登记局，成立不动产登记服务中心。

【综合行政执法改革】 2015年，市编委办按照省政府全面推进综合行政执法的统一部署，建立由市政府领导为召集人的市综合行政执法工作部门联席会议制度；参照省指导目录，结合杭州实际，形成《杭州市推进综合行政执法工作的实施方案》，其中提出杭州市将在262项原城市管理领域相对集中行政处罚权的基础上新增293项，合计555项行政处罚事项纳入综合行政执法范围。

【事业单位分类改革】 2015年，市编委办根据“四张清单一张网”建设有关要求，结合权力清单、责任清单对政府部门所属的涉审中介事业机构进行清理规范，对涉审中介事项逐步推向市场化运行提出具体意见。对行政类事业单位，根据“还政予政”的改革目标，明确“退一收一”的控编政策，在市级机关事业单位控编减编工作中精简收回其全部空编。继续推进生产经营类事业机构退出事业单位序列相关工作，不再受理生产经营类机构调整事项，对从事生产经营活动且职责任务已完成的事业机构一律予以撤销。重点围绕教学科研类、电子政务信息类和检验检测类事业机构，进行分析研究，提出综合设置思路。

【创新机构编制管理】 2015年，市编委办拟制《杭州市未来三年用编方案》，经市政府常务会议通过后实施，要求区县（市）在2017年底前全面消化现有各类超编人员。严格机构编制日常管理，制定2015年市本级机关事业单位编制使用原则，

严格控制机关事业单位人员增长趋势。贯彻“财政供养人员只减不增”总要求，做好全市机关事业单位减编控编工作，全市收回行政编制240多名、工勤编制380多名、事业编制6000多名（含参公编制200多名）。其中，市本级收回行政编制80多名、工勤编制300多名、事业编制3800多名（含参公编制80多名）。全市行政编制人员比上年（指2014年，下同）减少近300名，事业编制人员（含参公，不含学校、医院）比上年减少200多名。积极执行“两项预报制”，做好部门相关预申报事项预审工作。着力保障教育事业发展，核定市直属22个学校2016~2017学年教职工编制；支持萧山、余杭教育均等化，为杭州第二中学、学军中学核增教职工编制，为浙大附中丁兰校区核增教职工编制和领导职数。以浙江省杭州科技创新发展院、浙江西湖高等研究院为载体，打造有杭州特色的人才栖息平台，拟定《浙江省杭州科技创新发展院关于浙江高等研究院引进人才保留事业身份操作管理细则》，将发展院日常管理服务工作职责落实到市专家与留学人员服务中心。通过“撤一建一”方式，以市发改委和市财政局联建的模式建立市政府和社会资本合作项目服务中心；通过挂牌方式建立市政府投资项目评审中心，承担全市重大项目决策前期工作。根据中央有关文件精神，拟制《杭州市市属公立医院机构编制管理暂行办法》，提出用员额管理代替传统编制管理的思路。

【党政机关网站标识管理】 12月，市编委办根据公安部、中央网信办、中央编办、工信部《关于印发〈党政机关、事业单位和国有企业互联网网站安全专项整治行动方案〉的通知》精神和部署，会同市政府办公厅、市公安局、市网信办、市经信委在全市开展党政机关、事业单位和国有企业互联网网站安全专项整治行动。各级机构编制部门会同同级政府办公室、网信部门负责党政机关、事业单位网站开办资格审核和资格复核工作，规范党政机关、事业单位网站域名和网站名称；同时，推进完善党政机关和事业单位网站标识规范使用工作，加强宣传培训和检查督促。至年末，全市党政机关、事业单位完成门户网站标识申请1160多个。（陆　琼）

【组织干部教育培训】 2015年，市委党校共培训学员490期、4.74万人次。其中：主体班次34期、1733人次；计划内班次60期、6258人次；计划外班次195期、1.50万人次；其他社会培训201期、2.44万人次。教学质量综合测评分97.92分，比上年提高0.17分。

聚焦主业主课，强化理论教育和党性教育，打造红色教学品牌。突出习近平总书记系列重要讲话精神的学习培训，形成脉络分明、有机联系的马克思主义基本理论和中国特色社会主义理论体系等教学模块。以“三严三实”专题教育、党的群众路线教育、党章党规党纪教育为主要内容，开展思想、组织、作风、反腐倡廉、法治思维等教育，完成对1200多名市管领导干部的党章党规党纪全员轮训，建立了主体班次常态化宪法宣誓机制。围绕杭州改革发展大局，紧贴“一号工程”、“两区”建设等重大部署，举办信息经济智慧经济专题研讨班、法治建设专题研讨班等，形成内容丰富、形式多样的市情教学专题，集中展现中国特色社会主义在杭州的生动实践。在全市范围内打造“红绿蓝”三色现场教学基地，10月9日，市委常委、市委组织部部长、市委党校校长张仲灿为24家现场教学基地授牌，该创新做法得到中央党校《学习时报》专题报道。在全国率先推出“1+1师生携手红色行”异地党性锻炼活动，把学员和党校人共同提升党性修养进行一体谋划、系统设计、统筹推进，“中央党校网”、《学习时报》及《党校工作通讯》等刊载杭州经验。

【科研咨政和理论研究成果】 2015年，市委党校获各类优秀成果奖36项，出版著作5部，在核心及以上刊物发表论文24篇，其中被中国人民大学《复印报刊资料》转载3篇。完成《习近平主政浙江思想研究杭州篇》等国家级、省部级课题17项，其中《村“两委”选举中派系贿选现象研究》刊发在《政治学研究》杂志。《中共市委党校学报》中的文章被中国人民大学《复印报刊资料》全文转载10篇，首次入选中国知网2015年《中国学术期刊影响因子年报》统计源期刊。与中国领导科学研究会共同主办“学习贯彻十八届五中全会精神，提高领导力”理论研讨会。举办杭州城市发展文化软实力支撑学术研讨会和《中国历史村镇文化遗产保护利用研究》首发式学术座谈会。全年立项省级以上课题22项，其中《大数据时代政府公共服务精准化供给研究》为国家社科基金重点项目。完成各类市情研究课题共41项，完成市委下达的《杭州市近年来基层党组织和基层政权建设的经验做法》委托课题，收集整理13个区县（市）的“双基建设”案例60个。《历届G20峰会期间发生的负面事件及其对杭州的启示》《杭州城市建设可以着眼九个“融合”》等9项决策咨询研究报告获市领导的批示和肯定，并在《求是内参》和《社科研究动态》上各刊发1篇。

【开展社会宣讲】 2015年，市委党校开展学习贯彻习近平总书记系列重要讲话精神，中共十八届三中、四中、五中全会精神和以“四个全面”、“三严三实”、党章党规党纪等为主题的社会宣讲和基层宣传，共组织各类宣讲267场次、受众5.34万人次。其中：到机关、企事业单位宣讲188场次、受众3.76万人次；到基层社区、学校、部队、老年协会等义务宣讲79场次、受众1.58万人次。印发《杭州市委党校2015年社会宣讲菜单》，收录党建类、社会类、经济类、文化类、行政类等87个专题。发挥理论阵地优势，共编发《宣讲参考》资料5期，20多万字，1700多册。（梁译心）

【中国共产党杭州历史馆开馆】 5月1日，中国共产党杭州历史馆正式开馆。该馆位于北山街44~49号菩提精舍，展陈面积约1300平方米，包括两栋主体建筑。设“民族独立人民解放的杭州篇章”“推进社会主义建设的杭州记忆”“走中国特色社会主义道路的杭州实践”三个展厅，分别展示新民主主义革命时期（1921~1949）、社会主义革命与建设时期（1949~1978）、改革

5月1日，中国共产党杭州历史馆正式对外开放　（市委党史研究室 供稿）

开放与社会主义现代化建设时期（1978~2012）三大历史时期杭州党史的重要内容。馆内征集到各个时期各类文物2358件，展出500多件。《新华每日电讯》、《中国青年报》、《杭州日报》、新华网、人民网、凤凰网和杭州电视台等10多家新闻媒体对开馆情况进行报道。至年末，接待来自社会各界20人以上参观团队1429批次，参观人数9.37万人次，各级各类新闻媒体新闻报道855篇。期间，组织开展“学党史、知党情、颂党恩、跟党走”主题教育活动、名人名家书画雅集活动、书画展和抗战电影周活动、“跟着党成长”党史知识闯关大赛等活动。

【《中国共产党杭州历史》第三卷编纂工作启动】 根据中央领导指示和上级党史部门关于开展“开创和发展中国特色社会主义时间段”党史研究并撰写党史正本的要求，经市委同意，11月30日，市委办公厅转发市委党史研究室《〈中国共产党杭州历史〉第三卷（1978~2002）编撰方案》，标志着杭州市党史第三卷编撰工作正式全面启动。《中国共产党杭州历史》第三卷（1978~2002）将全面、系统、科学、准确地阐述中共十一届三中全会以来至中共十六大前杭州市委及各级党组织带领全市人民开展经济、政治、文化、社会、生态文明建设，加强党的自身建设，开创和发展中国特色社会主义道路的历史进程、历史成就和经验教训。该书计划于2022年杭州地方党组织成立100周年前正式出版。

【纪念中国人民抗日战争胜利70周年系列活动】 2015年是中国人民抗日战争暨世界反法西斯战争胜利70周年，为大力弘扬以爱国主义为核心的民族精神和以改革创新为核心的时代精神，市委党史研究室组织开展了系列活动：9月2日，在《杭州日报》开辟纪念专版，以“烽火钱塘江——杭州抗战史话”为主题，介绍杭州抗战历史中的11个重要史实；与杭州文广集团合作拍摄制作一部讲述抗战时期钱塘江大桥的曲折命运的纪录片《烽火钱江桥》，9月2日晚在杭州电视台综合频道播出，同时制作成DVD向市直机关、街道、社区、学校及图书馆等赠送；9月7日，召开“纪念中国人民抗日战争暨世界反法西斯战争胜利70周年”座谈会，深入学习贯彻习近平总书记“9·3”重要讲话精神，市委常委、市委秘书长许勤华出席会议并讲话；组织以“铭记历史、缅怀先烈”为主题的“纪念抗日战争胜利70周年”征文活动，收到论文25篇，经专家评审确定优秀论文10篇；与市委组织部、市委老干部局合作，开展抗战老战士口述史料征集活动，对30名抗战时期离休干部代表进行采访，编辑出版《红色纪念——杭州市抗战离休干部访谈录》。

【陈云同志诞辰110周年纪念活动】 2015年是陈云同志诞辰110周年，为深切缅怀陈云同志的丰功伟绩，学习他的崇高风范和革命精神，市委党史研究室开展相关纪念活动。6月12日，在《杭州日报》刊发“陈云同志诞辰110周年”纪念专版，以“杭州是好地方：陈云在杭州”为主题，追忆陈云在杭州的几个历史瞬间；在《征途》杂志刊发纪念专栏，以“陈云的西子情怀”为主题，图文并茂地介绍“陈云与杭州的几个故事”，刊发有关文章4篇；在“杭州党史”微博、微信平台发布纪念文章；6月13日，在“杭州发布”刊发以“陈云与云栖”为主题的纪念文稿。

（俞晓娴）

【老干部工作】 至2015年末，全市有离休干部3072人，比上年减少241人。按区域划分，市直单位1879人、区县（市）1193人；按革命时期划分，红军时期3人、抗战时期514人、解放战争时期2555人；按机构性质划分，机关单位841人、事业单位868人、企业单位1363人；按现享受待遇划分，享受省部级（含单项）5人、享受地专级待遇120人、享受县处级待遇1597人（含享受“地专两项”待遇51人）、享受乡科级及以下待遇1350人。

2015年，市委老干部局紧扣“为党和人民事业增添正能量”的价值取向，开展“银色人才·服务社会”工作。出台《杭州市老干部文化体育协会章程》，组建医疗、书画、摄影等“银色人才库”，完善“库、室、队”建设，创建“银亮钱塘”品牌，有1万多名退休老干部加入。培育“鲍大妈聊天室”“湛青工作室”等20多个工作室（站），成立宣讲、帮教、科技、医卫、法律、网宣等10个类别的服务队。老干部大学开展30周年校庆系列纪念活动，搭建“西子金秋”党建平台，创设“乐学大讲堂”，增设新课程，提升办学内涵。组织“最美老干部”先进事迹报告团，赴各区县（市）巡回宣讲8场，3000多人参加。离休干部达式华入选“发现最美浙江人——浙江好人榜”11月份榜单，鲍倩等8名“最美老干部个人”和拱墅区湖墅街道离退休干部党支部等8个“最美老干部团体”的先进事迹在“浙江在线”网站登载。开展“好家风六送六进”活动，在区县（市）、学校、企业、社区共宣讲18场，4800多人参加。制作巡回宣讲专题光碟，分发给全市离退休支部。编辑《家风故事——杭州市老干部好家风优秀征文选编》，联合市委

宣传部、市文明办、市教育局、市妇联、团市委等单位在《杭州日报》上开辟“家风·家训·家教好故事”专栏，进行持续而广泛的宣传。开展“两看”“三学”调研活动，围绕市委“一号工程”，结合“喜看杭城新变化”等活动，组织老干部赴云栖小镇、“智慧e谷”、大江东产业集聚区等地，开展“我看杭州转型发展”专题调研；围绕“双基十条”“党员固定活动日”制度和推进服务型党组织建设，组织老干部进学校、进农村、进企业，开展“我看杭州党建”专题调研；围绕“改革开放学上海、转型发展学深圳、美丽建设学天津”，组织市级老领导外出考察。全年各级老干部工作部门共开展“走、看、促”活动1351场，6400多人参加。

【离退休干部“两项建设”】 2015年，市委老干部局加强老干部思想政治建设，开展“老干部永远跟党走”系列主题活动，启动“红色典藏”活动，赴上城、下城、萧山、余杭、富阳、桐庐、建德等地访谈200多名抗战老干部，编印《红色纪念》《血色记忆》《不能忘却的记忆》《烽火萧山》等8本回忆录。召开全市老干部纪念抗战胜利70周年座谈会，组织老干部收看“9·3”大阅兵，开展“五个一”红色活动。拱墅区举办“亲历战争”珍藏实物展，其他区县（市）也举办纪念中国人民抗日战争胜利70周年文艺活动。杭州老干部大学临时党组织举办“红色大讲堂”“红色电影周”等系列活动。《杭州老干部》报开辟“我的抗战故事”专栏，系列报道抗战离休干部的烽火人生。完善离退休干部党支部的组织设置，按照“固定隶属、流动管理”的原则，建立组织部（老干部局）、党工委和原单位党委（党组）、社区（楼道）和村、临时党组织“四位一体”的网格化组织体系。会同市卫计委在市中医院成立老干部临时党组织；桐庐、临安、上城、西湖、建德等地在老干部大学或活动中心成立临时党组织；淳安县成立在杭离退休干部临时党组织。

【老干部生活待遇落实】 2015年，市委老干部局与市卫计委、市医保办紧密合作，按要求提高80名抗战时期参加革命工作的离休干部的报销医疗待遇（享受副省长级标准）。会同市卫计委、市人社局，安排447人参加5个批次的避暑疗养和健康休养活动。会同市机关事务局、市住保房管局等部门解决企事业单位离休干部历史遗留住房问题。开展离休干部腾空房定向竞价销售申报、审核工作，有41个单位的905名离休干部申请参加腾空房定向竞价的报名，有157名离休干部享受相应的住房待遇。全市各级老干部工作部门看望慰问离休干部及遗属1.2万人次，协调相关医疗问题3000多人次。对部分个人自付医药费较大额的给予医疗补助。对独居、高龄离休干部及无固定收入遗属，分别通过居住地或原管理单位予以特殊照顾。

深化“四就近”服务，依托原单位和社区党委开展离退休干部组织生活；依托民政系统，优先免费使用民政部门在社区配备的为老服务设施；依托卫生系统，增加老干部家庭病床、责任医生等医疗服务；依托街道社区，使离休干部更多地享受社区工作者上门探望、精神慰藉、应急帮困等服务。拓展援通呼叫器的服务内容和范围，增加洗衣送衣服务；鼓励企业开展公益性的为老服务，提供无偿志愿服务。全市有1704名离休干部选择增加服务券、239名离休干部选择配备助老员。重新编制社区服务离休干部居家养老工作内容和标准，协调做好省属离休干部居家养老服务工作，502名省属离休干部共享居家养老品质服务。为全市离休干部增加华数卡的电视频道和点播服务内容，丰富老同志精神文化需求。完善离休干部困难补助基金使用办法，每年拨款200万元专项用于遭遇重病住院、子女失业、突发事故等情况的离休干部生活救济救急，将红军遗属的帮困工作列入离休干部困难补助基金补助范围，556名离休干部得到困难补助。（朱文斌）

【关心下一代工作】 2015年，市关工委认真学习贯彻习近平总书记对关心下一代工作的重要指示，在全市青少年中开展“爱学习、爱劳动、爱祖国”主题教育活动，培育和践行社会主义核心价值观。以纪念抗日战争胜利70周年为主题，开展各类爱国主义教育活动1000多场次，参加青少年200多万人次。组织70多万名青少年参加“向国旗敬礼”迎国庆活动，38万多名青少年参加“少年向上、真善美伴我行”读书活动和“绿色新锋尚”红领巾志愿服务活动，评选出“优秀红领巾志愿者”508名，使广大青少年进一步理解践行社会主义核心价值观的深刻内涵。

开展帮困助学活动。举办第十五届“奋飞助学、梦想启航”帮困助学活动，150名学生获“奋飞奖”，每人受助800元，250名贫困家庭在校高中生、大学生，每人受助2000元。各级关工委筹措资金2000多万元，资助3万多名困难家庭学生。市关心下一代基金会资助项目47个，投入资助金147.2万元。向淳安县浪川乡双源中心完小资助校服、多媒体教学设施、留守儿童俱乐部部分器材。开办暑期“假日学校”1084个，近10万名学生参与活动，7616名“五老”工作人员和社区工作者参与服务。开展法治宣传教育。推进“零犯罪学校”创建工作，1000多名“五老”网吧义务监督员监督网吧、书报亭、娱乐场所等近1000家，监督活动2000多次，为净化青少年文化环境发挥作用。全市386个“五老”讲师团开展宣讲活动3258场；8000多名“五老”关爱工作团成员，对1万多名犯罪失足青少年进行帮教。12月17日，召开杭州市关工委成立25周年纪念大会，表彰100名在关心下一代工作中有突出贡献的“五老”志愿者。至年末，全市100个乡镇、90个街道、2055个村、994个社区建立关工委。其中，新建非公企业关工委19个，涵盖各类企业100多个；新组建大江东产业集聚区关工委。

（朱丽雁）

【市直机关思想政治理论教育】 3月11日，市直机关工委印发《2015年度市直机关政治理论学习意见》，重点突出思想建党、依法治国、社会主义核心价值观和廉洁从政4个专题，加强对市直机关政治理论学习的指导。开设机关党员干部大讲堂，举办“崇法尚德，从我做起”“从国学看习总书记的治国之道”“传承国学文化，践行三严三实”等讲座，

1200多名机关党员干部接受现场教育。围绕强化党性教育、突出能力提升、关注身心修养3个方面，对党务干部、处级干部、党员以及入党积极分子等分批次开展培训，共举办培训班16期，培训1960多人次。印发《2015年杭州市机关党建理论研究课题实施方案》，召开课题部署会，组织多种形式的理论研讨活动，共收到党建理论文章158篇。承担市委、市政府《着眼巩固基层政权、加强机关基层党组织建设》子课题的调研工作。承办全国党建研讨会机关专委会贯彻落实《中国共产党党和国家机关基层组织工作条例》典型案例交流会，并作为唯一的市级机关工委做交流发言。

【基层组织建设】 2015年，市直机关工委认真贯彻市委加强基层党建巩固基层政权“双基十条”，突出党建是主业、党组织书记是主角、党员队伍是主体的“主业主角主体”意识，不断夯实机关党的基层组织建设基础。推行“责任清单”建立制度，从“统筹谋划、示范引领、强化核心、带好队伍、抓点带面、督促检查”6个方面，具体细化为22条具体责任项目，制定市直机关党组织书记抓基层党建工作责任清单。印发《关于全面推行市直机关党员“先锋指数”评价管理的实施办法》《关于深入推进市直机关基层服务型党组织建设的实施意见》《关于从严规范落实党的组织生活制度的通知》，从严规范落实“三会一课”、组织生活会、党员领导干部民主生活会、民主评议党员、党员定性定期分析、党员谈心谈话、党务公开等制度。建立健全党员固定活动日月报、督查、通报、考核等机制，对200多个基层党组织进行交叉互查和重点督查。开展星级管理，对1315个基层党组织进行星级评定，通报、授牌113个五星级基层党组织。加强对任期届满党组织及“建并撤”单位组织建设指导力度，按期换届党组织17个，及时成立机关党组织5个。制定年度党员发展计划，全年共发展党员226名，接转党员组织关系1.07万人次。严格评选先进典型，通报表彰98个先进基层党组织和158名优秀共产党员、102名优秀党务工作者。召开市直机关党组织书记抓基层党建工作述职评议会，9名机关党委书记口头述职，86名书记进行书面述职。

【机关廉政建设】 2015年，市直机关工委严格落实市委的总体要求，落实责任制，签订责任状，推动落实党风廉政建设“两个责任”。通过观看反腐倡廉案例、参加知识测试等方式，切实筑牢党员干部反腐倡廉的思想防线。在“杭州机关党建网”开辟“廉洁机关”“纪检动态”“廉政法制”专栏，刊发各类反腐倡廉信息117篇。以市委办公厅名义印发《关于加强市直单位机关纪委建设的实施意见》，对机关纪委工作职责、工作机制、工作机构、工作关系、队伍建设、加强领导等方面做出明确规定。与机关纪委书记廉政谈话，掌握机关纪委工作情况和存在问题，并提出工作要求。实施工作汇报制度、片组协作制度，要求机关纪委定期反映对党员干部监督、重要信访举报、重要案件查办等情况。认真查办信访举报案件，办结率100%，处分党员1名。

【开展“三走三服务”活动】 2015年，市直机关工委组织开展结对帮扶活动，全市2.05万名机关党员干部、3971个企事业单位、723名社会各界人士与3.05万户城乡困难家庭结成帮扶对子，送去慰问金和实物折合人民币3.49亿元，上门服务53万多次。市本级2.38万名在职党员到社区报到，领办服务项目4.75万个，形成“工委管协调、社区管具体”和“在职党员自我管理、服务对象监督管理”相结合的“2+2”管理模式，得到中组部领导的肯定。推行时数刷卡记录新方法，推动机关志愿服务常态化。举行“迎七一·我为党旗添光彩”机关党员志愿者广场为民服务活动，近300名党员志愿者参加现场服务，全年组织50多支机关党员志愿服务队轮流参加每月雷锋广场为民服务活动。

【文明机关创建活动】 2015年，市直机关工委把深化文明机关创建与推进作风建设常态化有机融合，将机关作风建设的要求和内容具体细化到各项目标任务中去。开展“守纪律、优作风、强服务”作风建设专项行动和不遵守机关作息时间专项整治，对市直各单位工作纪律和机关食堂、综合楼食堂就餐情况进行3次集中检查。组织30名主要由基层“两代表一委员”组成的市级文明机关暗访员，对110个市直单位进行随机明察暗访，其中实地暗访每月不少于1次。全年书面抄告责令整改22个，电话通知加强教育管理35个（次），现场制止并纠正98人（次），促进机关作风的转变，政务环境的优化，机关党员干部文明素养进一步提升。

【推行“服务清单”工作】 2015年，市直机关工委会同市编委办、市审管办，在市民之家窗口单位先行先试“服务清单”工作，将358项与群众密切相关的服务项目列入清单，按简便高效的原则，再造服务流程，推行“受理—审核—办结”一站式办事模式。建立“双休日服务制”“高峰期延长服务制”“主动上门服务制”等机制，提高服务效率。在国内首创“服务清单电子书”并上网运行，打造创新服务群众“互联网+服务清单”的“杭州模式”，办事群众的满意率保持在99.5%以上。“服务清单”工作得到市委领导多次批示肯定，成为服务群众的“金名片”。

【第三届机关文化节】 2015年，市直机关工委以“凝心聚力促发展，上下同欲走前列”为主题，举办第三届机关文化节。举行“铭记历史，共创辉煌”文艺演出，300多名机关干部职工自编、自导、自演11个节目，吸引500多人观看；会同市档案局，组织近1万名机关党员干部参观纪念抗日战争胜利70周年图片展；会同市委党史研究室制作和组织机关党员干部观看杭州纪念抗战胜利纪录片《烽火钱江桥》。举办机关第十一届运动会，2000多名机关党员干部参加广播操、羽毛球、花样拔河等比赛；组织60个单位和区县（市）300多名机关党员干部参加“美丽杭州”摄影比赛；组织1500多名机关干部参加“喜迎G20、当好东道主”毅行活动；组织杭州代表队参加浙江省公务员体质达标赛，获团体总分第1名。开展市直机关“身边好人”、“最美人物”、道德模范评选宣传活动，征集机关党员干部典

型故事70多篇，其中在杭州机关党建网上刊登20篇，供党员干部学习借鉴。

【机关群团组织建设】 2015年，市直机关工委组织“四治建功”金点子征集评选活动，共征集到意见建议500多条，有12条意见建议被省市工会评为“金点子”奖。开展学先进树典型活动，推荐产生省级劳动模范1名、省级工人先锋号集体1个，市级五一劳动奖状集体1个、市级五一劳动奖章获得者2名。组织机关干部职工4000多人参加疗休养，为4000多名干部职工办理机关女职工及男干部职工家属“安康团体重大疾病互助保险”。牵手省级机关工会服务平台，为1500多名干部职工提供团购汽车、家电、汽车保险、保养等上门服务活动。在元旦、春节、“五一”期间慰问劳模、援疆干部、困难家庭及在学儿童等，发放慰问金71万多元、助学金2万元。深化“中国梦·我的梦”主题教育实践活动，开展“我为核心价值观代言”“奋斗的青春最美丽”等活动。完成17个市级“青年文明号”的复评和2个新申报集体的考核评选工作，对17个市级“青年文明号”集体进行命名表彰。指导7个直属团组织完成换届选举，表彰2014年度机关团建工作成绩显著的19个先进基层团组织和51名先进个人。命名表彰20名首届市级机关“三八红旗手”，组织2000多名机关干部参加全市男女平等基本国策及相关法律法规知识竞赛。开展“好家风故事好家训”征集和推荐市级机关第九届“五好文明家庭”活动，有2个家庭分别获2015年省、市“绿色家庭”称号。 （夏学敏）

【综合考评提升政府绩效】 1月12日，市考评办召开2014年度市直单位目标考核检查组成员会议，会同市委、市政府“两办”督查室及有关部门组成5个考核组，对114个市直单位进行年度目标检查考核；由市考评办领导带队组成3个检查组分赴各区县（市）进行年度考核。1月15日，在“中国杭州”政府门户网站、“杭州考评网”上公示2014年度市直单位绩效目标完成情况和创新创优项目验收表。3月上旬，组织绩效评估专家分别对77个2014年度区县（市）特色创新目标和市直单位创新创优目标进行绩效考核专家综合评估。4月17日，十一届市委常委会第105次会议审议通过2014年度市直单位、区县（市）综合考评结果。4月24日，市委、市政府召开2014年度综合考评总结大会，副市长陈红英宣布2014年度市直单位和区县（市）综合考评结果，市委副书记、市考评委主任杨戌标对2014年度综合考评情况做总结讲评，对2015年度综合考评工作进行部署，并在“杭州考评网”、《杭州日报》上向社会全文发布《2014年度杭州市市直单位综合考评社会评价意见报告》。5月26日，市考评办下达2015年度市直单位绩效考核目标，涉及115个市直单位，1089项考核内容及指标。6月16日，中央编办调研组专程到杭州调研综合考评和政府绩效管理。8月28日，由中央编译局比较政治与经济研究中心和杭州市综合考评委员会办公室等单位联合举办第十二届中国地方政府创新论坛暨参与式政府绩效管理研讨会。8月31日，组织开展市直单位2015年度绩效考核目标中期检查评估，实地抽查40多个单位年度重点工作目标进展情况，市长张鸿铭等领导在有关测评报告上做了批示。10月9日，市考评办领导应邀参加第四届政府绩效管理和绩效领导国际学术会议，并做“迈向法治化的杭州综合考评和政府绩效管理”主题演讲。10月22日，省委常委、市委书记赵一德专题听取市考评办工作汇报。11月23日，十一届市委常委会第125次会议审议通过《2015年度综合考评实施方案》。11月27日，市考评办“公众参与制度化，民意互动常规化”案例获第五届金铃大会政府交互奖。12月3日，市委、市政府召开动员大会，启动2015年度市直单位和区县（市）综合考评工作。2015年度综合考评适当调整市直单位目标考核赋分方法，首次开通市直单位网上社会评价，优化区县（市）发展指标，完善区县（市）综合考评等次设置，并在《杭州日报》公示“2015年度市直单位社会评价意见重点整改目标”完成情况，开通“绩效杭州”微信公众号，扩大综合考评的社会参与面。同日，市委常委、市纪委书记陈擎苍调研市考评办，明确从2016年起“公述民评”电视问政活动由市考评办负责牵头承办。12月4日，《杭州日报》刊登《市委办公厅、市政府办公厅关于实施2015年度综合考评的通知》。12月21日，组织召开2015年跟踪督办社会评价意见整改工作述评会，对28个市直单位承担的涉及环境治理、交通优化、公共服务和市场监管等4个方面的15项跟踪督办意见整改完成情况进行“面对面评议”。

【《杭州市绩效管理条例》颁布实施】 根据“杭改十条”提出的“加快实现绩效管理法制化”要求，市考评办配合市人大常委会法制工作委员会等部门历时3年时间，拟定《杭州市绩效管理条例（草案）》（简称《条例》）。8月27日，该《条例》经市人大常委会审议通过，并报经浙江省人大常委会正式批准，在11月13日《杭州日报》上向社会公布，于2016年1月1日起正式实施。《条例》的颁布是杭州运用法治思维和法治方式推进政府绩效管理的最新尝试，实现了政府绩效管理“于法有据、依法管理”，实现了绩效管理机构的“职责法定”，也为依法治理“为官不为”现象开辟新路径。省委书记夏宝龙做出“通过立法治庸、治懒，解决‘蜗牛’问题路子对”的批示。国内各大媒体予以报道和专访，被专家学者誉为全国第一部具有实践基础的政府绩效管理法规。 （杨　旸）

·杭州市人民代表大会及其常务委员会·

【人大机构概况】 至2015年末，杭州有各级人民代表大会112个，其中区县（市）人民代表大会13个，乡（镇）人民代表大会98个。各级人大代表9474人，其中市人大代表505人，区县（市）人大代表3019人，乡镇人大代表5950人。市十二届人大常委会有组成人员43人，其中主任1人、副主任7人、秘书长1人、委员34人。市十二届人大设有法制、内务司法、财政经济、城乡建设环境保护、教育科学文化卫生、农业和农村、民族宗教华侨、外事8个专门委员会。市人大常委会下设办公厅、研究室、人事代表工作委员会、办公厅信

3月23日，市人大常委会党组书记、主任王金财（右三）赴萧山调研乡镇人大工作　（市人大　供稿）

访办公室4个工作机构。

【市十二届人民代表大会会议】2015年，杭州市第十二届人民代表大会共举行1次会议。市十二届人大五次会议于2月4～8日举行。市十二届人大代表名额515名，实有代表507名，出席会议代表492名。

会议高举中国特色社会主义伟大旗帜，以邓小平理论、"三个代表"重要思想、科学发展观为指导，全面贯彻落实中共十八大、十八届三中和四中全会精神及习近平总书记系列重要讲话精神，深入贯彻落实省委、市委的决策部署，充分发扬民主，严格依法办事，认真履行宪法和法律赋予的职权。会议听取和审查《政府工作报告》；审查杭州市2014年国民经济和社会发展计划执行情况与2015年国民经济和社会发展计划草案的报告（书面），审查、批准杭州市2014年国民经济和社会发展计划执行情况的报告与2015年国民经济和社会发展计划；审查杭州市及市本级2014年财政预算执行情况和2015年财政预算草案的报告（书面），审查、批准杭州市及市本级2014年财政预算执行情况的报告和2015年财政预算；听取和审查杭州市人民代表大会常务委员会工作报告、市法院工作报告、市检察院工作报告。

2月3日下午召开预备会议，选举产生由78名成员组成的大会主席团，选举大会秘书长，表决会议议程。

会议期间，共举行3次全体会议、5次主席团会议和1次财政经济委员会会议。

会议收到代表提出的议案、建议、批评和意见621件。其中：10人以上代表联名提出的议事原案3件；代表建议、批评和意见618件。大会主席团决定，3件议事原案交由市十二届人大有关专门委员会审议，提出审议结果的报告，经市人大常委会审议通过后答复代表，并在下次市人民代表大会时印发全体代表。618件代表建议中，涉及工业、交通的102件，财政、农业、旅贸的105件，城建、城管的224件，科技、教育、文化、卫生、体育、宗教的91件，政治、法律、党群及其他方面的96件。市人大常委会将这些建议、批评和意见分别交市政府和其他有关机关、组织研究处理，并负责答复代表，同时将答复内容向市人大常委会办事机构反馈。

【市十二届人大常委会会议】2015年，杭州市第十二届人民代表大会常务委员会共举行10次会议，即市十二届人大常委会第二十四次会议至第三十三次会议。

市十二届人大常委会第二十四次会议　1月16日举行。主要议程：审议市政府关于提请审议《2015年杭州市政府重大投资项目计划（草案）》的议案；听取并审议关于市十二届人大五次会议筹备工作情况的汇报；审议并通过市十二届人大五次会议议程（草案）、日程（草案）和有关名单（草案）；讨论并原则通过市人大常委会工作报告（稿），征求对《政府工作报告》（征求意见稿）、市法院工作报告（征求意见稿）、市检察院工作报告（征求意见稿）的意见；审议并表决市人大常委会2015年工作要点（稿）；审议市人大法委关于2014年度杭州市人民代表大会常务委员会规范性文件备案审查情况的报告（书面）；审议并表决市十二届人大常委会代表资格审查委员会关于个别代表的代表资格审查报告；审议并表决市政府、市检察院人事任免事项。

市十二届人大常委会第二十五次会议　2月8日举行。主要议程：听取市政府关于富阳市撤市设区有关情况的报告；审议并表决市人大常委会关于富阳市撤市设区有关政权机构名称等问题的决定（草案）。

市十二届人大常委会第二十六次会议　3月31日举行。主要议程：审议并表决市人大法委关于提请审议废止《杭州市农副产品集贸市场条例》的议案；审议市十二届人大常委会李敏等5名委员关于提请审议《杭州市绩效管理条例（草案）》的议案；审议并表决市法院、市检察院人事任免报告。

市十二届人大常委会第二十七次会议　4月27~28日举行。主要议程：审议《杭州市生活垃圾分类与减量条例（草案）》；审议市政府关于提请审议《杭州市城市房地产开发经营管理若干规定（修订草案）》的议案；审议市政府关于提请审议《杭州市公路条例（草案）》的议案；审议并表决市政府关于提请审议中国丝绸博物馆改扩建项目的议案；听取市检察院关于全市检察机关反贪反渎工作情况的报告，以及市检察院4名检察官履职情况的报告；审议并表决市人大常委会关于接受朱钟毅、邱建林请求辞去浙江省第十二届人民代表大会代表职务的决议（草案）；审议并表决市十二届人大常委会代表资格审查委员会关于个别代表的代表资格审查报告；审议并表决市人大常委会主任会议关于任免杭州市第十二届人民代表大会有关专门委员会个别副主任委员及委员的议案；审议并表决市人大

常委会主任会议关于补选杭州市第十二届人民代表大会常务委员会代表资格审查委员会副主任委员的议案；审议并表决市政府、市法院、市检察院人事任免事项。

市十二届人大常委会第二十八次会议　4月29日举行。主要议程：听取并审议市政府关于杭州市治理城市交通拥堵改善空气环境质量实施小客车总量调控管理工作情况的报告；审议并表决市人大常委会主任会议关于提请审议《杭州市人民代表大会常务委员会关于市政府治理城市交通拥堵改善空气环境质量实施小客车总量调控管理工作情况报告的决议（草案）》的议案；审议并表决市人大常委会主任会议、市政府人事任免事项。

市十二届人大常委会第二十九次会议　6月25～26日举行。主要议程：审议并表决《杭州市生活垃圾管理条例（草案）》；审议并表决《杭州市公路条例（草案）》；审议并表决《杭州市城市房地产开发经营管理若干规定（修订草案）》；审议并表决《杭州市人民代表大会常务委员会关于废止〈杭州市农副产品集贸市场条例〉的决定（草案）》；审议市政府关于提请审议《杭州市信息经济智慧应用促进条例（草案）》的议案；审议市政府关于提请审议《杭州市城市房屋使用安全管理条例（修订草案）》的议案；听取并审议市人大常委会履职监督工作组关于市检察院反贪反渎工作情况的调查报告，审议市检察院关于全市检察机关反贪反渎工作情况的报告（书面）以及市检察院4名检察官履职情况的报告（书面）；听取并审议市政府关于杭州市大气污染防治情况的报告，审议市人大常委会调研组关于杭州市大气污染防治情况的调研报告（书面）；听取并审议市人大常委会视察组关于杭州市美丽乡村建设中农村生活污水治理情况的视察报告，审议市政府关于杭州市农村生活污水治理情况的报告（书面）；审议并表决市人大常委会主任会议关于提请补选廖国勋、许岳荣为浙江省第十二届人民代表大会代表的议案；审议市十二届人大常委会代表资格审查委员会关于个别代表的代表资格终止的报告（书面）；审议并表决市政府、市法院人事任免事项。

市十二届人大常委会第三十次会议　8月25～27日举行。主要议程：审议并表决《杭州市绩效管理条例（草案）》；审议并表决《杭州市智慧经济促进条例（草案）》；审议并表决《杭州市城市房屋使用安全管理条例（修订草案）》；审议市十二届人大常委会杨志毅等5名委员关于提请审议《杭州市文明行为促进条例（草案）》的议案；审议市政府关于提请审议《杭州市第二水源千岛湖配水供水工程管理条例（草案）》的议案；审议并表决市人大常委会主任会议关于提请审议《杭州市人民代表大会常务委员会地方性法规立项办法（草案）》的议案；审议并表决市人大常委会主任会议关于提请审议《杭州市地方性法规实施情况报告规定（草案）》的议案；审议市人大常委会评估组关于《杭州市公共场所控制吸烟条例》的立法后评估报告（书面）；审议市人大常委会评估组关于《杭州市精神卫生条例》的立法后评估报告（书面）；听取并审议市人大常委会深化司法监督工作组关于市人大常委会深化司法监督工作情况的报告，审议市法院、市检察院、市公安局、市司法局关于工作人员依法履职公正司（执）法情况的报告（书面）；听取并审议市司法局关于减刑、假释、暂予监外执行工作情况的报告，审议市法院、市检察院、市公安局关于减刑、假释、暂予监外执行工作情况的报告（书面），以及市人大常委会调研组关于杭州市公检法司机关减刑、假释、暂予监外执行工作情况的调查报告（书面）；审议市检察院关于《杭州市人民代表大会常务委员会关于对市检察院反贪反渎工作情况报告的审议意见》贯彻落实情况的报告（书面）；审议市政府关于杭州市2015年上半年国民经济和社会发展计划执行情况的报告（书面）；听取并审议市政府关于杭州市本级2014年财政决算草案和2015年上半年预算执行情况的报告；听取并审议市政府关于2014年度杭州市本级预算执行和其他财政收支情况的审计工作报告；审议市政府关于2015年上半年政府重大投资项目年度计划执行情况和2015年杭州市政府重大投资项目计划（第二批）（草案）的报告（书面）；听取并审议市人大常委会执法检查组关于《杭州市城市河道建设和管理条例》执法检查情况的报告，审议市政府关于《杭州市城市河道建设和管理条例》贯彻执行情况的报告（书面）；审议并表决市人大常委会关于接受吴太普请求辞去浙江省第十二届人民代表大会代表职务的决议（草案）；审议并表决市人大常委会主任会议关于提请许可对杭州市第十二届人民代表大会代表王立标依法采取强制措施的议案；审议并表决市十二届人大常委会代表资格审查委员会关于个别代表的代表资格审查报告；审议并表决市政府、市法院、市检察院人事任免事项。

市十二届人大常委会第三十一次会议　9月29日举行。主要议程：审议并表决市政府关于提请审议《杭州市人民代表大会常务委员会关于停止施行〈杭州市客运出租汽车管理条例〉有关规定的决定（草案）》的议案；审议并表决市政府关于推荐曹其镛、陈伯滔先生为“杭州市荣誉市民”的议案；审议市十二届人大常委会代表资格审查委员会关于个别代表的代表资格终止的报告（书面）。

市十二届人大常委会第三十二次会议　10月29～30日举行。主要议程：审议并表决《杭州市文明行为促进条例（草案）》；审议并表决《杭州市第二水源千岛湖配水供水工程管理条例（草案）》；审议市政府关于提请审议《杭州市生态文明建设促进条例（草案）》的议案；审议市政府关于提请审议《杭州市人民代表大会常务委员会关于修改〈杭州市道路交通安全管理条例〉的决定（草案）》的议案；审议并表决市人大常委会关于召开市十二届人大六次会议的决定（草案）；听取并审议市人大常委会执法检查组关于《浙江省社会救助条例》执法检查情况的报告，审议市政府关于《浙江省社会救助条例》贯彻执行情况的报告（书面）；听取并审议市政府关于调整2015年杭州市本级收支预算的报告；审议市人大财经委关于2014年部门决算重点审查工作情况的报告（书面）；听取并审议市政府关于杭州市住房保障工作情况的报告；审议市人大常委会视察组关于

2015年杭州市人大常委会重要文件

表53

文件号	发文日期	标 题
杭人大常〔2015〕1号	2015-01-05	杭州市人民代表大会常务委员会关于修改《杭州市人民代表大会常务委员会任命国家机关工作人员法律知识考试办法》和《杭州市人民代表大会常务委员会法官检察官法律职务任职资格审查办法》的决定
杭人大常〔2015〕2号	2015-01-05	关于印发《杭州市人民代表大会常务委员会任免国家机关工作人员办法》等三个办法的通知
杭人大常〔2015〕3号	2015-01-09	关于表彰2014年度杭州市人大信息工作先进集体和先进个人的通知
杭人大常〔2015〕4号	2015-01-09	杭州市人民代表大会常务委员会关于同意调整2014年杭州市本级收支预算的决议
杭人大常〔2015〕5号	2015-01-15	关于召开杭州市第十二届人民代表大会第五次会议有关事项的通知
杭人大常〔2015〕6号	2015-01-15	关于出席杭州市第十二届人民代表大会第五次会议的通知
杭人大常〔2015〕7号	2015-01-15	关于列席杭州市第十二届人民代表大会第五次会议的通知
杭人大常〔2015〕8号	2015-01-15	关于听会人员参加杭州市第十二届人民代表大会第五次会议的通知
杭人大常〔2015〕9号	2015-01-16	杭州市人民代表大会常务委员会关于进一步加强立法工作的意见
杭人大常〔2015〕10号	2015-01-21	杭州市人民代表大会常务委员会关于接受吴春莲请求辞去杭州市人民检察院检察长职务的决定
杭人大常〔2015〕11号	2015-01-21	杭州市人民代表大会常务委员会关于杭州市人民检察院副检察长顾雪飞代理检察长职务的决定
杭人大常〔2015〕12号	2015-01-29	杭州市人大常委会2015年工作要点
杭人大常〔2015〕13号	2015-02-09	杭州市人民代表大会常务委员会关于富阳市撤市设区有关政权机构名称等问题的决定
杭人大常〔2015〕14号	2015-03-16	关于调整市十二届人大常委会主任会议部分成员工作分工的通知
杭人大常〔2015〕15号	2015-04-30	杭州市人民代表大会常务委员会关于同意中国丝绸博物馆改扩建项目的决定
杭人大常〔2015〕16号	2015-04-30	杭州市人民代表大会常务委员会关于市政府治理城市交通拥堵改善空气环境质量实施小客车总量调控管理工作情况报告的决议
杭人大常〔2015〕17号	2015-05-04	杭州市人民代表大会常务委员会关于接受朱钟毅、邱建林请求辞去浙江省第十二届人民代表大会代表职务的决议
杭人大常〔2015〕18号	2015-05-04	杭州市人民代表大会常务委员会关于陈国妹任杭州市第十二届人民代表大会常务委员会代表资格审查委员会副主任委员的决定
杭人大常〔2015〕19号	2015-05-08	关于接受朱钟毅、邱建林请求辞去浙江省第十二届人民代表大会代表职务的报告
杭人大常〔2015〕20号	2015-07-01	关于提请批准《杭州市人民代表大会常务委员会关于废止〈杭州市农副产品集贸市场条例〉的决定》的报告
杭人大常〔2015〕21号	2015-07-01	关于提请批准《杭州市城市房地产开发经营管理若干规定》的报告
杭人大常〔2015〕22号	2015-07-01	关于提请批准《杭州市公路条例》的报告
杭人大常〔2015〕23号	2015-07-01	关于提请批准《杭州市生活垃圾管理条例》的报告
杭人大常〔2015〕24号	2015-07-06	关于补选廖国勋、许岳荣为浙江省第十二届人民代表大会代表的报告
杭人大常〔2015〕25号	2015-09-01	杭州市人民代表大会常务委员会关于许可对杭州市第十二届人民代表大会代表王立标依法采取强制措施的决定
杭人大常〔2015〕26号	2015-09-01	杭州市人民代表大会常务委员会关于接受吴太普请求辞去浙江省第十二届人民代表大会代表职务的决议
杭人大常〔2015〕27号	2015-09-01	关于接受吴太普请求辞去浙江省第十二届人民代表大会代表职务的报告
杭人大常〔2015〕28号	2015-08-31	杭州市人民代表大会常务委员会关于批准杭州市本级2014年财政决算的决议
杭人大常〔2015〕29号	2015-09-02	关于提请批准《杭州市智慧经济促进条例》的报告
杭人大常〔2015〕30号	2015-09-02	关于提请批准《杭州市绩效管理条例》的报告
杭人大常〔2015〕31号	2015-09-02	关于提请批准《杭州市城市房屋使用安全管理条例》的报告
杭人大常〔2015〕32号	2015-09-24	关于同意杭州市与斯洛文尼亚马里博市缔结友好城市关系的函

续表 53

文件号	发文日期	标　题
杭人大常〔2015〕33 号	2015-09-29	关于市十二届人大常委会主任会议成员工作分工和联系区、县（市）人大分工的通知
杭人大常〔2015〕34 号	2015-09-30	杭州市人民代表大会常务委员会关于授予曹其镛、陈伯滔先生“杭州市荣誉市民”称号的决定
杭人大常〔2015〕35 号	2015-09-30	关于提请批准《杭州市人民代表大会常务委员会关于暂停施行〈杭州市客运出租汽车管理条例〉有关规定的决定》的报告
杭人大常〔2015〕36 号	2015-11-04	关于提请批准《杭州市第二水源千岛湖供水工程管理条例》的报告
杭人大常〔2015〕37 号	2015-11-04	关于提请批准《杭州市文明行为促进条例》的报告
杭人大常〔2015〕38 号	2015-11-06	杭州市人民代表大会常务委员会关于同意调整 2015 年杭州市本级收支预算的决议
杭人大常〔2015〕39 号	2015-11-06	杭州市人民代表大会常务委员会关于召开杭州市第十二届人民代表大会第六次会议的决定
杭人大常〔2015〕40 号	2015-12-30	杭州市人民代表大会常务委员会关于批准杭州市本级 2015 年地方政府债务限额的决议
杭人大常〔2015〕41 号	2015-12-31	关于提请批准《杭州市生态文明建设促进条例》的报告

视察杭州市精神卫生工作情况的报告（书面）、市政府关于杭州市精神卫生工作情况的报告（书面）；审议市人大常委会教科文卫工委关于市政府贯彻落实义务教育法执法检查审议意见情况的报告（书面）；听取并审议市政府关于杭州市农业转型升级畜牧业生产能力提升有关情况的报告，审议市人大常委会视察组关于视察杭州市农业转型升级提升畜牧业生产能力工作情况的报告（书面）；审议并表决市十二届人大五次会议主席团交付市人大有关专门委员会审议的代表议案审议结果的报告（书面）；听取并审议市政府关于市十二届人大五次会议代表建议、批评和意见办理情况的报告，审议市法院、市检察院关于市十二届人大五次会议代表建议、批评和意见办理情况的报告（书面），市人大常委会人事代表工委关于市十二届人大五次会议代表建议、批评和意见处理情况的报告（书面）；审议并表决市十二届人大常委会代表资格审查委员会关于个别代表的代表资格审查报告；审议并表决市法院、市检察院人事任免报告。

市十二届人大常委会第三十三次会议 12月24~25日举行。主要议程：审议并表决《杭州市生态文明建设促进条例（草案）》；审议并表决《杭州市道路交通安全管理条例（修订草案）》；审议并表决市人大常委会关于提请审议《杭州市立法条例（草案）》的议案；审议市政府关于提请审议杭州市本级2015年地方政府债务限额的议案；听取并审议市政府关于《杭州市人民代表大会常务委员会关于进一步加强普法教育依法治市的决议》贯彻实施情况的报告，审议市人大内司委关于杭州市“六五”普法教育依法治市情况的调查报告（书面）；听取市政府关于杭州市国民经济和社会发展第十三个五年规划纲要编制工作情况的报告；审议并表决市十二届人大常委会代表资格审查委员会关于个别代表的代表资格审查报告；审议并表决市人大常委会主任会议、市政府、市法院人事任免事项。

【地方立法工作】 2015年，市人大常委会坚持依法立法、为民立法，突出有效管用，加快立法步伐，完善立法机制，提升立法质量，努力发挥立法对杭州经济社会发展的引领和推动作用。

保障重大决策实施。制定《杭州市第二水源千岛湖配水供水工程管理条例》，明确生态保护优先、配水供水一体化、分类供水、优水优用等工程建设运行原则，这是杭州市首次同步为重大民生工程立法。制定《杭州市智慧经济促进条例》，就大数据开放发展、信息基础设施共建共享、智慧产业均衡发展等方面进行顶层设计，依法推进“一号工程”实施，助推经济转型升级，这是国内首部促进智慧经济发展的地方性法规。制定《杭州市生态文明建设促进条例》，为建设美丽中国杭州样本提供法制保障。协助全国人大常委会和省人大常委会完成多件法律法规草案的征求意见工作。

推动改革举措落实。总结杭州市综合考评工作成功经验，制定《杭州市绩效管理条例》，进一步强化绩效目标执行、绩效评估和绩效问责，为改进机关作风、转变政府职能树立法治导向。为推进杭州市出租汽车行业改革，做出《杭州市人民代表大会常务委员会关于停止施行〈杭州市客运出租汽车管理条例〉有关规定的决定》，暂停施行客运出租汽车管理条例中涉及总量控制、经营权获得的条款，确保改革于法有据。制定《杭州市公路条例》，修订《杭州市道路交通安全管理条例》，废止《杭州市农副产品集贸市场条例》，更好地适应改革要求和实际需要。

促进城市管理法治化。制定《杭州市生活垃圾管理条例》，依法推进生活垃圾分类投放、分类收运、分类利用、分类处置，促进垃圾处置减量化、资源化、无害化。制定《杭州市文明行为促进条例》，健全倡导文明行为的长效机制，弘扬“最美现象”，提高市民素养，提升城市文明。对《杭州市城市房地产开发经营管理若干规定》《杭州市城市房屋使用安全管理条例》进行修订，更好地保障房地产业持续健康发展，维护人民群众的合法权益。

完善立法工作机制。向市十二

届人大六次会议提出关于提请审议《杭州市立法条例（草案）》的议案。制定《杭州市人民代表大会常务委员会地方性法规立项办法》《杭州市地方性法规实施情况报告规定》《杭州市人大常委会建立立法基层联系点办法》《杭州市人大常委会立法听证办法》，发挥人大在立法工作中的主导作用。在人大常委会分组审议时对法规草案进行解读，就《杭州市生活垃圾管理条例》开展立法协商，对《杭州市精神卫生条例》《杭州市公共场所控制吸烟条例》委托第三方机构进行立法后评估，完善立法工作方式，深入推进科学立法、民主立法。

【人大监督工作】 2015年，市人大常委会坚持问题导向、效果导向，突出监督重点，改进监督方式，寓支持于监督之中，着力增强监督的针对性和实效性，推动“一府两院”依法行政、公正司法，促进经济社会健康发展，审议专项工作报告50个，开展执法检查、专题询问、专题调研、专项工作评议、视察等9次，审查规范性文件116份。

加强财政经济监督。听取和审议杭州市“十三五”规划纲要编制情况报告，敦促市政府认真贯彻中央和省委、市委决策部署，坚持创新、协调、绿色、开放、共享发展理念，紧密结合杭州实际，科学编制好规划纲要，并提请杭州市人民代表大会会议审查批准。审议杭州市国民经济和社会发展计划执行情况报告，对中国（杭州）跨境电子商务综合试验区和杭州国家自主创新示范区建设、工业园区土地利用情况开展专题调研，对提升畜牧业生产能力情况进行视察，推动有关方面主动适应经济发展新常态，全力打好转型升级“组合拳”。按照修改后的《中华人民共和国预算法》要求，加强对预算决算的审查监督，管好用好人民的“钱袋子”。听取和审议财政决算、审计、预算执行和预算调整等报告，批准2014年决算，同意对2015年杭州市本级收支预算进行调整，推动政府预算更趋全面规范、公开透明。对科技专项资金进行专题审查，对市法院、市住保房管局、市交通运输局、市体育局2014年部门决算进行重点审查，并跟踪督查上年度审查意见落实情况，推动部门预算、专项资金严格管理，提高财政资金使用绩效。审查和批准杭州市本级2015年地方政府债务限额，促使政府加强债务管理，合理控制债务规模，有效防范财政风险。听取和审议杭州市政府重大投资项目计划及执行情况报告，促进政府投资更加合理有效。

加强民生领域监督。连续8年对食品安全工作开展监督，通过明察暗访、拍摄专题片、问卷调查等方式，对全市食品安全工作进行深入调研，并以完善监管机制、加强监管能力建设为重点，开展专题询问，提出要严格执行食品安全法，把严谨标准、严格监管、严厉处罚、严肃问责落到实处，保障人民群众“舌尖上的安全”。开展城乡公共文化服务体系建设专项评议，推动政府深入实施文化强市战略，大力推进基本公共文化服务标准化、均等化。听取和审议住房保障工作、义务教育法执法检查审议意见落实情况报告，开展省社会救助条例执法检查，对精神卫生事业发展、少数民族村、侨情侨务和省台湾同胞投资保障条例贯彻执行情况进行视察，提出意见建议，推动相关问题解决。

加强城市环境监督。根据市委部署，市人大常委会成立督查组7个，对与G20杭州峰会有关的120个环境整治提升、街容美化重点项目进行跟踪督查，推动相关单位按照“最高标准、最快速度、最实作风、最佳效果”要求，打造精品力作。对19个城镇污水处理厂建设运行情况进行督查，针对部分污水处理厂运行负荷率低的问题，要求有关方面加快落实整改，提升污水处理效率。听取和审议农村生活污水治理情况报告，开展《杭州市城市河道建设和管理条例》执法检查，敦促市政府落实主体责任，建立长效机制，巩固治水成果。听取和审议大气污染防治情况报告，要求市政府认真研究市人大常委会审议意见，制定《2015年大气污染防治实施计划》，加强区域联防联控，推进“五气共治”。

加强司法执法监督。与区县（市）人大常委会联动开展对部分检察官的履职监督，听取和审议反贪反渎专项工作报告，提出监督意见，并听取、审议整改情况报告，进行满意度测评，实现对事监督与对人监督、初次审议监督与持续跟踪监督的有机结合。听取和审议公检法司机关工作人员依法履职、公正司法（执法）情况，减刑、假释、暂予监外执行情况报告，提高司法公信力。听取和审议《杭州市人民代表大会常务委员会关于进一步加强普法教育依法治市的决议》贯彻实施情况执行情况报告，要求市政府创新法治宣传方式，提高普法工作实效，推进全民守法。认真做好群众信访受理处理工作，共受理处理356件次，促进问题解决，维护社会稳定。

【人大常委会重大事项决定】 2015年，市人大常委会坚持依法履行法定职能，认真行使重大事项决定权和人事任免权，通过法定程序将市委的决策部署，转化为全市人民的共同意志。

完善重大事项决定制度。市人大常委会依据宪法、法律法规的有关规定，形成杭州市3类48项的重大事项清单，将人大及其常委会讨论决定的重大事项具体化、条目化，并以中共杭州市委名义印发《杭州市人大及其常委会讨论决定重大事项清单》，增强人大及其常委会讨论决定重大事项的针对性、实效性，推进杭州市重大决策的科学化、民主化、法治化。

依法讨论决定重大事项。根据国务院、省政府关于调整杭州市部分行政区划的文件精神，市人大常委会做出《关于富阳市撤市设区有关政权机构名称等问题的决定》，推进富阳市撤市设区工作依法开展。对杭州市实施小客车总量调控管理工作做出决议，要求市政府健全决策机制，完善调控措施，确保调控政策平稳实施。此外，还分别做出决定，同意中国丝绸博物馆改扩建项目，授予曹其镛、陈伯滔先生“杭州市荣誉市民”称号。

做好人事任免与选举工作。坚持党管干部原则与依法行使人事任免权的有机统一，依法做好人事任免工作，保证地方国家机关正常运转。制定杭州市人大及其常委会选举或者决定任命国家机关工作人员宪法宣誓相关办法。依法审查24名

新选举产生的市人大代表的代表资格，补选省人大代表2名。

【人大代表工作】 2015年，市人大常委会坚持依靠代表、服务代表，尊重代表主体地位，完善保障机制，创新服务载体，加强和改进代表工作，充分发挥代表主体作用。

提高议案建议处理质量。市十二届人大五次会议主席团交付审议的3件议案，涉及的立法项目全部列入立法计划。618件代表建议全部办理完毕，代表所提问题已解决和列入解决计划的共562件，占总数的90.9%。通过重点督办、通报办理进度、代表小组集体评议、建议办理“回头看”等举措，督促提高办理质量。

组织指导代表闭会期间活动。组织各级人大代表开展“监督已治理的河”“转型升级十大组合拳落实情况”“查找基层群众办事审批难事项”“对年收入4600元以下贫困人口脱贫情况开展视察核查”等代表主题活动。在“查找基层群众办事审批难事项”活动中，梳理提出办事审批难事项1202项次，其中涉及杭州市级部门的308项，涉及省级以上部门的59项，并交有关部门处理，推动行政审批制度改革；在“对年收入4600元以下贫困人口脱贫情况开展视察核查”活动中，全市近5400名代表参加，核查低收入农户4万多户，为市委精准施策、确保不把贫困现象带入“十三五”提供依据。按照“全覆盖、制度化、常活动”要求，加强代表联络站规范化建设，开展网上代表联络站建设试点，122名在杭的全国、省人大代表和全体市人大代表均编组进站开展活动。推进领导干部代表进站接待选民活动制度化，市级领导干部以代表身份走进各地代表联络站，接待群众，听取民意，帮助解决群众诉求。

支持保障代表依法履职。坚持主任会议成员和专职委员走访、接待、联系代表制度，加强常委会同代表的联系。调整和充实专业代表小组，发挥代表专业优势。举办代表小组长培训班，提升代表履职能力。组织召开“一府两院”半年工作情况报告会，保障代表知情知政。坚持向代表通报市人大常委会会议和重要工作情况制度，邀请代表列席市人大常委会会议、参加各类活动434人次，扩大代表对市人大常委会工作的参与。认真做好浙江选举产生全国人大代表第一小组、省人大代表杭州中心组履职服务保障工作。

激发代表履职活力。开展代表风采主题宣传系列活动，有10万多人次参与“最美人大代表”点赞活动，推出10位“最美人大代表”，举办“向人大代表致敬”专题晚会，并于12月4日“国家宪法日”在杭州电视台播出，得到社会各界的好评。组织评选优秀议案建议和代表履职积极分子。以“最美人大代表”、代表履职积极分子为典型，激励全市各级人大代表学先进、当先进、做表率。

【人大常委会自身建设】 2015年，市人大常委会始终坚持党的领导，立足于严、立足于实，增强看齐意识，强化责任担当，全面加强自身建设，不断提高履职水平，努力开创人大工作新局面。坚持把党委重视、政府关注、群众关切的事项作为人大工作的重点，使人大工作始终与党委工作同心同向、合力合拍。扎实开展“三严三实”专题教育，通过专题党课、学习研讨、举办培训班等形式，教育引导党员干部自觉把严的标准和实的作风落实到人大履职实践中，提振精气神、锤炼好作风、展现新作为。认真学习贯彻廉洁自律准则、纪律处分条例，落实党风廉政建设主体责任，严格执行中央和省委、市委关于作风建设的各项规定，支持和保障市纪委派驻市人大机关纪检组工作，深入推进正风肃纪。充分发挥专委会作用，强化协调配合，形成工作合力。深入贯彻中央18号文件、十二届全国人大常委会委员长张德江2014年到杭州调研时的重要讲话精神，落实市委《关于加强和规范街道人大工作的意见》，召开全市街道人大工作会议，做出全面部署，推动街道人大工作进一步制度化、规范化。编印《杭州县乡人大工作创新20例》，总结推广县乡人大工作创新经验，提高全市人大工作整体水平。与市委宣传部联合召开全市人大宣传工作会议，制定加强人大新闻宣传工作的意见，进一步强化人大制度和工作的宣传。加强与外国地方议会和友好城市的交流，组团出访一些国家和地区，接待来访外宾11批，宣传人民代表大会制度，促进对外开放。“五四宪法历史资料陈列馆”项目获中央有关部门正式批准，陈列大纲报全国人大常委会办公厅审核并通过，筹建工作进展顺利。 （钱建中）

·杭州市人民政府·

【市政府机构概况】 2015年，杭州市有乡级以上人民政府112个。其中，杭州市人民政府1个，区县（市）人民政府13个，乡（镇）人民政府98个。县级以上政府工作部门327个，其中市级40个、县级287个。市人民政府设置工作部门40个（含特设机构1个），派出机构10个，直属事业单位13个。 （钟俊元）

【市政府全体会议】 2015年，市政府召开全体会议2次，即十二届市政府第六次全体（扩大）会议和第七次全体（扩大）会议。

第六次全体（扩大）会议　2月8日举行。市政府常务副市长徐立毅主持，市长张鸿铭做重要讲话。会议深入贯彻落实中共十八大及十八届三中、四中全会和习近平总书记系列重要讲话精神，以及十八届中央纪委五次全会、省纪委十三届四次全会和市委十一届八次全会、市十二届人大五次会议精神，突出“抓落实”主题，重点围绕《政府工作报告》、政府自身建设、党风廉政建设等方面狠抓落实，确保全年政府工作各项目标任务圆满完成。

第七次全体（扩大）会议　7月31日举行。市政府常务副市长马晓晖主持，市长张鸿铭做重要讲话。会议认真贯彻落实习近平总书记在浙江考察时的重要讲话和省、市重要会议精神，牢牢把握“干在实处永无止境，走在前列要谋新篇”新使命，突出“抓落实”主题，重点围绕《政府工作报告》，全面回顾总结上半年工作完成情况，动员部署下半年工作重点和要求，确保全年政府工作各项目标任务圆满完成。

【市政府常务会议】 2015年，市政府召开常务会议22次，即十二届

2015年杭州市人民政府重要文件

表54

文件号	发文日期	标　题
杭政〔2015〕2号	2015-01-07	杭州市人民政府关于加快推进建筑业发展的实施意见
杭政〔2015〕3号	2015-01-12	杭州市人民政府关于推进旅游休闲业转型升级的实施意见
杭政〔2015〕36号	2015-06-29	杭州市人民政府关于加快培育外贸竞争新优势的实施意见
杭政〔2015〕67号	2015-10-13	杭州市人民政府关于印发杭州市人民政府重大行政决策程序规则的通知
杭政〔2015〕84号	2015-12-21	杭州市人民政府关于加快科技服务业发展的实施意见

2015年杭州市人民政府办公厅重要文件

表55

文件号	发文日期	标　题
杭政办〔2015〕1号	2015-04-27	杭州市人民政府办公厅关于推进杭州市智慧电子政务建设工作的若干意见
杭政办〔2015〕2号	2015-04-29	杭州市人民政府办公厅关于印发杭州市小客车总量调控管理规定的通知
杭政办〔2015〕3号	2015-11-19	杭州市人民政府办公厅关于印发杭州市突发事件应急预案管理实施办法（试行）的通知
杭政办〔2015〕4号	2015-12-01	杭州市人民政府办公厅关于印发杭州市鼓励研制与采用先进技术标准实施办法的通知
杭政办〔2015〕5号	2015-12-24	杭州市人民政府办公厅关于进一步规范市区征收集体所有土地非住宅房屋补偿管理的通知

市政府第三十四次常务会议至第五十五次常务会议，由市长张鸿铭主持。

第三十四次常务会议　1月9日召开。会议研究讨论《政府工作报告》（送审稿）、《关于杭州市2014年国民经济和社会发展计划执行情况与2015年国民经济和社会发展计划草案的报告》（送审稿）、《关于杭州市及市本级2014年财政预算执行情况和2015年财政预算草案的报告》（送审稿），审议并原则通过杭州市本级2015年政府投资项目计划及政府投资预算草案、杭州市2015年重大政府投资项目计划。会前专题学习《中华人民共和国行政诉讼法》。

第三十五次常务会议　1月29日召开。会议研究讨论《政府工作报告》（修改稿），审议并原则通过《杭州市未来三年用编方案》。

第三十六次常务会议　2月27日召开。会议研究讨论2015年市“两会”建议提案总体情况和办理工作建议，审议并原则通过《杭州市网络交易管理办法》（草案）。会前专题学习《中华人民共和国环境保护法》（2014年修订）。

第三十七次常务会议　3月20日召开。会议研究讨论中国（杭州）跨境电子商务综合试验区申报建设工作，审议并原则通过《杭州市人民政府重大行政决策程序规则》（草案）、《杭州市医养护一体化智慧医疗服务促进办法》（草案）。会前专题学习《中华人民共和国行政许可法》。

第三十八次常务会议　4月10日召开。会议研究讨论《杭州市公路条例》（草案）、《杭州市城市房地产开发经营管理若干规定》（修订草案），审议并原则通过对2014年度扩大有效投资、推进重点项目建设工作做出突出成绩人员和轨道交通建设突出贡献个人给予行政奖励。

第三十九次常务会议　4月24日召开。会议审议并原则通过《杭州大江东产业集聚区管理办法》（草案）、《关于大力推进住房保障货币化的指导意见》（送审稿）、《杭州市小客车总量调控管理规定》（送审稿）。

第四十次常务会议　5月15日召开。会议审议并原则通过《杭州市人民政府关于深入推进依法行政加快建设法治政府的实施意见》（送审稿）、杭州市国民经济和社会发展“十三五”规划基本思路及《杭州市“十三五”规划编制目录》、《杭州市2015年大气污染防治实施计划》（送审稿）、《打造“美丽杭州”建设“两美浙江”示范区行动计划》（送审稿）。

第四十一次常务会议　6月4日召开。会议研究讨论《杭州市信息经济智慧应用促进条例》（草案）、《杭州市城市房屋使用安全管理条例》（修订草案）。会前专题学习《中华人民共和国预算法》（2014年修正）。

第四十二次常务会议　6月19日召开。会议审议并原则通过《关于分户农户购买专项用房的实施意见》（送审稿）。

第四十三次常务会议　7月24日召开。会议研究讨论《杭州市城市轨道交通运营管理办法（修改）》（送审稿）。会前专题学习《中华人民共和国立法法》。

第四十四次常务会议　7月30日召开。会议研究讨论《关于实施杭州钱江经济开发区整合提升的若干意见》（送审稿）。

第四十五次常务会议　8月4日召开。会议研究讨论加快富阳区与主城区一体化发展有关工作。

第四十六次常务会议　8月10日召开。会议研究讨论《杭州市第二水源千岛湖配水供水工程管理条例》（草案），审议并原则通过2015年上半年政府重大投资项目年度计划执行情况和2015年杭州市政府重大投资项目计划（第二批）。会前专题学习《中华人民共和国行政强制法》。

第四十七次常务会议　8月21日召开。会议研究讨论杭州市区居民生活用管道天然气价格改革方案，审议并原则通过对杭州市民族团结进步创建活动成绩突出的集体和个

人给予行政嘉奖。

第四十八次常务会议　9月11日召开。会议研究讨论推出市直机关党政人才租赁周转房、授予曹其镛和陈伯滔先生“杭州市荣誉市民”称号，审议并原则通过《关于加快推进杭州市开发区（产业园区）整合优化提升工作的实施意见》（送审稿）。会前专题学习《中华人民共和国安全生产法》（2014年修订）。

第四十九次常务会议　9月25日召开。会议研究讨论《在市区范围内停止施行〈杭州市客运出租汽车管理条例〉有关规定的决定》的议案、《杭州市人民政府关于停止施行〈杭州市客运出租汽车经营权有偿使用管理办法〉的决定》和《深化出租汽车行业改革的实施意见》（送审稿）。

第五十次常务会议　10月16日召开。会议研究讨论《杭州市道路交通安全管理条例》（修订草案）、《杭州市生态文明建设促进条例》（草案）。

第五十一次常务会议　10月29日召开。会议研究讨论《杭州市居住房屋出租安全管理若干规定》（送审稿）和《杭州市人民政府关于废止〈杭州市职工价格监督暂行规定〉等14件规章的决定》（送审稿）、《杭州市人民政府关于修改〈杭州市城市地下管线工程档案管理办法〉等12件规章部分条款的规定》（送审稿）。

第五十二次常务会议　11月6日召开。会议研究讨论《杭州市城市轨道交通运营管理办法》（修改草案）、《杭州市禁止销售燃放烟花爆竹管理条例》（草案）。

第五十三次常务会议　11月26日召开。会议研究讨论杭州市与云南省普洱市缔结友好城市事项。会前专题学习《中华人民共和国食品安全法》（2015年修订）。

第五十四次常务会议　12月18日召开。会议研究讨论《杭州市创建国家食品安全城市试点工作方案》（送审稿）、《杭州市推进综合行政执法工作实施方案》（送审稿）、《杭州市应对极端天气停课安排和误工处理实施办法》（送审稿）。

第五十五次常务会议　12月25日召开。会议审议并原则通过《杭州市餐厨废弃物管理办法》（草案）、《杭州市大气重污染应急预案（修订）》（送审稿）。

【市长办公会议】 2015年，市政府召开市长办公会议23次，即十二届市政府第五十三次市长办公会议至第七十五次市长办公会议，由市长张鸿铭主持。

第五十三次市长办公会议　1月9日召开。会议审议并原则通过《关于优化产业用地管理促进土地要素市场化配置的若干意见》（送审稿）、《关于推进旅游休闲业转型升级的实施意见》（送审稿）。

第五十四次市长办公会议　1月29日召开。会议审议并原则通过《关于加强杭州市公共租赁住房社会化管理和服务的若干意见》（送审稿），研究讨论市政府月度工作。

第五十五次市长办公会议　2月27日召开。会议审议并原则通过《杭州发展信息经济总体规划（2014～2020年）》（送审稿），研究讨论部分历史遗留项目开发建设、市政府月度工作等事项。

第五十六次市长办公会议　3月20日召开。会议研究讨论“7·5”公交车纵火事件相关费用处理事项。

第五十七次市长办公会议　3月30日召开。会议研究讨论钱江三桥收费协议争议案协商谈判和仲裁调解、2015年全国劳动模范和先进工作者推荐、市政府月度工作等事项。

第五十八次市长办公会议　4月24日召开。会议审议并原则通过《关于推进杭州市智慧电子政务建设工作的若干意见》（送审稿），研究讨论320国道杭州段收费项目处置、市政府就国际峰会事项向省政府请示件采取简易办文程序等事项。

第五十九次市长办公会议　5月15日召开。会议研究讨论G20杭州峰会有关事项。

第六十次市长办公会议　6月4日召开。会议研究讨论杭州十九楼网络股份有限公司股权确认、杭州市中小企业服务云项目资助、滨江区开展居住证制度改革试点工作、推进杭州市区居民生活用管道天然气价格改革工作、市政府月度工作等事项。

第六十一次市长办公会议　6月19日召开。会议审议并原则通过《关于推动工业经济稳增长十条政策》（送审稿）、外贸稳增长和跨境电商扶持政策、《关于在杭州市推进数字杭州地理空间框架应用的通知》（送审稿），研究讨论优化完善公共交通票价优惠措施、中石化油库项目选址搬迁等事项。

第六十二次市长办公会议　7月3日召开。会议审议并原则通过《杭州市大气污染防治行动计划实施情况考核办法（试行）》（送审稿）、《关于贯彻实施〈浙江省国有土地上房屋征收与补偿条例〉的若干意见》（送审稿）、《杭州市人民政府关于建立重大行政决策部署贯彻落实情况约谈制度的通知（试行）》（送审稿）、《关于推进工业企业“零土地”技改项目审批方式改革的通知》（送审稿）、《关于进一步深化投融资体制改革、扩大有效投资的若干意见》（送审稿），研究讨论西溪湿地综保工程有关事项。

第六十三次市长办公会议　7月24日召开。会议审议并原则通过《杭州市行政机关向监察机关移送涉嫌违反行政纪律问题线索的办法（试行）》（送审稿），研究讨论申办体育赛事、浙江省科技风险投资有限公司投资杭州市高科技投资有限公司、下沙园区临时库房建设等事项。

第六十四次市长办公会议　7月30日召开。会议研究讨论市政府月度工作。

第六十五次市长办公会议　8月10日召开。会议审议并原则通过《加快推进杭州市智能制造促进产业转型发展的指导意见》（送审稿）、《杭州市公共资源交易目录（2015版）》（送审稿）。

第六十六次市长办公会议　8月21日召开。会议审议并原则通过《关于加快杭州市特色小镇规划建设的实施意见》（送审稿），研究讨论杭州汽轮动力集团混合所有制改革、2016年市本级财政预算编制原则、《杭州市审计局关于2014年度市本级预算执行和其他财政收支的审计结果报告》整改情况等事项。

第六十七次市长办公会议　9月1日召开。会议审议并原则通过《关于公布取消和调整非行政许可审批事项目录的通知》（送审稿）、《杭州市征收集体所有土地住宅房屋补偿货币化安置的指导意见》(送审稿),研究讨论杭州市市区全面开展调整城镇土地使用税政策促进土地集约节约利用工作、市政府月度工作等事项。

第六十八次市长办公会议 9月11日召开。会议审议并原则通过《关于加快我市私募金融服务业发展的实施意见》(送审稿)、《关于支持金融服务机构加快集聚的实施意见》(送审稿)。

第六十九次市长办公会议 9月25日召开。会议研究讨论市政府月度工作。

第七十次市长办公会议 10月29日召开。会议审议并原则通过《关于调整市区最低工资标准的通知》(送审稿)、《关于规范杭州市保障性安居工程配套公建用房补办土地出让及上市交易的若干意见》(送审稿)、《杭州市垦造水田专项行动计划(2015~2018年)》(送审稿),研究讨论杭州市不动产统一登记制度改革及职责整合、市政府月度工作等事项。

第七十一次市长办公会议 11月6日召开。会议审议并原则通过《关于加快推进新型建筑工业化的实施意见》(送审稿),研究讨论《杭州市六城区环境功能区划》(送审稿)、组建杭州种业集团有限公司、杭州市中医院转让持有杭州爱德医院30%股权等事项。

第七十二次市长办公会议 11月26日召开。会议审议并原则通过《关于推进城镇危旧住宅房屋治理改造工作的通知》(送审稿)、《杭州市城镇危旧住宅房屋治理改造三年行动计划(2015~2017年)》(送审稿),研究讨论杭州万向职业技术学院增资扩股、杭州太能硅业有限公司等事项。

第七十三次市长办公会议 12月1日召开。会议审议并原则通过《关于进一步贯彻落实粮食安全市县长责任制增强粮食安全综合保障能力的实施意见》(送审稿),研究讨论市级机关事业单位部分异地房产、联建房产处置,市政府月度工作等事项。

第七十四次市长办公会议 12月18日召开。会议审议并原则通过《萧山余杭富阳控规管理实施意见》(送审稿),研究讨论杭州市2015年末地方政府债务限额、经济适用住房项目财政补贴、杭州市城市轨道交通三期建设规划等事项。

第七十五次市长办公会议 12月25日召开。会议审议并原则通过《关于进一步加强杭州市城市地下管线信息管理的若干意见》(送审稿),研究讨论东风杭州汽车有限公司地块保障房项目后续管理及配套设施、杭州市本级2015年预算执行情况及2016年预算安排建议等事项。 (综合一处)

【处理公文5514件】 2015年,以市政府、市政府办公厅名义制发公文742件,其中,市政府令9件、杭政87件、杭政函186件、杭政办5件、杭政办函183件、杭政办通报94件、杭府纪要106件。收到请示类公文2056件、传阅类公文2716件。请示类公文平均办文天数17.6天,办结率98.0%。 (刘晓芳)

【加强政务督查】 2015年,市政府进一步完善政务督查机制,制定出台《杭州市人民政府办公厅关于建立重大决策部署落实情况约谈制度(试行)的通知》,率先组织实施行政约谈并取得实效。围绕年度中心工作,市委、市政府15个督查组就河道治理、"三改一拆"、"五水共治"、投资和重点项目建设、经济工作责任、中央"八项规定"执行情况等内容,组织开展9批次联合督查,以及做好G20杭州峰会建设项目专项督查,助推市委、市政府重点工作任务圆满完成和经济总量"冲万亿"目标实现。全年办理市长张鸿铭批示件2172件、省政府领导批示件424件,交办和办理率均为100%。做好国务院、省政府关于经济工作责任、民生政策落实情况等重点工作督查的迎查工作。着力抓好重点工作督办,针对领导交办的近20项民生热点、难点问题进行跟踪督促检查,确保整改到位。做好《政府工作报告》督促检查,编制重点工作任务书责任细化分解表,逐条分解落实,按季度进行督查,并对有效投资、重点项目、工业和技改投资、"五水共治"、"三改一拆"等重点工作进展情况进行展板展示和督查通报。做好市政府为民办实事工作督促检查,制定《杭州市人民政府办公厅关于对2015年市政府为民办实事项目进行绩效考核的通知》。组织开展中期督查,要求各单位倒排计划,挂图作战,针对进度滞后的项目进行重点跟踪,其中为民办实事项目年度目标任务提前21天完成。

(薛圣白)

【政府信息公开】 2015年,杭州市全面落实《中华人民共和国政府信息公开条例》,坚持以公开为常态,不公开为例外,持续推进全市政府信息公开工作深入、有效开展。根据《2015年杭州市政府信息公开工作要点》的要求,重点推进行政权力清单动态调整、行政处罚、财政资金、公共资源配置、重大建设项目、公共服务、企业信息、公共监管8个领域的政府信息公开。全年新增主动公开政府信息39.09万条,其中市级机关主动公开政府信息14.97万条、区县(市)政府及其职能部门主动公开政府信息24.12万条。办理政府信息公开申请6399件。其中,市级机关办理3244件,区县(市)政府及其职能部门办理3155件;各申请人当面申请1434件,网络申请1896件,传真申请72件,信函申请2997件。申请内容主要涉及土地征迁、房屋拆迁、规划编制、环境质量、行政审批等信息。 (于广益)

【建议提案办理】 2015年,杭州市收到全国及省、市"两会"建议、提案1103件。其中,全国政协提案1件;省人大代表建议12件,省政协提案35件;市人大代表建议618件,市政协全会建议案2件、提案435件。市政府高度重视建议、提案办理工作,市"两会"结束后,迅速召开全体(扩大)会议和常务会议,贯彻落实"两会"精神,研究部署建议、提案办理工作。市人大常委会、市政府和市政协联合召开交办会议,加强组织领导,明确责任分工,落实办理责任。市政府领导带头领办市政协全会建议案2件和重点建议、提案18件,率领承办单位深入调研,加强沟通协调,完善政策措施。全年建议提案办结率100%、面商率100%、满意率99.5%。 (余 亮)

【公务接待】 2015年,市委、市政府对接待工作高度重视,市主要领

导多次提出具体要求或做出批示，并带头严格执行中央“八项规定”，下基层轻车简从，会务安排简朴戒奢，陪同来宾用餐严格标准，为全市领导干部做表率。市接待办突出服务G20杭州峰会筹备工作，坚持“干在实处、走在前列”的高标准，践行“三严三实”的严要求，严格执行中央和省、市关于公务接待工作的新规定，牢固树立从严从紧的思想，坚决把严格执行制度挺在前面。认真拟定接待计划，严格执行值班领导审批、分管领导审核的程序，严格控制国内公务接待范围，圆满完成公务接待任务。全年接待来宾895批次、3.53万人次。（杨海斌）

【流动人口管理服务】 2015年，市流动人口办认真贯彻落实省、市关于完善和创新流动人口管理服务工作的要求，着力完善市、区两级流动人口管理服务组织机构体系，继续深化重点社区的网格化管理服务模式，指导各地探索区域特色的经济样板合租房和社会化管理服务新模式，初步形成动态有效的流动人口管理服务机制。推进全市出租房屋安全、流动人口登记和出租房屋管理、出租房屋电子设施安全3个专项整治，落实信息测查并实行季查月报制度，提高流动人口居所的安全性和信息采集的规范性。截至12月20日，杭州市流动人口登记在册总数为490.76万人，比上年增加57.85万人，增长13.36%。其中，男性284.35万人、占57.94%，女性206.41万人、占42.06%；省外主要来源地为安徽、河南、江西、湖北、贵州、四川、湖南、江苏、重庆等。根据第三方测查，至年末，全市流动人口登记率为89.38%。开展居住证制度改革试点工作，指导滨江区研究调整居住证申领条件、出台积分办法，有序推进以合法稳定住所和合法稳定职业为基本条件的居住证发放工作。截至12月20日，滨江区共发放新的浙江省临时居住证13029本、浙江省居住证703本。推进以标准化、信息化手段打造“以房管人”新模式，建成全市流动人口动态信息（智能门禁）管控平台，并于5月在余杭召开全市智能门禁系统建设应用现场会，推动各地加大投入力度，接入平台，推进应用。至年末，接入市级平台的智能门禁系统前端设备1.69万套，涉及发卡和用卡人员40多万人，采集动态信息4000多万条。住房和城乡建设部、国家物联网“智慧社区”课题组等单位和部门，北京、上海、广东等地的考察团分别到杭考察学习智能门禁系统建设应用，打响杭州品牌。（陶　群）

【应急管理工作】 2015年，市应急办以落实和深化应急联动机制为主线，强化应急管理“一案三制”，健全应急联动指挥平台，开展多层次应急演练，不断提高预防和处置突发事件能力。做好市政府应急专家组换届增补工作，新增6名公共卫生防疫、危化品处置、群体性事件等领域的应急管理专家。完成市应急指挥平台决策支持系统开发，省政府、市政府和“三防”等3套视频会商系统部署及市应急资源基础数据库建设等工作。围绕“科学减灾、依法应对”主题，开展“5·12”防灾减灾日宣传周活动；会同杭港地铁公司等开展轨道交通1号线保护区应急演练；会同市环保局在富阳开展模拟交通事故次生引发环境突发事件应急演练；会同桐庐县开展杭州地区首个县级地震应急桌面推演；会同省交通运输厅等开展浙江省内河最大规模多部门联合危险品码头应急演练。成功处置“6·1”滨江杨家墩火灾事件、“6·12”专车出租车冲突聚集事件和“11·28”复兴路地铁施工坍塌事故等突发情况，妥善处理《焦点访谈》曝光火锅事件，做好东方之星沉船事件善后处置，着力开展人感染H7N9禽流感应急处置和防控工作，全力防御和应对9号强台风“灿鸿”、寒潮及雨雪冰冻等极端灾害天气。

【应急预案体系建设】 2015年，杭州市出台《杭州市突发事件应急预案管理实施办法（试行）》，修订《杭州市防汛防台抗旱应急预案》《杭州市城区公共汽车客运突发事件应急预案》《杭州市失业应急预案》3部专项应急预案，累计制定修编市级专项应急预案63部，修订更新22部，同时编制预案操作手册40部。经过一年的努力，杭州市应急预案管理从建设预案体系阶段向持续评价改善阶段转变。

【应急值守规范】 2015年，市应急办共记录《值守记录》7620项（件）。处理公安、信访、维稳、网络舆情、环境、气象、防汛、城建城管、防病防疫、安全生产事故等各类信息2772件次；发送值守应急信息21.5万条，落实市领导短信批示373件；落实市委、市政府各类会议103次；办理领导干部外出报告和外出审批577件、重要内外事报告281件；汇总报送《各区、县（市）主要领导干部一周工作简要情况》49次；编辑《应急值守一周综述》49期；收发处理各类传真函件1.65万件；办理《杭州值班》来文、来电呈报635件；完成省应急办每两周一次的应急点名。（朱　凌）

【无线电管理】 2015年，杭州市无线电管理局办结频率设台许可审批526项，办理发射设备进口审批16件，新核发电台执照2.3万张。全市各类在册无线电台站4.4万个，收缴频率占用费75万元。强化台站规范化管理，开展无线电台站年检工作，年检台站5136台，其中现场核查重点台站88台。将三大公众运营商（移动、联通、电信）蜂窝基站管理纳入网上办事系统，对3.8万个蜂窝基数据进行审核，受理171个台站执照的申请。严厉打击非法设台，开展“黑广播”“伪基站”巡测40多次，查处“黑广播”13处，暂扣设备12套，协助公安机关检测“伪基站”2套。办理非法设台的行政处罚案件2起，协调处理10多起私装直放和安装移动干扰器的行为。全力维护电波秩序，累计监测1.2万小时。完成航空、铁路、外国政要访华等预指配频率专项监测任务33次，出具各类专项监测报告29份；参与各类考试保障10次，查获自动转发台3个；受理武警与交警通信等频率干扰12起，为国际马拉松比赛排查视频无线电传输干扰3起。按照G20杭州峰会保障要求，赴多地开展调研，针对性地采购相关设备，开展技术演练。与杭州电视台生活频道合作制作《珍惜频谱资源、维护电波秩序》公益宣传片，在晚间新闻节目中循环播放。与浙江省经信智慧城市规划研究院合作，开展《浙江省无线电管理系统固定资产管理存在的问题与对策建议》研究。（曹宏伟）

【信访形势平稳向好】 2015年，市信访局按照中央和省委、市委关于信访工作决策部署，坚持推进信访工作制度改革，围绕“法治信访”“阳光信访”“精准信访”三大任务，着力构建良好信访生态环境，全市信访形势总体平稳向好。

召开法定途径分类处理信访投诉请求工作部署会，印发《关于推进通过法定途径分类处理信访投诉请求工作的实施意见》，建立市直部门“法定途径清单”。开展《中华人民共和国信访条例》修订实施10周年宣传月活动，宣传信访政策法规和信访改革精神。强化信访数据和疑难复杂问题的综合分析研判，压实职能部门解决信访问题的主体责任，进京非正常上访全省占比从上年30%降至19.8%。推行市领导随机接访，将每月市领导接待日模式，拓展到市人民来访接待中心随机接访，有31位市领导接待信访群众62批73人次。建立完善市管领导干部包案督查信访事项制度，每两月联合通报市管领导干部包案督查信访事项情况，并纳入干部年度工作考核，推动疑难信访问题化解，通过下访接访、专题协调、带队督查等形式包案督查信访事项895件，化解842件，化解率94.1%。与市委组织部联动开展信访督查“百千万”专项行动，建立信访督查项目库，按问题性质实行“红橙黄”三色管理。市领导阅批重要信访事项和群众来信162件，办结153件；各区县（市）领导阅批群众来信1206件，办结率均在90%以上。市分管领导和市信访局领导班子带队先后集中开展六轮信访督查，邀请媒体记者全程参与、公开报道，接受群众和社会舆论监督。制定《信访监督员志愿服务实施办法》，建立信访监督员队伍129名（省级2名、市级31名、县级96名），开展信访事项监督。全年督查项目库入库1358件，其中，市级194件、县级1164件，已全部督查，整改1281件，占94.3%。开展“百日维稳攻坚大会战”活动，全力做好全国和省市“两会”、第二届世界互联网大会等重大会议和活动期间信访稳定工作。

【市长公开电话受理40.17万件】 2015年，杭州市“12345”市长公开电话（简称“12345”）受理群众各类诉求40.17万件，比上年上升10.49%。其中，电话36.61万件，网上信访2.40万件，短信1.16万件。当场答复处理20.97万件，交相关部门处理19.2万件，按时反馈率99%、办结率97%、综合满意率95%。热点问题集中在村务管理、机动车管理、违法搭建、社区管理、拖欠工资、房产管理、消费服务、市场管理、治安纠纷、物业管理等方面。

把“网上信访”打造成群众诉求主渠道，网上信访业务接入省信访局平台。将5个城区电话受理环节纳入市“12345”平台；合理调配受话席位和人员，确保每月人工接通率60%以上。开展“12345”真情服务进社区暨恳谈活动，征求意见50多条，办理群众诉求82件。以“互联网+12345”为引领，开发“12345”手机APP平台，建立重复诉求档案库，完善已有知识库，新添维护知识2万多条。召开全市“12345”办理质量工作会议，市委常委、市委秘书长许勤华出席会议并讲话。对区县（市）、重点网络单位开展调研及工作对接，并带案督办57件。梳理职责不清、推诿扯皮的11类问题，商请市编委办“确权”。完善目标考核办法，每月通报办理时效和质量，全年网上巡查7.59万件，预通报问题328件，正式通报31件。定期梳理重复来电，就无证小餐饮等打包交办33批2112件。规范回访流程，建立回访录音电话，求决类来电确保100%回访。现场督办共251批751人次，收到感谢锦旗20面、表扬信107封、表扬电1235个。邀请媒体参与现场督办17次，向新闻媒体提供要情1.42万条，其中，向《今日关注》提供信息297篇；省、市媒体共播发有关信访“12345”新闻报道8431条（次）。在“杭州信访”微博加载信息486篇，“浙江信访”微博采用16篇，“杭州发布”录用4篇。开展“争先进位、走在前列”劳动竞赛活动，分组确定竞赛主题和内容，每月进行评比表彰。坚持问题导向和“请进来、走出去”，组织年受理量100件以上的63个网络单位开展业务培训；赴富阳等地的网络单位进行业务辅导和授课15次，邀请市人力社保局等单位讲解新颁布的政策法规13次。新选派干部42人，分4批进行为期一个月岗前培训。接待国家投诉受理办公室、深圳等考察团11批82人次。编发各类信息171篇，发交办函143篇，市领导批示31件（次）。在重要时段，排查不稳定诉求200多件，妥善处置突发应急4880件。密切关注政策出台前后的社情民意，比对挖掘数据，研判舆情动向，报送信息112篇。

（陈　亮　黄　莉）

【市长张鸿铭重视杭州市方志馆建设】 7月1日，市长张鸿铭赴杭州市方志馆实地调研，详细了解方志馆建设的基本情况及内部展陈设计思路。张鸿铭要求杭州市方志馆要定位于“建设国内一流的方志馆”的目标，充分反映杭州的历史文化内涵，同时借鉴其他展馆经验，加快方志馆建设步伐，进一步做好展馆设计、文脉布局和内容展示。12月22日，市长张鸿铭主持召开杭州市方志馆建设专题会议，研究讨论方志馆室内展陈及室外景观设计方案，对市方志馆建设过程中涉及的消防问题、道路问题、建设经费、旅游宣传做出具体安排。（倪　晴）

【杭州市地方志编纂委员会主任会议召开】 8月31日，市长、市地方志编纂委员会主任张鸿铭主持召开杭州市地方志编纂委员会主任会议，专题研究《杭州市志（1986～2005）》出版事宜，许勤华、翁卫军、马晓晖、王宏出席会议。会议研究决定，对杭州二轮市志做最后完善，以尽早出版。张鸿铭指出，杭州市具备史料丰富、领导重视、人才济济这三个修志的重要条件，拥有依法修志、读志用志这些享誉全国方志界的好理念、好做法。全市地方志工作者要加深对修史修志重要意义的认识，以对党、对人民、对事业、对历史、对未来负责的态度，精益求精地做好出版前工作，发挥地方志“存史、资政、育人”功能。

【“最美方志人”评选】 根据8月31日杭州市地方志编纂委员会主任会议精神，杭州市人民政府地方志办公室在全市开展“最美方志人”推选宣传活动。经单位推荐、集体研究、结果公示等方式，最终评选出李忠民、冯跃民、叶菊伟、田金友、杨企

平、杨集勋、汪志华、张丽萍、唐剑平、黄建生10名“最美方志人”，杭州市地方志编纂委员会予以通报表彰。10月22日起，《杭州日报》“发现最美杭州人”栏目陆续刊登专篇报道方志工作者先进事迹，这在杭州市地方志事业发展史上尚属首次。（冯跃民）

【地方志编纂成果】 《杭州市志（1986~2005）》）（简称第二轮《杭州市志》）编纂工作于2002年12月启动。8月，历时13年的第二轮《杭州市志》正式出版。全书共6卷7册47篇（不含索引卷、导读卷）。其中，第一卷（自然）1册、第二卷（经济）2册、第三卷（政治）1册、第四卷（文化）1册、第五卷（社会）1册、第六卷（文献）1册，共1000多万字，含地图21幅、照片720幅。该志充分考虑杭州的城市定位和城市特点，确立“把握地情特点，突出时代特征，浓墨人文特色，记好发展变化”的编纂思路，以杭州深厚的人文积淀为内涵，以“打造东方品质之城、建设幸福和谐杭州”为主线，以生态文明建设、经济建设、政治建设、文化建设、社会建设为总体架构，反映杭州市20年的辉煌成就和发展变化。采取相对集中与分散记述相结合的方法记述改革开放，加大市场体系建设的记述分量以突出时代特色，特设西湖、西溪等篇以反映杭州地域特色，特设多个专记、附录以加强志书记述深度，力求全面、准确、客观反映20年来杭州市波澜壮阔的历史进程。

12月，《杭州年鉴（2015）》由方志出版社出版，全书设类目40个、分目256个，收入条目2464条、图照260幅、表格103张。该卷年鉴在延续上年编纂框架的基础上，百科部做了调整，重点记载2014年杭州市落实“杭改十条”和“杭法十条”，实施信息经济“一号工程”，创建国家生态文明先行示范区，富阳撤市设区，大江东管理体制调整等引领科学发展、改革创新的大事要情，并探讨发展进程中的新特点和亟须解决的新问题。3月12日，《杭州年鉴（2014）》在第五届全国年鉴编纂出版质量评比中荣获综合特等奖以及框架设计、条目编写、装帧设计3个单项特等奖。至此，《杭州年鉴》已蝉联五届全国年鉴编纂出版质量综合评比特等奖、七届全国年鉴编校质量检查评比特等奖和两届中国地方志年鉴评比综合特等奖。

8月31日，杭州市市长、市地方志编纂委员会主任张鸿铭（左三）主持召开市地方志编纂委员会主任会议，专题研究《杭州市志（1986~2005）》出版事宜（冯跃明 摄）

整理影印《西湖志纂》等4部旧志。《西湖志纂》，十二卷，清梁诗正、沈德潜、傅王露同撰。乾隆十六年（1751）编，二十年（1755）刊行，一函五册。《净慈寺志》，明释大壑纂，据嘉惠堂丁氏刻本整理出版，一函八册。《湘湖水利志》，清萧山毛奇龄纂。该志为毛奇龄据《萧山水利志》补辑而成，今据清代版本整理，一函一册。《北新关志》，清李卫修，许梦闳纂，一函六册。

《杭州文化年鉴（2015）》创刊。5月，由市委宣传部、市志办联合创编的《杭州文化年鉴（2015）》编纂工作正式启动，这是全国省会城市的第一部文化年鉴。《杭州文化年鉴（2015）》以记载2014年杭州文化发展大事为主，兼顾2014年前重要文化事件和重大文化发展成果，分卷首、内文百科、附属资料、索引4个部分，共设类目28个。11月30日，《杭州文化年鉴（2015）》创编工作被《杭州日报》列为2015年杭州文化工作十件大事之一。至年末，完成《杭州文化年鉴（2015）》送审稿。（蔡建明）

【第十六次全国地州区县年鉴研讨会】 4月22~23日，由中国版协年鉴工委主办、杭州市人民政府地方志办公室和萧山区人民政府地方志办公室承办的第十六次全国地州区县年鉴研讨会暨第五届全国年鉴编纂出版质量评比颁奖大会在萧山举行。中国出版协会和中国版协年鉴工委领导，全国地、州、区、县年鉴编辑骨干，第五届全国年鉴编纂出版质量评比获奖单位代表等320多人参加。中国版协年鉴工委主任许家康致开幕词，中国版协年鉴工委副主任姚敏杰做题为“对地州区县年鉴编纂出版质量的点滴思考”的报告。（秦文蔚）

·中国人民政治协商会议杭州市委员会·

【市政协组织机构概况】 2015年，杭州市有各级政协组织机构14个，其中，副省级市政协1个、区县（市）政协13个。各级政协委员3338人，其中，副省级市政协委员506人、县（市、区）级政协委员2832人。市政协设常务委员会，由主席、副主席、秘书长和常委组成；内设提案委员会、委员工作委员会、经济和农业农村委员会、城市建设和人口资源环境委员会、教育科技文化卫生体育委员会、社会法制和民族宗教委员会、港澳台侨和外事委员会、文史委员会8个专门委员会。第十届市政协

5月12日，市政协主席叶明（前左二）赴下城区调研浙商回归项目

（市政协 供稿）

设主席1人，副主席8人，秘书长1人；常务委员会组成人员94人，年内增补委员13人、辞去委员12人、撤销委员资格3人，增补常委5人、辞去常委5人、撤销常委资格1人。

【市政协十届四次会议】 市政协十届四次会议于2月2～6日召开。会议听取并同意市政协主席叶明所做的常务委员会工作报告和市政协副主席叶鉴铭所做的提案工作情况报告。会议充分肯定市政协常务委员会2014年工作。会议认为，2014年，市政协认真学习贯彻中共十八大，十八届三中、四中全会和习近平总书记系列重要讲话精神，坚决贯彻落实市委决策部署，坚持团结和民主两大主题，保持政治定力，自觉服务中心，回应群众关切，认真履行职责，协助市委开好全市政协工作会议，积极助推"杭改十条"落实，致力服务科学发展，努力促进民生保障和社会治理，扎实推进政协协商民主建设，加强和改进民主监督工作，着力提高参政议政水平，广泛开展团结联谊，大力加强自身建设，为杭州改革发展稳定做出积极贡献。会议同意常务委员会提出的2015年工作总体要求和主要任务。会议认为，2015年是全面深化改革的关键之年，是全面深化法治杭州建设的开局之年，也是全面完成"十二五"目标任务、科学谋划"十三五"规划之年。委员们建议，在新的一年里，要坚决贯彻中共中央和省市委决策部署，紧紧依靠全市人民的智慧和力量，深入实施"八八战略"，坚持稳中求进、转中求好，以提高经济发展质量和效益为中心，保持战略定力、决策定力、执行定力，解放思想，求真务实，拉高标杆，精准发力，深化改革开放，突出创新驱动，加快转型升级，促进城乡统筹，加强城市治理，改善生态环境，增进民生福祉，全面推进法治杭州建设，努力走出适应新常态引领新常态的发展新路，确保杭州更好地在全省发挥龙头领跑示范带动作用，继续走在全国重要城市前列。

会议期间，委员们列席杭州市十二届人民代表大会第五次会议，听取并讨论市长张鸿铭所做的《政府工作报告》及其他报告。委员们以高度的政治责任感和求真务实精神，针对经济社会发展重大问题和涉及群众切身利益的实际问题，通过大会发言、专题会议、界别小组讨论、提案等形式，深入协商议政，积极建言献策。

会议审议通过政协全体会议建议案《全面提升"四治"水平，着力打造"西湖蓝"》《关于杭州建设中国互联网金融总部基地的建议》。会议期间，收到大会发言材料56份，11位委员做大会发言。收到以提案形式提出的意见建议591件，编印会议简报52期。

会议期间，市委、市政府领导参加小组讨论，听取大会发言，参加专题会议。省委常委、市委书记龚正，省政协副主席汤黎路、张泽熙，市委副书记、市长张鸿铭，担任过市政协领导职务的老同志虞荣仁、孙忠焕等应邀出席开幕会和闭幕会。

【市政协常务委员会会议】 2015年，中国人民政治协商会议杭州市第十届常委会召开5次会议，就有关问题进行协商。

市政协十届十六次常委会议 1月15日召开。会议学习中共杭州市委十一届八次全体（扩大）会议精神；听取市政府关于市政协十届三次会议以来建议案、提案办理工作情况的通报；审议并通过市政协十届四次会议议程、日程（草案），政协第十届杭州市委员会常务委员会工作报告（审议稿）、提案工作报告（审议稿）及报告人名单，市政协十届四次会议秘书长、副秘书长名单；审议推荐市政协十届四次会议候选建议案。会议审议通过有关人事事项。会议决定，市政协十届四次会议于2月2～6日在杭州召开。市政协主席叶明主持会议。市政协副主席张鸿建、董建平、赵光育、朱祖德、张必来、汪小玫出席。

市政协十届十七次常委会议 2月5日召开。会议听取市政协各组讨论情况汇报；审议通过政协第十届杭州市委员会提案委员会关于十届四次会议提案收集和初审情况的报告（草案）；审议通过政协第十届杭州市委员会第四次会议决议（草案）；审议通过政协第十届杭州市委员会常务委员候选人名单，大会选举办法（草案），总监票人、监票人名单（草案）。市政协主席叶明主持会议。市委常委、常务副市长徐立毅到会听取对《政府工作报告》和政府工作的意见建议。市政协副主席张鸿建、董建平、赵光育、朱祖德、张必来、汪小玫、叶鉴铭出席。

市政协十届十八次常委会议 2月6日召开。会议审议通过政协第十届杭州市委员会常务委员会2015年度工作要点。市政协主席叶明主持会议并讲话。副主席张鸿建、何关新、董建平、赵光育、朱祖德、张必来、汪小玫、叶鉴铭出席。

市政协十届十九次常委会议 6月16日召开。会议围绕"十三五"规划编制重大问题和发挥"两区"创

建叠加效应，实施“一号工程”议政建言。市委书记龚正到会听取意见建议并讲话。市政协主席叶明讲话。市委常委、市政府常务副市长马晓晖，市政府副市长张建庭，市政协副主席何关新、董建平、朱祖德、赵光育、汪小玫、叶鉴铭出席。

市政协十届二十次常委会议　10月22日召开。会议围绕深入贯彻“杭法十条”，加强和完善法律服务体系建设议政建言。市政协主席叶明讲话。市委常委、副市长范辉到会听取意见建议。市政协副主席张鸿建、何关新、董建平、张必来、汪小玫、叶鉴铭出席。

【政协思想政治建设】 2015年，市政协常委会认真学习贯彻中共十八大，十八届三中、四中、五中全会和习近平总书记系列重要讲话精神，准确把握中共中央治国理政新思想新要求，不断增强中国特色社会主义道路自信、理论自信和制度自信，进一步巩固共同思想政治基础。学习贯彻中共杭州市委十一届八次、九次全会精神和各项重要部署，深刻认识“干在实处永无止境、走在前列要谋新篇”新使命，动员各级政协组织、各参加单位和广大政协委员积极为“四个全面”战略布局在杭州生动实践献计出力。抓好中共中央《关于加强社会主义协商民主建设的意见》和《关于加强人民政协协商民主建设的实施意见》的学习贯彻，准确理解和把握人民政协协商民主的性质定位、重要原则和目标任务，向全市政协发出学习通知，专题向市委报告学习贯彻情况并提出建议，推动全市政协协商民主事业不断发展。全年召开市政协党组理论学习中心组和主席会议集体学习19次，组织委员学习培训班和专题讲座5期，举办“杭州政协·求是讲堂”3期，有980人次参加。

【聚焦改革发展议政建言】 2015年，市政协常委会把围绕谋划杭州市“十三五”发展协商建言作为全年工作重点。根据市委部署，组织由主席会议成员牵头，各专委会、各党派团体、界别和委员及有关专家参加的5个调研组，围绕杭州市“十三五”时期体制机制改革、创新驱动与经济转型升级、农村改革发展、城市建设和生态环境保护、民生保障与社会事业、开放带动和城市国际化等重大问题，开展调查研究，举行专题常委会议协商讨论，提出进一步彰显城市个性与特色、重视城市空间布局、优化城市产业布局、全面提升城市国际化水平等7个方面29条重要建议。抓住推进经济转型升级和改革发展中的重点难点问题资政建言。围绕“两区”建设和打造区域性金融中心目标，市政协十届四次会议提出《关于杭州建设中国互联网金融总部基地的建议》的建议案，就加快互联网金融总部经济的规划建设、推动互联网金融与跨境电子商务融合等提出5个方面的建议。开展“发挥‘两区’创建叠加效应，深入推进‘一号工程’”重点课题调研并召开专题常委会议，从创新体制机制、引导产业转型升级、聚焦人力资源要素等方面提出意见建议。组织委员就杭州借力21世纪海上丝绸之路建设、深化城市建设投融资体制改革、大力发展民宿经济、商品房去库存化、传统产业国字号和老字号企业转型升级、富阳加快融入杭州主城区、特色小镇建设、构建完善杭州信用体系、优化投资创业环境等课题开展调查研究，为促进改革和经济平稳健康发展献计献策。举行全市经济社会发展情况通报会，引导委员更好地了解和把握改革发展大局。

【助推法治杭州建设】 2015年，市政协常委会紧扣市委关于全面深化法治杭州建设战略部署，组织召开“深入贯彻‘杭法十条’，加强和完善法律服务体系建设”专题常委会议，着重就加强和完善公共法律服务体系、大力发展法律服务业议政建言，提出建设覆盖城乡公共法律服务体系、统筹城乡共享法治福利、发展非诉业务、打造杭州国际化市场化法制化营商环境等建议。围绕“四张清单一张网”改革措施落实情况，开展联动监督，深入调研视察，提出进一步深化改革的意见建议。举行市法院、市检察院、市公安局工作通报协商会，围绕“平安杭州”“法治杭州”建设议政建言。参与立法协商，组织委员就《杭州市居住房屋出租安全管理若干规定》《杭州市餐厨废弃物管理办法》《杭州市残疾人机动轮椅车管理办法》《杭州市人民政府重大行政决策程序规则》《杭州市人民政府关于深入推进依法行政加快建设法治政府的实施意见》等多部法规规章（草案）协商建言，提出《关于修改完善〈杭州西湖龙井茶基地保护条例〉的建议》。

【助推市委、市政府重大决策落实】 2015年，市政协按照市委、市政府要求，围绕全市重点工作、重点工程、重点项目推进和市委、市政府重大决策部署落实情况开展专项集体民主监督，实地督查重点工程和项目137个，向市委、市政府提出5个方面30多条建议。开展浙商杭商回归重点项目推进情况民主监督，实地走访商会和企业23个，听取意见，帮助协调解决有关问题；开展城乡区域统筹发展“六个一体化”主要任务完成情况民主评议和总结分析，就“十三五”期间推进杭州市城乡统筹新一轮发展提出建议；开展市政协领导联系重点项目、重点企业和联乡结村、结对帮扶工作，实地调研指导，帮助研究和协调解决实际问题，推动工作落实。

开展“五水共治”专项集体民主监督。以长效机制建设为重点，围绕“清三河”“大市政配套”“饮用水源保护”等问题，组织市、区县（市）政协委员开展监督活动，推进市政协领导参与全市“五水共治”组织协调及“河长制”等工作。累计建立治水工作联系点214个，设立监督调研组215个，实地查看江河溪3970多千米，发现并反馈问题982个，提出意见建议923条，推动问题整改和工作改进。

助力G20杭州峰会服务保障。根据市委统一安排，组建6个专项督查组，由市政协领导带队，赴有关区县（市）和城镇乡村，开展“两路两侧”“四边三化”民主监督。第一轮监督实地检查问题点位206处，排查和反馈问题92个。围绕半山及北大桥地区环境整治、杭钢地区转型升级、实施“美化家园”提升工程等开展视察调研，提出意见建议。开展“当好东道主，办好G20，委员做贡献”主题活动，动员各级政协组织、各参加单位和政协委员争当峰会服务保障的参与者、助力者和示范者。做好市政协领导参与G20杭州峰会筹备及联系督办有关涉稳问题化解工作。

发挥民主监督作用。委派158名市政协委员，组成18个民主监督小组，对市法院、市检察院及16个市直部门开展经常性民主监督。向派驻部门提出监督意见86条。组织委员参加“优化政务环境”“优化居住环境”“治水”“治气”“治堵”5场“公述民评”电视问政活动和城市文明督导等工作，为助推党风廉政建设和文明城市建设献计出力。

【促进民生和社会事业发展】 2015年，市政协高度关注生态环境建设，市政协十届四次会议集中提出《全面提升“四治”水平，着力打造“西湖蓝”》建议案，得到市委、市政府高度重视和社会关注。开展“西湖蓝·委员行”主题活动，全市两级政协4000名委员积极响应，以实际行动投身“美丽杭州”建设，提出意见建议1275条；各界别小组及区县（市）政协也开展公益履职活动，举办“西湖蓝”书画摄影艺术展和“你我西湖蓝”文艺演出，在“中国政协传媒网”“杭州政协新闻网”开设“西湖蓝·委员行”专题网页，制作《你我西湖蓝》电视专题片，倡导绿色生活。

围绕破解“4+1”民生难题、加强粮食安全体系建设、推进城北体育公园建设、加快职业教育发展、保障食品安全、完善民营医疗机构法规政策体系、改进医保支付方式以及“医养护一体化”医疗服务政策实施、《杭州市老年人权益保障规定》落实情况等开展调研视察和民主协商，提出对策建议。围绕构建杭州大交通体系、优化空港新城与杭州主城区交通接驳、缓解出租车“打车难”、打造数字城管升级版、加强监狱管理工作、深化企业社会责任建设等开展调研议政。开展“政协在您身边——送文化、送教育、送卫生、送法律、送科技”活动93场，受到基层群众欢迎。

围绕弘扬西湖龙井茶文化、收藏品市场发展、杭州宋元历史文化保护与利用、挖掘道教文化、加强非物质文化遗产保护和传承、推进农村公共文化建设、钱塘江古海塘保护、筹建中国抗战博物馆等开展调研视察和协商建言。赴上海、北京等地开展“文化走亲”活动，加强与省内外知名专家学者、文化艺术家和文创企业家的联络交流，为杭州文化科技事业繁荣发展凝聚力量。做好政协文史工作，编辑出版《杭州抗战记忆——纪念抗日战争胜利70周年》等文史图书，共202万字。举办“丝绸之路与杭州”文史论坛、纪念抗日战争胜利70周年学术座谈会、元代杭州历史文化保护与利用协商座谈会。举行海峡两岸暨香港、澳门“西湖月”中秋系列活动、“我是杭州人”杭州话大比拼活动。

【政协协商民主建设】 2015年，市政协深入贯彻中共中央关于加强人民政协协商民主建设的有关文件精神，协助市委制定《关于进一步加强和改进人民政协参政议政的意见》，制定出台加强和改进调研工作的实施办法，建立健全秘书长会议制度，修订专门委员会通则等，推进制度建设和工作创新。坚持和完善协商议题提出机制，探索建立履行政治协商、民主监督、参政议政三项职能的统筹协调机制，改进专题性常委会议，健全完善全体会议协商、常委会议协商、双月主席会议协商和月度专题协商的协商工作格局。举行专题常委会议协商2次、主席会议协商6次、月度专题协商12次、提案办理协商42次。围绕民生民本，做好政协提案、社情民意信息和信访工作。坚持市委、市政府领导领办民主党派集体提案、政协重点提案和政协领导督办重点提案，深化提案办理民主评议工作，加大民生类提案办理协商和督办力度。全年市政协向全国政协和市委、市政府报送社情民意信息250多条，编发《政协信息》46期，信息工作列全国副省级城市政协第三位。做好政协领导联系点、下访和信访工作，受理、办理委员和群众来信来访115件次。

【政协团结联谊活动】 2015年，市政协重视发挥团结统战功能，加强同各党派团体的工作联系和团结合作，坚持联系走访民主党派、工商联制度，尊重和保障各党派团体在政协以本党派名义发表意见等权利。市各民主党派、工商联、无党派人士提交的大会发言、集体提案和社情民意信息分别占总量的72%、74%和57%。

促进民族团结和宗教和睦。推进桐庐县莪山畲族乡结对帮扶工作，围绕创建“中国畲族第一乡”目标，完善帮扶机制，落实帮扶资金和项目，加快畲乡经济社会发展和特色文化建设。加强与宗教团体、宗教界代表人士的沟通联系，听取意见建议，开展宗教管理情况、依法依规开发利用道教名宫名观调研并提出建议。持续推动径山寺整治建设，帮助协调解决有关问题。举办第二届杭州佛教历史文化学术论坛，召开“杭州凤凰寺藏阿拉伯文、波斯文碑铭释读译注”研讨座谈会。

加强与港澳台、海外侨胞的团结联谊。成立香港杭州政协之友联谊会，促进两地交流合作。与港澳海外委员密切联系，举办第二届港澳海外委员履职周活动，邀请香港中联办负责人做形势报告，组织委员围绕缓解“打车难”开展协商议政，召开促进城市国际化、杭州借力“一带一路”建设等座谈会。组团赴台湾考察，推动两地经贸文化合作交流。走访在杭台商企业，为台商企业排忧解难。邀请在杭台商、台胞、台属和台侨界别委员参加座谈交流会，营造“两岸一家亲”良好氛围。支持市政协之友联谊会、企业家联谊会、长三角（浙江）民营经济研究会杭州分会、杭州中华文化促进会、公共外交协会、文史研究会、西湖文化艺术俱乐部、政协书画研究院、政协艺术团和茶文化研究会开展活动，发挥社团在团结联谊、服务大局、助推改革发展中的积极作用。

开展对外交往和公共外交活动。建立杭州公共外交国际交流中心。举办外国朋友走进美丽杭州暨“21世纪海上丝绸之路与杭州企业”合作交流会，组织在杭国际友人开展走进街坊活动，举办“中日友好与杭州”座谈会，邀请多批次外国人士到杭访问，扩大杭州国际影响力。

【政协履职能力建设】 2015年，市政协坚决贯彻中央“八项规定”精神

和省市委有关规定，认真开展“三严三实”专题教育，抓好形式多样的专题学习研讨和主题实践活动，着力在打牢思想根基、提高党性修养和解决“不严不实”问题上下功夫。坚决贯彻《中国共产党廉洁自律准则》《中国共产党纪律处分条例》，强化党风廉政建设主体责任，支持市纪委驻市政协机关纪检组开展工作。坚持联系走访委员制度，全年市政协主席会议成员和各专委会走访委员304人次。调整充实界别召集人和联络员队伍，深化委员联系界别群众和“岗位建功、履职为民”等活动，开展优秀政协委员和星级界别小组评选，75名委员被评为市政协优秀委员，17名委员被评为全国和省市劳动模范、先进工作者。加强委员服务管理，组织开展政务咨询团成员、民主监督员专题培训，组织区县（市）政协委员和机关干部赴全国政协培训中心学习培训。完善委员评优评先、考核诫勉机制和委员履职机制，健全委员菜单式履职方式，参加相关履职活动的委员1099人次。完善专委会工作制度，加强专委会之间工作协作，形成联动履职、合力助推的工作格局。加强机关思想作风建设，围绕着力解决思想观念、能力素质、思路方法、工作作风“四个不适应”问题开展学习大讨论，不断提高机关的服务保障能力。加强对区县（市）政协工作的联系指导，形成履职合力。举办庆祝杭州市政协成立60周年座谈会，学习贯彻习近平总书记关于人民政协工作的重要指示和讲话精神，激励和鞭策广大政协委员增强使命担当，续写人民政协事业发展新篇章。编撰出版《杭州政协忆事》，举办杭州、南京、武汉、西安、长春五市政协文化艺术交流暨书画展。

协助全国政协理论研究会完成“人民政协与国家治理体系和治理能力现代化”“提高人民政协履职能力”两项课题的研究。开展“发挥人民政协协商民主专门协商机构作用”重点课题研究。加强政协新闻宣传工作，办好《杭州政协》杂志、市政协网站、“政协之声”专版、《我们圆桌会·政协视点》栏目，宣传政协组织和委员履职成果。全年中央和省市新闻媒体刊发杭州市政协工作新闻报道331篇。　（王展霞）

·中共杭州市纪律检查委员会·

【纪律检查和行政监察机构及工作概况】 2015年，杭州市纪委（市监察局）有内设机构16个、下属事业单位3个，纪检监察干部106名；市纪委派驻（出）机构45个，派驻纪检监察干部167名；市级国有企业纪检监察机构19个，纪检监察干部91名；区县（市）纪委（监察局）13个，纪检监察干部373名；区县（市）纪委派驻（出）机构183个，纪检监察干部601名；乡镇（街道）纪委（纪工委）189个，专职纪检监察干部442名。

市委立场坚定、旗帜鲜明，坚定不移推进全面从严治党，以上率下、主抓直管，切实担当起党风廉政建设的政治责任。全市各级党组织和纪检监察机关深入学习贯彻习近平总书记、中纪委书记王岐山在浙江考察指导时的重要讲话精神，坚决落实中央、省市委和上级纪委关于党风廉政建设和反腐败斗争的决策部署，严格落实党风廉政建设责任制，扎实推进廉洁杭州建设，党风廉政建设和反腐败工作取得新进展、新成效。

【市纪委十一届四次全体（扩大）会议】 市纪委十一届四次全体（扩大）会议于1月30日召开。会议回顾总结2014年党风廉政建设和反腐败工作，研究部署2015年工作任务。省委常委、市委书记龚正出席会议并讲话，强调要认真学习贯彻习近平总书记系列重要讲话和十八届中央纪委五次全会、省纪委十三届四次全会精神，坚持“五个两”工作要求，着力做好“五个严”文章，不断把廉洁杭州建设推向深入，为确保杭州在全省发挥好龙头领跑示范带动作用、继续走在全国重要城市前列提供强有力的纪律和作风保证。市委常委、市纪委书记施彩华代表市纪委常委会做题为“坚持依规治党，坚持从严执纪，坚定不移推进廉洁杭州建设”的工作报告。报告指出，2015年党风廉政建设和反腐败工作要坚定信心决心，保持政治定力，坚持依规治党，坚持从严执纪，推进反腐败体制机制创新，深化纪律检查体制改革，深入落实“两个责任”，持之以恒严明纪律、严抓作风、严惩腐败，严管纪检监察干部队伍，推进杭州市党风廉政建设和反腐败工作继续走在全国重要城市前列。

【严明党的纪律和规矩】 2015年，市纪委（市监察局）认真组织学习贯彻新修订的《中国共产党廉洁自律准则》《中国共产党纪律处分条例》《中国共产党巡视工作条例（试行）》，开展以“学党章、守纪律、讲规矩”为主要内容的纪律教育和党章党规党纪专题集中轮训，编印《杭州市领导干部违纪违法案例警示录》，进一步增强全市党员干部的党章意识、纪律意识、规矩意识。严

10月23日，萧山区直机关党工委组织区级机关党务干部认真学习、解读《中国共产党廉洁自律准则》《中国共产党纪律处分条例》　（市纪委 供稿）

明党的政治纪律和政治规矩，开展对G20杭州峰会筹备工作、“三改一拆”、“五水共治”等市委、市政府重大决策部署和重点任务落实情况的监督检查，坚决纠正有令不行、有禁不止等问题。运用广播、报纸、电视及网络、微博、微信等媒体广泛宣传党章党规党纪，开展系列解读，营造遵规守纪氛围。深化廉政文化建设，挖掘整理优秀传统文化，开展廉政微作品征集和文化名人廉政访谈等活动，增强纪律教育的感染力。

【推进“两个责任”落实】 2015年，市纪委（市监察局）严格执行“两个责任”报告制度，全面落实书面报告，深化专题报告，逐一听取13个区县（市）党委、纪委和51个市直单位落实“两个责任”情况汇报，现场点评且以意见书形式交办问题213个，并对整改落实情况进行跟踪督查。督促各地各单位结合实际，制定责任清单，抓好履职报告，层层落实“两个责任”。制定实施落实党风廉政建设责任情况抄告制度，及时将存在问题抄告同级党委、政府分管领导，推动履行“一岗双责”。对13个区县（市）和109个市直单位2014年度责任制落实情况进行全覆盖检查考核，考核结果实行量化计分和排名，并在全市范围内通报。加大“一案双查”力度，严格责任追究，对63名落实“两个责任”不力的领导干部进行责任追究，“点名道姓”通报曝光8起典型案例。

【深化作风建设】 2015年，全市各级纪检监察机关围绕贯彻落实中央“八项规定”精神，紧盯重要节点，加大正风肃纪力度，严肃查处顶风违纪和隐形“四风”问题。全年累计开展正风肃纪专项行动2155次，发现问题943件，问责处理234人；查处违反中央“八项规定”精神问题99件，处理党员干部137人，对21起典型问题进行通报。修订完善作风效能问责办法，开展“不担当、不作为、不落实”问题专项整治，制定改革创新容错免责实施办法，既着力解决为官不为、不敢担当等突出问题，又推动形成鼓励改革、宽容失误的干事创业环境。累计查处“三不”问题102件，问责224人，对典型案例“点名道姓”通报曝光。加大作风效能投诉查处力度，市“96666”投诉中心受理投诉9397件，问责153人。围绕“治水、治气、治堵、优化政务环境、优化居住环境”5个群众关注的问题，开展“公述民评”面对面电视问政活动。深化基层党风廉政建设，着力解决发生在群众身边的不正之风和腐败问题，查处群众身边的“四风”和腐败问题130件，处理党员干部171人，通报典型案例12起。

【违纪违法案件查办】 2015年，全市各级纪检监察机关着眼全面执纪审查，探索实践“四种形态”，创新执纪方式，突出执纪特色，既重点查处不收敛、不收手、顶风违纪的行为，又坚持抓早抓小、动辄则咎，更多地运用教育提醒、谈话函询、组织处理、党纪轻处分等方式开展执纪，及时纠正党员干部苗头性、倾向性问题。全年共谈话函询187人次，并为397名党员干部澄清问题。坚持有案必查、有腐必惩，加大执纪审查力度，形成有力震慑。受理信访举报8952件次，处置线索2752件，立案1766件，结案1766件，了结837件，给予党纪政纪处分1756人，其中厅局级4人、县处级74人，涉嫌犯罪被移送司法机关处理98人，挽回或避免直接经济损失5.95亿元。调整完善市委反腐败协调小组，健全工作机制，强化协作配合，进一步形成工作合力。建立市追逃追赃工作办公室，开展“天网”行动，追回外逃人员10人。全面规范问题线索集中管理和处置，严格执行向上级纪委报告线索处置和执纪审查工作制度。严格审查纪律，制定出台规范执纪审查工作意见，开展执纪审查安全、信访谈话场所管理使用、涉案款物处置等集中检查，建立完善执纪审查安全管理系列制度，确保依纪依法、安全文明办案。加强信访举报工作，完善工作流程，深化绩效评价。加强执纪审理和申诉复查工作，强化涉刑党政纪案件先行处理。重视案件的剖析和通报，强化警示教育作用。

【巡视工作加强】 2015年，市委认真贯彻落实《中国共产党巡视工作条例（试行）》和中央巡视工作方针，坚持问题导向、聚焦“四个着力”、紧盯“六项纪律”，加大巡视监督力度。进一步加强对巡视工作的领导，市委常委会定期研究巡视工作，市委书记专题会议认真听取每一轮巡视工作情况。全年开展5轮巡视，实现对18个市属国有企业巡视全覆盖，向被巡视单位提出问题212条、整改意见109条。加强和改进巡视协作机制，充分运用执纪审查、干部考察、审计等工作成果，从中发现问题。强化巡视成果运用，规范巡视反馈和整改督办，对9个单位巡视整改落实情况进行回访督查。认真抓好省委巡视组巡视杭州反馈意见的整改落实，并向党内外公开通报巡视反馈的主要问题和整改落实情况。制定出台《关于禁止领导干部违反规定插手干预工程建设领域行为的若干规定》《杭州市市级行政事业单位公款竞争性存放管理暂行办法》等制度，推动反腐倡廉工作标本兼治。

【纪检监察机关自身建设】 2015年，市纪委（市监察局）认真开展“三严三实”专题教育，全面加强市纪委常委会自身建设和机关党的建设。制定出台区县（市）纪委书记、副书记，市纪委派驻纪检组组长、副组长，市管企业纪委书记以及市属高校纪委书记4个提名考察办法。出台加强市直机关纪委建设的实施意见。加强和改进派驻机构统一管理，出台工作考核办法，指导督促各派驻机构制定并落实履职细则，有效发挥派驻监督作用。全面完成13个区县（市）纪委派驻机构统一管理改革，市县两级派驻监督全覆盖工作走在全省前列。全面落实乡镇（街道）纪（工）委书记专职专用工作，重视发挥乡镇（街道）专职纪检干部作用，全市乡镇（街道）纪（工）委立案1094件，比上年上升75.9%。加大干部教育培训力度，提升监督执纪能力。坚持严管就是厚爱，加强内部监督管理，制定出台日常考核管理办法、干部工作联系走访、纪检监察干部问题线索处置管理办法等制度规定，扎实开展纪检干部问题线索大起底、大排查，对6名违纪干部予以严肃处理，坚决防止“灯下黑”。坚持开门搞监督，及时发布工作信息和执纪审查信息，提升工作透明度。（汪盛华）

·民主党派与工商联综述·

【中国特色社会主义学习实践活动】2015年，杭州市各民主党派围绕服务杭州市经济建设为主线，以加强党派成员思想教育为引导、探索政党协商路子为重点，推动统一战线服务深化改革和创新发展。年初，市委统战部在统一战线领域重点开展先进人物宣传活动，通过对先进事迹的宣传，在统一战线成员中形成学典型、争先进的氛围，引导统一战线成员为杭州建设"美丽中国"先行区、推动高起点上的新发展做贡献。

1月8日，市委统战部召开杭州统一战线坚持和发展中国特色社会主义学习实践活动推进会暨先进事迹报告会。中共杭州市委副书记杨戌标出席会议并讲话。市政协副主席、市委统战部部长董建平主持会议，各民主党派、市工商联负责人及无党派人士代表参加。各区县（市）统战部100多人参加会议。会上，7位杭州市统一战线杰出人物做事迹报告。1月，在《杭州日报》刊登《杭州统一战线服务改革发展"群英谱"》，介绍杰出人物和建功立业模范人物先进事迹。5月4～8日，市委统战部在湖南省长沙市举办杭州市各民主党派、市工商联领导干部和无党派人士读书班。读书班期间，学员听取湖南省社会主义学院、湘潭市委党校等单位专家的辅导报告，就坚持中国特色社会主义政治制度和发扬多党合作优良传统开展研讨，并参观湖南第一师范学院、橘子洲头、岳麓书院和韶山毛泽东故居等革命旧址。《杭州日报》做专题报道。

由市委统战部牵头各民主党派、市工商联组织，面向统一战线成员，每季举办统战系统爱国主义系列讲座。第一期讲座邀请中共杭州市委常委、杭州城西科创产业集聚区党工委书记、中国（杭州）跨境电子商务综合试验区建设工作领导小组副组长佟桂莉，做关于中国（杭州）跨境电子商务综合试验区情况的主题报告；第二期邀请杭州师范大学校长、省知识分子联谊会会长杜卫做"党外干部的责任和担当"报告；第三期邀请市台办主任梁建华做台海形势报告；第四期邀请省委党校教授郭祥才做中共十八届五中全会精神解读。

【政党协商新模式探索】 4月3日，为贯彻落实《中共中央关于加强社会主义协商民主建设的意见》精神，推进政党协商，完善调研协商，市委统战部、市委政研室就各民主党派、市工商联重点课题协同调研工作召开首次联席会议，探索政党协商、协同调研的新模式。建立市委统战部、市委政研室服务各民主党派、市工商联深化调研工作机制。4月30日，市委统战部召开杭州市多党合作工作联席会议。中共杭州市委副书记杨戌标到会讲话，市政协副主席、市委统战部部长董建平主持会议。常务副部长金志强做杭州市贯彻中共中央《关于加强社会主义协商民主建设的意见》精神的通报。各民主党派、市工商联主委（主席），无党派人士胡伟围绕加强杭州市政党协商分别发言。6月，市委统战部在学习贯彻《中共中央关于加强社会主义协商民主建设的意见》《中国共产党统一战线工作条例（试行）》和中共中央《关于加强政党协商的实施意见》的基础上，通过走访基层听取意见、联系上级部门征求建议、召开各民主党派相关工作座谈会等形式，就加强杭州市政党协商工作的重大问题开展系列调研活动。6月23日，中共杭州市委召开专题协商会。市委副书记、市长张鸿铭主持召开座谈会，就即将提交中共杭州市委全会审议的《中共杭州市委关于加强基层党建巩固基层政权的决定（征求意见稿）》，向各民主党派、市工商联和无党派人士代表征求意见建议。各民主党派在会上提出有针对性的意见和建议。10月23日，中共杭州市委召开《统战工作条例实施意见》征求会。11月26日，中共杭州市委召开"十三五"规划建议征求民主党派意见座谈会，各民主党派市委会经过事前调研，在会上提出意见。12月28日，中共杭州市委召开常委会民主生活会征求意见座谈会。征求中共杭州市委常委会教育实践活动专题民主生活会整改落实情况和深化作风建设的意见、对常委坚持原则、敢于担当、遵守党纪方面的意见。各民主党派主要负责人在会上提出对中共杭州市委工作和市委班子的意见和建议。

【统一战线经济发展高峰论坛】 9月8日，市委统战部举办统一战线经济发展高峰论坛。中共杭州市委副书记杨戌标出席并讲话。市政协副主席、市委统战部部长董建平主持。论坛上，各民主党派和无党派人士围绕"智能制造"、互联网创业创新、"一带一路"战略等热点问题发表意见。会后多个媒体进行专题报道。

【统战领域服务G20杭州峰会】 11月，市委统战部开展统战领域服务G20杭州峰会走访调研活动，通过对各民主党派、重点企业和相关单位动态掌握，了解情况。专题起草报告《杭州市各民主党派围绕G20国际峰会等重点工作竭智尽力、干在一线》，并报中共杭州市委，市委书记赵一德做出批示。市委统战部发文《关于开展统一战线"当好东道主、服务G20"主题活动的通知》，要求发挥统一战线各领域的代表人士作用，为杭州承办G20国际峰会创造稳定的社会环境和安全保障，要求围绕"美丽杭州"建设、重大项目助推、城市国际化、市民素质提升等重点开展调研。12月14日，市委统战部召开全市统一战线服务G20座谈会。民建市委会主委郭清晔倡议"在全市统一战线开展'当好东道主、服务G20'主题活动"。致公党

2015 年杭州市各民主党派组织成员情况

表 56

党派名称	组织情况（个）					成员情况（人）		
	市委会	区县（市）委员会	基层委员会	总支	支部	总数	女成员	新成员
民革杭州市委员会	1	1	1	6	47	931	413	45
民盟杭州市委员会	1	2	8	1	91	1 738	865	88
民建杭州市委员会	1	1	8	—	70	1 889	663	100
民进杭州市委员会	1	3	6	2	90	1 949	1 046	76
农工党杭州市委员会	1	1	7	8	75	1 564	819	84
致公党杭州市委员会	1	—	1	4	16	457	228	30
九三学社杭州市委员会	1	—	10	—	72	1 704	700	85
合　计	7	8	41	21	460	10 232	4 734	508

2015 年杭州市各民主党派、工商联参政议政情况

表 57

党派、工商联名称	办理市人大议案（件）	办理市政协提案（件）	调研活动		
			次数	撰写报告（份）	领导批示（份）
民革杭州市委员会	26	36	41	14	1
民盟杭州市委员会	28	46	15	52	2
民建杭州市委员会	1	177	30	10	7
民进杭州市委员会	7	43	8	33	7
农工党杭州市委员会	32	47	12	11	7
致公党杭州市委员会	10	38	11	14	3
九三学社杭州市委员会	21	55	30	40	2
杭州市工商联	—	38	157	24	1
合　计	125	480	304	198	30

2015 年杭州市各民主党派、工商联社会服务情况

表 58

党派、工商联名称	培训技术人员（人次）	安排下岗再就业（人次）	提供就业岗位（个）	义诊人次	捐款（万元）	捐物折价（万元）
民革杭州市委员会	—	—	—	1 500	10.4	—
民盟杭州市委员会	250	—	—	1 000	108	6
民建杭州市委员会	—	56	400	—	227.2	65
民进杭州市委员会	28	36	350	1 200	5	3
农工党杭州市委员会	3 000	—	—	26 000	10	4.3
致公党杭州市委员会	125	—	—	110	36.6	3
九三学社杭州市委员会	120	—	—	550	18	0.5
杭州市工商联	100	—	—	2 000	6522	—
合　计	3 623	92	750	32 360	6 937.2	81.8

市委会副主委方军代表各民主党派做发言。（滕政建）

·民革杭州市委员会·

【民革杭州市委员会概况】 至2015年末，民革市委会下辖1个县级委员会（建德市委会）、1个基层委员会（下城区基层委员会）、6个总支和47个支部。全市有在册党员931人，其中当年考察发展党员45人。完成2015年基层组织换届工作。

在市政协十届四次会议上，民革市委会成果入选市政协全会建议案1件，提交大会发言5篇、集体提案10件。其中，被市领导选中领办1件，作为大会口头发言1件，获评2014年度优秀提案1件。市委会向市政协专题常委会提交调研文章2篇。民革界别获评五星级界别小组。民革界别委员蔡云超个人提案被选为市政协重点提案。市人大代表、民革党员张少燕领衔的议案被确定为市人大三件议案之一。张少燕、杨鸣获评2014年度人大履职积极分子。所报社情民意信息被各部门录用125篇次，其中市领导批示3篇，中共中央办公厅录用3篇，全国政协录用3篇，中共中央统战部录用2篇。

全年召开台海形势专题座谈会4次，接待台湾"中华经济文化发展促进会"参访团、台湾元智大学代表团、台湾大学生"中华传统文化研习班"、台湾文化大学和玄奘大学青年师生参访团等团组10多批次。市委会主委叶鉴铭率团到台湾开展文化交流，首次在南投县举办"两岸情——杭州南投书画名家联展"。

民革市委会全年在媒体刊发文章30多篇，获"民革全国思想宣传理论工作先进集体"称号。民革党员中多人获评各级各类先进。其中，娄红梅获评"全省开展坚持和发展中国特色社会主义学习实践活动先进个人"，王麒诚、王沥获评"2015年浙江民革骄傲人物"。

【民革坚持和发展中国特色社会主义学习实践活动】 2015年，民革市委会学习贯彻中共十八大和十八届三中、四中、五中全会精神，专题学习中共中央统战工作会议精神和《中国共产党统一战线工作条例（试行）》并展开讨论，切实提高政治把握能力、参政议政能力、组织领导能力、合作共事能力、解决自身问题的能力。10月，开展"学习领会四个全面战略布局，贯彻落实习近平系列讲话精神"专题讲座，邀请市委统战部部长董建平做中共中央统战工作会议精神辅导讲座，邀请市委统战部常务副部长金志强做"多党合作与传统文化"专题讲座。重视党员政治理论素养教育，提出学习实践活动的"新九个一"方案，举办一次中国人民抗日战争胜利70周年座谈会，举办一次社情民意信息交流会，举办一次法治杭州建设专题报告会，举办一次党员读书班，召开一次组织工作会议，召开一次基层组织换届会议，组织一次党员走亲活动，组织一次涉台活动，组织一次大型社会服务活动，注重结合政治学习和发挥民革特色，推动活动向纵深开展，向基层延伸。

【提案入选市政协全会建议案】 2月，民革市委会提案《关于杭州建设中国互联网金融总部基地的建议》被选为市政协十届四次会议建议案。市政府成立办理工作组，由常务副市长任组长，分管副市长任副组长。办理工作被分解为6个方面13项具体任务。8月，市政府制定《互联网金融创新中心建设三年行动计划（2015~2017年）》，探索建设全市中心企业互联网金融服务平台。11月，市政府印发《关于推进互联网金融创新发展的指导意见》，重点在西溪谷、钱江新城、未来科技城等地建设互联网金融集聚区，加快打造全国互联网金融创新中心。市委会作为建议案提出单位，多次受邀参加相关调研和协商活动。

【集体提案被市领导选中领办】 3月，民革市委会集体提案《关于运用先进理念推进我市工业园区建设的建议》被中共杭州市委书记龚正、秘书长许勤华领办。办理过程中，全市开发区整合部署会议、钱江开发区问题座谈会、钱江经济开发区整合提升工作专题会议、赴钱江经济开发区调研等活动均邀请民革领导或相关人员参加。11月5日，许勤华主持召开中共杭州市委领导领办民革集体提案协商会。通过提案办理，助推市政府全面开展杭州市开发区（产业园区）提升整合工作，推动钱江开发区与余杭经济技术开发区合并和钱塘智慧城挂牌成立。

【养老问题调研】 11月，民革市委会老年委走访调研康久天颐老人之家、绿康老年康复医院等养老机构，关注老年缓和疗护。帮助绿康老年康复医院解决消防设计审核和消防验收问题并赠送纳米二氧化碳除臭仪器，帮助解决康久天颐老人之家交通不便、无路牌标示等问题。

【民革界别专题协商活动】 9月29日，市政协民革界别组就"建立中国空军抗战纪念馆"举行专题协商活动。市政协副主席、民革市委会主委叶鉴铭，市政协副秘书长、民革市委会专职副主委方方等参加活动。民革界别组一行实地考察笕桥醒村"中央航空学校"旧址和"醒村爱国馆"。在之后召开的专题座谈会上，参加考察人员交流意见，市政协委员分别围绕纪念馆的名称和内涵、史料征集、两岸交流等方面进行交流和探讨。

【组织工作会议】 10月13日，民革市委会召开组织工作会议，贯彻落实民革全国组织工作会议、省委会组织建设工作专题常委会议和市委会换届工作文件精神，明确今后一个时期市委会组织建设的思路和重点，安排部署市委会基层组织换届的各项工作。市委会主委叶鉴铭参加会议并讲话，专职副主委方方具体部署基层组织换届有关工作，70多人参加会议。

【首期基层组织骨干培训班】 5月11~15日，民革市委会在市社会主义学院举办首期基层组织骨干培训班，46名骨干党员参加培训。开班式上，市委会主委叶鉴铭以"思维方式与工作方法"为题给学员授课，专职副主委方方做动员讲话。培训期间，市规划局局长、市委会副主委张勤在城市规划馆以"城市化的规律与杭州的选择"为题给学员授课，杭州科技职业技术学院教授、民革党员刘逸鹤做民革史专题讲座，市委统战部常务副部长金志强做"多党合作与传统文化"专题讲座，市台

7月7日，由民革市委会主办的“铭记历史·抗战老兵写照作品展”暨纪念中国人民抗日战争胜利70周年座谈会举行　　（民革市委会 供稿）

办主任梁建华做“台海形势和当前对台工作”专题讲座，市委政研室主任郭东风做“杭州经济社会发展情况”专题讲座，省委党校副教授杨日鹏做“学习领会四个全面战略布局，贯彻落实习近平系列讲话精神”辅导讲座。培训班还开展“民革党员的责任与使命”专题讨论。

【基层组织换届工作完成】 9月14日、15日，民革市委会分别召开城区基层组织负责人座谈会和非城区基层组织负责人座谈会，就2015年基层组织换届工作方案征求意见、建议。10月12日，《民革杭州市委会2015年基层组织换届工作意见》出台。10月13日，市委会召开2015年组织工作会议，部署基层组织换届工作。基本完成7个总支、36个支部的换届工作。

【临安支部委员会成立】 12月，民革市委会批复同意成立民革临安支部。12月27日，按照民革市委会关于临安支部（筹）委员候选人的批复文件要求，民革临安支部筹备组召开临安支部（筹）所属党员会议，民主选举产生由王邦进、张国良、陈麟组成的民革临安支部第一届委员会。经协商分工，王邦进任主委，张国良任组织委员，陈麟任宣传委员。

【民革纪念抗日战争胜利70周年系列活动】 5月，民革市委会组织书画家为省、市民革党员中健在的13位抗日战争老兵现场写照。写照作品被《团结报》、“杭州网”、“杭州政协网”等多个媒体刊登，部分作品入选民革中央主办的“民族魂——纪念中国人民抗日战争暨世界反法西斯战争胜利70周年美术作品展览”和“铭记与关爱——镜头中的抗战老兵”图片展。市委会领导多次走访慰问抗日战争老兵。7月，民革市委会举办“观故居，走多党合作之路”“重走抗战路”摄影采风等纪念活动。7月7日，举办“铭记历史·抗战老兵写照作品展”暨纪念中国人民抗日战争胜利70周年座谈会。8月，完成纪念中国人民抗日战争胜利70周年征文活动，出版《杭州民革·纪念抗日战争胜利70周年》增刊。9月，党员郁简、陈重华、何立尊、林士瀛、钱炳坤、夏竞人、张海潮、陈菊南获颁“中国人民抗日战争胜利70周年”纪念章。同月，选送《保卫黄河》曲目参加民革省委会纪念中国人民抗日战争胜利70周年歌咏会。

【社会服务活动】 2015年，民革市委会开展“同心·博爱”社会服务活动6次，组织钱塘书画社参加各类书画惠民活动16次。6月，成立杭州民革企业家协会，吸纳26位民革党员中的企业家组成常务理事会。7月，新增萧山北干科创园“同心·博爱”服务基地。联合丽水老竹民族学校、西湖社区福利中心、江干凯旋街道等开展捐资助教、扶贫帮困活动，推动社会服务向基层、向农村延伸。重阳节期间，民革西湖总支联合西湖区社会福利中心开展“美丽西湖，幸福养老”慰问孤寡老人活动。中共浙江省委书记夏宝龙，省委常委、宣传部部长葛慧君，省委常委、杭州市委书记赵一德，副省长熊建平一行参加活动，慰问西湖福利中心的孤寡老人。民革西湖总支党员向老人赠送杂粮、大米、食用油等生活用品，并现场表演书画、舞蹈、独唱等节目。

【杭州法律援助中心民革工作站成立】 11月，民革市委会成立杭州法律援助中心民革工作站，下设五联、泽鸿、泰杭3个站点。杭州法律援助中心民革工作站为与民革组织有关联的群众提供法律援助、法律咨询等服务，并开展维权法制宣传和法律援助宣传。

【两岸情——杭州南投书画名家联展】 11月28～30日，民革市委会首次在台湾南投县举办“两岸情——杭州南投书画名家联展”，并组织民革党员画作到台湾参展。由杭州江南书画院院长、民革党员宋柏松，杭州钱塘书画研究社社长、民革党员蔡云超，南投书画大师李毂摩，台中市书法协会理事长林荣森等两岸书画名家参展。该联展以两岸情为主题，展出当代具有影响力的两岸书画名家作品60多幅。杭州市政协副主席、民革市委会主委、市台胞台属联谊会会长叶鉴铭出席开幕式并致辞。杭州市台办、市文联、市妇联、市总工会、市文广新闻出版局、市总商会、市青年联合会、西泠印社等单位负责人应邀出席。　　（李志丹）

·民盟杭州市委员会·

【民盟杭州市委员会概况】 至2015年末，民盟市委会下辖2个区县（市）委员会（萧山、建德）、8个基层委员会（新成立滨江区基层委员会、富阳区基层委员会）、1个总支、91个支部（新成立学军中学支部，原滨江区支部拆分为滨江区教育支部、科技支部、综合支部，原富阳支部拆分为富阳区教育支部、文化支部、科技支部）。全市有盟员1738

名，其中新发展盟员88名。全市盟员平均年龄57.3岁，大学以上文化程度1320人，具有高级职称953人。

2015年，民盟市委会围绕自身建设开展一系列工作。推进坚持和发展中国特色社会主义学习实践活动，开展“三个什么”大讨论、“三个自信”征文和宣讲活动，被民盟浙江省委会评为思想宣传工作先进集体。继续推行基层委员会（总支）年度先进考核及星级支部评选工作，评选出三星级、四星级和五星级支部39个。完善基层组织管理制度，出台基层组织经费管理办法等制度，规范基层组织财务管理。

在市政协十届四次会议上，民盟市委会提交团体提案18篇，其中大会发言6篇。《我市农村饮用水存在的问题及建议》被评为重点提案，并被作为大会口头发言。在市政协专题常委会上，民盟市委会提交4篇调研报告并做大会发言。2015年收到盟员反映社情民意信息547篇，其中193篇上报给民盟中央、民盟省委会、市政协、市委办公厅、市政府办公厅等，已知被各级各部门采用的有111篇。民盟市委会精选一年来政协大会发言和团体提案18篇，优秀调研报告5篇，盟员人大代表议案、建议25篇，盟员政协委员提案26篇，理论文章2篇，重要社情民意信息104篇，编辑成《沉思集》。

民盟市委会创新社会服务方式，开展各项社会服务工作。5月，民盟市委会联合中国杭州低碳科技馆在淳安安阳乡开展送教送科技进校园活动。7月，选拔安阳乡20位优秀学生参加低碳科技馆的科技夏令营。开展城乡共建活动，推进丽水松阳县裕溪乡源底村帮扶点项目建设。民盟杭州华夏书画学会组织会员参与“公羊会”公益大学书法、绘画课堂教学。4月15日，全国人大常委会副委员长、民盟中央主席张宝文一行走访杭州和睦老人公寓，调研养老服务产业发展问题。

11月，民盟市委会委员、中国公羊会联席主席何军在上城区“盟员之家”做专题报告（民盟市委会 供稿）

【参加政治协商】 2015年，中共中央颁布实施《中国共产党统一战线工作条例（试行）》，将“参加中国共产党领导的政治协商”拓展为民主党派新的基本职能之一。中共杭州市委多次召开党外人士协商座谈会，围绕全面加强基层党建、社会主义协商民主建设、《中国共产党统一战线工作条例（试行）》的贯彻举措和同心协力服务G20杭州峰会等重大议题，征求各民主党派意见。民盟市委会就相关议题调研，提出：坚持党建带统战、统战促党建；善于运用新媒体，积极探索网络议政；切实落实党派成员兼职从事党派工作的保障机制等建议，得到中共杭州市委重视，部分建议被吸纳到市委有关决策中。

【课题研究成果】 2015年，民盟市委会聚焦热点难点问题，结合自身优势，确立主题为“建设法治杭州，改善生态环境，加强民生保障”的课题招投标活动。收到各专委会、基层组织和盟员提交的申报课题114项，立50项，完成率100%。为加强立项课题管理，继续实行机关联络员制度，要求联络员参与课题调研，每月反馈课题进度。7月，召开立项课题中期汇报会，按主题分4场进行，每场邀请相关领域专家和兼职副主委对每项课题进行现场点评、指导。

【“回眸·走近老盟员”活动】 作为“大走访”系列活动的延续，2015年，民盟市委会在全市范围开展“回眸·走近老盟员”活动。在走访基础上，重点收录具有亲历、亲见、亲闻“三亲”特色的文史资料，并把汪积功、徐煌等老盟员的回忆资料，以及部分老盟员的学术艺术成就或参政议政成果，汇编成“回眸·老盟员系列丛书”，反映杭州民盟发展历程。

【民盟纪念抗日战争胜利70周年活动】 2015年，全市各级民盟组织开展中国人民抗日战争暨世界反法西斯战争胜利70周年纪念活动。6～8月，《杭州盟讯》开展纪念中国人民抗日战争胜利70周年主题征文活动，发动全市盟员开展回顾历史重大事件、经典瞬间、感人故事等活动，弘扬革命先辈和民盟前辈光荣传统。7月，余杭区基层委员会在“盟员之家”开展纪念反法西斯战争胜利70周年学习交流活动。8月，拱墅总支以参观新四军苏浙军区旧址和开展慰问孤寡老人活动为载体，开展纪念活动。同月，民盟杭州市第十一中学支部开展以“铭记历史，珍爱和平”为主题的组织生活，参观“历史的见证——杭州市抗日战争档案史料展”。

【“盟员之家”建设】 2015年，全市民盟各地方委员会、基层委员会（总支）基本建成“盟员之家”8个，支部建成“盟员之家”12个。在硬件建设基本完成的基础上，民盟市委会对管理软件进行升级。“盟员之家”讲堂逐步推开，以讲堂开讲带动“盟员之家”活动的开展。民盟省委会召开的全省基层组织工作和“盟员之家”建设交流会上，杭州作为“盟员之家”建设工作先进市委会进行经验交流。上城区“盟员之家”接待多地盟组织考察和民盟省委会主委成岳冲、副主委徐向东等领导走访指导工作。6月，中共杭州市委副书记杨戌标考察杭州统战工作，上城区“盟员之家”成为考察点之一。建德市委会、余杭区基层委员会、拱墅总支的“盟员之家”工作多次受到当地中共党委、统战部肯定。

【组织结构优化】 6月、12月，滨江区基层委员会、富阳区基层委员会相继成立，实现基层委员会（总支）在杭州九城区的全覆盖。两个区基层委员会的成立，呈现出盟员知识结构互补、行业分布交叉的态势，各种资源得以整合，推动基层委员会参政议政、社会服务等工作。9月，学军中学支部成立。

【“蒲公英计划”第三期公益培训】 7月，由民盟市委会主委陈振濂发起的全国书法教师“蒲公英计划”第三期公益培训在富阳举行。来自全国各地的133名中小学教师参加。8月，“蒲公英计划”三年成果展举行。3年来，超过500位来自全国31个省（市、自治区）的基层中小学书法教师参加培训。 （李国栋）

·民建杭州市委员会·

【民建杭州市委员会概况】 至2015年末，民建市委会下辖1个县级委员会（建德市委会）、8个城区基层委员会、70个支部、6个专委会、3个横向组织。全市有会员1889人，平均年龄54.6岁，其中经济界会员1642人，占会员总数的86.9%。发展新会员100人，平均年龄37.4岁。

民建市委会深化坚持和发展中国特色社会主义学习实践活动，组织市委会常委、委员、人大代表、政协委员、支部主委参加由主副委轮流主讲的中心组（扩大）学习会3次。举办系列活动庆祝民建成立70周年暨浙江民建成立60周年，拍摄老领导、老会员和老会务工作者口述会史纪录片，举办“民建先贤”纪念活动，承办民建中央画院院士摄影作品展。开展“读会史颂伟业学会章树新风”主题征文活动，其中3篇文章分别被民建中央、省委会评为优秀作品。开展“如何在‘四个全面’战略布局中发挥民建参政党作用”主题理论研究。向各级组织和广大会员发出“当好东道主、服务G20”主题活动通知。发布宣传报道近900篇次，编发《杭州民建》会刊5期。

补选民建杭州市第十二届委员会专职副主任委员、市委委员2人、常委1人。选送7位会员骨干参加市党外干部中青班、5位基层组织主委参加民建中央基层组织负责人培训班。推荐1位会员为区人大常委会副主任候选人、4位会员为市欧美同学会理事。指导余杭区基层委员会和31个支部完成换届工作。做好民建中央、民建省委会先进集体和优秀会员的推荐工作。开展先进支部评比，33个支部申报参与，占全市基层支部的47.1%。经考核，22个支部获杭州市先进支部称号，11个支部获杭州市鼓励和表扬支部称号。制定《基层组织活动经费管理办法（试行）》，指导基层组织科学规范使用活动经费。推动各基层组织建立微信群。

民建市委会组织撰写、报送省市“两会”大会发言、议案、提案和建议共110件（市“两会”大会发言5件、集体提案15件）。其中：1件大会口头发言由市长、中共杭州市委常委领办，并被市政协评为2015年度优秀提案；1件人大议案被正式立案，并被市人大评为优秀议案。完成4篇市委政研室、民建省委会立项课题，2篇调研专报分别获副省长、副市长批示，3篇调研信息获副市长批示。向中共杭州市委、市人大、市政协书面提出4篇政策法规修改意见和3篇专项建议，其中2篇被推荐为口头发言材料。收到信息691篇，编发信息189期，累计87期被中共中央办公厅、民建中央等部门录用。召开参政议政暨信息工作会议，表彰参政议政先进集体5个、参政议政优秀成果41个、信息工作先进集体6个、信息工作先进个人24人。

民建市委会被民建中央评为民建全国先进集体、民建全国参政议政先进集体，获2015年度浙江民建新闻宣传先进集体二等奖、《浙江民建》会刊先进集体二等奖，获民建省委会2015年度信息工作一等奖。民建界别小组被市政协评为2015年度五星级界别小组。5位会员被评为全国优秀会员，15个基层组织被评为民建浙江省先进基层组织，23位会员被评为民建浙江省优秀会员。

【参政议政工作机制创新】 3月，民建市委会制定《民建杭州市委会参政议政先进集体评选办法（试行）》《民建杭州市委会社情民意信息工作先进集体和先进个人评选办法（试行）》，为推进全会参政议政信息评比工作提供制度保障。修订《民建杭州市委会优秀参政议政成果评选办法（试行）》《民建杭州市委会参政议政调研课题招投标办法（试行）》，提升奖项设置的科学性、实现调研工作重心下移。编印《民建杭州市委会反映社情民意信息工作手册》，指导基层组织信息工作。

【领导班子谈心会】 11月29日，民建市委会首次召开领导班子谈心会，主委郭清晔回顾总结市委会工作及个人履职情况，副主委薛滔菁、徐土松、吴忠泉、洪明、刘政奇、郑冰分别结合各自分管工作和本职工作进行交流发言。会议通过交流查找不足、提出建议，以提高参政党履职能力。

【先进事迹报告会】 10月27日，民建市委会举办优秀会员和基层组织先进事迹报告会，邀请4位优秀会员代表结合工作、学习和基层组织活动介绍相关先进事迹。12月29日，市委会在余杭区基层委员会举办第2场先进事迹报告会，邀请3位优秀支部主委分别从支部建设、老会员帮扶、个人建功立业与服务社会、参与民建活动等方面与会员分享体会和做法。

【“寻根”主题学习培训】 10月20～23日，民建市委会首次组织50多名骨干会员到民建发源地——重庆开展“寻根”主题学习培训，邀请重庆社会主义学院教授万光碧和中国民主党派历史陈列馆馆长厉华就统战理论、党派发展等内容进行授课，组织会员参观民建成立纪念碑、民主党派历史陈列馆、渣滓洞集中营、梅园、白公馆等地，学习中国共产党与各民主党派风雨同舟、肝胆相照的历史进程。

【组织会员企业家考察】 7月16～19日，民建市委会组织60多位青年骨干企业家到厦门学习考察，邀请厦门市政协副主席、民建厦门市委会主委、厦门国家会计学院副院长黄世忠主讲《移动互联网时代的价值创造新思维》，并与厦门民建企业家开展相关主题座谈。其间，组织青年会员企业家参观古田会议会址，学习革命前辈精神。

【特色潜力行业专题研讨会】 民建市委会自2007年初提出培育“杭州潜力产业”的建议以来，对杭州特色潜力行业发展进行常态化深入参政、跟踪参政。2015年12月2日，民建市委会召开以“助推杭州女装升级发展”为主题的第九届杭州特色潜力行业专题研讨会，邀请杭派女装企业代表参会。研讨会针对杭州市女装产业发展存在的困难和问题，就“借力‘中国制造2025’和‘互联网+’东风促进杭州女装产业转型升级”进行专题研讨交流，为推动女装成为杭州经济增长的新亮点建言献策。会后，将研讨意见建议汇集整理，形成《把握战略叠加优势加快杭州女装转型领跑时尚产业》调研专报，获市长张鸿铭、副市长张耕批示。

【“思源工程”社会服务】 2015年，民建市委会继续打造“思源工程”品牌，组织会员回访“4·20”芦山地震援建项目，为灾区中学上健美操公开课，捐赠芦山县百家店小学以及诸暨、余杭、富阳、桐庐、淳安等地12所学校体育器材和奖学金近25万元。开展思源助光明、文艺慰问、摄影展等社会公益活动，为丽水6个贫困村提供结对帮扶资金15万元，走访慰问90岁以上老会员、困难及病重会员75位，发放困难补助5.2万元、原工商业者补助9万元，对275位75岁以上的老会员进行生日慰问，连续4年为全省11位特困会员提供帮困资金累计60多万元。10月，联合举办走进杭州（下城）跨境贸易电子商务产业园经贸联谊活动，组织30个会员企业参加校园专场招聘会，提供就业岗位400多个。

【“绿色传递·抗击雾霾”义拍】 4月19日，民建市委会联合上城区品牌工作指导委员会办公室举办“绿色传递·抗击雾霾”义拍活动。义卖品均由杭州民建艺联会成员及社会各界捐助，并面向会员企业家再次拍出，共拍得2万元。活动所得款项专用于甘肃省民勤县种植梭梭、恢复荒漠。至年末，已在甘肃沙漠上种植梭梭2000棵，并命名为“杭州民建林”。 （穆盈秀）

4月19日，民建市委会联合上城区品牌工作指导委员会办公室举办“绿色传递·抗击雾霾”义拍活动 （民建市委会 供稿）

·民进杭州市委员会·

【民进杭州市委员会概况】 至2015年末，民进市委会下辖3个区县（市）委员会（萧山、建德、临安）、6个基层委员会、2个总支、90个支部。有会员1949人，其中教育界别占比57.5%，医卫、文化传媒分别占比13.1%和4.8%，新阶层人士占比8.6%。全年发展会员76人，平均年龄35岁。

2015年，民进市委会通过主委会、常委会、中心学习组、新会员学习班等形式，学习贯彻中共十八大和十八届三中、四中、五中全会精神，习近平总书记系列重要讲话精神和中共中央统战工作会议精神。8月，市委会举办第三十一期新会员学习班，新会员听取会史会章、社情民意信息知识讲座，及老会员关于“我与民进”的主题分享，并进行座谈交流，以提升新会员政党意识和参政议政水平。

【理论研究成果】 2015年，民进市委会加强统战理论研究会的自身建设，申报民进中央、市政协、市委统战部等招标课题，提高论文质量。全年完成各类理论研究文章6篇。其中：1篇论文经民进中央参政党理论研究会评审，被评为全国二等奖；4篇论文在省民进理论研究征文中获奖（一等奖1篇、二等奖2篇、三等奖1篇）；1篇论文被作为市委统战部立项课题。

【参政议政成果】 2015年，民进市委会在市“两会”上提交调研课题报告22篇。其中，《关于加快培育具有承接政府公共职能转移能力的社会组织的建议》被作为大会口头发言，另有5篇大会书面发言和16篇调研课题报告被作为大会集体提案。会议期间，民进界别组提交的提案《健全和完善社会纠纷多元化解工作体系，推进我市社会治理能力现代化建设》被定为市领导领办提案；《关于加快推进传统商业与电子商务融合发展的建议》被定为重点提案，是2015年市政协4个重点提案之一，也是唯一入选的民主党派提案。

在2015年上半年市政协二季度和三季度的专题常委会上，民进市委会以委托课题的形式完成《夯实基础主动融入努力抢占跨境电子商务发展先机》《关于依托阿里巴巴全球领先优势打造电子商务创业平台的几点建议》《关于在“法治杭州”建设中推进法律服务业发展的建议》《以法治文化繁荣推进社会法治建设的建议》4篇调研课题报告，提交市政协专题常委会并被作为会议书面发言。其中，《关于在“法治杭州”建设中推进法律服务业发展的建议》在市政协三季度常委会上被作为大会口头发言。2015年，民进市委会首次与市委政研室合作并签订合同，完成《互联网背景下杭州农业生态旅游发展的建议》调研课题报告。

【社情民意信息】 2015年，民进市委会围绕“杭法十条”“杭州城市发展”“社会民生”等专题，收集整理会员建议200多篇，上报165篇，被录用110篇，其中《关于在浙江省博物馆文澜阁展厅增加展览内容的建议》《建议以调整紫金港立交工程为契机完善大型市政项目建设机制》两篇信息获中共浙江省委书记夏宝龙批示，有效推进了相关工作；《树立“尽微致广”纪念碑石的建议》《关于如何做好亚运申办城市的几点建议》等6篇信息分别获中共杭州市委书记龚正、市长张鸿铭等批示。民进市委会获全市统战信息工作二等奖、人民建议集体奖，入选市委宣传部评选的业绩较为突出的信息直报点、民进全省参政议政工作先进单位，会员倪水友、周根娣获人民建议单项奖项。

【民进成立70周年纪念活动】 2015年，为庆祝中国民主促进会成立70周年，民进市委会及各级基层组织开展庆祝活动。开展“我心中的民进”征文活动。各级组织根据征文活动要求，分别开展回忆、采访、座谈、撰写活动，记录民进历史。

10月，民进市委会成立“杭州民进开明艺术团”。12月16日，市委会举办民进成立70周年纪念大会，700多名会员参加，杭州民进艺术团进行文艺演出。12月底，市委会召开会庆70周年座谈会，历届老领导参加，交流自身成长经历、民进组织发展、自身工作打算。

【严隽琪到民进市委会座谈】 6月12日，民进中央常务委员会在杭州召开期间，全国人大常委会副委员长、民进中央主席严隽琪到杭州民进机关，慰问机关干部，并与市委会领导班子和机关干部座谈、合影。民进市委会主委赵光育介绍杭州民进基本情况，汇报开展基层组织活动场所建设等工作。民进中央副秘书长王建国、省人大常委会副秘书长藏平、民进省委会主委蔡秀军、民进省委会副主委谢双成、民进省委会秘书长刘毅等参加活动。民进市委会副主委张爱莲、鲁奋、肖锋，民进市委会秘书长诸剑超等参加座谈会。

【基层场所建设】 2015年，民进市委会继续推进基层组织活动场所建设工作。鼓励基层组织加强与单位、与社区等相关部门的合作，已建立62个各具特色的活动场所。

12月16日，民进市委会举办中国民主促进会成立70周年纪念大会

（民进市委会 供稿）

【“同心彩虹”帮扶活动】 2015年，民进市委会印发《“社会服务主题年”实施方案》《“社会服务功勋集体”“公益之星”评选办法》，培育优势服务项目，民进市委会被民进中央评为“社会服务先进集体”。6月，主委赵光育带领杭州市学前教育、中学教学的骨干教师一行16人，到民进中央社会服务定点帮扶单位贵州省金沙县开展“同心·彩虹”系列帮扶活动。帮扶组到金沙县检验“同心·彩虹”学前教育5年帮扶成果，与当地领导和师生座谈交流，为当地教师带去4堂教学公开课，开设2次幼教教学讲座和1堂初中数学教学讲座。全年为金沙县捐赠图书1.04万册（折合9.10万元）。同月，赵光育一行到贵州省黔西南州安龙县开展帮扶调研。11月，第一期“同心·彩虹——贵州安龙县幼教园长培训班”在杭州师范大学小博士艺术幼儿园开班，16名来自安龙的幼儿园园长接受为期8天的免费培训。

【扶贫结对丽水松阳县】 自2013年开展“新一轮低收入群众增收帮扶行动计划”活动以来，民进市委会扶贫结对丽水松阳县裕溪乡潘山村。至2015年末，落实帮扶项目2个，到位资金10万元。6月，民进市委会专职副主委张爱莲带领会内医疗卫生专家一行11人到潘山村开展少数民族低收入群众增收帮扶行动，对潘山村榨油厂改造项目给予5万元支持。专家们在松阳县古市镇医院进行门诊和查病房，在潘山村设立咨询台，为群众量血压、测心率、中医理疗、开处方。市委会还免费派发各类常规药品及避暑、防蚊用品。走访5位结对的学生并送去帮扶金。

【进社区为民服务活动】 11月13日，为发挥民主党派成员的优势，共同创建和谐家园，民进市委会与民进江干区基层委员会、江干区凯旋街道共同举办“服务进社区、和谐千万家”主题为民服务活动。开展医疗、教育咨询；水业、华数业务咨询与办理、心理卫生咨询、律师法律咨询、古董艺术品鉴赏等10个项目，受到群众欢迎。

【“爱满民进”主题活动】 “爱满民进”活动自2014年5月开展以来，

受到民进市委会各级组织响应。至2015年末，各基层组织通过调查摸底，共有困难会员19名。全会募集捐款10.30万元，市委会领导和所属支部代表对困难会员进行走访、慰问。其中，2015年募集捐款4.61万元，慰问困难会员7人。（刘志岐）

·农工党杭州市委员会·

【农工党杭州市委员会概况】 至2015年末，农工党市委会下辖各级组织91个，其中1个县级委员会（临安市委会）、7个基层委员会、8个总支、75个支部。全市有党员1564人，其中新发展党员84人。

2015年，农工党市委会完成23个基层组织的换届和调整工作，拱墅区和滨江区分别成立总支委员会，富阳区和桐庐县分别成立基层委员会。选派6位骨干党员参加市各民主党派中青年骨干培训班、5位骨干党员参加市党外人大代表、政协委员培训班；推荐1位党员担任杭州市第九次归侨侨眷代表大会代表、2位党员担任欧美留学联谊会理事。2位党员受邀到北京参加纪念中国人民抗日战争胜利70周年阅兵观礼活动。

农工党市委会发挥医药卫生、人口资源和生态环境领域的优势，开展调查研究，反映社情民意信息，组织社会服务公益活动。市委会被农工党中央评为“优秀地市级组织”，9个基层组织被农工党中央评为“先进县级组织”和“先进基层组织”，13个基层组织被农工党省委会评为“2014~2015年度先进基层组织”。

【学习实践活动】 2015年，农工党市委会开展坚持和发展中国特色社会主义学习实践活动，分多个层面加强市委会领导班子、基层组织负责人和骨干党员、离退休老党员、新党员及机关干部的学习教育工作。全年召开中心学习组学习会8次、专题报告会5次、暑期读书会1次、新党员培训班1期。组织党员参加市委统战部举办的爱国主义系列讲座和市政协举办的各类报告会7次，学习贯彻中共十八大和十八届三中、四中、五中全会精神，习近平总书记系列重要讲话精神，中共中央统战工作会议精神，中共杭州市委十一届八次、九次全会精神及《中国共产党统一战线工作条例（试行）》《关于加强社会主义协商民主建设的意见》等。5位党员分别被省委会评为开展坚持和发展中国特色社会主义学习实践活动先进个人、积极分子。

【农工党建党85周年系列纪念活动】 2015年，农工党市委会以中国农工民主党成立85周年为契机，开展系列纪念活动。组织部分政协委员、骨干党员参观农工党中央机关旧址陈列馆、特园——中国民主党派历史陈列馆等爱国主义教育基地；组织新党员到南京祭扫邓演达烈士墓；开展主委讲党课活动，专题解读农工党和市委会的发展历程。发动党员为农工党“一干会址”的修缮和布展工作缴纳特别党费5.23万元；400多位党员参加农工党中央开展的“大讨论”征文活动、“学精神、学党章、学党史”书面知识竞赛及省委会召开的纪念大会等活动。9位党员入选“农工党浙江省委会60年60人”，5位党员获“60年及以上党龄”荣誉证书。

【民主监督职能履行】 2015年，农工党市委会主要领导参加中共杭州市委组织的各类协商会、联席会议7次，就杭州市推进协商民主建设、贯彻中共中央统战工作会议精神、加强基层党建巩固基层政权、“十三五”规划等重大决策建言献策。农工党界别政协委员与市卫生计生委等部门就“完善民营医疗机构法规政策体系”开展3次界别专题协商，并形成协商建议报告。响应市政协“五水共治”“西湖蓝·委员行”等活动，组织委员到临安调研农村生活污水治理长效机制建设，联合市政协民主监督小组加大对食品药品安全等重点工作的监督力度。各类行风监督员和机关干部参与“公述民评”等活动，履行民主监督职责。

【调研成果】 2015年，农工党市委会围绕中共杭州市委、市政府中心工作，召开6次工作委员会专题会议和调研，完成11个集体提案和调研报告。集体提案《关于尽快完善民营医疗机构法规政策体系的建议》被列为中共杭州市委领导领办提案，市委常委、市纪委书记陈擎苍主持召开提案办理面商会，推进提案办理落实。《关于加强青少年视力保护的建议》《关于中国（杭州）跨境电子商务综合试验区建设发展的几点建议》等6个调研报告得到中共杭州市委书记龚正等7位市领导批示。《关于规范民营医院发展促进社会力量办医的建议》被评为优秀提案，并获杭州市2014年度人民建议“纪念奖”。农工党界别小组被市政协评为五星级界别小组。60多条社情民意信息被各级部门录用。

【廉政教育基地建设】 2015年，廉政故事团队成员随省统战系统廉政故事巡回演讲报告团到金华、衢州等地，以故事形式给当地干部群众开展廉政教育课。为杭州市各民主党派成员开展廉政故事宣讲和普法教育专场。廉政故事团队是由农工党市委会引导余杭区总支利用资源优势打造的廉政故事创作演讲品牌。至2015年末，该团队有成员10多人，累计获全国级奖项10多次、省级奖项50多次。

【59个支部考核完成】 2015年，农工党市委会为调动党员积极性，完善基层组织制度，规范组织活动，不断充实考核内容，完善考核标准。年初，印发《农工党杭州市委会关于开展2015年基层支部工作考核的实施意见》，对2015年基层支部考核工作进行部署动员。年中，市委会职能处室和支部联络员引导基层支部工作创星“做什么”“怎么做”，指导帮助基层支部开展各项工作。11月2日至12月5日，市委会成立由各联络员和部分党员组成的4个考核小组，从思想建设、组织建设、参政议政、社会服务、本职工作、组织评价等方面，对59个参加考核的基层支部进行分批分片考核，评出五星级支部10个、四星级支部33个、三星级支部11个、二星级支部5个，并对星级支部进行通报表彰。

【“中国环境与健康宣传周”走进桐庐活动】 6月10日，农工党市委会联

6月1日，农工党市委会到建德市李家镇世哲希望小学开展爱心活动

（农工党市委会 供稿）

合桐庐县科协、桐庐县环保局，在桐庐县分水镇开展以“农村环境与健康”为主题的“第八届中国环境与健康宣传周”系列活动。该活动设咨询现场、互动现场、科普讲座进社区进学校现场。内科、妇科、骨科、眼科、针灸科等专家医生为群众现场开展健康咨询义诊，律师党员为群众现场提供法律咨询服务。开展环境与健康科普知识现场有奖竞答、发放“第八届中国环境与健康宣传周”宣传资料、环境与健康科普图板展等互动活动。邀请杭州市环保局有关人员为100多名社区居民做环境与健康科普知识主题讲座；农工党员、桐庐县环境监测站站长以图文结合形式向200多名孩子讲解垃圾分类、“五水共治”等环保理念，并把减少一次性筷子使用、多用环保袋等日常环保小常识推荐给孩子。

【帮扶定点新农村】 2015年，农工党市委会深化农工党中央新农村建设服务点——临安徐村村“三室一园”建设，开展引资、引智、引项目等帮扶工作。2月8日，联合临安市委会加强天目山镇“同心实践”社会服务基地建设，开展“同心服务、情暖天目”项目启动仪式，为村民进行义诊送健康、写春联送祝福等服务，为18户“失独家庭”开展送红包、送春联等活动。联合临安市农业、民政、水利、卫计、建设局等部门，帮助洽谈落实农田项目和资金救助，提供水果、茶叶等农业技术辅导。

【“光明行动”送医下乡】 7月24日，农工党市委会联合市残联、市民政局、九三学社市委会在淳安举办2015年度杭州市“光明行动”送医下乡系列活动，以市红会医院总支为主体的党员专家团队为当地白内障患者、有就诊需求的残疾人送去优质、高效的医疗服务。市委会领导还看望康复中心的儿童，视察千岛湖镇（残疾人）托养中心和残疾人培训基地。

【结对帮扶贫困儿童】 6月1日，农工党市委会联合江干区基层委员会、党员金国伟创办的杭州世哲时装有限公司，到建德市李家镇世哲希望小学开展结对帮困、捐资助学等爱心活动。活动主题为“油盐酱醋茶，小鬼来当家”，志愿者和孩子一起为父母做饭，培养孩子感恩之心。活动结对30名贫困儿童，发放结对慰问金3万元，向学校捐赠价值1.3万元的空调、饮水机等设施。

（楼文丽）

·致公党杭州市委员会·

【致公党杭州市委员会概况】 至2015年末，致公党市委会下辖1个基层委员会、4个总支和16个支部。全年发展党员30名，发展率7.1%。其中：留学归国人员7人，占23.3%；具有研究生学历的8人，占26.7%。至年末，党员总数457名。

2015年，致公党市委会学习贯彻中共十八大和十八届三中、四中、五中全会，及中共中央统战工作会议、习近平总书记系列重要讲话特别是在浙江和杭州考察时的重要讲话精神，围绕“五水共治”“三改一拆”“G20杭州峰会筹办”“一号工程”“两区建设”“美丽杭州”“法治杭州”和“十三五”规划编制等中心工作，以深入开展坚持和发展中国特色社会主义学习实践活动为主线，聚焦服务“四个全面”的战略布局，履行参政党职能。致公党市委会被致公党中央评为十年扶贫开发工作先进集体，被致公党省委会评为坚持和发展中国特色社会主义学习实践活动、宣传工作和组织工作3项先进集体。

【参政议政机制建设强化】 5月，致公党市委常委会讨论通过关于规范基层组织“议政日”活动的方案，为党员搭建提升参政议政能力和水平的平台，引导基层组织在做好辖区内参政议政课题调研的基础上承担市委会的课题任务。各基层组织报送社情民意信息、调研报告等60多篇。加强参政议政骨干队伍建设。中青年骨干暨新成员培训班上做“如何做好参政议政工作”的专题讲座。召开参政议政培训座谈会，邀请省委会副主委梁细弟做“参政党的参政议政和提案写作”专题讲座，与会省市人大代表、政协委员、基层组织代表、参政议政骨干交流参政议政心得体会和年度调研课题准备情况。市委会组织部分信息骨干和机关人员到致公党宁波市委会就党派参政议政、课题调研、信息报送等经验成果开展交流探讨。市委会组织年轻党员参加调研，通过实战强化参政议政意识、提升参政议政能力。

【参政议政成效】 2015年，致公党市委会在市“两会”上提交大会口头发言1篇、集体提案4件、委员个人提案34件、人大代表建议意见10件。其中，提案《关于进一步完善社区矫正工作的几点建议》被选为中共杭州市委领导领办民主党派集体提案，由市委副书记杨戌标领办。由主委王坚带队调研并报送的信息《民营影视企业“走出去”遭遇实际困难亟盼解决》被全国政协采用，并

被致公党中央评为2015年优秀调研成果。由致公党市委会祖国统一委员会承担、杭州师范大学支部王占明主笔完成的调研报告《协调好法治与自由的关系——关于宗教治理的初步思考》，获2014年度全省统战理论政策研究创新成果一等奖。2014年市委会集体提案《尽快实施保障性住房货币化安置方案》受到市直有关单位重视，不少建议被市政府5月出台的《关于推进住房货币化保障方式的指导意见》采纳。

【自身建设强化】 2015年，致公党市委会举办老成员培训班、中青年骨干暨新成员培训班和领导干部暑期读书班，150多人次参训。4月，举办老成员培训班，传达市“两会”精神，举办保健知识讲座。5月，领导班子成员参加在湖南长沙举办的杭州市各民主党派、工商联领导干部和无党派人士读书班。6月，举办中青年骨干暨新成员培训班，除党史讲座和参政议政专题辅导报告外，邀请丘永宁、高舸2位党员与年轻党员交流加入党派以后的感悟；组织新党员针对“三个什么”即“加入民主党派为什么、民主党派的历史责任是什么、我为浙江、杭州做什么”展开讨论。8月，举办领导干部暑期读书班，除党史专题报告外，各基层组织和专委会就2015年上半年工作进行交流。市委会还组织党员参加省委会的暑期读书会和2015年中青年骨干培训班、全国“两会”精神报告会、纪念中国致公党成立90周年大会、杭州市民主党派中青年骨干培训班、杭州市统战系统爱国主义系列讲座等活动。

【学习实践活动推进】 5月，致公党市委常委会结合学习实践活动的主题——优良传统教育，制定《坚持和发展中国特色社会主义学习实践活动2015年工作计划》，要求全市致公党员和各基层组织围绕中国人民抗日战争暨世界反法西斯战争胜利70周年和中国致公党建党90周年，开展“六个一”活动，即举办一场党史党章讲座、开展一次致公党名人故居考察活动、开展一次法律服务活动、开展一次议政日活动、开展一轮“我身边的优秀致公党员”宣讲活动、举办一次学习交流活动，并组织党员参与省委会和市委统战部举办的各类学习实践活动。市委会机关多次召开会议，研究如何开展好“六个一”活动，并细化落实到各职能处室和责任人，将学习实践活动与日常工作统筹起来，引领各项工作开展。

【“学党史、重走致公路”活动】 2015年，致公党市委会举办多次党史党章讲座。6月，中青年骨干暨新成员培训班上做党史党章辅导报告，40多位党员参训。8月，领导干部暑期读书班邀请致公党厦门市委会原副主委王起鹍做党史报告。4月和7月，开展参观走访考察活动，主委王坚和副主委胡泽之、吴静分别带队，组织两批次党员和机关工作人员到重庆和广东开展“重走致公路”活动。在重庆参观特园中国民主党派历史陈列馆；在广东瞻仰黄花岗七十二烈士墓，参观广东华侨博物馆、孙中山大元帅府和“致公党在广州”90周年图片展，及致公党第一、第二届总理陈炯明的史料馆和陈炯明都督府，并与当地的致公党地方组织进行交流。

【“我身边的致公党员”演讲比赛】 11月12日，致公党市委会举办“庆祝致公党成立90周年——我身边的致公党员”演讲比赛活动。该活动由各基层组织选派一名党员讲述身边致公党员的风采事迹，通过“自己讲、讲自己”的演讲形式，回顾致公党与中国共产党风雨同舟、患难与共的历程和传统，展现致公党员爱岗敬业、参政议政的风采。各基层组织选送11位选手参加，西湖总支成员朱红和彭丽萍获一等奖。

【对外联络渠道拓宽】 2015年，致公党市委会注重发挥侨海特色，拓宽对外联络工作渠道。7月，为响应“大众创业，万众创新”，为大学生创业创新搭建平台、提供指导，市委会和杭州师范大学联合举办“创新创业，放飞梦想——致公党市委会海归企业家与大学生面对面活动”。8位海归企业家党员被聘为创业导师，与大学生分享成长历程及创业创新的经验和感悟，指导大学生创业项目。10月，组织市委会部分参政议政骨干和机关人员到青海实地走访西宁中兴电力勘察设计咨询有限公司、青海天筑工程设计有限公司等单位，就如何发挥浙商杭商在一带一路中的作用开展调研，形成调研报告《发挥“海侨优势”，构筑“四大平台”，积极推动杭州市民企和海侨企业参与“一带一路”建设》。

【社会服务品牌打造】 4月，致公党市委会被致公党中央评为十年扶贫开发工作先进集体，党员部晏中被评为先进个人。同月，常委会整合党员中的律师、高校教师和政府部门从事法制法规工作的人员成立法律服务团。为推动“杭法十条”的

5月29日，致公党市委会在浙江工业大学附属实验学校开展“明志·悦读”活动

（致公党市委会 供稿）

落实，服务团在拱墅区运河广告产业园区、米市巷街道大塘巷社区、拱墅区建功学院班、浙江工业大学附属实验学校、下城区朝晖街道浙江和盛传媒有限公司开展法律服务进园区、进社区、进校区、进楼宇等活动。5月29日，市委会在浙江工业大学附属实验学校开展“明志·悦读”活动，党员洪干军捐赠价值约11万元的图书和书架，并在校图书馆设立“明志·悦读致公图书角”。在“12·4”全国宪法日暨杭州法制宣传日，市委会和浙江工业大学附属实验学校开展“共建平安学校暨法律顾问聘任仪式”活动，林忠再和金佰霆2位律师被聘为法律顾问，为该校师生免费提供法律服务。

（吴煜华）

·九三学社杭州市委员会·

【九三学社杭州市委员会概况】 至2015年末，九三学社市委会下辖10个基层委员会、72个支社，有社员1704人。全年发展新社员85人，其中71人具有高中级职称，26人具有研究生以上学历，平均年龄38岁。

市“两会”期间，九三学社市委会提交大会发言材料4篇、团体提案8件。社内政协委员递交个人提案47件，人大代表递交议案和建议21件。团体提案《关于规范建设项目中介服务机构和市场管理的建议》被评为市政协优秀提案。《关于实行外来务工人员子女积分制入学的建议》由中共杭州市委常委、宣传部部长翁卫军领办，提出的意见、建议在办理中得到采纳，外来务工人员子女积分制入学办法已在高新区（滨江）试点实施。市委会全年开展各类调研、考察30多次，完成调研报告和材料40多篇。市委会被九三学社中央评为2014～2015年度参政议政工作先进集体。九三学社界别组连续3年被市政协评为五星级界别小组。九三学社市委会充实信息员工作队伍，加强培训辅导，开展“议政日”活动，提高信息工作质量。全年报送信息120篇，录用63篇次。其中，5篇被中共中央统战部、九三学社中央等录用，38篇被省政协、九三学社省委会等录用，20篇被中共杭州市委、市政府录用。《加强我市洗车行业管理，巩固“五水共治”成效的建议》等2篇获市领导批示。

九三学社市委会以基层组织“三化”建设、“纵横结合”的组织网络体系建设为重点，推进自身建设，在九三学社创建70周年表彰活动中被九三学社中央评为“九三学社全国优秀市级组织”，西湖区基层委员会被评为“九三学社全国优秀基层组织”。九三学社市委会以“联乡结村”和“九三科技讲堂”两大品牌为抓手，搭建服务企业的平台。市委会和江干区、萧山区2个基层委员会被九三学社中央评为2011～2015年社会服务工作先进集体。

九三学社市委会开展“我心中的九三组织”“我身边的九三人”专题宣传报道活动，在网站开辟专栏，加大对优秀社员履职成效及先进事迹的报道力度，并编辑出版《于微深处——我心中的九三组织，我身边的九三人》一书。发挥社刊和网站的窗口作用，出版社刊《杭州九三》4期，加强评论类专栏，每期选取社会热点问题开展主题讨论。全年在省、市级报刊网站刊登宣传报道近200篇。市委会被评为九三学社全省新闻宣传工作二等奖。

【领导班子建设】 为加强领导班子建设，保持工作延续性，经七届二十四次主委会议和七届十五次常委（扩大）会议研究，决定进行班子届中增补。1月30日，召开七届五次全体（扩大）全会，增选李勇进、蒋建圣、楼华龙为市委会委员，增选杨茂成、蒋建圣为市委会常务委员，充实领导班子力量。

【参加政治协商活动】 2015年，九三学社市委会主要领导多次参加中共杭州市委、市政府、市政协举办的各类民主协商会、座谈会、通报会，就杭州市重点工作、重大工程议政建言。在中共杭州市委召开的杭州市“十三五”规划征求意见座谈会上，就杭州市区域规划定位、产业集聚区发展、交通组织管理等提出意见和建议。

【民主监督新途径】 10月，九三学社市委会组织社员参与“五水共治”专项民主监督活动，通过调研视察形成的报告《杭州市“五水共治”突出问题及对策建议》得到中共杭州市委领导重视，推动杭州市“五水共治”工作开展。发挥九三学社科技优势，开展“智慧城管”等专题视察3次，助推城市治理水平提升。

【九三学社创建70周年纪念大会】 9月28日，九三学社市委会召开九三学社创建70周年暨在杭州建立组织60周年纪念大会。市政协副主席、主委朱祖德致辞，市政协副主席、市委统战部部长董建平出席并讲话。会议回顾九三学社在杭州建立地方组织的历史、发展的不同阶段和历年来取得的成就，表达为实现“中国梦”的杭州篇章而努力奋斗的信念。会议还表彰一批社务工作先进集体和先进个人。杭州市和各城区统战部领导及社员所在单位中共党委领导、九三学社市委会对口联系单位相关领导应邀到会。市委会委员、老领导、优秀社员和新老社员代表等200多人参加。

【“我的九三情”微视频征集评选活动】 3月，为纪念九三学社创建70周年暨在杭州建立组织60周年，九三学社市委会开展“我的九三情”微视频征集评选活动。各专委会、基层组织参与，自编自导自演完成微视频作品19部，展示各级组织履职成效和精神风貌，宣传社员爱岗敬业的先进事迹。

【临安市支社成立】 3月20日，九三学社市委会七届二十五次主委会议研究决定在临安市建立九三学社基层组织。3月27日，九三学社临安市支社成立大会在临安市青山湖科技城管委会召开。张敏当选为支社首届主委。市政协副主席、九三学社市委会主委朱祖德到会祝贺并讲话。

【社员队伍建设】 2015年，九三学社市委会组织骨干社员到上海交通大学举办读书班，选派社员15人次到中共中央、省、市社会主义学院学习培训。蒋建圣、陈荣2名社员担任九三学社中央首届青年工作委员会委员，马彦等3名社员担任市委统战部杭州欧美同学会首届理事。做好入社对象前置培训工作，举办新社员和入社积极分子学习交流会。

【多党合作社会主义新农村建设示范点】 2015年，九三学社市委会筹集15万元用于建德市杨村桥镇中心幼儿园的提升改造，为杨村桥镇中心小学募集捐款3万元用于资助贫困学生和奖励优秀学生。7月，开展为期两周的“留守儿童暑期夏令营”活动，近200名学生参加。同月，杨村桥镇帮扶基地被九三学社中央命名为“多党合作社会主义新农村建设示范点”。7月、10月，九三学社市委会分别为当地学校教师开展教育心理培训，为小学生开展防范意外伤害的培训。10月，组织社内专家面向返乡青年和农村淘宝户举办农村电商技术培训，为全镇近100名村镇干部举行法制讲座，组织科技人员走访当地重点企业。同月，选派社内医疗专家针对农民健康体检中出现的问题开展义诊服务。

【《九三学社杭州简史》出版】 8月，九三学社市委会在史籍收集、档案整理基础上，编纂完成《九三学社杭州简史》一书。全书10多万字，还原九三学社在杭州60年的发展历程。 （付蔚东）

7月，九三学社市委会杨村桥镇帮扶基地被九三学社中央命名为“多党合作社会主义新农村建设示范点” （九三学社市委会 供稿）

·杭州市工商联·

【杭州市工商联概况】 至2015年末，全市工商联会员共30871个。市直属商会共51个，其中行业商（协）会23个、异地商会27个、新生代企业家联谊会1个。全系统有商会组织343个，54个行业商会在民政部门进行社团登记。市工商联被评为2015年度浙江省工商联综合先进单位。

【学习贯彻各级重要会议精神】 2015年，中共中央和省、市相继召开统战工作会议、党的群团工作会议，并出台《中国共产党统一战线工作条例（试行）》《中共中央关于加强和改进党的群团工作的意见》等文件。全市各级工商联组织会议和文件精神的学习贯彻落实。运用网站等自有媒体，宣传和解读会议精神；举办系统干部培训，召开常执委会议，分层次多渠道全方位进行学习讨论交流。10月，配合市委统战部制定杭州市实施细则。

【推进“浙商回归”】 2015年，市工商联走访厦门、成都等地的异地商会和企业家，宣传政策，征求意见。4月，配合市经信委、市经合办、市金融办等部门举办“2015杭州（深圳）投资环境推介会”。10月，做好2015年杭州西湖国际博览会国内合作交流活动相关工作，组织262个企业参加世界浙商大会专题活动中国（杭州）跨境电子商务综合试验区专题推介会。同月，支持和参与第三届世界浙商大会相关工作。11月，联合市发展研究中心和市杭商研究会等部门举办第四届“杭商论坛”，开展“品质杭商”和“杭商品牌案例”评选。与市西博办、市经合办、市公共外交协会、市政府新闻办、市贸促会等单位联动，全年举办各类经贸活动47场次，1851人次参加。

【推动创业创新】 2015年，市工商联引导民营企业认识和适应新常态，加快推进智慧产业化和产业智慧化。3月，完成第五次民企军民两用高新技术及产品研发生产情况专项调查。4月，组织企业申报2015年度国家火炬计划、星火计划项目。7月，开展2015年科技创新创业人才推荐工作。8月，做好全国工商联全面支持小微企业发展政策措施落实情况第三方评估工作调研的相关工作，召开支持小微企业发展政策落实情况座谈会。

【拓展外引内联】 2015年，市工商联组织会员企业到英国、葡萄牙、西班牙开展经贸考察交流。7月，与葡萄牙中华总商会结成友好商会。8月，与美中企业家商会开展实时连线交流，探索网上与海外商会、企业合作交流新方式，开辟交流新渠道。完成美国、英国、印度等6个国家在杭州举办的中外贸易交流活动。组织企业参加“中国与周边国家新型工业化国际合作研讨会”等对外交流活动12场次。7月9日，与市公共外交协会、市政协外事委、市外宣办、市贸促会共同主办“2015外国朋友走进美丽杭州”暨“21世纪海上丝绸之路与杭州企业”合作交流会。全年接待全国各地到杭交流考察人员46批次，促进与各地工商联、商会的沟通交流。

【法律服务】 5月，市工商联与市总工会等单位共同推进杭州市2015年度劳动关系和谐指数测评，对杭州市最低工资标准调整调查研究，提出意见。开展“法律服务进区县（市）工商联、进基层商会”活动，举办法律、仲裁知识讲座13场次，召开杭州商会仲裁院联络员会议。杭州市法律服务志愿总队杭州市总商会工作站通过律师坐班和电话热线等方式，为民营企业提供法律服务。全市各区县（市）工商联和市属各行业商会普遍建立商会调解组织和法律顾问制度。8月，市工商联被评为浙江省和谐劳动关系先进单位。

10月16日，杭州市新生代企业家联谊会承办的“新生代企业家论坛”举行

（市工商联 供稿）

【人才服务】 2015年，市工商联落实市委组织部《关于当好“店小二”优化人才服务的意见》文件精神，宣传“人才新政27条”，走访“民营企业500强”企业，开展人才新政和民企人才服务需求等方面的交流座谈。开展“送人才政策上门”活动，整理编撰《杭州市民营企业人才和人力资源服务政策汇编》，发放“人才新政27条”宣传册5类5000册。上半年，参与由市委组织部牵头的杭州市“十三五”人才高地建设规划中杭州市企业经营人才队伍建设子课题的调研和文稿撰写。11月，召开民企人才和人力资源管理服务工作交流培训会议，为民营企业人力资源服务搭建平台。

【发展环境优化】 2015年，市工商联运用民营经济发展专家库和市政协委员资源，开展调查研究，为杭州民营经济发展建言献策。工商联界别提交提案41件，立案39件。集体提案《关于进一步加强企业社会责任实现机制的建议》由中共市委常委领办。调研报告《关于构建完善杭州信用体系、优化投资环境的建议》得到市政协主席批示，并由市政协报送中共市委、市政府。5月、10月，分别组织界别政协委员到建德乾潭镇和大江东产业集聚区考察，围绕“西湖蓝”和制订“十三五”发展规划提出意见建议。

【基层规范化建设】 2015年，市工商联进一步规范重要合作项目实施，连续3年对区县（市）工商联和直属商会开展绩效评价。至年末，12个区县（市）工商联被确定为“五好”县级工商联。每季度召开1次直属商会会长（秘书长）会议。完成杭州市总商会的社团年检登记，指导16个行业商会通过社团年检登记。做好2015年社会组织评估工作，21个行业商会达到AAA（含）以上等级。

【非公有制经济人士理想信念教育实践活动】 2015年，市工商联在全市非公有制经济人士中开展以守法诚信为重点的理想信念教育实践活动和“四个什么”大讨论。4月，推荐企业家在全省教育动员部署会上做重点发言，安排企业家在执委会议上做交流经验，用身边的典型事例影响和带动非公有制经济人士。5月，与市委统战部联合举办杭州市以守法诚信为重点深入开展理想信念教育实践活动动员会暨杭商大讲堂活动。11月，举办“杭商·中国梦”民营企业家书画摄影展。12月，《杭商故事Ⅱ》由浙江文艺出版社出版。

【非公有制经济人士素质提升】 2015年，市工商联优化“集中学习进名校”“平时学习新干线”“相互学习大讲堂”等培训品牌。与清华大学联合举办“品质杭商”高级研修班2期，103名企业家参加。加强“杭州市民营企业家学习新干线”管理，增设栏目，更新内容，点击量比2014年增长20.5%，累计350.28万人次。全年围绕“跨境电子商务”“互联网+”“十三五规划”等主题，开展6期“杭商大讲堂”活动，走进区县、走进企业、走进高校、走进外地杭州商会，邀请政府领导、知名企业家、著名学者为全市民营企业家、大学生、异地杭商，宣讲政策、解疑释惑，2152人次参加活动。

【新生代企业家群体教育培养】 2015年，市工商联贯彻实施《杭州市民营企业经营者队伍建设规划（2014～2020）》，在全市实现新生代企业家联谊会组织全覆盖。加强对市新生代企业家联谊会工作的指导，把“三性”（统战性、经济性、民间性）要求落实到各个环节，为新生代企业家群体健康成长和企业健康发展创造条件。推荐新生代企业家参加杭商学堂、与市委统战部联合举办的新生代企业家研讨班。8月底至9月初，与市委组织部合作举办第二期全市非公有制企业新生代出资人示范班。10月16日，杭州市新生代企业家联谊会承办杭州西湖国际博览会重要活动“新生代企业家论坛”，获“最佳品牌奖”。12月，杭州新生代企业家培养工作被《中华工商时报》评为2015年度全国工商联系统省级、副省级工商联工作“创新中国特别奖”。

【引导民营企业承担社会责任】 2015年，市工商联引导非公有制经济人士参与扶贫帮困、“五水共治”，发动民营企业开展新一轮“联乡结对”活动。组织企业家为结对家庭“冬送温暖、夏送清凉”。9月，组织民营企业到贵州省黔东南州帮扶助学，向当地学校和学生捐赠现金9万元、校服150套。持续开展“千企联千村、合力治污水”专项行动工作和“五水共治”工作，全市有2496个民营企业共捐款1.82亿元，165个民营企业与188个村结对，投入结对资金3674.1万元。 （吴 炜）

·杭州市总工会·

【杭州市总工会概况】 2015年，杭州市总工会有工会会员408.08万人，比上年（指2014年，下同）增加21.39万人；基层工会2.54万个，涵盖单位11.15万个。市总工会下属13个区县（市）总工会及2个开发区总工会、1个集聚区总工会、10个产业工会和8个直属事（企）业单位。

全市工会认真学习贯彻中央和省委、市委党的群团工作会议精神，围绕全市中心工作，服务大局、服务职工，切实增强工会组织的政治性、先进性、群众性。坚持强化教育，广泛开展“中国梦·劳动美”主题教育，着力提高职工队伍素质；坚持围绕中心，开展“奋战在一线·岗位立新功”建功立业活动，发挥职工主力军作用；坚持突出主线，深入贯彻落实《中共中央、国务院关于构建和谐劳动关系的意见》，持续深入发展和谐劳动关系，推进企业社会责任建设；坚持职工为本，办好服务职工实事项目，提高服务质量和实效；坚持改革创新，推进工会工作法治化，强化工会自身建设，提升职工群众的归属感和获得感，为建设东方品质之城、幸福和谐杭州做出积极贡献。

【“杭州标准”明确职工福利】 1月19日，市总工会出台《关于加强基层工会经费管理有关事项的通知》，就各类节日慰问、生日慰问标准和职工奖励等做出细化规定，规范工会经费使用，保障职工按规定享有的正常福利待遇。《人民日报》做了“杭州市总工会细化过节福利标准”的报道，被多家媒体誉为职工福利“杭州标准”。

按照通知，逢年过节(包括元旦、春节、清明节、劳动节、端午节、中秋节和国庆节)，基层工会可以用工会经费向全体会员发放少量符合中国传统节日习惯的职工群众必需的生活用品，总金额不得超出本级工会经费年度预算支出总额的30%。会员本人过生日，基层工会可以送生日蛋糕或指定蛋糕店的蛋糕券，慰问标准人均不超过300元。组织会员观看电影应尽量统一组织。对职工知识竞赛、文艺会演、体育比赛、劳动竞赛、技能比武等竞技类活动，获得最高名次的奖励标准不得超过每人每项800元，其他名次依次做相应的递减。优秀工会干部和积极分子的奖励一般不超过每人每次800元和500元。基层工会组织开展职工教育活动，评选优秀学员的奖励应以精神奖励为主，如给予物质奖励的，一般不超过800元。对因参与工会活动而误餐的工会干部和会员，补助标准为每人每天100元(早餐20元，中餐、晚餐各40元)。提高一线职工免费疗休养的费用标准，从每人1200元提高到1500元，同时增加疗休养人数、时间和项目。

【高技能人才奖励政策】 2015年，市总工会进一步健全完善技能晋级激励机制，根据经济转型升级、产业结构调整和高技能人才发展重点及需求状况，确定30个职业（工种）作为市本级高技能人才奖励对象。政策规定，当年在公布职业（工种）范围内晋级高级工的，每人奖励

7月28日，杭州市总工会“资助优秀农民工上大学”项目首批受助农民工喜领大学毕业证书 （市总工会 供稿）

11月4～9日，第五届全国职工职业技能大赛计算机程序设计员、动画绘制员决赛在杭州举行　　（市总工会　供稿）

500元；晋级技师的，每人奖励800元；晋级高级技师的，每人奖励1000元。全年累计奖励3996人，奖励金额217.18万元。

【万名职工免费健康体检】 5月，市总工会启动针对外来务工人员的“万名职工免费体检”活动。活动面向在杭重点项目、重点工程、重点领域及特殊岗位工作的1万名外来务工人员，分片开展免费体检。在主城区的外来务工人员，由市总工会保障部根据各单位上报的外来务工人员工作地点和单位所在地情况，统一安排体检医院入院体检；在周边县（市）的外来务工人员，允许各县（市）根据市总工会确定的体检标准及体检项目，就近选择医院，采用送检上门的形式，由市总工会确定的医院派出医生到工地现场开展体检。至年末，累计为重点工程（项目）的9600名外来务工人员实施免费健康体检。

【农民工圆大学梦】 7月28日，市总工会正式启动农民工“圆梦计划”。启动仪式除了向首批“资助优秀农民工上大学”项目的毕业生颁发毕业证书，还授牌浙江大学、华东理工大学、杭州师范大学、杭州职业技术学院、杭州科技职业技术学院、杭州市工人业余大学等6所高校为“杭州工会农民工学历教育基地”。农民工“圆梦计划”主要包括建家入会、就业保障、素质提升、帮扶救助、幸福关怀“五大行动”。其中，“资助优秀农民工上大学”项目开展5年来，已有1576名优秀农民工顺利完成学业。

【职工医疗互助实现市级统筹】 2011年以来，市总工会坚持以“服务职工、互助共济”为原则，全面推进职工医疗互助工作，对参加城镇职工基本医疗保险的企业和不享受国家公务员医疗补助的事业单位在职职工，其在医保定点机构发生的符合医保范围的住院和规定病种门诊医疗费，经统筹基金支付后的自负部分按比例给予补助。2015年8月，市总工会印发《杭州市在职职工医疗互助保障办法》，将住院和规定病种门诊自负医疗费补助互助保障、重大疾病及住院生活补助互助保障、女职工特殊疾病补助互助保障项目三合为一，统一参加对象、保障项目和支付标准，全面实现职工医疗互助的市级统筹。至2015年末，全市参加在职职工医疗互助的人员达到92万人，有1.76万名职工获得补助金2723万元。

【劳动关系和谐指数位居全省第一】 9月7日，浙江省构建和谐劳动关系工作领导小组办公室发布全省各市2014年度劳动关系和谐指数，杭州市劳动关系和谐指数达86，高出其他各市1～6.53个百分点，再次位居全省第一。这是自2010年以来，杭州市劳动关系和谐指数连续第5年位居全省第一。杭州市有6.8万个企业参与和谐劳动关系创建活动，其中5.4万个企业达到创建标准。全市已有3265个规模以上和谐劳动关系企业参与社会责任建设，其中1905个企业达到C级以上标准。

【全国职工职业技能决赛在杭举行】 11月4～9日，第五届全国职工职业技能大赛计算机程序设计员、动画绘制员决赛在杭州举办。大赛由全国总工会、科学技术部、人力资源和社会保障部、工业和信息化部主办，浙江省总工会、杭州市总工会协办，杭州市高新区（滨江区）总工会承办。来自全国28个省、自治区、直辖市代表队的164名选手参加两项决赛。中华全国总工会副主席许振超致开幕辞并宣布开幕。最终，杭州选手代表浙江省代表队获得动画绘制员项目的第1名、第2名、第4名、第5名。获得第1名的杭州玄机科技信息技术有限公司的王建明被全国总工会授予“全国五一劳动奖章”。

【政府与工会第18次联席会议】 12月29日，市政府与市总工会举行第18次联席会议，市政府相关部委办局参加联席会议。市委副书记、市长张鸿铭出席会议并通报2015年杭州市经济社会发展情况，市人大常委会副主任、市总工会主席郑荣胜通报工会工作情况。会上，市总工会汇报第17次政府与工会联席会议确定事项的落实情况，提出需要研究解决的涉及职工切身利益的问题。会议围绕市总工会提出的G20杭州峰会立功竞赛活动、修订《杭州市劳动模范评选和管理工作暂行办法》、改善大江东各工业区企业职工出行难等问题，进行讨论研究并做出相应部署。

【“春风行动”开展15年】 杭州市自2000年开始，在全国率先开展以“社会各界送温暖、困难群众沐春风”为主题的“春风行动”。15年来，“春风行动”持续深入开展，不断创新发展，实现从“一阵春风”向“四季春风”的跨越，被誉为破解困难群众生活就业难问题的“杭州模式”，成为“美丽杭州”建设的一道

最美风景。15年来，杭州市共有3.81万个次企业，245.9万人次向“春风行动”捐款献爱心，累计募集社会资金15.54亿元，共向122.66万户次困难家庭发放助困、助医、助学、反哺、应急等各类救助金19.13亿元。2015年，全市“春风行动”捐款金额再创新高，共募集社会捐款5057万元，发放各类救助金、慰问金（含慰问品）7377万元。（唐洁秋）

·共青团杭州市委员会·

【共青团杭州市委员会概况】 2015年，杭州市各级团组织学习贯彻中央和省市委党的群团工作会议精神，以“伙伴”共青团为建设理念，着力提升“五大体系”建设水平，加强思想引领，提升服务能力、夯实基层基础，团结带领广大青年为推动杭州实现高起点上的新发展做出贡献。

至2015年末，全市14~35周岁青年有170万人，其中团员39万人，专职团干部1126人。基层团委1062个，基层团工委231个，基层团总支721个，基层团支部1.5万个。

共青团杭州市委员会（简称团市委）扩大团组织有效覆盖，全年新增非公企业团组织383个、新社会组织团组织79个、农村合作组织团组织136个。开展全市党建带团建工作督查。推进区域化团建工作，开展“一街一品”争创活动，成立街道辖区青年工作共建共享委员会，探索推动农村电商企业团建。

【共青团干部队伍建设】 2015年，团市委坚持从严治团，团的干部队伍呈现新风貌。出台《关于加强机关、企事业单位团委领导班子建设的若干意见》，建立区县（市）和乡镇（街道）两级团干部配备情况通报制度，纳入全市年轻干部常态配备通报内容，全年县级团委班子配备率达到90%以上。开展“三严三实”专题教育和“团干部如何健康成长”大讨论活动，成立团干部和年轻干部健康成长“伙伴”讲师团，通过座谈会、实地走访等方式，征集意见建议900多条。承办2015年全国城市团校工作研讨会，举办市级培训29期，受训1563人。团省委副书记朱林森以“与青年对话、为信仰领航”为主题，与第24期青干班学员开展交流讨论。团市委加强团的工作理论研究，编撰出版《团支部工作——共青团支部学习培训教程》《青春与伙伴同行——杭州共青团工作优秀案例集》《青春与伙伴同行——注册志愿者培训教材》等书籍，多篇论文获得省市奖项。

【筹备G20杭州峰会志愿服务】 2015年，团市委围绕杭州市将举办2016年G20杭州峰会的中心工作，按照省市混合编队原则，组建峰会医疗卫生与志愿服务部志愿服务组，设计研发峰会志愿者招募注册系统，制定《国际峰会志愿服务工作实施方案》，举办峰会“一办九部”志愿服务工作联络员等培训，提高志愿者、联络员的综合素质和能力；开展杭州应对重大国际论坛和国际赛事志愿者培训和服务体系建设研究，组建80人的通用培训师队伍，编制《峰会志愿者通用培训教材》；举行杭州市纪念第30个“国际志愿者日”暨国际友人志愿服务团成立仪式，发布峰会城市志愿服务宣传片，营造“当好东道主、办好G20”的浓厚氛围。

【精品青年志愿服务项目】 2015年，团市委深化“关爱农民工子女留守儿童”“助残阳光行动”“暖冬行动”“垃圾分类”“五水共治”等品牌志愿服务项目，大力开展杭州市高校志愿服务文化节、亲子“1+1”、“万朵鲜花送雷锋”等特色活动。全年开展垃圾分类培训宣传活动110多场次，助残志愿服务2775场次，结对农民工子弟学校380所，结对人数13.77万人。全力服务第十一届中国国际动漫节、杭州·云栖大会、第七届东亚商务论坛等重要会议和活动。在第二届中国青年志愿服务项目大赛中，杭州团市委获得1枚金牌、5枚银牌。

【智慧公益平台“志愿汇”】 4月，团市委研发启用全省首个智慧公益平台“志愿汇”，进入志愿服务“刷卡计时”时代。该平台由“一库三平台多终端”构成。“一库”即志愿者大数据库；“三平台”是志愿服务管理平台、公益积分平台和志愿者社交平台；“多终端”是指志愿服务网、APP、“支付宝”城市服务、微信号和公益地图等。通过整合社会资源、完善保障机制、构建评价体系等方式，打造以信息系统建设为核心，多种资源统筹为补充，“线上+线下”社会化动员为手段的工作体系，“志愿汇”平台得到团中央志工部的批示肯定。

【青少年思想引领】 2015年，团市委通过“线上+线下”模式强化青少年思想引领。在网上，深化“青春杭州”全媒体中心建设，启动“新媒体·新青年”主题系列沙龙，推行区县（市）共青团微信每周通报制度。

10月13日，杭州市举办庆祝中国少年先锋队建队66周年活动
（团市委 供稿）

至年末，全市各级团组织开通微博779个、微信公众号149个，其中“青春杭州”微信“粉丝”数超过15万人，获得腾讯原创微信平台资格，综合指标居全国地市级共青团前列；推进青年网络文明志愿者行动，联系团结网络达人和新媒体青年，全年集中培训15场次，已拥有核心网评员30名、骨干网评员302名、基层网评员2008名、网络文明志愿者5.2万名；不断强化正面教育引导，结合“五四青年节”“反法西斯战争胜利70周年”等节点做好网上正能量传播，推出青年好故事等微信专题。在网下，加强西子青年人才学院和中学生青苗学院建设，开展“红领巾相约中国梦”“奋斗的青春最美丽”“我为核心价值观代言”等主题教育活动；举行浙江省暨杭州市“十八岁成人节”宣誓仪式；评选“十大杰出青年”“十佳农村青年致富带头人”“十佳来杭创业务工青年”“美德少年”“最美公益人”等先进典型；承办团中央“向上向善分享会”，引导广大青少年积极向上。

【青少年综合服务】 2015年，团市委启动青少年综合服务网上平台建设，开设10类服务菜单，市本级和所有区县（市）已经全部建成，乡镇（街道）服务站建成率79%，其中4个获评省级示范平台，26个获评市级示范平台。推进共青团中央“青少年权益工作创新”试点工作，在全国综合考评中获得第4名。召开杭州市未成年人保护和预防青少年违法犯罪工作会议暨青少年事务社会工作推进会，编印基层未成年人保护典型案例集。开展“轻松备考·12355与你同行”阳光行动、“12355心灵花园”体验活动和“共青团与人大代表、政协委员面对面”活动，其中“12355心灵花园”体验项目连续5年被列入全省未成年人思想道德建设10件实事项目。加强青少年舆情监测中心建设，建立15名管理员、129名监测员、1500名样本员和专家团组成的队伍，全年编发《创业创新与青年发展》《亚运会与杭州青年》等主题的4期舆情监测报告。举办各类相亲交友活动，中央电视台《新闻联播》栏目连续7年对杭州市“西湖情大红鹰玫瑰婚典”活动进行报道。

【青少年校外教育】 2015年，团市委先后对11个未成年人校外活动场所进行新建、异址重建或改扩建工作。其中，杭州（国际）青少年洞桥营地项目被列入2015年省重点建设项目，于9月正式动工。新建社区青少年俱乐部43家，累计建成432家，服务青少年18.5万人次。11月21～23日，共青团中央、中国少年先锋队全国工作委员会在杭州召开全国社区和校外少先队工作现场推进会，团市委在会上做典型发言，向全国推广校外教育经验。联合市各有关部门，举办杭州市中小学生科技节、“天堂儿歌”歌曲创作和演唱比赛、“天眼杯”中国国际少儿漫画大赛等各类主题教育活动839场，青少年参加98.2万人次；组织文化、艺术、科技、体育等兴趣培训活动，青少年参加39.2万人次；组织开展各类阵地娱乐活动，青少年参加486.9万人次，其中“流动少年宫”活动全年开展137次，受益青少年11.7万人次。

【青年就业创业服务】 4月23日，团市委举行“千名返乡大学生农村电商创业三年行动”启动仪式，市委常委、组织部部长张仲灿出席仪式并讲话，团市委扎实推进该行动，共培养返乡创业大学生748人、农村青年致富带头人709人。启动全国首个依托公租房而建设的新型众创空间——“住创1215”，实现“楼上安居、楼下创业”众创新模式，吸引杭州啊啦叮网络科技有限公司等第一批6个创业团队入驻。实施文创企业家孵化工程，提供跟踪服务、案例分享、沙龙交流等衍生项目，全年举办文创培训班4期，培育青年创业者199人。举办首届全国“农村电商青年创业”论坛,全年开展农村电商培训班11期，培训农村创业青年2420人次。持续推进大学生创业企业融资“风险池”基金项目，举办4期风险池项目评审会，累计授信5480万元。开展“西湖金奖进青年”、青工“五小”创新创效、百场青工技能比武、青年科技创新能手评选等活动，评选产生杭州市十佳“青年岗位能手工作室”10个、“青年安全生产示范岗”128个，申报省级“青年安全生产示范岗”5个、全国级“青年安全生产示范岗”1个。市第十九届青工“五小”科技创新创效活动被评为2015年全国“科技活动周”优秀科普项目。加强青年公益人才计划等公益项目建设，推出“益·Life”慈善商店2家；通过资金扶持、资源融合、项目合作等手段，累计为社会组织提供经费480多万元，开展培训193场次，对接项目373个。

【“最美杭州人”系列评选】 3～5月，市委宣传部、团市委、市青联、杭报集团、杭州文广集团联合开展第十二届“最美杭州人——十大杰出青年”推选活动，在组织推荐、社会推荐、个人自荐的基础上，经严格审核、网络公示、征求意见、民主投票等环节，最终授予浙江省消防总队杭州支队特勤大队一中队分队长王成龙等10人“杭州市十大杰出青年”荣誉称号，授予杭州市地铁集团有限责任公司投资开发部一级项目经理、“公羊会公羊队”队员王磊等10人“杭州市青年英才”荣誉称号。市委常委佟桂莉为20位先进青年颁奖并授予五四青年奖章。

10月，启动第十届“最美杭州人——十佳农村青年致富带头人、十佳来杭创业务工青年”推选活动，主要面向18～40周岁的杭州市农村青年和外来务工青年典型，通过候选人推报、正式候选人确定、公示、网络投票、现场推审5个环节，授予建德市初农电子商务有限公司总经理叶磊等10人“最美杭州人——杭州市十佳农村青年致富带头人”荣誉称号，授予临安市许联炒货食品厂负责人许益琳等10人“最美杭州人——优秀农村青年致富带头人”荣誉称号，授予杭州市上城区益优社区互助中心主任刘柏顺等10人“杭州市十佳来杭创业务工青年”荣誉称号，授予杭州艾咖文化创意有限公司总经理王志晓等10人“最美杭州人——优秀来杭创业务工青年”荣誉称号。杭州市副市长戚哮虎为获奖青年颁奖并合影留念。

【青年人才工作】 2015年，结合市青年企业家协会成立二十周年，团市委开展一系列纪念活动。5月4日，召开全市创业创新暨青年菁英人才座谈会，市委常委佟桂莉出席并讲话，充分肯定团市委服务青年创新创业和人才方面的工作。团市委与市委人才办合力推进市青年人才工

作站建设，至年末，共吸纳10家创业园为“市青年人才工作站”分站。建立并丰富人才数据库，全年收集50名优秀青年人才信息，邀请30名投资人加入“西子创业天使汇”，对青年人才的创新创业项目进行专业评估和甄选，提供资金扶持、融资指导和业务拓展，并对优秀人才进行跟踪培养，吸引人才和项目落地杭州。深化“青年人才杭州行”活动，邀请北京大学——常青藤联盟、加大伯克利华人创业协会（ACE）、清华大学等单位的20多个创业团队到杭州考察交流，成功与名校建立起常态化联系机制。

12月6日，杭州市纪念第30个“国际志愿者日”暨国际友人志愿服务团成立仪式举行 （团市委 供稿）

【杭州西子青年发展服务中心】 1月9日，团市委成立民办非企业单位——杭州西子青年发展服务中心。该中心以“围绕青年，立足服务”为工作宗旨，通过扁平化服务、社会化运作、专业化队伍、项目化管理，为青年提供全方位服务。全年围绕青年素质提升，开展“青春悦读·爱心接力”行动，覆盖园区、楼宇、商圈等单位100个、青年2万余人；围绕青年民生诉求，启动职业青年置业助力计划，累计发放免息贷款810万元；围绕青年文化生活需求，组织“迎亚运·心向彩虹·为爱行动”钱塘江爱心毅行等活动，取得良好成效。至年末，该中心累计开展活动300多场，直接服务青年超过20万人次。 （沈晓峰 黄思韵）

·杭州市妇女联合会·

【妇女组织概况】 2015年，杭州市妇联有2个直属事业单位，下辖13个区县（市）妇联，5个直属妇工委。全市区县（市）、乡镇（街道）、村（社区）妇女组织3970个，机关、企事业单位妇女组织9265个，团体会员及民主党派（工商联）妇委会18个，在“两新”组织中建立各类妇女组织3.55万个。

1月8日，市妇联召开十五届四次执委（扩大）会议。会议审议通过妇联主席魏颖题为“凝心聚力，服务发展，在全面推进幸福和谐杭州建设中彰显巾帼风采”的工作报告，市委常委佟桂莉到会并做重要讲话。会议替补王利群、巩颖、梅晓波3人为市妇联十五届执委。

结合“三严三实”专题教育，市妇联自觉把中共中央和省市委会议精神的宣传同基层调研、基层走亲等活动相结合，启动“进万家门、访万家情、结万家亲”全市四级妇联干部基层大走访大调研活动，覆盖13个区县（市）的132个乡镇（街道）、1006个村（社区）、12.9万户家庭。市妇联机关干部全年下基层平均每人23天。发挥民主党派妇委会和市政协妇联界别组的参政议政作用，健全各级妇代大会代表任期制，更好地发挥各级代表在联系服务各自领域妇女的积极作用。面向社会征集2016年度杭州市妇女儿童家庭服务项目，扩大妇女工作覆盖面，最终立项16个。开展杭州妇女参与经济发展的现状与趋势研究，编撰出版《杭州妇女发展报告（2015）——女性与家庭文化》皮书。开展《杭州妇女发展报告（2016）——女性与社会治理》第3本蓝皮书研究，为党委政府制定相关政策提供参考。加强与国际、国内妇女组织的交流联系，全年开展交流活动49次。

构建2015年大宣传新格局，开展纪念联合国第四次世界妇女大会在北京成功举办20周年和中国实施男女平等基本国策20周年活动，由市委常委佟桂莉在“三八”妇女节纪念大会上宣讲男女平等基本国策。继续在《杭州日报》开办“西子女性专栏”，全年刊登《新常态下推动基层妇女工作》《杭州市女性风采展示》等专版9个；聘请25名各界精英组成“西子女性宣讲团”，在基层开展“家庭美德”“社交礼仪”等巡讲、驻讲21场，推出弘扬社会主义价值观的新闻报道348篇次。打造杭州网上“妇女之家”——“西子女性”公益服务网站，为全市妇女儿童家庭提供时事信息、政策宣传、维权解惑、创业创新、素养提升、文化时尚等讯息。利用网络与微博、微信等新媒体优势，全年发布原创信息2800条，网络总受众量85万人次。

加强妇联基层组织建设。召开建设服务型基层妇联组织推进大会，全面展示杭州市服务型基层妇联组织建设的成果。赴有关区县（市）开展党建带群建工作调研，了解乡镇（街道）妇联机构设置、村妇代会主任报酬待遇，以及《杭州市加强服务型基层妇联组织建设实施意见》的贯彻落实情况，推动解决重点难点问题，形成《杭州市妇联关于党建带妇建工作情况的调研报告》。加强对遍布城乡的基层“妇女之家”建设和乡镇（街道）妇联组织工作分类指导，推动“妇女之家”项目化运行；探索乡镇（街道）、村（社区）妇联副主席由社会能人、群众领袖兼职的模式，使“妇女之家”真正成为妇联组织在基层的重要载体，成为村（社区）居民自我服务的实践平台。

市妇联获得“全国妇女宣传舆论阵地建设先进单位”等荣誉称号，1人被全国妇联评为“全国三八红旗手”。市妇联于“三八妇女节”表彰命名“杭州市服务型基层妇女工作先进集体”30个、“杭州市服务型基层优秀妇女干部”41名。

【“巾帼建功”活动】 2015年，市妇联开展以提高妇女素质、提供优质服务、树立行业新风、创业建功成才为内容的“巾帼文明岗”创建活动，发挥“建一岗、带一片、挂一牌，树面旗”的作用。加强“巾帼文明岗”管理和发展，提升城镇职业女性岗位建功水平。根据新形势的要求，及时修订《杭州市巾帼文明岗管理办法》，对新晋申报的省岗、市岗开展互查工作，加强规范管理和社会监督。推广四季青苏杭服装市场创建的“巾帼文明岗”模式，因地制宜、逐步探索，引导商品交易市场从业女性诚信经营、文明经商。全年“巾帼建功”活动评选出省级“巾帼建功标兵”9人、省级“巾帼文明岗”65个、市级“巾帼文明岗”100个。

【妇女儿童发展规划实施】 2015年，市政府妇女儿童工作委员会办公室深入实施杭州市“十二五”时期妇女儿童发展规划，及时向社会通报实施情况；开展杭州市“十二五”时期妇女儿童发展规划终期监测评估工作，召开全市妇儿工委全委（扩大）会议，对杭州市妇女儿童发展“十二五”时期规划终期监测评估工作方案及相关统计指标调整做出说明。组织专家和部分成员单位联络员组成的督查小组，对各区县（市）两个规划的实施情况进行监督检查。监测数据显示，至2015年末，杭州市妇女和儿童发展规划中136项可量化指标基本如期达标。“十二五”期间14个实事项目中，除1个项目已调整外，已全面完成12个，1个项目提交审议中。

市政府妇儿工委办着手编制“十三五”时期妇儿发展规划，成立规划编制调研课题组，深入各区县（市）开展调研；利用“杭州妇女网”“一半天网站”“杭州发布”微信公众号等公众媒体，向社会征集实事项目并择优选择；召开座谈会，向各成员单位征集实事项目。

【妇女权益保护】 2015年，市妇联加强政策法规性别平等咨询评估机制的规范化建设，至年末，市县两级政策法规性别平等咨询评估机制全部建立。开展对市农村妇女土地权益状况和《杭州市预防和制止家庭暴力条例》等政策法规执行情况的专项评估11个，提出促进性别平等的合理化建议。参与《关于深化杭州市农村土地承包经营权确权登记颁证工作的指导意见》文件修改工作，从政策上切实保障农村妇女尤其是婚嫁妇女的土地财产权益。创新普法宣传形式，以情景剧、圆桌会等形式宣传《中华人民共和国妇女权益保障法》《中华人民共和国婚姻法》《中华人民共和国老年人权益保障法》，全年组织送法下基层活动10场，并为监狱内特殊妇女群体提供法律帮助和心理关怀。完善婚姻家庭指导中心服务功能，制定《杭州市婚姻家庭纠纷调解委员会工作制度》，健全来访接待、法律援助、人民调解等工作机制，全年建立婚姻家庭调解委员会13个，妇联干部担任人民陪审员参与陪审案件539例。全年调处各类矛盾纠纷4229件，其中市本级直接参与3333件，办结率99.6%。

10月22～23日，市妇联承办“2015性别平等与企业社会责任（杭州）国际会议”

（市妇联 供稿）

【承办妇女工作国际会议】 10月22～23日，市妇联承办由联合国妇女署、浙江省妇联、杭州市政府主办的“2015性别平等与企业社会责任（杭州）国际会议”暨“他为她”行动，这是联合国妇女署首次与中国地方政府合作举办的有关性别平等方面的大型国际会议，有助于推动杭州市妇女儿童事业发展，加快杭州国际化城市建设的步伐。会议由市委常委佟桂莉主持，市长张鸿铭致开幕辞，副市长张建庭致闭幕辞。

会议倡议：提升全社会，包括政府、企业、公益组织、个人对于性别平等的重视，促进讨论各方在性别平等和妇女赋权的过程中发挥更加重要的作用；商业协会、私营部门、学术机构等应共同努力，扩大国际交流与合作，让每一位女性都享有人生出彩和梦想成真的机会；全社会都应参与到“他为她”的行动中来，让性别平等的理念真正成为根植于内心的一种自觉。联合国助理秘书长兼妇女署副执行主任普利女士，联合国妇女署驻华办事处中国国别主任汤竹丽女士出席会议，来自联合国劳工组织、7个国家的使领馆官员，33个跨国公司代表和85个国内知名企业的负责人，35名国内外专家学者和20位省市妇联代表及市直机关单位代表等共计300多人参加会议。

【城乡妇女创业扶持】 2015年，市妇联顺应“互联网+”时代新要求和妇女就业创业新形势，建立“长三角”地区首个集创业工位、创业辅导、科技服务、投资服务于一体的女性众创空间“伊创荟”，降低女性创业成本，提高创业成功率。建立集线上、线下于一体的杭州女性创业成果精品展示区、跨境电子商务体验区“伊创客CLUB”，建设“一站式”网上产品展示展销和项目洽谈展馆。与跨境电商合作，打造女大学生自主创业孵化基地，提供跨境

电子商务实训体验。推进女大学生“就业助行”“创业助飞”行动，举办女大学生就业专场招聘会，帮助800多名女大学生达成就业意向。抓好农村来料加工业发展，努力帮助困难家庭特别是低收入农户中的妇女通过从事来料加工业实现脱贫增收。开展专项调研，掌握基层实情，积极助推市政府出台新一轮扶持政策。成立杭州市（义乌）来料加工推广中心，助推来料加工业务拓展。组织举办来料加工经纪人、从业人员技能培训，以及城乡妇女电商培训，提高从业人员素质。至年末，培育来料加工经纪人约5000人，扶持规模来料加工基地150个，带动从业人员25万人，实现年加工费收入10亿元，其中低收入农户年增收5000元。促进农村女能人创业致富的交流合作，引导妇女参与“农家乐”“现代民宿”等农村经济新型业态，辐射带动更多农村妇女增收致富。

【文明家庭创建活动】 杭州市妇联按照习近平总书记倡导的“注重家庭、注重家教、注重家风”要求，以“杭州发布”“一半天网站”“杭州妇女网”为主平台，结合市第六届“婆媳文化节”“西子女性大讲堂”“智慧家庭教育大讲堂”等教育载体，通过公益广告、图片展示、微博互动、网络投票和网友讲述身边事例等线上线下活动，吸引杭城家庭争创“最美家庭”。2015年获评全国“最美家庭”提名奖1户、省级“最美家庭”15户。召开杭州市“最美家庭”系列先进评选总结会，揭晓市级“最美家庭”10户和“最美家庭”提名奖10户。举办第十四届“家庭·老人·孩子心连心”重阳节联欢活动。

【农村“美丽庭院”创建】 2015年，市妇联实施“美丽庭院”创建项目申报工作，通过实地督查、跟踪抽查、入户访查、验收实查等举措，激发广大农户参与“美丽庭院”创建和“五水共治”的积极性，以及建设“美丽杭州”的生态文明建设实践的主动性。全市86.7%的村开展“美丽庭院”创建活动，33.2%的家庭达到“美丽庭院”标准，创建出市级“美丽庭院”样板户200个、“美丽庭院”500个、“美丽庭院”示范村160个、“美丽庭院”先进乡镇30个。

【城区家庭垃圾分类引导】 2015年，市妇联开展“清净在源头”家庭生活垃圾分类全民大行动，通过面上专项培训、线上宣传引导、点上示范引领和走村（社区）入户等方式，努力推动垃圾源头减量和准确分类投放工作。同时，配合市城管委召开生活垃圾“三化四分”（即生活垃圾减量化、资源化、无害化，分类投放、分类收集、分类利用、分类处置）工作会议，全面推广各地的先进经验与做法，确保“清净在源头”活动取得实效。至年末，市区有96万户家庭参与生活垃圾分类，家庭参与率88.5%；在开展生活垃圾分类小区中，已有183个小区实行实名制，243个小区实行实户制。

【“平安家庭”创建活动】 2015年，市妇联将“平安家庭”创建和维护妇女合法权益有机结合，围绕“立足创建，促进平安”的工作目标，深化“平安家庭”创建工作，召开区县（市）妇联维权工作会议，推动各地积极落实“平安家庭”创建工作任务，扎实有效开展婚姻家庭纠纷人民调解工作、家庭暴力受害人的庇护救助和政策法规性别平等咨询评估工作等，有效提升妇联组织化解各类家庭矛盾纠纷的能力和水平。年末，通过基层妇联推荐，市平安办命名15个“平安家庭”示范单位。

【家庭教育指导】 2015年，市妇联成立杭州家庭教育指导中心，开展家庭教育“十二五”时期规划监测评估和“十三五”时期规划编制工作。命名149所市级示范家长学校；招募家庭教育优秀人才，充实家庭教育专家队伍；聘用34位名师为2015～2016年度杭州市家庭教育讲师团成员，为基层家庭教育指导工作提供师资支持和菜单式服务。继续实施“百万家长新素质提升”行动计划，区县（市）共同开展“千场家庭教育知识进家庭”活动，全年举办讲座、报告会1030场，为10.4万名家长提供服务；打造杭州市家庭教育品牌项目——“智慧家庭教育大讲堂”。启动青春期家庭教育指导工作，对156所初级中学的家庭教育指导者进行培训，为孩子健康成长营造良好的家庭氛围。开展“好家规家训、好家风故事、好家教案例”征集活动，评出好家规家训157条、好家风故事56个、好家教案例72个。

【“姐妹帮扶”活动】 2015年，全市各级妇联持续实施“姐妹帮扶”工程，通过拓展帮扶范围、突出就业帮扶、开展特殊群体帮扶等途径，加大对困难姐妹的帮扶力度。全年各级帮扶主体走访结对家庭1984次，送上慰问金（物品）87.5万元，提供就业岗位1182个，帮助销售农副产品价值18.93万元。

【妇女儿童实事工程】 2015年，市妇联持续开展杭州市“美丽基金”贫困女大学生助学、“两癌”妇女救助、老年妇女关爱3项关爱行动,共帮扶女大学生、困难妇女148名，资助金额29.2万元。整合部门资源，加强救治和帮扶力度，助推全市参保适龄妇女“两癌”免费筛查工作和开展“送医下乡”活动，全年有109.6万名妇女参加“两癌”免费筛查。开展“同在蓝天下·我们共成长”农村留守儿童“六一”特别活动和暑期关爱活动，印发《儿童保护手册》，优化留守儿童关爱方式；做好“六一”系列慰问、留守流动儿童安全教育和关爱服务活动。

【市妇女活动中心活动】 2015年，市妇女活动中心着力做大做强公益性服务项目和经营性社会项目。面向全城女性、社区居民等免费开放中心健身房、跳操房、游泳馆等场馆设施349场次，接待7602人次。全年开展亲子教育公益培训（活动）59场，服务900人次。突出婚恋专业指导优势与品牌效应，全年举办16场相亲活动，1000多名男女青年参加，“一缘一会”婚恋相亲网络平台已拥有会员506名。成立“西子艺术社团”，开设舞蹈表演班、形体芭蕾班、西子旗袍社、西子合唱团等培训班，服务4700多人次，满足不同层次女性的文化培训需求。网上妇女之家——“一半天”妇女专业服务信息化平台全年访问量达到5万人次。整合已有资源，运行西子女性微信公众号等新型服务平台，举办“女人家圆桌会”及“专家一对一”两大线上品牌活动36期。（朱　未）

人力资源和社会保障

Human Resources & Social Security

·人力资源和社会保障综述·

【人力资源和社会保障事业科学发展】 2015年，杭州市人力资源和社会保障部门（简称市人力社保部门）深入贯彻中共十八大、十八届三中、四中、五中全会和习近平总书记系列重要讲话精神，以“创新推进年、服务提升年、法治深化年”为工作主线，促进就业创业，完善社会保障，强化人才支撑，推进人事制度改革，发展和谐劳动关系，有效发挥保障民生和服务发展职能，推动杭州市人力资源和社会保障工作在全省更好地发挥龙头领跑示范带动作用。萧山、余杭、富阳三区和主城区就业创业政策首次实现一体化。

年内，举办和承办全国人力资源市场建设座谈会、中国（浙江）人力资源服务博览会、浙江·杭州国际人才交流与项目合作大会、第四届中国杭州大学生创业大赛、创客天下·杭州市海外高层次人才创新创业大赛等重大活动，促进杭州市人力资源和社会保障事业科学发展。杭州市社会保险经办服务规范、咨询服务规范和网络创业培训技术标准被人力资源社会保障部向全国推广，劳动关系和谐指数连续第5年居全省第一位。市人力社保局入选国家级社会管理和公共服务综合标准化试点单位，杭州人才市场获首批“全国人力资源诚信服务示范机构”称号，市高技能人才杨金龙获第四十三届世界技能大赛汽车喷漆项目金牌。

5月7日，人力资源社会保障部副部长信长星（左一）在全国人力资源市场建设工作座谈会上为“中国杭州人力资源服务产业园”授牌

（市人力社保局 供稿）

【就业保障政策体系健全】 12月23日，杭州市出台“就业创业新政27条”，激发大众创业活力，促进就业创业工作。“互联网+”就业新模式入选人力资源社会保障部发布的“2015地方就业创新事件”。贯彻“人才新政27条”，制定实施高层次人才分类认定办法和管理制度、偏才专才认定实施细则。完善特殊药品病保险政策，出台《关于完善杭州市大病医疗保障制度有关问题的通知》《关于将艾滋病列入我市基本医疗保险规定病种范围的通知》，把“格列卫”等15种药品纳入大病保险支付范围。健全城乡居民健康体检政策，健康体检项目增加乳腺B超检查项目和宫颈刮片检查项目。

【5项制度改革有序推进】 2015年，杭州市机关事业单位养老保险制度改革、国企负责人薪酬制度改革、机关事业单位工资制度改革、县以下机关公务员职务与职级并行制度改革、市区社保一体化改革5项制度改革有序推进，年度改革任务落实。推进机关事业单位养老保险制度改革，研究制定改革实施方案，落实全市机关事业单位基础数据采集。推进国企负责人薪酬制度改革，专题调研杭州银行等6个市管国有企业，多次召开市国企薪改办工作会议，研究制定《关于深化市管企业负责人薪酬制度改革的实施意见》。推进机关事业单位工资制度改革，调整全市机关事业单位工作人员基本工资标准，进一步完善机关事业单位绩效工资政策。推进县以下公务员职务与职级并行制度改革，根据“先易后难”的原则有序实施审核审批工作。推进市区社保一体化改革，统一城乡居民养老保险制度名

称和标准，主城区和萧山区、余杭区939个医疗机构医保消费实现实时互认，萧山、余杭、富阳三区和主城区社保权益实现互查互认。

【社保信息系统完善】 12月1日，杭州市主城区和萧山、余杭、富阳四地权益互认系统正式上线，实现四地社保业务数据的互相查询和参保人员的关系转移，参保群众享受到四地融合的便利。开发全民参保登记调查系统，批量上传入户数据并及时勘误，与已有社保信息系统、公安人口数据实时对接，完成登记率100%。社会保障卡应用进一步推广，开通社会保障卡应用项目83项，养老保险和医疗保险业务实现普遍用卡结算，50%以上持卡人通过社会保障卡缴费或领取待遇，80%以上区县实现省内跨地市用卡。至年末，累计发放社会保障卡920万张。

【公共服务质量提升】 2015年，市人力社保部门加快"智慧人社"建设，全面清理规范权力清单，所有行政许可、行政确认、行政给付事项实现浙江政务服务网网上运行，年网上办事量238.4万件。杭州市人力社保"12333"热线全年来电总量307.5万个，接通率82.5%。开通"杭州人社""杭州人力社保"两个微信公众号和"杭州医保123""杭州就业"两个手机App，为群众提供政策解读、业务查询和便民信息服务，并实现短信推送医保结算信息。打响"文化养老"品牌，开办退休人员各类培训班175个，在校学员8000多人。举办退休人员文娱活动900多场，开展第五届企业退休人员文艺会演、金秋文化节、"喜看杭州新面貌"一日游等活动。

·人事管理·

【公务员管理】 2015年，杭州市坚持公开、公平、公正的原则，先后组织全市各级机关公务员招考、人民警察学员的招考、警察学院毕业生提前面试等，全年各级机关实际招录公务员1100多名。推进公务员平时考核工作，依托公务员平时考核系统开展市直单位公务员日志式考核，各区县（市）率先在人力社保系统试点平时考核。根据中央、省部署要求，加快实施职务与职级并行制度，指导督促列入实施范围的地区和单位按"先易后难"原则开展审核审批工作。探索创新参公单位非领导职务的设置管理，提出市级机关所属参照管理单位非领导职务设置有关问题的意见，建立梯次有序的参公单位非领导职务晋升机制。组织市直单位、基层站所"十佳公务员"评选活动。组织市"十佳公务员"健康疗养休养活动，首次将区县（市）层面的"十佳公务员"纳入健康疗养休养范围。对全市评比达标表彰活动开展情况进行自查、核查，限期整改自查、核查中发现的问题，提升评比达标表彰活动监督管理的实效。

【公务员培训】 2015年，杭州市依托"干部学习新干线"平台，加强公务员培训，全市90多个市直机关和13个区县（市）全部实行学分制管理，全年在线学习总时长近300万小时。开展公务员四类培训：163名新录用公务员参加公务员初任培训，183名市直机关处级公务员参加45天的处级公务员任职培训，104名市直机关处级干部参加在复旦大学、上海交通大学举办的"处级公务员能力建设"培训，各区县（市）人力社保局开展科级公务员任职培训。举办公务员知识大讲堂4期，在"干部学习新干线"平台开设"三严三实"、中共十八届四中全会精神、"一带一路"战略构想、"四个全面"战略布局、中共十八届五中全会精神等学习专题。举办杭州市第五届公务员科普知识网络竞赛，开展公务员网上学法用法活动。组织175人参加全市年度考核基本称职及以下公务员基本素质培训，实行培训考试考核制度，考核结果作为公务员年度考核的重要依据。

【事业单位人才招聘引进】 2015年，杭州市市属事业单位共办理招聘引进人员1496人，其中公开招聘1162人、"顺向流动"146人、主管部门任命134人、其他方式54人。制定《关于杭州市市属事业单位考核引进高层次人才试行备案制工作的通知》，针对事业单位想引进、难引进的优秀高层次人才，优化办事流程，开通绿色通道。实施《杭州市事业单位公开招聘工作人员操作程序（试行）》，在全市推广统一拟制的公告公示模板、面试程序参考模板等，规范事业单位招聘管理。组织市属事业单位统一招聘，推出118个事业单位255个招聘岗位、303个招聘计划，注册报名1.25万人。首次面向大学生"村官"公开招聘乡镇（街道）事业单位工作人员，按照"10步法"采取笔试、面试、量化考核等方式，推出岗位62个，最终录用优秀大学生"村官"58人。统一组织市原种场、杭州经济技术开发区江堤河道监管中心等单位参加全省事业单位分类考试，体现事业单位选人用人的针对性。

【事业单位岗位管理】 2015年，杭州市科学设置事业单位岗位，调整、核准市属事业单位岗位设置方案68个。实行动态管理，实时办理各部门下属842个次事业单位6700多名工作人员岗位聘用变动认定工作，衔接各单位开展竞聘上岗、落实人员岗位职务升降等。按照能力、业绩、贡献等评判标准，评审甄选专业技术三级岗46名。坚持行业调控，体现行业差别，按照公办学校岗位设置中专业技术人员结构比例管理和调控有关规定，结合公办学校的行业属性和特点，就专业技术结构比例、教师校长交流等问题进行明确，营造适合中小学事业发展和专业技术人才发展的氛围。

【机关事业单位工资福利调整】 2015年，杭州市根据国家、省统一部署，完成机关事业单位工作人员基本工资标准调整，全市共15.76万人纳入调整工资标准对象。在调整标准的同时，按国家规定标准减少机关规范津贴补贴和事业单位绩效工资，将部分地方性津贴补贴纳入基本工资。随着机关事业单位养老保险制度改革，开始预扣养老保险和职业年金。完善事业单位绩效工资政策，提高市本级事业单位绩效工资部门调控额，扩大财政补助事业单位创收激励试点范围，完善基层医疗卫生事业单位绩效工资政策，完成市本级343个事业单位绩效工资总量审批。

【军转人员安置】 2015年，杭州市接收军转干部330名。其中，计划安置300名，自主择业30名。组织193人参加全市军转干部培训，实现当年接收、当年安置、当年培训的目标。会同市保健办、市财政局等部门商定自主择业军转干部医疗保健有关优惠待遇，自主择业的行政师职干部享有与转业安置在行政机关的师职干部同等的医疗保健待遇，自主择业军转干部享受每年安排1次体检，自主择业军转干部参检率90%。建立自主择业军转干部年审制度，对未按规定要求参加年审的自主择业军转干部，经采取信函、电话等多种方式未能取得联系的，实行停发次月退役金的办法，加强对自主择业军转干部的管理。年内，安置驻杭部队随军家属335名，其中公务员13名、事业单位61名、一次性货币安置191名、市场就业70名。

·人才服务·

【人力资源服务业发展】 2015年，杭州市从加大扶持力度、积极引进人才、实施推进工程、优化市场环境等方面着手，推动人力资源服务业发展。制定出台《杭州市人力资源服务产业园发展规划》，提出实施诚信服务、能力提升等四大工程，以规划引领产业园区发展。5月7～8日，承办全国人力资源市场建设座谈会，杭州市在会上做经验介绍，人力资源社会保障部为“中国杭州人力资源服务产业园”授牌，杭州成为省内首个、全国第5个拥有“国字号”人力资源服务产业园的城市。积极引进知名优质人力资源服务企业，至年末，产业园引进万宝盛华集团、智联易才公司、前程无忧平台等111个人力资源服务机构，形成人才派遣、劳务外包、猎头、人才测评等完整的产业链。年内，承办2015年中国（浙江）人力资源服务博览会，103个国内知名人力资源服务企业参会，其间举办相关高峰论坛13场次、人力资源产业园招商推介会3场，当日达成人力资源服务产品采购初步意向约3800项。建立杭州市人力资源服务促进会，会员125个，并组织召开成立大会暨第一届会员大会。

【人才创新创业政策体系建设】 2015年，杭州市贯彻“人才新政27条”，制定出台《高层次人才分类认定办法》《高层次人才分类偏才专才认定实施细则》《高层次人才分类认定管理制度》，开发高层次人才分类管理认定系统，搭建集认定申请、材料受理、条件审核、批准和证书打印、查询为一体的一站式认定申报管理系统，全年全市认定高层次人才1034人。审核报送人才住房补贴申请，全年发放住房补贴资格证187张，提供创业贷款贴息2100万元。开设杭州市高层次人才网上服务专窗，做好人才认定、人才住房、人才创新创业政策等宣传和咨询答疑工作。

【信息（智慧）产业紧缺人才需求目录编制】 2015年，杭州市围绕发展信息（智慧）经济“一号工程”，编制杭州市信息（智慧）产业紧缺人才需求目录，会同市委人才办、市统计局联合向社会发布，重点内容涵盖电子商务、软件与信息服务、数字内容（“智慧文创”）、电子信息产品制造、云计算与大数据、物联网、“智慧物流”、移动互联网、互联网金融、机器人、集成电路、信息安全等12个信息智慧经济核心产业的紧缺人才类别、紧缺程度、专业学历、岗位能力要求和薪资状况等，人才引进、培养的针对性和有效性进一步增强。

11月4～6日，“2015浙江·杭州国际人才交流与项目合作大会”在杭州召开
（市人力社保局 供稿）

【海外引才引智】 2015年，杭州市实施“115”引进国外智力计划，推进外国专家培养激励工程，全年实施引智项目235项，引进外国专家750名，1名外国专家入选国家“外专千人计划”，7名外国专家入选浙江省“外专千人计划”，4名外国专家获省政府“西湖友谊奖”，10名外国专家获市政府“钱江友谊奖”，15个项目获国家外国专家局资助162万元。制定出台《关于深入推进中小学外籍教师和港澳台教师聘请工作的通知》，细化明确外籍教师的聘用条件、聘用步骤等。举办浙江·杭州国际人才交流与项目合作大会，500多名海外留学人员、25个海外社团组织携带676个项目参会。现场签约项目178个，签约金额19.3亿元，比上年（指2014年，下同）增长17%，达成海外高层次人才引进意向300多人。在美国硅谷举办“创客天下·2015杭州市海外高层次人才创新创业大赛”，收到海外报名项目310个，总决赛8个获奖项目中7个落户杭州。年内，组织市部分企业、留学人员创业园、海外高层次人才创新创业基地等单位，携带近1500个海外人才和项目需求，4次组团赴欧洲、北美、亚洲开展引才活动17场，达成引才引智项目引进意向259个，现场签约项目44个，签约金额3.78亿元。

【人才项目选拔】 2015年，杭州市实施全球引才“521”计划，组织开展第5批遴选工作，33人入选“521”计划。开展国家“千人计划”、省“千人计划”推荐申报工作，推荐272人申报国家“千人计划”，13人入选，其中1人入选国家“外专千人计划”；

推荐198人申报省“千人计划”，59人入选，其中7人入选省“外专千人计划”。开展国家、省、市三级项目资助工作，对62个留学人员在杭创新创业项目资助2148万元；10个项目入选“2015年度留学人员科技活动项目择优资助”，并获资助30万元；2个项目入选“2015年中国留学人员回国创业启动支持计划”，并获资助40万元；1人获2015年度高层次留学人才回国资助30万元；16个项目入选2015年度省“钱江人才计划”C、D类项目择优资助，并获资助80万元。

【专业技术人才培养】 2015年，杭州市实施“131”中青年人才培养计划，推荐10名培养人选赴海外进修，选派15名培养人选赴德国参加“制造业信息化与工业4.0”短期培训。实施国家、省人才工程，3人入选国家百千万人才工程并被授予“有突出贡献中青年专家”称号，37人入选省“151”人才工程第3层次培养人员。实施新一轮钱江特聘专家计划，结合杭州市重点发展的十大产业领域，聘请钱江特聘专家31名。年内，引进博士后研究人员68名，新增国家级博士后工作站8个、省博士后试点单位36个。加强职称管理服务，全年通过考试取得初级职称6100多人，取得中级职称7600多人，取得副高级职称2128人，取得正高级职称239人，取得职业资格1.02万人。

推动“专业技术人员学习新干线”平台建设，平台“职业全能库”系统更新课程3000多门，注册学员近20万人。实施中高级专业技术人才知识更新工程，制定《杭州市专业技术人才知识更新工程实施方案（2016～2018年）》，申报国家级高级研修班“互联网金融——变革、创新与风险”1期，资助市级知识更新工程培训项目32个，落实专项资助资金50万元，组织知识更新培训近100期，培训专业技术人才1万余人次。

【高技能人才培养】 2015年，杭州市实施高技能人才“815”培训倍增工程，全年培养高技能人才4.03万人。深化技能大师工作室建设，新建国家级大师工作室1个、省级大师工作室6个，认定杭州市技能大师工作室10个，评选杭州市优秀技能大师工作室5个。开展高技能人才培养平台建设，认定公共实训基地分基地5个，组织各类高技能人才实训11.16万人次，“统筹管理、布局合理、资源共享、功能互补”的公共实训基地体系基本建成。实施高技能人才政府补助培训计划，通过招投标确定2015年杭州市“高技能人才培训补助计划”培训实施机构，培养技师、高级技师和部分紧缺职业的高级工2000多名。输送优秀高技能人才参加省人力社保厅组织的“金蓝领”培训，5个专业18名优秀高技能人才赴法国、德国等地培训，10个专业44名人员参加境内“金蓝领”培训。开展首席技师认定，新增浙江省首席技师6名，新认定杭州市首席技师20名。

开展以“技能让我更精彩”为主题的职业技能竞赛拓展年活动。全年组织市级职业技能大赛33场，参赛人数1500多人，58人获“杭州市技术能手”荣誉称号。组织区县（市）级竞赛138场，参赛9000多人，带动岗位练兵23.3万人次。

【人才资源市场化配置】 2015年，杭州市发挥政府所属人才服务机构的职能作用和人才资源市场化配置主渠道作用，推进人才招聘、高端人才服务、人才派遣等服务，为加快经济转型升级和推进创新型城市建设提供人才支撑。年内，杭州人才市场举办各类招聘活动238场，进场招聘企事业单位1.7万个次，推出需求岗位39万余个，吸引各类求职者20万人次。杭州人才网人才库信息总量增至135万条，首页年访问量3063万人次，全年网上招聘单位7026个，推出网络招聘岗位13.7万个，74.4万人次在线应聘。

针对产业发展需求，举办IT、电子商务、金融、旅游酒店餐饮业等行业专场招聘，推出智慧杭城人才招聘会、信息经济专场人才招聘会。根据区域发展需求，联合区县（市）人才中心举办西湖博览会人才交流大会、春季人才交流大会等大型人才招聘活动，联合大江东产业集聚区管委会、下城区政府、江干区政府、临安市政府、市总工会及“服装人才网”“最佳东方人才网”“赶集网”“电聘网”等单位与平台举办人才招聘专场。每月举办高校毕业生公益性专场招聘会，通过“杭州人才网”举办汇聚英才网络招聘大会暨杭州市未就业高校毕业生招聘会活动，促进高校毕业生顺利就业。组织企业赴清华大学、北京大学、浙江大学等高校举办“九校联盟”高学历（高层次）人才招聘会系列活动，吸引集聚高端人才。

2015年，杭州人才市场提升猎头服务，针对“互联网+”新产业，为互联网、移动互联网、互联网金融企业搜寻、引进相关人才，共与47个企业签订猎头合作协议，面试筛选1125人，组织单位面试224人。紧跟国有企业改革步伐，为杭州相关国有企业提供校园招聘人才测评服

2015年杭州人才市场现场招聘岗位需求前15位排行榜

表59　　单位：人

排序	岗位名称	需求数	学历要求		
			研究生	本科生	大专生
1	销售人员类	84 833	5	2 805	41 029
2	销售管理类	28 267	—	2 679	18 152
3	市场／营销类	20 122	28	2 153	12 548
4	客服及技术支持类	17 051	—	781	10 454
5	互联网／电子商务／网游类	15 928	16	2 259	10 503
6	计算机软件类	13 530	82	5 965	6 244
7	工程／机械／能源类	11 596	437	3 552	5 215
8	金融／证券／期货／投资类	11 588	47	1 066	5 588
9	销售行政及商务类	9 869	2	769	6 428
10	储备干部／培训生／实习生类	9 569	30	2 144	6 225
11	技工类	9 506	—	35	1 113
12	百货／连锁／零售服务类	8 822	—	307	2 422
13	建筑装潢／市政建设类	7 741	30	1 125	5 085
14	行政／后勤类	7 283	17	816	4 981
15	房地产类	6 859	9	234	3 291

3月17日，杭州2015年春季人才交流大会在和平会展中心举办
（市人力社保局 供稿）

务，科学选拔人才，助力国有企业储备人才，完成测评咨询项目30个，测评2000人次。

【人事代理服务】 2015年，杭州市执行取消流动人员人事档案管理服务收费政策，逐步统一全市流动人员人事档案管理服务经办规程。撤销各人才工作站（服务中心），理顺流动人员人事档案“集中统一、归口管理”的管理体制。实施人事档案数字化加工项目，整合重建人事档案和毕业生就业服务管理系统，进一步提升人事档案管理信息化水平，推进实现“以影像档案为主、纸质档案为辅”的新型人事档案管理模式。调整集体户口挂靠服务，允许主城区暂未设立人才集体户的人才服务机构存档人员落户杭州人才市场集体户，允许档案转出但户口迁出暂有困难的人员继续在杭州人才市场挂靠户口。年内，杭州人才市场办理档案接转、材料收集归档、硕士生研究生先落户后就业、职称申报审核、户口挂靠服务、档案利用服务等各项服务手续11.6万人次，受理电话咨询4.9万人次。至年末，杭州人才市场库存流动人员人事档案21.9万份，人才集体户挂靠人员2.5万人。

【大江东行政办事中心设立人才服务窗口】 1月1日起，杭州人才市场在杭州大江东产业集聚区行政办事中心设立人才服务综合窗口，便于大江东产业集聚区的企事业单位和各类人才在“家门口”享受到人事档案管理、人才招聘等人才人事服务。

·就业创业·

【就业形势稳定】 2015年，杭州市实施更加积极的就业政策，推进“大众创业、万众创新”，就业形势总体保持稳定。全年全市城镇新增就业28.79万人，接收高校毕业生7.67万人，帮助城镇失业人员实现再就业14.2万人，失业保险参保净增17.59万人。帮扶城镇就业困难人员实现就业6.37万人，年末城镇登记失业率控制在1.74%的较低水平。

【就业长效机制完善】 2015年，杭州市制定出台《杭州市失业应急预案》《关于失业保险支持企业稳定岗位有关问题的通知》，完成就业失业登记管理办法及操作流程、购买社区（村）基层公共就业服务办法等就业创业新政一系列配套实施细则。以就业困难人员、高校毕业生为重点，在对象范围、补贴项目、补贴标准、政策时限上加大帮扶力度。对高校毕业生、登记失业人员等创办个体工商户、个人独资企业的，给予依法享受税收减免政策。企业吸纳就业税收优惠的人员范围从失业1年以上人员扩大到失业半年以上人员。按规定减免企业登记类、证照类、管理类等行政事业性收费。企业稳岗补贴政策扩大到所有符合规定的企业。把杭州市失业证、杭州市就业援助证、杭州市农村劳动力求职登记证、新杭州人求职登记证合并调整为就业创业证。为1444个单位发放稳岗补贴（含稳定就业单位社保补贴）2.20亿元，惠及职工31.58万人。

【城乡统筹就业】 2015年，杭州市采取鼓励单位吸纳就业、灵活就业、公益性岗位安置等帮扶措施，全年帮扶城镇就业困难人员实现就业6.37万人。主城区社区公益性服务岗位新增岗位1391个、实有在岗人数1.06万人，享受灵活就业补贴8.21万人次，6000多个用人单位1.92万名就业困难人员申请享受用工补助和社保补贴，1206名就业困难人员申请享受创业补助和社保补贴。落实农村劳动力用工补助和社保补贴，运用政策杠杆鼓励农村就业困难人员转移就业。全年主城区（不含大江东）开发农村公益性服务岗位870个，年底实有在岗869人，300个单位申报农村用工补助和社保补贴，涉及农村就业困难人员636人。

【公共就业服务能力提升】 2015年，杭州市搭建人力资源对接平台，开展就业援助月、春风行动、“333”就业服务月、民营企业招聘周等专项公共就业服务活动，全年举办招聘会1285场，推出岗位56.86万个，达成意向12.46万人次。推进职业指导工作，在中国就业培训指导中心开展的“职业指导和创业指导案例征集活动”中，全市21个案例获奖。以监测企业服务活动为重点，开展企业用工监测，为杭州市就业形势的分析研判提供动态数据。

【就业创业平台建设】 2015年，杭州市推动“大众创业、万众创新”，鼓励和引导全民创业带动就业。网尚创业园转型升级为网尚空间，以“基地+基金”模式设立网尚资本，首期规模2000万元，批量投资入驻空间的优质项目。失业人员创业园建设持续发展，主城区新增江干区四季青、西湖区百脑汇大厦两个失业人员创业园，其中西湖区百脑汇大厦失业人员创业园为首个以企业为运行主体的创业园。江干区丁桥失业人员创业园被认定为省级创业孵化示范基地。全年征集并经评审后推出创业项目61个，举办各类创业项目展示及巡展会18场，累计参展项目478个。举办“2015创业活动周”，举行创业人才引进和招募、杭州O2O联盟成立等主题活动共17场，海内外各类创业项目展示170多个，参与众创空间、创业服务机构50多个。推出以跨境电子商务为主题的对接招聘活动，开辟跨境电商校企对接通道。认定2015年度杭州“众创十佳”（即十佳创业者、十佳创业导师、十佳创业服务机构、十佳创业公益活动场地），通过标杆的先进示范作用推动全社会创业创新。启动杭州市创业先锋进校园暨第三届师友计划。开展高科技领域、新兴业态创业交流，举办杭州无人机创业交流洽谈会、杭州跨境电商创业交流洽谈会等活动。

【高校毕业生就业服务】 2015年，杭州市实施高校毕业生就业引领工程，全方位建设高校毕业生就业公共服务体系。年内，新聘任大学生就业创业专家指导团导师51名，就业导师赴各在杭高校开展就业讲座72场、现场咨询活动3场。开展以“九校联盟”招聘为重点的国内高层次人才招聘，全年共赴国内各重点高校开展招聘活动24场。开展未就业毕业生就业助推活动，依托人才就业服务系统为在杭高校未就业毕业生提供简历入库、企业查询、岗位推荐等助推服务，全年实名登记并帮扶离校未就业高校毕业生5800多人。制定杭州市大学生企业实训基地考核管理办法，重新编制见习训练业务操作流程，强化实训见习基地考核评估绩效，年内新增见习训练基地53个，组织大学生实训见习6.11万名。以政府购买服务方式实现大学生就业创业服务项目社会化，以“岗位实践成就职场”为主题，集中推出“名企体验行”“导师面对面”“实岗练一练”系列职场体验活动提升大学生职业能力。全年全市接收高校毕业生7.67万名，其中硕士及以上高学历人才8649名。

【大学生创业示范引领作用发挥】 2015年，杭州市深化实施《杭州市大学生创业三年行动计划（2014~2016年）》，发挥杭州“国家大学生创业示范基地”的引领作用和辐射效应，新建杭州师范大学、东方喜福汇电商科技创业大厦2个市级大学生创业园。全市市级大学生创业园累计17个，其中国家级大学生创业孵化基地1个、省级大学生创业示范基地7个。全年开展大学生创业项目无偿资助4批，共资助大学生创业项目214个，资助资金1233万元。对杭州泛城科技有限公司等4个纳税100万元以上、带动就业100人以上的大学生企业各给予扶优资助10万元。全市新增大学生创业企业1485个，创业大学生3522人，带动就业6496人。

【大学生创业服务】 2015年，杭州市举办第四届中国杭州大学生创业大赛，全国内地高校、港澳台及海外高校大学生2700个项目报名参赛。办好杭州大学生创业学院，全年完成精英班、强鹰班、雏鹰班培训共4期，参训创业大学生180人次；首次在建德市开办农村电商创业专题班暨建德大学生创业能力培训班。深入实施杭州市杰出创业人才培育计划，实施第一届、第二届“杭州市科技创业班”学员培训管理和落地服务，选拔第三批杭州市杰出创业人才培育计划人员20名。充分发挥“海大基金”“涌泉基金”的效益。至年末，“海大基金”投资企业8个、金额7100万元；“涌泉基金”提前一年完成募集任务，共募集资金3000万元，投资初创型大学生创业企业18个、金额1800万元。

【人力资源信息网络平台建设】 2015年，杭州市完善人力资源信息网管理机制，市、区县（市）、街道（乡镇）、社区（行政村）四级联网的人力资源信息网使用绩效提高。智慧就业工作进一步深化，开发“杭州就业”App和微信公众号，打造集“杭州就业网”、“杭州就业”App、“杭州就业”微信公众号以及人力资源市场、短信平台、各级公共就业服务平台六位一体的智慧化就业服务平台，入选中国“2015地方就业创新事件”。年内，全市各级公共就业服务平台共收集7.4万个次用人单位19.4万条用工信息，并在网络上发布，提供就业岗位84.3万个；为5.9万名求职者进行求职登记，职业介绍3.9万人次。有效会员单位1.2万个，其中新增会员单位9586个。外网点击量217万次。

【外籍及台港澳人员就业管理】 2015年，杭州市加大许可前检查力度，开展外国人及台港澳人员就业企业预审工作，全年共检查核实相关企业信息756个次，受理事项5097件。其中新增外国人就业许可事项

8月20日，市长张鸿铭（中）等领导与获“钱江友谊奖”的外国专家合影 （市人力社保局 供稿）

783件、台港澳人员就业许可事项305件、就业证延期变更2459件。至年末，在杭就业的外国人2440人，台港澳人员825人。

·劳动关系·

【劳动关系机制建设】 2015年，杭州市贯彻落实《中共中央国务院关于构建和谐劳动关系的意见》和《中共浙江省委省政府关于进一步构建和谐劳动关系的实施意见》，开展“双爱”（企业关爱职工，职工热爱企业）活动。开展工资要约行动，召开全市工资集体协商工作交流会，全面推进工资集体协商。杭钢集团转型升级中，1.2万名职工完成分流安置。协调处置劳动关系矛盾，发挥“三方”机制在构建和谐劳动关系建设中的重要作用。全市规模以上企业“双爱”活动参与率100%，市劳动关系和谐指数连续第5年居全省第一位。完善劳动保障监察“两网化”管理机制，各区县（市）建立劳动人事仲裁院，各乡镇、街道建立基层调解组织并向行政村（社区）延伸，主城区“三位一体”一站式劳动关系综合协调服务平台建立。

【劳务派遣行政审批】 2015年，杭州市加强特殊工时制行政审批工作，保障职工休息休假权益。全年审批特殊工时单位2114个，涉及职工40.4万人。严格劳务派遣单位行政许可审批，核检2014年度劳务派遣单位433个，涉及派遣劳动者14.8万人，用工单位4175个。实施劳务派遣行政许可、变更、延续、备案、核验等浙江政务服务网杭州人力社保平台服务项目，汇总市本级劳务派遣单位行政许可、变更、备案等名录，在杭州市人力资源和社会保障网站上公示。

【企业工资收入分配完善】 2015年，杭州市以《企业工资集体协商条例》为指导，在企业开展“工资集体协商集中要约行动”。实行区域性、行业性工资集体协商。至年末，全市签订工资专项集体合同2.1万份，涵盖企业7.65万个，涉及职工294万人，全市独立建会企业工资协商覆盖率98%。在全市聘请25名工资集体协商指导员，组织业务培训，布置协商任务，基本做到全市每个乡镇及产业系统培育1个~2个协商典型，组织各类人员培训300多人次。调整全市最低工资标准，自11月1日起，市区（不含富阳区）最低月工资标准调整为1860元，非全日制工作的最低小时工资标准调整为17元。市区（不含富阳区）全社会平均工资提高到51449元。主城区企业普遍与职工签订劳动合同，劳动合同签订率98.4%，全市单独建会企业集体合同签订率97.2%。

【企业薪酬调查】 4～6月，杭州市开展企业薪酬调查，对全市2501个企业人工成本和21.5万名在岗职工工资水平情况进行数据统计，参与调查的企业和职工数分别比上年增加7.0%和9.5%。形成人工成本分析报告，并发布2014年度杭州市区全社会在岗职工平均工资标准，编印《2015年杭州市劳动力市场工资指导价位》，为各地企业开展工资集体协商、合理确定职工工资收入、构建和谐劳动关系提供参考。根据市养老服务工作目标考核办法的要求，进一步扩大全市养老机构薪酬调查企业样本数量，开展养老机构护理员人工成本分析和制定工资指导价位，为全市养老机构在开展工资集体协商，确定不同岗位职工工资水平提供依据。

【劳动保障监察】 2015年，杭州市各级劳动保障监察机构全年监察检查用人单位17万个，立案查处劳动者举报投诉等案件5236件，行政处罚141件，处罚款327.35万元。全年组织农民工工资支付专项检查、清理整顿人力资源市场、残疾人就业、打击非法使用童工、劳动用工和社会保险等专项检查5次，严厉打击拖欠工资、非法职业中介、非法使用童工等违法犯罪行为，规范劳动用工秩序。结合劳动监察日常巡查、专项检查、案件专查等，进企业、走社区，开展上门送法活动，全年印发普法宣传资料2万余份，在主城区105个社区开辟普法宣传专栏，增强用人单位和劳动者的法律意识。加强劳动保障监察网格建设，规范网格监管工作人员履行劳动用工信息采集、预警排查和投诉举报接待、政策法规宣传服务等职能，提高监察应变能力和精细化执法服务，形成基础扎实、监管有力的劳动保障监察体系。

【企业防欠薪机制加强】 2015年，杭州市加强和完善防欠薪“一办五组”工作机制、防欠薪“110”社会应急联动工作机制和基层网格欠薪预警监控机制，组织预警排查，重点掌握用人单位的工资支付情况和欠薪隐患，对可能发生重大欠薪或欠薪逃匿的隐患采取应对措施。在元旦、春节期间，实施“一办五组”实体化办公，通过市人力社保局、市委政法委、市建委、市商务委、市公安局、市市场监管局等部门抽调业务骨干联合办公，综合运用各职能部门的工作手段和力量，推进欠薪案件的快速反应、有效处置和及时办结。全年处置“110”社会应急联动中心转办的联动警情6531起，为2.5万名劳动者追领工资3.8亿元。

【基层劳动争议调解机制创新】 2015年，杭州市在西湖区转塘街道探索实施调解、仲裁、监察执法“三位一体，一站式服务”劳动关系和谐试点平台建设。推进各区县（市）基层劳动人事争议调解规范化建设，完善全市调解工作程序、调解组织工作职责和调解员行为规范。增强劳动人事争议调解能力，实施欠薪案件预防和情况专报、开通欠薪案件便民绿色通道、落实立案首问责任制、建立快速送达机制、设置案件仲裁简易审理程序5项措施，优化欠薪案件受理程序、案件审理程序和案情统计汇报形式。全市8个乡镇（街道）劳动人事争议调解组织和8名调解员分别获省级先进基层调解组织和优秀调解员称号。全年劳动人事争议仲裁委员会受理立案劳动争议案件7737起，当期结案7685起，结案涉及金额3.42亿元。

【依法行政和执法监督】 2015年，市人力社保部门严格遵守自由裁量权适用规定，防止发生同责不同罚、轻责重罚等情况。全市劳动保障监察机构严格持证上岗，及时调查并依法处理劳动者投诉举报案件，推进劳动监察执法全过程记录制度，利用单兵执法记录仪全程记录执法过程，监督劳动监察执法程序和服

务质量，并对投诉举报、行政处罚、重大突发案件处置制作电子档案备查，推进执法监督。

·社会保障·

【社会保障政策体系完善】 2015年，杭州市完善特殊药品大病保险政策，出台《关于完善杭州市大病医疗保障制度有关问题的通知》，9月15日起正式实施；8月起，把艾滋病纳入杭州市基本医疗保险规定病种范围，并按规定落实保障待遇。落实医养护一体化的医保相关政策，实施主城区医疗康复护理医保结算办法，通过医保自愿选择定点管理模式引导参保人员“社区首诊、双向转诊”。完善城乡居民健康体检政策，在健康体检项目上增加乳腺B超检查项目和宫颈刮片检查项目。失业保险费率由3%调整为2%。其中，用人单位缴费比例由单位工资总额的2%调整为1.5%，职工个人缴费比例由本人工资的1%调整为0.5%。费率调整涉及企业21.24万个，全年为企业减负7.05亿元。

【社会保障城乡统筹推进】 2015年，杭州市城乡居民基本养老保险制度进一步完善，实现制度名称、缴费标准、财政补贴标准和基础养老金标准“四统一”。萧山区、余杭区、富阳区养老保险缴费比例等部分政策实现与主城区接轨，实现社保参保权益实现互查互认。大江东产业集聚区与主城区社保一体化平稳实施，制定大江东社会保险纳入主城区一体化管理的相关政策衔接办法。推进医保市级统筹，扩大医保“一卡通”，开通市域范围内医保“一卡通”定点医疗机构211个，省域范围内180个。主城区与萧山区、余杭区互认互通定点医疗机构939个。至年末，全市持社会保障卡人数920万人。

【社会保险参保登记】 2015年，杭州市推进全民参保登记，全年实施约140万人次入户调查，入户调查率为100%，全民参保登记率100%。11月，在人力资源社会保障部全民参保登记试点全国推广会上，杭州市做经验介绍。扩大社会保险覆盖

企业行政代表与职工代表开展工资集体协商　　（市人力社保局 供稿）

面。至年末，全市社会养老保险、基本医疗保险、工伤保险、生育保险、失业保险参保人数分别为668.65万人、870.71万人、418.17万人、326.65万人、349.42万人，分别新增5.2万人、30.5万人、11.52万人、17.42万人和17.59万人。全市基本养老和医疗保险参保率分别在95%、98%以上。落实少儿医保参（续）保工作，为40.77万名少儿办理2015～2016年度参（续）保手续。

【社会保险待遇提高】 2015年，杭州市继续提高企业退休人员养老金和城乡居民养老保险基础养老金待遇标准，全市107万名企业退休人员养老金人均每月提高259.56元，主城区、萧山区、余杭区城乡居民基本养老保险基础养老金从150元/月提高到170元/月，富阳区从130元/月提高到150元/月。社会保险待遇按时足额发放，全市发放职工基本养老保险待遇1352.02万人次、334.17亿元，发放工伤待遇3.04万人次、7.46亿元，发放生育保险待遇18.49万人次、10.67亿元，发放失业保险金、农民合同制职工一次性生活补助等各项失业保险待遇21.4亿元。9月15日实施大病医疗保障起至年末，大病保险报销2133.98万元。

【社保基金管理】 2015年，杭州市加强社保基金日常运行分析管理，夯实缴费基数，开展强化缴费工资申报率合规性的专项活动，针对部分单位未按规定申报、缴费工资申报不实的情况，建立针对重点问题单位排查筛选和专项稽核的工作机制，提高用人单位缴费工资申报率和合规性。至年末，职工缴费工资申报率88.5%。强化稽核力度，重点开展大型用人单位专项稽核，实地稽核用人单位212个（不含委托审计核准数据），稽核总人数46.99万人次。探索购买审计服务，通过招标委托具备资质的第三方机构开展重点问题单位的社保审计检查，完成1.3万人次专项审计。

【医保“两定”机构监管】 2015年，杭州市加强定点医疗机构、定点零售药店“两定”机构监管，拓展总额预算付费制度实施范围，建设医保智能监管平台。1月起，市本级定点零售药店全部纳入总额预算管理，全市各统筹地医保智能监管平台6月末全部建成。8月10日，处方药外配信息化管理程序上线。启用医保药师库模块，对医保医师信息库、诚信库等进行系统完善，加强“两定”单位的信息化管理。组织2014年度市本级“两定”机构检查考核。加强“两定”机构的准入管理，举办医保业务考试4期，新增定点医疗机构80个、定点零售药店95个。依法查处“两定”机构违规行为。至年末，市本级审核剔除不符合基本医疗保险规定的医疗费6180.70万元，其中基金拒付5080.10万元。网上稽查9097人次，外出稽查92个单位，约谈161人次，改变结算方式5人次，追回违规发生医疗费466.11万元，暂停服务协议25个单位，解除服务协议21个单位。（骆椿美）

外事·侨务·港澳台事务

Foreign affairs , Overseas Chinese Affairs, Hong Kong and Macao Affairs & Taiwan Affairs

·外 事·

【外事概况】 2015年，杭州市外事部门共接待副部级以上外宾团组6批、74人次，友好城市交流团组25批、137人次，驻华使领馆官员36批、203人次，世界500强等国际知名企业高管16批、81人次。接待境外媒体采访和申办记者签证15批、62人次。全年市外办处置各类涉外事务62起，协助处置涉外案件18起。

全年安排市领导出访17批、103人次，审批因公出国（境）团组1012批、3471人次，其中党政机关及参公事业单位人员1157人次。全年办理因公出国（境）团组护照（通行证）签证手续996批、3612人次；新颁护照2123本；办理外国人到中国邀请函电确认手续2259批、3186人次；专题推广APEC商务旅行卡，全年申办256人次。外交部授予杭州市人民政府外事办公室“全国因公电子护照管理工作创新奖”。

【主要出访活动】 赵一德率团访问土耳其 11月2~7日，省委常委、市委书记赵一德一行8人赴土耳其访问。其间，代表团访问伊斯坦布尔市并与托普巴什市长进行会谈。赵一德说，产业转型升级、交通拥堵、环保等都是困扰现代城市的难题。杭州通过改革开放取得显著的经济发展成就，但在城市宜居、人民幸福、民生工程和各项城市治理工作方面仍要紧抓不懈，并要放眼世界，认真学习国外先进城市的做法。两市同为古丝绸之路重镇，面临同样的城市发展和治理难题，开展交流互鉴十分必要。杭州愿与伊斯坦布尔扩大经贸文化交流，尤其是城市治理方面的合作。代表团还访问安塔利亚市并与该市市长图热进行会谈。赵一德说，同为知名旅游胜地，两市有很多经验可以互相借鉴学习。希望以两市政府间交往为开端和基础，不断扩大多领域合作。代表团还拜访土耳其外交部哈桑大使和中国驻伊斯坦布尔总领馆，双方就“一带一路”倡议下杭州与土耳其在经贸、文化、旅游、基础设施、会展等领域加强合作进行商谈。

张鸿铭率团访问土库曼斯坦、克罗地亚 9月15日，市委副书记、市长张鸿铭率团赴土库曼斯坦和克罗地亚，分别进行杭州申办亚运会陈述和友好城市访问。

11月2日，省委常委、市委书记赵一德（右一）会见美国玫琳凯公司全球总裁兼首席执行官贺大维（左一） （市外办 供稿）

【主要到访活动】 国际泳联执行主任访问杭州 4月9日，市委副书记、市长张鸿铭会见国际泳联执行主任科奈尔·马库勒斯库一行3人，双方就2018年杭州世界短池游泳锦标赛后期工作的开展进行交流和探讨。

UPS公司亚太区总裁访问杭州 4月13日，市委副书记、市长张鸿铭会见UPS公司亚太区总裁南多·赛萨罗内一行6人。UPS是世界500强企业，希望与杭州市进一步加强合作，共同促进跨境电商等产业发展，为推动制造业转型发挥积极作用。

捷克皮尔森州州长访问杭州 4月21日，市委副书记、市长张鸿铭会见捷克皮尔森州州长史来恩一行25人。皮尔森州经济发达，科技创新和文化教育水平较高，双方希望在旅游、教育、经贸、文化等领域加强

2015年杭州市部分市领导出访团组情况

表60

出访时间	代表团团长职务姓名	出访地点
5月	市委常委、秘书长 许勤华	爱沙尼亚、波兰、克罗地亚
5月	市委常委、宣传部部长 翁卫军	土耳其、西班牙、希腊
5月	副市长谢双成	意大利、土耳其、希腊
6月	市委常委、萧山区委书记 俞东来	法国、意大利、塞尔维亚
6月	市政府顾问 高乙梁	俄罗斯、匈牙利、波兰
6月	市人大常委会副主任 徐苏宾	俄罗斯、土耳其、希腊
8月	副市长 张建庭	美国、哥伦比亚
8月	市委常委 佟桂莉	德国
9月	市委副书记 杨戌标	文莱、印度尼西亚、马来西亚
9月	市委常委、余杭区委书记 徐文光	美国、加拿大、日本
9月	市人大常委会副主任 徐祖尃	土耳其、保加利亚、英国
9月	市政协副主席 朱祖德	西班牙、瑞士、土耳其
9月	副市长 张耕	德国、法国、美国
10月	副市长 谢双成	墨西哥、巴西
10月	市政协副主席 赵光育	捷克、土耳其、葡萄牙

合作，实现共赢发展。

美国苹果公司高级副总裁访问杭州　4月23日，市委副书记、市长张鸿铭会见美国苹果公司高级副总裁安吉拉·阿伦茨女士一行5人，就苹果公司在杭的后续业务发展进行交流。

韩国CJ集团代表团访问杭州　4月28日，市委副书记、市长张鸿铭会见韩国CJ集团中国本社朴根太一行2人。

德国科隆市市长访问杭州　5月21日，市委副书记、市长张鸿铭会见德国科隆市市长于尔根·罗特斯一行6人，希望进一步加强两市间多领域的交流与合作，促进双方共同发展。

瑞士驻沪总领事访问杭州　5月28日，市委副书记、市长张鸿铭会见瑞士驻沪总领事霍力轩一行16人。杭州与瑞士多个城市交往密切，与卢加诺市是友好城市，在贸易、教育、医疗和旅游等领域交流合作具备良好的基础。

美国道富集团董事长兼首席执行官访问杭州　6月8日，市委副书记、市长张鸿铭会见美国道富集团董事长兼首席执行官夏礼隽一行7人。道富集团是全球金融领域的知名企业，很早就与杭州开展具有战略性和前瞻性的合作。

加拿大太阳马戏团总裁访问杭州　6月17日，市委副书记、市长张鸿铭会见加拿大太阳马戏团总裁丹尼尔·拉马尔一行12人。加拿大太阳马戏团落户杭州新天地，将结合地方文化特色，打造杭州文化旅游发展的新名片。

法国里昂市市长访问杭州　6月24日，市委副书记、市长张鸿铭会见法国里昂市市长杰拉尔·科隆率领的市政府和企业代表团一行20人。会见后，浙江大学与里昂商学院签署世界创业论坛合作备忘录。

惠普全球高级副总裁访问杭州　7月2日，市委副书记、市长张鸿铭会见惠普公司全球高级副总裁奈里一行4人。张鸿铭希望惠普公司与清华紫光集团组建的新华三通信技术有限公司积极参与杭州智慧城市建设，在推动实施国家创新驱动战略中走在前列。杭州市将继续支持华三通信技术有限公司在杭发展。

联合国教科文组织文化助理总干事访问杭州　7月29日，省委常委、市委书记龚正会见联合国教科文组织文化助理总干事班德林一行3人。班德林向西湖风景名胜区管委会颁发世界遗产保护管理荣誉证书，并就未来与杭州合作举办“联合国住房和可持续发展大会”等事宜进行交流。

加拿大新任驻沪总领事访问杭州　7月30日，市委副书记、市长张鸿铭会见加拿大新任驻沪总领事艾伟敦一行4人。张鸿铭希望通过总领事到访，进一步促进杭州与加拿大城市间多领域的交流合作。

英国新任驻沪总领事访问杭州　7月30日，市委副书记、市长张鸿铭会见英国新任驻沪总领事吴侨文一行5人。张鸿铭说，一直以来，杭州与英国多个城市交往密切，与利兹市是友好城市。希望以总领事到杭访问为契机，进一步深化各领域的交流合作。

联合国教科文组织总干事特别顾问访问杭州　8月6日，市政协主席叶明会见联合国教科文组织总干事特别顾问道维勒和亚太交流与合作基金会副主席马达沙希一行2人，就联合国教科文组织和杭州在文化领域的多项合作进行洽谈。

匈牙利著名侨领访问杭州　8月

12月15日，市委副书记、市长张鸿铭（右）会见新西兰驻华大使麦康年

（市外办　供稿）

9月23日，市人大常委会主任、市友协会长王金财（右）会见英国利兹市议长布莱克（左）一行（市外办 供稿）

8日，市人大常委会主任王金财会见匈牙利著名侨领周明，双方就杭州与布达佩斯开展实质性合作等事宜进行商谈，并愿意在践行“一带一路”外交战略、促进双方友好关系方面共同努力。

英国利兹市议长访问杭州　9月23日，市人大常委会主任、市友协会长王金财会见英国利兹市议长布莱克一行。杭州市和利兹市自结为友好城市以来，交流频繁，合作密切，双方在经贸、旅游、教育、文化和体育等各方面的合作取得丰硕成果。利兹与杭州的交流与合作经历历史考验，是国际友好城市的典范。

澳大利亚驻沪总领事访问杭州　10月15日，市委副书记、市长张鸿铭会见澳大利亚驻沪总领事梅耕瑞一行2人。杭州与澳大利亚很多城市交往密切，保持良好的交流合作关系。中澳自贸区协定的正式签署为多领域合作注入了强大活力。

新加坡驻沪总领事访问杭州　10月28日，省委常委、市委书记赵一德会见新加坡驻沪总领事王首毅一行5人。赵一德表示，杭州将以“两区”建设和举办亚运会等重大国际活动为契机，打造和优化一流的创业创新平台，不断推动经济发展，提升城市国际化水平。王首毅认为杭州发展态势好、潜力大、机遇好，表示将发挥好领事馆牵线搭桥的作用，加强经贸、科技、人文等领域的交流合作，实现共同发展。

美国玫琳凯公司总裁兼首席执行官访问杭州　11月2日，省委常委、市委书记赵一德会见美国玫琳凯公司总裁兼首席执行官贺大维一行7人。贺大维介绍玫琳凯经营情况及未来的发展计划，表示公司将进一步加大在杭投入，为杭州经济社会发展贡献更多力量。

新加坡文化、社区及青年部部长访问杭州　11月11日，省委常委、市委书记赵一德会见新加坡文化、社区及青年部部长傅海燕一行16人，双方希望继续加强彼此交流合作，推动共同发展，实现互利共赢。

日本日中友协副会长访问杭州　11月26日，市人大常委会主任、市友协会长王金财会见日本日中友协副会长、杭州市荣誉市民、杭州市友好城市福井市前市长酒井哲夫一行4人。

美国驻沪总领事访问杭州　12月7日，省委常委、市委书记赵一德会见美国驻沪总领事史墨客。赵一德表示，杭州与美国多个城市在经贸、文化、教育和旅游等领域保持良好的合作关系。2016年，G20国际峰会将在杭州举办，为提升杭州城市国际化水平、服务地区合作等带来重大机遇，杭州正加快完善城市服务功能，精心做好峰会筹备工作。希望总领事和美国驻沪总领事馆支持杭州发展，多为杭州引荐人才和项目，进一步深化杭州与美国各州、企业、高校和科研院所等在创新领域的合作，推动双方互利共赢。

国际泳联执行主任访问杭州　12月14日，市委副书记、市长张鸿铭和副市长陈红英会见国际泳联执行主任马库勒斯库。张鸿铭对马库勒斯库一年内再度访问杭州表示欢迎。他说，2014年杭州获得2018年世界短池游泳锦标赛及世界游泳大会承办权以来，各项工作正在有序推进。杭州将加强与国际泳联在组委会筹备、场馆建设、赛事组织、市场化开发等方面的交流对接，全力做好服务保障工作，努力办成高水平国际赛事。

新西兰驻华大使访问杭州　12月15日，市委副书记、市长张鸿铭会见新西兰驻华大使麦康年，双方就增进两地友好交流合作交换意见。

【主要交流活动】孟中印缅商务论坛　1月14～16日，2015年孟中印缅商务论坛在杭州举行。论坛举办是为响应国务院总理李克强2013年访印期间提出建设“孟中印缅经济走廊”的倡议，建立各地区工商界的协商机制，进一步加强中国与孟加拉国、印度、缅甸三国的经贸合作与交流而举办的工商会聚会。论坛上，孟中印缅四国工商界人士为大家介绍最新经贸发展状况与趋势，共同商讨商务合作的优先发展领域和优惠政策等。议题包括贸易与投资机遇、旅游与人文交流、跨境电子商务和纺织工业合作4项，通过主题宣讲、专题讨论、圆桌会议、对口洽谈等多种形式展开。论坛上，国家级的孟中印缅商务理事会正式成立。

全球对冲基金西湖峰会　5月16日，以“全球化背景下对冲基金的兴起”为主题的2015年全球对冲基金西湖峰会在杭开幕，来自全球300多家私募机构的1000多名嘉宾深入探讨对冲基金发展之策，推动新金融模式的研究与发展。浙江省副省长朱从玖，杭州市市长张鸿铭在开幕式上致辞并为玉皇山南基金小镇揭牌。杭州正积极打造金融机构集聚平台，以美国格林尼治为标杆的玉皇山南基金小镇已成为私募（对冲）基金和投资从业人员发展的基地，位于京杭大运河和钱塘江交汇处的钱江金融城的动工，凸显了杭州的区位优势、人才资源、市场机制、产业基础和高效的政府服务。峰会发布“西湖宣言”，提出浙江将在私募金融领域进一步集聚人才优势、集聚创新能力、集聚资本力量，助推实体经济和产业转型。至年末，玉皇山南基金小镇已集聚私募股权投资机构125家，投资项目300多个，投资金额200多亿元，资本集聚效应初步显现。

全球新财富杭州论坛　7月5日，杭州举办“全球新财富杭州论坛”，德国前总统武尔夫、法国前总理拉法兰、韩国前总理李寿成、秘鲁前第一副总统特里4位前外国领导人出席。出席论坛的还有联合国工发组织前总干事、全球中小企业联盟主席、阿根廷总统热门候选人卡洛斯，中国前外交部部长李肇星等。与会嘉宾围绕“新常态、新机遇；新模式、新梦想”主题展开讨论。论坛还举行全球中小企业联盟世界领袖商学院中国理事会成立仪式，全球中小企业联盟是联合国工业发展组织咨商机构，是论坛的主要发起机构。该联盟总部设在美国新泽西，在中国上海、法国巴黎、秘鲁利马设有洲际总部。

杭州国际友好城市文化月活动　10月，杭州市举办2015年度杭州国际友好城市文化交流月活动，邀请南非开普敦市市长代表团、日本向日市市长代表团、美国印第安纳波利斯文化代表团、新西兰皇后镇文化代表团和牙买加蒙特哥贝5个国家的友好城市代表团到杭参加文化月活动。文化月活动包括市领导会见、城市图片展、专题讲座、摄影展启动仪式等形式，促进杭州市对外友好交流，拓展市民的国际视野，巩固城市间友好关系。

性别平等与企业社会责任(杭州)国际会议　10月22～23日，2015年性别平等与企业社会责任(杭州)国际会议暨“他为她”行动在杭州举行。会议由联合国妇女署、浙江省妇联和杭州市政府联合举办。各方专家、代表围绕“国际视野下的性别平等与企业社会责任”主论坛，分别就“性别平等如何使男女员工共同受益”“防止‘泄露管道’效应”“多元化投资的回报”“供应链中的女性所有企业”“推动性别平等——媒体的角色”“女性领导力与经济效益”6个议题进行深入探讨。来自各国驻华使领馆、国内外企业、民间组织等300多名代表参加会议。

8月6日，市政协主席、杭州公共外交协会会长叶明（中）会见联合国教科文组织总干事特别顾问汉斯·道维勒（左二）　（市外办 供稿）

“文化在城市可持续发展中的角色”国际会议　12月10～12日，2015年“文化在城市可持续发展中的角色”国际会议在杭州召开。会议由联合国教科文组织主办。作为第三届联合国“住房和可持续城市发展大会”重要的预备会议，围绕“城市文化遗产保护”和“城市文化创意产业”两大主题，设置8个全体大会、8个分论坛、1个主题会议和1个研究者论坛。议题包括“文化机构和活动：撬动城市振兴的杠杆”“城市多元文化”“城市治理的挑战”“可持续发展城市的文化遗产”和“从新视角看文化在城市可持续发展中的角色”等。会议展示和讨论的研究成果，将形成《文化及可持续城市发展全球报告》，计划在2016年12月第三届联合国住房和城市可持续发展大会上发布。会议讨论的成果，最终写进“杭州宣言”。

【友好城市交流】　日本静冈县日中友好协会访问杭州　1月6～7日，日本静冈县日中友好协会理事长栗原绩一行7人访问杭州市。代表团一行考察钱江新城、京杭大运河等地，了解杭州市经济发展及城市文化历史情况。

杭州参加德国德累斯顿艺术家博览会　1月7～12日，经杭州市外办牵线搭桥，中国美院油画系教授井士剑、中国画系副教授盛天晔携作品参加德国德累斯顿2015年艺术家博览会。该参展是杭州和德累斯顿2015年度文化交流的重点项目之一。

市友好城市工作组访问丹麦和德国　2月9～16日，杭州市友好城市工作组一行6人出访丹麦罗斯基勒市和德国德累斯顿市。在罗斯基勒市，工作组参观访问3所中小学校，并与该市教育、旅游文化等部门负责人会谈。在德累斯顿市，工作组参加该市举办的重建70周年纪念活动。

杭州参加西班牙国际园林大会　3月24～28日，西班牙友好城市奥维耶多市召开国际园林大会。杭州市作为国际友好城市代表，采用视频展示、图片与文档演示方式，介绍西湖文化景观遗产整体保护经验。

日本岐阜市市长访问杭州　4月8日，市委副书记、市长张鸿铭会见日本岐阜市市长细江茂光一行。张鸿铭表示，杭州与岐阜两市开展友好交往由来已久，有着很深的历史渊源。岐阜城市建设和管理的许多成功经验值得杭州借鉴，访问定能进一步促进双方的良好关系。

日本九州日中文化协会代表团访问杭州　4月18日，经省友协、九州日中友好协会牵线，市友协安排“日本九州日中文化协会探寻荣西之旅”代表团一行6人赴永福寺、杭州佛学院参观访问，拜访寺院主要负责人并交流禅茶、佛学等方面内容。

德累斯顿教育代表团访问杭州　4月21～29日，德国德累斯顿教育代表团一行8人到杭访问交流。代表团拜会杭州市外办，进行工作会谈，并与市教育局、杭州师范大学、中国计量学院等教育机构商谈6月份青少年夏令营和计划中的教育交流等项目。

市友协工作组访问日韩 4月23~30日，市友协工作组赴韩国大邱市、日本福井市和奈良市进行工作访问。主要任务为拓展与大邱市的友好合作渠道，与福井市商谈如何深化合作，赴奈良市学习考察园林管理方面的经验。

捷克文化月在杭州举行 4月24日，“家门口看世界——捷克文化月”活动在杭州西博会博物馆和西湖新天地开幕。活动内容主要有商贸对接会和捷克音乐演出等，捷克皮尔森州代表团一行出席活动。

杭州·西班牙公牛彩绘艺术展 5月9日，“2015年杭州·西班牙公牛彩绘艺术展”开幕。该展览由杭州市友协、杭州市委外宣办、西班牙国家旅游局主办，旨在促进西班牙对华交流以及杭州市民对西班牙的了解。西班牙国家旅游局、西班牙驻华使馆共同赠送杭州市10座与真牛等大的玻璃钢公牛雕塑和400座小牛雕塑。

福井友好代表团访问杭州 5月14日，由日中友好协会副会长、福井县日中友好协会会长酒井哲夫率领的福井友好代表团一行赴杭州福井友好公园访问。酒井哲夫先生原为杭州市的友好城市福井市市长，一直致力于发展两市友好关系。

市友协工作组访问德国、奥地利 6月17日，市友协组团赴德国纽伦堡，参加“纽伦堡——造纸和印刷术的欧洲中心·中国——纸和印刷的故乡”特展。同时应奥中友协邀请，访问奥地利克雷姆市，开展友好交流工作。

日本浜松市副市长访问杭州 8月19日，副市长张建庭会见杭州市友好城市——日本浜松市副市长星野悟一行5人，双方就友好城市交流项目和两市旅游资源合作事宜进行商谈，并就西湖与浜名湖的合作交换意见。

南非开普敦市市长访问杭州 9月16~17日，杭州市国际友好城市——南非开普敦市市长里尔一行9人到杭访问，副市长陈红英会见代表团一行并商谈两市在经济、旅游、文化教育等方面的合作。陈红英和里尔分别代表两市签署关于加强上述领域合作的备忘录，并一同参加杭州友好城市文化月暨南非开普敦城市文化主题展开幕式等相关活动。在杭期间，代表团考察杭州阿里巴巴集团和娃哈哈集团。

杭州友协奥地利友协互访 6月，杭州市友协代表团应奥中友协邀请首次访问奥地利，会晤奥中友协常务副主席卡明斯基博士，并经奥中友协牵线搭桥，访问奥地利克雷姆市。9月25日，市人大常委会副主任吴春莲会见以奥地利国防部前后勤部长皮特·克莱利将军为团长的奥地利中国友好协会代表团一行11人。奥中友协成立于1971年，是西方最早的对华民间友好组织之一，在奥地利具有一定影响力。

中韩文化艺术周在杭举行 11月中旬，市友协与韩国驻沪总领馆文化院、市文联合作举办“2015年中韩文化艺术周”活动，旨在进一步推动两国在文化艺术领域的交流合作，增进两国人民的相互了解和友谊，促进杭州市与韩国的民间友好交流。（鲍　晟）

10月28日，杭州市召开“授予曹其镛、陈伯滔荣誉市民暨表彰侨界十大杰出人物活动”大会（市侨办 供稿）

·侨　务·

【侨务概况】 2015年，杭州市侨务部门围绕市委、市政府决策部署，贯彻落实全国、全省侨办主任会议精神，凝心聚力，积极作为，为服务杭州市经济发展和社会和谐做出积极贡献。

在美国、欧洲、南美、大洋洲等16个国家和地区累计设立18个海外招才引资联络处，进一步扩大与海外侨胞联络联谊的空间与平台。举办“海外华文媒体杭州行”活动，来自美国、法国等8个国家10家华文媒体的12位负责人到杭考察采访。做好侨情调查成果转化工作，建立、完善侨界重点人士数据库。走访调研重点侨资企业300多个，加强与新生代侨资企业的联系联络。走访慰问归侨侨眷397户，对22名困难归侨进行补助，对10名遭受突发困难的归侨侨眷给予应急帮扶救助。侨界捐款共计830万元，捐赠项目37个，捐赠受助学生1.03万人。全年审批华侨回国定居51人，做好“三侨生”确认工作，共收符合规定的“三侨生”118人。受理归侨侨眷、海外侨胞信访22件次，询访161人次。承办全国副省级城市暨大中城市侨务工作协作会，来自全国60多个城市120名代表参加会议。杭州侨网更新文章1169篇，微博刊登、报送1805条。

8月16日，杭州市留学人员和家属联谊会（简称市“留联会”）第四次会员代表大会召开。市“留联会”第三届理事会会长章明伟做题为“加强联谊、深化服务、凝聚力量，为建设美丽中国杭州样本做出积极贡献”的工作报告。大会选举产生第四届理事，选举产生常务理事、秘书长、副会长、会长，第三届理事会常

务副会长孙震当选市“留联会”第四届理事会会长。10月19日，杭州市海外企业家投资联合会正式成立。依据相关法律程序，召开“海投会”理事大会、一届一次理事会会议和一届二次常务理事会会议，首任会长由中国雪峰集团董事局主席童四鹤担任。12月26日，杭州市侨联青田籍归侨侨眷联谊会召开第四次会员代表大会，选举产生第四届理事会、副会长和会长，杨仲春当选为会长。

2015年市侨联新建基层侨联组织36家，全市累计有各类涉侨组织525家，其中基层侨联组织402家。市侨联立足“新侨乡”的优势，为全市提供有价值招商引资项目信息19条，其中7个项目已在杭州落地。各级侨联组织海外侨胞参与经贸活动15批次，牵线项目70个，达成合作意向22个，已落实8个。为杭州引进海外院士1名、国家和省“千人计划”专家30名及一批海外高层次人才。

（范泳仪　蒋小红）

12月26日，中国侨联、省侨联、市侨联、杭州未来科技城与浙江乐富海邦投资有限公司联手共建的乐富海邦园开园　（市侨联　供稿）

【副省级城市暨大中城市侨务工作协作会】　10月28日，全国副省级城市暨大中城市侨务工作协作会议在杭州召开。来自全国60多个城市侨务系统的120多名代表参加会议，国务院侨务办公室副主任何亚非出席会议并讲话，杭州市副市长谢双成致辞。与会代表参观考察全国社区侨务工作先进单位下城区天水街道仓桥社区、武林街道广利大厦楼宇社区，以及全国创新创业典范阿里巴巴园区和高新区（滨江）海创基地。通过会议展示杭州社区侨务工作的成效及杭州“双创”模式和经验，为全国兄弟单位开展侨务经济工作提供思路和借鉴。

【世界华人华侨工商大会代表杭州行】　7月10日，出席世界华人华侨工商大会的部分代表、43位世界各地侨领、侨商抵达杭州，考察钱江新城以及浙江清华长三角研究院杭州分院、浙江华侨国际发展基金等单位，举办大众创业、万众创新推介会。代表们还到杭州未来科技城，参观考察“梦想小镇”，对低成本、全要素、便利化、开放式的创业服务社区产生极大兴趣，详细咨询了解基本情况。该活动进一步宣传推介杭州市创业创新发展环境和政策，促进海外华侨华人工商社团、知名侨商、新兴产业企业家与杭州市的交流合作。

【海外华商杭州投资洽谈会】　10月28～30日，来自14个国家的63名侨商、海外高层次专业人才，到杭参观考察高新（滨江）区阿里巴巴集团、智慧e谷园区、海外高层次人才创新创业基地、杭州海康威视数字技术股份有限公司，以及富阳硅谷小镇、富阳经济技术开发区等企业和区域。在信息经济创新创业专场活动期间，在杭创业成功的海归人士和代表互动讨论，就项目与企业、风险投资等进行对接。筛选海外重要项目28个，发布富阳区人才技术项目79个。达成的合作意向涉及信息技术、生物医药、环保、新能源、生态农业等多个领域。

【海外华文媒体杭州行】　5月13～14日，来自美国、法国等8个国家10家华文媒体的12位负责人到杭考察采访。通过对淳安县、富阳区和之江文化创意中心采访，杭州良好的创业创新环境和生态给采访团留下美好的印象。海外华文媒体共撰写宣传杭州的报道图文93篇，采访活动取得丰硕成果。

【侨情调查成果转化】　2015年，市侨办利用全市侨情调查资料，建立起侨界重点人士数据库。与300名信息技术领域的重点人士建立联系。向重点人士发放杭州市“一号工程”的政策资料、引才引智政策和相关项目信息。邀请30名有意向人士到杭州参加海外华商投资洽谈会，充分运用侨情调查成果，建立相应机制，发挥海外侨情资源为社会服务的作用。

【侨团建设指导】　杭州市侨情调查确认杭州籍海外侨胞成立的侨团有105个。2015年，市侨办选取20个重点海外杭州籍侨团，建立每月联络制度。做好重点区域和重点人士的侨务工作，接待世界著名数学家、美籍华人丘成桐，聘请其担任海外交流协会顾问。邀请世界著名侦探、海协会名誉会长李昌钰到杭访问，举行《李昌钰文献——剪报卷》9卷电子画册首发仪式。组织协调著名华裔画家、新西兰杭州联谊会会长晨晓在杭州举办3场画展，开展文化交流。通过各侨团到杭之机，与他们就加强和谐侨团建设开展交流、座谈及相关论坛，指导海外侨团加强和谐侨团的建设。

【荣誉市民和侨界杰出人物表彰】　2015年，经市侨办推荐，市政府常务会议通过并向市人大提出议案，市第十二届人大常委会第三十一次会议审议市政府关于推荐曹其镛、陈伯滔为“杭州市荣誉市民”的议案，决定授予曹其镛、陈伯滔“杭州市荣誉市民”称号。市侨办组织第四届杭州市“侨界十大杰出人物”评选活动。经各区县（市）侨办、市直有关单位、开发区管委会、有关高等院校推荐，共产生36位候选人，经评审委员会评选，浙江泰乐通信技术有限公司董事长王容峰等10人被评为第四届杭州市“侨界十大杰出人物”。10月28日，杭州市举行“授予曹其镛、陈伯滔杭州市荣誉市民暨表彰侨界十大杰出人物”活动，省委常委、市委书记赵一德会见荣誉市民曹其镛、陈伯滔，市委副书记、市长张鸿铭出席活动并颁奖，市委副书记杨戌标主持表彰活动。《杭州日报》连续两天刊登专版，宣传荣誉市民和侨界十大杰出人物的先进事迹。（范泳仪）

【市第九次归侨侨眷代表大会】 4月2～3日，杭州市第九次归侨侨眷代表大会召开，全市归侨侨眷代表、特邀代表、海外侨胞、侨联干部等400多人参加会议。省委常委、市委书记龚正代表市委做重要讲话，中国侨联副主席、省侨联主席吴晶，市委常委佟桂莉在会上致辞，对杭州市各级侨联和归侨侨眷、海外侨胞在杭州经济发展、深化改革中所做的积极贡献给予充分肯定。市领导张鸿铭、王金财、叶明、杨戌标、许勤华、翁卫军、张仲灿、佟桂莉、施彩华、叶寒冰、范辉、董建平等出席会议。

大会选举产生新一届杭州市侨联委员会，选举章燕为侨联主席，倪成良、苏挺等11人为侨联副主席。表彰杭州市侨界先进集体和先进个人，审议通过市侨联第八届委员会的工作报告，部署未来5年杭州市侨联工作。大会明确下一个5年工作的总体思路和具体目标，首次聘请海外兼职主席和顾问，拓展海外工作新领域。

【侨界精英创业创新峰会】 10月27～30日，由中国侨联、省侨联和杭州市政府联合主办，市侨联承办以“创业中华”为主题的2015年侨界精英走进中国（杭州）跨境电子商务综合试验区活动，吸引来自23个国家40个城市的138名海外侨界精英和市有关部门负责人、侨界社团会员企业代表等300多人参加。活动举办主题论坛，着重介绍综试区情况和杭州人才新政；举行“杭州海外企业家投资联合会”成立仪式，进行“新侨回国创业示范基地——乐富海邦侨界创客空间”项目签约；组织170名侨商参加“博鳌亚洲论坛——2015年中国（杭州）全球电商领袖峰会”；举办全国首个侨界精英阿里培训班，120名海外侨商专题学习跨境电商业务知识和经验，实地参观杭州综试区，考察跨境电商运行情况；150名侨界精英走进跨境电商下沙园区，听取园区政策、发展规划等情况介绍；分组走进下城产业园和“跨贸小镇”、空港园区（萧山园区）、临安市科技园区等开展实地考察和项目对接，有4个项目达成意向。

【“侨连全球·服务G20”活动启动】 12月21日，市侨联与省侨联、市文明办、市政府新闻办、杭州公共外交协会等单位共同策划的“侨连全球·服务G20”系列活动启动仪式在杭州举行。中国侨联副主席、省政协副主席、省侨联主席吴晶，市侨联领导班子，区县（市）侨联领导和侨界代表人士约100人参加启动仪式。活动包括：聘请侨界海外宣传大使，发起“喜迎G20——侨界文明公约”倡议，“把美丽杭州寄出去”，开展“美丽杭州”世界行活动；在海外100个主要城市、1000个涉侨组织，通过1万名美丽大使（侨领侨胞）动员宣传，开展50万人次海外宣传；发挥重点国家重点城市的市侨联海外联络处作用，推进美丽杭州“国际视窗”海外站建设；举办“我与杭州有约”摄影和征文比赛等，形成“侨连世界”的巨大正能量和广泛的宣传效应。

【市侨联第五次海外协作会议】 4月2日，市侨联召开杭州第五次海外协作会议，美国、英国、澳大利亚等25个国家和地区的45名侨团负责人参加。全加华人联会、欧洲华侨华人社团联合总会等11家海外侨团加入“杭州市侨联海外协作机制”，杭州市侨联海外联络处增加到72家。会上建立海外志愿服务队，成立“公羊会杭州市侨联志愿者服务队”，将英国浙江联谊会、荷兰鹿特丹商会纳入“内外联动共推公益”活动体系。

【留学归国人才创新创业座谈会】 10月22日，在杭海外留学归国人才创新创业座谈会在杭州市华侨活动中心举行，市领导张鸿铭、佟桂莉，谢双成等与海归人才互动交流。参加座谈会的大都是市海归人才创业发展促进会（简称海创会）成员，不少是“国家千人”计划专家，他们在杭州创办高科技企业，有力推动杭州市经济转型升级，特别是新材料、新能源、生物医药、电子信息等战略性新兴产业的发展。市长张鸿铭充分肯定海创会和海归人才所做的贡献，希望海创会的成功人士搭建更多的众创空间，打造杭州“众创天堂”。

【乐富海邦园开园】 12月26日，中国侨联、省侨联、市侨联、杭州未来科技城以及浙江乐富海邦投资有限公司5方联手共建的乐富海邦园正

7月14～26日，“亲情中华·汉语桥”华裔青少年夏令营杭州营在杭州举行
（市侨联 供稿）

式开园。中国侨联、省侨联领导，杭州市领导，市侨联领导班子出席落成典礼。乐富海邦园定位于“互联网+新经济”，总建筑面积13万平方米，主要为互联网、工业设计等新兴经济模式企业提供基础配套、商务配套和产业配套等服务。开园仪式上，中国侨联“新侨创业创新基地——乐富海邦侨界创客空间”正式落户，园区为此单独提供一栋1万平方米的办公大楼，作为海归华侨创业项目的孵化场所。

【侨商企业跨境电商培训班】 12月15日，为推进海外侨胞侨商转变经营方式，让传统贸易企业转入跨境电子商务新途径，市侨联联合深圳321电商学院，举办企业跨境电商培训班。来自西班牙、意大利、德国、比利时、日本等10多个国家从事跨境电商业务的侨商共30多人参加。培训班邀请专家对备受关注的跨境电商热点问题、相关政策等进行解读，并与参会侨商和侨资企业负责人进行经验交流和互动。

【侨联文化摄影活动】 2月9日，利用2015年春节传统佳节，市侨联与《杭州日报》联合举办“乡愁、乡貌、乡情”全国文化摄影活动。活动特别推出的“杭州侨胞篇”，吸引在英国、美国、法国、澳大利亚等国家的杭州籍侨胞的关注和响应，杭州市侨联海外顾问和海外委员积极参与，在《杭州日报》栏目《乡愁的歌》中获奖。各地侨胞通过照片和文字，传递爱国、思乡的浓重情怀，扩大杭州在海外的知名度。市侨联以“乡愁、乡貌、乡情”全国文化摄影活动的获奖作品，在市第九次侨代会期间举办了专题展览。

【赴北美开展“文化走亲”】 9月，市侨联落实中国侨联“亲情中华”走向海外的要求，在中秋国庆期间，首次联合市文联开展“文化走亲”，赴美国纽约、洛杉矶和加拿大温哥华，开展“文化走亲”慰问演出活动。演出团队成员12人，演出戏曲、魔术、杂技、舞蹈等节目，以及民间艺人技艺展示。在美国纽约参与华侨进出口商会成立50周年年会，在洛杉矶举办美国杭州商会中秋国庆晚会，在加拿大温哥华华举办杭州同乡会中秋之夜联欢活动。民间交往增进了解，弘扬中华文化，拓展海外联谊，“文化走亲团”成为所到之地华人的焦点话题，美国环球通讯社的《世界日报》《星岛日报》《侨报》等各大华文媒体进行报道。

【华裔青少年夏令营】 7月14～26日，“亲情中华·汉语桥”华裔青少年夏令营杭州营在杭州举行。该项目由中国侨联、国家汉办联合主办，省侨联、市侨联承办。来自7个国家的40名华裔青少年参加为期14天的夏令营。在夏令营期间学习汉语，体验中国传统文化和艺术，感知中华文明的源远流长；参加文化考察活动，参观西湖胜景、西溪湿地、良渚文化村、富阳龙门古镇等人文自然胜景，领略祖（籍）国的美景和风物；与杭州青少年联欢联谊，增进彼此情感，加深对故乡的印象和感情。

【纪录片《外国人眼中的杭州》拍摄】 4月10～25日，经波兰侨领牵线搭桥，波兰世界知名纪录片导演带领团队到杭州，完成宣传纪录片《外国人眼中的杭州》拍摄。该片分“人间天堂杭州”“绿茶的王国”“心灵的升华——四大宗教共存”3个专题，中秋期间在波兰电视台播放。波兰拍摄公司还发挥与英国、克罗地亚、匈牙利等国同行的合作优势，把纪录片推介给欧洲其他国家。市侨联以联系海外密切、侨界资源丰富的优势，在纪录片《外国人眼中的杭州》配合拍摄中发挥出重要作用。

【华侨活动中心建设】 市华侨活动中心于2014年4月2日正式启用，承载着侨界群众“活动有场所、联谊有平台”的愿景，兼顾教育培训、法律咨询以及引资引智服务等功能，主要为归侨侨眷、海归人士、留学人员和家属，以及海外同胞搭建学习、交流、合作的平台，打造成涉侨人员联络、联谊的码头。2015年，在市委关心和有关部门的支持下，华侨活动中心开通入口便道，完成供电扩容，为全面运作打下坚实的基础。全年市华侨活动中心接待各类会议和联谊活动69次，接待人员2130人。（蒋小红）

·港澳事务·

【港澳事务概况】 2015年，杭州市安排市领导赴香港、澳门开展工作交流7批、42人次；接收1名香港公务员到杭州交流研修，选派6名公务员赴香港交流培训。全年办理赴港澳通行证签注手续74批、318人次，新颁通行证305本。市外办配合做好“同根同心、共创双赢——2015年香港在浙江巡回展览”，协助做好港澳学生参观杭州等活动。

【叶明率团赴港澳开展团结联谊活动】 10月12～18日，杭州市政协主席叶明率团赴香港和澳门开展团结联谊活动，走访驻港澳中联办，参加香港杭州政协之友联谊会成立大会。走访中，叶明对多年来关心支持杭州发展、为杭州与港澳交流合作做出贡献的中联办及新老朋友表示感谢，并介绍了杭州经济社会发展情况。叶明指出，市政协一直十分重视推动并促进杭州与港澳的合作交流。希望通过建立香港和澳门两地杭州政协之友联谊会，把关心热爱杭州、支持杭州发展的港澳同胞和各界朋友团结汇聚在一起，共谋杭港澳发展，实现互利共赢。叶明一行走访会见澳门基金会主席吴志良、澳门苏浙沪同乡会副会长兼理事长贺定一，考察香港凤凰卫视总部、香港著名企业新世界集团和华懋集团、澳门大学以及港澳两地部分文化产业，分别与凤凰卫视常务执行副总裁崔强等高层团队进行探

2015年杭州市部分市领导访问香港澳门情况

表61

出访时间	代表团团长职务姓名	访问地点
6月	市委副书记 杨戌标	香港
6月	市政协副主席 张鸿建	香港
9月	市委常委、市公安局局长 叶寒冰	香港、澳门
12月	市委常委、宣传部部长 翁卫军	香港

讨，促进杭州与港澳在经济合作、商务会展、文创产业、电子商务等方面的合作交流。分别召开香港、澳门政协委员座谈会，就香港杭州政协之友联谊会成立后作用的发挥和筹建澳门杭州政协之友联谊会进行交流。

【香港铁路有限公司董事局主席访问杭州】 8月6日，市委副书记、市长张鸿铭会见香港铁路有限公司董事局主席钱果丰一行6人，双方就地铁项目等合作事宜进行深入交谈。杭州地铁和香港铁路有限公司有着良好的合作基础，杭州地铁1号线开通运营以来，香港铁路有限公司不断改善服务、提高质量，为杭州轨道交通的发展提供良好的经验和做法，并做出积极贡献。（鲍　晟）

·台湾事务·

【台湾事务概况】 2015年，杭州市对台工作以持续推进两岸关系和平发展为主题，认真领会落实习近平总书记涉台系列重要讲话精神和中央、省市委部署，扎实推进、精准落实各项对台工作。全年因公赴台团组210批、1234人次，其中公务团组75批、576人次。接待台湾海峡交流基金会董事长林中森、南投县县长林明溱等岛内各界人士和基层群团组织136批、2554人次。台湾同胞到杭旅游58.8万人次，杭州市民赴台湾旅游14.3万人次。新批台资企业22个，总投资额2082万美元，增资项目8个，总投资1.05亿美元。

举办第七届“西湖—日月潭”两湖论坛、“杭台健康产业推进会”、“2015年首届杭台音乐交流节”、“两岸情·杭州南投书画展”等大型涉台活动17场。举办各类台海形势报告会、座谈会、研讨会40多场，受众5000多人次。市台办全年受理各类涉台投诉信访件133件，结案率96%。成功处理涉台突发事件12件。市台办提交的调研课题，分别获2015年度浙江省台办系统二等奖、三等奖；获2015年度全市统战理论政策调研优秀成果二等奖。

【第七届“西湖—日月潭”两湖论坛】 9月，第七届“西湖—日月潭”两湖论坛在台湾南投县举行，市人大常委会主任王金财、副市长张建庭率市台办、市旅委、市农办、市教育局、市民政局、市市场监管局、市商旅集团等单位相关负责人赴南投县参加。双方就深化扩大两地旅游、教育、社区等领域对口交流进行深入探讨。市商旅集团与南投县农会签署3年500万元销售合同，南投新鲜水果进入杭州联华大型超市，惠及两地民众。市茶楼协会首次在南投县“茶博会”交流展示杭州茶文化。杭州市还组队参加“日月潭泳渡”等活动。

【杭州与南投基层交流】 4月，台湾南投县县长林明溱率南投县政府参访团一行到杭参访，省委常委、市委书记龚正，市长张鸿铭等市领导先后会见。杭州市全年邀请并接待台湾南投县农会、小吃工会、妇女会等10多个基层社团1300多人次到杭交流。首次组织市民革、团市委、市总工会、市妇联、市工商联、市文联等群团组织负责人赴南投县参加各界岁末联谊活动，并向南投民众赠送“两岸一家亲”猴年挂历，两地民众互动频繁，情感深化。

【“海峡两岸青年创业基地”落户杭州】 10月，杭州市的“云栖小镇”被国务院台湾事务办公室授予全国首批“海峡两岸青年创业基地”，为两岸青年携手创业创新开启全新平台。市委印发《台湾大学生来杭创业就业比照享受杭州大学生有关政策待遇纪要》。市人力社保局、市卫生计生委、杭州师范大学和杭州职业技术学院等单位共同做好42名台湾大学生到杭实习工作，中央电视台国际频道《海峡两岸》栏目专题报道杭州市相关做法。阿里巴巴创始人马云赴台湾与大学生对话，分享创业经历，并成立20亿元创业基金帮助台湾青年创业，在两岸引起热烈反响。

【“淘富成真”计划在杭州启动】 2015年，由杭州阿里巴巴集团和台湾富士康两大公司首次联手打造的“淘富成真”计划在杭启动，旨在为创业者提供一条龙创业创新服务平台，有近200名台湾创业就业人员入驻办公。全年杭州先后举办“杭台健康产业推进会”“海峡两岸养老文化与产业合作论坛”等经贸活动，接待富士康集团董事长郭台铭、裕隆集团董事长严凯泰等台湾经贸洽谈嘉宾39批、616人次。

【两岸文创交流合作深度推进】 10月，杭州在“第九届杭州文化创意产业博览会”期间，成功举办“第三届两岸文化创意产业交流对接会”“第二届两岸文创精品展”等系列涉台活动。10月15日，由国台办授牌的首个“两岸文化创意产业合作实验区”核心区块——杭州创意设计中心开园。该中心与台湾商业总会合作设立的两岸文创推动办公室，与台湾工艺研究发展中心合作成立的台湾顶级工艺创新设计中心同步揭牌。吴卿金雕博物馆、陶作

8月6日，市委副书记、市长张鸿铭（右）会见香港铁路有限公司董事局主席钱果丰 （市外办 供稿）

9月15日，第七届“西湖—日月潭”两湖论坛在台湾南投县举行

（市台办 供稿）

坊等两岸60多个文创品牌入驻。11月，杭州创意设计中心、之江文化创意园和淳安县被国台办授予“两岸文创产业合作试验区示范基地”称号。首家台湾文创礼品馆落户千岛湖。第十一届中国（杭州）国际动漫节期间，台湾“木棉花”“馒头家族”等动漫企业和动漫界知名人士携精品参加。

【“童眼看两湖”文化交流】 6月，杭州电视台少儿频道选拔15名少儿主播，赴台湾南投县开展“童眼看两湖”文化交流活动，体验南投特色文化和两地深厚情缘，创新两岸青少年交流模式。杭州电视台全程跟拍播出，中央电视台国际频道《海峡两岸》栏目进行报道。两地先后举办首届杭台音乐交流节、第三届杭州地区高校港澳台学生运动会、台湾大学生文化研习营、台湾单车天使骑行（杭州段）活动、第三届两岸儿童幸福音乐会，以及杭州籍学生邀请台湾同学到杭住家体验式交流等活动，开创两地青少年交流新格局。

【开展多元两岸文化交流】 2015年，杭州连横纪念馆作为“海峡两岸文化交流基地”，先后举办“台湾爱国历史的证言与证物——甲午（1894）·乙未（1895）120周年图片展”“第二届两岸亲子文创作品联展”等活动，全年接待游客8万余人。富阳黄公望隐居地作为“海峡两岸交流基地”，成功举办“‘公望·富春’文化周”“海峡两岸施肩吾研讨会”等活动。杭州图书馆与两岸文教经贸交流协会共同打造国学经典讲坛。杭州电视台播出蔡志忠、李毅摩等系列台湾文化名人专题。杭报集团以《台湾民谣》专栏、《浙江本土公益研习营台湾游》系列专版等形式助推两岸文化交流。杭州先后举办台湾著名书法家林荣森个人书法展、楼柏安书画精品展等活动，萧山区农民书画院、杭州江南书画院和杭州钱塘书画研究社先后赴台湾南投县交流书画艺术。

【涉台服务扎实有效】 2015年，市人大常委会视察杭州市贯彻落实《浙江省台湾同胞投资保障条例》情况，省高级人民法院、省台办视察杭州市涉台民商事案件协调机制的落实情况，均给予高度肯定。市政协两次召开台商台企专题座谈会，帮助台商维护合法权益。市台办积极开展台企走访活动和“送政策”上门服务，实现常态化、全覆盖。全年组织台企讲习会8期，参会240人次。建立完善杭州市台商台企数据库，受到台商台胞一致好评。完成178名杭州籍学生以及交换生27批293人次的行前辅导、咨询服务工作。市人社局出台大陆学生档案管理、医保政策等服务措施，为2015年台湾高校毕业的大陆学生辅导创业就业政策。

【杭台新闻媒体合作取得新突破】 2015年，杭州市邀请台湾媒体17批、41家、74人次，海外媒体2批、15家到杭采访。市台办网站全年更新信息1400多篇次，新增点击量190多万次。杭州《每日商报》与台湾《旺报》合作的两岸连线专版，全年刊发43期。11月，杭报集团与旺旺中时媒体集团签订合作协议，《杭州日报》《都市快报》《每日商报》数字版载入中时电子报“翻爆”APP，双方合作正式迈入新媒体领域。12月，《每日商报》与《旺报》签署协议，进一步加强在新闻内容共享、文化会展等方面的合作，《旺报》在岛内正式刊载杭州新闻，实现新闻入岛跨越式突破。全年举办各类台海形势报告会、研讨会40多场，受众5000多人次。（许 群）

6月3日，“童眼看两湖”杭州市少儿代表团赴台湾开展文化游拍活动

（市台办 供稿）

法 治

Political and Legislative Affairs

·法治综述·

【“平安创建”活动深化】 2015年，杭州市政法（平安、综治、维稳）部门深入推进平安杭州创建，推出平安杭州月报，全面掌控平安创建形势，打造平安创建实时掌握、落实整改有的放矢、参谋助手有理有据的新局面。强化考核评价“指挥棒”作用，修订平安、综治、维稳考核体系，形成统一考核标准。创新委托第三方专业民调机构，对全市平安“四率”（平安创建知晓率、参与率、安全感满意率、群众对政府抓创建的满意率）进行大规模、高频率民意调查，采集样本1.39万个，“四率”水平大大提升。健全完善明察暗访机制，组织市公安局、市安全监管局、市市场监管局等单位，分组对全市重点地区、行业、部门明察暗访15次，发现问题隐患325个，全部落实整改。深入开展重大社会风险隐患排查，逐条分解责任、落实举措、明确包案领导，跟踪风险隐患化解进程。围绕服务G20杭州峰会维稳安保工作，组建平安宣传“矩阵式”组织领导体系;与市委宣传部（市文广集团）建立平安宣传战略合作关系，开展“政法记者走基层说平安”、“平安杭州动起来”、第二届“平安卫士”评选、拍摄微电影等宣传活动，举办“人人参与平安护航G20”主题晚会，营造人人参与平安创建的良好氛围。2015年度，杭州市连续第7年被省委、省政府命名为“平安市”。

【服务保障G20杭州峰会】 2015年，市委政法委以确保2016年G20杭州峰会绝对安全为核心，以“四个满意”为目标，全面履行“统筹协调”和“面上维稳”两大职能。印发《重大国际峰会杭州市维稳安保工作总体方案》，建立完善杭州市国际峰会维稳安保工作统筹协调领导小组，办公室下设综合协调、安全保卫、信访工作、舆情导控4个专项组。其中综合协调专项组下设综合协调、平安综治、面上维稳、平台建设4个专班，全面强化G20杭州峰会维稳安保工作。印发《杭州G20峰会维稳安保工作统筹协调小组办公室工作机制》，完善G20杭州峰会维稳安保工作定期会商、专题协调和信息专报等工作，先后召开专题协调会议20多次。开展“迎峰会、补短板”和“大动员、大排查、大化解、大防控、大比武、大督查、大考核”系列专项行动，查出5个方面20多项短板，制定落实整改措施，在全市政法系统营造服务保障G20杭州峰会的浓厚氛围。

12月24日，杭州市举行“人人参与平安护航G20”主题晚会授旗仪式

（市委政法委 供稿）

【推进社会综合治理工作】 2015年，根据中央和省、市委要求，市委办公厅印发《关于创新基层社会治理完善社会治安防控体系建设的实施意见》，推进全市社会治安防控体系建设。围绕G20杭州峰会维稳安保工作，市委办公厅、市政府办公厅印发《关于进一步加强平安巡防队伍建设的意见》，通过做实专职、壮大兼职、动员志愿者的形式，推进平安巡防队伍建设，组建4级组织架构，发动群防群治34万人次。召集市委组织部、市公安局等17个部门推进社会治理“一张网”建设，

有效整合网格内部门资源和力量，科学调整网格划分，全市划分网格1.09万个，有网格管理人3.19万名。印发《关于深入推进“零发案小区”和“控案先进小区”创建活动的意见》，会同市公安局和市住保房管局建立“黑白名单”制度，全年有1980个小区参与创建活动，1214个小区达到创建标准。会同市民政、组织、司法部门，完成全市2063个村“村规民约”和1021个社区“社区公约”的制订、修订工作。深化完善杭州矛盾纠纷多元调处模式，完成全市重大提案《关于健全和完善社会纠纷多元化解工作体系的建议》的办理工作。开展“两清理一排查”专项行动，对重大矛盾纠纷实行分级挂牌督办，全年挂牌督办重大矛盾纠纷省级30件、市级61件，成功化解81件，化解率89%。强化区县（市）、乡镇（街道）两级综合指挥平台建设，打破数据壁垒，对接浙江省平安建设信息系统，完善事件受理、交办、流转、监督、考核、奖励等运行机制。加强基层综治队伍建设，全年分批次、层次和主题培训基层综治干部1200人次。

【维护社会和谐稳定】 2015年，市委政法委深化完善“信息报在发生前、稳评提在决策前、责任摆在领导前、化解做在激化前、处置守在底线前”的“五前”工作模式，狠抓各项工作落实，圆满完成第二届世界互联网大会等重点时段的维稳安保任务，有力维护社会和谐稳定。推进社会稳定风险评估，要求各地各部门严格按照“应评尽评”的要求，对重大项目、政策、活动逐一进行稳定风险评估，全面查找稳定风险和隐患，落实化解处置措施。全市共完成稳定风险评估项目1360项，同意实施1338项，暂缓实施20项，不予实施2项。组建由242名专家、学者及一线工作人员组成的全市稳定风险评估工作专家库，有效提升稳评专业水平。加大涉稳问题排查和化解工作力度，全年滚动排查出涉稳问题589件，根据问题性质及复杂程度，逐一落实省、市、区县（市）、街道（乡镇）4级项目化监管，并对化解进度较慢的428件实施市领导联系督办，全年共化解涉稳问题475件，化解率84.5%。积极推动省军区农副业基地5个市场商户承租纠纷集体上访等重大涉稳问题的协调化解工作，保持事态局面可控。

【执法司法监督】 2015年，市委政法委坚持服务与监督并重原则，扎实开展执法司法规范化检查监督工作。注重法律效果、社会效果、政治效果和舆论效果相统一，依法稳妥协调涉及国家安全和社会稳定的重大、敏感、复杂、疑难案件，以及政法部门之间、地区之间有重大分歧的政策法律问题。率先在全省出台《杭州市律师参与化解和代理涉法涉诉信访案件实施办法（试行）》，推动各地涉法涉诉信访案件的化解终结工作。对群众反映强烈的重大疑难复杂信访案件组织核查，发现问题督促整改。在全市开展民事执行案件专项执法检查，组织政法系统对137起案件进行评查。对符合救助条件的284起案件当事人及家属进行司法救助，共计发放救助金949万元。

【司法体制改革推进】 根据中央司法体制机制改革精神和省委、市委统一部署安排，市委政法委按照项目化、责任制的要求，深化细化年度改革工作安排，研究制定《2015年杭州市司法体制机制改革工作计划》，并抓好落实。牵头政法部门积极开展刑事速裁试点工作，围绕速裁案件集约化不足、硬件保障不到位等问题，提出以远程视频办案系统建设为基础，分步推进集中起诉、集中审理，发挥速裁规模效应的新思路。视频办案系统不仅使速裁案件提速，也推动简易程序、普通程序刑事案件办理的提速。牵头政法部门开展刑事涉案财物信息平台建设调研，提出“一个中心、一套制度、一个平台”三位一体的刑事涉案财物管理基本建设思路，相关调研成果被中央政法委采纳。

【繁荣法学研究】 杭州市法学会按照中国法学会“三个服务”的要求，认真履行“繁荣法学研究、推进依法治市”的工作职责，为杭州市经济社会发展和“平安杭州”“法治杭州”建设做出积极贡献。围绕党委政府中心工作，举办“三改一拆”“五水共治”“依法治理邪教”“‘专车’的法律规章与出租车行业的维稳”等主题的理论研讨会、沙龙和讲座。围绕“依宪治国”问题，为全市300多名市管领导干部举办“百名法学家百场报告会”。强化法学会组织建设，新建8个县级法学会和2个专业研究会，2015年，2个县级法学会和2个专业研究会完成换届，吸纳一批优秀法学人才，扩充专家人才库和副秘书长队伍。深入社区服务群众，举办“平安（法治）下基层报告会”100多场，受众5000多人次。围绕重点法治问题开展课题研究10多项，改革年度课题研究机制，征集整理出一批优秀理论研究成果供决策参考。围绕热点法治问题组织专家建言献策，其中专家参与咨询和论证20多次，参加各类法

11月20日，第十一届杭州市十大道德模范（平民英雄）揭晓

（杭州图库 供稿）

学论坛10多次，撰写报告10多次，提出各类法学建议数百条。促进成果应用转化，编印《杭州法学》杂志6期、7000多册，整理出版《杭州市委政法委、市法学会2014年度获奖课题汇编》一书。

【政法队伍建设】 市委政法委坚持党建工作与业务工作同部署、同落实、同考核，做到“两手抓、两手都要硬”，制定《委机关党建责任分工》，把党建责任落到实处。举办全市政法系统基层党组织书记培训班，增强政治意识、组织意识、法治意识，提高服务能力、履职能力。开展“三严三实”专题教育，“一把手”率先示范，班子成员全体参与，带头讲党课，开展专题学习研讨，认真查摆并整改问题。贯彻全市深化作风建设大会精神，部署纪律作风专项教育整改行动，增强纪律意识。开展“信仰法治、守护公正”主题教育实践活动，坚定法治信仰、强化法治定力。严格落实党风廉政建设主体责任，出台《2015年党风廉政建设工作要点》等，切实履行领导干部“一岗双责”。印发《杭州市委政法委机关公务员平时考核办法（试行）》，加强干部平时管理。落实《党政领导干部选拔任用工作条例》，严格按照新规定开展处级领导干部和处级非领导职务的晋升工作。举办“杭州政法论坛”教育培训，加强业务学习和工作交流，提高政法队伍能力素质。（姜剑涛）

·法治政府建设·

【法治政府建设概况】 2015年，市政府法制办围绕中共十八届四中全会精神，按照“杭改十条”和“杭法十条”对杭州市法治政府建设的部署，起草并报市政府发布《杭州市人民政府关于深入推进依法行政加快建设法治政府的实施意见》，提出到2020年，杭州市率先基本建成法治政府，继续在全面深化法治浙江建设进程中发挥龙头领跑示范带动作用，确保在全面落实依法治国各项任务中走在全国重要城市前列的目标。实施意见提出杭州深化法治政府建设的8个方面、36条举措，成为此后若干年深化法治政府建设的纲领性文件，阐明杭州市深入推进依法行政工作的路径和举措。在2015年由中国政法大学法治政府研究院完成的《法治政府蓝皮书·中国法治政府评估报告2015》中，杭州市在100个地级以上城市中排名第6位，进入先进城市行列。

【政府提请人大立法工作】 2015年，市法制办围绕市政府中心工作，推动深化改革、民生保障及社会管理等重点领域立法。完成《杭州市信息经济智慧应用促进条例》《杭州市第二水源千岛湖配水供水工程管理条例》《杭州市生态文明建设促进条例》《杭州市销售燃放烟花爆竹管理条例》等8件地方性法规草案的立法工作，经市政府讨论通过后提交市人大常委会审议。完成《杭州市医养护一体化智慧医疗服务促进办法》《杭州大江东产业集聚区管理办法》《杭州市居住房屋出租安全管理若干规定》等5件规章的立法工作，提交市政府审议后通过。根据杭州市开展出租汽车行业改革的决策，起草《建议市人大常委会作出停止施行〈杭州市客运出租汽车管理条例〉有关规定的决定》的议案，经市人大常委会批准，停止实施该条例的部分条款；报市政府决定停止施行《杭州市客运出租汽车经营权有偿使用管理办法》。

坚持社会各方有序参与立法制度，推行公开征集立法建议、立法草案公开征求意见、专家咨询论证等制度，进一步健全立法工作机制。注重基层调研，召开座谈会、听证会，注重参会人员的代表性。所有法规规章草案都在网络媒体上登载征求意见，重要草案如《杭州市生态文明建设促进条例》等在主要纸质媒体上公开征求意见。在《杭州市居住房屋出租安全管理若干规定》《杭州市餐厨垃圾管理办法》等规章的立法过程中，专门与市政协社法委开展立法协商，听取意见和建议。与市人大法工委定期召开立法工作联系会。

坚持“立改废评”并举，对132件市政府规章开展清理，报经市政府常务会议讨论，废止14件、修改12件。配合深化“四张清单一张网”改革和推进政府职能转变工作，对涉及注册资本登记制度改革的法规规章和行政规范性文件开展专项清理，修改规章2件、市政府规范性文件2件。为适应改革和经济社会的发展变化，保障法制统一，全面清理1720件市政府行政规范性文件，废止和宣布失效543件。对《杭州市市场调节价格监督管理若干规定》等4件政府规章开展立法后的评估工作。

【依法行政工作】 2015年，市法制办落实《杭州市人民政府关于深入推进依法行政加快建设法治政府的实施意见》，召开全市政府法制工作推进会。按照《浙江省法治政府建设实施标准》，完善杭州市法治政府（依法行政）考核的方式和内容并认真组织实施。与市考评办沟通协调，将区县（市）依法行政考核结果纳入绩效目标考核并提高所占比重；对13个区县（市）和36个市级依法行政责任部门的依法行政情况进行社会满意度测评，由原来的单一考核转为内部评价与社会满意度测评相结合的二维考核模式。

实施规范性文件备案审查工作，全年共收到行政规范性文件228件。经审理，受理区县（市）政府行政规范性文件96件，其中92件予以备案、4件不予备案；受理市政府工作部门行政规范性文件69件，其中61件准予公布、8件退件；因不符合行政规范性文件要求等原因作退回处理的63件。开展规范性文件备案工作实务培训。

开展年度行政执法案卷评查，对全市36个行政执法单位和13个区县（市）行政执法单位的433件行政执法案卷进行集中评查；对优秀案卷通报表彰，对问题通报和督查整改。邀请省法制办执法监督处就浙江省新制定的案卷评查标准等进行辅导。做好市政府部门报送的处罚决定的备案审查，全年对13个部门的1446件重大行政处罚决定登记备案。落实行政执法责任制，全年受理行政执法电话投诉50多件，制发执法监督意见书2件。全市13个区县（市）和市级36个依法行政责任单位均完成行政处罚结果的上网工作，以及行政执法裁量基准的修订，并推动行政执法全程记录。加强执法人员资格管理，全年分两批对804

名执法人员进行综合法律知识培训和资格考试，对全市4000多件执法证进行年审，全年新发、换发行政执法证件2839件，保证持证上岗的有效落实。

积极配合行政综合执法改革，参与综合行政执法调研和讨论，参与市级综合行政执法改革实施意见的研定。对市级各部门的综合执法权力事项进行审核，对各区县综合行政执法实施意见进行审定。

【政府法律顾问】 2015年，杭州市全面推动落实政府法律顾问制度。10月13日，《杭州市人民政府重大行政决策程序规则》经市政府批准公布施行。“规则”将公众参与、专家论证、风险评估、合法性审查、集体讨论决定确定为重大行政决策的法定程序，并明确每个阶段的具体程序要求，按照决策过程的运行阶段，对重大行政决策的做出、执行、监督和责任追究等环节和程序予以明确规定。

9月24日，《杭州市人民政府办公厅关于全面推行政府法律顾问制度的意见》，经市政府批准公布施行。“意见”为市、县、乡三级政府及政府部门建立政府法律顾问制度规定了时间表。年末，法律顾问制度已经从市政府本级推广到市、13个区县（市）和190个乡镇（街道），以及300多个政府部门（29个市级部门、280多个县级部门）。各级政府和部门共聘任政府法律顾问822人，其中市政府10人、区县（市）政府107人、乡镇（街道）322人、市级部门78人、区县（市）政府部门305人。法律顾问队伍已经从政府法制机构人员的单一模式，转变为以政府法制机构为主体吸收专家、律师参加的复合模式。

【政府法律服务保障】 2015年，市法制办先后参与《杭州市小客车总量调控管理暂行规定（修订）》、《杭州市人民政府办公厅关于大力推进住房保障货币化的指导意见》等重大政策的起草、论证工作。对杭州市申办亚运会及世界短池游泳锦标赛、实施黄标车禁行措施、深化出租车行业管理体制改革、国际峰会建设项目审批、西湖景区机动车环保行动、地铁PPP模式招商等100多项重大工作，认真研究论证，提出法律意见，基本都被市政府和相关部门采纳。对106件市政府规范性文件进行审核，提出法律审核意见。对《杭州市人民政府与中国铁塔股份有限公司浙江省分公司战略合作协议》等行政机关合同提出法律审查意见。积极配合行政审批制度改革等工作，保障改革举措依法行政。对杭州市地方性法规设定的行政许可事项提出清理意见；对《法律法规设定地方实施的行政审批事项基础清单》896项权力事项中涉及市级层面288项、《中央以其他形式设定地方实施的行政审批事项基础清单》298项权力事项中涉及市级层面106项进行审核，提出法律意见；对市直有关部门和各区县（市）上报的169项非行政许可审批事项进行清理，提出法律审核意见；对市直有关单位要求增补336项权力事项进行审核，提出法律意见；对审批中介服务事项的清理规范进行审核，提出法律意见等。

【行政复议应诉】 2015年，市法制办办理、处理复议案件604件，（其中新收复议申请509件、办理往年度结转案件95件），涉及申请人1500多人次，妥善处理448件。全年办理行政应诉案件202件、249次（其中到省政府复议的31件，到三级法院应诉171件、218次），市法制办直接负责应诉131件、168次，监督、指导其他受委托单位应诉40件、50次，协助审核修改答辩状或答复书50份，审查证据材料400多份。积极做好矛盾纠纷化解工作，80%的案件得以息诉罢争。

推进阳光办案，严格复议监督要求和复议审查标准，并接受监督，印发《关于推行行政复议决定书网上公开工作办法》，按照公开为原则、不公开为例外的要求，对复议决定书实行网上公开。全年办理的604件复议案件中，正式立案受理438件。至年末，审结做出复议决定406件，其中维持件264件、驳回67件、经调解后申请人撤回终止49件、撤销13件、确认违法10件、责令履行3件。直接纠错率6.4%，调解率12.1%，定纷止争率78.3%。针对审理中发现的问题发出复议建议书7份，监督下级复议机关依法办案3件。

【法制培训宣传】 1月，市政府印发《关于建立政府常务会议学法制度的通知》，全年组织常务会议会前学法8次，邀请专家解读《中华人民共和国行政诉讼法》《中华人民共和国环境保护法》。在中国政法大学举办有市政府各部门分管领导、法规处长，各区县（市）法制办负责人参加的法治政府建设培训班。先后组织行政复议、行政应诉、行政机关合同管理、行政规范性文件管理、执法案卷评查等法制业务专题培训。全年对804名行政执法人员进行综合法律知识培训和资格考试。通过杭州政府法制门户网站、杭州法制官方微博微信、法制信息简报等形式，加强依法行政和法治政府建设宣传，营造良好的法制工作氛围。市法制办提交的《市政府行政规范性文件合法性审查情况专报》等信息得到市长张鸿铭的肯定。全年各类法制信息被国务院法制办采用38篇，被省政府法制办采用1295篇，市法制办门户网站刊登法制信息1299篇，发布微博微信531篇，各类媒体刊登50多篇。在“12·4”国家宪法日，组织20多个市级执法机关在西湖文化广场开展法律宣传与咨询活动，积极营造法治政府建设的社会氛围。

【杭州仲裁委员会品牌建设】 2015年，杭州仲裁委员会受理商事案件4600件，涉案总标的51亿元，受理商事案件涉及52种合同类型。全年结案率96%。在已结商事案件中，裁决率11.5%，调解率83.4%，撤案率5.2%，快速结案率20%。全年无被法院撤销、不予执行案件。

金融仲裁稳步增长，发展银行传统业务选择仲裁，推进银行创新业务选择仲裁，探索不同银行合同纠纷的仲裁程序，以市政府《关于推进互联网金融创新发展的指导意见》为指导，探索互联网金融纠纷仲裁解决模式和途径。萧山区积极拓展大江东产业聚集区仲裁工作，引导企业民商事合同领域、行政机关合同领域以及交通事故领域引入仲裁机制。知识产权仲裁工作逐步发展，宣传知识产权仲裁优势，在以商标、技术合同为主、版权合同为辅的3个领域内，特别是备案合同中，植入仲裁条款，取得突破性进展。拓展商会仲裁工作，国际仲裁工作有序开展。制定《杭州仲裁委员会房地产仲裁院暂行工作规则》，发展房地产仲裁工作。交通仲裁调解中心已逐步融入市委、市政府构建社会矛盾纠纷大调解体系中。（郝剑波）

·公　安·

【公安概况】 2015年，杭州市公安机关围绕品质治安、法治公安、满意民安的“三安”目标，推进G20杭州峰会安保筹备和“三四一”工程（以“三安”为目标，以四项建设为抓手，以信息化条件下的警务实战体系建设为主线）建设，开展严厉打击危害食品安全、通信和网络诈骗、黄赌毒等违法犯罪专项行动，加强社会治安综合治理。全市刑事案件继续实现命案全破。加强重点行业领域事故隐患排查治理和打违除患行动，各类事故起数、死亡人数连续第12年下降，全市公安工作为杭州经济社会发展、人民群众安居乐业创造持续良好的社会治安环境，平安杭州建设取得积极成果。

杭州市公安机关推动警种同步上案、资源高度集成、战法持续创新，提升命案侦破水平，重拳打击可能影响国际峰会安全的突出违法犯罪，对暴力恐怖犯罪、黑恶势力犯罪和侵财类犯罪，始终保持严打高压态势。全年全市共发命案75起，侦破75起，破案率100%；共发五类案件217起，侦破217起，破案率100%；连续两年实现命案全破，命案在发案当天成功侦破并抓获犯罪嫌疑人的占80%，命案侦破率居全国15个副省级城市前列。

【重大安保警卫任务】 2015年，杭州市公安机关坚持“精细化操作、网格化管控”，严密落实“核心区、警戒区、控制区”管控措施，圆满完成习近平总书记在杭考察、第二届世界互联网大会、第十一届中国国际动漫节等重大安保警卫任务。5月26~27日，习近平到杭州考察调研，全市公安机关严格落实中央“八项规定”要求，严密落实各项安全保卫措施，既确保警卫对象的绝对安全，又最大限度做到不扰民、少扰民、更亲民，得到省市主要领导的充分肯定。全年完成各等级别警卫勤务118批次，完成重要会议、重大活动警卫勤务290批次，各类专项警卫勤务85批次，勤务总量为493批次。其中12月16~18日，第二届世界互联网大会在嘉兴市举办，杭州作为中外嘉宾的主要住宿地和嘉兴的毗邻地，安保警卫任务艰巨繁重，全市公安机关坚持以要人警卫绝对安全、社会面上安定平稳、“环嘉入桐护城河”严密牢固的“两安一河”为重点，从严从紧做好安保工作，出色完成世界互联网大会安保警卫任务，被国家网信办、省政府授予“互联网大会安保工作先进集体”荣誉称号。

12月3日，市公安局举行G20杭州峰会安保工作誓师大会

（市公安局 供稿）

【G20杭州峰会安保筹备】 3月，中央正式确定2016年G20国际峰会在杭州举办后，市公安局迅速将工作的着力点聚焦到峰会安保上，明确“杭州公安行不行，就看护航G20”为根本检验标准，按照备战、临战、决战3个阶段，在全市公安机关全面启动峰会“安保工作年”。市局抓统筹谋划，采取“走出去、请进来、跟着干”方式，专门组团到北京、上海等地学习考察，邀请专家授课，跟班学习北京“9·3”阅兵等重大活动安保经验。按照“宁重勿漏”原则，搭建安保组织领导体系，建立峰会安保“日周月次”工作机制。对峰会活动场地，坚持安全监管与项目建设同步实施、同步推进，提前介入项目建设全过程；对划定的安保圈，推进安检卡口、制高点等安全管控措施；按照“道路条件好、交织干扰少、警力配置优、安全系数高”的思路，开展警卫流线规划设计；把第二届世界互联网大会安保作为G20杭州峰会安保的“前哨仗”和“实操版”，狠抓安保工作落实；多方协调充实警力；加快市局反恐指挥大楼等项目建设进度，加大特种装备采购力度；明确峰会安保各阶段的任务图、时间表和责任人，以任务、问题、请示“三张清单”为载体，专题梳理主要任务，逐项推动落实。

【社会治安面管控】 2015年，杭州市公安机关以全面夯实G20杭州峰会安保工作基础为目标，持续强化社会面治安管控，强力推进整治突出治安问题和打击违法犯罪行动。4月起至年末，分“情况清底、问题清理、治安清平”3个阶段，开展以“实有人口、实有房屋、实有单位”排查为突破口，以严厉打击突出违法犯罪、严肃整治治安热点问题、严密管控重点人员为目标的“拼搏”系列行动。其间，梯次开展“打违除患”“百日维稳攻坚”“铁帚”“铁拳”“零点”等专项行动，打击“黄赌毒恶、严重暴力、多发性侵财”等违法犯罪，遏制刑事犯罪高发势头，命案破案率连续2年保持100%，五类案件破案率连续8年达到100%。推进全市出租房屋安全管理等3个专项整治行动，累计整改火灾隐患12.1万处，查处出租房消防案件5247

起，其中行政拘留339人，净化出租房屋安全环境。摧毁“9·28”特大“色情卡片”等4个重大组织卖淫团伙，抓获犯罪嫌疑人600多人，得到省市领导充分肯定。

【刑侦支队获评全国缉枪治爆先进单位】 4月，公安部发文通报表彰全国缉枪治爆专项行动先进单位与个人，杭州市公安局刑侦支队获得“全国缉枪治爆专项行动成绩突出集体”称号，成为浙江省唯一获此荣誉的单位。市局刑侦支队按照公安部的部署，围绕反恐维稳大局，深挖涉枪违法犯罪线索，查办涉枪违法犯罪案件，严查收缴枪支弹药，成功侦破“3·22”网上制贩枪支弹药团伙案，以及“2·21”“4·12”涉枪恶势力犯罪团伙案等数个有影响的涉枪团伙案件，取得缉枪治爆专项行动突出实绩。

【“猎狐2015”境外缉捕专项行动】 3月，杭州市公安机关开展“猎狐2015”专项行动。至年末，共计抓获境外逃犯9人。其中，抓获涉嫌非法吸存2000多万元潜逃澳门的犯罪嫌疑人袁某；劝返涉嫌合同诈骗130多万元潜逃美国的犯罪嫌疑人顾某，在北京将“漂白”身份、潜逃6年之久的犯罪嫌疑人黄某抓获归案；在菲律宾抓获省公安厅督捕逃犯余某；赴越南抓获潜逃16年之久的犯罪嫌疑人许某等。

【严打环境污染犯罪】 1月，市公安局成立环境和食品药品犯罪侦查支队，成立各区县（市）专业的环境和食品药品犯罪执法大队。建立市、区县（市）、乡镇（街道）3级“河道警长制”，实现“河道警长”与“河长”对应落实责任。以群众举报、媒体曝光、来信来访和专业警力“地毯式”排查等方式，多渠道获取环境违法犯罪线索。整合警力资源和技术手段，对涉及面广、危害重，群众反映强烈的污染环境违法犯罪开展打击，侦办公安部督办的“普思信（杭州）机械部件有限公司非法倾倒处置危险废物案”等重大污染环境案。抓联动治水，加大打击涉水环境违法犯罪力度，形成以公安机关牵头侦查，职能部门提供专业技术和信息支持的工作机制。完善行政执法和刑事司法衔接机制，加强与检察院、法院、环保等部门对接，联合出台打击污染环境犯罪细则。至年末，办理污染环境案件63起，移诉犯罪嫌疑人142人。

5月22日，公安民警携警犬在地铁站巡逻 （市公安局 供稿）

【打击涉黄违法犯罪】 2015年，杭州市公安机关以“春雷”“拼搏”“打黄赌、铲源头”“打黑恶、扫黄赌”“铁拳”等系列专项行动，严打涉黄违法犯罪。先后摧毁西湖区“1·8”案、下城区“6·25”案、拱墅区“8·29”案3个涉黄重大团伙，捣毁涉黄窝点11处，抓获犯罪嫌疑人301人。11月12日，破获“9·28”特大“色情卡片”组织卖淫团伙案，抓获犯罪嫌疑人347人，其中刑拘109人、治安拘留170人。对重点涉黄场所，通过调整业态的方式彻底消除治安隐患，至年末，全市185家宾馆内设桑拿洗浴场全部实现业态调整。全市公安机关共破获涉黄刑事案件163起、行政（治安）案件1097起；抓获犯罪嫌疑人2694人，打掉团伙48个，全年涉黄打处排名全省第2位；涉黄警情比上年下降2.1%。

【易制毒化学品三级化管理】 3月16日，市公安局印发《关于加强杭州市易制毒化学品基础管理工作的意见》，明确行政审批、日常检查、信息录入、案件查处、管理职责和工作要求，打破以往全市数千个易制毒化学品企事业单位由市局、县（市、区）局两级禁毒部门负责管理的粗放型管理模式，实现由市局、县（市、区）局禁毒部门、派出所三级负责的精细化管理。率先在全省系统中实现以派出所为单位的查询、统计和检查录入功能，并通过深化信息应用，严查各地涉易制毒化学品违法犯罪行为。全市各级公安机关共检查易制毒化学品企事业单位1.17万个次，注销停用企业1177个；查处违反易制毒化学品管理的行政案件13起、刑事案件1起；处罚企业18个，刑拘5人，罚款19.4万元；没收非法买卖易制毒化学品约30吨。

【反通信（网络）诈骗中心成立】 6月，杭州市公安机关在全省率先组建市局反通信（网络）诈骗中心，按照公安、银行、通信的三方协作联动机制，“封堵、冻结、打击”一体化运作，以“跨界联动、以快制快、数据围捕、源头阻断”的模式运作。该中心作为反通信（网络）诈骗平台，具备通信网络诈骗警情统一受理、诈骗号码关停和限制呼入、涉案账号及时查询冻结、紧急止付和综合研判、合成打击、防范宣传等各项功能。至年末，全市共侦破通信（网络）诈骗团伙78个，比上年提高1.77倍；破获通信（网络）诈骗案件871起；紧急止付案件590多起；追缴涉案赃款1178.01万元。

【监所医疗卫生专业化建设】 2015年，杭州市公安机关根据监管犯罪嫌疑人外出就医安全管控风险大的问题，以购买医疗服务的方式，与社会医院签订医疗协作协议，腾空、改造医疗用房，购置医疗器械，完善医疗配套制度，建立驻监所门诊部或卫生所。由协作医院派医护人员驻监所开展巡诊、治疗及急救，实现"小病不出所、大病及时治"，保障犯罪嫌疑人刑事诉讼活动的正常进行。至年末，全市本级监所全部实现专业化，其中"淳安模式""余杭模式"在全省监所推广。监管医院依托医疗卫生专业化运作模式，全年累计收治公安基层单位送治的住院病员419人次，为全市公安基层单位节省看护警力1.26万人次，收治原本无法收押的患有特殊疾病的犯罪嫌疑人30多人。

【巡逻防控网络完善】 2015年，市公安局优化治安防控机动队运行机制，构筑起覆盖城乡公共场所、道路、重要部位的安全技术防控网络，持续推进直属治安防控机动队常态布警、加强型武装巡逻、公安武警联勤等勤务机制。直属治安防控机动队完成勤务模式转换，开展轮值，在杭州主城区开展常态化治安巡逻防控，共出动警力1.33万人次，车辆3316辆次，处置各类警情778起，盘查各类可疑人员1.67万人次、可疑车辆1954辆，核实前科人员2265人，查获各类违法犯罪嫌疑50人（采取刑事强制措施12人、治安处罚27人），抓获网上缉逃人员7人，查获并发还被盗电动自行车137辆，服务群众457人次。2月起，在铁路东站枢纽、城站火车站、湖滨音乐喷泉、省政府、市政府、北山路等全市重点治安地区，以亮灯车巡、携枪步巡、驻点守卫等形式，开展加强性武装巡逻。4月起，特警、武警实行"联训联勤联战"运行机制。随时做好处置突发案（事）件准备，出动警力1571人次，落实驻地备勤258人次，盘查车辆1500多辆次、可疑人员4000多人次，查获管制刀具等违禁物品4件，移送属地公安机关2人。全市创建"零发案小区"和"控案先进小区"1383个，其中实现"零发案"的小区890个，占总数的64%。

【道路交通安全重点管控机制推广】 5月13日，杭州市公安机关制定实施《道路交通安全重点管控机制实施办法》，全面推广运行道路交通安全重点管控机制，推进信息化条件下的警务实战体系建设。交警科研部门积极研发以交通管理大数据为依托的重点管理机制系统平台，以驾驶证被暂扣、吊销等不良记录驾驶人（简称失驾人员）为重点对象，加强情报分析研判和指挥中心与路面查缉的实战联动，实施"以人查车、以车定人"查控方案，对失驾人员（车辆）精准布控查缉。全年查处不良驾驶记录人员违法上路案件197起（其中扣证期间驾车108起、吊销期间驾车83起、毒驾6起），精准打击一批套牌车、改装车和二轮摩托车。查获省内首起"11·4"多车竞驶案，中央电视台《焦点访谈》等栏目专门报道。

12月15日，交警在天目山路杭大路口指挥疏导交通　（市公安局 供稿）

【市区交通堵点治理】 2015年，杭州市公安机关开展交通堵点、乱点治理，实施交通优化项目741个，协调落实交通改造项目22处。黄龙、湖墅、浣纱、钱江新城4个常态严管区内机动车、非机动车守法率均符合考核要求，32千米快速通道通行效率得到提高，10个堵点和31个乱点中已有6处完成治理并通过验收，完成省治堵考核目标。主动应对地铁及快速路网全面施工带来的交通结构变化，防止闭环性交通拥堵。全年先后完成秋石高架三期、四期工程和环城北路隧道等新建道路验收72条，停车场（库）项目验收191个，新增泊位8.1万个。在西湖景区将"单双号限行"规定由旅游旺季、节假日扩大至全年双休日和节假日，加强太子湾公园、北山街断桥等假日交通节点疏导，改善双休日、节假日西湖景区交通环境。下半年，实施交通管理网格化"三长"（片长、路长、岗长）制，推进治理堵点乱点取得成效。

【公安交通管理新举措】 2015年，杭州市公安机关运用"互联网+"思维，先后实施机动车驾驶人考试互联网自主预约、道路交通安全互联网教育、轻微物损交通事故支付宝处理、全天候社会化移车等多项创新举措，并在场口考场增建驾驶人科目三考试项目。全年有74万名学员通过互联网预约驾驶人考试，1.8万名驾驶人通过网络平台完成驾驶证满分学习，69万人次拨打"114"热线实现成功移车，4700多起轻微物损交通事故通过手机支付宝平台实现网上快速处理。

【出租房屋安全管理整治】 2015年，杭州市公安局联动消防、电力等部门，在全市大力推进出租房屋消防安全、流动人口登记和出租房屋管理、出租房屋电力设施安全3个专项整治行动。全市共检查出租房43.7万户，发现火灾隐患13.8万处，整改11.4万处，整治"群租房"1739处，整治"三合一"场所1155家，拆除违章建筑2126处；查处不按规定申报流动人口信息的违规房屋出租人4497人、违规用工单位企业1848个、违规房屋租赁中介机构39家；查处不办理居住登记或变更登记的流动

人口3661人；查处出租房消防案件3158起，其中临时查封155起，行政拘留318人，罚款2685人。

【消防安全防控体系建设】 2015年，杭州市公安机关在全市所有区县（市）全面推进火灾等安全事故防控综合治理体系建设，印发消防安全岗位职责规定和责任追究办法，打通日常工作体系和消防监管体系的关节，明确全过程监管机制。推进全市38个重点火灾隐患区域整治，将省、市级挂牌督办重点区域整治情况纳入市委平安办每月工作通报。制定全市整治标准和整治方案，开展劳动密集型企业消防安全专项治理、夏季消防检查、冬春季火灾防控、商业综合体检查等活动。全年检查单位7.37万个次，发现隐患4.25万处，整改隐患4.05万处，核发行政处罚决定书3413份，责令单位“三停”826个次，临时查封单位681个，罚款2053.7万元，拘留537人。推进重大火灾隐患整治工作，全市排查重大火灾隐患单位47个。结合社会管理“一张网”建设要求，调整消防安全基层网格划分和网格员力量，完善“以奖代补”工作机制，开展网格员消防安全培训。全市基层网格检查单位31万个次，发现2.8万个单位存在消防隐患，其中移送、抄报单位1万余个次。贯彻公安部消防局微型消防站建设标准，在滨江区、上城区建立社区微型消防站、重点单位微型消防站示范点，在全市911个社区和1472个设消控室的重点单位中推进。

7月起，市公安机关推出“微信预约”和“一证通”等出入境管理便民服务举措（市公安局 供稿）

【“110”社会应急联动服务】 2015年，杭州市公安机关强化“110”社会应急联动工作，主动与市综治办、市应急办、市人力社保局等单位座谈调研，明确各联动单位工作职责，培训各联动单位联络员、操作员300多人。市委、市政府连续第3年将“110”社会应急联动工作绩效计入市政府工作目标考核，建立较为完整的考核体系。集成派出所的“一体化办公”系统、24小时辖区动态化监控的“可视化平台”系统、天翼巡防系统和消防安全网格等资源，提升跨部门联合应急管理服务。全年共接涉及社会联动类的事件54.1万起（由公安机关出警处置27.49万起，由其他联动单位直接处置12.18万起）。其中，社会联动类事件总量比上年上升4.4%，其他联动单位直接处置量上升131.2%，公安机关出警处置量下降27.5%。

【“114”移车服务平台建立】 2015年，为解决公安基层单位反映“110”非警务类警情负担较重和群众拨打“110”时“难打通、打不通”两大难题，市公安局联合中国电信杭州分公司，共同打造杭州市“114”移车服务平台，印发《关于开展杭州市“114”移车服务工作的通知》《杭州市“114”移车服务工作指南》，转移原由“110”承担的移车社会化服务功能。7月1日，全市正式启动“114”移车社会化服务。至年末，全市“110”接警161.8万起，处警48.5万起，比上年下降7.3%和23.2%；全市“110”报警服务台共接受移车类警情5.67万起，下降70.3%，警情大幅分流，初步实现为基层民警减轻处警压力和为群众提供便利的工作目标。

【出入境服务】 2015年，杭州市公安出入境管理简化流程、便民利警。在全省率先推出网络预约办证服务，并在“杭州公安”和《钱江晚报》的微信公众号推出微信预约服务，申请人根据需求预约全市16个

2015年杭州市交通、火灾事故情况

表62

月份	交通事故				火灾事故			
	次数（起）	死亡（人）	受伤（人）	经济损失（万元）	次数（起）	死亡（人）	受伤（人）	经济损失（万元）
1	146	45	127	49.36	338	1	2	932.60
2	125	31	135	25.53	665	4	1	152.38
3	151	42	144	39.29	591	2	—	117.16
4	148	39	143	35.37	682	—	—	294.52
5	146	42	142	32.85	629	—	—	178.71
6	141	34	144	29.22	614	5	4	436.57
7	171	31	219	41.68	761	2	—	130.92
8	174	45	155	21.33	688	—	—	142.10
9	201	47	195	25.96	569	—	1	98.00
10	264	61	297	72.45	483	1	—	64.99
11	309	102	296	82.11	375	3	—	97.14
12	507	90	618	203.70	463	4	1	167.86
合计	2 483	609	2 615	658.85	6 858	22	9	2 812.95

出入境办证窗口办证时间。对出境办证量较大的单位开展网上预约办证培训，确保有序办证；在中国公民接待大厅窗口实施现金和POS机刷卡收费并轨运行，实现快速数据交换，10秒钟内就能完成刷卡支付。投放港澳自助签注一体机5台，办证时间从72小时缩短到3分钟，实现立等可取。省内户籍在杭办证的申请人只需凭有效身份证，全部免提交户口本就能轻松申请出入境证件；全面开展出国（境）证件直寄工作，证件直接从省公安厅寄回受理城区出入境部门，缩短办证流程；开辟“绿色通道”，节假日前后以及学生寒暑假期间出国（境）旅游办证的高峰时段延长工作时间。

【市公安局团委获评“全国五四红旗团委”】 2015年，市公安局团委围绕G20杭州峰会安保、国际执法合作以及涉外警务交流需要，网集全局外语优秀人才组建“杭州市多语言警务援助志愿服务队”，配合市局各单位备战G20杭州峰会安保、外事警务交流等公安业务，提供英语、日语、韩语、德语、法语等多种语言口译及咨询服务。市公安局团委先后与邵逸夫医院团委、温州市公安局团委、浙江外国语学院团委等建立互助合作机制，通过资源共享、优势互补，实现共同发展。先后组织全市公安机关开展“‘青年文明号’与拼搏同行”主题教育实践、“警务外语Show大赛”、“午间讲学堂”学习平台等活动。“五四”青年节之际，市公安局团委被团中央授予“全国五四红旗团委”荣誉。

（蔡　妮）

·检　察·

【检察概况】 2015年，全市检察机关围绕市委重大决策部署，坚持以法治为引领，以司法办案为中心，进一步提升服务大局的能力、司法办案的品质、规范司法的层次、改革发展的水平和从严治检的实效，不断深化品质检察实践。落实“杭法十条”，及时制定实施意见，推出具体举措。围绕G20杭州峰会筹备和第二届世界互联网大会乌镇峰会举办，落实检察环节安保维稳措施。根据杭州经济发展重大部署，推进环保、金融、知识产权“三项检察”，起诉破坏环境资源、金融、知识产权犯罪537人。开展打击电信诈骗、P2P平台非法集资、危害电商健康发展“涉网三领域”犯罪专项整治，起诉275人。关注电子商务、工程建设、食品药品安全等改革发展重点和民生保障热点，加强调研分析，建言献策，市检察院第5次获得杭州市“人民建议奖”。

聚焦群众反映强烈的重点问题，开展规范司法行为专项整治，采取自查督察、开门整改等方式，列出问题清单，剖析原因，落实整改。规范侦查讯问，推进办案工作区规范化建设，严格执行讯问职务犯罪嫌疑人同步录音录像制度。依法保障律师执业权利，严格执行保障律师会见规定，坚持“会见为常态，限制会见为例外”，严禁扩大限制会见范围；推出《自侦案件侦查阶段律师参与诉讼活动情况表》，记录辩护律师参与侦查阶段诉讼活动情况，强化内部监督制约。落实涉案财物管理制度，明确由案件管理部门统一保管、动态监控；开展专项清理活动，依法妥善处理历史遗留涉案财物。市检察院“以推动反贪侦查方式转型升级，促进规范司法行为专项整治工作”的经验被最高人民检察院转发。

巩固党的群众路线教育实践活动成果，开展“三严三实”“信仰法治、守护公正”“打造‘狮子型团队’，争做担当有为干部”等教育活动，引导检察干警坚持理想信念“高线”，守牢纪律规矩“底线”。加强党风廉政建设，落实“两个责任”，为建设过硬检察队伍提供纪律保证。以检察实务为导向，修订完善《杭州市检察机关检察业务人才评审办法》。组织“英模大讲堂”、“依法治国与规范司法”主题沙龙、“中国梦、检察梦、青春梦——我们读诗”、“我与品质检察”书画摄影作品展、青年干警“阳光检察”微沙龙等活动，编辑出版《法治思维品质检察》《公诉人》《讲述—听杭州检察官说办案故事》3本书。建设院史室、荣誉室、阅览室等文化设施，丰富干警文化生活。加强检察理论调研，组织承担省、市级课题45个，70多篇论文在期刊上发表，受省检察院表彰17篇，获奖论文占全省总数约30%。针对网络电商领域新型疑难案件多、司法实践中困惑多的状况，召开网络电商领域犯罪疑难问题研讨会。

全市检察机关2015年共获得省级以上荣誉100多项，在省检察院组织“浙江省优秀公诉人”“全省未成年人检察业务竞赛”“全省刑事执行检察业务竞赛”3项比赛中，杭州有13人获奖，5个基层检察院在省检察院数据通报中位列第一档次，3个基层检察院获评“全省先进基层检察院”。市检察院连续第7次评为市年度综合考评“成绩显著单位”。

5月22日，市检察院举行“关爱成长·与法同行——杭州市检察官法治教育宣讲团进校园”启动仪式

（市检察院 供稿）

【顾雪飞任市人民检察院检察长】1月，顾雪飞经浙江省委提名，杭州市委任命为杭州市人民检察院党组书记；1月16日，市第十二届人大常委会第二十四次会议任命顾雪飞为杭州市人民检察院副检察长，代理检察长职务。3月27日，顾雪飞经浙江省第十二届人民代表大会常务委员会第十八次会议通过，任杭州市人民检察院检察长。

【批捕起诉】 2015年，全市检察机关批准逮捕各类犯罪嫌疑人10474人，提起公诉18498人，分别比上年增长4%和6%。起诉危害国家安全、邪教组织犯罪11人，故意杀人、故意伤害、抢劫等严重暴力犯罪1465人，金融诈骗、非法集资、传销等破坏市场经济秩序犯罪933人，"黄赌毒"犯罪3277人。起诉由"资金链""担保链"断裂引发的非法集资犯罪189人，上升108%。严格证据标准，坚决排除非法证据，依法对不构成犯罪或证据不足的1265人，做出不批捕、不起诉决定。坚持宽严相济刑事司法政策，依法对没有逮捕必要、犯罪情节轻微的2333人，做出不批捕、不起诉决定。

【惩防职务犯罪】 全市检察机关坚持"老虎""苍蝇"一起打，以省检察院信息化引导、精细化初查、专业化审讯、规范化办案的"四化"，促进杭州规范型、高效型、创新型、专业型"四型"侦查方式升级，2015年共查办职务犯罪272人。立案侦查贪污贿赂等职务犯罪227人，其中县处级干部33人、厅级干部2人；立案侦查行贿犯罪78人，从源头上减少和遏制腐败案件的发生。立案侦查国家机关工作人员渎职犯罪45人，其中滥用职权30人、玩忽职守9人。开展查处土地出让、工程建设、征地拆迁、房地产开发等重点领域和惠农扶贫领域领导干部职务犯罪案件专项工作，分别查处120人和32人。结合犯罪预防开展法治引导，实行案例剖析、工程预防"双推进"，对65件典型案件开展案后预防，对15个重点工程开展专项预防。完善专业化、社会化预防"双机制"，举办"国土局长·检察长"论坛，建设市检察院预防职务犯罪警示教育基地，拓展杭州检察专业化预防新阵地；推动出台杭州市《关于进一步推进预防职务犯罪工作常态化的意见》，被省预防职务犯罪工作领导小组办公室转发全省。

11月24日，检察开放日期间，市人大代表、政协委员、人民监督员代表参观市检察院案管大厅 （市检察院 供稿）

【诉讼监督】 2015年，全市检察机关开展破坏环境资源和危害食品药品安全犯罪专项立案监督活动，依法监督公安机关立案65件，起诉后法院已判决113人；纠正漏捕12人，纠正漏诉70人。针对骗取社保基金违法时有发生、打击力量分散的状况，市检察院牵头公安、社保等单位，在信息互通、线索移送、法律适用等问题上形成共识，构建打击骗取社保基金违法犯罪联动机制，该机制得到省检察院检察长的高度肯定，并向全省检察机关推广。加强审判活动监督，依法提出刑事抗诉案件25件，法院审结13件，改判和发回重审8件。依法提出、提请民事行政抗诉案件19件，法院审结15件，改变原裁判5件。市检察院建议提请抗诉的2件民事申诉案件经最高人民法院再审改判，被评为全国检察机关民事行政检察精品案件。向公安机关移送虚假诉讼线索31件，向法院发出再审检察建议纠正虚假诉讼5件。加强刑罚执行监督，开展社区矫正脱管漏管、混关混押、刑罚交付执行等专项检察活动，对发现的问题及时提出纠正意见或检察建议。出庭监督职务犯罪、金融犯罪、涉黑犯罪等"三类罪犯"的减刑、假释案件647人。开展捕后羁押必要性审查，依法对不需要继续羁押的221人，提出予以释放或变更强制措施的建议。探索对行政违法行为的检察监督，出台《杭州市检察机关行政违法行为检察监督暂行办法》，全年提出行政执法检察建议51件，得到采纳49件。

【司法人文关怀】 2015年，市检察院深化未成年人犯罪预防，联合市教育局、市普法办组织检察官法治教育宣讲团，进校园举办法治讲座70多场；通过组织法治夏令营、设立检察官工作室、开展心理咨询、播放普法微电影等形式，引导未成年人加强自我保护，自觉远离犯罪。推进未成年人刑事检察工作，深化合适成年人参与诉讼、附条件不起诉、犯罪记录封存、法律援助等工作，加强未成年人刑事司法保护。

引导群众理性表达诉求、依法维护权益，全年受理群众信访3470件，其中属检察机关管辖2513件，均依法处理。开展刑事被害人救助工作，维护被害人合法权益。对136件轻微刑事案件依法适用刑事和解程序，促进矛盾化解。对142件正确的民事、行政裁判进行释法说理，促进息诉服判。深化基层检察室建设，探索在重点区块、重点企业设立检察联络室，了解社情民意，化解基层矛盾，传播法治理念。桐庐县检察院分水检察室获评"全省示范基层检察室"。

【检务标准建设】 2015年，市检察院聚焦质量、效率、规范、协作等司法办案重点，以法律规定为基准，加强业务标准建设，有效指导办案实践。制定非法证据排除、疑难复杂公诉案件审查报告制作、死刑案件审查起诉流程规范指引等制度。推进客观性证据审查模式改革和以审判为中心的诉讼制度改革。出台渎职侵权案件精细化初查、办理减刑假释案件、行政违法行为检察监督、律师接待阅卷、案件受理和移送管理、统一业务应用系统流程监管等工作制度，为司法办案提供更具操作性的规范。加强对新类型案件、重大疑难案件和重大职务犯罪案件办理标准建设，在《2015年杭州市公检法打击毒品犯罪联席会议纪要》中，明确毒品犯罪嫌疑人被抓获后应及时固定的相关证据，形成专业化工作模式，提升工作质效。

【检务公开内容和形式并重】 2015年，全市检察机关注重检务公开内容和形式并重，及时发布重要案件信息，公开法律文书，推行案件程序性信息在线查询，探索刑事申诉公开听证，加强线上、线下检务大厅建设，让群众感受到看得见的公正。坚持传统、新型媒体并举，加强检察宣传，改版升级检察门户网站，大力推进“两微一端”建设，使检察宣传更符合时代特征和群众需求。市检察院连续6年被评为全国检察宣传先进集体，“杭州检察”官方微博获评“全国十佳检察官微”和“全省政法系统十大最具影响力公众号”，市检察院普法漫画《小轴说法》获评“全国十佳检察新媒体作品”。

自觉接受人大、政协监督，提升司法公信。接受市人大常委会对检察人员依法履职、公正司法开展专题审议，对反贪反渎工作开展履职监督，对减刑、假释、暂予监外执行监督工作进行专项检查与规范司法，配合查找问题，分析自身原因，强化整改落实。密切与人大代表、政协委员、人民监督员和社会各界的联系，通过院领导走访、征求意见、接受定向视察、组织政协民主监督小组等活动、邀请参加检察开放日、新闻发布会、听庭观摩等活动。落实院领导领办、部门主办、全程督办制度，对市人大代表提出的建议，面商率、办结率、满意率均达100%。对政协委员的提案，及时办结并答复。落实人民监督员制度，对拟撤案、不起诉的职务犯罪案件，100%进入人民监督员监督程序，促进检察权依法行使。配合市司法局完成新一届人民监督员选任、培训工作。

【检察信息化建设】 2015年，全市检察机关为推进信息技术与检察工作的深度融合，推出检察信息化建设“杭州思路”。发挥信息技术在职务犯罪线索收集和初查、证据提取和固定等方面的作用，以信息化引导、精细化初查、专业化审讯、规范化办案有力推进规范型、高效型、创新型、专业型侦查方式的转型升级。发挥法医、文件检验、电子数据恢复的作用，为客观性证据审查提供技术支持。发挥网络技术在检务保障中的作用，建设远程视频接访和远程视频提审，提高工作效率。全市检察机关全年受理法医、理化、文件检验、心理测试案件70件，其中技术性证据审查49件。受理电子数据检验任务528次。市检察院信息化建设的思路和做法被省检察院转发，江干区检察院获评“全国科技强检示范院”称号。

【检察司法体制改革】 2015年，市检察院开展司法体制改革试点“杭州实践”。根据中央、省委、省检察院的方案，以检察人员分类管理改革、完善司法责任制为重点，积极稳妥推进司法体制改革试点。市检察院全程参与指导萧山区检察院按照全省统一部署，严把入额遴选各环节的标准和程序，完成首批员额检察官52名的选任推荐工作，引导检察干警理解改革、参与改革，确保思想不散、工作不松、秩序不乱，为改革的全面推开积累经验。构建检察环节刑事速裁“杭州模式”。根据案件类型及复杂程度，实行分类办理，加快案件流转，节约司法资源，推进司法高效化建设。规范办案流程、法律文书，开展全市视频提审、开庭联网建设，逐步形成检察环节刑事速裁改革试点“杭州模式”，有效提高轻罪案件的办案效率。试点工作经验被最高人民检察院转发，并在刑事速裁试点工作推进会上交流，《人民日报》《检察日报》均做报道。

【市检察院易址】 4月23日，杭州市人民检察院从香积寺路302号搬迁至之江路866号杭州检察办案技术大楼。该大楼2010年12月13日开工，历时5年建成。办案技术大楼主要由办公用房、办案和专业技术用房、预防职务犯罪警示教育基地等业务功能用房，以及浙江省检察官进修学院杭州分院用房、附属配套用房等5个部分组成。大楼设计强调“庄重大气、美观实用、功能齐全、风格协调”，充分体现检察机关公正执法的理念。 （冯顺英）

·法　院·

【法院概况】 2015年，市法院紧紧围绕“美丽杭州、法治杭州、平安杭州”建设，忠实履行宪法和法律赋予的职责，扎实推进“三信”法院建设，各项工作取得新进展。

全年新收各类案件25.27万件，结案22.91万件，分别比上年（指2014年，下同）上升23.3%和15%，均居全省第一。其中市法院收案2.66万件，结案2.59万件，分别上升12.3%和11.3%。全市一线法官人均结案261件，超全省平均数74件，是全国平均数的3倍；生效裁判息诉率等主要办案指标继续位居全省前列。注重发挥先进典型的引领示范作用，全市法院共有47个集体、43名个人获得省级以上荣誉，临安市法院被评为全省法院系统唯一的全国文明单位。

自觉接受市人大常委会对法院依法履职、公正司法和减刑、假释、暂予监外执行工作的专项督查，对反馈问题逐项整改。及时办结代表建议、政协提案10件，满意率100%。主动通报法院重要工作、重大案件，邀请人大代表、政协委员参加意见征询会、旁听庭审、参与执行。自觉接受并积极配合政协民主监督员入驻法院开展工作，“借智借力”促进公正司法。认真执行检察长列席审判委员会制度，全年市检察院检察长列席审判委员会讨论案件11件次。

开展“三严三实”专题教育，认

真学习《中国共产党廉洁自律准则》和《中国共产党纪律处分条例》，加强机关党建工作，坚定理想信念、坚守法治信仰。认真落实党风廉政建设主体责任和监督责任，坚持抓早抓小，开展廉政约谈、司法巡查和审务督察，把纪律规矩挺在前面。贯彻中央防止干预司法的“两个规定”，落实防止人情案、关系案各项机制举措。强化“一岗双责”，加强对司法权运行重点领域和关键环节的监督，专门出台强化执行工作廉政建设的7条意见，推进反腐倡廉。

【刑事审判】 2015年，全市法院审结一审刑事案件13671件，其中市法院审结一审重大刑事案件202件，判处被告人474人，严厉打击影响群众安全感的暴力犯罪。进一步加大反腐败斗争力度，继续保持对涉毒犯罪的高压态势。加大对非法集资、非法传销、电信诈骗等涉众型经济犯罪的打击力度，进一步净化市场环境。依法严惩侵害妇女、未成年人权益犯罪。

【民事审判】 2015年，全市法院审结劳动就业、教育医疗、婚姻家庭、住房保障、人身损害等与群众生产生活密切相关的一审民事案件4.99万件，比上年上升14.5%。加大调解力度，一审案件调解撤诉率54.3%，对不宜调解或调解不成的案件，及时依法作出裁判，引导、规范社会行为。面对杭州市成为千人机动车保有量全国省会城市第一、道路交通案件持续攀升的现状，在全国率先试点“网上数据一体化”处理综合改革，实现“定损—调解—诉讼—理赔”网上一站式服务，成为全国范本。

【商事审判】 2015年，全市法院共审结与经济发展密切相关的一审商事案件5.97万件，比上年上升16.4%。高度关注经济转型升级过程中的涉企纠纷，依法维护企业合法权益。全年共审结破产案件22件，力促一批可淘汰的“僵尸企业”退出市场，盘活土地38.4公顷、厂房10.2万平方米，化解不良资产8.5亿元，为实现企业兼并重组、转型升级和土地“腾笼换鸟”创造有利条件。全市共审结一审涉金融案件1.4万件、民间借贷案件2.77万件，重视防范和打击恶意逃废金融债权行为，有效阻断企业资金链、担保链风险扩散。支持金融改革创新，率先在全国适用电子督促程序办理互联网金融案件。审理全省首例小额贷款公司破产案件，规范杭州资本市场。

4月24日，市中级人民法院公开开庭审理一起涉独立保函纠纷案件，首次尝试外国专家辅助人参与庭审，也是浙江省涉外商事审判领域外国专家辅助人出庭的首例 （市法院 供稿）

【知识产权和涉外商事审判】 2015年，全市法院审结侵犯著作权、商标权、专利权等知识产权案件4524件，对“滴滴”打车商标权纠纷案等社会关注度高的案件，通过微博视频庭审直播，扩大司法保护知识产权的影响力。平等保护中外当事人合法权益，审结的涉外、涉侨、涉港澳台案件数量比上年上升62.5%。注重涉外商事审判的国际认可度，探索司法活动与国际规则的衔接，准许国际商会保函规则起草小组负责人作为外国专家辅助人参与独立保函纠纷的庭审，展示杭州市良好法治形象。与市贸促会建立涉外案件诉调对接机制，提高涉外纠纷化解效率，助推开放型经济发展。

【行政审判】 2015年，全市法院认真贯彻新《中华人民共和国行政诉讼法》，审结一审行政案件1917件，其中行政机关败诉255件，败诉率13.3%；法院协调促成原告自愿撤诉275件，撤诉率14.3%。连续第9年发布行政审判白皮书，促进依法行政。认真落实中共十八届四中全会关于“探索设立跨行政区划的人民法院，审理跨地区案件”的重大改革部署，确定由杭州铁路运输法院集中管辖部分一审行政案件。依法支持城乡一体化协调发展，审结涉“三改一拆”、G20杭州峰会、地铁2号线、城市快速路网等重点项目案件267件，依法保护行政相对人合法权益，依法支持重点项目有序推进。

【破解执行难问题】 2015年，全市法院共受理执行案件7.41万件，执结案件6.5万件，分别比上年上升31.2%和20%。执行到位金额100.3亿元。推进执行规范化建设，开展“转变执行作风，规范执行行为”专项活动，完善执行工作机制。着力破解异地执行难，市法院全年异地执行到位财产累计10.3亿元。完善执行信息化建设，设立网络专线，用足用好被执行人存款、车辆、房产等“点对点”查控机制，并逐步延伸至支付宝账户、流通证券及理财产品，实现被执行财产信息查询全覆盖。突出执行强制性特点，公开曝光3.26万名失信被执行人，对其在个人高消费、信用借贷、招标投标、置产置业、市场准入等方面进行信用惩戒。

【人权司法保障】 2015年，全市法院积极推进以审判为中心的诉讼制度改革，严把刑事案件事实关、证据关、程序关和法律关，通知警察

8月19日，市委常委、纪委书记陈擎苍（左二）一行到市中级人民法院调研指导工作
（市法院 供稿）

等证人、鉴定人出庭作证71人次。保障被告人、辩护人权利，为2625名没钱请律师、可能被判处3年以上有期徒刑的被告人，通知法律援助律师出庭辩护，有效防范冤错案。扎实推进刑事案件速裁程序全国试点工作，高效审理案件。尊重被告人人格，落实被告人出庭受审不穿“囚服”，彰显现代司法文明。

【参与社会治安综合治理】 全市法院积极参与社会治安综合治理，完善“圆桌审判”机制，通过“司法+社会”帮教模式，协同社会多方资源教育、感化、挽救失足未成年人。严格规范减刑、假释、暂予监外执行等适用条件，严禁法外特权，严防法外开恩，全年共对确有悔改或立功表现的1.13万名罪犯依法裁定减刑、假释；对18名法定情形已经消失的罪犯决定收监执行。

【电子商务网上法庭试点】 5月，围绕杭州市互联网强市战略，市法院及西湖区、滨江区、余杭区4家法院率先全国开展电子商务网上法庭试点，实现“网上纠纷网上审理”，试运行后当事人已网上提交各类案件2146件。通过先行实践并向上级法院提出建议，努力解决协议管辖、电子证据效力等问题。市法院探索建立的电子商务诉讼指导中心全年发布预警交易风险报告和典型案例20篇次，为线上电商、线下园区和广大消费者营造公开、透明、可预期的司法环境。

【司法改革试点】 2015年，市法院支持、指导、监督萧山区法院先行试点人员分类管理、法官员额制、司法责任制等改革。推行司法雇员制，实行“1名法官+1名法官助理+1名书记员”的审判管理模式。按照“让审理者裁判、由裁判者负责”的目标，科学界定审判权、审判管理权和审判监督权边界，规范院长、庭长对未直接参审案件的审核签发；限制缩小审委会案件讨论范围；健全法官会议制度，解决重大疑难案件的法律适用问题；推进庭审记录录音、录像改革试点，让公正可定格、可复制、可再现。

【司法公开和司法民主】 2015年，全市法院强化审判流程、裁判文书和执行信息公开，实现裁判文书上网常态化。市法院和萧山区法院、余杭区法院裁判文书公布数量居全国前10位。坚持“公开网拍优先”，全市99.4%的涉讼资产通过网络公开拍卖；深入开展网络视频庭审直播，加大公开审理力度，让法官在“围观”下办案，让案件在透明中运行。根据中国社会科学院2015年司法透明度指数报告，市法院在全国49个较大城市中级人民法院中列第3位。大力推进司法民主，全年人民陪审员共参审案件3.1万件，占一审适用普通程序审理案件的96.1%。

【涉诉信访法治化改革】 全市法院健全诉访分离机制，坚持依法纠错、依法救助、依法终结、依法治闹。2015年，共受理各类申诉和申请再审案件809件，比上年上升40.7%。开展与最高人民法院远程视频接访16次，建立律师参与化解和代理申诉案件制度，促进涉诉信访实质性化解，全年共依法终结涉诉信访案件129件。对经济确有困难当事人发放司法救助金718.1万元；对违法闹访构成犯罪的2人依法判处刑罚。

【司法能力建设】 市法院加强司法能力建设，法官具有硕士以上学位的占61%。注重专家型法官培养，共有14人入选省级审判业务专家库和省法官学院师资库。注重综合能力培养，全市有60名法官取得心理咨询师资格，为疏导当事人情绪、化解矛盾纠纷提供智力支持。注重青年法官培养，全面实施青年法官导师制度，市法院共有22名资深优秀法官结对培养预备法官。 （胡育萍）

·司法行政·

【司法行政概况】 2015年，全市司法行政机关认真履职，扎实进取，开拓创新，高标准推进公共法律服务体系建设，建立人民调解、行政调解、司法调解联动工作体系，抓好普法教育和法治建设，服务杭州法治社会建设、民生改善、经济发展和转型升级，各项工作取得积极成效。司法部部长、党组书记吴爱英，司法部副部长赵大程，省委副书记、政法委书记王辉忠，省委常委、市委书记赵一德先后调研指导杭州司法行政工作。市领导赵一德、张鸿铭、杨戌标对司法行政工作做出肯定批示。

市司法局获“2015年度全省司法行政工作综合考评优胜单位”称号。市富春强制隔离戒毒所陈志荣获浙江省“五一劳动奖章”，市西郊监狱孙华明被省司法厅记个人二等功。建德市杨村桥司法所被司法部命名为“全国模范司法所”，上城区清波司法所、余杭区良渚司法所被司法部命名为“全国先进司法所”；拱墅区康桥司法所所长屠卫东、萧山区宁围司法所所长谢新月、临安市潜川司法所所长朱建华被评为

"全国模范司法所所长"。

【法律服务】 2015年，杭州市有律师事务所401家、执业律师5665名；公证处12个、公证员87名；司法鉴定机构16家、司法鉴定中心4家、司法鉴定人274名。全市律师发挥法律专业优势，与市发改委联合开展"律师进重点项目"活动，成立专业法律服务团队，为G20杭州峰会及"一号工程""三改一拆""五水共治"等中心工作和重点项目提供精准法律服务。深化"律师进社区（村）"工作，全市驻点律师值班3.8万人次，解答咨询3.48万次，化解矛盾纠纷8852起。举办首届"十大律师先锋"评选活动，楼献等10名律师当选"十大律师先锋"。有序推进市直律师事务所属地管理，完成40家律师事务所、633名律师下放属地管理工作。下城区法律服务政府重点项目受到司法部肯定。滨江区"律师进校园"被教育部评选为全国中小学社会主义核心价值观教育优秀案例。开展公证"规范化管理年"活动和"标准化窗口建设，创群众满意单位"活动。国立公证处推出在线申办预约平台，为"东方之星"号客轮沉翻事件受害者家属提供公证服务。钱塘公证处开启公证服务"O2O"模式，打造微信、支付宝公证服务平台。西湖公证处为全市出租车改革提供公证服务。东方公证处研发公证业务自助受理机，方便群众办证。之江公证处为G20杭州峰会核心区域杭州奥体博览中心区块做好产权关系梳理等拆迁服务公证。湘湖公证处为萧山区"城中村"项目的拆迁、安置、分配提供一条龙服务。禹航公证处为复杂破产案提供便捷公证。推进司法鉴定机构转型升级，建设高资质、高水平司法鉴定机构和重点实验室，13家机构通过77项能力验证。落实鉴定人出庭作证制度，2015年累计出庭作证64人次。为"7·5"公交放火案当事人提供鉴定服务32人次，鉴定意见在理赔调解中全部采信并调解结案。与《钱江晚报》合作推出《鉴证实录》栏目，提升司法鉴定社会影响力。

【法律援助】 市司法局落实中共中央办公厅、国务院办公厅《关于完善法律援助制度的意见》，把"加强法律援助和服务"列入2015年市政府为民办实事项目，全年新建法律援助站点179个，办理法律援助案件1.69万件，解答法律咨询13.4万人次，举办法治讲座279场，为民办实事各项指标均完成130%。创新出台法律援助工作地方标准《杭州市法律援助服务标准》，被评为2015年度全省"司法行政工作创新奖"。做好司法部"法律援助办案支持系统""公共法律教育产品开发""刑事速裁"3项试点工作。开展"法律援助扶残助残""法律援助拥军维权""法律援助敬老服务月"等活动，特殊人员法律援助水平得到提升。完善法律援助案件质量评估工作，推动评估指标体系从"办案程序的完整性"向"案件实质内容的评判"转变。联合市财政局出台《杭州市法律援助经费使用管理办法》。建成覆盖全市的"12348"法律咨询专线平台和法律援助翻译资源服务平台，实现法律咨询功能联动。完善"杭州法律援助网"，实现法律援助案件网上受理、网上流转。

【普法教育和法治建设】 2015年，杭州市全面完成"六五"普法考核验收。调整充实全市普法教育依法治理领导小组成员，明确杭州市普法办成员单位职责，法治宣传向立法、执法、司法、守法全过程延伸。建立重点工作普法宣讲团，加强"五水共治""三改一拆"等法律法规宣传，市司法局被市委、市政府授予"杭州市'三改一拆'行动最佳支持单位"称号。精心组织"12·4"国家宪法日暨全国法治宣传日系列宣传活动和浙江法治宣传月系列活动。12月4日，首次联合市委组织部对新任市管领导干部举行宪法宣誓仪式，组织任前法律知识考试，强化领导干部宪法精神和法治思维。加强普法阵地建设，办好《开心学法》《和事佬》电视栏目以及市民学法大讲堂、《杭州普法》杂志、杭州普法网等平台。江干区、拱墅区、上城区、西湖区均建有首批省级"法治文化建设示范点"。"杭州司法"微信平台获评2015年度"全省政法系统十大最具影响力公众号"。10名律师受聘为第二届浙江省政府立法咨询专家，4名律师受聘担任杭州市政府法律顾问。政府、职能部门及企事业单位聘用律师担任法律顾问的有1.27万家。选派优秀律师赴省、市、区县（市）政府三级法制部门挂职，推动市、县、乡三级政府聘请律师担任法律顾问普遍化、常态化。组织律师参与信访接待，通过代理涉法涉诉信访，引导当事人依照法律程序表达诉求。全年律师参与市政府信访值班255人次。《余杭基层治理法治化探索》载入中国社科院《中国法治蓝皮书》。萧山区、富阳区出台《政府法律顾问工作规则》。落实行政执法人员执法岗位持证率100%。市司法局出台《杭州市司法局行政调解办法》《杭州市司法局行政执法全过程记录实施办法》，做好人民监督员选任管理方式改革，任命及确认市级人民监督员

9月11日，杭州市举行国家司法考试基地授牌仪式　（市司法局 供稿）

12月30日，杭州市公共法律服务中心启用　（市司法局　供稿）

202名；与杭州电子科技大学联合建立杭州市国家司法考试基地，完成2015年度国家司法考试杭州地区考务工作。

【社区矫正安置帮教】　3月19日，杭州市召开全市社区矫正工作会议，调整市社区矫正暨安置帮教委员会及办公室。加强社区矫正规范化建设和管理教育创新，建立“周分析、月通报、季研判”工作制度，推出“菜单式”教育和“互联网+”管理模式。杭州市及13个区县（市）全部建成社区矫正指挥中心，落实集中点验、视频指挥、巡查督察、应急处置、在线教育等工作。联合市检察院开展社区矫正执法检查，开展清查核查专项行动。做好部分社区服刑人员特赦工作。加强社区矫正队伍能力建设，全市获得国家心理咨询师资格的社区矫正工作人员达到37%。举办全市司法行政系统社区矫正“双十佳”技能大比武，联合团市委成立杭州市社区矫正志愿服务总队，推动社会力量参与社区矫正工作。至年末，全市建有帮扶基地和就业安置基地98家，依托职能部门开展职业技术和就业能力培训。上城区编写社区矫正专用教材，开通社区服刑人员网上学习平台“e学网”。拱墅区建设全省未成年社区矫正示范区，成立社区矫正社会服务中心。建德市成立特殊人群帮教团，建立困难救助金制度。

【监所监管】　2015年，杭州市属监狱严格执行监管安全稳定制度，健全与驻监武警部队“三共八联”机制，深化教育改造，规范考核奖惩，开展“两严两违”专项活动，实现监管安全“四无”和安全生产“五无”目标。杭州富春戒毒所认真实施《浙江省司法行政系统戒毒工作纲要》，形成具有富春特色的“四区分离”“四区流转”“五大专业中心”戒治格局，实现安全稳定“六无”目标。编制完成《监狱戒毒系统科技发展“十三五”规划》。市政府重点工程西郊监狱改扩建工程开工，落实有效投资1亿元目标，被评为杭州市2015年度投资及重点项目建设先进集体。南郊监狱编制完成过渡建设和改扩建项目方案。东郊监狱推进智能化现代文明监狱创建。北郊监狱主体工程设施改造项目建设完成竣工验收。富春戒毒所和法制教育学校迁建项目获市发改委批复。南郊监狱民警、职工集体救助“6·1”萧山重大车祸事故得到省司法厅肯定。

【人民调解工作】　2015年，市司法局开展重大不稳定问题排查化解活动，为G20杭州峰会创造和谐环境。建立人民调解、行政调解、司法调解联动工作体系，实现矛盾纠纷多元化解。完善人民调解机制，与市公安局联合印发《关于进一步深化杭州市“警调衔接”机制的意见》。推进村（社区）、乡镇（街道）专职人民调解员队伍建设。建立杭州市人民调解委员会，加强专职人民调解员队伍建设。开展“星级规范化司法行政法律服务中心”“星级规范化司法所”创建活动，基层建设得到加强。举办“人民调解十大经典案例”评选活动，扩大人民调解影响力。医疗纠纷人民调解委员会、交通事故人民调解委员会等行业性、专业性人民调解委员会成效显著。临安市出台《关于加强临安市银行业金融消费纠纷人民调解工作的实施意见》，加强金融领域纠纷调解。至年末，全市有人民调解委员会4062个、行业性专业性调委会185个、人民调解员1.74万名，调解纠纷9.48万件，调解成功率98%，调解协议涉及标的26.2亿元。21个交通事故人民调解委员会受理纠纷1.07万件，成功调处1.05万件，实际赔付1.69亿元。9个医疗纠纷人民调解委员会受理纠纷778件，成功调处688件，实际赔付3264.21万元。

【公共法律服务体系建设】　2015年，市司法局高标准推进公共法律服务体系建设，整合法律援助、人民调解、律师、公证、司法鉴定等职能，建成杭州市公共法律服务中心，实现“一站式”法律服务，形成以市公共法律服务中心为龙头、县级司法行政法律服务中心为中枢、乡镇公共法律服务站为骨干、村（社区）公共法律服务室为基础的4级网络。推进法律服务与“互联网+”有效融合，推行“公益律师快线”，为市民提供网上法律咨询、网络调解。举办第二届“法治惠民服务月”，解决一批民生所需、百姓所盼的法律问题。起草《杭州市公共法律服务“十三五”规划》并纳入杭州市“十三五”时期规划。“建设覆盖城乡、惠及全民的公共法律服务体系”写入市政府2016年工作报告。司法部部长、党组书记吴爱英专程视察杭州公共法律服务体系建设工作，提出打造全国公共法律服务体系“杭州样板”。萧山区、余杭区成功创建浙江省五星级规范化司法行政法律服务中心。　（吕　炜）

·案　例·

【“7·5”公交车放火案罪犯被执行死刑】　2月12日，市中级人民法院一

审判处被告人包某死刑，剥夺政治权利终身。2014年，包某制造了震惊全国的杭州“7·5”公交车放火案。

法院经审理查明：被告人包某常年离家在浙江省义乌市等地打工，曾因肺结核病复发于2013年10月到杭州住院治疗。因经济拮据、旧疾复发等原因产生轻生念头，同时为发泄对社会的不满，包某决定采用在公交车上放火的方式报复社会，并选择来杭州作案以扩大影响。2014年7月4日，包某在义乌市购买了易燃溶剂天那水、塑料桶及打火机等工具，将天那水灌装在塑料桶内，并将塑料桶放置于双肩包中随身携带。7月5日上午，包某携上述物品从义乌乘车至杭州。当日16时许，包某行走至西湖区灵隐寺附近，在灵隐公交车站登上开往城站火车站的牌照为浙A·3A853的7路公交车，伺机作案。17时许，当满载乘客的公交车沿庆春路行驶至上城区东坡路口时，包某打开双肩包内的塑料桶，将天那水倾倒在车厢地板上，用打火机点燃，瞬间引发车内大火。大火造成33名乘客不同程度烧伤，部分乘客的随身财物被焚毁，公交车辆严重受损。经鉴定，其中7人重伤一级、13人重伤二级、5人轻伤、5人轻微伤、另有3人未达轻微伤；车辆遇焚损失人民币31.42万元。为抢救伤员，支出医疗费用合计人民币1000多万元。

市中级人民法院认为被告人包某采用极端手段发泄不满，性质极其恶劣，后果特别严重，故以放火罪判处被告人包某死刑，剥夺政治权利终身。对此判决，包某没有异议。2015年4月30日，市中级人民法院根据最高人民法院院长签发的执行死刑命令，依法对包某执行死刑。

【“铁笼沉尸”案主犯被判死刑】 3月16日，市中级人民法院对被告人胡某等故意杀人、非法拘禁、寻衅滋事一案进行公开宣判。主犯胡某犯故意杀人罪、非法拘禁罪，决定执行死刑，剥夺政治权利终身。该重大命案2013年经三次开庭审理后，市中级人民法院坚守命案证据底线，要求重启被害人尸体搜寻工作。经各方努力，公安机关于2015年1月6日成功起获被害人尸体及铁笼，锁定了本案犯罪事实的关键客观性证据。

经审理查明，被告人胡某为索取债务，于2012年6月10日伙同他人从下城区将被害人张某带离杭州，后又指使被告人张某某、金某、马某等人在永嘉县、青田县等地将其非法拘禁80多天。其间，被告人胡某、马某分别向张某的亲友索得人民币620万元、3万元。同年8月31日晚，被告人胡某、金某、张某某在他人协助下，将被害人张某关入铁笼运往青田县滩坑水库方向，后由被告人胡某、张某某、金某于次日凌晨将铁笼抬至北山大桥推入滩坑水库。

市中级人民法院认为，本案被告人胡某、张某某、金某杀人犯罪手段残忍，罪行极其严重。被告人胡某在本案中所起作用最大且系累犯，归案后拒不认罪，主观恶性极深，依法应予严惩，遂做出上述判决。被告人张某某、金某分别被判处死缓和无期徒刑。 （胡育萍）

【余杭区社保领域贪污窝串案】 2006年8月至2014年5月，郑某在余杭区农民合作医疗保险委员会办公室、余杭区城乡居民合作医疗保险办公室、余杭区社会保险办公室居民医疗保险科、余杭区社会保险办公室医疗保险管理科工作期间，利用负责对新型农民合作医疗保险参保人员医疗报销审核的职务便利，单独或伙同钱某、乐某、赵某等人，利用伪造的保险公司印章，先后多次通过伪造医保报销材料，共同骗取医保基金544万余元。该案经杭州市中级人民法院一审和浙江省高级人民法院二审判决，郑某因犯贪污罪被判处有期徒刑15年；钱某因犯贪污罪被判处有期徒刑8年6个月；乐某因犯贪污罪被判处有期徒刑8年；赵某因犯贪污罪被判处有期徒刑5年。

该案系全市检察机关深化行政执法与刑事司法衔接机制，服务保障民生，严厉打击骗取社会保险基金违法犯罪行为工作中，余杭区检察院查处的一起通过内外勾结，伪造整套医保报销材料，共同骗取医疗保险基金，严重危害医保基金安全的职务犯罪窝串案。

（冯顺英）

【摧毁特大恶势力团伙案】 4月末，市公安局对一起涉黄赌毒恶势力信访举报线索进行核查，发现并基本查清一个以陈某（男，43岁，安徽泾县人）及其妻子崔某（女，37岁，吉林辉南县人）为首的涉黄赌恶势力犯罪团伙。该团伙纠集数十名东北籍恶势力人员，长期隐藏在下城区东新地区，涉嫌组织卖淫、协助组织卖淫、赌博、聚众斗殴、敲诈勒索、故意伤害、寻衅滋事、容留吸毒、贩毒等罪名。7月1日晚，市公安局调集警力400多人实施集中抓捕，共抓获涉案违法犯罪嫌疑人83人，其中刑拘37人、行政拘留36人；捣毁涉案场所4个，缴获涉案车辆6辆、现金10万余元；缴获伸缩警棍、警用电筒、报警器、望远镜、账本等作案工具一批。破获并查证该团伙组织卖淫8700多起、非法所得480多万元；赌博案件50多起，抽头获利100多万元；聚众斗殴、敲诈勒索、故意伤害、寻衅滋事案件10多起。

【“支付宝预付卡”跨境诈骗案】 2014年10月至2015年3月，犯罪嫌疑人以提供色情服务并用支付宝预付卡支付嫖资为由，诱使受害人在AXS自动贩卖机上使用嫌疑人邮箱购买支付宝预付卡的方式进行诈骗，大量新加坡籍支付宝会员在网上被骗，新加坡警方联系支付宝公司请求协助查办案件。2015年4月，市公安局受理支付宝公司报案。调查发现自2014年10月至2015年4月期间，支付宝公司共接到类似受骗投诉1900多例，涉及金额1.3亿元。杭州警方历时8个月，辗转湖南长沙、福建莆田和江西的赣州、抚州、吉安等地进行详尽调查，于12月23日在三省五地同时收网，成功捣毁诈骗团伙窝点5个、洗钱窝点2个；现场缴获作案用电脑35台、手机51部、银行卡55张、作案车辆4辆；抓获涉案嫌疑人43名，从主犯到从犯无一漏网。经审查，嫌疑人交代通过微信聊天，以提供色情服务需缴纳保证金、退还手续费等为诱饵，通过洗钱团伙在支付宝进行网上虚假交易，再通过支付宝绑定的银行卡取现，最终将虚拟的预付卡资金转化为线下货币的犯罪事实。该案系全国首例破获的支付宝跨境诈骗案。

（蔡　妮）

国防建设

National Defense

·警　备·

【杭州警备区建设】 2015年，杭州警备区紧跟习近平主席系列新战略思想，以强军目标为统揽，以举旗铸魂为首要，以练兵备战为主业，以整风肃纪为基调，扭住根本，聚焦中心，突出重点，狠抓落实，全面建设呈现稳中有进、稳中向好的局面。

思想政治建设持续加强。贯彻全军和军区政治工作会议精神，把思想建党、政治建军摆在突出位置。办好《理论与思考》，追踪学习最新指示。开展"书香军营·阅读之美"活动，形成百题调研系列成果。把"学习践行强军目标，做新一代革命军人"主题教育贯穿全年，邀请赴非洲抗击埃博拉病毒的部队医院代表和雷锋生前战友乔安山做报告，参观萧山衙前农民运动纪念馆、浦江"江南第一家"和湖州监狱等处，厚植信仰信念。

大规模作战准备有力推进。加强对作战准备的组织领导，修订完善作战方案及配套计划，开展战备整治、补充战备物资、升级改造信息系统。落实首长机关训练、重要目标防卫演练，参加"聚焦使命2015-B"编组联训，围绕网络攻防等课题重点研究攻关。指导预备役高炮团参加军区检验性考核，开展国防动员和人民武装动员两个考评工作。组织民兵参与社会维稳、森林消防灭火、水上抢险救援3个课题现场观摩，开展民兵骨干技能比武，组织民兵分队抗击"灿鸿"强台风，参加乌镇峰会安保备勤。

作风建设不断加强。围绕整风整改主基调，开展"三严三实"专题教育整顿，团以上领导干部带头上党课、谈体会，警备区常委带工作组深入基层一线进行指导帮带。学习新颁布的《中国共产党廉洁自律准则》和《中国共产党纪律处分条例》，清理4名超编干部，对5名违规任用干部进行组织处理，清退14户不合理占用住房，终止45个非军产租赁项目，财务清查整改总金额1029.25万元，年度行政消耗开支和公务接待开支比上年（指2014年，下同）下降40.1%。

军民融合工作创新拓展。召开全市国防动员工作会议，开展军民融合专题调研，出台《杭州市军民融合深度发展实施意见》，把军民融合发展纳入杭州市"十三五"规划。组织市四套班子领导过"军事日"活动，筹划和开展纪念抗战胜利70周年系列活动。全市同步组织"大学生征兵宣传周"和优秀大学生干部进高校政策宣讲，召开驻杭部队"八一"座谈会，发出拥政爱民倡议书，慰问军属大走访、"八一光荣榜"、"军人荣誉墙"等工作形成常态固化。国防教育和国防动员工作做法在《中国国防报》《人民前线》刊登。

基层基础建设规范升级。出台《杭州市随军家属就业安置实施细则》等5个配套文件，举办专场招聘会，符合条件的335名随军家属基本安置到位。落实《浙江省军人军属权益保障条例》，协调落实军人免费乘坐公交车、地铁等优待措施，78名军人子女享受中考加分。开展送温暖、帮基层工程，全区共走访慰问1976个困难户。采取政工会难题会诊、座谈会形势分析、培训会充电强能等形式，推进"民兵红旗党支部"创建。推广余杭区人武部"法治军营"和淳安县人武部"部务公开"试点成果，推进重点工作落地。

后装保障能力得到提升。完成后勤保障方案修订对接，细化落实各类物资器材储备。组织民兵交通战备分队应急抢修演练，召集国民经济动员办公室成员单位负责人开展战时保障技能集训，试点探索人武部（预备役高炮团）私车公用改革，在余杭区建立省军区杭州方向保障群。加快新办公大楼附属设施建设进度，逐项组织油料供应和物资集中采购行业风气整顿，推进基本建设项目和房地产租赁"两项普查"。杭州警备区被解放军四总部表彰为先进单位。

【军民融合深度发展】 为贯彻落实习近平总书记"把军民融合发展上升为国家战略"的重大战略决策部署，杭州市国防动员委员会（简称市国动委）统筹杭州市经济建设和国防建设，推进军民融合深度发展。4月27日，市国动委印发军民融合调研征求意见通知。5月12日，组织市国动委和市财政局、市金融办等有关单位召开协调会，确定调研地点和单位。6月，由市国动委副主任、常务副市长马晓晖和警备区司令员潘方敏、政委雷林带队，组织市国动委和市财政局，调研61232部队、浙江大立科技股份有限公司、杭州前进齿轮箱集团股份有限公司、杭州市粮食收储有限公司等涉及传统行业、

高新技术、动员中心和涵盖经济、交通、科技等领域的9个单位。12月31日，市委、市政府和杭州警备区出台《关于推进军民融合深度发展的实施意见》。

【非战争军事行动现场观摩】 5月29日，杭州警备区机关在余杭区余杭街道组织非战争军事行动现场观摩会。观摩会采取兵力以少代多、场地现场模拟、军地联合行动方式组织实施，演示民兵分队在非战争军事行动中可能担负的水上救援、维稳处突、森林灭火3种典型任务，规范程序方法，提高协同配合能力。主要安排3个课目内容。水上救援由余杭区人武部负责实施，主要演示水上行进、人员物资转移、水上搜救3个课目；维稳处突由拱墅区人武部负责实施，主要演示对事件中心地区实施封控、劝导疏散闹事人群、协助抓捕犯罪分子、强行驱散闹事人群4个课目；森林灭火由富阳市人武部负责实施，主要演示组织森林火灾扑灭的程序方法。

【师团两级机关指挥技能集训】 7月1~3日，杭州警备区在萧山区民兵训练基地组织第2季度师团两级首长机关指挥技能集中训练。集训考核的内容包括自动步枪射击、20千米轻装徒步行军和作战计算3项内容，公勤队战士参加自动步枪应用射击和20千米战斗体能拉练。集训考核个人单科目成绩按百分制评定，个人综合成绩按百分比评定，其中自动步枪射击和作战计算各占50%；未完成20千米的成绩以80%计入个人和单位综合成绩，单位综合成绩为本单位参考人员综合成绩的平均值。成绩作为年度个人及单位首长机关军事训练考核评比的依据。

【驻杭部队“八一”座谈会】 7月28日，杭州警备区召开驻杭部队“八一”座谈会。杭州警备区司令员潘方敏、政委雷林及驻杭部队主要领导出席会议。围绕“持续强化地方党政领导的政治责任”“着力营造社会崇军尚武的浓厚氛围”“着力解决官兵实际现实困难”等3个方面，介绍杭州警备区部队发挥牵头协调职能、服务驻杭部队建设的有关情况。各部队代表对杭州警备区在加强军地协调方面所做的工作给予充分肯定和高度评价，并提出“随军家属就业安置”“军人子女入学入托”等9个方面的意见建议。会议就杭州警备区提出的“拥政爱民倡议书”，听取与会代表的意见建议。

·国防动员·

【人民武装动员能力检查评估】 11~12月，杭州警备区组织全市人民武装动员能力检查评估。采取静态查台账、动态考能力、现地看规范的方法，对13个人武部，分8类27项63个内容进行检查评估。全程查阅台账资料760多份，组织350名现役干部、专武干部和民兵理论考试，组织130名民兵轻武器操作考核，现地查看各类库房92个，共拉动检验民兵分队26支共4000多人行动能力。

【国防动员工作任务部署】 3月6日，市国动委召开全市国动委办公室主任会议，市、区县（市）两级国动委常务副主任、副主任，各办公室主任、专职副主任，成员单位联络员共500多人参加会议。市政府常务副市长徐立毅提出具体要求，司令员潘方敏部署2015年度全市国防动员工作，明确整改方向和措施办法。

【国防动员工作综合考评】 3月，杭州警备区组织市国动委各专职副主任（联络员）集中办公，研究国防动员综合考评工作。先后3次征求各办公室和县级国动委意见，针对区县（市）国动委办公室设置和工作实际，制定考评内容，完善评分细则。7月8~30日，市政府常务副市长马晓晖和警备区司令员潘方敏、政委雷林分别带队，采取“一支队伍全程考、一个标准公正考”的方式，综合考评全市国防动员工作，查阅原始资料3000多份，抽考抽问军地工作人员300多人，实地查看各类场所150多个。考评结果通报各区县（市），推动国防动员工作在基层落实。

【国防动员按纲抓建样板单位建设】 2015年，杭州市探索规范国防动员“五个基本”建设路子，开展市、区县（市）两级国防动员按纲抓建样板单位建设。成立由市国动委主任、市长张鸿铭任组长，市国动委副主任、常务副市长马晓晖，杭州警备区司令员潘方敏、政委雷林任副组长，市国动委各专业办公室主任为成员的领导小组。组织市国动委各专职副主任（联络员）和各区县（市）人武部副部长集中办公、征求意见、修改完善方案，形成市、区县（市）两级各一个主案，人武、经济、政治、人防、交战、科动、信息7个领域子案的衔接配套方案。3月起，全面展开按纲抓建工作，市、区县（市）两级在全面落实纲要的基

5月29日，杭州警备区在余杭区组织非战争军事行动现场观摩会

（杭州警备区 供稿）

9月11日，杭州警备区在拱墅区运河广场举办“弘扬伟大抗战精神，同心共筑强大国防”主题图片展　（孙　斌　供稿）

础上，注重固基础抓经常管长远，围绕“五个基本”，突出机构规范、制度落实、工作落地、保障到位，并抓好各区县（市）动员领域特色工作。

【夏秋季征兵】 2015年，杭州市征兵工作坚持科学统筹、主动作为、合力推进，突出大学生征兵重点，提前筹划部署，深入宣传发动，严把质量关口，圆满完成新兵征集任务，其中大学生新兵占54.6%。

·国防教育·

【“两走两感”活动】 4月9日，杭州警备区开展“走近先烈、感悟信仰，走进传统、感受力量”（简称“两走两感”）活动，组织机关干部和党员职工共30多人赴湖州监狱参观警示教育基地、观看服刑人员现身说法；到浦江诵读“江南第一家”郑氏家规家训，了解郑氏家族的为官、处世、治家的典范表率。通过警示教育和传统教育鲜明的正反对比，增强法规意识和纪律观念，筑牢拒腐防变的思想道德防线。

【主题图片展活动】 9月11日，杭州警备区政治部、拱墅区人武部在拱墅区运河广场举办“弘扬伟大抗战精神，同心共筑强大国防”主题图片展。展览设30个版面，分“世界反法西斯战争”“中国抗日战争”和“浙江抗日战争”3个部分，选用近100张历史图片，回顾中华民族在抗日战争期间遭受的深重灾难，讴歌伟大的中国共产党和其领导的八路军、新四军背负民族希望浴血奋战的历史功绩。运河广场展览结束后，图片展赴各企业事业单位、社区、学校进行巡展。

【全民国防教育宣传周活动】 9月24日，临安市人武部在人民广场举行全民国防教育宣传周活动。宣传周活动以“勿忘国耻，强我国防”为主题，突出国防知识、国防法规、国防精神、国防意识等内容，围绕第15个全民国防教育日活动，开展国防知识竞答，机关、学校、锦城街道和万马社区共300多人参加活动。活动现场，临安市国防教育办公室开展国防法规现场咨询、发放宣传资料、“我爱国防”签名等形式多样的活动。结合征兵工作，在电视台开设国防教育图文滚动宣传及播放军事题材电视片，在电影院和电影下乡中打出国防教育宣传标语幻灯片，利用农民信箱及党政系统发送国防教育短信，在主要街道路口悬挂国防教育横幅，营造浓厚的国防教育氛围。

·民兵预备役·

【民兵组织整顿】 2～6月，杭州警备区根据浙江省军区《关于做好2015年度民兵预备役部队组织整顿工作的意见》，完成民兵组织整顿任务。2月5日，召开全市民兵组织整顿任务部署会和业务培训。4月中旬，各人武部开展自查自纠。5月5日起，展开对各单位组织整顿情况进行检查验收。其间，拉动点验23支分队3000多人。

【民兵应急骨干对抗比武】 6月10～11日，杭州警备区在萧山区民兵训练基地组织民兵应急队伍骨干比武，每个团单位6名参考人员。杭州警备区本级作训、动员、装备、纪检、卫生所、公勤队等科室和直属队共17名保障人员参加。训练内容包括理论法规、3000米跑、手榴弹投准、半自动步枪精度射击共4项内容。比武产生综合成绩优胜个人15名、单项成绩优胜个人40名。

【民兵信息员“报知周”活动】 3月9～13日，杭州警备区组织民兵信息员开展“报知周”活动。全区民兵信息员参加，活动为期5天，围绕在线率检查、语音抽点民兵信息员、落实短信平台指挥情况检查、视音频和图像信息上报检查、落实“零报告”制度情况检查以及突发情况处置模拟演练等7项内容进行。在组织视音频和图像信息上报检查中，受领任务的单位均按要求及时上报。下城区、萧山区、余杭区、建德市、淳安县等单位上报信息质量较高。

【应急维稳民兵集中备勤】 12月15～19日，杭州警备区在余杭区民兵训练基地组织第二届世界互联网大会安保应急维稳民兵集中备勤。备勤期间，杭州市反恐办专家讲解反恐维稳常识及可疑人员识别基本方法，组织观看维稳安保相关视频资料。武警杭州市支队3名教员，传授反恐维稳基本技能，组织捕捉网、综合自卫器等反恐维稳装备操作训练。组织紧急出动演练和急行军训练，提高民兵应急分队安保能力。

【民兵基层党组织建设】 2015年，杭州警备区结合年度开展的各项工作，加强民兵基层党组织建设。重点抓5个方面：结合民兵整组点验等工作，对应急连、村（社区）民兵连、企业事业单位的民兵组织状况，

普遍进行一次摸底调查。对33个不同类型的典型支部逐一分析问题，查找解决办法。5月20日，在萧山训练基地召开政工会，对照年初党委扩大会议部署的创建任务，各团单位分析建设形势，查找反思问题，研究推进举措。结合“七一”活动，表彰拱墅区的浙江盘石信息技术有限公司，滨江区的星民社区、富通集团女子连等12个做得比较好的民兵连党支部。11月12日，联合市委组织部，通过视频会议形式，组织授课辅导，对260多名民兵党支部书记、民兵连长进行培训。

【军警民治安联防机制常态运行】 2015年，上城区军警民治安联防机制常态运行，在辖区内的城站火车站、湖滨商圈、汽车南站、西湖景区等重要目标及人口密集区，组织民兵与公安干警组成联合治安巡防队，执行辖区治安巡防任务。元旦、春节、清明等节假日期间，累计出动民兵68批、700多人次。

【临安被困人员搜救】 6月23日傍晚，受短时强对流天气影响，临安市昌化镇、太阳镇一带出现局部暴雨，两小时内，部分河道水位暴涨近5米。昌化镇后葛村、联盟村等地部分道路严重受损，部分群众被困，7名伐木工人失联。临安市人武部作战值班室接到情况通报后，部长肖红虎、政委徐晔带领机关干部立即赶赴昌化镇组织指挥搜救工作，集结昌化镇民兵应急分队50人，分三支小分队上山搜救。因天黑雨大，道路冲毁，进山搜救难度大，当晚19时左右又从河桥、龙岗镇抽调民兵应急队员150多人机动支援，于6月24日6时救出7名伐木工人。

【预备役部队检验性考核】 8月下旬和10月中旬，杭州预备役高炮团分两个阶段接受南京军区预备役部队检验性考核任务。第一阶段为综合演练。预备役高炮团和萧山区人武部抽组编成1个防空群指挥所、1个营指挥所、2个高炮连参加考核，区分强化训练、直前准备、参加考核和回撤复盘4个阶段组织实施。第二阶段为基础理论基本技能比武考核。参加基础理论、识图用图、作战文书拟制、防空群战斗行动计划图标绘、教学法等7类12个课目的考核比武。

【民兵预备役高炮骨干跨区联训】 6月1～9日，杭州预备役高炮团在余杭区人武部训练基地组织全省民兵预备役高炮骨干跨区联训。训练采取“小兵种大集中”的方法，以单兵训练和协同训练为重点，着眼巩固和提高民兵预备役防空作战能力需要，组织杭州、舟山、温州、宁波、金华、衢州、嘉兴民兵预备役共15个班，按照理论学习、基础训练、协同训练、考核验收4个阶段，分别进行炮班编成、分工及队形、炮手基本操作、班长基本技能等训练内容，完成大纲规定课目的训练任务。

【基层规范化建设现场会】 4月25日，杭州预备役高炮团在桐庐县召开基层规范化建设现场会。杭州预备役高炮团第一政委、市人大常委会主任王金财，杭州警备区司令员潘方敏、政委雷林等出席现场会，浙江省军区司令部代表到会指导，全团现预任军官共100多人参会。现场会主要组织营区规范化库室观摩、营连规范化经验介绍、基层规范化建设任务部署等内容。杭州预备役高炮团团长关玉良围绕基层规范化建设“抓什么”“怎么抓”等问题，明确预备役营连规范化建设的内容、标准和要求。

【预备役军官授衔仪式】 4月25日，杭州预备役高炮团在桐庐举行授予（晋升）预备役军官军衔仪式，全团现预任官兵共87人参加。杭州警备区政委雷林宣读命令，团第一政委、市人大常委会主任王金财和杭州警备区司令员潘方敏、政委雷林颁发命令状。授（晋）衔仪式中，2人被授予预备役中校军衔，1人由预备役少校军衔晋升为中校军衔，7人被授予预备役少校军衔，1人被授予预备役中尉军衔，1人被授予预备役少尉军衔，1人由预备役少尉军衔晋升为中尉军衔。

【入队预编士兵训练】 4月26～30日，杭州预备役高炮团在余杭区民兵训练基地组织新入队预编士兵训练。主要完成预备役部队基本常识、条令条例、战备基础、战场防护、轻武器射击等课目的学习和训练。

【预备役分队全员训练】 11月5～20日，杭州预备役高炮团组织高炮营高炮连、指挥连、警调排、汽车连、卫生队和修理所等分队训练。高炮连主要进行炮手单兵操作、班协同、射击准备、炮班（排、连）战术等训练。各专业分队主要就各专业课目进行组训。经考核，全体人员各课目训练成绩均达合格标准，良好率超过50%。（贾敏政）

·武　警·

【武警概况】 中国人民武装警察部队浙江省总队杭州市支队（简称武警杭州市支队），主要担负警卫安保、看守看押、守卫守护、武装巡逻、两规陪护五类固定勤务和处突反恐、抢险救灾等任务。2015年，武警杭州市支队适应全军和武警部队建设的新形势，在“强能、提质、保稳、创优”上求突破，部队建设保持向上向好发展态势。

坚持把铸牢军魂作为政治工作核心任务，结合实际制定《强能提质保稳创优政治工作提要》。组织“学习践行强军目标，做新一代革命军人”主题教育、“军人样子”大讨论、“9·3”大阅兵暨纪念中国人民抗日战争胜利70周年活动和“传承红色基因、当好革命传人”强军文化系列活动，建立基层党支部与官兵原籍村（居）委会共管共育机制。做好经常性思想工作和心理、法律服务，编写“十三涉”警示教案。支队政治部被武警总部评为先进政治机关。三中队中队长刘超当选为“浙江十大杰出青年”。十八中队战士戴帆失母不失志的先进事迹被中央电视台《新闻联播》和《解放军报》等20多家媒体报道。

按照“多能一体、有效维稳”战略要求，强化任务牵引，坚持练兵备战。推进看押看守目标AB门建设、规范新版执勤方案、推行“每月研一情，每周练一法”勤训机制，连续29年实现执勤安全无事故。严密组织勤训轮换、“大练基本功”、“练三声、正三相、治三手、纠痼癖”活动和“卫士-15”演习。建立蓝军分队，组织实兵实装对抗和9次带实战背景的演练。全年完成临安特大山洪救援、第二届世界互联网大会安保任务以及等级警卫、押解押运、两规陪护、重大活动安保等勤务664起。

开展法规“学守用”“防松散、治慵懒、严纪律、保安全”和法律服务下基层活动，聘请浙江君安律师事务所为支队法律顾问单位。落实安全工作8个规范，建立在外人员管控机制，分两批对支队部、大队部、中队部人员进行集训。推动监门哨改造、“三化两拓展”建设、营区实体围墙等问题整改。开展“百日安全竞赛”活动，组织执勤战备、教育管理、作风纪律整顿和内部关系、枪弹管理、车辆运行专项整治，连续6年被武警浙江省总队评为安全预防工作先进单位。

推进“三严三实”专题教育整顿，开展“八项清理整治”和社团工作专项清理整治。退缴不合理报销经费3.7万元，纠治训风演风考风问题25个，查纠未立项审批或审批不规范的建设工程2个，清退不合理住房11套。研究制定纪委工作措施，完善经费管理使用、招投标实施细则等13项制度规范。

树立“预算即法”意识，每月网上公示大项经费开支，规范经费开支、物资采购、工程建设和空余房地产租赁项目管理。行政消耗性开支比上年下降35%，公务接待费开支下降78%。与地方续签代储、代运、修理协议，改革伙食配送制度，拓展警民融合保障模式。推进党委承诺的“十件实事”，做好4个单位调防归建、8个单位营房立项新建和信息化等建设。落实40套地方经济适用房，把基层官兵的医疗纳入地方保障，实行县（市、区）中队财政单列。

【“卫士-15”实兵拉动演练】 5月25~29日，武警杭州市支队派出500多名官兵参加“卫士-15”实兵拉动演练，重点研练处置群体性事件、反恐和抢险救援的兵力编成、组织指挥、战法运用、协同保障等问题。通过演习，检验提高首长机关组织指挥、谋划决策、统筹协调和部队整体行动能力。

【临安昌化山洪抢险救援行动】 6月23日，临安市昌化镇受暴雨影响，暴发山洪，致山体公路塌方，河流改道，电力、通信全部中断。武警杭州市支队临危受命，参加抢险救援行动。累计出动兵力近300人次和车辆32台次，运送应急救援物资2000多件，清理主要道路1000多米，平整场地1万余平方米，清理淤积物150多立方米，清理垃圾树木10多吨，救助受灾商铺60多间，受到地方党委、政府的赞誉。

【跨省调犯押解】 6月24~25日，根据浙江省统一部署和武警浙江省总队命令，武警杭州市支队共派出执勤人员300多人次（含地面警戒兵力），完成调犯省内集结、专列押解和路线警戒任务，共跨省遣送罪犯1200名（含200名女犯）。

6月24日晚，武警杭州市支队执行跨省调犯押解任务

（武警杭州市支队 供稿）

【第二届世界互联网大会执勤】 12月16~18日，武警杭州市支队参加在浙江乌镇举行的第二届世界互联网大会执勤。按照统一部署，武警杭州市支队派出执勤人员担负乌镇核心主会场、杭州萧山国际机场专机警卫和杭州要人住地警卫任务。全体参战官兵精神振作、热情饱满，彰显了对党忠诚、使命担当的核心能力，以最高标准、最严要求、最佳形象圆满完成执勤任务。

【刘超当选浙江杰出青年】 4月21日，浙江省2015年“十大杰出青年”评选揭晓。武警部队第十七届“十大忠诚卫士”、武警杭州市支队三中队中队长刘超当选，并受邀出席庆祝“五一”国际劳动节暨表彰全国劳动模范和先进工作者大会。4月30日，省委副书记王辉忠亲切接见刘超及其他9名杰出青年。

【寻找“王牌兵”活动】 7月，为了使“四有”军人更加形象直观，武警杭州市支队开展“寻找‘王牌兵’”活动，五大类23种专业各评选1名“王牌兵”。对评选出的23名“王牌兵”，组织集中表彰、制成宣传画册、开展巡回宣讲，激励官兵立足本职岗位培塑灵魂、增长本事、磨砺血性、锻造品德，受到武警浙江省总队党委首长和中共杭州市委领导的肯定。

【主题团日活动】 8月14日，武警杭州市支队与共青团杭州市委、市青年联合会共同举办“放飞青春梦想、献身强军实践”主题团日活动，邀请第十二届“最美杭州人——十大杰出青年、青年英才”等各届精英人士为官兵做经验交流，并共同举办“纪念抗日战争胜利70周年”文艺晚会。此次活动促进了“警地四联”工作更好地发展，掀开了警民携手、双拥共建的新篇章。

【重要目标反恐防袭现场会】 8月20日，武警杭州市支队会同市公安局召开贯彻落实“全国社会治安巡

逻防控暨公安武警联勤巡逻工作会议”及重要目标反恐防袭“六防”措施现场会。通过展板观摩、现场讲解、情况演示、印发资料等方式，主要对大门（营门）哨和巡逻哨“六防”情况处置等内容进行演示和统一，为高标准高质量抓好营门自卫哨、联勤武装巡逻“六防”建设，全面提升部队反恐防袭能力奠定基础。

【现代后勤检验评估试点】 5月10~11日，在武警浙江省总队的具体指导下，武警杭州市支队分4个批次对给养库、储藏室、卫生室、兵器室等场所的检验评估方法进行现场演示，圆满完成武警总部现代后勤检验评估基层中队级演示观摩任务，为提高现代后勤建设水平提供借鉴。 （郑佩佩）

8月20日，公安武警人员在全国社会治安巡逻防控会议暨重要目标反恐防袭“六防”措施现场会上演示擒拿动作 （武警杭州市支队 供稿）

·边　防·

【边防概况】 中华人民共和国杭州边防检查站（简称杭州边防检查站）组建于1979年5月，隶属于中国人民武装警察部队浙江省边防总队（浙江省公安边防总队），是国家设立在杭州空港口岸的出入境边防检查机关，主要任务是依据国家法律法规对出入杭州空港口岸的人员及行李物品、交通运输工具及载运的货物实施边防检查，对出入境交通工具进行监护，对口岸限定区域进行警戒，维护出入境秩序，执行主管机关赋予的其他法律、行政法规规定的任务。2015年，杭州边防检查站加强口岸一线维稳管控，推动各项大项工作，完成省市“两会”、中国杭州西湖国际博览会、中国国际动漫节、“9·3”阅兵、世界互联网大会等安保任务，检查出入境人员390多万人次，为历年新高。连续8年在全国同类型边防检查站中排名靠前。在第二届世界互联网大会安保中被浙江省公安厅记集体三等功，1个执勤业务科被评为省级青年文明号和省级巾帼文明岗。

紧扣政治工作时代主题。推进学习领会全军政治工作会议精神，分批开展专题轮训。开展“三严三实”专题教育，明确“党委带头、以学为先、纠建并举、务求实效”的工作思路，建立“领导学法”微课堂。开展干部工作大检查，严格按编制配备、严格按标准审核、严格按程序提拔。推动“三清”工作，超标办公用房全部腾换，超标车辆就地封存。开展执纪监督，出台纪委诫勉谈话实施办法，严格兑现惩处措施。

突出业务建设中心地位。制定涉恐、涉爆人员检查指引，建立健全协作机制，整合各种信息化数据平台，搭建可视可控的勤务指挥体系。完成执法办案场所标准化改造，组建快速反应分队，制定重要旅客服务流程，完成第二届世界互联网大会专机包机检查任务。健全培训体系，承接全省空港新任检查员培训、3期执法士官岗前培训等任务，制定执法士官管理使用规定等制度，将执法士官与干部检查员“混编”，共同参与一线执勤。

夯实部队管理基础工程。加强部队管理，开展“学条令、抓管理、严纪律、整作风”正规化建设年活动，集中举办4期正规化封闭式集训。加强军事训练，将军事考核成绩纳入日常量化考核范畴。制定安全风险管理工作方案，加强日常检查督导，确保部队内部安全稳定。

发挥文化教育无形效应。建立教育联动机制，开展政治机关与基层双向交流活动，推动形成相关轮岗轮训工作机制。开展“踏寻伟人足迹、传承红色基因”主题党日活动和第九届“检查员日”颁奖典礼，拍摄讲述检查员工作生活的微电影《向日葵》，唱响主旋律、传递正能量。选拔推荐优秀官兵参加武警浙江省边防总队奉命组建的赴利比里亚维和防暴队。

强化现代后勤服务保障。严抓固定资产采购管理，开展财务大清查，在全省边防部队2015年财务会审中获一等奖。定期开展警（士）官健康体检，组织卫生防病消毒和卫勤知识授课。抓好炊事队伍建设，在全省边防部队炊事技能比武中获团体一等奖和三个单项第一。

【春节边防检查量超过10万人次】 2月18~24日（春节假期），杭州边防检查站检查出入境人员10.67万人次，比上年春节增长12.5%；检查航班673架次，其中往返新加坡、函馆、大阪、静冈、曼谷、甲米、普吉、清迈、廊曼、岘港、芽庄、河内、巴厘岛、金边、暹粒、沙巴、西哈努克港、关岛、务安等地临时加班机240多架次，增长19.8%。平均日检查出入境人员1.53万人次、航班90多架次。其中，年初二、年初六分别迎来口岸出入境高峰，出入境人员和航班分别高达18711人次、121架次和17446人次、108架次，为平时的2.5倍。

【公安部“三清”工作检查】 5月19日，公安现役部队违规住房、用车和超面积办公用房专项清理检查组到杭州边防检查站检查工作。其间，检查组传达公安部关于公安现役部

杭州边防检查站干部与参加国际维和人员合影　　（王植文 供稿）

队违规住房、用车和超面积办公用房专项清理检查验收的具体要求，强调迎检工作的重要意义，听取该站工作进展情况汇报，核对有关台账资料，实地测量办公用房面积，现场察看机关车辆使用管理情况，并组织20名官兵进行交流座谈和问卷调查。

【技术创新研发项目获公安部表彰】 2015年，杭州边防检查站自主研发的“边防出入境自助服务平台”在公安部第五届全国公安基层技术革新奖评选中获技术开发类三等奖。该系统集信息查询、问题咨询、意见反馈、投诉建议、服务帮助等功能为一体，实现与出入境旅客的实时交互，确保执勤人员能在第一时间对其所遇问题和困难进行解答和帮助，为出入境旅客更好地享受边检便民服务提供硬件支撑，受到各级领导的肯定和出入境旅客的好评。

【边防检查服务品牌推介会暨警营开放日活动】 8月19日，杭州边防检查站举行边防检查服务品牌推介会暨警营开放日活动，各共建单位、联检单位和驻地街道40多人参加。此次推介会以边防检查“天天”卡通形象为品牌，以“你好”为口号，借助《西游新编》动漫片全面推介边防检查服务品牌，参观出境大厅、检查员之家、“五小”生产地、廉政文化长廊等，观摩警棍盾牌操、擒拿配套、擒敌拳等科目表演，了解边防检查的工作流程和边防检查服务品牌形象“天天”以及“中国边检、阳光国门”品牌内涵。

【杭州边防检查站警史馆重建】 2015年，杭州边防检查站警史馆进行重建。改造后的警史馆面积约70平方米，共分为前言、亲切关怀、光辉历史、光荣使命、政治建警、执法为民、固本强基、展望未来8个部分，用近200幅照片、实物以及多媒体投影等形式，集中反映杭州边防检查站建站36年来的光辉历程，展示部队在发展建设以及为服务地方经济发展做出的成绩和贡献。

【世界互联网大会安保检查】 12月1～20日，杭州边防检查站在执行第二届世界互联网大会安全保卫任务期间，共检查出入境人员20.13万人次，航班1281架次，查获“猎狐”行动重点对象3人次、违法违规非偷渡类人员34人次、违法违规交通工具5架次，接收遣送人员12人次。完成巴基斯坦总统、俄罗斯总理、哈萨克斯坦总理、汤加副首相等9架客货运专机、201名参会代表、107名机组人员的边防检查和通关礼遇便利任务。

【杭州—马德里首航保障】 12月28日，杭州—马德里航线首航仪式在杭州萧山国际机场T2航站楼举行。杭州边防检查站提前介入，严密组织，精心制定勤务方案，全力保障首航勤务工作顺利完成。执勤人员落实便民措施，与口岸联检单位配合，引导旅客办理入出境手续，耐心解答旅客问题，及时解决中外旅客遇到的困难，顺利完成首航边防检查任务。

【美国驻上海领事馆官员到边防站授课】 7月28日，杭州边防检查站邀请美国驻上海领事馆调查官到站授课。其间，该调查官利用丰富的证件签证实物样本及典型案例，详细介绍美国出入境政策的新规定、新变化，重点讲解美国常见出入境证件防伪特征及近年来查获的各类伪假证件，互动解答中国公民赴美签证申请条件、签发流程、逗留期限等方面问题，并就美国领事馆在打击非法移民、加强与中方出入境管理部门合作等方面进行深入交流。

【公安部跨境引渡特殊勤务】 11月9～10日，杭州边防检查站协助省公安厅刑侦总队、机场公安、联检单位、航空公司等部门完成公安部跨境引渡电信诈骗嫌疑人出入境边防检查勤务。该次勤务由公安部统一部署组织，282名公安民警分批乘坐4架中国民航包机，赴境外押解电信诈骗犯罪嫌疑人。在浙江片区，86名公安民警在杭州萧山国际机场口岸出境至柬埔寨，押解78名犯罪嫌疑人回国。　（王植文）

·消　防·

【消防概况】 中国人民武装警察部队浙江省消防总队杭州市消防支队（市公安消防局），是中国人民武装警察部队的序列警种，是公安机关的重要职能部门，也是国家武装力量的重要组成部分。2015年，市公安消防局坚持固本强基，坚持问题导向，强执行促落实，强基础谋发展，完成既定目标，涌现出全省消防部队首批“示范基层党组织”、市“十大杰出青年”等优秀集体和个人。全年累计接警1.61万次，其中火警6858次、抢险救援9224次，出动消防官兵16.57万人次，出动车辆2.66万辆次，抢救被困人员2469人，疏散被困人员7388人，抢救财产价值6025万元。成功处置“4·13”百脑汇电脑城火灾、“8·28”地铁南星站液化

天然气泄漏等各类重大灭火救援任务。完成纪念抗日战争胜利70周年、省市“两会”、2015年度杭州马拉松赛、第十一届中国国际动漫节、第十七届西湖博览会和第二届世界互联网大会等消防安全保卫任务200多项。

【火灾扑救】 2月19日9时16分，上城区望江街道近江海鲜大排档发生火灾。市公安消防局调派8个中队21辆消防车100多名消防官兵参加扑救。大火于10时21分被扑灭。火灾造成近江海鲜大排档过火面积约50平方米，近江村综合楼外墙面过火面积约300平方米，未造成人员伤亡。

2月20日7时，余杭区瓶窑镇五星铝业有限公司地下煤油库（轧制油）发生火灾。余杭指挥中心调派良渚消防中队、瓶窑专职队共4辆消防车、23名消防官兵参加扑救。市公安消防局调派9个中队、15辆消防车80名消防官兵增援。大火于9时30分扑灭。此次火灾燃烧面积约100平方米，未造成人员伤亡。

4月13日13时56分，位于西湖区教工路23号的百脑汇科技大厦7楼发生火灾。市公安消防局派出西湖、古荡、大关、特勤、蒋村、湖滨、复兴7个中队24辆消防车共144人参加扑救。火灾于15时12分扑灭。起火房间为杭州信格儿数码科技有限公司办公室，过火面积120平方米。在此次火灾中成功营救疏散101人，其中2男1女受轻伤。

6月1日4时01分，滨江区浦沿街道明德路前杨家墩1号居民楼发生火灾。市公安消防局调派浦沿中队3辆消防车参加扑救。凌晨5时明火被扑灭。火灾造成2人重伤、2人轻伤、4人遇难。

【士官和合同制队员管理】 2015年，市公安消防局做好全市部队夏秋、冬季两次士兵选退工作，开展士官骨干培训工作。推动多种形式消防队伍建设，发展各类社会消防力量，实行“保安聘用服务”及“保消合一”工作，共聘用保安120多名。利用社会资源，重点与云南昆明科技学校签订协议，建立共建模式，向云南、贵州等地区征招合同制队员90多名，开展两期集训，并推荐24名合同制队员参加汽车驾驶技术培训。

【标准化信息中心机房建成使用】 为确保信息中心机房设备安全可靠稳定运行，市公安消防局投入140多万元，在局机关大楼建设具有动力配电系统、综合布线系统、防雷接地系统、安防系统、新风系统、精密空调系统、UPS系统、加固系统、机柜系统、环境监控系统、消防系统和KVM系统的信息中心机房。1月25日，机房完成搬迁并投入使用。

【大集中接处警系统建设】 3月23日，市公安消防局完成全市大集中接处警系统的全面部署与实施。该系统建设历时6个多月，共投入360多万元，设置29个接处警席位、42个公安现役队接警终端及52个专职队接警终端，提升了消防接处警的专业化和跨区域调度指挥作战能力。

【首届“卫士杯”7人制足球赛】 7月27日至8月4日，市公安消防局举办全市消防部队首届“卫士杯”7人制男子足球赛。该足球比赛是继传统项目篮球、乒乓球后全市消防部队警营文化生活中的又一重头戏。经过近50场比赛，最终萧山、下沙、上城、滨江大队分获前4名。

【消防安全体系构建】 2015年，杭州市出台《消防安全事故防控综合治理体系建设实施意见》，将“依法强化消防重点问题治理”纳入“杭法十条”重点任务，将“提高消防领域治理能力”写入年度重点工作任务，着力构建全市消防安全体系的大格局。

消防工作与各地平安综合治理建设，通过定期巡防、暗访督查、平安月报表等形式，督促各地落实消防安全责任制，组织对出租房消防安全、重大火灾隐患整改和企业安全生产等开展联合督查。

【出租房消防安全专项整治】 2015年，杭州市出台《居住出租房屋安全管理若干规定》，规范房屋安全管理。部署开展出租房屋消防安全等3个专项整治行动，市政府以及各区县（市）均成立工作小组和办公室，实体化办公，落实责任包干，推进出租房整改工作。全市明确50个出租房整治重点村（社区）（其中10个由市政府挂牌督办），并开展分级考核验收。至年末，全市累计排查出租房51万套，发现火灾隐患14.7万处，整治隐患12.1万处，办理行政处罚5247起，临时查封172套，行政拘留339人。

【火灾隐患排查整治】 2015年，市公安消防局组织劳动密集型企业消防安全专项治理、夏季消防检查、“今冬明春”火灾防控、商业综合体检查、“打非治违”专项整治等活动。全年累计检查单位7.37万个次，发现隐患4.25万处，整改隐患4.05万处，发出行政处罚决定书3413份，

11月30日，公安部消防局局长于建华到杭州市公安消防局检查指导工作

（陈夷平 供稿）

9月24日，武警浙江省消防总队调研组到市消防支队指导“智慧消防”建设工作（陈夷平 供稿）

责令“三停”826个次，临时查封681个，罚款2053.7万元，拘留537人。推进重大火灾隐患整治，全年排查重大火灾隐患单位47个，完成整改34个。对由国务院安委会挂牌督办的位于浙江省军区农副业基地的杭州中闽物流有限公司和浙江八方物流有限公司2个单位加强技术指导，督促制定整改方案，落实整改措施。

【执法规范化建设】 2015年，市公安消防局向社会公开执法依据、标准、程序和执法信息，出台全市执法质量考评方案，每季开展执法质量考评工作。制定执法办案积分制实施办法，对执法人员进行考核排名。修订完善执法质量过错责任追究办法，强化内部执法监督制约机制。开展应诉工作，全年共有7起行政诉讼案件，其中结案4起。开展执法记录仪及终端建设试点，试用140多次，反馈设备技术问题24条，对设备和系统的使用、管理以及配套工作制度和措施提出意见和建议。

【“智慧消防”建设】 2015年，市公安消防局以远程监测中心建设为突破口，加强火灾防控的科技信息应用。建设方案通过市政府信息项目专家论证，首批投入400万元实施杭州市消防远程监测平台建设。首期主要联网对象为国际峰会场（宾）馆、高危单位、市公安消防局重要防控目标及涉会场所周边200米重点单位约300个。首期建设以政府投资建设平台、安装信息采集装置、委托第三方运行政府购买服务的形式开展。在出租房消防安全整治中，推广使用独立式感烟报警器、智能火灾报警系统等设备，增强出租房火灾防控能力。

【派出所消防监督】 2015年，杭州市将派出所消防监督工作纳入市公安局“拼搏系列”行动的统一部署和重点工作“督考推”平台，组织开展5次专项督查。在市公安局的统一部署下，组织派出所消防监督小教员业务培训4次和工作座谈交流会2次，编制《杭州公安重大活动安保工作培训教材（消防专业）》。发挥派出所工作点多面广、面向基层的优势，加大社会面“个、小、微”场所的监督检查力度。年内，全市公安派出所共检查单位13.18万个，发现隐患7.07万处，办理行政处罚9687起，罚款196.28万元。

【社会单位消防安全管理】 2015年，杭州市按照“应列尽列”的原则做好消防安全重点单位调整和备案工作，全年纳入户籍化管理工作的消防安全重点单位共5888个，均建立“三色预警”机制。市公安消防局指导消防安全重点单位和派出所消防安全列管单位对照建设标准，查漏补缺，整改完善消防标识、消防档案台账、分期分批对五类人员开展“四个能力”培训，建立社会单位“明白人”队伍，督促开展员工常态化培训。依托中介力量，组织成立电气安全、消控设施、石化企业技术服务队伍，开展专业化消防技术指导，提高社会单位在用电安全、消防设施运行等方面的消防管理水平。

【消防联防队伍建设】 2015年，杭州市制定《消防联防队伍建设工作方案》，召开全市消防联防工作会议，建立分行业、分区域、分类别的社会化消防联防队伍。组织全市5000多名消防联防队员集中业务培训。召开市级重点单位消防联防大队联席会议，开展交叉检查和联合演练，推动各消防联防中队完善组织架构，履行消防监督检查、消防宣传培训、消防联合演练等职责。至年末，全市消防联防队伍开展消防隐患检查3481个单位，查找并整改隐患1.6万处，组织消防演练722次，组织消防培训1.2万人次。

【消防行政许可服务】 2015年，杭州市出台《关于深化创满意活动强化监督执法服务的通知》，从扩大“容缺受理”、取消部分备案项目、规范审批依据、合并审批事项、简化受理程序、规范质检检测、提供技术服务、推进理性执法、实行消防职业技能鉴定考培分离、提供社会消防安全培训服务等10个方面固化、落实便民服务举措。推进消防行政审批制度改革，开展消防设计审核技术审查与行政审批分离制度试点，完成消防设计技术审查与行政审批相分离的试点项目153个，审批时限缩短至8个工作日。推进工业企业“零土地”技术改造项目审批方式改革，“零土地”技术改造项目实行审批目录清单管理，清单以外项目实行承诺验收制。全年办理建筑工程审核项目1340个，验收项目980个，设计抽查项目2339个，验收抽查项目2016个，投入使用营业前安全检查2819个。

【“防灾减灾日”大型广场宣传体验活动】 5月12日，市公安消防局结合国家第7个“防灾减灾日”活动，在下城区西湖文化广场举行“5·12”防灾减灾日暨杭州市家庭预防火灾大型公益巡回宣传活动杭州站启动仪式。活动围绕“清剿家庭火灾隐患，全民参与，人人自查”主题，旨

在更好地普及全民消防安全意识，提高家庭消防日常知识，做好消防预防，减少火灾发生。

【“消防安全开学第一课”活动】 8月31日，市公安消防局与市教育局联合印发关于开展“消防安全开学第一课”活动的通知，确立上好一堂消防安全知识课、组织学生参观一次消防站、组织一次疏散逃生演练、完成一份消防安全知识课外作业、开展一次网络消防知识竞赛活动五项消防教育内容，将“一对一”校园辅导员制度纳入平安校园创建，将学军中学和崇文实验学校确立为全市首批“消防示范性学校”。9月1日，市公安消防局联合市教育局在滨江区江南实验学校举办“消防安全开学第一课”活动启动仪式。

【“119”消防宣传月活动】 11月8日，由市公安消防局承办的2015年浙江省“119”消防宣传月暨杭州市公安机关警营开放日活动启动仪式在下城区西湖文化广场举行。省委常委、常务副省长袁家军出席，省政府副秘书长孟刚、市政府副市长项永丹及其他省、市领导参加。其间，市公安消防局围绕“参与社区消防，建设平安家园”主题，调动政府、部门、社会单位和群众的积极性，精心组织，周密部署，开展一系列内容丰富、形式新颖的消防宣传活动。开展各类宣传活动43次，发动志愿者3400人，发放宣传品10多万份，参与群众20多万人。

【消防宣传“十进”工作实施】 12月23日，杭州市网络安全与信息化领导小组办公室、市公安局、市教育局、市民政局、市农业局、市卫生计生委、市文广新闻出版局、市安监局、市民宗局、市交通局、市科委联合印发《杭州市消防宣传“十进”工作实施意见》，以文件的形式明确消防安全宣传教育的组织领导、主要工作内容、要求、考核标准以及各部门的工作职责。

【消防知识宣传】 2015年，市公安消防局与浙江电台交通之声合作开通“空中119”消防栏目，每天16时30分向全省听众传播消防知识。在写字楼、商场、市场、酒店等位置设立1500台音频广播、1000台视频播放器，在杭州大街小巷500多个邮政报刊亭的LED显示屏上滚动播放消防公益广告、消防公益提醒和消防安全常识。全年与杭州电视台联办“火警119”栏目52期，在中央级媒体刊播新闻报道23篇，在省级媒体刊播新闻1264篇。（陈夷平）

·人民防空·

【人民防空概况】 2015年，杭州市人防（民防）以增强信息化条件下人防军事斗争准备能力和推进人民防空与经济社会深度融合发展为重点，深化改革创新，提升履行战时防空、平时服务、应急支援使命任务的能力水平，全面融合服务民生，各项工作取得显著成绩。

贯彻中共中央《关于深入推进人民防空改革发展若干问题的决定》（简称《决定》）和上级人防会议精神，统筹年度工作。3月，召开全市人民防空工作会议，明确全年人防（民防）建设的工作目标和具体任务。5月初，国家国防动员委员会在沈阳召开《决定》文件宣传贯彻会议。杭州市作为唯一的省会城市做大会发言，副市长项永丹在会上介绍杭州市地下空间平战结合开发利用的经验和做法。

参加南京战区“铸盾-2015A”人防跨区域支援网上研究性演习。9月23日，参加“浙江金盾-15”演习，重点演练人防指挥系统网电防护和伪装防护科目。11月9~13日，组织全市人防系统共10辆指挥车、80多人参加“杭州金盾-2015”应急应战机动通信保障演练。通过与江苏省四城市（南通、盐城、连云港、扬州）人防通信应急支援联合演练，熟悉协同保障程序，提升跨区域协同通信保障能力。召开全市指挥通信工作会议和重要经济目标单位建立人防机构部署会，全面部署指挥通信工作任务和重要经济目标规范化建设。在全市开展国防动员人民防空按纲抓建样板建设工作。12月，接受省人防办对杭州市军事斗争准备能力检验评估。

全市各项人防重点工程有序推进，各区县（市）指挥工程基本完成。各项前期项目积极推进，防空防灾教育展示馆列入杭州市2015年重点项目的预安排项目。赤山埠早期人防工程改（扩）建项目结合省市领导关于西湖周边缓解交通的要求进入再次论证。

转变人防部门职能，进一步简政放权，深化行政审批制度改革，大幅度减少行政审批事项。开展行政审批制度改革权力下放后对区县（市）的指导工作，加强对区县（市）行政审批制度改革执行情况的监督检查。落实人防监理、人防施工图审查机构、人防行政处罚等方面的信用信息收集与上传，初步建立人防信用信息收集与适用平台，并纳入“信用杭州”网络。

组织《地铁站点人防地下空间开发利用规划研究》课题研究，通过专家论证。完成地铁1号线下沙延伸段、2号线西北段等多条线路的质量监督验收。编制《杭州市地铁人防工程质量监督手册》。组织《浙江大学紫金港校区西区人防控制性详细规划》研究，通过专家审查。到杭州新闻广播电台参加《民情热线》栏目直播活动。年内，全市避暑纳凉点开放55天，共接待纳凉市民8.8万人次。

开展人防宣传教育进机关、进党校、进学校、进社区、进企业、进网络的“六进”工作。全年向各级机关赠送《中国人民防空》杂志、《杭州民防》报等宣传资料近3000册（份）。在市委党校和县（市）党校开设人防教育课9期，受教学员563人次。全市189所学校6.8万名学生接受人防教育，其中56所中学2.3万名学生开展规范化人防教育。13个区县（市）各1所小学共2634人接受人防试点教育，23名老师参加全省人防教育师资培训。全市632个社区开展651次各类人防宣传教育，约140万人接受教育。在人防审批窗口对各业主及其法人开展人防宣传。在杭州市民防教育试点学校——同顺职业技能培训学校，对10多个企业的7323名员工开展防空防灾知识及防护技能教育。结合“5·12”防空防灾警报试鸣，组织全市6万余人在滨江区白马湖开展广场宣传及人员应急疏散演练。

【国防动员工作综合考评】 3月6日，市国防动员委员会召开全市国防

6月6日，国家人防重点城市建设专题研究班学员参观铁路杭州东站枢纽工程 （王 敏 供稿）

动员委员会办公室主任会议，传达全省国防动员工作综合考评情况，杭州市人防工作在综合考评中成绩列第1位。在“十二五”期间，杭州市人防工作开展一系列创新性工作，先后获国家人防工程科研创新和成果转化应用先进单位、全国人防信息化建设先进单位，2012年度军队科技进步三等奖、全国人防训练比武竞赛军区先进单位等荣誉，在创新性工作方面获得满分。

【省人大调研市、区两级人防依法行政工作】 4月13日，省人大常委会内务司法委员会主任委员宋光宝一行到杭州市调研市、区两级人防工作法律法规执行情况。调研组走访察看了城东新城0901人防工程、下城区城北体育公园应急疏散避难基地和省广电集团等重要经济目标现场，听取了杭州市和上城区的汇报，对市、区两级人防依法行政工作给予充分肯定。

【国家人防专题研究班在杭现地教学】 6月6～7日，由国防大学副校长肖天亮带队的国家人防重点城市建设专题研究班共90多人在杭州市开展现地教学活动。该次现地教学活动，是国家人防重点城市建设专题研究班开班11年以来首次走出北京。活动围绕人防指挥平台的建设和运用、地下空间有序开发情况及人防工作紧贴基层融入民生3个方面展开。通过现地教学活动，既展示了省、市人防工作和杭州地下空间开发的最新成果，又丰富和完善了研究班的实践教学内容，收到了预期的成效。

【人防跨区域机动指挥通信演练】 5月18～22日，市人防办参加全省人防机动指挥通信跨区域演练，演练先后经过浙江省湖州市、安徽省宣城市、安徽省绩溪县、江西省婺源县和浙江省衢州市，共机动拉练1000多千米。该次跨区域演练规模大、时间长、距离远，参演人员态度认真，配合默契，从车辆快速集结、冒雨有序行进，到准确判断现场情况、熟练操作指挥通信平台，严格按照演练计划，开展运动中通信、短波、卫星、北斗导航定位、无线单兵图传等通信系统科目演练，圆满完成各项演练任务。

【人防通信应急支援联合演练】 11月9～13日，市人防办组织杭州市与江苏省部分城市人防通信应急支援联合演练（代号：杭州金盾-2015），演练历时五天四夜，经过江苏省南通市、盐城市、连云港市、扬州市和浙江省湖州市，行程1500多千米。该次联合演练是杭州市组织的第3次跨省域人防通信应急支援演练。

【人防军事斗争准备检验评估复查复评】 12月1～3日，省人防办对杭州市人防军事斗争准备检验评估进行复查复评。按照《人民防空军事斗争准备检验评估标准》要求，分理论考核和静态检查两部分，全面系统地检查杭州市的人防军事斗争建设情况，听取杭州市的自查自评汇报。杭州市提出的“八个推进”受到省人防办领导和全省各兄弟城市的高度肯定，检验评估工作取得圆满成功。

【《地铁站点人防与地下空间开发利用规划》通过评审】 11月13日，由市人防办组织的《地铁站点人防与地下空间开发利用规划研究》（简称《规划研究》）项目部门与专家评审会在杭州召开。评审会上，参审部门代表和会审专家一致认为《规划研究》对杭州市地铁建设带动沿线地下空间与人防工程建设具有突出意义，可为地铁二期、三期工程及其周边地下空间开发利用提供规划建设引导，对以后修编地铁站点沿线控制性详细规划提供较好的基础，同意《规划研究》成果通过评审。

【《人防工程档案标准化管理细则研究》通过鉴定】 11月30日，由省人防办组织、市人防办负责编制的《人防工程档案标准化管理细则研究》课题成果鉴定会在杭州召开。会议邀请国家档案局、总参三所、浙江大学等单位的7名专家组成鉴定委员会，通过实地考察案库房，听取课题组的成果汇报，审阅成果文件等方式，经过认真质询及讨论，一致同意该课题通过鉴定。

【保障G20杭州峰会项目建设】 2015年，G20国际峰会项目建设全面展开。市人防办行政审批窗口和人防工程质量监督站积极创新，推出三项服务措施，全力保障G20杭州峰会项目建设。三项服务措施是指专人负责，全程跟踪，协助报批；打破常规，提前介入，上门服务；条件符合，绿色通道，及时办理。按照“流程最简、时间最短、服务最佳”的原则，在依法行政的前提下，开辟绿色通道，进一步压缩审批时限，加快审批速度，所有G20杭州峰会项目均在5个工作日办理完毕。

（王 敏）

文 化

Culture

·文化综述·

【纪念抗战胜利70周年系列文化活动】 为纪念中国人民抗日战争暨世界反法西斯战争胜利70周年，市委宣传部以“铭记历史、缅怀先烈、珍爱和平、开创未来”为主题，主办了交响音乐会、大型少儿合唱音乐会、群众合唱展演、综艺专场演出、油画作品展、抗战历史老照片展、农村电影放映周、优秀抗战题材影视作品展映展播等14项主题文化纪念活动，全市100多万人次参与活动。9月2日，在富阳区“侵浙日军投降仪式旧址”（受降厅）建成的抗日战争胜利浙江受降纪念馆开馆。纪念馆的布展突出“宋殿受降”这一历史事件，展陈了侵略暴行、不屈抗战、胜利欢庆、接受投降、审判战犯5部分内容，成为浙江省纪念抗战胜利70周年活动的主场地。

【“当好东道主·喜迎G20”文化活动】 11月16日，国家主席习近平在土耳其安塔利亚举行的二十国集团领导人第十次峰会上宣布，杭州成为2016年二十国集团第十一次峰会的举办城市。为了让全市人民加深对G20国际峰会的了解，杭州市以“当好东道主，喜迎G20”为主题，举办了“唱响杭州、唱美西湖”爱家乡爱西湖歌曲征集评选发布和“相约杭州”交响音乐会、“杭州欢迎您”综艺专场、“喜迎峰会·美丽杭州”美术摄影作品展、“我们是杭州”青少年文艺演出等一系列文艺活动，120多万名市民群众参与，营造了“全城喜迎峰会、全民支持峰会”的浓厚氛围。

【五部文艺精品入选首届全国影视重点资助项目】 近年来，杭州市大力引导、扶持文化企事业单位开展重大革命历史题材等主旋律文艺精品创作生产，涌现了一大批社会效益和经济效益相统一，思想性、艺术性、观赏性俱佳的精品力作。2009~2014年全国精神文明建设“五个一工程”评选中，杭州共有11部作品入选。2015年，杭州市深入学习贯彻习近平总书记在文艺工作座谈会上的重要讲话精神，认真贯彻《中共中央关于繁荣发展社会主义文艺的意见》等文件精神，进一步加大对文艺精品创作生产的引导和扶持。电影《营救飞虎队》，电视剧《鸡毛飞上天》《刀尖》《山外青山楼外楼》，纪录片《话说钱塘江》等5部作品入选由中宣部、财政部评选的首届全国影视重点资助项目，占全国入选项目总数（22部）近四分之一，占全省入选项目总数（7部）的70%。此外，越剧《玲珑女》、交响乐《七阙西湖》、杭州小热昏《分财产》、中国金石篆刻艺术海外推广活动、木版水印艺术传承专业人才培养等5个项目入选国家艺术基金2015年度立项资助项目。

（李　阳）

【杭州制定加快构建现代公共文化服务体系的相关文件】 为落实国家和浙江省关于加快构建现代公共文化服务体系的相关意见，对照国家和浙江省公共文化服务基本标准，市文化广电新闻出版局结合杭州市经济社会发展的现状，立足快速发展、走在前列的目标，牵头拟订杭州市《关于加快构建现代公共文化服务体系的实施意见》和《基本公共文化服务标准（2016~2020年）》。其中，杭州市基本公共文化服务标准共分三大类60条，比浙江省标准多11条。60条具体标准中，有20条执行省定标准，27条高于省定标准，13条为杭州市创新标准。

【联合国“文化与城市可持续发展”会议在杭召开】 12月10~12日，“文化在城市可持续发展中的角色”国际会议在杭州召开。本次会议作为第三届联合国住房和城市可持续发展大会重要的预备会议，由联合国教科文组织主办，中国联合国教科文组织全国委员会、杭州市政府承办，联合国机构和国际组织代表、全球各地文化创意、建筑设计、城市规划、文化遗产保护等领域200多名知名人士参会。会议围绕“城市文化遗产保护”和“城市文化创意产业”两大主题，设置了8个全体大会、8个分论坛、1个主题会议及1个研究者论坛，议题包括文化机构和活动、城市多元文化、可持续发展城市的文化遗产等内容。会议展示和讨论的研究成果形成了《杭州成果》和《文化及可持续城市发展全球报告》，其中《文化及可持续城市发展全球报告》计划在2016年10月第三届联合国住房和城市可持续发展大会上发布。

【文化“走出去”】 2015年，经文化部门归口报批、承办和跨部门、跨地区组织实施的各类文化交流项目共

187个、1851人次，各类重大文化合作项目22项。7个企业入选国家级文化出口重点企业，3个项目入选国家级文化出口重点项目，14个企业入选省级文化出口重点企业，13个项目入选省级文化出口重点项目。全年文化服务贸易出口额达4779.46万美元，占全省文化服务贸易出口额的48.8%。

【文化交流重点项目】 1月，2015年中国当代优秀艺术家30多幅作品赴洛杉矶联展。2月，杭州艺术学校实验艺术团赴新加坡进行“欢乐春节”访问演出。3月，加拿大著名出版商道格拉斯·吉布森（Douglas Gibson）在杭州举办见面会；俄罗斯特列恰科夫国家画廊藏品特展成功举办。4月，扬·艾勒和宫哲在杭举办吉他大师班；“杭州城市社会治理文化摄影展”在意大利米兰世博会期间举办；西泠印社书画家吴静初、倪伟林（郡阳）赴法国、匈牙利、奥地利、捷克举办巡回讲学联展活动。5月，举办杭州·西班牙公牛彩绘艺术展、尼斯杭州法国电影周、“对望——余杭·韦尔特文化艺术交流展”。6月，杭州诗人舒羽赴台湾进行系列学术与文化活动；杭州文化友好交流团赴德参加“黑白艺术——纽伦堡印刷造纸展”；“人文杭州·大美西湖”暨第二届上海合作组织国际美术双年展和“一带一路”国际美术交流展举行。7月，杭州艺术学校实验艺术团民乐团和合唱团相继赴新加坡展演参赛，获得民族唱法第一名。8月，“直面：童雁汝南油画作品展”在德国波恩当代艺术馆举行。9月，“吴赵风流——吴让之、赵之谦书画印特展”在澳门艺术博物馆举行；杭州越剧传习院赴韩国参加戏剧节。10月，“尼斯·杭州电影周”在法国尼斯举行；“公共图书馆：社会教育与市民终身学习”国际研讨会在杭州图书馆举行。11月，“两岸情——杭州南投书画名家”联展在台湾举行。12月，“遇见大师——赫比希的奥地利荣光”音乐会、“跳动的音符——贾然与马库斯·博仕”音乐会、小野丽莎杭州新年演唱会和美国南芝加哥交响乐团新年音乐会先后举行。

【非物质文化遗产保护】 6月9日，由浙江省文化厅主办，市文化广电新闻出版局承办的第十届浙江省非物质文化遗产节暨“文化遗产日”主场城市（杭州）展演活动在余杭区举行。13个国家级、省级非物质文化遗产名录项目亮相，余杭竹马、严州虾灯等6个本地“非遗”项目参展。杭州市“非遗”宣传系列活动同步启动，推出“非遗”十年成果展，“非遗”进社区、进校园、进园区展示展演，《“非遗”大观》民俗卷、医药卷首发式暨“非遗”普法宣传等活动。

8月11～15日，世界级“非遗”项目“古琴艺术（浙派）”的首期公益传承班在香积寺开班，由浙派古琴传承人章怡青授课，来自13个区县（市）的22名社会人士及香积寺4名僧人参加学习。该活动为杭州市“非遗公益传承”行动的首个公益传承班，也是继2014年开设杭剧传习班后，杭州市着力加强“非遗”传承，推动优秀传统文化融入生活的重要载体。

9月19日，由杭州市非物质文化遗产保护中心、杭州万向职业技术学院联合主办的“中国（杭州）非物质文化遗产保护传承论坛”召开，主题为“非遗保护传承与中国高校教育”，浙沪学者和“非遗”传承人、研究者近百人参加论坛。论坛邀请了复旦大学、浙江大学、中国美术学院等高校知名学者发表演讲，肯定了“非遗”进校园、进课程、进教材工作的重要性。

年内，萧山区瓜沥镇和西湖区蒋村街道入选2014～2016年“中国民间文化艺术之乡”。杭州市、临安市等5地入选浙江省传统节日保护基地。拱墅区桥西直街、余杭区塘栖镇入选省级“非遗”主题小镇；桐庐县富春江镇茆坪村入选省级民俗文化村；西湖区留下街道东岳社区入选省级传统戏剧特色社区。

【文化行政审批制度改革】 2015年，杭州市推进简政放权，市本级文化行政管理部门承接省级审批事项14项，县级文化行政管理部门承接省、市审批事项18项。市文化广电新闻出版局7项法定行政审批事项全部下放或委托到各区县（下放1项、委托6项）。制定市文化广电新闻出版局《委托审批事项的监督检查办法》，对区县（市）行政审批中的12种情形进行指导式、培训式、常态化的督查。召开4次专题会议，对区县（市）承接省下放审批事项，广电、印刷等审批政策进行业务培训。首次编制《2015年行政审批情况分析》，对行政审批中存在的问题进行分析，提出对策建议。10月1日起，《杭州市文化广电新闻出版局行政处罚自由裁量权执行标准（一）（修订）》等3件行政处罚自由裁量的规范性文件废止。 （孙立波）

【谭盾受聘为杭州文艺顾问】 3月，国际著名指挥家、作曲家谭盾受聘担任“杭州文艺顾问”。谭盾在交响乐、歌剧、室内乐、电影音乐、多媒体跨界音乐等领域具有精深造诣，作品先后获得奥斯卡最佳原创音乐奖、格文美尔大奖、格莱美大奖、巴赫奖、肖斯塔科维奇音乐大奖等多项国内外大奖。至此，莫言、余华、麦家等25位文化名人担任杭州文艺顾问。2015年，杭州文艺家在国际国内舞台上频频获奖。韩美林被联合国教科文组织授予联合国“和平艺术家”。5月，杭州著名女魔术师、杭州杂技总团团长李洁在中国杂技金菊奖第六次全国魔术比赛中摘取中国魔术最高奖项——金菊奖。

【杭州市各文艺家协会成功换届】 2015年是市文联所属各文艺家协会换届之年。按照中国文联和浙江省文联的部署要求，市文联印发《关于认真做好协会换届工作的实施意见》《杭州市各文艺家协会换届组织工作指导意见》等相关文件，有序推进各协会换届工作。经过半年多的筹备，市文联下属市民间艺术家协会、摄影家协会、音乐家协会等10个文艺家协会相继完成换届工作。同时，根据文艺发展的新形势，成立杭州市文艺评论家协会、杭州市网络作家协会（隶属于市作家协会）。

【新建农村文化礼堂107家】 2015年，杭州市创新工作思路，加大资源整合，强化内容建设，健全长效机制，发挥典型引领，以“星级认定制度”“理事会负责制”“村规民约家风”“网络传播平台”“乡村文化走亲”和“大菜单式配送”等为载体，

深入做好礼堂文化培育工作，满足农民群众精神文化需求。组织开展“十佳特色农村文化礼堂”和“十佳乡村文化公益使者”评选活动，引导各地依据本地实际和群众需求，打造“有特色、有品位，内容丰富、管理规范”的样板礼堂，提升文化礼堂的内容建设水平。全市当年新建农村文化礼堂107家，已累计建成农村文化礼堂452家。（李 阳）

·公共文化·

【文化“两中心”建设工程】 市文化广电新闻出版局与市发改委、市财政局、市奥体指挥部、奥体滨江公司等单位协调，组织市文化馆、市非物质文化遗产保护中心、上海复旦上科多媒体有限公司与市工程咨询中心具体对接。9月1日，杭州市群众文化展示中心（新馆）、市非物质文化遗产保护中心（新馆）装饰装修工程项目立项；12月22日，市文化广电新闻出版局与“文化两中心”展品展项深化设计及装饰装修施工图设计中标单位汉嘉设计集团股份有限公司正式签订合同，25日该项目技术交底会召开，文化“两中心”项目建设有了实质性进展。

【重点“文化惠民”工程】 2015年，杭州市深化“你点我演”群众文化预约配送机制，市本级文化部门配送364场演出到乡镇（街道）、村（社区），以“联乡结村”为载体，实施“文化扶贫”工程，2015年市级扶持贫困村30个（每个给予0.5万元经费补助）和特色文化村、镇10个（每个给予5万元经费补助）。“广电低保”工程为4.2万户低保和困难家庭减免有线电视入网费和基本收视维护费，共计1082.2万元。杭州“电影惠民”工程推出老年人优惠观影，百场电影进广场、工厂、工地等系列活动，其中老年人优惠观影活动已服务逾5万人次。

【推进现代公共文化服务体系建设交流会】 2月5日，市文化广电新闻出版局组织召开全市推进现代公共文化服务体系建设交流会，贯彻落实中共中央办公厅、国务院办公厅《关于加快构建现代公共文化服务体系的意见》精神，余杭等6个区县（市）文化广电新闻出版局介绍了近年来在公共文化服务体系建设方面的经验做法，国家公共文化服务体系建设专家、浙大城市学院副教授阮可做“国家公共文化服务体系建设”主题知识辅导讲座。近年来，杭州市各区县（市）公共文化建设成效明显，余杭区、萧山区、桐庐县、拱墅区、江干区均获全国文化先进区（县）称号。

【市公共文化服务体系建设协调组第一次会议】 10月30日，杭州市公共文化服务体系建设协调组第一次会议在杭州图书馆召开，就杭州市《关于加快构建现代公共文化服务体系的实施意见（讨论稿）》，协调组成员单位职责分工、议事规则和协调机制工作方案征求意见。市委宣传部、市编委办、市教育局等26个单位参加。会议讨论通过了《杭州市公共文化服务体系建设协调组成员单位的职责分工》《杭州市公共文化服务体系建设协调组议事规则》和《杭州市公共文化服务体系建设协调机制工作方案》。

【城乡公共文化服务体系建设工作评议会议】 7月21日上午，市人大常委会组织召开城乡公共文化服务体系建设工作评议会。市人大常委会主任、党组书记王金财等出席。市人大机关各部门负责人，市人大教科文卫委组成人员，各区县（市）人大常委会相关负责人和教科文卫工委主任、部分市人大代表以及市、县两级城乡公共文化服务体系建设相关单位负责人参加了会议。副市长陈红英代表市政府做关于城乡公共文化服务体系建设情况的报告；下城、余杭、拱墅、建德、临安等5个区县（市）人大常委会负责人做了有关评议工作情况的汇报；西湖区、萧山区、富阳区的3位市人大代表做评议发言。会上，还对市政府城乡公共文化服务体系建设工作进行了满意度测评。对照省定标准和人大代表的意见建议，市政府共梳理出10类主要问题共68条意见和建议予以整改，内容涉及城乡公共文化服务体系建设的设施建设、经费投入、服务产品、制度设计、队伍建设，以及公共文化服务标准化、均等化、社会化等方面。

【首届中国南宋文化节】 9月28日至10月31日，2015年首届中国南宋文化节在杭州市举行。文化节围绕“展南宋古韵、建品质杭州”主题展开，主要包括“诗意杭州”中国南宋文化节开幕式、南宋文化大讲堂、南宋商贸文化风情体验周、跟着诗词游杭州、“南宋印象”视觉写作大赛等活动，旨在更好地发掘、保护、整合和传播杭州丰厚的南宋文化资源，打造“南宋文化”特色品牌。

【“欢乐中国年”主题文化活动】 新春期间，市、县两级文化部门通过

9月28日，首届中国南宋文化节开幕。图为开幕式文艺演出

（市文广新闻出版局 供稿）

9月28日，“我送你秀——百家社区文化行”活动启动

（市文广新闻出版局 供稿）

“你点我演”群众需求对接平台，陆续为基层百姓送上近百台文艺演出、综艺晚会及民间艺术展演等文化活动，覆盖主城区及42个农村文化礼堂。其中综艺性群文精品展演活动9场，集合了近年来群众自编、自导、自演的优秀获奖节目。以街道、社区为主体，组织小型分散、热闹有趣的元宵活动，安排和组织“迎新年”书画活动、民俗文化展示、新春跳绳比赛等各类文化活动共计552场。

【“我送你秀——百家社区文化行”活动】 9月28日，杭州市“我送你秀——百家社区文化行”活动在拱墅区祥符街道阮家桥社区和苑小区广场启动。该活动为杭州市政府2015年为民办实事项目，以“政府主导、服务为先；群众主体，形式多样；对接需求，注重实效”为原则，首次整合图书、电影、展览、“非遗”项目、演出、文艺培训等公共文化资源，联合公共文化机构、专业团体、文化类社会组织的力量，为全市101个特色文化社区提供有针对性的文化服务1.3万场次，开展社区居民“秀”文化活动230多场次。11月30日，该活动以“美丽杭州·喜迎峰会”精品节目展演的形式在西湖区体育馆落下帷幕。

【高校文化站工程】 2015年，市文化馆牵头在全市10所高校文化站开设3项文化培训课目，共计36个班级，培训学员960人。高校文化站工程始于2012年，市文化馆在浙江经贸职业技术学院等高校设立免费培训教学点作为试点，开设摄影、茶道、书法、绘画4个门类的14个培训班，先后有1280人参加学习；2013年11月26日，杭州市文化馆与杭州市学联合作，率先在杭州10所高等院校设立文化站；2014年4月，杭州经济技术开发区管理委员会全面建设驻高校文化站。至年末，全市已建有高校文化站21家，其中杭州经济技术开发区高校文化站覆盖率100%，累计开设公益培训班102个，参与学生近万人次。该项目获2015年杭州市宣传思想文化工作创新奖。

【纪念抗日战争胜利70周年美术书法主题创作活动】 市文化广电新闻出版局组织各区县（市）文化广电新闻出版局、书画院、美术馆、文化馆、美术家协会、书法家协会，以及在杭高校等相关创作机构和美术工作者，开展纪念抗日战争暨世界反法西斯战争胜利70周年主题创作活动，征集到国画、油画、版画、雕塑、水彩（粉）画和书法作品300多幅。6月25日至7月4日，137幅优秀作品在杭州图书馆集中展出，其中6幅作品被省文化厅推荐至文化部参展。

【第五届阳光宝宝系列活动】 5月26～27日，杭州市“我行·我棒”阳光宝宝系列活动决赛及颁奖仪式在萧山区闻堰街道湘湖艺术中心剧场举行。“我行·我棒”阳光宝宝活力秀系列活动为市文化广电新闻出版局和市教育局共同打造的幼儿品牌活动，从2007年开始举办，两年一届，参与对象为3～6周岁的学龄前儿童。本届活动以“倡导爱的教育”为主题，吸引全市914所幼儿园、近28万名学龄前儿童参加。通过幼儿园海选、片赛和复赛，有29个节目进入决赛，最终评选出“阳光宝宝”21名，优秀征文35篇，创意DV18个，最佳创意奖12个，最佳表演奖17个。

【“三江”歌手大赛】 9月26～27日，杭州市第二十三届“三江”歌手大赛决赛在萧山区图书馆举行。本次大赛由市文化广电新闻出版局、萧山区政府、富阳区政府主办，市文化馆、萧山区文化馆、富阳区文化馆、萧山区文化广电新闻出版局、富阳区文化广电新闻出版局承办，自5月份启动，历时半年，全市13个区县（市）和市学联等单位的数千人参与。大赛分青年组和中老年组两个组别，分别评出演唱、创作、辅导、组织等各类奖项共计134个。

（孙立波）

·专业文艺·

【文艺精品创作生产】 2015年，杭州市有1部地方戏剧本入选国家“中华优秀传统艺术传承发展计划”。杭州艺校原创音乐剧《灰姑娘的梦》入选第八届全国儿童剧展演，是参演剧目中唯一一部由中职学校创排的剧目。婺剧《畲女凤凰》入选2015年度浙江省文化精品工程扶持项目并首演成功，3部作品入选杭州市文化精品工程扶持项目。34件作品在浙江省曲艺展演展评等系列活动中获奖，占全省获奖总数的26.5%。群舞《隔代亲》等4件作品在全省第四届社会艺术团队文艺会演中获奖，婺剧《天下第一疏》入选全省民营文化表演团“优秀剧目”，涌现出《春江花月夜》《孝子周雄》等具有地方特色的原创作品。

【“西湖之春”艺术节】 5月20日至6月6日，由市委宣传部、市文化广电新闻出版局联合主办的2015年“西湖之春”艺术节共推出9个专项文化活动、8场传统表演艺术巡演和3场大戏，吸引观众近2万人。本届艺术节涵盖戏剧曲艺、音乐会、书画摄影展、艺术培训和艺术互动等多个领域，重点推出的杭州市传统表演艺术巡演有越剧、杭剧、睦剧、小热昏、独角戏、莲花落等多种曲艺样式，赴临安、淳安等地巡演，体现“人人参与艺术节、人人享受艺术节”的主题。

【婺剧《畲女梦》入选浙江省精品扶持工程】 原创婺剧《畲女梦》（又名《畲女凤凰》），由杭州市艺术创作研究中心创作，与建德市婺剧团联合出品、排演，入选2015年浙江省文化精品扶持工程十大剧目，于10月1日在金华市中国婺剧院首演。该剧讲述了在第一次鸦片战争期间，畲族姑娘蓝卉无私救助抗英将士徐宝生，畲汉两族人民共同抗击外敌侵略的故事，由杭州市艺术创作研究中心闫亢舒编剧，浙江小百花越剧团国家一级导演江瑶执导，国家一级作曲王加南担任唱腔设计，国家一级作曲刘建宽担任音乐设计，国家一级灯光设计师周正平担任灯光设计，国家一级舞美设计师蓝玲担任服装造型设计，建德市婺剧团汤盛存等主演。

【曲艺大专班恢复招生】 3月16日，杭州滑稽艺术剧院、浙江艺术职业学院、杭州艺术学校正式签约合作办学，恢复了中断十年的曲艺专业大专班招生。本届曲艺专业开设表演、说唱、方言、“非遗”项目等专业课程，是浙江省内首次开设的曲艺表演大专班。学生前3年在杭州艺术学校学习，后2年在浙江艺术职业学院学习，学业完成后经双向选择进入杭州滑稽艺术剧院从事曲艺表演工作。

【杭州市传统戏剧大赛】 由市文化广电新闻出版局主办，杭州市非物质文化遗产保护中心承办的杭州市传统戏剧大赛于5月启动，9月22日进行决赛，最终评选出5个金奖、7个银奖、10个铜奖和5个优秀奖。11月12日，部分优秀节目参加了浙江省文化厅、浙江省戏剧发展促进会主办，浙江省非物质文化遗产保护中心、市文化广电新闻出版局、浙江省非物质文化遗产保护协会承办，杭州上城区文化广电新闻出版局承办的第二批浙江省传统戏剧之乡授牌仪式暨浙江好腔调“开唱了”传统戏剧传承人群专场展演。

【中国（杭州）江南丝竹音乐节】 9月18～21日，第三届海内外江南丝竹邀请赛暨中国（杭州）江南丝竹音乐节在杭州艺术学校举行，中国音乐学院华夏丝竹乐团、上海音乐学院“昕悦”组合等40支音乐代表队600多名选手参赛。该赛事由浙江省、上海市、江苏省音乐家协会共同主办，每两年举办一次。（孙立波）

【三部作品获得国家艺术基金扶持】 经过近半年的初选、答辩和复评，9月，杭州文广集团所属杭州越剧传习院越剧《玲珑女》、杭州爱乐乐团交响乐《七阙西湖》和杭州滑稽艺术剧院演艺有限公司杭州小热昏《分财产》三部作品入选国家艺术基金资助项目。从复评中胜出的作品仅占申报作品的15%左右，竞争激烈程度超过以往各类评选。同一单位有3部作品入选国家艺术基金资助项目。

【《新狮吼记》入选文化部“三个一批”名录】 5月，文化部办公厅发布《关于开展“中华优秀传统艺术传承发展计划”戏曲专项扶持工作的通知》，其中内容之一是实施“三个一批”优秀戏曲剧本扶持计划，采取“征集新创一批、整理改编一批、买断移植一批”的办法，出资扶持优秀戏曲剧本创作，建立优秀戏曲剧本共享资源库。9月，杭州越剧传习院创排的《新狮吼记》被列入文化部“买断移植剧本（剧目）”名单中。这意味着《新狮吼记》进入文化部“优秀戏曲剧本共享资源库”。此前，杭州越剧传习院创作的优秀剧目《梨花情》，曾被“移植”到30多个剧种。

【第四届杭州国际戏剧节】 9月19～30日，由市委宣传部、杭州文广集团、中国国家话剧院主办，杭州孟京辉戏剧工作室、杭州演出有限公司承办的“2015杭州国际戏剧节”在杭州举行。来自法国、瑞士、英国以及国内的10部戏剧作品参演。杭州文艺顾问、著名导演孟京辉担任戏剧节的艺术总监。主戏剧舞台单元，除了开幕戏《舞台上的假期》外，还有来自法国的《灵魂归来》和国内话剧《恶棍颂歌》《拥抱麦克白》《自由站》。戏剧节特邀单元则有话剧《蒋公的面子》《去年冬天》，诗剧《罗曼·冯·恩琴》《韩非与李斯》以及来自英国的《战火玫瑰》。戏剧节期间，还举办戏剧名家论坛、大师讲座、戏剧表演工作坊、剧本朗读会等一系列“走进戏剧”活动。

【余隆受聘为杭州爱乐乐团艺委会主任】 4月10日，杭州爱乐乐团在杭州大剧院举办“杭州爱乐乐团艺术委员会主任受聘仪式”，正式聘任中国爱乐乐团艺术总监、常任指挥，中国音乐家协会副主席余隆为杭州爱乐乐团艺术委员会主任。2009年，余隆就受聘担任“杭州文艺顾问”，并参与创建了杭州爱乐乐团，从乐团发展定位、人才引进、艺术家邀请等方面，都给予新生乐团指导和帮助。

【女魔术师李洁获金菊奖】 5月1～3日，中国杂技金菊奖第六次全国魔术比赛在深圳举行。杭州著名女魔术师、杭州杂技总团团长李洁以第一名的成绩摘取了中国魔术最高奖项——金菊奖。李洁也成为获此荣誉的首位浙江女魔术师。李洁表演的是一个名叫《美女与几何》的大型魔术。观众最先看到的是一个闪着金属光泽的三棱锥，在光影的变幻中，透明的三棱锥如花朵绽放，随着三棱锥轻轻旋转，“魔女”李洁凭空将自己“变”到了舞台上。随后的7分钟里，台上的几何体随着她的舞动，千变万化，还从中变出了活人。最引人入胜的情节是，她竟然将一个身材高挑的美女，瞬间“变”进了一个边长仅30厘米左右的三棱锥中。评委一致认为，中国的大型魔术大多数是模仿国外的创意，像这样有着“新颖的创意，新奇的道具，充满新鲜感的表演”的原创大型魔术非常难得。

【大学生戏剧节】 10月10日，由杭州文广集团主办，杭州演出有限公司、杭州话剧艺术中心有限公司、杭州电视台西湖明珠频道共同承办，以“青春真戏剧、戏剧正青春”为主题的大学生戏剧节闭幕，共有13所高校14个学生剧社，16部作品参赛。著名艺术家田沁鑫、杨立新、崔宁担任戏剧节的艺术顾问。经过半个月的评选，来自浙江农林大学、浙江大学城市学院、浙江树人大学、浙江传媒学院、中国美术学院的5个年轻剧社脱颖而出，最终站上了杭州艺苑剧场的梦想舞台。其中，中国美术学院象山学院象山剧社《高级动物》获得一等奖。

【杭州市第十一届杭州文艺骨干培训班】 11月，由市委宣传部主办、杭州文广集团承办，杭州演出有限公司执行的“第十一届杭州文艺骨干培训班”开班。该培训班邀请了中国文化报副总编辑赵忱，戏曲理论家、中国艺术研究院戏曲研究所原所长王安奎，中国国家话剧院副院长戈大立作为授课老师。市委宣传部常务副部长杨志毅在开班仪式中做动员讲话。来自市有关文化单位、各区县（市）委宣传部、市属各文艺院团和剧院、民营文化企业、演出公司的相关负责人、文艺骨干参加了培训。

【越剧《德清嫂》等作品在国家大剧院演出】 10月15～16日，杭州越剧传习院创排的越剧《德清嫂》《鹿鼎记》在国家大剧院纪念演出。这是自2012年越剧《红楼梦》在北京首演以来，杭州越剧传习院第六次进国家大剧院演出，也是《德清嫂》第二次走进国家大剧院。同月，应第十八届北京国际音乐节和国家大剧院的邀请，杭州爱乐乐团在北京中山公园音乐堂、天津大剧院和国家大剧院音乐厅举办专场演出。

【话剧《生命密码》创下多项纪录】 由北京演出有限责任公司和杭州话剧艺术中心有限公司联合制作的话剧《生命密码》，5月24日在杭州话剧艺术中心排练。7～11月，杭州话剧艺术中心组建30多人的演员团队和执行制作班底，担任本剧的排练、演出。剧组一行40人，历时106天，行程1.97万千米，在国内33个城市演出73场，上座率达到95%以上，观众人数超过10万人次，演出收益172万元。杭州话剧艺术中心有限公司创造了巡演地域最广、巡演时间最长等多个国内话剧行业的新纪录。

【杭州大剧院升级改造】 7月10日至12月20日，杭州大剧院启动整体修缮项目，本次修缮涉及灯光、音响、机械、电路、土建、给排水、安检、监控、设施设备维修等20个大型项目。为迎接G20杭州峰会召开，做好人流密集型场所的安全保障工作，大剧院把票房移到了南北大厅两边，新增安检机、安检门、电子存包柜。12月15日，杭州大剧院修缮工程全部结束并通过整体验收。

（刘继峰）

·文化市场·

【杭州市文化市场诚信信息平台建设】 市文化广电新闻出版局从2014年起，建立以信用信息采集、存储、分析、应用为核心的文化市场诚信信息平台。至2015年末，该平台已收录文化市场企业信用信息1.3万多条，其中基本信息1.1万多条，企业不良信用信息1000多条，企业良好信用信息300多条；公布省2014年“扫黄打非”十大案例、文化市场主体黑名单31个，文化产品黑名单158个。市文化广电新闻出版局制定信用红黑名单认定和发布制度、文化市场信用黑名单管理办法等，保障信用平台长效运营。

【《杭州市文化娱乐市场发展报告》发布】 12月，市文化广电新闻出版局首次发布《杭州文化娱乐市场发展报告》，该报告分为1个总报告和书报刊、艺术品、演艺、娱乐、互联网上网服务5个分行业报告，通过问卷调查、座谈会、深度访谈等方式，采用定性和定量相结合的方法，对各行业发展现状、存在问题进行分析研究，提出对策建议，为政府、企业提供决策参考。

【文化类民办非企业单位扶持】 为鼓励社会力量和民间资本兴办民办非企业单位，市文化广电新闻出版局联合市文创办、市财政局对文化类民办非企业单位的15个项目拨付扶持资金124万元。2015年，新增文化类民办非企业单位15家，注销2家。至年末，市本级文化类民办非企业单位共有88家，业务范围涵盖音乐美术研究、文化交流、展览培训、文艺演出、艺术鉴赏、文物收藏等门类。

【第八届杭州艺术博览会】 5月7～10日，2015年（第八届）杭州艺术博览会在浙江世贸国际展览中心举行，展区面积1万平方米，吸引54家机构参展，展出当代艺术作品1500多件，3万余人参观，成交额达到1200万元，比上年增长近20%。原弓、周春芽、岳敏君、庞茂琨等十余位当代艺术家作品首次亮相艺术博览会。展览现场还设置了“蝶变艺术阵”“行进中的火焰”玻璃灯工表演等一系列公共艺术活动和讲座。

【文化市场执法】 2015年，杭州市、县两级文化市场执法部门加强对网吧、娱乐场所、演出场所、出版物市场、校园及周边文化市场的监管，重点组织开展了“净网”“护苗”“打违”等13项专项整治行动，全年出动执法检查力量2.7万人次，检查文化经营场所3.8万家次，办理重大案件17件，案件办结率、举报回复率100%。

1～3月，开展文化市场人员密集场所消防安全暗访检查、出版物市场专项整治和网络文化专项整治三项专项整治行动，检查文化经营场所2145家，取缔无证经营场所125家，立案26件。4月中旬至11月，开展“扫黄打非净网、清源、秋风”专项行动，检查场所1.5万家，立案158件，重点加强“微领域”集中整治和电商平台的监管，清退电商平台无证书籍卖家1000个。与杭州市网络安全研究所签订战略合作协议，共同加强对杭州市网络文化市场的监管。7～9月，开展“护苗”行动，在暑假、中高考以及新学期开学等重要时段，加强校园周边巡查，集中力量对中小学校周围开办的音像店、书店、书报亭等场所进行排查。9～11月，开展“打违”行动，对杭州市互联网上网服务营业场所、大型连锁歌舞娱乐场所、游艺游戏场所进行检查，打击农村非法大篷车演出。

【浙江省暨杭州市侵权盗版及非法出版物集中销毁活动】 4月20日，2015年浙江省暨杭州市侵权盗版及非法出版物集中销毁活动举行，杭州主会场设在黄龙体育中心西广场，现场销毁各类非法侵权盗版图书报刊、音像制品、电子出版物和计算机软件11万余件，全省同一天销毁非法物品110万余件。

【文化市场执法进驻“淘宝网”】 根据杭州市与阿里巴巴集团战略合作的总体部署，1月27日，杭州文化市场行政执法总队驻淘宝网联系室正式挂牌。该联系室联动公安、市场监管等部门，协同处理网络文化举报案件，开展对网络交易平台的主动监管和巡查。全年累计接到涉淘宝网举报案件850多起，比上年下降30%以上。全国“扫黄打非”办公室组织《人民日报》、新华社、中央电视台、《光明日报》等15家中央媒体记者到杭州采访报道。

【“绿书签”系列宣传活动】 5月26日至6月15日，以世界知识产权日为契机，市“扫黄打非”办公室以“‘扫黄打非’护助少年儿童健康成长，远离和抵制有害出版物”为主题，在全市广泛开展“绿书签”系列宣传活动。活动中，各城区在中小学校、书店（音像店）、大型广场和社区等地共张贴海报500多份，发放绿书签2000多份，并现场受理群众举报，开展现场咨询活动，指导、帮助公众识别各类非法出版物和侵权盗版行为，300多人参与。

【网吧长效管理试点和转型升级】 2015年，杭州市为促进互联网上网服务行业健康有序发展，根据行业转型升级试点实施方案，取消了网吧内计算机数量的限制，将网吧业准入门槛设定为“不低于20平方米，单机面积不低于2平方米”，农村地区依法取得消防安全手续的合法用房也可以设立网吧，推进互联网上网服务场所长效管理机制建设和行业转型升级试点工作。鼓励上网服务行业创新网咖、电子竞技、电子商务、社区服务等新型运营模式，42家互联网上网服务场所实施转型升级试点。全年新批网吧272家，其中80%以上为网咖等新型模式。6月27日，浙江杰拉网咖科技公司电子竞技馆投入运行，并与浙江日报传媒集团股份公司签订战略投资合作协议。

【网络文化进社区】 6月18日，“网络文化进社区、进乡村”启动活动在江干区当堂网吧举行。该活动由市文化广电新闻出版局指导市网吧协会发起，在西湖区、江干区的4家网吧进行试点，利用网吧场地，建立社区网络课堂，免费为社区、乡村中老年人提供网络设备、辅导服务，组织各类网络培训和竞技活动，让网络文化走进基层社区，服务百姓生活。网吧内还设立公共图书借还点，由区图书馆向每家试点网吧配送400册新书，与全市图书馆实现通借通还，方便社区居民借阅图书。

（孙立波）

·文化创意产业·

【文创产业增加值达到2232.14亿元】 2015年，杭州市文创产业实现增加值2232.14亿元，比上年增长20.4%，占全市GDP比重的22.2%。按照国家《文化及相关产业分类》统计口径测算，全市文化产业实现增加值855亿元，增长22.3%，占GDP比重的8.5%。规模以上文创企业实现主营业务收入3947.89亿元，增长33.1%；利税总额888.66亿元，增长24.9%；利润总额730.47亿元，增长23.0%。至年末，全市规模以上文创单位3548个，从业人员56.77万人。

【文化创意产业实力居大陆城市第三位】 4月30日，由两岸智库清华大学国家文化产业研究中心与亚太文化创意产业协会合作研究的《2015两岸城市文化创意产业竞争力研究报告》在杭发布。报告对海峡两岸36个城市的文化创意产业发展水平进行评估。“文创实力”单项评估，杭州位于北京、上海之后，居大陆城市第三位。

【国有文化集团深化改革】 4月，西泠印社集团有限公司与西泠印社社委会全面完成“机构、职能、人员”三分离，被认定为转制文化企业。4月，杭州日报报业集团下属上市公司浙江华媒控股股份有限公司并购快点文化传播（上海）有限公司，5月又并购精典博维文化传媒有限公司。7月，华数数字电视传媒集团有限公司下属控股公司浙江华数广电网络股份有限公司完成增资扩股，成功引进7家战略投资合作伙伴。年底，杭州文化广播电视集团管理体制和组织架构调整工作启动。12月，《关于把社会效益放在首位、实现社会效益和经济效益相统一推动市属国有文化企业深化改革的意见》（市委办发〔2015〕94号）出台。

【《建设全国数字内容产业中心三年行动计划（2015～2017年）》】 1月28日，市文创委印发《建设全国数字内容产业中心三年行动计划

杭州创意设计中心 （市文化创意产业办公室 供稿）

10月15~19日，第九届杭州文化创意产业博览会在白马湖国际会展中心举行（市文化创意产业办公室 供稿）

（2015~2017年）》，建立了重点项目库。至2015年末，95个重点产业项目累计投资额60.09亿元，占总投资额的51.4%；全市数字内容产业实现增加值1234.45亿元，比上年增长35.5%，占GDP比重的12.3%。

【咪咕数字传媒有限公司落户杭州】 4月20日，全国最大的数字阅读运营企业咪咕数字传媒有限公司（前身是中国移动手机阅读基地）落户杭州，注册资本11亿元。4月21日，以“融合·创新·梦想”为主题的首届中国数字阅读大会在杭州举行。会上，杭州市文化创意产业指导委员会和咪咕文化科技集团公司（咪咕数媒母公司）就数字内容相关合作领域签订战略合作框架协议。

【文化产业大企业集团培育】 1月27日，浙江米奥兰特商务会展有限公司在“新三板”挂牌。6月8日，浙江安道设计股份有限公司在“新三板”挂牌。5月14日，在第七届“全国文化企业30强”评选中，宋城演艺发展股份有限公司、浙江华策影视股份有限公司再次入选，思美传媒股份有限公司入选提名企业名单。8月7日，杭州博彩网络科技股份有限公司在“新三板”挂牌。8月19日，浙江中南卡通股份有限公司在“新三板”挂牌。9月10日，杭州新青年歌舞团股份有限公司在“新三板”挂牌，成为中国民营文艺院团登陆“新三板”的第一股。9月30日，杭州蜂派科技股份有限公司在“新三板”挂牌。10月19日，杭州南广影视股份有限公司在“新三板”挂牌。10月21日，浙江艺能传媒股份有限公司在“新三板”挂牌。10月27日，杭州金海岸文化发展股份有限公司在“新三板”挂牌。11月26日，杭州蓝狮子文化创意股份有限公司在“新三板”挂牌。12月14日，杭州遥望网络股份有限公司在“新三板”挂牌。2015年，全市11个文创企业在“新三板”挂牌。

【首批文创新势力企业（项目）评选】 8月，市文创办指导，杭州市文化创意协会以及《东方早报》、吴晓波频道等媒体发起了“寻找文创新势力”活动，经过专家评审和公众投票，评选出26个数字内容、新媒体、跨界、文艺等方面的文创新势力企业（项目）。10月17日，“文创新势力”评选暨数字内容产业高峰会上，26个企业（项目）被评为杭州首批“文创新势力”，并获得社会融资约10亿元。

【两岸文化创意产业合作实验区建设】 10月15日，两岸文化创意产业合作实验区核心区块——杭州创意设计中心开园，“杭州—台湾创意对话创意高峰论坛”同期举行。园区已有“台湾顶级工艺创新设计中心”等约80个知名文创企业（机构）入驻。11月3日，在“2015两岸企业家紫金山峰会”上，杭州创意设计中心、之江文化创意园和淳安县千岛湖两岸文创培育基地获“两岸文创产业合作实验示范基地”称号。

【文化和科技融合示范基地认定】 12月25日，杭州市认定杭州运河广告产业园为第四批市级文化和科技融合示范园区，认定杭州泛城科技有限公司、杭州爱特电子技术有限公司等9个企业为第四批市级文化和科技融合示范企业，认定动漫研发服务平台（浙江大学科技园发展有限公司）为第四批市级文化和科技融合示范公共服务平台。杭州西湖广告产业园等第三批入选对象扶持工作同时展开。

【杭州师范大学文化创意学院挂牌】 6月26日，杭州师范大学文化创意学院挂牌成立，下一步计划陆续设立动画、网络与新媒体、文化产业管理等专业。挂牌仪式上，杭州市委宣传部与杭州师范大学签署了合作共建文化创意学院的战略框架协议，学院目标是成为全市文化创意产业发展的专家智库、理论研究基地和人才培养高地。

【文化创新团队培育】 8月5日，杭州市认定新青年产业创新团队、阿U动漫团队等10个文创团队为杭州市第二批十大产业文化创新团队。12月14日，杭州市认定飞鱼设计创新团队、今日关注创新团队等10个文创团队为杭州市第三批十大产业文化创新团队。

【文化创意产业人才引进和培养】 3月，指挥家、作曲家谭盾受聘担任杭州文艺顾问；6月，著名小说家艾伟落户杭州；12月，引进台湾著名漫画家敖幼祥。2015年，杭州市文创办组织开展“文创企业家孵化工程培训班”“创意力量大讲堂”和“第三届文化创意人才招聘会”等活动。全年举办8期文创企业家孵化工程培训班、成长型文创企业家高端培训班、创意智造高级复合型人才培训班和文创企业“新三板”培训班，累计培训400多人。“创意力量大讲堂”全年举办10期，受众2000多人次。文创人才专场招聘会推出1.49万个就业实习岗位，5100多人与用人单位达成意向。

【杭州文化创意产业博览会成交28.82亿元】 10月15～19日，第九届杭州文化创意产业博览会在白马湖国际会展中心举行。文博会以“融——设计，让生活更美好”为主题，展示及活动面积10万平方米，呈现“一主四副联动、二馆六区主打、商务活动协同、线上线下呼应”格局，涵盖20多项商务活动，集中展示了2000多个国内外文创企业、机构的作品。展会期间，完成签约项目85个，实际成交及意向成交金额（含项目融资）28.82亿元。“拍卖会杭州文创馆”累计举行文创作品拍卖近141场。第三届两岸文创产业交流对接会、第十二届海峡两岸文化创意产业高校研究联盟白马湖论坛、杭州首届版权合作与交易大会、“梦想大课，向未来发声”中国自媒体人大会等活动同时举行。

【第30届中国电视剧飞天奖颁奖盛典在杭举行】 12月28日，中国广播电视大奖第30届电视剧“飞天奖”颁奖典礼在杭州云栖小镇举行。参评剧目为2013年3月1日至2015年9月30日播出的剧目200部、7534集，入围提名荣誉作品48部。《父母爱情》《琅琊榜》等作品获优秀电视剧奖，刘和平获优秀编剧奖，孔笙获优秀导演奖，陈宝国获优秀男演员奖，梅婷获优秀女演员奖等。中国影视艺术创新峰会暨第三届中国影视产业推介会同期举行。

（市文化创意产业办公室）

·动漫产业·

【动漫产业转型升级】 2015年，杭州市动漫游戏产业创新步伐明显加快，产业转型升级初现成效。全年生产原创动画片近14500分钟，其中获得播出许可证的10300分钟，比上年增长2倍；创作各类漫画作品1800部，增长10.6%，制作完成各类游戏近590款，增长66%。营业收入62.12亿元，利润总额达25.18亿元，上缴税金近5.97亿元。出口、衍生品和版权等三项核心内容收入9.2亿元，增长38%。

【动漫作品获得荣誉】 2015年，杭产动画《阿优之梦想系列》《昆塔·因为所以》等12部作品入选国家新闻出版广电总局公布的优秀国产电视动画片目录，入选作品数居全国各大城市第一。杭州蒸汽工场文化创意有限公司的“定格影像技术创新应用服务”项目入选文化部国家文化产业项目库。动画片《郑成功》《阿优之神奇萝卜》和新媒体动漫《绿茵少年》入选弘扬社会主义核心价值观动漫扶持计划产品类和创意类项目名单。动画作品《魔幻仙踪》《星学院》和《口袋森林之口袋熊》入选国家动漫品牌建设和保护计划产品类和创意类项目名单。除此之外，中南卡通股份有限公司的《郑成功》获浙江省新闻出版广电局“中国梦”主题动漫作品征集活动优秀动画作品奖，“乐比悠悠Playtime梦想乐园”获得首届中国商业地产最佳配套游乐园项目奖。在首届中国动画品牌十强调查报告中，“秦时明月”“阿U”品牌入选中国动画十强。电魂网络科技有限公司获“2015年度中国十大游戏研发商”奖，旗下竞技类游戏作品《梦三国2》获“2015年度中国最受欢迎客户端网络游戏”大奖。杭州非奇科技获全球游戏业界公认的“GooglePlay”全球顶级开发者称号。

【中国国际动漫节】 4月28日至5月3日，第十一届中国国际动漫节在杭州举行。本届动漫节按照“动漫作品要融入社会主义核心价值观”的根本要求，聚焦“中国梦”主题，大力弘扬中华优秀传统文化，为中国动漫产业发展提出鲜明的价值导向。中国国际动漫节以“动漫盛会·人民节日”为宗旨，以“国际动漫·美丽杭州”为年度主题，设立了滨江区白马湖主会场和12个分会场，围绕会展、论坛、商务、赛事、活动五大板块组织实施58项活动，共吸引78个国家和地区参与，617个中外企业、机构参展参会，参与国家和地区数再创新高。137.29万人次参加动漫节各项活动，其中主会场35.49万人次；达成签约交易、意向合作项目325项，涉及金额93.54亿元，现场实际成交和消费涉及金额54.92亿元，总计148.46亿元，办展规模、参与人数、交易金额、节展效益有新突破，专业化、国际化、产业化、品牌化水平有新提升。

本届动漫节树立“互联网+”的办展理念，首次推出动漫节网上虚拟展厅，并与阿里巴巴集团合作，利用二维码技术开设“码上智慧博览会”，为观众提供场馆信息预览、动漫商品预购，以及快捷购物、快递到家等智慧服务。

【“金猴奖”大赛】 第十一届中国国际动漫节“金猴奖”大赛于2014年12月1日正式启动，共收到来自33个国家和地区的1007部作品，创历届之最。经过大赛组委会的初评和终评，2015年4月28日晚，“金猴奖”颁奖典礼在杭州大剧院举行，此次颁奖典礼首次与动画电影首映相结合，开幕影片是由杭州多所高校动漫师生共同创作的动画电影——《梦幻列车》，典礼现场揭晓了包括“综合奖”“潜力奖”在内的39个奖项。

【动漫高峰论坛】 4月28日，第十一届中国国际动漫节动漫高峰论坛开幕，本届高峰论坛以“精神·艺术·创意——讲好中国故事”为主题，举办主论坛、大师班、大师面对面、中国动画电影高峰论坛暨影片推介会、中国动画电影高峰论坛“绍兴分论坛”等一系列论坛活动。中国动画电影高峰论坛暨影片推介会吸引了来自100多家院线、影院及动漫企业、投资机构近250名专业人士参会，发布《中国动画电影发展报告（2014）》，对23部待映的国产动画电影进行集中推介；召开中国动画电影（项目）创投路演、动画电影看片会、“保护与发展——网络动漫游戏与未成年人健康成长”研讨会、第十一届全国法治动漫微电影大赛等一系列研讨、大赛活动。国家新闻出版广电总局领导、国内高校专家、美国迪斯尼传媒集团和美国莱卡工作室相关部门负责人等嘉宾，从主管部门、专业机构、市场主体等不同角度阐释主题，共同为推动中国动漫产业发展出谋划策。

【动漫产业交易会】 4月28日，第十一届中国国际动漫节产业交易会在白马湖建国饭店举行。本届交易会着力推进智慧会展，开展了14场

4月28日至5月3日，第十一届中国国际动漫节举行 （李 忠 摄）

形式多样、主题各异的商务活动，吸引国内外动漫、游戏、衍生品等各类项目453个，现场洽谈1255场，比上年的920场增长近36%，达成合作交易意向325项。其中，全新推出的“国漫通”APP商务服务系统帮助参展参会企业实现项目发布、信息浏览、商务社交和洽谈预约的智能化，累计用户下载900多次，注册用户达555个，动漫节期间日均使用量150多台次，线上活跃的企业用户近百家。首次举办的“动画外包项目发布会”吸引了南大集团、绿盛集团、千岛湖啤酒有限公司、淘宝众筹平台、英国Propeller电视台等6个国内外知名机构现场发布动漫定制项目，126个动漫企业参会，达成合作意向28个。

【中国COSPLAY超级盛典】 5月1~2日，“中国COSPLAY超级盛典”总决赛在白马湖会展中心举行。本次大赛共设立21个国内分赛区和9个境外分赛区，国内外同台竞技，赛事更显国际化。50多支团队1600多名选手参加总决赛。

【浙江展团参加法国戛纳秋季电视节】 10月5~8日，法国戛纳秋季电视节如期举行。浙江展团共有中南卡通股份有限公司、玄机科技信息技术有限公司、博采传媒有限公司、阿U文化创意有限公司、美盛动漫有限公司、蒸汽工厂文化创意有限公司、天雷动漫有限公司、浙江华麦网络技术有限公司等10多个杭州影视动漫企业参展，与来自英国、法国、美国、俄罗斯、日本、西班牙、土耳其、加拿大、韩国等80多个国家和地区的客户进行商务洽谈，共计洽谈230场，其内容涉及版权代理、海外发行、联合制片、人才引入、IP开发等内容，充分展示了杭州动漫产业的实力。

【COSPLAY文化节】 10月17~18日，杭州COSPLAY文化节在杭州乐园举行，开展了南北COSPLAY英雄会、双人组比赛、动漫集市、动漫快闪、名家签售等精彩活动。本次文化节首次提出“跨城”概念，以杭州和北京这两个城市为典型，给动漫迷们带来了一场文化盛宴。

（彭 澍）

·公共图书馆·

【公共图书服务网络建设】 2015年，杭州市以杭州图书馆为中心馆，区县（市）馆为总馆，乡镇（街道）馆为分馆，村（社区）图书室为亚分馆，包括各专业或主题分馆的公共图书服务网络加快构建，累计建成乡镇（街道）图书馆165个、村（社区）级图书室2782个，其中纳入全市公共图书馆集群管理、实现通借通还的基层服务点1358个。至年末，杭州市各级公共图书馆总藏书量达1960.29万册，全年服务市民1558.2万人次；举办各类阅读推广、科学普及、多元文化活动3443场，参与读者123.86万人次。杭州数字图书馆数字资源浏览量达1329.89万次，下载量达98.2万次，分别比上年度增长53.9%和0.7%。

【杭州图书馆理事会成立】 杭州图书馆理事会从2014年开始筹备，2015年11月进入理事会成员推选、招募、遴选和审核阶段。12月11日，杭州图书馆第一届理事会成立仪式举行。首届理事会由11人组成：北京大学信息管理系教授吴慰慈为理事长，杭州图书馆馆长褚树青为执行理事，市人大教科文卫工委办公室主任杨焕然、市人力社保局事业单位人事管理处处长董新伟、市财政局教科文处处长陈少杰、市文化广电新闻出版局人事组织处处长李会学、原浙江省作家协会副主席汪浙成、原浙江图书馆馆长程小澜、杭州图书馆馆员陈荞、杭州“12355”青少年服务台志愿者李丽琴、浙江商达环保有限公司副总监鲁清波为理事。随后，理事会召开第一次会议，明确了杭州图书馆理事会工作制度，提出要规范高效运作，集各方力量、资源为公共图书馆事业发展起到咨询监督及出谋划策的作用。

【公共图书馆数字资源覆盖中小学校】 6月，市文化广电新闻出版局、市教育局联合推出“公共图书馆数字资源覆盖中小学校”项目，连通公共图书馆服务网络与教育城域网，建立“课后也精彩”青少年课外阅读平台，分类定制“学生版”和“教师版”资源，细分服务供给，满足师生不同需求。该平台已积累期刊论文7200多万篇，中小学教辅图书1.5万部，教学音视频7000多套，科普影片和动画2.2万小时，试题8000多套，数字资源量达44.5TB。至年末，已成功覆盖全市774所中小学校，为中小学师生提供数字阅读服务119.4万人次。该项目有效改善农村地区中小学文献资源匮乏的状况，作为“图书馆助力农村地区儿童阅读成长”案例在2015年国际图书馆协会联合会大会上做经验介绍。

【杭州图书馆与全球1万个图书馆文献互通】 2月4日，杭州图书馆开通联机计算机图书馆中心（简称OCLC）平台。“OCLC”创立于1967

年，是全球最大的电子图书馆、最大的书目和馆藏信息数据库。OCLC的全球共享馆际互借服务能够有效提高图书馆处理馆际互借和文献传递请求的工作效率，节省图书馆员工和用户的时间。全球已有1万个图书馆依托全球共享馆际互借服务平台互通有无。市民可通过图书馆共享该平台成员馆提供的数亿条馆藏书目记录，各国读者也可以通过此平台了解关于杭州最新最翔实的资料。至年末，收到5个国家图书馆的借阅申请，服务读者224人次，借阅图书238册次。

【公共图书馆主题分馆集群建设】 9月19日，杭州图书馆运动分馆正式开馆。该馆是杭州市首家引入企业力量参与办馆的公共图书馆。市民可以凭借市民卡、第二代身份证或图书馆通用借书证借阅到运动、养生、艺术等特色文献，还可以参加运动养生讲座、体验运动项目、参加市民运动队等多元文化活动。11月29日，杭州图书馆电影分馆开馆，为国内首家电影主题公共图书馆。12月26日，杭州图书馆科技分馆暨滨江区图书馆试运营。至此，杭州图书馆已建成10家主题分馆：即自建形式的馆中馆音乐分馆，民间力量广泛参与的佛学分馆，与社团联合的印学分馆，与学校合作的盲文分馆，与研究机构合作的围棋分馆，拓建形式的城市生活分馆和少儿分馆，与企业合作的以健身体验为特色的运动分馆，与国家电影资源馆等机构实现资源共享的电影分馆，以及政府托管模式的以智慧服务为特色的科技分馆，初步形成特色鲜明、覆盖全面的公共图书馆主题分馆集群。

【全国少年儿童经典讲读大赛】 4～9月，中国图书馆学会、国家图书馆和杭州市西湖读书节组委会联合举办“用声音传播经典——全国少年儿童中华经典讲读大赛”，由中国图书馆学会未成年人图书馆服务专业委员会、杭州市文化广电新闻出版局及杭州少年儿童图书馆共同承办。22个省（市）128家图书馆和阅读机构参与，开展分会场活动340场，2.3万名青少年学生参赛，最终180个作品和单位获奖。杭州市少儿图书馆获中国图书馆学会颁发的“2015年全国少年儿童阅读年”系列活动优秀组织奖。

8月28日，浙江省新闻出版局在杭州现场办公，肯定杭州市农家书屋建设
（市文广新闻出版局 供稿）

【中小学生暑期阅读服务】 7月18～19日、25～26日，杭州图书馆首次与市新华书店合作，推出“立等可借——教育局推荐、图书馆买单”活动。现场准备了面向小学、初中、高中近100个品种的图书，以满足中小学生阅读需求，缓解阅读书单上的图书“一书难求”的矛盾。538位读者参加活动，共借阅2375册图书。

【“公共图书馆：社会教育与市民终身学习”国际研讨会】 10月22～23日，“公共图书馆：社会教育与市民终身学习”国际研讨会在杭州召开。来自美国、德国、新加坡、日本、葡萄牙等国家和地区的图书馆馆长和国内各省市图书馆馆长、知名学者、代表等100多人参会。会上，杭州市公共图书馆致力于社会教育和市民终身学习的做法得到业内人士高度评价。 （孙立波）

·博物馆·

【博物馆概况】 据浙江省文物局公布的通过博物馆年检的博物馆名录，至2015年末，杭州市有公共博物馆54个，其中：国家级省级博物馆4个，市级博物馆39个，区县市博物馆11个；综合性博物馆5个，专题性博物馆、展览馆49个；民办博物馆16个。

中国茶叶博物馆三期（龙井山园）、杭州博物馆南馆、杭州党史馆对外开放。梅家坞周恩来纪念馆陈设改造、杭州市方志馆二期、铁路博物馆（知青博物馆）、明清钱塘江海塘遗址博物馆、中国工艺美术馆改造建设继续推进。县、市博物馆建设取得新进展，桐庐博物馆完成展厅陈列改造，富阳博物馆、淳安千岛湖博物馆开工建设，临安博物馆进入筹备阶段，富阳受降厅抗日战争纪念馆对外开放。余杭区抗日战争纪念馆陈列布展综合工程竣工并开放，乔司千人坑纪念馆开馆。

全市各大博物馆共举办70多场临时展览，参观游览的市民游客人数突破300万人次。各大场馆全年新征集文物200多件（套），在第九届（2014年度）全省博物馆陈列展览精品项目评选中，杭州市5个博物馆获得精品奖，2个博物馆获得优秀奖。各博物馆依托自身资源开展中小学“第二课堂”和各类宣教活动100多次。举办相约西湖、童画杭州名人大赛、西湖明信片设计大赛、“清风杯”青少年书法大赛、杭州市中小学生陶艺大赛、浙江省青少年创意剪纸大赛等活动，举办名人讲堂、西湖艺术史论坛、运河大讲堂、工美大讲堂、茶文化专题讲座等讲座。组织开展杭州市讲解员星级评定大赛。“杭州博物馆联盟”网站上线试运行状况良好，“杭州文博”微信平台开通。

民办博物馆发展呈现良好态势。组织全市民办博物馆参加国家文物局对于民办博物馆的运行评估工作。3个民办博物馆获得帮扶资金。南宋官窑博物馆与江南锡器博物馆、杭州名人纪念馆与梅家坞周恩来纪念室结对共建。

2015年杭州市各博物馆主要临时展览

表63

单位	临时展览名称
杭州博物馆	"汉字源流展"，"喜上梅梢——杭州博物馆馆藏梅花书画精品展"
西湖博物馆	"万斛汇西湖——西湖博物馆建馆十周年受赠文物展"，"中国木版年画杭州特展"，"海上藏珍——舟山博物馆馆藏扇面册展"，"那个年代的明信片——晚清民国武汉风情展"，"天堂之城印象——西方人眼中的近代杭州·西湖"，"锦里西湖胜画图——杭州西湖织锦展"，"山也清凉——董也山山水画展"
中国茶叶博物馆	"中华茶文化展"，"壶里壶茶——黄福弟收藏茶具展"，"茶颜观色——茶文化书画展"
杭州南宋官窑博物馆	"和韵天下——中原古代音乐文物展"，"郑和时代——南京市博物馆藏明代文物特别展"，"中西交融——纹章瓷精品展"，"杭州市第八届中小学生陶艺大赛优秀作品展"
杭州名人纪念馆	"夏风清和 水墨盛宴——大家小品美术展"，"翰墨丹青：爱新觉罗焘建、赵伟、王松林书画青瓷展"，"走进天目——西子画院书画展"，"雄浑壮秀，耄耋迎春——吕国璋书法展"，"杭州青少年活动中心美术部专职教师书画作品展"，"五水共治——书画摄影图片展"，"笔墨水融——尤无曲绘画精品特展"，"清香益远——纪念唐云诞辰105周年精品展"，"映像江南——中国当代艺术家作品联展"，"观照世相，融合中西——馆藏《蒋兆和画像》中的世相百态展"，"无声之声——外籍友人与杭州抗战图片文物展"
杭州工艺美术博物馆	"百兵君子——千年一脉的中国剑文化展"，"点蜡成纹—贵州蜡染艺术展"，"馆藏当代书画扇面展"，"西渐的中国风——外销工艺扇及现代扇艺艺术展"，"不能忘却的记忆——纪念抗战胜利70周年冷兵器精品展"，"名师出高徒——国大师带徒首届师生作品联展"，"小技艺大世界——浙江泥塑展"
韩美林艺术馆	"三'羊'开泰，喜气'羊羊'"，"美术史谭：东晋·顾恺之"，"美术史谭：唐·阎立本"，"美术史谭：唐·仕女画"，"美术史谭：南唐·人物画"
杭州京杭大运河博物馆	"天朗气清——青少年采风大运河书画作品展"，"喜气洋洋过羊年——生肖集邮藏品展"，"旧河换新颜——五水共治图片展"，"大运河沿线地契展"，"'追梦千年 情系运河'少儿画展"，"运河文化主题书法作品展"，"'读树意智'植物盆景展"，"北京、杭州两地明信片展"，"'大手拉小手'集邮、书画、摄影展"
中国湿地博物馆	"西溪印记——李忠摄影展"，"全国湿地保护成就展"，"百花齐放——何水法书画艺术展"，"跟着童画游湿地——2015湿地主题少儿绘画大赛获奖作品展"，"天堂渔事·水乡风情——西溪渔文化展"，"经纬藏珍——董正泉先生地图收藏展览"，"西溪且留下——瓷板画艺术展"
章太炎故居	"冬·韵——兰花造型艺术展"，"散作乾坤万里春——迎春梅花展"，"我们的好家风——中国家谱家训族规资料展"，"博物馆迎来了新时代——《博物馆条例》知识问答图片展"，"'流年似水'旧上海广告月份牌展"，"铭记英雄向抗战英雄致敬菊花展"，"中国抗日名将展"
良渚博物院	"玉魂国魄——湖北枣阳九连墩楚墓玉器特展"，"梦回五千年——探寻消逝的良渚古国展"，"权力与信仰——良渚遗址群考古特展"
中国江南水乡文化博物馆	"余杭历代方志暨名人书画展"，"天下一统——大秦帝国文物特展"，"对望——余杭、韦尔特文化艺术交流展"，"铭记·抗战在余杭——纪念中国人民抗日战争暨世界反法西斯战争胜利70周年大型图片实物展"，"水墨之风——余杭区第三届现代水墨画展"，"大音希声——余杭非遗项目中泰笛箫崇贤古琴汇展"，"考古余杭系列展——三国、两晋、南北朝"，"让文化遗产活起来——余杭区不可移动文物保护修缮成果展"，"权力与信仰——良渚遗址群考古特展"，"海上明月——余杭博物馆馆藏海、浙派书画精品展"，"见证文明——红山与中国史前玉文化特展"
萧山博物馆	"百年季黄——纪念朱家溍先生诞辰100周年特展"，"萧山收藏协会第二届会员藏品展——古代瓷器展"，"同根同源，书画传情——台湾著名书法家林荣森书法作品展"，"敝帚自珍——丰子恺漫画特展"，"文物'邮'情——萧山博物馆藏品特展"，"萧山纪念抗日战争胜利七十周年大型书画展"，"天下一统——大秦帝国文物特展"，"萧山区中小学生可移动文物个性化邮票设计比赛优秀作品展"
桐庐博物馆	"诸、义、浦、桐书画联谊会第五届会员作品展"，"抗日战争在桐庐——纪念中国人民抗日战争暨世界反法西斯战争胜利70周年图片展"

【中国茶叶博物馆龙井馆区建成开放】 5月1日，历经5年筹备建设的中国茶叶博物馆龙井馆区对外开放。龙井馆区位于西湖景区翁家山268号龙井山园，占地7万多平方米，建筑面积约5000平方米，其余为山林和茶园。龙井馆区展厅包括世界茶展厅、中国茶叶品牌馆、龙井茶展厅，同时配有各类茶文化体验活动。

【"丝路之绸：起源、传播、交流"展】为了展示丝绸在中国的起源、传播以及东西方纺织文化在丝绸之路上的交流，由国家文物局和浙江省政府主办，浙江、新疆、河南、陕西、甘肃、青海、湖北、湖南、河北等省（自治区）文物局协办，中国丝绸博物馆承办的"丝路之绸：起源、传播、交流"展览于9月15日在杭州西湖博物馆开幕。浙江省文物局、杭州市园林文物局以及全国24家参展单位和省市文博单位相关负责人代表百余人参加开幕式。本次展览从全国26家文博考古机构选调近140件（组）文物展品。展览分为"源起东方""大道开远""西域交融"和"机变新样"四个单元，从不同的方面展示丝绸在中国的起源、传播以及对东西方文明的影响。配套展览"以丝路的名义——丝绸之路小型文献展"在西湖博物馆图书中心同期展出，收集展出中外学人丝绸之路研究的相关文献近200册，此展览得到了北京大学中国古代史研究中心和浙江大学图书馆的支持。本次展览持续至10月15日。展览期间，为进一步促进丝路之绸的研究与保护，于10月11~14日举办"丝路之绸：起源、传播与交流"国际学术报告会。

【萧山抗战纪念馆正式对外开放】9月20日，为纪念抗战胜利70周年，历时5个月修缮完工的萧山抗战纪念馆对外开放。萧山抗战纪念馆位于河上镇凤坞村一处百年老宅，抗战时期曾是萧山县政府的机要室，具有特有的抗战背景和历史意义。纪念馆分上下两层，分四大部分展示陈列，第一部分"日军入侵、山河破碎"，第二部分"侵略罪行、不容淡忘"，第三部分"奋起抗战、日月重光"，第四部分"反思战争、永续和平"。展示区有抗战时期的弹药、枪械、衣装等众多文物。

【中国自然科学博物馆协会湿地博物馆专业委员会第五次全体会议】 9月24日，中国自然科学博物馆协会湿地博物馆专业委员会2015年全体会议暨学术交流会在杭州召开。会上，北京、青海、江苏、辽宁、内蒙古、安徽等地从事湿地保护和湿地博物馆管理的工作者围绕湿地资源保护、湿地博物馆建设及管理经验、湿地科普宣教等问题进行了深入探讨，以"实践、融合、创新"为主题开展了学术交流活动，编辑出版了《湿地博物馆专委会2015年学术研讨会论文集》。

【杭州博物馆二期建设】 9月底，杭州博物馆南馆"最忆是杭州"通史陈列布展完成，并于10月1日重新开放。"最忆是杭州"通史展以城为主体，以史为脉络，以人为线索，以"感受杭州"为核心，展览借助"城、史、人"的结合，展现杭州八千年文明史和五千年建城史。10月2日，由中国文字博物馆、杭州博物馆联合举办的"汉字源流展"在杭州博物馆南馆机动展厅开幕。整个展览以汉字为主题，遴选了120多件各类文物、实物及图片，讲述汉字的起源、形成、发展、演变和传播的轨迹。

【杭州博物馆馆藏梅花书画精品展】 12月25日，由杭州博物馆和河南安阳中国文字博物馆联合举办的"喜上梅梢——杭州博物馆馆藏梅花书画精品展"在安阳市中国文字博物馆开幕。本次展览涵盖杭州博物馆馆藏明代至近代共91件以梅花为主题的绘画作品，其中包括明代陈继儒《梅花诗》画册、清代蒲华《梅石图》轴、清代张熊《墨梅图》扇页、民国高野侯《梅花图》轴等诸多精品。展览持续至2016年3月14日。

【《移家图》入藏杭州西湖博物馆】4月，杭州西湖博物馆在北京征集到清顾洛绘《移家图》册页，共二十二开。此图册为清文人周三燮嘉庆庚辰年（1820年）移居杭州城东隅，筑别业隐居著书立说，请杭人顾洛所绘，唱酬者皆为乾嘉间杭州籍名流如吴振棫、章煦、苏绎等19人，图册绘画诗文书法皆妙，且与馆藏古籍《秦亭山民移居唱和诗一卷》相互印证，为研究西湖文人唱和结社提供了第一手资料。

【西溪文化研究】 中国湿地博物馆举办"西溪的花木""西溪与红楼文化"等4场讲座，出版《西溪新吟》《西溪原住民记影》《西溪商贸》、《西溪沈氏、洪氏家族史料》《西溪丁氏家族史料》《西溪两浙词人祠堂·蕉园诗社史料》《西溪文选》，完成《西溪庙庵历史文化》《西溪庄园历史文化》《西溪花文化》《国际旅游综合体建设的西溪模式》等6个研究报告专题。

【"城市文化与博物馆文创"学术会议在杭召开】 4月26~27日，中国博物馆协会城市博物馆专业委员会常委扩大会议暨学术研讨会在杭州召开。会议由城市博物馆专业委员会主办，杭州博物馆承办。来自上海市历史博物馆、首都博物馆、深圳博物馆、重庆中国三峡博物馆、武汉博物馆、西安博物院等全国24家文博单位的50多名代表参加此次会议。会议的主题是"城市文化与博物馆文创"。

【《海过天青——杭州南宋官窑博物馆藏清代外销青花瓷精品》出版】 《海过天青——杭州南宋官窑博物馆藏清代外销青花瓷精品》由杭州南宋官窑博物馆主编，浙江摄影出版社于9月7日正式出版。书中收录杭州南宋官窑博物馆馆藏106件清代康熙、雍正时期的精品外销青花瓷图录，按器物类型分罐、瓶、觚、壶、盏、杯、盘、碗、军持、花浇、牧牛图青花瓷器等。

【第九届（2014年度）全省博物馆陈列展览精品项目评选】 在第九届（2014年度）全省博物馆陈列展览精品项目评选中，杭州市5个博物馆获得精品奖，2个博物馆获得优秀奖。良渚博物院"崧泽之美——浙江崧泽文化考古展"、杭州工艺美术博物馆"青出于蓝——传统蓝印花布艺术展"、杭州南宋官窑博物馆"奢华之色——江阴市博物馆藏宋元明金银器特展"、杭州西溪湿地

5月15日至6月15日，中国江南水乡文化博物馆举办"余杭—韦尔特文化艺术交流展"（市园文局 供稿）

博物馆"碧海遗琼·奇古绛树——珊瑚文化展"、杭州西湖博物馆"故乡有此好湖山——西湖博物馆藏历代杭州名仕书画展"获得精品奖，余杭博物馆"考古余杭系列展——汉时期"、跨湖桥遗址博物馆"梭笔线墨——云南少数民族纺织技艺展"获得优秀奖。

【"名人讲堂"全年举办9期】 杭州章太炎纪念馆"名人讲堂"全年举办9讲。3月28日，浙江大学历史系教授卢向前主讲"武则天那些事儿"；4月25日，中国美术学院客座教授谢成水主讲"'敦煌文物守护神'的人生故事"；5月30日，著名收藏家钱镜塘之孙、西泠拍卖上海办事处主任钱道明主讲"一个优秀收藏家的自我修养"；6月27日，杭州文史学者王其煌主讲"白居易与杭州"；7月18日，浙江大学历史系副教授楼毅生主讲"明末清初大变局下的张苍水"；9月6日，香港中文大学历史系教授梁元生和杭州师范大学教授周东华主讲"抗战时期的司徒雷登"；9月26日，西泠印社副社长童衍方主讲"唐云先生的艺术人生"；11月28日，章太炎之孙、上海东亚研究所所长章念驰主讲"我所知道的祖父章太炎"；12月12日，浙江大学历史系副教授方新德主讲"杭州近代医疗卫生事业的先驱——梅藤更"。名人讲堂全年接待观众近千人。

【西湖艺术史论坛】 2015年，韩美林艺术馆入藏韩美林捐赠的500件作品，其中303幅绘画、21幅书法、15尊雕塑、108件陶瓷以及53件民间工艺作品。韩美林艺术馆全年举办"西湖艺术史论坛"6讲，包括：2月15日，植物园高级工程师、梅花专家胡中主讲的"梅花品种的演变与分类"；3月10日，杭州博物馆原藏品陈列部主任、研究员洪丽娅主讲的"黄昏月下去寻梅——古代梅花造型艺术赏析"；5月8日，浙江工商大学东亚研究员教授、浙江省中日关系史学会副会长陈小法主讲的"杭州：一座让日本人'爱着'的都市"；7月4~5日，中国社会科学院考古研究所研究员、安阳殷墟博物馆副馆长唐际根主讲的"甲骨文的起源、演变·商代青铜铸造、工艺·商代玉器"；9月22日，中国美术学院书法系书法理论教研室主任戴家妙主讲的"赵之谦的艺术与学术"；11月29日，浙江古籍出版社总编辑寿勤泽主讲的"南宋绘画中的琴棋书画"。

【中国江南水乡文化博物馆建设"智慧博物馆"】 2015年，中国江南水乡文化博物馆新增藏品415件（组），包括：新征集余杭籍名家字画13件（组），杭州市文物考古研究所移交的余杭里山墓群、余杭东西大道两处地块墓群和余杭百亩地村墓群出土文物368件（组），采集墓砖34块。

该馆实施"智慧博物馆"项目，包括对原有网站进行改版，设置十大镇馆之宝3D项目、博物馆虚拟游等专栏，馆藏三级以上文物图片通过互联网实现资源共享，全馆实现公共Wi-Fi全覆盖，微信公众号发布，电子巡更系统安装完成。

【余杭—韦尔特文化艺术交流展】 5月15日至6月15日，中国江南水乡文化博物馆举办"对望——余杭、韦尔特文化艺术交流展"。此展览为中国江南水乡文化博物馆首个从国外引进的临时展览。荷兰的韦尔特市是杭州市余杭区友好城市，展览共展出双方20多位艺术家的60件（组）作品。

【富阳区"三馆合一"项目基本完成】 富阳区博物馆、美术馆、档案馆"三馆合一"项目位于鹿山新区，项目总占地4.58公顷，总建筑面积约3.81万平方米，建筑主体地下一层，地上五层，最高高度23.9米，预算投资5亿元。至2015年末，"三馆合一"项目已基本完成项目建设，计划于2016年9月对外试开放。

【临安博物馆开工】 12月，临安博物馆开工建设。临安博物馆位于临安市区南部锦桥区块，东临功臣山，西靠天目路，北依锦溪，南向杭昱公路，占地面积3.33公顷，由中国美术学院风景设计研究院设计，普利兹克奖获得者王澍担任主设计师。全馆建筑面积1.05万平方米，概算投资1.6亿元。博物馆内陈设计、技防设计、弱电及智能化设计等专项设计全面展开，土建工程计划2016年底竣工。

【淳安千岛湖博物馆土建工程告竣】 千岛湖博物馆为淳安县县级博物馆，位于千岛湖镇珍珠半岛区域，建筑面积5334平方米，拟定于2017年建成对外开放。2015年，淳安县成立筹备工作小组，淳安县文化广电新闻出版局开展博物馆建设的各项前期工作，包括完善设计方案、规划陈列布展、征集展品、安排讲解等。至年末，千岛湖博物馆土建工程基本完工。

【杭州少儿主题绘画大赛】 4月，为庆祝大运河申遗成功一周年，由中国京杭大运河博物馆、钱江晚报少年学院共同举办“追梦千年·情系运河”杭州少儿主题绘画大赛。经过两个多月的广泛征集，收到1073幅参赛作品。经过组委会评选，最终100幅作品入围，从中评出金奖2件、银奖10件、铜奖15件及优秀奖23件。6月21日，颁奖仪式在中国京杭大运河博物馆举行。获奖作品在中国京杭大运河博物馆展出至6月28日，8月8～16日在杭州图书馆进行巡展。

【第四届湿地主题少儿绘画大赛】 第四届湿地主题少儿绘画大赛由中国湿地博物馆、中国自然博物馆协会湿地博物馆专业委员会主办，《美术报》协办，主题为“跟着童画游湿地”。4个月时间征集到了20多个省（市、自治区）的4110幅作品，评选出特等奖5名、金奖10名、银奖20名、铜奖30名、优秀奖49名，入围奖89名。大赛获奖作品展于5月23日至6月21日在中国湿地博物馆专题展厅展出。

【第六届“童画杭州名人”活动】 5月，第六届“童画杭州名人”活动启动，此次活动由市文明办、市园文局、市教育局、杭州日报报业集团主办，杭州名人纪念馆承办。本次大赛以“寻找名人家训，与名人一起成长”为主题，从5月30日的启动仪式开始，历经征集、初评、终评，到12月的颁奖仪式，历时6个多月，收到1200多幅作品。大赛共评选出一等奖10名、二等奖20名、三等奖30名及优胜奖若干，并评选出10个优秀组织奖和10位优秀指导老师奖。12月5日起，唐云艺术馆展出了此次活动中的优秀作品。

【“流动博物馆”巡展32场次】 2015年，萧山博物馆将“萧山区中小学生不可移动文物邮票设计比赛优秀作品展”“百年季黄——文博大家朱家溍”“萧山历年考古成果展”等8个主题展览添加到“萧山区农村文化礼堂建设2015年服务菜单”，推行“你点我送”的“流动博物馆”巡展模式。全年“流动博物馆”前往学校、农村文化礼堂、社区巡展32场次，服务在校学生5.9万人次，拓展、延伸了博物馆的服务教育功能。

【“绿色燎原”科普营活动】 8月6～16日，由中国湿地博物馆主办，法国卡玛格湿地博物馆、弗雷内（杭州）教育科技有限公司、杭州电视台少儿频道《潮小孩》栏目协办的“探秘法国卡玛格”湿地科普营在卡玛格湿地开展。这是继2011年“拥抱红树林”香港湿地公园科普营、2012年“走近日月潭、台湾科普营”、2013年“非常新加坡、非常夏令营”、2014年“走进顺天湾、环保零距离”之后，由中国湿地博物馆策划开展的第五期“绿色燎原”科普营活动。

【外籍友人与杭州抗战图片文物展】 为纪念抗日战争和世界反法西斯战争胜利70周年，由杭州公共外交协会、杭州名人纪念馆和杭州师范大学联合主办的“无声之声——外籍友人与杭州抗战图片文物展”于8月15日至9月30日在司徒雷登故居举办。本次展览共分五个部分：铁蹄下的杭州、见证日军暴行、无国界的救助、救援盟军友人、集中营苦难岁月。（市园文局）

·考古与文物保护·

【考古与文物保护概况】 2015年世界遗产和大遗址保护工作成效显著。杭州市京杭大运河（杭州段）综合保护中心成立，逐步建立大运河遗产长效保护管理机制。杭州京杭运河（杭州段）综合保护中心委托浙江大学城市管理学院立法研究中心编制《中国大运河（杭州段）文化遗产保护条例》，列入杭州市2015年立法预备项目。10月，由杭州京杭运河（杭州段）综合保护中心委托中国建筑设计院和杭州市城市规划设计研究院联合编制《大运河（杭州段）世界文化遗产保护管理规划》并完成初稿。杭州运河（河道）研究院工作顺利推进，大运河（杭州段）保护完善一期工程开工。完善西湖文化景观遗产预警监测管理系统平台建设，重点开展遗产区游客容量调控专题研究，启动本体病害试点监测及西湖特色植物监测。《杭州西湖文化景观保护规划（2016～2040年）》上报市政府，编印《杭州西湖风景名胜区导览标识系统汉英规范手册（试行）》。

良渚遗址申遗核心区红线范围内征地工作基本完成。遗产区主入口展示、农村土地综合整治、遗产监测、考古研究、申遗档案建设有序展开。“六大申遗材料”上报国家文物局，良渚古城遗址申遗专家库成立，推进环境整治、河道疏浚、遗址管理与展示等多项保护规划编制和审批工作。南宋临安城遗址保护工作继续推进，利用物探和遥感考古等新技术，对临安城京城墙东南段遗址进行地球物理探测实验，同步推进临安城遗址考古地理信息系统的建设。南宋博物院核心地块土地置换前期工作基本完成。

按照国家文物局、省文物局安排部署，完成第一次全国可移动文物普查工作第三阶段工作任务。全年共实施20多项重点文物保护工程。“红楼”基础加固及上部结构加固工程、龚佳育墓防风化保护工程、东岳庙保养性维护工程、元宝心66号修缮工程、和睦桥修缮工程、古星桥修缮工程、明清钱塘江海塘起点转塘镇狮子口村段环境整治工程、盖叫天故居保养维护工程、钱王祠陈设改造（二期）、三潭石塔保护工程等已完工。指导各城区开展梁宅保养性维护工程、郁达夫旧居修缮工程和陈设改造提升工程、艮山门侵华日军碉堡修缮工程、四季青碑亭环境改造工程、浙江理工大学教学楼加固工程、华家池校区西大楼修缮工程消防改造工程、浙江省展览馆修缮工程、弥陀寺石刻保护工程。吴山石质文物保护工程（一期）、老虎洞窑址保护工程、西湖南山造像排水防渗工程等顺利推进。白塔防风化保护工程修改完善方案经省文物局批复同意。飞来峰造像三期保护工程完成水文地质及工程地质详勘、裂隙灌浆材料试验研究、保护工程设计方案编制工作。西泠印社孤山社址维修前期工作启动。建德新叶村全国古村落保护利用试点工作持续开展。

第七批全国重点文保单位、第六批省级文保单位用地保护规划已上报市政府，第五批市级文保单位用地保护规划及第一至四批市级文保单位用地保护规划调整初步编制完成。推进郊坛下与老虎洞、临安天目山窑址群、笕桥中央航校旧址等

4月，位于杭州上城区的临安城东城墙遗迹被发现　（市园文局 供稿）

保护规划编制。组织开展新一批全国重点文物保护单位和省级文物保护单位“四有”档案编制工作。9月，杭州市重新公布新一批市级文物保护点319处，包括余杭区55处，萧山区129处，富阳区54处，其他主城区81处。

市园文局受理10个文物行政审批项目，组织巡查各级文物保护单位（点）2000多次。调查处理一般程序案件10起，结案6起，共计罚款106.75万元。配合基本建设共完成考古项目67项，其中考古调查7项、勘探43项、发掘17项，勘探面积249.2万平方米，发掘总面积8200平方米，调查面积350平方千米，紧急处理突发事件9起，包括千岛湖配水工程桐庐段、杭州绕城西复线、建德土墩墓以及富阳大源镇地下文物等考古调查项目，之江双浦、丁桥、长睦等地块考古勘探，以及瓦家地良渚文化至汉六朝遗址、上仓桥南宋临安城京城墙遗址、紫城巷地块、萧山北海塘遗址等考古发掘工作。全市地下文物重点埋藏区调整划定工作启动。

杭州市文物考古研究所科研课题《浙江余杭小横山南朝墓画像砖整理与研究》获得国家社科基金项目立项。《杭州文博》《西湖楹联集萃》《灵隐寺两石塔两经幢现状调查与测绘报告》《临安洪起畏夫妇合葬墓》，“三普”成果汇编丛书《杭州近现代革命史迹》《杭州古祠堂》，良渚丛书《良渚文明的圣地》《从村居到王城》等9册，《杭州博物馆论丛2015》《鸿雁传书——馆藏章太炎书信集》《杭州名人小丛书》《守护——余杭区不可移动文物保护利用成果撷英》《余杭历史文化——径山研究》《淳安馆藏文物精品集》等期刊、书籍出版。《浙江通志·西湖卷》基本完成初稿，“西湖文献集成续辑”已完成《宋至明代西湖史料》《清代西湖史料》《民国西湖史料》《西湖书院专辑》《西湖戏曲专辑》《西湖小说专辑》等10册。《杭州运河名胜》《杭州运河船》《运河边的租界拱宸桥》《运河文化名镇塘栖》《杭州河道社区》等出版。《跨湖桥遗址原址保护》被评为“全国文化遗产优秀图书”。

【第一次全国可移动文物普查】 按照国家文物局、省文物局安排部署，2015年为第一次全国可移动文物普查工作第三阶段。本年度杭州市在完成各国有单位文物普查认定工作的基础上，开展了文物的信息采集与完善、图像采集、文物数据录入、离线上传等工作。至年末，已完成全部文物信息数据登录和审核，共涉及50个单位的近9万件文物。

【上仓桥临安城东城墙遗址考古发掘】 4～7月，杭州市文物考古研究所对位于杭州上城区的临安城东城墙遗迹进行考古发掘。发掘揭露的东城墙遗迹整体呈南北向，揭露长36.3米。城墙主体部分宽10.50米，其东壁包砖宽约1.5米，残高0～1.35米，西壁包砖仅残存少量底砖，宽约1.3米，残高0～0.15米，两壁露明面均有收分。墙芯由质细且纯净的灰青色粉沙土夯筑而成。揭露的该段城墙遗迹，是目前已发掘的南宋临安城城墙遗迹中保存最好的，为复原城墙结构提供了重要实物依据，也为复原南宋临安城东城墙线性分布提供了重要且准确的坐标。

【紫城巷古引水遗址考古发掘】 4～9月，杭州市文物考古研究所在对杭州上城区涌金街道紫城巷地块的发掘中，首次揭露了与引西湖水入城有关的地下设施。该地块处于南宋都城临安城内西部，南邻涌金门（又称丰豫门）。南宋时，西湖自涌金门向北有涌金池、镊子井、李相国井等水口引西湖水入城。通过发掘，发现宋元明清各时期房址、水井、水池、水沟、道路等遗迹多处。其中有木管水沟和与其沟通的水井等遗迹，应与《（咸淳）临安志》所记的引西湖水以供城内居民取汲的诸井有关，用材与诸井“以木为管”相符，南宋时此地为诸井中镊子井及其水口所在处。此类遗迹是杭州首次发现，在一定程度上以实物形式反映了南宋临安城城市居民的用水情况。

【吴山石质文物保护工程（一期）】 吴山景区现存约一百余处石质文物（主要为摩崖石刻和造像），常年处于露天环境，不断受到酸雨等不利因素的影响，风化情况日益严峻。为更好地保护这些摩崖石刻和造像，2014年，吴山景区管理处正式启动吴山石质文物保护工程（一期）。2015年，广州市白云文物保护工程有限公司中标，于年内完成了除石佛院造像外的摩崖石刻的清洗、去藻、脱盐、裂隙修补等保护工作。在施工过程中，发现石佛院造像渗水严重，委托华东建设工程有限公司对石佛院进行水文地质勘查、南京博物院完成摩崖造像保护方案的调整并通过审核。

【宝成寺麻曷葛剌造像维修加固工程】 麻曷葛剌造像在吴山瑞石山宝成寺内，是国内唯一有明确纪年的麻曷葛剌造像，为2001年6月国务院公布的第五批全国重点文物保护单位。由于其岩性自身易于风化变质的特性，加之当地气候特征，导致该摩崖造像表面风化现象日趋加剧。2015年，吴山景区管理处向国家文物局申报宝成寺麻曷葛剌造像维修加固工程并获得立项批复，委托华东建设工程有限公司对麻曷葛剌造像进行水文地质勘查，工期自2015年12月1日至2016年7月30日。

【飞来峰造像数字化考古调查工程（一期）】 为进一步完善飞来峰整体保护的科学基础，健全客观的文物信息档案，保证保护研究工作的可持续性，杭州西湖世界文化遗产监测管理中心委托浙江大学文化遗产研究院按照考古调查的工作方法，利用浙江大学自主研发的多图像三维数字化技术对飞来峰造像及遗迹进行全面三维数字化，为其建立全息数字和纸本档案，并为文物保护提供第一手完整可靠的测绘、考古资料。飞来峰造像数字化考古调查工程于2015年5月开工，12月竣工，历时210天，中标价157.87万元。

【飞来峰造像三期保护工程】 西湖风景名胜区灵隐管理处（杭州花圃）有序开展飞来峰造像三期保护工程各项前期工作。完成“水文地质及工程地质详勘”、“裂隙灌浆材料试验研究”、飞来峰造像三期保护工程设计方案编制工作。“水文地质及工程地质详勘”工程于2014年6月30日开工，2014年12月30日竣工，由浙江华东建设工程有限公司实施。“裂隙灌浆材料试验研究”工程于2014年7月1日开工，2015年6月30日竣工，历时360天，由浙江华东建设工程有限公司实施。飞来峰造像三期保护工程设计方案编制从2014年10月13日开始，2015年10月31日完成，设计单位为中国文化遗产研究院。

【六和塔展厅陈设提升工程】 六和塔展厅陈设提升工程于7月20日开工，9月18日完工，以六和塔的悠久历史和建筑价值为两大核心，在塔西侧的原开化寺二进院落中布置以“千年传承”和“塔之瑰宝”为主题的两个展厅。此次六和塔展厅陈设提升工程以2010年的展陈为基础，对原有内容的翻译部分进行了重新校对，提高了译文准确性与专业性。展陈墙面背景从原有的喷绘壁纸改为环保的硅藻泥材料，在保证视觉效果的前提下顺应了环保潮流。

【龚佳育墓本体保护工程通过竣工验收】 龚佳育墓建成已有340年，虽然经过多次修缮，但石质文物已呈现生物病害、机械损伤、表面（层）风化、裂隙与空鼓、表面污染与变色、彩绘石质表面颜料病害和水泥修补等不同程度的损坏。杭州西湖风景名胜区钱江管理处组织实施了龚佳育墓本体保护工程。工程于2014年10月21日开工，2015年1月19日竣工，总计工时90天，总投资65万元。工程设计单位为浙江大学文化遗产研究院，施工单位为广州市白云文物保护工程有限公司。此次文物本体保护工程包括：文物本体清洁及清洗，微生物治理，风化加固、灌浆、填充与修补，表面封护保护，表面抗生物保护。

【盖叫天故居保养维护工程】 盖叫天故居位于赵公堤，为杭州市级文物保护单位，有年久失修漏雨等情况。西湖风景名胜区灵隐管理处（杭州花圃）实施盖叫天故居保养性维护工程，6月12日开工，11月8日竣工，历时150天。中标价117.8万元。工程由杭州风土建筑设计有限公司设计，杭州文物建筑工程有限公司施工，浙江江南工程管理股份有限公司监理。工程范围包括：门厅、百忍堂、东西厢房、佛堂、练功房、后堂等建筑整体屋面翻修，破碎瓦件及霉烂木椽子更换，破碎地面方砖整修整平，白蚁防治，油漆饰面、匾额楹联及陈列相框制新，陈列展柜玻璃罩更换，展板墙、监控及广播喇叭音响更换，展板更新。

【“天地一体”不可移动文物实时监测系统采购完成】 5月26日，杭州市“天地一体”不可移动文物实时监测系统政府采购完成，项目一期以主城区、萧山区为主，西湖景区为辅，选定6处文物保护单位为试点。该系统采用远程管理、智能监察、集中指挥的方式，对地面不可移动文物实施预防性保护。计划于2016年1月进行竣工验收。

【西湖世界遗产监测预警平台运行良好】 2015年，自然山水、两堤三岛、西湖十景和历史文化史迹遗产预警监测系统平台投入试运行后效果良好，结合文保工程修缮的契机完成对六和塔、保俶塔的专项监测工作。浙江大学文物保护材料实验室完成西湖文化景观遗产点中开化寺遗址、清行宫遗址等6处试点的本体病害监测。西湖特色植物的监测系统建设启动，开展数据采集和调查测绘。西湖文化景观遗产区游客容量调控专题研究启动，断桥和岳庙游客容量监测试点通过论证，在“十一”黄金周期间试运行并取得良好效果。遗产区范围内的西湖十景、两堤三岛、历史文化史迹等遗产点全面部署游人量监测预警系统。

9月18日，六和塔展厅陈设提升工程竣工　　（市园文局 供稿）

国家文物局、中国文化遗产研究院对西湖文化景观监测工作进行实地考核，遗产区范围内21个建设项目对西湖文化景观影响评估完成。

【大运河（杭州段）监测预警平台提升完善】 为适应世界文化遗产保护要求和大运河（杭州段）遗产保护管理需要，2015年，杭州京杭运河（杭州段）综合保护中心委托国家大运河遗产监测预警平台软件研发单位川大智胜系统集成有限公司承担监测预警平台提升方案研究编制工作。至年末，完成大运河（杭州段）遗产区前期调研和提升框架研究，着手具体方案编制。此外，港航监控视频提升扩容后接入预警平台，拓展大运河（杭州段）遗产区范围监控视频覆盖面。

【萧山北海塘遗址考古发掘】 6～7月，杭州市文物考古研究所对萧山区北干街道塘湾城中村改造安置房地块进行勘探，明确此处是古钱塘江南岸的萧山北海塘遗存。8～9月，对该海塘进行了发掘。柴塘遗存分布于老塘路之下，基本呈东西走向，与老塘路走向基本一致。揭露的海塘遗存长10.8米、宽16.9米、高10.3米，北部为16层柴条间以厚约10～20厘米厚的土层铺砌而成，柴条北部有长6.2米的木桩插入，使柴塘更加牢固。文献记载，柴塘最早建造于北宋，沿用至清代，后被石塘所替代。此次发现的柴塘结构海塘在杭州地区属首次发现，为研究萧山北海塘、杭州古代海塘及其精神文化价值，研究古代水利技术史提供了实物资料。

【萧山缸窑山墓葬群发掘】 萧山缸窑山墓葬群位于萧山区河上镇璇山下村境内，因遭不法分子盗挖，破坏较为严重。萧山博物馆与杭州市文物考古研究所于3月20日起对被盗古墓进行抢救性发掘，共清理砖室古墓8座，其中“M2”因有现代土葬墓叠压于其上，仅存封门部分露出，无法将其全貌揭露。其余7座古墓葬中包括双穴单室墓2座、凸字形墓4座。墓室内侧砖墙多有纹饰，以铜钱纹为主。另在缸窑山东麓缓坡位置发现龙窑一座，大致呈南北向，揭露长度已逾60米，宽2米～3米。填土内出土有大量的缸体残片及带孔窑具，推测其主要产品为带釉缸，缸窑山名称之由来可能就是缘于此窑。窑址具体时代尚且不明，但综合附近的“M7”及窑址地层情况，可推测其晚于六朝时期。该墓地的清理为研究六朝时期当地丧葬习俗和窑业情况提供了实物资料。

【萧山水漾坞土墩墓考古发掘】 水漾坞土墩墓位于萧山区西部西山山脉城山东北部，西北距钱塘江约8千米，东北距萧山区政府约5千米，南为湘湖风景名胜区水漾坞，北为湖头陈村。该土墩墓于2014年3月18日在湘湖周边地区进行土墩墓调查工作时被发现。2015年7月25日至8月25日，杭州市文物考古研究所联合萧山博物馆对其进行考古发掘。D39M1为大型石室土墩墓，出土文物7件，时代为春秋中晚期。D36M1所在土墩平面略呈长圆形，长径24.5米，短径13.3米，高3.2米，石室由封门石、墓道、墓室、挡土墙、护坡和盖顶石组成，整体呈长方形覆斗状，长14.5米，顶部宽7.24米，底部宽7.8米，高2.5米。D39M1形制特殊，营建考究，对于研究商周时期的丧葬习俗具有积极意义。

【“越文化学术研讨会”在萧山举办】 6月29～30日，越文化学术研讨会在萧山召开。来自省内外的40多名专家学者参会。会议由萧山博物馆和浙江省越国文化研究会共同举办。会上，来自厦门大学、南京大学、浙江省文物考古研究所、杭州市文物考古研究所、扬州市文物考古研究所、安吉县博物馆等单位的12位专家做学术报告。会后，精选与会人员的27篇论文，分为越史钩沉、越墓探研、越器释读、越迹寻踪四个专题，汇编成集，由浙江人民出版社于2015年12月正式出版。

【东明寺塔院遗址安防工程】 东明寺塔院遗址位于余杭区良渚街道安溪东明山，是佛教临济宗的重要祖塔院之一。为加强东明寺塔院遗址文物安全，余杭区文化广电新闻出版局实施东明寺塔院安防工程。工程于6月12日开始施工，9月20日竣工，10月23日通过验收，总投资80万元。施工主要内容为视频监控系统、入侵报警系统、巡更管理系统、监控中心机房系统、立杆架设摄像系统、综合布线系统等。

【余杭区出台文体（文物）建设发展专项资金实施细则】 9月，余杭区文化广电新闻出版局、区财政局联合印发《余杭区文体（文物）建设发展专项资金实施细则》。该细则在2010年《余杭区不可移动文物保护修缮专项资金管理实施细则（试行）》和2012年《余杭区文体建设发展专项资金实施细则》基础上，对文物资金政策做出相应调整。资金使用范围除文物调查、考古、文物保护工程、文物征集、宣传教育等之外，还将文物保护单位（点）必要的安全监测、设施配套和陈列馆建设，以及私有文物的产权置换或购买、不可移动文物日常保护管理和利用等重要内容纳入；项目确定和资金使用程序进一步规范，明确了不同性质项目的实施主体、资金承担比例等内容，规范了项目申报与资金拨付等程序。

【建德市大洋镇考古调查】 4月13日至5月25日，杭州市文物考古研究所联合建德市文物保护管理所，组织专业技术人员在建德市大洋镇开展地下文物调查工作，发现商周土墩墓10多座、东周遗址1处、宋元遗址3处、明清墓葬7处，另外有一处遗址（山坞岗遗址）性质待考。其中，柳村的黄山畈宋元遗址不仅发现大量宋元时期的青瓷、黑褐釉瓷等陶瓷残片，还采集到一件厚约1厘米，残长约4厘米的良渚文化时期的玉环（或为璜）残件。

【农村历史建筑和古村落保护】 2015年，杭州市安排农村历史建筑保护专项资金3800万元，对149处农村历史建筑实施修缮。为适应农村历史建筑保护工作的新形势和新重点，各地出台新政策，余杭区出台《余杭区文体（文物）建设发展专项资金实施细则》，建德市出台《建德市历史建筑保护管理实施办法》，富阳区出台《富阳区历史文物、历史建筑保护工作实施细则》。建德新叶村全国古村落保护利用试点工作持续开展，古村落内文物建筑保护、展示、利用及消防、防雷等安防工程逐

步推进。

【建德市新叶传统村落保护工程】 2014年，新叶村被国家文物局列入首批启动的保护与利用试点传统村落。至2015年末，已完成南塘区块改造维修总工程量的90%。此外，筹集资金修缮完成12处历史建筑，收购10处历史建筑产权，完成村内道路维修1400米，民居旧电线整改、管套线600米等配套工程。第二期新区建设加快，实施污水排放、自来水管埋设、外溪清理等项目。

【中国首届传统村落保护利用国际高层研讨会在建德召开】 10月17日，中国首届传统村落保护利用国际高层研讨会在建德召开，研讨会由建德市委、市政府主办，中国文物保护基金会、联合国教科文组织亚太地区世界培训与研究中心建筑保护联盟支持。会议形成《建德共识》，提出把古村镇保护纳入“美丽乡村”建设的整体布局中，保留乡村风貌，发展有历史记忆、地域特色、民族特点的“美丽乡村”，达到完整性和独特性的和谐统一，永久保护、永续利用。

【淳安淤泥坞墓葬考古发掘】 1月5日，淳安县文物保护管理所接到千岛湖镇屏湖村村民电话报告，在屏湖村斋堂自然村口淤泥坞发现古代墓葬。1月7日，杭州市文物考古研究所对古墓葬进行试掘，至1月12日完成抢救性清理，清理发掘4座墓葬，出土陶瓷碗、水盂、钵、鸡首壶、铁刀等随葬品共16件。从墓葬出土的铭文砖铭文及器物判断，此次发掘的墓葬年代为东晋时期。考古简报已发表于《东方博物》第五十六辑。

【“金手铲”系列活动获中国公共考古活动一等奖】 10月25～26日，第三届“中国公共考古·首师论坛”在北京首都师范大学举行，此次论坛由中国社会科学院考古研究所、首都师范大学主办，中国社会科学院考古研究所公共考古中心、首都师范大学历史学院、中国考古网和首都师范大学公众考古学中心承办。杭州市文物考古所的“金手铲”公众考古系列活动获第三届“中国公共考古——首师论坛”公共考古活动一等奖。 （市园文局）

·良渚遗址·

【良渚遗址概况】 2015年，杭州良渚遗址管理区认真贯彻落实习近平总书记关于良渚遗址保护和申遗工作的一系列重要指示精神，以申报世界文化遗产、建设国家考古遗址公园为重点，推进良渚遗址综合保护工程。申遗材料申报、征迁安置、环境整治、遗产展示、遗产监测等重点工作纳入项目化管理，莫角山遗址林相整理、良渚古城环境整治综合试验片区、申遗区内道路桥梁改造及整治、遗产区主入口工程等重点项目相继动工，申遗材料申报、整治区域考古探沟发掘、良渚遗址保护区划界桩铺设等陆续完成。

莫角山遗址雄伟的整体轮廓初现端倪，浙江省考古所良渚工作站在莫角山遗址发现良渚文化时期的重要墓葬1座，在瓶窑镇彭公发现多条良渚文化时期的水坝。开展莫角山遗址及周边考古勘探，实施彭公水坝大型水利系统试掘勘探。《良渚文化刻画符号》图录出版，《良渚古城综合研究报告》完成初稿。接待联合国助理秘书长普利、国际古迹遗址理事会副主席郭旃等嘉宾，举办“权力与信仰——良渚遗址群考古特展”等展览。

综合考虑人口、保护区内面积、重点遗址分布面积等因素，修订完善《良渚遗址保护区文物保护补偿办法》。《良渚遗址防洪及河道疏浚工程设计方案》《良渚古城遗址环境整治方案》《良渚古城遗址遗产区主入口方案》《良渚古城遗址何村、沈家村、雉山下服务点方案》获国家文物局和浙江省文物局批准实施。

良渚遗址保护区分片巡查制度严格落实，实现保护区范围全覆盖，确保遗址本体安全。全年累计完成217户农村私人建房审批，19项建设项目前置审核，10个建设项目考古勘探。

【良渚古城遗址考古发掘】 2015年，为配合良渚古城申遗及国家考古遗址公园建设，良渚遗址考古与保护中心对城内的莫角山遗址、江家山遗址、反山遗址、莫角山东部南北向河道花园里段以及北城墙湖池头段、南城墙上泗村段进行考古发掘，同时对老虎岭为代表的高坝系统、鲤鱼山为代表的低坝系统进行试掘和大规模勘探，完成塘山窑北村段勘探，启动安溪路以东大规模勘探。

莫角山东部南北向河道花园里段清理出一段由木桩及竹编组成的良渚文化时期的护坡遗迹。老虎岭水坝的发掘显示坝体是以草包泥堆筑而成，同时新发现打破水坝的良渚文化灰沟。安溪路以东的大规模勘探已完成一半，发现台地21处，显示此处为良渚古城外围重要的郊区聚落群。

莫角山宫殿区发掘出沙土广场及房屋建筑遗迹。江家山发掘出贵族墓地，出土大量玉器等随葬品，江家山北部的反山王陵及江家山南部的桑树头大墓的发现，表明莫角山宫殿区以西的土岗上分布着多处良渚文化权贵墓地。反山土台北部边界清晰呈现，南城墙上泗村段勘探完成，良渚古城城墙的南北边界得以确认。

多年考古研究结果表明，良渚古城的核心区可分三重，最中心为面积约30万平方米的莫角山宫殿区，其外分别为面积约300万平方米城墙和面积约800万平方米的外郭所环绕，堆筑高度也由内而外逐次降低，显示出明显的等级差异，形成类似后世都城的宫城、皇城、外郭的三重结构体系。

【良渚古城遗址保护申遗专家评审会】 5月20日，浙江省文物局在北京组织召开良渚古城遗址保护申遗专家评审会。国家文物局副局长童明康以及文物保护与考古司司长关强、副司长陆琼等应邀参加会议，对良渚古城遗址保护和申遗工作进行指导。由严文明担任评审组组长的专家组对良渚古城遗址突出普遍价值提炼及良渚古城遗址保护、展示方案进行评审。浙江省文物局局长陈瑶、副局长吴志强等出席会议。

【良渚古城遗址保护展示方案专家评审会】 8月30日，良渚遗址管委会

10月21日，联合国助理秘书长普利（前中）考察良渚博物院

（李力行 供稿）

召开良渚古城遗址保护展示方案专家评审会。中国建筑设计研究院建筑历史研究所所长陈同滨，复旦大学文物与博物馆学系教授高蒙河，杭州市园林文物局副局长卓军，浙江省文物考古研究所所长刘斌，浙江省文物考古研究所研究员王宁远等参加评审会。

与会专家听取浙江省古建筑设计研究院关于莫角山、反山和北城墙遗址保护展示方案的情况介绍，要求方案总体设计上把握好以遗产价值为核心，以考古成果为依据，保护优先，最小干预，环境协调等原则，不断丰富展示内容，保持遗址风貌，还原历史环境，构建遗产展示阐释体系。对方案中道路系统的规划设置、配套用房的建筑形式、与科技考古展示的结合等方面提出具体指导意见，同时要求加快绿化方案和水系改造方案的深化细化和实施，重点突出古城城圈形态、莫角山大型建筑工程和反山高台墓地的表达与展现，增强遗址展示在社会分工、用玉制度等方面的“故事性”，弥补良渚古城遗址展示可看性上的不足。

【良渚古城申遗及国家考古遗址公园建设专家咨询会】 10月24日，良渚古城申遗及国家考古遗址公园建设专家咨询会在杭州召开。来自中国社会科学院考古研究所、北京大学、国家博物馆、南京博物院、山东大学、复旦大学、南京大学、山东省文物考古研究所、广东省文物考古研究所、青海省文物考古研究所、西藏自治区文物保护研究所等单位的20多名专家参加。本次咨询会受浙江省文物局、杭州市良渚遗址管理区管理委员会委托，由浙江省文物考古研究所主持召开。

会议对良渚古城的主要内涵如城墙、莫角山、反山等在形态修整、价值展示和遗址本体保护等重点问题展开讨论，认为考古工作勾勒出良渚古城的整体形象和框架结构，为申遗的价值阐释和遗产展示提供了准确翔实的依据，也为依法保护、确保遗址本体安全提供了基础。

会议建议对古城城墙进行边界清理和形态整治工作，使四面城墙具有明显可辨识性；莫角山与城墙之间的苗木应尽快清理，应以低矮农作物和草坪为主，以确保莫角山与四面城墙的通视效果为原则；雉山村、沈家村等处正在实施土地复垦工程对遗址风貌影响较大，建议立刻停止，并去除土地复垦工程堆积物。

【良渚遗址监测预警系统咨询会】 12月5日，良渚遗址管委会组织召开良渚遗址监测预警系统专家咨询会。杭州西湖风景名胜区管委会副主任卓军、西湖世界文化遗产监测管理中心主任杨小茹、大运河遗产保护管理办公室副主任姜师立等专家受邀参加会议，对良渚遗址监测预警系统建设方案进行指导。

良渚遗址监测预警系统建设是良渚古城遗址申遗的重要基础性工作，是申遗的必检项目之一，评审会就提高系统实用性、有效性，深化实施方案、细化工作量、研究监测重点和出台监测指导书等方面提出建议。

【良渚遗址群考古特展】 4月5日，由北京大学、浙江省文物局、杭州市余杭区政府和杭州良渚遗址管理区管理委员会主办，浙江省文物考古研究所、良渚博物院和余杭区博物馆等单位承办的“权力与信仰——良渚遗址群考古特展”在北京大学赛克勒考古与艺术博物馆开幕。展览配合北京大学举办的“早期文明的对话：世界主要文明起源中心的比较”国际学术研讨会，展出良渚文化精品文物近500件（组），通过对已知良渚文化最高规格墓葬的多角度解读，结合其他重要良渚文化时期的文物，阐释良渚时期的“权力”和“信仰”，成为良渚博物院与高校合作办展的有益探索。展览于6月20日结束。

【《良渚文化刻画符号》出版】 4月，《良渚文化刻画符号》图录由杭州城市学会余杭分会和良渚遗址管理区管理委员会、良渚博物院历时近4年编撰而成，由上海人民出版社出版。该图录收集了550多件全国馆藏良渚文化遗址出土文物中的650多个刻画符号，对于促进良渚文明在中华文明起源价值研究、提炼良渚古城遗产价值、促进世界文化遗产申报工作具有重要意义。5月28日，《良渚文化刻画符号》出版座谈会在余杭召开，中国考古学会原理事长、故宫博物院原院长、著名考古学家张忠培和来自北京、上海、江苏和浙江等地文博专家参加会议。

【梦回五千年——探寻消逝的良渚古国展】 9月29日，由良渚博物院和广东省博物馆合作举办的“梦回五千年——探寻消逝的良渚古国展”在广东省博物馆开幕。本次展览展品包括了良渚古国周边遗址发掘出土的184件（组）良渚文化精美器物，其中玉器占90%以上，国家一

级文物10件、二级文物8件、三级文物13件。展期于2016年1月3日结束。

【中华玉文化中心第五届年会】 12月24日，中华玉文化中心第五届年会暨第七届中国古代玉器与传统文化学术研讨会——良渚遗址价值对比研究之“春秋战国时期玉器玉文化”在余杭召开。本次年会围绕春秋战国时期玉器及其相关问题集中展示最新研究成果，探讨中华玉文化传承体系及精神内涵，探索全国玉文化研究发展方向，丰富了良渚遗址价值的比较研究。

【中国玉石雕刻大师优秀作品展】 4月21日至5月10日，由杭州良渚遗址管理区管理委员会、浙江省珠宝玉石首饰行业协会主办，良渚博物院和良渚玉文化园共同承办的“古玉圣地添新辉”中国玉石雕刻大师优秀作品展在良渚博物院开幕。作品展汇集了浙江、江苏、上海三地的22名中国玉石雕刻大师的84件作品，作品匠心独具、工艺精湛，代表了当代玉石雕刻行业的领军水平。

【浙江省“良渚杯”玉石雕刻精品展】 9月26日，2015年浙江省“良渚杯”玉石雕刻精品展暨“天工奖”入围展开幕仪式在良渚玉文化园举行。作为浙江省最大规模最高规格的玉石展览，“良渚杯”玉石雕刻精品展已成功举办至第六届，为中国玉雕、石雕业最具影响力的专业奖项“天工奖”选送了大量优秀玉石雕刻作品，也培养了一批玉石雕刻人才。本届“良渚杯”玉石雕刻精品展有190位玉雕工作者的309件作品参与展览，评出金奖25项、银奖30项、铜奖43项、最创意奖7项、最佳工艺奖8项，23人获“浙江省玉石雕刻师”称号。其中，良渚玉文化园入驻大师获得3项金奖、3项银奖、3项铜奖及1项最佳工艺奖。展览于10月15日结束，展览期间共接待国内外游客约6万人次。

【东夷华彩——大汶口文化、龙山文化特展】 5月18日，由良渚博物院、山东博物馆共同主办的“东夷华彩——大汶口文化、龙山文化特展”在良渚博物院开幕，这是黄河流域和长江流域古代文化消失后的首次对望。展览集山东地区17家文博单位191件（组）大汶口文化和龙山文化时期的文物，其中玉器114件（组）、石器39件、陶器26件、骨牙器12件（组）。展览分“质朴的工具”“精致的器皿”“时尚的饰品”“高贵的瑞物”四个单元。

【“天骄风采——成吉思汗与蒙古人”展览】 9月22日，由良渚博物院、内蒙古博物院合作推出的“天骄风采——成吉思汗与蒙古人”展览在良渚博物院开幕。展览分“蒙古兴起”“蒙古崛起”“黄金家族”“缅怀祭奠”四个部分，展出116件（组）精品文物，材质涵盖瓷器、玉石器、金银器、铁器、丝织品、骨牙器、纸等，类别包括生产生活用具、兵器、钱币、葬具等，全面展示了蒙古族的民族特性与生活面貌。展览持续到11月22日。

【湖北枣阳九连墩楚墓玉器特展】 12月24日，“玉魂国魄——湖北枣阳九连墩楚墓玉器特展”在良渚博物院开幕。此为“玉魂国魄”系列展的第四个特展，汇聚了湖北枣阳九连墩楚墓出土的春秋战国时期的精品玉器190件组，玉器器形有剑、带钩、璧、瑗、环、璜、珩、珮、琀、珠、管、觿、条饰、坠饰、人形佩饰等，是该遗址出土玉器的一次集中展示。展览于2016年3月18日结束。

【“晋侯墓地玉器制作技术研究”专题讲座】 6月26日，大英博物馆玛格丽特·萨克斯在良渚玉文化园做“晋侯墓地玉器制作技术研究”专题讲座，介绍中国玉技术研究概况和大英博物馆玉器收藏情况。她以商代和西周玉器为例，阐述如何研究玉器上加工痕迹等。玛格丽特·萨克斯和北京大学教授李伯谦合作开展对山西省晋侯墓出土玉石的研究，此次讲座展示了研究的阶段性成果。

【北京大学全国中学生考古夏令营（第八届）开营】 7月20日，北京大学第八届全国中学生考古夏令营开营仪式在良渚博物院举行。北京大学中国考古学研究中心主任徐天进主持开营仪式，北京大学考古文博学院副院长孙庆伟、浙江省文物局副局长郑建华、良渚遗址管委会副主任吴立炜，以及全国百余所中学215名高中生参加开营仪式。此次考古夏令营为期10天，活动地点主要有浙江省博物院、良渚博物院、良渚古城（莫角山宫殿、瑶山墓地、古城城墙）遗址、考古遗址发掘现场、杭州南宋官窑博物馆、河姆渡遗址、上林湖越窑遗址、印山越王墓等。活动形式包括博物馆与遗址参观学习、考古调查与发掘实践、专家讲座和座谈等。 （李力行）

·档案事业·

【档案事业概况】 2015年，全市各级档案部门围绕市委、市政府中心工作，以“十三五”规划的制定为契机，不断完善档案基础业务建设，充分发挥职能作用，全市档案事业协调发展。至年末，全市14个综合档案馆和市城建档案馆总馆藏档案403.31万卷194.91万件，资料16.25万册。市档案馆馆藏档案220.54万卷43.94万件，含照片档案8.45万张、实物档案4.92万件；馆藏资料2.17万册。

市档案局（馆）城市档案中心项目正式立项，市规划局批准了项目选址意见书，项目设计公开招标工作启动。江干区档案局（馆）制定档案馆临时过渡用房改造项目搬迁方案、工作进度计划，并启动档案新馆建设的前期工作。滨江区档案新馆完成室内装修，初步完成库房密集架和办公设备公开招标工作。富阳区档案局（馆）、淳安县档案局（馆）新馆主体工程已结顶，进入装修环节。8月4日，杭州城建陈列馆（“红楼”）经闭馆维修2年多后重新开馆。

【重大活动档案管理】 9月，国际峰会杭州筹备办与市档案局联合制定国际峰会档案管理工作方案，奠定组织、部署、资金三方面保障。9月20日，市档案局与国际峰会杭州市筹备工作领导小组联合印发关于国际峰会档案管理工作方案的通知，12月30日印发关于加强G20杭州峰会档案收集工作的通知，明确G20国际峰会档案工作目的意义、工作任务、保障措施。峰会档案工作已落实专项资金。市档案局选派业务骨干直接参与G20国际峰会档案管理工作。

加强“五水共治”档案监管，创新“五水共治”档案监督指导模式，指导市治水办、市城管委、市林水局等单位做好“五水共治”档案管理，11月，在市委党校举办专题业务培训，推进治水档案全监管、全服务和全记录。

【档案工作法治化和规范化】 2015年，市档案局进一步完善监管制度。9月，制定《关于加快杭州市档案服务业规范发展的若干意见》；制（修）订《杭州市档案局行政执法全过程记录制度》《杭州市档案局规范行政处罚自由裁量权工作实施意见》等一系列制度，进一步规范行政执法行为。加大行政监管力度，强化重大建设项目档案监管。对中国电信杭州市分公司等8个单位地下管线档案管理和地铁4号线一期工程（首通段）、千岛湖配水工程等21个重点建设项目的档案管理进行指导，全市有8个市级以上重点建设项目通过档案专项验收。

市档案局对119个市直单位进行年检抽查，产生免检单位5个、年检优秀单位25个，各项单项先进9个，年检合格率100%。强化企业档案服务，重点对市城投集团、杭汽轮集团、市地铁集团等企业进行指导服务。上城区档案局（馆）首度将社区纳入年检单位。

按照市委办公厅、市政府办公厅关于做好民生档案工作的意见，加强对市教育局、市民政局、市卫生计生委、市人力社保局等涉及民生的单位档案的监督指导。完成下城区、富阳区等地档案馆以民生档案为重点的档案收集范围审批。规范全市出生医学证明档案管理，与市卫生计生委、市财政局联合印发加强出生医学证明档案集中管理和信息化建设的文件，协调、指导市妇女医院（市妇保院）做好出生证明档案管理试点工作。

家庭档案三年行动计划完成。至年末，全市5万余户家庭建立档案。5月10日，市档案局与市妇联联合策划了“女人家圆桌会——新妈妈的礼物”网络直播节目。11月，《那些年——家庭建档图文集》出版发行，鲁迅文学奖获得者黄亚洲和知名报告文学作家孙侃作序。12月，印发《关于进一步推进家庭建档工作的意见》。“城市记忆工程”日益深化，富阳区蒋家村、桐庐县茆坪村等18个行政村被评为省乡村记忆示范基地。指导企业开展“记忆之窗”展厅建设、集体记忆场所建设、记忆文化产品开发等工作。浙江吉利控股集团等6个知名企业被命名为省“企业记忆之窗”示范点。

市城建档案馆起草《浙江省建筑工程文件进馆范围》等多项浙江省城建档案业务标准。

【档案资源建设与开放利用】 2015年，市档案馆接收档案28.73万卷、5.04万件。开放鉴定影像页20.5万页，复查鉴定3万页，鉴定纸质档案1.2万卷页。围绕新中国第一部宪法诞生，全方位征集“五四宪法”历史档案，向中央档案馆仿真复制相关资料50多份，面向民间征集实物、资料100多件，其中“五四宪法”相关领导人曾经使用过的家具实物20多件。4月，以“梦幻四季，天堂杭州”为主题，举办第九届杭州印象纪实摄影作品大赛，收到98位参赛人员共6090多幅照片。面向社会广泛开展征集工作，征集到原浙江省省长沈祖伦等人的书法作品，各类古籍书近200册，党史资料160多件，家谱54册。

萧山区档案局（馆）征集到《萧山於氏宗谱》《山阴天乐席家坂席氏宗谱》等各类宗谱140多册、萧山唯一的西泠印社成员胡绥民和萧山籍名人高帆书画作品50多幅。余杭区档案局（馆）开展人民公社时期“口述历史”的采集工作，先后到塘栖、乔司、闲林、径山等镇（街道）开展座谈交流与采集工作，采集可用稿子8篇，还征集到《德清县志》等地方文献105部（册）、海峡两岸家书160多封。富阳区档案局（馆）开展“富阳影像图库”采集建档工作，完成60多家单位6000多张照片的采集工作，征集到反映浙江抗战的照片档案218幅，宗谱24套136册，郁达夫手写体《毁家诗记》1篇。建德市档案局（馆）举办建德籍工艺美术大师马正荣个人作品展，展出的全部49件作品征集进馆，并创办了“马正荣先生蜡染艺术品档案室”。淳安县档案局（馆）征集到档案资料202卷（册），其中家谱族谱24册、光盘21张、实物15件。

10月26日，杭州市档案馆与大连市档案馆进行了2015年度重要档案异地备份工作。备份数据主要涉及杭州市档案馆28个全宗的数字化档案，时间跨度为1949～2001年，保管期限为永久和长期，约102万页影像页，46张光盘，以及7个区县（市）档案馆和专业档案馆的备份数据18个硬盘和一盒磁带。

深化“省外协作查阅、省内跨馆服务、市内馆际联网”远程查阅服务工作。市档案局（馆）先后与上海浦东、宁波等地档案馆签订了民生档案异地查询协议，与天津、广州、南京等11个地区档案馆签订了婚姻档案异地查询协议，与安徽旌德、江西九江等地档案馆签订移民档案异地查询协议。市档案馆全年共接待利用档案资料4163人次，提供档案资料2.1万卷（册）次，电话查询、咨询780人次，邮件查询、咨询34人次，复制档案资料3.62万份。拱墅区档案局（馆）在查档中心配备自助查档计算机，为机关单位内部查档提供自助查档服务。桐庐县档案局（馆）实施中层以上干部周一轮流查档接待日制度，设立“档案文化角”为群众提供良好的查阅环境。淳安县档案局（馆）开展“窗口服务提效”活动，实行查档值班、便民查档、服务满意评价机制等制度，充分利用数字档案馆平台，为公众提供更加便捷、高效的档案服务。

【档案信息化】 2015年，市档案局（馆）以信息化建设项目和全市数字档案馆（室）建设工作为重点，着力推进“智慧档案”建设。积极推进全市数字档案馆（室）建设工作，6月，完成国家局数字档案室试点项目申报工作，并对全市机关单位数字档案室工作进行指导。做好全市电子文件与电子档案管理工作，电子文件管理工作列入全市市直单位绩效考核目标，年内完成48家单位考核工作，其中考核优秀单位7家、良好9家。9月，以行政审批业务数据和国际会议档案归档为重点，申报电子文件中心项目。10月，完成国家档案局科研项目“电子档案真实性、完整性、可用性及安全性成熟度模型研究”的鉴定工作，对工作报告、研究报告、实施细则以及模型规范等进行修改、完善，并在杭州市档案馆等六个综合档案馆进行评估检查。12月，完成杭州市电子文件中心（2014）项目建设，搭建全市档案信息资源共享服务平台。

下城区档案局（馆）开展“数字档案馆系统数据恢复演练”，完成14个全宗扫描以及2.84万件和243卷文书档案数字化。全区57个立档单位继续开展数字档案室建设。西湖区档案局（馆）数字档案馆二期数字化项目结束，完成档案登记备份系统建设和29万页纸质婚姻档案的数字化转换工作。拱墅区档案局（馆）建立多媒体中心，依托数字档案馆平台建立在线的多媒体数据库。滨江区档案新馆运用互联网技术，包括智能控制、定位跟踪、信息识别、档案库房BA系统等技术，打造智慧档案馆。萧山区档案局（馆）完成“档案信息安全监管”试点工作。余杭区智慧档案信息共享平台构建完成，全区133家单位使用数字档案管理系统，完成馆藏档案数字化项目三期招标。富阳区档案局（馆）馆藏档案数字化加工项目于6月进行了公开招投标，8月实施。年内完成23个全宗的数字化加工。临安市档案局（馆）完成70%以上的进馆单位室藏重要传统档案数字化和备份。建德市档案局（馆）数字档案馆建设项目第三期已完成硬件设备采购、安装调试工作，数字档案馆及数字档案室系统存储扩容工作也已完成。桐庐县档案登记备份中心通过省档案局规范化档案登记备份中心认定验收工作。市城建档案馆全馆档案数字化率达80%。

【档案编研与展览】 7月，市档案局与杭州文史作家宋宪章合作，编辑出版《人文荟萃话杭州》一书，全书收录有关杭州都城胜迹、湖山美景等6个方面258篇文章。编辑完成《杭州历史上的外国人》，全书共30万字，收入图片100多幅。

市档案局联合市直机关党工委、杭州师范大学等单位，推出“历史的见证——杭州市抗日战争档案史料展”，展期自8月12日至9月30日，展出档案史料508件（册、套），展现了战火纷飞下杭州人民不屈不挠的抗战精神。展览受到社会各界广泛关注，日均参观人流量在500人次以上，参观总数超过2万人次。5月，以建馆50周年为契机，完成“杭州市档案馆50周年成就展”，展出200多张照片及部分实物。

拱墅区档案局（馆）联合有关单位，编纂《运河南端抗战往事》。滨江区档案局（馆）完成《滨江旧事散记》初稿。萧山区档案局（馆）编纂出版《萧山抗日战争史话》，并与萧山区吴越历史文书博物馆一起举办“纪念抗日战争胜利70周年——战时萧山丁村周金浩家族档案文献展”。余杭区档案局（馆）完成《余杭历史文化村落》编辑出版工作，举办“勿忘国耻、圆梦中华”纪念抗战胜利70周年史料图片展和“美丽余杭——余杭区历史档案图片展（1949～2009）”。临安市档案局（馆）出版《临安方言语音集》，编印完成《临安历史上的今天》。桐庐县档案局（馆）编研出版了《旮旯拾遗》《桐庐武术》《康熙桐庐县志》《富春江游览志》等书籍。

本年度，市档案局组织全省优秀档案编研成果申报工作，获全省档案学优秀成果奖4项，优秀档案编研成果奖9项，其中《杭州通鉴》获一等奖。

【档案宣传与教育】 全市综合档案部门举办“6·9国际档案日”系列活动，让档案走进社区、走进百姓。市档案局（馆）在《中国档案报》刊登建馆50周年纪念专版；利用《杭州档案》杂志、“杭州档案”官方微博、微信等宣传媒体，开展形式多样的档案文化宣传活动。余杭区档案局（馆）打造“指尖上的档案馆”，新版余杭档案信息网改版上线，开通“余杭档案”微信公众号。拱墅区档案局（馆）联合《杭州日报》，刊出《拱宸桥杂记》中的文章。淳安县档案局（馆）与钱江晚报开辟《老底片·新亮点》专栏，共刊登古今名人专刊十期。

市档案局全年举办各类档案培训班6期，参训1100多人。上城区档案局推出社区档案巡回培训，由街道社区点课，进社区讲解整理各环节注意事项，指导社区档案整理操作流程。 （乜登科）

·西泠印社·

【西泠印社概况】 2015年，西泠印社党委按照“1+3”新体制（在中共西泠印社党委的统一领导下，指导协调西泠印社社团、西泠印社社委会、西泠印社集团有限公司三大主体的统筹发展）的要求，加强党委协调、研究、决策、指导，按照党委议事规则和“三严三实”工作要求，对社团建设、事业和产业协调发展等工作进行深入研究，特别是在西泠印社房产分割、社址管理、干部管理、社刊创办、文物管理等重点业务工作上，充分调研、听取意见、科学决策。

西泠印社社委会加快西泠印社知识产权体系建设，依法加强品牌保护和管理，对品牌使用主体在商标许可、合同签订、日常监管以及品牌费征收等环节加以重点管理。重点实施打击侵权、提起商标注册异议等品牌保护专项工作，严厉查处杭州西钤文化艺术策划公司涉嫌“西泠印社”商标侵权案；对于注册含有“西泠”文字且容易引起公众误认，并与西泠印社社委会持有的“西泠印社”“西泠”商标构成近似的商标，如“西泠风”等，及时向国家商标局提出注册异议。西泠印社“百年西泠·乐石吉金”大型系列活动，包括“百年西泠·乐石吉金”大型国际篆刻选拔活动、西泠印社当代篆刻学术研讨会、社会主义核心价值观主题创作活动等子项目，涵盖专业选拔、艺术展览、学术研讨、创作交流等内容；参与香港饶宗颐教授百岁华诞庆典。《西泠艺丛》社刊全年出版发行十二期。

西泠印社集团企业化自主运营上轨道，企业治理逐步规范，初步建立起集团管控体系，主要经济指标企稳增长，产品和服务结构不断优化，市场拓展能力进一步提升。西泠印社拍卖有限公司全年总成交额19.4亿元，成交率85%，继续保持国内领先。西泠印社出版实力提升，出版的中小学书法教材《书法练习指导》被全国20个省份500个县（市）的中小学采用。西泠印社艺术品鉴定评估中心被文化部、国家文物局、浙江省文化厅确定为面向社会进行

4月10日，西泠印社乙未春季雅集在孤山社址和中国印学博物馆举行
（西泠印社 供稿）

文物艺术品鉴定评估的试点单位。集团原创、展览、出版、拍卖、鉴定评估等艺术品产业链各个环节良好互动，成为杭州文创产业发展的重要平台。

【乙未春季雅集活动】 4月10日，西泠印社乙未春季雅集在孤山社址和中国印学博物馆举行，包括社会主义核心价值观主题篆刻创作展及座谈会、小型鉴赏观摩会、社员创作笔会、雅集题名等内容。其中，社会主义核心价值观主题篆刻创作展是西泠印社年初开始面向全体社员开展的主题创作活动成果展，收到社员作品140多件，全部篆刻作品在浙江杭州市、安徽黄山市等地进行巡展，参观展览人数达5万余人次。

【国际篆刻创作艺术选拔赛】 国际篆刻创作艺术选拔赛是“百年西泠·乐石吉金”大型系列活动一项重要内容，2015年初开始筹备，集聚海内外12大分赛区专业资源，国内30个省（市、自治区）文联、书法家协会、美术家协会、印社等专业力量参与大赛宣传、发动、组织工作，中国、日本、新加坡等国家的近1000名作者投稿，最终208件作品入展、113件作品入选。其中，获优秀奖的作者还通过现场篆刻、书法创作和文化测试，成绩排名前五位选手推荐加入西泠印社。

【西泠印社发展7名新社员】 11月，西泠印社召开第九届理事会第三次会议，发展7名新社员，其中通过“百年西泠·乐石吉金”西泠印社大型国际篆刻选拔展评选出新社员5名，西泠印社当代篆刻学术研讨会评选出论文评奖入社社员2名。至2015年11月，西泠印社共有社员467人，分布在中国、日本、韩国、新加坡、马来西亚、法国、美国、加拿大等国家。

【吴让之、赵之谦书画印特展】 9~11月，由西泠印社、澳门艺术博物馆、浙江博物馆、君陶艺术院联合主办的“吴赵风流——吴让之、赵之谦书画印特展”在澳门艺术博物馆开展，展出吴让之、赵之谦书画印代表作品及其他名家作品200多件（套）。展览期间，还举行“吴赵风流”专题学术研讨会、海峡两岸暨香港澳门高等院校书画研习交流。

【“饶宗颐教授百岁华诞庆典”系列活动】 12月2~7日，由香港民政事务局、香港大学饶宗颐学术馆、西泠印社共同举办的“饶宗颐教授百岁华诞庆典”系列活动在香港举行。中共杭州市委宣传部部长翁卫军代表西泠印社出席开幕式，并在“饶宗颐教授百岁华诞晚宴”上致贺词，扩大了西泠印社国际影响力。其间，12月3日，“香江艺韵——饶宗颐教授百岁学艺展”在香港中央图书馆开幕，展出包括饶宗颐书画墨宝、学术著作、手稿和信札在内的逾百件作品，全面呈现学术、艺术成果以及对弘扬中国传统文化做出的贡献。

【张宗祥逝世五十周年纪念展】 8月18~30日，由西泠印社、浙江图书馆、浙江美术馆和海宁市政府联合主办，省内多家文博单位联合承办的“崇文载学·铁如意——张宗祥逝世五十周年纪念特展”在浙江美术馆举行。展览共展出张宗祥书画作品70多件，文稿书简40多种，以及大量生平文献资料。为配合纪念展，西泠印社以“张宗祥书学评论”为主题，面向社员征集到书法、篆刻作品100件。

【中国西泠网运营活动】 西泠印社以中国西泠网为运作主体，实施“互联网+”文化平台战略，推进“拍卖会杭州文创馆”（简称文创馆）、“发现未来艺术家”等项目建设。“网上文博会”自2014年10月开始运作，2015年文创馆西泠印社自主举办拍卖60场，文创馆其他企业举办拍卖141场，拍品数量4500多件，成交金额总计2530多万元。杭州文化创意产业博览会期间，文创馆实现了艺术品O2O模式的双线跨界，推出线下互动体验式艺术品展览，建立3D虚拟展馆，官方微信阅读用户近万个。4天内举办线上拍卖27场，拍品数量总计1000多件，成交额300多万元。

11月22日，由中国西泠网发起，西泠印社、市教育局、都市快报社主办的第二届“发现未来艺术家”活动在历时四个月后举行决赛，从全省5000多件青少年创作的篆刻、书法、绘画作品中遴选出221位选手参加决赛。“发现未来艺术家”项目已成为中小学开展素质教育、培养艺术特长的标杆性品牌项目。

【篆刻书画院推出“名家工作室”】 2015年，西泠印社篆刻书画院相继推出熊伯齐、骆芃芃、鞠稚儒等“名家工作室”。“名家工作室”是不同于学院式和师徒式的艺术教学新模式，教学既注重中国传统书法、篆刻、绘画的水墨技法和篆刻技法，兼顾传统文化综合素养的熏习，还通过西方绘画素描、造型、色彩能力训练和美术馆、博物馆参观学习来开拓艺术视野、提升艺术感受力。“名家工作室”培养了近百名优秀艺术新人，其中有三人在“百年西泠·乐石吉金”大型国际篆刻选拔活动杭州总决赛中表现突出，被推选加入西泠印社。

【中国印学博物馆推广印文化】 2015年，作为西泠印社文化交流展示窗口，中国印学博物馆提升开放服务水平，推出系列公共文化服务活动，举办展览和社交活动17个，接待来访宾客49批次，开展对外文化交流2次，并赴宁夏、南通、平湖等地开展印文化普及活动。此外，与杭州职业技术学院联合开办“西泠学堂”，以学院建设非物质文化遗产传承基地为契机，探索“现代学徒制”模式培养非物质文化遗产传人，在“大师班”教学、非物质文化遗产项目拓展、文化事业人才储备等方面开启深度合作。

【西泠印社拍卖有限公司成交19.4亿元】 2015年，西泠印社拍卖有限公司总成交额19.4亿元，总成交率85%，继续保持国内领先。12月26~28日举行的西泠秋拍共推出32大专场，其中“中国首届西方大师作品专场”为西泠印社拍卖有限公司推出的第13个具有“中国首届”意义的创新专场，与西泠印社社员作品专场、青铜器碑刻专场均创下100%成交纪录。年内，西泠印社拍卖有限公司走出杭州，到绍兴、扬州等地组织拍卖。

【《西泠艺丛》出版12期】 2015年，《西泠艺丛》出版12期，其中包括《七任社长专辑》《钱瘦铁研究》《岭南篆刻》《黄宾虹研究》《纪念吴茀之》《陈鸿寿研究》《王国维研究》《张宗祥研究》《吴昌硕及其师友圈研究》《汉画像石研究》《唐云艺术专辑》《陆维钊纪念特辑》十二个专辑。

【《书法练习指导》被指定为中小学书法教材】 9月，西泠印社出版社出版的中小学书法教材《书法练习指导》被全国20个省份500个县（市）指定为的中小学书法教材。《书法练习指导》由中国美术学院教授、西泠印社执行社长刘江领衔主编，著名书法家、西泠印社出版社社长江吟主持编写，西泠印社副社长李刚田、西泠印社理事、中国美术学院教授王冬龄、原中国美术学院书法系主任祝遂之担任副主编。教材由浅入深、循序渐进，把书写技法教学与书法传统文化知识紧密结合起来，将情感与价值观贯穿始终，使书法知识和书法练习生动化、趣味化。具有自主知识产权的竹浆元素宣纸作为书法练习用纸，采用自然色不漂白工艺，环保健康。此套教材当年发行500多万册，发行额超过3000万元。

【西泠印社文化艺术发展有限公司举办系列展览】 11月24日至12月6日，西泠印社文化艺术发展有限公司策划组织“喜迎G20峰会铁骨丹心·薪火永存——钱瘦铁艺术展暨钱大礼从艺七十五周年作品展”。展览由浙江省文化厅、中共杭州市委宣传部、西泠印社主办，浙江美术馆、西泠印社文化艺术发展有限公司承办，共展出钱瘦铁和钱大礼百余件精品佳作。该公司策划举办“吕国璋书画展”“童亚辉书法作品展”“沈浩书法篆刻展”等系列社员作品展览。此外，通过策划实施“一带一路·云图——当代摄影和现代水墨的对话”“2015年中国当代优秀艺术家赴洛杉矶联展”等展览，不断拓展新的艺术门类。

【“西泠印象”文化创意衍生品开发】 西泠印社集团有限公司以“西泠印象”为礼品品牌，开发特色文化创意礼品15种48款。其中《新概念印章·木石物语》获得2015年度杭州市旅游纪念品创意设计大赛银奖。“西泠印象”武林体验店被评为杭州市五星级旅游商品销售店，兼具网络销售和现场体验展示功能。“西泠印象”设计团队主动对接世界互联网大会等重要会议活动，提供官方高端定制礼品解决方案，获“杭州市第三批市级文化创新团队”称号。“西泠印象”品牌标识获2015年国际红点设计传达奖、德国IF设计大奖。

【西泠艺苑艺术品交易中心】 2015年，西泠艺苑艺术品交易中心举办“国有重器，家有重宝——朱炳仁铜手工养生铜壶品鉴会”等17场主题文化活动。其中，11月28~29日举办的西泠“绽FUN游园会”，参观人数达2000多人，发放互动礼品150多份，营业额突破30万元。

【参加首届海峡书画产业博览会】 11月13日，西泠印社集团有限公司赴厦门参加首届海峡书画艺术产业博览会，现场以“海峡文澜”为主题集书画展览、鉴定评估、产品展示、篆刻体验、论坛对话于一体，举行西泠印社社员陈墨与沈正宏书画作品展，现场书画、杂项艺术品鉴定，“西泠印吧”篆刻体验、手工制作木

西泠印社集团有限公司开发的文化创意产品《忆江南》

（西泠印社集团有限公司 供稿）

版年画等互动活动，展示西泠印社传统文房用品、艺术书籍以及“西泠印象”文创产品和艺术衍生品等。西泠印社集团有限公司代表参加“海峡书画艺术产业博览会·两岸书画艺术产业发展”对话论坛，充分展示西泠印社文化产业发展特点和发展实力。（孔丹莹 马 莉）

·文联与协会·

【文艺作品获各类奖项370多个】 2015年，杭州文艺界获各类奖项370多项。文学创作方面，海飞的长篇小说《回家》获全国第十三届精神文明建设“五个一工程”奖，麦家的长篇小说《解密》获浙江省第十二届精神文明建设“五个一工程”特别奖，苏沧桑的散文《执灯人》获首届全球丰子恺散文金奖，夏烈获人民文学杂志社举办的2014年度全国青年批评家奖一等奖，《儒风》《啼血铜城》和长篇纪实文学《大山里的中国梦》入选2015年度浙江省文化精品工程项目，《魔医急诊室的故事》《沃血家园》等11个文艺创作项目入选杭州市精品工程扶持项目。

造型艺术方面，储永志的摄影作品《驯猴》获世界新闻摄影比赛自然类一等奖，许敬的摄影作品《赛里木湖》获第七届美国摄影学会（PSA）国际摄影大赛艺术类绶带奖，朱朝富的摄影作品《鱼塘》《绿色的山脉》获2015年第三届希腊奥林匹克摄影巡回赛勋带奖和美国摄影学会金牌奖。在第24届奥地利特伦伯超级摄影巡回展中，市文联扶持合作项目、房翔领衔拍摄的《流花溪》获中国专题组全场冠军。在中国摄影家协会主办的第25届全国摄影艺术展览中，顾勇的组照《佛像》获艺术类银质收藏奖。张关春的组照《杭州奥体中心》获全国总工会第一届全国工业摄影展艺术类金奖。钱高潮的石雕《紫气东来》获第十二届中国民间艺术山花奖，刘小平的根雕《今天是个好日子》获首届中国（潍坊）民间艺术博览会精品奖。

表演艺术方面，《美女几何》获中国杂技金菊奖，舞蹈《小鸟别哭》获第八届全国“小荷风采”舞蹈比赛金奖最佳编导奖园丁奖，电影《智取威虎山》获第30届中国电影金鸡奖最佳导演奖和最佳男主角奖，动画电影《秦时明月之龙腾万里》获中国动画“美猴奖”动画电影提名奖、中国国际漫博会动漫“金羊奖”最佳动漫版权贸易提名奖和国家新闻出版广电总局少儿精品优秀动画电影二等奖，动画片《锋速战警》获“中国动漫游戏创投奖”动漫类大奖，《乐比悠悠教育系列之快乐成长》获中国动画“美猴奖”动画形象银奖。

【文艺人才培养】 2015年，市文联继续推行“青年文艺人才发现计划”，完成第五批青年文艺人才选拔工作，22名优秀青年文艺人才被纳入第五批青年文艺人才库。举办2期文艺骨干培训班，组织3批次文艺骨干采风活动。引进著名作家艾伟落户杭州。杭州油画院成立，著名油画家潘鸿海出任院长。9个市级文艺家协会完成换届，新成立杭州市文艺评论家协会、杭州市网络作家协会。杭州文艺人才培养工作走在全国前列。市文联应邀在重庆召开的全国文联工作会议上介绍经验。

1月，“美丽浙江·百水赋——浙江书法名家百家百卷展”在浙江美术馆举行（杭州图库 供稿）

【重点文艺创作】 2015年，市文联紧贴时代脉搏、突出时代主题、彰显杭州特色，重点扶持了35个创作项目，包括以抗战为背景的长篇小说《沃血家园》《啼血铜城》，长篇报告文学《鹰从这里起飞——杭州笕桥中央航校和“八·一四”空战》，展示浙江人民和新四军浙东游击纵队抗战历史功绩的8集文献纪录片《血染着我们的姓名》，诠释“两美浙江、西湖家园”文化内涵的大型声乐音画组歌《西湖十景》和大型声乐套曲《绿水情怀》，反映“美丽杭州”建设成果的长篇小说《村庄史》、诗集《乡语》、铜雕作品集《祖国好山河》、摄影作品《老照片·排队》《高铁》等重点创作项目。

【大型电视音乐艺术片《中国大运河》播出】 8月24日，杭州电视台影视频道拍摄的大型音乐艺术片《中国大运河》在杭州电视台综合频道播出。该片围绕交响组曲《大运河》七个乐章的主题——运河、梦源、河魂、生命、水韵、母亲和明天，全方位多维度地展示了世界文化遗产京杭大运河的时空源流和独特魅力。

【文艺志愿者惠民服务】 5月21日，杭州文艺志愿者2015年“到人民中去”文化惠民服务活动启动仪式在杭州科技馆举行，10个市级文艺家协会与12个惠民点现场签订服务协议。仪式结束后10支文艺志愿者小分队赴基层开展文学阅读指导、美术支教、书法进校园、戏剧名家辅导、摄影家拍古村落、指导学生合唱团、组建村民舞蹈队、剪纸培训、书籍赠送、村民艺术团小品魔术练习、影视动漫互动等活动。杭州文艺志愿者总团组织“送欢乐下基层”活动，先后赴建德、桐庐、市公

交集团、市少年看守所等进行慰问演出。全年市级各文艺家协会的454名文艺志愿者参加475次文艺志愿服务工作，服务群众3万多人次。

市文联被中国文联文艺志愿者中心列为文艺志愿者注册管理平台软件试点单位，举办首期杭州文艺志愿服务培训暨中国文艺志愿者注册管理平台软件试点培训，杭州11名文艺志愿者受到中国文联文艺志愿服务中心和中国文艺志愿者协会通报表彰。

【“西湖六月中”大型造型艺术系列展示活动】 5月8日，由中国美院和市文联共同主办的第三届“书非书”杭州国际现代书法艺术节在中国美术学院开幕。本届艺术节内容更加多元，囊括了众多艺术门类和诸多活动，包括“书非书”2015年杭州国际现代书法艺术展、“书非书与现代书法”文献展、“现代书法的方位与境域”、“书非书——王冬龄作品展”等系列活动。活动入选2015年杭州文化工作十大亮点。

5月8日，由市委宣传部、市文联、浙江教育报刊总社主办，市书法家协会、杭州青少年活动中心、杭州采荷第一小学教育集团承办的第五届“西湖之春”国际少儿书法大赛在钱王祠启动，50名来自杭州采荷一小与杭州青少年活动中心的学生与来自日本、韩国、法国、加拿大、马来西亚等国家的书法艺术家一道创作描述美丽西湖的120米书法长卷。至7月30日截稿时，大赛共收到国内外少儿书法作品13000多件，参赛作品真、行、草、隶、篆诸体俱备，形制丰富、风格多样，大多有较好的基础及功力。大赛共评出金奖20名、银奖50名、铜奖150名、优秀奖418名，另有优秀园丁奖32名、优秀组织奖35名。12月3日，在杭州青少年活动中心举行颁奖典礼。

12月22日，“宋韵今风”——杭州画院画师作品展在杭州画院美术馆开幕。本次展览为杭州画院三十周年系列活动之一，展出包辰初、姜宝林、吴声、郎承文、古仪、刘健、何加林等艺术家的100件作品。

【“家在千岛湖”——吴宗其摄影作品展】 6月17日，“家在千岛湖”——吴宗其摄影作品展在浙江美术馆开幕。展览由中国摄影家协会、浙江省文学艺术界联合会、杭州市文学艺术界联合会主办，浙江美术馆、浙江省摄影家协会、杭州市摄影家协会承办。本次展览是吴宗其三十五年来潜心创作的结晶，用摄影艺术表达了对家乡的热爱和对父老乡亲的敬重，默默地记录着家乡的变化、风情和乡愁，展览分为“乡忆”“乡风”“乡情”“乡韵”四部分。

6月17日，“家在千岛湖”——吴宗其摄影作品展在浙江美术馆开幕
（范胜利 摄）

【“喜迎峰会、美丽杭州”——美术摄影作品展】 11月18日，“喜迎峰会、美丽杭州”——美术摄影作品展在西湖文化广场杭州画院美术馆开幕。展览由市委宣传部、市文联主办，市美术家协会、市摄影家协会、杭州画院共同承办。市委常委、宣传部部长翁卫军出席开幕式。展览共展出百余位美术、摄影家精心创作的110幅国画、油画和摄影作品，彰显杭州历史文化底蕴和生态人文之美、创新发展之美的城市名片，营造“建设美丽杭州、迎接国际峰会”的良好氛围。

【纪念中国人民抗日战争暨世界反法西斯战争胜利70周年系列展览】 8月21日，纪念中国人民抗日战争暨世界反法西斯战争胜利70周年杭州油画作品展在西湖文化广场杭州画院美术馆开幕。展览由市委宣传部、市文联主办，市美术家协会、杭州画院、杭州油画院、下城区委宣传部承办。展出的70件油画作品紧紧围绕纪念活动主题，以油画艺术特有的表现力，艺术呈现抗战进程中的重大历史事件、著名战役和英雄人物，展现中国人民不屈不挠、英勇抗争的爱国主义精神。展览活动得到了参展画家的大力支持，老中青各个年龄层的画家踊跃参与。曾参加过抗日战争的新四军老战士参加开幕式。

8月26日，纪念中国人民抗日战争暨世界反法西斯战争胜利70周年历史影像展览在杭州市科技交流馆开幕。展览由市委宣传部和市文联主办，市摄影家协会承办。市委常委、宣传部部长翁卫军参观展览。展览展出的120多幅（组）摄影作品、160多张珍贵的历史照片，均为反映当年中国人民抗击日本侵略军的原始照片。这些历史照片均来自12位历史影像收藏家，其中章胜贤收藏的一组7张老照片，讲述的是“杭州版辛德勒”的故事：1937年12月下旬，日军占领杭州，由驻杭教会的国际友人和杭州市民组成的“红十字会”冒着生命危险，为杭州老百姓尤其是妇女、儿童提供人道主义援助。

【亚洲舞蹈锦标赛暨首届全国青少年舞蹈锦标赛】 8月12～13日，由中国东方文化研究会远东舞蹈艺术委员会、杭州市文学艺术界联合会等单位主办，杭州市舞蹈家协会、杭州红格舞蹈教育集团等单位承办的中国（杭州·德清）第六届亚洲舞蹈锦标赛暨“中国NDC”杯首届全国青少年舞蹈锦标赛，在德清体育中心体育馆举行，来自中国、美国、加拿大、澳大利亚、荷兰、意大利、日本、俄罗斯、马来西亚、菲律宾、新加坡、印度尼西亚等11个国家和地区的4500多人报名参加比赛。

【“西湖杯”全国青少年文学征文大赛】 6月，由市文联主办，市作家协会、西湖杂志社、浙江在线教育频道承办的第十二届“西湖杯”全国青少年文学征文大赛启动。至9月底截稿，大赛累计收到全国网络和纸质投稿3000多篇，参赛人数3000多人。经过大赛评委会初审、复审和终审，绍兴市柯桥区柯桥中学胡庚寅等30人获“小作家金奖”，杭州市翠苑中学沈璐等70人获“小作家奖”，杭州市春芽实验学校等13个学校和机构获“组织奖”，金军等15人获“指导老师奖”。

【“天堂儿歌”演唱和创作大赛】 “天堂儿歌”演唱和创作大赛始于2006年，已成为杭州少年儿童喜爱的重要文化活动品牌。2015年3月下旬，以“童心向党”为主题的第十届“天堂儿歌”演唱和创作大赛启动，全市各区县（市）通过学校推荐、个人自荐、网络报名等途径，吸引5.71万名少年儿童声乐爱好者报名参与区级及以上组织的初赛。各区县（市）推荐出188个节目共558名歌手进入市级复赛。最终徐子琪、杜非凡、千岛湖镇第三小学、方思睿分别获得各组别金奖，唐嘉蔚等40人获得银奖，方楚惠等96人获得铜奖。《小鸡拔河》《雪花飞呀飞》《美丽的蝴蝶夹》《桃花源·春》4首作品获“最受少年儿童喜爱歌曲”奖；淳安县青少年活动中心、桐庐县青少年活动中心、拱墅区青少年宫、江干区青少年活动中心、西湖区青少年宫、上城区青少年活动中心获优秀组织奖；程征宇等14人被评为组织工作先进个人。所有进入市级复赛的558名选手均获“杭州天堂百灵之星”荣誉称号。

本届大赛由市文明办、市教育局、市文联、团市委主办，杭州市校外教育协会、杭州青少年活动中心、浙江省儿童音乐学会、杭州电视台少儿频道等共同承办。

【全国名刊与杭甬青年作家现场点评会】 4月16日，由西湖杂志社、宁波文学港杂志社共同主办的第二届“新锐出发”杭甬青年作家现场点评会在杭州举行。《收获》主编程永新、《上海文学》主编金宇澄、《人民文学》编辑部主任徐则臣、《十月》主编陈东捷、《花城》主编朱燕玲、《钟山》主编贾梦玮、《中篇小说选刊》主编林那北、《江南》主编钟求是等15家全国纯文学杂志及选刊领域内最具影响力刊物主编应邀出席，对来自杭州、宁波地区30多名青年作者的作品进行现场点评，帮助两市发掘更多优秀新锐作家。

【文化交流】 5月14日，由市文联主办的中国书法名城（九城）联展在杭州环球雅葵艺术中心开幕，展出苏州、徐州、安阳、临沂、绍兴、湘潭、襄阳、开封、杭州等9个书法名城的书法作品110幅。4月21日，“济南、长春、南昌、杭州书画精品交流展”（杭州站）在杭州画院开展，展出书画作品140多幅。5月8日，“翰墨漓江”——桂林中国画院美术作品展在杭州画院美术馆拉开帷幕。9月26日至10月3日，市文联与市侨联共同举办“中华亲情·文化走亲”活动，组织10多位文艺家赴加拿大、美国慰问海外华侨，展示中华文化魅力。10月22日，举办“佛的足迹”——张望佛教摄影艺术作品巴黎展，展出张望15年间创作的60多幅佛教摄影精品。此外，举办了第四届中韩美术交流展，“秋艺江南”——上海浦东、浙江杭州中国画作品展，“动静之美”——费朗西斯卡·布兰达密特郎艺术展。

【区县（市）和行业文联工作】 萧山区文联加大文艺作品（项目）创作扶持力度，奖励专著《陆俨少传记》、电影《母亲的放弃》、电视纪录片《烽火湘师路》等206件优秀文艺作品，扶持17件重大文艺作品创作，补助22项公益性文艺活动，全年累计投入资金191.38万元。余杭区文联拓宽文艺惠民服务路径，扩大文艺惠民的声势和辐射范围。富阳区文联组织开展“公望富春”文化周、纪念抗战胜利暨郁达夫殉难70周年多动、“家在中国富春山”——羊晓君隶书联合国展、灵桥镇灵桥村命名“浙江书法村”授牌仪式等一系列重大文化活动。临安市文联完成10个文艺家协会换届工作，同时以“好家风”建设、文化礼堂提升、“一廊十线”精品线建设为中心推动文艺创作。桐庐县文联组织第四届叶浅予文艺奖和第二届德艺双馨文艺工作者评选工作，表彰34项叶浅予文艺奖和10名德艺双馨文艺工作者及提名奖获得者。建德市文联完成9个文艺家协会换届工作，组建建德市第一个乡镇文联——大洋镇文联。淳安县文联助推“秀水富民”工作，举办第二届“锦山秀水千岛湖”文学创作大赛等一系列文艺活动，助推乡村建设。

杭州公安文联成立15个分会，在公安部举办的“卫士之光”美术作品展中，摘取一等奖1个、三等奖2个、优秀奖1个。杭州检察官文联举办第一届全市检察机关书画摄影作品展，开展全市检察官读诗活动，编辑印制《讲述——听杭州检察官说办案故事》。杭州公交文联召开第一次代表大会，选举产生第一届委员会，举办职工合唱节等系列文艺活动。钱塘书画研究社组织画家为健在的13位抗战老兵写照，举办“铭记历史——为抗战老兵写照作品展”。杭州古都文化研究会举办“杭州非物质文化遗产保护2015论坛”“中华城隍文化研讨会”，推出“城隍文化研究”论文集。西湖国际美术家联谊会组织“画说丝绸路·同播兄弟情”国际美术创作写生交流活动，举办第二届“上海合作组织国际美术双年展”、第八届中韩文人画交流展等活动。

（王晓斌）

·新闻出版综述·

【围绕中心做强正面宣传】 2015年，全市宣传思想战线围绕中心、服务大局，牢牢把握正确舆论导向，坚持改革创新，弘扬主旋律，传播正能量，努力创新重大主题报道，积极引导社会舆论，为杭州经济社会发展提供舆论支持。

精心组织重大主题宣传。认真贯彻习近平总书记在浙江考察时的重要讲话精神和中共十八届三中、四中、五中全会及省、市委全会精神的宣传报道。持续做好G20杭州峰会、全面深化改革、“美丽杭州”、“五水共治”等中心工作宣传，做强社会主义核心价值观、弘扬“最美精神”等主题宣传，积极做好第二届世界互联网大会、“2015年杭州云栖大会”等重大活动宣传报道。中央和省级主流媒体全年对杭州正面宣传报道达1.5万篇。

全力营造“当好东道主，办好G20”舆论氛围。制定G20杭州峰会新闻宣传系列方案，深入推进峰会筹备各项工作。《杭州日报》、杭州电视台等市属主要媒体开设专题专栏，刊发200多篇喜迎峰会主题报道；统一开通热线电话，发动广大市民为办好G20杭州峰会献计献策，收到各类意见建议1000多条；发挥媒体舆论监督的作用，围绕环境提升、道路整治等重点工作进行监督曝光，进而促进整改、推动工作，努力营造全市上下同心协力“当好东道主，办好G20”的良好氛围。

全面报道“四个全面”战略布局在杭州的实践。精心组织全面深化改革、打造“法治杭州”、“美丽杭州”、智慧经济、社会主义核心价值观、城市治理等重大主题宣传报道，形成强大舆论声势。《杭州日报》头版以整版的篇幅刊发《美丽杭州——美丽中国的实践样本》，诠释杭州“绿水青山就是金山银山”“建设‘美丽中国先行区’”的理念和目标。《都市快报》推出《美丽杭州这一年》特别报道，选取具体生动的人物、影像、故事、数据和见闻，生动展现杭州市经济社会发展所取得的成就。杭州电视台综合频道推出形式多样的栏目，深入报道杭州各地、各部门以“一号工程”为龙头，加快推进转型升级、持续强化创新驱动、加快“两区”建设、全面助推大众创业创新的生动实践。

认真组织纪念中国人民抗日战争胜利70周年新闻宣传。围绕“铭记历史、缅怀先烈、珍视和平、开创未来”主题，市属媒体开设《苦难兴邦——纪念抗日战争胜利70周年》等20多个专栏专题，策划推出《反法西斯战争胜利70周年特别策划·回家》《新四军老兵口述历史——我的抗战》等新闻行动；制播专题纪录片《烽火钱江桥》在全国百座城市联合播出；组织开展“关爱抗战老兵”媒体公益活动，策划推出《大学生寻访杭州抗战老兵》等网络专题采访活动，持续形成全市纪念中国人民抗日战争胜利70周年舆论热潮。

深化社会主义核心价值观宣传，大力宣传“三个倡导”24个字、“当代浙江人共同价值观”8个字和杭州“我们的价值观”主题实践活动12个主题词，不断推动社会主义核心价值观家喻户晓、深入人心。及时挖掘“最美”典型，组织报道百名“最美”典型人物。对“最美大学生”何俊斌危急时刻见义勇为的英勇事迹，及时组织中央、省市媒体集中报道，探寻“最美”的成因，向社会传播正能量。

【热点问题舆论引导】 2015年，市属媒体坚持用主流舆论引导社会舆论，健全完善舆情研判、信息发布、应急响应等机制，在出租车改革、自来水阶梯式水价调整、民用天然气价格调整等事关民生、改革的热点敏感问题和突发性事件中，切实做好舆论引导，不断强化正面声音。在舆论引导中加强正面宣传引导，及时发布准确信息，加强政策解读，为社会和谐稳定发挥积极作用。

精心办好杭州电视台综合频道《今日关注》栏目，围绕市委、市政府中心工作和群众关注的重大民生问题、城市治理重点议题，开展建设性舆论监督，建立发现问题及时整改的运作机制，使之成为推动工作开展、促进矛盾解决和社会和谐的一个重要手段，在推动曝光问题整改落实、解决百姓诉求、取信于民等方面取得较好成效。

【媒体融合取得新成果】 2015年，杭州市积极推进媒体融合，特别在重大主题报道方面，鼓励市属各媒体充分运用新技术、新应用，创新媒体传播方式，形成传统媒体和新媒体合力，有效占领信息传播制高点，掌握舆论话语权。以杭报集团

6月3日，省委书记夏宝龙（前左二）和时任省委常委、市委书记龚正（前右一）在杭州日报传媒有限公司调研　（杭报集团 供稿）

和杭州文广集团为龙头，加快推动传统媒体和新媒体融合发展。杭报集团新媒体矩阵总用户超过1亿户；杭州日报社时政要闻中心“政在解读”公众微信号与传统纸媒无缝对接，运用新媒体语言做深报道、做透解读，成为重大主题报道的生力军；在全国主要综合性日报微信公众号的排名中，杭州日报社、都市快报社均居前10名行列。杭州文广集团推出“全媒体三年行动计划”，旗下“交通91.8”电台微信公众号用户量约100万户，仅次于央视新闻的微信公众号用户量；杭州电视台综合频道新闻中心微信公众号立足本地和原创，与电视新闻报道互为补充，互为引导，形成舆论引导新亮点。　（王俊勇）

·报刊网络·

【杭报集团转型突破】 2015年是《杭州日报》创刊60周年，杭州日报报业集团（以下简称“杭报集团”）铭记历代杭报人艰苦创业、开拓进取、无私奉献的精神，坚持以中共十八大及十八届四中、五中全会精神和习近平总书记系列重要讲话精神为指引，坚守“两个巩固”根本任务，践行“三严三实”要求，坚持正确政治方向，把握正确舆论导向，遵循“团结稳定鼓劲、正面宣传为主”的基本方针，以创刊60周年为新起点，弘扬主旋律，传播正能量，占领主阵地，掌握主动权，推进重大主题报道、舆论引导、媒体融合、品牌建设、多元产业布局、党建及队伍建设等重点领域的改革创新，为推进“四个全面”战略布局在杭州实践营造良好氛围。

杭报集团坚持专栏、专版、评论、理论“四位一体”报道机制，通过专栏连续报道、专题专版深度解读、理论评论有效引导的方式，精心策划“三严三实”、“三转一争”、G20杭州峰会、杭州申办亚运会、各级“两会”、基层党组织建设、安全生产、防台防汛、助考服务等30多项重大主题报道，提升传播力、影响力、竞争力。推出《吴山评》《西湖评论》《印月潭》《商报眼》《湘湖时评》《春江时评》《晨报时评》等30多个特色评论栏目和版面。

杭报集团坚持推动传统媒体与新兴媒体深度融合，并将新媒体视为传统媒体管理，严格执行“一个标准、一把尺子、一条底线”。制定《关于推进媒体融合工作的实施意见（试行）》，明确每年拨付500万元专项资金，定向扶持新闻类新媒体的建设和发展，助推媒体融合发展。同时，切实履行好主流媒体引导主流舆论、社会舆论的使命职责，教育引导全体采编人员在多元复杂的舆论环境中牢固树立导向意识、把关意识、责任意识。所属媒体全年度获得省市及宣传主管部门领导批示肯定82次，省级宣传主管部门专题阅评肯定集团宣传报道6次。在2014年度浙江省新闻奖评选中，集团共计35个作品获奖，其中一等奖7个、二等奖14个、三等奖14个，位居全省前列。杭报集团及所属媒体先后获得“2015年全国百强报刊”“中国品牌行业10强”“亚洲品牌十大最具创新力企业”“2014～2015年中国品牌媒体百强·党报品牌10强”等荣誉，并连续2年入选“世界媒体500强”，位次逐年提高，整体实力和品牌影响力已名列全国报业集团前列。

2015年，杭报集团初步改变单一依赖纸媒收入生存的局面，非报业收入比重上升至53.9%，其中新媒体和会展业收入贡献率显著提升。在全国报业效益“断崖式”下挫的大趋势下，通过严控成本和精细化管理，集团总收入基本保持上年水平，利润逆势上扬。

【重大主题报道】 2015年，杭报集团深入宣传中共十八大和十八届四中、五中全会精神及省委、市委全会精神，推出《回眸“十二五”特别报道》《我为“十三五”献一计》等系列栏目，宣传杭州“十二五”时期改革发展成就，解读“十三五”时期经济社会发展的指导思想、主要目标、基本理念和重大举措，凝聚发展共识、传递发展信心、谋划发展蓝图，营造强大宣传声势和舆论氛围。报道习近平总书记在浙江考察重要讲话精神和“两山”理论，推出“干在实处永无止境，走在前列要谋新篇”“建设‘美丽中国先行区’”“绿水青山就是金山银山”“生态浙江的探索与实践”等专栏专题，坚持政治性与新闻性并重，实现新思想、新观点、新论断阐释与典型案例宣传的完美统一。

以大版面、大专题、大图片，启动G20杭州峰会报道。重兵投入、高频度推出《美丽杭州喜迎峰会》《喜迎G20国际峰会专题报道》《一把手访谈》等15个专栏、70多个专版，宣传G20杭州峰会的主题主旨，跟踪筹备工作进展，把全市人民的巨大热情引导到迎接国际峰会的实际工作中去。深化“美丽杭州”宣传，统筹杭州申办亚运会宣传，持续推进“五水共治”“五气共治”“三改一

拆”“四边三化”“交通治堵”等报道，不断丰富拓展“美丽杭州”宣传的内涵与外延，全景展示建设“美丽中国”杭州样本的实践成果。推进“最美精神”报道，放大“微美”，集聚“小美”，高频度、常态化推出《我们的价值观》《发现最美杭州人》等栏目，全年挖掘报道“最美”典型220多个。

推出中国人民抗日战争胜利70周年特别报道专栏、专题12个，注重挖掘抗战的杭州元素，还原属于杭州的最真实记忆。9月3日，杭州日报官方微信公众号上的相关新闻获42.6万阅读数和1万余人的点赞。

【舆论引导和舆论监督】2015年，杭报集团不断提升复杂舆论环境下热点问题的引导水平，在富阳楼房倒塌、九峰环境能源项目、千岛湖引配水工程、西湖景区机动车环保行动、自来水和民用天然气价格调整等事关民生改革的热点敏感问题及突发性事件中，加强舆论引导，坚持从有利于事件处置、有利于疏导群众情绪、有利于维护社会稳定的角度开展报道。以杭州网为主体，全年各媒体共参与网络舆论、舆情引导工作70多次，及时报送各类网上舆论引导素材2000多篇，构筑全市网上舆情正面引导的中流砥柱。

杭报集团各媒体围绕G20杭州峰会筹备、城市国际化、文明城市创建等中心工作，开设“先下后上乘地铁，文明一米迎嘉宾”“‘路牌啄木鸟’有奖征集特别报道”“环境整治专项行动曝光台”等专题和“网络问政”“公述民评”等网络专题，发现并促进解决城市建设管理、民生服务中存在的问题。制定《关于加强内参工作的若干意见》，鼓励引导各媒体通过内参反映问题。杭州日报《电动车成“两非”新主力，根治需填补“最后一公里”》的内参报道，直接推动杭州城市微公交建设加快进程。

【新媒体导向管理】 2015年，杭报集团突出强调新媒体导向管理，制定《杭报集团建立健全新媒体实时监控机制的办法》，将新媒体视同传统媒体管理，执行“一个标准、一把尺子、一条底线”，受到省委宣传部和省记者协会的关注。杭报集团组建新媒体审读员队伍，将日常监控覆盖至杭州网、杭报在线网站首页及主要媒体的官方微博、微信公众号等共计20个新媒体，从11月起，以周为单位发布《杭报集团新媒体审读通报》，在全省范围内第一个实现新媒体发布的自我审核、自我纠错。按照“层层负责把关，人人都是最后一道关口”要求，认真梳理过往发生见报差错的流程环节，抓细节、补漏洞，加强和改进时政报道审核流程，严格执行新闻稿件审签制度，严格规范新媒体转载引用流程，差错显著减少，集团全年未发生一起重大出版安全责任事故。

【“报一网一机”三大平台建设】 2015年，杭报集团着力构建开放、平等、互动的“报一网一机”（报刊、网站、手机）三大平台，报纸、网站、微博、微信、APP五大终端协同联动的立体传播格局已经形成。《杭州日报》以“杭报在线”“官方微博”“官方微信”“城市通”为核心的全媒体矩阵已经形成，主流舆论阵地得到进一步拓展；“城市通”客户端全面启动改版升级；《都市快报》构建运动、公益、汽车、房产、摄影、视频、文化艺术、旅游美食、无人机在线等多个以用户为导向的新媒体垂直平台，其中“好奇实验室”总播放量超过1.7亿次；“19楼”网站注册用户已达5156万个；《每日商报》形成以报纸为依托，打造“微信+微网+定制产品+视频网+户外大屏”相互联动的传播平台，联手“迅雷”“暴风”和“重庆十度”网站，打造的浙江第一视频生活门户“看看浙江网”上线；杭州网的视频制作、航拍能力取得巨大进步，官方微博微信传播力指数均位列全国城市网站前三甲，承接的G20杭州峰会官网建设项目按时上线，受到外交部的充分肯定；《萧山日报》完善全媒体中央控制室硬件设施和软件系统，逐步形成“精准定位、服务用户、内容推广、提升影响”的良性循环发展模式；《富阳日报》成立融媒体“中央厨房”，《言归政传》《九区夜谭》《红吉看天》《乐学富阳》等栏目打响“富报新媒”品牌；《余杭晨报》加强“掌上余杭”客户端民生服务，融媒系在区域范围内传播力和影响力进一步扩大；《城报》APP“轨客”上线，形成“报纸+微博+微信+APP+智能报架+19楼社区”综合宣传效应。

【现代传媒集群化效应初显】 2015年，杭报集团加速建设以移动互联网为核心的新媒体、融媒体、多媒体三大“现代传媒集群”，根据浙江华媒控股股份有限公司公告，新媒体矩阵总用户数（含APP活跃用户、微信订阅数、微博粉丝数）已达1.01亿个，现代传媒集群品牌效应初显。《杭州日报》《都市快报》官方微信公众号稳居全国主要综合性日报微信公众号TOP50（新媒体公号“刺猬公社”评选）每周排名前5位。基于整合营销、策划服务、技术输出和流量变现，杭报集团实现媒体融合下的初步盈利。“读城杭州”单个微信公号通过内容策划全年营收超过140万元；“好奇实验室”新媒项目通过广告植入、实验定制、广告拍

8月18日，浙江华媒控股股份有限公司举办的首届创业大赛——“只要跑起来·华媒众创营选拔计划”收官（杭报集团 供稿）

摄等方式，年收入超过500万元；集团新媒体代建代维业务已超过500万元。杭报集团全年新媒体收入超过3亿元。

【品牌栏目内容建设】 2015年，杭报集团以内容为核心，持续改进宣传报道的质量和水平。报纸的创新栏目《深读》《政在解读》《时政深读组》《深度》《言归政传》等，及时解读党委政府和有关部门的重大民生政策措施，实现报道"软着陆、接地气"。坚持深耕本地，在重要版面增加民生新闻、经济新闻、基层新闻以及主流读者感兴趣的新闻，提升报道效果。积极运用互联网思维，改造传统媒体报道。《杭州日报》《都市快报》等主要媒体优化版面组合、版式设计，突出摘要，充分运用图表、漫画等元素，进一步满足互联网时代人们概略式、浏览式、碎片化、视觉化的阅读需求。

【杭报集团公益活动】 2015年，杭报集团以社会责任为己任，坚持新闻为民，把实现社会效益放在优先位置，高频度推出《民情速递》《杭网议事厅》《热线进社区》等新闻服务品牌栏目，持续推进"快公益""洒下滴滴汗水，带走缕缕书香""拯救民勤，绿色传递""关注农村散居孤儿特别报道""世界无烟日一包烟换一盒奶"等品牌公益活动，实现公益活动的专业化、项目化、系列化，打造主流媒体公益资源的集聚平台。

【优化评奖评优体系】 2015年，杭报集团在对标中国新闻奖、浙江省新闻奖基础上，修订《杭州日报报业集团新闻奖评选办法》，以评奖评优推动新闻采编创新，营造良好业务氛围；提升评奖评优的科学性、前瞻性、权威性。修订完善《杭报集团年度最佳版面（栏目）最佳记者（编辑）最佳新媒（项目）评选办法》，优化"最佳"奖项设置和奖励额度，组织集团首届新媒体大赛暨2015年度最佳新媒（项目）评选活动，引入现场路演机制，由外聘的专家评委现场打分，突出强调传播类新媒体建设中的用户意识、服务意识和推广意识。

【华媒控股独立运营成效显著】 2015年，杭报集团浙江华媒控股股份有限公司（华媒控股）首年独立运营，资本运作和转型方向初步获得市场认可，在传统板块转型和外延式发展方面动作频频，对外收购上海"快点传播"公司、北京"精典博维"公司，增资上海合印包装服务有限公司和杭州市文化产权交易所，布局传媒生态产业链；合资成立华媒泽商文化传媒产业基金、杭州华泰一媒文化有限公司、华媒传播、华媒投资等专业公司，成为文化产业战略投资者。全年收购并购投资达4.5亿元，投资并购产生的利润约4000万元。

11月5日，杭报集团举行杭报集团第16个记者节表彰大会暨《杭州日报》创刊60周年纪念活动
（杭报集团 供稿）

【文创产业园区建设】 2015年，杭报集团以萧山文创大厦、富阳阳光文化创意大厦、临平新天地文创园为文创产业工作重点，稳步推进旗下三地报社的文创产业布局。萧山文创大厦项目已完成交评、环评、能评、防雷审批、项目备案、消防审核等评审工作和各类招投标工作，并于12月24日正式开工。富阳阳光文化创意大厦项目已完成招商招租、品质提升等工作，正式投入使用和运营。临平新天地文创园区初步完成"文艺餐吧""影院纯K""时尚教培""loft工作室""创意购物"五大业态布局，进入全面运营。

【盛元印务拓展数字印刷领域】 2015年，杭报集团盛元印务有限公司（简称"盛元印务"）积极搭载云平台、移动终端APP平台，向大数据、云印刷转型，商务印刷业务已超传统报业印刷。在夯实报纸印刷的基础上，稳固"元祖""欧莱雅"等大品牌订单，新增"欧迪芬"化妆品、"至尚创美"文具、外贸挂历等24家客户的包装印刷业务。通过自主开发的移动应用终端"aBook原创"，获得线上业务约1万单，升级改版后的"aBook Pro"新增商家品牌专区等功能，进一步优化移动端经营业态。2015年度，盛元印务完成"G7国际质量认证"、环保部"环境标志绿色印刷认证"、ISO 900、ISO 14000、OHS 18000、"FSC森林认证"等印刷企业生产经营标准化建设，获得"中国印刷企业百强""数字印刷在中国·十佳优秀企业奖"等荣誉。

【"每日送公司"转型增长】 2015年，杭报集团每日送电子商务有限公司（简称"每日送公司"）电商物流强势增长，生活物流"技术+渠道+媒体+服务"的商业模式逐渐清晰，逐步完成向专业物流配送企业转型。通过打造O2O微商平台、拓展"互联网+"项目、自主研发基于LBS城市快物流服务的手段，承接"天猫超市""聚美优品""苏宁海淘""文轩网""沃尔玛""宜家""威露士"等商家的物流业务，

全年度承接同城配送业务476万单，日均配送量1.5万单，比上年（指2014年，下同）增长58%。配送日均妥投率98.5%，客诉率0.2%以下。其中“双十一”购物节期间，10天配送34万单，最高日配送6万单。每日送公司第11次蝉联“全国报纸自办发行先进集体”称号，并获评中国报业“十佳发行单位”，是浙江省报业唯一获奖的发行单位。

【艺术品项目形成产业链】 2015年，杭报集团艺术品项目已形成“创作、产品开发、展览、零售、基金及美术馆”完备架构和完整产业链。创作板块由原来的工作室集群转型成为集展示、销售、培训、休闲、藏家交流为一体的体验式平台；展览版块运用“互联网+”“媒体+”的办展理念，成功举办“2015年中国（杭州）工艺美术精品博览会”“杭州艺术节”等12个主题艺术展，其中“快意微拍”作为电商运营重点，举办约30场专场拍卖，增加营销收入，积累一批藏家资源；衍生品板块筹备以文创为核心，融集市、艺术展览、创意旅游纪念品销售为一体的“河坊街艺术品超市”；自主设计开发的“杭州旅游纪念品”已完成产品生产，进入西湖沿线多家商店售卖；筹办的“杭州华夏古陶瓷科学技术研究院”正式落户上海浦东自贸区，将艺术典藏工作室的触角借此延伸到上海，为拓展“长三角”地区艺术品经营市场做好准备。

【强化新闻采编队伍建设】 2015年，杭报集团以各种形式的学习培训为载体，加强新闻队伍建设，提升采编人员的职业道德、职业素养、专业技能水平。持续推进记者下基层活动，集团及各媒体总编辑、副总编辑和部门主任、副主任带头深入基层采写报道，带动采编人员深入基层一线，践行“走转改”精神；编辑出版《记者下基层》专辑，不断总结下基层成果，锤炼队伍的务实采访作风；持续开展采编人员培训教育，紧密结合“三严三实”主题学习，教育和引导广大采编人员恪守职业道德、严守新闻纪律；围绕理想信念、中国特色社会主义、中国梦、社会主义核心价值观等内容开展新员工岗前培训；在媒体业务骨干中开展“博萃讲坛”业务培训，提升采编人员专业技能和自觉维护群众切身利益的意识；组织开展“媒体融合转型新常态下集团人才队伍建设”课题调研，制定出台《关于进一步加强集团人才工作的指导意见》；举办集团首届创业创新大赛，鼓励采编人员向新媒体、经营管理复合型人才方向转型。都市快报社广告营业中心被共青团中央等18家单位联合评为“2013～2014年度全国青年文明号”，是国内唯一的报业经营获评单位。 （何　斌）

·广播电视·

【文广集团转型发展稳中求进】 2015年，杭州文化广播电视集团（简称杭州文广集团）依托广播电视、文化演艺、产业经营三大板块，在完成新闻宣传、文艺创作、产业升级三方面任务的同时，形成目标明晰的转型发展思路，制定全媒体、文广演艺、文广影业、文广置业和艺术品经营五大战略性项目“三年行动”计划。在广播电视行业受冲击最为明显的一年里，做到稳导向、稳增长、稳人心，达到稳中求进目标。

集团所属各媒体以“打造杭州好新闻”为己任，做好G20杭州峰会筹备、“一号工程”、“三改一拆”、“五水共治”、纪念中国人民抗日战争胜利70周年、“公述民评”电视问政、杭州申办亚运会等重大主题宣传。各媒体围绕国际峰会的部署要求，开设新闻专栏20个，播出相关报道2000多条，制作峰会宣传片60多部，在黄金时段密集滚动、跨屏播出。杭州网络广播电视、各频道频率官方微信、微博策划推出形式多样的新媒体宣传。集团广播电视和文化院团举办16场“喜迎峰会”文艺演出，推出18项特色系列活动，为杭州“办好G20，当好东道主”营造良好的舆论文化氛围。

增强舆论监督的力度，全力打造电视《今日关注》栏目，围绕市委市政府中心工作和重大民生问题开展建设性舆论监督。12月7日起，根据市委要求，《今日关注》由每周播出3期增加到5期。全年共播出92期监督报道、41期表扬报道，形成第一时间发现问题，第一时间曝光问题，第一时间整改反馈的良性监督机制。围绕民生、民情、民意，《今日关注》《民情观察室》《民情热线》三栏目强化“问政”功能，《直播12345》《市民监督团》《第一调查》三栏目强化“问责”功能，《我们圆桌会》栏目强化“问计”功能，取得良好的监督效果。

凸显新闻评论特色，在全国首创推出“总监评论员”机制的基础上，以电视综合频道《杭州新闻联播》、广播FM89杭州之声《连线快评》、西湖之声《新闻八卦掌》等评论栏目为平台，创新机制、重建队伍、更新内容，打造“时评、快评、短评、微评”等多样态评论体系。

加快新媒体发展速度，以打造“杭州好新闻”为发力点，全面整合频道频率、网络广播电视台、周报及移动电视等媒体资源，积极推进广电传统媒体与新兴媒体的融合发展。至年末，集团媒体拥有微信公众平台数量约30个，以频道频率官方微信为中心，栏目专业微信为辐射，形成“1+N”微信矩阵模型。广播“交通91.8”微信用户数已超过100万个。集团投资5000多万元建设融媒体演播室和全媒体新闻中心；西湖明珠频道探索“微视频”栏目；生活频道打造“微店”平台；杭州网络广播电视平台用户数达到24万个，服务覆盖城市用户100万个；移动产品的影响力在全省11家地市台网络广播电视中居第一位。

提升公益宣传品牌。杭州电视台综合频道“第十一届杭州市道德模范（平民英雄）评选”、杭州人民广播电台中波954“老朋友广播”启动，电台西湖之声“西湖微笑，国际味道”大型公益活动、杭州广播影视周报社“杭州中华老字号品牌推广系列活动”等宣传载体，均围绕“美丽杭州”“生态文明”“法治杭州”“平安杭州”等主题，传递社会主义核心价值观，为G20杭州峰会营造良好的舆论氛围。杭州电视台综合频道还全程参与杭州申办亚运会的工作，充分发挥市级媒体服务政府中心工作的职能。

继续扩大杭州对外影响。在习近平总书记到浙江考察、杭州申办亚运会、G20杭州峰会筹备等省市重点工作中，杭州文广集团均承担汇报片、申办片、宣传片的制作。由

12月15日，省委常委、市委书记赵一德（中）调研杭州文广集团

（杭州文广集团 供稿）

集团统一部署，明珠电视台拍摄制作的《绿水青山》音乐影片，在各媒体及全市户外大屏播出。加强与中央电视台浙江记者站、浙江卫视等同行的合作互动，全年向中央电视台发稿265篇，向中央人民广播电台发稿43篇，向美国国际卫视（ICN）、中国黄河电视台、江苏卫视和浙江卫视的国际频道等涉外媒体平台选送节目播出119部（集）。

【“美丽杭州”新年祈福活动】 2015年元旦来临之际，杭州电视台影视频道直播3小时35分钟的“新年祈福活动”。节目邀请平民英雄（道德模范）、青年志愿者、最美教师、美德少年、外来务工者、电商代表和文艺界代表等10位市民代表，到演播室畅谈他们在2014年的幸福生活。节目选取多个最能代表“美丽杭州”的地标性区域作为直播点，展现全城跨年庆祝盛况。杭州市市长张鸿铭到紫薇原点广场，和市民一起参加迎新年倒计时活动，分发装有中国结、福字帖和红围巾的“幸福礼包”。零点时分，省委常委、市委书记龚正通过电视屏幕向广大市民发表新年贺词。市长张鸿铭和市民代表一起在净慈寺敲响南屏晚钟，祈愿杭州人民新的一年生活平安幸福。

【《今日关注》栏目开播】 3月2日，杭州电视台综合频道《今日关注》栏目开播。该栏目围绕市委、市政府中心工作，以“调查发现问题，监督推动进步”为理念，用事实说话，用调查核实、善意批评、建设性监督推动工作。节目采用电视、电台、网络、微信、微博等全媒体手段联动播出。每周一、周三、周五19时50分播出，时长5分钟。12月7日起，增至周一至周五每日播出。市委领导十分关注该栏目工作，12月25日，省委常委、市委书记赵一德到杭州电视台综合频道《今日关注》栏目组进行调研，表示慰问。

【杭州电视台全程参与亚运会申办】 9月16日，北京时间13时整，亚奥理事会主席艾哈迈德亲王在第三十四届亚奥理事会代表大会上宣布：“中国杭州获得2022年亚运会举办权”。杭州电视台综合频道独家直播这一盛况和杭州申办亚运会全过程，这是杭州电视台第一次全程参与洲际最高级别综合性体育赛事——亚运会的申办工作，在申办流程设计、陈述报告拟定、PPT制作、申办片摄制等方面都严格遵循国际惯例，体现国际品质。申办过程中，杭州电视台对申办片摄制、PPT制作、微信动态推送以及电视特别直播等全媒体手段的创新型运用，成为杭州亚运会申办成功至关重要的组成部分，也体现出城市电视媒体在面对城市综合实力竞争中适应社会进步、创新工作方式所做的成功探索。

【G20杭州峰会系列宣传片制作】 12月1日，中国正式接任二十国集团峰会主席国。杭州电视台综合频道推出《G20杭州峰会特别节目》，详细介绍G20杭州峰会标识的含义，市民、国外友人对G20杭州峰会的期待等，为杭州“办好G20，当好东道主”营造良好舆论氛围。同日，在省、市联合召开的动员大会上，杭州电视台制作的峰会标识宣传片和峰会倒计时宣传片现场播放，为迎接G20杭州峰会的到来营造良好的气氛，得到省委书记夏宝龙和市委书记赵一德的一致肯定。杭州电视台综合频道还负责制作杭州形象宣传片，在G20杭州峰会官方网站上进行播放。在早期筹备期间，还根据不同要求，拍摄制作多个杭州城市形象片，为筹备G20杭州峰会做出积极贡献。

【精品创作获奖46件】 11月2日，第二十五届中国新闻奖评选结果揭晓，杭州电视台综合频道选送的《新闻60分》节目获得中国新闻奖电视编排三等奖。这是自2007年以来，综合频道第四次捧回中国新闻界最高奖——中国新闻奖。该频道有《新闻60分》《妈妈，再爱我一次》《双十一直播》3件作品被省记者协会、省广电学会、全国城市台新闻委员会选送参评中国新闻奖和中国影视大奖。影视频道《中日韩三国合拍纪录片——纸的力量》获中国广播影视大奖广播电视节目奖；少儿频道微电影《你好呀，自己》获中美电影节微电影类金天使奖一等奖；西湖明珠频道《浙江为什么能出马云》、生活频道《“七·五”公交车放火事故后续：监控里面寻好人》和电台西湖之声《杭州宣布：今晚24点小客车限牌》等作品，获浙江省广播电视新闻奖一等奖；电台FM89杭州之声《中国梦——梦想诗歌》、电视台少儿频道《妈妈我来啦》获浙江省广播电视政府奖一等奖。全年集团广播电视作品共获得省级以上奖项46件。

【音乐电视《绿水青山》首播】 11月6日，音乐电视片《绿水青山》在杭州电视台明珠频道首播，明珠电

视的官方微信也同步进行推广。该片响应习近平总书记提出 “绿水青山就是金山银山” 的重要讲话，经过两个月的策划，摄制组翻山越岭、跋山涉水，历时10多天，先后奔赴淳安县、建德市、桐庐县、临安市、西湖景区等地进行踩点拍摄，集团14名主持人徜徉于美丽山水之间，分别出镜主持。下姜村、千岛湖环湖绿道、千岛湖巨网捕鱼、建德七里扬帆景区、新安江大坝、临安天目山景区、西湖白堤、宝石山等美景在片中得到充分体现。音乐电视片《绿水青山》播出后，观众和网友反响热烈。

【微视频栏目《运动荟》开播】 5月10日，杭州电视台西湖明珠频道创新传播方式，开出新媒体微栏目《运动荟》。《运动荟》是体育竞技类微型真人秀栏目，主要定位于杭州相关的竞技体育报道，普及健身运动。《运动荟》栏目用微电影的拍摄手法，运用航拍、高清、旁白、音乐特技等，结合线上推广、线下用户体验，联合职能部门、行业协会、品牌企业，不断策划主办相关赛事活动，通过线下活动增加受众的体验度。

【酒店“清洁门”报道轰动全国】 “五一”前夕，杭州电视台生活频道新闻栏目《市民监督团》策划组织杭城酒店卫生大暗访行动，拍下服务员打扫卫生的真实一幕。该组杭州酒店“清洁门”的电视调查报道播出后，引发全国各大媒体网站、视频、知名微信公众号纷纷转载，腾讯网站单条视频点击量超过4600万次，搜狐网站单条视频点击量超过243万次，优酷网站单条视频点击量达到135万次。报道也被《人民日报》、中央电视台、新华网、凤凰卫视、东森新闻、东方卫视、《南方都市报》、澎湃新闻等知名媒体转载。新浪、网易、优酷、爱奇艺等视频网站都将该报道置顶，腾讯网站还专门展开网络调查。全国至少有50家电视台对该新闻进行转播。生活频道微信矩阵关于该报道的总点击量超过10万次。报道播出后引起杭州市、区两级卫生监督部门的高度重视，立即对涉事的6家酒店展开调查。市卫生计生委约谈全市94家宾馆饭店负责人，要求严格规范酒店卫生清洁流程，主动开展自查，同时在全市范围内开展为期一个月的专项执法行动。

【“三位一体”电商新模式探索】 2015年，杭州电视台生活频道深入开展文广集团“大气创业、大步创业、大众创业”大讨论活动，根据集团全媒体项目发展战略部署，结合自身定位和频道优势，积极探索媒体融合的发展新路径，提出打造“电商微栏目+微商城+实体门店”的“三位一体”电商新模式，积极做好线下实体门店的布局和转型升级工作，推出商品介绍类的电商微栏目，以及与各栏目公众微信号捆绑的微商城，将有需求的电视观众引流至电话订购或线上微商城下单。全年生活频道“电商微栏目”“微商城”和各实体门店销售额累计超过1000万元。

【助力杭州方言“申遗”】 9月11日，由杭州中华文化促进会、市文广新闻出版局、杭报集团、杭州文广集团共同主办，杭州滑稽艺术剧院、杭州电视台生活频道等单位承办“我是杭州人”——杭州话全民大比拼活动启动。围绕“我是杭州人，我为杭州话代言”的活动主题，大比拼擂台摆进主城区的各个居民集中区域，历时3个月，共计1000多人通过电话和微信报名参与比赛，100多人登上现场擂台一展方言魅力，在全市掀起“学说杭州话、说好杭州话”的热潮，有力推进杭州方言申请非物质文化遗产工作。通过活动，主办方已挖掘积累大量方言俚语知识，待编辑成册后即成为“申遗”的文字基础。决赛选拔出3位杭州方言的代言人，将在“申遗”过程中成为口述方言文化的载体。

【“创新中国”总决赛】 8月27～28日，由浙江省金融办指导，杭州市政府和创业邦杂志社联合主办，杭州文广集团第4次作为特别支持单位的“2015年创新中国总决赛暨秋季峰会”在杭州洲际酒店举行。9月5日晚，杭州电视台影视频道播出总决赛暨颁奖盛典。8位从“创新中国”各个专场脱颖而出的优秀企业创始人、首席执行官和6位国内知名投资人在活动现场妙语连珠，精彩互动，呈现一场创新与智慧的思想碰撞。“创新中国”活动一直引领着创新创业的风潮，推动诸多创业孵化计划、校园计划以及硅谷峰会陆续开展。

【滑翔伞定点世界杯（中国站）电视直播】 10月23～25日，“飞越中国2015年滑翔伞定点世界杯（中国站）”在中国富阳永安山中国滑翔伞训练基地举行。共有来自12个国家和地区的100名滑翔伞选手参赛，在该项目中男女排名世界第一的选手也来参加比赛。比赛由国家体育总

10月31日，西湖之声广播电台举办“再别康桥——经典抒情诗文名家名篇音乐朗诵会”

（杭州文广集团 供稿）

11月17日，由市委宣传部、杭州文广集团等单位主办的"喜迎峰会唱响杭州唱美西湖"歌曲评选发布活动举行　（杭州文广集团 供稿）

局航空无线电模型运动管理中心和中国航空运动协会主办。2015年，滑翔伞定点世界杯继在菲律宾、马来西亚、塞尔维亚和德国站举行后落户中国。这是中国首次承办滑翔伞定点世界杯比赛，也是杭州电视台首次联合青海卫视进行电视直播。

【"人人参与平安护航G20"专题晚会】 12月24日，杭州市平安战线主动呼应G20杭州峰会"构建创新、活力、联动、包容的世界经济"的主题，举办"人人参与平安护航G20"主题晚会，杭州电视台影视频道承办该晚会。活动通过3个分会场连线、12个现场方阵、社会各界名人参与、以及对三大主题篇章的诠释，充分展示杭州平安战线备战G20杭州峰会的精神面貌。省委常委、市委书记赵一德，市委副书记、政法委书记杨戌标，市委常委、秘书长许勤华，市委常委、宣传部部长翁卫军，市委常委、常务副市长马晓晖等领导出席晚会。

【第十一届"美德少年"评选】 9月6日，杭州市第十一届"美德少年"颁奖直播晚会在杭州文广集团演播室举办。一年一度的"美德少年"评选活动是杭州市未成年人思想道德建设领域的重要品牌，活动由市委宣传部、市文明办、市教育局、共青团杭州市委、杭州文广集团主办，杭州电视台少儿频道承办。全市"美德少年"20强选手名单揭晓，授予汪雯影等10名学生为"美德少年"、周安等10名学生为"美德少年"提名奖。晚会以"美德点亮童年"为主题，表彰一批尊师孝亲、自强自立、诚信守礼、勤学创新、热心公益的好少年。颁奖活动采取电视和微博图文直播的传播模式，并在微博中设置微话题，增加中小学生观看晚会时的参与性和互动性，引导他们学习"美德少年"先进事迹，增强未成年人崇德向善、见贤思齐的道德品质。

【"老朋友广播"启动】 10月20日，"老朋友广播"（中波954）在杭州第三个"老年节"暨"文化祝寿"活动现场亮相，杭州文广集团董事长余新平推动直播台推键，宣布"老朋友广播"正式启动。10月21日重阳节，"老朋友广播"新版节目正式亮相。10月25日，电台在江干区皋亭山千桃园举行"开播仪式暨主持人听众见面会"，数百名"老朋友广播"的热心听众聚集在广场，与主持人面对面交流。

【名专栏《连线快评》研讨会】 1月14日，由浙江省广播电影电视学会和杭州文广集团主办，杭州人民广播电台"FM89杭州之声"承办的"中国新闻名专栏《连线快评》研讨会"召开。"FM89杭州之声"的新闻专栏《连线快评》为浙江省、杭州市"新闻名专栏"，2014年获得中国新闻奖一等奖（中国新闻名专栏），这是杭州广播史上获得的第一个中国新闻奖一等奖。为提升《连线快评》栏目的影响力，推进栏目与新媒体的融合，研讨会邀请来自全国的专家、学者和评论员，共同探讨融媒体环境下，广播评论节目的发展空间和方向，推动《连线快评》再上新台阶，成为一档"现象级"的广播评论栏目。

【"喜迎峰会"歌曲评选活动】 11月17日晚，由市委宣传部、杭州文广集团等单位主办，杭州人民广播电台FM89杭州之声、杭州电视台西湖明珠频道承办的"喜迎峰会唱响杭州唱美西湖"歌曲评选发布活动举行。活动自3月启动以来，吸引全国乃至海外众多音乐爱好者踊跃参与，500多首歌曲参评。经过约50万网民网络投票和专家评审，最终遴选出12首获奖歌曲。其中，《天下运河》《西湖春天》获得一等奖，《西湖春天》的曲作者温显专程从美国赶到现场领奖。参与歌曲征集的老人李啸林用一年时间写下30首词，表达对西湖的眷恋、对家乡的热爱。12首获奖歌曲的演唱者也精彩亮相，登台演唱，杭州籍著名女高音歌唱家周旋专程从北京赶回家乡，用一曲动人的《人间西湖》将活动推向高潮。

【名家名篇音乐朗诵会】 7月10日晚，杭州人民广播电台"FM89杭州之声"在杭州大剧院举办大型品牌文化活动"我们读诗"——名家名篇音乐朗诵会。这是"杭州之声"首次对频率的品牌活动"我们读诗"进行商业演出运作。著名朗诵家、配音表演艺术家、主持人李立宏、徐涛、雅坤、薛飞、严晓频、刘忠虎等在现场为观众带来《将进酒》《琵琶行》《致橡树》《星星变奏曲》等经典古诗词和现代诗歌。音乐朗诵会吸引大批观众冒雨前往欣赏。

【"公民爱心，为爱奔跑"大型公益活动】 5月31日上午，"公民爱心，为爱奔跑"大型公益活动在西兴大桥至复兴大桥间的江堤上进行。杭州人民广播电台"西湖之声"10多位主持人携手杭州市杨绫子学校的特殊孩子和300名热心听众及爱心企

业代表，共同以公益助跑的时尚健康方式为爱助力。市文明办、市教育局、市残疾人联合会、杭州文广集团等单位负责人出席活动启动仪式。活动终点“西湖之声号”游轮布置成“爱心超市”，售卖杨绫子学校孩子亲手制作的糕点、咖啡、香皂、多肉植物、手工艺品及画作，“西湖之声”主持人捐献的15件心爱之物进行义卖，所得款项都为杨绫子学校的孩子购买教学器材。活动现场，孩子们制作的物品被抢购一空，市民听众用实际行动献出自己的爱心。

【承办文艺（音乐）节目评析活动】 2015年中国广播电影电视联合会第十六届文艺（音乐）节目评析活动在杭州举行。杭州人民广播电台“西湖之声”承办，并将“全国文艺音乐节目专家评析活动”“全国十佳DJ大赛总决赛”“全国广播音乐节目创新研讨会”“第九届杭州文化创意产业博览会”相结合，打造全国级广播媒体重大活动。杭州文化创意产业的声望借此活动推向全国。中广联合会广播电视文艺工作委员会常务副会长王鸣铎、特约专家胡妙德以及全国多家省市级电台负责人约100人参加活动，各地约100家广播媒体通过电台和新媒体平台播发和刊发相关新闻。

【“FM90.7音乐频率”试播】 12月1日，杭州人民广播电台“FM90.7音乐频率”试播，2016年1月1日正式开播。“FM90.7”全称为“杭州城市资讯广播FM90.7”，其试播经过严格、科学的市场调研，运用全球领先的类型化音乐广播理念，紧扣杭州地区25岁~34岁高品位的都市时尚群体和最具消费力受众人群，以全新流行音乐电台操作模式在杭州地区打造全新音乐频率。和以往版块划分明确、听众一般维持3.5小时左右持续收听的音乐电台不同，“FM90.7”整体呈现不间断的音乐节目风格，配合“FM90.7”特有的、囊括20世纪80年代起最受欢迎的内地、港台、欧美及亚洲地区流行歌曲的数据库，让听众完整享受音乐盛宴。“FM90.7”与全球最潮流资讯接轨，每日提供来自全球的最新音乐、时尚及娱乐资讯。

【第十一届“爱心助考”活动】 2015年，杭州市第十一届“爱心助考”活动由市文明办、杭州文广集团主办，市公安局交通警察局、市运管局、市出租车协会协办，杭州人民广播电台“交通91.8”承办。在高考期间，除了接送配对考生之外，“交通91.8”派驻车队等候在25个考点门口，应对各种突发情况。连续十届“爱心助考”共组织司机1万人次进行“爱心送考”，帮助考生2.6万人。这次活动邀请杭州籍游泳冠军吴鹏作为代言人，并联合全国劳模公交车司机孔胜东、平民英雄李东华、最美交通人沈芬琴等各行业代表，一起呼吁大家自觉遵守交通安全法规，拒绝“路怒症”，文明开车，礼让送考车辆，用微笑为考生加油。

【“与声聚来”云端融媒体品牌发布会】 12月29日，杭州人民广播电台交通经济广播“与声聚来”融媒体云端品牌发布会举行。“交通91.8”运用“互联网+”思维，推陈出新，经过科学的市场调查和长时间的精心筹备，在发布会上全面推出“交通91.8”的智能软件——“开吧”。“开吧”是集汽车维权、广播节目互动、路况信息服务、海淘网购等功能，整合多方优质资源的软件。“交通91.8”的主持人悉数登台发布会现场，和大家分享各大品牌节目的创作心得、幕后故事，为听众送上新年祝福。

【集团网站“云服务”平台】 10月，为进一步优化网络运营性能，提升对新媒体服务的质量，杭州网络广播电视对架设在新媒体综合运营平台上的NCP老后台进行优化升级并整体搬迁至“阿里云平台”。“云平台”集合了各类运营网络，用户在访问时系统会选择一条最快速的路由访问路径，使不同运营商的用户都能快速访问，大大提升网站的用户体验；“云平台”的快照功能还可以每天对系统和数据做自动备份，有效保障系统出错时的快速恢复功能。杭州网络广播电视已将自有“投票”“抽奖”“说吧”等程序搬迁上“云平台”，并在10月实施的“杭州发布最美物业人”与“感动教师投票活动”两场投票中顺利应用。

【助力中华老字号品牌推广】 2014年11月至2015年7月，是杭州市文创项目之一“杭州中华老字号品牌推广系列活动”举办期，活动包括杭州老字号有奖竞猜、微信推广、“老字号，新创造”杭州老字号产品展销会、“展百年风采，品江南制造”杭州老字号品牌精品展览等。《杭州广播电视报》开展“老有所忆”杭州老字号征文活动，调动老中青三代读者的积极性，追忆往昔岁月里的老字号，重拾美好时光，帮助人们通过征文活动去寻找杭城的老字号，促进旅游经济发展和历史文化保护。

（刘继峰）

·出版发行·

【新闻出版行业管理】 11~12月，杭州市文化广电新闻出版局（简称市文广新闻出版局）与浙江大学城市学院合作，围绕“马克思主义新闻观”教育和新的《内部资料管理办法》宣传贯彻工作，开展出版编辑业务培训。组织企业报采编人员培训班3期，220人参加。开展全市企业报好新闻评选，参评作品160多篇，评选出一等奖、二等奖、三等奖作品共计49篇。完成2014年度公开报刊核验初审和内部资料核验工作。与浙江省印刷产品质量检验站合作，对全市66家刊型内部资料进行质量评估，召开内刊质量评估通报会，首次编印《杭州市内刊评估报告》。至年末，全市共有公开报纸10家、公开期刊18家、报型内部资料201家、刊型内部资料82家。

【杭州国家数字出版基地上城园区挂牌】3月26日，杭州国家数字出版基地上城园区举行授牌仪式，杭州国家数字出版基地、上城区政府、弘帆基金、上海锦和商业经营管理股份有限公司、中国建设银行浙江省分行等单位签署合作协议。杭州国家数字出版基地已集聚数字出版企业300多个，年产值由2010年的50亿元上升至80多亿元，直接带动全市数字出版产业产值每年以15%以上的速度增长。上城数字出版园区首次引进专业文化产业投资基金——弘帆基金，初期已募集资金4亿元，未来资金规模将达5亿~10亿元。同日，上城数字出版园区与建设银行浙江省分行杭州营业部签署战略合作协议，设立数字出版“助保贷”专项资金，为杭州数字出版企业投融资提供帮助。

【参加第六届中国数字出版博览会】 7月14~16日，以“融合、创新、发展”为主题的第六届中国数字出版博览会在北京举行。杭州市滨江数字出版核心园区、上城数字出版园区等单位组团参展。浙江华云数字科技有限公司等参展单位现场与10个企业达成合作意向。国家新闻出版广电总局副局长孙寿山、邬书林专程到杭州市展区视察指导。

【版权管理与服务】 2015年，市文广新闻出版局开展版权宣传，策划制作版权宣传进学校读本《版权达人》第三期，共计向全市各中小学校发放读本1.8万册。组团参加第二届中国青岛东北亚版权创意精品展示交易会，参展的2件作品分获金奖、银奖。组织版权知识进企业培训班4期。市本级16个国有企业完成软件正版化工作。

【第九届西湖读书节】4月23日，第九届西湖读书节在钱江新城城市阳台开幕。读书节是首届浙江全民阅读节暨浙江书展的第一项活动，以“阅读吧·最杭州的声音”为主题，设计“最情怀”“最风雅”“最人文”“最风范”“最风情”“最智慧”6个部分具有地方特色的全民阅读活动。同日，首届浙江书展开幕，展厅面积1.4万平方米，参加单位1000多个，20多万种图书参展，是省内影响最广、规模最大的一次书展。第九届西湖读书节至9月28日晚闭幕，其间开展“全国少年儿童经典讲读大赛”“十大阅读书香社区评选”“2015年西湖读书节图书阅读年度排行榜单”“杭州诗歌地图”“小榕树儿童文学大赛”“名家阅读分享”等400多个项目，参与人数达100万人次。

【“农家书屋”数字平台】 “4·23”世界读书日前夕，市文广新闻出版局联合浙江华云数字科技公司于4月20日在全省率先推出“农家书屋”官方数字平台，并在全市范围内分发数字农家书屋宣传海报2000多份。该平台包含“农村资讯”“农民文学”“农家社区”等板块，定期开展新书推荐、主题征文等互动活动，尝试运用智能终端缓解农民“买书难、借书难、读书难”问题，通过网络平台传播阅读资讯和优秀文学作品，努力缩小城乡文化差距。

【“农家书屋”建设】 在2015年春节、元宵节等节假日期间，杭州市、县两级文化广电新闻出版管理部门指导各农家书屋开展书画、迎春祈福、猜灯谜等读书活动。为全市2000多家农家书屋订阅《特别文摘》和《益寿文摘报》，为75家农家书屋征订《山海经故事会》。暑假期间，市文广新闻出版局组织开展全民阅读专家巡展巡讲活动，邀请来自文史教育领域的学者、故事员走进7个区县（市）的农家书屋，为村民举办讲座7场，并开展上门售书活动。12月3~4日，召开全市农家书屋工作经验交流暨工作推进会，现场考察临安市浪口村、泥川村的农家书屋建设点。

【印刷业发展成果】 2015年，全市新增国家印刷示范企业1个，使国家印刷示范企业增至6个，数量居全省首位；新增绿色印刷企业6个，全市共有29个印刷企业通过国家绿色印刷认证，数量居全省首位。4个企业入选2015年度中国印刷企业100强排行榜。全市有13位选手在第四届全国印刷行业职业技能大赛中获奖，其中2位选手获大赛平版印刷工一等奖。

【印刷行业管理与服务】 2015年，市文广新闻出版局组织印刷业法律法规、消防安全、防范邪教组织及其印刷品知识培训，编印《印刷市场日常管理手册》，推行规范经营责任书，执行印刷复制行政执法报告评价制度。组织承印管理制度落实情况集中指导督查3次。在金融机构整体提高企业授信要求的背景下，该局联络金融机构继续为中小印刷企业提供金融服务产品“毕昇贷”“民印贷”“印友贷”，全年授信印刷企业24个，授信总额6688万元，为企业转型升级，向绿色印刷、数字印刷发展提供融资便利。

【印刷业数字化转型】 2015年，为推动全国数字内容产业中心建设，市文广新闻出版局将推广“数字化印刷”与“印刷数字化”作为促进全市印刷业转型升级的重要载体，指导规模印刷企业的数字印刷、绿色印刷改造项目申报国家文创资金和市级数字出版产业发展专项资金扶持，累计已获专项资金扶持1420万元。全市规模以上印刷企业均已开展数字印刷应用。2个企业的2个项目在全国印刷行业科技创新成果评选中获数字印刷科技创新重点成果奖，“盛元印象”“微印优品”“aBook原创”等在线、移动互联网印刷商务平台先后运营。

【民营书店开出医院分店】 9月初，杭州民营书店“晓风书屋”与浙江省人民医院合作，在医院走廊上开设约80平方米的“晓风书屋”人民医院店并进入试运行，这在省内医院尚属首次。“晓风书屋”民营书店以“推广人文、服务学术”为宗旨，从2005年开始陆续在浙江大学紫金港校区、浙江美术馆、河坊街、浙江日报社大楼、运河文化广场等处开设分店，每年上百次走进学校、走进社区、走进企事业单位流动供应书籍，每年举办读者见面会、讲座、图书捐赠、特色书展、画展人文活动等100多场。 （孙立波）

·新闻出版团体·

【市新闻工作者协会】2015年，杭州市新闻工作者协会（简称市记协）在市委宣传部的领导和全市新闻界的支持配合下，认真学习习近平总书记系列重要讲话精神和“四个全面”战略布局，贯彻落实中共十八大和十八届三中、四中全会精神，以马克思主义新闻观为指导，深入开展“三项学习”教育、“三严三实”教育和“走转改”活动，加强新闻队伍思想作风建设，充分发挥记协作为党和政府联系新闻界的桥梁纽带作用，各项工作取得新的成效和进展。

记者节期间，杭州市委宣传部和杭州市记协联合开展2015年度创新重大主题报道评选表彰活动，共评出优秀新闻工作者10名、优秀作

品34篇、优秀策划创新11件、优秀新媒体成果7个。这些受表彰的作品，充分显示杭州市属媒体对重大主题报道的策划和创新能力，充分展示出各媒体运用新技术创新传播方式，加快推进传统媒体和新兴媒体融合发展的大趋势。

6月25~26日，按照省记协通知，市记协接待美国新闻代表团一行7人到访，陪同外宾前往阿里巴巴集团、玉皇山南基金小镇和杭报集团访问。

7月，市记协联合省记协，牵头组织纪念中国人民抗日战争胜利70周年全省市级党报和杭州市广电、网络媒体“重访浙江抗战旧地”大型联合采访活动

（市记协 供稿）

【抗战胜利70周年采访活动】 2015年是中国人民抗日战争暨世界反法西斯战争胜利70周年。7月，市记协联合省记协市级党报工委，牵头组织纪念抗战胜利70周年全省市级党报和杭州市广电、网络媒体“重访浙江抗战旧地”大型联合采访活动。在全省14家主要媒体的积极支持和参与下，采访团分两路，跋山涉水，走遍浙江的山山水水，重温抗战岁月，弘扬抗战精神，以全媒体形式，追忆可歌可泣的伟大抗战历史，展现延续至今的不屈的力量与精神。各媒体相继在《重访浙江抗战旧地》栏目下刊发报道，市记协将这组系列报道编辑成册，计划于2016年1月由杭州出版社出版。

【马克思主义新闻观培训】 6月24日，市记协举办2015年全市新闻界“坚守责任、弘扬正气”培训班，来自全市各新闻单位的50名一线采编人员参加培训。开展马克思主义新闻观教育是2015年新闻战线培训教育工作的重点任务，市记协邀请市委党校教授高国舫、胡序杭和浙江大学教授韦路，分别讲述“‘四个全面’战略布局”“融合时代的媒体策略”等课程。培训班通过专题学习与研讨，对进一步增强新闻单位一线采编人员政治意识、大局意识、责任意识，夯实马克思主义新闻理论基础，统一思想，提升新闻宣传水平，起到良好的促进作用。

【新闻作品评奖评优】 2015年，市记协认真完成2014年度杭州新闻奖评选工作，共评出306件获奖新闻作品，其中报纸类作品一等奖21件、二等奖35件、三等奖42件；广电类作品一等奖24 件、二等奖42件、三等奖41件。另有网络、副刊、摄影、漫画、版面、标题、新闻论文、内参报道获奖作品共101件。市记协组织专家学者对获奖新闻作品做分析点评，进行业务梳理和理论总结，并在市记协《传媒纵横》杂志上刊发，扩大新闻评奖工作的影响力和激励效应。

在杭州市选送参评2014年度浙江新闻奖的作品中，获评2014年度浙江新闻奖一等奖9 件、二等奖14件、三等奖13件，另有副刊、网络、论文、版面、漫画、摄影、内参获奖作品12件。在第二十五届中国新闻奖评选中，杭州电视台综合频道2014年9月19日《新闻60分》栏目获得中国新闻奖电视编排三等奖。

【新闻职业道德建设】 12月12日，市记协举行杭州市新闻行业社会监督员与媒体代表座谈会，杭报集团、杭州文广集团及各区县（市）所属媒体负责人和代表，着重介绍2015年结合党的群众路线教育实践活动整改要求和“三严三实”专题教育活动，坚持不懈加强新闻职业道德和新闻纪律教育，深入开展“走转改”活动，坚守责任，弘扬正气，壮大主流舆论的做法，听取杭州市新闻行业社会监督员的意见和建议。社会监督员代表在听取各媒体开展专项行动的汇报后，围绕杭州媒体在行业自律、行风建设等方面存在的问题提出中肯的意见。

【市记协自身建设】 2月28日，市记协举行七届三次常务理事会，回顾总结2014年记协工作，部署市记协2015年的工作。12月30日，桐庐县记协成立，标志着全市各区县（市）全部建立记协组织。2015年，市记协的刊物《新闻纵横》更名为《传媒纵横》，并对内容和形式进行全面改版，扩大刊物外延，涵盖采编、经营、新媒体等各个方面；内页从62页增至70页，版式设计上更加时尚。

【市记协文体活动】 2015年，市记协组队参加全国、全省新闻界多项体育赛事，包括全省新闻界围棋比赛、篮球比赛、第三届“商旅杯”全国新闻界围棋锦标赛等。组织杭州市新闻工作者泼墨挥毫，参加纪念抗日战争胜利70周年全省新闻界书画摄影展。举行全市新闻界“好记者讲好故事”演讲比赛，10位参赛者围绕“践行马克思主义新闻观，弘扬社会主义核心价值观”的主题，讲亲历故事，谈采访过程，说内心感受，6人获优胜奖。桐庐广播电视台潘晓炜和萧山网赵菲被推荐参加全省新闻界演讲比赛，分别获得第一名和第四名。

（陆春祥）

·科学技术综述·

【科技创新引领经济发展】 2015年，杭州市以创建国家自主创新示范区、国家小微企业创业创新基地城市示范为契机，深化科技体制改革，优化科技资源配置，大力推进大众创业、万众创新，发挥科技创新对全市经济社会发展的支撑引领作用。

推进高新技术企业发展，大力扶持科技型中小企业。全年新认定国家重点扶持的高新技术企业和技术先进型服务企业311个、市级507个，累计认定1979个和4044个。高新技术产业增加值1212.6亿元，占规模以上工业企业比重的41.8%。制定出台《杭州市科技型初创企业培育工程（2015~2017）实施意见》，完成2015年科技型初创期培育工程“雏鹰计划”“青蓝计划”的企业评审工作，新认定“雏鹰企业”330个、“青蓝企业”83个。新认定省级高新技术企业研发中心84家、市级98家，累计分别达517家和921家。成功创建国家小微企业创业创新基地城市示范，6月，杭州入围全国15个小微企业创业创新基地城市示范之一。

认真落实国务院《关于深化中央财政科技计划（专项、基金等）管理改革的方案》，制定出台《关于促进科技、金融与产业融合发展的实施意见》《杭州市科技发展资金使用管理暂行办法》《国家、省科技项目杭州市本级财政科技配套资金管理办法》《杭州市科技型小微企业“助保贷”管理办法》等文件。进一步做大做强创投引导基金、政策性科技担保和融资周转金业务，以缓解科技型小微企业融资难题。加大力度突破关键核心技术，完成全年杭州市重大创新项目的征集和评审工作，立项资助35个项目。修订出台《杭州市科学技术进步奖励办法》《杭州市科学技术进步奖励办法实施细则》。杭州企事业单位获得国家科技进步奖一等奖项目2个、二等奖项目4个，其中贝达药业股份有限公司的“小分子靶向抗癌药盐酸埃克替尼开发研究、产业化和推广应用”项目是中国化学制药行业首次获一等奖，也是浙江省企业界的第一个国家科技进步一等奖。完成2015年度杭州市科技进步奖评选工作，24个项目获省科技进步奖。

创新创业环境得到优化。贯彻落实国家、省关于深入实施知识产权战略行动计划的要求，制定出台《杭州市关于加快建设知识产权强市的实施意见》《杭州市专利专项资金管理办法》。举办2015年“市长杯”创意杭州工业设计大赛。贯彻落实市“人才新政27条”，制定出台《杭州市领军型创新创业团队引进培育计划实施细则》，组织市级团队征集工作。出台《杭州市农业科研资金管理办法》《杭州市社会发展科研资金管理办法》，加强农业和社会发展科技工作，深化科技特派员工作，举办6次“科技下乡”活动。开展“十三五”时期科技发展、知识产权、防震减灾的规划编制工作。 （曾维启）

【成功创建国家自主创新示范区】 8月25日，国务院批复同意杭州和萧山临江两个国家级高新技术产业开发区建设国家自主创新示范区，这是继北京中关村、武汉东湖、上海张江等之后国务院批复的第10个国家自主创新示范区。要求以科技创新和“互联网+”推进转型升级，全面提高杭州的自主创新和辐射带动能力，打造具有全球影响力的“互联网+”创新创业中心，努力把杭州国家自主创新示范区建设成为创新驱动转型升级示范区、互联网大众创业集聚区、科技体制改革先行区、全球电子商务引领区、信息经济国际竞争先导区。批复同意杭州国家级高新区享受国家自主创新示范区相关政策，结合自身发展特点，积极在跨境电子商务、科技金融结合、知识产权运用和保护、人才集聚、信息化与工业化融合、互联网创新创业等方面先行先试。杭州建设国家自主创新示范区工作将纳入国家自主创新示范区部际协调小组统筹指导，落实相关政策措施，研究解决发展中的重大问题；浙江省政府在重大项目安排、政策先行先试、体制机制创新等方面给予支持，建立协同推进机制，共同开创杭州国家级高新区发展新局面。 （徐长明）

【科技创新资源集聚】 9月17日，市政府办公厅印发《关于发展众创空间推进大众创业万众创新的实施意见》。市科委召开全市发展众创空间现场交流会，成立杭州市众创空间联盟，积极引进国内外知名众创空间资源。临江高新区获批国家高新区，杭州高新区（滨江）、城西科创产业集聚区、大江东产业集聚区、杭州经济技术开发区等平台集聚创新

功能增强。继续深化与中科院、浙江大学、中国美院等战略合作，支持清华长三角研究院杭州分院建设，会同浙江大学、西湖区积极推进“紫金众创小镇”建设，与浙江大学商议市校科技合作协议，促进校地合作。组织物联网平台等4家在建公共科技创新服务平台的年度考核验收。全年发放创新券2850.72万元，实际使用1342.82万元，并获得省科技厅绩效奖励400万元。加快网上技术市场建设，成功吸纳技术成果6243项，成交额77.42亿元。市科技文献导航平台为企事业单位提供文献下载服务，平均每天1.5万篇。（曾维启）

【杭州入围国家小微企业城市示范】 2015年，杭州成功入围国家首批小微企业创业创新基地城市示范（以下简称“两创示范”）。3年示范期内，中央财政资金给予9亿元的奖励资金支持，对示范工作完成好、成绩突出的城市，按奖励资金规模的10%加大奖励。

4月16日，财政部、工业和信息化部、科技部、商务部、国家工商总局联合印发《关于支持开展小微企业创业创新基地城市示范工作的通知》，中央财政对“两创示范”工作给予奖励资金支持。5月19日，杭州参加省财政厅组织的省内城市初选答辩，获得浙江省唯一推荐名额。5月31日，在全国25个答辩城市（全国申报35个，初审淘汰10个）中，杭州成为2015年国家“两创示范”15个入围城市之一。

7月2日，财政部等五部门印发《关于批复小微企业创业创新基地城市示范工作目标的通知》，明确杭州“两创示范”的目标是：到2017年，小微企业营业收入增长35%；就业人数3年累计增长35%；技术合同成交额增长53%；拥有授权专利增长40%。7月9日，财政部将首批70%的专项资金即6.3亿元拨付至浙江省财政厅。省财政厅将中央专项资金全部下达至杭州市财政局，用于支持杭州市小微企业创业创新基地城市示范工作。（陆 敏）

【杭州被评为中国十大创新生态城市】 2015年中国十大创新城市排行榜，是由中国城市竞争力研究会按照自主创立的GN评估指标体系，根据翔实的基础资料及大量的调查研究评选而出。《GN中国创新城市评价指标体系》由经济创新指数、政治创新指数、科教创新指数、文化创新指数、生态环保创新指数5项一级指标、28项二级指标、123项三级指标组成。杭州是省会城市，地处“长三角”南翼，科教资源集聚，人才优势明显。杭州市政府持续提供高品质的优惠政策和配套服务，为企业提供大量资金帮助。杭州坚持“人才+资本”的孵化器建设模式，为科技型企业成长提供优质的发展空间。经过相关指标评审，杭州以84.53的总分，被评为2015年中国十大创新生态城市。（曾维启）

【创新创业政策体系完善】 2015年，市科委编制整理杭州国家自主创新示范区“1+X”政策，即《关于加快杭州国家自主创新示范区建设的若干意见》及13个配套政策目录，初步建立大众创业万众创新的政策体系。其中众创空间的政策分资金扶持、投融资资助、政府购买创业服务三大类：主要有对众创空间房租和宽带费用进行补贴；以市“蒲公英”天使投资引导基金与市众创空间合作建立基金，对众创空间进行投融资活动的资助;制定《小微企业专项资金管理办法》，整合市本级、区县（市）两级扶持资金，每年安排不少于50亿元的资金扶持小微企业发展；推出《服务券和活动券管理办法》，为1.8万个小微企业发放服务券购买专业化服务；出台《竞争性资金分配办法》，每年安排不超过1亿元资金，支持区县（市）小微企业创业创新；拟定《创业品牌活动管理办法》，每年评选十大创业品牌，给予每项50%且不超过100万元的财政支持。（潘学冬）

【创业创新人才培育】 2015年，市科委实施《杭州市领军型创新创业团队引进培育计划实施细则》《杭州市初创期企业培育工程》等文件，完善以创新绩效为核心的人才评价和“以人为本”的分配制度，以直接支持（无偿资助）和间接扶持（贷款贴息、订单担保、周转金等）的方式，支持“阿里系”“海归系”“高校系”“浙商系”等人才和团队进行自主创业。两年间，杭州市已培育杭州华澜微电子股份有限公司、浙江海正药业股份有限公司、杭州多禧生物科技有限公司等10个省级领军型创新创业团队。科技型初创企业培育工程实施6年，培育任宇航、项春生、郑攀等国家“千人计划”专家7名，章立冰、宋宏伟、汪青等浙江省“千人计划”专家20名。培育一批优秀创业者，其中任天挺、杨一兵、胡钢亮、章笠中等6名“雏鹰企业”负责人被批准纳入国家“科技创新创业人才”入选名单。杭州市众创空间在引进人才创业和就业方面成效显著，2015年分别引进海外归国人员783人和应届毕业生1.66万人。杭州市优秀创业企业及团队参加第四届中国创新创业大赛浙江赛区总决赛和全国七大

8月12日，杭州市副市长张耕（右三）一行调研众创空间和孵化器，实地察看腾讯创业基地、浙江清华长三角研究院杭州分院等单位（市科委 供稿）

行业总决赛。在浙江省总决赛12强获奖企业中，杭州市企业占9席并获得一等奖、二等奖；在全国七大行业总决赛上，杭州市17个企业获奖，其中一等奖3项、二等奖5项、三等奖9项，占获奖企业的94.4%。浙江省占全国获奖数40%，获奖企业数居全国首位。杭州市企业夺得生物医药行业总决赛一等奖、互联网行业总决赛一等奖、文化创意行业总决赛一等奖，充分展示了杭州“双创”人才的实力。

【创新创业孵化体系】 2015年，市科委抓住众创空间蓬勃发展的有利时机，做好发展众创空间的顶层设计、重点培育、重点引进、分类指导工作，引导众创空间围绕“创业投资+系列服务”，进行差异化、专业化探索，做到清晰定位、错位发展、强化服务、突出创新，通过创新合作机制和运营模式，形成集群优势和开放式的创业生态系统。建设由“众创空间、孵化器、加速器”组成的创业孵化平台体系，通过创新合作机制和运营模式，大力发展市场化、专业化、集成化、网络化的创新创业平台。杭州众创空间呈现出运营模式多样化、发展方向专业化、投融资链条化、创业活动常态化、创业交流国际化等特点。

【创新创业投融资体系】 2015年，杭州市推进国家促进科技金融结合试点城市建设，构建覆盖科技创新创业全链条的多层次、多渠道、多元化投融资支撑体系。继续扩大创业投资引导基金，做响“蒲公英”天使投资引导基金品牌，引进国内外品牌创投机构，设立主要投资于互联网、信息与传媒、医疗健康、智慧城市的专业特色基金。发挥杭州市硅谷孵化器作用，通过硅谷天使投资基金，引进海外优秀项目和人才落户杭州并快速产业化。举办创业项目路演日、创业大赛等多样化投融资活动，吸引国内外项目参与，为创业者提供融资平台，吸引外地风险投资机构入驻杭州。

【创新创业服务体系】 2015年，杭州为推进小微企业创业创新，先后成立杭州市科技创新服务中心、杭州市中小企业服务中心等公益性事业单位，建立科技创业公共服务平台、中小企业公共服务平台、中小商贸流通企业服务平台等。众创空间、孵化器等平台也积极强化知识产权服务机构、财务服务机构、法律服务机构的合作与交流，为创业者提供良好的创业配套服务。全年杭州范围内举办创业活动1650场，平均每天4.5场。市科委注重弘扬创新创业文化，积极与在杭国家级、省级媒体、本地媒体合作与交流，运用电视台、报纸、微博、微信等媒体，通过多层次、多渠道、全方位宣传科技企业，挖掘创新创业典型，营造大众创业万众创新氛围和创新创业文化。杭州的创业创新模式和创新驱动工作在全省乃至全国形成较好的影响力。 （潘学冬）

【萧山临江高新区升格为国家级高新区】 2月，国务院正式批复同意萧山临江科技园升级为国家高新技术产业开发区，实行国家高新技术产业开发区的政策。萧山临江高新区始建于2003年3月，升格后的萧山临江高新区规划面积为3.55平方千米。国务院要求升级后的萧山临江国家高新区要深入实施创新驱动发展战略，按照布局集中、产业集聚、用地集约、特色鲜明、规模适度、配套完善的要求，立足科学发展，着力自主创新，完善体制机制，努力成为促进技术进步和增强自主创新能力的重要载体，成为带动区域经济结构调整和经济发展方式转变的强大引擎，成为高新技术企业“走出去”参与国际竞争的服务平台，成为抢占世界高新技术产业制高点的前沿阵地。4月13日上午，杭州临江国家高新区正式挂牌成立，成为浙江第六个、杭州第二个国家级高新区。 （曾维启）

【杭州美国硅谷孵化器】 杭州美国硅谷孵化器成立于2014年下半年，是为扩大对外开放，更好地引进海外高层次人才项目，助力杭州市经济转型升级而设立的位于美国硅谷核心地区的孵化器，总投资1600万美元，孵化面积1200平方米。2015年，杭州硅谷孵化器全面开展建设及运行工作，已直接孵化投资项目20个，其中直接投资金额240万美元，并带动其他创投机构投资额超过6600万美元。所投项目中60%为海外优秀华人创业项目，也包括一批硅谷主流非华人优秀创业项目。孵化器已对5家基金进行投资，协议总出资额400万美元，参股设立的基金总规模超过2.7亿美元。2015年共帮助孵化投资项目、其他硅谷企业与杭州市对接项目超过20项（次），帮助各类高端人才与杭州对接超过10人次。 （林　旦）

【“发现双创之星”主题活动】 11月8～13日，由国务院办公厅组织，国家发改委等15个部委指导，浙江省政府、杭州市政府等主办的“发现双创之星”大型系列主题活动走进浙江（杭州）成功举办，活动运用“互联网+”模式，开展线上线下主题活动，阐述大众创业、万众创新的重大意义、典型事例和丰富实践，营造创业创新生态环境，推进创业创新蓬勃发展。11月11日，市长张鸿铭专门接受中国政府网的在线访谈，全面介绍杭州软硬环境、人才集聚、资本市场、创新政策和产业高地等优势，展示杭州市在“双创”领域的主要工作和发展特色。11月13日是“发现双创之星”杭州主题日，国家部委和省有关方面负责人就“创客”在创业创新过程中遇到的问题，与“创客”代表进行面对面交流和政策解读，优秀“创客”代表就自身的创业历程与社会各界分享。活动期间，中央电视台、中国政府网、央视网、省市各新闻媒体纷纷开设专栏、专题，对活动的各环节进行全方位报道；杭州电视台制作5分钟杭州市“双创”宣传片、1分钟市长致辞背景片，并提供杭州市总体宣传片，用于主题日活动当天播放。中国杭州门户网站专门设置“发现双创之星”活动专题，对各种报道及时进行链接。杭州“创客”评选推荐出37名具有典型性和示范性的候选人，其中20名优秀“创客”入选浙江“发现双创之星”（全省共61名）。 （潘学冬）

·科技计划·

【科技计划改革】 2015年，市科委贯彻落实国务院《关于深化中央财政科技计划（专项、基金等）管理改革的方案》，加快科技计划改革步伐，规范科技专项资金使用。修订、

制订相关制度，出台《杭州市科学技术进步奖励办法》《杭州市科学技术进步奖励办法实施细则》《国家、省科技项目杭州市本级财政科技配套资金管理办法》《杭州市科技型小微企业"助保贷"管理办法》《杭州市科技、金融与产业融合发展的实施意见》《杭州市科技发展资金使用管理办法》6个规章和政策，进一步规范科技专项资金使用。发挥市场配置资源作用，通过引导基金、科技担保、贷款贴息等方式，变直接补助为间接扶持。2015年用于间接扶持的资金有1.9亿元，占专项资金比例23.1%。其中，贷款贴息3083.65万元，带动银行贷款71亿元。引导基金（含天使基金）合作单位46个，资金总规模53.79亿元。科技担保业务12.1亿元，担保企业297个。科技型中小企业周转资金累计为605个（次）企业提供融资周转资金34.8亿元。发挥区县（市）科技部门积极性和主动性，修改相关管理办法，通过因素法将科技专项资金分配至区县（市），由区县（市）综合平衡后根据企业发展情况，采用"后补助"等多种形式将资金拨付至企业。全年下达"因素法"资金5000万元，用于培育发展科技型初创企业。

【科技预算投入与支出】 2015年，杭州市科技发展专项资金实际执行6亿元。其中安排城西科创产业集聚区创新发展专项资金2亿元，重点支持集聚区及"双城"创新发展建设，青山湖科技城、未来科技城各1亿元；用于科技金融和"因素法"资金1.94亿元。其余主要用于重大科技创新项目、科技创新团队引进培育、科技创新平台建设、科技企业孵化器建设、农业和社会发展科研攻关、网上技术市场成果转化和知识产权保护等科技经费支持。

（姚寿坤）

【重大科技创新专项资金】 根据《2015年杭州市重大科技创新项目指南（工业类）》《2015年杭州市重大科技创新项目指南（农村和社会发展类）》的要求，市科委全年征集市重大科技创新项目77项。经形式审查、财务审计、专家论证、部门征求意见和统筹领导小组专题会议讨论等程序，决定立项资助项目35项，其中工业类24项、农业和社会发展类11项。共资助经费1.29亿元，其中2015年下达市级经费3979万元。

（胡小庭）

【网上技术市场资助项目】 2015年，市科委首次推出网上技术市场资助项目专项审计和事后补助的尝试，申报企业明显减少，立项概率大幅提高，有力遏制了弄虚作假的虚报项目。全年企业申报市级网上技术交易成果转化项目44个，获得市级立项39个，市级补助经费625.25万元；完成29个企业的科技经费大检查，提供检查工作总结报告和整改意见。加大验收督办力度，全年完成项目验收79项。（陈　泳）

【农业科研攻关】 2015年，根据《杭州市农业科研项目资金管理办法》，市科委确定农业科研攻关项目119项，经费1416万元。项目重点支持动植物疫病防控关键技术研究与产品研发、高效生态农业种养殖技术及模式研究与示范、农业生产投入品和生物药物研究与开发、农产品精深加工与质量控制技术研究等领域。获得重点支持的杭州桐君堂生物科技有限公司实施"药食同源原料黄精的精深加工技术研究及产业化"项目，以桐庐的药食同源黄精为对象，建立黄精精深加工线一条，主要有效成分保留率85%以上，开发成功3个以上的黄精健康产品，并实现产业化，为桐庐黄精产业的发展提供技术保障。该项目可增加销售收入500万元、税金50万元，创利100万元。

【种子种苗工程】 根据《杭州市农业科研项目资金管理办法》，2015年杭州市组织实施"辣木的引种栽培和快速繁殖研究"等项目46项，安排经费670万元。"番茄抗灰叶斑病种质资源创新与新品种选育"项目选育出果实光滑、商品性好、品质佳的新品种，单果重180克以上，产量比主栽品种增产10%以上，农药使用量减少20%。全年通过种子种苗工程的实施，瓜果、蔬菜、林特、水产等领域选育出多个新优品种，有效促进杭州市农业增产、增效和农民增收。（沈　勇）

【社会发展科技计划】 根据《杭州市社会发展科研项目资金管理办法》，2015年市科委组织实施"硫型自养反硝化脱氮工艺处理湿法烟气脱硫脱硝废水的研究"等93个社会发展科研攻关项目，重点支持节能减排、公共安全、生态环保、城建交通等社会发展领域的科研攻关。支持"杭州霾天气下的二次气溶胶形成机制研究"，积极推广"杭州大气光化学污染形成特征及其典型污染物臭氧控制对策研究"等方面的研究成果，并在滨江、余杭、富阳等地建立起多个科技示范工程。

【医疗卫生及重点专科专病计划】 2015年，市科委确定医疗卫生科研项目86项和医学重点专科专病项目71项，下达资助经费797万元。加强对医疗卫生领域科技创新的扶持，提升全市医疗卫生水平。通过专项的连续支持，杭州市的重点专病专科建设得到切实加强。杭州市第一人民医院"腹腔镜先行血流阻断下解剖性肝切除对肝癌术后CTCs的影响"的科研项目，将腹腔镜下先行入肝血流及出肝血流阻断的原位解剖性规则肝切除治疗肝癌，术后外周血中的CTCs的数目及其分型、术后免疫功能等指标明显优于传统开放非解剖性肝切除手术，近期疗效包括更少的术中出血、更短的术中血流阻断时间、更少的手术并发症、更短的住院时间等优点，同时相比开腹手术能降低术后外周血中的CTCs，保存机体免疫功能，降低术后复发转移概率，达到更好的远期疗效。医疗卫生和重点专病专科项目的实施，有力提升杭州市医院科研创新能力和临床医疗水平。

（陈希杨）

【科技软科学研究】 2015年，市科委继续推进"十三五"时期科技发展规划编制。召集编研单位主持人会议，传达省、市"十三五"时期规划编制动向，提供杭州市科技发展"十二五"时期规划总结、"十三五"时期规划思路。按时向市委、市政府提交"十三五"时期科技发展规划思路。完成2015年市科技计划软科学研究54个项目的立项工作。开展2013年前软科学研究立项项目清理工作，完成35个项目的结题验收。向省科技厅推荐上报的4个项目列入2015年度省软科学研究计划，3个项目列入2016年度第一批省软科学研究计划。（徐长明）

·科技创新体系建设·

【科技政策法规建设】 2015年，杭州市科技创新政策建设力度较大，开展国家自主创新示范区政策法规梳理，让社会各界全面了解示范区各项政策；研究制定“1+X”政策，形成杭州特色政策体系。制定《关于加快杭州国家自主创新示范区建设的若干意见》及《杭州市众创空间认定和管理办法》《杭州市社会发展科研资金管理办法》《杭州市农业科研资金管理办法》《杭州市领军型创新创业团队引进培育计划实施细则（试行）》《杭州市科技型小微企业“助保贷”管理办法》《杭州市科技型初创企业培育工程（2015~2017）的实施意见》《国家、省科技项目杭州市本级科技配套资金管理办法》《杭州市科学技术进步奖励办法实施细则》和《关于促进科技、金融与产业融合发展的实施意见》等文件，为落实国家创新激励政策，让更多企业享受政策红利，市、区两级科技部门应税务部门要求，在税务部门落实企业研发经费加计扣除政策中，协同开展企业技术开发项目鉴定工作，确保国家激励企业加大研发投入的普惠政策在全市落实。全市有2161个企业的研发项目享受政策，加计扣除额达116.76亿元。市科委组织“创新驱动”普法工作列入市直单位“九大普法活动”之一。

【科技进步和人才目标责任制】 7月，市委、市政府公布2014年度区县（市）创新发展专项考核结果。其中：杭州高新区（滨江）、西湖区、余杭区获得优秀等次；江干区、拱墅区、萧山区、下城区、富阳区获得优胜等次。10月，市科技创新工作领导小组发文，通报2014年度科技进步目标责任制考核结果：评定高新区（滨江）、西湖区、余杭区、江干区、拱墅区、萧山区、下城区、富阳区为2014年度杭州市科技进步目标责任制考核优秀单位，并推荐高新（滨江）区、余杭区、西湖区为省级考评优秀单位。12月，省委办公厅、省政府办公厅印发《2014年度市县党政领导科技进步与人才工作目标责任制考核优秀单位的通报》，杭州市及滨江区、余杭区获得科技进步与人才工作目标责任制考核优秀单位荣誉，西湖区获得科技进步目标责任制考核优秀单位荣誉。杭州市连续8年保持浙江省科技进步与人才工作目标责任制考核优秀单位荣誉。（徐长明）

【科技企业孵化器】 至2015年末，杭州市经认定的市级科技企业孵化器83家、省级孵化器39家、国家级孵化器21家，国家级孵化器数量居副省级城市（省会城市）第一位。其中当年新认定市级孵化器15家、省级孵化器7家、国家级孵化器3家，全市孵化总面积233.26万平方米，累计孵化企业9006个；2015年在孵企业总数4520个，当年新增在孵企业873个，新毕业企业162个；孵化企业就业人数4.8万人；在孵企业注册资金总额80亿元，实现营业收入130亿元。

6月18日，杭州市发展众创空间现场交流会召开（市科委 供稿）

【众创空间建设】 至2015年末，杭州市纳入统计的众创空间有81家，经认定的市级众创空间45家，其中青创迭代空间等14家众创空间纳入国家孵化器管理体系（全国136家）。众创空间总面积12.03万平方米，累计入驻团队（项目）1430个，已注册企业938个，注册资本19.24亿元，吸纳就业1.56万人；设立或整合基金158个，资金总规模91亿元。省委省政府、市委市政府高度重视众创空间建设。2014年8月，省长李强亲自谋划杭州市余杭区“梦想小镇”，确立“互联网+基金”的融合发展思路。市长张鸿铭参加全市众创空间建设现场会，杭州市出台《关于发展众创空间推进大众创业万众创新的实施意见》《杭州市众创空间认定和管理办法》，积极支持举办各类创新创业活动，促进交流与合作。积极引进国内外知名创投机构，硅谷知名孵化与投资机构Plug & Play、500startup落户未来科技城，英特尔创客空间落户云栖小镇，硅谷幼发拉底孵化器（中国）总部落户上城区。杭州市众创空间的建设在全国居于领先位置。

【众创空间联盟成立】 7月18日，杭州市众创空间联盟（简称联盟）成立，省科技厅厅长周国辉、副市长张耕、科技部火炬中心领导出席大会并致辞。联盟成立后，在支持举办创新创业活动、为政策制定提供服务和联盟自身建设等方面做了大量工作，对促进杭州市众创空间发展、推进“大众创业、万众创新”工作做出应有的贡献。联盟成立时有“楼友会”“贝壳社”“浙大科技园”“云咖啡”等66个创始成员单位。年末，拥有联盟会员单位100个，行业组织地位凸显。（潘学冬）

【企业研发机构建设】 市科委围绕促进重点产业发展和提升企业创新能力，继续推进企业研发机构建设。至2015年末，全市有15个省级重点企业研究院、35个省级企业研

究院、84个省级高新技术企业研发中心获立项。新认定市级企业高新技术研发中心98个，累计921个。

（姚广稀）

【可持续发展实验区创建】 市科委大力推进可持续发展实验区创建工作，至2015年末，全市已建立2个国家可持续发展实验区（上城区、下城区），7个省级可持续发展实验区（西湖区、富阳区、桐庐县、淳安县、建德市、余杭区黄湖镇、临安市太湖源镇）。在创建过程中，各地结合实际，积极探索各具特色的实验区建设模式。下城区把发展生态文明、构建资源节约型和环境友好型城区作为创建可持续发展实验区的中心工作，结合发展楼宇经济，实施中央空调、用电和用水系统等方面的节能及循环利用改造。临安市太湖源镇把生态建设与农民致富相结合，对社会主义新农村建设具有示范意义。桐庐县卫生局牵头的“桐庐县无线网络生理参数监测”项目获得省科技惠民计划项目支持。西湖区“西溪湿地生态保护与服务功能提升技术示范”项目得到国家科技惠民计划支持。

（陈希杨）

【科技活动周】 5月16～24日，杭州市举办2015年科技活动周。科技活动周以“创新创业科技惠民”为主题，突出大众创业万众创新、科技惠及民生等内容，组织开展丰富多彩的群众性、社会性科技宣传和科学普及活动。全市共举办科技成果展示、科技论坛、科技展览、科技讲堂、科技进企业、科技下乡等各类科技普及和宣传活动600多项，举办科技培训、科技讲座500多场，展出科普宣传展板3600多块，发放各类科普宣传资料24万余份，公众参与36万余人。

（刘海琳）

·科技交流与合作·

【网上技术市场】 至2015年末，中国浙江网上技术市场杭州市场共发布技术难题6534项，拟提供资金45.8亿元;网上合同项目备案4332项，成交技术金额44.91亿元;发布技术成果3493项、动态信息1.5万条、政策法规2012条。其中，杭州分市场全年发布技术难题485项，拟提供资金4.44亿元;网上合同项目备案664项，成交技术金额6.2亿元;发布技术成果50项、动态信息366条、政策法规4条。

科技成果拍卖形势较好，其中春季拍卖会成功4个项目，起拍价1250万元，成交总额1475万元，溢价率18%；秋季拍卖会17个项目参加，16个项目拍卖成功，起拍价4000万元，成交总额4400万元，溢价率17%。全年杭州分市场发布技术难题485项，网上合同项目备案616项，成交技术金额5.78万元，发布技术成果50项。杭州市全年吸纳科技成果6243项，合同金额77.42亿元，比2014年分别增长45.6%和16.7%；输出科技成果8001项，合同金额50.76亿元，分别增长45.6%和47%。

（陈　泳　曾小明）

【国内科技合作】 2015年，市科委持续支持浙商创业创新工作，加强服务，主动作为，优化创新创业区域环境、政策体系和基础条件，拓展浙商回归和对接交流平台。参加杭州（深圳）投资环境推介会和杭州（南京）经济合作洽谈会。接轨上海，推进杭州都市圈建设，组织杭州企业与上海高校大院名所开展创新成果交流活动；发布科技攻关难题50项，引进中科院理化所和上海老教授协会，新建2家创新载体；以跨境电商为主题，联办创新创业大讲堂和“走进众创空间感受创新文化”主题活动。

【国际科技合作与交流】 2015年，杭州市加强中国“一带一路”发展战略沿途国家的科技交流，组织企业申报国际合作基地和国际合作项目，鼓励企业参与中国与葡萄牙、捷克、韩国、以色列、加拿大、芬兰等国家的科技专项合作。主办中韩产业创新合作对接会。积极参加欧洲科研中国行、中国—南亚技术转移与创新合作大会、以色列生物医药展、杭州市赴海外举办高层次人才项目对接等活动，扩大国际科技交流与合作。

（陈　泳）

【科技人才工作】 2015年，市科委开展杭州领军型创新创业团队申报征集工作，共受理14家团队申报；做好省级领军型创新创业团队申报工作，杭州市“海康驰拓新型存储器创新团队”“药物洗脱外周血管支架和球囊创业团队”“杰华特高端电源管理芯片技术创业团队”“第二代半导体微波射频集成电路芯片大规模产业化创新团队”“多肽创新药物研发及产业化创新团队”5个团队入选2015年浙江省领军型创新创业团队。市科委落实海外高层次人才服务专窗服务制度与流程，维护专窗专题栏目，实现24小时在线政策信息服务；市科技创新服务中心举办6期创新创业大讲堂，分别就“移动互联网”“科技型企业融资”“跨境电商”“创业者需要的素养”“创业者股权设计”等主题进行授课与互动；联合浙江大学组织优质项目团队参观考察杭州未来科技城（海创园），组织未来科技城海外归国创新人才与企业家代表参加“西湖论坛”等浙江大学特色高端学术论坛，帮助各类人才了解行业前沿资信，解决创业创新难题。

【科技特派员工作】 2015年，市科委积极开展第五批科技特派员任期考核工作，杭州市科委、临安市科技局、桐庐县科技局被评为省级优秀科技特派员工作先进集体，宋右玲等10人被评为省级优秀科技特派员；开展第六批科技特派员选派工作，共选派47名新任科技特派员，并进行集中培训，确保科技特派员工作和项目实施顺利开展。

（林　霄）

·科技金融扶持体系·

【科技型中小企业融资周转资金】 2015年，杭州市对科技型中小企业融资周转资金加大扶持力度，全年累计到位资金1亿元，共计为195个（次）科技型中小企业提供融资周转资金13.02亿元，财政资金放大倍数为13倍，户均660万元，平均周转天数10天。自设立周转资金3年以来，累计为605个（次）企业提供融资周转资金34.8亿元，支持的企业中95%以上为科技型中小企业，为企业节省融资成本超过1亿元。

【科技型中小企业融资担保】 2015年，杭州市为科技型中小企业融资担保业务总量12.3亿元，融资企业297个（次），85%以上为200万元以下小微科技企业。担保业务开展9年来，累计为杭州地区中小微科技企业提供融资担保金额超过64亿元，累计担保企业约1800个（次），为企业节约成本1.5亿元。继续推广发展联合天使担保风险池担保业务，加强对大学生创业企业、“雏鹰”企业、高新技术企业的培育和融资支持。全年联合担保风险池开展担保业务5.5亿元，支持企业159个；提供高新技术企业担保4.8亿元，支持企业116个；完成知识产权质押业务1.8亿元，支持企业53个；为66个“雏鹰”企业提供2.5亿元融资担保。在浙江成长型中小企业投融资大会组委会和浙报集团联合评选中，联合天使担保风险池获得“2015年服务浙江中小企业十佳融资担保机构”称号。

【风险投资引导基金】 杭州市继设立创业投资引导基金后，于2015年又设立“蒲公英”天使投资引导基金，引导基金推动杭州新兴产业企业成长效果进一步显现。全年创业投资引导基金合作创投企业33个，基金总规模46.5亿元；合作创投累计已投资项目198个，投资金额26.2亿元，带动社会资本联合投资22.9亿元，引导基金实际放大倍数约8倍。所投资的项目中杭州项目127个，占比64%，金额16.9亿元，占比64%；初创期项目80个，占比63%，金额10.3亿元，占比60%。全年天使投资引导基金合作创投企业13个，基金规模7.29亿元；合作创投累计已投资项目91个，投资金额2.18亿元，带动社会联合投资金额3.9亿元。其中杭州投资项目64个，占比70%；投资金额1.6亿元，占比76%。杭州项目中属初创期个数62个，占比97%；金额1.58亿元，占比95%。2015年，杭州市创投引导基金第六次被“中国有限合伙人联盟”评为“全国十佳政府引导基金”，在中国创投委主办的中国股权和创业投资行业评优表彰中获“中国优秀创业投资引导基金成就奖”。该基金的管理机构杭州市高科技投资管理公司列入投中集团“投中2015年中国最活跃有限合伙人TOP10”榜单。

（林　旦）

·科技服务·

【科技型初创企业培育工程】 9月2日，市科委印发《杭州市科技型初创企业培育工程（2015~2017）实施意见》，继续深入推进科技型初创企业的培育工作。具体目标：“雏鹰计划”申报企业500个，认定“雏鹰计划”企业330个。自2010年启动该计划以来，共有3638个（次）企业申报，累计认定“雏鹰”企业1534个，经绩效考核淘汰“雏鹰”企业221个，2015年全市“雏鹰计划”企业总数为1313个。对2010~2014年认定的997个“雏鹰”企业开展年度绩效考核，合格983个，14个考核不合格的企业取消“雏鹰”企业资格。“青蓝计划”申报企业109个，认定青蓝计划企业83个。自2011年启动该计划以来，共有782个企业申报，经认定的“青蓝计划”企业483个。开展“雏鹰”“青蓝”企业贷款贴息工作，共有287个企业获得贷款贴息资助，总额28.3亿元，市财政贴息金额1860.94万元。开展省科技型企业认定工作，先后认定两批共计1757个，至年末，累计认定6032个。

（姚广稀）

【农业科技企业培育】 2015年，根据《杭州市农业科技企业认定与管理办法》《浙江省农业科技企业认定工作的实施意见》，市科委经组织申报、区县（市）推荐，认定杭州市良种引进公司等22个企业为2015年杭州市农业科技企业，杭州大茗堂生物科技有限公司等18个企业为2015年浙江省农业科技企业。这些农业科技企业对杭州市的农业科技创新起到很好的示范引领作用。浙江本牌农业开发有限公司专业从事“本牌”中华鳖的养殖和销售，先后获“浙江省著名商标”“省名牌产品”“省十大特色农产品”等荣誉称号。2014年公司通过专卖店品牌销售达到1237万元，随着本牌公司品牌销售量的不断增加，2015年已成为余杭区最大的品牌甲鱼直营销售企业。

【新农村科技示范点】 2015年，市科委根据《杭州市新农村建设科技示范点认定管理办法》，新认定余杭区余杭街道下陡门村等杭州市新农村建设科技示范点（试点）14个。新农村科技示范点建设为杭州市发展“一村一品”，促进农业增效、农民增收发挥重要作用。富阳区湖源乡窈口村通过新农村科技示范点建设，构建新型农村服务体系，改善农村人居环境，发展生态休闲旅游和现代农业，优化产业结构，促进农村经济可持续发展和农村社区和谐。临安市板桥镇花桥村充分利用地理优势，整合有利因素，规划发展生态农业，提升香榧种植科技含量，完成农民收入增加、产业持续发展、生态环境优美的目标。

【科技扶贫】 2015年，市科委作为市第25帮扶集团牵头单位，按照“扶贫与扶智”“输血与造血”“治标与治本”相结合的原则，认真做好建德市梅城镇的对口帮扶工作。市科委积极落实对口帮扶任务，资助“铁皮石斛高效生态栽培关键技术研究与示范推广”“引进优质白茶种苗提高茶叶的市场竞争力”等5个扶贫科技项目，落实项目资金55万元。支持建德市梅城镇、淳安县安阳乡的农村建设和农业科技创新工作，有力推动帮扶地区协调发展。

（沈　勇）

【科技服务业调查】 12月，市科委出台《关于加快杭州市科技服务业发展的若干意见》。召开杭州市技术经纪人暨科技服务业统计工作培训会，完成504个规模以上科技服务业企业单位的2014年财务状况年报、2015年定报和事业单位服务业非企业单位财务状况和调查单位基本情况年报工作。完成杭州市3家科技大市场中期评估工作。扩大创新券应用范围，企业受益额度成倍增长。组织科技管理、新增服务机构、企业代表等类人员创新券应用性培训6次。全市有12个区县（市）和2个开发区出台创新券配套政策，全年发放创新券2850.72万元，实际使用1342.82万元，并获得省科技厅绩效奖励400万元。

【科技创新服务平台】 2015年，市科委严格落实《杭州市科技创新服务平台建设与运行管理办法》，实

行运行绩效评价和发布服务指南制度，7月完成23家科技服务平台的运行绩效年度评价，并在科技政务网上公布评价合格平台的服务指南，有效规范平台的运行机制。在建的物联网平台和新一代移动通信平台按期完成验收，总计投入6989.6万元，申请专利16项，编制国家行业标准8项，发表论文35篇。其中物联网平台服务企业306个，提供检测与计量服务1.79万批次、校准类服务5万余批次，组织开展物联网技术培训451人次，取得良好的社会效益和经济效益。新建杭州市汽车零部件智能检测科技创新服务平台，对全市42个引进院校共建的科技创新载体综合情况进行会议考评，对26个合格的批准享受创新券政策待遇，撤销不合格创新载体10个，暂保留处理6个。（陈　泳）

【技术中介服务联盟覆盖18个省市】 杭州市生产力促进中心自2006年发起建立中国浙江网上技术市场技术中介服务联盟，至2015年已发展成为覆盖上海、江苏、山东等18个省、市的技术中介服务协作组织，成员单位205个。浙江省成员单位53个，其中技术中介服务机构25个、高校技术转移中心10个、研究院所18个。2015年，浙江省的企业与联盟成员单位合作有4480个，其中杭州市2184个，合作项目6604项，总金额14.21亿元。合作项目有浙江图维电力科技有限公司“地下电缆防破坏检测系统开发”、浙江天正思维信息技术有限公司“业务流程协同处理关键技术研究”、复旦品牌管理（杭州）有限公司“91品牌网管理平台开发”等。联盟成员单位在杭积极创建共建载体，有上海交通大学与萧山经济技术开发区共建大学科技园，天津大学与浙江海正药业股份有限公司共建“天津大学—海正药业医药工艺工程联合研究中心”，浙江大学与阜博通（杭州）信息科技有限公司共建大数据技术联合研发中心，中科院苏州纳米研究所与浙江英特来光电科技有限公司共建联合实验室等，有效推进杭州市高新技术的引进和发展。

【知识市场转化专利103项】 2015年，杭州知识市场顺应网络时代大众创业、万众创新的新趋势，抓住加快发展众创空间等新型创业服务平台的新机遇，通过市场平台促进知识与经济的结合，推动知识成果的商品化和产业化，助力大众创业。经过数年运营，已累计注册会员9万余人，发布各类点子、专利、成果2.5万条。知识市场创新性地以专利超市作为在杭高校专利线上展示方式，在线下积极促成高校专利交易。专利超市共上架在杭高校专利成果2310项，转化专利成果103项，累计转化金额3067万元。（曾小明）

·知识产权与发明专利·

【国家知识产权示范城市建设】 杭州市根据2015年国家知识产权示范城市工作计划，全面推进示范城市建设，市政府办公厅出台《关于加快建设知识产权强市的实施意见》以及《杭州市专利专项资金管理办法》。落实杭州市发明专利5年倍增计划的指标分解，发布2013年全市知识产权指数，对各区县（市）知识产权工作做出客观评价。杭州高新（滨江）区获批国家知识产权服务业集聚发展试验区，杭州之江文化创意园区通过国家知识产权试点园区验收，下城区和余杭区通过浙江省知识产权工作示范县（市、区）复核验收，江干区被认定为浙江省知识产权工作示范县（市、区）。

【专利申请与授权】 2015年，杭州市专利申请量6.08万件，其中发明专利申请量1.78万件；专利授权量4.63万件，其中发明专利授权8296件、有效发明专利3.03万件。杭州市专利申请与授权量连续11年位居全国副省级城市第二，省会城市第一。

【中小企业知识产权战略推进工程】 2015年，杭州市积极实施国家中小企业知识产权战略推进工程，开展企业专利试点、示范、知识产权标准化管理和托管工作。指导相关企业按照《企业知识产权管理规范》要求，建立健全知识产权工作体系，全年新增企业内审员100名，有16个企业通过“贯标”认证。开展国家、省、市专利试点示范企业的推荐申报及认定工作，兴源环境科技股份有限公司获批国家知识产权示范企业，杭州华三通信技术有限公司等14个企业获批国家知识产权优势企业；浙江赞宇科技股份有限公司等35个公司通过浙江省专利示范企业复核，矽力杰半导体技术（杭州）有限公司等7个公司被新认定为浙江省专利示范企业；万向集团公司等275个企业被认定为杭州市专利试点（示范）企业。继续开展规模以上工业企业专利“清零”工作，全市企业专利创造能力有提升，申请和授权量分别占全市申请和授权总量的63.8%和66.1%。浙江诺尔康神经电子科技股份有限公司的“人工耳蜗植入体”获中国外观设计金奖，杭州海康威视数字技术股份有限公司等14个公司的14项专利获得中国专利优秀奖，雅鼎卫浴股份有限公司等2个公司的水龙头产品获中国外观设计优秀奖。积极推动专利权质押融资活动，全年有51个企业通过专利权质押融资，获得银行贷款1.89亿元。

【知识产权专项执法】 2015年，市科委制定并实施杭州市知识产权执法维权“护航”专项行动方案，联合市市场监督管理局、市版权局及区县（市）知识产权管理部门，对美容院、药店、超市等开展知识产权专项执法行动4次，检查各类商品约1万件。全年杭州市专利案件立案891件，其中假冒专利20件、侵权纠纷864件、其他案件7件，结案率99%。以杭州国际动漫节产业博览会、杭州文化创意产业博览会、中国笔业博览会等为重点，开展展会现场进驻执法。推进市维权援助中心建设，指导淘宝维权援助中心工作站等7家工作站开展维权，加强与市市场监督管理局、市版权局等监管部门的沟通，及时办理案件。市维权援助中心全年接听投诉、咨询电话300多个，立案受理维权案件100多件，接收市中级人民法院专利诉讼调解对接案件20件。

【知识产权知识宣传与培训】 2015年，市知识产权局编发《2014年杭州市知识产权保护状况》白皮书。选择地铁2号线部分站台进行知识产权保护广告宣传。在“4·26”世界知识产权日期间，出动志愿者400多人次，在繁华街道、大型商场发放宣传资料。举办“专利质押融资实物”“企业专利侵权救济”“知识产权保护及维权知识讲座”“浙江大学—杭州市总裁知识产权竞争未来高峰论坛”等知识产权培训活动，培训1000多人次。举办专利管理系列初中级技术职务任职资格培训，专利工程师报考人数120多人。

【“市长杯”创意杭州工业设计大赛】 4～8月，杭州市举办2015年“市长杯”创意杭州工业设计大赛，大赛紧扣杭州重点发展产业，设立45个分赛场，开展87场校企对接活动，引导高校、设计机构围绕企业需求开展设计，鼓励高校作品的专利申请权和专利权向企业转移。大赛吸引国内外90所高校师生和省内外130个企业参与，共征集参赛产（作）品4662件。2015年大赛新增专利2000件。 （王晓燕）

·防震减灾·

【地震监测】 2015年，杭州市地震局组织开展市级地震台站规范化建设工作，按照《杭州市地震监测台（站）工作职责》，规范台站工作内容和管理要求，加强管理人员培训，提高素质和管理水平。继续实施台网更新改造，对市台网中心进行全面维护，及时更新台网中心机房部分设备；更换部分台站的电源，及时修复处理各类仪器设备故障20多次，保障监测台网正常运行。在省地震局组织的地震观测资料评比中，杭州市有多个台站10多个测项获奖，其中临安地震台获得强震动学科无人值守台站组第1名。

【地震灾害防御】 2015年，市地震局积极开展防震减灾科普宣传活动。5月12日，联合市民政局、市应急办等部门，在滨江区白马湖举办全市“5·12”防灾减灾日大型广场宣传主题活动。广泛开展地震科普宣传和应急演练活动，在防震减灾宣传周和全市科普活动周期间，各区县（市）紧扣“科学减灾，依法应对”主题，开展防震减灾科普知识进社区、进工厂、进学校、进农村宣传活动。加强防震减灾科普教育基地建设，发挥全市5个国家级和省级科普教育基地示范作用，指导帮助各区县（市）培育建设新的科普教育基地，其中桐庐县城南小学、滨江区闻涛小学和下城区咸亨国际应急装备中心3家新建基地，被认定为2015年省级科普教育基地，占全省新增基地数量的60%。

【地震应急】 2015年，市地震局完成市本级和区县（市）地震应急预案、地震应急手册的编修工作。根据省地震局《关于开展2015年度全省地震应急工作检查的通知》精神，对照《2015年度全省地震应急工作检查方案》的重点内容，精心组织，周密安排，专门开展培训和调研学习，对全市地震应急工作组织全面细致的自查自纠。桐庐县地震局、临安市地震局代表杭州市参加地震应急桌面推演任务，受到省地震局高度肯定。 （徐维娅）

9月25日，杭州市科协举办以“智慧城市，创新驱动先行”为主题的第八届学术年会 （市科协 供稿）

·科技团体·

【科技团体概况】 2015年，杭州市科协学习贯彻中央、省委、市委群团工作会议精神，按照突出人才主线、坚持学会主体、担当科普主力、持续改进作风“三主一改”的工作思路，动员和组织广大科技工作者，服务创新驱动、“两区建设”等中心工作，创新驱动助力工程、院士专家工作站建设、全民科学素质提升、服务科技工作者等各项工作取得新成效。市政府首次向市科协下达重点工作任务书，院士专家工作站建设和创新驱动助力工程2项工作被列入。市科协入选中国科协2015年度学会创新与服务能力提升引领奖励项目，获得奖励100万元（全国有7个省级科协和3个城市科协入选）；入选2015年地方科协服务企业科技创新示范单位，为唯一入选的副省级城市科协；市科协被中国科协评为2015年“海外智力为国服务工作先进单位”和“全国科普日优秀组织单位”。

【创新驱动助力工程】 6月3日，市科协与市委人才办、市科委、市财政局联合印发《发挥科技工作者作用实施创新驱动助力工程三年行动计划》，启动实施创新驱动助力工程。围绕全市“一号工程”和“两区建设”，发挥学会智力优势，由市级学会牵头，联动国家级学会、省级学会、高校、科研院所，吸引高端智力资源向杭州集聚。鼓励和支持学会专家团队与企业建立长期合作关系，建立学会科技服务站26家、学会协同创新服务基地9个，实施持续性扶持、进展跟踪、绩效评估，探索产学研用的互补合作和有效实践，促进企业技术创新转型发展。市机械工程学会与萧山汇林科创园、市食用菌学会与富阳万市万兴农业公司、市水生植物学会与建德莲子协会的协同创新基地及科技服务站建设，均取得良好经济效益。做好专家建言献策工作，开展专家调研课题18项，“粮食生产功能区推进‘千斤粮、万元钱’模式”“茶渣变废为宝综合利用”等5篇科技工作者建议

得到市领导批示。

【院士专家工作站建设】 2015年，市科协着力引进高端智力，在院士工作站的基础上，探索建立专家工作站。建设专家工作站纳入“人才政策27条”，明确专家工作站的建站条件、认定程序、考核资助等规定，对A、B类专家工作站分别制定20万元和10万元的资助标准，各区县（市）安排资金用于专家工作站建设。对申报的28家创建单位，认真指导、严格评审，新认定院士工作站14家，首次认定专家工作站2家。

【学术交流活动】 9月25日，市科协举办为期一个月的杭州市科学技术协会第八届学术年会，年会以“智慧城市创新驱动先行”为主题，主会场及分会场共开展20场学术活动。中国工程院院士吴澄和来自阿里巴巴、IBM等知名企业的专家到杭做学术报告。市自动化学会等所属学会举办“第十八届国际爬行与行走机器人以及移动机器人支撑技术会议”高层次学术会议。市计算机学会的“中国（杭州）商务大数据科学家论坛”获中国科协立项。支持余杭区科协牵头承办中国工程院医药卫生学部“院士余杭行”活动，11位院士为地方经济发展献计出力。促成中国科学院理化技术研究所和杭州经济技术开发区就建立该所杭州分所达成全面合作框架协议。

【全民科学素质提升】 2015年，杭州市公民具备基本科学素质的比例达到10.04%，高于全国、全省平均水平，杭州市全民科学素质和科普工作“十二五”时期发展目标完成。市科协宣传贯彻《杭州市科学技术普及条例》，出台《加强重大事件和社会热点科普工作意见》，组建市科普专家库，推进科普进公交、进地铁。“杭州科学大讲堂”每月邀请海内外著名科学家解读科技热点问题，累计举办100讲。开展重点科普活动167项，覆盖93.5%的乡镇、街道。校园反邪教警示教育取得新成效。科普专栏《好奇实验室》在各大视频网站点击率达3亿多次，市科协微信公众号“科普一分钟”已入驻中国科协“科普中国”平台，并获得“潜力榜微信公众号”称号。促进基层科普服务，拱墅区、桐庐县被评为全国科普示范区（县）。科普讲师团进社区、农村、学校、机关等开展科普讲座516场，听众3万余人，拍摄精品讲座视频，实现科普资源共享。培育创新后备人才，首次在青少年科技创新大赛中为在杭高校学生参赛设立专组，推荐优秀项目参加青少年科技创新大赛，获省级一等奖16项、全国一等奖4项，在全国各大城市中位居前列。中国杭州低碳科技馆获住房和城乡建设部三星级绿色建筑设计标识、运行标识，为全国科技馆界唯一获评单位，全年接待参观者81万人次。面向中小学举办“低碳改变环境”系列主题活动和科普剧创作与表演大赛活动，组队代表浙江参赛的选手分别获全国科普讲解大赛二等奖和优秀奖；获评2015年度杭州市“五一劳动奖状”单位和“第二课堂”先进单位。

10月8～10日，市科协承办的“中俄工程技术论坛”在杭州召开，俄罗斯科工联主席等28位俄罗斯专家到杭州与中方交流　（市科协 供稿）

【青年科技人才培育】 市科协广泛宣传杭州市人才新政，受理14位科技工作者申请国家、省、市青年科技奖。实施2015年杭州市青年科技人才培育工程，扶持40周岁以下青年科技新秀成才成长，共资助7人出版科技专著、10人参加国际性学术会议。9月7日开始，在《青年时报》开辟《杭州青年科技英才》专栏，专题报道14位优秀科技人才的事迹。12月3日，与市委组织部、市人力社保局联合发文，启动“杭州十大青年科技英才”推荐认定工作，实现青年科技人才评选项目的转型。

【科技人才交流】 2015年，市科协组团赴俄罗斯、德国等进行科技洽谈、项目推介和对接。10月8～10日，市科协在省科协大力支持下，承办“中俄工程技术论坛”，俄罗斯科工联主席等28位俄罗斯专家到杭与中方交流，达成技术合作意向2项。10月27～28日，市科协会同市城西科创产业集聚区管委会、市经济科技国际交流研究会，举办第十届海外英才杭州项目对接会，吸引69个海外科技项目到杭对接。市科协赴台湾参加第二十三届海峡两岸都市交通学术研讨，中国杭州低碳科技馆馆长以观察员身份赴法国参加联合国气候大会。规范杭州市海智基地工作站的建设和管理，新建海智基地工作站4家，及时对接海外人才、技术和项目信息。

【科协基层组织建设】 2015年，市科协激发学会组织活力，新建杭州青年科技工作者协会、移动互联网技术学会、科技传播学会、水生植物学会、科技合作促进会、天文学会、鸟类与生态研究会、民营口腔医师协会，吸收物联网行业协会、有机产业协会等加入科协团体会员。开展基层组织建设业务指导，萧山区、临安市、下城区科协和科普教育基地联合会、科技发展研究会、护理学会等8家市级学会顺利完成换届。推动杭州市大江东产业集聚区根据自身实际，加快建立反邪教协会组织。（王建国）

·社会科学综述·

【社会科学服务经济社会】 2015年，杭州市社会科学界联合会（简称市社科联）、杭州市社会科学院（简称市社科院）召开推进“两山”（绿水青山就是金山银山）思想在杭州实践研讨会，总结杭州生态文明建设实践经验，助推杭州成为全国生态文明建设试点，建设“富足、秀美、宜居、和谐”生态城市。举行“抗战胜利与民族精神”研讨会，与会专家学者阐述抗战胜利的历史意义和经验。召开“学习型城市”杭州模式研讨会，省级智库专家、驻浙中央媒体、市属科研机构和高校学者等代表参会，为推进杭州创建学习型城市建设建言献策。召开“我们的价值观”主题研讨会，推动杭州市社会主义核心价值观培育与践行。

市社科联推进“市社科重点研究基地”建设，依托杭州师范大学、浙江大学城市学院、杭州城市学研究中心等高校和科研机构，建立社会管理创新与杭州发展研究中心、旅游发展与法制研究中心、中国古代文学与传统文化研究中心、杭商研究中心、电子商务与网络经济研究中心、现代职业教育研究中心、社会建设和社会治理研究中心、传播与杭州文化创新研究中心等8个市级重点研究基地。城市治理、南宋史、艺术学理论、民国浙江史等8个研究中心被授予省级社科重点研究基地。

市社科联开展2015年度第十届市社科联优秀社科成果评选活动，评出获奖成果50项，其中一等奖5项、二等奖15项、三等奖30项。

市社科联开展杭州市社科社团专题调研，制订“争创星级社团政治思想”“社团业务和自身建设”等评估标准，确定“自查自评”“审核评定”“确定星级”等方式。市社科联表彰2015年度市社科联系统先进集体20个、先进工作者48人，市社科普及活动优秀组织25个、先进个人52人。

市社科联、萧山区社科联、杭州三国水浒文化研究会在全国大中城市社科联第二十六次工作会议上被评为“全国先进社科组织”。市社科院在全国城市社科院第二十五次院长联席会议上被评为“全国城市社科院先进单位”。

【课题规划与管理】 2015年，市哲学社会科学规划办公室围绕杭州市重点工作和重大问题，完成市社科规划课题申报立项，征集和编发市社科规划应用对策类研究课题选题指南。该指南分7个研究系列，其中：落实“杭改十条”，推进改革攻坚研究系列包括中国（杭州）跨境电子商务综合试验区建设战略研究、杭州国家自主创新示范区建设战略研究等课题18个；实施创新驱动战略，提升发展质效研究系列包括新常态下杭州经济发展的机遇与挑战研究、杭州产业布局与协调发展研究等课题12个；加强区域统筹，提升城乡一体发展研究系列包括杭州优化城乡规划布局研究、杭州推动区域城市带发展战略研究等课题12个；加强生态环境治理，建设“美丽杭州”研究系列，分别为杭州建设“美丽中国”先行区战略研究、杭州全面推行“美丽乡村”建设研究等课题16个；强化民生保障，提升生活品质研究系列包括杭州完善失业预警机制研究、杭州大学生创业现状及发展对策研究等课题14个；增强城市文化软实力，加快名城强市建设研究系列包括杭州提升文化软实力策略研究、杭州完善现代公共文化服务指标体系研究等课题15个；落实“杭法十条”，全面深化法治杭州建设研究系列包括杭州健全依法决策工作机制研究、杭州落实决策问责追究制度研究等课题15个。

全年杭州市哲学社会科学规划常规性课题立项229项，其中资助课题128项、学科共建课题15项、自筹经费课题86项。杭州市哲学社会科学规划“南宋史研究”专项立项课题6项，“城市发展与城市治理”专项立项课题11项，“钱塘江古海塘研究”专项立项课题13项，“丝绸之路与杭州研究”专项立项课题7项，“人民政协理论”专项立项课题4项，“女性与社会治理”专项立项课题6项。杭州市哲学社会科学规划课题基地立项项目54项。市决策咨询委员会招标（委托）课题确认为杭州市哲学社会科学规划课题21项。

全年杭州市社科联课题立项50项，其中资助课题和非资助课题各25项。开展市社科规划立项课题中期检查，完成上年度市社科规划课题结项108项，通过领导批示、部门采纳、专著出版和论文发表等形式，成果转化率90%以上。

【《杭州市科学技术普及条例》实施】 5月1日，《杭州市科学技术普及条例》（简称《条例》）正式实施。该《条例》经杭州市第十二届人民代表大会常务委员会第二十二次会议审议通过，3月27日浙江省第十二届人民代表大会常务委员会第十八次会议批准实施。《条例》分5章37条，包括总则、组织实施、社会责任、保障措施和附则。其中：第六条规定每年10月的第三周为“杭州市社会科学普及周”；第十条提出社会科学界联合会应当协助政府推动社会科学知识普及工作，指导社会科学类学术团体开展科普活动，扶持科普作品创作，传播社会科学知识；第二十三条指出高等院校、科学研究和技术开发机构、自然科学和社会科学类社会团体应当根据自身条件面向公众开展科普活动，鼓励本单位科技工作者和教师参与社会科普活动；第三十条指出市和区县（市）人民政府应当将科普经费列入同级财政预算，专项用于本地区的科普工作。市和区县（市）财政安排科普经费应当符合同级政府科普中长期规划确定的标准。

【市民公共文明指数分析报告发布】 5月13 日，杭州市发布《2014年杭州市民公共文明指数分析报告》。《人民日报》、“新华网”、“新浪网”、“网易”等10多家媒体对2014年杭州市民公共文明指数情况进行报道，《新华视点》栏目、“中国文明网”、“澎湃新闻网”和《东方早报》等9家媒体对报告主要内容进行深入采访。

2月，市社科院联合省、市社科专家完成2014年杭州市民公共文明指数调查工作，调查重点考察杭州城区市民在公共场所的文明行为状况，包括公共卫生、公共秩序、公共交往、公共观赏、公益服务、网络文明等。调查报告显示，2014年杭州市民公共文明综合指数为83.63。其中，“在日常购物、购票过程中自觉排队”指标综合指数为90.88，“与人交往时有礼貌”“与他人交流时面带微笑，态度和蔼”等指标综合指数在85以上，“机动车在斑马线前礼让行人”综合指数为86.28，“网络文明”综合指数为85.96。

【市社科联代表大会】 12月24～25日，市社科联召开第七次代表大会，256名代表参会，省委常委、市委书记赵一德出席会议并讲话。参会代表听取并审议通过市社科联第六届理事会工作报告和《市社科联章程（修改草案）》，选举产生市社科联第七届理事会主席1名、副主席10名、秘书长（兼）1人、常务理事22人、理事141人。

【认定市社科普及基地30个】 2015年，市社科联采取单位自愿申请、属地宣传部门推荐方式，开展“市社科普及基地”申报工作，经市社科联审核评估、市社科联（院）党组研究，认定“上城区蒋筑英科技馆”等30个单位为 “杭州市社会科学普及基地”。至此，杭州市有社会科学普及基地55个。

▶▶资料：2015年杭州市新认定的社会科学普及基地

上城区蒋筑英科技馆、杭州市公安局西湖区分局警营文化展示体验中心、杭州市孝道文化馆、拱墅区图书馆、下城区朝晖文化综合体、西湖区双浦镇东江嘴文化礼堂、江干区茅以升事迹展览馆、萧山区跨湖桥遗址博物馆、下城区潮鸣街道综合文化服务中心、西湖区九曲红梅馆、江干区万事利丝绸社科普及示范基地、萧山区青少年素质教育实践基地、西湖区图书馆、滨江区西兴街道新州社区“智慧体验馆”、中国京杭大运河博物馆、萧山二中南片文化展陈室、余杭区章太炎故居纪念馆、桐庐县分水镇新龙村文化礼堂、临安市民族日报社纪念馆、淳安县千岛湖艺术馆、余杭区四无粮仓陈列馆、桐庐县桐君街道麻蓬村文化礼堂、建德市大同书院、淳安县中洲镇厦山村社科普及基地、富阳区鹳子山气象科普公园、临安市新四军历史纪念馆、建德市建德人遗址展览馆、淳安县规划展览馆、富阳区郁达夫故居、临安市图书馆。

2015 年杭州市社科规划“城市发展与城市治理”专项立项课题

表 64

课题名称	成果形式	负责人	单　位
城市教育发展战略研究——基于“互联网 +”背景下名校集团化 2.0 的政策与实践	研究报告	高淮微	浙江大学杭州国际城市学研究中心博士后基地
TOD 理念与城市空间有序发展研究	论　文	陈喜群	浙江大学
基于智慧城市的保障性住房物业管理模式研究	论　文	赵晓旭	杭州国际城市学研究中心
大 TOD 模式与城市群可持续发展研究——以长三角城市群为例	论　文	侯树展	杭州城市学研究会
国际峰会经常性背景下杭州城市对外传播生态研究	研究报告	章伟良	杭州市委宣传部
文化遗产监测技术及其适用性研究——以六和塔结构安全监测为例	论　文	杨小茹	杭州西湖世界文化遗产监测管理中心
西溪渔文化研究	论　文	蔡　琰	杭州西溪研究院
城市有机更新中的河道保护与利用研究	论　文	左　冕	浙江大学杭州国际城市学研究中心博士后基地
现代治理视角下的文化遗产保护社会参与机制研究	研究报告	沈旭炜	杭州市京杭运河(杭州段）综合保护中心
杭州地区工业遗产文化研究与利用模式探讨	论　文	于晓磊	杭州西湖世界文化遗产监测管理中心
文化遗产保护框架下的遗产区村落业态分析及对策研究——以杭州西湖遗产区为例	研究报告	张　倩	杭州西湖世界文化遗产监测管理中心

【设立社科普及基层理论宣讲点28个】 2015年，市社科联开展基层理论宣讲点申报工作。经市社科联审核评估、市社科联（院）党组研究，新增社科普及基层理论宣讲点28个。至此，杭州市有社科普及基层理论宣讲点74个 。

▶▶资料：2015年杭州市新设立的社科普及基层理论宣讲点

上城区小营街道办事处、浙

江桐荫堂文化传播有限公司、中国湿地博物馆、西湖区双浦镇东江嘴村文化礼堂、拱墅区图书馆、杭州京杭大运河博物馆、滨江区浦沿街道办事处、滨江区月明社区、滨江区白马湖市民大讲堂、滨江区新州社区"智慧体验馆"、江干区采荷街道、江干区彭埠街道、萧山区文明办、余杭区塘栖书场、余杭区仁和街道云会乡音故事社团、余杭区乔司街道五星村文化礼堂、桐庐县桐君街道迎春社区、桐庐县桐君街道东门社区、桐庐县城南街道、桐庐县桐君街道办事处、富阳区富春街道后周社区文化礼堂、富阳区富春街道巨利社区文化礼堂、富阳区银湖街道勤丰村文化礼堂、富阳区胥口镇里坞村文化礼堂、富阳区环山乡诸佳坞村文化礼堂、富阳区新桐乡江州文化礼堂、富阳区大源镇贬口村文化礼堂、富阳区国学研究会。

【《关于加强城市学智库建设的实施意见》出台】 2月，杭州城市学研究中心出台《关于加强城市学智库建设的实施意见》。该意见明确城市学智库建设重大意义、总体目标、基本原则、理念思路、定位载体、方法路径、体制机制、建设重点和保障措施，作为杭州城市学研究中心智库建设的行动指南。

【杭州—浙江大学城市研究中心构建】 7月，杭州城市学研究中心与浙江大学签署全面战略合作协议，双方共同建设"杭州—浙江大学城市研究中心"。该中心目标是成为"国内领先、世界一流"的城市学研究协同创新平台，作为杭州与浙江大学为实现政产学研结合、参与政府决策咨询、推进城市学研究的新平台和新载体。

·杭州特色研究·

【杭州文化研究工程】 2015年，市社科联、市社科院围绕推进"人文杭州"建设，组织社会科学理论界开展当代杭州发展和杭州历史文化研究。完成市社科规划课题结题100项，实现成果应用转化率90%以上。完成《杭州蓝皮书·2015年度发展报告》（经济卷、社会卷、文化卷）、"南宋历史文化研究系列丛书"、"南宋及南宋都城临安研究系列丛书"、"杭州历史文化研究系列丛书"、"杭商历史文化研究系列丛书"等书籍11部，包括《金人"中国观"研究》《南宋东南地区的民间纠纷及其解决途径研究》《宋金交聘制度研究》《杭商研究丛书：创业创新的一代先锋》《〈永乐大典〉本南宋至明初湖南佚志辑校》等课题。南宋史研究中心有3项课题被列为省基地课题，其中重点课题2项、一般课题1项，分别为"真德秀研究""晚明理学的境遇（1208～1279）""南宋临安的都城机能与城市空间"。通过杭州市社科联设立专项课题6项，分别是"《毘陵集》整理""吕祖谦家族墓地研究""南宋园林史研究""李心传及其《道命录》研究""宋人《九歌图》研究""南宋临安新闻活动研究"等，另外自设课题2项，分别为"范仲淹、张载授受关系的历史考察""南宋甬上四先生生平思想节点考述"。"南宋史研究丛书"8卷本《南宋全史》第7卷和第8卷、"南宋及南宋都城临安研究系列丛书"、《〈咸淳临安志〉宋版"京城四图"复原研究》和《〈永乐大典〉本南宋至明初湖南佚志辑校》出版。其中：8卷本《南宋全史》是省社科研究基地重大项目，由10多位南宋史研究学者历时近10年共同编撰而成，涵盖南宋政治、经济、军事、制度、文化、风俗、民族关系等领域；《宋代"GDP"神话与历史想象的现实背景》一文被《人大复印资料·宋辽金元》2015年第一期全文转载。

2015年杭州市社科规划"丝绸之路与杭州研究"专项立项课题

表65

课题名称	负责人	单　位
美国长老会传教士与杭州文教近代化	张立程	浙江大学
明末杭州区域的西方科学知识传播——以李之藻、杨廷筠为中心	赵　晖	浙江大学
日本人眼中的近代杭州	陈信健	浙江大学
浙江出土的明代丝绸研究	苏　淼	浙江理工大学
宋元时期南方手工造纸技术研究——富阳泗洲宋代造纸遗址的个案研究	杨金东	杭州市文物考古研究所
中峰明本与入杭日本求法僧人研究	李　辉	杭州市社会科学院
1850年前英文游记中的杭州形象研究	马　琼	浙江工商大学

2015年杭州市哲学社会科学规划"南宋史研究"专项立项课题

表66

课题名称	成果形式	负责人	单　位
《毘陵集》整理	专　著	刘云军	河北大学
吕祖谦家族墓地研究	专　著	郑嘉励	浙江省考古所
南宋园林史研究	专　著	江俊浩	浙江理工大学
李心传及其《道命录》研究	专　著	朱　军	西北大学
宋人《九歌图》研究	论　文	赵　晶	浙江大学
南宋临安新闻活动研究	论　文	何扬鸣	浙江大学

【杭州文史研究】 2015年，市政协常委会以杭州城市史和宗教历史文化研究为重点，开展系列学术活动和研究课题。举办"丝绸之路与杭州"2015年文史论坛。召开第二届杭州佛教历史文化学术论坛研讨"一带一路"与杭州佛教。组织系列学术活动纪念中国人民抗日战争胜利70周年。举办杭州文史小讲堂、小型学术研讨活动和普及讲座。编辑出版《杭州凤凰寺藏阿拉伯文、波斯文碑铭释读译注》《杭州佛教研究（学术辑刊2014年卷）》《杭州抗战记忆》《杭州政协忆事》等文史研究和"三亲"（亲历、亲见、亲闻）史料书籍7部。

【城市学研究】 2015年，杭州国际城市学研究中心与浙江大学土地与国家发展研究院、北京大学林肯研究院、广东智库促进会、中国文化遗产研究院、同济大学循环经济研究

所、潘公凯（北京）建筑设计咨询有限公司、黄山市政府、九寨沟县政府、丰城市政府、谷城县政府、英国设计规划龙头企业巴顿·威尔莫国际公司等单位建立战略合作关系，深化与浙江大学、中央美术学院、浙江省城市化研究中心、泸州市政府、黄冈市政府、英国城市学学会等单位的战略合作关系。

省社会科学重点研究基地建设 2015年，省社科重点研究基地浙江省城市治理研究中心依托杭州国际城市学研究中心组织实施科研成果奖励。杭州国际城市学研究中心组织编纂《中国城市治理蓝皮书（2014～2015年）》。组织高层次学术沙龙，邀请中国社会科学院刘迎秋等国内相关领域著名专家与青年学者进行学术交流，沙龙相关笔谈在《浙江社会科学》刊发。通过与杭州师范大学合作，直接参与欧盟—中国研究及创新伙伴计划“中国中等城市可持续发展的新路径”项目。基地建设围绕建设城市治理政策咨询大智库、城市治理学术研究大平台、城市治理人才培养大高地、城市治理干部培训大学堂的目标稳步推进。

杭州城市学研究成果利用 杭州国际城市学研究中心城市学研究成果出版和转化利用坚持“问题导向”与“规律导向”相结合。4月，中心组织城市学、杭州学全品种研究成果200多种参加首届“浙江书展及馆藏图书展示交流会”。启用杭州城市学研究成果天元库房，并对库房存放成果开展库存盘点和分类摆放，实现中心成果集中存放和统一管理。在和省新华书店战略合作基础上，探索与晓风书屋的合作推广工作。“中国城市学年会·2015”期间，在会场设置专门区域进行城市学研究专题展。

城市学全媒体建设 杭州国际城市学研究中心制订《城市学全媒体2.0版建设三年行动计划》，搭建集专报、期刊、网站、微博微信、广播、电视、报纸“七位一体”宣传平台，城市学云办公系统、城市学知识中心“两翼支撑”城市学全媒体“2.0版”，实现纸质媒体、广播电视媒体、新媒体“三系合一”。全媒体建设围绕中心重点工作，推进“发现城市之美”活动，完善升级城市学知识中心，优化提升云办公系统，推动“两奖”评选，巩固战略合作平台，做好横向课题研究、平台建设、“两奖”征集工作。“中国城市网”各栏目全年发稿1000篇，文字量超过100万字，全国知名媒体转载50次。“城市怎么办”微信公众平台开通并运行良好。

杭州学分支机构工作机制完善 2015年，杭州国际城市学研究中心印发《关于进一步完善杭州学分支学科院长例会制度的实施意见》《关于进一步完善杭州学分支学科工作机制的实施意见》，根据“定时间、定人员、定地点、定目标、定要求”原则，建立分支学科院长例会制度、联络员例会制度等保障机制，全年举行院长例会4次。杭州学分支机构支持和承办“中国城市学年会·2015”滨江分会场和西湖博物馆成果展示活动。

城市学人才培养 杭州国际城市学研究中心坚持“一流环境吸引一流人才，一流人才创办一流智库”原则，形成包含硕士生、博士生、博士后等在内的城市学研究人才链。中心加强与浙江大学亚太休闲教育研究中心战略合作，推进中心浙江大学城市学博士后研究基地建设。根据基地建设发展需要和人才培养的新情况、新需求，修改完善博士后管理办法，推进基地制度建设。全年4名在站研究博士后完成开题报告会、1名在站研究博士后通过中期考核。召开2015年春季城市学博士面试会，录取博士后4名。召开首届城市学硕士研究生学位论文答辩会，2名城市学硕士生通过答辩。

【西湖文化研究】 6月16日，杭州社科《成果要报》第一期刊载市社科院社会学研究所李一凡的《关于西湖文化的两个建议》文章。该文提出，风景园林看西湖，山水城市看杭州，并给出两个建议：一是应当肯定“杭州西湖是中国美的一种典范”，并相应提出宣传推介杭州西湖文化的一个全新概念：“中国美看西湖”；二是希望有关方面组织、记录、撰写、搜集和整理、研讨中华人民共和国成立以来，杭州在西湖风景建设管理保护等方面取得的成就和经验。要有“杭州西湖是中国美的范例”的文化鉴识和文化自信，向世界推介杭州和西湖文化，传扬中国文化。

【“两新”组织中党组织作用发挥研究】 8月27日，杭州社科《成果要报》第二期刊载市社科联科研管理处费勤龙和杭州万向职业技术学院朱晓峰的《杭州“两新”组织中党组织作用发挥研究》文章。该文是2015年度杭州市哲学社会科学规划课题“杭州市‘两新’组织中党组织作用发挥研究”成果之一。文章认为充分发挥党组织作用是增强“两新”组织党建工作有效性最直接和最有力的抓手和根本途径，也是党在新形势、新领域中创新党建工作模式的现实需要。作者从近年来杭州市“两新”组织党建的工作做法出发，针对其难点和不足，提出进一步明确党组织在“两新”组织中的功能定位，进一步完善“两新”党建工作的“体制机制”，进一步做好“两新”组织党员教育、管理、服务工作，进一步加强“新常态”下“两新”党建工作的研究与实践4个方面的针对性建议。

【《咸淳临安志》宋版“京城四图”复原研究】 9月22日，杭州社科《成果要报》第三期刊载市社科院南宋史研究中心兼职研究员、杭报集团新闻和发展研究所所长、市政协文史委特聘委员姜青青的《〈咸淳临安志〉宋版‘京城四图’复原研究——重现七百年前杭州最繁华的那一刻》文章。该文是省社科重点规划课题“《咸淳临安志》宋版‘京城四图’复原研究”成果之一。作者通过高分辨率图像的电脑分析，结合文献考证，纠正宋、明、清3种版本“京城四图”中的错讹缺失509条，对宋版“京城四图”444条地名进行释疑和考证，复原和更正地名426条，在此基础上，作者以宋版原图为底图重绘“京城四图”，图上99.4%的地名可以清晰浏览。该“京城四图”重现700年前杭州的繁华景象。

【城郊农村水环境污染问题研究】 10月10日，杭州社科《成果要报》第四期刊载市社科院社会学研究所张祝平的《城郊农村水环境污染问题及相关对策建议》文章。市社科院课题组基于对杭州市城郊D村一域的调查，以实证的方式分析杭州市郊区农村的产业结构分布和水环境状况及其相关性，并结合生态管理体制改革、新型城镇化建设和农业农村转型发展等宏观政策取向，对有效改善杭州市农村水环境问题提出优化产业结构、转变经济发展方式，倡导循环用水模式、减少生活用水污染，推进农村信息化建设、走乡村新型工业化道路，推进农业现代化、减少农业面源污染的对策建议。

【传统工艺复兴与传承研究】 10月22日，杭州社科《成果要报》第五期刊载市社科院党建研究所肖剑忠的《关于杭州传统工艺复兴与传承的若干建议》文章。该文针对杭州传统工艺存在的整体实力不强、竞争优势不明显，利润回报不高、行业竞争力不强，从业者综合素质不高、后继乏人，侵犯知识产权现象不绝、传统工艺价值难以体现，电商销售份额偏低、监管体系不够健全等问题，提出建设传统工艺特色小镇、实施杭州传统工艺百村建设战略、建立公共服务平台、拓宽教育培养渠道、增强创新能力、拓宽融资渠道、加强对外交流、借力电子商务、培育龙头企业9个方面对策。

【扩大民间投资研究】 10月26日，杭州社科《成果要报》第六期刊载市社科院经济研究所周旭霞的《撬动民间投资，跻身万亿城市——扩大我市民间投资的建议》文章。该文是杭州市决策咨询委员会委托课题“进一步提升民营经济在固定资产投资比重中的政策建议”的阶段性成果，通过对杭州市民间投资的困境分析，提出扩大民间投资的政策建议，包括布局投资生态系统（引导民间资本流向、构建投资生态系统、制订投资发展规划、完善投资服务平台）、增加民间投资机会（明确民间投资政策路线、制定民间投资实施细则）、明确项目投资需求（建立项目库、明确投资路径、组织推介活动、调整市场结构）、构建多元化融资体系（提高民间资本组织力度、建立合理分工投融体制、构建投资回报补偿机制）、拓宽民间投资领域（强化协同发展投资理念、构建多方联动运作方式、规范投资政策意向承诺）。

【快递物流设施建设发展研究】 11月3日，杭州社科《成果要报》第七期刊载市社科院文史研究所沈芬的《杭州市快递物流设施建设发展研究》文章。该文通过对杭州市快递物流设施建设发展的现状及存在的问题进行研究，提出改善农村快递基础设施建设、加大宣传力度、健全和完善快递物流信息平台等杭州市快递物流设施建设发展对策建议。

【“互联网+”政府行动策略研究】 11月16日，杭州社科《成果要报》第八期刊载市社科院经济研究所陈明鑫的《“互联网+”的政府行动策略》文章。该文是杭州市社会科学院课题“‘互联网+’的实现途径研究——基于杭商的典型案例分析”的阶段性成果。作者分析了“互联网+”发展的制约因素，针对“互联网+”计划的政府思维和政府行动，提出推动“互联网+”基础设施建设、适应信息分享的组织和制度创新、制定明确的政策和法律来保护隐私安全、扶持“互联网+”小微企业成长4个方面对策建议。

【杭州南山摩崖造像现状研究】 11月24日，杭州社科《成果要报》第九期刊载市社科院南宋史研究中心李辉的《杭州南山摩崖造像的现状调查》文章。南山摩崖造像位于杭州余杭区瓶窑镇西南。南山在瓶窑镇西面约1000米处，海拔110多米，山体由火山岩构成。南山现存造像23座，多数为佛教造像，极少数为道教和其他人物造像。造像中，有明确刻石纪年造像2尊，分别造于元泰定五年（1328年）和元至正元年（1341年）。该文主要对南山摩崖造像的形制、特点进行相关研究，同时对造像的开发与保护提出建议。

【南宋政治、经济研究】 11月26日，杭州社科《成果要报》第十期刊载市社科院南宋史研究中心的《“第三届中国南宋史国际学术研讨会”上专家发表新观点》文章。该文对第三届中国南宋史国际学术研讨会收到的75篇学术论文进行总结和归纳，着重就其中有关南宋政治、经济方面的重要观点，以及21世纪以来南宋史研究的情况进行了整理。

【繁荣与发展杭州民间传统文化研究】 11月30日，杭州社科《成果要报》第十一期刊载市社科院党建研究所肖剑忠的《如何繁荣与发展杭州民间传统文化》文章。该文针对杭州遇到的观念固化，以及城镇化、现代化、市场化对民间传统文化繁荣和发展所产生的不利影响，提出牢固确立文化基因理念，加快乡村（社区）户外文化广场建设，组织开展集体文化活动，加大农村文化礼堂建设力度，推进公办或民办博物馆或陈列馆建设，普遍开展地方志修撰工作，弘扬祖先信仰，推动民间传统工艺与文化创意产业、现代旅游业和电子商务的融合与对接等举措。

【杭州少数民族流动人口管理研究】 12月4日，杭州社科《成果要报》第十二期刊载市社科院社会学研究所徐祖荣的《关于完善杭州少数民族流动人口管理的建议》文章。该文是市社科院院级课题“杭州城市少数民族流动人口的社会适应性研究”的阶段性成果。文中指出少数民族特有的民族、宗教和生活习惯及其受文化教育水平所限，使其在融入城市生活的过程中给城市管理部门在市政、教育、卫生、治安方面带来了诸多挑战。作者认为，管理部门首先要加强重视，尊重少数民族宗教和文化，学习相关知识，提高少数民族管理水平；重视依法管理，严格执法，既不歧视少数民族也不对其搞特殊优待，重视服务沟通，加强对少数民族教育，努力使其尽快融入城市生活；同时也要注重发挥少数民族自身的力量和社会力量参与少数民族流动人口管理。

【新常态下中小企业主社会心态分析与疏导研究】 12月8日，杭州社科《成果要报》第十三期刊载市社科院社会学研究所章琼和张祝平的《新常态下中小企业主社会心态分析与疏导研究——基于杭州市的问卷调查》文章。该文以杭州市为研究对象，分别从个人认知、阶层认知、企业认知和政府社会认知4个维度，探讨新常态下杭州市中小企业主阶层社会心态的特征及其相关

影响因素，并从制度建设、政府关怀、舆论引导、心理培育4个方面提出相应疏导措施。

【杭州在宋代对外贸易中的地位研究】 12月10日，杭州社科《成果要报》第十四期刊载市社科院文史研究所南宋史研究中心魏峰的《试论杭州在宋代对外贸易中的地位——以市舶机构为中心》文章。该文从宋代杭州市舶机构的设置入手，就日本学者藤田丰八所据资料，认为杭州市舶机构的设置时间当早于端拱二年（989年），而废置时间则当至宋末，从而质疑藤田丰八研究指出的南宋杭州市舶机构光宗朝已经废罢的结论。同时，由于南宋定都临安，杭州作为对外贸易中首要的消费市场地位得以确立。宁波虽然作为对外贸易港口，但应将杭州、宁波两个港口作为对外贸易进出口集散的整体来看待。

·社会科学成果·

【市委调研成果】 2015年，市委政研室起草重要讲话、汇报和市领导署名文章88篇，重要调研报告40篇，重要政策文件19件，其他综合性文稿39篇。完成《中共杭州市委关于制定杭州市国民经济和社会发展第十三个五年规划的建议》《关于〈中共杭州市委关于制定杭州市国民经济和社会发展第十三个五年规划的建议〉的说明》起草工作。开展国内城市“十三五”规划思路比较研究、提升社会治理能力、推进“两区”建设、深化经济体制改革、打造人才高地等19个重大问题研究。组织市委宣传部、市发改委、市建委、市商务委、市人力社保局、市统计局、市环保局等部门开展8个领域的深化课题研究。委托省委政研室、浙江大学、浙江工业大学、浙江理工大学等高校和研究机构开展9个方面的专项研究，汇编形成《市领导“十三五”前期重点课题汇编》《部门“十三五”规划深化研究课题汇编》等系列成果。

制订和修改《关于建立健全科学民主依法决策机制的实施意见》《关于加强和改进党的群团工作的实施意见》《关于进一步加强和改进人民政协参政议政的意见》《关于进一步加强新形势下民族工作的意见》《关于实施杭州钱江经济开发区整合提升工作的若干意见》等。

围绕市委开展的“标杆三学”（以优秀领导干部、最美基层干部、国内一线城市为标杆），形成《上海大交通管理体制改革的经验及对杭州的启示》《“十三五”深圳创新驱动转型升级三大展望》等9项调研成果。围绕持续推进“一号工程”，形成《杭州创业创新小镇建设情况汇报》《上城山南基金小镇跟踪研究》《余杭梦想小镇跟踪调研与思考》等“三镇三谷”系列调研成果。围绕社会关注的热点问题，形成《中央关于〈加快实施创新驱动发展战略若干意见〉对杭州的影响分析和思考建议》《“六条生态带”保护情况调研报告》《加快推进杭州国际商贸城建设的几点建议》《相关城市电子商务发展比较研究》等调研成果。

会同市委统战部构建起服务民主党派工商联的协同调研机制，形成《全力推进“M2+”发展做大跨境电子贸易总量的建议》等8项成果，并将该制度纳入市委《关于贯彻〈中国共产党统一战线工作条例（试行）〉的实施意见》。注重强化与基层调研力量联动，把区县（市）联动课题范围拓展至杭州经济技术开发区、杭州大江东产业集聚区和杭州城西科创产业集聚区，开展“城北商业商务设施建设研究”等课题16个。

推动重大改革调研，形成《关于在江干区九堡区块打造“钱塘智慧城”的调研报告》《关于钱江开发区整合提升的调研报告》等报告。全程参与杭州市出租车行业改革工作，提出《义乌市出租车行业改革的做法成效及对杭州的启示建议》《促进互联网与出租车行业融合发展的对策建议》等调研建议，参与制订《杭州市出租车行业改革实施意见》。起草形成《关于完善改革创新容错免责机制的经验借鉴与建议》调研报告，推动杭州市制订出台《关于建立党员干部改革创新容错免责机制的实施办法》。运用第三方评估手段，委托浙江工业大学、浙江工商大学、省城乡规划研究院、市委党校等高校和科研机构开展“杭改十条”民主法制领域进展情况跟踪评估、杭州“人才新政27条”实施情况跟踪评估、大江东产业集聚区管理体制调整绩效评估、萧山余杭与主城区一体化发展跟踪评估、杭州垃圾分类政策绩效第三方评估等调研。

强化财经专题调研，形成《西湖电子集团新能源汽车产业发展进展情况的调研报告》《总结放大云栖大会政企合作成功经验打造杭州与阿里巴巴战略合作命运共同体》等成果，开展“以智慧应用助推杭州信息经济发展研究”“以建设‘网上丝绸之路’服务国家‘一带一路’战略”等财经课题研究。

加强决策咨询调研，组织落实《高峰论坛和重大国际赛事筹备工作研究》《“一带一路一网”与杭州文化战略研究》等课题研究51项，形成调研报告31篇。创办编发《杭州信息·八面来风》54期，编辑报送信息近300条、专家建言近60篇。

注重成果转化利用，协助省委政研室做好2013～2014年度全省党政系统优秀调研成果参评工作，杭州市有3篇课题获奖。开展2014年度全市党政系统优秀调研成果评选工作，从全市76个单位的130多篇成果中评出优秀成果34篇。累计编发《决策参考》64期。编印《市委、市政府领导重点调研课题汇编（2014年度）》《2014年度委托课题成果汇编》《2014年度全市党政系统优秀调研成果汇编》。

【市人大常委会调研成果】 2015年，市人大常委会形成调研报告44篇，编辑出版《杭州人大》杂志7期，编发《杭州人大信息》64期，其中调查研究专刊27期。

参与市委有关文件起草调研。在市委全面深化改革领导小组统筹协调下，市人大常委会成立调研组，在调研和论证基础上，起草并印发《杭州市人大及其常委会讨论决定重大事项清单》。结合筹备全市街道人大工作会议，组成8个调研组到有关区县（市）开展调研，形成《全市街道人大工作情况调研报告》及8个分组调研报告，为市委出台《关于加强和规范街道人大工作的意见》提供参考。

开展重点工作调研。根据省人大常委会统一部署，开展“年收入4600元以下贫困人口脱贫情况视察核查”活动，深入基层、走村入户，撰写《视察核查贫困人口脱贫情况报告》，为市委、市政府精准扶贫、精准脱贫工作提供决策依据。就“两区”创建、工业园区土地利用、大气污染防治、食品安全、农村生活污水治理等情况开展专题调研，提出意见建议。

实施重点课题调研。坚持常委会及机关各部门重点课题调研制度，围绕人大工作和人大建设重要方面以及常委会年度重点工作，确定主任会议成员及机关各部门调研课题20个，其中主任会议成员重点调研课题10个、机关各部门课题10个，形成调研报告20篇。

编印《杭州县乡人大工作创新20例》，辑选杭州县乡人大工作的20个创新案例，反映杭州市县乡人大工作取得的成绩，展现人民代表大会制度在杭州的实践，每个案例后面附有专家点评和资料，该书由浙江人民出版社出版发行。

发挥市人大工作研究会作用。市人大工作研究会对杭州市农贸市场管理情况进行调研，形成调研报告，提出意见建议，为市政府及有关部门进一步规范农贸市场管理提供决策参考。

参与浙江省人大工作理论研究。撰写《杭州市人大及其常委会行使重大事项决定权的实践与思考》《推进重大事项决定权行使的民主化公开化》等调研文章，在浙江省人大工作研究会理论研讨会上交流，其中1篇调研文章获二等奖、2篇获三等奖。编印《市人大常委会及机关调研成果汇编（2014年度）》。

【市政府调研成果】 2015年，市政府研究室开展调研80多次，组织课题研究70多项，形成研究成果51项，多个调研成果入选市“十三五”规划或转化为市委、市政府决策部署及政策文件。

开展“十三五”发展等前瞻性研究，形成《主要城市“十三五”规划谋划亮点及对杭州的启示建议》《深圳武汉贵阳系列学习考察报告》；与浙江大学开展合作，研究形成《杭州构建世界名城发展方略研究》；围绕国家战略和省市重大决策，开展对接“一带一路”国家战略、规划建设城西创新大走廊、钱塘江金融港湾、杭州都市区空间布局、“四沿”经济带等重大战略问题研究，其中《钱塘江金融港湾空间布局研究》《杭州都市区空间布局研究》获省政府领导批示。开展城市公共安全、缓解城市病的针对性研究，形成《北京市疏解非首都核心功能的做法和对杭州市的启示建议》等成果。

开展问题对策调研。组织体制机制改革研究，形成《关于国内部分城市出租车改革举措及若干建议》《关于西博会转型及杭州市会展业管理体制改革的调研与建议》等研究成果；开展经济运行和产业发展研究，形成《杭州发展“众创空间”政策建议》《以制造业服务化带动杭州转型升级》《推进我市工业设计产业发展的若干意见》等调研报告；开展民生实事调研，形成《关于杭州市E邮站等智能快件箱发展情况及相关建议》《杭州市农村电子商务服务站建设的情况调查和建议》等报告。

开展课题合作研究。完善市政府研究室与浙江工业大学、杭州电子科技大学、浙江大学城市学院、市委党校、浙江大学城乡规划院合作共建的5个政校合作研究基地运行机制，提高研究成果质量，全年形成调研成果12篇。市政府研究室向浙江大学、省委党校、浙工业大学等在杭高校和研究机构委托开展专项研究课题21项。

【市政协调研成果】 2015年，市政协常委会把围绕谋划杭州市“十三五”发展协商建言作为全年工作重点。根据市委部署，组织由主席会议成员牵头，各专委会、各党派团体、界别和委员及有关专家参加的5个调研组，围绕杭州市“十三五”时期体制机制改革、创新驱动与经济转型升级、农村改革发展、城市建设和生态环境保护、民生保障与社会事业、开放带动和城市国际化等问题，开展调查研究，举行专题常委会议协商讨论，提出彰显城市个性与特色、重视城市空间布局、优化城市产业布局、全面提升城市国际化水平等7个方面、29条重要建议。市委十一届十次全会前，召开专题协商会议，就《中共杭州市委关于制定杭州市国民经济和社会发展第十三个五年规划的建议》协商建言。

开展“发挥‘两区’创建叠加效应，推进‘一号工程’”重点课题调研并召开专题常委会议。开展“深入贯彻‘杭法十条’，加强和完善法律服务体系建设”重点课题调研并召开专题常委会议。

组织委员就“杭州借力‘21世纪海上丝绸之路’建设”“深化城市建设投融资体制改革”“大力发展民宿经济”“商品房去库存化”“传统产业国字号和老字号企业转型升级”“富阳加快融入杭州主城区”“特色小镇建设”“构建完善杭州信用体系”“优化投资创业环境”等课题进行调查研究。围绕“四张清单一张网”改革措施落实情况，开展联动监督，开展调研视察，提出进一步深化改革的意见建议。围绕破解“4+1”民生难题、加强粮食安全体系建设、推进城北体育公园建设、加快职业教育发展、保障食品安全、完善民营医疗机构法规政策体系、改进医保支付方式以及“医养护一体化”医疗服务政策实施、《杭州市老年人权益保障规定》落实情况等，开展调研视察和民主协商，提出对策建议。围绕构建杭州大交通体系、优化空港新城与杭州主城区交通接驳、缓解出租车“打车难”、打造数字城管升级版、加强监狱管理工作、深化企业社会责任建设等开展调研。就弘扬西湖龙井茶文化、收藏品市场发展、杭州宋元历史文化的保护与利用、挖掘道教文化、加强非物质文化遗产保护和传承、推进农村公共文化建设、钱塘江古海塘保护、筹建中国抗战博物馆等开展调研视察和协商建言。开展宗教管理情况、依法依规开发利用道教名宫名观调研，提出建议。

开展政协理论研究。在《杭州政协》杂志开辟《深度思考》专栏，登载理论研究成果；编辑出版《政协理论与实践（第八辑）》，收录理论研究会征集论文22篇；理论研究会理事董明撰写的《角色与功能：人民政协在国家治理体系中的互动互构》和理事张祝平撰写的《政协

协商与其他渠道协商形式的比较研究》被《中国政协·理论研究》杂志刊用；市政协研究室撰写的《推进政协履职能力建设研究》被《联合时报》整版刊登。

【市委党校科研成果】 2015年，市委党校中标省级以上课题22项。其中国家社科基金项目2项、全国党校系统调研课题2项、全国行政学院科研合作基金课题2项、全国社会主义学院系统科研项目立项课题1项、省社科规划课题6项、省党校系统第十七批规划课题4项、省党校系统重点课题1项、省社会主义学院课题3项、省民政政策理论研究重点课题1项。

主持完成省级以上课题17项。其中国家社科基金课题1项、全国党校系统调研课题2项、省哲学社会科学规划课题3项、省社科联课题1项、省党校系统中国特色社会主义理论研究中心第十六批课题6项、省委党校重点课题1项、省社会主义学院课题3项。

完成各类市情研究课题41项。其中杭州市规划课题7项、杭州市哲学社会科学重点研究基地课题6项、市决咨委委托课题4项、杭州市党的建设研究中心课题11项、杭州市社科院杭商研究中心基地课题1项、其他部门委托课题12项。9项决策咨询报告被市委、市政府主要领导批转，2项决策咨询报告被部门采纳。撰写论文被《求是内参》（报中央领导参阅件）和《社科研究动态》（报省委省政府领导参阅件）各刊发1篇。

出版著作5部，发表论文90篇，其中公开发表论文80篇（副省级及以上）。公开发表的论文中，核心以上刊物（含核心）24篇、省级刊物31篇、副省级刊物25篇、内刊5篇，被《人大报刊复印资料》转载3篇。。

获各类优秀成果奖36项。其中，全国行政学院第三届优秀科研成果奖一等奖1项、二等奖4项、三等奖1项，第二届全国社科系统科研评奖优秀科研成果奖一等奖1项、二等奖2项、三等奖1项，2015年浙江省党校系统优秀调研成果一等奖2项、三等奖3项，浙江省党校系统理论研讨会优秀论文一等奖1项、二等奖3项、三等奖5项，浙江省社院系统优秀调研成果奖二等奖1项、三等奖1项、优秀奖1项，杭州市社科联第九届社科优秀成果奖一等奖1项、二等奖3项、三等奖2项，2014年杭州市党政系统优秀调研成果一等奖1项，杭州市社科联首届学术年会优秀论文二等奖1项、三等奖1项。

【杭州国际城市学研究中心科研成果】 2015年，杭州国际城市学研究中心参与中国国际经济交流中心承担的国务院办公厅委托项目“‘推进长江经济带建设’相关政策措施落实情况的第三方评估”，参与课题调研并撰写评估报告，在相关报告中反映杭州意见建议。围绕“杭州—温州高铁线位和可行性分析”开展课题研究，被省发改委采纳。

全年组织申报国家社科基金项目及重大项目选题、国家自科基金项目、省市社科基金项目、市科委软科学项目等课题30多项，其中成功申报国家自科基金项目1项、中国国际经济交流中心交流基金项目1项、省级课题4项、厅局级课题10项、省级社科研究基地课题8项。国家自然科学基金课题“农民市民化成本支付与土地制度创新”、国家社科基金课题“流动人口‘同城同待遇指数’研究”、中国国际经济交流中心基金课题“新型城镇化进程中农民市民化成本支付问题研究”、省城市化课题研究顺利结题，中国国际经济交流中心交流基金项目“中国新型城镇化过程中文化遗产保护利用对策研究”进展顺利。为省内外20多个城市提供城市学决策咨询。

全年出版《杭州全书》——《武林掌故丛编》13册、《武林往哲遗著》9册、《武林坊巷志》8册，《国朝杭郡诗辑、续辑、三辑》完成二校稿。杭州城市学分支学科全书项目按“立项一批、出版一批、谋划一批”思路有序推进，加快文献集成编纂和通史立项。继续开展《杭州通史》编纂，计7卷10册，出版字数约450万字，年内完成初稿及第一轮评审。《城市学研究》期刊全年出版4辑。按照《杭州城市学五年发展规划纲要》要求，打造集论丛、译丛、教科书、蓝皮书为一体的“城市学文库”。至年末，《中国城市化问答集》《杭州城市化案例集》出版。

【杭州市社科院科研成果】 2015年，市社科院首次出台院级课题管理办法，强调院级课题必须紧密结合杭州实际深入研究，经面向社会公开征集、组织专家评审和市社科规划领导小组批准。全年市社科规划常规性课题立项课题229项，其中资助课题128项、学科共建课题15项、自筹经费课题86项。结项时完成研究报告73篇、论文151篇、专著5部。市社科联立项课题50项，其中资助课题25项。自筹经费课题25项。4个研究所有“杭州农产品电子商务发展研究”“建德产业发展策略研究”等立项课题11项。“关于人民政协理论研究”“妇女与家庭文化研究”等10项专项课题立项。

编撰出版《杭州蓝皮书：2016年杭州发展报告》（经济、社会、文化）3卷。组织3个课题组、3个市直单位和55名省市社科专家学者围绕“杭州智慧经济”建设、深化“法治杭州”建设、杭州娱乐文化发展3个主题开展课题研究59项。

完成《杭州都市圈蓝皮书：2016发展报告》，报告主题为“杭州都市圈信息经济与智慧城市发展研究”，包括“信息经济背景下都市圈转型升级综合改革研究”等选题14项。

编著出版首部“三镇三谷”专著——《“三镇三谷”智慧版图》，阐述杭州市“三镇三谷”建设背景、发展战略、产业维度和政策服务，揭示创业办公、精神文化、世俗生活的空间新布局以及“先生态、再生活、再生产”的创业新理念，展示“三镇三谷”发展局面。

首发出版《浙江基层党建：实践创新与理论思考》。该书立足浙江实践，描述和分析近10年来浙江农村、城市社区、非公有制企业等领域基层党建工作总体发展脉络和主要创新思路，对浙江省部分基层党建创新项目和党建品牌进行展示和解剖。

编发《成果要报》14期，获市领导批示3期。出版《杭州研究》4期，发表理论文章99篇，涵盖专题研究20个，130万字。

【杭州师范大学科研成果】 2015年，杭州师范大学获国家社科基金项目17项，其中年度项目15项（重点项目1项）、后期资助项目2项。获省部级项目41项，其中教育部人文社科研究项目10项，省哲学社会科学年度规划项目21项，其他项目10项。

杭州师范大学在浙江省第十八届省社科优秀成果奖评奖中获奖18项，居省内高校首位（浙江大学除外），其中一等奖4项、二等奖8项。在第七届高等学校社科优秀成果奖评选中获奖4项，其中二等奖、三等奖各2项。人文社会科学学科教师发表论文624篇，其中一级期刊以上130篇。杭州师范大学教师在社会科学引文索引（SSCI）上发表论文22篇。

年内，杭州师范大学美育与文化传播协同创新中心与北京大学联合培养博士生。“网络文学影视动漫游戏改变与版权经纪人团队”被评为“杭州市哲学社会科学重点创新团队”。

【杭州科技职业技术学院科研成果】 2015年，杭州科技职业技术学院（杭州广播电视大学）立项各级各类科研项目95项。其中教育部人文社会研究青年基金项目等省部级项目6项、省社科联项目等厅局级项目32项、市社科联项目等其他纵向研究项目3项、校级项目34项、横向科研项目20项。

立项教改项目50项，其中省级教育教学改革课题2项、省级课堂教学改革课题8项、校级教育教学改革课题21项、校级课堂教学改革课题19项。新增校外实习基地2个。

出版学术著作1部，获专利47项。在全国各类学术期刊发表学术论文183篇，其中中文核心期刊31篇，美国科学引文索引（SCI）收录1篇，美国工程索引（EI）收录2篇、科技会议录索引（CPCI）收录1篇。编写教材7部，其中“十二五”期间职业教育国家规划教材6部。

科研成果获各类奖项12项，其中省职业教育与成人教育优秀教科研成果二等奖1项、三等奖3项，省陶行知研究会优秀科研成果奖一等奖、二等奖各1项，市社科联第十届社科优秀成果三等奖4项，杭州市社会科学界第一届学术年会优秀论文三等奖1项。

【浙江大学城市学院科研成果】 2015年，浙江大学城市学院承担各级各类课题348项，其中纵向课题（具有科研规划职能的各级政府部门批准立项的科研课题）192项（包括国家级项目7项、省部级课题19项、地市级项目72项），横向课题（除纵向课题以外的其他科研课题）156项。承担社科类纵向项目127项（其中国家级项目2项、省部级项目11项、地市级项目49项），社科类横向项目69项。

全年发表论文405篇（一级期刊20篇、核心期刊16篇、被六大检索机构收录84篇），其中社科类发表文章276篇（一级期刊16篇、核心期刊9篇）。出版著作18册（部）。获市社科联第十届社会科学优秀科研成果奖3项，取得专利123项，其中发明专利15项、实用新型专利106项、外观设计专利2项，获计算机软件著作权92项。

主办或承担国际国内学术会议或研讨会活动135场次，组织师生参加浙江省、杭州市、拱墅区社会科学普及咨询服务活动35次，接受市民咨询2000多人，发放宣传材料2500多份。

组织家庭外语学习、微电影制作、电子商务、法律咨询以及天堂“竹语”伞展示等5个项目参加杭州市社会科学普及周活动，向市民宣传普及各种社科知识，向市民发放宣传资料近300份，为近100名市民提供咨询服务。

【杭州职业技术学院科研成果】 2015年，杭州职业技术学院组织申报各级各类纵向课题 274项，获立项的市厅级以上课题55项。其中：省部级以上项目11项，包括国家星火科技计划2项、教育部人文社科研究课题1项、省哲学社会科学规划课题3项、省科技厅科研项目5项；市厅级社科类项目44项，包括省社科联研究课题3项、省教育厅科研项目9项、省教育科学规划课题2项、省教育技术规划课题3项、省人力资源和劳动社会保障研究课题3项、省旅游科研项目2项、市哲学社会科学规划课题6项、市社科研究基地课题5项、市社科联课题5项、教育部职业院校文化素质教育指导委员会研究课题6项。校级科研课题立项42项，校园文化专项立项44项。

完成市厅级以上科研结题43项，获各级各类科研成果奖12项，其中市科技进步奖1项，市社科联第十届优秀成果二等奖1项、三等奖2项，市社会科学界第一届学术年会优秀论文二等奖1项，中国职业与成人教育学会学术年会优秀论文二等奖3项，省职业教育与成人教育优秀教科研成果一等奖1项、二等奖3项。

在公开发行的国内外期刊上发表论文194篇，其中一级期刊12篇、核心期刊42篇、一般期刊128篇、国际索引12篇。出版学术专著7部。获国家知识产权专利28项，其中国家发明专利2项、实用新型专利20项、软件著作权6项。与企业联合进行横向课题研究，签订合同34个，合同金额222.3万元。

完成《杭州市属高校产学对接的体制机制突破和实践创新》专著编撰，出版《高职形态研究》《“融”文化视域下职业教育发展范式研究》《基于校企共同体的人才培养模式改革与创新》等职业教育专著。

【杭州万向职业技术学院科研成果】 2015年，杭州万向职业技术学院组织申报各级各类课题130多项，立项课题61项，其中省级及以上课题12项，重点项目为省哲学社会科学规划重点课题1项、后期资助课题1项、一般课题4项，省软科学项目1项，省教育教学改革课题2项，厅局级课题38项（省社科联课题1项、市哲学社会科学规划课题6项、省教育厅科研项目5项、省教育技术课题2项、浙江高教学会2项）。

在公开发行的国内外期刊发表论文137篇，其中美国科学引文索引（SCI）收录1篇、中文核心期刊16篇。编著出版《孔子的育人智慧：〈论语〉选讲》。全年获外观设计专利63项、实用专利6项。邀请省内外专家开展社科类讲座3场。参加“杭州市社会科学普及周”活动，设立“亲水、爱水、护水”“五水共治”“电动汽车维护与保养”“食品营养安全与健康”5个科普宣传主题，发放社会科学知识普及资料近600份。

【杭州青年专修学院科研成果】 2015年，杭州青年专修学院承接杭州市决策咨询委员会立项的“杭州应对重大国际论坛和国际赛事志

愿者培训和服务体系建设研究”课题。全年出版书籍8部，其中学校组织编写的有团中央教材《团支部工作——共青团支部学习培训教程（实践篇）》《青春与伙伴同行——杭州共青团工作优秀案例集》《青春与伙伴同行——注册志愿者培训教材》等。学校教师谷云峰编写的《大学生就业与创业指导》《社会研究方法论》，教师毕培忠编著的《少年读国史》出版发行。《志愿服务法律法规汇编》《志愿服务的杭州实践》进入出版社校审阶段。完成《2013~2014年杭州市团校科研成果集》《新常态·新青年·新思潮》《青年干部文集》等成果汇总文集3本。学校教师公开发表论文6篇，各类论文在全国高等学校文科学报研究会、省青年研究会上获奖17项。

全年学校校外课题立项7项，立项范围包括市社科联、市规划办、市决咨委、市妇联等，科研方向包括青年群体及青年工作研究、就业创业研究、志愿者研究、社会组织研究、文化哲学研究等。全年校本级立项课题39项。

参加“杭州市社会科学普及周”活动，举办题为“家庭教育”讲座，参与“G20视野下的文明对接”论坛、社科联“十三五”规划等交流活动，组织教师参加全国青年院校研究会第十次代表大会暨青年期刊学术研讨会，向全国青年院校学报编辑研讨会提交论文2篇，其中《重大国际论坛和国际赛事志愿者培训和服务体系建设研究》获一等奖、《新媒体背景下青年创业意识调查研究分析——基于杭州地区的分析》获二等奖。组织教师参加浙江省绿色教育和青年创业论坛，其中《浙江青年创新意识及相关认识调查》获二等奖、《农村电商创业：希望、困境、出路——农村电商发展模式研究》获三等奖。参加浙江省成人教育与职业教育协会论文评奖活动，其中《职校语文教学中创新思维训练的实践和探索》获二等奖、《大学生网络政治参与现状调查研究——以下沙高教园区为例》获三等奖。组织教师参加杭州市成人教育协会民办教育专业委员会“东坡杯”优秀论文评比，获二等奖和三等奖各2项、优秀奖5项及院校优秀组织奖等奖项10个。

完成《新常态下青年对杭州发展的共识》《创业创新与青年发展》《亚运会与杭州青年》《杭州青年对G20峰会的关注度调查》4期杭州青年舆情报告。完成内刊《杭州青年专修学院学报》4期。

【杭州市教育科学研究所科研成果】 2015年，杭州市教育科学研究所以完善科研管理为基础，以建设新型智库为重点，围绕教育改革的中心工作，发挥教育科研指导与服务功能。

全年承担全国教育科学规划课题5项，省教育科学规划重点课题28项、年度规划课题59项、体卫艺专项课题10项。15项成果在浙江省2014年度基础教育优秀科研成果评审中获奖。6项成果获全国首届基础教学成果奖，其中一等奖1项、二等奖5项。15项成果在2014年度省教育科学研究优秀成果奖中获奖，其中一等奖6项、二等奖7项、三等奖2项。

采用横向与纵向相结合的评审机制，新增重大课题、专项课题（“美丽学校”专项课题和“智慧教育”专项课题）两大研究系列。确定杭州市立项课题746项，其中年度规划课题147项、“美丽学校”专项课题50项、“智慧教育”专项课题50项、教师小课题485项、重大课题14项。采用大众评委与专家评委相结合的方法，评出2类、515项优秀成果，其中第三十届教育科研优秀成果199项（一等奖25项、二等奖73项、三等奖101项），教师小课题优秀成果316项（一等奖49项、二等奖121项、三等奖146项）。采用异地推介与本地推介、专题报告与课堂展示相结合等方式，完成2015年教育科研优秀成果推介活动，出版《2014年教育科研立项课题方案与优秀研究成果集》。举办杭州市首届重大教育科研成果推介暨新书发布会。评选杭州市第二届教育科研标兵48名。开展第三批中小学（幼）合格教科室、示范教科室评审活动，评出第三批合格教科室67所、示范教科室32所。

参与市教育局创新项目研究，完成课题“三全新政：中小学体育场地对外开放的制度设计与创新”，该课题研究成果获省教科研优秀成果一等奖。开展民办教育调研并形成《杭州市民办教育发展报告》，承担并完成市哲社重点课题“就学人口增长等发展中问题对我市教育基本公共服务体系的影响研究”。承担并做好杭州市教育发展“十三五”规划的研究和调研工作，完成基础稿撰写。引进新华会计师事务所作为第三方评估机构，做好区县（市）教育发展“十二五”规划终期评估。完成对上城区区域科研调研，完成杭州市教育科学研究所与临安市科研合作项目，启动与杭州大江东产业集聚区教育发展合作项目。出版《2014：杭州教育科研年度报告》《三全新政：中小学体育场地对外开放的制度设计与创新》等著作。

【萧山区社科联科研成果】 2015年，萧山区社会科学界联合会（简称萧山区社科联）围绕“服务三生融合·建设美丽萧山”中心任务，开展专题调研、理论研究。萧山区社科联举办“三生融合，美丽萧山”“新常态下企业转型升级之路”“‘五水共治’，打造美好家园”等主题研讨会。对萧山区社会科学人才储备和社会科学普及场所进行专项调研，确认首批社科人才库人才68人，认定全区第一批社会科学普及基地10个，其中3个被推荐为杭州市社科基地。

萧山区社科联以“转型升级、新型城市化、生态文明”为理论研究方向，以应用对策类研究和社科普及类研究为重点，确定“新常态下金融风险防范化解策略研究”等重点课题10个、“民企走出困境的更新之策”等一般课题26个，其中8个课题研究成果在省级以上刊物发表。重点课题“湘湖战略定位与保护发展对策研究”研究成果编印出版。

萧山区社科联被评为“全国先进社科组织”。《跨湖桥文化研究》获省第十八届哲学社会科学优秀成果奖基础理论研究类三等奖，《大江东体制调整后萧山经济转型升级研究》获市社会科学界第一届学术年会论文二等奖，《莫艳梅方志文集》《萧山新型城市化思路及对策研究》获市社科联第十届社科优秀成果三等奖，群文学会创作的《收获》获“中华颂”第六届全国小戏小品曲艺大展小品剧本评选类银奖，

《微信情缘》获省第九届新故事作品征文大赛一等奖，浙江出版协会萧山分会编撰出版《论语》《大学》等传统文化通俗读本。

·社会科学活动·

【纪念中国人民抗日战争胜利70周年相关活动】 8月24日，市社科联（市社科院）召开纪念中国人民抗日战争胜利70周年座谈会，组织人员参观“醒村爱国馆”，与会专家学者围绕“抗战胜利与民族精神”主题，从中国人民抗日战争胜利的历史意义、中国人民抗日战争胜利的人心因素、中国人民抗日战争胜利的精神遗产、中国共产党在抗日战争中创造的宝贵经验等角度，进行交流和探讨。邀请杭州师范大学教授做题为“抗日战争胜利70周年感想”讲座。

【社会科学普及周活动】 10月17日，市委宣传部、市社科联联合举办2015年市社科普及周活动，普及周以“牢记新使命、谱写新篇章——社会科学助推美丽杭州建设”为主题，由学术年会、咨询服务、专题讲座和媒体节目及各区县（市）社科普及活动五大板块组成。普及周期间，面向社会举办名家演讲和学术交流3场次，开展咨询服务84项，召开专题讲座32场次，组织2家媒体合作制播节目3期，各区县（市）开展人文社科活动130多项。120多人参加名家演讲和学术交流，250多名社会科学工作者为1.1万人次市民提供咨询服务，发放社会科学普及手册及宣传资料3.4万份。2000多人次参加社会科学专题讲座。杭州电视台综合频道《钱塘论坛》播出节目6期。杭州人民广播电台“西湖之声”播出《社科大讲堂》25期、《悠悠的杭州》专题节目635期。近2万人次参加各区县（市）开展的人文社会科学活动。

10月22日，萧山区首届社会科学知识普及周活动启动，第一批区级社会科学普及基地授牌仪式举行（市社科院 供稿）

【萧山区首届社会科学知识普及周】 10月22日，由萧山区委宣传部、萧山区社科联联合主办的“2015年萧山区社会科学知识普及周活动”在江寺公园开幕。启动仪式上，为第一批区级社会科学普及基地授牌，并向有关单位和市民代表赠送科普读物。

启动仪式后，萧山区社科联组织42个社会科学团体、62名社会科学专家、300多名社会科学工作者开展“生活大百科”大型义务咨询活动。各社科团体围绕市民关心的劳动就业、社会保障、法律纠纷、投资理财、交通安全、心理健康、医疗保健等问题，组织有关专家和志愿者答疑解惑。各社会科学团体免费向市民发放社科读物2500多册，赠送印有社会科学小知识环保袋500多个。

首届社会科学知识普及周活动还包括“社科专家进基层服务百场宣讲”、“三生融合，美丽萧山”社科知识竞赛、社科基地“一日游”、“五水共治”治水故事文学作品大赛、“纪念抗战胜利70周年”经典诗文诵读比赛等10个主题活动。

【中国南宋史国际学术研讨会】 11月8～9日，市社科联（市社科院）举办“第三届中国南宋史国际学术研讨会”。研讨会采取“以文入会”方式，收到国内及韩国、日本专家学者提交学术论文75篇。来自中国宋史研究会、浙江大学、首都师范大学、台湾大学、日本早稻田大学等专家和特邀学者100多人参会，会议就南宋政治、经济、军事、思想、文化，以及南宋都城临安等研究成果做学术报告和专家点评，并开展分组研讨交流。

10月17日，在杭州市社会科学普及周广场咨询活动中，市民在展台前参观浏览（冯跃民 摄）

【市社会科学界第一届学术年会】 10月14日，市社科联（市社科院）举办“杭州市社科界第一届学术年会”，年会以“城市改革与杭州发展”为主题，采取“以文入会”方式，收到论文108篇，经专家评审，评出一等奖、二等奖、三等奖论文30篇。其间，由中国社会科学院、中国人民大学、中国政法大学专家做专题演讲，分设“经济转型升级与杭州实践”“法治杭州与社会治理”“文化生态与人文杭州”3个专题，获奖论文作者做交流发言，浙江大学等高校专家做点评，并编撰出版论文集。

【中国城市学年会在杭举行】 11月7~8日，“中国城市学年会·2015”在杭州举行。年会以“‘四个全面’背景下的新型城镇化”为主题，由住房和城乡建设部、中国科学院、中国工程院、中国社会科学院、中国国际经济交流中心等单位指导。其间，举行“第四届杭州世界文化遗产国际会议暨2015历史城市景观保护联盟年会”“中浦·长三角论坛”“第四届钱学森城市学思想研讨会”等24场学术论坛，来自全国600多位专家学者、企业界代表、媒体界代表、市民代表参加会议。

【承办“发现城市之美”主题论坛】 6月28日，由杭州城市学研究理事会与生态文明国际论坛秘书处、“人民网”主办，杭州国际城市学研究中心与贵州省住房和城乡建设厅承办的“发现城市之美——绿色新型城镇化”主题论坛在贵阳举行。论坛以“践行‘绿水青山就是金山银山’与探讨‘绿色新型城镇化实践路径’”为主题，发布《建设中国特色“美丽城市”贵阳共识》。杭州城市学研究理事会理事长王国平做总结发言。

【中小学教育科研学术周】 5月26日，由市科学教育研究所、市教育学会举办的2015年中小学教育科研学术周活动开幕，学术周以“智慧教育”为主题，包括“教育满意度四方谈”校长论坛、以“幼儿行为解读”为主题的学前教育论坛、以“课题研究的小技巧”为主题的教育科研管理论坛、以“‘互联网+’时代的学校智慧管理”为主题的特色学校论坛、以“我与课程建设”为主题的教师论坛、“学校德育校本课程建设”和“乡土校本课程与学生发展”新课程系列活动、“班主任的自我觉察”班主任600秒论坛和“双孩家长亲子指导”教育论坛等活动，3000多名教师及家长参加活动。

·社会科学刊物·

【《杭州研究》】 《杭州研究》是市社科联、市社科院主办，指导杭州市社会科学的理论刊物，创刊于1986年，2011年由内刊改为公开出版，2014年由大16开改为小16开，并加入“中国集刊”智库，2015年加入中国邮政发行（邮发代号：2-2982）。至2015年末，出刊138期。《杭州研究》由社会科学文献出版社出版，2015年刊出4期，刊发的文章同时被“中国知网”、“中国集刊网”、中国集刊数据库收录。全文年刊登文章99篇、约130万字，包括专题11个，专题文章数量占全年文章数量的2/3，其中第二期、第三期、第四期期各有专题3个。

《杭州研究》以“集聚全国研究智慧，构建杭州城市智库”为目标，办刊特点为围绕杭州市委、市政府关注的焦点进行研究，主要课题有杭州发展信息经济研究、杭州智慧城市建设研究、人才培养与促进就业研究、杭州大众创新与万众创业研究、互联网金融与金融机构优化研究等；关注热点问题研究，如杭州旅游管理服务研究、教育模式创新与教育质量提高研究等；围绕基础民生与法治项目研究，主要课题有转型时期杭州生活环境治理研究、杭州水文化景观与资源保护利用笔谈、转型时期杭州城乡社会治理研究、行业法治化建设研究等。

【《市委党校学报》】 《市委党校学报》由杭州市委党校、杭州行政学院主办，是政治类综合性学术双月刊杂志，是中国学术期刊影响因子年报统计源期刊。2015年出版6期，刊发文章84篇，总字数约100万字。其中，《人大报刊复印资料》全文转载9篇。

【《杭州师范大学学报》（社科版）】 2015年，《杭州师范大学学报》（社科版）入选第五届华东地区优秀期刊、全国中文核心期刊、中国人文社会科学核心期刊、中文社会科学引文索引（CSSCI）扩展版来源期刊、全国高校精品社科期刊。全年出版正刊6期，每期136页，刊发文章103篇、147万字；出版增刊2期。开设《21世纪儒学研究》《文艺新论》《城市学研究》《文学研究》《法学研究》《媒介与大众传播研究》等栏目，以及“纪念抗日战争胜利70周年专辑”“清末民初中国的学术与思想”“中国哲学的真实建立”等专题。

【《美育学刊》】 《美育学刊》由杭州师范大学主办，是国内唯一的美育研究专业期刊，是国内的美育以及艺术教育研究学术交流平台。2015年出版6期，每期正文120页，彩色插页8页（刊登主题性的学术书评及艺术家作品等），发文100篇。主要开设《美育研究》《艺术教育研究》《美学研究》《文艺理论研究》《艺术研究》《审美文化研究》等栏目。每期设特色专稿，主题分别为“美感的神圣性”“艺术学学科生态·理论构想”“艺术史研究中的具象敦煌与万象视域”“理论的介入性”“美育与当代艺术”“空间与艺术生产”等。《美育学刊》入选年度“中国最美期刊”。

【《现代城市》】 《现代城市》由浙江省教育厅主管，是浙江大学城市学院主办的综合性技术期刊。浙江省城市科学研究会及杭州市相关企事业单位等为刊物理事会主要成员单位。《现代城市》杂志为季刊，主要刊登中国城市建设学科领域中最新的科技成果和工作经验，主要阅读对象为城市和村镇建设和管理部门工作人员、教育和科研及相关企事业单位工作人员、科技人员等。设《城市规划》《城市建设》《城乡之间》等10多个栏目，2015年刊发文章50多篇。该杂志被中国学术期刊网络出版总库、中文科技期刊数据库全文收录。

【《杭州职业技术学院学报》】 《杭州职业技术学院学报》为内部期刊，2015年出版4期，第一期、第二期设《职业素养研究》专栏，第三期、第四期刊载《专业职业素养调研》《通用职业素养调研》文章，为学校提升学生职业素养、深化职业教育提供参考借鉴。每期与学术界交流300多份，校内发放200多份。（李欢欢）

教 育

Education

·教育综述·

【推进核心价值观教育案例入选全国优秀案例】 9月，杭州市教育局的"四维共促，六措并举，推动社会主义核心价值观落细落小落实"、江干区教育局的"构建'三原色'德育工作体系，培育和践行社会主义核心价值观"、滨江区教育局的"律师进校园"3个区域推进核心价值观教育案例入选全国中小学社会主义核心价值观教育优秀案例。市教育局和市检察院等单位组建"'关爱成长、与法同行'检察官送法进校宣讲团"。8~12月，组织开展"法在心中"中小学生法律知识网络大赛，7.5万名中小学生参加。深化"第二课堂"活动，189万人次的中小学生走进111个第二课堂场馆。11月，市教育局制定并出台《杭州市第二课堂场馆德育副馆长管理暂行办法（试行）》。所有第二课堂场馆配备德育副馆长，推进"一馆一课程"建设。全市社区青少年俱乐部建设数增加到432个。全年俱乐部报到人数3.89万人，开展活动3568次，参与青少年10.64万人次。

【"美丽学校"建设行动】 2015年，市教育局面向全市各中小学校开展"美丽学校"建设行动系列主题活动，包括"童画我心目中的美丽学校"创意绘画比赛、"寻找美丽学校的最美表情"主题摄影比赛、"讲述身边的美丽故事"征文活动、"小小强"美丽学校采风活动和"陶醉美丽学校"中小学陶艺大赛等6项活动。600多所中小学校师生参与活动，收到绘画和摄影作品5000多件，征文2000多篇，陶艺作品581件（组）。100多万人次通过微信参与评比，评出各类获奖作品1253件。200多件优秀作品分别在中国动漫博物馆和南宋官窑博物馆展出。市教育局委托浙江省教育评估院对50所重点培育学校集中开展中期指导，确立50个"美丽学校"建设工作专项课题。

【名校集团化战略发展】 2015年，杭州市教育局直属高中教育集团规模进一步扩大，杭州高级中学贡院校区与钱江校区、浙江大学附属中学玉泉校区与丁兰校区分别组建杭州高级中学教育集团和浙江大学附属中学教育集团。桐庐中学加入杭州第二中学教育集团。杭州市长河高级中学和桐庐县分水高级中学组建杭州市长河高级中学教育集团。桐庐叶浅予中学与西湖区公益中学合作办学。西湖区打造城乡紧密型教育共同体。江干区打造新教育共同体。10月，《师范类"院校合作"破解基础教育难题》被新华社内刊采用，并获中央领导批示。拱墅区打造"学校发展群"，实施优势互补、品牌共生。至年末，全市有教育集团322个，主城区中小学名校集团化覆盖面79.7%、幼儿园名园集团化覆盖面71.2%。

【杭州市教育一体化推进】 2015年，萧山、余杭两区与主城区试行省一级普通高中双向等额招生，8所学校完成双向招生384人。主城区优质中小学（幼儿园）领办、承办学校。上城区崇文实验学校与萧山世纪城万科校区正式签约合作办学，上城区天长教育集团到余杭区临平新城组建杭州天长教育集团余杭世纪小学，下城区青蓝小学与余杭崇贤小学组建青蓝崇贤教育集团，拱墅区文澜中学在余杭区海创园参与创办蔚澜学校。杭州大江东产业集聚区教育加快融入主城区，大江东产业集聚区与主城区招生实行一体化，并被纳入市区中考招生。集聚区内的所有中小学（幼儿园）与主城区学校结成互助共同体。6月，杭州大江东产业集聚区"一普一职"规划布局基本完成，以市教育局为主体在集聚区建设"一普一职"两所高中段学校。普通高中项目选址在河庄街道闸北村，总用地面积16.33公顷，建设用地面积13.73公顷，计划投资5.9亿元；职业高中项目选址在新湾街道创新村，总用地面积22.67公顷，建设用地面积17.33公顷，计划投资7.7亿元。普通高中项目由杭州高级中学领办，建设杭州高级中学大江东分校；职业高中项目由杭州市中策职业学校领办，建设杭州市中策职业学校大江东分校。

【学校章程建设】 2015年，杭州市以"一校一章程一规划"为核心，实施学校发展性评价，推动学校加强校务委员会、学术委员会、教师代表大会、学生会、家长委员会等制度建设，完善自主管理的内部治理结构，推进学校治理现代化。12月，在中国教育报刊社、中国教育新闻网联合主办的第四届全国教育改革创新典型案例评选活动中，杭州市教育局的"以学校章程建设为核心推进学校

治理现代化”案例被评为第四届全国教育改革创新案例优秀奖。至年末，全市共有708所公办中小学（含特殊教育学校）制定章程，通过主管教育部门核准并向社会公布，所占比例98%。杭州市创建市级“依法治校”示范学校146所，其中入选国家级1所、省级13所。

【特殊教育送教上门活动】 2015年，杭州市建有培智学校12所，聋人学校1所，工读学校1所。15所普通学校设立特殊教育辅读班16个，331所普通学校开展特殊儿童随班就读。视力残疾、听力语言残疾和智力残疾3类残疾儿童少年义务教育入学率99.8%。新建特殊教育资源教室53个。杭州市继续实施义务教育适龄重度残疾儿童送教上门活动，2729名领证的义务教育阶段残疾适龄儿童少年按户籍分解到各区县（市），由教育部门、民政部门和残疾人联合会协同落实。送教上门的学生学籍由区县（市）教育行政主管部门统筹安排，在特殊教育学校和普通学校的省中小学电子学籍网注册。

【中小学食品安全管理】 杭州市继续实施“百万学生饮食放心工程”，市教育局联合市市场监管局开展学校饮用水、食品安全管理和督查工作。2015年，全市中小学校建有食堂927个，就餐学生数88.32万人。其中，48所学校由企业配送午餐，涉及学生数3.95万人。全市投入1.33亿元用于改善饮食安全硬件条件，86.5%的中小学食堂安装视频监控。配送午餐的企业厨房安装监控、学校食堂大宗食品统一配送或定点采购，以及直饮水工程均实现全覆盖。学校食堂A、B等级占83.8%。校内有品牌超市的占83.2%。

【学生资助体系完善】 杭州市构建覆盖学前教育、义务教育、高中教育及高等教育的学生资助体系，履行“不让一个孩子因家庭困难而失学”的承诺。2015年，全市“奖、助、贷、免、补”各类资助金额共计7.57亿元，获资助学生331.86万人次。其中，全市义务教育段70.26万名学生免杂费、课本费及作业本费3.91亿元；12.95万人次农村寄宿制学生享受免住宿费0.3亿元，2.73万人次享受营养改善计划0.17亿元；14.93万人次中等职业教育段学生享受免学费1.56亿元；通过教育资助券、国家助学金等形式资助（奖励）20.24万人次学生1.63亿元。

9月6日，杭州市第十一届“美德少年”评选活动颁奖晚会在杭州电视台举行
（市教育局 供稿）

【教育对口支援】 8月，杭州市第八批第二期12名援疆教师分别到阿克苏大学、阿克苏市高级中学、第四中学、第八中学、第二小学、第四小学挂职支援。开展“杭派教育”展示活动，组织杭州市专家、名师到阿克苏市进行学前教育专场交流、特级教师学术报告交流和高考研讨交流等活动。11月，在2015年浙江省援疆人才传帮带创意大赛中，杭州市援疆教师刘昀、郑虹分别获优秀导师一等奖、二等奖。市教育局组织高中数学、化学、地理学科的骨干教师到青海省海西州进行支教。根据山海协作工程社会事业领域合作项目的安排，组织高中数学、历史、英语、物理4个学科的特级教师、名师到衢州送教。组织初中语文、数学、英语、物理、化学、生物、政治、历史、地理9个学科的特级教师、名师到贵州省黔东南州进行讲学交流。5月27~28日，市教育局举办第十一期特级教师支教培训班，来自萧山区、余杭区、富阳区、建德市、桐庐县、临安市、淳安县的近50名农村美术骨干教师参加专题培训。

【中国教育信息化创新与发展论坛在杭举行】 10月24~25日，以“互联网+教育”为主题的第十五届中国教育信息化创新与发展论坛暨2015年全国教育信息化创新应用成果展览会在杭州白马湖国际会展中心举行。论坛由教育部教育管理信息中心与省教育厅、国家数字化学习工程技术研究中心共同主办，市教育局、滨江区政府等单位承办。杭州市组织12个教育信息化创新应用特色单位和学校组团参加。论坛围绕加快推进教育信息化、加强教育网络信息安全、实现教育管理与信息互联互通、促进教育教学变革等方面进行展示和经验交流。由教育部教育管理信息中心主办的期刊《中国教育信息化》推出杭州专刊，并在会场发放。

【城市国际化教育专委会成立】 8月，杭州市城市国际化教育推进专业委员会（简称市国际化教育专委会）成立，办公室设在市教育局。市国际化教育专委会主要负责城市国际化教育重大项目的策划与推进，提出国际化教育工作年度工作计划、政策意见和建议，教育国际化工作的信息统计与考评。11月，杭州加入亚洲协会全球城市教育网络（GCEN）。杭州汉基外籍人员子女学校、杭州世界外国语外籍人员子女学校和杭州娃哈哈双语学校先后于2月4日、2月12日和7月24日获得省教育厅行政许可正式开办。全市的外籍人员子女学校总数增加到5所，为来自近50个国家的600多名外籍

11月12日，亚洲协会全球城市教育网络（GCEN）专家团到杭州考察
（市教育局 供稿）

学生提供国际课程学习。7月8日，浙江大学城市学院与新西兰怀卡托大学签约，共建全日制本科层次高等教育的非独立法人中外合作办学机构“浙江大学城市学院—怀卡托大学联合学院”。2015年，全市有各级各类中外合作办学项目71个（在杭高校53个、市属高校10个、高中段学校8个）、机构3个。高中段学校8个中外合作课程班招生536人，在校生总数1422人。

【新结友好学校155对】 2015年，杭州市中小学结对的境外学校总数542对，有境外结对学校的中小学校比例33%。市教育局共接待日本、德国、美国、韩国、加拿大等国家和地区的13批教育交流团，组织集中结对44对。全市有788名教师，2721名学生到境外交流访问。杭州绿城育华学校入选中国教育国际交流协会组织评选的中美“千校携手”项目首批示范学校。杭州学军中学、杭州英特外国语学校、杭州市财经职业学校、杭州文澜中学、杭州市崇文实验学校、杭州求知小学、杭州长江实验小学、杭州市求是教育集团（总校）8所学校入选浙江省第二批“千校结好”特色学校。

【“校校有外教”工程】 2015年，市教育局直属高中聘请外籍教师59名，全市中小学聘请外籍教师共254名。市教育局对聘用外籍教师的直属学校实施专项补助的标准从每名外籍教师1年10万元提高到12万元。全市聘有外籍教师的高中段学校38所，所占比例36%。市属高校聘请外国文教专家113名，占专任教师总数的2.9%。7月，市教育局促成杭州市开元商贸职业学校与韩国驻上海总领事馆签订韩语教育援助项目执行协议书，引进专职韩语教师开设韩语选修课程，开展韩国文化交流活动。

【“市长杯”青少年校园足球比赛】 1~6月，杭州市“市长杯”青少年校园足球比赛举行。全市有8所幼儿园、50所小学、23所初中、20所高中共101个定点学校参加，参赛运动队161支，比赛场次952场，运动员2471人。杭州市推进“二区（江干区、西湖区）二校（杭州学军中学、杭州师范大学附属中学）”与国外足球俱乐部合作。7月，西湖区成为首批全国青少年校园足球试点区。全市有16所中小学入选首批全国青少年校园足球特色学校，42所中小学成为省级校园足球特色学校。

·幼儿教育·

【幼儿教育概况】 2015年，杭州市有幼儿园910所，在园幼儿（含符合条件的进城务工人员随迁子女）31.34万人，教职工3.82万人。其中学前三年在园幼儿（含符合条件的进城务工人员随迁子女）30.4万人，比上年（指2014年，下同）增加2.29万人；小班在园幼儿10.2万人，增加9289人。全市3周岁~5周岁杭州市户籍幼儿入园率98.8%，全市等级幼儿园在园幼儿覆盖率98.2%，优质学前教育覆盖率78.6%。

【幼儿园等级评估】 2015年，杭州市主城区新评定行知幼儿园婺江园区等甲级幼儿园（园区）27个，累计232个。杭州市萧山区河庄中心幼儿园等22所幼儿园（园区）被认定为省二级幼儿园；杭州市培红幼儿园亲亲园区等20所幼儿园被认定为省一级幼儿园。全市省等级幼儿园在园幼儿覆盖率97.3%，其中省一级、省二级幼儿园在园幼儿覆盖率75%。

【学前教育先进乡镇（街道）创建活动】 11月，经市政府教育督导室评估认定，百丈镇、太湖源镇、分水镇、大洋镇、姜家镇、大墅镇、左口乡成为2015年杭州市学前教育先进乡镇（街道）。4月，市政府命名临安市为杭州市学前教育强县（区、市），淳安县、杭州经济技术开发区为杭州市学前教育合格县（区、市）。全市杭州市学前教育强县（区、市）10个、合格县（区、市）4个。92%的乡镇（街道）成为学前教育达标乡镇（街道），其中学前教育先进乡镇（街道）占70%。

·义务教育·

【义务教育概况】 2015年，杭州市有小学（含九年一贯制学校小学部）443所，在校生52.45万人；初中（含九年一贯制学校）243所，在校生21.13万人；特殊教育学校14所，在校生1582人（不含工读学校学生）。其中，民办小学12所、民办初中47所（含九年一贯制学校），在校生10.75万人。全市义务教育阶段接纳进城务工人员随迁子女26.71万人，占在读学生人数的36.3%。其中，全市新招收一年级进城务工人员随迁子女3.8万人。

【义务教育阶段学校“三同步”建设】 4月30日，市政府办公厅印发《2015~2017年杭州市城区义务教育规划配套学校实施项目建设计

2015年杭州市各类中小学、幼儿园情况

表 67

学校类别		学校数（所）	毕业生数（人）	招生数（人）	在校生（在园幼儿）数	
					2015年(人)	为上年(%)
普通高中	全市	75	37 303	37 642	109 983	99.55
	主城区	29	11 798	13 434	36 962	109.91
	市属	14	8 481	9 786	26 742	104.18
职业高中	全市	32	22 038	20 623	62 092	95.74
	主城区	12	6 430	6 912	19 662	100.77
	市属	8	4 981	5 338	15 154	101.00
中等专业学校	全市	7	1 134	1 568	3 968	99.85
技工学校	全市	18	6 263	9 019	24 722	97.41
初中	全市	243	69 200	69 563	211 323	98.78
	主城区	92	25 427	25 352	78 527	106.96
小学	全市	443	71 398	96 172	524 513	104.34
	主城区	144	25 129	40 388	206 927	115.11
幼儿园	全市	910	91 886	107 449	313 385	106.22
	主城区	352	39 092	49 518	137 241	114.14
盲聋哑学校	全市	2	84	46	468	93.23
智障儿童学校	全市	12	159	159	1 114	100.72
工读学校	全市	1	144	174	334	109.87

划》，明确主城区3年内开建105所学校的建设任务，至2020年全部建成，落实配套学校（幼儿园）与住宅小区“三同步”（同步规划、同步建设、同步交付）原则。2015年，小学和初中竣工11所，在建24所。

【义务教育课程改革深化】 2015年，经各区县（市）教育局（社会发展局）推荐，全市有55所中小学申报第二批深化义务教育课程改革试点，经评选产生试点学校26所。组织全市第二次小班化教育实验学校复核与认定工作，对2010年认定的78所小班化教育实验学校进行实地核查、集中评议、公示，复核认定63所。新认定小班化教育实验学校25所，全市创建小班化教育实验学校88所。举办深化义务教育课程改革动员会和第八次、第九次“轻负高质”联系学校现场会，组织初中校长暑期学习班、小学校长深化课程改革学习会和小学“零起点”教学研讨会，深化义务教育课程改革。

【中小学教育质量监测体系完善】 2015年，市教育局探索适应新课程改革理念的教育教学质量监测体系，开展初三“后三分之一”学生学业成绩抽测和学生体能素质测试，引导学校教师关注全体学生和学生全面素质的培养。委托上海教育科学研究院组织开展市区初中学校学生课业负担监测和家长满意度调查，有效监控并切实减轻学生课业负担。组织开展艺术素养监测，每个区县（市）随机抽取5所学校（3所小学、2所初中学校，其中：城镇1所小学、1所初中，农村2所小学、1所初中），每所学校随机抽取相关年级2个班级各30名学生，分别进行美术和音乐测试，对测试结果排名前6位的区县（市）和成绩优秀的学校予以通报。

·普通高中教育·

【普通高中教育概况】 2015年，杭州市普通高中（含完全中学、十二年一贯制学校）75所，在校生11万人，专任教师9630人。全市初中毕业生升入各类高中比例99.7%，高中教育优质覆盖率86.4%。

杭州市改革完善市区各类高中招生政策和实施办法，继续实行网上填报志愿、网上评卷、网上查分、网上直播录取的招生办法，确保初中毕业升学考试和高中招生录取工作的公开、公平、公正。市区提前自主招生仅保留省一级重点中学和省一级普通高中特色示范学校招收保送生及中等职业学校提前自主招生两类。保送生招生比例由40%提高到50%，两类提前自主招生共录取9000多人。按照学生初中毕业升学考试成绩、术科（专业水平）测试成绩等按一定权重组成考核总分进行录取的原则，特长生、中外合作班、提前批特色班共录取868人。杭州大江东产业集聚区首次纳入主城区高中一体化招生，主城区与萧山、余杭两区优质高中试行双向定额招生。9月，杭州高级中学钱江校区、浙江大学附属中学丁兰校区启用并开始招生。

【普通高中课程改革推进】 2015年，杭州市持续推进普通高中课程改革和适应高考招生综合改革，结合师资、场地、生源等实际情况，开展必修分层走班教学。完善生涯规划教育和指导，优化学生管理机制，完善走班教学下的学校教育管理制度。通过研讨会等形式，总结、交流、分享各校在高考招生制度改革背景下，课程改革、教学安排等方面的成功经验和做法。指导学校做好学生综合素质评价，督促学校完善综合素质评价实施细则，并按规范程序做好评定及记录。

【省特色示范学校创建】 杭州市参与浙江省开展的新一轮以课程特色为主要内容的普通高中特色示范学校创建活动。2015年，浙江大学附属中学、杭州学军中学、杭州市长河高级中学、杭州第四中学、杭州市源清中学、萧山中学、余杭第二高级中学、富阳第二中学8所学校被省教育厅认定为省一级普通高中特色示范学校。杭州第九中学、杭州第十一中学、杭州市夏衍中学、萧山区第六高级中学、萧山区第八高级中学、萧山区第十高级中学、杭州市瓶窑中学、淳安县汾口中学、富阳区新登中学、富阳区场口中学、临安中学、临安市於潜中学12所学校成为省二级普通高中特色示范学校。全市有省一级普通高中特色示范学校16所（含杭州外国语学校），省二级普通高中特色示范学校18所。

【普通高中创新实验室建设】 普通高中创新实验室建设以学科核心观念、思想和方法为指导，恰当配置和使用仪器设备和技术，组织开展研究性教与学活动，培养学生学习兴趣和探究创新精神，提高学生研究性学习能力和综合素养。2015年，全市普通高中学校共申报创新实验室建设项目25个，涵盖物理、生物、化学、通用技术、机器人、3D建模、影视和移动互联应用等领域，落实省级资助经费572万元，市财政配套资金595万元，累计建设资金1637万元。

·中等职业技术教育·

【中等职业技术教育概况】 杭州市有独立设置的中等职业学校45所（不含技工学校），其中职业高中32所、普通中专7所、成人中专6所。在校生7.04万人（不含技工学校及成人中专非全日制学生），专任教师5006人（不含技工学校）。

2015年，中等职业技术“五年一贯制”、“3+2”教育班提前自主招生比率提高到50%，招收1070人，中等职业学校提前自主招生6920人。全市有国家改革发展示范学校4所，省级改革发展示范学校14所，有市级及以上示范专业72个（其中国家级3个、省级46个）。新增省级实训基地2个，累计市级及以上实训基地62个（其中国家级5个、省级39个）。7月，经省教育厅和省财政厅共同考核，杭州市获“2014年度职业教育发展优秀单位”称号。7月，杭州市人民政府印发《关于加快发展现代职业教育的意见》，并召开全市职业教育电视电话会议。根据会议精神，杭州市教育体制改革领导小组办公室印发《杭州市职业教育工作重点任务分工安排》。

【中等职业教育选择性课程改革】 根据省教育厅课改总体部署和《浙江省中等职业教育课程改革方案》的要求，杭州市推进选择性课程改革。5月，市教育局出台《杭州市加快推进中等职业教育课程改革实施意见》，配套出台“选课制”“学分折算制”“导师制”3个实施细则。9月，以杭州市6所省级中等职业教育课程改革试点学校为龙头，全市34所中等职业学校推进选择性课改，形成“区市县联动、区域推进、同步实施”的课改格局。

【职业教育现代学徒制试点项目】 9月，杭州市向教育部申报“教育部首批职业教育现代学徒制试点项目”，成为全国17个以地级市为单位的现代学徒制试点单位之一。在全市范围内推进现代学徒制国家级改革试点，探索形成与行业企业联合培养学徒的一体化人才培养模式。部分试点学校的现代学徒制人才培养模式初步成型并显现特色，如杭州市中策职业学校的“中职烹饪专业双轨制滚动式”学徒培养模式，杭州西湖职业高级中学的“塔型学徒制”的育人模式。

【中等职业学校师生技能竞赛】 8月，在全国职业院校技能大赛中，杭州市获金牌9枚、银牌15枚和铜牌12枚。杭州西湖职业高级中学作为浙江省代表参加国家级一类竞赛，并获冠军。杭州技师学院选手获第43届世界技能大赛汽车喷漆项目金牌。在浙江省中等职业学校学生技能大赛暨全国职业院校技能大赛选拔赛及“面向人人”赛中，杭州市获金牌32枚、银牌39枚和铜牌45枚，并在“面向人人”赛类别上，以总分898.55分列第一位。在浙江省中等职业学校专业教师技能大赛7个赛项中获一等奖5个、二等奖7个、三等奖5个，6位教师获“浙江省技术能手”称号。

·高等教育·

【高等教育概况】 2015年，在杭州全日制普通高校39所，在校生（含研究生）47.56万人。其中：部、省属高校33所，在校生（含研究生）40.19万人；市属高校6所，在校生（含研究生）7.37万人。杭州市高等教育毛入学率60.4%。

杭州市继续实施扶持市属高校人才队伍建设6项计划，完成年度“西湖学者”“西湖鲁班”的评审工作，引进高层次人才4人。完成优秀中青年教师赴海外研修人选的申报评审工作，支持10名优秀中青年教师赴海外研修。人才队伍建设项目扶持经费342万元。

【市属高校重点项目建设】 2015年，杭州市推进市属高校重点项目建设，对立项建设的15个市级重点学科、5个重中之重学科、10个重点实验室、5个重中之重实验室、10个重点专业、10个特色专业和6个重点实训基地进行年度检查，并根据检查结果，落实建设经费1315万元。围绕信息类专业继续开展市级精品课程建设，专项扶持一批以云计算、大数据、物联网、移动互联网等为代表的信息技术类精品课程，立项建设精品课程25门，每门扶持经费2万元。对市属高校2015年度获得的国家级和省部级重点项目，组织申报审核，并会同市财政局落实配套经费1836.5万元。

【市属高校产学对接网络服务平台建成】 9月，杭州市属高校产学对接网络服务平台建成，高校、企业、行业及有关部门可在平台上发布或获取科研、人才等方面的供需信息，实现信息资源及时、有效的共享，提高服务精准性。市教育局和市国资委建立推进市属高校与市属国企合作协同机制，组织16个大型市属国企与市属高校建立结对关系。各市属高校分别推出1个~2个二级学院进行校企合作试点，为市属高校整体推进应用型建设积累经验、提供样本。

11月27日，首届市属高校科技成果推介会在杭州师范大学举行。推介会向企业推出116项市属高校优秀科技成果，其中重点展示和推介10项科技成果。在推介会现场，7项科技成果进行转让签约，3个科技合作平台进行合作签约。杭州市市属高校立项建设特需专业15个，中等和高等职业教育衔接示范专业5个和培育专业5个，校企共建校内实训基地20个，技能名师工作室30个，示范性职工培训中心10个，优秀中青年教师进企业服务70人。

【非学历高等教育机构管理】 4月，市教育局对杭州师范大学、杭州江南专修学院等9个举办全日制自考助学的机构进行2014年度综合评估工作，核定2015年招生计划数。对16所民办非学历高等教育机构和5个社会组织进行2014年度检查初审，其中15所学校和5个社会组织

2015 年杭州市普通高校本专科学生基本情况

表 68

学校名称	毕业生数（人）	招生数（人）	在校学生数（人）
合计	111 853	122 326	425 384
浙江大学	5 349	5 868	23 897
杭州电子科技大学	4 161	4 144	16 392
浙江工业大学	5 013	4 838	20 548
浙江理工大学	4 367	4 447	17 632
浙江农林大学	3 368	3 614	14 377
浙江中医药大学	1 403	1 904	6 704
浙江工商大学	3 937	3 892	15 066
中国美术学院	2 213	1 936	7 989
中国计量学院	3 296	3 795	14 965
浙江科技学院	3 564	4 077	16 290
浙江水利水电专科学校	2 001	3 019	8 929
浙江财经学院	3 521	3 511	13 429
浙江警察学院	525	1 030	3 921
浙江传媒学院	2 588	3 538	13 884
浙江树人学院	3 664	4 046	15 278
浙江交通职业技术学院	2 882	3 054	8 874
浙江同济科技职业学院	1 815	2 069	5 885
浙江机电职业技术学院	2 627	3 522	9 442
浙江建设职业技术学院	2 657	2 786	8 026
浙江艺术职业学院	1 084	1 117	2 992
浙江经贸职业技术学院	3 121	3 209	9 100
浙江商业职业技术学院	3 602	3 726	10 510
浙江经济职业技术学院	2 732	3 045	8 484
浙江旅游职业学院	3 451	3 866	10 632
浙江警官职业学院	1 096	1 103	3 466
浙江金融职业学院	3 009	3 185	9 136
浙江医学高等专科学校	1 980	1 997	5 445
浙江长征职业技术学院	3 844	3 729	11 204
杭州电子科技大学信息工程学院	2 021	2 038	8 343
浙江理工大学科技与艺术学院	1 386	1 352	5 895
浙江中医药大学滨江学院	941	1 177	4 583
浙江工商大学杭州商学院	1 910	1 901	7 592
中国计量学院现代科技学院	1 711	1 427	6 148
浙江体育职业技术学院	223	294	756
浙江外国语学院	1 463	2 248	7 285
浙江特殊教育职业学院	182	333	777
杭州师范大学	3 909	4 870	17 499
浙江大学城市学院	3 000	3 280	13 245
杭州师范大学钱江学院	2 197	2 196	8 804
杭州职业技术学院	2 985	3 443	9 723
杭州科技职业技术学院	2 924	3 212	9 070
杭州万向职业技术学院	1 798	2 192	6 475
浙江育英职业技术学院	2 333	2 296	6 692

初审合格并通过市民政局的年度检查。9月，市教育局对民办非学历高等教育机构2015学年第一学期开学工作进行检查，重点检查学校开学情况、校园安全稳定情况、网络舆情管理、年初综合评估问题整改及学校发展重大隐患问题研究处理情况等方面。

（高　宁　黄海燕　吴嘉佳　蔡宇冠）

【浙江大学稳步发展】 浙江大学有紫金港、玉泉、西溪、华家池、之江、舟山等7个校区，占地面积557.04公顷，校舍总建筑面积204.79万平方米。浙江大学舟山校区（一期）建成并投入使用，占地面积32公顷。国际联合学院（海宁国际校区）筹建。图书馆总藏书量683万册，附属医院7个。设有7个学部，36个学院（系）。拥有一级学科国家重点学科14个，二级学科国家重点学科21个。

浙江大学有全日制在校学生4.73万人，其中硕士研究生1.43万人、博士研究生9153人、本科生2.39万人。在校留学生（含非学历留学生）5849人。至年末，学校毕业生初次就业率98.4%。本科毕业生海内外深造比例58.3%。学校有专任教师3601人，其中教授及其他正高职人员1552人。全年引进教师133名，其中获得海外博士学位比例占35%。

全年科研经费33.16亿元，比上年增长6.25%。在研千万级项目121个。获国家自然科学基金项目733个，资助总金额4.56亿元；获国家社科基金项目（不含重大、单列学科项目）34个。获授权国家专利2614件，增长25.7%。其中，获授权发明专利1798件。

浙江大学组织编制《浙江大学"十三五"发展规划（2016～2020年）》以及10个分项规划、36个院系规划。2014年12月31日，国家教育体制改革领导小组办公室同意备案《浙江大学综合改革方案》。2015年2月4日，浙江大学成立综合改革领导小组，并成立教育教学、学科、人才、科研与社会服务、办学体系、管理服务等7个专项组和综合组。6月18日，印发《浙江大学关于做好学校综合改革实施工作的通知》。按照综合改革实施框架，分解成"招生制度改革""本科课程教学模式改革"等54个项目。6月10日，"创新三全育人新机制，构筑亦师亦友新文化——浙江大学'新生之友'育人实践项目"获教育部第八届高校校园文化建设优秀成果特等奖。

浙江大学加快推进海宁国际校区和国际联合学院建设，省部共建"浙江大学国家高水平中外合作办学实验基地"达成共识。与英国爱丁堡大学、美国伊利诺伊大学香槟分校合作办学项目进入教育部审批流程。全年接待海外访问团组1325人次，全校师生海外学习交流总数7295人次，其中学生赴海外学习交流4156人次。

【浙江大学4名教师当选院士】 12月7日，浙江大学教师罗民兴、杨树锋、陈云敏当选中国科学院院士，陈纯当选中国工程院院士。

罗民兴是物理学系教授，主要从事量子场论和基本粒子物理理论的研究。他在标准模型与弱电实验分析方面的研究成果是粒子物理学近25年来的重要进展之一。

杨树锋是地球科学学院教授，提出"对花岗岩带的形成机理和板块运动成因关系"的新理论，并以此获得1987年度国家自然科学三等奖。享受政府特殊津贴，并获国务院"有突出贡献中国博士学位获得者"称号。

陈云敏是建筑工程学院教授，长期从事软弱土静动力固结、降解固结理论和灾害防控技术的研究。2004年，他获国家杰出青年科学基金，2005年入选教育部"长江学者"，2011年成为"973计划"项目首席科学家。

陈纯是计算机科学与技术学院教授，长期从事计算机应用领域的前沿研究，致力于将高水平的研究成果应用于轻工和纺织业的改造和提升，在大型智能轻纺装备的原始创新上屡获突破。

【"紫金创业元空间"启用】 8月，大学生创业实践基地"紫金创业元空间"启用。"元空间"位于浙江大学紫金港校区月牙楼，占地面积800平方米。采用全开间、开放式的设计方式，共设计120多个创业工位。在功能区块上包括创业团队办公区、公共会议（展示）区、创业团队交流区等，为在校学生从创业点子团队到相对成熟的创业项目团队提供创业实践的平台和空间。33个创业团队和6个学生创业组织入驻。7月，浙江大学被教育部评选为"全国高校实践育人创新创业基地"。在校生及毕业一年内学生的创业团队融资总额超过2亿元。浙江大学学生获首届全国"互联网+"创新创业大赛总决赛冠军、国际公益创业峰会冠军、第二届全球重大挑战峰会金奖。

【浙江大学学生获国际学科竞赛特等奖】 2015年，浙江大学学生在各类学科竞赛中，获国际特等奖1个、一等奖47个，包括国际大学生数学建模竞赛特等奖、国际基因机器设计大赛（iGEM）金牌、ASC世界大学生超级计算机竞赛总决赛一等奖、机器人世界杯足球赛RoboCup小型组季军和小型仿人组亚军以及德国红点概念设计大奖6个。9月，由15名本科生组成的浙江大学团队ZJU-China再次获得国际基因机器设计大赛（iGEM）金牌。浙江大学学生获全国特等奖4个、一等奖10个。

【联合国教科文组织收藏《宋画全集》《元画全集》】 10月14日，联合国教科文组织接受由浙江大学和浙江省文物局编纂、浙江大学出版社出版的《中国历代绘画大系》之《宋画全集》《元画全集》（各1套）的捐赠。《中国历代绘画大系》搜集中国从战国至清代2000多年的中国视觉文化，全书完整出版约150册。《宋画全集》被美国、加拿大、日本等国家的近120个图书馆、博物馆、美术馆等文化机构收藏。10月15日，法国国家图书馆正式接受《宋画全集》《元画全集》的捐赠。

【"一带一路"合作与发展协同创新中心理事会】 6月6日，"一带一路"合作与发展协同创新中心理事会在浙江大学玉泉校区举行。与会代表审议并通过了《"一带一路"合作与发展协同创新中心章程》，以及中心理事会、中心学术委员会和中心管理委员会名单。各理事单位代表签署该中心建设的纲领性文件——《杭州宣言》。中心3位轮值理事长向各理事颁发聘书。

该中心于2014年12月成立，由浙江大学、北京大学、中国科学院地理科学与资源研究所联合牵头，中山大学、中国社会科学院亚太与全球战略研究院、云南大学、北京语言大学、国家海洋局第二海洋研究所、塔里木大学、敦煌研究院等7个核心协同单位以及宁夏大学等20多个协同单位共同组建而成。中心聚焦"一带一路"战略所涉及重要领域亟须解决的重大理论和现实问题，开展基础性、战略性和前瞻性研究。

【浙江大学人文高等研究院揭牌】 8月1日，浙江大学人文高等研究院在之江校区成立，浙江大学副校长罗卫东和国家"千人计划"学者、美国芝加哥大学教授赵鼎新共同担任院长。研究院以整合学术资源、创建人文社科重大基础性问题研究平台，推动原创性研究路径和思想，增强人文学科、社会科学、自然科学之间的跨学科研究为目标，开展驻访学者、驻院研究员和讲座教授等项目。其中，驻访学者项目每年分批邀请在学界崭露头角或经人文高等研究院学术委员会认定有潜力的学者入驻，并从事学术研究。来自北京大学、清华大学、浙江大学、复旦大学、南京大学、台湾大学、辅仁大学以及美国佛罗里达大学等海内外16所高校的首批22位驻访学者入驻之江校区，开展学术研究，并举办近10场学术讲座、学术会议、学术论坛、学术沙龙等交流活动。

【环太平洋大学联盟博士生论坛】 11月23~27日，第十四届环太平洋大学联盟（APRU）博士生论坛在浙江大学举行，主题为“共建未来：亚太互联互通下的跨文化交流与科技合作”。论坛讨论内容主要集中在“交流”“合作”“亚太互联互通”3个关键词，以此来阐述对太平洋地区所处现状及未来的理解。清华大学副校长施一公，浙江大学求是高等研究院院长徐立之和阿里巴巴集团首席技术官王坚等做主论坛演讲。来自其他院校的60多名博士生参与活动，通过学术主论坛、学术论文发表、专题讲座、学术分论坛、博士生职业生涯规划沙龙、企业文化参访以及艺术表演等活动进行交流。

▶▶资料：环太平洋大学联盟

环太平洋大学联盟（Association of Pacific Rim University，简称APRU）成立于1997年。联盟的宗旨是“发展（会员学校间的）教育、研究和创新的合作，为亚太地区的经济、科技和文化的进步做贡献”，有45所会员学校。联盟的目的是为太平洋地区的综合研究型大学的校长们建立一个相互交流思路并协同发展的平台，推动环太平洋地区经济体在科学、教育和文化方面的合作。博士生论坛（Doctoral Students Conference，简称DSC）是联盟成员大学中最重要的一项活动，旨在为博士生们提供一个分享学术圈内外职业规划、促进博士生沟通交流、对正在进行的研究工作征集建设性同行意见的平台。

【浙江大学李达三·叶耀珍再生医学发展基金成立】 10月26日，李达三受聘浙江大学校董典礼在香港举行。浙江大学党委书记金德水为李达三颁发校董聘书、铭牌和佩戴校徽。李达三夫妇向浙江大学捐赠人民币1亿元，作为“浙江大学李达三·叶耀珍再生医学发展基金”，专门用于浙江大学再生医学研究中心建设，支持再生医学研究。金德水代表浙江大学接受捐赠，并向李达三夫妇颁发捐赠证书及捐赠铭牌。

【浙江大学舟山校区（一期）工程投入使用】 8月30日，舟山市政府和浙江大学正式交接舟山校区（一期）工程，并签署新一轮合作框架协议和出台合作五年行动计划。该校区位于舟山市惠民桥区块，由舟山市政府出资建设，一期工程总建筑面积19.16万平方米，其中地上建筑面积16.76万平方米、地下建筑面积2.40万平方米。有主要单体建筑16个，包括体育中心、图书馆、国际交流中心、海洋科学实验室与综合办公楼等。（楼建晴 张 黎）

【中国美术学院加快发展】 中国美术学院（简称中国美院）校园占地面积66.67公顷，建筑面积近30万平方米，拥有杭州南山、象山和上海张江三大校区，设有18个直属院系（部）及1所附属中等美术学校。在校本科生6776人，研究生1148人，专科生1213人，全日制继续教育生459人，留学生（包含短期生）623人。教职工1001人，其中正高级职称106人、副高级职称204人。2015年，毕业研究生297人、本科生1720人、专科生634人，就业率92.3%。建有15个研究中心、5个研究院、2个协同创新中心。新增跨媒体艺术专业。设立全国生源基地（培育）实验学校30所。

中国美院编制《中国美术学院建设规划（2015~2020）》。制定《中国美术学院章程》，并经教代会审议通过。补充教职工2人，其中引进高层次人才1人；跨媒体艺术学院和视觉中国研究院按新机制引进人才11人。选派青年教师出国研修（含赴国外攻读博士学位1人）4人、参加国内访问学者5人。博士后流动站新招收2人，期满考核出站1人。5个课题获国家级立项，8个课题获省部级立项，34个课题获厅局级立项。4个项目获国家艺术基金资助项目立项。至年末，4个国家级课题、10个省部级课题、19个厅局级课题和21个院级课题获准结题。

“城市设计专业建设与浙江省新型城镇化建设的协调发展研究”等6个项目被评为2015年度“浙江省高等教育教学改革项目”，“服务设计跨学科创新能力训练教学改革”等15个项目被评为“浙江省高等教

9月20日，中国美术学院民族艺术博物馆正式开馆。图为民族艺术博物馆俯瞰（中国美术学院 供稿）

12月15日，“绘兵纪——纪念中国人民抗日战争胜利暨世界反法西斯战争胜利70周年作品展”在浙江美术馆开幕　　（中国美术学院 供稿）

育课堂教学改革项目”。3月，跨媒体艺术虚拟仿真实验教学中心获国家级立项。造型艺术实验中心获批第二轮国家级示范中心。“艺术哲学与文化创新研究院”获批省哲学社科培育研究基地。11月，中国美院成立创业学院，设立“梦想盒子”校园孵化基地。《中华竹韵》获第七届高校科研优秀成果奖。《大家小书·千字文》《吴昌硕全集·篆刻卷》两部出版物获第24届全国优秀美术图书金牛奖银奖。

中国美院与加拿大艾米丽·卡尔艺术与设计大学等4所国际学校签订校际交流协议。举办大型涉外展览和研讨会8个。接待来访外宾300多人次，接收境外文教专家讲学40多人次，境外校际交换生20人。建设中国文化艺术来华留学教育基地，新增5个海外招生点。留学生人数占在校生总数的9.4%。中德学院新增与安哈特应用技术大学合作的“建筑遗产保护”硕士学位教育项目。

【“时代领跑者”美术创作工程】
2014年11月，中国美术学院接受中国文学艺术界联合、中华全国总工会、中国关心下一代工作委员会的委托，承担为60位劳模画像的“时代领跑者”创作工程任务。该项目被列入中国文联2014年“中国梦”主题创作重点支持项目。2015年4月，创作工程完成。创作5幅画作，其中2米×8米油画3幅，2米×8米国画和2米×16米国画各1幅。60位劳模依次出现在五幅画作中，所绘人物与真人同比等高。4月27日至5月6日，该创作工程作品在中国国家博物馆展出。中国国家博物馆决定出资收藏，并永久展陈。

【“天地绘心——中国画学国美之路”大型学术展】 11月26日，由中国美院主办的“天地绘心——中国画学国美之路”大型学术展在中国美院美术馆开幕。展览分为“立心”“继学”“拓疆”“增峰”4个篇章，展现中国美术学院中国画教学与创作87年历史进程中的学脉传承、教学实践、画学思想。展览共展出曾在中国美术学院中国画系任教的100多位教师的画作、画学著述以及文字手稿，共200多件作品。展览梳理了20世纪中国近现代美术史发展的脉络，呈现中国画创作中的视觉艺术。

【中国美院民族艺术博物馆开馆】
9月20日，中国美院民族艺术博物馆正式开馆，并举办开馆展。民族艺术博物馆由日本建筑师限研吾领衔设计，总用地面积1.22万平方米，总建筑面积4936平方米，其中展区面积1667平方米，另设学术报告厅和会议室。民族艺术博物馆以中国传统物质文化、设计思想为收藏、展示和研究对象，致力于中国手工艺文化的承继、活化和再生。有以中国各地不同风格皮影艺术为主的，兼顾民间家具、窗格、器用、民族服饰、木版年画、剪纸、刺绣等收藏品，共4.5万件。开馆展主题为“天工开物——江南乡村工艺的世界”，分“百椅百态”“日用即道”“格物之知”3个部分，展出江南民间坐具、窗格、器具。博物馆的常设展览为“光影世象”。民族艺术博物馆的建筑获“2015CIDA中国室内设计公共空间大奖”、IDEAT理想家未来大奖“最佳建筑设计”奖。开馆展被评为“2015年度国家重点美术馆优秀展览项目”。

【浙江省抗战老兵绘画肖像活动】
10月，中国美院接受浙江省归国华侨联合会、民革浙江省委员会、浙江省民政厅等单位的委托，为浙江省抗战老兵绘画肖像。创作活动由中国美术学院专业基础部和中国美术学院上海设计学院一年级新生完成，以素描的方式创作浙江省抗战老兵肖像1500多幅。12月15日，由活动发起单位及浙江美术馆、浙江省美术家协会共同主办的“绘兵纪——纪念中国人民抗日战争胜利暨世界反法西斯战争胜利70周年作品展”在浙江美术馆举行，共展出本次创作活动中的300多幅优秀作品。《绘兵纪》画册同期发行。

【克孜尔石窟壁画国际学术研讨会】 10月21日，中国美院、新疆维吾尔自治区阿克苏地委宣传部、新疆维吾尔自治区文物局、浙江省归国华侨联合会主办的“丝路·思路”——克孜尔石窟壁画国际学术研讨会在中国美院南山校区开幕，为期3天。研讨会分为“丝绸之路与佛教艺术传播、龟兹人文地理和民俗艺术”“克孜尔石窟壁画考古与艺术研究”“克孜尔石窟壁画与欧亚国家文化艺术的互动”“克孜尔壁画海外流失部分研究”“古代壁画的保护与修复”5个板块。来自中国、美国、德国、英国、意大利、日本等11个国家和地区的100多位专家、学者参加。交流的国内外学术论文40多篇，从多学科、多角度对包括克孜尔石窟在内的龟兹石窟，以及丝绸之路历史、文化、艺术等方面进行探讨。研讨会期间，举办“千年叙述——中国岩彩绘画作品文献展”，展出新疆龟兹研究院和中国美院老、中、青三代画家300多件壁画作品和相关文献。

【IMPACT国际版画会议】 9月22～26日，第九届IMPACT国际版画会议在中国美院南山校区举行，来自20多个国家的200多位艺术家、学者与会。会议主题为“后印刷时代的版画——当代社会与艺术环境下的版画问题与方法”，议题包括“版画的文化地位和意义建构”“传统手工印刷的版画技术在当下的意义”“数字技术给版画创作带来的影响”“后印刷时代版画面临的危机”。会议由学术论文、说明性演讲、主题讨论、展览、开放对话、工作室演示项目和版画器材展示等内容构成。展览部分包括“后印刷——第一届CAA国际版画双年展”“守望刀版——中国八大美院的版画专业”“生长的传统——缙云活字·紫竹斋·德格印经院”“我在——2015海峡两岸版画艺术工作室作品联展”等系列专题展览，展出作品1000多件。

▶▶资料：IMPACT国际版画会议

IMPACT国际版画会议由英国西英格兰大学Stephen Hoskins等教授于20世纪90年代初期倡议发起。“IMPACT”一词，是英语“国际的”（International）、“跨学科的”（Multi-disciplinary）、“版画”（Printmaking）、“艺术家”（Artists）、“观念”（Concepts）和“技术”（Techniques）6个词首个字母的缩写组成。该会议旨在当代新媒体的背景下，建立一个不局限于专业版画家的更大范围的版画学术讨论和批评平台。

【万隆·第三世界六十年国际论坛】 4月18～19日，万隆·第三世界六十年国际论坛在中国美院象山校区举行。论坛由中国美院和亚际书院主办、中国美院视觉中国研究院与台湾交通大学亚太/文化研究室承办，30多名专家学者参加。论坛围绕反殖民、发展、团结以及中国在世界中的作用等议题展开4场专题讨论与1场圆桌会议，集中梳理“第三世界”在过去六十年中的知识积累与思想变化，探索其中多异的思维模式与多元的知识系统。论坛集结专家学者相关论文编辑成《第三世界六十年》一书。 （徐国强 王良贵）

【杭州师范大学稳步发展】 2015年，杭州师范大学（简称杭师大）有仓前、下沙、玉皇山、古荡湾等校区，占地面积202.46公顷，校舍面积73.46万平方米，教学科研仪器设备价值6.2亿元，图书馆藏书248.1万册。杭师大设18个学院、1个基础教学部、1个国有民办独立学院（钱江学院）和1个直属附属医院（杭州市第二人民医院）。全日制在校生1.88万人（不含钱江学院本科生8964人），其中博士研究生7人、硕士研究生2148人、本科生1.60万人、学历留学生141人。有教师1671人，其中专任教师1511人。本科生就业率97.3%、签约率83.1%；研究生就业率98.0%、签约率78.8%。有服务国家特殊需求博士人才培养项目1个、一级学科硕士点19个、二级学科硕士点（不含一级学科覆盖点）6个、专业硕士点6个和中外合作培养教育领导学硕士项目1个。有本科专业69个，其中国家级重点专业5个、省级重点专业33个。有国家级精品课程7门、省级精品课程27门。有国家级实验教学示范中心2个、省级实验教学示范中心8个。有教育部工程中心等省部级重点实验室11个、省部级创新团队8个。科学运动与健身技能虚拟仿真实验教学中心获批成为国家级虚拟仿真实验教学中心。5月，大学生心理健康教育与咨询中心获“全国大学生心理健康教育工作优秀机构”称号。1月26日，杭师大“六艺节”品牌文化活动项目入选全国高校“礼敬中华优秀传统文化”特色展示项目。

12月，杭州师范大学基本完成“十三五”总体规划编制1个、专项规划编制6个和学院规划编制19个。5月28日，仓前校区二期B1区块建设项目开工。至年末，仓前校区二期建设项目除D1区块外的其他区块获初步设计批复，准备施工前期报批工作。12月，临床医学院教学综合楼工程项目可行性研究调整通过申请，初步设计方案获批复。

【杭师大文化创意学院成立】 6月26日，杭州师范大学文化创意学院正式成立。该学院设立动画、文化产业管理等专业。学院与市委宣传部（市文创办）合作，联合社会各界专家、企业机构，打造成为杭州文创产业发展的专家智库、理论研究基地和人才培养基地。揭牌仪式上，市委宣传部与杭师大签署市校合作共建文化创意学院的战略框架协议。杭州师范大学推荐的学生，可到市委宣传部（市文创办）认定的大学生实习实训基地及创新创业基地开展社会调查、理论研究、毕业实习、创业教育、志愿服务等社会实践活动。

1月26日，杭州师范大学“六艺节”品牌文化活动项目入选全国高校“礼敬中华优秀传统文化”特色展示项目。图为活动展示现场 （杭州师范大学 供稿）

【人才培养质量提高】 杭师大推进与阿里巴巴集团在人才培养方面合作，双方共建电子商务、市场营销、物流管理、国际商务等专业。由阿里巴巴集团管理人员和杭师大教师组建“双班主任”和“双导师”，共同管理电子商务专业学生，参与招生、课程、企业实习、毕业论文和学科竞赛等教学全过程评价。6月，杭师大制定《关于研究生教育转型发展综合改革的指导意见》，以服务需求和提升职业能力为导向，推行“联培工作站+双导师”制的研究生分类培养体系。注重学术学位研究生科研创新能力培养，研究生在各类学术期刊发表论文215篇，其中在核心期刊发表论文40篇。杭师大与上城区教育局等单位建立联合培养工作站，选派65名研究生到工作站进行实践训练。10月，杭师大在首届全国全日制教育硕士小学教育专业教学技能大赛中获一等奖4个。11月，开始实施本科生卓越教师培养计划，重点建设“八个专业、四个学科、一个平台”（小学教育、特殊教育、数学与应用数学、物理学、英语、人文教育、汉语言文学、科学教育8个专业，课程与教学论、道德教育、教育史、教师教育4个学科以及教师教育共享平台）。

【杭师大大学生创业园建成】 8月，杭师大大学生创业园建成，并被市人力社保局评为杭州市大学生创业园，获100万元经费支持。创业园面积7500平方米，入驻项目63个。11月，杭师大出台关于加强大学生创新创业工作的实施意见。完善国家、省、校三级创新创业项目训练体系，立项实施国家级大学生创新创业训练计划项目51个、省级项目85个。近1000名学生参加53个省级以上学科竞赛项目（不含体育竞赛），获奖数230个，获奖率比上年增长42%。其中，获国家一等奖3个、二等奖14个、三等奖8个以及省一等奖59个、二等奖62个、三等奖84个。

【“攀登工程”二期项目实施】 1月，“攀登工程”二期项目启动实施，投入资金1.3亿元。项目以学科为载体，主要培育“学术研究类”“应用服务类”“传统特色类”等学科建设工程，立项项目8个。其中，“高水平外语学科培育”等学术研究类项目4个，“美育与艺术教育建设”等传统特色类项目2个，“基于区域发展的老年护理学科人才培养体系建设”等应用服务类项目2个。加强学科建设的比较分析和科学评价，完成各级重点学科、体育硕士和艺术硕士专业的专项评估考核。12月，杭师大8个A类一流学科、6个B类一流学科通过专家组评审。

【科研水平提升】 2015年，杭师大科研经费1.4亿元。获国家自然科学基金项目45个，其中国家杰出青年科学基金项目1个。获国家社科基金项目15个。获中国专利优秀奖1个，省科学技术二等奖1个。被《科学引文索引》和《社会科学引文索引》收录论文688篇。获授权专利244个，其中发明专利84个。获教育部优秀社科成果奖二等奖2个、三等奖2个；获省社科优秀成果奖18个，其中一等奖4个。4月，杭师大建立大型仪器开放共享系统，提高大型仪器使用效率。12月，省氟硅精细化学品及材料制造协同创新中心通过省教育厅专家组评审。杭师大成立生命科学研究院、心理科学研究院、中西医结合防治癌症新药物新技术转化研究中心。

6月26日，杭州师范大学在仓前校区举行文化创意学院揭牌仪式

（杭州师范大学 供稿）

【产学研平台建设】 2015年，杭师大成立3个产学研平台：与杭州数梦工程科技有限公司（数梦工场）联合成立“杭师大数梦云计算平台”工程中心，与杭州脉讯科技有限公司联合成立“杭师大—脉讯密码与网络安全研究中心”，与9个企业联合成立浙江生物医药产业糖苷类药物研发产学研联盟。实施青年教师“进企入园”工程，首批选派23名青年教师开展产学研践习。11月12日，杭师大科技园被省科技厅认定为省级科技企业孵化器。杭师大推进省高校产学研联盟杭州城西中心建设。6月和7月，分别组织高校专家和教授开展“城西行”和“临安行”活动，9名专家、教授与企业结对开展“带技术、带项目”合作的“双带”活动。2个教师团队、6个学生团队在杭州城西科创产业集聚区创办企业。

【师资队伍结构优化】 2015年，杭师大新引进教育部“长江学者”1人、国家“青年千人”1人；引进优秀青年博士31人，其中具有海外学习工作经历20人。新增入选国家杰出青年1人、省“千人计划”1人、省“151”人才工程培养3人。实施“师从名师”“师从能师”“师从良师”计划，选派113位青年教师到知名大学和科研机构开展访学研修，其中海外研修88人。组织61名青年教师进行教学能力培养。

【国际化办学推进】 2015年，杭师大与美国、英国等国家和地区的高校签署合作协议24份，新开拓合作项目院校7所。新增与国（境）外高校合作共建科研平台项目2个、国（境）外资助科研项目1个。与美国中田纳西州立大学共建的孔子学院获国家汉语国际推广领导小组办公室资助，建设中国音乐文化中心。继续实施“名师讲堂”计划，聘请长期、短期外籍文教专家和教师146人次，其中长期46人次。外籍专家获国家外国专家局文教类高端项目2个。全年267名学生出国（境）交流学习，具有1个月以上出国（境）学习经历的在校生605人，占在校生3.1%。全年共招收808名外国留学生，其中学历生150名。推进全英文授课专业建设，国际经济与贸易、计算机科学与技术2个本科专业首次招生，护理学、金融工程2个本科专业和计算机应用技术、中国研究2个硕士专业在建。

8月30日，首届浙江省“互联网+”大学生创新创业大赛颁奖典礼在杭师大举行 （杭州师范大学 供稿）

【浙江省“互联网+”大学生创新创业大赛举行】 8月28～30日，浙江省“互联网+”大学生创新创业暨首届中国“互联网+”大学生创新创业大赛浙江省选拔赛在杭师大举行。大赛由浙江省大学生科技竞赛委员会主办，以“‘互联网+’成就梦想，创新创业开辟未来”为主题。大赛分为创意组和实践组，项目涉及食品安全检测、移动医疗、视觉艺术、服务咨询、电子商务等领域。全国79所高校的1100多个项目注册参赛。经过校级选拔、省级复赛，共有73个项目（并列1项）进入决赛。经过网络评审和现场答辩环节，大赛评选产生金奖15个，银奖45个。杭师大获金奖和银奖各3个、集体奖和优秀组织奖各1个。 （罗来庚 吴家浩）

【浙江大学城市学院】 浙江大学城市学院设有计算机与计算科学学院、信息与电气工程学院、医学院、工程学院、外国语学院、商学院、传媒与人文学院、法学院和创意与艺术设计学院9个学院，40个本科专业，3个中外合作办学项目，8个课程合作项目。有专任教师689人，在校全日制普通本科生1.3万人。2015届毕业生初次就业率95.7%。

2015年，浙江大学城市学院科研经费5415.9万元。在研国家自然科学、社会科学项目32个。浙江大学城市学院入选浙江省应用型建设试点示范学校。学院的计算机科学与技术专业列入2015年浙江省本科第一批次招生。7月10日，浙江大学城市学院护理学院成立，浙江大学医学院和浙大城市学院通过专业学科协同、本科和硕士教育衔接等举措，共同打造浙江大学护理教育体系。7月8日，浙江大学城市学院—怀卡托大学联合学院签约仪式举行。11月4日，浙江大学城市学院与上海张江高科技园区开发股份有限公司共同倡议并发起成立长江经济带创新设计产业联盟，学院当选为副理事长单位。该联盟为“中国创新设计产业战略联盟”的分联盟。由学院学生组成的睿鹰车队参加2015年中国大学生F1方程式汽车大赛，位列70多所参赛高校的第21位，并获“绿色环保奖”。

【杭州科技职业技术学院（杭州广播电视大学）】 杭州科技职业技术学院（杭州广播电视大学）开设七大类31个专业，高职全日制在校生9300人。有在编教职工528人，副高级以上职称131人，专任教师298人。2015年，招收高职学生3378人。

1月，学校首部章程制定完成，并通过杭州市政府审核。7月，制定出台《关于制定2015级专业人才培养方案的指导意见》。3月，行知创业园揭牌成立，并被确立为“杭州市大学生创业园”。全年创业园新引进17个企业入驻，入驻企业总数34个（其中科技孵化企业19个），入驻企业年产值3.01亿元。学院与新西兰理工学院合作的学前教育专业项目获省教育厅批准。3月，学院启动市教育局“空中大课堂”项目承建工作。该项目搭建市民数字化学习服务平台，整合社会各类终身学习资源，构建终身学习教育资源库，建设平台PC端和移动终端应用系统，方便市民通过电脑、智能手机等方式开展个性化学习，打造杭州终身学习服务品牌。1月，国家开放大学（中央广播电视大学）公布国家数字化学习资源中心第四批分中心和应用示范点名单，杭州科技职业技术学院被批准设立“国家数字化学习资源中心”分中心和应用示范点。

【杭州职业技术学院】 杭州职业技术学院有在校生9827人，教职工679人。2015届毕业生就业率98.6%。5月，新成立二级学院——杭州动漫游戏学院。学院设有动漫设计、数字媒体艺术设计两个专业，在校生480人。1月，学院与西子航空共建的西子航空工业学院成立，设有数控技术、机械设计专业，招生人数30人。5月，学院与浙江省特种设备检验研究院共建特种设备学院。9月，学院与圣泓工业设计创意有限公司合作开设跨分院、跨专业的“互联网+设计”定制班，探索“现代学徒制”人才培养改革。6月，“友嘉机床博物馆”在杭州职业技术学院友嘉机电学院开馆。“友嘉机床博物馆”由友嘉实业集团出资筹建，设友嘉主题馆、机床发展史、机床与生活、

11月11日，2015年杭州市中职学校师生技能大赛举行　（市教育局 供稿）

机床制造工艺等7个主题区域，展示机床的发展与应用情况，旨在增进社会大众对数控机床的了解与认识、提高数控技术技能人才的培养质量。

11月11日，杭州职业技术学院非物质文化遗产传承教学创业基地挂牌成立。首批引进西泠印社金石篆刻、雕版印刷技艺、中式旗袍制作技艺、纸伞制作技艺、全形拓技艺5个项目。其代表性传承人开设“大师班”，收徒授课。7月，学院成功申报服装设计专业国家级教学资源库。11月，学院荣获“全国纺织行业技能人才培育突出贡献奖”。12月，学校入选首批“国家职业院校文化素质教育基地”。该校学生在省级以上技能大赛获奖64个，其中国家级赛事一等奖5个、省级赛事一等奖12个。2014届毕业生毕业1年后自主创业率8.8%。10月，学院创业教育成果被教育部评为全国高职创新发展“优秀案例”。

【浙江育英职业技术学院】 浙江育英职业技术学院全面实行分院建制，有民航交通、信息技术、商务贸易、经济管理、创意设计和继续教育6个分院，以及社会科学部、体育与艺术部。开设专业25个，在校师生7000多人。全院学生参加校外各项赛事98个，学生获奖708人次。12月17日，学院被民政部评为“全国先进社会组织”。9月11日，学院与杭州大江东产业集聚区管委会签订全面战略合作协议。学院将发挥专业与学科优势，在产学研合作、企事业单位职工培训、文体艺术活动等方面开展合作，推进大江东产业集聚区的人才培养、“智慧经济”、职教小镇建设和职业教育发展。12月16～18日，第二届世界互联网大会召开。民航旅游分院自8月20日起组织800多人参加互联网大会的礼仪、安检服务保障工作。

2015年，浙江育英职业技术学院完成政府、行业、企业等社会培训3.9万人次，收入270多万元。学院落实与马来西亚、泰国、日本、韩国等有关方面的合作办学协议，全年115人次出国（境）交流。3月10日，“文化创意龙华班”开学典礼在台湾龙华科技大学举行。11月，学院首次承接外国教师培训，为来自老挝教育部部属6所职业院校的10名旅游类骨干教师提供旅游产品开发、旅游市场营销等培训课程学习，历时21天。

【杭州万向职业技术学院】 杭州万向职业技术学院开展产学对接工程，成功申报产学对接校企共建校内实训基地3个、技能名师工作室4个、中高职衔接示范（培育）专业2个、特需专业1个、示范性职工培训中心1个、优秀中青年教师进企业服务工程9个，获杭州市财政支持经费259万元。实施“全人发展计划”，学生参加市级以上各类技能大赛获奖83个，其中国家级一等奖1个、三等奖1个，省级特等奖2个、一等奖7个。2015届毕业生中有128人升入本科。

学院继续开展“十万强”项目，接待11个团队、268名美国来访师生；选派6批次、99名学生赴新加坡等国家和地区的高校游学、研修；接待新加坡工艺教育学院8名学生到学校学习。推进“万向教育基金”项目。全额资助3批次、51名学生赴境外参加青年国际交流项目，4批次、72名学生参与国内人文素质提升项目。20名学生获专科升入本科奖学金，每人2.4万元；1人获海外奖学金30万元；扶持16个学生创业团队，分别给予1万元～4万元资金，共30万元。3月，学院设立“杰出贡献奖”和“专项优秀奖”，奖励在提升办学内涵、促进学院长期良性发展等方面做出贡献的优秀教职员工。2015年评出杰出贡献奖11个、专项优秀奖67个，奖励金额79.10万元。

·成人教育·

【成人教育概况】 2015年，杭州市有专修学院16所，社区学院13所，社区学校187所，乡镇成人文化技术学校147所，文化类民办培训学校507所。全市有全国社区教育示范区5个、全国社区教育实验区1个、省社区教育示范区3个、省社区教育实验区2个。有15所成人学校创建为省标准化成人学校，全市有166所省标准化成人学校。认定杭州市校企合作职工教育培训示范基地10个，示范基地总数50个。杭州市推进主城区成人双证制学历教育培训，市教育局把4100名培训任务分解到各区，落实市财政性教育补助经费419万元。2015年，全市参加双证制教育培训的学员1.2万人，其中1.13万人取得证书。

市教育局组织各区县（市）教育局及有关单位积极参加由中国成人教育协会开展的全国“百姓学习之星”评选。富阳区推荐的倪庆风被评选为2015年“百姓学习之星”（全国十强）；杭州经济技术开发区推荐的曹红星被评选为2015年“百姓学习之星”（全国百强）。开展2015年杭州市“百姓学习之星”评选，认定20人为2015年杭州市“百姓学习之星”。

【家政服务人才培养培训】 2015

年，杭州市积极扶持家政培训基地建设，上城区社区学院等24所学校（其中社区学院4所，乡镇成人学校10所，2所培训机构）被确认为省家政服务人才培养培训学校。市教育局指导开展家政服务培训，总结宣传典型案例，树立一批杭州家政培训品牌。2015年，家政培训主要专业有老年护理、烹饪、婴幼儿护理、插花等，培训2.56万人次，基本满足社会对家政服务人才的需求。

【市民数字化学习服务平台运行】市教育局启动杭州市民“空中大课堂”（市民数字化学习服务平台）建设工程。该项目由杭州社区大学承建，以市民需要为导向，坚持社会效益优先、政府主导、部门负责、社会参与，旨在提供各类免费学习资源，满足市民各类学习需求。市教育局成立市民数字化学习服务平台建设工程领导小组，组织杭州市广播电视大学制订《市民数字化学习服务平台建设方案》并推进。10月23日，在2015年杭州市全民终身学习活动周开幕式上，杭州终身学习公共服务平台“空中大课堂”正式上线运行。

【扫除文盲教育】 3月，市教育局召开全市成人教育工作会议，把扫除4.37万名文盲的任务落实到各区县（市）。开展扫盲工作调研，落实扫盲经费，指导做好脱盲学员的考试和扫除文盲档案的规范建设。2015年，杭州市脱盲5.25万人，完成任务数的119%。2013~2015年，全市实际脱盲15.24万人，其中16岁~55岁2.51万人，56岁以上12.72万人。脱盲后全部完成户籍信息更新。

【全民终身学习活动周】 10月23日，市委宣传部、市教育局等10个单位会同萧山区政府联合主办的杭州市全民终身学习活动周开幕。开幕式上，对第二届杭州市和萧山区的“百姓学习之星”、杭州市校企合作职工教育培训示范基地、萧山区全民终身学习的优秀品牌和标志性品牌等进行表彰和颁奖。活动周以“推进终身学习，打造智慧杭州”为主题，持续到10月29日。全市推出各类教育培训和学习活动156个，内容涵盖教育培训、文化传承、体育比赛、科普知识、环境保护、养生保健、科学生活、道德法制等方面，参与市民10万人次。

【城乡成人学校结对互助开展】2015年，杭州市有8所社区学院、18所社区学校、62所乡镇成人学校参与城乡成人学校结对互助，提前完成结对50对的任务，城乡成人学校互助共同体覆盖率48%。结对学校实现师资资源、网络资源、课程资源、科研资源的共享，开展项目合作17个，赠送自编教材21套、1320本，人员互访769人次，信息交流698条。

·教师队伍建设·

【教师队伍建设概况】 杭州市中小学、幼儿园（含特殊教育学校、工读学校，不含技工学校、成人中专）有专任教师8.64万名，市属普通高校有专任教师3934名。幼儿园、小学、初中教师具有高一层次学历比例分别为93.5%、98.2%和95.9%。全市中小学高级、中级职称比例分别为16.4%和53.6%。

2015年，杭州市教育系统有全国先进工作者1人，全国师德标兵1人，省教坛新秀38人，省第四届师德先进个人11人，“最美杭州人——感动杭城十佳教师”10人，市优秀教师、市优秀教育工作者300人，系统优秀教师、系统优秀教育工作者260人，市第三届师德先进个人60人，市首批班主任工作室领衔人50人。

【“师德师风建设巩固年”活动】2015年，杭州市教育系统开展以培育“四有”教师为主题的“师德师风建设巩固年”活动，通过开展师德师风教育、实行教师师德承诺制度、建立教师师德档案，规范教师从教行为，提升教师职业道德水平。市教育局组织开展“万名好人进校园”、“最美教师”巡讲团等主题巡讲活动，传播弘扬教育正能量。5~6月，市教育局、市教育工会联合主办“弘法治·展师德”杭州市教职工演讲比赛，把普法宣传与师德教育相结合，展示基层教师遵纪守法、恪守本分、以身立教的良好风貌。9~12月，市委宣传部、市文明办、市教育局、杭州文广集团、杭报集团联合主办第四届“最美杭州人——感动杭城十佳教师”评选活动。经过广泛推荐、专家评议、情况核查、微信投票、媒体公示、评委会审核等程序，萧山区衙前农村小学校谢文琴等10名教师入选。

【有偿家教专项治理】 7月，市教育局制订工作方案，在全市开展中小学校和在职中小学教师有偿补课专项治理。暑期开始，市教育局在各校自查自纠的基础上，对在职中小学教师有偿补课进行专项督查。由市教育局相关处室和各区县（市）教育局相关科室组成的两级督查组，按照“发现一起，查处一起”的原则，对被举报的学校和教师逐一进行督查。全年共接到中小学在职教师有偿补课举报线索51条，其中5名教师被查实存在有偿补课行为，分别由教师所在学校和教育行政部门给予解聘、免职、警告处分、通报批评等处理。

【教师校长流动工程】 全市义务教育阶段教师校长交流工作继续推进。上城区设立“名师工作坊”等工

2015 年杭州市中小学、幼儿园教职工情况

表 69

学校类别		教职工总数（人）	其中：专任教师数（人）		达到规定学历的专任教师比例（%）	
			初中	高中	初中	高中
普通中学	全市	32 893	18 909	9 630	99.95	99.68
	主城区	12 371	7 277	3 370	100.00	99.55
	市属	3 136	220	2 438	100.00	99.55
小　学	全市	32 815	31 280		100.00	
	主城区	12 965	12 395		100.00	
幼 儿 园	全市	38 238	21 404		100.00	
	主城区	17 976	9 824		100.00	

作机制，通过项目制运作方式发挥骨干教师辐射、示范、引领作用。淳安县构建区域联盟，实现教师在联盟内学校和跨联盟学校之间交流，并实行联盟捆绑考核方式。2015年，全市实际交流教师和校长1930名，其中普通教师1339名、骨干教师452名、校长139名，实际参与交流的骨干教师占符合交流条件骨干教师的21.3%。7月，市教育局召开全市教师校长交流工作专题会议，对全市义务教育学校教师校长交流工作经验进行总结推广。

【教师专业发展培训】 2015年，杭州市全面落实每位教师5年一周期360学时的培训总任务。市本级按照教师工资总额3%的要求，安排培训经费1109.24万元；学校日常公用经费总额10%用于教师培训，共549.44万元；市教育局安排专项教师培训经费257.84万元。全市平台注册教师8.30万人，教师人均完成培训82.90学时，90学时集中培训完成率19%，教师人均自主选课51学时，自主选课后实际参训率98.7%。按要求组织教师参加省级培训822人、参加国家级培训330人，两项合计完成率99.7%。6月，启动于2009年的“杭州市第二轮中小学（幼儿园）名师、学科带头人培养工程”结束，502名培养人选完成各项培训任务并结业。该工程实施6年取得一系列成果：42名培养人选入选省第十批和第十一批特级教师，占杭州市入选特级教师总数的65%；31部个人或集体撰写的专著通过出版申请，由浙江科学技术出版社正式出版18本。工程实施期间，学员获得市级及以上荣誉称号489个，市级及以上课题立项488个，论著出版（发表）1431本（篇），市级及以上论文获奖1093篇，讲学送教4740次，市级及以上学科竞赛获奖340人次。

【教师海外研训】 8月31日，市教育局与加拿大不列颠哥伦比亚省高贵林教育局签订杭州教师海外研修基地协议，全市市级海外教师培训基地增加到5个。2015年，市教育局组织6个中小学学科培训团共148人分别到英国、美国、加拿大和新加坡开展研修活动。组织2个中小学干部培训团共43人分别到英国、澳大利亚开展研修活动。全市有269名教师赴海外参加研修培训。教师海外培训项目突出学科专业提升，侧重问题导向，注重驻校观摩，提高培训的针对性和有效性。

·改善办学条件·

【改善办学条件概况】 2015年，杭州市地方教育经费总投入286.38亿元，其中国家财政性教育经费投入237.47亿元（包括地方公共财政预算安排的教育经费237.13亿元、政府性基金预算安排的教育经费0.23亿元）。市本级地方教育经费总投入59.45亿元，其中国家财政性教育经费投入41.72亿元（包括地方公共财政预算安排的教育经费41.58亿元、政府性基金预算安排的教育经费700万元）。全市普通小学生人均教育经费支出1.72万元，普通初中生人均教育经费支出2.50万元，普通高中生人均教育经费支出3.19万元，职业高中生人均教育经费支出3.22万元。继续实施教育帮扶工程、标准化学校建设工程、农村中小学现代远程教育工程、农村中小学“书香校园”工程，加大对农村教育设施设备、基本建设的投入力度，改善农村学校办学条件。

【中小学、幼儿园建设】 2015年，杭州市新建中小学、幼儿园73所（中小学28所、幼儿园44所、其他学校1所），新增学校用地面积138.5万平方米、建筑面积125.6万平方米，完成投资59.95亿元。全市中小学、幼儿园基本建设项目332个，竣工校舍建筑面积134.23万平方米，在建面积214.15万平方米，完成投资56.4亿元。新增省义务教育标准化学校73所，累计625所，覆盖率91.1%；新增标准化建设达标幼儿园169所，覆盖率91.1%。杭州市财经职业学校（原江滨职校）、浙江大学附属中学丁兰校区、杭州高级中学钱江校区建设项目竣工。杭州学军中学紫金港校区、临安中学2所学校（校区）建设项目开工。杭州学军中学海创园分校、杭州第二中学萧山分校、杭州高级中学大江东分校、杭州市中策职业学校康桥新校区和大江东分校、杭州市交通职业高级中学笕桥新校区、塘栖中学（迁建）等7所学校（校区）启动建设项目前期工作。

【“智慧教育”示范校建设】 6月，市教育局启动“智慧教育”示范校建设工作。首批55所学校通过立项审核，开展“智慧教育”示范校建设。全市累计完成105所“智慧教育”示范学校的创建工作。50所学校通过杭州市第一、二批“数字校园”示范建设和浙江省职业教育数字化资源建设基地学校的成果鉴定。29所学校经省教育厅批准立项，开展省级“数字校园”建设示范校创建工作。杭州市交通职业高级中学、杭州市电子信息职业学校、杭州市临平职业高级中学、杭州市萧山区第三中等职业学校、杭州市萧山区第四中等职业学校入选浙江省首批职业教育数字化资源建设示范学校，杭州市财经职业学校和杭州市拱墅职业高级中学入选浙江省第二批职业教育数字化资源建设基地学校。

【公共图书馆数字资源覆盖中小学】 市文广新局联合市教育局开展“公共图书馆数字资源覆盖中小学”项目，旨在把公共数字图书资源送进学校、送入乡村，缓解偏远地区教育资源贫乏的问题，促进教育公平。该项目通过建立网间专用通道，实现公共图书馆服务网络与杭州教育网互联互通，使全市各级各类学校能够免登录共享杭州市（少儿）图书馆数字图书资源。杭州教育网同步更新1400种基础教育类数字期刊，新增文章77万篇。

（高　宁　黄海燕　吴嘉佳　蔡宇冠）

·卫生综述·

【杭州卫生事业发展】 2015年末，杭州市有卫生机构数（含村卫生室）4428个（含市直属23个、省直属39个），比上年（指2014年，下同）净增230个。卫生机构中有医院244个（含市直属13个、省直属20个），社区卫生服务中心（站）1278个（含社区卫生服务中心133个），卫生院89个，门诊部443个，诊所（含卫生所、医务室）1333个，妇幼保健院（站）9个，疾病预防控制中心（卫生防疫站）15个，卫生监督机构16个。实有医疗床位6.36万张，其中医院床位5.84万张，社区卫生服务中心床位2750张。卫生技术人员9.3万人，其中执业（助理）医师3.48万人，注册护士3.82万人，医护比例1∶1.10。平均每1000人拥有医疗床位8.79张、医院床位8.07张，拥有卫技人员12.86人，执业（助理）医师5.69人，注册护士6.32人（含省级在杭卫生资源）。

杭州市医疗机构诊疗总数1.17亿人次（其中市直属1080.03万人次，省直属2303.77万人次），增长4.94%；门（急）诊总数1.15亿人次（其中市直属1078.03万人次，省直属2293.74万人次），增长4.99%。全市医疗机构入院总数180.97万人（其中市直属28.44万人，省直属80.49万人）。全市居民到医疗机构就诊的门（急）诊诊疗年人均次数16.22次。全市孕产妇死亡率6.94/10万，婴儿死亡率2.32‰，5岁以下儿童死亡率3.00‰。全市无甲类传染病及传染性非典型肺炎病例报告，甲乙类传染病发病率190.41/10万，上升2.11%。

卫生直属事业单位引进学科带头人1名、业务骨干3名，博士27人、硕士175人，副高级职称以上卫技人才59人。市卫生计生委直属事业单位有副高级职称以上人员1827人。出台《进一步加强高层次人才及团队引进培养工作的实施办法》，与国内最大的医学专业网站“丁香园”签订战略合作协议。市一医院申报建立直属单位首家博士后工作站，招收博士后2名；1名专家入选2015年度浙江省卫生领军人才培养对象；13名中青年骨干医生被确定为浙江省第二期医坛新秀培养对象；3名专家被确定为2015年市钱江特聘专家。规范委属单位中层干部选拔，出台《关于委属单位中层干部选拔任用工作的实施意见（试行）》。强化干部监督管理，出台《严格加强委管干部日常管理监督工作的若干意见》。全年调整干部50人次，其中提任正处级（相当正处级）领导干部3人，副处级（相当副处级）领导干部11人，科级领导干部1人；晋升调研员4人、副调研员3人、主任科员2人；交流任职18人；因年龄原因退出领导岗位4人。选派7名医生参加援藏、援疆，其中援藏2人、援疆5人；选派4名医生帮扶黔东南州；1人参加中组部和团中央第15批博士服务团援疆。市卫生计生委获杭州市人才工作目标责任制考核优秀单位。

【卫生计生机构改革完成】 2015年，杭州市积极推进卫生计生机构改革，截至9月14日，全市完成所有区县(市)卫生计生机构改革任务，

3月20日，市人大常委会主任王金财（左一）调研杭州市妇产科医院
（市卫生计生委 供稿）

建立起与政府职能转变相衔接、与新时期健康和计生服务需求相适应的卫生计生管理体制，成为全省率先全面完成卫生计生机构改革的地市，实现全市范围内的卫生计生职能大统一、资源大整合、队伍大融合。

【市级公立医院综合改革】 2015年，市级公立医院的卫生监管和投入保障力度进一步强化，综合改革成效进一步显现，市级医保参保人员门诊急诊和住院均次费用在2014年下降基础上持续下降，分别比上年下降4.9%和0.6%；公立医院医疗费用不合理增长势头得到有效遏制，群众对市级医院总体满意率97.6%，提高1.4个百分点。杭州市被列入全国第三批城市公立医院综合改革试点单位。

【卫生计生法治建设】 2015年，市卫生计生委着力推动党委政府完善卫生政策法规，优化卫生事业的发展环境。开展《杭州市精神卫生条例》修订调研，草拟《杭州市精神卫生条例(修订草案)》上报市人大和市法制办，申报作为市人大2016年正式立法项目。草拟《关于进一步加强精神卫生综合管理工作的实施意见》，完成第一轮的意见征求。完成全市卫生计生部门“六五”普法工作验收。

【卫生计生重点项目推进】 至2015年末，杭州市卫生计生重点项目进展顺利，市中医院丁桥分院完成地下室工程，进入地上主体结构施工，主体结构完成至6层。市第七医院医疗综合楼完成室内装修样板房施工，幕墙工程完成52%。市儿童医院新医疗综合楼正式开工建设。市老年病医院完成施工总包单位、监理单位招标的前期准备工作，完成室内装饰设计招标。

【卫生计生惠民成果汇报会】 10月28日，杭州市举办“凝聚正能量、共筑健康梦”卫生计生惠民成果汇报会，市长张鸿铭出席优秀医务工作者代表座谈会，与“杭州市从医50年医生”代表、“杭州市十佳护士”、“我信赖的签约医生”等30位优秀医务工作者亲切座谈。省卫生计生委党组书记、主任杨敬和杭州市委常委、宣传部部长翁卫军，市人大常委会副主任、市计生协会会长徐苏宾，市政协副主席汪小玫等领导出席汇报会。汇报会分“使命、坚守—共筑幸福之城”“奉献、信任—共建医患同盟”“创新、惠民—共建智慧之城”3个篇章，以医务人员表演节目形式汇报3年多来杭州市实施智慧医疗、医养护签约服务、医联体等惠民便民实事及给群众带来的红利，展示卫生计生改革发展取得的成就。汇报会上，一批为群众健康事业做出突出贡献的优秀医务人员得到表彰。汇报会由杭州电视台播出。年内，《健康报》《中国人口报》先后7次和3次在头版报道杭州市卫生计生工作，市卫生计生部门形象得到很大提升。

10月28日，在杭州市卫生计生惠民成果汇报会上，省、市领导为从医50年医生代表颁奖并合影
（市卫生计生委 供稿）

·卫生应急·

【卫生应急能力建设】 2015年，杭州市以省卫生应急综合示范县(市、区)创建工作为重点，推进基层卫生应急工作规范开展，滨江区成功创建省级卫生应急综合示范县(市、区)；完成杭州市“十二五”时期卫生应急工作评估，抓好市卫生应急仓库建设；健全卫生应急队伍“平战结合”的运行机制，加强专业人员的培训、演练，完善队伍装备，切实提高突发公共卫生事件应急处理的快速反应能力。

【联防联控禽流感等疫情】 1月，市卫生计生委针对发现的H7N9禽流感确诊病例，第一时间召集联防联控机制办公室成员单位，就禽流感防控进行会商，先后印发《关于进一步做好疫情控制工作的意见》《关于加强春节期间杭州市人感染H7N9禽流感防控工作的通知》《关于进一步加强杭州市人感染H7N9禽流感防控工作的通知》，对不同时期的疫情形势和防控中的薄弱环节，提出针对性控制措施建议和要求，并及时组织防控工作督导。全市无埃博拉、登革热、中东呼吸综合征等病例发生。

【突发公共卫生事件应对】 5月8日，针对疫苗“兰菌净”事件，市卫生计生委及时组织对预防接种单位的督导检查，认真做好舆情监测，并及时将处理情况上报市政府。高度重视预防接种异常反应的应对处置，印发《关于切实做好预防接种异常反应相关病例救治和康复工作的通知》，确定杭州市第一人民医院和杭州市儿童医院为全市市级相关病例救治和康复定点医院，落实相关病例的医疗救治和康复服务。开展全市诺如病毒感染性腹泻监测和分析。

【食品安全风险监测】 2015年，市卫生计生委与市市场监管局等四部门联合印发《关于做好2015年杭州市食品安全风险监测工作的通知》，明确各市级相关部门以及各区县（市）的监测任务，在全省率先开展食品安全风险通报，完成9522件各类食品样本的实验室检测，检测量和检测项目数均居全省卫生计生系统前列，并实现监测点区域全覆盖；受理食品安全企业标准988件，已完成备案893件，备案数全省第一。

·预防保健·

【重大疾病防控】 2015年，杭州市开展国家级艾滋病防控示范市创建，市政府印发《关于进一步加强杭州市艾滋病防治工作的若干意见》，探索有效的艾滋病综合防治模式。完善结核病“三位一体”防治服务体系，扩展耐多药肺结核防治覆盖面，通过多部门合作，做好重点人群监测、预警，严防聚集性结核病疫情发生。血吸虫病防治、碘缺乏病防治和消除疟疾工作深入推进，其中碘缺乏病防治和消除疟疾工作通过省级评估。

【慢性疾病综合防控】 2015年，杭州市省级慢性病综合防控示范区创建实现全市“满堂红”。市五云山疗养院等12个单位成功创建为杭州市首批健康教育基地。推进预防接种管理规范化建设，新增五星级规范化门诊部11家、三星级1家。完成“脑卒中高危人群筛查与干预”项目，启动国家“心血管高危人群早期筛查与干预”项目和全国“慢性阻塞性肺疾病监测”项目。

【公共卫生服务】 2015年，市卫生计生委提高区县（市）实施基本公共卫生服务项目合格分数线，并根据考核成绩调整市基本公共卫生服务补助经费发放标准，确保项目完成质量继续走在全国重要城市前列。全市建立规范化电子健康档案758万余份，建档率91.2%；高血压、糖尿病、重性精神病人管理人数分别为73.69万人、18.24万人和3.07万人，规范管理率分别达73.6%、72.6%和85.5%。继续推进全市中小学生窝沟封闭防龋工作，为全市834所中小学校学生免费开展口腔检查19.85万人次。

【妇幼健康服务】 2015年，市卫生计生委推进妇幼健康优质服务示范工程，提升能力，创新建立孕产妇保健联合门诊和高危孕产妇远程会诊中心，完成星级妇儿保门诊和爱婴医院创建目标。完善产前筛查公共卫生服务内容，继续做好农村孕产妇住院分娩补助、叶酸补助、免费国家孕前优生检测，完成率分别为111.1%、145.5%、95.1%。配合市妇联继续做好妇女“两癌”筛查。

·基层卫生·

【医养护一体化全科医生签约服务】 2015年，杭州市主城区全面推行医养护一体化全科医生签约服务，有力推动分级诊疗体系建设。全年签约居民达52万人，主城区社区卫生服务机构的门急诊总量1184.7万人次，提供上门服务13.8万人次，家庭病床服务1432人次。据市考评办组织的第三方测评结果显示，总体满意率95.2%，受访者表示愿意根据病情优先考虑在社区医院进行就诊的占94.8%。“医养护一体化签约服务”入选2015年度杭州市精神文明建设10件大事。

【城乡优质医疗资源共享】 2015年，杭州市继续实施县域中心镇医疗服务能力提升工程，推进优质医疗资源“双下沉、两提升”（指人才下沉、资源下沉，提升创新推进机制、提升创新资源配置机制）。市级医院已托管（含全面托管和重点托管）县级医院16家，全市范围内县级医院已在中心镇设立分院14家。继续推进主城区“四大中心”和县域“五大中心”建设，托管乡镇卫生院（社区卫生服务中心）实现全覆盖，全年主城区社区卫生服务中心提交市属医院的疑难心电会诊2947例、疑难影像会诊1610例。

【基层医疗机构综合改革】 2015年，市卫生计生委制定《关于进一步完善基层医疗卫生事业单位绩效工资的实施意见》，通过取消绩效工资总额限制、明确单位自主分配权和设立绩效考核奖等新举措，进一步调动基层医务人员工作积极性。以医养护一体化签约服务为重点，探索建立以全科医生为核心的团队运行模式，从人员配备到角色安排，建立鼓励全科医生开展签约服务的绩效考核。开展群众满意乡镇卫生院和等级乡镇卫生院创建，向省推荐2014年度群众满意乡镇卫生院6家。组织完成等级卫生院创建工作10家，其中甲等4家、乙等6家。

【基层卫生队伍建设】 2015年，杭州市继续实施基层卫生人员能力提升工程，开展全科医生继续医学教育、基层复合型公共卫生人才培

3月27日，杭州市老年病医院与以色列西勒雅法医学中心合作签约

（市卫生计生委 供稿）

养、城乡社区公共卫生人员培训、社区护士岗位培训、初级卫技人员继续教育，以及基层医疗机构放射、心电、B超和检验等医技岗位人员培训。选派参加省统一组织的基层复合型公共卫生人才培养16名，组织培训城乡社区公共卫生人才学员58名。继续委托浙江医学高等专科学校定向免费培养农村社区医生，招录定向委培生110名，其中本科委培生75名、专科委培生35名。开展基层卫生综合技能竞赛，评出市杰出青年岗位操作能手2名、优秀青年岗位能手10名。组队参加省级竞赛，取得团体二等奖，1人获省优秀岗位能手称号。

·医院管理·

【双向转诊平台建设】 2015年，杭州市进一步完善双向转诊平台建设，集成医养护签约、转诊预约、检查预约、医保转诊备案等多项功能；23个省市医院进入转诊平台，为社区卫生服务中心转诊省市医院，以及居民签约社区卫生服务中心提供一体化信息服务平台。杭州市区域卫生信息平台建设通过国家区域卫生信息互联互通标准化测评，是全国首个达标4级甲等的省会城市。

【“智慧医疗”创新创优】 2015年，杭州市级公立医院全面推行24小时自助挂号服务，实现与北京、上海38个知名医院的跨省转诊预约。“智慧医疗”全城通、全院通、全人群、全自助进一步拓展，全年累计提供服务1120万人次；市属医院市民卡诊间结算率平均保持在67%以上，面向自费病人全面推行健康卡，实现市属医院之间通用，市属医院持健康卡就诊病人已占自费病人82.5%；市属医院全面开展物联网“智慧护理”项目，覆盖50%以上病区。统一在市属医院公共服务区域部署免费Wi-Fi，建立医患互动的App平台。“杭州‘智慧医疗’APP方便市民就医问诊”入选2015年杭州生活品质总点评十大现象。健康医疗信息惠民工程被国家发改委作为全国唯一示范案例，印发至80个信息惠民试点城市参照学习。“杭州‘智慧医疗’成为全国示范样例”入选2015年度浙江卫生计生10件大事。

【区域医疗联合体建设】 2015年，市卫生计生委以创新实施区域医联体为切入点，深化城区医疗资源整合利用。以5个市属三级综合医院为牵头单位，分别与9个城区51个社区卫生服务中心组建紧密医联体，实施医疗资源统筹管理、双向转诊、慢病药品统一配送、业务指导培训，促进市级医院与主城区基层医疗机构之间形成业务联动、优势互补、疾病诊治连续化管理的合作机制，逐步构建“基层首诊、双向转诊、急慢分治、上下联动”的分级诊疗体系，使居民能够就近享受到便捷、优质、连续的同质化基本医疗服务。

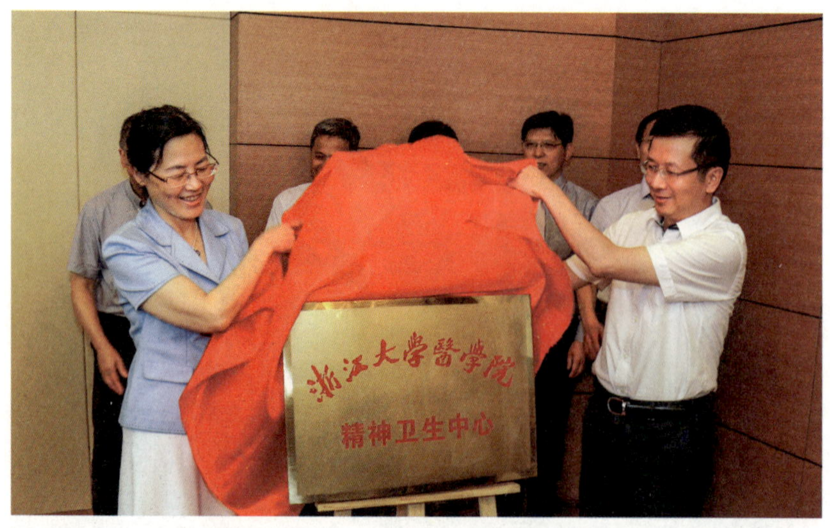

6月3日，浙江大学医学院精神卫生中心在杭州市第七人民医院挂牌，杭州市副市长陈红英（左一）和浙江大学医学院常务副书记邹晓东（右一）揭牌

（市卫生计生委 供稿）

【医疗服务质量持续改进】 2015年，市卫生计生委制定《进一步改善医疗服务行动实施方案》，18个医疗质控中心定期开展质控检查和指导。继续实施临床路径管理，市属临床路径的专业和病种数达104个专业、393个病种。健全临床用药监控系统，推行全处方点评信息管理系统，定期组织市属医院全处方集中点评并作公开通报。深化“医疗服务阳光用药”工程，所有市属医院已全部在官方网站设立“阳光工程”专栏。发挥“一站式”诉求中心、医调会的作用，完善投诉沟通渠道，增强医疗争议事件处理的主动性。

【医疗国际化和社会办医】 7月17日，市政府办公厅发布《杭州市推进医疗卫生国际化行动计划》，在下沙医院和滨江医院设立国际医疗中心，并纳入杭州市国际化医院试点。市卫生计生委批复同意由百大集团股份有限公司在滨江区设置浙江西子国际医疗中心。完成市属医院中英文双语标识引导系统改造。选派市级医疗机构81名医务骨干赴境外研修和学术交流。加强民营医疗机构的规范化建设，全市社会资本举办医疗机构床位已占全市总床位的29.9%。

【卫生许可管理】 2015年，市卫生计生委加强医疗机构审批管理，把好准入关，完成医疗机构设置审批和备案309个，变更登记42个次，校验43个次。完成执业（助理执业）医师注册（变更注册）634人次，医师多点执业注册140人次。外籍医师临时执业注册77人次，澳台医师短期行医执业注册6人次。市管医院护士注册（延续、变更）371人次。

【惠民医疗服务】 2015年，市惠民医院诊治病人1万人次（其中爱心门诊8330人次，惠民病床住院469人次），减免医疗费用36.51万元。开展星级卫生间和星级营养食堂创建，星级卫生间覆盖率88%以上，4家医院被评选为首批星级营养食堂创建示范单位。开展节能减排创建，市中医院获“国家级节约型公共机构

示范单位”称号，市二医院、市三医院、市红会医院获“杭州市节约型公共机构示范单位”称号。

·中医中药·

【基层中医药服务能力提升】 2015年，市卫生计生委以基层中医药服务能力提升工程总结收官为契机，提升基层中医药服务能力、服务覆盖面和服务可及性。全市128个社区卫生服务中心、65个乡镇卫生院均建设中医药综合服务区，完成率100%；848个社区卫生服务站能运用中药饮片等4种以上中医药技术和方法，开展常见病基本医疗和预防保健服务；487个村卫生室能运用中药饮片或中医非药物疗法，开展常见病基本医疗和预防保健服务。

【中医药适宜技术推广】 2015年，市卫生计生委充分发挥中医药适宜技术示范基地的作用，大力推广中医药新技术、新疗法，分层分类开展基层中医药适宜技术培训。临安市中医院等6个单位的刺络放血拔罐治疗中暑技术等6个项目，被评选为杭州市中医药适宜技术优势项目。在西湖区、余杭区、富阳区、上城区、桐庐县等地开展基层中医药适宜技术推广培训及考核，3000多名医务人员参加考核并获得上岗合格证。新组建“杭州市中医药知识讲师团”并举办26期讲座。

【加强中医药行业监管】 2015年，杭州市新成立市中医临床、中医护理、中药药事、中医药适宜技术推广应用以及中医“治未病”质量控制中心，进一步加强中医药质量控制管理。指导各级各类医疗机构开展中药饮片处方的点评，督促区县（市）卫生行政部门进一步加强中药饮片处方管理。每季度组织专家对各级各类中医医疗机构的处方进行抽查性点评，形成行业内部通报机制，切实控制中药饮片不合理处方。

【中医药“三名工程”】 9月28日，市卫生计生委组织开展第六批市级名中医评选，经过推荐、公示、评选，产生29名杭州市级名中医。做好全

10月8日起，11个市属医院与主城区社区卫生服务中心结成紧密型医联体。图为杭州市第一人民医院小营分院挂牌　（市卫生计生委　供稿）

市第2批省基层名中医培养项目第一年度的考核。加强国家、省级名中医工作室建设及管理，桐庐县中医院的许子春传承工作室、淳安县中医院的严有林传承工作室被省中医药管理局推荐为2015年全国基层名老中医药专家传承工作室建设项目。重视中医药健康服务产业发展，面向医院开展中医药文化知识宣传普及，继续开展中医中药进社区、进农村、进家庭活动。

·医教科研·

【医学科研创新成果】 2015年，杭州市医疗卫生单位获得各级各类科技计划立项509项（其中国家自然基金4项、省部级56项、市厅级314项），获得资助资金2224.6万元。获得各级科技成果奖项62项，其中：省科技进步二等奖2项、三等10项，省医药卫生科技创新二等奖3项、三等奖11项，省中医药科技创新一等奖2项、二等奖2项、三等奖9项，市科技进步一等奖1项、二等奖4项、三等18项。杭州市肿瘤医院“以放疗为主的食管癌综合治疗模式的研究”项目获2015年度杭州市科技进步一等奖和浙江省科技进步二等奖。全系统发表论文2841篇，其中SCI期刊164篇、Ⅰ级期刊714篇。

【医学重点学科建设】 杭州市2014~2016年建设周期的110个医学重点学科，按照学科3年建设周期目标和年度工作计划稳步建设。开展2015年度重点学科资金项目绩效指标运行跟踪管理工作，重点对学科建设资金绩效目标完成情况、项目实施进程、支出执行进度、绩效目标调整情况等内容进行专项督查。以《杭州市医学重点学科建设管理办法》为依据，按照医学重点学科建设考评指标要求，从临床水平、科技水平、教育水平、学科带头人、后备学科带头人、人才培训和人员结构、学术交流、单位支持8个方面，对全市110个重点学科逐个进行中期督查评估。

【住院医师规范化培训】 2015年，市卫生计生委以市一医院、市二医院2个国家级住院医师规范培训基地为龙头，联合10个国家级后备培训基地或省级培训基地组成培训基地联合体。组织开展493名省市联动住院医师规范化培训学员的结业理论和临床技能考核，以及市、区县（市）联动的全市规范化培训学员年度理论和技能考核。做好2014年住院医师规范化培训考核的绩效评估。组织开展住院医师规范化培训基地的平时质量抽查和年度考核。

【继续医学教育】 2015年，杭州市

国家级继续医学教育项目立项39项，国家级中医药继续医学教育项目立项17项；省级继续医学教育项目立项32项，省级中医药继续医学教育项目立项22项。市卫生计生委加强项目举办过程管理，开展全市"十二五"时期继续教育自评，注重项目举办质量。严格做好合格证的申领与年度学分审验，全年受理学分审验1965人，其中新申领954人、合格证验审995人。

·卫生监督·

【卫生行政审批改革】 2015年，杭州市深化"四张清单一张网"建设，改造杭州市县两级行政权力运行系统，实现与浙江省政务服务网对接，实现卫生计生网上审批。市卫生计生委全年受理市本级行政审批2011件，办理及时率、办结率100%。承接实施省级下放事项14项，受理办件8887件，办理及时率、办结率100%。根据市政府发展民宿业、简化民宿业审批的要求，进行民宿审批的公共场所卫生行政许可简化审批流程和统一的审批标准制定工作。

【"数字卫生"监督】 11月，杭州市启动卫生移动执法，全市已配备智能移动执法终端196套。推进卫生监督远程在线监控，在136个医疗机构实施安装医疗废物在线监测系统，在杭州滨江水厂、杭州服装职业技术学校等10个监测点安装饮用水水质卫生质量在线监测系统。开展卫生监督信息二维码公示，有192个公共场所推出卫生监督信息二维码公示，其中游泳场所76家、住宿场所116家。放射卫生监督信息二维码公示工作在上城区进行试点。

【打击非法行医】 2015年，杭州市加大打击非法行医力度，维护群众医疗卫生安全。全市取缔非法行医669户次，立案处罚205家，罚没款共计17.9万元，没收药品器械596箱，移送公安机关案件20起。加强医疗机构监督，开展精神卫生专项检查、人类辅助生殖技术服务检查等，顺利完成传染病分级监管国家级试点工作；对129家试点医疗机构进行分类监督检查，逐步实现"监管可控、成效可量、模式常态、效率优化"的监督工作目标。

【公共场所卫生监管】 2015年，全市各级卫生监督机构巩固控烟成果，全年累计出动卫生监督员1.61万人次，检查各类场所1.41万个，整改1436个。开展住宿场所杯饮具专用消毒间规范管理、美容场所卫生监督检查、游泳场所夏季保健康专项行动，对1.15万个公共场所进行卫生监督量化分级管理，住宿业、游泳场所、公共浴室、大型商场超市量化分级完成100%，美容美发业完成97.9%，评定A级单位119个。

【卫生监督综合执法】 2015年，杭州市加强卫生监督执法体系和卫生监督协管工作建设，全市成功创建省级卫生监督协管示范点42个。推进学校卫生监督执法，对学校传染病防控、常见病管理、生活饮用水管理及教学环境卫生开展检查，监督检查学校975个，覆盖率93.5%。开展职业健康检查机构信誉评级，做好放射卫生监督执法。在全省率先组织开展介入放射学、近台同室放射操作和核医学专项检查。在保稳定的基础上，有序推进社会抚养费征收工作，切实维护法律的严肃性和公平性。严格把好计划生育"一票否决"审核关。 （薛 亮）

·爱国卫生·

【爱国卫生概况】 2015年，杭州市以迎接国家卫生城市第四次复审、健康城市建设、国家卫生镇创建为重点，深入开展市民健康教育和健康促进活动、城乡环境卫生整洁行动、农村改水改厕等工作，加强病媒生物防制，全面推进城乡爱国卫生工作，促进生态文明建设。至年末，富阳区、西湖区、下城区、杭州经济技术开发区、淳安县、建德市、临安市、桐庐县和市卫生计生委、市城管委、市交投集团等被评选为爱国卫生年度综合目标考评优秀单位。

【国家卫生城市第四次复审】 2015年，根据全国爱卫会《国家卫生城市考核命名和监督管理办法》规定，杭州市接受国家卫生城市第四次复审。年初，市政府将该工作列入政府工作报告并纳入综合目标考评。各级各部门围绕复审目标任务，加强组织协调，整合有效资源，部署迎检工作。市、区迎检办对照新版《国家卫生城市标准》，梳理出城郊接合部（城中村）、建筑工地、农贸市场、马路市场、食品餐饮、公共场所等重点区域1万多个重点问题，制定整治推进图，建立问题清册，实施"销号行动"。市爱卫办组织开展新标准培训；市迎检办抽调市级相关部门人员集中办公，建立重点问题整改推进包干督导责任制、通报例会制和专项考评等制度；市、区专项整治组制订工作方案，狠抓落实。市迎检领导小组对存在的重点、难点、热点问题进行现场问政和点评，市迎检指挥部定期通报整改督查情况。在各级各部门的通力协作、共同努力下，5月末，全市顺利通过省级明查；9月末，全国爱卫办组织对杭州市全面暗访；10月末，省爱卫会再次以暗访形式对全省国家卫生城市（县城）进行检查，杭州市暗访成绩位居前茅，得到全国爱卫会和省爱卫会表彰。

【卫生城镇创建】 2015年，杭州市认真贯彻《国务院关于进一步加强新时期爱国卫生工作的意见》，以国家卫生镇创建为重点，推进基层卫生城镇创建工作。年初，经市政府同意，市爱卫会印发《关于开展国家卫生镇创建的通知》，全市有14个乡镇申报创建国家卫生乡镇。市爱卫办组织举办国家卫生乡镇标准培训，加强对申报乡镇的调研指导。至年末，桐庐县分水镇、江南镇通过省级暗访和调研；余杭区鸬鸟镇、富阳区洞桥镇、桐庐县合村乡、淳安县姜家镇、建德市乾潭镇、临安市於潜镇等6个乡镇通过市级评估考核，上报省爱卫办；以上8个乡镇纳入2014~2016年国家卫生镇创建周期的考核命名程序。杭州经济技术开发区下沙街道、西湖区留下街道被命名为浙江省卫生街道；余杭区五常街道、仁和街道，建德市洋溪街道、莲花镇、大慈岩镇、钦堂乡被命名为浙江省卫生乡镇；大江东产业集聚区管委会临江街道、前进街道被命名为杭州市卫生街道。全市18

个单位被命名为浙江省卫生先进单位，35个行政村被命名为浙江省卫生村；35个单位被命名为杭州市卫生先进单位，9个社区被命名为杭州市卫生社区，10个行政村被命名为杭州市卫生村。淳安县城、瓶窑镇、临浦镇顺利通过复评，被全国爱卫会重新确认为国家卫生县城（镇）。浙江省爱卫会继续确认小营、紫阳、文晖、东新、石桥、凯旋、翠苑、西溪、和睦、西湖、西兴等街道为浙江省卫生街道，继续确认戴村镇、河庄街道、闲林街道、合村乡、枫树岭镇、大墅镇、汾口镇等乡镇为浙江省卫生乡镇；重新确认浙江省卫生村118个、省卫生先进单位270个。市爱卫办完成市政府调研课题《杭州市国家卫生镇创建的现状与对策思考》调研报告。

【爱国卫生月活动】 4月，市爱卫会组织开展以“全民参与爱国卫生，共建共享健康中国”为主题的第27个爱国卫生月活动，并与第二轮城乡环境卫生整洁行动、国家卫生城市复审、建设健康城市等工作有机结合，大力开展城乡环境集中整治、病媒生物防制、健康咨询、知识讲座等活动，推动国家卫生城市复审迎检工作，提升环境水平和市民健康意识，促进生态文明建设。爱国卫生月活动期间，全市开展环境集中整治活动3520场次，参与活动人数15.45万人；开展宣传活动4120次，举办各类健康讲座1150场，设置宣传站（点）4230个，出黑板报、健康专栏2880期，悬挂宣传横幅2869条，印发各类宣传资料76.89万份，制作宣传展板4321块，宣传活动受教育人数326.42万人次；在新闻媒体发布信息、新闻1026条；治理脏乱道路18.83万平方米，清除垃圾4.32万吨，清除乱张贴32.12万张，消灭蚊、蝇孳生地2.43万处，投放鼠药5.23万千克，举办除“四害”培训班262期，为全年爱国卫生除害防病工作打下坚实基础。

【健康教育与健康促进】 2015年，杭州健康教育讲师团深入机关、企事业单位开展健康教育讲座50余场，受众5000多人。制定出台《杭州市健康单位（场所）管理办法》。梳理整合健康单位类别，统一创建标准，规范健康单位申报管理。继续开展各级各类健康单位创建活动。承办2015年度世界卫生组织（WHO）健康城市合作网络会议暨健康场所命名仪式，中国移动浙江公司富阳分公司等10个单位被世界卫生组织健康城市合作中心命名为健康单位。杭州大关小学等5所学校被命名为浙江省健康促进学校（金奖）、余杭第三人民医院等2个医疗机构被命名为浙江省健康促进医院。杭州市命名健康单位19个，其中健康机关4个、学校3个、医疗机构2个、企（事）业单位4个、社区5个、行政村1个；命名健康促进学校（银牌）20所。完成公元大厦、坤和中心、钱江国际时代广场、余杭市民中心4个健康楼宇建设工作试点总结评估，该项目得到复旦大学专家的充分肯定，并作为《健康城市蓝皮书：中国健康城市建设研究报告（2016）》“案例篇”的主要内容。课题“2008年和2013年杭州市归因于吸烟的相关疾病负担研究”顺利验收结题。以《杭州市公共场所控制吸烟条例》实施五周年为契机，联合市级相关部门，启动以机关、医疗卫生单位和宾馆（饭店）为重点的第三轮“百家无烟单位”创建活动。配合“科学就医合理用药”宣传主题，向各区（县、市）发放家庭小药箱2200只；编印80万份“科学就医合理用药”宣传折页发放到居民家庭；依托社区卫生服务中心，开展“科学就医合理用药”入户指导工作。

【第四届市民健康知识大赛】 8月20日至2016年1月16日，第四届杭州市市民健康知识大赛历时5个月，经网络海选赛、初赛、复赛，最终在杭州电视台演播厅举行决赛。全市9个区、4个县（市）、杭州经济技术开发区、杭州西湖风景名胜区共15支队伍参加复赛，其中8支队伍进入决赛。

决赛以“喜迎G20，健康文明行”为主题，突出“健康、文明”两大重点，通过必答题、抢答题、风险题3个环节，穿插“峰会健康行”“峰会文明行”“峰会生活行”“帮您解误区”“磨砺竞锋芒”五大元素，为现场观众及全市人民献上“健康、文明、科学、实用”的知识大餐。经过激烈角逐，滨江区代表队获团体一等奖；下城区、西湖区、富阳区代表队获团体二等奖；上城区、拱墅区、杭州经济技术开发

5月29日，杭州市巩固国家卫生城市创建成果第四次通过复审。图为省级复查汇报反馈会现场 （市爱卫办 供稿）

8月20日，杭州市第四届市民健康知识大赛启动。图为决赛直播现场

（市爱卫办 供稿）

区、桐庐县代表队获团体三等奖。滨江区代表队蒋全龙、宣旭挺、赵向飞分别获健康传播达人奖、健康理论达人奖、健康操作达人奖3个单项奖。上城区、江干区、杭州经济技术开发区、下城区、富阳区、桐庐县、杭州西湖风景名胜区获得优秀组织奖。大赛网络海选赛期间，专题网站总点击量超过125万次，共有26万个IP地址、12.19万人次、4.4万人参与网络答题，总参赛人数特别是农村地区参赛人数、参赛人员职业覆盖率、复赛组队数量均创造新纪录。

【健康城市建设宣传交流】 6月8日，由人民日报社主管的《中国城市报》整版刊登《协调统筹便民为先——杭州健康城市发展实践纪实》的文章。报道充分肯定杭州在健康城市建设工作中创新的"一卡通智慧医疗"和"清洁能源使用、绿色交通推广"等成功模式。健康促进案例《健康城市建设案例》和《村民公约下健康社区建设——杭州余杭良渚文化村》，被省卫生计生委推荐参评全国健康促进优秀实践活动案例。10月13日，中国控烟办召开全国控烟媒体宣传交流研讨会，杭州市应邀在会上交流发言。《健康杭州建设实践案例》经省和国家级专家多轮筛选、答辩，成为全省唯一入选《全国健康促进30例优秀案例》的城市案例，定于2016年上海全球健康大会上做交流。2015年，杭州市共接待北京市、山东省威海市和烟台市、广东省佛山市、广西壮族自治区柳州市、贵州省贵阳市，以及美国卫生与公众服务部驻华代表等9批考察团，杭州健康城市建设模式和经验受到到访城市专家和美国代表的同行好评。

【承办全国健康城市建设研讨会】 4月21～24日，受全国爱卫办委托，杭州市承办全国健康城市建设工作研讨会，并参与起草《关于全面开展健康城市建设的指导意见》。会上，国家卫生发展研究中心公布《北京、上海、杭州等10个建设健康城市试点绩效评估和总结》报告，杭州在探索健康城市建设方面的各项措施和成效得到高度认可，"健康融入万策"是该报告对杭州健康城市建设理念的评价，也是10个试点城市中唯一得此评价的城市。

【农村改水改厕】 2015年，杭州市结合"五水共治""美丽杭州""生态建设"和"城乡环境卫生整洁行动"等工作要求，提升农村饮用水水质和规范农村改厕技术，完成市财政补助农村饮用水工程设施提升改造项目20个，惠及6座乡镇水厂和15个行政村、33个自然村，7.75万人口的饮用水水质得到改善，累计农村自来水普及率保持99.93%；继续开展丰水期、枯水期农村饮用水水质卫生监测。新增无害化卫生厕所1.86万座，累计无害化卫生厕所普及率96.4%，提前2年达到省爱卫会下达的96%的工作目标。对2014年度农村改厕项目粪便无害化处理效果监测，总合格率97.7%。其中：蛔、寄生虫卵沉降率、沙门氏菌合格率均达100%；成蝇、臭味、粪大肠菌值合格率为98.8%。

【除"四害"活动】 2015年，杭州市以国家卫生城市复审迎检为契机，大力开展"科学除害、预防疾病"宣传活动，组织"清洁城乡、除害防病、共享健康"百日大行动。活动期间，市、区两级爱卫办组织PCO公司深入街道、社区进行除害防病知识宣传，印发除"四害"宣传手册8.35万册，免费为1.32万户家庭和部分"八小"行业、建筑工地进行灭蟑螂、灭鼠公益服务活动，免费向居民发放灭蟑螂药物2250千克。市卫生有害生物防制协会举办有害生物防制员初、中级职业技能培训班各一期，127名从业人员报名参加，其中46名学员获得初级职业技能资格证书、50名学员获得中级职业技能资格证书，10家PCO公司在新一轮公开招投标中获得主城区街道社区公共环境除"四害"资格。根据"四害"季节消长规律，组织全市开展春秋季统一灭鼠、夏秋季灭蚊蝇蟑螂活动，有效控制"四害"密度；规范落实街道"四害"密度监测工作，首次委托第三方开展公共环境"四害"防制效果监测评估；加大对单位、农贸市场、建筑工地、"八小"行业等开展除"四害"工作情况的督查力度。积极筹备2016年G20杭州峰会病媒生物防制保障工作。（王莲花）

体　育

Sports

·体育综述·

【体育强市创建】 2015年，市体育局有序推进“体育强市”创建工作，全面推进体育事业发展，实现群众体育蓬勃开展、竞技体育保持优势、体育产业持续发展、场馆建设稳步推进、体育文化创新繁荣的目标。

根据“体育强市”第三方机构评估工作要求，强化组织领导和体育宣传，认真梳理完善基本保障、体育管理、体育场地建设、群众体育、竞技体育、体育产业、其他指标7个综合指标的完成情况。全面推进1个省级体育强区（县、市）、10个省级强乡（镇）、1个先进街道的复评工作。经第三方机构评估，基本保障指标中杭州市排名全省第一；体育管理指标中，在5个申报城市中排名位居首位；体育场地建设指标中，杭州市人均体育场地面积为1.65平方米，相较全省的1.48平方米和全国的1.46平方米数值有所提升；群众体育发展指标中，经常参加体育锻炼人数（含在校学生）35%以上，各级社会体育指导员人数达到总人口数的2‰以上，国民体质测试合格率达90%以上；在竞技体育的各类指标中优势明显，成绩突出；在体育产业指标上，杭州排名全省第一。杭州市在各方面表现比较突出，分值超过91分，评价为优秀。

【杭州市获第十九届亚运会举办权】 9月16日，在第三十四届亚奥理事会代表大会上，亚奥理事会主席艾哈迈德郑重宣布中国杭州获得2022年亚运会举办权。杭州成为继北京、广州之后，第三个举办亚运会的中国城市。

6月15日，杭州市成立亚运会申办办公室，根据申办要求，倒排工作计划，制定各项工作方案，确保按计划完成准备任务。多次组织人员前往广州、北京等举办过国际大型综合性体育赛事的城市，学习申办和赛事组织经验。8月7~9日，精心准备、安排亚奥理事会考察小组到杭考察，充分展示杭州申办亚运会的态度和能力；8月17日，中国奥委会正式向亚奥理事会递交申办意向书；8月20日，成立杭州亚运会申办城市工作委员会，全面推进各项申办准备工作。

9月15~16日，由国家体育总局局长刘鹏，浙江省副省长郑继伟，杭州市市长张鸿铭，阿里巴巴集团总裁金建杭及有关单位领导组成的申办团队赴土库曼斯坦参加第三十四届亚奥理事会代表大会各项活动，全面阐述杭州申办亚运会的意义、态度和能力。杭州代表团的精彩陈述和令人震撼的宣传片，将杭州城市的魅力、包容展现在全体代表面前，获得与会代表的高度评价。

【世界短池游泳锦标赛筹备】 2014年12月，杭州作为中国的申办城市脱颖而出，获得国际泳联2018年世界短池游泳锦标赛及世界游泳大会的承办权。2015年，根据《主办城市协议》时间节点要求和市政府工作部署，杭州市成立2018年世界短池游泳锦标赛组委会，并展开一系列筹

9月16日，在土库曼斯坦阿什哈巴德举行的亚奥理事会第三十四届代表大会上，杭州市成功获得第十九届亚运会的举办权，成为继北京和广州之后第三个举办亚运会的中国城市
（市体育局 供稿）

2015年杭州籍运动员参加国际、洲际比赛成绩情况

表70

项　目	比赛名称	月份	地　点	姓　名	性别	比赛项目	名次
游　泳	第十六届世界游泳锦标赛	8	俄罗斯喀山	孙　杨	男	400米自由泳	1
游　泳	第十六届世界游泳锦标赛	8	俄罗斯喀山	孙　杨	男	800米自由泳	1
游　泳	第十六届世界游泳锦标赛	8	俄罗斯喀山	孙　杨	男	200米自由泳	2
游　泳	第十六届世界游泳锦标赛	8	俄罗斯喀山	傅园慧	女	50米仰泳	1
游　泳	第十六届世界游泳锦标赛	8	俄罗斯喀山	傅园慧	女	4×100米自由泳接力	1
游　泳	第十六届世界游泳锦标赛	8	俄罗斯喀山	邵依雯	女	4×200米自由泳接力	3
游　泳	世界游泳系列赛	1	澳大利亚	叶诗文	女	200米混合泳	2
游　泳	世界游泳系列赛	1	澳大利亚	傅园慧	女	100米仰泳	3
游　泳	游泳世界杯(北京站)	9	中国北京	傅园慧	女	50米仰泳	1
游　泳	游泳世界杯(北京站)	9	中国北京	毛飞廉	男	200米蛙泳	1
游　泳	游泳世界杯(北京站)	9	中国北京	王国玥	女	800米自由泳	1
游　泳	游泳世界杯(北京站)	9	中国北京	邵依雯	女	400米自由泳	2
游　泳	游泳世界杯(北京站)	9	中国北京	朱梦惠	女	50米自由泳	3
游　泳	游泳世界杯(莫斯科站)	8	俄罗斯莫斯科	邵依雯	女	400米自由泳	1
艺术体操	亚洲艺术体操锦标赛	6	韩国	张　玲　鲍语晴	女	集体全能	1
艺术体操	亚洲艺术体操锦标赛	6	韩国	张　玲　鲍语晴	女	集体5带	1
艺术体操	亚洲艺术体操锦标赛	6	韩国	张　玲　鲍语晴	女	集体6棒2圈	2
沙滩排球	亚洲巡回赛(泰国站)	4	泰国	包　健	男	男子沙滩排球	1
沙滩排球	亚洲巡回赛(印尼站)	4	印度尼西亚	包　健	男	男子沙滩排球	1

备工作：市体育局草拟赛事组织平面图和总体运行平面图；召开世界短池游泳锦标赛组委会各部门负责人第一次会议，完善各部门工作职责和工作规则；制定组委会专项经费管理办法、办文流程、审批办法和出国人员审批及管理办法；加强与国际泳联的联系和沟通，完成并向国际泳联提交赛事总体方案和赛事宣传方案；邀请并接待国际泳联考察团到杭考察交流；组团参加世界体育交流大会、第十六届世界游泳锦标赛和国际泳联游泳世界杯赛等活动。

9月17日，第九届亚洲技巧锦标赛在杭州市临安文体会展中心开幕。图为中国代表队入场　（杭州图库　供稿）

·竞技体育·

【全国青运会杭州获佳绩】　10月18日，第一届全国青年运动会在福州市开幕。青年运动会的前身是城市运动会，2013年更名。来自全国55个城市的8000多名运动员参加26个大项、305个小项的角逐，共有1队、9人、14次创12项全国青年纪录。杭州市代表团派出400名运动员参加16个大项的比赛，经过预赛，有244名运动员参加16个大项的决赛。经过顽强拼搏，杭州代表团获得14枚金牌、13枚银牌、11枚铜牌，位列55个参赛单位金牌数第五名、奖牌总数第五名，并获得“体育道德风尚奖”荣誉称号。

【参加体育赛事】　2015年，杭州市共组队参加全省游泳、田径、羽毛球、排球等30多项省青少年锦标赛，以及全国排球、射击、射箭等多项青少年比赛；组队参加浙江省第三届阳光体育运动会，全市共派出

34所中小学校约700名业余运动员，参加田径、游泳、网球等12个项目的比赛，获得“优秀组织奖”“体育道德风尚奖”等荣誉称号。

【承办多项赛事】 2015年，市体育局成功承办2015年浙江省少儿体操锦标赛、2015年浙江省少儿艺术体操锦标赛、2015年华东区青少年排球协作赛等6项赛事，进一步检验训练水平，丰富杭州筹办比赛的经验。市体育局联合市教育局共同主办杭州市中小学生阳光体育竞赛，田径、篮球、游泳、排球、乒乓球等35个项目比赛均获得圆满成功。

【创新体育后备人才培养机制】 市体育局深入推广“体教结合、社体联办”机制，探索体育后备人才培养新途径。5月16日，杭州市射击射箭运动中心与清华大学射击队联合成立“清华大学射击队后备人才基地”，合作培养优秀射击运动员，初步形成从小学、初中、高中到大学的“一条龙”高水平体育后备人才培养体系。10月11日，杭州市体育发展集团与莱茵达体育发展股份有限公司签订战略合作协议，探索“省队市办、社体联办”的女子足球职业化和社会化运作新模式。

【体育训练与管理】 2015年，市体育局结合杭州市将承办2018年世界短池游泳锦标赛和2022年亚运会的历史性机遇，根据“着眼亚运会，扩大优势项目、发展重点项目、提升劣势项目”的业余训练理念，坚持“着眼亚运、突出奥运、重点省运、确保优势、适度发展、全面兼顾”的原则，对新一周期业余训练布局进行调整。市本级的业余训练布局人数由原来重点班编制2575人，增加到重点班3080人、普通班100人，区县（市）从重点班768人、普通班2569人，增加到重点班1187人、普通班3421人。全年完成省注册系统首次注册运动员人数1700人。通过征求意见，进一步修订完善第十九届杭州市运动会总规则（草案）；根据国家体育总局要求，对全市15家少年儿童体育学校、100多家省、市、区级体育传统（特色）项目学校、90所校园足球定点学校进行统计调研，完善全市业余训练基础数据。

【体育科研】 5月和12月，市体育局分别举办一期科学化训练系列专题培训班，邀请上海体育学院、省体育局等省内外专家学者授课。开展运动员机能测试，全年开展常规性运动员生化测试5批次、209人次，进行训练机能监控，完成对体能类项目的血乳酸、血色素、肌酸激酶等监测100人份。制定并实施合理的运动员营养补充方案。开展反兴奋剂教育和培训，完成对参加全国青年运动会的运动员及辅助人员385人次的反兴奋剂准入。完善体育教师培训机制，组织学校体育教师参加国家体育总局和省体育局主办的各类体育传统项目学校师资培训工作，推荐28名中小学校体育教师参加全国及省级体育师资培训。

·群众体育·

【公共体育场馆免费或低收费开放】 杭州市积极推动公共体育场馆向社会免费或低收费开放，将其作为2015年民生实事工程列入工作重点。全市约30个公共体育场馆全部实行免费或低收费向社会开放，其中公共田径场全部免费开放，并从11月1日起晚上开放时间延长至22时。8月8日，全市所有经营性公共体育场馆本着“政府买单、企业支持”的原则实行免费开放。全年各公共体育场馆（游泳馆、乒乓球场、羽毛球场、健身馆、田径场）和健身苑点免费接待市民200多万人次，其中70岁以上老年人、残疾人等特殊人群超过1万人次；举办公益性培训活动20多次，参加人数超过1万人；参加游泳、羽毛球等项目低收费的受惠群众超过30万人次。

【567所中小学校体育场地向社会开放】 2015年，杭州市继续扩大中小学校体育场地向社会开放覆盖面，全市有567所符合开放条件的公办中小学体育场地全部向社会开放，开放率100%。市体育局委托杭州市民卡公司开发APP，方便市民利用手机开通市民卡入校健身功能。会同教育局等部门，鼓励在双休日、节假日和寒暑假期间开展干部职工体育健身活动，提升中小学校体育场地利用率。全市登记开通入校健身功能市民卡的人数（含学生）达50.08万人，入校健身达141.28万人次。

【全民健身设施维护管理】 2015年，市体育局加大全民健身设施的使用安全与维修更新力度，印发《杭州市全民健身管理办法》，各区县（市）也相继制定全民健身设施管理办法，并由人大、政协等部门督导实施。为确保群众健身安全，实行器材厂家与健身设施产权单位、体育骨干、党员“认养”，乡镇（街道）落实专管员业余巡查，区县（市）组织专业队定时检查维修的“三结合”管理服务机制。各个全民健身

3月1日，杭州市萧山区第九届“湘湖杯”元宵冬泳表演赛在湘湖举行
（杭州图库 供稿）

2015年杭州市部分大型体育赛事活动情况

表71

赛事（活动）名称	举办时间	主办单位	承办单位	规模	地点
2015年中国知名高校龙舟赛	7月15～19日	国家体育总局社会体育指导中心、中国龙舟协会、中国大学生体育协会	杭州市体育局、建德市政府、浙江大学	230人	建德新安江
2015年CBSA美式台球国际公开赛杭州分区赛	8月10～13日	中国台球协会、杭州市体育局	杭州市台球协会	60人	杭州
2015年亚洲技巧锦标赛	9月14～20日	国家体育总局体操管理中心、杭州市政府	临安市政府、杭州市体育局	105人	临安
2015年钱塘江国际冲浪挑战赛暨冲浪嘉年华	9月21～28日	杭州市政府	杭州市体育局	56人	钱江新城城市阳台水域
2015年宠物嘉年华	9月27～28日	杭州市体育局	杭州市宠物协会	50人	余杭体育馆
2015年欧洲篮球亚巡赛杭州站	9月28日至10月1日	欧洲篮球冠军联赛联盟	杭州市体育局	42人	杭州体育馆
2015年中外100所高校无人机大赛	10月15～18日	杭州市体育局	杭州市模型无线电协会	36人	杭州体育馆
2015年全国休闲皮划艇大会	10月18日、25日	国家体育总局水上运动管理中心、浙江省体育局、浙江省水上运动管理中心	杭州市体育局、杭州市水上运动管理中心	260人	茅家埠、西里湖
2015年舞动中国·全国排舞联赛总决赛	10月22～28日	国家体育总局体操运动管理中心、杭州市体育局、杭州市滨江区政府	全国排舞运动推广中心	1500人	滨江白马湖动漫广场
2015年第五届国际（杭州）毅行大会	10月17日	杭州市委宣传部	杭州市体育局	1.5万人	市民中心南广场至湘湖
2015年全国业余铁人三项积分赛	10月24～25日	国家体育总局自行车击剑运动管理中心、中国铁人三项运动协会	杭州市体育局、富阳区政府	1300人	富阳
2015年全国健身气功站点联赛总决赛	10月24～25日	国家体育总局健身气功管理中心	杭州市体育局	80人	浙江大学紫金港校区体育馆
2015年杭州国际马拉松	11月1日	中国田径协会、浙江省体育局、杭州市政府	浙江省竞赛中心、黄龙体育中心、杭州市体育局	2.5万人	杭州
喜迎G20·杭州毅行大会	11月22日	杭州市政府、杭州市委宣传部	杭州市节展办、杭州市体育局	1.6万人	市民中心南广场
2015年杭州西部越野赛	11月28日	杭州市体育局	都市快报社	1200人	杭州

设施点配备社会体育指导员，在指导市民科学健身的同时，加强对健身设施的维护管理，发现安全隐患及时报告。每三年在全市范围内开展一次针对全民健身设施的普查，对各类健身设施进行保养和修缮。

【国民体质测定服务】 2015年，杭州市开展国民体质测定服务工作，指导群众科学健身活动。完成对20岁~69岁人群体育健身活动和体质状况1280人样本量的抽测工作。广泛开展国民体质测定工作，全年累计测试2.5万人次，采集有效样本2.16万个，测定人数超过全市总人口的2‰。开展“二报告、三处方”国民体质测试服务，市体育局牵头组织召开现场调研会，联合市卫生计生委等部门制定《杭州市运用国民体质监测成果实施“两报告、三处方”工作方案》，研发监测数据分析系统，坚持以“体卫结合、区县为主、服务百姓”的原则，将国民体质监测与市民体验相结合，开展医院试点工作。

【城乡公共体育设施项目建设】 2015年，杭州市继续将城乡公共体育设施项目建设列为市政府为民办实事工程，共建设城乡公共体育设施项目30个，分别是健身中心（丙类）2个、健身广场5个、健身公园23个。新增灯光篮球场40个、五人制足球场4个、门球场9个、网球场5个、排球场7个、羽毛球场36个、健身广场30个、地掷球场1个、乒乓球桌129张、全民健身器材627件。

【全民健身活动】 2015年，市体育局改革社区运动会办赛机制，由原来社区组队参加改为社区组队与社会报名多种形式参加，举办杭州市第三届社区体育节。组团参加浙江省第二届海洋运动会，共有298名运动员参加全部22个大项的比赛，获得一等奖27个、二等奖23个、三等奖20个，并获得“优秀组织奖”“体育道德风尚奖”等荣誉称号。承办并组队参加健身气功、健美健身、生态运动会等省级以上群众项目比赛10多项，承办市级不同人群、不同年龄的各类全民健身活动100多项。

10月17日，杭州举办第五届国际（杭州）毅行大会，毅行起点为钱江新城市民中心南广场 （杭州图库 供稿）

【群众性体育品牌赛事】 2015年，市体育局持续推广培育杭州特色的群众性体育品牌赛事，安利纽崔莱健康跑和无限极世界行走日等10多项特色品牌赛事中，累计参与人数达10多万人次。特别是2015年第五届国际（杭州）毅行大会，首次与动漫节活动结合起来，深度融合动漫创意元素，打造出杭州的“时尚漫毅行”。10月17日，1.5万名杭州市民一大早到达钱江新城市民中心南广场起点，参加5千米、15千米、30千米和50千米路程的徒步行走。现场不仅有动漫表演方阵、动漫加油站等趣味项目，组委会还向市民征集“漫客行”选手，让更多健康时尚、喜爱动漫的市民朋友参与盛会。

·体育产业·

【体育依法行政】 2015年，市体育局做好体育类民办非企业单位和社团登记内部流转工作，取消危险性大的体育健身经营活动备案和高危险性体育项目许可工商登记后置审批。举办2015年度全市高危险性体育项目管理工作会议和2015年度全市高危险性体育项目执法人员业务学习培训。夏季游泳高峰期间，全市向社会开放的游泳场所有351家，市体育局依法抽查了208家游泳场所的经营和安全情况。

【体育产业发展】 2015年，杭州市14个项目被列入2015年度浙江省体育产业发展资金项目库。市体育局不断推进体育赛事表演业，打造区（县、市）品牌赛事，实现一区（县、市）一品牌。杭州市成功举办第九届亚洲技巧锦标赛、钱塘江国际冲浪对抗赛、“舞动中国”全国排舞联赛总决赛等10多项国际、国内大型品牌体育赛事活动。10月30日至11月2日，首次举办杭州市体育产业发展论坛暨体育产业展示活动，积极开展体育企业招商引资工作，项目涉及杭州“体育+互联网”企业、体育销售企业、体育康复企业、户外运动企业和体育赛事活动企业五大类，涉及总金额2.3亿元，成效显著。

【体育彩票发行额增长17%】 2015年，杭州市完成体育彩票销售22.56亿元，比2014年增长17%，居全国省会城市第二位。特别是“乐透型”彩票营销，销量居全国省会城市第一位。杭州市体育彩票发行工作继续保持全省领先地位。 （汪钢平）

社会民生

Social Livelihood

·社会救助·

【自然灾害救助】 2015年，杭州市共发生洪涝、台风、山体崩塌等5次自然灾害。据各级民政部门统计，全市累计受灾人口26.60万人，紧急转移安置人口14.82万人，因灾死亡1人，农作物受灾面积1.11万公顷，倒塌需恢复居民住房65户、166间。因灾造成直接经济损失3.73亿元。特别是6月份的洪涝灾害，造成农作物受损严重，给临安、富阳等地带来一定经济损失。7月份，受第9号超强台风"灿鸿"影响，全市紧急启用避灾点207个，紧急转移安置14.23万人（其中集中安置5.78万人）。针对洪涝、台风等自然灾害，市减灾委及时发出预警响应、启动应急预案，做好抗灾协调和灾情会商工作，全市安排救灾资金497万元支援各地恢复重建。

【防灾减灾综合能力提升】 2015年，杭州市根据《杭州市应急避灾疏散场所建设管理实施方案》要求，新建（改扩建）避灾场所458个，清理不符合条件的避灾场所98个，全市避灾场所总数达到2432个，乡镇（街道）级避灾中心实现全覆盖，村级避灾点建设覆盖率，均达到了70%以上，可容灾民总人数达90万人。全市基本建立起布局合理、安全实用、管理规范、功能完善的应急避灾疏散网络体系；开展社区灾害风险管理和综合减灾示范社区创建活动，推动综合减灾示范社区示范引领作用，有37个社区（村）被国家和省减灾委评为"综合减灾示范社区"。新任村（社区）级灾害信息员参加培训，村（社区）劳动保障员、帮扶救助员和灾害信息员"三员合一"，建立起相对稳定和职业化的灾害信息员队伍。全市共举办8期培训班，完成778名新任灾害信息员的培训和鉴定。初步建立起市、县、乡、村四级灾害信息工作网络，确保各地灾情报送迅捷、准确、规范。城乡基层综合减灾能力增强。

【第十六次"春风行动"】 春节前，全市开展第十六次"春风行动"。由市四套班子领导带队，市四套班子办公厅及市有关单位负责人参加，分13路走访慰问13个区、县（市）部分低保家庭、困难家庭、优抚对象、残疾人、下岗失业人员和农村敬老院。慰问标准：主城区市级救助对象1人户2700元，2人户3600元，3人户4200元，4人及4人以上户4800元。主城区的区级救助对象（人均收入在低保标准120%~150%的困难家庭）按市级救助圈标准的一半发放。市四套班子领导带队"春风行动"慰问，共走访慰问困难群众67户，敬老院13家，赠送慰问金80.67万元，慰问品折价3.35万元。

【低保救助标准提高】 按低保标准动态调整要求科学调整低保标准，杭州八城区城乡低保标准实现一体化，标准为每人每月744元。富阳区和四县（市）城镇标准为每人每月585元~618元，农村标准为每人每月

2015年杭州市城乡居民最低生活保障标准

表72

地　区	城镇月保障标准（元/人）	农村月保障标准（元/人）	执行时间
上城区	744	—	2015年11月1日起执行
下城区	744	—	
江干区	744	744	
拱墅区	744	—	
西湖区	744	744	
滨江区	744	744	
杭州经济技术开发区	744	744	
杭州西湖风景名胜区	744	744	
萧山区	744	744	
余杭区	744	744	
富阳区	618	495	2015年9月1日起执行
桐庐县	612	490	2015年12月1日起执行
淳安县	600	480	2015年8月1日起执行
建德市	612	490	2015年12月1日起执行
临安市	585	440	2015年1月1日起执行

440元~495元。至年末，全市城镇享受最低生活保障人数1.39万人，累计支付低保金6312.69万元；农村享受最低生活保障人员7.43万人，累计支付低保金21862.97万元。城镇低保标准年增长幅度12%左右，农村达到城镇80%以上。

【城市居民家庭经济状况核对和收入认定】 为体现社会救助公正公平，2015年，杭州市集中劳动保障、住房保障、市场监督管理、税务、公安、公积金管理、民政等部门资源，对主城区申请社会救助的对象通过低收入信息协查平台进行家庭经济状况核对和收入财产认定。网络审批信息系统的信息数据升级为大杭州的信息，不符合救助条件的申请家庭大幅下降。全年核对低保21.63万户次、34.47万人次，检出不符合的2528户次、4299人次；核对住房保障信息3639户次、8388人次，检出不符合的230户次、479人次。

【残疾人基本生活保障工程】 为切实保障和改善困难残疾人基本生活，杭州市在全面实施残疾人基本生活保障工程的基础上，出台关于进一步加强残疾人最低生活保障工作的通知，对本人收入低于低保标准的重度成年残疾人、成年精神（智力）残疾人和家庭人均收入在低保标准2倍以内的重度残疾人，按照单人户纳入最低生活保障范围，由区县（市）民政部门核发最低生活保障证，累计调整近2万人。对准予单独享受残疾人基本生活保障待遇的1.47万名残疾人，仍由区县（市）民政部门核发残疾人基本生活保障证。2015年，杭州市累计发放残保金和残疾人补贴2.19亿元。

【城乡居民临时救助】 2015年，杭州市共筹集临时救助专项资金5465万元，人均筹资达到6元，其中，中央和省级财政下拨2219万元，地方筹资3246万元，地方筹资额比上年增长5%；临时救助资金支出4828万元，增长56%；救助困难群众2.14万户、3.17万人次，分别增长51%、27%。全市临时救助资金支出率达88.3%。临时救助资金的增加、临时救助制度的完善，在解决群众突发性、紧迫性、临时性基本生活困难方面发挥了显著作用。

【困难群众物价补贴】 为减轻物价上涨对困难群众带来的生活压力，杭州市区全年连续4次向低保、困难家庭和残疾人基本生活保障对象发放物价补贴5284万元，惠及困难群众15.67万人次。杭州市实施物价上涨与低收入群体临时价格补贴联动机制、物价上涨与低收入群体临时价格补贴联动机制。市级困难群众（包括低保对象、残疾人基本生活保障人员、城镇“三无”人员、农村“五保”对象、市级困难家庭成员、农村“三老”人员、重点优抚对象）累计每人968元，区级困难家庭群众累计每人724元。

【市区征地“农转非”劳动年龄段以上人员生活补贴】 2015年，市区征地“农转非”劳动年龄段以上人员生活补贴标准为每人每月220元。杭州市同时向市区参加城乡居民社会养老保险并享受养老金待遇后，因集体土地被征用或撤村建居的“农转非”人员发放生活补贴。至年末，全市向1221名补贴对象发放补贴345.53万元。

【困难家庭配套援助】 2015年，市区困难家庭获得各类生活补贴和减免费用9.88亿元，针对市区困难家庭的优惠政策有33项，涵盖了日常生活、文化、教育、医疗、住房、法律和参保援助等七大方面。 （李利明）

·优抚 双拥 安置·

【优抚政策落实】 2015年末，全市优抚对象约19万人，其中享受定期抚恤补助的重点优抚对象1.34万人。

根据省民政厅、省财政厅要求，从2015年10月1日起，全市提高了在国家机关、社会团体、企事业单位工作和享受离休、退休待遇的残疾军人，以及伤残人民警察、伤残国家机关工作人员、伤残民兵民工的残疾抚恤金标准；提高享受定期生活补助金的参战参试军队退役人员补助标准，每人每月660元。全市调整了重点优抚对象抚恤补助标准，同时对未享受定期抚恤金的烈士、因公牺牲军人、病故军人的父母（抚养人）、配偶，年收入低于抚恤补助标准的，其差额予以补足。国家机关、社会团体、企业事业单位的在职和离退休残疾军人，其年收入与年残疾抚恤金之和低于同等级无工作单位残疾军人残疾抚恤金标准的，其差额予以补足。

全市享受定期抚恤的“三属”共513人，其中烈士遗属228人，发放定期抚恤金558万元；因公牺牲军人遗属96人，发放定期抚恤金260万元；病故军人遗属189人，发放定期抚恤金490万元。享受残疾抚恤金的伤残人员4498人，发放抚恤金、护理费7865万元。享受定期生活补助的在乡复员军人2266人，发放生活补助金6800万元。享受定期生活补助的参战参试军队退役人员3284人，发放生活补助金2030万元。享受定期生活补助的带病回乡退伍军人2732人，发放定期补助金3500万元。市区（不含萧山、余杭、富阳）发放“三属”一次性抚恤金2420.65万元。全市调整了义务兵家庭年优待金标准。

【慰问抗战老兵】 据调查，杭州市有197位参加过抗日战争的老兵，老

2015 年度杭州市区义务兵家庭优待金标准

表 73

优抚对象		标准（元 / 年）
义务兵家庭		23 667
在西藏服役的义务兵家庭		59 167.5
义务兵立功增发优待金	获中央军事委员会授予荣誉称号	47 334
	获军队大军区或军兵种授予荣誉称号	23 667
	立一等功	18 933.6
	立二等功	11 833.5
	立三等功	4 733.4
	获优秀士兵称号	1 183.35

残疾军人、伤残人民警察、伤残国家机关工作人员、伤残民兵民工残疾抚恤金标准

表 74　　（从 2015 年 10 月 1 日起执行）

残疾等级	残疾性质	抚恤金标准（元 / 年）
一级	因　战	60 210
	因　公	58 310
	因　病	56 400
二级	因　战	54 490
	因　公	51 620
	因　病	49 690
三级	因　战	47 810
	因　公	44 930
	因　病	42 080
四级	因　战	39 180
	因　公	35 370
	因　病	32 500
五级	因　战	30 610
	因　公	26 760
	因　病	24 850
六级	因　战	23 920
	因　公	22 630
	因　病	19 120
七级	因　战	18 170
	因　公	16 260
八级	因　战	11 470
	因　公	10 500
九级	因　战	9 530
	因　公	7 650
十级	因　战	6 690
	因　公	5 730

2015 年杭州市区部分优抚对象抚恤（补助）标准

表 75　　单位：元

属　别		月抚恤（补助）标准	年抚恤（补助）标准
烈士遗属		3 743	44 916
因公牺牲军人遗属		3 431	41 172
病故军人遗属		3 119	37 428
在乡复员军人	参加抗日战争	2 340	28 080
	参加解放战争	2 184	26 208
	中华人民共和国成立后	2 028	24 336
带病回乡退伍军人		1 872	22 464

兵每人领到“抗战胜利70周年纪念章”和5000元慰问金。全市在乡抗战老复员军人享受免费巡诊体检。杭州武警医院组织医疗志愿者服务队，对家庭条件较差的抗战老同志进行健康体检和生活援助。公益组织和企业开展“探望抗战英雄，学习抗战精神”献爱心活动，为全市在乡抗战复员老同志赠送慰问品。

【强化双拥组织领导】 7月，杭州市接受全国双拥模范城创建工作调研督导组的检查指导，双拥创建工作得到调研督导组的肯定。11月4日，第一集团军与驻地三省十市（区、县）双拥工作联席会议第十二次会议在杭州召开，围绕加强区域双拥共建、推进军民融合深度发展进行研究交流。市双拥办印发《关于加快推进双拥共建示范点培育的通知》，在全市推广双拥共建示范点建设培育工作。市双拥办与杭州人民广播电台“杭州之声”合作开办《双拥在线》栏目和双拥进社区宣传活动，与华数传媒有限公司联合在市区人员集中处利用LED大型户外宣传栏播放双拥宣传片，大力开展双拥宣传和国防教育。

【走访慰问部队官兵】 春节前，龚正、张鸿铭、王金财、叶明、杨戌标等市四套班子领导带带队走访慰问驻杭师级以上部队、第一集团军和海军“杭州舰”。“八一建军节”前夕，走访慰问省军区、省武警总队、第一集团军、73021部队官兵、94936部队外训分队和驻杭部队医院、疗养院，向官兵致以节日的问候和崇高的敬意，赠送慰问金（慰问品）共计660万元。

【支持部队建设】 2015年，杭州市拨专款100万元帮助武警浙江省总队直属支队、省边防总队后勤基地、94969部队、杭州预备役高炮团等部队解决战备训练和生活方面的实际困难。为支持73021部队参加纪念抗战胜利70周年大阅兵，拨款10万元帮助改善阅兵训练基地基础设施建设，同时向参加阅兵官兵赠送慰问金10万元。市双拥办会同市科委确定了73022部队“智慧军营——车辆北斗定位系统建设”、94782部队“某型无人机系统多功能野外模拟训练箱”等5个驻杭部队科技拥军项目，并给予50万元补助经费。总建筑面积2.7万平方米、总投资1.7亿元的杭州军供站迁建项目加快推进，完成立项和规划用地工作。

【随军家属就业安置】 1月9日，《杭州市军人随军家属就业安置实施细则（试行）》出台，明确了公务员计划安置、事业单位考核招聘安置、社工安置、市场就业安置、一次性货币安置等方式，并通过举办专场招聘会、组织就业前培训、提供职业指导、给予社会保险补助等形式，加强就业援助和保障，2015年向驻杭部队随军未就业家属发放生活和社保补助600余万元。落实军人子女教育优待政策，给予小学、初中入学照顾200余人，享受中考加分优惠政策79人。　（冯晓飞）

【退役士兵安置】 2015年，杭州

2015 年杭州市区无工作单位残疾军人残疾抚恤金标准

表 76

伤残等级	伤残性质	月抚恤金标准（元）	年抚恤金标准（元）
一级	因战	6 493	77 916
	因公	6 198	74 376
	因病	5 902	70 824
二级	因战	5 902	70 824
	因公	5 607	67 284
	因病	5 312	63 744
三级	因战	5 312	63744
	因公	5 017	60 204
	因病	4 722	56 664
四级	因战	4 722	56 664
	因公	4 427	53 124
	因病	4 132	49 584
五级	因战	4 132	49 584
	因公	3 837	46 044
	因病	3 542	42 504
六级	因战	3 542	42 504
	因公	3 247	38 964
	因病	2 951	35 412
七级	因战	2 951	35 412
	因公	2 656	31 872
八级	因战	2 656	31 872
	因公	2 361	28 332
九级	因战	2 361	28 332
	因公	2 066	24 792
十级	因战	2 066	24 792
	因公	1 771	21 252

2015 年杭州市区伤残人员护理费标准

表 77

伤残等级	伤残性质	月护理费标准（元）	年护理费标准（元）
一级	因战	2 951	35 412
	因公	2 951	35 412
	因病	1 771	21 252
二级	因战	2 951	35 412
	因公	2 951	35 412
	因病	1 771	21 252
三级	因战	2 361	28 332
	因公	2 361	28 332
	因病	1 771	21 252
四级	因战	2 361	28 332
	因公	2 361	28 332
	因病	1 771	21 252

市继续做好退役士兵安置工作。10年以下退役士兵自主就业率达到100%。市本级符合政府安排工作条件的退役士兵仍然实行考试、考核的办法，通过笔试、面试以及在部队档案中立功奖励等内容加分，择优录用。市安置办与市编委办安排市级事业单位编制数26个。安置进省属企事业单位、市属国有企业和社区公益类岗位14人。自愿选择自主就业（货币化安置）的31人。全市退役士兵自主就业经济补助金标准进一步提高。2年义务兵应发自主就业经济补助金基数为35380元，比上年度提高13.7%。12年转业士官应发自主就业经济补助金基数为213024元，比上年度提高10.7%。全市共发放自主就业经济补助金和待安置期间生活补助金1.02亿元。全市实施城乡退役士兵一体化安置改革。

全市推荐职业技能教育培训承训学校（机构）27家，提供教育培训项目65个，教育培训政策知晓率100%。自愿报名参加职业技能教育培训人数816人，培训合格率100%。12月中旬，杭州市退役士兵就业专场招聘会召开，50多个企业到会招聘，提供岗位1000多个，最终达成就业意向150多人。开发退役士兵网络就业系统，实现退役士兵就业需求和企业用人需求信息对称，拓宽退役士兵就业渠道。（刘吉坤）

【军队离休退休干部安置与服务】 2015年，杭州市共接收安置军队退休干部（士官）84名，其中市本级81名、区县（市）3名。全面完成2015年度无军籍离退休职工接收安置工作，共计接收44人。市本级共组织1344名军休干部参加疗休养和体检。在春节、“八一”建军节等节日看望慰问住院、居家病号、劳动模范和伤残军休干部716人次。组织军休干部参加关心下一代活动60次，受众7200多人次。组织全市军休干部开展钓鱼、棋牌、门球、书画、摄影、合唱团等各项文体活动810余次，参加人数达1.98万人次。

杭州市军休大厦于5月20日启用，项目总投资8000余万元，建筑面积1.57万平方米，地面建筑九层、地下建筑两层，是集会议、教学、运动、娱乐、医疗服务、老年食堂等功能的综合性大厦。杭州老干部大学面向全市接收安置的军队离退休干部探索开办了杭州老干部大学军休分校，设置计算机、摄影、书法、绘画、舞蹈、声乐等6门课程共计10个教学班级，169名军休干部报名参加学习。（朱庭安）

·城乡基层组织·

【城乡基层组织概况】 至2015年末，杭州市共有社区1057个。其中，上城区54个，下城区74个，江干区139个，拱墅区106个，西湖区151个，高新区（滨江）57个，杭州经济技术开发区36个，西湖风景名胜区6个，大江东产业集聚区7个，萧山区166个，余杭区160个，富阳区28个，桐庐县18个，淳安县12个，建德市27个，临安市16个。

全市社区工作者11659人，平均年龄37.66岁。其中，中共党员7500人，占64.3%；女性6552人，占56.2%；文化程度大专以上的9898人，占84.9%，其中研究生以上学历93人，占0.8%；取得社会工作师资格的1543人，占13.2%，取得助理社会工作师资格的2587人，占22.2%。社区工作者人均年收入（含社会保险、住房公积金等）9.87万元。

全市有村委会2044个，其中：江干区4个、西湖区36个、西湖风景名胜区9个、大江东产业集聚区59个、萧山区352个、余杭区184个、富阳区276个、桐庐县183个、淳安县425个、建德市229个、临安市287个。

【“全国社区治理和服务创新实验区”通过验收】 6月9～10日，民政部专家组一行到杭州开展“全国社区治理和服务创新实验区”验收工作。专家组对上城区“小营红巷生活广场”和滨江区彩虹社区特色服务街区2个典型创新案例进行了实地验收和居民满意度测评。

6月10日，杭州市召开“全国社区治理和服务创新实验区”验收汇报会，副市长戚哮虎出席并就“全国社区治理和服务创新实验区”建设情况进行专题汇报。会上播放了杭州市“全国社区治理和服务创新实验区”工作纪实专题宣传片，市委组织部、市委政法委等部门相关负责人分别向专家组汇报了实验区联动建设情况。专家组对杭州市“全国社区治理和服务创新实验区”工作给予肯定和高度评价，认为杭州市以“赋权增能、协商共治、复合联动”为特色的社区智慧治理和智慧服务模式，为全国基层社区治理与服务改革创新提供了借鉴。

9月15日，民政部印发第一批全国社区治理和服务创新实验区结项验收结果的通知，确认浙江省杭州市完成各项实验任务并通过结项验收。

【新一轮城乡社区治理和服务创新工作启动】 4月14日，杭州市社区治理和服务创新工作组成立。4～8月，工作组多次到各区县（市）实地调研，借鉴南京、上海、深圳等地的先进经验和做法，结合杭州实际起草了杭州市推进城乡社区治理和服务创新工作的政策意见。12月14日，市委办公厅、市政府办公厅正式印发《杭州市推进城乡社区治理和服务创新工作实施方案》，标志着杭州开启了新一轮城乡社区治理和服务创新工作。文件提出用3年左右的时间，分三个阶段，逐步构建开放、多元、高效、精准和快速回应的社区智慧治理和服务体系，建立以“和谐、法治、智慧、活力”为主要特征的现代新型社区，打造具有杭州特色、体现杭州智慧的“全国社区治理和服务创新实验区”升级版。

【深化和巩固社区（村）减负工作】 7月9日，市和谐社区建设领导小组印发《关于明确2015年杭州市直部门工作事项进社区（村）的通知》，从组织机构挂牌、工作任务准入、盖章证明事项三个方面进一步明确了市直部门社区准入工作事项。

8月27日，市社区建设领导小组制定《杭州市和谐（文明、平安）社区（村）考评办法（试行）》，取消市直单位对社区（村）的考核，将各类考核统一整合为社区（村）和谐（文明、平安）考评，实行年度一次性的综合考评，并明确了考评项目、分值、评分标准。

12月11日，市社区建设领导小组办公室下发《关于开展社区（村）减负工作督查的通知》，组织区县（市）开展专项督查，深化和巩固年社区（村）减负工作成果。为及时了解和掌握社区减负工作动态，向各区县（市）的52个乡镇（街道）、230个社区进行问卷调查，并在全市建立了33个社区减负工作监测观察点，对社区减负现状进行跟踪调研；进一步营造社区减负的良好声势和氛围。

至2015年末，杭州市社区允许悬挂的组织机构牌子为3个，行政村允许悬挂的组织机构牌子为4个，其他对外挂牌一律取消。市直部门工作任务准入进社区（村）的工作事项为29项，市直部门考核评比为1项，市直部门盖章证明为23项。除基础台账和日常工作相关的原始记录外，其他纸质台账一律取消。

【杭州代表团赴台参加“两湖论坛”系列活动】 9月13～19日，为学习借鉴台湾地区社区建设的成功经验，推进杭州市社区治理和服务创新工作，杭州市民政学会的14名代表以及18名社工赴台参加第七届西湖—日月潭“两湖论坛”系列活动。

在台湾期间，考察团成员通过社区分论坛与台湾同行深入交流，并赴南投县竹山镇延正社区、阿里山邹族文化村、垦丁里社区、慈济志业中心等地参观考察。“两湖论坛”闭幕式上，杭州和台湾南投县代表团认为杭州和南投的社区建设都有良好基础，南投的社区建设注重唤起日渐消失的民俗和传统文化的做法值得发扬，杭州的志愿服务有特色，双方共同期盼深度参访共建。杭州和南投双方签订社区间相互友好的发展协议，承诺在社区发展领域加强合作与交流，共建两岸和谐社区。

【公益嘉年华暨第六届社区工作者节活动】 10月22日，杭州市2015年公益嘉年华暨第六届社区工作者节活动在吴山广场举行。本次活动由市政府主办，市民政局、上城区政府联合承办，活动以“公益大舞台、资本相亲会、社工新风采”为主题，旨在引导公益领域资源跨界合作交流模式创新，全面提升全市社会组织社会服务和社会动员能力，促进社会公益资源优化组合，推动社会建设。民政部、省民政厅以及杭州市领导出席，各区县（市）政府、市级相关单位负责人，社会组织和社工代表、广大市民等千余人参加活动。

活动现场，举行了杭州市“最美社工”颁奖仪式，上城区公益资源对接平台启动仪式，品牌社会组织、社会组织创新创优项目、“美丽社工”授牌仪式，并为获得第四届全国慈展会社会创新项目金奖、中国公益映像节最佳作品奖的社会组织颁奖。吴山广场近100个公益服务展位包括项目展示区、便民服务区、公益义卖区、公众参与区等，与广大市民进行公益互动。

至2015年末，杭州市社会组织

公益创投前期收到各类项目设计创意346个，经过了项目征集、初审入围、网上申报、专家评审、项目优化、社会公示及资金拨付等流程，164个项目获得915万元（福彩公益金500万元、社区服务业专项资金415万元）资助。市、区两级公益创投总投入达到3000万元。

【社区服务业扶持与发展】 9月24日，杭州市召开2015年度社区服务业专项资金资助社会组织开展公益服务项目评审会，入围的社会组织进行了项目陈述和答辩，专家评审委员会对申报项目的主要内容、实施地域、受益对象、预期社会效益以及项目的公益性和创新性等方面进行了专项评审。

12月14日，市财政局、市民政局联合下拨2015年度社区服务业发展专项扶持资金，并以公益创投和扶持项目相结合的方式使用社区服务业发展专项资金，不断提高专项资金的使用效益。本次下拨资金共999.94万元，其中社区服务业扶持项目404个，扶持资金584.94万元，公益创投项目75个，项目资金415万元。

【“智慧社区”建设】 4～6月，市民政局多次召集相关单位召开会议，推进杭州市“智慧社区”公共服务综合服务信息平台建设。12月2日，杭州思锐信息技术股份有限公司中标杭州市“智慧社区”公共服务综合服务信息平台项目。该平台利用统一的数据标准和数据交换标准，规范和交换汇总各区县（市）自建系统的数据，同时接入其他信息系统，实现不同应用系统之间的数据交换共享和业务协同。至年末，杭州市“智慧社区”公共服务综合服务信息平台完成了与各区县（市）民政部门社区业务相关信息的对接工作。

8月31日，民政部印发《关于确定首批养老服务和社区服务信息惠民工程试点单位和地区的通知》，确认杭州市滨江区为全国智慧社区建设试点地区。

【社区工作者队伍建设】 4月25日，市社区建设领导小组印发《杭州市社区专职工作者管理实施办法（试行）》，细化社工招聘、调任、借用、培养、考核等流程，推动社区专职工作者管理的规范化、专业化。

10月27日，杭州市召开全市社区工作者优秀个案评审会。浙江省民政厅相关处室负责人，浙江工商大学、浙江理工大学专家教授等参加评审。全市共征集社区工作者个案2748个，经过第三方评审，有15个优秀案例脱颖而出。评审会现场，15个优秀个案撰写社工从案例背景、服务计划、服务过程、效果评估、专业反思等方面对个案进行了演示。最终评选出特等奖1名、一等奖2名、二等奖5名、三等奖7名。

【杭州市第十二届邻居节】 11月18日，杭州市第十二届邻居节暨“文明杭州、全城点赞”活动在拱墅区小河直街启动。市委常委、宣传部部长翁卫军出席并致辞。现场表彰了一批杭州市“好邻居”，并聘请全国道德模范孔胜东为“文明杭州、全城点赞”形象大使。

本届邻居节活动以“当好东道主、喜迎G20”为主题，通过举办“网上邻居节”“寻找好邻居、夸夸好邻居”等丰富多彩的主题活动，吸引市民广泛参与，进一步培育新型邻里关系，全面展示文明杭州建设成果。

【杭州市农村社区建设工作推进会】 8月12～13日，杭州市农村社区建设工作推进会在余杭区径山镇小古城村召开。会议旨在全面贯彻中共中央关于深入推进农村社区建设试点工作的指导意见和全国农村社区试点工作推进会议精神，部署农村社区建设的重点任务，各区县（市）民政相关负责人以及21个试点村代表参会并进行经验交流。

会前，与会者专程赴湖州市德清县实地考察了杨北村、金火村、五四村以及余杭区径山镇小古城村等四个农村社区示范点建设情况，并座谈交流。会上，各地就农村社区建设的经验进行了汇报和交流。余杭区、萧山区、余杭区径山镇小古城村、西湖区双浦镇东江嘴村和建德市三都镇新和村分别以“协商治理、联动服务、推动农村社区建设向纵深发展”“推行‘选聘分离’探索农村干部队伍职业化建设”“打造服务平台、创新治理模式、积极探索农村社区建设发展新途径”“做好新常态下的农村社区建设工作”和“因地制宜强基础、找准载体优服务、积极推进农村社区建设”为题，交流了农村社区建设情况。会议指出，下一步工作重点要放在实现农村基层法治、完善村民自治机制，畅通农村社区多元治理，建立城市社区与农村社区互学互助的长效机制，要培育农村社区工作人才队伍，传承特色乡村文化。

【第三届全国“村官大讲堂”在杭州举行】 11月3日，由民政部主办的第三届全国“村官大讲堂”在余杭区举行。来自全国31个省、直辖市、自治区的专家学者、村干部代表200余人参加开幕式。

在“大讲堂”开讲前，播放了杭州市农村社区十年建设的专题宣传片，同时向参会者发放了杭州市农村社区十年建设专题介绍资料。在“大讲堂”活动中，“村官”和学者们围绕“创新和完善乡村治理机制”主题，学习贯彻中央关于全面深化农村改革有关政策，听取专家培训授课，到实地参观考察，交流各地在推动村级民主监督、村级协商、政府治理与村民自治良性互动、农村社区建设等方面的经验，共同研讨农村基层社会治理和公共服务理论与实务，为深化农村依法治理、推进农村改革发展、提升农村治理现代化水平建言献策。

【资助农村社区管理项目】 10月13日，市民政局、市财政局印发《关于下达2015年市级福利彩票公益金资助农村社区管理项目补助经费的通知》，市福彩公益金投入500万元，资助全市农村社区管理项目92个，其中：农村社区慈善爱心超市建设项目3个、精致田园社区创建32个、田园社区创建34个、农村社区品牌创新项目3个、镇村一门式服务大厅提升改造20个。市福彩公益金资助项目推进了区、县（市）农村社区服务的发展，使村民参与农村社区治理的要求日益提高，社会各界对农村社区发展的关注、重视和支持力度不断增强。

【村务公开和民主管理】 2015年，杭州市按照“组织健全工作有力、村务公开全面真实、民主决策科学规范、民主管理扎实有序、民主监督切实有效、社会和谐村民满意”的建设要求，对全市2044个村的村务公开、民主管理达标情况进行全面检查、评定，并实行动态管理。10月27日至11月27日，检查、评定结果在市民政局网站向社会公示，96%以上的建制村达标。

【村规民约修订和“对口见学”活动】 2015年，杭州市2044个村、1030个社区100%完成村规民约、社区公约制订或修订。全面开展农村社区“对口见学”活动，组织基层管理者赴温州市、金华市、嘉兴市、湖州市等地开展农村社区治理和先进示范点交流学习活动，全市确立了53个农村社区“对口见学”示范点，通过“走出去、请进来”的方式，引导城乡社区见学互动，促进农村社区治理能力的提高。 （何利强）

·社会福利事业·

【各类养老机构达到316家】 2015年，全市新增养老机构床位5782张，至年末，全市共有各类养老机构316家。其中：国办养老机构31家，民办养老机构134家，乡镇（街道）敬老院151家。养老机构总床位6.19万张（其中护理型床位2.95万张，占总床位数的47.6%）。按户籍人口统计，每百名老年人拥有床位数4.04张，位居全省第一、全国前列。

【养老服务综合改革试点】 2015年，杭州市以市第三社会福利院为养老服务综合改革试点，开展以市场定价、准入评估、公开轮候、分层补贴为主要内容的公办养老机构改革，调研形成《关于深化我市公办养老机构改革的指导意见》（草稿），明确了公办养老机构的改革思路。创新培育15个市级养老服务业改革试点项目。市民政局、市物价局、市财政局联合印发《杭州市第三社会福利院定价机制改革配套保障措施的实施办法（试行）》。西湖区为特定老年群体打造“1+N”菜单式关爱服务。下城区探索“养老服务补贴”市民卡统一支付。桐庐县探索微型养老机构，实施“机构居家化、居家机构化”。上城区通过“功能性互融”和“社会化推进”等手段，形成社区养老服务发展模式，为全市养老服务重难点破题提供了思路。

【居家养老服务】 2015年，全市新增社区居家养老服务照料中心774家。至年末，全市共建成社区居家养老服务照料中心2329家，其中城市社区居家养老服务照料中心887家、农村社区居家养老服务照料中心1442家，日托床位2.3万张，居家养老服务照料中心功能覆盖全部城市社区、三分之二的农村社区，基本形成城市社区15分钟、农村社区20分钟养老服务步行圈。全市享受政府购买居家养老服务人数9.07万人（约占户籍老年人口数的6.34%）。市区两级财政投入居家养老服务补贴资金达1.46亿元。

杭州居家养老服务线下依托居家养老服务照料中心，线上依托智慧养老服务平台，实现居家养老服务有形覆盖到有效覆盖的提升。通过政府购买服务、项目招标等方式，实现照料中心运营及社会化养老服务的全方位市场化供给，被誉为“杭州模式”并得到民政部肯定。

【“智慧养老”体系继续完善】 2015年，市、区两级继续推进“智慧养老”服务项目，共发放“智慧养老”服务终端2.05万台，累计发放14.7万台。各服务商平台累计受理呼叫40万余次，其中有效的紧急呼叫1300余次。为全市2500多名困难失智、残疾老人以及困难孤寡老人试点发放“平安云智能定位器”、“照护宝”、智能监护“1+6”系统。制定新一轮“智慧养老”新蓝图，计划用三年时间打造“U+智慧养老平台”。

【养老服务队伍建设】 至2015年末，杭州市共建成养老服务指导中心15家，乡镇（街道）养老服务中心183家。养老服务从业人员33562人，其中护理人员8677人，获得职业资格证书8141人；拥有银龄互助志愿者队伍3486支，银龄互助志愿者39520人，开展为老志愿服务2.19万次。养老护理员培训基地29家，2015年培训养老服务人员3.77万人（其中机构护理人员1058人，居家护理人员2439人，家庭照护人员3.42万人）。举办杭州市第六届护理员技能竞赛，培养3名技师级养老护理专业人才，另有60名护理人员取得高级养老护理员资格，1名选手获杭州市“五一劳动奖章”，享受市级劳模待遇，同时获得“杭州市杰出青年岗位能手”称号，5名选手获得“杭州市优秀青年岗位能手”称号。

（常利洁）

【福利生产】 至2015年末，杭州市有福利企业319个，就业职工3.42万人，其中残疾人职工1.25万人，占职工总数的37%。全市残疾人职工月人均工资2496.8元，五项基本社会保险月人均参保额为843.3元，参保面保持100%。全市有5个福利企业在杭州市2015年度企业社会责任暨创建和谐劳动关系先进企业评选中获通报表彰，其中2个被认定为“杭州市企业社会责任建设A级企业”。制定《杭州市福利企业行政处罚裁量参考标准》和《杭州市福利企业非全日制残疾人用工暂行规定》，维护福利企业和残疾人职工合法权益。

【福利彩票发行】 2015年，杭州市发行福利彩票24.91亿元，比上年增加1.2亿元，增幅5.1%，其中，电脑票16.52亿元，“中福在线”6.93亿元，“刮刮乐”1.46亿元，为国家筹集公益金6.92亿元，销售总量和增长量继续保持全省领先。8月初，市福利彩票发行中心向社会发布首份社会责任报告，从加强社会责任体系建设、推进发行销售科学增长、造福社会福利公益事业及如何保证运营管理诚信规范等多个方面详细介绍2014年度杭州福彩的履责措施和成果。 （杨　兵）

【慈善活动】 2015，杭州市充分发挥慈善在社会保障体系中的重要补充作用，不断提升慈善工作水平。

全市各级慈善总会通过报纸、电视和网络宣传，企业项目推介，义卖义拍以及成立分会或发动分会二轮募集等各种形式和途径，引导社会各界参与慈善事业。各级慈善总会募集善款2.46亿元，其中市本级募集5014.56万元，区县（市）募集1.96亿元。涌现“关爱抗战老

兵”“拜科奇慈善援助”“孤残儿童职前教育实践基地”“慈善安居工程”“福斯特慈善帮困基金（光伏发电项目）”“关爱环卫工人爱心基金”“同在一片蓝天下赠书项目”“寒门学子重走烽火路活动”等一批新的慈善品牌，扩大了慈善工作的辐射面。各级慈善总会用于援助的资金达2.56亿元，其中市本级援助支出5903.88万元。受到慈善援助的困难群众19.61万人次，其中市本级援助1.9万人次。

义工服务是慈善工作的特色和优势。市慈善总会在“暖心杭州送姜茶”“乐居为老服务”等品牌项目的基础上，实施“社区义工服务队”等新兴服务项目，参与“春风行动”关爱失独家庭活动。富阳区投入20多万元资金开发完成富阳慈善之家，建立富阳首个为义工服务的时间银行系统和义工星级管理系统。市本级和余杭、富阳、临安等区（市）慈善总会共建立义工服务项目50多个，组织服务活动1202次，参与义工人数1.31万人次，义工累计服务时长5.83万小时。

市慈善总会加强与主流媒体、爱心企业的合作，做好贵州省黔东南州对口帮扶工作，就黔东南州“慈德圆梦”贫困大学生助学项目、“阳光驿站”留守儿童之家项目广泛争取媒体、企业和社会爱心人士的支持。募得善款77.19万元，帮助44名黔东南州贫困大学新生顺利入学，捐建21所贫困山区学校的留守儿童之家。

杭州慈善门户网站公示全市各级慈善总会每月捐赠款项的收支明细情况，公布善款金额、来源及使用情况，保障社会公众及时便捷地获取慈善信息，增强慈善工作的透明度。市慈善总会开展总会公款竞争性存放相关工作，有效防范廉政风险，实现资金运行安全性和增值性的最佳结合。（陈　翔）

·民政事务管理·

【地名管理研究和信息化服务】 2015年，杭州民政地理信息系统进一步升级完善，“杭州地名网”为社会提供最新地名、地址信息的查询服务。市民政局加强与市财政局、市规划局、市质监局、市公安局地名信息数据比对和分析。地名管理严格按照《杭州城市地名总体规划（2005～2020）》要求进行审批，地名规划体系进一步完善，地名研究、地名文化弘扬等方面成果显著。《杭州市区行政区划图》编印完成，《杭州历史地名典故》付印，计划2016年初正式出版。

【地名标志设置更新】 2015年，杭州市共设楼门牌240万余块，市区（含萧山、余杭、富阳）共命名道路212条、桥梁93座、隧道5条、公园1座、建筑物86幢、住宅区105个，地名更名19处。城市建设重点工程中地名标志更新设置相关工作完成。按照G20杭州峰会城市道路保障等级要求，对全市三大类444条市政道路进行门牌、路牌、巷牌整治和监管提升整治工作，其中：“示范类”224条，主要针对重大活动直接涉及的主要场馆、活动场所、宾馆驻地及主要通行保障道路等范围内的项目；“改善类”75条，主要针对各区县（市）城市主干道范围内的项目；“规范类”145条，主要针对各区县（市）次干道及城区认为有必要提升的区属道路范围内的项目。

【全国第二次地名普查】 2015年，根据国家和浙江省统一部署，杭州市全国第二次地名普查任务进展顺利，其中，下城、萧山、余杭、临安属性数据已完成并上报浙江省第二次全国地名普查办公室；上城、拱墅、西湖、滨江、江干、淳安、桐庐也已完成属性数据的收集，待修改、完善后上报；建德、富阳进行查漏补缺工作。杭州市计划2016年底前完成普查任务，全市13个区县（市）全部通过省级成果验收。（朱文军）

【收养登记】 2015年，杭州市办理收养登记338件，被收养人338人。其中：上城区1件，下城区1件，江干区6件，拱墅区2件，西湖区16件，滨江区7件，萧山区23件，余杭区79件，富阳区62件，桐庐县19件，淳安县30件，建德市57件，临安市35件。办理解除收养关系4件，其中江干区、淳安县各1件，建德市2件。

【殡葬管理】 2015年，杭州市火化遗体45289具，火化率100%，其中杭州殡仪馆火化遗体12221具。全市21家经营性公墓（陵园）新建墓穴11577穴。新建生态墓地7个，生态墓地总数达3321个，覆盖99%的行政村。治理“三沿五区”坟墓9262穴，其中治理“四边三化”“两路两侧”坟墓4740穴。

13个区县（市）全部实施基本殡葬费用减免政策。全市有41897名死者家属享受惠民政策，减免金额2705万元，与惠民政策实施前相比平均每户节省开支646元，享受惠民政策的比例为93%。第22次骨灰撒江活动中，75位先人的骨灰撒入钱塘江，累计已有1466人的骨灰撒入钱塘江。

【婚姻登记】 2015年，杭州市办理内地居民结婚登记67366件，比上年下降7.2%，其中复婚4404件，补办结婚登记1353件。办理内地居民离婚登记19018件，下降2.7%。办理涉及外国人、华侨、出国人员及港澳台居民结婚登记291件，上升16.4%，其中涉及外国人202件，涉及华侨、出国人员5件，涉及香港居民15件，涉及澳门居民3件，涉及台湾居民66件。办理涉及外国人、华侨、出国人员及港澳台居民离婚登记55件，其中涉及外国人33件。全市补发婚姻登记证30095本，上升0.56%。出具（无）婚姻登记记录证明96720份，下降22.8%。

全市婚姻登记机关继续开展婚姻家庭辅导工作，服务当事人7571人次，其中接受婚前辅导服务的227人次、接受婚姻家庭问题咨询服务的984人次、接受离婚劝导和调解服务的5981人次、接受法律咨询服务的379人次，群众满意率达100%。

【流浪乞讨人员救助管理】 2015年，杭州市8个救助管理站共救助流浪乞讨人员12419人次，比上年下降11.5%。其中，杭州市救助管理站救助流浪乞讨人员9102人次（未成年人370人次）。受助人员中有乞讨行为的1347人次，无乞讨行为的11072人次；主动求助的8067人次，被引导护送入站受助的4341人次，被有关机构或群众丢弃站外的11人次。开展“冬季送温暖”和“夏季送清凉”专项救助行动，未发生一起流浪乞讨

人员非正常死亡事件。（许东良）

【社会组织】 至2015年末，杭州市有社会组织20086家，其中注册登记的6308家（社会团体2849家，民办非企业单位3441家，基金会18家），备案13778家。市本级社会组织991家（社会团体730家，民办非企业单位251家，基金会10家）。开展2014年度社会组织年检工作，市本级920家社会组织参加年检，其中合格854家、基本合格18家、不合格48家，分别占社会组织总数的92.83%、1.96%、5.21%，年检合格率为94.8%。继续开展社会组织等级评估，其中获得AAAAA级的社会组织有16家、AAAA级42家、AAA级46家、AA级5家、A级4家。至年末，全市获得AAA以上等级的社会组织累计达到925家。市、区两级共投入公益创投资金3278万元，其中市本级公益创投项目89个，扶持资金500万元。

【社会组织登记制度改革】 2015年，杭州市社会组织登记制度改革有序推进，首批试点工作在32家业务主管单位中开展。取消社会团体筹备成立审批，社会团体和基金会可自行决定设立、变更和终止分支机构、代表机构，无须登记审批；降低登记门槛，准予“一址多社”“一业多会”，允许毕业5年内的本市户籍全日制高校毕业生举办科技类、公益慈善类、城乡社区服务类民办非企业单位的“零首付”注册，可自成立之日起两年内补足注册资金；下放登记权限，各区县（市）民政部门可开展异地商会和由内地居民担任法定代表人的基金会登记管理工作，开展农民专业合作社资金互助会登记工作，为农业生产经营活动提供小额资金互助服务。改革社会组织行政审批“内部流程”，开展“一门受理”试点。由民政部门统一对外受理社会组织行政审批申请，按照社会组织类型和业务范围，转送相应业务主管单位审核。

【引导社会组织参与社会治理创新】 4月2日，杭州市社会组织参与社会治理工作推进会召开，全面总结深化杭州市社会组织参与社会治理的经验成果。《杭州社会组织品牌建设蓝皮书》和《社区社会组织参与社会治理杭州100个样本》在会上发布。10月22日，举办“2015年公益嘉年华暨第六届社区工作者节”，以“公益大舞台、资本相亲会、社工新风采”为主题，集中展示各种公益资源和创新成果，搭建政府、基金会、企业及公众之间信息沟通桥梁，有效促进各类参会组织快速实现项目洽谈、需求对接。认定第二批杭州市品牌社会组织，其中示范型10家、成长型10家，至年末，全市有品牌社会组织40家，其中示范型20家、成长型20家。开展2015年复合型社会组织认证工作，7家社会组织获得复合型社会组织认证。

杭州市美容美发行业协会、杭州市杭商研究会被民政部授予“全国先进社会组织”称号。

（虞培新 张绍茂）

【水库移民扶持】 至2015年末，杭州市有大中型水库移民后期扶持人口34.62万人，分布在153个乡镇（街道）、1887个行政村（社区），其中直补移民人数19.38万人、项目扶持人数15.24万人。余杭区、富阳区、桐庐县、淳安县、建德市、临安市既是大中型水库库区，也是大中型水库移民安置区；萧山区为大中型水库移民安置区，主城区大部分是三峡库区原迁移民和少部分因婚嫁等原因迁入的水库移民。全市小型水库移民2万余人，分布在100个乡镇、486个村。

“十二五”时期，移民扶持资金从8514万元增加到5.06亿元。五年内，全市共实施水库移民扶持项目1480个，投入移民资金2.6亿元。其中，2015年创业致富项目249个，投入资金1.25亿元。

“十二五”期间，累计培训移民5.9万人次，其中2015年培训2.5万人次，占当年移民适龄人口的12.9%。深入开展水库移民创业致富工作，形成了“现代农业、物业经济、来料加工、创业园区、融资服务、现代服务业”等特色创业模式。2015年，新建、扩建百万产值以上的移民创业致富产业基地14个。

通过“美丽乡村”建设和移民资金项目扶持，环境改善、基础设施配套、自然生态保护、乡村经济社会发展等统筹推进，不断推进农业增效、移民增收、农村发展，移民生活环境显著改善。农村移民人均可支配收入18814元，达到当地农村居民人均收入的87.5%，高出全省平均水平13.4%。

【水库移民创业融资】 2015年，杭州市充分发挥省农村信用社联合社杭州办事处等金融机构的资金优势，着力解决水库移民创业过程中的资金瓶颈问题。各区县（市）在深入贯彻《关于开展杭州市水库移民创业贷款工作的指导意见》的基础上，结合当地实际出台实施办法，帮助水库移民解决创业融资难题。

桐庐县移民局、桐庐县农村合作银行联合印发《桐庐县大中型水库移民创业贴息专项贷款管理办法》，贷款利率实行优惠加贴息，在可贷款综合定价利率的基础上给予20%的优惠，桐庐县移民局给予贴息补助，贴息标准为年实际支付利息的25%，单户享受贴息贷款额度最高为200万元，贷款期限最长不超过3年。富阳区、淳安县、建德市等地均出台相关水库移民创业融资政策。（包宏武）

【儿童福利工作】 2015年，杭州市有儿童福利机构1个，综合福利机构内设儿童部7个，2005名孤儿（困境儿童）纳入儿童福利保障范围。福利机构养育孤儿月度基本生活费从每人1450元提高到1530元，社会散居孤儿月度基本生活费从每人870元调整到920元。《杭州市人民政府关于推进适度普惠型儿童福利制度建设的意见》出台。符合条件的13名机构养育残疾儿童参与“明天计划”，接受康复手术。按照省民政厅“贫困残疾儿童抢救性康复项目”要求，全面开展全市贫困残疾儿童调查，委托市儿童福利院开展全市残疾儿童康复评估，符合条件的10名儿童领到普及型辅助器具，30名儿童接受康复训练。（丁帆帆）

·民　族·

【民族概况】 据第六次人口普查显示，杭州有常住少数民族人口13.46万人，其中城区（含萧山区、余杭区）少数民族人口8.03万人，富阳区和四区县（市）有5.42万人。少数民族人口总量虽不多，但常住的少数民族就有54个（无珞巴族）。流动的外来创业务工少数民族人口15.97万人，占在杭务工人员的4.7%。其中，最多的是苗族达4.71万人，其次是土家族2.61万人，位居第三位的是侗族2.41万人，注册登记的回族6425人。

杭州市有1个少数民族乡（桐庐县莪山畲族乡），19个少数民族村（桐庐县莪山村、中门村、新丰村、龙峰村、湾下村、大庄村、金塘坞村；建德市胡村源村、双泉村、高桥村、小溪源村、团结村；临安市铜山村、逸逸村、众社村、浪山村、枫树岭村；富阳市双江村；淳安县富泽村）。畲族乡村人口共5914人，占全市畲族人口（约1.38万人）的42.9%。至2013年末，19个少数民族村均已跨入小康村行列，民族村群众的人均年纯收入达到14173元。

【《关于进一步加强新形势下民族工作的意见》出台】 为深入贯彻落实中央、省民族工作会议精神，巩固和发展平等、团结、互助、和谐的社会主义民族关系，推动杭州民族领域和谐稳定和民族乡村经济社会健康发展，中共杭州市委办公厅、市政府办公厅于5月出台杭州市《关于进一步加强新形势下民族工作的意见》，提出杭州市未来民族工作指导思想、目标任务和具体措施，对于推动民族团结进步事业和改善民族乡村民生具有重要意义。

【穆斯林同胞欢度古尔邦节】 伊历12月10日（公历9月24日）是中国回族、维吾尔族、哈萨克族、东乡族等十个信仰伊斯兰教少数民族的传统节日——古尔邦节。古尔邦节又称“宰牲节”，“古尔邦”意为“奉献”，即通过宰牲向真主奉献自己的忠诚。当日，杭城各地的中外穆斯林约4000人在凤凰寺参加节日聚礼。省、市统战和民宗等有关单位领导给广大穆斯林群众送去了节日的问候和诚挚的祝福。穆斯林群众衷心感谢党和政府对伊斯兰教事业的关怀和重视，纷纷表示将继续发扬爱国爱教、热爱和平、服务人群的优良传统。

【杭州市民族宗教系统运动会】 11月3日，由市民族宗教局主办、杭州市宗教民族事务服务中心和西湖区羽毛球协会承办的杭州市民族宗教系统运动会在西湖区体育馆举行。来自全市各城区民宗部门和桐庐县民族宗教系统、市民族团结促进会、市各宗教团体以及基督教青年会、女青年会的18支代表队参加。大会共设羽毛球单打、抛接彩球、海底传月、80米袋鼠跳接力赛、拔河等五个比赛项目。市佛教协会代表队、杭州基督教青年会代表队和江干区民宗系统代表队分获前三甲。

【民族工作暨民族团结进步表彰会议】 12月14日，杭州市召开民族工作暨民族团结进步表彰会议。会议表彰在民族团结进步创建工作中成绩突出的20个集体和28名个人。市长张鸿铭宣读表彰决定，市领导王金财、叶明、许勤华、张建庭、董建平出席，市委副书记杨戌标主持会议。杭州市佛教协会、上城区南星街道美政桥社区、市对口支援阿克苏市指挥部规范建设组负责人在会上作交流发言。省委常委、市委书记赵一德在会上强调，要认真学习贯彻中央和全省民族工作会议特别是习近平总书记重要讲话精神，准确把握新形势下民族工作新要求，加快民族乡村发展，做好城市民族工作，不断开创民族工作新局面。

【“送书籍、送健康、送文艺”进畲村】 1月，市民族宗教局贯彻落实中央民族工作会议精神，组织杭州市民族团结促进会和杭州同心少数民族服务中心赴桐庐县横村镇湾下畲族村开展“送书籍、送健康、送文艺”活动。市民族宗教局向湾下畲族村赠送了500余册书籍，邀请急救培训及保健知识专家现场向村民们介绍了日常生活劳作中可能会遇到的诸如蛇咬伤、跌伤、心脏病突发、食物卡喉窒息等急救知识。杭州市民族团结促进会、杭州同心少数民族服务中心联合为村民表演自编自导的文艺节目。

【第二届浙宝集团民族文化节】 杭州市推进民族团结进步工作进企业，4月20日，第二届浙宝集团民族文化节暨浙宝大厦落成庆典举行，以“手足相亲、守望相助”民族情感为主题的全市首家非公企业民族文化馆——浙宝集团民族文化馆当天揭牌启用。浙宝电气（杭州）集团有限公司是国内生产高低压成套开关设备最具影响力的企业之一。为更好地服务少数民族职工，浙宝集团成立民族工作领导小组和民族工作联谊会，对少数民族员工实行“两优惠、三优先、四特别”的优惠政策，特别将每年的农历三月初三定为少数民族职工的节日，通过举办民族文化节，展示少数民族风俗文化。

（洪　亮）

5月25日，浙江省宗教界“寻梦中国·正言正行”系列文化活动启动

（市民族宗教局 供稿）

·宗　教·

【宗教概况】 杭州市有佛教、道教、伊斯兰教、天主教、基督教五大宗教，具有以下三大特点：一是五教齐全，历史悠久。佛教、道教、伊斯兰教、天主教、基督教在杭州都有着悠久的历史，佛教始于两晋，道教则更早，伊斯兰教、天主教和基督教分别于唐代、明代和清代传入。二是场所多，人数多。各级宗教团体共35个，另有2个带有基督教性质的社会团体（杭州基督教青年会、杭州基督教女青年会）。全市经登记开放的宗教活动场所有944处（其中佛教280处、道教36处、伊斯兰教1处、天主教12处、基督教615处）。经认定备案的教职人员1090人（其中佛教712人、道教40人、伊斯兰教3人、天主教12人、基督教323人），可统计信徒约有30万人。三是影响大，作用大。杭州宗教在助力西湖“申遗”、服务中心工作、促进经济发展、开展公益慈善、对外文化交流和维护社会稳定等各方面都做出了积极贡献。以灵隐寺、抱朴道院等为代表的一批寺观教堂已成为国内外交流和旅游的重要场所，年均接待信众游客近千万人次，在杭州经济社会发展中占有重要地位。

【佛教“腊八节”纪念活动】 1月27日（农历十二月初八）是释迦牟尼佛成道纪念日，也是中国的传统节日“腊八节”。灵隐寺等市属各大寺院改变以往在寺院内及社会广场施赠腊八粥的方式，将精心熬制的30多万份腊八粥送到养老院、福利院等公益慈善机构及环卫工人等一线工作者手中，让佛教界的这份温暖关爱遍布杭城。当日上午，各寺院通过举办讲经、皈依、祈祷、传供法会等活动纪念释迦牟尼佛成道。

【佛教新春活动文明有序】 2月19～24日（除夕至正月初六），杭州市灵隐寺等8所市属寺院共接待游客信众77.26万人次。春节期间，市民族宗教局、市公安局、西湖风景名胜区管委会等部门投入力量，开展安全督查和秩序维护，各寺院对人流量均进行实时监控，利用微博、微信平台，及时发布人流量信息，引导游客信众合理安排行程。在全体市民游客的支持和参与下，杭州市佛教新春活动文明、安全、有序。

【第二届玄门讲经活动】 5月8日，杭州市道教协会“第二届玄门讲经活动”在玉皇山福星观举行。本次讲经活动以“寻梦中国·正言正行”为主题，立足道教经典，旨在通过讲经活动，促进结合日常修行、所修所悟，深入诠释“国法与教规”的关系，传承和弘扬道教爱国爱教的思想和行为。讲经环节中，选手们对道教经典各抒己见，宣讲经典中的积极因素，挖掘道教文化中的优秀思想，对道教经典做出了符合社会发展和时代进步的诠释。

【“东南佛国·托钵行脚”慈善活动】 5月25日（农历四月初八），杭州市佛教协会举行“东南佛国·托钵行脚”佛教慈善活动，浙江省宗教界“寻梦中国·正言正行”系列文化活动启动仪式同时举行。浙江省佛教、道教、伊斯兰教、天主教、基督教等五大宗教团体，向全省宗教界共同发出开展“寻梦中国·正言正行”系列宗教文化活动倡议。杭州市佛教协会向浙江省慈善总会捐出本次托钵行脚活动募得的善款共计46.8万元。

【民间信仰活动场所登记编号】 根据省相关文件精神，市民族宗教局在全市开展民间信仰活动场所登记编号工作。市民族宗教局印发《杭州市民间信仰活动场所登记编号工作实施方案》，帮助各区县（市）根据地方实际，全面梳理场所，构建民宗部门宏观监督、属地政府微观管理、民间信仰组织具体运作相结合的三层管理机制。至2015年末，300处民间信仰活动场所通过审核纳入登记编号。

【民族宗教部门开展“法律下乡”活动】 6月26日，浙江省民族宗教事务委员会、市民族宗教局、淳安县民族宗教局联合在淳安县新北社区小广场，组织开展以“国法与教规的关系”为主题的“法律下乡”活动，扩大宗教政策法规的社会知晓面，不断提高基层群众法律素质和法制观念。现场以展板陈设、法律咨询、政策讲解、赠送资料等形式，宣传解答了宗教政策法规、土地纠纷、违法建筑处置，以及其他与人民群众生产生活密切相关的法律问题。

【“爱国爱教·民族团结·共谋新篇”专项工作启动】 为提升宗教活动场所服务社会的能力和水平，市民族宗教局继在灵隐寺、净慈寺、玉皇山福星观等市属佛道教活动场所重点开展“五整治一提升”工作后，于12月在全市民族宗教界开展“爱国爱教·民族团结·共谋新篇”专项工作。专项工作要求全市各级民族宗教部门、少数民族人士、宗教界人士认真贯彻落实省、市关于办好G20杭州峰会的重大决策部署，开展环境优化、安全细化、队伍强化、文化深化等“四化建设”，努力推动全市民族宗教界实现“六个明显”，即场所容貌明显改观、环境秩序明显改善、管理水平明显提高、安全稳定明显强化、文明素质明显提升、服务作用明显发挥，充分展示民族宗教界爱国爱教、团结进步、规范管理、服务社会的新风貌。

（洪　亮）

·人民生活·

【城镇居民收入稳步增长】 据抽样调查，2015年杭州市城镇常住居民人均可支配收入48316元，比上年增长8.3%，扣除物价上涨因素实际增长6.4%。

杭州市城镇居民人均工资性收入和经营净收入分别为28891元和4502元，分别增长4.5%和3.1%，增幅比上年回落3.5和14.4个百分点。工资性收入增幅回落的主要原因是受宏观经济走势回缓、产业转型升级和结构调整影响，就业者就业难度加大，就业人员的工资性收入增加空间缩小；经营净收入增幅回落的主要原因是来自第二产业的经营净收入下降。财产净收入和转移净收入分别为6851元、8072元，分别增长13.4%和22.5%，增幅分别提高7.3和11.5个百分点，共拉动城镇居民可支配收入增长5.2个百分点。

【城镇居民八大类消费支出五升三降】 2015年，杭州市城镇居民人

均消费支出33818元，比上年增长5.1%，增幅提高0.2个百分点，扣除物价上涨因素实际增长3.2%。从消费支出的构成看，八大类消费呈“五升三降”的格局。

医疗保健消费增幅最高，城镇居民人均医疗保健消费2002元，增长17.2%；人均居住、教育文化娱乐和交通通信消费增长相对较缓，三大类消费分别为9111元、3141元和5707元，分别增长6.4%、5.1%和6.4%，增幅比上年提高3.4、3.2和1.3个百分点，人均食品烟酒消费9171元，增长5.6%，比上年回落4个百分点；城镇居民人均衣着、生活用品及服务、其他用品及服务三大类消费分别为2157元、1622元和907元，分别下降1.6%、3.6%和6.9%。

2015年末，全市城镇居民人均住房建筑面积35.5平方米，每百户家庭拥有家用汽车48.7辆、空调207.3台、移动电话229.9部、家用电脑110.1台、微波炉65.1台、淋浴热水器95.5台。

【农村居民收入保持较快增长】 2015年，农村常住居民人均可支配收入25719元，比上年增长9.2%，扣除物价上涨因素实际增长7.3%。

农村居民四大类收入中，仅工资性收入为个位数增长，其他三大类收入均两位数增长。杭州市农村居民人均工资性收入15860元，增长7.1%，增幅较上年回落6.6个百分点，农村居民工资性收入增幅回落的主要原因是受企业转型升级和结构调整等影响，农村居民在外务工人员就业难、工资增长更难；农村居民经营净收入、财产净收入和转移净收入分别为6628元、982元和2249元，分别增长10.1%、11.7%和21.8%，增幅提高2.8、4.3和16.3个百分点，共拉动农村居民人均可支配收入增长4.7个百分点。

【农村居民生活持续改善】 2015年，杭州市农村居民人均消费支出19334元，比上年增长8.5%，增幅回落2.7个百分点，扣除物价上涨因素实际增长6.6%。八大类消费支出均有所增长：农村居民人均交通通信消费3904元，增长18.3%，增幅比上年提高5.7个百分点；人均生活用品及服务、居住和其他用品及服务三大类消费增长相对较快，分别为1008元、4990元和355元，分别增长8%、9.9%和9.9%；食品烟酒等四大类消费增速减缓，农村居民人均食品烟酒和衣着消费分别为5358元和1157元，分别增长5.2%和5.8%，人均教育文化娱乐和医疗保健消费分别为1507元和1055元，分别增长1.5%和0.3%，上述四大类消费增幅均比上年有所回落。

2015年末，全市每百户农村居民家庭拥有家用汽车38.2辆、空调器147.6台、移动电话253.8部、家用电脑69.6台、微波炉40.2台、淋浴热水器93.2台、洗衣机86.4台、电冰箱103.9台。

【物价总体平稳】 2015年，杭州市居民消费价格总水平平均上涨1.8%，涨幅较上年回落0.2个百分点。

食品类价格上涨2.8%，涨幅较上年回落0.1个百分点，影响居民消费价格总水平上升0.88个百分点。其中，鲜菜价格上涨12.5%、猪肉价格上涨12.4%。

烟酒类价格上涨3.9%。其中，烟草价格上涨4.8%，酒类价格上涨1.1%。

衣着类价格上涨1.1%。其中，鞋袜帽价格上涨5.5%，衣着加工服务费价格上涨2.3%，衣着材料价格上涨0.2%，服装价格持平。

家庭设备用品及维修服务类价格上涨1.4%。其中，家庭服务价格上涨8.1%，床柜等家具价格上涨1.9%，

2010～2015年杭州市城镇常住居民人均可支配收入增长情况

表78

年　份	人均可支配收入（元）	比上年（%）
2010	30 035	11.8
2011	34 065	13.4
2012	37 511	10.1
2013	40 925	—
2014	44632	9.1
2015	48 316	8.3

注：2010～2012年为市区（含萧山、余杭）老口径数据，2013～2015年为城乡一体化改革后新口径数据。因统计口径不同，2013年与之前不具可比性

2015年杭州市城镇常住居民人均可支配收入构成情况

表79

项　目	人均收入（元）	比上年（%）	占总收入比重（%）
人均可支配收入	48 316	8.3	100
1. 工资性收入	28 891	4.5	59.8
2. 经营净收入	4 502	3.1	9.3
3. 财产净收入	6 851	13.4	14.2
4. 转移净收入	8 072	22.5	16.7

2015年杭州市城镇常住居民消费支出结构

表80

项　目	人均支出（元）	比上年（%）	占消费支出比重（%）
消费支出	33 818	5.1	100
1. 食品烟酒	9 171	5.6	27.1
2. 衣着	2 157	–1.6	6.4
3. 居住	9 111	6.4	26.9
4. 生活用品及服务	1 622	–3.6	4.8
5. 交通通信	5 707	6.4	16.9
6. 教育文化娱乐	3 141	5.1	9.3
7. 医疗保健	2 002	17.2	5.9
8. 其他用品及服务	907	–6.9	2.7

2010～2015年农村常住居民人均可支配收入增长情况

表81

年　份	人均收入（元）	比上年（%）
2010	13 186	11.5
2011	15 245	15.6
2012	17 017	11.6
2013	21 208	—
2014	23 555	11.1
2015	25 719	9.2

2015年杭州市农村常住居民人均可支配收入构成情况

表82

指　标	人均收入（元）	比上年（%）	占总收入比重（%）
人均可支配收入	25 719	9.2	100
1. 工资性收入	15 860	7.1	61.7
2. 经营净收入	6 628	10.1	25.8
3. 财产净收入	982	11.7	3.8
4. 转移净收入	2 249	21.8	8.7

2015年农村常住居民消费支出结构

表83

指　标	人均支出（元）	比上年（%）	占消费支出比重（%）
消费支出	19 334	8.5	100
1. 食品烟酒	5 358	5.2	27.7
2. 衣着	1 157	5.8	6.0
3. 居住	4 990	9.9	25.8
4. 生活用品及服务	1 008	8.0	5.2
5. 交通通信	3 904	18.3	20.2
6. 教育文化娱乐	1 507	1.5	7.8
7. 医疗保健	1 055	0.3	5.5
8. 其他用品及服务	355	9.9	1.8

2015年杭州市八大类商品及服务项目价格指数

表84

类　别	价格指数（上年＝100）
居民消费价格总水平	101.8
1. 食品	102.8
2. 烟酒	103.9
3. 衣着	101.1
4. 家庭设备用品及维修服务	101.4
5. 医疗保健和个人用品	102.4
6. 交通和通信	96.6
7. 娱乐教育文化用品及服务	101.0
8. 居住	103.5

厨具餐具等家庭日用杂品价格上涨0.4%。

医疗保健和个人用品类价格上涨2.4%。其中：保健器具及用品价格上涨10.5%，中药材及中成药价格上涨4.0%，医疗保健服务价格上涨1.7%；化妆美容用品价格下降7.6%，黄金首饰等个人饰品价格下降2.9%，西药价格下降1.8%。

交通和通信类价格下降3.4%。其中，汽、柴油价格分别下降17.2%和20.3%，通信工具价格下降5.0%；车辆使用及维修费价格上涨4.2%。

娱乐教育文化用品及服务价格上涨1.0%。其中，书报杂志价格上涨13.3%，教育服务价格上涨2.2%。

居住类价格上涨3.5%。其中，水电燃料价格上涨7.1%，住房租金价格上涨4.0%，自有住房价格上涨2.8%，建房及装修材料价格上涨1.7%。　　（万　明）

·人口和计划生育·

【人口和计划生育概况】 全市出生60167人，比上年减少22205人，减幅26.96%。全年受理“单独两孩”再生育申请16516例。受“单独两孩”政策影响，各地一孩率下降，二孩率上升，全市一孩率为60.67%，下降7.32个百分点；二孩率38.77%，上升7.28个百分点；多孩率0.56%，上升0.04个百分点。全市计划外出生1805人，计划生育率97%，多孩违法生育发生率0.26%。全市户籍人口出生性别比为108.01。全市女性初婚43922人，减少4908人，减幅10.05%。已婚育龄妇女领取独生子女父母光荣证49.77万人，领证率36.14%，下降1.44个百分点。

【生育服务证制度改革】 2015年，杭州市把生育服务证制度改革作为推进计划生育服务管理改革的重点，内容包括：推行一孩生育服务登记，申领浙江省生殖健康服务证实行即来即办，再生育审批一般在10个工作日内完成；简化生育证办理材料，办理一孩生育服务证不再要求提供婚育情况证明；实行全程代办、承诺制，推行“边补正材料、边受理审核”的容缺受理新模式。临安市实施取消一孩生育服务证试点。《中国人口报》对杭州市生育服务证制度改革工作予以报道。

【“单独两孩”政策平稳实施】 2015年，杭州市共受理“单独两孩”申请16516例，已审批16314例，实际出生12774人，审批及时率达100%。依法依规妥善应对单独夫妇抢生现象以及由于浙江省生育政策口径与国家卫生计生委有关指导性文件的差异而导致的信访、行政复议诉讼案，耐心向群众做好政策解释

工作，确保“单独两孩”生育政策平稳实施。改革计生目标管理责任制考核。

【出生人口性别比综合治理】 2015年，市卫生计生委与公安、市场监管、妇女联合会等部门联合开展整治非医学需要的胎儿性别鉴定和选择性别人工终止妊娠行为（“两非”）专项行动。成立市卫生计生委出生人口性别比综合治理工作领导小组，加大出生人口性别比综合治理工作力度；建立按月报送查处“两非”案件情况、定期报送整治“两非”行动进展机制；强化全国“两非”案件信息管理系统的应用，充分发挥信息技术在整治“两非”工作中的信息共享和区域协作作用；及时掌握各地出生人口性别比数据，加强对生育全过程的管理，进一步完善新婚、怀孕和产后随访，孕期检查实名登记，孕情追踪管理和消失倒查，中期以上终止妊娠报告登记，出生死亡报告和有奖举报等制度；开展“关爱女孩”“生男生女一样好”等主题宣传，提高群众男女平等意识。

【流动人口计划生育服务】 2015年，杭州市开展流动人口婚育证明电子化试点，将流动人口计生工作融入居住证制度改革、积分制管理，加强跨省区域协作；启动流动人口社会融合试点城市创建工作，培育10个流动人口社会融合示范社区，开展特色融合项目，《中国人口报》头版予以报道；推进流动人口卫生和计划生育基本公共服务均等化，全年共为流动人口提供免费计划生育技术服务71.91万例；开展流动人口关怀关爱专项活动。继续开展流动人口计划生育服务管理示范窗口创建，全市市级示范窗口达51家，省级示范窗口21家。完成年度国家流动人口卫生计划生育动态监测。

【计划生育奖励扶助】 2015年，杭州市全面落实计划生育奖励扶助政策，完善失独家庭帮扶救助机制。根据省卫生计生委等部门《关于进一步完善计划生育特殊家庭扶助关怀政策的意见》文件精神，指导各地制定出台特别扶助制度操作细则，为失独家庭发放生活护理补助金，提供保险、居家养老、居家医疗等服务。全市符合奖励扶助政策的64420人，符合特别扶助政策的7962人。奖扶特扶政策目标人群覆盖率达到100%。

【创建幸福家庭活动】 2015年，杭州市获得首批全国创建幸福家庭活动示范市称号。申报“计生家庭养老照护”国家试点市。市卫生计生委指导西湖区“青少年健康发展”、下城区“科学育儿”、余杭区乔司街道方桥村“新家庭计划——家庭发展能力建设”等项目的国家试点工作。依托社区、面向家庭，动员社会力量广泛参与“关爱女孩”“青春健康教育”“优孕优生优育”等幸福家庭主题宣传教育活动。面向0~3岁抚养人开展“人口早期发展教育”百场免费巡回讲座。（薛　亮）

·老龄工作·

【老龄工作概况】 2015年，杭州市老年人口持续快速增长，老龄化、高龄化程度突出，杭州市已经步入中度老龄化阶段。按户籍人口统计，全市60岁以上老年人150.9万人，占总人口数的20.86%，比上年增加7.93万人，增长5.55%。因富阳区撤市设区，调整后富阳区户籍试点改革，全市城镇老年人口有大幅上升，农村老年人口有所下降，其中：城镇97.09万人，增加14.66万人；农村53.81万人，减少6.73万人。80岁以上高龄老人26.87万人，占老年人口的17.8%；失能和半失能老年人8.68万人，纯老年人口家庭的老年人27.23万人，分别占老年人口的5.75%、18.04%。全市老龄化程度排在前三位的分别是上城区、西湖风景名胜区、下城区，老年人口占总人口比例分别达到29.04%、29.03%、25.07%。至年末，全市百岁老人（1915年12月31日前出生）按周岁计有360人，萧山区有70位百岁老人，居全市之首，其次是江干区42人，下城区38人；按城乡分组，城镇270人，农村90人；按性别分组，男性102人，女性258人。

全市乡镇、街道及以上老龄工作机构41个，年末从事老龄工作在编人员568人，增加49人。按编制性质分，行政编制315人，事业编制155人，其他98人。按人员构成分，专职人员262人，兼职人员278人，其他人员28人。按年龄构成分，35岁以下的138人，36岁至55岁的355人，56岁至60岁的73人，60岁以上的2人。从文化程度来分，具有大学本科以上学历的306人，大专学历198人。5月10~15日，全市乡镇（街道）老龄工作干部培训班在市委党校举办，各区县（市）180余人参加培训学习。

全市963个社区居民委员会建立老龄工作小组，占社区总数的95.3%；建立老年协会1003个，占社区总数99.2%，988个老年协会达到规范化建设标准，占社区老年协会总数的98.5%。全市2013个行政村建立老年协会，占行政村总数的99.95%，除萧山区、大江东产业集聚区少数行政村外，其他区县（市）老年协会建会率达到100%；1998个村级老年人协会符合规范化建设标准，占老年协会数98.38%，基层老年协会组织不断完善和规范。全市社区（行政村）老年协会纳入民政部门依法登记或备案管理的老年协会2156个，占老年协会数的71.06%。开展“银龄互助”老年协会总数2327个，76.7%的社区（行政村）老年协会积极开展“银龄互助”活动。

杭州老年电大市级分校全面开展实体化办学，教学基地开展春秋两季招生宣传工作，开设“幸福养老大课堂”，4~10月，主办“谈今昔巨变·享乐龄生活”第二届杭州市老年人征文活动，编印《杭州老年人征文作品集》1000册。与萧山金地生态园合作建立了首个老年电大学员“绿色低碳生活体验基地”。8月，市老年电大学员组队参加全国“世盛夕阳红”中老年文艺交流活动，舞蹈《再唱山歌给党听》和《英姿飒爽》获表演金奖和最佳创作奖。至年末，全市16所老年电大分校所属教学点2790个，在校学员29.04万人，增加3.96万人，年均老年人入学率10.38%，累计毕（结）业学员136.99万人次。19.24%的老年人参与老年电视大学的学习。区县（市）级以上老年大学18所，在校老年大学学员2.81万人，累计毕（结）业学员10.69万人次。老年学校219所，在校学员2.92万人，累计毕（结）业4.51万人次；全市有老年文艺团队3500个，参加人数11.17万人。老年人体育协会

2310个，参加人数35.90万人，老年体育团队3435个，参加人数12.19万人，其他老年社团组织186个，参加人数0.49万人。

全市建有各类老年活动中心（室）3626个，增加160个，总投资16.03亿元，总占地面积118.61万平方米，总建筑面积128.76万平方米。2015年新建、改扩建老年活动中心（室）170个，新增面积5.25万平方米、建筑面积5.82万平方米；当年建设投资总额1.05亿元，其中政府财政投入6889.77万元，集体资金投入2976.5万元。至年末，全市共命名“星级老年活动中心（室）”2713个，其中被省老龄办命名的“四星级”17个，“三星级”178个。2015年，全市新增4家“四星级”老年活动中心，分别是江干区老年活动中心、余杭区三角村老年活动中心、西湖区竞渡社区老年活动中心、桐庐县老干部（老年）活动中心。

【杭州推出老年人意外伤害保险业务】 2014年12月30日，经市政府同意，市老龄工办、市财政局、市民政局、市卫计委等四部门联合印发《关于开展老年人意外伤害保险工作的实施方案的通知》。2015年6月3日，市老龄工办印发《关于做好2015年度老年人意外伤害保险相关工作的通知》。7月1日，杭州市老年人团体意外伤害统筹保险项目在全市范围内实施，至年末，全市由政府买单集体投保的共79.75万份，其中富阳、桐庐、建德、淳安、余杭等地根据农村老年人保险意识淡薄的实际，不仅为困难、失独、高龄老年人投保，还扩展至本地户籍60周岁以上所有老年人。此外，个人或散单投保83.42万份。全市投保人数达到103万余人。

【《乐活老年周刊》创刊】 1月，市老龄工办与《每日商报》联合创办的《乐活老年周刊》正式刊行。《乐活老年周刊》为面向老年人的区域性报刊，共设8个版面，每周四定期出刊，内容涉及健康、养生、时政、财政、文娱、人文、历史等板块，线下内容有“幸福养老进社区”“杭州市十大潮爸潮妈评选”等系列活动，深受老年人和市民读者的欢迎。

9月，《乐活老年周刊》推出“敬老文明号”荣誉单位“十佳公共服务窗口”“十佳为老服务特色项目”（简称“双十佳”）评选活动。“双十佳”从首批命名的140家市级“敬老文明号”单位中选出，最终评出杭州市公交集团第二汽车分公司38路公交车等“十佳公共窗口”，长乐老年失能失智老人照护服务体系等“十佳为老服务特色项目”。

【老龄工作“三项创建”活动】 老龄工作“三项创建”指的是创建老年友好型城市、老年宜居社区和“敬老文明号”。“敬老文明号”是杭州市较有影响力的活动品牌，第二届杭州市“敬老文明号”创建活动于2014年3月启动，各地各单位探索深化创建活动的特色道路，组织开展了大量基础性工作。2015年4月17日，第二届杭州市“敬老文明号”推进会暨内审工作培训会召开。会上，杭州市巾帼西丽家政服务集团有限公司、西湖区灵隐街道社区卫生服务中心、杭州市公安局江干区分局出入境管理科、杭州市水业集团有限公司三墩分公司、黄龙洞圆缘民俗园等5家首届全国、省级、市级“敬老文明号”命名单位代表分享经验。第三方浙江工业大学养老服务评估中心做专题报告并解读评估办法、开展内审工作实务培训。

6月起，第三方浙江工业大学养老服务评估中心对申报项目进行可行性评估。8月，第二届“敬老文明号”为老服务项目评估工作完成。为老服务特色项目评估是第二届杭州市“敬老文明号”创建工作的创新举措，旨在鼓励创建单位推出为老服务创新举措。全市119家申报市级“敬老文明号”的单位对照标准上报为老服务特色项目，最终96家单位的特色服务项目获得确认并进入创建阶段。

老年宜居环境建设工作走在全国前列。6月9日，全国老龄办副主任吴玉韶一行到杭州调研老年宜居环境建设工作，考察了上城区小营巷生活广场、绿城春江花月印霞苑小区、拱墅区和睦街道和睦社区、老龄服务产业园等，充分肯定杭州市工作。6月11日，全国部分省市“老年宜居环境建设调研座谈会”在杭州召开，来自上海、江苏、浙江、山东、广西、黑龙江等地的老龄工作者和一些院校的专家学者等30余人参加，杭州市老龄工办在会上做工作交流发言。

【“敬老月”庆祝活动】 在全国第6个“敬老月”和第3个“老年节”期间，杭州市以“培育敬老家风、建设和睦家庭”为主题，弘扬中华民族孝亲敬老传统美德，倡导尊老爱幼、互爱互敬、家庭和睦的文明新风。市卫生计生委、市老龄工办联合开展了创建幸福家庭系列活动之“中国梦·我说我的幸福家”作品征集活动。历经三个多月的时间，两万余人次参与投稿，有效作品逾千件，最终评出“最佳组织奖”“最佳用心奖”“最佳创作奖”“幸福家庭奖”等。敬老月期间，市本级开展慰问百岁老人活动，以市政府名义向全市新满100周岁的149位老人每位赠送“期颐之贺”印章，向607位百岁老人（含虚岁）每位送上慰问金1000元，共发放慰问金60.7万元。市老龄工办与市老龄基金会向全市困难家庭失能老人配送653张护理床、600张轮椅。市老龄工办，市科学技术协会，市老年活动中心等单位联合举办“青山绿水·美丽杭州”老年书画摄影年赛优秀作品展览。市体育局、市体育总会、市老龄工办等单位联合举办杭州市第八届老年人运动会，丰富老年人文体活动。

【杭州市老年文化艺术节】 5月起，杭州市举办2015年杭州市老年文化艺术节系列活动，包括庆祝“老年节”暨“文化祝寿”公益活动、中国老年服装设计大赛、“文化养老·寻梦杭州”文艺会演、杭州市老年健康生活博览会和“智慧养老·老龄事业”主题研讨会。

10月20日，全市庆祝“老年节”暨“文化祝寿”公益活动举行。省委常委、市委书记赵一德等省市领导向获得市级敬老文明号“双十佳”称号的单位颁奖并给予表彰。孩子们以中国传统寿诞礼仪向老年代表祝寿，弘扬中华民族孝亲敬老的传统美德。第二届中国老年服装设计大赛收到全国各地作品1342件，入围作品96件，最终评出金、银、铜奖共6名。6~10月，举办“文化养老·寻梦杭州”文艺会演（包括戏曲大家唱、老年舞蹈、时装表演等3个专场演出）。第三届杭州市老年健康生活

博览会分为五大核心区块，包括养老公共服务展区、医养保健展区、地产旅游展区、艺术书画摄影展区及互动活动体验区，280多个企业参展，展品涵盖养老机构、养老旅游、医疗器械、保健食品、养老地产等领域。杭州智慧养老与品质生活高峰论坛召开，探讨智慧健康与幸福养老互联互通的产业发展趋势与策略。杭州市“智慧养老·老龄事业”主题研讨会由市老龄工办与市老年学学会联合举办，探讨智慧养老的现实意义。

据不完全统计，全市约10万人次老年人参与老年文化艺术节。

（郭清芳）

·残疾人事业·

【残疾人事业概况】 至2015年末，杭州市有残疾人47.78万人，占全市总人口的6.36%。18.39万名残疾人申领了第二代残疾人证，其中视力残疾23373人，占12.71%；听力和言语残疾20987人，占11.41%；肢体残疾93783人，占50.98%；智力残疾18338人，占9.97%；精神残疾22342人，占12.15%；多重残疾5122人，占2.78%。

【残疾人康复和托养服务体系实施意见颁布】 11月27日，《杭州市人民政府办公厅关于进一步健全残疾人康复和托养服务体系的实施意见》发布，明确了残疾人专业康复和托养机构建设目标：到2017年，全市新增残疾人专业康复机构3个、康复床位300张；新增残疾人专业托养机构5个、床位500张，新增、改造提升残疾人小康·阳光庇护中心共100家。到“十三五”时期末，杭州市本级和萧山区、余杭区、富阳区、各县（市）都建有1所残疾人专业康复机构和1所残疾人专业托养机构，新增残疾人康复床位600张，全市平均每百名残疾人的托养床位达到3张以上。文件明确了此类机构的人员配置、建设配套补助政策，对符合条件的每张床位，一次性给予2500~6000元的补助。同时，实施《杭州市智精残疾人托养机构护理服务规范》，完善此类机构准入、评级和退出机制。

【杭州实施智精残疾人护理服务规范国家标准化试点】 9月1日下午，国家级智精残疾人托养服务标准化试点项目（以下简称“国家试点”）启动仪式在杭州市残疾人托管中心举行。国家试点的具体内容是，构建服务标准化体系，完善服务相关的实施标准，组织实施品牌服务标准化活动，探索建立医疗保健服务体系，加强标准化培训及内部工作培训，引领实现良好的社会效应。为实现“有岗位就有工作标准、有服务就有技术标准、有事项就有管理标准”的目标，试点工作分三个阶段实施：第一阶段，准备阶段（2015年4~7月）；第二阶段，标准体系策划、建立和完善阶段（2015年8月至2016年1月）；第三阶段，标准体系运行、评价和改进阶段（2016年2~12月）；第四阶段，验收评审阶段（2016年12月至2017年4月）。至2015年末，建立和完成了标准化体系框架的详细内容，优化了《服务提供标准明细表》，将原来的12个分项精简合并为9项。

【残疾人实事工程】 2015年，全市5.32万名符合条件的残疾人纳入基本生活保障工程，1.43万名残疾人纳入重度残疾人托养工程，5836名残疾人加入康复工程，残疾人共享小康工程覆盖率达51.8%。市残疾人联合会配合市建委完成636户农村困难残疾人家庭危房改造工作，为5313户家庭实施标准化无障碍设施改造。有劳动能力和就业愿望的残疾人就业率达92.8%。通过农村残疾人扶贫基地（帮扶联合体）安置、残疾人自主创业扶持和小额贷款贴息、市生命阳光助残专项资金帮扶、基层党组织结对帮扶以及残疾人基本生活保障、医疗困难救助、助学补助等救助保障政策的落实，结对帮扶4800名残疾人。杭州大江东产业集聚区残疾人保障政策实现了与主城区融合对接。

【残疾人康复】 至2015年末，杭州市共有“仁爱家园”工疗站105家、残疾人托养中心68家、托养（庇护）机构168家。市特殊康复中心完成立项工作。区县（市）筹建和在建的残疾人服务设施项目7个，其中6个项目建设规模在9000平方米以上，3个项目总投资超过1亿元。残疾儿童抢救性康复项目有序推进，市残疾人联合会着力打造系统完整、运行顺畅、品质高效的残疾儿童抢救性康复救助管理体系。2010~2015年，全市累计投入资金840余万元，2500多人次0~6周岁残疾儿童得到抢救性康复救助，残疾儿童总体康复显效率达85%，残疾儿童家长满意率超过90%。项目的实施帮助残疾儿童更好地融入和回归社会，减轻家庭负担。该项目入选2015年市直单位创新创优前30强。

【残疾人就业】 10月，市委组织部、市编委办、市财政局、市人力社保局、市国资委、市残联等六部门联合出台《关于促进残疾人按比例就业的实施意见》，意见要求依法推进残疾人按比例就业，推动党政机关、事业单位及国有企业带头安排残疾人就业，严肃执法，加大对用人单位的补贴、奖励和惩处力度，加强对用人单位按比例安排残疾人的就业服务，协力促进残疾人按比例就业。机关、团体、企业、事业单位和民办非企业单位等用人单位，应当按照不低于本单位在职职工总数1.5%的比例安排残疾人就业。到2018年，所有市级残疾人工作委员会成员单位至少安排有1名残疾人就业，县级残疾人工作委员会成员单位要积极创造条件安排一定数量的岗位用于残疾人就业；各级残联机关干部队伍中都要有一定数量的残疾人干部，其中市级残联达到10%、县级残联安排1~2名残疾人干部或职工。

2015年，杭州市通过集中就业、分散按比例就业，发展农村种养业、手工业、加工业，开发社区公益性岗位、来料加工居家就业、网络就业创业等形式鼓励帮助残疾人就业，并为残疾人提供免费职业培训和职业介绍，举办职业技能竞赛、人力资源交流会、校企定向培训，多渠道、多举措推进残疾人就业。全市残疾人按比例就业人数达到2.04万人，全年新增就业1550人。

【残疾人权益保护】 2015年，杭州市切实保障残疾人权益。13个区县（市）建立残联法律救助工作站，全市共受理残疾人来信来访件409

（件）次。信访受理率100%，答复率100%，满意率98%，实施法律救助45人次。各相关部门的分工协作，合力推进，各主城区政府（管委会）科学有序组织实施，车棚一体化残疾车进入浙江省残疾人机动轮椅车产品公告目录，残疾人期盼多年的实事项目取得实质性进展。

【残疾人在各级各类赛事中取得佳绩】 9月，杭州籍残疾人运动员参加全国第九届残疾人运动会，获47枚金牌、29枚银牌、16枚铜牌，18次打破全国纪录，居浙江省各地市首位。11月，在全国第六届特殊教育学校艺术会演中，杭州获得一等奖、二等奖、三等奖、启智奖各1个。10月，在第六届浙江省特殊教育学校学生艺术会演中，杭州获得一等奖、二等奖、三等奖、启智奖各3个和优秀奖2个，并获组织奖。

【残疾人志愿服务】 至2015年末，我市注册助残志愿者共4970人，其中残疾人志愿者1098人。2015年全年为残疾人提供志愿服务16.13万人次，服务惠及残疾人培训、就业、康复等多个方面。其中，杭州市江干区弯湾托管中心负责人徐琴被授予浙江省“最美助残人”荣誉称号，后并被评为2015年度“最美杭州人”。她几年如一日照看托管中心的孩子们，每天志愿服务4个小时以上，累计志愿服务时间超过5万个小时。

（冯　丽）

·杭州市红十字会·

【杭州市红十字会概况】 2015年，杭州市红十字会扎实开展救灾备灾、人道救助、救护培训，实施“红十字博爱送温暖”慰问活动、“博爱帮困”系列活动以及“生命关爱”工程。至年末，杭州市有红十字会组织1443个，团体会员单位1085家，会员59.85万名（其中青少年会员51.25万名），志愿者13162名。红十字会系统共募集救灾救助款物1324.71万元，发放款物1577.87万元，救助困难群众4.29万人次。

全年培训红十字救护员5.88万名，普及培训18.2万人次。杭州市红十字会品牌项目“红十字博爱送温暖”慰问活动已持续15年，累计救助困难群众22万余人次，慰问款物达5860多万元。全年登记入库造血干细胞捐献志愿者1417名，实现捐献12人。

杭州市红十字会推进信息化建设，门户网站全面更新，全市有11家红十字会建立网站，通过门户网站和微博、微信等新媒体以及在主流媒体刊发信息等方式，及时公布红十字会动态及重大自然灾害捐赠款物接受、使用情况和项目进展情况、专项审计报告等，接受公众监督。

【应急救援】 2015年，杭州市红十字会系统共募集救灾救助款物1324.71万元，发放款物1577.87万元，救助困难群众4.29万人次。在抗击台风“灿鸿”和“苏迪罗”灾害中，市红十字应急救援队救援安置57名被困群众，协助转移2000多名群众。年内，市红十字救援队还先后赴尼泊尔、巴基斯坦参与国际救援。市红十字会实施对口帮扶贵州省黔东南州工作，援建农村饮用水改造项目2个，提供126万元救助款物；将价值40多万元的棉衣、羽绒服等冬衣通过志愿者发放到新疆伊犁州的3个边疆县困难学生和牧民手中。

【应急救护培训】 2015年，全市红十字会系统培训红十字救护员5.88万名，普及培训18.2万人次，占户籍人口比例分别为0.82%和2.54%。市红十字会联合市教育局组成2个督查组赴13个区县（市）以及杭州经济技术开发区，深入27所学校，就初中学校应急救护培训工作进行专项督查。举办高中学校红十字应急救护师资培训班、第二届初中学校红十字应急救护师资教学与技能比赛，《中国红十字报》对此予以报道。配合省红十字会开展的“百场万人公益救护培训”活动，培训市民3634人；联合市公安局，在公安系统内开展“红十字应急救护员培训进公安”项目，培训981人；在西湖风景名胜区开展普及培训，培训交警、协警、行政执法人员、公共卫生协管员、保安、博物馆讲解员、公园售票员、宾馆饭店大堂经理、青年旅社负责人338人；走进市妇联“西子大讲堂”，培训60多名来自市直机关的妇女代表；为动漫节志愿者、省监狱系统、省新四军历史研究会成员开展救护培训。此外，在市红十字会备灾救灾中心建立应急救护培训基地，联合市公交集团在16路公交车上安装红十字急救箱。

【“博爱帮困”系列活动】 持续开展15年的“红十字博爱送温暖”慰问活动，已成为市红十字会的品牌项目，累计救助困难群众22万多人次，发放慰问款物5860多万元。2015年全市“红十字博爱送万家”活动共慰问困难家庭3800多户，慰问款物342万多元。筹资20万元慰问全市因病因灾等导致经济较困难的83户“失独”家庭，拨款10万元慰问资助生活困难癌症患者。

【“生命关爱”工程】 6月4日，市政府办公厅印发《关于推进关爱生命工作的实施意见》，明确了对红十字救护员、造血干细胞和人体器官捐献以及博爱助医捐赠者的激励保障政策。全年登记入库造血干细胞捐献志愿者1417名，实现捐献12人，位居全省第一。年内，完成器官捐献11例，遗体捐献32例，角膜捐献15例。市红十字会联合市总工会“春风行动”办公室对人体器官捐献者家庭进行慰问，与杭州师范大学医学院共同设立遗体捐赠接收站。

（肖彩霞）

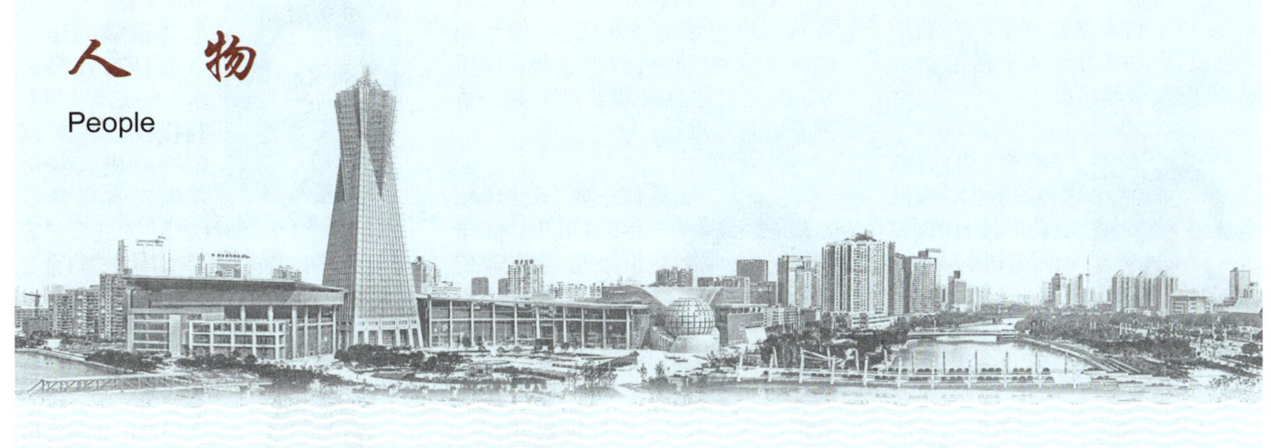

人　物

People

·新闻人物·

王金明　男，1957年6月出生，富阳区新登镇湘溪村党委书记。2015年度全国劳动模范。

14年来，王金明团结带领全村党员干部和群众艰苦创业、富民兴村，发展竹制品产业等生态农业，开发“十里湘溪”生态旅游线，抓好农村土地复垦项目建设，壮大集体经济，湘溪村从8年前负债70多万元到现有集体资产2500多万元。他经常自己出资支持湘溪片公益事业建设，并与困难村民结对。作为一名人大代表，他先后提交20多件议案建议均被有关部门采纳。

王爱明　男，1977年8月出生，杭州宝荣汽车销售服务有限公司钣喷主管，技师。2015年度全国劳动模范。

王爱明肯钻研、勤思考，攻克多项生产难关及课题。以良好的技术为公司客户提供高品质的维修服务，并将技术传授给同事。2008年11月，他通过宝马集团喷漆技师认证；2011年11月，在1200多人参赛的宝马集团（中国区）钣喷技能全国大赛中，他的成绩居全国第二位；在2013年宝马集团（中国区）售后服务技能大赛中，他获得钣喷主管答辩优胜奖。

朱忠华　男，1962年7月出生，临安市板桥镇人大主席。2015年度全国先进工作者。

朱忠华扎根基层27年，靠着实干苦干从一名普通干部成长为乡镇领导。在担任乡镇人大主席的8年中，他始终心系群众，为群众办好事、办实事，所负责的综治信访工作连续三年考核全优。在他负责的镇便民服务大厅附属设施建设和装修过程中，精打细算、节省开支。2009年9月，朱忠华被确诊为肝癌，之后5年间先后做了4次手术，但他仍坚持在基层工作一线。

任建华　男，1956年8月出生，杭州老板实业集团有限公司董事长、党委书记，经济师。2015年度全国劳动模范。

1979年，任建华以改变落后的村级经济面貌为初衷，带领其他5人从2000元资金，并借用3间不足150平方米的畜牧场作为生产办公场所起家，创立原余杭县博陆红星五金厂（杭州老板实业集团有限公司前身）。任建华以发展企业为己任，公司实现销售45.3亿元、利税10.8亿元。杭州老板实业集团有限公司以生产家用厨房电器为主，涉及特种纺织、整体橱柜、酒店、旅游等领域，有杭州老板电器股份有限公司、杭州诺邦无纺股份有限公司、杭州安泊厨具有限公司、杭州名气电器有限公司等子公司，员工4000多人。公司投入2000万元设立“留本冠名慈善基金”，用于扶贫帮困、捐资助学等公益项目。

刘同礼　男，1965年2月出生，浙江省对外服务公司派遣到上城区清波市容环境卫生管理所任班组长。2015年度全国劳动模范。

刘同礼是上城区基层环卫站成立以来接纳的第一批外来环卫工人。作为南山路清扫班长，他以身作则、率先示范，不管是日常的清扫保洁工作，还是突击任务，或者是面对抗台、抗雪等自然灾害，都能看到他冲在最前面的身影。在工作中，他言传身教、严格考核。在生活和思想上，他用真情和关爱引导了一批又一批环卫工人，让每个职工自觉维护班组荣誉，增强单位凝聚力。

羊少剑　男，1970年5月出生，浙江正大控股集团有限公司董事长。2015年度全国劳动模范。

1998年，羊少剑开始创办企业。17年来，把企业发展成年产纸70多万吨、年产值20多亿元，拥有1700多名员工的企业集团。公司每年上缴税费8000多万元。他兼任八一村村两委主要负责人，13年间未拿过一分工资，自掏腰包投资5000万元用于村道路改造、庭院整治等建设。

许　彪　男，1962年9月出生，博世电动工具（中国）有限公司车队长、工会主席，杭州高新区（滨江）第七联合党总支书记。2015年度全国劳动模范。

18年来许彪从专职司机到车队长，从未请过一天病假事假，累计放弃休假日230多天。在车队长工作岗位上，他制定出一整套规章制度。在车辆维修方面，每年为公司节约20多万元；在控制汽油费用上，每年为公司节约10万元；在行车安全方面，连续11年未发生一次交通事故。

李美霞　女，1977年11月出生，杭州天道实业有限公司工会主席。2015年度全国劳动模范。

李美霞为职工创造学习氛围，注重激发职工创造力；在工作中处处做职工的“贴心人”，为需要关心的人传递爱心和温暖。她把企业当作实现自我价值的平台，秉承“以人为本、和谐发展”的理念，以维护职工和企业的利益为己任。她无偿为职工替班1300多小时。

吴国林　男，1959年8月出生，杭州汽轮机股份有限公司装配班长，高级技师。2015年度全国劳动模范。

吴国林是国家级吴国林装配钳工技能大师工作室领衔人，全国技术能手，享受杭州市政府特殊津贴。他从事汽轮机装配工作40年，掌握高端工业驱动汽轮机组装配、调试及试车核心技术，是具有一定理论基础的实践型技能人才。吴国林完成中国出口美国的工业汽轮机、首台100万千瓦电站锅炉给水泵汽轮机及国家重点项目10万空分汽轮机组等重点机组装配试车任务。他率领团队攻克燃气轮机转子红套装配质量、汽轮机危急遮断器跳闸等一系列关键技术难题。

何志英　女，1948年3月出生，杭州市采荷实验学校校长，中学高级职称。2015年度全国先进工作者。

何志英在教育岗位工作42年，担任校长30年，是杭州名校集团化战略的开拓者，创办采荷实验学校、钱江新城实验学校。采荷中学成为浙江省“城镇示范性初中”。她历时14年主持的“学程导进：初中教学方式变革的实践研究”获国家级教学成果二等奖。她担任浙江省名师名校长导师，带领一批批校长教师进行教学改革，培养出一批全国优秀教师、省特级教师，培养区域内一半以上的初中校长，推进区域教育优质均衡发展。

宋　丁　女，1963年11月出生，杭州市公安局技术侦察支队副调研员，高级工程师、一级侦察员。2015年度全国先进工作者。

30年来，宋丁作为女侦察员工作在公安技术侦察的前沿，获取和收集大量的情报信息和犯罪证据，为维护社会政治稳定和打击严重刑事犯罪做出贡献。近5年来，她参与侦破一大批重特大案件，捣毁各类犯罪团伙100多个，缴获毒品近100千克，缴获各类假药、假烟等伪劣产品价值数亿元。她先后被授予浙江省保护国家文物卫士、浙江省禁毒先进个人、浙江省优秀人民警察、浙江省打假先进个人等荣誉称号。

张惠成　男，1955年12月出生，杭州市第一人民医院眼科主任医师。2015年度全国先进工作者。

张惠成从事临床工作32年，具有扎实的医学理论基础和丰富的临床诊疗经验，在青光眼、眼底病等眼科系统疑难危急重病的诊治方面具有较高医术。他获得发明专利授权3项，并以第一完成人身份获浙江省科学技术二等奖1个，浙江省科技进步三等奖1个，浙江省科技进步优秀奖1个。他被评为浙江省优秀科技工作者，获国务院特殊津贴。

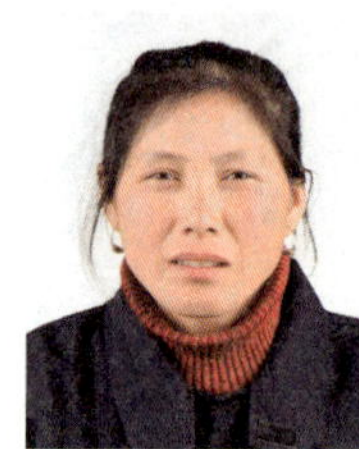

陈腊英　女，1967年12月出生，杭州市环境集团有限公司园区物业保洁员。2015年度全国劳动模范。

2005年，陈腊英进入环境集团，在保洁岗位工作。在保洁作业技巧上，她根据工作经验，总结出了“陈腊英清扫作业法”即：夏天防中暑，冬天防霜冻，雨天防雷击，风天防坠物，交通防事故。在她的影响下，所在班组未发生一例意外伤害事故。2013年，她当选为全国人大代表，她围绕“关心关爱环卫工人、破解垃圾围城、生态补偿、设立环卫工人节”等方面提出7项建议，为环卫事业的发展贡献自己的力量。

林长春　男，1957年9月出生，中国移动通信集团浙江有限公司杭州分公司总经理，高级经济师。2015年度全国劳动模范。

林长春具有通信行业35年专业及管理工作经验。在他和全体员工的努力下，杭州移动公司年收入总额近80亿元，列全国副省级城市移动公司的第四位；近7年公司平均年收入增幅4.8%。他热心公益事业，在公司设立“职工互助爱心基金”，开展社会扶贫帮困结对活动，带动社会就业近5万人。杭州移动公司获全国文明单位、全国五一劳动奖状、全国工人先锋号、中央企业先进集体等荣誉。

周明娟　女，1970年9月出生，杭州

解百集团股份有限公司特聘培训师，技师。2015年度全国劳动模范。

周明娟在百货零售服务中，创造性地提出“售后服务二原则”“服装销售四法则”“色彩搭配六技巧”“二四六全程服务”等操作法。“服装销售全程操作法”被评为浙江省财贸系统品牌服务操作法。由她主持的劳模创新工作室，创建O2O线上线下销售服务模式，提供优质服务，并取得良好工作绩效。

周曙光 男，1970年2月出生，浙江新安化工集团股份有限公司技术中心副主任，教授级高级工程师。2015年度全国劳动模范。

周曙光注重创新方法的培训和应用，鼓励产学研合作，搭建创新研发平台。建立以国家认定的企业技术中心、博士后科研工作站、企业研究院和产业研究所相结合的技术创新体系。他把自己多年的研发经验毫无保留地传授给技术人员。周曙光开创“氯元素”循环经济模式，主持研发“有机磷废水资源化利用及高效治理产业化技术”“高含量草甘膦可溶性盐产品体系”。他获省部级以上科技奖励11项，申请发明专利86项，在核心期刊发表专业论文30多篇。

於惠民 男，1958年10月出生，杭州锅炉集团股份有限公司生产班长，高级技师。2015年度全国劳动模范。

於惠民在生产一线的焊接岗位上工作37年，以精湛的技术帮助公司推出上海宝钢135吨高炉煤气锅炉、上海宝钢干法熄焦余热锅炉以及全国首套出口日本住友金属工业公司和歌山钢铁厂的OG转炉余热锅炉，与法国合作的达旗33万高压加热器、60万超临界高压加热器，与美国GE公司合作生产的循环流化床、甲醇汽化炉等一批化工产品。以他名字命名的“超长导电杆厚板自动焊操作法”被杭州市总工会列为以职工名字命名的先进操作法。他被聘为浙江省职业技能带头人，获国务院政府特殊津贴。

郑户南 男，1968年10月出生，杭州迴龙农机专业合作社社长，茶艺师。2015年度全国劳动模范。

郑户南组织农户创办杭州迴龙农机专业合作社，带着社员们进行全国跨区作业收割和农业技术推广服务，为农户增收节支超过500万元。2011年，他创办“廻龙片联合村邮站”，免费为当地农户及外来务工者1.5万人提供缴水电费、邮寄包裹、汇款、取款等便利服务。建立生态粮食功能区，流转土地农户450户。他和社员们先后为残疾户、困难户等特殊群体免费收割农作物266.67公顷；为少数民族、贫困地区半价收割农作物400公顷。合作社的各类捐款、捐物价值70多万元。

赵永红 男，1970年7月出生，桐庐县万里长运有限公司站长，技师。2015年度全国劳动模范。

19年来，赵永红行驶里程120多万千米，未发生一起安全责任事故。他在驾驶员岗位上推出“对待乘客热心、帮助乘客诚心、照顾乘客细心、服务乘客真心”的“四心”服务标准。在管理岗位上提出“制度效益、安全效益、经济效益、文化效益、社会效益”的“五效益”工作法，以“严管宽爱”举措提高客运服务水平。

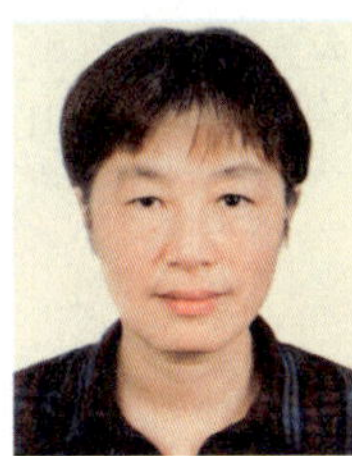

倪爱勤 女，1962年8月出生，杭州市交通职业高级中学副校长。2015年度全国先进工作者。

倪爱勤从事职业教育32年，推进教育教学改革，优化教学方法，共发表论文（教材）20多篇。她的“六步教学法——汽修专业技能训练的新尝试”等成果获浙江省职业教育教学成果一等奖。她负责的省“汽车运用与维修”专业课程改革，在全省汽修学校实施。推进实训课教学“7S”管理。

徐小军 男，1972年8月出生，杭州交通土地开发有限公司开发办主任，高级工程师。2015年度全国劳动模范。

徐小军曾先后从事公路施工管理、房屋拆除、地块整理建设管理等工作。他提出的“预制小箱梁顶板高压水冲法砼表面处理工艺”被评为部级施工工法，并参加完成部级研究课题“门式搅拌墙处理桥头跳车的研究”。在工作中，徐小军提出合理化建议30多条，进行小技改20多项，开展质量自检、互检活动120多次。（叶方魏）

赵　军 男，1977年5月出生，中共党员，杭州市经济和信息化委员会消费品产业处副处长。2015年度全国优秀共青团干部。

赵军在担任团干部的13年时间里，深入基层结交青年、帮助青年、联系青年，为青年答疑解惑、排忧解难，探索新形势下做好青年群众工作的有效手段、途径和载体。他创新青少年权益工作载体，未成年人“心灵花园”体验项目连续5年获浙江省未成年人思想道德建设实事项目并进行推广。撰写的《社会管理创新视阈下未成年人案件的参与路径和载体研究》调研报告获浙江省共青团优秀调研成果一等奖。他先后策划开展杭州市第十八次团代会团代表基层大调研活动和“创业促就业——服务大学生创业”团代表主题调研等综合调研活动。他探索推进杭州市共青团的新媒体工作。其中，青年创业“梦工厂”和团代表基层调研等信息先后被刊登在《中国青年报》头版。获2014年度浙江省优秀共青团干部荣誉称号。

（沈晓峰）

赵万里　女，1973年1月出生，杭州瑞丰汉艺纺织品有限公司董事长，萧山区人大代表，杭州市女企业家协会副会长。2015年度“全国三八红旗手”。

1994年，赵万里成立依泰莲绣品有限公司，经营花边出口生意。2002年，她把经营成熟的花边产品转型升级为家用纺织品生产，并引进350台（套）美国全自动生产线设备，使企业从传统劳动密集型生产发展成技术密集型生产。

赵万里把“诚信、创新、品牌”作为企业的基石，完成“质量、环境、职业健康”三大体系运行。她以“环保办厂”的理念经营企业，用环保材料作为原材料或者把回收的塑料瓶制成“短纤、充棉”后再制成地垫、靠垫等出口家纺产品。公司凭借优秀的品质和良好的服务，被评为“中国家用纺织品十大著名品牌”“全国诚信经营示范企业”，并成为沃尔玛百货有限公司等国际公司的主要供应商。

赵万里热心慈善事业。公司先后培训并安置300多名下岗职工再就业。她向萧山区慈善总会捐献500万元设立“留本冠名慈善基金”；向“姐妹爱心互助基金”捐款50万元，用于资助萧山区特困单身母亲家庭；向杭州市“美丽基金”捐款20万元，用于资助全市困难家庭女大学生；赞助各项社会事业建设350多万元。在萧山区政府“千企结百村，共建新农村”活动中，公司与8个村结成对子，签订“村企共建”协议，支持当地的新农村建设。

赵万里在担任萧山区人大代表期间，先后提出“关于要求切实加强公共交通管理工作”等若干个建议。在担任杭州市女企业家协会副会长期间，她成为大学生就业创业导师团导师，扶助杭州市女大学生创业就业。

（王信伶）

孔胜东　男，1964年9月出生，杭州市公交集团第三汽车分公司司机。10月，被评为第五届全国道德模范助人为乐模范称号。

孔胜东1982年11月参加工作。身为一名公交车驾驶员，他每次出车前，总是认真检查确保车况良好，始终把安全放在心上，至今安全行驶65万千米，每天载客1000多人次。孔胜东在车厢里为乘客提供导游图、药箱、雨披等常备物品。2006年7月1日起，他在车厢内推出免费阅报活动，每天自费购买《人民日报》《浙江日报》《杭州日报》《钱江晚报》等报纸，供乘客乘车时阅读。从1986年开始，他在中山北路竖起“共青团员义务修理自行车”的招牌。每个星期六晚上7时到10时，提供免费修车服务。孔胜东用自己的“服务”感染了身边的人，先后有10多人和他一起修车，并组建一个志愿者修车团队。2012年，他所在的杭州市公交集团第三汽车分公司成立了“孔胜东志愿服务队”，公司有200多人自愿报名参加。2000年，孔胜东获全国劳动模范称号。2007年，当选中国共产党第十七次全国代表大会代表。

（年鉴处）

·逝世人物·

钟有鑫　男，生于1923年，桐庐县新合乡松山村人。国民军七十五军陆军军官学校第十七期毕业，任七十五军第六师中尉排长。1942年4月，奉命守卫湖北兴山县鸡子山时，夜间遭遇日军偷袭战斗中英勇献身，为国捐躯。1991年版的《桐庐县志》抗日阵亡将士录记载：“钟有鑫，新合乡里松山村人，七十五军第六师中尉排长，1942年在湖北兴山县鸡子山阵亡”。根据中国第二历史档案馆提供的资料显示，钟有鑫为83名阵亡将士之一。2015年12月7日，钟有鑫被浙江省人民政府追认为烈士。

俞祖奎　男，生于1917年，杭州市富阳区大源镇虹赤村大兆坞村人，1935年考入黄埔军校第十二期，就读骑兵教官专业。1938年，因抗日战争急需军事人才提前入伍，任第71军36师23团军士队上尉区队长。1938年9月，在河南省固始县南富金山保卫战中英勇殉国。富金山保卫战是山地阻击战，是抗战时期武汉会战的重要组成部分。该战役中国军队以伤亡1.5万人的代价阻击日军整整10天，击毙日寇4000多人，击伤1万多人，为武汉会战备战和全国军民、工厂、学校、物资内迁争取时间。2015年12月7日，俞祖奎被浙江省人民政府追认为烈士。

章秉华　原名章周常，男，生于1919年，杭州市富阳区常绿镇双溪村人。1939年，在江西瑞金考入黄埔军校三分校，成为黄埔军校第十七期学员。1942年，从步科毕业，加入第71军骑兵团，4个月训练后到云南保山部队报到，任少尉排长。1942年，参加著名的松山战役。1944年8月20日，上级命令章秉华所在骑兵团不惜一切代价夺回松山高地。在第8次进攻中，章秉华被日军炮火击中牺牲。2015年12月7日，章秉华被浙江省人民政府追认为烈士。

金焕章　男，生于1898年，杭州市富阳区大源镇望仙村人，1925年考入黄埔军校，加入国民革命军。1937年8月13日，日军攻打上海，淞沪抗战爆发，金焕章奉命率部队赴上海参加抗日，任第二师六二团3营副营长，所在部队在罗店地区参加阻击日军进攻的战斗。1937年8月25日，金焕章在指挥将士反冲锋收复罗店时中弹阵亡，葬于镇西施相公庙旁。2015年12月7日，金焕章被浙江省人民政府追认为烈士。

（庄　健）

区县（市）

Districts & Counties (Cities)

·上城区·

【上城区概况】 上城区辖6个街道，有54个社区。户籍人口32.79万人，人口自然增长率1.01‰，比上年（指2014年，下同）下降1.01‰。全区生产总值861.02亿元，增长9.2%。其中：第二产业增加值365.56亿元，增长5.4%；服务业增加值495.46亿元，增长12.2%。

工业总产值738.03亿元，增长1.2%。工业销售产值717.95亿元，增长1.3%。规模以上工业企业产值734.41亿元、销售产值714.33亿元，均增长1.4%。规模以上工业企业（不含市电力局）产品销售收入378.15亿元，增长9.4%；利税266.57亿元，增长10.0%，其中利润38.68亿元，下降11.1%。规模以上工业企业产品产销率97.3%。万元工业增加值综合能耗下降8.5%。

上城区"十大产业"增加值（剔除重复）258.42亿元，占生产总值的30.0%。规模以上文化创意企业完成主营业务收入201.16亿元，增长17.8%。金融业增加值142.63亿元，增长16%。规模以上软件信息企业主营业务收入41.86亿元，增长88.8%。规模以上先进装备制造企业销售产值18.98亿元，增长0.8%。规模以上物联网企业主营业务收入22.76亿元，增长9.4%。规模以上生物医药企业销售产值2600万元，为上年的66.6%。规模以上节能环保企业销售产值2800万元，为上年的82.4%。

社会消费品零售总额341.81亿元，增长11.6%。其中：限额以上批发零售业实现零售额187.14亿元，增长11.4%；限额以上住宿餐饮业实现零售额23.19亿元，下降1.8%。限额以下批发零售企业实现零售额111.19亿元，增长14.8%；限额以下住宿餐饮企业实现零售额19.95亿元，增长7.3%。

外贸进出口总额19.89亿美元，为上年的74.9%。其中：进口总额8.17亿美元，为上年的70.5%；出口总额11.72亿美元，为上年的78.3%。全年批准外商直接投资项目36个，合同利用外资4.06亿美元，为上年的84.7%；实际到位外资2.49亿美元，增长28.0%。引进内资项目285个；实际到位内资176.87亿元，增长22.0%。引进500万元以上市外内资项目97个。对外贸易快速发展，服务外包合同执行额2.96亿美元，自营出口总额11.72亿美元。

南宋御街·清河坊、湖滨路、南山路三大特色街区接待游客2847.98万人次，营业收入90.86亿元，增长9.5%。南宋御街·清河坊被评为浙江省旅游满意度"十佳景区"，建国南路中医街被命名为2015年度"浙江省中医药文化养生旅游示范基地"。楼宇经济实现税收48.40亿元。其中，纳税1亿元以上的楼宇17幢。商品交易市场28个，全年市场成交额127.2亿元，增长10.8%。其中成交额1亿元以上的市场8个，总成交额120亿元，增长11.6%。

财政收入107.15亿元，增长14.5%。其中，地方财政收入66.46亿元，增长14.5%。固定资产投资88.55亿元，增长14.1%。其中，工业投资2.55亿元，为上年的84.1%；房地产开发投资65.03亿元，增长49.5%。商品房销售面积17.40万平方米，增长45.9%。

上城区获第三届中国社会创新优胜奖、中国智慧城市创新奖等国家和省级荣誉35项。全年新认定市级以上创新型示范（点）业1个，新增市级以上高新技术研发中心5个、市级以上科技型中小企业32个、省级企业研究院2个，入选省高新技术百强企业1个。全年引进各类人才2.88万人，2人入选省"千人计划"。

全区有小学18所，在校学生2.02万人；初中11所（其中九年一贯制学校3所），在校学生8283人；职高1所，在校学生703人。特殊教育学校1所，在校学生216人。各类医疗卫生机构179个，床位1.3万张。各类专业卫生技术人员18531人，其中执业（助理）医师6735人，注册护士8611人。计划生育率97.66%。

全年共办理"两会"议案、建议和提案239件，人大议案、建议办理满意率100%，政协提案办理满意率100%。

【杭州国家数字出版基地上城园区挂牌】 3月26日，杭州国家数字出版基地在上城区越界·锦绣工坊创意园区挂牌。上城区以此为契机，按照"以信息技术为依托、数字化内容为核心、版权交易为重点"的产业发展思路，立足区域产业优势，致力于发展手机出版、传统出版数字化、数字动漫与网络游戏、网络教育、网络音像出版等业务板块，建设海量内容投送平台、版权交易服务平台、数字出版人才培训平台、投融资服务平台、创业创新孵化平台等服务

9月1日，位于大学路场馆弄63号的郁达夫杭州故居“风雨茅庐”对外开放

（上城区史志办 供稿）

支撑平台。至2015年末，该基地已经入驻企业200多个，计划到2020年打造年产值过100亿元的数字出版产业核心园区。

【中山中路入选首批中国历史文化街区】 4月21日，住房和城乡建设部、国家文物局公布第一批中国历史文化街区，有30个街区入选，中山中路历史文化街区是其中之一。中山中路历史文化街区北起解放路官巷口，南至清河坊鼓楼，全长约1500米，东西进深约100米，东至缸儿巷、光复路、柳翠井巷一线，西至羊血弄、比胜庙巷、后市街、祠堂巷一线，规划用地面积23.6公顷。中山中路的前身是南宋都城临安城格局中南北走向的主轴线——御街。自南宋始，一直是杭州最为重要的城市商业中心。街区内仍保留着“方裕和”“状元馆”“高义泰”“九芝斋”“豫丰祥”“邵芝岩”“奎元馆”等十数家老字号企业。街道两侧分布的清至民国初期建造的历史建筑有银行、店铺、民居、寺庙等多样建筑类型，是杭州近代历史建筑最集中、反映杭州历史变迁最为丰富的一条街。

【服务业标准化试点工作培训班在上城召开】 作为首批国家公共服务标准化示范项目的年度重要活动，5月，2015年第一期服务业标准化试点工作培训班在上城区举行，标志着上城区服务标准化示范和试点建设走向全国推广的新阶段。此次培训由国家标准化管理委员会主办，上城区市场监督管理局承办。来自各省、直辖市的87名服务业标准化试点单位学员接受试点相关知识和实施要素等业务培训。上城区在会上做经验交流。参训学员在参观学习后对上城区的标准化工作表示肯定。

【首届全球对冲基金西湖峰会】 5月16～17日，上城区举办首届全球对冲基金西湖峰会，峰会以“全球化背景下对冲基金的兴起”为主题，安排1个主论坛、4个分论坛，吸引来自全球300多家私募对冲及投行机构的1000多名嘉宾参与。浙江浙商资本管理有限公司、杭州凯泰投资管理公司、中信证券浙江股份有限公司、好望角投资有限公司等8个企业与上城区签订落户协议，包括资产管理、投资管理、创新资产管理及投资基金等内容，签约金额397亿元。

【中国社区建设展示中心新馆开馆】 10月24日，中国社区建设展示中心新馆开馆仪式暨新中国第一个居民委员会成立66周年庆祝活动举行，活动包括“左邻右舍”社区治理创新园启动仪式、新中国第一个居民委员会“社区治理”方案论证会、上羊市街社区邻居节之“喫（杭州话吃的意思）夜饭、看戏文”活动。中国社区建设展示中心进行第三次升级改造投入近1000万元，扩展面积1000多平方米，原先的社会组织展示馆和上羊市街社区一门式办事大厅进行了功能调整和优化布局，最终建成“左邻右舍”社区治理创新园和公益创客空间“三社生态园”。其中“左邻右舍”社区治理创新园具体划分为5个区块，即邻里服务、邻里舞台、邻里天地、邻里学苑和邻里食堂。公益创客空间“三社生态园”是上城区社会组织的综合服务平台，首次引入公益创业的理念和社会组织发展基金会社会化运作的方式，包含社会组织服务中心、社会组织培育中心、社会工作发展中心和社会组织服务形态展示四大区块，是集社会组织培育孵化、公益创投、绩效评估、创新研究和基金会支持等功能于一体的社会组织培育发展“生态园”。

【郁达夫杭州故居“风雨茅庐”开馆】 大学路场馆弄63号郁达夫杭州故居“风雨茅庐”始建于30年代，面积281.83平方米，2008年修缮后一直未开放。此次修缮坚持以保护为主、合理利用为原则，展厅主要以走进郁达夫、杭州足迹、杭州情怀、郁与文、尾片—永恒印记五大板块，详细介绍郁达夫的生平事迹。9月1日，在抗战胜利70周年暨郁达夫殉难70周年之际，“风雨茅庐”作为市级爱国主义教育基地和第六批杭州市青少年学生“第二课堂”活动场馆向公众免费开放。“风雨茅庐”与周边求是书院、浙江图书馆、毛主席视察小营巷纪念馆、中共杭州小组纪念馆、钱学森故居均纳入红色旅游纪念教育基地统一管理。

【杭州城站广场第二阶段环境提升工程启动】 10月8日，杭州城站广场第二阶段环境提升工程启动。此次环境提升工程重点对站房内部地下室出站大厅、出租车通道、南北车库、南侧服务用房、电器系统、通风空调系统、给排水消防系统、部分建筑结构等进行全方位更新，涉及面积1.5万平方米，对站房周边道路、建筑立面、城市家具、商店招牌进行整治、绿化提升。提升工程分为5个工区，出站大厅工区历时95天，提升面积4000平方米；南车库工区历

时47天，提升面积3200平方米；出租车通道工区历时88天，提升面积3100平方米；出站口旅客3条临时通道工区历时15天，通道总长150米；广场旅客打车临时候客工区历时2天，打车临时通道总长800米。

（许红霞）

·下城区·

【下城区概况】 下城区辖8个街道，74个社区。户籍人口40.25万人，人口自然增长率为5.01‰。全区生产总值764.00亿元，按可比价计算，比上年增长11.2%。其中：第二产业增加值43.90亿元，下降12.0%；第三产业增加值720.10亿元，增长13.2%（现代服务业增加值占服务业增加值比重70.3%）。三次产业结构比例为0∶5.75∶94.25。

工业总产值64.67亿元，销售产值64.14亿元。其中，规模以上工业企业总产值53.01亿元，销售产值52.48亿元。产品产销率99.0%，新产品产值15.64亿元。建筑业总产值113.92亿元，竣工产值65.17亿元，增长9.15%。

社会消费品零售总额916.27亿元，增长12.0%。总量、增量均列全省90个区县（市）首位。其中：批发零售贸易业零售额849.48亿元，增长13.3%；住宿餐饮业零售额66.79亿元，增长7.7%。商品交易市场57个（其中年成交额1亿元以上的商品交易市场10个），实现成交额371.45亿元，下降11.4%。举办“中国购物节·杭州大巡游”“中国国际动漫节·中北创意街区彩车巡游”“金秋购物节”“中国（杭州）美食节”“杭州大厦嘉年华”等大型主题活动30多场。

引进内资企业2446个，总到位资金188.84亿元。引进杭州以外企业1527个，到位资金156.27亿元。实际利用外资3.08亿美元。引进浙商项目到位资金78.21亿元，增长14.5%。自营进出口总额31.88亿美元，其中出口总额22.68亿美元，增长11.58%。完成境外投资项目15个，中方投资额1.66亿美元。服务外包总合同执行金额5.4亿美元，增长55.4%。

财政总收入137.45亿元，增长3.5%，其中地方一般公共预算收入85.64亿元，增长3.3%。一般公共预算支出33.19亿元，增长21.7%。其中：城乡社区事务支出6.25亿元，增长62.4%；社会保障和就业支出5.13亿元，增长26.5%；教育支出6.54亿元，增长6.3%；公共安全支出3.04亿元，增长41.4%。全年统筹区级资金24.44亿元用于民生事业发展，占区级一般公共预算支出的比重达83.1%。

固定资产投资114.43亿元，增长12.5%。从投资方向看，第二产业投资1.82亿元，均为工业投资，增长8.13倍；第三产业投资112.61亿元，增长10.9%。房地产开发投资54.72亿元，下降24.5%。房屋施工面积315.14万平方米，下降17.8%；竣工面积31.85万平方米，下降37.4%。商品房销售面积31.93万平方米，增长24.6%，其中住宅销售21.18万平方米，增长23.5%。

百井坊地块1251户居民和86家“住改非”、商铺、单位全部“清零”，机床厂地块70家商户和67家商住户全部完成搬迁，城北体育公园南侧可出让地块完成农居拆迁、控制性规划调整及建筑概念性设计，杭氧生活区（一期）362户征收任务顺利完成。长城、京诚和万城三个机电市场全部腾空，长城五金市场完成收购。三塘、西文社区整体回迁，胜利、中舟、杨家社区部分项目共822户得到安置。沈家、长木、草庵“三村”连片改造规划方案完成。

深入实施“三改一拆”，改造旧住宅20.15万平方米，旧厂区6484平方米，城中村4.24万平方米；拆除违法建筑20.23万平方米。新增公共停车泊位867个。完成5条支小路建设、12个老小区交通综合治理项目。持续推进垃圾无害化、减量化、资源化处理，生活垃圾总量控制比例下降1.3%。石桥河等3条黑臭河治理、陆家河等6条河道生态治理、康家河等6条河道清淤工作完成。实施截污纳管项目77个，消除527个排污口。改造11个小区、8条道路的低洼积水点。新增绿地面积4.28万平方米。

全区有各类教育机构54个（不含民办、部门办、街道办幼儿园及民办培训机构），其中：幼儿园18所（38个园区），小学17所，中学12所，特殊教育学校1所。幼儿园在校学生1.68万人，小学在校学生2.45万人，普通中学在校学生1.14万人。教职工人数4899人。全区等级幼儿园覆盖率保持100%。下城区成功创建首批浙江省教育基本现代化区。

全区专利申请量3899件，专利授权量3004件，分别增长16.5%和46.8%。新培育省级科技型中小企业、市级高新技术企业等市级以上科技企业90多个。规模以上工业企业新产品产值率29.5%。新培育市、区级专利试点示范企业12个。新增国家高新技术企业10个。5个企业在“新三板”成功挂牌。武林商圈O2O开放平台一期建成。经纬创造社被认定为市级众创空间，区级众创空

西湖文化广场、坤和中心全景　　（下城区府办 供稿）

间实现街道层面全覆盖。创新中国产业园、人力资源产业园分别实现税收5081万元、4479万元。

城镇新增就业3.42万人，失业人员再就业1.83万人，其中困难人员再就业7953人。全年安排促进就业专项资金3800万元。社会保险全民参保登记率达100%。全区共有社会组织2599家。第十五次“春风行动”募集资金610.24万元。全年为8510位老年人购买居家养老服务，为1.6万户老年人、残疾人家庭提供家电统保服务，为2.23万名高龄老年人购买意外伤害保险。新建1家养老机构，新增床位数302张，每百位老人拥有床位4.2张。落实各项保障性救助政策，累计发放各类救助资金2171.96万元。医疗机构200个，床位4109张，卫生技术人员2883人。医养护一体化签约服务11.38万人。计划生育特殊家庭帮扶等各项政策有效落实，发放帮扶资金890.68万元。全区计划生育率97.41%。

区政府自觉接受区人大及其常委会的依法监督和区政协的民主监督，坚持“三重一大”事项向人大报告、向政协通报制度。全年办结人大建议、政协提案195件，解决率从上年的60.9%提高到61.5%。落实“四单一网”建设要求，在全市率先公布财政专项资金管理清单和投资负面清单。创新“1+9”审批模式，实现投资建设项目审批一条龙服务，建成投资项目网上并联审批系统，审批速度平均提高40%以上。推行“五证合一”“一照一码”工商注册登记制度改革，新增注册企业4467个，增长25.2%。

【下城区服务业占比居全省首位】 2015年，下城区服务业增加值达到720.10亿元，占地区生产总值的94.3%，位列全省各区县（市）之首，其中现代服务业增加值占比达到70.3%。全区商贸业增加值153.63亿元，比上年增长7.3%，武林商贸服务业集聚区在全省示范区综合评价中名列第一。金融业增加值209.79亿元，占全市金融业增加值的21.5%，增长14.6%，杭州市互联网金融协会成功落户，三立时代广场互联网金融大厦被评为市级互联网金融楼宇。文化创意产业增加值153.5亿元，占地区生产总值的20.1%，增长15.1%。全区共有市级文创园区4家、市级文创楼宇6家、区级文创园区7家、区级文创楼宇13家。健康服务业增加值41.70亿元，占地区生产总值的27.5%，增长16.3%，被评为市健康服务业试点城区。信息经济增加值73.06亿元，增长17.1%，23个重点项目列入市级项目库，武林商圈O2O平台一期完成建设。

【“跨贸小镇”打造跨境电子商务示范区】 3月7日，国务院批复同意设立中国（杭州）跨境电子商务综合试验区。下城区拥有全市首个跨境电商产业集聚区——中国（杭州）跨境贸易电子商务产业园，并布局规划面积2.9平方千米的跨境电子贸易小镇。至2015年末，跨贸小镇和浙商总部基地均获市级授牌，初步形成跨境电子商务产业园和杭州新天地两大核心区。全市首个O2O国际体验街区、杭州跨境电子商务综合试验区展示中心、跨境生活体验综合体等重大项目基本完成。跨贸小镇累计引进跨境电商类相关企业100多个，企业全年累计B2C出口包裹达5329万个，价值21.7亿元；进口包裹186万个，价值2.56亿元。

【下城区获评“全国社区治理和服务创新实验区”】 近年来，下城区构建“党建引领、多元参与、协商治理、智慧服务”社区治理格局，理清社区事务清单，推进社区居委会成员本土化，本地居民担任居委会成员比例达75%，72个社区完成社区公约修订；加快推进街道行政服务扁平化，研发“智慧社区”平台；加大政府购买公共服务力度，83项公共服务交由社会组织承接，涉及金额2290万元；推动社区工作者向社会工作者转型，52位社工优先承接45项社区公共服务，建立并推行社工岗位量效评估，提高社工积极性。7月，下城区被民政部评为“全国社区治理和服务创新实验区”，实验时间从2015年7月至2018年6月，为期3年。

【全国首个农产品流通产业园项目落户下城】 11月5日，农产品流通产业园动工建设。该项目位于德胜路石桥路口西南侧，总建筑面积30万平方米，计划投资30亿元。产业园是以农产品展示、贸易、消费为主题的城市综合体，集展示体验、O2O交易、在岸离岸结算、信息价格指数生成与发布等功能，规划建设国际冷链体验中心、海鲜水产量贩式酒店等设施。该项目也是杭州市下放建设工程项目相关审批权限后，下城区承接的首个大型建设工程项目，仅10个月就完成了审批手续。

【浙江大学国际医院启用】 浙江大学国际医院位于下城区东新路848号，是一家由院士团队发起创办、社会力量参与的三级综合医院，于12月6日正式开业。该院整体按照国际《联合委员会国际部医院评审标准》建设，前期投资5亿元，面积6.7万平方米，拥有512个床位，医护人员500多名，设临床科室41个、医技科室8个。呼吸内科专家钟南山等40多名院士受聘为医疗专家。该院与美国普林斯顿大学医学中心等多家研究院所和医学专家签署了合作协议，共同致力于打造专科中心和健康管理中心。

【市民对公共文化服务满意率达到98.5%】 2015年，下城区在浙江省基层公共文化服务评估中排名第四，并在年内启动“社区文化动态评估体系”建设，出台《社区文化动态评估规范》《公共文化服务第三方评价规范》和《公共文化服务需求征集规范》三个地方标准，开展城市社区公共文化服务绩效评估机制和群众需求征集与评价反馈机制的探索实践。在全市公共服务的民意调查中，市民对下城区公共文化服务的满意度达98.5%。

【“智慧应用”提升政府服务水平】 下城区以“四张清单一张网”建设为核心，坚持“智慧政务”与“智慧民生”有机结合，为企业和公众提供阳光、便捷、低碳的办事服务。至2015年末，除行政处罚外，部门所有权力事项都已上网运行，率先在全市晒出了行政权力清单、部门责任清单、企业投资负面清单和财政专项资金管理清单。政务服务网向街道社区延伸，全区16个部门218项行政审批事项，除26项涉密、敏感事项外，其余192项全部实现在线运行。物联网、移动互联网、大

数据分析等现代信息技术在社会管理、公共服务和机关办公等领域深化运用。11月，下城区建立全市首个智慧城管综合指挥平台，对市容市貌、环境卫生、市政设施等进行数字化、网格化和空间可视化管理。

（朱坚宇）

·江干区·

【江干区概况】 江干区辖10个街道、4个行政村、175个社区（其中，下沙、白杨两个街道委托杭州经济技术开发区管委会管理）。户籍人口40.19万人，人口自然增长率6.3‰。全区生产总值496.1亿元，比上年增长10.8%。其中：第一产业增加值0.5亿元，下降13.9%；第二产业增加值129.2亿元，增长3.0%；第三产业增加值366.4亿元，增长14.2%。人均生产总值70169元，按可比价计算，增长9.9%。三次产业结构由上年的0.1∶29.1∶70.6调整为0.1∶26.0∶73.9。

工业总产值212.2亿元。工业增加值63.6亿元，按可比价格计算，增长1.8%。规模以上工业企业总产值179.6亿元，销售产值177.7亿元，分别下降5.4%和5.3%；新产品产值73.3亿元，下降4.6%，新产品产值率40.8%；规模以上工业企业利税34.6亿元，下降1.1%，其中利润25.4亿元，下降5.6%。规模以上工业企业万元增加值能耗下降9.2%。启动钱塘智慧城建设，完成空间规划编制工作，纳入杭州市“两区三城九镇三谷”战略布局。丁兰智慧小镇、钱塘智造小镇、东方电商小镇建设初显成效。东方电子商务园获得“国家电子商务示范基地”称号，成为中国（杭州）跨境电子商务综合试验区首批扩容园区。“智谷”人力资源产业园成功创建为国家级产业园。“三里亭1737设计聚落”进入全省服务业集聚示范区前十强。产业项目加快推进。滚动实施新一轮区“810”重点产业项目，完成投资194.6亿元。中天商务大楼、华融国际大厦等项目开工建设，西子国际、华润万象城二期等项目竣工，钱江财富管理中心正式启用，浙江清华长三角研究院杭州分院、杭州创意设计中心开园运营，绿谷·杭州浙商创新发展中心、华家池综合体等项目加快建设。钱塘智慧城等6个区块纳入杭州国家自主创新示范区规划范围。成功创建市级众创空间5个，新增省级企业研发（技术）中心5家，杭州雏鹰创业基地、腾讯浙江创新中心、泰豪集团动漫游戏产业基地顺利落地。江干区与市金融投资集团合作设立全市首个市区联动产业母基金，引进基金总规模达23.5亿元。通过基金投资合作，引进杭州哲信信息技术有限公司等一批高成长性企业。新增国家级高新技术企业13个。“华铁科技”、“新锐医药”分别在沪、港主板上市，“新三板”挂牌企业新增11个。

社会消费品零售总额388.8亿元，增长11.6%。其中，批发零售业零售额353.5亿元，住宿餐饮业零售额35.3亿元，分别增长12.0%和7.7%。全区拥有50家专业市场，年成交额429.8亿元，增长1.0%。其中，年成交额1亿元以上的市场成交415.1亿元，增长0.6%。全区已投入使用楼宇78幢，全年创造税收38亿元，增长16.7%，其中经常性税收增长23.9%。打造腾讯大浙网、浙大乐创会、华侨基金、华风投资等新兴产业平台。

进出口总额21.19亿美元，下降7.0%。其中，出口额19.19亿美元，增长0.4%。实际利用外资3.48亿美元，增长7.8%，引进世界500强企业3个。全年区外实际到位资金279.6亿元，增长19.5%，其中市外实际到位资金214.9亿元，增长21.5%。

财政总收入115.1亿元，增长8.2%。其中，地方财政收入74.0亿元，增长13.9%。财政支出42.4亿元，增长7.0%，剔除省市补助支出5.4亿元后净支出为37.0亿元，增长5.0%（2014年财政总支出和剔除市直补后净支出均同口径剔除预算稳定调节基金支出）。

固定资产投资582.4亿元，增长18.5%，其中：浙江省和杭州市在江干区实施的重大项目投资额41.9亿元，增长48.4%；江干区本级实施项目投资额86.6亿元，下降41.9%（其中工业投资1.7亿元，下降33.0%）。房地产开发投资453.9亿元，增长12.9%。全区加快交通路网建设，环城北路地下通道建成通车，建成红普路、九福路等10条城市干道，建成桥头路、浜河路等9条支路。杭海路停车楼等4个停车场（库）项目建成使用，新增停车泊位1555个。完成3个老小区交通综合治理项目。

深入开展环境整治提升“十大行动”，推进“三大入城口”、39条主干道和“两路两侧”等环境综合治理。深入推进“三改一拆”专项行动，拆除违法建筑180万平方米，改造旧住宅区61.2万平方米、城中村68.4万平方米、旧厂区3.5万平方米。“十二五”期间，累计拆除违法建筑500.1万平方米，创建“美好家园·无违建社区”125个。大力实施“五气共治”，巩固“无燃煤区”建设成果，推进道路和工地扬尘、餐饮油

杭州铁路东站枢纽夜景 （刘浩源 摄）

烟废气治理，提前超额完成“黄标车”淘汰任务。实施“四边三化”专项行动，新增绿化47万平方米。新创建“美好家园·无违建社区”39个。完成经济相对薄弱村社基本公共服务扶持项目9个，“美丽村庄”“风情小镇”建设取得新进展。

专利申请量2281件，专利授权量1858件，增长22.6%。全区共有各级各类学校（幼儿园）116所，其中小学22所，初级中学9所，九年一贯制学校6所，十二年一贯制学校1所，普通高中1所，职业高中1所，特殊教育学校1所，幼儿园75所。全区在校学生（幼儿）8.44万人，其中义务教育段中小学生4.83万人、高中生2168人、在园幼儿3.36万人。全区在编教职工4238人。全年实施学校建设项目27个，新开办小学（幼儿园）6所，新增甲级幼儿园5所，新增省一级幼儿园4所。浙江省义务教育标准化学校比例达97.3%。公共教育支出占财政支出比重（含省市补助）的20.9%。

城镇登记失业率1.74%。新增城镇就业岗位46305个，失业人员再就业18034人，帮扶就业困难人员就业5484人，被征地“农转非”人员再就业3903人。就业年龄段的残疾人就业率98.9%。新建社区居家养老服务照料中心47家，新增养老床位200张，政府购买居家养老服务惠及老人7587名。创建省级示范残疾人社区康复站2家，发放“春风行动”等帮扶救助款3780万元。

全年化解信访积案40件，加强涉稳问题项目化监管，深入实施社会稳定风险评估44件。调处矛盾纠纷8103件，调处成功率达99.95%。严厉打击违法犯罪活动，治安整治地区发案下降11.4%，创建“零发案小区”78个。

【江干区获评浙江省“五水共治”工作优秀县（市、区）】 2015年，江干区贯彻省委、省政府和市委、市政府决策部署，以和睦港流域系统治理为重点，以建立和完善“河长制”为关键，全力推进“五水共治”工作。全年累计投资20多亿元，完成治水项目244个，超出计划的93.7%，拆除和睦港流域机场港沿线军用土地18万平方米违法建筑群，消除黑臭河道18条、排污口1322个，新增日截污量3.7万吨，晴天截污率达95%。2015年下半年水质与上年同期相比，氨氮、高锰酸盐、总磷分别下降48%、23%、44%，水质监测断面达标率由上年的16.7%提升至53.3%，基本实现全域河道“零黑臭”和污水“零直排”。在浙江省“五水共治”工作会议上，江干区捧得象征全省“五水共治”工作最高荣誉的“大禹鼎”。

【杭州钱塘智慧城正式启动】 11月1日，位于杭州江干区九堡区块的杭州钱塘智慧城正式启动。杭州钱塘智慧城是杭州提出要打造的“两区三城九镇三谷”战略布局中的重要组成部分，是继杭州未来科技城、青山湖科技城之外的第三城。它位于江干区东部，是杭州东部副城、新城连接交汇之地，涵盖九堡街道、江干科技经济园及杭州国际商贸城江干区辖区，面积15.3平方千米。智慧城按照“五业五区一中心”的发展定位，重点发展智能制造、电子商务（跨境电子商务）、信息服务、现代商贸、医疗健康五大产业，着力打造人才管理改革试验区、协同创新发展示范区、科技金融创新先行区、城市转型发展先导区、科技成果转化实践区，成为杭州东部科技创新中心。

【江干入围首批“浙江省教育基本现代化县（市、区）”】 5月29日，浙江省教育厅公布首批基本实现教育现代化县（市、区）名单，江干区等13个县（市、区）榜上有名。

近年来，江干区围绕“活力校园·幸福教育”品牌，坚持教育优先发展，从致力于满足教育需求、促进教育公平、提高教育质量三方面着手，全面实施科教兴区战略。“十二五”规划期间，新建、改扩建学校幼儿园24所，净增班级333个。至2015年末，全区有各级各类学校（幼儿园）116所，义务教育阶段在校人数4.83万人。升级集团化办学战略，创新具有江干特色的“教育新共同体”办学模式，着力打造“名校新校”、“区域联盟”“教师研训”“院校合作”“跨体制校”五类共同体，促进资源共享、联片推进，覆盖全区35所中小学，义务教育优质资源覆盖率达到92.95%，是首批“全国义务教育发展基本均衡区”。以教育信息化引领教育现代化，促进资源共享，实现全区学校多媒体电脑、网络教室、校园网站、互联网络、千兆无线网全覆盖。开展国际交流“十百千”工程，搭建教育国际合作平台，开展师生互访等交流活动。“十二五”期间，全区共组织175名教师、440多名学生出境参加国际教育研修和交流活动，接待境外近20批次文化交流团。基本实现办学条件和师资队伍现代化，确保优质教育均衡发展，基础教育普惠发展。

【皋亭山景区成为国家AAAA级景区】 皋亭山景区开发建设项目规划用地约5.1平方千米，东邻余杭区星桥街道，西连拱墅区半山街道，南含上塘古运河，北以皋亭山、黄鹤山山脊线为界。皋亭山景区因境内的皋亭山而得名，是杭州城区内为数不多的同时拥有山水、寺院、村落、花园、历史遗迹的景区，为杭州“北游”项目的核心组成部分。2012年4月，江干区成立皋亭山景区建设管理委员会，负责皋亭山景区整体规划、建设、保护和管理，重点发展孝道体验、民宿休闲、宗教旅游、文创产业等业态。至2015年末，累计投资7亿元。12月，皋亭山景区成功创建国家AAAA级旅游景区。

【茶都名园茶文化创意园活动丰富】 2014年4月，以凯旋路70号杭州茶厂工业遗存为核心区的茶都名园茶文化创意园开园，标志着“夕阳厂房”到“朝阳园区”的蜕变。16幢建筑盘活可用建筑面积近2万平方米，入驻企业123个，入驻率100%。江干区采荷街道联合凯旋路指挥部、杭州合众工业集团等单位对园区周边凯旋路茶文化特色街进行景观整治，增加文化围墙、文化浮雕，提升园区创业环境和文化氛围。借助茶文化特色街附近中国茶叶学会、中华全国供销总社杭州茶叶研究院、国家茶叶质量监督检验中心等单位力量，指导茶商提升服务能力，为消费者提供制作、品尝、鉴赏、享受“四位一体”体验服务。园区依托茶产品推广中心、茶文化旅游中心，已连续举办两届杭州市全民饮茶日暨万人品茶大会，2015年召开中国杭州国际名茶博览会、茶叶电商论坛、中华茶奥会、海峡两岸茶艺交流会等多项活动。（杨向军）

·拱墅区·

【拱墅区概况】 拱墅区辖10个街道，有106个社区。户籍人口33.36万人，人口自然增长率5.52‰。全区生产总值430.86亿元，比上年增长8.5%。其中，第二产业增加值95.30亿元，下降1.7%；第三产业增加值335.56亿元，增长12.1%。第三产业比重提高3个百分点，产业结构进一步优化。

受杭钢集团半山基地关停等因素影响，2015年规模以上工业产值、销售产值为257.70亿元和253.42亿元，分别下降16.5%和16.8%。工业增加值77.73亿元，下降3.4%；规模以上工业企业利税总额31.16亿元，下降21.9%。高新技术产业增长较快，规模以上高新技术企业总产值106.02亿元，增长18.0%；销售产值101.39亿元，增长17.5%。建筑业总产值335.49亿元，增长7.2%。新增省级科技型中小企业42个，新认定市级以上高新技术企业37个、省级研发中心3个、市级院士工作站1家。

“6+2”产业主营业务收入1558.68亿元，增长5.9%。其中：信息经济增加值40.81亿元，增长11.5%；中介服务业主营业务收入209.21亿元，增长21.5%；文化创意产业主营业务收入221.93亿元，增长17.2%；科技信息业主营业务收入120.18亿元，增长10.4%；都市工业主营业务收入134.37亿元，增长10.0%。楼宇经济迅猛发展，贡献税收30.81亿元，增长52.5%。金融服务业增加值62.04亿元，增长14.7%。运河财富小镇入选省级特色小镇，上塘电商创业小镇入选市级特色小镇。

全面完成首轮“旭日计划”，共培育科技型中小企业100个。金诚城市化中心成立，全国首个城市发展PPP项目运营平台启用。杭州联科生物技术股份有限公司、杭州三叶新材料股份有限公司、利尔达科技集团等17个企业在“新三板”上市，“新三板”上市企业总数达到19个。海外海集团等3个企业上榜“2015中国民营企业500强”，建华集团、康汽集团入围“2015年中国服务业企业500强”。新增杭州市著名商标6件、浙江省名牌产品2种。首轮“5100”引才计划完成，4年累计引进人才100名。

社会消费品零售总额461.75亿元，增长11.0%。其中：批发零售贸易业零售额436.54亿元，增长11.3%；住宿餐饮业零售额25.22亿元，增长6.1%。全区有商品交易市场32个（其中年成交额1亿元以上的商品交易市场21个），实现成交额639.99亿元，下降7.8%。

进出口总额20.01亿美元，增长6.9%。其中，自营出口总额16.58亿美元，增长13.3%。实际利用外资4.59亿美元，增长12.2%。全年实际到位市外资金208.41亿元，增长21.2%。浙商创业创新项目到位资金106.64亿元，增长14.8%。新引进1亿元以上项目25个。

财政总收入111亿元，增长8.1%。一般公共预算收入69.38亿元，增长10.1%。一般公共预算支出32.19亿元，增长23.5%。其中，城乡社区事务支出3.87亿元，下降11.0%；社会保障和就业支出4.09亿元，增长28.6%；教育支出6.29亿元，增长6.7%；公共安全支出2.59亿元，增长10.3%；一般公共服务支出23.14亿元，增长17.6%。

固定资产投资456.57亿元，增长18.9%。其中，房地产投资371.29亿元，增长24.5%。商品房施工面积878万平方米，增长3.9%；销售面积141.86万平方米，增长37.8%。

开展征地拆迁“百日攻坚”专项行动，全年拆迁812户，清零项目65个，成功实施全市首例旧城区改建房屋征收项目。出让经营性地块15宗32.32公顷，土地出让金总额95.1亿元。开工安置房28.86万平方米，竣工71.1万平方米，安置回迁户1341户。实施“六纵七横”13条主次干道建设，建成育苗路、环镇北路。老旧小区交通综合治理完成，累计规范和新增车位8369个，受益居民19.67万人，塘河新村项目成为浙江省唯一入选住房和城乡建设部参考案例。新增绿地33.41万平方米，种植大苗7244株，植藤6万余株。全区40个经济合作社全面完成股份制改革，完成经营性收入10.88亿元。

实施城市道路和街容环境提升工程116个。深入推进“三改一拆”，拆除违法建筑192.45万平方米。打通断头河3条，实施河道整治19条（段）、河道清淤10条（段）、河道生态治理4条（段），消除黑臭河道8条。康桥新开河生态治理工程被评为浙江省河道建设优秀生态示范工程。实施垃圾分类的机关和事业单位87家、生活小区222个、家庭13.7万户。杭钢半山生产基地、半山电厂5号燃煤机组关停。

专利申请量2581件，专利授权量1913件。发明专利申请量474件，增长14.7%；发明专利授权量218件，增长70.3%。全年新认定省级专利示范企业4个，市级专利示范（试点）

半山游步道空中俯瞰 （拱墅区府办 供稿）

桥西历史文化街区 （拱墅区府办 供稿）

企业12个，杭州天丰电源股份有限公司等5个企业5项发明专利首次获得企业发明专利产业项目资助。全区共有中学17所，在校学生1.53万名；小学28所，在校学生2.61万名；幼儿园52所，在园幼儿1.69万名。全区在职在编教师3210人，在职特级教师18名。学前教育品质提升，新创建杭州市甲级幼儿园7所，等级幼儿园覆盖率100%。义务教育标准化学校比例达到95.1%。“学校发展群”创新案例入围第四届全国教育改革创新奖。出台全国首个文化志愿者管理区级地方性规范，公共文化服务“三联”机制进一步健全。拱墅区图书馆新馆、文化馆新馆建成并对外开放。各类医疗卫生机构214家，拥有床位6480张，各类专业卫生技术人员6793人，其中执业（助理）医师2467人，注册护士3063人。探索“2+8+X医养护”服务拱墅模式，完成医养护一体化签约服务5.58万人。全年新增就业3.49万人，引导和帮助城镇失业人员实现再就业1.87万人。全面实现“9064”养老服务目标，浙江省首个老年服务产业园投入使用。

全年办理人大代表意见、建议和政协委员提案300件，办结率100%。受理群众来信、来访、来电1.2万件次，办结率100%。

【中国（杭州）智慧信息产业园开园】 2月，中国（杭州）智慧信息产业园正式开园。该产业园由工业和信息化部授牌，为浙江省首个启用的智慧信息产业园项目，以移动互联网产业、工业物联网产业、互联网金融产业、智慧云服务业等为基础，涵盖网谷大厦、健康云服务大厦、物联网大厦、传感中心大厦以及互联网金融大厦在内的“五幢特色智慧楼宇”。9月，美盛文化创意股份有限公司签约入驻，其总部为中国规模最大的动漫衍生品研发生产基地，年产各类动漫服饰及衍生品2000多万套，出口欧美多个国家和地区。2015年，园区入驻企业87个，税收1910万元。

【拱墅区颁发杭州市首张商务秘书企业营业执照】 2014年3月起，拱墅区新注册登记企业5166个，认缴注册资本246亿元，其中电子商务企业类达516个，占新注册企业的10%，对商务秘书企业的需求日益迫切。2015年6月，杭州建华商务秘书有限公司在拱墅区行政服务中心领取杭州市首张商务秘书企业营业执照。商务秘书企业是为入驻的电子商务企业提供住所托管服务及其他配套商务秘书服务的企业，标志着杭州市“不租商业房也能开公司”的零门槛创业成为现实。

【“城市家具物联网智能管理系统”运行】 5月，拱墅区“城市家具物联网智能管理系统”开始运行。该系统通过物联网技术，将窨井盖、地下管网、城市绿化等城市设施连接起来，具备信息采集、视频监控、预警预报等功能，实现对全区市政道路、绿化、环卫等各种“城市家具”属性的动态显示、查询、统计。电子标尺传感器24小时实时监控低注积水点现场，实现积水上限自动报警。

【金昌路跨运河大桥通车】 9月，运河杭州段最大单跨桥——金昌路跨运河大桥正式通车。金昌路跨运河大桥为单跨复式钢箱梁提篮拱桥，金昌路工程西接巨州路，东连拱康路，全长686米，宽42米，单跨130米，双向6车道，成为城北地区新的东西向主干道。

【拱墅区在全市开放型经济考核中取得五项第一】 在2015年度全市开放型经济考核中，拱墅区包揽城区考核组引进内资、实际利用外资、招商引资、支持浙商创业创新、外贸增长率和完成率五项第一。全区全年实际利用外资4.59亿美元，引进市外到位资金208.41亿元、浙商创业创新资金106.64亿元，分别完成年度目标任务的143.9%、139.9%、156.8%；全年引进1亿元以上项目25个，成功引进注册资本50亿元的金诚新城镇投资有限公司等大项目和顺丰集团、京东金融互联网投融资平台等优质产业项目。

【《科普教育基地管理与服务规范》发布】 10月，拱墅区制定的全省首个《科普教育基地管理与服务规范》区级地方标准，通过省科协、省科技馆、浙江树人大学、市标准化研究院、市科协、市科普教育基地联合会等单位专家的审定，成为全省首个针对科普教育基地管理与服务的区级地方标准。该标准规定了科普教育基地的管理职责、管理要求、人员要求、服务要求、评价与改进等内容，有利于规范科普教育基地管理，创新服务模式，促进科普教育基地管理与服务工作向标准化、规范化和系统化发展。

【浙江省老年服务产业园开园】 6月，浙江省老年服务产业园正式开园。该园区坐落于莫干山路1379号，占地面积1.2公顷，内设“产学研”中心、老年用品博览交易中心、老年用品电商中心、老年康复研究中心、老年膳食研究中心等5个中心。园区根

据研究养老服务业发展需求，为老年人提供生活照料、康复护理、精神慰藉等服务。

【清洁水体三年行动计划收官】 拱墅区于2013年制定全区清洁水体三年行动计划，至2015年末已实现日新增截污量7.1万吨工作目标。三年内，全区累计实施截污纳管工程项目212个、公建单位改造579家，消除黑臭河道44条，全区61条河道消除黑臭现象。V类以上水质河道增加9条，上升14.7%，19条运河支流中V类以上水质河道从2014年初3条增加到11条。按照“一河一长、一河一策”原则，建立区、街道、社区、民间“四级河长”管理网格。区级河长32人，街道级河长71人，社区河长178人，民间河长61人。建立集防汛抗台、水质在线监测、工地在线监测于一体的综合监管平台，实现全区污水“零直排”。京杭运河支流瓦窑头河等辖区13条重点河道设立水质在线监测点，运河出入境断面水质达到优秀。 （顾煜俊）

·西湖区·

【西湖区概况】 西湖区辖10个街道、2个镇，有157个社区、45个行政村（其中，西湖街道委托杭州西湖风景名胜区管委会管理）。户籍人口65.64万人，人口自然增长率7.9‰。全区生产总值888.19亿元，比上年增长11.6%。其中：第一产业增加值4.28亿元，与上年持平；第二产业增加值103.69亿元，增长0.7%；第三产业增加值780.22亿元，增长13.5%。三次产业比重优化为0.4∶12.3∶87.3。

农业总产值6.47亿元，增长1.4%。其中，种植业产值2.67亿元，畜牧业产值0.33亿元，渔业产值3.30亿元。种植业面积3902公顷。龙井茶、无公害蔬菜、水产养殖及花卉苗木等优势产业产值5.69亿元，占农林牧渔业总产值的87.9%。西湖区24个村、7388户农户生活污水纳入管网治理，提前完成农村生活污水治理任务。

工业总产值256.91亿元。规模以上工业企业销售产值215.1亿元，下降1.66%。规模以上工业企业增加值49.5亿，增长1%。信息经济增加值310亿元，增长20%。信息经济项目投资56.3亿元。文创产业增加值310亿元，占地区生产总值的35%。西湖区被评为浙江省文化产业十强县（市、区）。电商产业集聚“蘑菇街”时尚女性消费者电子商务网、“去哪儿”网等电商企业3000多个；培育跨境电商企业105个，出口额4582万美元。培育国家重点扶持高新技术企业37个，高新技术产业销售产值占比达59.2%。金融类企业税收收入22.92亿元。建筑业产值900.18亿元，增长5.6%。西湖区艺创小镇、紫金众创小镇、西溪谷互联网金融小镇、云谷小镇入选第一批市级特色小镇。

社会消费品零售总额513.9亿元，增长11.6%。其中：批发业零售额133.4亿元，增长4.8%；零售业零售额333.3亿元，增长15.36%；住宿业零售额5.9亿元，增长4.0%；餐饮业零售额41.3亿元，增长6.7%。年成交额1亿元以上的商品交易市场12个，成交额33.7亿元。

旅游总收入223亿元，增长20.7%；接待游客1200万人次，增长20%。全区休闲农业营业收入2.08亿元，增长13.9%；接待游客214.75万人次，增长14.5%。楼宇经济健康发展，税收1亿元以上的楼宇17幢，1000万元以上楼宇64幢，黄龙时代广场连续两年税收突破10亿元。

市外到位资金208.55亿元，增长6.1%。合同利用外资13.84亿美元，实际利用外资8.71亿美元，分别增长139.5%和29.3%。引进1亿元以上内资项目66个、1000万美元以上外资项目26个。外贸进出口总额31.06亿美元，对外投资4.97亿美元。服务外包合同执行额、离岸执行额分别为1.28亿美元和1.49亿美元。

财政收入185.24亿元，增长17.6%。其中，地方财政收入111.65亿元，增长16.8%。一般预算支出63亿元，增长26.2%。其中：教育支出9.74亿元，增长7.3%；社会保障和就业支出6.41亿元，增长34.1%；城乡社区事务支出3.80亿元，增长7.0%。

固定资产投资506.45亿元，增长7.2%。其中，工业投资20.7亿元，增长25.3%。房地产开发投资265.4亿元，增长16.7%。房屋新开工面积175.9万平方米，竣工面积151.1万平方米，销售面积116.8万平方米。

专利申请量9885件，专利授权量6623件。全区有幼儿园78所，在园幼儿2.94万人；小学25所，在校学生5.26万人；中学17所，在校学生2.02万人；特殊教育学校1所，在校学生89人；职业高中1所，在校学生1253人。在职在编教职员工5541人。全年新开办小学1所、幼儿园3所。学前儿童入园率99.9%，小学生入学率、初中生入学率均为100%。公共图书馆1个，文化馆1个，市级以上文物保护单位26处（点）。成功举办西湖区第二届社区（村）运动会，组织“321基层文化走亲”等各类文体活动863场。西湖区人均体育场地面积达3.67平方米。

各类医疗卫生机构413个，医疗床位6736张。各类专业卫生技术人员10836人，其中执业（助理）医师4223人、注册护士4238人。率先在全市构建智慧养老“三网两平台”，覆盖老年人家庭2.8万户。新增长者服务中心暨居家养老服务照料中心33家。全年开展帮扶救助活动201场次，累计发放各类救助补贴5301万元。农村自来水普及率100%。城乡居民养老保险参保率达98.5%，居民医疗保险参保率达99.8%。

全年办理人大代表议案、建议157件，政协委员提案163件，满意和基本满意率99.38%。受理群众来信、来访、来电19438件，办结率99.3%。

【云栖小镇、龙坞茶镇入选首批省级特色小镇】 6月3日，浙江省公布第一批省级特色小镇创建名单，西湖区云栖小镇、龙坞茶镇入选。特色小镇是指相对独立于市区，具有明确产业定位、文化内涵、旅游和一定社区功能的发展空间平台。龙坞茶镇计划通过村庄综合环境整治建设，规划形成茶园风光观赏区、茶叶交易集散区、茶文化体验区、茶乡民俗体验区、文创艺术集聚区、户外运动休闲区、养生健身度假区七大功能区块。云栖小镇以“政府主导、名企引领”的创新模式来推动云产业生态迅速集聚，围绕“创新、科技、人文、生态”，以云计算为科技核心，集聚和帮助创业创新企业成长。

12月8日，第30届中国电视剧“飞天奖”颁奖典礼在西湖区云栖小镇国际会展中心举行 （西湖区府办 供稿）

6月24日，全省特色小镇规划建设工作现场推进会在西湖区云栖小镇举行。与会人员实地考察了凤凰·创意大厦、杭州数梦工场科技有限公司以及方泰电器有限公司。第一批重点培育的特色小镇创建对象建设主体等180多人参观考察了云栖小镇。

【西湖大学落户云栖小镇】 6月25日，杭州市政府与国家“千人计划”联谊会签署了战略合作协议。协议明确，国家“千人计划”专家联谊会将在西湖区云栖小镇筹建一所新型的一流民办研究型大学——西湖大学。根据协议，西湖大学将借鉴美国加州理工大学的规模和斯坦福大学的办学理念，由国家“千人计划”专家或其他行业领军人才领衔组建相关院系，首先以研究院的名义完成博士研究生招生，随后面向本科生，培养国家未来发展需要的创新型复合型人才。学校初步招生规模在5000~6000人，设立工程学院、生命科学院、商学院和理学院4个学院，以小班教学的模式培养高端研究性人才，以人才带动产业创新。

【西溪谷成为首个“杭州互联网金融集聚区”】 7月，西溪谷被市政府授予“杭州互联网金融集聚区”称号。西溪谷以互联网金融产业为核心，设立电子商务、研发与技术服务、信息软件、股权投资、旅游休闲产业发展平台，已集聚阿里巴巴支付宝浙江总部、浙江网商银行、蚂蚁金融服务集团等互联网金融相关企业超过300个。西溪谷互联网金融集聚区建设目标是依托重大金融项目，形成互联网金融上下游产业链，产生集聚和辐射效应，打造“长三角”南翼区域金融中心主引擎和互联网金融产业发展示范区。

【海水淡化技术获国家重点基础研究发展计划立项】 9月，西湖区内的杭州水处理中心申报的“海水淡化膜高性能化的混合基质方法”获得2015年度国家重点基础研究发展计划（“973”计划）项目立项。杭州水处理中心是国家重点扶持高新技术企业，致力于对海水淡化膜进行高性能基础研究，拥有中国工程院院士1名、国务院特殊津贴专家8名、浙江省“151人才计划”人才5名。该公司占领了国内60%的海水淡化市场，年销售额达3亿元。“973”计划项目旨在解决经济建设、社会发展、国家安全和科技发展中的重大科学问题，立项要求高、竞争激烈。

【7家单位获评“中国乡村旅游金牌农家乐”】 8月18日，国家旅游局公布首批乡村旅游“千千万万”品牌名单，西湖区青之莲、原本小筑、菁青江鲜馆、杭州白描艺术酒店、海皇星生态乐园、听风阁茶楼、叠源谷（绿野山庄）等7家单位获评“中国乡村旅游金牌农家乐”。“金牌农家乐”是以农村家庭为单位，利用各类农（渔、牧）业资源，依托良好的生态景观和乡土文化，为游客提供以农（渔、牧）业体验为特色的观光、住宿、餐饮、娱乐、运动、购物等服务，经营业绩突出、服务质量一流的家庭经营实体。至2015年末，西湖区有各类民宿60多家，龙坞茶村、外桐坞村、双灵村等特色旅游村皆有民宿入驻，集聚效应开始显现，周末及节假日民宿入住率80%以上。

【浙江音乐学院开学】 10月16日，位于西湖区象山区块的浙江音乐学院正式投入使用，首批近900名新生入校就读。浙江音乐学院占地40.13公顷，校舍建筑面积约35万平方米，拥有大小剧场、电影院、音乐厅、演播厅等十余个。其中，大剧院能够同时容纳约1200人，音乐厅能够容纳800人左右。学校文艺活动场所将向市民开放。中国美院象山校区与之相邻，两所艺术院校使得西湖区之江板块的文化氛围更加浓厚。

【首届中国数字阅读大会】 4月21日，首届中国数字阅读大会在西湖区举行。大会以“融合·创新·梦想”为主题，是国内数字阅读领域的高层次交流盛会。来自数字出版、文化产业和互联网相关企业的700多人参会。本次数字阅读大会发布了2015数字阅读白皮书、“悦读中国”榜中榜，启动2015年互联网文学联赛和“2015数字阅读+”计划，通过书香校园计划、掌上书店计划、悦听中国计划、华文数字阅读计划等助力全民阅读。

【中国电视剧“飞天奖”颁奖典礼在西湖区举行】 12月8日，第30届中国电视剧“飞天奖”颁奖典礼在西湖区云栖小镇国际会展中心举行。这是中国电视剧“飞天奖”自1980年创办以来首次走进浙江。本届“飞天奖”颁奖盛典颁出优秀导演、优秀男女演员、优秀编剧及优秀电视剧等16个奖项。参评剧目出品时间范围为2013年3月1日到2015年9月30日，106部作品入选。2015年中国影视艺术创新峰会暨第三届中国影视产业推介会同时开幕，世界各地的知名导演、编剧、新媒体业界代表及

影视专业人士共600多人参加开幕式。（马文翰）

·滨江区·

【滨江区概况】 滨江区辖3个街道，有57个社区。户籍人口20.38万人，人口自然增长率14.36‰。全区生产总值790.4亿元，比上年增长13.2%，增幅居全市第一。其中：工业增加值391亿元，增长14%；服务业增加值365亿元，增长11.4%。滨江区全省工业强县（市、区）综合评价、“两化融合”指数、37个创新型试点县（市、区）综合测评中均名列首位。

规模以上工业企业总产值1183.4亿元，销售产值1183.5亿元，分别增长14.8%和16.2%。规模以上工业企业营业收入1332.2亿元，增长10.9%；利税263.5亿元，增长7.2%，其中利润200.5亿元，增长4.8%。规模以上工业企业产品产销率100.0%。建筑业增加值13.1亿元。新增注册企业6048个；新增上市公司2个和“新三板”挂牌企业29个。

高新技术产业实现营业收入3704.8亿元。其中信息经济规模1767.6亿元，增长25.4%。信息软件、电子商务、物联网、数字安防等产业发展强劲，营业收入分别比上年增长27.1%、58.4%、19.1%、23%。全区信息经济增加值占全区生产总值比重的81.9%以上，总量约占全市信息经济的28%。

社会消费品零售总额106.68亿元，增长14.9%。宝龙城、龙湖天街、星耀城二期等大型商业综合体建设顺利推进，引进永辉超市浙江区域总部，星光大道二期开业。传统产业改造提升步伐加快。实施技改项目29个，完成投资10.3亿元。改造旧厂房35.51万平方米，淘汰落后产能企业2个。冠一农贸市场开业，白金海岸和缤纷农贸市场成功创建省级放心农贸市场。现代都市农业加快发展，市级以上农业经营主体建立跨区合作生产基地1.22万公顷，实现营业收入25.6亿元。

财政收入200.03亿元，增长16.1%，其中地方一般公共预算收入108.45亿元，增长21.0%。区级一般公共预算支出62.41亿元，增长12.7%。其中：科学技术支出6.03亿元，增长28.3%；教育支出9.39亿元，增长21.9%；社会保障和就业支出7.37亿元，增长20.3%；医疗卫生支出2.01亿元，增长13.2%；城乡社区支出21.77亿元，增长4.9%。

固定资产投资225.47亿元。奥体博览城主体育场幕墙工程完工，主体育场配套及车库工程顺利推进，网球中心决赛馆提前开工，环境建设及整治全面启动。北塘河畔公共文化配套服务设施一期项目完成主体施工，滨水景观一期等环境整治工程开工。智慧新天地基础设施建设全力推进，南部核心区域主干路网全部开工。白马湖生态创意城湖区整治一期绿化提升工程完工，中国动漫博物馆进入主体钢结构施工。物联网小镇、创意小镇成功创建市级特色小镇。地铁4号线四个站点全部开工，新建、续建道路44条，完工20条。西兴互通立交建成通车，江晖路过江隧道开工。滨江水厂二期扩建工程、奥体污水终端泵站竣工。彩虹、奥体变电站建成投产。新增（优化）公交线路5条，新建公共自行车服务点55座并投入使用。新建公共停车场（库）3座，新增公共停车泊位532个。创业人才公寓二期交付使用。

“三改一拆”全面推进。“五水共治”成效显现。17个社区开展了整村成片拆迁，协同、马湖、西兴、江二、江三、长二、汤家桥、东冠等8个社区整村拆迁基本完成，81个建设项目完整交地。全区拆迁签约3613户，交地225.6公顷。拆除违法建筑133.4万平方米。张家西直河的清淤工程招标工作已完成，14个农转居小区（苑）内部截污纳管工程完工，整治133个晴天异常排污口。改造14个易积水点，对180千米的雨水管网进行彻底清淤。5条（段）河道综保工程完工。江三、华家排灌站，东信、滨盛排涝站投入使用，铁岭、浦沿排灌站（扩建）工程开工。加强建筑工地和渣土运输管理，淘汰黄标车961辆。新增绿化面积30.6万平方米。

全区自营出口额50.79亿美元，增长8.57%，境外投资额7.56亿美元。新批外商投资企业45个，实际利用外资7.66亿美元，引进投资总额1000万美元以上外资项目26个。实际到位内资100.75亿元，浙商创业创新实际到位资金78.07亿元。

研究与试验发展经费支出105亿元，占全区生产总值的13.3%。完成政府投资55.1亿元。阿里巴巴二期、网易二期等20个产业项目开工建设，杭州芯图科技有限公司等15个项目竣工投产。入选省云服务云工程项目、服务业重大项目计划等22项，393个项目获得市级以上财政资助6.92亿元。获得国家科技进步二等奖2项、国家技术发明奖二等奖1项、省科技进步奖22项、中国专利奖6项。主导和参与制定国际标准2项，主导和参与制定国家标准6项，行业标准17项。全区专利申请和授权量分别达10160件和6338件，增长56.8%和50.3%，其中发明专利授权量1147件。

新认定国家高新技术企业67个（列全省县市区第一）、“瞪羚企业”137个。新增省级企业研究院、技术中心、研发中心34家。15个企业入选省技术创新能力百强（包揽前五强）。区级财政产业扶持资金12.91亿元。区创投引导基金阶段参股9支投资基金，带动社会资本近20亿元。金融信息服务公共平台（深圳证券交易所路演中心）基本建成。新认定省、市级孵化器各3家，新建众创空间15家，列入首批市级众创空间6家，其中5家纳入国家级科技企业孵化器体系管理。国家知识产权服务业集聚发展试验区获批，物联网产业知识产权联盟正式成立，浙江省知识产权运营基金落户。举办“大众创业·万众创新”群英会、第二届中国创客西湖峰会暨中国创客空间联盟成立大会等系列活动。7个企业入围中国民营企业500强。

全年引进各类人才23156人。新增国家“千人计划”专家16人（累计56人），省“千人计划”专家16人（累计105人），入选国家科技创新创业人才4人（累计11人）。组织实施两批海外引才“5050”计划，新引进海外归国留学人员310人，创办留学人员企业110个。新增4家国家级博士后科研工作站。

全区有小学9所，初中3所，九年一贯制中小学3所，民办学校4所；在校小学生1.78万人，在校初中生6569人。在职在编教职工2053人，其中初中教师921人，小学教师638人，幼儿园教师476人。公共图书馆1个，文化馆1个。区文化中心建成启用，区体育馆主体工程结顶，新建（更新）健身苑点48处，全区中小学校体育场地向社会开放，成功举办全国排舞总决赛、杭州马拉松滨江段比赛等重大赛事。闻涛中学、杭州二中白马湖学校开办，浦乐幼儿园等9所幼儿园投入使用，滨文中学等6所学校开工建设。新增市甲级幼儿园6所，优质学前教育覆盖率98%。表彰区首届“优秀人民校（园）长”和“优秀人民教师”50名，引进优秀教师288名。滨江区被评为“浙江省文化产业重点县（市、区）”，3个企业被认定为“浙江省重点文化企业”。

全区卫生服务中心3个，社区卫生服务站32个，医疗床位125张。各类专业卫生技术人员1528人，其中执业（助理）医师657人，注册护士516人。新增民营医疗机构18家。通过国家卫生城市复检和全国基层中医药工作先进单位复审，创建省级卫生应急示范区。区公共卫生中心和西兴街道社区卫生服务中心开工建设。全区计划生育率98.68%。

全年新增就业岗位12218个；培训失业人员1386人，培养高技能人才1865人；帮助3465名失业人员实现就业，其中征地拆迁家庭981人。落实市区两级促进就业专项扶持资金7324.46万元，城镇登记失业率1.74%。全民参保入户登记率100%。实施第15次“春风行动”，帮扶困难家庭1857户，发放救助资金1036万元。农转居拆迁安置房开工35万平方米，竣工23万平方米，交付25万平方米，安置1832户。全年核拨社区运行保障经费1.07亿元。新建4个社区，185名社工获社工师资格证书。新建社区居家养老服务中心15家。规范村级集体“三资”管理，全年村级集体经济总收入3.86亿元，增长16.37%。

全区办理区人大代表建议102件，办结率100%，满意和基本满意率100%。办理区政协委员提案103件，办理答复率100%，提案办理满意率92%。

【“黄金12条”支持创新创业】 6月23日，滨江区出台《进一步支持大众创新创业建设国家自主创新示范区的实施意见》，重点是释放科技人员的创新创业活力，鼓励企业创新发展，促进众创空间成长，鼓励创业投资。

文件规定：鼓励科技人员以股权、不动产、技术发明成果及其他形式的非货币性资产投资科技型企业；对其转让非货币性资产所得应缴个人所得税，纳税人一次性缴税有困难的，经主管税务机关备案，可在5年内分期缴纳。大力减免企业技术所有权转让的企业所得税，企业向个人股东转增股本时，允许个人股东分期缴纳个人所得税。这些已经在中关村先行先试的政策，让技术成果转化模式更加科学，让企业股权结构更优化。区科技局认定的众创空间运营机构，给予3年全额房租补贴；鼓励街道企业利用自有厂房，与上市公司、创投机构或专业团队合作建设众创空间，承租企业符合产业导向的，3年内享受租赁优惠和补助。新注册设立天使、种子类投资基金，投资项目领域符合产业发展导向的，区创业投资引导基金均可通过有限合伙制形式进行阶段参股，参股不控股，阶段参股比例最高可达25%，原则上总额不超过7500万元，参股期限最长5年。

12月26日，位于泰安路200号的滨江区文化中心正式投入使用

（滨江区府办 供稿）

【“5050计划”创新创业大赛】 7月31日，高新区（滨江）联合知名媒体“创业邦”共同举办“5050计划”创新创业大赛。大赛评选出一等奖是杭州硅易科技有限公司，二等奖是杭州米趣网络科技有限公司、杭州优思达生物科技有限公司，三等奖是杭州古北电子科技有限公司、杭州数云技术有限公司和杭州猿人数据科技有限公司。大赛颁出奖金近300万元，其中一等奖100万元、二等奖50万元、三等奖30万元。

【流动人口居住证制度改革试点启动】 9月，滨江区启动居住证制度改革试点。本次居住证制度改革重点是将居住证作为杭州市范围内流动人口居住、就业的证明，以及享受居住地公共服务、参与社会事务、办理个人事务的凭证。

流动人口在居住地有合法稳定住所的（比如自购住房、出租房、单位内部宿舍等），可以申领浙江省临时居住证。浙江省临时居住证、浙江省居住证每年签注一次。滨江区设置积分指标体系，包括年龄、文化程度、职称或职业资格等级、社会保险缴费年限、居住年限、遵纪守法、表彰奖励等内容。根据实际情况需要，设置基础分、附加分、扣减分等指标。浙江省居住证持有人，其个人情况和实际贡献可以转化为相应分值，享受相应的公共服务和待遇。浙江省临时居住证持有人或在居住地有合法稳定住所的流动人口，在居住地合法稳定就业6个月以上的（此前的规定是至少要满3年），可申领浙江省居住证。至年末，滨江区发放浙江省临时居住证、浙江省居住证12557本。

【杭州文博会亮相白马湖】 10月15～19日，第九届（2015）杭州文化

创意产业博览会举行。滨江区白马湖国际会展中心是主会场，来自20多个国家地区以及港澳台地区和国内20多个省（市）的2000多个文创企业和机构参展，同时还举办“第十二届海峡两岸创意产业高校联盟白马湖论坛”“2015中国创意设计峰会”“第三届两岸文化创意产业交流对接会”“杭州首届版权合作与交易大会”等专业活动，现场成交额8.26亿元，吸引24.6万人次观众参观。

【中国国际动漫节主会场设在滨江白马湖】 4月28日至5月3日，第十一届中国国际动漫节在滨江区举行，白马湖动漫广场为主会场。本届动漫节以“动漫盛会·人民节日”为宗旨，以“国际动漫·美丽杭州”为年度主题，历时6天。来自美国、日本、法国等78个国家和地区的600多个动漫企业和机构参与这场动漫盛宴，137.29万人次参加58项活动，交易金额总计148.46亿元。

【滨江区文化中心投入使用】 12月26日，位于泰安路200号的滨江区文化中心正式投入使用。区文化中心项目总建筑面积6.47万平方米，是集文化、图书、档案、展览、演艺、会议及公共服务为一体的综合性文化建筑。12月28日，行政服务中心江南办事服务大厅进驻文化中心一楼。新大厅面积5300平方米，30个职能部门开设105个前台窗口。办事大厅采用机器人服务系统，设有自助服务机、自助翻译机、办事大厅内Wi-Fi信号全覆盖。

【杭州奥体中心主体育场钢结构工程获“中国钢结构金奖”】 3月23日，浙江省、杭州市重点工程——奥体中心八万人主体育场钢结构工程获得全国钢结构工程最高荣誉——“中国钢结构金奖”，该奖项由中国建筑金属结构协会评出。主体育场钢结构工程于2013年底成功合龙，由28片大花瓣和27片小花瓣组成，罩棚外边缘南北向长约333米，东西向长约285米，总用钢量2.3万吨。

【物联网小镇和创意小镇入选杭州市首批特色小镇】 12月，第一批市级32个特色小镇创建名单公布，滨江区的物联网小镇和创意小镇榜上有名。物联网小镇规划面积3.66平方千米，以物联网产业为主导，目标是创建浙江省物联网产业核心区、“长三角”物联网产业中心区、中国物联网产业示范区；创意小镇规划面积3.91平方千米，着力打造集动漫、文化创意、产品研发、旅游、居住于一体的创意（时尚）产业集群。小镇建设体现了产城融合，旨在促进创业创新，培育新兴产业，传承和展示独特地域文化。（徐　宏）

·萧山区·

【萧山区概况】 萧山区辖12个建制镇，14个街道办事处，有411个行政村、173个社区（其中，河庄、义蓬、新湾、临江、前进五个街道委托杭州大江东产业集聚区管委会管理）。户籍人口126.33万人，人口自然增长率3.35‰。全区生产总值（GDP）1812.79亿元，按可比价格计算，比上年增长8.2%。其中：第一产业增加值63.80亿元，第二产业增加值899.67亿元，第三产业增加值828.84亿元，分别增长1.3%、5.4%和12.2%。按户籍人口计算的人均GDP达到143945元，按当年平均汇率折算，人均GDP达到23111美元。

农林牧渔业总产值104.42亿元，增长4.0%。其中，农业产值61.93亿元，增长9.1%；林业产值1.36亿元，增长13.0%；畜牧业产值23.84亿元，下降8.8%；渔业产值13.36亿元，增长4.1%。

工业总产值4279.35亿元，下降9.5%。工业销售产值4171.65亿元。工业产品销售率达到97.5%。1742个规模以上工业企业主营业务收入3670.86亿元，下降0.4%；利税总额314.24亿元，其中利润202.67亿元。规模以上高新技术企业实现销售产值1018.64亿元，下降3.1%；新产品产值率达34.9%，提高5.0个百分点。建筑业增加值73.28亿元。实施“千企转型升级”三年行动计划，设立规模10亿元的产业投资基金，全面开展3184个转型升级项目并完成2560个。对1453个6666.67平方米以上企业进行综合效益评价，消化批而未供土地400.73公顷，完成低效用地再开发620.27公顷。信息港小镇、机器人小镇分别列入省特色小镇创建和培育名单，湘湖金融小镇、空港小镇等4个小镇列入市特色小镇培育名单。出台“人才新政28条”，引进“5213”海外高层次人才项目30个，新增国家和浙江省“千人计划”以及杭州市“521”计划人才12人。中国（杭州）跨境电商综合试验区萧山园区加快建设，湘湖三期工程全面开工。钱塘江财富管理中心被评为省十大金融创新集聚区。益农镇省级现代农业综合区通过验收。区农业电商孵化园开园运行。动物无害化处理实现全覆盖。新增中国淘宝镇1个、中国淘宝村6个，省级以上电子商务中国示范企业2个、市级以上电子商务产业基地7个。阿里巴巴萧山产业带网络平台入驻企业322个，交易额7925万元。第一批区级电子商务产业重点培育企业认定；举办第二届中国（杭州）国际电子商务博览会萧山主题馆展览。

社会消费品零售总额573.92亿元，增长11.3%。其中，批发零售业502.73亿元，增长11.9%；住宿餐饮业71.19亿元，增长7.2%。各类专业市场172个。其中年成交额1亿元以上市场29个，100亿元以上的市场4个。星级市场42个，其中四星级市场10个。全年市场成交额达1052.70亿元，增长5.0%。拥有各级名牌产品313种。全年居民消费价格上涨1.6%。全年共接待游客1880.1万人次，旅游总收入235.08亿元。

外贸进出口总额118.85亿美元，下降14.2%。其中出口总额91.58亿美元，下降8.4%。出口总额中高新技术产品出口3.03亿美元，下降3.3%。新批外商投资企业72个，实际利用外资14.99亿美元。引进及结转注册资金500万元以上市外内资项目264个，实际到位资金174.45亿元。引进浙商回归项目到位资金93.06亿元。

全区财政总收入290.08亿元，增长12.0%，其中一般公共预算收入160.08亿元，增长7.0%。年末，全区金融机构本外币存款余额3273.23亿元，比上年末增加200.78亿元。本外币贷款余额2909.87亿元，比上年末增加60.29亿元。上市公司累计46个。

固定资产投资963.12亿元，增长13.2%。房地产开发投资330.11亿元，增长3.6%。公路通车里程

杭州跨境电商试验区空港园区　　　　（沈　雷　摄）

2401.06千米，其中高速公路108.15千米，航道里程796.83千米。社会机动车辆拥有量54.90万辆。萧山国际机场全年起降航班23.21万架次，旅客进出港2835.44万人次，货邮吞吐量42.49万吨。固定电话用户51.09万户，移动电话用户262.37万户，登记注册的宽带用户38.63万户。全社会用电量210.83亿千瓦小时，全年供水量3.04亿吨，完成农村“一户一表”改造3万户。年末，建成区绿化覆盖率37.72%；建成区绿地面积30.39平方千米，公园绿地面积8.43平方千米。深入实施“五水共治”，正式启动浦阳江治理工程。推进“三改一拆”，拆除各类违法建筑301万平方米；开展“两路两侧”整治，整治1008个问题点位，实现”无违建”创建全覆盖。

全年专利申请量5311件，专利授权量4466件。新认定国家重点扶持的高新技术企业33个。全区85所小学在校生10.68万人，45所初中在校生4.39万人，10所普通高中在校生2.08万人，17所职业高中在校生1.24万人。全年文艺作品获得国家级奖项4个。艺术表演团体演出77场次。图书馆流通图书188.03万册次。《萧山市志》正式出版。全年获得国家级运动会奖牌29枚。各类医疗机构696家，病床8266张，卫生技术人员11313人。

城镇常住居民人均可支配收入51490元，增长9.1%；人均生活消费支出36783元，增长12.9%，农村常住居民人均可支配收入29354元，增长9.7%；人均生活消费支出25959元，增长10.4%。城镇居民人均住房建筑面积48.3平方米，农村居民人均住房建筑面积67.5平方米。

【萧山融入大杭州与主城区一体化】 1月5日，杭州出台《关于进一步加快萧山区余杭区与主城区一体化发展的若干意见》，萧山在户籍管理、就业和社保、社会救助、教育等九大重点领域逐步接轨主城区，真正实现同城同待遇。11月2日起，杭州主城区、萧山、余杭三地的住房公积金实行通存、通兑、通贷，不再有地域限制。12月1日起，萧山区、余杭区、富阳区与杭州主城区四地社保正式开通权益互认。

【杭州跨境电子商务空港园区开园】 2月9日，位于萧山空港经济区·南阳街道萧山保税物流中心内的杭州跨境电子商务空港园区正式开园。该园区是杭州跨境电子商务综合试验区的重要板块，规划面积5平方千米，开园启用近10万平方米的保税物流中心启动跨境电子商务进口业务，开展保税备货模式和直邮模式。萧山以跨境电子商务推动产业改造提升，实现传统经济与新兴经济、实体经济与虚拟经济、产业经济与贸易经济良性互动。

【萧山通过国家级生态区创建考核验收】 5月27日，萧山区通过国家级生态区创建考核组验收。萧山生态区创建开始于2004年，通过坚持“生态立区”战略，推进生态治理与“五水共治”，完善环保基础设施，全区生态建设成效明显。2015年，萧山区大气优良天数比上年增加39天，PM2.5浓度下降9.4%，化学需氧量、氨氮、二氧化硫、氢氧化物四项主要污染物指标分别下降2.1%、3%、4.1%、5.3%。

【浦阳江治理工程可行性研究报告获批】 5月，浦阳江治理工程可行性研究报告获省发改委批复。该工程是萧山“五水共治”的重点项目之一。浦阳江贯穿萧山南片，长28.2千米，流域面积351平方千米。工程以防洪为主，兼顾排涝，并结合两岸滩地治理和水环境整治，建设50年一遇防洪标准的堤防，改善水生态环境，打造水上景观长廊。

【萧山区试行工业用地使用权出让续期办法】 7月13日，萧山区政府发布《杭州市萧山区工业用地使用权出让续期办法（试行）的通知》（简称《办法》），对工业用地使权出让续期对象、续期程序、出让金收费标准等进行全面明确。《办法》规定了准予续期、临时续期、不予续期三种类型，结合该区的工业企业综合效益评价体系，按续期类型确定续期的不同年限及收费标准。该《办法》是对工业用地到期续期政策一种探索和尝试。

【北京首都航空杭州基地项目落地瓜沥】 8月21日，北京首都航空有限公司杭州基地项目战略合作协议签约仪式在瓜沥镇举行。首都航空杭州基地项目位于杭州萧山国际机场西侧，规划用地16.67公顷，投资总额约15亿元，年预计创税1.5亿元。其中，邻机坪的3.33公顷为工程维修用地，用于建设维修机库及附属配套设施、航材仓库等；邻机场路的6.67公顷为办公大楼、培训基地、航食配餐中心、空勤楼等用地；其余的6.67公顷为公务机、航空物流产业布局用地。北京首都航空有限公司杭州基地项目的签约，标志着瓜沥镇面积21平方千米的临空产业园建设正式启动。

【湘湖旅游度假区成为国家级旅游度假区】 10月9日，国家旅游局正式

确定17家度假区创建成为首批国家级旅游度假区，湘湖度假区位列其中。湘湖旅游度假区从2003年开始实施保护与开发，湘湖一期、二期分别于2006年4月和2011年9月建成开放，建成区面积18平方千米。湘湖先后获“中国百强旅游景区”和浙江省“最佳休闲旅游目的地”“最佳湖滨旅游目的地”等称号。2015年8月，湘湖三期九大工程项目全面开工，计划于2016年9月前完工。湘湖三期增加水域面积2.4平方千米，规划建设三江口公园、风情小镇、慢生活街区、金融商务组团、游艇俱乐部、度假酒店等。

【《三探跨湖桥》在中央电视台播出】 1月10~11日，反映萧山文明史的纪录片《三探跨湖桥》（上、下）在中央电视台科教频道《探索·发现》栏目播出。纪录片《三探跨湖桥》主要围绕1990年、2001年和2002年三次跨湖桥遗址考古发掘的主线，通过采访考古专家、模拟再现等多种手法，讲述了距今约8000年的跨湖桥遗址文化的考古发掘历程。

【第十六次全国地州区县年鉴研讨会召开】 4月22~23日，第十六次全国地州区县年鉴研讨会暨第五届年鉴编纂出版质量评比颁奖大会在萧山区召开。中国出版协会和中国版协年鉴工委会主要负责人，全国地、州、区、县年鉴编辑骨干，第五届年鉴编纂出版质量评比获奖单位代表等320多人参加会议。参会人员围绕信息化时代年鉴编纂的实践与思考、年鉴如何适应时代变化、年鉴组稿的改革与创新、年鉴图片的编辑和开发利用、年鉴编辑素质的培养和提高等方面开展讨论和交流。

【萧山区做好G20杭州峰会筹备工作】 2015年，萧山区加快钱江世纪城有关场馆建设，引进一流运营团队并进驻到位。加快配套道路建设，机场公路改建工程萧山段累计完成投资43.5亿元，高架桥主体结构提前全线贯通。九堡大桥南接线工程累计完成投资34.62亿元，高架部分可与机场公路高架同步通车。实施钱江世纪城17条市政道路沟通工程。投资20亿元的沿江景观带开工建设。完成钱江世纪城核心区块600多公顷土地征迁交地任务，钱江世纪城41个环境整治项目基本完成，全区96个环境提升项目全面推进。市心路整治成效明显，风情大道等道路两侧、主要宾馆周边和河道两侧环境综合整治扎实开展。整治机场公路沿线各类环境问题，拆除两侧可视范围内违法建筑20多万平方米。开展“迎峰会、强基础、保平安”专项行动，峰会安保工作扎实推进。（王　鸣）

·余杭区·

【余杭区概况】 余杭区辖14个街道、6个镇，有城市社区160个、行政村184个。户籍人口95.09万人，比上年末增加2.55万人。人口自然增长率3.92‰。全区生产总值1235.66亿元，按可比价计算，比上年增长11.0%。按户籍人口计算，人均生产总值131712元，增长8.1%。按当年平均汇率计算，达到20947万美元。

农业总产值74.21亿元，增长3.1%，增速较上年提高3个百分点。其中：种植业产值42.18亿元，增长6.6%；林业产值7.49亿元，增长5.6%；牧业产值5.75亿元，下降5.1%；渔业产值14.6亿元，下降3.8%。全年农作物总播种面积4.88万公顷，增长2.3%，其中粮食作物面积1.56万公顷，增长6.8%，粮食总产量10.99万吨，增长7.7%。水产品产量5.97万吨，下降5.1%。生猪存栏5.18万头，出栏11.21万头，分别下降7.5%和28.3%。家禽存栏125.18万羽，出栏474.14万羽，分别增长6.9%和9.9%。

工业总产值2020.96亿元，下降2.1%。工业增加值413.47亿元，增长3.5%。至年末，规模以上工业企业达到1235个，实现产值1458.08亿元，下降2.0%；增加值322.97亿元，增长2.6%；利润总额85.27亿元，增长13.4%。全年实现主营业务收入1426.63亿元，下降1.4%；利润总额85.27亿元，增长13.4%。

财政总收入305.31亿元，增长20.5%。其中，地方公共财政预算收入187.65亿元，增长16.2%。公共财政一般预算支出167.80亿元，增长8.9%，预算内用于民生支出115.9亿元，占全区财政预算支出的69.0%，增长22.5%。在支出结构中，教育科技、城乡社区、保障就业、医疗卫生、农林水利、节能环保分别占总支出的24.2%、12.4%、8.8%、6.5%、6.4%和3.9%。

固定资产投资920.0亿元，增长17.0%。从产业结构看，第一产业投资0.11亿元；第二产业投资139.86亿元，增长4.0%；第三产业投资780.03亿元，增长19.8%。按投资来源看，民间投资572.95亿元，增长16.6%，占总投资的62.3%；国有投资232.88亿元，增长10.6%。进出口总额54.33亿美元，下降9.7%。其中：进口3.77亿美元，下降13.2%；出口50.55亿美元，下降9.4%。

社会消费品零售额391.21亿元，增长12.0%。其中：零售业305.2亿元，增长16.5%；批发业50.79亿元，下降8.5%；餐饮业32.46亿元，增长10.6%；住宿业2.76亿元，增长5.1%。全区商品交易实体市场实现成交额975.37亿元，增长11.3%。其中，消费品市场104个，实现成交额732.42亿元，增长12.1%。全区共接待国内外游客1385万人次，增长15.0%；旅游收入147.55亿元，增长17.3%。至年末，全区有A级景区11个，其中AAAA级以上景区6个；旅游饭店22家，其中四星级以上旅游饭店4家，特色文化主题饭店1家；星级旅行社5家。浙江省旅游经济强镇4个，浙江省旅游特色村9个，纳入杭州旅游咨询体系的咨询中心11家。全区有民用汽车拥有29.11万辆，增长4.6%，其中载客汽车24.38万辆，增长4.4%。全年公路客运量377万人次，内河港口货物吞吐量2151.5万吨，水运货运量1665.3万吨。

专利申请量8916件，专利授权量7314件，分别增长33.2%和61.8%。其中，发明专利申请量1615件，授权量499件，分别增长45%和69.2%。企业专利申请量、授权量分别达到8383件和6861件，分别占总量的94%和93.8%。全区共有省级重点企业研究院8家、省级企业研究院32家。市级以上企业研发（技术）中心281家，其中国家级4家、省级106家、市级171家。华立仪表集团股份有限公司入选国家技术创新示范企业。全区有幼儿园100所，在园幼儿5.18万人，3～5周岁幼儿入园率99.8%。小学48所，在校生8.74万人。初中32所，在校生3.14万人。普通高中11所，在校生1.34万人，毕业生4260人。全区小学适龄儿童入学率达到100%，初中毕业生升学率达到100%。

全区有文化经营单位1442家，其中网络文化单位18家、演出经营机构10家、文化娱乐业场所171家、网吧191家、电影发行放映单位34家、印刷经营单位674家、出版物经营单位254家、体育经营场所69家、广播电视经营单位21家。全区公共图书馆藏书总量78.05万册，增加6.16万册。全年出版《余杭晨报》365期，日发行量2.75万份。全区共有各类医疗卫生机构420家，其中区属医院7家、社区卫生服务中心20家。医院、卫生院共有各类医疗病床4564张，其中区属医院2596张。医院、卫生院共有卫生技术人员6571人，其中执业医师2258人、注册护士2619人，分别增长10.25%、15.56%和11.26%。

基本养老保险参保人数达67.71万人，基本医疗保险参保人数102.61万人，工伤保险参保人数53.83万人，失业保险参保人数40.41万人，生育保险参保人数38.88万人，分别比上年末增加0.66万人、0.78万人、1.9万人、1.91万人和1.84万人。全区拥有各类养老服务机构41个，床位7739张。全区共有最低生活保障对象5028户6698人，残疾人基本生活保障对象1681户1717人，持证困难家庭780户2527人，共发放各类救助金1.41亿元。区慈善总会共募集善款2069.5万元、发放善款2483.6万元，救助弱势群体3.5万余人次。

城镇常住居民人均可支配收入49273元，增长8.7%；人均生活消费性支出35397元，增长8.4%，农村常住居民人均可支配收入29159元，增长9.7%；人均生活消费支出24678元，增长9.6%。年末，城镇常住居民人均住房建筑面积为35.56平方米。农村常住居民人均住房建筑面积为64.44平方米。城乡居民储蓄余额895.27亿元，比年初增加47.38亿元，人均储蓄余额9.54万元。

【余杭区与杭州市主城区公共服务政策一体化】 1月1日，杭州市《关于进一步加快萧山区余杭区与主城区一体化发展的若干意见》颁布实施。从2015年起，余杭区户籍、就业和社保、社会救助、教育、公共卫生、市民卡服务、公积金制度、保障性安居工程、公共交通等9个领域的公共服务政策与杭州市主城区政策标准实现同等待遇，并将在3年内逐步实现与杭州并轨。

【余杭区获全国2014年度“社区发展奖”】 5月26日，第二届中国社区发展论坛暨中国社区发展协会年会在江苏省张家港市举行。余杭区申报的“创制规范搭建平台探索农村社区建设新模式”获得全国2014年度“社区发展奖”。此次获得“社区发展奖”项目的单位全国共14家，余杭区被列为首位。

至2015年末，余杭区实现农村社区公共服务全覆盖，在城乡社区创新发展建设中形成社区服务网络化、公共服务均等化、城乡社区一体化、社会工作职业化和社区参与多元化的局面。

【国内首个智慧机器视控开发平台在余杭诞生】 12月16日，位于杭州未来科技城的杭州汇萃智能科技有限公司发布国内首个智慧机器视控开发平台。该平台集机器视觉、深度机器学习和运动控制为一体，为机器人相关产业提供了整套可以进行二次应用开发的平台。此前，国内使用的智慧机器视控开发平台均来自德国、美国、日本等国家，国内几乎没有相关核心技术的研究与开发。2010年，毕业于美国马里兰大学的海归博士周才健带着研发团队回到杭州创业，经过4年多的努力，自主开发出具有国际先进水平的机器视觉算法库HCvisionLib可在多个操作系统平台间进行无缝移植，智能视觉软件HCvisionQuick内嵌该算法库，具有视觉定位、几何尺寸测量、产品缺陷检测、OCR识别、视觉跟踪等功能，装载于应用开发平台HCvisionSystem，便于用户进行快速、高效的二次开发。产品可广泛应用于电子制造、汽车制造、机器人、包装、物流、智能交通、食品、生物、医疗等多个行业。

崛起的余杭临平新城 （诸葛明 摄）

【“创青春”中国青年互联网创业大赛】 7月14日至9月23日，由共青团中央、中央网络安全和信息化领导小组办公室、浙江省政府共同举办的2015年“创青春”中国青年互联网创业大赛在余杭区的梦想小镇举行。大赛实行创业项目和意向创业项目同台竞赛，项目涵盖移动互联网、互联网设备、电子商务、搜索引擎、网络服务、网络媒体、网络游戏、网络视频、网络社交等多个领域。历经地方赛和全国赛初赛、复赛，共有198个项目进入全国决赛，最终189个项目参加梦想小镇的总决赛，产生70个铜奖、20个银奖、10个金奖、1个冠军奖。其中，“快货运”项目获得冠军，奖金50万元。

决赛期间，举办项目开放日活动，所有参赛项目均制作项目展板，接待创业青年、风险投资机构负责人、大学生和市民参观；举办资本“相亲会”，为创业项目团队与风险投资机构负责人搭建资本对接平台，共达成1000万元的初步投资协议；组织部分项目团队参观阿里巴巴集团。此次活动为首次在全国层面开展的青年互联网创业赛事。

【余杭抗日战争纪念馆建成开馆】 9月2日，由杭州市余杭区史志办承建的余杭抗日战争纪念馆在鸬鸟镇太公堂村开馆。纪念馆占地1224平方米，分为“日寇暴行、惨绝人寰”“共赴国难、民族壮歌”“奋勇抗敌、中流砥柱”“历史胜利、永志不忘”四个展区，通过史料、图片、文字、实物展示，揭露日本侵略者在余杭的暴行，歌颂余杭人民反抗侵略、保家卫国的奉献精神。该馆为余杭区唯一一座全面反映余杭人民抗日战争历史的综合性专题纪念馆。

【春季中国品牌布艺展在余杭举行】 3月6~8日，由中国家用纺织品行业协会、杭州市余杭区政府主办，余杭家纺产业协会、余杭家纺产业发展有限公司承办的“2015中国品牌布艺及辅料（春季）展览会”在余杭境内的中国品牌布艺展示中心举行。展会为期3天，共有600多家企业参展，参展的品牌产品中，特装品牌340个、“标摊”参展品牌260个。1万余人参加。

【宜家家居杭州商场开业】 6月25日，宜家家居杭州商场开业。商场位于杭州市余杭区乔司街道乔莫西路5号，占地4.3万平方米，分三层，汇集8000多种家具家居产品，是全球家居用品零售商——IKEA宜家家居在中国开设的第17家家居商场。宜家杭州商场的开业，标志着杭州主城区市民到余杭区购物成为一种常态，助推乔司街道城镇化进程。

【《2014年度余杭质量白皮书》发布】 5月27日，余杭区发布《2014年度余杭质量白皮书》，成为国内首个县级区域发布质量指数。白皮书由区质量强区领导小组办公室会同25家成员单位和中国计量学院质量发展研究院共同编制。《2014年度余杭质量白皮书》构建的质量指数体系包括产品质量指数、产品质量创新能力指数、服务质量指数、环境质量指数、法治质量指数共5个一级指标、23个二级指标、44个观测点，分析全区质量总体状况、存在的主要问题和质量工作的对策建议。内容涵盖产品质量、工程质量、服务质量、环境质量和法治质量状况五大方面，是余杭区首次向社会公开发布的“全行业质量白皮书”。

【《村务公开和民主管理规范》发布】 1月12日，由余杭区民政局、余杭区市场监督管理局联合主办的杭州市余杭区地方标准规范《村务公开和民主管理规范》评审会和发布会在杭州召开。《村务公开和民主管理规范》立足余杭农村社区的现状及发展趋势，结合工作实践经验和调查研究，对余杭区村务公开和民主管理状况进行深入分析研究。主要内容包括：范围、规范性引用文件、术语和定义、村务公开、民主决策、民主监督、村务公开内容、形式和要求，民主决策内容、程序和要求，民主监督内容与要求等。

【梦想小镇、艺尚小镇入选首批省级特色小镇】 2015年，余杭区加快培育特色小镇，梦想小镇、艺尚小镇入选浙江省第一批省级特色小镇（全省共37个），梦栖小镇、智能能源小镇、新能源汽车小镇、好竹意小镇、传感小镇入选杭州市首批市级特色小镇（全市共32个）。特色小镇通过集聚人才、技术、资本等高端要素，鼓励创新创业，推动经济转型升级和城乡统筹发展，促进地方经济社会持续健康发展。3月28日，梦想小镇正式启动。至年末，累计入驻创业项目440多个，落户金融机构90多家，集聚管理资本逾320亿元，举办各类活动220多场，参与人数超过3.5万人，推动周边传统园区向众创空间转型。11月5日，良渚梦栖小镇正式启动。1~9月，梦栖设计小镇完成统计项目入库投资额6.88亿元。意大利的“金圆规奖”落户梦栖小镇，将小镇定为永久颁奖地。艺尚小镇是全省首批特色小镇中唯一定位时尚产业的特色小镇，至年末，40多家国内知名品牌企业签订入驻协议。（李景苏）

·富阳区·

【富阳区概况】 富阳区辖6个乡、13个镇、5个街道，有28个社区、276个行政村。户籍人口66.8万人，人口自然增长率3.1‰。全年生产总值645.1亿元，比上年增长9.3%。

农林牧渔总产值59.8亿元，增长6.1%。粮食播种面积1.8万公顷，下降3.2%；粮食总产量11.9万吨，下降1.4%。肉类产量5.71万吨，禽蛋产量8757吨。130个农业龙头企业实现销售收入60亿元。年末，各类名牌农产品72种，其中杭州市级以上35种。全年投入水利建设资金6.9亿元，全区各类水库151座。年末，拥有农机总动力44.0万千瓦，耕地有效灌溉面积2.22万公顷。全年投入“富春山居美丽乡村”建设资金3.7亿元，建成“富春山居美丽乡村”精品村10个。

工业总产值1572.3亿元，下降3.7%。其中，规模以上工业企业产值1271.8亿元，下降0.1%。年末，全区有工业产值超过1亿元的企业220个，其中超过10亿元企业11个、超过20亿元企业8个、超过50亿元企业1个、超过100亿元企业1个。全区665个规模以上工业企业实现主营业务收入1243.6亿元，下降3.7%；实现利税94.6亿元，下降3.4%。建筑业增加值26.8亿元，增长17.9%。

社会消费品零售额198亿元，增长16%。其中：批发零售业零售额

178.1亿元，增长17.6%；住宿餐饮业零售额19.9亿元，增长3%。全年新建（改建）农贸市场3家。全区有商品交易市场40个，其中年成交额1亿元以上的市场15个。

全年新批外商投资项目18个，实到外资2.82亿美元，增长9.9%。全年完成进出口总额28.6亿美元，增长0.9%。其中：自营出口15.1亿美元，增长10.5%；自营进口13.5亿美元，下降8.1%。全年完成境外投资项目10个，总投资3060万美元。中国智慧体育产业基地、首创奥特莱斯、龙晖水上乐园、中民筑友落户富阳。主要旅游景点接待游客458.0万人次，下降2.0%；旅游景点门票收入14688万元，增长6.6%。全年实现乡村旅游收入4.33亿元。

财政总收入91.6亿元，增长0.5%。其中，一般公共预算收入54.3亿元，增长3.8%。一般公共预算支出69.0亿元，增长12.6%。年末，金融机构各类存款余额878.18亿元，增长0.2%；各项贷款余额968.71亿元，增长8.7%。全年引进3家银行机构，设立中小企业金融管理中心和金融服务中心。全年保险费收入5.58亿元，增长17.0%。 其中：财产保险费收入2.94亿元，增长19.9%；人身保险费收入2.73亿元，增长14.0%。保险费理赔支付2.16亿元，增长24.2%。

全区公路通车里程1947.2千米，其中高速公路37.3千米。全年货物运输量1059.8万吨，下降5.4%；公路旅客运输量1640万人次，下降5.7%。杭富城际铁路试验段动工建设。全年邮电业务收入9.49亿元，增长0.4%，固定电话用户12.4万户，移动电话用户86.4万户，电话普及率为147.9部每百人。互联网用户24.7万户。全社会用电量69.3亿千瓦小时，下降2.5%，其中城乡居民生活用电6.1亿千瓦小时，增长6.0%。全年城区供水总量5554万立方米，管道煤气用户9.6万户。年末，主城区建成区面积25.3平方千米，市区道路长度180.0千米，有营运公交车287辆、出租车269辆，客运总量3102万人次。主要水系监测断面三类以上比例100%。生活垃圾收集、无害化处理率100%。建成国家级生态乡镇（街道）19个，省级生态乡镇（街道）1个、杭州市级生态乡镇（街道）4个。富阳获国家级生态区称号。

全年组织实施各类科技计划项目203项，其中国家级1项、省级108项。专利申请量3270件，授权量3465件。技术合同交易（吸纳）200项，总金额1.56亿元。年末，全区有高新技术企业193个，其中国家级115个。各类专业技术人员5.53万人，增长5.5%，其中具有中高级职称1.42万人，增长4.2%。全区有幼儿园88所，在园幼儿2.41万人；小学44所，在校学生4.50万人；普通中学22所，在校学生3.21万人；中等职业学校2所，在校学生7464人。学龄儿童入学率和初中入学率均为100%，初中升高中段比例99.94%。23个乡（镇）街道成为省和杭州市教育强乡镇。富春第八小学、高教园区浙江中医药大学建成使用。有线电视用户21.42万户，数字电视用户21.37万户。《富阳日报》全年出版300期，日发行2.6万份。区图书馆藏书43.3万册（件）。抗战胜利浙江受降纪念馆建成；举办浙江社会各界纪念抗战胜利70周年、郁达夫烈士殉难70周年等纪念活动。全区有各类医疗机构497家，医疗床位2945张，各类医疗卫生专业技术人员4244人。城乡居民基本医疗保险参保人数42.0万人，参保率99.83%。计划生育率95.88%。全年举办各类群众性体育比赛82场，参赛运动员4万人次。新建健身苑点20个、篮球场15个、乒乓球室10个，农村健身设施覆盖率100%。全年获得杭州市级以上各类奖牌137枚，其中金牌52枚。举办区第八届全民运动会，承办滑翔伞世界杯、全国业余铁人三项赛。

城镇常住居民人均可支配收入43510元，增长8.9%；人均生活消费支出27130元，增长5.3%。农村常住居民人均可支配收入25010元，增长9.5%；人均生活消费支出18169元，增长11.6%。全区私人汽车拥有量97673辆，增长3.5%，全区每百户家庭拥有私人汽车45.4辆。

2月15日，富阳撤市设区仪式举行　　（洪菁龙 摄）

【富阳加速融入杭州】 2月15日下午，富阳撤市设区仪式举行，富阳融入杭州主城区步伐不断加快，民生保障、交通基础设施、医疗教育等各方面都在朝“同城同待遇”方向发展。5月1日，320国道杭富收费站停止收费，3个月后被拆除，富阳进入杭城再无收费站。8月20日，富阳与杭州主城区市民卡资源公司化整合，成立杭州富阳市民卡有限公司，实现平台统一、服务均等、资源共享。至年末，五保供养、失业保险金、高龄老人生活补贴等25个社会保障项目已与杭州市标准同步。医疗教育方面，富阳区第一人民医院成为浙江省中医药大学滨江学院附属医院，并与邵逸夫医院组成住院医生规范化培训基地联合体。区第二人民医院、区妇幼保健院分别与杭州市一医院、省妇保医院签约，细化帮扶服务项目，加大合作深度和频次。东洲中学与北师大附属杭州中学、东洲中心小学与杭州市学军小学、东洲中心幼儿园与杭州市胜利幼儿园成为联盟学校，推进

深度合作，建立优质教育资源共享渠道。

【渔山断面水质连续10个月显示为优】 2014年，按照省委、省政府要求，富阳制定“五水共治”三年行动计划(2014~2016年)。两年来，消除黑臭河11条、垃圾河275条，提前半年完成全省黑臭河整治目标要求，全区境内无劣V类水体。浙江省环境监测中心联合监测数据显示，2011年至2014年，从氨氮、总磷、COD(化学需氧量)三项主要指标的监测结果来看，富春江和钱塘江交接的渔山断面水质优于窄溪断面水质。2015年，渔山断面水质氨氮、高锰酸盐指数指标均有较大幅度改善，总磷指标有所改善，连续10个月显示为优。

【富阳被评为“全省美丽乡村建设先进区”】 2003年，在省委、省政府的统一部署下，富阳开展了“百村示范、千村整治”工程，并于2013年率先完成省“百村示范、千村整治”工程村庄重点整治全覆盖。13年来，富阳遵循“绿水青山就是金山银山”的发展理念，秉持“村庄整治、美丽乡村、美丽富阳、美好生活”的发展思路，走出了一条符合富阳实际的特色发展之路。2015年，富阳区委提出“兼田园之美、具城市之利”的发展理念，致力于打造新型农村，既具村庄之美、山水之美，又具人文之美、产业之美，兼顾老建筑保护、新建筑演绎和优秀文化传承，在满足功能的前提下融合了新型村落的元素，符合当代农民对新生活的期待。洞桥镇文村村、场口镇东梓关村、大源镇望仙村等一批各具特色的民居示范村先后建成。4月15日，杭州地区首个“杭派民居”示范村项目在富阳场口镇东梓关村开工。11月中旬，浙江省推进村庄规划暨农房设计落地工作现场会在富阳召开。2015年，富阳被评为“全省美丽乡村建设先进区”。

【户籍制度改革正式实施】 2013年，富阳作为浙江省户籍制度改革试点单位和杭州市唯一的户籍制度改革试点区，开展户籍制度改革试点工作。至2015年末，全区新增人口1万余人。其中，外地迁入7800多人，城镇人口新增2000多人，人口集聚效应初步显现，农村人口市民化进度进一步加快。同时，因户籍政策引发的信访投诉大幅减少。2015年6月30日零时起，富阳区正式取消农业户口、非农业户口的性质划分，统一登记为“浙江居民户口”，实行户口一元化管理，相关配套政策全面实施。户籍制度改革正式实施后，富阳逐步建立起以合法稳定住所和合法稳定职业为基本迁移条件、以经常居住地登记户口为基本形式、城乡统一的新型户籍制度。新政策在一定程度上放宽了户口迁移的条件，尤其是本地居民落户城区，落户范围更广、更便利。在户籍制度改革中，富阳同步跟进接轨杭州主城区的户籍管理规范和民生保障23项配套政策。富阳区政府承诺，户籍制度改革后三年内，每年新增投入5000万元，基本完成城乡一体化配套政策并轨。至年末，配套政策基本到位。

9月2日，抗日战争胜利浙江受降纪念馆正式开馆 (洪菁龙 摄)

【富阳区医疗卫生中心启用】 11月5日，富阳区医疗卫生中心正式启用。该工程位于富春街道金桥北路与320国道交叉口，投资6.55亿元，是浙江省重点建设项目、区委区政府为民办实事项目和重大民生工程。项目占地11.13公顷，总建筑面积13.08万平方米，包括区第一人民医院、区疾病预防控制中心、区卫生监督所、杭州市“120”急救中心富阳分中心整体迁建4个分工程，综合了医疗保健、疾病预防、卫生监督、“120”急救等功能。富阳区第一人民医院新大楼采用“医疗街”布局，从门诊部中庭开始至医技楼、住院部，成“L”形，将功能检查科室、药房、检验、放射科室等置于门诊病人最易到达、距离最短的位置，方便百姓看病。杭州市“120”急救中心富阳分中心引进美国MPDS调度系统，开启“电话接通，急救开始”的无缝隙服务新模式，最大限度提高救治成功率。同时继续实施以市民卡为主，银联卡、健康卡为辅的“先看病后付费”新诊疗模式；完善居民电子健康档案，推行门诊电子病历和电子名牌建设；拓展突发公共卫生应急指挥和“120”急救指挥中心信息系统、三大中心和病理远程会诊中心应用，实现资源共享。

【抗日战争胜利浙江受降纪念馆开馆】 9月2日，抗日战争胜利浙江受降纪念馆正式开馆，中共浙江省委常委、宣传部长葛慧君出席开馆仪式。该馆位于富阳区银湖街道，原为“受降厅”，是全国爱国主义教育基地。作为抗日战争胜利的重要历史见证，它的历史意义和政治意义重大。2014年，富阳市委书记办公会议专题研究并决定启动受降厅改扩建工程，按照国家标准、华东地区一流的要求设计建造，目的是建设一处以抗战胜利为主题的爱国主义教育基地。项目总投资6100万元，占地面积2.89公顷，总建筑面积2600多平方米，整修“千人坑”遗址面积5136平方米。整个工程除了主体部分的展览内容，还设有停车场、活动教室、影视厅、集会广场等设施和场地，具备集会、参观、体验等多种功能。纪念馆展览的主体部分由地上和地下展厅组成，地下展厅分为“侵略暴行”“不屈抗战”“胜利欢庆”三大部分，地上展厅“接受投降”“审判战犯”两个部分则在受降厅原址重新布展。至2015年末，接待参观者20多万人次。

【公共自行车一期项目投入运行】 3月30日，富阳公共自行车一期项目投入运行。该项目于2014年末开建，在城区范围内建造21个服务网点，投放公共自行车1000辆。其中800辆分布于各服务网点，200辆用于应急调度。每个服务点安装自行车锁止器30~40个，总量730多个。网点自行车满位率大于或小于系统设定的比例时，公共自行车租赁控制系统就会自动报警，并通过视频切换，调度指挥中心能随时掌握服务点空满位情况，及时予以配送，确保“还得进、借得出”。富阳公共自行车租赁系统采取自助式服务，刷卡租借。系统识别市民卡和“杭州通”卡。

【富阳硅谷小镇入围省级特色小镇】 2014年至2015年初，富阳先后出台《关于发展智慧经济打造富春硅谷的实施意见》《发展智慧经济打造富春硅谷三年行动计划》，提出举全区之力打造富春硅谷。2015年6月，全省首批省级37个特色小镇创建名单公布，富阳硅谷小镇入选。该小镇位于富阳经济技术开发区银湖新区北部，规划面积3.1平方千米，其中核心区域1平方千米，实施期限为2015年至2017年。根据省政府对特色小镇的定位，2017年，硅谷小镇预计实现产值350亿元，3年总投资57.2亿元，年旅游人数超过80万人次，成为杭州西部的绿色生态“硅谷小镇”。（陈炜祥）

·桐庐县·

【桐庐县概况】 桐庐县辖4个街道、6个镇，4个乡，有18个社区、183个行政村。户籍人口40.93万人，人口自然增长率2.26‰。全县生产总值335.84亿元，按可比价格计算，比上年增长9.5%。其中：第一产业增加值22.98亿元，增长1.8%；第二产业增加值182.87亿元，增长7.1%，其中工业增加值166.50亿元，增长6.8%；第三产业增加值129.99亿元，增长15.0%。三次产业结构由上年的7.12∶56.23∶36.66调整为6.84∶54.45∶38.71。按户籍人口计算，人均生产总值82091元（折合13149美元），增长9.0%。

农林牧渔业总产值34亿元，增长5.2%。粮食总产量5.45万吨，禽蛋产量0.51万吨，肉类产量1.43万吨，水产品总产量0.86万吨，水果产量8.78万吨。新增粮食功能区535.66公顷，提升标准农田2133.33公顷，改造中低产田559.2公顷，发展设施农业233.33公顷，新认证无公害农产品企业12个，新建无公害建设基地766.66公顷。建成省级农林精品园4个，阳山畈村通过国家级“一村一品”示范村认定。全县登记“农民之家”创业服务社43个，新培育农民专业合作社联合社6个，组建土地股份合作社4个，土地折价入股合作社110.66公顷。桐庐勤优农产品专业合作社联合社资金互助会成立，累计发放互助金23笔213.18万元。新注册家庭农场56个。全年新培育省级农业龙头企业3个、市级农业龙头企业6个、县级农业龙头企业13个。新增市级以上规范化农民专业合作社8个，其中省级示范社4个。

工业总产值834.60亿元，增长4.1%；销售产值823.67亿元，增长3.9%。规模以上工业企业377个，增加16个，实现工业总产值491.59亿元，增长4.1%。其中，轻工业产值206.39亿元，增长6.3%；重工业产值285.20亿元，增长2.6%。其中107个产值1亿元以上的企业总产值达362.01亿元，占规模以上企业总产值的73.6%，比上年提高0.5个百分点。规模以上工业企业销售产值484.60亿元，增长3.8%；主营业务收入456.82亿元，增长0.1%；利税总额46.47亿元，下降0.5%，其中利润总额27.40亿元，增长0.2%。规模以上工业企业产品产销率98.6%，下降0.2个百分点。

引进1亿元以上项目10个，其中10亿元以上项目2个，以杭州海康威视数字技术发展有限公司为龙头的智慧安防产业集聚效应明显，配套企业落户2个。韵达电子商务产业园正式开园，“淘仓”“农村淘宝”项目入驻运营。创建市级以上名牌（商标）4个。桐庐经济开发区（富春江科技城）全面启动智慧安防小镇和时尚箱包小镇建设，启动国家级开发区创建工作。

社会消费品零售总额132.34亿元，增长12.8%。其中：批发业零售额13.14亿元，增长18.5%；零售业零售额100.19亿元，增长12.4%；住宿业零售额0.88亿元，增长14.4%；餐饮业零售额18.14亿元，增长10.8%。电子商务快速发展。完成海淘买手街、网货展示展销中心、电商公共服务中心、电商食堂等重点亮点项目建设。深化阿里巴巴“农村淘宝”项目，成为全国第一个实现“农村淘宝”全覆盖的县域。桐庐县连续两年被评为“中国电子商务发展百佳县”，横村村被评为“淘宝村”，城东村被评为“浙江省电子商务示范村”，第二届中国县域电商大会在桐庐县成功举行。全年电子商务销售额26亿元。

外贸进出口总额14.73亿美元，增长10.5%。其中：进口总额0.68亿美元，下降8.9%；出口总额14.05亿美元，增长11.6%。出口总额按贸易方式分，一般贸易出口13.21亿美元，增长20.4%；加工贸易出口0.83亿美元，下降7.5%；其他贸易出口0.01亿美元，下降99.4%。出口国别和地区中，对欧盟出口3.19亿美元，增长3.7%；对日本出口0.41亿美元，下降1.4%；对美国出口3.56亿美元，增长0.3%。

固定资产投资247.27亿元，增长17.9%。按三次产业分，第一产业投资9.31亿元；第二产业投资91.75亿元，增长34.4%，其中工业投资91.68亿元，增长34.3%；第三产业投资146.21亿元，增长9.9%。全年固定资产施工项目557个，计划投资560.19亿元，增长5.0%；新开工项目456个，计划总投资194.15亿元，增长5.3%。房地产开发投资33.28亿元，下降28.7%。房屋施工面积379.32万平方米，下降9.5%；竣工面积64.54万平方米，增长26.6%。商品房销售面积43.88万平方米，下降20.9%，其中住房销售39.93万平方米，下降17.7%。商品房销售额29.70

亿元，下降15.4%，其中住宅销售额27.38亿元，下降10.3%。

23省道浮桥埠至麻蓬段提升改造工程、富春江桐庐段水环境整治工程竣工。柴埠大桥工程完成桥梁下部结构建设，富春江船闸扩建改造工程完成船闸主体水工土建工程。完成公路路面大中修110千米、农村联网公路建设60千米、农村公路提升改造85千米、农村公路安保工程26.45千米、危桥改造5座。创建“美丽公路”89.8千米，杭新景高速公路深澳、富春江出口提升改造完成。启动县城城南路（金中路至梅林路西）提升改造工程和乔林路（科技大桥至春江路段）整治工程。年末，境内公路通车里程1796千米。至年末，全县拥有公交线路27条，有营运公交车115辆。全面实现城乡公交GPS联网联控，到期出租车全部完成油改气设备安装。县城绿地面积770万平方米，建成区绿地率41.0%，绿化覆盖率43.1%，人均公园绿地12.2平方米。富春江桐庐段连续8年出境水质优于入境水质。桐庐县被授予全省首批“五水共治”工作优秀县（市、区）“大禹鼎”。

全县接待国内外游客1150.7万人次，增长13.9%。景点接待游客566.6万人次，增长14.6%。旅游总收入118.3亿元，增长15.9%，其中景点门票收入1.46亿元，增长17.5%。乡村休闲旅游接待游客654.9万人次，增长26.8%，乡村旅游收入3.73亿元，增长38.4%。在建重大休闲旅游项目和旅游基础设施项目113个，累计完成投资32.58亿元。万向养生养老旅游综合体、上沃溪旅游综合体项目、奥克伍德国际酒店等项目签约。富春江励骏酒店正式对外营业，丝绸博览中心博物馆文化中心样板房建成，江南国际养生中心国医馆、沿湖景观、度假村、地下室等基本完工；环溪银杏广场、天子地果园等项目完成建设。莪山秘境、绿芦驿、云夕戴家山、富春漫舍等一批精品民宿推出。

财政总收入43.03亿元，增长10.1%。其中，地方财政一般预算收入26.97亿元，增长8.1%。财政支出40.31亿元，增长16.0%。其中：教育支出9.59亿元，增长16.5%；科学技术支出1.52亿元，增长16.2%；社会保障和就业支出4.87亿元，增长25.8%；医疗卫生与计划生育支出4.10亿元，增长13.0%；节能环保支出1.21亿元，增长18.1%；城乡社区事务支出2.03亿元，增长1.9%。

年末，全县金融机构本外币各项存款余额368.22亿元，比年初增加34.10亿元，增长10.2%。各项贷款余额301.59亿元，比年初增加17.41亿元，增长6.1%。其中：短期贷款余额147.97亿元，较年初减少0.03亿元，中长期贷款余额150.96亿元，较年初增加17.63亿元，增长13.2%。其中个人贷款增长较快，当年新增19.95亿元。

新增国家重点支持高新技术企业6个、市级高新技术企业28个、市级创新型试点企业1个、市级“雏鹰计划”企业2个。新增市级以上科技项目35项，其中国家级8项、省级9项。新增国家火炬计划项目2个。专利申请量2003件，专利授权量1886件。网上技术交易额3637万元。杭州康基医疗器械有限公司成为省级院士专家工作站，杭州富士达特种材料有限公司成为市级院士专家工作站。信息经济（智慧经济）成为全县经济增长新动力。全年实现信息经济增加值19.11亿元，增长20.1%，占全县生产总值的5.7%，增幅高出全县GDP增幅10.6个百分点。

全县有全日制小学26所，在校学生2.33万人。普通中学17所，在校学生1.52万人，中等职业技术学校2所，在校学生2865人。幼儿园49所，在园幼儿1.28万人。全县小学入学率达100%，初中巩固率100%，高中入学率99.68%。乡镇成人教育学校、社区学校覆盖率为100%，全年培训学员达6.4万人次。全县拥有杭州市现代化标志性教育强镇3个，浙江省教育强镇、街道13个。

城北老年体育活动中心投入使用。越剧传习中心、文化馆、博物馆等县级文化设施开展升级改造。

6月6日，“环最美桐庐”骑行大赛举行　（吴爱林 摄）

全年开展各类大中型文化活动300多场。举办新年晚会、元宵系列文化活动、山花节、百姓日系列文化活动。承办浙江省"耕山捣海"文艺精品会演等省市级文化赛事。举办第三届"欢乐大舞台·幸福桐庐人"大型群众文化活动。文艺作品获国家级奖项17个、省级58个、市级42个。各类图书馆藏书50万册。桐庐籍运动员参加全国、省、市比赛获金牌100枚、银牌45枚、铜牌73枚。全县新建25个健身点、20个篮球场和20个乒乓球室。桐庐电视台平均每周播出120小时,其中自办节目36小时。桐庐人民广播电台每天播音24小时,其中自办节目15小时。全年播出广播新闻2492条,电视新闻3862条。年末,有线电视终端17.4万余个,电视综合覆盖率100%,广播综合覆盖率100%。

全县有各类医疗卫生机构315个,其中公立医疗卫生机构209个、私营医疗机构106个,医疗病床1653张。卫生技术人员3197人,其中执业医师1025人、助理执业医师206人、注册护士1189人。养老保险参保人数16.11万人,增长7.3%。基本医疗参保人数38.82万人。被征地农民基本生活保障参保人数9992人。农村养老保险参保7.67万人,工伤保险参保12.38万人,生育保险参保7.73万人,失业保险参保6.05万人。城镇登记失业率2.64%,下降0.36个百分点。

城镇常住居民人均可支配收入39348元,增长8.2%;人均生活消费性支出22126元,增长5.5%。农村常住居民人均可支配收入22504元,增长9.1%;人均生活消费性支出13979元,增长15.1%。城镇居民人均住房建筑面积39.57平方米,农村居民人均居住面积73.52平方米。城市化水平64.1%,提高0.6个百分点。

【桐庐县获全国文明城市提名城市称号】 2月28日,全国精神文明建设工作表彰大会在北京举行,中共中央总书记、国家主席、中央军委主席习近平亲切会见与会代表,并发表重要讲话。中共中央政治局常委、中央文明委主任刘云山参加会见并出席全国精神文明建设工作表彰大会。会上,桐庐县获得全国文明城市提名城市称号,桐庐县合村乡瑶溪村获得全国文明村称号。桐庐县委书记毛溪浩赴京参加大会,并接受中央电视台《新闻联播》栏目采访,当天的《焦点访谈》栏目播出桐庐县精神文明建设工作精彩画面。

近年来,桐庐县围绕"一个目标、五大桐庐",在大力发展经济的同时,全面推动"人文桐庐"建设,把创建文明城市与培育农村文明风尚有机融合,不断提升文明建设承载力、文明建设原动力和文明建设凝聚力,形成了以城带乡、城乡共建的良好局面,呈现出公民文化素养逐步提高,公共文化惠民不断深化,人文品牌效应逐步显现的良好态势。"桐庐百姓日"活动、"发现最美桐庐人,争做最美桐庐人"活动、"清洁桐庐"行动、百姓热线967000、"三位一体"互助养老模式、"欢乐大舞台·幸福桐庐人"活动等深入人心,为争创全国文明城市、建设中国最美县奠定扎实基础。

【中国(杭州)国际快递业大会】 11月13日,由国家邮政局、浙江省人民政府、中国快递协会主办的首届中国(杭州)国际快递业大会在桐庐县召开。国务委员王勇出席并讲话,省长李强出席大会并致辞,来自近20个国家和地区的快递业代表和各界人士等900多位嘉宾参会。会上,国家邮政局针对国务院10月发布的《关于促进快递业发展的若干意见》进行解读,并发布2015年3季度中国快递发展指数。与会领导、专家学者,与国内外知名快递企业管理人员共同探讨中国快递产业发展趋势。

桐庐素有"中国民营快递之乡"的称号,是"申通""中通""圆通""韵达"四大快递品牌企业创始人的家乡,拥有7万多快递从业人员。全国由桐庐籍民营企业家创办和管理的快递企业已达2500多个,从业人员超过20万人,年营业额300多亿元。大会宣布,中国国际快递业大会以后每两年举办一次,会址永久落户桐庐县。

【中国县域电子商务峰会(第二届)】 7月8~9日,第二届中国县域电子商务峰会在桐庐县举行。本届县域峰会的主题是"小县域、大生态"。全国千余名县长云集桐庐,共同探讨农村电子商务发展。浙江省人民政府副秘书长陈宗尧,阿里巴巴集团CEO张勇出席并发表主旨演讲。会上,桐庐县宣布成为全国首个实现农村淘宝全覆盖的县域。

中国县域电子商务峰会于2014年由阿里巴巴集团发起创立,是全国首次以县级行政区划单位为对象举办的电子商务主题大会,旨在促进全国县域电子商务发展。2014年10月29日,阿里巴巴"农村淘宝"项目全国第一个县级服务中心和第一个村级服务站在桐庐县启动运营。2015年5月起,以鼓励农村创业就业的"农村淘宝2.0"模式——"农村淘宝合伙人"计划也在桐庐启动。

【桐庐成为全国最具幸福感县级城市】 6月24日,中国城市竞争力研究会在其官方网站刊发《2015中国城市分类优势排行榜榜单》,在宜游、宜居、宜商、宜业等25个分类排行榜榜单中,桐庐县获得"2015中国最具幸福感县级城市排行榜"第一,"2015中国最美丽县排行榜"第二。

城市幸福感是指城市市民主体对所在城市的认同感、归属感、安定感、满足感,以及外界人群的向往度、赞举度。《GN中国幸福感城市评价指标体系》由包括满足感指数,生活品质指数,生态环境指数,社会文明指数,经济福利指数在内的5项一级指标、21项二级指标、47项三级指标组成。

美丽县城(或县级市)的主要特征是规划设计合理,历史遗迹保存完善,特色建筑个性鲜明,文化底蕴深厚,自然环境优美。GN中国美丽县城评价指标体系由包括规划设计美、历史遗风美、特色建筑美、乡村文明美、自然环境美和公众口碑美在内的6项一级指标、17项二级指标、62项三级指标组成。

【中国计量学院现代科技学院搬迁项目签约】 8月9日,桐庐县与中国计量学院正式签约,标志着又一所全日制本科大学落户桐庐。中国计量学院的现代科技学院是中国计量学院的独立学院,是一所按新型办学模式运行的全日制本科普通高校,在校本科生近7000人,拥有六大学科门类25个本科专业,面向全

国24个省（市、自治区）招生。学院选址在桐庐经济开发区（富春江科技城）梅林路与320国道（科技大道）交叉口东南侧区块，面积33.33公顷，并预留学校远期发展需要用地。中国计量学院计划与富春江科技城合作，在科技孵化园内建立中国计量学院国家大学科技园桐庐分园。主要以中国计量学院国家级科技孵化器为平台积极引进高端人才、高端技术，新成果就地研究、就地转化。

【桐庐县进行城乡公交一体化改造】 1月1日开始，桐庐县实施城乡公交一体化改造，全县城乡公交票价全面下调，实现公共交通的同城待遇，凡乘坐县城至各乡镇街道的农用中巴车，里程数在12千米以内的，票价一律为1元，最高票价为5元，平均优惠幅度达到50%以上。同时还推出特殊人群免费乘车优惠举措，凡桐庐籍盲人、残疾军警和70岁以上老年人持有效证件可以免费乘车，所需费用全部由公共财政承担。

【桐庐县试行农房确权办证抵押贷款】 2015年，桐庐县被列为全省深化农村产权制度改革、促进土地节约集约利用试点县，开展农房确权办证抵押贷款工作，获省财政专项补助资金2000万元。至年末，全县农房办证62558户，符合发证条件的农房均已发证，占全县81857户农房的68.4%。新增农房抵押贷款279户，贷款金额达3036万元。

【浙江润祁节能科技有限公司研发核电关键部件】 9月22日，中国机械工业联合会组织国家核电技术公司、中国核电工程公司、中广核工程公司、东方电气等国内核工业装备龙头企业的10多位专家，汇集桐庐县横村镇浙江润祁节能科技有限公司，审核鉴定中国核电国产化新型TP439翅片换热管的诞生。3年前，浙江润祁节能科技有限公司承接了核电站汽水分离再热器所用的TP439翅片换热管研制工作，投入3200多万元，最终通过中国机械工业联合会的审核鉴定。翅片换热管是核电站用汽水分离再热器的核心部件，决定着核电站的工作效率。中国所有在运行和在建核电站的汽水分离再热器所用TP439翅片换热管都为国外进口，交货周期长且成本很高。核电站每个机组仅采购各种换热管的费用就在1亿元左右，仅此项采购费用就高达23亿元。核电站用翅片换热管国产化，打破国外技术垄断局面，具有良好的推广和应用前景。（吴爱林）

·淳安县·

【淳安县概况】 淳安县辖11个镇、12个乡，有425个行政村、12个社区、1个居民区。户籍人口45.94万人。人口自然增长率0.76‰。全年实现生产总值207.99亿元，按可比价计算，比上年增长8.2%。其中：其中第一产业增加值32.03亿元，第二产业增加值76.95亿元，第三产业增加值99.01亿元，分别增长2.6%、3.2%和15.0%。全县按户籍人口计算的人均GDP达到45294元，增长8.0%。按国家公布的2015年平均汇率折算，人均GDP达到7272美元。

农林牧渔业总产值45.56亿元，增长6.3%。其中：农业产值30.37亿元，增长7.9%；林业产值6.02亿元，增长5.7%；牧业产值6.18亿元，下降1.1%；渔业产值2.35亿元，增长5.5%。全年粮食种植面积1.7万公顷，粮食总产量7.47万吨。茶叶产值6.74亿元，增长10.7%；蚕茧产量3718吨，下降11.4%；肉类1.81万吨，下降2.0%；禽蛋5573吨，增长29.7%。2014年度10个精品村、淳杨山水景观精品线、千威漂流亲水精品线、下姜休闲体验精品区块、瑶山风情小镇、芹川省级历史文化保护利用重点村、厦山市级历史文化保护重点村等建设项目和2015年度36个村45座农用桥梁、68个村庄环境综合整治项目完成；启动2015年度“4+9”富丽乡村示范培育村（一期）建设项目和鳌山市级历史文化保护重点村等项目建设。

工业增加值60.83亿元，增长4.3%。工业销售产值312.04亿元，其中规模以上工业企业销售产值248.51亿元，与上年持平。规模以上工业企业实现新产品产值41.59亿元，下降26.0%，新产品产值率16.6%，下降5.8%。规模以上企业达到127个，涉及26个行业，纺织、酒饮料和精制茶制造业、电气机械和器材制造业为全县三大支柱行业。

社会消费品零售总额72.15亿元，增长12.7%。城镇居民消费价格总水平上涨2.4%，其中食品消费上涨2.5%，衣着类消费下降1.6%，家庭设备用品消费下降0.1%，医疗保健消费上涨3.5%，交通和通讯类消费下降3.8%，娱乐教育文化用品消费上涨4.7%，居住类消费上涨4.6%。全年实现网络销售额21亿元，增长60%，纳入县电商统计监测平台的电商户687家，增加422家。

全年接待中外游客1121.89万人次，增长11.6%。旅游经济收入104.88亿元，增长16.1%。其中乡村旅游接待游客410万人次，实现收入4.52亿元，分别增长21.8%和27.0%。千岛湖国际商务度假中心马术公园、星空帐篷酒店、云水格精品酒店、水上乐园对外营业，浙江旅游职业学院千岛湖校区完工，蜜山岛改造完成并对外营业；淳杨线骑行桥建成通行，环湖绿道贯通。千岛湖旅游云数据中心项目入选2015年浙江省省级科研课题并立项，千岛湖景区和千岛湖洲际度假酒店分别被评为市级“智慧景区”和“智慧酒店”。民宿产业发展较快，先后引进民宿项目8个，已建成精品民宿2个。绿城千岛湖喜来登度假酒店顺利通过全国旅游星级饭店评定委员会五星级评定。

全年引进项目395个，其中新引进项目128个，协议引进内资123.48亿元，增长29.0%；实际到位内资64.15亿元，增长3.2%。实际到位外资3547万美元，下降47.9%。“淳商回归工程”顺利推进，成功举办首届淳商大会。自营进出口总额2.08亿美元，下降12.5%，其中自营出口1.80亿美元，下降12.4%；进口2774万美元，下降13.0%。

财政收入25.09亿元，增长9.1%。其中，地方财政收入17.14亿元，增长8.7%。全年地方财政支出50.61亿元，增长9.5%。其中：社会保障和就业支出4.56亿元，增长16.4%；城乡社区支出3.87亿元，增长68.9%；交通运输支出4.12亿元，增长34.9%。全县金融机构本外币各项存款余额269.86亿元，增长3.5%，其中人民币存款余额267.09

亿元，增长2.8%；金融机构本外币各项贷款余额205.03亿元，增长0.1%，其中人民币贷款余额204.95亿元，增长0.1%。

固定资产投资151.22亿元，增长4.3%。其中：第一产业投资5.36亿元，增长156.5%；第二产业投资25.66亿元，增长10.6%；第三产业投资120.20亿元，增长0.4%。房地产开发投资44.20亿元，下降14.8%。全年完成基础设施投资42.85亿元，下降9.1%。

县域总体规划修编纲要编制和土地利用总体规划调整完善；三个入城口改造和梦姑路等重要路段景观整治、美化工程完工；启动新安北路街景改造；千岛湖文化综合体、科技大厦等项目扎实推进，马路村家居市场建成试营业。公交优先发展政策出台，实施100个光伏智能公交站棚改造，169辆纯电动微公交试运行，1000辆城区公共自行车投入运营。

农村公路大中修完成255.8千米，村道安保33千米；修复病危桥14座，9座隧道完成维修加固并增设照明设施。全县境内通车公路里程2704.5千米，其中高速公路13.02千米，省道公路56.89千米；农村公路2622.58千米，其中县道802.1千米，乡道241.78千米，村道1590.72千米。全县有公路桥梁646座，其中省道桥梁17座、农村公路桥梁629座，特大桥梁6座；全县共有公路隧道71座，其中省道隧道14座、农村公路隧道57座。5条公交线路调整、优化并加密班次，新增清洁能源公交车10辆，启用里杉弄公交首末站和城西公交停保场。推进城乡道路客运一体化发展，通客车率达99.1%。

全力推进千岛湖综合保护工程，启动坪山污水处理厂扩建、汾口污水处理厂一期改造和二期扩建工程。城区铺设截污主管网20.2千米、支管网126.2千米，完成192个农村治污项目，实施243个行政村污水处理设施的市场化运营维护。推进“污水零直排县”建设，完成171个企业、宾馆饭店排污口整治，年截污量278.1万吨。完善河（湖）长制和清洁乡村工作，全面开展湖区垃圾打捞市场化，加强全县污染物的检查巡查执法，加快智慧环保平台建设和污染数据输入工作。市控以上地表水质100%达到Ⅰ类，饮用水源地达标率为100%，PM2.5小于35微克每立方米。淳安入选首批国家级生态保护与建设示范区。

全年新列市级以上科技发展计划项目45个，其中省级15个、市级30个。杭州紫光网络技术有限公司的“共建共享POI及天馈系统测量平台”列入市重大创新项目。新增市级以上高新技术企业6个、市级以上企业高新技术研发中心3个，新增省科技型企业13个；新增市级专利示范（试点）企业3个。全年专利申请量401件，增长1.3%，其中发明专利97件、实用新型专利266件、外观设计专利38件；专利授权量279件，下降27.0%，其中发明专利31件、实用新型专利182件、外观设计专利66件。

10月1日，淳安县中国工农红军北上抗日先遣队纪念馆竣工

（淳安县史志办 供稿）

普通高中5所，在校学生6403人；初中17所，在校学生9434人；小学58所，在校学生1.63万人；幼儿园36所，在园幼儿7318人；职业高中2所，在校学生3544人；特殊教育1所，在校学生33人。千岛湖建兰中学迁至坪山，睿达实验学校初中和小学部顺利开学。

文化馆（站）24个，公共图书馆14个（含乡镇分馆），艺术馆1个，农家书屋435个，电影院2个。县图书馆共有藏书37万余册。创建市级示范综合文化站3个，杭州市文化特色村1个，建成乡镇图书分馆7个。歌曲《芹川情》参加全国村歌大赛获创作、演唱等四项金奖及中国村歌十大金曲称号，睦剧小戏《心愿》获首届华东六省一市现代地方小戏大赛金奖，《南山种麦》获市传统戏剧大赛金奖。

淳安县第一人民医院专家楼建成。淳安创建成为省级慢性病综合防治示范县。分级诊疗试点有序推进，并在8个试点县中率先实现电子化转诊。四家县级医院实现“全自助”就医智慧服务。新引进民营医疗机构3家。全县有各类医疗卫生机构306家，其中二级甲等医院2家、三级乙等医院2家。医疗床位1677张，医护人员1453人。

千岛湖国家级登山健身步道、房车营地、露营之家全球服务中心等项目启动。创建省级中心村休闲公园1个、省级村体育俱乐部30个。举办全国春季赛艇锦标赛、国际泳联10公里马拉松游泳世界杯赛、中国·杭州环千岛湖国际公路自行车赛、千岛湖国际毅行大会、中国国际露营大会、中国·千岛湖马拉松大赛、全国U17篮球锦标赛、第11届中国大学生健康活力大赛、浙江省青少年艺术体操锦标赛等大型体育赛事和活动。千岛湖环湖绿道被评为2015年中国体育旅游十佳精品线路，淳安县被国家体育总局命名为国家体育产业基地。

城镇常住居民人均可支配收入33432元，增长9.4%；人均生活消费支出19112元，增长2.4%。全县农村常住居民人均可支配收入14632元，增长10.2%；人均生活消费支出10091元，增长11.5%。养老保险参

保人数36.55万人，参保率96.38%；各类医疗保险参保人数45.87万人，参保率99.92%。全县拥有敬老院26所，养老机构总床位数2460张，供养老人997人。社会福利企业11家，在职职工776人，其中残疾职工305人。全县共有15455人享受低保待遇。

【企业债券发行获国家发改委批准】 1月23日，淳安县新安江开发总公司企业债券发行获国家发改委正式批复。该企业债券是淳安县融资历史上首只成功获批发行的企业债券。本次债券规模不超过11亿元，债券期限7年，由券商组成的承销团采取余额包销方式进行承销。本次企业债券的成功获批，对于缓解资金要素瓶颈制约，加快项目推进具有重要意义。

【千岛湖汽车客运北站启用】 12月28日，千岛湖汽车客运北站启用。千岛湖汽车客运北站为原阳光车站迁建工程，项目总投资1.87亿元，于2014年10月开工，总用地面积4.6公顷，总建筑面积2.47万平方米，按照国家一级客运综合站设计，设计年平均日旅客发送量为1万人次，是集农村客运、城际公交、城市公交、出租车换乘于一体的现代化汽车客运站，同时也是无缝对接文昌火车站的交通枢纽站。

【淳安首批微公交试运营】 5月1日，淳安微公交试运营，首批投放的169辆微公交，分布于千岛湖镇客运中心、湖滨公园、中心湖区码头、东南旅游码头、规划展示中心、千岛湖广场和秀水广场等7个站点，全部采用分时租赁和共享租赁相结合的创新公共交通模式，实现站点网络通租通还服务。微公交项目全部采用纯电动汽车，集城市出租车、私家车、城际自驾租车和传统公交模式之优点，每个站点有专人值守，市民可以像租公共自行车一样租用电动汽车。

【淳安县西南片省级现代农业综合区通过验收】 7月3日，淳安县西南片省级现代农业综合区通过省验收组验收。西南片省级现代农业综合区位于县西南部，涉及汾口、姜家、浪川等3个乡镇、28个行政村，规划建设面积1400公顷，于2010年10月列为浙江省第三批省级现代农业综合区创建点。淳安县通过整合资源、集聚要素、加大投入，强化部门协作、主体培育、模式创新，全力推进综合区建设，建成面积1457公顷，完成投资1.53亿元。

【杭州千岛湖颇益农产品专业合作社联合社成立】 6月3日，杭州千岛湖颇益农产品专业合作社联合社完成工商登记并取得工商营业执照，成为淳安县首家农产品专业合作社联合社，标志着淳安农民专业合作社由“户户联合”转型升级为“社社联合”。

联合社是由农民专业合作社等自愿联合，依据加入自愿、退出自由、民主管理、盈余返还的原则组成，按照联合社章程进行生产、经营、服务活动的互助性经济组织。新成立的杭州千岛湖颇益农产品专业合作社联合社由千岛湖兴宝菇业专业合作社、千岛湖中华鳖基地、千岛湖桑都食用菌专业合作社、千岛湖丰兴水果专业合作社等10家农民专业合作社等经济组织共同出资，注册资金300万元。联合社采取“联合社、合作社、基地”运行模式，主要涉及食用菌、果蔬、茶叶等农产品的批发、零售，以及为联合社成员提供相关的业务咨询服务。联合社有助于解决单个合作社规模小、实力弱、产品单一、销售渠道窄、发展后劲不足等问题，增强抵御市场风险能力。

【浙江旅游职业学院千岛湖校区开学】 9月21日，浙江旅游职业学院千岛湖校区举行2015级新生开学典礼，标志着淳安县第一所全日制大学正式开学。浙江旅游职业学院千岛湖校区位于千岛湖镇东北方向文昌翁家地块，距千岛湖镇12千米，由浙江旅游职业学院与淳安县人民政府共同投资建设。校区规划面积33.3公顷，建设用地11公顷，建筑面积4万平方米，规划全日制在校生规模1200人以上。2015年，浙江旅游职业学院千岛湖校区招录第一批245名新生，开设酒店管理和老年服务管理两个专业。

【千岛湖西坡野奢度假酒店项目签约】 5月8日，淳安县首个品牌精品民宿项目千岛湖西坡野奢度假酒店签约。千岛湖西坡野奢度假酒店选址于金峰乡上坞坑自然村，项目投资建设方为德清县西坡酒店管理有限公司，主要利用原先村落老房子改造建设观景餐厅、山乡民宿，配套宾客活动中心、大型婚礼草坪、户外森林活动场所、露天游泳池、露天剧场、传统自然农法耕种基地等设施。项目总投资约8000万元，计划2016年底竣工。千岛湖西坡野奢度假酒店项目是千岛湖乡村旅游、休闲旅游的一种新模式，是对淳安旅游产业发展的有益尝试。

【千岛湖鱼博馆开馆】 10月19日，浙江自然博物馆分馆——千岛湖鱼博馆在千岛湖镇秀水街开馆。千岛湖鱼博馆建筑面积810平方米，分上下两层，立足千岛湖文化、水下古城文化、民俗文化和千岛湖渔业历史，展品有1.5亿年前鱼化石，千岛湖全部114种鱼类标本，重达130多千克的“水中活化石”大鲟鱼，长达34.8米的巨幅鱼拓作品《千岛湖锦鳞图》及精美的全国优秀鱼拓作品等。千岛湖鱼博馆的开馆是浙江自然博物馆与地方联合办馆的一次尝试。

【淳安县睦剧团重建】 12月31日，淳安县睦剧团揭牌，并在千岛湖水之灵剧院举行首场汇报演出。1955年，淳安县成立了专业睦剧团，但因多种原因于1989年解散。2011年，睦剧被列入国家级非物质文化保护遗产，成为中华艺术殿堂中的一份宝贵财富。为更好地保护和传承睦剧文化，千岛湖旅游集团克服睦剧文化断层、专业演员老化、创作人才稀缺等困难，跑遍全县20多个乡镇、300多个行政村和省内外7所职业艺术院校，进行“走村入户”式演员招聘，同步推进演员基本功练习、睦剧小戏的创作和编排。重建后的县睦剧团拥有演职员36人，睦剧艺术顾问7人，顺利完成《春草闯堂》《南山种麦》《游湖》《断桥》四个传统节目的排练和《棉花弹得幸福来》新戏创作。

【三条古道入选浙江最美森林古道】 12月，浙江最美森林古道评选委员会公布评选结果，淳安县的“茶山古道”“威坪凤凰古道”“大连岭古道”等3条古道入选“浙江最美森林古道”。同时，“茶山古道”“威坪凤凰古道”入选“浙江十大人文古道”。此次入选的3条古道各具特色。茶山古道长5千米，石板、石块铺筑，起点从中洲镇厦山村茶山自然村出发，途经札溪村，止于泰厦自然村。凤凰古道长5.6千米，青石板铺筑，从威坪镇六都源屏河线和七都源屏三线两处起始，途经凤坡石井阜八景，止于凤凰山顶凤山禅寺。大连岭古道，总长度20千米，青石板铺筑，从浪川乡狮古山村连岭自然村起始，途径三里亭、五里亭、啸天龙等景点，止于安徽歙县石门乡，途中有著名的“白茶泉”。（刘东山）

·建德市·

【建德市概况】 建德市辖3个街道、12个镇、1个乡，有229个村、27个社区、15个居民区。户籍人口50.87万人，人口自然增长率-0.2‰。全市生产总值320.36亿元，比上年增长8.9%。其中：第一产业增加值30.48亿元，增长2.4%；第二产业增加值167.73亿元，增长7.9%；第三产业增加值122.14亿元，增长12%。三次产业结构为9.5∶52.4∶38.1。

农业总产值48.81亿元，增长6.3%。粮食播种面积1.39万公顷，增长11.5%。粮食产量8.60万吨，增长17.1%。肉类产量2.97万吨，增长1.0%。其中，猪肉产量1.88万吨，增长6.2%。禽蛋产量7.8万吨，下降17.5%。年末，生猪存栏10.6万头，下降17.3%。禽类存栏440.4万羽，下降33.3%。全年水产品产量11290万吨，增长6.4%。木材产量6.48万立方米，下降1.2%。三都现代农业综合区通过省级验收，成为国家首批有机产品认证示范区。全年投入水利建设资金3.38亿元。全市拥有农业机械总动力28.90万千瓦。耕地有效灌溉面积1.56万公顷。全市各类水库141座，除险加固病险水库4座、山塘11座。耕地面积2.64万公顷，基本农田面积2.31万公顷。推进“三改一拆”，新增“三改”面积51.7万平方米，拆除违法建筑44.6万平方米，拆后土地利用率达82.8%。推进“五水共治”，农村生活污水治理实现全覆盖，成为省“清三河”达标县（市、区）。申报成为全省首批低丘缓坡试点县，4个项目被纳入省级首批“坡地村镇”试点。成功创建为全省“美丽乡村”先进县市。

工业总产值677.02亿元，增长0.1%。规模以上工业企业产值426.12亿元，增长0.9%。规模以上工业企业新产品产值率31.8%。工业销售产值665.69亿元，增长0.1%。规模以上工业企业销售产值420.7亿元，增长1.1%。高新园区规模以上工业企业销售产值增长4.3%，占规模以上工业销售产值的14.5%。全年规模以上工业企业实现利润24.16亿元，下降18.3%。东方雨虹、人福医药、开元芳草地等一批项目签约落地。全年实到内资70亿元，增长15%；实际利用外资1.43亿美元，增长10%。建筑业实现产值29.33亿元，增长12.7%。

社会消费品零售总额104.48亿元，增长11.9%。大新安江AAAAA级景区创建工作全面启动。全年游客总人数751.10万人次，增长13.9%，旅游收入59.60亿元，增长28.1%。国内游客750.60万人次，旅游收入59.48亿元，分别增长13.9%、28.6%。境外游客0.48万人次，旅游外汇收入259.12万美元，分别下降26.2%、36.9%。货物进出口总额10.10亿美元，增长7.2%，其中出口9.47亿美元，增长9.4%。“支付宝+县域服务”全国首家试点落户建德，浙西跨境电子商务产业园挂牌成立。

财政总收入36.47亿元，增长6.0%，其中，地方财政收入21.19亿元，增长7.1%。年末，全市金融系统各项存款余额311.07亿元，增长8.9%。全市金融系统各项贷款余额242.98亿元，增长1.4%。全年保险公司保险保费收入2.95亿元，增长13.5%，支付各类赔款及给付1.53亿元。

固定资产投资175.87亿元，增长22.7%。其中：第一产业投资4.18亿元，增长8.1%；第二产业投资70.77亿元，增长18.3%；第三产业投资100.93亿元，增长26.8%。全市工业投资增长18.3%。在固定资产投资中，民间投资占比为56.3%，基础设施投资占比为37.6%。房地产开发投资24.12亿元，下降13.1%。城乡交通项目投入11.6亿元，23省道改建工程开工建设，新客运中心投入使用。全年货物运输总量639万吨，下降10.3%。货物周转量13.18亿吨千米，增长21.0%。公路旅客运输总量1228万人次，公路旅客周转量6.52亿人千米，下降0.1%。全市民用汽车拥有量4.43万辆，增长6.4%，其中私人汽车保有量3.73万辆，增长7.2%。邮政营业总收入达6323万元，增长2.2%。年末移动电话用户数63.37万户，增长7.7%。移动互联网用户数25.39万户，下降5.9%。固定电话用户数8.32万户，下降7.2%。

府前路东侧麻园地块房屋征收工作启动，新安江铁路货场东侧地块80户房屋征收全部签约。市区建成区面积达10.60平方千米，市区道路长度111.04千米。建成区绿化覆盖率36.79%，全市森林覆盖率达76%。市区园林绿地面积377.5公顷，市区公共绿地面积157公顷，人均公共绿地面积11.43平方米。全年空气优良天数达316天，空气优良率86.5%。城区供水总量1382.1万立方米，其中生活用水846.33万立方米。城市污水集中处理率88.09%。乾潭小城市培育完成投入1.7亿元。

全年实施各类科技计划325项，其中国家级8项。年末，全市经认定的高新技术企业101个，其中国家级25个。杭州市级以上高新技术企业研发中心55个，其中省级以上22个。全年专利申请量1246件，专利授权量956件。新增“新三板”挂牌企业2个（“三耐环保科技”和“隆源环境科技”）。全市高新技术产业和战略性新兴产业增加值分别增长8%和16.5%。

全市有幼儿园39所，小学29所，中学27所。全市专任教师4041人（其中：幼儿园专任教师734人、小学专任教师1277人、初中专任教师1191人、高中专任教师681人、高职专任教师135人、教师进修学校专任教师9人、电大专任教师8人、特殊教育学校专任教师6人）。在园幼儿1.22万人，在校小学生2.1万人，在校中学生2.16万人（其中初中1.07万人、高中8744人、高职2171人）。下梓村入选全国文明村，实现建德市全国文明村零的突破。新叶村保护工程入选全国首批传统村落综合保护利

11月10日，建德市新客运中心启用　　（建德市史志办 供稿）

用工程，首届中国传统村落国际高层研讨会成功举办。杨村桥司法所创建成为“全国模范司法所”。全市总藏书54.3万册（件），书刊外借28万册次。县级以上文物保护单位91处（群），其中国家级3处（群）。年末全市有医疗卫生机构141个，其中医院9个、基层医疗卫生机构42个。卫生技术人员3102人，其中执业医师和执业助理医师1071人、注册护士1270人。医疗卫生机构床位2309张，其中医院1728张。全年举办各类群众性体育比赛151场，参赛运动员2.6万人次。全市健身苑点620个，体育设施达到省级标准的行政村199个。全市体育场馆2个。全年获得杭州市级以上各类奖牌总数315枚，其中金牌177枚。

全社会从业人员26.93万人，其中城镇从业人员8.48万人。全年新增就业岗位6832个。年末城镇登记失业人数5825人，城镇登记失业率2.62%。年末全市参加养老保险人数34.47万人，参加基本医疗保险人数46.25万人。全市敬老院23家，供养老人2061人。年末福利院1家，收养婴幼儿童35人、老人86人。集中供养“五保”对象466人。全市社区服务中心256个。

城镇居民人均可支配收入38102元，增长8.5%。城镇居民人均生活消费性支出30381元，增长10.4%。农村居民人均可支配收入20051元，增长9.6%。农村居民人均生活消费性支出12635元，增长15.4%。全年居民消费价格上涨1.2%。

【“支付宝+县域服务”全国首家试点落户建德】 7月2日，建德市与蚂蚁金融服务集团签订“支付宝”战略合作协议，“支付宝+县域服务”全国首家试点正式落户建德，标志着建德市与阿里巴巴集团、蚂蚁金融服务集团的合作进入了新阶段。近年来，建德市顺应互联网时代“大众创业、万众创新”的热潮，加快发展电商产业，通过与阿里巴巴集团的深入合作，借助“农村淘宝”“建德产业带”等电子商务服务平台，将建德优质产品不断推向更广阔的市场。“支付宝+县域服务”建德试点首批上线的服务项目包括公积金查询、教育缴费、生活缴费、车辆违法查询、出入境办证、小客车摇号、挂号就诊等9项，并将陆续上线更多小微金融、智慧菜场、特色餐饮、景点订票、电影院在线订票等民生服务和商业场景项目。市民只需通过手机中的“支付宝”应用，就可享受高效、便捷的公共服务。

【建德打造省级航空小镇】 建德千岛湖通用机场，距离建德市区15千米，可满足全重5250千克以下A类飞机起降，建有可停放10架以上航空器停机坪和15架航空器机库，是浙江省首家取得A类民用机场许可证的通用机场。上海东方通用航空等7家单位在此建立主运行基地。2014年，机场全年飞行日265天，飞行7300多架次。

2014年5月，编制完成建德市通用航空产业基地概念性规划大纲。2015年，建德市政府提出打造集飞机组装制造、维修、培训、航空旅游及航空体育赛事为一体的特色航空小镇。航空小镇坐落于省级建德经济开发区，规划面积3.1平方千米。3月，北亚通航投资管理股份有限公司率先与千岛湖通用机场签订战略合作协议。航空小镇计划开辟出自贸区，专门用于飞机零部件的经营和销售。此外，航空小镇规划建设航空博物馆，北亚通航投资管理股份有限公司筹建融汇国际通用航空产品保税展览、飞机娱乐体验、地面运营服务、进出口国际贸易、金融服务、商业投资、科技教育、航空主题活动、航空文化艺术、环境改造升级、低碳生活等多要素于一体的通用航空综合示范区。建德市推动建德市工业技校与航空背景的高校合作，培养和孵化通航产业专业技术人才，发展旅游休闲产业，利用航空小镇带动产业转型升级。

7月，建德经济开发区与浙江虹湾通用航空工程技术有限公司签订战略合作协议，双方将依托建德千岛湖通用机场和航空产业园，跨界整合资源，构筑集通航飞机托管、改装中心产业化、通用航空器前沿技术支撑于一体的通用航空示范基地。8月，举行科研类全国航空航天模型（建德）公开赛。

【中国首届传统村落保护利用国际高层研讨会】 10月16～17日，中国首届传统村落保护利用国际高层研讨会在建德举行，来自国家文物局、联合国教科文组织亚太地区世界遗产培训与研究中心、清华大学、日本早稻田大学的40多名国内外专家学者，围绕传统村落的保护利用这一主题进行深入探讨，并为新叶村等古村落的保护利用提出思路和方法。

建德在以新叶村为代表的传统村落的保护利用工作上，始终坚持“保护为主、抢救第一、合理利用、加强管理”的方针，牢固树立“尊重自然、顺应自然、天人合一”的理念，积极抢救挖掘历史文化遗产，利用各自独特的资源，形成保护、整治、开发的良性循环。

研讨会初步形成《中国传统村

落保护利用建德共识》，提出把古村镇保护纳入“美丽乡村”建设的整体布局中，正确处理保护、更新、利用的关系，做到完整性和独特性的和谐统一，实现传统村落的永久保护、永续利用。

【建德列入“坡地村镇”建设用地首批省级试点】 2015年，浙江省国土资源厅启动省级“坡地村镇”建设用地试点工作，建德市成功列入首批试点县市。“坡地村镇”建设用地，是指将具备开发条件的低丘缓坡地块开发成为城乡建设用地，减少各类项目建设对现有耕地资源的占用，进一步拓展用地空间。建德市“八山一水一分田”的地形地貌，决定了耕地资源较为匮乏。此次“坡地村镇”建设用地试点，将充分依托建德市地域自然条件，推进低丘缓坡综合开发利用，使全市耕地得到更好保护，有效缓解建设用地供需矛盾。

【“浙西国际心脏中心”落户建德】 2013年5月，建德市第一人民医院成为浙医二院建德分院，是浙江省首家启动优质医疗资源下沉项目的医院。此后，建德市中西医结合医院（建德市第三人民医院）、建德市第二人民医院先后与杭州市中医院、杭州市第一人民医院集团建立紧密合作关系。建立合作之后，先进的仪器设备、名号响亮的专家、多项新技术与新项目走进建德。

2015年7月9日，全省“双下沉、两提升”工作现场推进会上，建德市与浙医二院就“双下沉”长效合作项目签约，在建德共同投资新建“浙西国际心脏中心”，成为全省首批探索长效机制合作项目之一。该项目计划选址于洋溪新城区块，定位为一家三级甲等专科医院，由浙医二院独立运营管理，拟开放床位300张，下设冠心病、心律失常、结构性心脏病、高血压、心力衰竭、心血管外科和心血管康复等亚专科及“浙西心硅谷”研发中心，开展国际最新的心血管介入治疗技术，实行人才培训一体化、业务管理一体化和财务管理一本账的管理模式。

【建德市客运中心投入运营】 10月27日，建德市老长途车站全部关闭，新客运中心投入试运营，11月10日开始正式投入使用。新车站位于洋溪街道新安江高速收费站出口西侧，总占地面积5.34公顷，总建筑面积1.59万平方米，总投资1.78亿元，主要包括客站主体建筑、公交停车场、出租车停靠站、餐厅、商业区等基础设施，预计日旅客发送量6000多人次。该中心的投入使用，改善了建德市客运站场落后的现况，有助于维护道路运输市场秩序，更好地发展公共交通，有效缓解中心城区的交通压力。同时，所有长途客运车辆及新安江—大同农村客运线路迁至新客运中心，班次按新发班时刻表执行，并调整1路、4路公交线路。

【三都省级现代农业综合区通过考核验收】 三都镇是建德市的传统农业大镇，水果（柑橘）、水产、西红花等具有较好的产业发展基础。自2011年被列入第四批省级现代农业综合区创建名单后，三都综合区遵循生态循环原则，建成综合区面积1911公顷，“三区四园”布局基本形成，稳粮增收目标全面实现，基础设施条件明显改善，科技应用水平显著提高，产业发展水平快速提升，生态循环技术广泛应用，社会服务体系建立健全。2015年11月，省考核验收组对三都省级现代农业综合区创建进行考核验收，实地察看了绿帆达食品有限公司、春江源柑橘产业示范区、春江源水产精品园、新和西红花精品园、德泽农业山地蔬菜产业示范基地、东方香榧精品园等。三都省级现代农业综合区在创建过程中，因地制宜、特色鲜明，规模引领、生态优先，三产融合、促农增收，建设任务基本完成，科技服务基本到位，政策措施扎实有力，通过考核验收。

【杨村桥司法所创建成为“全国模范司法所”】 近年来，杨村桥镇党委、政府高度重视基层司法行政工作，设立一幢3层楼的独立司法办公场所，司法所办公面积达到470平方米。健全具有杨村桥特色的司法文化体系，达到浙江省五星级规范化司法所的要求，并将镇文化中心一楼和二楼作为社区矫正教育学习基地和法治文化宣传阵地。杨村桥司法所联合法庭、派出所、律师开展巡回审判、巡回调解，构建杨村桥联合调解新机制，推出“巡回调解、以案说法”模式，为异地莓农化解矛盾纠纷30多起，为镇辖区居民调解矛盾纠纷1408起，调解成功率99.5%。先后获得2004~2014杭州市社区矫正先进集体、浙江省五星级规范化司法所荣誉称号。2015年11月，杨村桥司法所被司法部评为全国模范司法所。 （杨忠平）

·临安市·

【临安市概况】 临安市辖5个街道、13个镇，有16个社区、287个行政村、14个居民区。户籍人口52.94万人，比上年末减少270人。人口自然增长率0.1‰。全年生产总值466.28亿元，按可比价格计算，增长8.9%。其中：第一产业增加值39.72亿元，第二产业增加值243.48亿元，第三产业增加值183.08亿元，分别增长1.9%、7.1%和13.5%。按户籍人口计算，人均生产总值88070元（按年平均汇率折算为14140美元）。三次产业占比为8.5∶52.2∶39.3。电子商务、云计算大数据、物联网、互联网金融、智慧物流、数字内容（智慧文创）、软件与信息服务、电子信息产品制造、移动互联网、集成电路、信息安全和机器人等信息经济产业实现增加值60.94亿元，增长12.5%，占全市生产总值的13.1%。

农林牧渔业总产值57.77亿元，增长6.2%。其中：农业种植业产值21.17亿元，增长11.2%；林业产值24.35亿元，增长2.8%；牧业产值10.57亿元，增长4.0%；渔业产值0.77亿元，增长10.3%；农业服务业产值0.91亿元，增长11.0%。八大主导产业实现总产值44.05亿元，占农业总产值的76.2%。其中，竹笋产值10.98亿元，增长3.1%；山核桃产值7.04亿元，增长8.8%；蔬菜产值5.30亿元，增长14.5%；花卉园艺产值3.65亿元，增长4.3%；水果产值3.10亿元，增长12.8%；茶叶产值3.41亿元，增长7.6%；蚕桑产值0.91亿元，下降18.0%。粮食作物总产量6.50万吨，下降21.9%。新认定粮食生产功能区533.33公顷，建成主导产业示范区2个、特色农业精品园3个，苕溪流域省级现代农业综合区通过验

收。建成“菜篮子”基地19个，新建和提升“菜篮子”基地面积601.07公顷；完成杭州市中低产田改造项目10个、面积368公顷，新增补贴农机具2924台（套），建成设施农业178.6公顷。

规模以上工业企业596个，总产值697.17亿元，增长0.9%；销售产值688.5亿元，增长0.8%；利税总额60.27亿元，增长0.1%，其中利润总额35.81亿元，下降0.4%。规模以上工业企业新产品产值256.54亿元，增长11.6%，新产品产值率36.8%。规模以上高新技术企业销售产值393.33亿元，增长1.4%，占规模以上工业企业销售产值的57.1%。规模以上工业企业产品产销率98.8%。

固定资产投资231.21亿元，增长17.1%。从产业投向看，第一产业投资6.71亿元，增长130.5%；第二产业投资58.34亿元，增长12.0%；第三产业投资166.15亿元，增长16.6%。锦桥区块改造、浙江医学高等专科学校临安校区、杭州电子科技大学信息工程学院迁建工程等项目建设推进。房地产开发投资72.30亿元，增长16.8%。房屋施工面积479.54万平方米，增长1.7%，其中年度新开工面积87.62万平方米，增长4.6%；竣工面积137.68万平方米，增长53.0%。全年商品房销售面积56.69万平方米，增长26.5%，商品房销售额42.35亿元，增长39.1%。建筑业增加值19.79亿元，增长11.5%。全市有总承包和专业承包资格的建筑企业55个，产值82.73亿元，增长11.6%。

社会消费品零售总额158.19亿元，增长12.1%。其中：城镇消费品零售额91.34亿元，增长12%；乡村消费品零售额66.85亿元，增长12.3%。分行业看，批发零售业实现零售额137.69亿元，增长12.1%；住宿餐饮业实现零售额20.50亿元，增长12.0%。

进出口总额20.92亿美元，增长8.1%，其中出口17.53亿美元，增长11.5%。医药化工产品出口1.93亿美元，增长1.1%；节能灯出口4亿美元，下降3.0%；电线电缆出口3.10亿美元，下降4.2%；竹木制品出口0.6亿美元，下降8.8%；无纺清洁产品出口0.95亿美元，下降17.6%；其他产品实现2.17亿美元，增长1506.1%。全年实际利用外资1.86亿美元，增长8.1%。实际到位内资70.18亿元，增长4.9%。

财政总收入60.28亿元，增长10.5%。地方一般公共预算收入32.56亿元，增长8.0%。一般公共预算支出50.16亿元，增长9.9%，用于民生支出38.83亿元，增长12.2%，高出一般公共预算支出增幅2.3个百分点，占财政支出的77.4%。节能环保、城乡社区、科学技术支出分别增长26.4%、22.4%和16.4%。金融机构本外币存款余额483.12亿元，增长10.4%。本币存款余额476.44亿元，增长9.9%，其中，居民储蓄235.24亿元，增长7.5%；本外币贷款余额376.80亿元，增长4.0%。

旅游接待总人数1135.29万人次，旅游综合收入120.13亿元。旅游景点接待游客449.59万人次，增长2.8%，实现门票收入1.65亿元，增长3.5%。全市“农家乐”共接待游客213.83万人次，增长30.8%，其中接待过夜游客112.9万人次，增长20.3%，经营总收入1.56亿元，增长39.2%，床位数28588张，直接从业人员2778人。

推进全国中小城市综合改革试点，被评为“中国最美城镇”。城市路网建设加快，吴越街、卦畈路完成综合改造，新建、改建环北路、环西路、大学路北延三期等道路，打通断头路2条，万马路南延工程建成通车，改造里弄小巷2条。完成万华广场西侧、玲珑山停车场建设。城市慢行系统启动建设；滨湖新区城市综合体和锦桥家园安置小区动工建设，钱锦花园、望湖花园安置小区交付使用，钱王国瑞大厦主体竣工。城东新城高速出口改造完成，青山湖综合保护工程推进，青山湖环湖绿道启动建设。苕溪北路景观提升工程基本建成，苕溪时代广场投入运营。“颐养小镇”启动规划建设。新增绿化3万平方米，创建成为“国家园林城市”。

全市用电量29.58亿千瓦小时，下降3.2%，其中城乡居民生活用电4.49亿千瓦小时，增长5.1%。市区自来水日供水能力10万立方米。全年供水量2663.5万立方米，其中居民家庭用水量1179.6万立方米。城区绿化养护和保洁面积90.6万平方米，其中绿化养护面积51.5万平方米，绿化保洁面积39.1万平方米。

推进“五水共治”、农村生活污水治理工程，12个集镇污水处理厂提升改造基本完工，完成浙江农林大学、临东路积水点整治，完成全市排水管网清淤工程92千米。四个出境断面水质始终保持三类以上。推进“三改一拆”“双百攻坚再行动”，全年完成旧住宅区、旧厂区和城中村改造110.6万平方米，拆除违法建筑157.8万平方米，所有村（社区）通过“无违建”初验及公示。推进“四边三化”“两路两侧”整治，“一廊十线”建成。整治高能耗高污染企业36个，淘汰和改造燃料小锅炉319台，“黄标车”淘汰任务全面完成。推进生活垃圾分类处置，垃圾减量资源化利用水平提高。全年环境空气质量优良天数291天，优良率为80%；区域环境噪声保持在54.5分贝以下。

公路客运量939万人次，公路旅客周转量4.05亿人千米。公路货运量495万吨，公路货物周转量6.67亿吨千米。年末，高速公路里程104.8千米。全市电信、移动、联通、数字电视公司完成业务收入7.3亿元，下降0.5%。邮政业务收入6427万元，下降1.9%。固定电话用户12.36万户，移动电话用户83.77万户，计算机宽带用户20.39万户。

新增国家重点支持高新技术企业6个，累计有国家重点支持高新技术企业81个；新增杭州市高新技术企业20个、浙江省科技型企业99个。杭州华旺新材料科技股份有限公司、杭州环申包装新材料股份有限公司等9个科技型企业在“新三板”上市。新增杭州市级高新技术企业研发中心7家、浙江省级高新技术企业研发中心4家。设立科技创新公共服务平台，新增省科技型中小企业89个。全市企业与科研院所开展技术合作近20项，发明专利授权量212件，增长58.2%，研究与开发经费占地区生产总值的2.14%。

浙江农林大学在校学生2.21万人，毕业生7200人，教职员工1673人。全市有幼儿园75所，在园幼儿1.75万人；小学40所，在校学生2.97万人；初中18所，在校学生1.31万人；普通高中5所，在校学生0.77万人；职业高中2所（教育系统），在校学生0.37万人；特殊教育学校1所，在校学生82人。

举办第六届钱王文化艺术节系列活动、临安市“好家风”家庭褒奖礼等大型文艺活动，到嵊州、仙居等地举行“文化走亲”文艺演出10场，组织送戏下乡等活动300多场，全年放映电影3336场，观影50万人次。保护、修缮农村历史建筑，实施修缮项目35个，完工27处。新增临安市级“非遗”项目代表性传承人23人、杭州市级非遗项目传承人11人，新增杭州市“非遗”代表性项目名录4项，太湖源头旅游风景区、浙西大峡谷被评为第一批杭州市非物质文化遗产旅游经典景区。临安市图书馆到馆55万人次，外借图书52.5万册次。全年送书下乡2万余册，建立村级公共电子阅览室7个，新增馆外流动书屋服务点12个。

全市拥有各类卫生医疗机构446个（其中市属医院7个），拥有床位2458张，卫生技术人员3586人，其中执业医师和执业助理医师1494人。加快公立医院综合改革步伐，探索混合制办医新模式。人口计划生育率95.9%，免费婚前医学检查率91.8%，免费孕前优生检测率98%以上。

新增就业岗位11202个，实现再就业4216人，城镇登记失业率2.63%。新增养老保险等“五险”参保人数11581人，城乡居民基本医疗保险参保人数34.31万人，最低工资标准1530元，增长13.3%；居民户口失业保险金1071元，增长13.3%。全年开工建设保障房162套，面积2.37万平方米。发放（包含补换）市民卡58万余张。

全年完成市社会福利中心和康复中心建设，总投资8170万元，有养老床位数430张。新建、改扩建居家养老服务照料中心91家，完成政府购买养老服务6269人，新增困难残疾人保障对象1253名。儿童福利指导中心成立，6名孤残儿童接受抢救性康复及康复训练，为131名社会孤儿及困境儿童发放基本生活救助金151.75万元。全市298个村（社区）均建立“帮扶救助服务站”。全年募集善款1237万元，支出1256万元，救助困难群众4350人次，资助慈善扶贫基地项目20个。

城镇常住居民人均可支配收入41230元，增长8.9%；人均消费支出30406元，增长1.5%。农村常住居民人均可支配收入23736元，增长10%；人均消费支出17928元，增长7.6%。年末，城乡常住居民人均住房建筑面积分别为49和79平方米。

【临安市获“国家园林城市”称号】 12月，临安市被命名为“国家园林城市”。2012年，临安市开展“国家园林城市”创建工作，成立以市长为组长的国家园林城市创建工作领导小组，由临安市规划建设局牵头负责创建工作。临安市围绕绿地建设、建设管控、市政设施、人居环境、住房保障五大块60多项考核指标要求，推进城市绿化工作。先后编修《临安市城市总体规划》《临安市城市绿地系统规划》《城市道路专项规划》《青山湖环湖绿道规划》等30多项规划。以青山湖科技城、城东新城、锦南新城三大新城建设为龙头，把改造自然景观与传承历史文脉紧密结合。实施“亲水”工程，围绕青山湖和苕溪、锦溪、马溪，开展“三溪两岸”综合绿化整治工作；实施“近山”工程，陆续对功臣山、玲珑山、大郎山、观音山、五虎山、狮子山、元宝山等实施园林式改造。三年间，累计新增城市绿地200多万平方米。市政基础设施建设加快，城市污水处理厂基本满负荷运行，采用植物脱氮除磷工艺，排放指标优于国家一级A标准。建成城市地下综合管线信息系统。垃圾焚烧发电厂投入使用，实现生活垃圾的无害化处理。9月19日，国家园林城市专家考查组到临安实地考察城市公园、绿地、社区、污水处理厂等现场，认为临安市国家园林城市创建工作符合国家园林城市标准要求。

【临安市被列入全国中小城市综合改革试点】 2015年，临安市成为全国中小城市综合改革试点之一。按照试点要求，试点地区深化改革产城融合发展、城市投融资、土地要素流动、公共服务供给、城市治理等重点领域，构建促进中小城市健康发展的体制机制。为统筹推进中小城市综合改革试点工作，临安市政府成立由市委书记张振丰任组长、市长王敏任第一副组长的试点工作领导小组。结合国家确定的重点改革任务和临安市工作实际，制定《临安市中小城市综合改革试点实施方案》，涉及新型城市化体制机制、“美丽临安”建设体制机制、创新科技城建设管理的体制机制、产城融合发展机制、土地要素流转机制、多元化投融资机制、公共服务和民生保障体制机制、社会治理体制机制八个方面30条改革工作，并进一步细化分解成96项改革任务落实到各部门。临安市委、市政府把改革试点工作纳入年度专项考核。年内，临安市创新开展青山湖科技城高效审批试点，提高投资项目审批效率。整合国有投融资平台，形成四级国有资产投资体系，设立政府性基金和产业基金19亿元。农村土地承包经营权确权登记试点工作有序推进，完成98%以上村的农村股份制改革，量化集体资产42亿元。教育体制和医药卫生体制改革继续深化，全面实施城乡公交一体化改造，初步建立居家养老服务体系。

【中国（杭州）跨境电商综合试验区临安园区开园】 8月11日，中国（杭州）跨境电子商务综合试验区临安园区开园。阿里巴巴集团、第三方服务商企业、临安市部分外贸企业及入园企业负责人等参加开园仪式。临安市商务局与入园企业现场签约。中国（杭州）跨境电子商务综合试验区临安园区规划面积11.8万平方米，总投资2.95亿元。其中，一期建筑面积6.8万平方米，核心区块新溪园区1.8万平方米，马溪园区1.5万平方米，仓储物流用房3.5万平方米；二期规划建设面积5万平方米。2015年8月，园区一期全面建成并投入使用。园区建有会议室、培训室、洽谈室20多间，其中大型会议室1间、中型会议室2间。免费停车场设有停车位200多个。建成物流仓库1个，面积1200平方米；设有食堂、创业咖啡吧。园区集聚企业60多个，行业覆盖电线电缆、绿色照明、五金工具、复合装饰材料、体育用品、食品、无纺布、纺织服装等行业。其中，经营类企业52个、第三方服务企业等配套企业8个。园区有出口企业50个、进口企业2个。全年入驻跨境园企业实现出口额1.84亿美元。

【临安市中医院合作共建项目签约】 12月22日，临安市政府、临安

市国瑞健康产业投资有限公司与人福医药集团股份公司（以下简称“人福医药”）合作共建临安市中医院签约仪式举行。按照合作协议，人福医药向临安市国瑞健康产业投资有限公司出资设立的临安市中医医疗集团管理有限公司（简称“中医医疗集团”）增资4.2亿元，持有其70%的股权，中医医疗集团成立后作为临安市中医院的举办人，人福医药投资不低于5亿元（包含前述4.2亿元增资款项）建设临安市中医院新院区（含健康养生中心）。临安市中医院新院区位于锦南新城，计划三年完成建设，逐步建设成为中医特色优势的三级综合性中医医院。

临安市中医院创建于1986年，是集医、教、研、康复保健为一体的二级甲等综合性中医医院。占地面积1公顷，医疗建筑面积8835平方米，设急诊科、重症监护室、手术科及内、外、妇、产科等临床科室。在编职工约300人，其中卫生技术人员占90%，中高级卫技人员占53%。

【临安试点农村土地承包经营权确权登记颁证】 8月7日，浙江省农村土地承包经营权确权登记颁证工作办公室印发《浙江省农村土地承包经营权确权登记颁证操作方案》，确定临安市为整县试点。临安市成立由市长王敏任组长的农村土地承包经营权确权登记颁证省级试点工作领导小组，制定《关于做好农村土地承包经营权确权登记颁证省级试点工作的实施意见》；市财政拨付专项预算1650万元，组建18个镇（街道）的测绘工作组。开展宣传培训，编印《农村土地承包经营权确权登记颁证资料汇编》1500册、《临安市农村土地承包经营权确权登记颁证工作手册》2500册，印发《致广大农民朋友的公开信》10万份。举办市级培训、现场观摩等学习培训活动5期；举办镇级业务和技术培训30多场次，培训人员3000多人次；在全市农村开展确权工作电影放映宣传25场次。21个村3300个村民小组完成承包方调查，254个村4077个村民小组完成承包地块信息输入。197个行政村2701个村民小组开展实地指界工作，133个行政村基本完成实地指界及测量，2527个村民小组完成实地指界及测量工作。

中国（杭州）跨境电子商务综合试验区临安园区　（临安市史志办 供稿）

【临安市划定永久基本农田】 10月，临安市在全省率先开展永久基本农田划定工作。把城市（镇）周边、交通沿线已建成的标准农田、粮食生产功能区和现代农业园区内的耕地、高标准基本农田、旱涝保收农田和保障城市（镇）蔬菜供应的蔬菜种植基地等优先划入永久基本农田；把坡度25度以上的耕地、已被建设占用或已批准农转用尚未占用的耕地、已颁发林权证或与生态公益林重叠的耕地及耕作层遭到严重破坏或土壤受到严重污染的耕地等划出永久基本农田；在地形平坦、坡度6度以下，农田水利、田间道路设施完善，集中连片大于13.33公顷，耕地质量等级与地力等级在二等以上且土壤清洁的地块建设永久基本农田示范区。在保护措施上，以镇（街道）、村等集体经济组织为主要保护责任主体，签订永久基本农田保护协议，建立相关巡查制度，对永久基本农田实行永久保护，严禁建设占用。编制永久基本农田分布图，在每个片块设立统一、规范的永久基本农田示范区保护标识牌，向社会公示。建立永久基本农田示范区数据库，把永久基本农田示范区保护图、表、册内容纳入数据库进行管理和维护。临安市国土资源局会同临安市农业局等部门，制定永久基本农田补偿机制，对永久基本农田保护示范区涉及的行政村和镇（街道），给予行政村每年每公顷750元、镇（街道）每年每公顷450元的补偿资金，主要用于对路沟渠等农田水利设施的建设及日常管护；各行政村永久基本农田保护巡查落实到位的，每年给予巡查员800元补助资金。至年末，全市初步划定永久基本农田面积26583.33公顷，永久基本农田示范区面积9350.67公顷，树立永久基本农田示范区保护标识牌37块。

【青山湖环湖绿道样板段工程动工】 10月，青山湖环湖绿道样板段工程动工。青山湖环湖绿道样板段工程是青山湖环湖绿道一期工程中的一项重要内容，全长1.9千米，宽4米，工程建设主要内容有：西入口主景观标识、栈道、沿山骑行道及观星台、观景亭等节点，涉及市政、园林、桥梁、水电、通信等基础设施。环湖绿道项目设计单位浙江农林大学园林设计院有限公司，样板段工程监理单位浙江明康工程咨询有限公司，施工单位临安市路桥工程有限公司。

青山湖环湖绿道全长42.2千米，项目总投资10.83亿元，计划分三期实施。其中一期工程起于望湖公园，经临安市污水处理公司，至大草坪游憩公园，计划2016年完成；二期、三期工程计划于2018年完成。绿道沿线设单车文化主题公园、大草坪游憩公园、锦里水上游乐园、太阳岛度假公园（北岛凝香）、水上森林郊野公园等节点公园，共有重点节点5个、一般节点7个。

（许锦光）

统计资料

Statistics

•统计表•

杭州市土地面积、年末户数和人口数、人口变动情况
（2015 年）

表 85

指标名称	计量单位	全　市	为上年（%）	市　区	为上年（%）
一、土地面积	平方千米	16 596	100.0	4 876	100.0
二、年末总户数（户籍）	万户	225.79	101.6	160.47	102.1
三、年末总人口数（户籍）	万人	723.55	101.1	532.86	101.5
按性别分					
男性	万人	360.68	101.0	264.71	101.4
女性	万人	362.87	101.2	268.15	101.6
按城镇、乡村分					
城镇人口	万人	495.38	—	421.60	—
乡村人口	万人	228.18	—	111.27	—
四、人口密度（按户籍）	人 / 平方千米	436	101.2	1093	101.5
五、人口自然变动情况					
自然增长人口	人	30 291	61.4	28 783	68.0
本年出生人数	人	70 617	78.7	55 275	79.4
本年死亡人数	人	40 326	99.8	26 492	97.2
自然增长率					
本年	‰	4.21	—	5.44	—
上年	‰	6.94	—	8.13	—
六、人口机械变动情况					
（一）本年迁入人口合计	人	89 192	101.9	80 631	103.8
省内	人	32 939	93.7	30 040	94.8
省外	人	56 253	107.3	50 591	110.0
（二）本年迁出人口合计	人	38 396	87.7	29 825	84.6
省内	人	17 276	80.4	11 062	72.4
省外	人	21 120	94.7	18 763	93.8
（三）本年净迁入人口	人	50 796	86.2	50 806	119.8
七、年末常住人口	万人	901.8	101.4	721.3	101.3

注：统计表中的上年指2014年，下同

杭州市国民经济主要指标（一）

表 86

指标名称	计量单位	2010 年	2011 年	2012 年	2013 年	2014 年	2015 年
年末总人口（户籍）	万人	689.12	695.71	700.52	706.18	715.76	723.55
城镇人口（户籍）	万人	365.24	376.03	384.09	393.88	404.27	495.38
人口自然增长率	‰	3.41	4.64	3.95	4.73	6.94	4.21
市区	‰	5.01	5.74	5.56	5.97	8.13	5.44
年末从业人数	万人	626.33	637.77	644.43	650.51	654.92	663.03
地区生产总值（当年价格）	亿元	5 949.17	7 019.06	7 802.01	8 343.52	9 206.16	10 050.21
第一产业	亿元	208.41	236.77	255.11	265.42	274.35	287.95
第二产业	亿元	2 844.07	3 323.79	3 572.63	3 661.98	3 845.58	3 909.01
第三产业	亿元	2 896.69	3 458.50	3 974.27	4 416.12	5 086.24	5 853.25
地区生产总值指数（以 1978 年为 100）	—	6 361.77	7 004.31	7 634.70	8 245.48	8 921.61	9 831.61
人均生产总值（按户籍）	元	86 691	101 370	111 758	118 589	129 448	139 653
人均生产总值指数（以 1978 年为 100）	—	4 657.93	5 081.80	5 493.43	5 883.46	6 295.30	6 852.82
规模以上工业企业利税总额	亿元	1 224.48	1 330.48	1 339.94	1 450.55	1 538.07	1 559.68
全社会交通运输客运量	万人次	33 772	34 778	35 819	36 409	24 070	23 942
全社会交通运输货运量	万吨	25 914	28 831	30 089	30 734	29 335	29 384
固定资产投资	亿元	2 651.88	3 100.02	3 722.75	4 263.87	4 952.70	5 556.32
社会消费品零售总额	亿元	2 146.08	2 548.36	2 944.63	3 531.17	4 201.46	4 697.23
接待境外旅游者人数	万人次	275.71	306.31	331.12	316.01	326.13	341.56
实际利用外资（外商直接投资）	万美元	435 627	472 230	496 061	527 633	633 460	711 253

注：2015年之前城镇人口口径为非农业人口

杭州市国民经济主要指标（二）

表87

指标名称	计量单位	2010年	2011年	2012年	2013年	2014年	2015年
财政总收入	亿元	1 245.43	1 488.92	1 627.89	1 734.98	1 920.11	2 238.75
地方一般公共预算收入	亿元	616.58	747.50	786.28	855.74	1 027.32	1 233.88
金融机构年末存款余额	亿元	17 084.35	18 396.57	20 148.77	22 174.71	24 450.51	29 863.83
金融机构年末贷款余额	亿元	15 078.73	16 573.74	18 090.90	19 350.46	21 316.83	23 327.95
住户存款	亿元	4 990.97	5 547.48	6 089.98	6 408.59	6 767.20	7 617.75
全市非私营单位就业人员工资总额	亿元	933.06	1 122.28	1 483.90	1 758.23	1 982.27	2 152.40
全市非私营单位就业人员平均工资	元	48 772	54 408	56 417	63 664	69 209	76 073
市区居民消费价格指数（以1978年为100）	—	701.33	734.99	753.36	772.19	787.63	801.82
市区商品零售价格指数（以1978年为100）	—	526.76	549.94	560.39	568.80	573.35	574.50
全市城镇常住居民年人均可支配收入	元	30 035	34 065	37 511	39 310	44 632	48 316
全市农村常住居民年人均可支配收入	元	13 186	15 245	17 017	18 923	23 555	25 719
高等学校在校学生数	人	434 811	446 721	459 181	471 820	474 652	475 558
中等专业学校在校学生数	人	3 999	4 100	3 909	3 656	3 974	3 968
普通中学在校学生数	人	352 997	340 634	331 353	327 346	324 414	321 306
小学在校学生数	人	453 897	465 289	472 613	483 489	502 688	524 513
年末卫生机构数	个	2 819	2 958	3 017	4 139	4 198	4 428
医院	个	151	167	198	208	218	244
年末卫生技术人员	人	61 117	65 869	71 618	78 340	85 614	93 036
执业（助理）医师	人	24 345	25 773	27 369	29 686	31 977	34 832
年末床位数	张	42 828	45 291	49 471	52 056	55 779	63 632
医院床位	张	33 611	39 363	44 019	46 636	50 805	58 400

注：2015年前住户存款口径为城乡居民储蓄余额

杭州市历年生产总值及发展指数

表 88

年份	地区生产总值（万元，按当年价格计算）				地区生产总值发展指数（%）			
	合计	第一产业	第二产业	第三产业	合计	第一产业	第二产业	第三产业
1978	284 046	63 372	169 344	51 330	100	100	100	100
1992	2 900 690	349 033	1 487 838	1 063 819	540.48	161.61	637.53	814.80
1995	7 620 055	692 510	4 100 008	2 827 537	1 064.82	198.15	1 434.56	1 445.06
1996	9 066 133	839 985	4 776 225	3 449 923	1 203.25	208.85	1 644.01	1 621.36
1997	10 363 299	913 611	5 415 017	4 034 671	1 360.88	223.05	1 852.80	1 861.32
1998	11 348 899	960 558	5 879 589	4 508 752	1 513.30	244.02	2 071.43	2 060.48
1999	12 252 795	975 821	6 307 510	4 969 464	1 667.66	257.44	2 280.64	2 287.13
2000	13 825 616	1 039 641	7 093 233	5 692 742	1 867.78	272.11	2 565.72	2 563.87
2001	15 680 138	1 114 569	7 935 809	6 629 760	2 095.65	292.25	2 891.60	2 884.40
2002	17 818 302	1 146 388	9 018 225	7 653 689	2 372.28	304.23	3 276.18	3 308.41
2003	20 997 744	1 265 890	10 757 812	8 974 042	2 732.87	322.48	3 885.55	3 725.27
2004	25 431 796	1 322 341	13 182 254	10 927 201	3 142.80	338.93	4 534.44	4 257.98
2005	29 438 430	1 482 145	14 943 581	13 012 704	3 551.36	350.45	5 037.76	4 956.29
2006	34 434 972	1 548 594	17 283 905	15 602 473	4 059.54	364.71	5 672.80	5 820.31
2007	41 040 117	1 634 719	20 458 811	18 946 588	4 651.74	372.78	6 483.45	6 761.14
2008	47 889 748	1 798 300	23 725 807	22 365 641	5 165.17	386.73	7 062.80	7 705.13
2009	50 875 529	1 905 093	23 871 200	25 099 237	5 680.15	398.74	7 521.81	8 799.61
2010	59 491 687	2 084 144	28 440 693	28 966 850	6 361.77	408.71	8 462.04	9 881.96
2011	70 190 579	2 367 708	33 237 887	34 584 984	7 004.31	418.93	9 291.32	10 968.98
2012	78 020 058	2 551 127	35 726 276	39 742 655	7 634.70	429.40	9 978.88	12 164.60
2013	83 435 193	2 654 154	36 619 817	44 161 222	8 245.48	435.84	10 717.32	13 259.41
2014	92 061 634	2 743 492	38 455 759	50 862 382	8 921.61	443.25	11 220.43	14 777.07
2015	100 502 079	2 879 492	39 090 099	58 532 488	9 831.61	450.79	11 837.55	16 934.52

注：地区生产总值发展指数以1978年为100，按可比价格计算；地区生产总值按当年价格计算

杭州市和各区县（市）土地、人口情况及主要经济指标（2015 年）

表 89

指标名称	计量单位	全市合计	市区				桐庐县	淳安县	建德市	临安市
				萧山区	余杭区	富阳区				
土地面积	平方千米	16 596	4 876	1 163	1 222	1 808	1 780	4 452	2 364	3 124
年末总户数（户籍）	万户	225.79	160.47	37.50	26.25	21.50	14.79	14.69	17.13	18.71
年末总人口（户籍）	万人	723.55	532.86	126.33	95.09	66.78	40.94	45.94	50.87	52.94
人口自然增长率	‰	4.21	5.44	3.35	6.04	3.08	2.26	1.38	–0.22	0.12
粮食总产量	万吨	63.38	36.60	13.10	10.99	11.85	5.45	7.47	8.60	5.25
地区生产总值	亿元	10 050.21	8 722.00	1 812.79	1 239.71	645.15	334.48	207.42	318.75	467.57
固定资产投资	亿元	5 556.32	4 750.75	963.12	920.00	403.79	247.27	151.22	175.87	231.21
社会消费品零售总额	亿元	4 697.23	4 230.07	573.92	391.21	198.04	132.34	72.15	104.48	158.19
财政总收入	亿元	2 238.75	2 073.88	290.08	305.31	91.57	43.03	25.09	36.47	60.28
公共财政预算支出	亿元	1 205.48	1 023.51	160.98	167.80	68.96	40.31	50.40	41.09	50.16
非私营单位就业人员工资总额	亿元	2 152.40	2 017.93	285.27	197.79	71.84	27.84	24.79	28.06	53.77
非私营单位就业人员平均工资	元	76 073	77 061	62 567	80 527	60 515	65 202	66 708	63 824	61 853

杭州市规模以上工业企业单位数、总产值
(2015年)

表90

类别	全市		市区	
	企业数(个)	工业总产值(亿元)	企业数(个)	工业总产值(亿元)
规模以上工业企业合计	6 073	12 415.68	4 584	10 564.17
一、按轻重工业分				
轻工业企业	2 933	4 820.80	2 190	4 077.56
重工业企业	3 140	7 594.88	2 394	6 486.61
二、按经济类型分				
国有企业	17	230.94	12	184.11
集体企业	5	1.41	3	0.86
股份合作企业	8	5.24	8	5.24
联营企业	1	0.43	1	0.43
私营企业	3 811	3 716.07	2 735	2 744.88
外商及中国港澳台投资企业	1 054	3 418.62	928	3 223.51
其他企业	5	68.14	4	67.93
三、按企业规模分				
大型企业	123	3 238.98	113	3 000.00
中型企业	659	3 612.71	570	3 118.74
小微企业	5 291	5 563.99	3 901	4 445.44

注:规模以上工业企业口径为企业年主营业务收入2000万元及以上

杭州市规模以上工业企业主要经济指标
(2015年)

表91

项目	总计	国有企业	集体企业	股份合作制企业	联营企业	私营企业	外商及中国港澳台投资企业	其他企业
企业数(个)	6 073	17	5	8	1	3 811	1 054	5
亏损企业数(个)	976	1	0	1	0	542	247	0
工业总产值(万元)	124 156 803	2 309 361.3	14 146.3	52 391.1	4 338.4	37 160 733.8	34 186 208.5	681 427.9
主营业务收入(万元)	122 373 886	2 295 951.3	13 829.3	50 244.6	4 338.4	36 125 477.2	33 601 124.7	606 772.2
主营业务税金及附加(万元)	2 547 936.4	9 506	45.1	330.6	14.2	194 984.2	240 713.6	5 062
销售费用(万元)	5 339 761.6	3 870.8	307.6	852.7	35.8	930 709.6	2 451 596.1	226 435.1
管理费用(万元)	7 037 074.4	89 697	700.9	4 929.1	160	1 786 603.4	2 428 607.6	35 668.1
财务费用(万元)	1 412 003.4	9 675.5	79.2	2 124.2	0.1	622 029.6	244 723.4	7 837.1
利润总额(万元)	8 911 223.7	43 123.9	365	2 084	16.2	1 862 186.3	3 504 966.3	59 014.8
利税总额(万元)	15 596 768	136 575.7	683.1	4 436.6	104.1	3 078 951.2	5 000 701.2	103 963.9
流动资产合计(万元)	83 067 772.2	162 036.2	13 835.1	75 473.2	1 730.3	22 551 568	23 847 650.2	426 668.3
固定资产合计(万元)	33 174 295	1 007 640.8	1 446.1	7 045.1	82.6	7 515 381.7	8 860 688.9	80 404
累计折旧(万元)	22 347 292	831 254.3	4 360	7 999.4	161.9	5 141 640.5	6 150 621.9	28 864.7

杭州市主要工业产品生产量
（2015 年）

表 92

产品名称	计量单位	实 绩	为上年（%）	产品名称	计量单位	实 绩	为上年（%）
发电量	亿千瓦小时	189.21	92.5	中成药	吨	15 999.83	117.2
罐头	万吨	6.59	89.1	橡胶轮胎外胎	万条	4 791.93	92.5
乳制品	吨	142 549.88	83.4	水泥	万吨	1 819.54	93.1
啤酒	千升	972 319.46	100.1	粗钢	万吨	273.83	73.0
软饮料	万吨	659.19	91.7	生铁	万吨	226.33	76.9
精制茶	吨	32 977.77	85.4	铁合金	万吨	6.52	96.0
卷烟	亿支	602.33	105.3	钢材	万吨	780.21	89.0
方便面	吨	263 806.28	92.6	精炼铜（电解铜）	吨	237 873.87	137.9
化学纤维	吨	6 696 354.07	118.2	工业锅炉	蒸发量吨	7 737.58	107.5
合成纤维	吨	6 550 463.50	118.5	金属切削机床	台	43 242.00	85.3
纱	万吨	71.62	99.6	金属成形机床（锻压设备）	台	9 058.00	76.7
布	万米	424 416.73	98.5	泵	万台	80.55	106.8
印染布	万米	600 366.74	105.1	滚动轴承	万套	13 105.50	92.8
蚕丝及交织机织物（含蚕丝≥ 50%）	万米	2 357.31	88.7	汽车	辆	91 081.00	102.7
服装	万件	37 779.34	98.1	叉车	台	60 885.00	83.9
皮革鞋靴	万双	1 477.66	128.4	两轮自行车	万辆	262.56	70.4
家具	万件	3 572.71	96.7	交流电动机	万千瓦	112.23	109.9
塑料制品	吨	1 463 023.72	85.7	钢绞线	吨	52 503.23	118.1
机制纸及纸板	万吨	597.12	100.9	通信及电子网络用电缆	万对千米	493.00	104.1
盐酸（含量 31% 以上）	吨	110 286.00	107.9	光缆（光纤通信电缆）	万芯千米	3 434.83	118.6
氢氧化钠（烧碱）（折 100%）	吨	186 766.00	95.1	家用电冰箱	万台	107.59	91.6
碳酸钠（纯碱）	吨	293 451.00	108.8	家用洗衣机	万台	311.76	89.6
初级形态的塑料（塑料树脂及共聚物）	吨	291 315.90	87.3	吸排油烟机	万台	272.40	117.6
合成氨	吨	204 403.00	117.6	移动通信手持机	万部	540.58	101.2
农用氮、磷、钾化学肥料总计（折纯）	吨	91 996.00	107.4	电工仪器仪表	万台	2 797.77	105.5
化学农药原药（折有效成分 100%）	吨	111 773.12	93.7	工业自动调节仪表与控制系统	万台	169.66	96.8
涂料（油漆）	吨	250 177.45	97.5	电光源（灯泡）	亿只	7.17	75.6
合成洗涤剂	吨	148 556.46	100.2	彩色电视机	万台	6.24	62.5
化学药品原药（化学原料药）	吨	9 196.12	94.0	微型计算机设备	万台	133.30	77.3

杭州市农林牧渔业总产值
（2015 年）

表 93

指　标	2015 年(亿元)	2014 年(亿元)	为上年(%)
农林牧渔业总产值	440.41	418.58	105.2
农业产值	252.42	233.38	108.2
林业产值	49.81	47.02	105.9
牧业产值	80.70	82.82	97.4
渔业产值	45.23	44.20	102.3

注：农林牧渔业总产值包括农林牧渔业服务业产值

杭州市主要农产品产量
（2015 年）

表 94

指标名称	2015 年(吨)	2014 年(吨)	为上年(%)
粮食	633 820	625 429	101.3
谷物	517 941	509 587	101.6
豆类	57 830	64 466	89.7
番薯	58 050	51 376	113.0
油料	78 264	67 171	116.5
油菜籽	66 227	63 580	104.2
棉花(皮棉)	705	742	95.0
麻类	21	25	84.0
蔬菜	3 188 439	2 969 929	107.4
蚕茧	10 426	12 294	84.8
茶叶	28 139	26 548	106.0
水果	789 563	753 729	104.8
柑橘	197 791	187 336	105.6
梨	60 751	66 228	91.7
桃	70 037	71 659	97.7
葡萄	22 799	19 634	116.1
肉类	278 409	296 700	93.8
猪肉	223 743	242 104	92.4
禽蛋	113 996	130 870	87.1
鲜牛奶	34 176	36 859	92.7
淡水产品	178 880	186 026	96.2

杭州市外商直接投资情况
（2015 年）

表 95

指　标	计量单位	实绩	为上年（%）
项目个数	个	475	116.4
总投资额	万美元	1 649 709	124.1
合同外资	万美元	1 038 042	143.4
实际利用外资	万美元	711 253	112.3

杭州市进出口情况
（2015 年）

表 96

指　标	2015 年（亿美元）	2014 年（亿美元）	为上年（%）
全市进出口总值（海关口径）	**665.66**	**679.98**	**97.9**
一、出口总额	500.67	491.66	101.8
1. 国有企业	76.23	80.65	94.5
2. 三资企业	124.78	138.21	90.3
（1）中外合作企业	0.61	0.64	94.8
（2）中外合资企业	59.77	65.36	91.5
（3）外商独资企业	64.40	72.21	89.2
3. 集体企业	18.49	20.40	90.6
4. 私营企业	280.75	251.32	111.7
二、进口总额	165.00	188.32	87.7

杭州市环境保护情况
（2015 年）

表 97

指标名称	全　市	市　区
工业废水排放量（万立方米）	33 807	28 869
工业废水中化学需氧量排放量（吨）	28 645	24 118
工业废水中氨氮排放量（吨）	1 113	961
工业二氧化硫产生量（吨）	140 100	121 013
工业二氧化硫排放量（吨）	63 814	46 265
工业氮氧化物排放量（吨）	55 973	38 901
工业烟（粉）尘去除量（吨）	4 051 458	1 843 951
工业烟（粉）尘排放量（吨）	49 176	384 00
一般工业固体废物综合利用率（%）	88.6	—
城市污水集中处理率（%）	94.3	—
城市生活垃圾无害化处理率（%）	100	100
空气质量优良天数（天）	—	242
集中式饮用水源地水质达标率（%）	100	—
化学需氧量削减率（%）	6.52	—
氨氮削减率（%）	4.01	—
二氧化硫削减率（%）	7.65	—
氮氧化物削减率（%）	10.88	—

杭州市区城市公用事业情况
（2015年）

表98

指　标	计量单位	数　值	指　标	计量单位	数　值
一、城市公共交通			四、城市供气		
年末公交运营线路条数	条	756	城市液化气供气总量	万吨	12.38
年末公交运营线路总长度	千米	12 791	家庭用气总量	万吨	6.08
年末运营公共汽(电)车	辆	8 555	天然气		
公交客运总量	万人次	142 312	家庭用气总量	万立方米	20 659
年末轨道交通运营长度	千米	81.5	家庭用气户数	万户	130.69
轨道交通客运总量	万人次	22 348	全社会气化率	%	100
二、城市供电			五、园林绿化		
全年用电总量	亿千瓦小时	559.54	园林绿地面积	公顷	18 949
工业用电	亿千瓦小时	345.23	公共绿地	公顷	7 640
生活用电	亿千瓦小时	78.27	建城区绿化覆盖率	%	40.7
三、城市自来水供应			公园景点个数	个	217
总售水量	万立方米	56 478	公园景点面积	公顷	2 488
平均日供水量	万立方米	183	六、市政建设		
供水能力	万立方米/日	380	年末实有道路面积	万平方米	6 540
供水总量	万立方米	66 760	年末实有道路长度	千米	2 991
生产用水	万立方米	14 902	年末实有桥梁数	座	1 337
生活用水	万立方米	26 162	排水管道长度	千米	5 370
用水普及率	%	100	城市污水排放量	万立方米	56 974

杭州市固定资产投资
（2015 年）

表 99

项　目	2015 年（亿元）	2014 年（亿元）	为上年（%）
固定资产投资	5 556.32	4 952.70	112.2
第一产业	31.47	19.07	165.0
第二产业	931.78	915.25	101.8
第三产业	4 593.07	4 018.38	114.3

杭州市金融机构年末本外币存贷款余额
（2015 年）

表 100

项　目	全　市		市　区	
	2015 年末（万元）	为上年（%）	2015 年末（万元）	为上年（%）
一、各项存款	298 638 294	113.87	275 539 537	114.66
（一）境内存款	297 824 649	113.98	274 736 402	114.78
1. 住户存款	76 177 515	104.37	64 708 622	104.00
（1）活期存款	30 660 811	111.65	26 192 696	112.28
（2）定期及其他存款	45 516 704	99.97	38 515 926	99.03
2. 非金融企业存款	131 207 312	110.34	123 332 277	110.75
（1）活期存款	41 466 315	123.47	37 775 113	125.75
（2）定期及其他存款	89 740 997	105.17	85 557 164	105.21
3. 广义政府存款	46 925 286	111.12	43 320 070	111.84
（1）财政性存款	6 038 853	89.81	5 765 443	90.56
（2）机关团体存款	40 886 433	115.16	37 554 627	116.03
4. 非银行业金融机构存款	43 514 535	160.15	43 375 432	160.41
（二）境外存款	813 645	84.59	803 136	84.38
二、各项贷款	233 279 520	109.27	212 391 336	109.63
（一）境内贷款	231 137 462	109.05	210 249 402	109.39
1. 住户贷款	58 594 607	119.12	51 130 207	119.98
（1）短期贷款	18 750 382	105.87	15 553 583	105.97
（2）中长期贷款	39 844 225	126.57	35 576 624	127.33
2. 非金融企业及关团体贷款	172 418 504	106.14	158 994 844	106.51
（1）短期贷款	73 357 492	99.45	64 626 507	99.25
（2）中长期贷款	78 852 523	105.40	74 568 954	105.58
（3）票据融资	13 113 136	179.23	12 751 350	181.61
（4）融资租赁	6 635 696	112.61	6 635 696	112.61
（5）各项垫款	459 657	69.19	412 338	67.26
3. 非银行业金融机构贷款	124 351	38.62	124 351	38.62
（二）境外贷款	2 142 058	140.19	2 141 933	140.21

注：2015年起，各项存贷款分类有所调整

杭州市城镇常住居民家庭调查情况

表101

项　目	计量单位	2009年	2010年	2011年	2012年	2013年	2014年	2015年
调查户数	户	600	600	600	600	1920	1920	1920
平均每户人口	人	2.68	2.7	2.71	2.69	2.79	2.79	2.79
平均每户就业人数	人	1.25	1.25	1.32	1.31	1.51	1.53	1.48
年人均可支配收入	元	26 864	30 035	34 065	37 511	40 925	44 632	48 316
年人均消费性支出	元	18 595	20 219	22 642	22 800	30 659	32 165	33 818
人均住房建筑面积	平方米	30.8	30.9	33.7	34.4	34.9	35.1	35.5

注：2009～2012年为包括萧山区和余杭区在内的市区数据；2013～2015年为所有区县（市）城乡一体化改革后新口径数据

杭州市区城镇居民家庭每百户平均耐用消费品拥有量

表102

项　目	计量单位	2009年	2010年	2011年	2012年	2013年	2014年	2015年
摩托车	辆	4.78	4.51	4.12	4.02	3.48	6.8	5.4
助力电动车	辆	38.78	42.37	45.95	48.17	50.87	—	—
家用汽车	辆	21.65	22.83	31.24	34.31	42.14	45.4	48.7
微波炉	台	74.62	78.76	73.53	74.09	64.07	—	—
固定电话	部	89.64	89.62	84.71	83.62	54.03	54.2	50.7
移动电话	部	178.5	193.59	211	213.08	212.30	227.9	229.9
淋浴热水器	台	94.95	99.43	103.44	105.36	93.86	93.7	95.5
洗衣机	台	94.6	96.23	96.26	96.59	85.87	86.8	86.9
电冰箱	台	100.3	102.28	102.5	102.49	89.47	92.3	92.2
计算机	台	86.87	99.02	109.7	112.2	112.04	110.6	110.1
彩色电视机	台	173.96	179.19	176.88	178.42	161.93	174.0	174.1
组合音响	套	31.15	30	25.48	25.91	15.20	—	—
摄像机	架	10.31	11.09	11.59	12.35	12.01	10.5	10.5
照相机	架	53.73	54.76	62.07	63.48	57.71	54.4	51.5
空调器	台	203.87	214.61	212.03	214.71	195.79	201.5	207.3

注：2009～2012年为包括萧山区和余杭区在内的市区数据；2013～2015年为所有区县（市）城乡一体化改革后新口径数据

杭州市城镇常住居民家庭人均消费支出

表 103 单位：元

项 目	2014 年	2015 年
人均消费支出	32 165	33 818
食品烟酒	8 688	9 171
衣着	2 193	2 157
生活用品及服务	1 683	1 622
医疗保健	1 708	2 002
交通通信	5 364	5 707
教育文化娱乐	2 990	3 141
居住	8 565	9 111
其他用品和服务	974	907

杭州市农村常住居民家庭调查情况

表 104

项 目	计量单位	2009 年	2010 年	2011 年	2012 年	2013 年	2014 年	2015 年
调查户数	户	1 100	1 100	1 100	1 100	1 280	1 280	1 280
平均每户人口	人	3.57	3.58	3.46	3.45	3.38	3.35	3.36
平均每户劳动力	人	2.59	2.59	2.49	2.50	2.03	2.05	2.02
年人均可支配收入	元	11 822	13 186	15 245	17 017	21 208	23 555	25 719
年人均消费支出	元	9 065	10 267	12 125	13 612	16 021	17 816	19 334
人均住房建筑面积	平方米	70.74	71.22	72.5	71.0	66.9	67.9	68.8

注：2012年及以前的收入为纯收入，2013年以后为城乡一体化改革后新口径数据

杭州市农村常住居民家庭人均消费支出

表 105 单位：元

项 目	2014 年	2015 年
人均消费支出	17 816	19 334
食品烟酒	5 091	5 358
衣着	1 094	1 157
生活用品及服务	4 539	1 008
医疗保健	933	1 055
交通通信	1 052	3 904
教育文化娱乐	3 299	1 507
居住	1 485	4 990
其他用品和服务	323	355

杭州市区居民消费价格指数
（2015 年）

表 106

项　目	指　数	项　目	指　数
居民消费价格总指数	101.8	3. 鞋袜帽	105.5
一、食品	102.8	4. 衣着加工服务费	102.3
1. 粮食	100.7	四、家庭设备、用品及维修服务	101.4
2. 淀粉	107.3	1. 耐用消费品	100.6
3. 干豆类及豆制品	97.5	2. 室内装饰品	99.1
4. 油脂类	95.5	3. 床上用品	96.7
5. 肉禽及其制品	106.7	4. 家庭日用杂品	100.4
6. 蛋类	102.9	5. 家庭服务及加工维修服务	107.4
7. 水产品类	102.0	五、医疗保健和个人用品	102.4
8. 菜类	110.7	1. 医疗保健	103.7
9. 调味品	106.5	2. 个人用品及服务	97.5
10. 糖类	100.2	六、交通和通信	96.6
11. 茶及饮料	100.8	1. 交通	95.4
12. 干鲜瓜果类	99.8	2. 通信	99.9
13. 糕点饼干	101.8	七、娱乐教育文化用品及服务	101.0
14. 液体乳及乳制品	97.3	1. 文娱用耐用消费品及服务	100.3
15. 在外用膳食品	101.8	2. 教育	102.1
16. 其他食品类	104.2	3. 文化娱乐用品	101.5
二、烟酒及用品	103.9	4. 旅游	97.9
1. 烟草	104.8	八、居住	103.5
2. 酒	101.1	1. 建房及装修材料	101.7
三、衣着	101.1	2. 住房租金	104.0
1. 服装	100.0	3. 自有住房	102.8
2. 衣着材料	100.2	4. 水、电、燃料	107.1

注：价格指数以上年为100

杭州市社会保障情况
（2015 年）

表 107 单位：万人

地　区	职工基本养老保险参保人数	职工基本医疗保险参保人数	工伤保险参保人数	生育保险参保人数	失业保险参保人数
全市	569.09	500.21	418.17	326.65	349.42
市区	540.46	447.45	372.92	298.23	321.14
萧山区	110.60	72.36	47.34	46.71	47.16
余杭区	72.32	61.02	53.83	38.88	40.41
富阳区	38.20	26.18	27.59	16.77	18.95
桐庐县	16.11	12.98	12.38	7.73	6.05
淳安县	9.54	9.35	8.70	4.45	4.58
建德市	17.88	12.40	8.32	7.16	7.59
临安市	23.30	18.03	15.86	9.08	10.07

杭州市主要经济指标在全国 15 个副省级城市中的位次
（2015 年）

表 108

城　市	地区生产总值（亿元）	工业增加值（亿元）	固定资产投资（亿元）	社会消费品零售总额（亿元）	出口总额（亿美元）	城镇常住居民年人均可支配收入（元）
杭　州	10 050.21	3 497.83	5 556.32	4 697.23	500.67	48 316
沈　阳	7 280.50	3 114.70	5 326.00	3 883.20	67.90	36 664
大　连	7 731.64	3 107.21	4 559.28	3 084.27	263.48	35 889
长　春	5 530.00	2 356.30	4 400.00	2 409.30	19.20	29 090
哈尔滨	5 751.20	1 301.50	4 595.70	3 394.50	23.60	30 977
南　京	9 720.77	3 395.26	5 425.98	4 590.17	315.03	46 104
宁　波	8 011.49	3 460.89	4 506.58	3 349.60	714.29	47 852
厦　门	3 466.00	1 287.48	1 887.65	1 168.42	534.97	42 607
济　南	6 100.23	1 844.37	3 498.40	3 410.30	59.96	39 889
青　岛	9 300.07	3 547.60	6 555.70	3 713.69	453.30	40 370
武　汉	10 905.60	4 081.91	7 725.26	5 102.24	151.50	36 436
广　州	18 100.41	5 246.07	5 405.95	7 932.96	811.69	46 735
深　圳	17 502.99	6 743.10	3 298.31	5 017.84	2 640.83	44 633
成　都	10 801.16	4 056.19	7 007.00	4 946.19	239.74	33 476
西　安	5 810.03	1 417.61	5 165.98	3 405.38	129.13	33 188
杭州位次	5	6	4	5	5	1

杭州市主要经济指标占浙江省的比重
（2015 年）

表 109

指　标	计量单位	浙江省	杭州市	杭州市占全省比重(%)
地区生产总值	亿元	42 886.50	10 050.21	23.4
第三产业增加值	亿元	21 346.60	5 853.25	27.4
规模以上工业企业利税总额	亿元	6 575.72	1 559.68	23.7
固定资产投资额	亿元	26 664.72	5 556.32	20.8
社会消费品零售总额	亿元	19 784.74	4 697.23	23.7
出口总额	亿美元	2 763.32	500.67	18.1
实际利用外资	亿美元	169.60	71.13	41.9

杭州市主要经济指标在“长三角”16 个城市中的位次
（2015 年）

表 110

城　市	地区生产总值（亿元）	工业增加值（亿元）	固定资产投资（亿元）	社会消费品零售总额（亿元）	出口总额（亿美元）	城镇常住居民年人均可支配收入（元）
杭　州	10 050.21	3 497.83	5 556.32	4 697.23	500.67	48 316
上　海	24 964.99	7 109.94	6 352.70	10 055.76	1 969.69	52 962
南　京	9 720.77	3 395.26	5 425.98	4 590.17	315.03	46 104
无　锡	8 518.26	3 837.28	4 901.19	2 847.61	422.32	45 129
常　州	5 273.15	2 269.99	3 398.97	1 990.45	212.58	42 710
苏　州	14 504.07	6 490.44	6 124.43	4 424.82	1 814.59	50 390
南　通	6 148.40	2 453.38	4 376.03	2 379.46	228.26	36 291
扬　州	4 016.84	1 749.45	2 856.80	1 237.00	77.10	32 946
镇　江	3 502.48	1 588.95	2 541.07	1 113.71	68.73	38 666
泰　州	3 655.53	1 547.28	2 695.66	1 001.64	63.77	34 092
宁　波	8 011.49	3 460.89	4 506.58	3 349.60	714.29	47 852
嘉　兴	3 517.06	1 667.93	2 513.82	1 494.57	229.27	45 499
湖　州	2 084.27	926.23	1 402.64	963.92	88.55	42 238
绍　兴	4 466.65	1 957.85	2 582.84	1 621.06	271.42	46 747
舟　山	1 094.67	361.12	1 134.76	415.52	61.85	44 845
台　州	3 558.13	1 360.55	1 996.03	1 826.68	188.29	43 266
杭州位次	3	4	3	2	4	3

•统计公报•

杭州市2015年暨"十二五"时期国民经济和社会发展统计公报

杭州市统计局
国家统计局杭州调查队
杭州市社会经济调查局
2016年2月

2015年是"十二五"规划的收官之年，也是杭州加快转型升级的关键一年，更是经济发展全面迈入新常态的重要一年。全市上下在市委、市政府的领导下，以加快"一号工程"推进为着力点，以集聚创新动能为支撑点，以深化改革增强体制活力为突破点，以发展和改善民生为落脚点，全力以赴推动经济行稳致远。全年经济总量实现历史性突破，成为全国第十个进入"万亿"方阵的城市，增速重回两位数增长。"十二五"时期杭州经济社会发展迈上了新台阶。

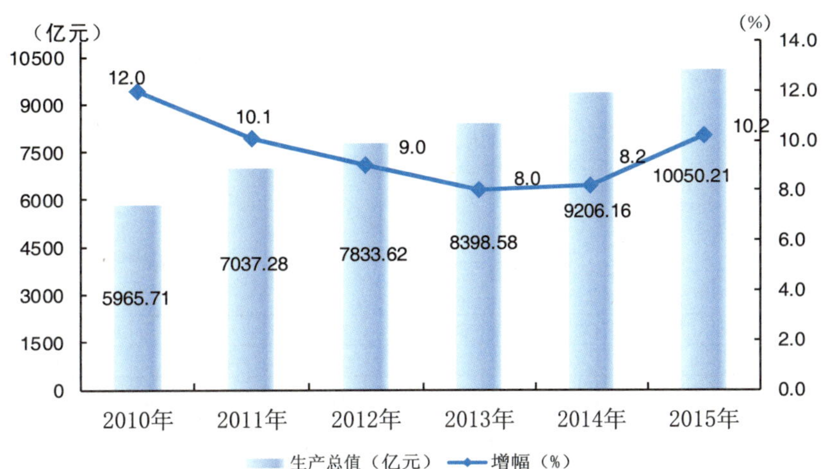

2010~2015年全市生产总值及增幅

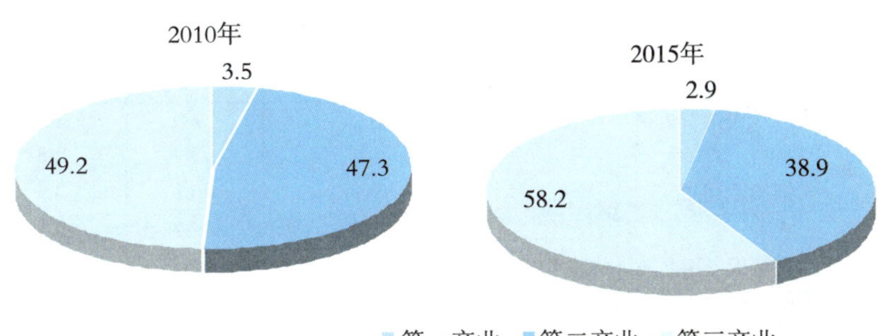

全市GDP三次产业比重（%）

一、综合

（一）经济总量

2015年，全市实现生产总值10050.21亿元，比上年增长10.2%。其中第一产业增加值287.95亿元，第二产业增加值3909.01亿元，第三产业增加值5853.25亿元，分别增长1.7%、5.5%和14.6%。人均生产总值112230元，增长9.1%。按国家公布的2015年平均汇率折算，为18019美元。

"十二五"期间，全市生产总值年均增长9.1%，低于"十一五"时期平均增速3.3个百分点。三次产业结构由2010年的3.5∶47.3∶49.2升级为2015年的2.9∶38.9∶58.2。

（二）民营经济

全市民营经济实现增加值5951.72亿元，占全市的59.2%；实现财政收入912.56亿元，占全市财政总收入的40.8%。年末，全市私营企业33.47万户，比上年末增长21.3%；个体工商户38.61万户，增长11.8%。私营企业和个体工商户从业人员分别为258.74万人、79.45万人，增长16.1%和10.3%。

2010~2015年全市地方一般公共预算收入

（三）信息经济

全市信息经济实现增加值2313.85亿元，增长25.0%，占全市

GDP的23%，同比提高4.9个百分点。其中电子商务、数字内容产业分别增长34.5%、35.5%，云计算与大数据、物联网、互联网金融和智慧物流分别增长29.6%、12.7%、33.5%和8.4%。

（四）财政收支

全市财政总收入2238.75亿元，增长11.0%，其中地方一般公共预算收入1233.88亿元，增长9.8%。一般公共预算支出1205.48亿元，增长15.6%，其中用于民生支出921.92亿元，增长16.3%，增幅同比提高3.1个百分点；科学技术、住房保障等民生项目支出分别增长33.9%和31.3%。

“十二五”期间，地方一般公共预算收入和一般公共预算支出累计分别达到4851.54亿元和4556.18亿元，年均增长12.9%和14.3%，低于“十一五”时期平均增速8.9个和6.6个百分点。

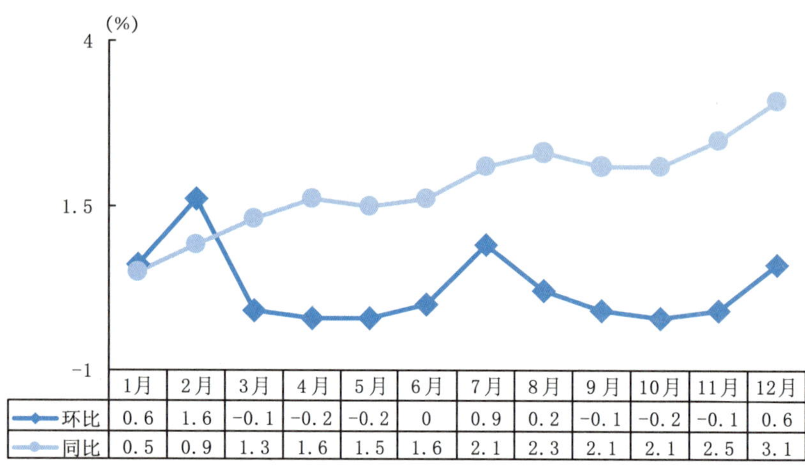

2015年市区居民消费价格月度涨跌幅度

市区居民消费价格比上年涨跌幅度

单位：%

项目	2014 年	2015 年
市区居民消费价格	2.0	1.8
食品	2.9	2.8
烟酒及用品	–0.1	3.9
衣着	1.7	1.1
家庭设备用品及维修服务	2.7	1.4
医疗保健和个人用品	1.4	2.4
交通和通信	–0.6	–3.4
娱乐教育文化用品及服务	1.8	1.0
居住	2.7	3.5

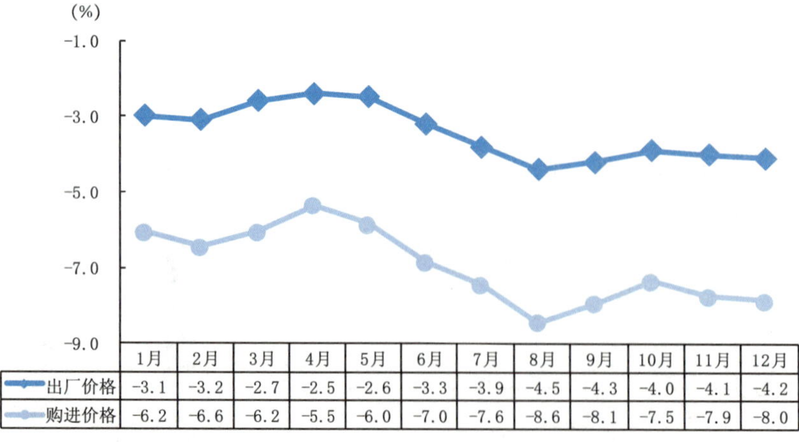

2015年全市工业生产者价格月度同比涨跌幅度

（五）市场价格

市区居民消费价格比上年上涨1.8%，涨幅同比回落0.2个百分点。八大类商品和服务项目价格呈“七升一降”格局。全市工业生产者出厂价格下降3.5%，工业生产者购进价格下降7.1%。

（六）人口就业

至年末，全市常住人口901.8万人，比上年末增加12.6万人，其中城镇人口679.06万人，占比75.3%，比2014年提高0.2个百分点；人口出生率为10.6‰，人口自然增长率为5.4‰。全市户籍人口723.55万人，人口出生率为9.81‰，人口自然增长率为4.21‰。全市新增城镇就业人员28.79万人，安置失业人员再就业14.22万人。年末城镇登记失业率1.74%。

“十二五”期间，全市常住人口年均增长0.7%，比“十一五”时期低1.8个百分点；累计增加31.26万人，增量比“十一五”减少67.98万人。

二、农业

全市实现农林牧渔业增加值292.40亿元，增长1.8%。其中农业180.62亿元、林业39.33亿元、渔业28.45亿元，分别增长3.7%、4.5%和3.0%。牧业增加值39.55亿元，下降9.6%。农林牧渔服务业4.45亿元，增长7.1%。

全市粮食总产量63.38万吨，增长1.3%；水果产量78.96万吨，增长4.8%；水产品产量20.92万吨，增长0.1%；肉类产量27.84万吨，下降6.2%。新建省级现代农业园区18个，市级“菜篮子”基地42个，各级粮食生产功能区262个。

“十二五”期间，全市农林牧渔业增加值年均增长2.0%，低于“十一五”时期平均增速1.1个百分点。

三、工业和建筑业

（一）工业生产

全市实现工业增加值3497.83亿元，增长5.5%，其中规上工业增加值2875.05亿元，增长5.4%。规上战略性新兴产业实现增加值877.35亿元，装备制造业实现增加值1086.12亿元，高新技术产业实现增加值1212.60亿元，分别增长9.4%、

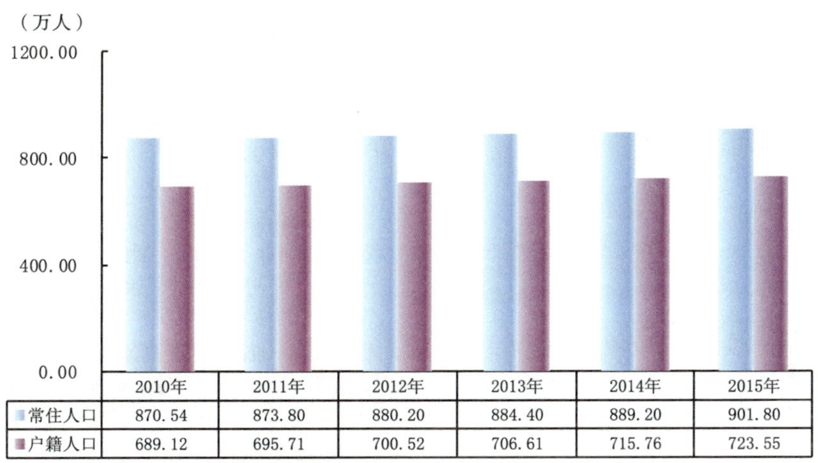

2010~2015年全市常住人口和户籍人口数量

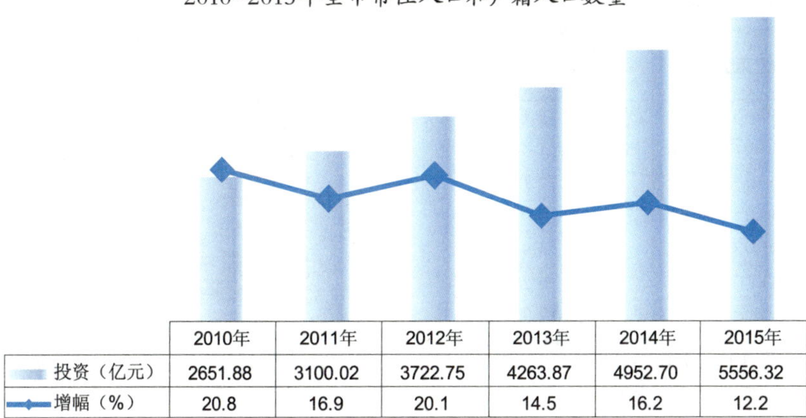

2010~2015年全市固定资产投资及增幅

2010~2015年全市社会消费品零售总额及增幅

13.5%和9.8%。新产品产值率由上年31.2%提高到35.2%。工业产品产销率为98.50%。

“十二五”期间，全市工业增加值年均增长8.1%，规上工业增长9.2%，低于“十一五”时期平均增速2.8个和5个百分点。

（二）工业效益

全市规模以上工业企业实现利税1559.68亿元，增长4.4%，其中利润891.12亿元，增长2.4%。企业亏损面18.0%。

（三）建筑业

全市实现建筑业增加值412.54亿元，增长5.6%，全市有总承包和专业承包资格的建筑企业1480家，完成施工产值4097.57亿元，增长3.2%；房屋建筑施工面积28123.72万平方米，下降4.9%；房屋建筑竣工面积10137.08万平方米，增长6.5%。

“十二五”期间，全市建筑业增加值年均增长0.7%，低于“十一五”时期平均增速7.1个百分点。

四、固定资产投资和房地产业

（一）固定资产投资

全市固定资产投资5556.32亿元，增长12.2%。从产业投向看，第一产业31.47亿元，增长65.0%；第二产业931.78亿元，增长1.8%，其中工业930.01亿元，增长1.8%；第三产业4593.07亿元，增长14.3%。

“十二五”期间，全市固定资产投资21595.66亿元，年均增长15.9%，高于“十一五”时期平均增速0.2个百分点。

（二）房地产业

全市房地产开发投资2472.07亿元，增长7.4%。房屋施工面积11142.68万平方米，增长6.1%；竣工面积1665.23万平方米，增长10.9%。全年商品房销售面积1481.45万平方米，增长32.1%，其中住宅销售1291.64万平方米，增长35.9%。保障性安居工程项目开工47394套，竣工57530套。

“十二五”期间，全市房地产开发投资年均增长20.9%，高于“十一五”时期平均增速2.5个百分点。

五、国内贸易

全市实现批发和零售业增加值818.02亿元，增长2.3%。全市社会消费品零售总额4697.23亿元，比上年增长11.8%，扣除价格因素，实际增长11.6%。其中商品零售额4241.5亿元，增长12.3%，餐饮收入455.73亿元，增长7.4%。城镇消费品零售额4457.76亿元，增长11.7%；乡村消费品零售额239.47亿元，增长13.2%。

在限额以上批发零售贸易业零售额中，家具类、饮料类商品分别增长65.8%和46.6%，粮油食品类、服装鞋帽针纺织品类、烟酒类商品分别增长18.5%、15.5%、10.5%，金银珠宝类、汽车类商品分别增长12.6%、7.1%，石油及制品类下降7.4%。

全市网络零售额2679.83亿元，增长42.6%，全市居民网络消费额1119.1亿元，增长38.2%。

“十二五”期间，全市社会消费品零售额年均增长14.8%，低于“十一五”时期平均增速3.1个百分点。

六、对外经济

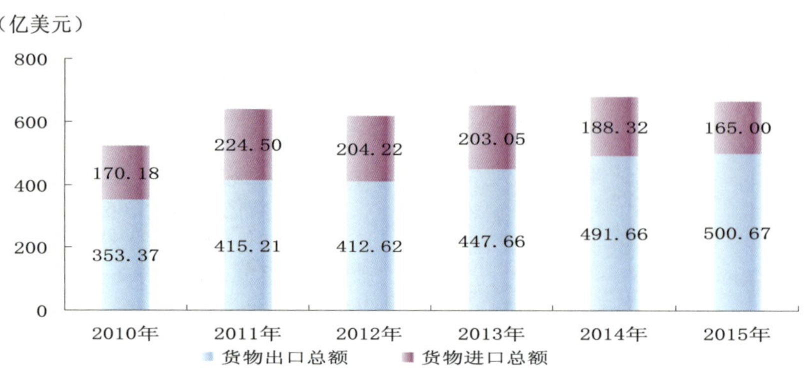

2010~2015年全市货物进出口额

2015 年全市货物进出口总额及增幅

指标	总额(亿美元)	增长(%)
货物进出口总额	665.66	-2.1
货物出口额	500.67	1.8
一般贸易	433.78	5.1
进料加工贸易	60.95	-15.0
机电产品	201.92	4.4
高新技术产品	63.60	6.2
货物进口额	165.00	-12.3

(一)对外贸易

全市货物进出口总额665.66亿美元(4132.43亿元),下降2.1%(1.0%)。其中进口总额165亿美元(1024.40亿元),下降12.3%(11.3%);出口总额500.67亿美元(3108.03亿元),增长1.8%(2.9%)。(不含省属出口444.65亿美元(2627.06亿元),增长4.0%(5.5%))。出口总额中,机电产品出口201.92亿美元(1254.17亿元),高新技术产品出口63.6亿美元(394.94亿元),分别增长4.4%(5.5%)和6.2%(7.4%)。按贸易方式分,一般贸易出口433.78亿美元(2693.23亿元),增长5.1%(6.2%);进料加工贸易出口60.95亿美元(377.94亿元),下降15%(14.2%)。出口市场中,大洋洲、北美洲、拉丁美洲、亚洲市场分别增长8.0%(9.2%)、6.3%(7.4%)、3.6%(4.6%)、3.4%(4.5%);欧盟、欧洲市场分别下降1.6%(0.6%)和3.9%(2.9%)。全市服务贸易进出口190.33亿美元,增长25.4%。

"十二五"期间,全市货物进出口总额3252.91亿美元,其中出口2267.82亿美元,年均分别增长4.9%和7.2%,低于"十一五"时期平均增速7个和5.1个百分点。

(二)对外合作

至年末,全市设立各类境外投资企业(机构)1341个,其中非贸易企业491个。境外合同投资26.49亿美元,其中非贸易性投资14.71亿美元,增长64.9%。对外承包工程和劳务合作营业额17.69亿美元,增长69.8%。离岸服务外包合同执行额51.94亿美元,增长26.7%。

(三)利用外资

全市批准外商直接投资475项,实到外资71.13亿美元,增长12.3%。新批总投资3000万美元以上项目130个,总投资140.09亿美元,占新批外商项目总投资的84.9%。引进世界500强投资项目10个,至2015年末,有112家世界500强企业来杭投资188个项目。

"十二五"期间,全市累计实到外资284.07亿美元,年均增长10.3%,低于"十一五"时期平均增速10.2个百分点。

(四)跨境电子商务

全市跨境电商进出口总额215.07亿元(34.64亿美元),占全市外贸进出口的5.2%(5.2%)。其中,进口73.94亿元(11.91亿美元),出口141.13亿元(22.73亿美元)。

(五)浙商回归

全市共引进内资项目2376个,到位资金1249.27亿元,增长18.5%。其中浙商回归项目到位资金660.58亿元,增长27.0%。

(六)开发区建设

杭州经济技术开发区、杭州高新技术产业开发区、萧山经济技术开发区、杭州之江国家旅游度假区、余杭经济技术开发区、富阳经济技术开发区、临江国家高新区等7个国家级开发区全年实现规模以上企业主营业务收入8974.60亿元,企业利润573.65亿元,分别增长6.6%和1.3%。

七、交通、邮电和旅游

(一)交通邮电

全市实现交通运输、仓储和邮政业增加值297.92亿元,增长8.2%。全社会货物运输总量2.94亿吨,增长1.7%。旅客运输量2.39亿人次,下降0.5%。至年末,萧山国际机场已开通航线235条,其中国际航线32条,港澳台航线7条。内地航线进出港旅客2470.3万人次,增长10.1%;国际及地区航线进出港旅客365.1万人次,增长18.3%。境内公路总里程达到6210.02千米,其中高速公路615.08千米。

全市民用机动车拥有量达273.35万辆,其中私人汽车184.91万辆,比上年末分别增长1.4%和2.8%。

全市邮政企业和规模以上快递服务企业实现业务收入159.69亿元,增长35.7%。规模以上快递服务企业业务量12.57亿件,增长48.7%。建成并投入运营1824个便民"E邮站"。实现电信业务收入173.66亿元,增长3.3%。年末固定电话用户为293.44万户,下降5.7%,移动电话用户为1726.76万户,增长10.6%;宽带用户为294.96万户,增长5.8%。

(二)旅游业

全市实现旅游产业增加值719.68亿元,增长12.8%。

旅游总收入达到2200.67亿元,增长16.7%,其中旅游外汇收入29.31亿美元,增长7.1%。接待入境旅游者341.56万人次,增长4.7%;接待国内游客1.20亿人次,增长13.5%。

至年末,全市各类旅行社达685家,增长4.1%;星级宾馆达到186

家，其中五星级24家，四星级46家；A级景区54个，其中5A级景点3个，4A级景点34个。

“十二五”期间，全市旅游总收入年均增长16.5%，低于“十一五”时期平均增速0.6个百分点。

八、金融

全市实现金融业增加值941.47亿元，增长12.0%。

年末全市金融机构达到409家，当年新增35家；外资金融机构32家，当年减少17家。全市金融机构本外币存款余额29863.83亿元，增长13.9%；贷款余额23327.95亿元，增长9.3%，其中住户贷款5859.46亿元，增长19.1%，非金融企业及机关团体贷款17241.85亿元，增长6.1%。

“十二五”期间，全市本外币存款余额、贷款余额年均分别增长11.8%和9.1%，低于“十一五”时期平均增速8.6个和13个百分点。

全年新增上市公司9家，募集资金255.98亿元。至年末，全市上市公司累计118家，实现上市融资3008.58亿元。新三版挂牌企业155家。

全市保费收入374.38亿元，增长16.8%，其中，财产险保费收入156.91亿元，增长11.2%，人身险保费收入217.47亿元，增长21.3%。支付各类保险赔款139.68亿元，增长17.3%，其中财产险93.72亿元，增长12.6%，人身险45.95亿元，增长28.4%。

“十二五”期间，全市保费收入年均增长13%。

九、教育和科技

（一）教育

全市共有小学443所，在校学生52.45万人；初中243所，在校学生21.13万人；普通高中75所，在校学生11.00万人。学前三年幼儿入园率为98.8%，初中毕业生升入各类高中比例为99.7%。优质学前教育覆盖面由上年的76.7%提升到78.6%；优质高中招生比例为86.4%，提高0.8个百分点。普通高等院校39所，在校学生47.56万人，其中在校研究生5.02万人，比上年分别增长0.2%和4.5%；毕业生12.5万人，比上年增长1.4%。高等教育毛入学率由上年的59.8%提高到60.4%。全市累计解决义务教育阶段外来务工人员子女入学26.71万人。

2010~2015 年全市国际国内旅游人数

年份	入境旅游者（万人次）	国内旅游者（亿人次）
2010 年	275.71	0.63
2011 年	306.31	0.72
2012 年	331.12	0.82
2013 年	316.01	0.94
2014 年	326.13	1.06
2015 年	341.56	1.20

2015 年全市金融机构本外币存贷款余额及增幅

指标	年末数（亿元）	比上年末增长（%）
各项存款余额	29 863. 83	13. 9
其中：住户存款	7 617. 75	4. 4
非金融企业存款	13 120. 73	10. 3
各项贷款余额	23 327. 95	9. 3
其中：住户贷款	5 859. 46	19. 1
非金融企业及机关团体贷款	17 241. 85	6. 1

（二）科技

全市发明专利申请量17777件，发明专利授权量8296件，增长20.3%和49.4%。新认定国家重点扶持高新技术企业311家，累计达1986家。年内新增14个中国驰名商标，累计146个。年末培育认定研发中心1438家，其中省级研发中心517家。技术市场共吸纳科技成果6243项，实现交易额77.42亿元。科技企业孵化器83家、其中国家级21家，孵化总面积239.36万平方米，国家级孵化器总量连续3年居全国省会城市第一。纳入国家科技孵化器体系的众创空间达到14家，全市研究和试验发展（R&D）经费支出相当于地区生产总值的3%。

“十二五”期间，全市发明专利授权量累计达到2.88万件，年均增长20.7%，低于“十一五”时期平均增速15.7个百分点。

十、文化、卫生和体育

（一）文化

全市实现文化创意产业增加值2232.14亿元，增长20.4%。

全市有各类专业艺术表演团体21个、文化馆15个、公共图书馆15个，图书馆藏书1785万册。图书馆实现与全球49个国家和地区1万余家图书馆间的馆际互借和文献传递业务，“数字图书资源进学校”项目已成功覆盖774所城乡中小学校。全年拍摄电视剧29部，共1221集。生产原创动画片14500分钟。摄制完成19部电影。出版报纸22亿份，各类杂志1800万册，图书2.9亿册。全市拥有非物质文化遗产保护项目334个。

（二）卫生

年末，全市拥有各类医疗卫生机构4428个，其中医院244个，比上年末分别增加230个和26个。拥有床位6.36万张，其中医院床位5.84万张，分别增长14.1%和15.0%。有各类专业卫生技术人员9.30万人，其中执业（助理）医师3.48万人，注册护士3.82万人，分别增长8.7%、8.9%和10.0%。全市医疗机构完成诊疗人数11733.03万人次，增长4.9%。全市婴儿死亡率和5岁以下儿童死亡率分别为2.32‰和3.0‰。每十万孕产妇死亡率为6.94人。

（三）体育

全市共有3所国家级体育传统项目学校，1个国家级高水平体育后备人才基地，9所浙江省级体育后备人才基地。全市567所符合开放条件的公办中小学体育场地全部向社会开放。成功取得2022年亚运会举办权，成为第三个举办亚运会的中国城市。

十一、人民生活和社会保障

（一）人民生活

全市居民人均可支配收入42642元，增长8.7%，扣除价格因素，实际增长6.8%。其中城镇居民人均可支配收入48316元，增长8.3%，农村居民人均可支配收入25719元，增长9.2%，扣除价格因素，实际分别增长6.4%和7.3%。城镇居民人均生活消费支出33818元，农村居民人均消费支出19334元，分别增长5.1%和8.5%。

“十二五”期间，城镇居民人均可支配收入、农村居民人均可支配收入年均分别增长9.8%和11.7%。

年末，城镇居民人均现住房建筑面积35.5平方米，每百户居民家庭拥有家用汽车48.7辆、空调207.3台、家用电脑110.1台；农村居民人均现住房建筑面积68.8平方米，每百户农村居民家庭拥有家用汽车38.2辆、空调147.6台、家用电脑69.6台。

（二）社会保障

年末全市参加基本养老保险人数达668.65万人，比上年末增加5.2万人；参加基本医疗保险870.71万人，增加30.5万人；参加职工失业、工伤、生育保险人数分别349.42万人、418.17万人、326.65万人，比上年末净增17.59万人、11.52万人和17.42万人。城乡基本医疗保险参保率为98.96%。全年推出公共租赁住房配租房源10821套，新增廉租住房货币补贴保障家庭740户。市区城乡居民最低生活保障标准由每人每月660元调整为744元，各县（市）最低生活保障标准同步提高。全市城镇享受最低生活保障人数1.39万人，农村享受最低生活保障7.43万人。

（三）社会福利

年末全市拥有城乡社区居家养老服务照料中心2329家，老年食堂1198家，分别比上年增加770家、106家。拥有各类福利院、敬老院316所，比上年增加8所，床位6.19万张，增长10.3%，收养人员2.3万人。开展第十五次“春风行动”，共募集社会帮扶资金5057万元。

十二、城市建设

（一）城市基础设施建设

全市完成基础设施投资1355.18亿元，增长34.8%。地铁4号线首通段、1号线下沙延伸段建成运营，轨道交通初步成网。秋石路三期四期、环城北路地下通道、吉鸿快速路等一批治堵重点工程建成通车，东湖路、文一路地下通道等建设快速推进。萧山机场公路改建工程西兴互通两对匝道正式开通。建成杭新景建德段等高速公路。

（二）公用事业

2015 年全市居民人均可支配收入

指标名称	城镇居民		农村居民	
	收入（元）	增幅（%）	收入（元）	增幅（%）
可支配收入	48 316	8.3	25 719	9.2
（一）工资性收入	28 891	4.5	15 860	7.1
（二）经营净收入	4 502	3.1	6 628	10.1
（三）财产净收入	6 851	13.4	982	11.7
（四）转移净收入	8 072	22.5	2 249	21.8

2015 年全市居民生活消费支出

指标名称	城镇居民		农村居民	
	支出（元）	增幅（%）	支出（元）	增幅（%）
人均生活消费支出	33 818	5.1	19 334	8.5
（一）食品烟酒	9 171	5.6	5 358	5.2
（二）衣着	2 157	－1.6	1 157	5.8
（三）居住	9 111	6.4	4 990	9.9
（四）生活用品及服务	1 622	－3.6	1 008	8.0
（五）交通通讯	5 707	6.4	3 904	18.3
（六）教育文化娱乐	3 141	5.1	1 507	1.5
（七）医疗保健	2 002	17.2	1 055	0.3
（八）其他用品和服务	907	－6.9	355	9.9

全年杭州电网建设投入64.68亿元。新开工110千伏及以上输电工程42项，容量513万千伏安，线路403.94公里。全市用电量646.38亿千瓦时，增长1.0%，其中城乡居民生活用电90.26亿千瓦时，增长7.6%。市区自来水日供水能力达到382万立方米。新辟公交线路14条，优化公交线路42条。新增公交专用道133.2公里，新建停车泊位50156个。年末拥有公共交通运营线路716条。全年地铁客运量达到2.23亿人次，增长53.9%。公交分担率有新提高。

十三、环境保护和安全生产

（一）环境保护

市本级通过国家生态市技术评估，萧山、富阳通过国家生态区考核验收，桐庐、淳安入选首批国家生态保护与建设示范区，临安市获得“国家园林城市”称号，杭州经济开发区被评为国家生态工业示范区。市区完成截污纳管项目416个，新增截污量4.63万吨／日。完成84条137公里黑臭河整治。关停转迁落后产能企业426家。淘汰黄标车8.11万辆。城市污水集中处理率95.56%，比上年提高1.6个百分点；主要水系监测断面水质三类以上比例为85.1%。市区空气质量优良天数为242天，优良率66.3%，PM2.5年平均浓度为57$\mu g/m^3$，下降12.3%。至年末，市区建成区人均公园绿地面积达15.1平方米，建成区绿化覆盖率为40.7%。市区垃圾分类生活小区1836个，分类收集覆盖率80%，评为全国第一批生活垃圾分类示范城市。全年单位GDP综合能耗下降3.9%，规模以上工业单位增加值能耗下降1.2%。

（二）安全生产

全年共发生各类事故2555起、死亡688人、受伤2616人，分别下降3.8%、0.6%、2.3%。亿元GDP安全生产事故死亡率由上年的0.077人降至0.0688人。

国民经济和社会发展困难与挑战：一是工业经济持续低位运行，投资形势依然不容乐观；二是消费外流现象日益突出，国内消费环境亟待改善；三是部分行业产能状况没有实质性改善，企业生产经营困难仍然较多；四是城市国际化程度还不够高，城乡区域发展还不够平衡，就业、养老、教育、医疗等民生保障与人民群众的期望仍有差距。

·先进名录·

【第四届全国文明村镇】

杭州市余杭区塘栖镇
杭州市富阳区洞桥镇
杭州市富阳区胥口镇
杭州市萧山区党湾镇

【第四届全国文明单位】

杭州市下城区长庆街道王马社区
杭州市江干区凯旋街道南肖埠社区
杭州娃哈哈集团有限公司(本部)
杭州市安吉路实验学校
杭州西湖房地产集团
杭州市燃气集团
临安市人民法院
国网杭州供电公司
中国移动杭州分公司

【2015年度市综合考评结果】

综合考评的单位共65个。

优胜单位(含创新进档单位):

市公安消防局、市人力社保局、市公安局、市卫生计生委、杭州西湖风景名胜区管委会(市园文局、市运河综保委)、市财政局(市地税局)、市民政局(市老龄工办)、市委组织部(市委人才办)、市旅委、市委宣传部(市文明办)、市文广新闻出版局(市版权局)、市教育局、市司法局、市委党校(市行政学院、市社会主义学院)。

先进单位(含创新进档单位):市发改委、市直机关工委、市总工会、市住保房管局、市审管办(市公共资源交易管委会办公室)、市建委、市委政法委(市综治办)、市科委(市知识产权局、市地震局)、市体育局(市体育总会)、市国土资源局、市林水局、市经信委、市委统战部、杭报集团(杭州日报社)、市商务委(市粮食局)、杭州经济开发区管委会。

非综合考评的单位共53个。

成绩显著单位(含创新进档单位):市委办公厅(市委政研室)、市法院、市检察院、市纪委(市监察局)机关、市政府办公厅(市政府研究室)、市统计局、市国税局、市政协机关、市人大常委会机关、杭州海关(在杭单位)。

工作先进单位(含创新进档单位):市城投集团、杭州检验检疫局、民建市委会、市国安局、民进市委会、市政府驻北京办事处、市委台办(市台办)、市审计局。

【2015年度区县(市)综合考评结果】

12个区县(市)(淳安县除外)综合考评总体得分较高,最高为96.527分,最低为94.316分,平均得分为95.186分。按照综合考评结果评定规则,12个区县(市)综合考评最终得分都在优良达标线85分以上,且均无“一票否决”,因此均确定为优良等次。

根据市委有关文件精神,淳安县作为“美丽杭州”实验区,在区县(市)综合考评中单列考评,最终得分为95.336分,确定为优良等次。

【综合考评单项奖结果】

“落实经济工作责任制”先进单位:市财政局、市商务委、西湖区、拱墅区、下城区。

“信息经济智慧应用(“一号工程”)”先进单位:市经信委、市委宣传部、市卫生计生委、市公安局、市城管委、市统计局(含国家统计局杭州调查队)、滨江区、余杭区、西湖区。

“扩大有效投资”先进单位:市钱江新城建设管委会、市建委、市地铁集团、市发改委、市城投集团、江干区、余杭区、建德市。

“市政府为民办实事项目”先进单位:市地铁集团、市交通运输局、市城管委、杭州邮政公司。

“五水共治”先进单位:江干区、拱墅区、富阳区、淳安县(获得“大禹鼎”)。

“治理交通拥堵”先进单位:市建委、市公安局、市交通运输局、市财政局、富阳区、萧山区、拱墅区。

“平安创建”先进单位:临安市、建德市、拱墅区。

“进位显著奖”单位共9个:

综合考评参评单位6个,即市交通运输局、市质监局、市机关事务局、市委党史研究室、市科协、市侨联;综合考评非参评单位3个,即市运河集团、杭州移动公司、民盟市委会。

“创新奖”项目共12个:

市直单位9个:市委办公厅(市委政研室)、市商务委、市统计局、杭州检验检疫局、杭州海关(在杭单位)的“加快建设跨境电商综试区、打造网上丝绸之路始发地——杭州加快转变外贸发展方式的探索与实践”;市法院的“以‘电子商务诉讼指导办公室’为抓手,服务杭州‘两区’建设”;市发改委的“杭州市打造特色小镇的创新与实践”;杭州西湖风景名胜区管委会(市园文局、市运河综保委)的“西湖世界遗产保护与管理的创新实践”;市住保房管局的

"破解房屋征收难题，助推城市和谐发展"；市城投集团的"以绿色化为引领，提升杭州垃圾处置能力"；市委组织部（市委人才办）、市人力社保局的"构建人才创新创业生态模式、打造'大众创业、万众创新'示范重镇"；市经信委的"打造全国云计算和大数据产业中心示范区"；市国税局的"构建跨境电子商务税收治理新模式"。

区县（市）3个：上城区的"从管理走向治理，构建基层社会建设新格局——上城区三社联动推进基层社会治理和服务创新"；富阳区的"重大疾病补充医疗保险政保合作项目"；江干区的"打造教育新共同体，探索教育治理新实践"。

"政府服务质量奖"项目1个：市直机关工委、市编委办、市审管办的"推行'服务清单'、优化发展环境"。

"意见整改成效显著奖"单位共5个：市卫生计生委、市人力社保局、市委宣传部、市教育局、市公安局。

·议事协调机构名录·

【市政府新设的议事协调机构】2015年，市政府根据工作需要新设非常设机构有：杭州市外贸工作促进领导小组、杭州市旅游休闲产业发展协调工作领导小组、市级涉农资金专项整治行动领导小组、杭州市深化国有企业改革工作协调小组、杭州市高污染燃料小锅炉淘汰改造专项工作领导小组、杭州市推进新型建筑工业化工作领导小组、杭州市"畅通西部"建设协调推进领导小组、杭州市级国有房产清查处置工作领导小组、杭州市2022年第19届亚洲运动会申办城市工作委员会、杭州市"十三五"规划编制工作领导小组、杭州市深化国有企业负责人薪酬制度改革工作领导小组、杭州市综合行政执法工作部门联席会议、"全国质量强市示范城市"创建工作领导小组、杭州市重大项目重点工程领导小组、杭州市出租房屋安全管理联合整治工作领导小组、杭州市信息基础设施建设工作领导小组、杭州市推进5G试验网及应用试点工作领导小组、杭州市投资项目决策委员会、杭州市机关事业单位养老保险制度改革工作领导小组、杭州市清理规范税收等优惠政策工作领导小组、杭州市创建国家食品安全城市试点工作领导小组、杭州市2015年公共交通出行调查工作领导小组、杭州市电子商务与物流快递协同发展试点工作领导小组、杭州市棚户区改造和保障性安居工程建设工作领导小组、杭州市不动产统一登记工作领导小组、杭州市开展国家综合运输服务示范城市建设领导小组、杭州市回迁安置"清零"专项行动领导小组、杭州都市高速公路项目推进工作领导小组、杭州市推进杭钢集团转型升级领导小组、杭州国家小微企业创业创新基地城市示范创建工作领导小组、杭州市信息安全等级保护协调小组、杭州市政府深化"四张清单一张网"改革推进职能转变协调小组、杭州市方志馆建设领导小组。

【市政府调整的议事协调机构】2015年，市政府根据工作需要调整非常设机构有："全国质量强市示范城市"创建工作领导小组、杭州市各类交易场所监督管理联席会议。

·科技进步奖名录·

【2015年杭州市获国家科学技术进步一等奖项目】

首个小分子靶向抗癌药盐酸埃克替尼开发研究、产业化和推广应用

贝达药业股份有限公司、中国医学科学院肿瘤医院、中山大学肿瘤防治中心（中山大学附属肿瘤医院、中山大学肿瘤研究所）、中国医学科学院北京协和医院、浙江大学医学院附属第一医院（浙江省第一医院）、中国人民解放军第三〇七医院、上海市肺科医院（上海市职业病防治医院）、浙江省肿瘤医院、首都医科大学附属北京胸科医院、中国人民解放军第三军医大学第三附属医院

水库大坝安全保障关键技术研究与应用

水利部交通运输部国家能源局南京水利科学研究院、中国水利水电科学研究院、河海大学、长江水利委员会长江科学院、黄河水利委员会黄河水利科学研究院、长江勘测规划设计研究有限责任公司、南京大学、中国人民解放军理工大学、江苏南大先腾信息产业有限公司、杭州市青山水库管理处

【2015年杭州市获国家科学技术进步二等奖项目】

高性能竹基纤维复合材料制造关键技术与应用

中国林业科学研究院木材工业研究所、南京林业大学、安徽宏宇竹木制品有限公司、浙江大庄实业集团有限公司、青岛国森机械有限公司、太尔胶粘剂（广东）有限公司

植物-环境信息快速感知与物联网实时监控技术及装备

浙江大学、北京农业信息技术研究中心、北京派得伟业科技发展有限公司、浙江睿洋科技有限公司、北京农业智能装备技术研究中心

【2015年杭州市获省科学技术进步一等奖项目】

燃烧过程的场参数实时检测、在线诊断和优化控制技术

浙江大学、浙江浙能嘉兴发电有限公司、杭州锦江集团有限公司、德长环保股份有限公司、嘉兴新嘉爱斯热电有限公司、广东省粤电集团有限公司沙角C电厂、浙江富春江环保热电股份有限公司、广东电网有限责任公司电力科学研究院

高清视频物联的感知层和应用层关键技术及产业化

浙江大华技术股份有限公司、杭州电子科技大学

水质安全评价及预警关键技术研究与应用

浙江大学、中国城市规划设计研究院、杭州绿洁水务科技有限公司

酒石酸及其盐高效低碳生产关键技术研发及产业化应用

浙江工商大学、杭州临安金龙化工有限公司

高产、高油、广适油菜新品种浙油50的选育与推广

浙江省农业科学院、浙江农科种业有限公司、浙江农科粮油股份有限公司

强潮河流水源饮用水安全保障关键技术

浙江大学、浙江省水文局、浙江省水利河口研究院、杭州水处理技术

研究开发中心有限公司、杭州市水业集团有限公司、浙江大学城市学院、杭州市闲林水库管理处

【2015年杭州市获省科学技术进步二等奖项目】

以放疗为主的食管癌综合治疗模式的研究

杭州市肿瘤医院

抑制Rho亚家族和埃兹蛋白表达对肺癌细胞骨架的影响及机理研究

解放军第一一七医院

具有0度带束层结构的全钢子午线轮胎

中策橡胶集团有限公司

大型体育场馆钢结构智能化建造技术研究及实践

浙江东南网架股份有限公司、杭州奥体博览中心滨江建设指挥部

汽车底盘关键零部件疲劳耐久性分析方法研究与应用

万向钱潮股份有限公司

基于抗强磁干扰的无损计量系统

杭州炬华科技股份有限公司

适合汉语声调的多通道国产电子耳蜗

浙江诺尔康神经电子科技股份有限公司、中国科学院声学研究所东海研究站

高产优质多抗晚粳稻秀水134的选育与推广

浙江省嘉兴市农业科学研究院（所）、中科院遗传发育所浙江嘉兴农作物高新技术育种中心、嘉兴市种植技术推广总站、余姚市种子管理站、嘉善县种子管理站、杭州市余杭区农业技术推广中心

物联网智能感知关键技术研究及产业化

浙江工业大学、汉鼎信息科技股份有限公司

变电设备故障诊断技术研究与智能监控系统开发

杭州电子科技大学、杭州柯林电力设备有限公司

地理空间数据智能处理与安全共享基础平台研发与应用

浙江工商大学、杭州天夏科技集团有限公司、浙江臻善科技有限公司

突发事件下密集人群疏散方法研究及应用

浙江大学、杭州市地铁集团有限责任公司

新型门座起重机关键技术的研发与应用

水利部杭州机械设计研究所、杭州江河机电装备工程有限公司

拱形钢塔斜拉桥建设和养护关键技术研究与工程示范

杭州交通投资建设管理有限公司、交通运输部公路科学研究所、杭州之江大桥开发有限公司、浙江省交通规划设计研究院、杭州市交通工程质量安全监督局、长安大学

林木生长精准管理及无损检测关键技术与装备

浙江农林大学、浙江大学、浙江睿思特智能科技有限公司

笋用林钻蛀性害虫监测及综合治理技术研究与示范

中国林业科学研究院亚热带林业研究所、安吉县森林病虫防治检疫站、德清县森林病虫防治检疫站、杭州市余杭区森林病虫防治检疫站、杭州市富阳区森林植物检疫站

分布式实时数据库管理系统研发与应用

国网浙江省电力公司、江苏瑞中数据股份有限公司、国网浙江省电力公司信息通信分公司、国网浙江省电力公司电力科学研究院、国网浙江省电力公司湖州供电公司

智能变电站运维关键技术研究

国网浙江省电力公司、国网浙江省电力公司杭州供电公司、国网浙江省电力公司检修分公司、国网浙江省电力公司绍兴供电公司、国网浙江省电力公司嘉兴供电公司

基于异构多源特征的营配合一业务管控平台

国网浙江省电力公司、浙江创维自动化工程有限公司

抗番茄黄化曲叶病毒优质多抗番茄品种选育及高效聚合育种技术

浙江省农业科学院、浙江勿忘农种业股份有限公司、浙江浙农种业有限公司

茶叶中农药残留安全评价及应对

中国农业科学院茶叶研究所

中药有毒成分物质基础、体内过程及其应用研究

浙江大学医学院附属第一医院、浙江大学、浙江康恩贝制药股份有限公司、浙江中医药大学

·2015年杭州市区经批准的标准名称·

主城区道路桥梁等名称：

嘉禾里支弄、泊贤巷、丁桥路、东湖高架路、景西路、钱潮路、劝学弄、盈才巷、良浮路、四何路、郑家巷、梦园街、科海南路、河山街、博美路、龙田街、龙角路、龙角支路、灵美路、文景路、象山支弄、莫文巷、求宁巷、崇仁路、五常港路、汇知弄、善思弄、龙头坝街、安德巷、诚宜巷、惠商街、流金巷、信志巷、聚鸿巷、福海路、松华路、富华弄、文峰弄、宝华路顺新街、烟波巷、碧潭巷、聚雅巷、贤德巷、文阳巷、安广巷、顺安巷、集贤巷、百盛巷、锦湖弄、松合路、清湖路、瑞云路、玉湖街、云沙街、秋潮路、秋潮弄、听涛弄、聚鸿巷、恒仁巷、江平路、江湾巷、荣弄、泽雅路、益泰街、泽雅弄、顺雅巷、裕园弄、利泰弄、大北弄、美达街、凌霄街、江潮巷、清涟巷、文溯南路、银江巷、江月路、风影街、云霞路、博业路、恒东巷、松乔巷、松湾路、乔新路、广泰路、建阳街、呈瑞街、博浪街、新科街、科技园支路、闻达弄、高云巷、塘运弄、源聚路、白石庙路、德福巷、丰兰弄、环临巷、长裕巷、天鹤路、御临路、半山东路、依水街、游龙港路、紫秀巷、马家桥街、郭家厍巷、行知巷、三坝巷、文冠巷、紫宣路、碧波路、云河巷、创意支路、飞达巷、平乐街、儿康路、和畅路、义蓬中路、江埠街、长浜路、华中南路、康华路、红普路、九盛路、顺福路、兴水弄、胜康街、三卫路、海普路、秋石高架路、正谊路、浜河路、新业路、草庄路、开创街、丁城路、候圣街、青田巷、沈霓弄、黄姑山横路、工专路、龙宇街、天虹街、荡鱼街、荡漾弄、金兰巷、墩池路、毛家桥路、余杭塘路、梦蝶街、霞鸣街、洙泗路、云浦街、夏铜街、之涵街、龙起路、沙秀路、美音巷、沈横路、忆音路、知音路、紫箫巷、灵龙路、双富路、踏云弄、狮子山弄、转江街、浙音路、致博路、慧炬街

丁农桥、丁鹤桥、康农桥、协珠桥、协玻桥、环丁桥、建塘桥、会塘桥、建协桥、会林桥、红普路天桥、

华鹤桥、承天宫桥、天东桥、天山桥、勤义桥、友睦桥、三义桥、东华桥、兰风桥、白鸟畈桥、珊瑚沙桥、茶博桥、云筑桥、创意桥、石龙桥、博美桥、团结浦桥、何家埠桥、双浦桥、山石桥、贤士桥、渚家圩桥、外河港桥、新竹桥、萃云桥、祝家塘桥、汇和桥、蜜塘港桥、蒋浙桥、河口桥、佑圣观天桥、秋涛路天桥、甬江路天桥、西文天桥、范家路天桥、九睦桥、通盛桥、益泰桥、仁爱桥、金堡桥、兴致桥、兴利桥、永俞桥、文创桥、上绍桥、杨顺桥、大坝里桥、盛龙桥、下安桥、碑亭天桥、庆春东路天桥、秋涛北路天桥、天城路天桥、三卫桥、圆正桥、阳达桥、东湖南路桥、宣家埠桥、开创桥、丁城桥、会城桥、同协河桥、陆家圩桥、昌运桥、丰塘桥、康蒋桥、莫干山路天桥、苏嘉河桥、小王圩桥、章一桥、红和桥、双彩桥、吴家斗门桥、蒋福桥、旺濮家桥、墩祥街天桥、镇东河桥、西科桥、郑家桥、西园桥

丰古隧道、环城北路隧道、新天地街隧道、紫金港路隧道、紫之隧道

城北体育公园

主城区居住区命名名称：

吴家墩新人公寓、萍实公寓、金玺钰府、白马湖和院、雍容华庭、盛庐、好学府、孔雀蓝轩、阮家桥公寓、肖苑、德萃公寓、郡枫华庭、云端公寓、晓时代公寓、西宸唐府、誉府、学院华庭、云荷廷公寓溪轩、运河天悦府、阳光明朗公寓、望东宸公寓、钱塘玫瑰湾、义江东府、大江之星公寓、紫金西苑、钱江候潮府、水色宜居、缤纷东院、东祥元府、盛景风启华庭、香庭、中盛府、三卫家园北苑、三卫家园南苑、栖岚苑、湖景居、云荷廷公寓云轩、雅和公寓、望宸府、艮兴嘉苑、澜玉水晶熙园、雅博青蓝湾、蔡马人家、西穆坞玉屏居、盛世诚品公寓、杨柳郡园、华彩名府

主城区大型建筑物命名名称：

中豪国际商业中心、省特检院总部大楼、文创大厦、升泽科创大楼、研祥科技大楼、中元溪谷大楼、昆龙大厦、金街美地商业中心、华创大厦、嵊元大厦、紫金启真大厦、创兴天瑞国际大厦、盈澜商务中心、灯塔发展大厦、港龙城、寰诺大厦、紫润大厦、中月创智大厦、地铁商务大厦、恒祺商务中心、远洋国际中心、江南天街商业中心、横店大厦、宾购商业中心、依山依水铭楼、兴祺大厦、罗港大厦、江东明盛大厦、钱江浙商创投中心、金沙印象城、康康谷商业、芯图大厦、西湖国际茶文化中心、滟澜星座、环亚航银座、万融城、西湖人防大楼地名、向江来时代中心、创业智慧大厦、复尚发展大厦、智慧之门中心、武林广场地下商城、虹冠万利科技中心、和达健康中心、运瑞大厦地名、星尚发展大厦、源隆商业大厦、东部创智大厦、天达大厦地名、昆仑商务中心、荣辉商业中心、盛康大厦、新明商业中心、三墩紫荆花城、国大商业中心、丰庆创投大厦、谷丰大厦、大港大厦、东投金座、成功时大大厦、青六商务大厦、三花国际大厦

主城区地名更名名称：

潮闻天下城潮苑（原名：潮闻天下城沁园）、大河宸章公寓江南里（原名：大河宸章公寓宸庐）、西溪谷财富中心（原名：西溪科技大楼）

萧山区道路桥梁名称：

站塘路、向旭路、向旭支路、三镇路、潘右路、柳元街、浙航路、临空路、崇学街

广旭桥、广乐桥

萧山区居住区名称：

名望府、明怡东方轩、御湖城、上府、荣星君佳园、美哉美城、春江悦茗公寓、东方海岸家园、祥乐公寓、广乐公寓、钱塘东南家园、旭辰国悦府、博学玉府、尚博苑、晨悦湾、天域城逸山墅、天域城云澜里、黎南名苑、奥园、新盈名苑、新丽名苑、钱江之光名城、湘湖风情苑

萧山区大型建筑物名称：

中赢商务中心、江南国际城、远博大厦、空港新天地商城、梁成商务大厦、南润名座、瓜沥商业中心、中金财智中心

余杭区道路桥梁名称：

强业路、石梁桥路、后村桥路、漕桥路、顺乐路、富乐路、宏创路、东乐路、潘香路、铺中路、顺南路、俞顺路、同顺街、龙悦湾、葛墩路、和旺街、塘汇路、建安路、运城街、学运街、文福路

余杭区居住区名称：

西溪之星公寓、缔逸城、汀溪院、金翰未来之芯花苑、西溪朵曼城、余之城、亿萃城、春风江南府、良和雅苑、良景学府、桐鹤名苑、荷田相寓、仁良花苑、雅乐国际花园、艺华年佳苑、嘉桂轩、雅宸华庭、旭润和府、观璟庭、胜稼红星嘉园、双美嘉苑、西溪蓝海城、时代未来之城、白洋港城、水汀人家、运潭公寓、卓悦华庭、华兴桃源公寓

余杭区大型建筑物名称：

海智中心、三维智汇中心、江南时代购物中心、平高创业城、西溪乐天城、西溪八方城、凯诚金座、尚越绿谷中心、创客空间大厦、创智天地中心、嘉凯成商业中心、大乐汇中心、乐淘城、祺御商务中心

富阳区道路桥梁名称：

万通东路、孙吴路、驾校路、场口东街、场口西街、木排路、场瑞路、场康街、场泰街、马山路、化竹路

富阳区居住区名称：

贤明府、大源永庆湾、三联人家、新堰阳光家园、野风山城秋雅苑、逸晴东都府

富阳区大型建筑物名称：

新凯商务楼、新登正和商业中心

富阳区地名更名名称：

达夫路（原名：市心北路、市心路）、康月路（原名：康达南路、康达路、秋月路）、金浦路（原名：金城路、金城南路）、恩波大道（原名：迎宾南路、迎宾路、迎宾北路）、公望街（原名：公园路、公园西路）、文居街（原名：育才路、育才西路）、富春街（原名：富春路）、体育馆路（原名：体育场路）、龙浦街（原名：龙山路）、大盘山路（原名：南山路）、北渠路（原名：大桥北路）、同登路（原名：金昌路）、雁沙路（原名：学院路）、江波街（原名：江城路）、望波街（原名：望江路）、大岭山路（原名：沿山路）

索 引
Index

说 明:

一、本类目设主题索引和表2个分目。

二、主题索引中文标目按汉语拼音顺序排列，同音字按笔画数从少到多排列。第一字相同，按第二字音序排列，依次类推。数字开头的标目则按数字0~9顺序排列。

标目后的阿拉伯数字表示内容所在页码。数字后的英文字母a、b、c分别表示从左到右第一、二、三栏。标目后有多个页码的，则表示相关信息在这些页码中均出现。副标目缩进两个汉字放在主标目下面。

本年鉴的“特载”“特辑”“大事记”“统计资料”“附录”均未做主题索引。

三、表格按序号排列，仅标注所在页码，不标注分栏。

主题索引

K

L

Z

•表•

《杭州年鉴》创刊30

奖 状

《杭州年鉴（2004）》

荣获首届中国地方志年鉴奖特等奖。

特颁此证，以资鼓励。

中国地方志指导小组办公室 中国地方志协会

二OO四年十二月二十二日

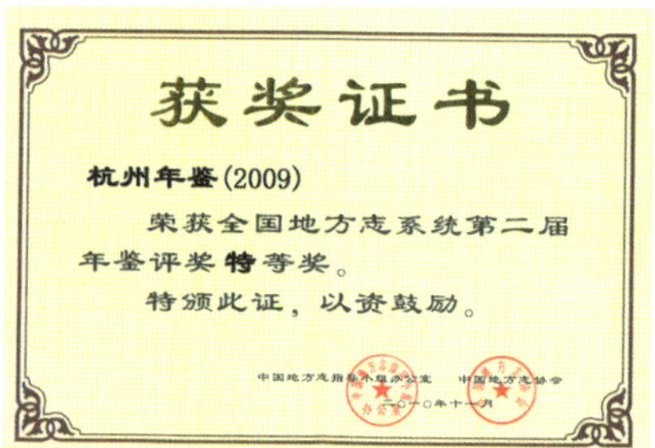
获奖证书

杭州年鉴(2009)

荣获全国地方志系统第二届年鉴评奖特等奖。

特颁此证，以资鼓励。

中国地方志指导小组办公室 中国地方志协会

二〇一〇年十一月

获奖证书

《杭州年鉴》在第三届全国年鉴编纂出版质量评奖中荣获综合奖特等奖。

特颁此证

中国出版工作者协会年鉴研究会

二OO四年十二月

获奖证书

《杭州年鉴》（2014年卷）荣获第五届年鉴编纂出版质量评比综合特等奖。

特发此证

中国出版协会

二〇一五年四月